KB183728

미학
비평 철학의 문제들

AESTHETICS: Problems in the Philosophy of Criticism by Monroe C. Beardsley

Copyright ⓒ 1981 by Monroe C. Beardsley
First edition published in 1958 by Harcourt, Brace & World, Inc.
Second edition
Authorized translation from English language edition published by HACKETT Publishing Co., Inc.
All rights reserved.

This Korean edition was published by Bookorea in 2025 by arrangement with the Literary Agency
Eulama Lit.Ag. through KCC(Korea Copyright Center Inc.), Seoul.

이 책은 (주)한국저작권센터(KCC)를 통한 저작권자와의 독점계약으로 북코리아에서 출간되었습니다.
저작권법에 의해 한국 내에서 보호를 받는 저작물이므로 무단전재와 복제를 금합니다.

미학
비평 철학의 문제들

2025년 1월 2일 초판 인쇄
2025년 1월 5일 초판 발행

지은이   먼로 C. 비어즐리
옮긴이   김정현·신운화·신현주
펴낸이   이찬규
펴낸곳   북코리아
등록번호 제03-01240호
주소   13209 경기도 성남시 중원구 사기막골로 45번길 14
          우림라이온스밸리2차 A동 1007호
전화   02-704-7840
팩스   02-704-7848
이메일   ibookorea@naver.com
홈페이지 www.북코리아.kr
ISBN   979-11-94299-10-3 (93100)

값 39,000원

* 이 책의 번역은 삼송참좋은교회(담임목사 나대현)의 재정적인 후원으로 이루어졌습니다.
* 본서의 무단복제를 금하며, 잘못된 책은 구입처에서 바꾸어 드립니다.

Monroe C. Beardsley 지음

미학
AESTHETICS

비평 철학의 문제들
Problems in the Philosophy of Criticism

김정현·신운화·신현주 옮김

북코리아

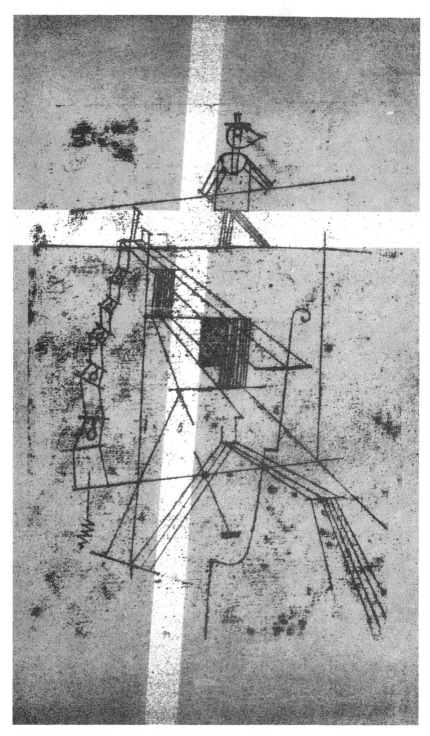

파울 클레, 〈줄타기를 하는 사람〉, 로버트 워커(피츠버그, 스왈스모어) 소장품, 석판화

머리말

—

김정현 번역

    나는 그 주제가 다양한 전문가의 검토에 열린 책이 독자와 조언자의 축복을 받기는 쉽지 않다고 본다. 느슨한 논점을 더욱 견고히 만들고 불분명한 문장들을 고쳐 쓰며 그분들을 탓할 때도 많았지만, 비로소 이 자리를 빌려 나에게는 행운이었던 마음의 큰 빚을 고백하고자 한다. 이 책에 도움을 주신 분들은 힘닿는 데까지 저자가 자신으로부터 스스로를 구하도록 도와주었다. 그러한 세심한 검토에도 불구하고 남겨진 오류들은 모두 저자의 고집으로 인한 것임을 밝혀둔다.

    여러 방면에서 나에게 도움을 주었던 분들을 모두 언급할 수는 없지만, 나의 아내인 링컨 대학의 엘리자베스 레인 비어즐리(Elizabeth Lane Beardsley)에게 진심 어린 감사를 전하고 싶다. 원고를 최종적으로, 그리고 엄중함과 애정을 담아서 살펴준 그녀의 검토는 이 책에 가장 핵심적이었다.

    더불어, 윤리학과 가치론에 대한 혜안을 가지고 규범적 비평(normative criticism)을 다룬 장에서 큰 개선을 위해 도움을 아끼지 않았던 스왈스모어 컬리지의 리처드 브랜트(Richard B. Brandt), 타자기를 빠져 나오기가 무섭게 각 장을 살펴주고 언제든지 누구보다 값진 조언을 해줄 각오가 되어있었던 테네시 대학의 로버트 대니얼(Robert W. Daniel), 함께 나눈 대화가 심리학 관련 문제에 대한 나의 이해를 한결 명확하게 해주었던 스왈스모어 컬리지의 헨리 글라이트먼(Henry Gleitman), 후한 애정으로 원고를 읽어주고 수많은 비판적 숙려의 수혜를 입게 해준 컬럼비아 대학의 앨버트 호프스테터(Albert Hofstadter), 장이 쓰여질 때마다 읽어주고, 조금씩 원고를 마련할 때마다 인도와 격려의 조언을 아끼지 않은 브루클린 컬리지의 존 호스퍼스(John Hospers), 문학을 다룬 장에서 문학적 사례와 원리에 관한 가장 유익한 토론을 해준 스왈스모어 컬리지의 새뮤엘 하인즈(Samuel L. Hynes), 회화 섹션을 읽어주고, 이 섹션들이 보다 논

5

리적으로 건전하게 읽힐 수 있는 다양한 방법을 알려준 스왈스모어 컬리지의 헤들리 라이스(Hedley H. Rhys), 동료 시절 함께 미학의 문제들을 토론하며 그 문제들에 대한 그의 생각이 나에게도 영향을 주었던 미시건 주립대학의 리처드 루드너(Richard Rudner), 음악 섹션을 읽어주고 이 섹션이 보다 논리적으로 건전하게 읽힐 수 있는 다양한 방법을 알려준 스왈스모어 컬리지의 피터 그램 스윙(Peter Gram Swing), 예술에 대한 나의 지식의 상당 부분을 가르쳐주고 예술 사례들을 고르는 데 도움을 주었던 스왈스모어 컬리지의 로버트 워커(Robert M. Walker), 비평적 문제의 연구에 있어서 수년간 나에게 끊임없는 자극과 모델이 되어준 모든 사고의 방대함과 한결같은 노력을 소유한 예일 대학의 윌리엄 윔셋 주니어(William K. Wimsatt, Jr.)에게 (각주의 참고문헌과 이전 책의 감사의 말들이 이러한 뜻을 분명하게 하지 못했던 탓에) 다시 한번 감사의 말을 전하고 싶다.

그리고 마지막으로, 스왈스모어 컬리지에서 미학을 공부하는 나의 학생들에게 의례적인 제스처가 아닌 진심 어린 감사의 말을 전하고 싶다. 합리적으로 옹호되지 않는 진술을 거부하는 습관과 그러한 진술을 스스로 발견하려는 열의를 가졌던 탓에, 그들은 나에게 모두 소크라테스였다.

존 사이먼 구겐하임 메모리얼 재단(John Simon Guggenheim Memorial Foundation)에도 감사의 말을 해야 할 것 같다. 재단이 제공한 연구비(1950~1951)는 은유에 관한 연구를 가능하게 해주었고, 그 연구 결과 중 일부가 제3장에 실려있다. 스왈스모어 컬리지의 로버트 워커(Robert M. Walker)와 솔로몬 아슈(Solomon Asch)에게도 그들의 선집에 있는 저술들을 사용하게 도와준 관용에 대해 감사의 말을 전해야 할 것 같다. 그리고 원고를 준비하는 데 있어 큰 의지가 되어 준 리디아 버크넬(Lydia Bucknell), 인덱

미학: 비평 철학의 문제들

스 정리의 시간과 노력을 아껴준 전문 알파벳타이저 마크 비어즐리(Mark Beardsley), 동시대 음악에 관한 나의 권위자 필립 비어즐리(Phillip Beardsley)가 드럼 소리를 낮추어준 것에도 크게 감사한다.

이 책을 집필하는 동안 나는 수없이 많은 순간 작고하신 나의 옛 스승인 예일대의 윌버 마셜 어반(Wilber Marshall Urban) 교수님을 떠올렸다. 그분은 미학의 문제에 관한 나의 관심을 일깨우시고, 나의 첫 연구를 인도해주신 분이다. 이 책이 교수님의 기념비로 설 수 있다면 기쁘겠다.

1957년 10월 1일
펜실베이니아 스왈스모어에서
먼로 비어즐리

CONTENTS

CONTENTS

CONTENTS

PLATES

따라야 할 원리가 무엇인지도 모르면서, 한 대상은 인정하고 다른 대상은 비난하고, 한 대상은 아름답다고 하고 다른 대상은 추하다고 하고, 옳고 그름과 사리와 우둔을 결정할 수 있을 것 같지 않다.

- 데이비드 흄

포스트 스크립트 1980:
새로운 관점으로 바라보는 몇몇의 오래된 문제들

—

신운화·신현주 번역

이 책의 초판이 발행된 지 20년이 지난 지금, 상당량의 포스트 스크립트가 필요한 것이 사실이다. 이는 시간이 지남에 따라 더 명백하게 드러난 나의 일방적인 견해를 중화하고, 1958년 이후 예술철학의 중요한 발전에 대한 설명을 제공하고, 내 논증 및 결론에 대해 제기된 최근의 여러 다양한 비판들을 소개함으로써, 독자들이 논쟁에 대한 여러 상이한 이야기들을 들어보고 스스로 판단하도록 하기 위함이다.

이들 중 첫 번째로 언급된 것에 대해 이야기해보겠다. 처음 이 책을 집필했을 당시의 나는 예술의 특별한 성격과 특권을 주장하는 이들 및 예술을 사회 및 문화적 역할에 종속시키려고 하는 이들 사이의 오래된 갈등을 마음에 두고 있었고, 그런 맥락에서 나는 예술의 독립성과 자율성을 강조할 필요성을 강하게 느꼈었다. 나는 예술적 활동과 다른 활동 유형들 사이의 상호연관성에 크게 주목하지 않았고(제12장 마지막에 가서 잠깐 주목하기는 했다), 나의 이런 태도는 사회적 산물로서의 예술작품이 인간의 근원적 흥미 및 관심으로서의 예술작품과 가지는 관계, 그리고 예술작품이 사회적, 전기적, 역사적 조건과 가지는 관계에 대해서도 마찬가지였다. 책이 처음 집필되던 당시 내가 느낀 미학 이론의 소명은 예술의 특별한 성질이 무엇인지 합리적으로 설명하는 것, 그리고 심리학이나 사회학에 크게 의존하지 않는 예술비평이라는 고유한 작업을 정립하는 것, 그리고 예술작품들에서 가장 온전하게 발견되는 특유한 종류의 가치(예술의 도덕적, 정치적, 철학적, 종교적 측면에서 독립된 가치)를 발견하는 것이었다. 이러한 방식으로 예술의 위상을 높이려 했던 시도들 중 가장 잘 알려진 것, 즉 클라이브 벨(Clive Bell)이나 로저 프라이(Roger Fry)와 같은 소위 '형식주의자'에 의한 시도는 나에게는 전반적으로 장점보다 단점이 더 많은 것처럼 보였다. 비록 그들의 비평은 역사적으로 매우 중요하며, 그들의 생각은 건설적인 논의를 촉발했지만 말이다. 물론

15

내가 이 책의 초판을 집필할 당시에는 수잔 랭거(Susanne Langer)나 찰스 모리스(Charles W. Morris)의 기호학적 예술 이론이 존재했고, 많은 이들에게 기호학적 예술 이론은 밝은 전망을 제시해주었다. 그러나 당시의 나는 기호학적 이론을 그 한계로 인해 지지하기 힘든 견해로 간주했었다(이론적 난제들이 해결된다 하더라도 말이다). 또한 예술에 대한 마르크스주의자들의 생각은 (특히 영어로 접할 수 있는 그들의 생각은) 대부분 초기 스탈린주의적 성격을 보였고, 내가 예술의 중요한 국면들이라 간주한 요소들에는 상당히 무관심했다. 한편, 당시 융성하고 있었던 신비평(New Criticism)에서 나는 문학을 그 자체로 특별하고 중요하게 인식하려는, 그리고 문학작품을 설명하기 위한 검증 가능하고 객관적인 방법을 발전시키려는 진지한 노력을 찾을 수 있었다. 나는 몇몇 신비평주의자들이 중요하게 생각하는 여러 종교적, 정치적인 견해에 내가 동조했다고 생각하지는 않는다. 그리고 나는 그들이 그런 종교적, 정치적 견해를 지녔다는 사실은 문학이론가나 비평가로서 그들이 했던 작업에 어떤 논리적 함축을 지닌다고 생각하지 않았다. 그러나 나는 그들의 다소 최소주의적인(minimal) 이론에 철학적 보완과 지지가 필요하다고 생각했으며, 이 책의 다소 일방향적인(심지어 한쪽으로 치우친) 성격은 문학뿐만 아니라 음악이나 시각 예술에까지도 신비평적 견해를 적용하려는 나의 노력 때문에 발생했다. 당시에 나는 영화, 건축, 춤 등 다른 예술 분야에 대한 적절한 지식이 나에게 없다는 사실을 안타깝게 생각했었다. 그렇지만 나는 문학, 음악, 회화에 대한 논의를 통해 나의 개념 및 원칙이 충분히 설명되었다고 생각했고, 그 정도에 만족해야 했다.

내 생각에 지난 22년간 철학적 미학은 놀랍도록 창의적인 모습을 보였고, 지금 진행되는 작업들은 1958년의 작업들보다 훨씬 더 생기 있고 강건하다. 몇몇의 중요한 저작과 논문들이 이러한 발전에 크게 기여했다. 오래된 주제들 중 몇 가지는 철학의 다른 분야에서 발전한 아이디어들의 도움을 통해 보다 흥미롭고 다루기 가능한 형태로 재구성되었다. 그러나 그 주제들뿐만 아니라 아직 광범위한 재조명을 받지 못한 다른 주제들의 여러 중요한 측면들(합리적인 견해들, 유용한 구분들, 실질적 논증들)이 1958년의 초판에서 논의되었으며, 여전히 논의되고 있다. 나는 여기에서 다시 살펴볼 10개의 주제들을 선정했다. 이 중요한 주제들은 현재 활발히 논의되고 있으며, 미학의 최신 연구에 대한 좋은 안내를 제공한다.

1. 예술의 정의

초판에서 (기술이나 행위, 대상의 한 종류로서) 예술의 정의는 생략한 채 예술작품에 대해 길게 이야기했던 나는 확실히 이상했던 것 같다. 당시에 예술의 정의 문제는 인기가 많았지만 나는 그 문제를 길게 다루고 싶지 않았다. 왜냐하면 예술의 정의 문제는, 폴 지프(Paul Ziff)나 모리스 와이츠(Morris Weitz)의 잘 알려진 글들이 지적했듯이, 나에게 크게 중요해보이지 않았고, 어떤 만족할 만한 결론을 보장해주지 않는 듯 보였기 때문이다. 나는 감상과 비평의 대상을 지칭하기 위해 '미적 대상'이라는 대체 용어를 다소 자의적으로 도입했고, 그 용어의 내연과 외연을 충분히 설명하고자 했다. '미적 대상'이라는 용어를 너무나 간략하게 논의하는 과정에서(제1장) 나는 미적 대상의 (부분적으로) 의도주의적 개념을 미적 대상의 일반 개념으로 사용하는 것에 대한 단점을 너무 과장했으며, 이후 현명한 비판가들의 도움을 통해서, 그리고 미학에서의 보다 수준 높아진 철학적 논의에 힘입어, 현재의 나는 보다 균형 잡힌 시각을 가지게 되었다. 그러나 예술의 정의 문제로 이 책을 시작하지 않은 이유 중 하나는 이 책의 후반부에 가서야 등장하게 될 개념들을 사용해야만 만족스러운 예술 정의가 가능하다는 믿음이 있었기 때문이다. 즉 적절한 예술 정의는 그에 대한 실질적 논증이 필요하지 않을 정도로 모든 것이 논의된 마지막 순간에 가서야 내려질 수 있다는 믿음이 있었기 때문이고, 나는 아직도 이 믿음이 옳다고 생각한다.

현재 나는 '무엇이 예술인가?'라는 질문에 대답하고자 하며, 예술작품을 예술이 아닌 다른 것과 구분하려는 질문으로 이 질문을 이해한다. 다소 단순화된 나의 대답은 예술작품이란 현저한 미적 성격을 지닌 경험을 제공할 수 있는 능력을 갖추도록 대상에게 의도된 조건들의 배열이다. 다시 말해, 대상이 만들어질 때의 중요한 원인 중 하나로 미적 흥미를 만족시킬 수 있는 능력이 의도되었다는 사실을 포함하는 그런 대상을 말한다. 나는 이 제안을 여기에서 옹호하지는 않을 것이며("Redefining Art"), 단지 몇 가지 해명이 필요하기에 이에 대해 이야기해보려고 한다. 확실히 내가 제시한 정의는 경험의 미적 성격에 대한 어떤 하나의 견해, 혹은 미적 흥미에 대한 어떤 하나의 견해에 의존하고 있다(아래의 10절 참조). 나의 정의는 예술가 및 비평가들이 사용하는 모든 실제적 용법에 부합하지 않는데, 왜냐하면 그렇게 되기는 불가능하기 때문이다. 그러나 내 정의는 미학의 여러 문제들을 이론적으로 탐구하는 데 필요한 중요하고도 근본적인 구분을 내리려고 시도했다. 이 정의는 '의도주의적 오류'에 저촉되지 않는데, 왜냐하면 문제의 오류는 항상 예술의 정의 문제가 아닌 예술작품의 해석이나 평가 문제에서 나타나기 때문이다("The Philosophy of Literature"). 몇몇 미학자들의 주장에도 불구하고, 나는 예술작품이라는 부류를 의도적으로 산출된 대상들에 한정하려는 시도에 아무런 잘못을 찾을 수 없다(그렇다고 해서 예술작품 속의 모든 것들이 하나도 빠짐없이 의도되었다는 말은 아니다). 더 나아가 이 정의는 미적인 의도 이외의 다른 의도들(종교적, 정치적, 성적, 주술적 의도들)의 역할을 배제하지도 않는다. 예술작품을 이렇게 정의한다는 것은 다음 두 가지 중 아무것도 함축하지 않는다. ① 작품의 미적 의도가 실현되었다는 것, 혹은 상당히 잘 실현되었다는 것, ② 예술작품 이외의 다른 것들(자연적 대상 혹은 기술적 대상)은 현저한 미적 성격을 지닌 경험 혹은 미적 흥미의 만족을 제공할 수 없다는 것.

초판의 제1장에서 '미적 대상'이라는 용어는 선언적인 열린 외연을 가진 것으로, 즉 음악작품, 회화, 시 등을 모두 아우르는 것으로 제시되었다("The Definition of the Arts"도 참조). 우리가 그러한 포괄적인 개념을 필요로 하건 안 하건 간에, 내가 제시한 예술작품의 정의는 다음의 두 귀결을 낳는다. ① 예술작품은 인정된 타입, 장르, 혹은 매체에 속할 필요가 없다(새로운 타입이나 장르, 매체들은 새로운 카테고리를 구성하게 될 후속 작품들의 선구자가 될 가능성이 크다), ② 예술작품의 인정된 카테고리에 속한 대상들이 필연적으로 예술작품인 것은 아니다(예를 들어, 컴퓨터에 의해 작곡된 곡은 음악이지만 예술작품은 아니다). 예술사가 최근의 모습보다 더 심하게 알 수 없는 방향으로 진행되지 않는 한, 대체적으로 예술작품과 미적 대상은 동일할 것이다.

이 책의 초판에 대해 마이클 핸처(Michael Hancher)가 매우 좋은 비판을 제시했는데("Poems versus Trees"), 나는 "인공적 대상을 위해서 체계적으로 자연적 대상을 차별했다"는 그의 비판을 인정한다. 특히 그는 예술 비평에 견줄 만한 미적인 '자연 비평'의 한 예로 『월든』(Walden)을 들었는데, 그 논의에 비추어보면 나에 대한 그의 비판은 타당하다. 그러나 내 생각에 그와 나는 다음의 두 논점에 동의하고 있다. ① 자연은 미적 가치를 가지고 있으며(아래의 10절 참조), 종종 상당한 정도의 미적 가치를 지닌다. ② 예술작품은 일반적으로 그 특별한 기능으로 인해 미적 가치의 보다 풍부한 원천이며, 또한 보다 고차원적으로 미적 가치를 제공한다. 핸처는 예술작품의 미적 우월성은 작품의 인간적 영역 성질들(human regional qualities)이 보여주는 높은 강도에 기인

미학: 비평 철학의 문제들

한다고 보는데, 그는 이를 작품이 인간으로부터 나왔다는 사실로 설명한다.

최근의 여러 미학자들과 마찬가지로, 나 역시도 조지 디키(George Dickie)가 제시하고 옹호한 대안적 정의에 대해 많이 생각해보았다(*Art and the Aesthetic* 참조). 그러나 최종적으로 나는 그의 제안에서 이론적으로 의미 있고 경험적으로 적용 가능한 예술 개념을 만드는 데 필요한 어떤 실질적 요소를 찾지 못했다. 디키의 핵심 생각은 사회의 특정 인공물들은 '예술계'라고 알려진 사회 제도의 편에 선 사람 혹은 사람들에 의해 '감상의 후보'라는 지위를 수여받는다는 것이다. 그리고 그것들이 바로 그 사회의 예술작품들이라는 것이다. 이 정의의 각 부분들은 섬세하게 만들어지기는 했으나 여러 문제를 지닌다("Is Art Essentially Institutional?"). 나에게 가장 우려되는 부분은 예술 작품과 어떤 방식으로든 연관된 사람들로 이루어진 집단이라는 말을 하지 않고서는 '예술계'를 정합적으로 설명하기 힘들 것 같다는 사실이다. 이러한 순환성으로 인해 철학자, 예술사가, 인류학자 등 예술 정의가 필요한 사람들에게 '제도론적 예술 정의'는 무용지물이다. 디키가 말했던 것, 즉 예술적 실천이 제도화되었으며, 무엇이 예술로서 인정받고 감상되는지는 사회적 요소들의 망에 의존한다는 사실을 논의하는 것은 여전히 중요하다. 그러나 여러 다른 사상가들과 마찬가지로, 디키는 뒤샹의 레디메이드 및 오브제 트루베(objet trovés)들이 제시한 악명 높은 문제를 해결하기 위해 제도론적 예술 정의를 제시했는데, 나는 그것들을 예술작품이라고 생각하지 않으며 그보다는 예술에 관한 진술이라고 생각한다(Anita Silvers, "The Artworld Discarded"; Colin Lyas, "Danto and Dickie on Art").

디키의 정신을 따르면서 더 급진적인 모습을 보이는 티모시 빙클리(Timothy Binkley)는 어떤 것(사실상 우리가 생각할 수 있고 지시할 수 있는 모든 것)을 예술작품으로 만드는 것은 그것이 '인덱스화'되었다는 사실이라고 말한다. 즉, 예술가에 의해 예술작품이라는 라벨이 붙은 것이 예술작품이라는 말이다. 빙클리가 현재의 아방가르드 예술가들 사이에 널리 퍼진 생각을 흥미롭게 풀어내기는 했지만, 인덱스화라는 것이 어떻게 작동하는지, 그리고 그것이 어떻게 쓰레기 더미나 폐소공포증 사례를 예술로 변화시키는지에 대해서는 충분한 설명을 제시하지 않았다.

모리스 와이츠의 독창적인 논증, 즉 예술이라는 개념은 '가족유사성' 개념이므로 예술에 대한 '진짜 정의'(예술작품이 되기 위한 본질적 조건, 혹은 필요충분 조건을 제시하는 정의)는 불가능하다는 논증은 예술에 대해 우리가 가지고 있는 일반적인 혹은 일상적인 개념의 논리적 성격에 관한 끊임없는 탐구를 생성하고 있으며, 그러한 탐구들 중에는 와이츠를 지지하는 견해도 있고 그에 반대하는 견해도 있다. 이에 관한 몇몇 글들은 좋은 통찰력을 보여준다. 모리스 맨델바움(Maurice Mandelbaum)은 관계적 속성을 허용함으로써 예술의 필요조건이 존재하지 않는다는 주장을 효과적으로 반박한다("Family Resemblances and Generalization Concerning the Arts"). 그는 나에게 예술작품을 '만드는 사람들의 활동과 의도' 속에서 그러한 공통 속성을 찾아보자고 제안했고, 나는 이 글을 통해 그 제안을 받아들이고 있다. 헤이그 카차두리언(Haig Khatchadourian)은 '유사성 혹은 유비를 통한 확장의 원칙'을 제시했는데, 이에 따르면 예술 개념은(유연하지만 여전히 통제되고 있는) '패러다임적인 경우들'과의 의미 있는 유사성이라는 근거를 통해 새로운 종류의 대상들에게로 확장될 수 있다("Art"; The Concept of Art, chapter 2). 조지 슐레진저(George Schlesinger)는 모든 예술작품의 '공통 분모'가 존재하며, 그것은 바로 "표준적인 조건하에서라면 지각자에게 미적 경험을 제공하는 인공물"이라는 점이라고 주장한다("Aesthetic Experience and the Definition of Art"). 그의 미적 경험 개념은 수정이 필요하지만(아래의 10절 참조) 나는 이 논의가 올바른 방향으로 나아가고 있다고 생각한다. 예술 정의의 문제에 관한 여러 좋은 논점들을 지적하고 그 문제에 대한 대안적 접근을 제안한 본드(E. J. Bond)는 예술작품이란 어떤 예술 형식(예를 들어 음악, 문학)에 속한 모든 것이라고 주장한 후, 예술 형식이란 게 무엇인지 세심하게 설명한다("The Essential Nature of Art"). 예술 형식에 대한 설명이 '미적 감상'이라는 개념에 의존하고 있으므로, 본드의 구도는 나와 상당히 비슷하다. 예외가 있다면 나는 예술 형식의 예시들 중 기계적이거나 혹은 우연적으로 산출된 예시들은 예술작품으로 간주하지 않는다는 점이다. 디키의 제안으로부터 출발했으나 디키 이론의 몇몇 주요 특성을 거부한 제럴드 레빈슨(Jerrold Levinson)은 판단력이 돋보이는 논문을 통해 예술작품이란 '이전의 예술작품들이 올바르게 간주되었던 방식들 중 어느 방식으로라도 간주되도록 의도된' 대상이라고 주장한다("Defining Art Historically"). 이 제안은 카차두리언의 접근과 나의 접근을 흥미롭게 조합했으며, '예술작품'이라는 용어가 자주 사용되는 방식 및 새로운 창조물에 확장되는 방식을 포착할 수 있다. 그러나 '올바르게'라는 말이 '표준적으로'를 뜻한다면(그가 의미한 바는 이것이다), '어느 방식으로라도'는 지나치게 관대한 것이 될 것이다(다수의 나쁜 미적 습관들을 생각한다면 말이다). 이 경우 나는 미적 경험을 제공해야 한다는 조건을 제시하면 된다고 생각한다(아래의 10절 참조). 그렇게 되면 이제 그의 이론이 가지는 역사적 요소는 쓸모없게 되며, 그의 정의는 나의 정의와 상당히 비슷해진다.

예술 개념은 본질적으로 역사적 조건 및 예술 이론에 결부되어 있음을 가장 철저하고 영향력 있게 주장한 사람은 아서 단토(Arthur Danto)이다("The Artworld" 및 두 개의 후속 글들). 뒤샹이 뒤샹의 레디메이드, 즉 예술작품이 될 수 있는 것은 오직 어떤 예술 이론에 대한 예술계의 인정을 통해서이다. 아직 단토는 무엇이 이론으로 간주될 수 있는지, 혹은 이론의 인정으로 간주될 수 있는지 명확하게 밝히지 않았다. 혹은 철학의 탄생 이전에 노래를 부르고 가면을 채색하던 사람들의 경우, 자신들이 예술작품을 창조하는지에 대한 자각 없이 예술작품을 만드는 게 그들에게 왜 불가능한지, 그 점에 대해서도 명쾌한 설명을 제시하지 않았다. 그들이 공학 학교가 없는 상태에서도 집을 짓고, 법리철학이 없는 상태에서도 법을 만들 수 있었던 것처럼 말이다("Is Art Essentially Institutional?": Anita Silvers, "The Artworld Discarded"; Colin Lyas, "Danto and Dickie on Art"; Richard Sclafani, "Artworks"). 물론 어느 사회에서건 예술로서 창조되고 인정되며, 전시되고 배포되는 것들은 대부분 정치적, 상업적, 신학적 통제를 할 수 있는 사람들이 허용하는 것들이다. 그러나 예술의 사회적 측면에 대한 문제를 해결하기 위해서 우리에게는 예술 활동(미적으로 의도된)에 대한 일반적 설명이 필요하며, 그 설명은 예술 이론, 전통, 사회제도로부터 논리적으로 독립되어야 한다.

참고문헌

Beardsley, M. C. "The Definitions of the Art." *Journal of Aesthetics and art Criticism* 20 (1961).

_____. "Intentions and Interpretations: A Fallacy Revived." To appear in *The Aesthetic Point of View*. Ithaca: Cornell University Press, 1981.

_____. "Is Art Essentially Institutional?" In Lars Aagaard-Mogensen, ed., *Culture and Art*. Atlantic Highlands: Humanities Press, 1976.

_____. "The Philosophy of Literature." In George Dickie and Richard J. Sclafani, eds., *Aesthetics: A Critical Anthology*. New York: St. Martin's Press, 1977.

_____. "Redefining Art." In *The Aesthetic Point of View*. Ithaca: Cornell University Press, 1981.

Binkley, Timothy. "Deciding About Art." In *Culture and Art*.

_____. "Piece: Contra Aesthetics." *Journal of Aesthetic and Art Criticism* 35 (1977).

Bond, E. J. "The Essential Nature of Art." *American Philosophical Quarterly* 12 (1975).

Danto, Arthur. "The Artworld." *Journal of Philosophy* 63 (1964).

_____. "Artworks and Real Things." *Theoria* 39 (1973).

_____. "The Transfiguration of the Commonplace." *Journal of Aesthetics and Art Criticism* 33 (1974).

Dickie, George. *Art and the Aesthetic: An Institutional Analysis.* Ithaca: Cornell University Press, 1974.

Hancher, Michael. "Poems versus Trees: The Aesthetics of Monroe Beardsley." *Journal of Aesthetics and Art Criticism* 31 (1972).

Khatchadourina, Haig. "Art: New Methods, New Criteria." *Journal of Aesthetic Education* 8 (1974).

_____. The Concept of Art. *New York: New York University Press,* 1971.

Levinson, Jerrold. "Defining Art Historically." *British Journal of Aesthetics* 19 (1979).

Lyas, Colin. "Danto and Dickie on Art." In *Culture and Art.*

Mandelbaum, Maurice. "Family Resemblance and Generalization Concerning the Art." *American Philosophical Quarterly* 2 (1965).

Schlesinger, George. "Aesthetic Experience and the Definition of Art." *British Journal of Aesthetics* 19 (1979).

Sclfani, Richard J. "Artworks, Art Theory, and the Artworld." Theoria 39 (1973).

Silvers, Anita. "The Artworld Discarded." *Journal of Aesthetics and art Criticism* 34 (1976).

2. 예술의 존재론

첫 번째 판에서 내가 부분적으로 다루었던 또 다른 근본적인 문제가 최근에 더 명확하게 탐구되고 있다. 여전히 의견불일치와 어려움이 남아있지만 말이다. 그 문제는 바로 예술작품의 존재론적 지위이다. 예술작품이란 형이상학적으로 봤을 때 어떤 유형의 존재자인가? 조각과 같은 것들은 대상의 집합에 속하는 듯하다. 반면 즉흥춤과 같은 것들은 사건의 집합에 속하는 것 같다. 그러나 지금 내가 말한 이 구분은 단지 시작일 뿐이다. 미적 대상 및 비평적 진술의 범위를 한정하는 데 필요한 정도로만 예술작품의 존재론에 대해 말하려는 것이 나의 이전 생각이었다. 그러나 지금은 섬세하고 중요한 철학적 제안들이 제시되었으며, 그것들은 여기에서 언급되어야 한다.

제1장에서 나는 미적 대상을 '(사건을 포함하는 넓은 의미에서의) 지각적 대상'으로 분류했다. 즉 감각적으로 지각 가능한 속성을 가진 존재자들로 분류했다. 그리고 나는 예술작품 일반도 미적 대상과 같은 존재자로 생각했었다. 그러나 시각 예술에서 등장한 최근의 발전, 즉 소위 '개념 예술'의 등장은 나의 이러한 존재론적 제안의 타당성을 저해한다. 티모시 빙클리는 ① 예술작품이 지각적 대상인 경우에도, 작품의 지각성 속성은 예술작품으로서의 흥미롭거나 중요한 속성이 아니며(예를 들어 온카와라가

미학: 비평 철학의 문제들

보낸 엽서), ② 실제의 예술작품은 개념이나 가능성 이상은 아니라고 주장한다("Piece: Contra Aesthetics"). 두 번째 논점과 관련해, 빙클리는 '개념'이 오직 그것의 기록 덕분에 예술이 될 수 있음을 인정하는 것 같다. 즉 '개념'이 예술이 되기 위해서는 엽서나 혹은 다른 형태의 기록물이라는 지각적 대상이 있어야 한다. 그리고 나는 왜 엽서 그 자체가 단순히 예술작품이라고 말하면 안 되는지 모르겠다. 우리가 하나의 시란 텍스트라고 말할 수 있는 것처럼 말이다(텍스트의 지각적 속성은 그 자체로는 흥미롭지 않더라도 말이다). 개념 예술작품이 전시되거나, 팔리거나, 대여될 때, 문제의 기록물이 그렇게 되는 것이지 '개념'이 그렇게 되는 것도 아니고, '개념'이 지시하는 사건이 그렇게 되는 것도 아니다.

미적 대상의 제작(production), 공연(performance), 제시(presentation)를 구분하려고 시도하면서(제1장 4절), 몇몇이 지적한 바와 같이 나는 일종의 현상론(phenomenalism)을 전개했었다. 실질적인 논증도 없이 나는 예술작품의 비평적 진술은 예술작품의 제시(즉 특정 시간에 특정인에게 나타난 외양)에 관한 진술로 번역될 수 있다고 제안했다. 브루스 몰튼(Bruce Morton)은 그러한 번역이 불가능하다고 비판했고, 나는 지각에 대한 일반 이론으로서 현상론이 작동될 수 없음을 깨달았다("Beardsley's Conception of the Aesthetic Object"). 나는 서서히 비환원적 물리주의로 나아가고 있고, 예술작품을 물리적 대상으로 다루는 방식이 어느 정도로 가능한지 탐색 중이다. 이는 넬슨 굿맨(Nelson Goodman)의 『예술의 언어들』(*Languages of Art*)에서 나타난 시도와 비슷하다.

예를 들어 그림을 생각해보자. 그림은 장소와 무게 같은 물리적 속성을 지닌 물리적 대상이다. 그것은 또한 분홍색이나 둥긂과 지각적 속성을 지닌 지각적 대상이다. 우리가 그것을 예술작품이라 부를 때, 우리는 그것의 어떤 속성들을 생각한다. 반면 그림을 페인트가 묻은 캔버스라고 부를 때, 우리는 그와는 다른 속성들을 생각한다. 그러나 그림이 이 두 속성의 집합을 모두 가진 동일한 개별 존재자라고 간주되지 말아야 할 이유는 없는 것 같다. 조셉 마골리스(Joseph Margolis)는 이러한 동일시를 강하게 거부한다("Works of Art as Physically Embodied and Culturally Emergent Entities"와 "The Ontological Peculiarity of Works of Art"). 문제의 핵심은 특별한 미적 중요성을 지닌 성질들(예를 들어 활기 있음, 시각적 균형 등)의 지위와 관련된다(아래의 3절 참조). 마골리스에 따르면, 시각적 예술작품(혹은 그것의 디자인)은 활기찰 수 있지만, 물리적 대상은 그럴 수 없다. 그러므로 예술작품은 물리적 대상과 수적으로 동일하지 않다는 것이 그의 생각이다. 그는 물리적 대상, 물리적 대상을 '체화하는' 예술작품, 그리고 예술작품을 토큰으로 가지는 '타입'이라는 세 대상들이 존재한다고 주장한다. 리처드 볼하임(Richard Wollheim)은 예술작품에 관해 말해지는 많은 것들이 악보나 책과 같은 물리적 대상에 관해서는 말해질 수 없다고 지적한다(*Art and Its Object*, pp. 1-63). 그는 또한 마골리스와 마찬가지로, '예술작품과 물리적 대상 간에는 속성의 양립 불가능성'이 있다고 주장하며, 물리적 대상은 (예술작품과는 다르게) 재현하거나 표현할 수 없다는 생각에서 시작한 긴 논증은 결국에는 양립 가능성의 인정으로 끝나는 것 같다(아래의 4절과 5절 참조). 볼하임의 고유 주장, 즉 예술작품은 '타입'이며 물리적 대상은 토큰이라는 주장은 흥미로운 방식으로 전개되었지만, 그가 물리적 대상 이론에 반대하면서 들여온 반례는 그의 주장에도 그대로 적용 가능한 것 같다. 타입이 벽에 걸리고, 운송되고, 파손될 수 있는가?

마골리스가 강조한 바와 같이, 조각이 문화적 대상이라는 점, 그리고 예술가의 노동을 통해 미적으로 흥미로운 속성들을 얻게 되었다는 점은 의심할 여지가 없다. 그러나 일단 돌에 작업이 가해져서 그 모습이 변형된 후에는 조각이 그러한 미적으로 흥미로운 속성들을 지닌다고 말하는 것에는 아무런 오류가 없다. 예술작품은 물리적 대상 이상의 무언가이다. 즉 예술작품은 새로운 형태와 성질이 더해진 물리적 대상이다("Is Art Essentially Institutional?"). 리처드 스클라파니(Richard Sclafani)도 이와 비슷한 견해를 옹호했다("The Logical Primitiveness of the Concept of a Work of Art").

그러한 설명이 '단수적' 예술작품(예를 들어 회화, 그리고 아마도 즉흥춤)에 적용될 수 있다 하더라도, '복수적' 작품(예를 들어 여러 공연으로 연주되는 음악작품, 동일 동판에서 산출된 동판화, 몇백만 부가 인쇄된 소설)에 적용하는 데에는 문제가 있다. 니콜라스 월터스토프(Nicholas Wolterstorff)는 예술작품을 두 개의 존재론적 부류로 설득력 있게 나누었고, 복수적 예술작품의 존재론을 섬세하게 설명했다("Toward an Ontology of Art Works"). 그는 '종'(kind)이라는 개념을 이용하는데, 간단히 말하자면 음악작품은 공연의 한 종이다(비록 실제로 공연되지 못한다 하더라도). 종의 예들은 물리적 대상이지만, 종 그 자체는 물리적 대상이 아니다.

월터스토프 이론의 정교함과 힘은 짧게 요약될 수 없다. 예를 들어, 그의 이론은 작품과 예시 사이의 차이를 허용한다. 〈브란덴부르크 협주곡 1번〉의 특정 공연은 '브란덴부르크 협주곡'이라는 종에 속하는 속성들이 가지지 못하는 속성들을 가질 것이다. 그리고 어떤 공연들은 (연주자의 실수로 인해) 그 종에 속하는 속성들을 결여할 것이다. 이 이론에 대한 가장 주된 반대는 (마골리스에 의해 제기되었다) 종이라는 것이 추상적 존재자이므로, 예술작품과는 달리 창조되거나 파괴될 수 없다고 말한다. 이는 사실이고, 그래서 월터스토프의 이론은 '창조하다'와 '파괴하다'라는 용어에 특별한 해석을 부여해야만 한다. 예를 들어, 복수적 예술작품을 창조한다는 것은 그 종에 속하는 첫 번째 예를 만드는 데 충분한 지시사항을 내리는 것이고, 예술작품을 파괴한다는 것은 더 이상 그 종에 속하는 예들이 나오지 못하게 하는 것이라고 말하는 방법이 있다. 우리가 예술작품에 대해서 말하고 싶어 하는 다양한 측면들을 생각해본다면, 즉 예술작품은 창조되고, 만들어지고, 팔리고, 인용되고, 복원되고, 칭송받고, 위조되고, 뉴욕으로 운송된다는 진술을 생각해본다면, 이 진술들을 모두 참이 되도록 만들 수 있는 단일한 존재론적 지위는 없는 것 같다. 그러나 우리의 존재론적 설명을 통해 위 진술에 대한 합리적인 해석을 할 수만 있다면 이게 큰 문제가 되지는 않는다. 예를 들어, 월터스토프의 이론을 따르면, '나는 〈브란덴부르크 협주곡 1번〉을 들었다'는 진술은 '나는 〈브란덴부르크 협주곡 1번〉의 공연 하나를 들었다'의 줄임말이다. 전반적으로 월터스토프의 이론이 지금 우리가 가진 최상의 이론인 것 같다(그러나 보다 섬세하게 이 이론을 가다듬으려는 시도로 다음을 참조할 수 있다. Jerrold Levinson, "What a Musical Work Is"; Kendall L. Walton, "The Presentation and Portrayal of Sound Patterns").

더 생각해봐야 할 문제가 있는데, 왜냐하면 우리에게 (지각적 성질을 가진) 물리적 대상인 예술작품과 물리적 대상의 종인 예술작품 간의 예리한 구분이 남았기 때문이다. 일원론적인 성향의 철학자들은 이런 이원론(마골리스가 제안한 것과 어떤 점에서 비슷한)을 없애고 싶어 하며, 그리하여 월터스토프의 이론을 단수적 작품에까지 확장하려고 한다. 잭 글리크만(Jack Glickman)이 개진한 설득력 있는 예술-창조 이론에 따르면, 예술가가 창조하는 것은 (그가 제작한) 물리적 대상이 아니고 물리적 대상의 한 종이다("Creativity in the Arts"). 그렇다면 〈모나리자〉마저도 물리적인 그림으로 간주되어서는 안 된다는 것이다. 그것은 예를 하나밖에 가지지 않은 그림의 한 종이다. 이 설명에 따르면 복원자가 손상된 작품을 되살리려고 작업할 때, 그는 그림의 외양, 즉 그것의 특별한 형태나 성질을 되살리려고 하는 것이다. 이러한 제안의 난점은 〈모나리자〉는 오직 하나라는 것이 그냥 단순히 참이 아니라 필연적으로 참인 것처럼 느껴진다는 사실, 그리고 아무리 정확하다 하더라도 〈모나리자〉의 복사본은 가짜처럼 느껴진다는 사실이다. 만일 〈모나리자〉가 하나의 개별적인 물리적 대상이라기보다는 하나의 종이라면, 어째서 원칙상 그 종의 예는 오직 하나뿐인지 설명하는 게 어려워진다. 그렇다면 우리는 복수적 예술작품과 단수적 예술작품 간의 차이는 좁혀지지 않는다는 점을 받아들여야 한다. 다른 한편으로는 우리가 〈모나리자〉라는 종의 최초 대상에게 (〈모나리자〉라는 종 그 자체에게가 아니라) 그러한 특별한 중요성을 부여하게 된 것은 단순히 역사적, 문화적 특이성 때문이라고 말할 수도 있다. 그렇다면 〈모나리자〉의 위작은 〈모나리자〉라는 종의 유일한 예가 되려고 하기 때문이 아니라 그 종류의 최초 예시가 되려고 하기 때문에 기만적이다.

참고문헌

Beardsley, M. C. "Is Art Essentially Institutional?" In Lars Aagaard-Mogensen, ed., *Culture and Art*. Atlantic Highlands: Humanities Press, 1976.

Binkley, Timothy. "Piece: Contra Aesthetics." *Journal of Aesthetics and Art Criticism* 25 (1977).

Glickman, Jack. "Creativity in the Arts." In Lars Aagaard-Mogensen, ed., *Culture and Art*. Atlantic Highlands: Humanities Press, 1976.

Goodman, Nelson. *Languages of Art*. Indianapolis: Hackett Publishing Co., 2nd ed., 1976.

Levinson, Jerrold. "What a Musical Work Is." *Journal of Philosophy* 77 (1980).

Margolis, Joseph. "The Ontological Peculiarity of Works of Art." *Journal of Aesthetics and Art Criticism* 26 (1977).

_____. "Works of Art as Physically Embodied and Culturally Emergent Entities." *British Journal of Aesthetics* 14 (1974).

Morton, Bruce. "Beardsley's Conception of the Aesthetic Object." *Journal of Aesthetics and Art Criticism* 32 (1974).

Sclafani, Richard J. "The Logical Primitiveness of the Concept of a Work of Art." *British Journal of Aesthetics* 15 (1975).

Walton, Kendall L. "The Presentation and Portrayal of Sound Patterns." In *Theory Only: Journal of the Michigan Music Theory Society* 2 (1977).

Wollheim, Richard. *Art and its Objects*. New York: Harper and Row, 1968.

Wolterstorff, Nicholas. "Toward an Ontology of Art Works." *Nous* 9 (1975).

3. 미적 성질

　이 책의 첫 번째 판이 발행되고 나서 1년 후에 프랭크 시블리(Frank Sibley)는 신선한 토론의 장을 열어준 세 논문들 중 첫 번째 편을 발표했고("Aesthetic Concepts"), 이후 그의 견해를 논의하는 여러 글들이 뒤따랐다. 이 주제와 관련된 복잡한 역사 안에서 나는 가장 중요하고 기본적인 몇 가지를 골라 언급하겠다.

　시블리는 예술작품(그러나 오직 예술작품에 한정된 것은 아니다)의 성질들이 두 유형으로 구분 가능하다고 보며, 각각의 성질 유형에 대응하는 두 유형의 용어가 존재한다고 본다. 음악이나 그림에 적용되는 '불안정한'과 '꿈꾸는 듯한'과 같은 것들은 미적 용어(aesthetic term)이다. 반면 음악이 6분 푸가토 악절을 포함한다고 말하거나 혹은 그림이 연한 파란색의 타원형을 포함한다고 말하는 것은 비미적 용어(non-aesthetic term)를 적용하는 것이다. 시블리의 여러 예들은 어떤 중요한 구분이 존재한다는 생각을 독자들에게 설득시켰지만, 명확하게 그 부분을 규정하는 것은 어렵다. 시블리에 따르면 미적 용어의 정확한 적용(혹은 미적 성질의 분별)은 '취미'(taste)의 작동을 요구한다(평가한다는 의미에서가 아니라 예민한 구분을 한다는 의미에서). 이러한 제안은 많은 비판을 받았는데("What is an Aesthetic Quality?" 참조), 특히 테드 코헨(Ted Cohen)의 세밀한 비판을 주목하라("Aesthetic/Non-aesthetic and the Concept of Taste"). 코헨은 그러한 구분을 보이는 데 시블리가 실패했으며, 미학에서 그 구분은 쓸모없다고 주장한다. 그에 따르면 여러 용어들을 그러한 구분으로 분류하는 데 사용되는 어떤 안정적이고 수렴된 직관이 비평가나 미학자들 사이에서 발견되지 않는다. 코헨은 용어의 긴 목록을 제시한 후(p. 139), 독자들로 하여금 그것들이 미적인지 비미적인지 구분해보라고 요청한다. 그러나 이러한 그의 논증 방식은 문제가 있을 수 있다. 왜냐하면 한 용어에는 여러 다양한 의미들이 존재하는데(예를 들어 한 용어의 은유적 의미는 다양한 종류의 대상들에 적용되면서 그 의미가 변한다), 그의 논증은 그런 다양한 의미들을 구분하도록 허락하지 않기 때문이다. 예를 들어 그가 들었던 예시인 '편안한'이라는 용어는 '나는 편안한 휴가를 보냈다'에서는 비미적이지만, '칸딘스키의 그림 〈휴식〉(At Rest)은 편안하다'에서는 미적이다.

　그러나 다양한 의미의 허용은 미적/비미적 구분에 필요한 원칙을 제시하지 못하며, 만일 시블리처럼 취미에 호소하는 것이 충분하지 않다면 어떤 대안이 존재하는가? 내 생각에는 아주 명확하게 그어질 수 있는 두 구분이 존재하는 것 같으며, 그 구분들은 또한 그어질 가치가 있다. 미적/비미적이라는 구분은 문제의 두 구분과 긴밀히 관련되며, 아마도 일종의 두 구분의 복합물일 것이다. 먼저, 영역(regional) 성질과 국소적(local) 성질의 구분이 있으며, 이는 로버트 마서스(Robert Mathers)와 조지 디키가 몇 년 전 지적한 것처럼("The Definition of 'Regional Quality'"), 이 책의 첫 번째 판(제2장)에 등장했던 것보다는 다소 약한 형태로 수정되어야 한다. 영역 성질이란 국소적 성질의 성격 및 부분들 사이의 관계로 인해 복합체가 가지게 되는 성질이다. 시블리는 실질적으로 그가 말하는 미적 성질 모두가 영역 성질의 하부 집단으로 간주될 수 있다고 말하는데, 우리가 '인간적 영역 성질'이란 용어로 대체한다면 미적 성질과 영역 성질 집단의 외연이 겹치도록 할 수 있을 것이다. 인간적 영역 성질이라는 개념은 좀 더 다듬어져야 한다. 간단히 말해, 예술작품의 인간적 영역 성질이란 인간에게 적용 가능한 용어에 의해 지시되는 (아마도 은유적으로) 예술작품의 성질을 말한다. 예를 들어 '불안한', '편안한', '꿈꾸는 듯한'이 그렇다. 둘째로, 미적 가치 판단(아래의 9절 참조)을 지지하기 위해 직접적으로 고려될 수 있는 성질과 그렇지 않은 성질 사이의 구분을 할 수 있다. 칸딘스키의 그림을 훌륭한 것으로 만드는 것은 그림의 현저한 편안함이며, 반면 파울 클레(Paul Klee)의 〈항구의 활동〉(Activity of the Port)을 훌륭한 그림으로 만드는 것은 바로 그 그림의 강한 불안정감이다("What is an Aesthetic Quality?" 참조. 이 생각에 회의적인 글로는 다음을 참조. Goran Hermerén, "Aesthetic Quality, Value, and Emotive Meaning").

시블리는 그의 원래 글에서 두 개의 핵심 논제를 주장했다. ① 대상 내 미적 성질의 존재는 특정 비미적 성질의 존재에 의존한다(영역 성질이 국소적 성질에 의존하는 것처럼). ② 미적 용어 혹은 미적 의미로 사용된 용어는 적용조건(application condition)을 가지지 않으며, 규칙통제적 기준(rule-governed criteria)에 의거해 적용되지 않는다. 피터 키비(Peter Kivy)는 미적 용어가 비미적 용어로 분석 가능하다는 견해를 강하게 주장한다(Speaking of Art, "Aesthetic Concepts" 및 여러 글들을 통해). 즉 모차르트 미뉴에트(현악 4중주 K. 464)의 통일성을 지각하는 것은 두 모티브의 선율적, 화성적, 대위법적 관계를 듣는 것에 다름 아니라는 것이다. 그러나 내 생각에 통일성은 창발적(emergent) 성질인 것 같다. 즉 곡 내부의 닮음과 조합의 결과로 탄생한 곡 전체의 성질이지, 곡 내부의 닮음과 조화로 환원되는 성질은 아닌 것 같다.

미학: 비평 철학의 문제들

당시 시블리는 그의 부속 논제를 옹호해야 할 필요성을 느끼지 않았지만, 후속 논문을 통해서 옹호 작업을 이어갔다("Objectivity and Aesthetics" 참조). 이 책의 첫 번째 판에서 나는 인간적인 영역 성질들의 객관성을 주장했지만, 이와 관련된 반론을 직접적으로 상대하지는 않았다. 내 생각에는 그림의 불안감이 그림 속 국소적 성질 및 관계들로부터 나온다는 사실을 증명하는 작업은 그렇게 어렵지 않다. 삭제, 추가, 대체 등을 통해 문제의 성질 및 관계들을 변형하기 시작한다면 우리는 불안감의 강도에 영향을 미치거나 혹은 그 성질을 사라지게 만들 수 있을 것이다. 이것은 밀(Mill)의 차이법(Method of Difference)이다. 그러나 문제는 영역 성질의 존재가 또한 예술작품 외부 요인들로 인한 것인가이다. 만일 그렇다면, 우리는 예술작품의 '미적' 기술을 작품 외부 요인에 따라 (불안감 혹은 편안함으로) 상대화하고 있는 것이다. 아주 단순한 예를 들어보자면, 그림에서 불안감을 지각한다는 것은 우리의 마음 상태에 의해 영향받는다는 주장이 종종 제기된다. 우리의 마음이 아주 평온한 상태라면, 약간 불안한 그림도 우리에게는 매우 불안하게 보일 수 있다. 그렇다면 불안감은 그림의 단순 성질로 간주되어서는 안 되고, 지각자의 감정 상태에 상대적인 성질로 간주되어야 한다. 물론 이러한 특정 논증은 다소 쉽게 제거할 수 있다. 왜냐하면 우리는 성질의 지각이 주관적 요인에 의해 영향받는다 하더라도 성질의 존재는 영향받지 않는다고 말할 수 있기 때문이다.

　　미적 성질의 객관성에 대한 또 다른 복잡한 도전은 다음의 흥미로운 논증에서 나타난다. 켄달 월튼(Kendall Walton)은 각각의 예술작품은 어떤 범주(category)에 속한 것으로 이해되어야 하며, 이때 범주란 표준적 속성 및 가변적 속성으로 정의된다고 말한다("Categories of Art"). 작품이 가지는 성질의 존재와 강도는 부분적으로는 작품이 속한 범주의 함수라는 것이다. 그렇다고 이로부터 상대주의가 필연적으로 결과하는 것은 아닌데, 왜냐하면 작품이 속한 정확한 하나의 범주가 일반적으로 존재하며, 따라서 그러한 정확한 범주에 속한 것으로 지각되었을 때 가지게 되는 성질들이 있다고 말할 수 있기 때문이다. 작품의 정확한 범주를 결정할 때 사용되는 중요한 기준 중 하나는 작가의 의도이다. 이 논증의 구조는 복잡하다. 이 논증은 우리의 기대와 믿음이 지각에 어떻게 영향을 끼치는지에 대해 통찰력 있는 견해를 제시하지만, 여러 다양한 분류들을 다 포함해버린 범주 개념에 문제가 있는 것 같다.

　　한편 조셉 마골리스는 미적 성질을 예술작품에 귀속하는 문장들이 적절함이나 그럴듯함과 같은 대안적 '가치들'(values)을 가질 수 있으나 진리치(truth value)는 가지지 않는다고 주장한다("Robust Relativism" 참조. 비슷한 관점이 다음 글에서 전개되기도 했다. Karl Aschenbrenner, *The Concept of Criticism*). 마골리스는 그런 대안적 '가치'에 대한 설명을 제시하지 않았고, 그 '가치'가 도대체 어떤 종류의 가치인지도 말하지 않았다. 비인지주의를 주장하는 그의 주된 논증은 비미적 성질과 관련해서 우리는 그 성질을 가짐과 그 성질을 가진 것처럼 보임을 구분할 수 있는데('빨갛다' vs. '빨갛게 보인다'), 미적 성질과 관련해서는 그런 구분을 할 수 없다는 내용으로 구성된 것 같다. 그러나 나는 그렇게 생각하지 않는다. 나는 자신의 미적 성질에 대한 판단을 취소한 비평가들을 많이 알고 있다('그 연극을 처음 봤을 때에는 냉소적이고 경솔하게 느껴졌지만, 두 번째 관람에서는 더 반어적이고 희극적이었다'). 어찌 되었든 예술작품에 대한 비평가들의 기술이 참도 거짓도 아니라고 한다면 그들이 자신의 기능을 수행하기는 참 힘들 것이다. 예를 들어, 그들의 기술은 비평적 평가를 지지하는 근거로 제시되지 못할 것이다(그러나 실제로는 아주 자주 근거로 제시된다).

이자벨 헝거랜드(Isabel Hungerland)는 'N-귀속(비미적 성질의 귀속)이 간주관적으로 검증되는 그런 방식으로는 검증되지 않는 것'으로 'A-귀속'(미적 성질의 귀속)을 정의함으로써 객관성의 문제를 해결한다("Once Again, Aesthetic and Non-Aesthetic", p. 286). 그녀에 따르면, '-이다/-처럼 보인다'의 대조가 미적 용어에는 '축어적으로' 적용되지 않으므로 실제 상황에서 사용될 수 없다(p. 288). 나는 이 주장에 회의적이다.

제프리 올렌(Jeffrey Olen)은 다음을 주장한다. ① 예술작품의 부분에 어떤 구체적인 미적 성질이 존재하게 되는지는 우리가 작품 전체에 부여하는 해석에 의존한다(이때 해석이라는 것은 작품을 정합적이게 만드는 하나의 통일적 이론이라는 넓은 의미로 이해된다), ② 예술작품은 언제나 하나 이상의 해석을 허용한다. 그러므로 미적 성질의 귀속은 본질적으로 상대적이다("Theories, Interpretations, and Aesthetic Qualities"). 그러나 보다 섬세한 분석을 통해 우리는 어떤 것이 가지는 미적 성질의 가능 범위는 미적 성질에 대한 맥락적 결정에 한계를 부여할 수 있으며, 이로 인해 미적 성질 및 해석은 상호 간의 조정 과정에 의해 결정된다(이 과정에서 여러 부분들의 잠재적 성질들이 고려된다)는 사실을 알 수 있다.

미적 성질이 존재한다면, 그것의 파악은 일상적인 지각으로도 가능한 것인지 혹은 미적 성질에 인식론적으로 특유한 어떤 방식에 의해 가능한 것인지에 대한 토

미학: 비평 철학의 문제들

론도 존재한다. 후자의 방식을 주장하는 버질 알드리치(Virgil Aldrich)에 따르면, 우리는 작품을 '살아있는 것으로 만드는'(animating) 방식으로 예술작품의 성질을 '파악한다'(*Philosophy of Art*, 1장). 내 생각에 미적 성질을 파악하는 데 특수한 방식이 필요하다는 주장은 아직까지 설득력 있게 제시되지 않았다. 시블리가 지적하듯이, 우리는 그림의 불안감을 보고, 음악의 편안함을 듣는다.

참고문헌

Aldrich, Virgil. *Philosophy of Art.* Englewood Cliffs: Prentice-Hall, 1963.

Aschenbrenner, Karl. *The Concepts of Criticism.* Dordrecht: D. Reidel, 1974.

Beardsley, M. C. "The Descriptive Account of Aesthetic Attribution." *Revue Internationale de Philosophie* 28 (1974).

_____. "On the Relevance of Art History to Art Criticism." In Thomas F. Rugh and Evin R. Silve, eds., *History as a Tool in Critical Interpretation.* Provo: Brigham Young University Press, 1978.

_____. "What is an Aesthetic Quality?" *Theoria* 39 (1973).

Cohen, Ted. "Aesthetic/Non-aesthetic and the Concept of Taste: a Critique of Sibley's Position." *Theoria* 39 (1973).

Hermerén, Göran. "Aesthetic Qualities, Value and Emotive Meaning." *Theoria* 39 (1973).

Hungerland, Isabel. "Once Again, Aesthetic and Non-Aesthetic." *Journal of Aesthetics and Art Criticism* 26 (1968).

Kivy, Peter. "Aesthetic Concepts: Some Fresh Consideration." *Journal of Aesthetics and Art Criticism* 37 (1979).

_____. *Speaking of Art.* The Hague: Martinus Nijhoff, 1973.

Margolis, Joseph. "Robust Relativism." *Journal of Aesthetics and Art Criticism* 35 (1976).

Mathers, Robert, and Dickie, George. "The Definition of 'Regional Quality'." *Journal of Philosophy* 60 (1963).

Olen, Jeffrey. "Theories, Interpretations, and Aesthetic Qualities." *Journal of Aesthetics and Art Criticism* 35 (1977).

Sibley, Frank. "Aesthetic Concepts." *Philosphical Review* 68 (1959), somewhat revised in Joseph Margolis, ed., *Philosopohy Looks at the Arts.* Rev. ed., Philadelphia: Temple University Press, 1978.

_____. "Aesthetic and Nonaesthetic." *Philosophical Review* 74 (1965).

_____. "Objectivity and Aesthetics." *Proceedings of the Aristotelian Society*, Supplement vol. 42 (1968).

Walton, Kendall L. "Categories of Art." *Philosophical Review* 79 (1970).

4. 의미와 은유

    지난 수십 년간 의미 이론에서 대단한 진전이 있었고 그래서 문학에서의 의미에 대해 이 책의 초판에서 설명했던 것(제3장)보다 더 나은 설명을 제공할 수 있게 되었다. 물론 초판에서의 문학의 양식에 대한 논의, 그리고 의미 이론을 다루면서 했던 여러 가지 구별은 여전히 유지해야 할 것이다. 사실 지금까지도 보편적인 동의가 이루어진 것은 아니며, 의미와 의도의 관계, 즉 구어 및 문어 텍스트가 의미하는 것과 화자나 저자가 그 텍스트를 통해 의미하는 것의 관계에 대한 문제는 여전히 매우 논쟁적이다. 과학에서 언어를 사용할 때처럼 그 목적에 따라 의미는 진리-조건의 견지에서 적절하게 설명될 수 있을 것이다. 어떤 사람이 '노련한 수완가'로 올바르게 일컬어지기 위해 그가 가져야 하는 속성들이 '노련한 수완가'라는 용어의 의미를 구성한다. 그러나 좀 더 넓게 보면, 문학의 이론에 필요한 의미에는 복잡한 문제들이 발생한다. 예를 들면 문학에서는 은유적으로 사용되는 단어의 특별하고 비표준적인 의미를 고려해야 한다. 축자적인 맥락-유형의 '차분한 성향'이 아니라, '차분한 조각'과 같은 맥락-유형에서 '차분한'이 의미하는 것이 그것이다.

    여러 언어 철학자들이 고도로 정교한 의도주의 의미 이론을 발전시키는 데 기여했고 그중 가장 눈에 띄는 이는 그라이스(H. P. Grice)이다("Utterer's Meaning and Intentions"와 그 글에 언급된 이전 논문들을 보라). 대략적으로 그 주장은 특수한 상황에서 만들어진 텍스트(즉 '발화')가 의미하는 것은 그 텍스트 제작자가 자신이 만든 텍스트를 통해 전달하고자 의도한 의미이고 다른 사람이 이해하도록 의도한 의미라는 것이다. 텍스트의 의미에 대한 이 이론은 다양한 방식으로 다듬어지고 더 복잡해졌으며 가장 유망한 이론으로 생각되기도 한다. 내 생각에 그 이론은 어떤 형태일지라도 모두 반례와 충돌하고, 그 이론의 일부 형태에서 의도의 개념은 악성 퇴행을 초래한다. 예컨대 잘못 말한 경우는 화자가 그가 의미하려 하지 않은 의미를 갖는 단어를 발화하는 경우로 보인다. 그러나 그 이론은 주의 깊게 연구할 가치가 있으며 아주 유효하게 힘을 발휘하는 이론이다. (더 자세한 논의는 John Biro의 "Intentionalism in the Theory of Meaning"을 보라)

    내 생각은 의미에 대한 다른 방향의 설명을 찾는 것에 기울어 있다. 그 설명은 언어 철학에서 매우 유익한 교의가 발전되어 길이 열린 것으로, 최초의 공헌은 오스틴(John Austin, 언어를 사용하는 방법)에게 돌릴 수 있으며 그 외에도 많은 학자들이 있지만 특히 앨스턴(William P. Alston, 언어 철학)과 설(John R. Searle, 발화 행위)에게도 빚지고 있다. 이 '발화-행위'(Speech-Act) 이론이 제공하는 새로운 개념은 문학 이론의 문제들에 다양한 방식으로 적용되어왔고 매우 흥미로운 결과들을 낳았다. (예컨대 "Verbal Style and Illocutionary Action"과 "Aesthetic Intentions and Fictive Illocutions"과 그 글에 있는 참고문헌들을 보라) 중심 개념은 '발화수반 행위'(illocutionary action)의 개념인데, 그것은 이해할 수 있는 단어 연쇄(텍스트)를 발화할 때 수행되는 행위이다. 이 이론의 나의 버전은 내 생각으로는 오스틴의 이론에 가깝지만 다른 사람들의 버전과는 상당히 다르다. '식료품을 안으로 좀 날라다 줘'라는 말을 특정한 상황, 즉 명백히 움직일 수 있는 개체들인 식료품과 누군가가 가까이 있는 상황에서 발화하는 것은 식료품을 안으로 운반해달라고 도움을 요청하는 행위를 발생시킨다. (즉 그런 행위가 된다) 이것은 일종의 발화수반 행위이며 특별한 종류의 요청으로서, 발화수반 행위의 일반적인 유형이다. 다른 유형은 칭찬이나 팀 응원, 위협, 거절, 조롱, 격려, 약속, 진술, 요구 등이 있다. 대부분의 발화수반 행위는 의도적으로 수행된다. 즉 행위를 수행하려는 의도가 있으며, 식료품을 운반하는 도움을 얻으려는 것처럼 일반적으로 그 행위를 수행함으로써 어떤 결과를 얻으려는 의도도 있다. 그리고 일부 발화수반 행위에서는 특수한 종류의 의도가 있을 것이 그 행위가 일어나기 위해 충족되어야 하는 발생 조건 중 하나이다. 발화수반 행위를 수행하려고 의도하지만 실패하는 경우도 아주 흔하다. 도움을 요청하는 발화를 했을 때 아이들이 이미 도망가버렸거나 그 소리가 들리지 않았거나 하여 '활용'할 수 있는 행위자가 없는 경우는 그러할 것이다.

발화수반 행위 이론에 의해 가능해진 의미 이론(그리고 앨스턴이 제안한 의미 이론)은 문장의 의미와, 간접적이지만 문장을 구성하는 단어들의 의미를 그 문장과 단어의 '발화수반 행위 잠재력'으로 간주한다. 이것은 언어의 의미론적이고 구문론적인 규칙에 따라 발화수반 행위를 수행하는 데 사용될 수 있는 능력이다. 이 주장 역시 검토를 많이 해야 하지만, 단어의 함축 등과 같이 문학의 해설에서 핵심적인 종류의 의미를 다루는 데 좋은 기반을 제공하는 듯 보인다(제2장, 비평의 가능성을 보라).

초판 이래 많은 연구가 이루어져서 시와 일상 담화에서의 은유적 표현과 그 역할에 대한 설명을 할 때 마주치는 문제들을 해결하는 데 많은 도움이 되었다. 이 이론들을 보면 근본적인 관점이 좀 나뉘어 있다. 은유의 '전환'(conversion) 이론을 주장하는 이들은 단어가 은유적인 태세로 들어갈 때 신선한, 심지어 새로운 의미를 획득한다고 주장한다("Metaphorical Senses"를 보라). 이 관점에 따르면, 은유적인 의미는 있으며, 이것은 표준화되지 않고 특수한 언어적 맥락-유형에 연결된다는 것이다. 이러한 방식으로만, 은유가 표준적인 사전적 의미의 변화가 발생하는 중요한 방식 중 하나라는 사실을 설명할 수 있다고 나는 확신한다. '느리게'(largo)와 같은 단어는 특정한 성격의 음악에 은유적으로 적용될 수 있고 그 은유적인 의미가 점점 감소하고 안정되어 나중에는 죽은 은유(dead metaphor)가 된다. 그 단어의 은유적 의미는 새로운 축자적 의미가 된다. 그러나 초판(제3장)에서 주장했던 입장과는 반대로 나는 은유적 단어의 의미가 그 단어에 이미 있었던 함축에 한정되지 않는다는 것을 깨닫게 되었다. 은유는 지칭 대상이 된 사물에서 이전에는 부수적인 속성들이었던 것(예컨대 차분한 사람과 차분한 성향에 관해 우리가 알고 믿었던 것)을 의미로 변화시킨다("The Metaphorical Twist"를 보라).

은유에 관한 '항상성'(constancy) 이론을 주장하는 이들은 은유에 사용된 단어들이 그 축자적 의미를 유지하고 있음에도 불구하고 은유가 어떻게 작용하는지를 설명하고자 한다(J. J. A. Mooji, *A Study of Metaphor*를 보라). 한 가지 방법은 은유적 문장을 축약된 직유로 보는 것이다. 이때 두 사물, 혹은 두 종류의 사물을 비교하게 된다. 데이비슨(Donald Davidson)은 최근 이 이론의 한 버전("What Metaphors Mean")을 옹호했지만 그것은 은유의 인지적 내용을 최소화한 것이었다. 은유적 문장이 전달하는 상당량의 정보, 관점, 훌륭한 판단, 통찰을 고려할 때 이 입장은 받아들이기 어렵다고 생각한다. 굿맨(Nelson Goodman, "Metaphor as Moonlighting")은 데이비슨의 논문에 대해 내가 보기에는 어느 정도 효과적이며 설득력 있는 비판을 개진했다.

은유와 관련해 끈질기게 남아 있는 문제 중 하나는, 단어나 구절에 은유적인 태세를 부여해 은유적 의미를 발생시키는 특징들을 확인하는 것이다. 초판에서 나는 이것을 논리적 양립 불가능성의 견지에서 설명했다. 그리고 특별한 경우에는 어색한 오류의 측면도 여기에 추가된다. 차분함은 지각이 있을 것을 수반하는데 조각은 그렇지 않기 때문에, '차분한 조각'이라는 조합은 축자적으로는 두 단어가 자연스럽게 연결되지 않는다. 빙클리(Timothy Binkley, "On the Truth and Probity of Metaphor")와 코헨(Ted Cohen, "Notes on Metaphor")이 보여주듯이, 무엇보다도 이 특징들은 모든 은유를 설명하지 않는다. 은유의 부정인 은유('결혼은 장미 침상이 아니다')는 축자적으로 참이고

미학: 비평 철학의 문제들

필연적으로 참이다. 이 문제는 여전히 풀리지 않고 있지만 이것은 부정의 2차적 성격을 보여준다고 생각한다. 결혼을 장미 침상으로 생각하는 데 있어서의 논리적 양립 불가능성은 논리적으로 참인 진술조차도 가로막고 그래서 그 진술을 은유적으로 만드는 데 있어 핵심적인 역할을 함에 틀림없다.

참고문헌

Austin, J. L. *How to Do Things with Words*. Oxford: Oxford University Press, 1962.

Alston, William P. *Philosophy of Language*. Englewood Cliffs: Prentice Hall, 1964.

Beardsley, M. C. "Aesthetic Intentions and Fictive Illocutions." In Paul Hernadi, ed., *What is Literature?* Bloomington: Indiana University Press, 1978.

_____. "Intentions and Interpretations: A Fallacy Revived." In *The Aesthetic Point of View*, ed. Donald Callen and Michael Wreen. Ithaca: Cornell University Press, 1981.

_____. "Metaphor and Falsity." *Journal of Aesthetics and Art Criticism* 35 (1977).

_____. "Metaphorical Senses." *Nous* 12 (1978).

_____. "The Metaphorical Twist." *Philosophy and Phenomenological Research* 22 (1962).

_____. *The Possibility of Criticism*. Detroit: Wayne State University Press, 1970.

_____. "Verbal Style and Illocutionary Action." In Berel Lang, ed., *The Concept of Style*. Philadelphia: University of Pennsylvania Press, 1979.

Binkley, Timothy. "On the Truth and Probity of Metaphor." *Journal of Aesthetics and Art Criticism* 22 (1974).

Biro, John. "Intentionalism in the Theory of Meaning." The Monist 62 (1979).

Cohen, Ted. "Notes on Metaphor." *Journal of Aesthetics and Art Criticism* 34 (1979).

Davidson, Donald. "What Metaphors Mean." Critical Inquiry 5 (1978).

Grice, H. P. "Utterer's Meaning and Intentions." *The Philosophical Review* 78 (1969).

Goodman, Nelson. "Metaphor as Moonlighting." *Critical Inquiry* 6 (1979).

Mooij, J. J. A. *A Study of Metaphor*. Amsterdam: North Holland, 1976.

Ricoeur, Paul. *The Rule of Metaphor: Multi-disciplinary Studies of the Creation of Meaning in Language*. Toronto: University of Toronto Press, 1977.

Scheffler, Israel. *Beyond the Letter: A Philosophical Inquiry into Ambiguity, Vagueness and Metaphor in Language*. London: Routledge and Kegan Paul, 1979.

Searle, John R. *Speech Acts*. Cambridge: Cambridge University Press, 1970.

5. 재현

    초판에서의 회화적 재현에 관한 논의(제6장)는, 진지한 논의는 고사하고 거의 인식조차 되지 않던 중요한 난제들에 답해보려는 첫 시도였다. 그림이 무언가를 재현한다는 것은 무엇인가? 혹은 '피카소의 〈거울 앞의 소녀〉(Girl Before a Mirror)가 소녀를 재현한다'는 것과 같은 진술의 진리-조건은 무엇인가? 세부적으로 철저하게 완성되지는 않았지만 그 논의로 인해 언제나 필요하고 유용한 여러 가지 구별을 행하게 되었다. 그러나 여러 가지 핵심을 적절하게 살피기 위해서는 가장 중요하고 어려운 개념인 묘사(depiction)의 개념에 대해 제안했던 분석을 상당히 수정할 필요가 있음이 분명해졌다. 예컨대 우리는 어떤 그림을 묘사하는 것과 단순히 그것을 복제하는 것을 구별하기를 원한다는 것, 같은 원판에서 연속해서 찍힌 두 판화는 아무리 서로 비슷할지라도 서로를 묘사하지 않는다는 것, 존재하지 않는 대상과 사태가 묘사될 수 있고 심지어 매우 사실적으로 묘사될 수 있다는 것, 캐리커처와 큐비즘 화가의 환상적 이미지도 재현할 수 있다는 것 등이다. 몇 년 후 지프가 독립적으로 내놓은 독창적인 제안("On What a Painting Represents")은 '시각적 국면들'(visual aspects)이란 개념을 핵심적으로 사용하는데, 시각적 국면들은 그림과 대상 둘 다에 있는 것이고 따라서 서로 연결되는 바가 있다. 이 제안을 적용하는 데 있어서의 난점, 이를테면 피카소의 그림은 거울 앞에 있는 한 소녀의 시각적 국면이라 할 수 있는 무엇을 담고 있다고 생각하기 어렵다는 것 등은 내 원래 주장의 결함을 더 분명하게 보이게 했다. 거의 같은 시기에(1960) 곰브리치(E. H. Gombrich)의 『예술과 환영』(Art and Illusion)이 출간되어 우리는 회화적 재현에서 관습이라는 요소에 대해 이전보다 훨씬 깊게 이해하기 시작했다. 우리가 그림에 사용된 재현 체계의 법칙을 완전히 이해하기 위해서는 그림을 읽는 방법을 배워야 한다는 사실이다. 즉 예컨대 선묘에서 테두리 윤곽이 있는 구역은 고체를 묘사하는 것으로, 교차형의 선영(線影)은 그림자를 묘사하는 것 등으로 간주해야 한다(cf. David Novitz, "Conventions and the Growth of Pictorial Style").

    재현에 관한 문제들은 넬슨 굿맨의 『예술의 언어들』(Language of Art)의 출간으로 그 논의가 정점에 이르렀는데, 이 책은 회화적 재현은 필연적으로 그림과 그것이 묘사하는 대상 사이의 중요한 유사성과 관련되어 있다는, 널리 퍼져 있고 사실 보편적이라고 할 수 있는 가정에 정면으로 도전했다(제1, 6장의 1절 참고). 그 가정은 〈거울 앞의 소녀)의 어떤 형태(게슈탈트)와 거울 앞에 서 있는 젊은 여인에게서 특징적으로 보이는 어떤 형태 사이에도 심지어 유사성이 있다는 것이다. 이에 재현을 위해 유사성이 필요하지 않다는 것을 보여주는 굿맨의 주장은 재현 문제에 대한 풍부한 논의의 길을 새롭게 열었다.

굿맨의 급진적인 주장은, 회화적 재현(혹은 음악에서의 재현 등)에 관해 우리가 말할 수 있는 것은 모두 다음 두 가지 근본적인 개념의 견지에서 말할 수 있다는 것이다. 첫째, 단순한 재현(representation tout court)이 있는데 그는 이것을 그냥 통상적인 의미에서의 지시(denotation)라고 주장한다. 자동차의 그림은 일반적인 자동차를 지시한다. '자동차'라는 용어(더 정확하게는 '자동차이다'라는 술어)가 자동차들을 지시하는 것과 마찬가지이다. 그 차이는 그림과 언어적 술어는 다른 종류의 상징체계에 속한다는 것이다. 굿맨이 열성적으로 전개한 도식에 따르면 회화적 상징체계는 언어와 달리 의미론적으로도 구문론적으로도 조밀하다. 그러나 둘째, 우리는 또한 회화적 속성의 측면에서, 즉 그 그림을 지시하는 술어의 견지에서 한 그림을 다른 그림들과 같이 분류할 수 있다. 예컨대 자동차 그림과 끊임없이 움직이는 기계 그림을 구별할 수 있다. 물론 끊임없이 움직이는 기계 그림은 아무것도 지시하지 않는다. 그러한 기계가 없기 때문이다. 그리고 심지어 자동차 그림도 (만일 그 그림이 바퀴가 13개 달린 차의 그림이라면) 실제의 자동차를 지시할 필요가 없고, 어떤 그림이 자동차를 지시하기 위해 자동차 그림일 필요도 없다. 예컨대 엄청나게 큰 주차장의 사진이나 그림 위에 작은 점이 하나 있는 경우, 멀리서 봤을 때 자동차가 점들처럼 나타난 경우를 생각할 수 있다.

사실 굿맨의 비판자들조차도 이 두 가지 기본적 개념, 즉 조밀한 상징체계에서의 지시의 개념과 어떤 것의 그림이라는 개념을 발전시키고 적용한 굿맨의 기량과, 그의 주장이 설득력 있는 것으로 드러나는 것에 경탄해왔다. 그러나 나는 그 이론의 어떤 기본적인 특징, 특히 재현을 지시로 취급한 것이 여전히 난감하다("Languages of Art and Art Criticism"을 보라). 굿맨은 불특정한 지칭의 형태로서의 묘사의 개념〔예컨대 그 사진은 어떤 자동차를 묘사한다〕에 반대하지 않는다고 말하기는 했지만, 그는 회화와 조각에서처럼 존재하는 사물의 재현은 언어적 라벨과 같은 기본적인 의미론적 부호를 갖는 것으로 생각한다. 물론 그 둘 사이에는 매우 큰 차이가 있다는 것을 인정하지만 말이다. 예컨대 술어들은 논리적으로 결합되고 분리될 수 있지만 그림들은 그렇게 할 수 없다는 것이다. (하지만 Robert Howell, "Ordinary Pictures"를 보라) 나는 묘사가 많은 시각 예술작품의 중요한 의미론적 기능이며 묘사는 선택적 유사성과 관련된다고 믿는다. 본질적으로 나의 생각은, 묘사하고 있는 표면은 예컨대 자동차 모양같이 그것이 아무리 왜곡되더라도 특정 종류의 사물이 가진 구별되고, 특유하고, 차이를 드러내는 특징들과 일치하는 어떤 시각적 특징들을 갖는다는 것이다. 다른 양식 체계로 그려진 다른 그림에서는 그 선택된 특징이 색, 덩어리, 그림 공간 속의 위치, 명암의 패턴 등으로 달라질지라도 그러하다.

이 관점에 대한 주목할 만한 대안 두 가지가 최근 제시되었다. 월튼(Kendall Walton, "Pictures and Make-Believe"와 이후의 논문들을 보라)은 '허구적 참'에 대한 미묘하고 인상적인 이론을 발전시켰다. 그 이론에 따르면 예컨대 '드라큘라는 거울에 비치지 않았다'는 명제는 브램 스토커의 소설에서 '허구적으로 참이다'. 그것은 그 텍스트로 인해 소설 속 세계에서 참이 되지만 실제 세계에서는 참이 아니기 때문이다. 이것은 정확하고 복잡한 정의항을 대략적으로 바꾸어 쓴 것이다. 허구적으로 참이 되는 한 가지 방법은 '~체하기로서의 참'(make-believedly true)이 되는 것이다. 이것은 '상상적으로 참임'과 대조된다. 즉 누군가의 상상하기, 체하기 등이 아닌 어떤 사실에 의해 허구적으로 참이다. 그러면 재현적 회화는 '체하기 놀이에서의 소도구'라 할 수 있다. 그림에서의 대상, 사건, 인물에 관한 참은 캔버스 위의 형태, 선, 색채에 의해 허구적으로 참이다. 캔버스 위의 시각적 형태들은 예컨대 다비드(David)의 유명한 그림에서 『파이돈』(Phaedo)에 나오는 소크라테스와 그의 친구들을 우리가 보고, 주목하고, 알아보는 등의 (체하기) 행위를 수행하는 것을 가능하게 한다. 특정한 사회에서 어떤 그림이 묘사하는 것은, 그림의 시각적 속성들로 어떤 명제를 체하기로서의 참으로 간주할지를 규정하는 사회적 규칙에 의해 결정된다. 월튼에 따르면 대상을 묘사하기 위해 대상과의 닮음이 필요하지는 않아도 어떤 대상의 묘사를 인식하는 것은 그 대상에 대한 체하기 인식으로 간주되기 때문에 그 체하기 놀이 게임은 닮음에 의해 일반적으로 더 용이해진다.

월튼의 설명은 상세하게 전개되고 있고 재현에 관한 여러 가지 난제들을 살피고 있다. 그러나 내 생각에 월튼의 설명은 또 다른 난제들을 발생시키기도 하는 것 같다. 예컨대 소크라테스가 독약을 마셨다는 것은(역사적으로 참이므로) 다비드의 그림에서 어떻게 체하기로서의 참이 되는가? 그리고 피카소가 거울 앞의 소녀를 묘사한 것을 인식할 때 내가 거울 앞의 소녀를 인식하고 있다는 체하기가 전혀 개입되지 않는다는 나의 감각은 흔들리지 않는다. (다른 논평으로 Eddy Zemach, "Description and Depiction" 을 보라) 주의 깊고 분명하게 전개된 헤르메렌(Göran Hermerén)의 다른 설명("Depiction" 과 제2장의 시각 예술에서의 재현과 의미를 보라)은 '~로서 보기'(seeing as)라는 비트겐슈타인의 개념을 기반으로 하고 있다. 헤르메렌은 '묘사'의 여러 가능한 의미들을 고려하지만 중심적인 (그리고 권장하는) 의미로는, 사과의 그림은 그 시각적 속성이 그것을 사과로 볼 수 있도록 배열되어 있을 때 사과를 묘사한다는 것이다. 그와 월튼 모두, 비록 헤르메렌이 다른 방향으로 발전시켰다 할지라도 이 제안이 월튼의 제안과 유사한 점 이 있다는 것에 주목한다. 하웰(Robert Howell)의 "The Logical Structure of Pictorial Representation"에서의 전문적인 분석은 그려진 대상과 사건에 대한 진술을 설명하 기 위해 가능 세계의 의미론을 사용하는데 재현의 개념에서 '~로서 보기'를 핵심적 인 요소로 간주한다. 로빈슨(Jenefer Robinson, "Some Remarks on Goodman's Language Theory of Pictures")은 '~로서 보기'라는 용어가 시각적 파악뿐 아니라 '인지적' 파악도 포함하 도록 광범위하게 간주된다면 '~로서 보기'의 설명에 찬성한다는 논변을 편다. 이것 은 헤르메렌의 입장을 넘어서며 적당한 어떤 다른 설명과도 조응될 만큼 이 입장을 약하게 만든다고 나는 생각한다. 난감한 것은 이 용어 자체만으로는 설명하는 것이 거의 없다는 것이다. 만일 묘사를 '~로서 보이는 것이다'라고 정의한다면 이것은 별 쓸모가 없을 만큼 상대적인 것이 되어버린다. '~로서 보일 수 있다'의 견지에서도 별 쓸모없이 일반적이다. 우리가 '이러이러한 시각적 속성들의 배열이 있을 때 ~로서 볼 수 있다'에 강조점을 둔다면 (강조해야 하는 곳이 이곳인데), 진정한 문제는 그러한 속 성들이 바로 그 종류의 사물을 뚜렷이 나타내거나 지칭할 수 있도록 하는 규칙이나 관습을 분명하게 설명하는 것이다.

참고문헌

Beardsley, M. C. "*Languages of Art* and Art Criticism" and reply by Nelson Goodman. *Erkenntnis* 12 (1978).

Black, Max. "How Do Pictures Represent?" In Maurice Mandelbaum, ed., *Art, Perception, and Reality*. Baltimore: The Johns Hopkins University Press, 1970.

Gombrich, E. H. *Art and Illusion: A Study in the Psychology of Pictorial Representation*. Princeton: Princeton University Press, 2nd ed., 1961.

Goodman, Nelson. *Languages of Art*. Indianapolis: Hackett, 2nd ed., 1976.

Hermerén, Göran. "Depiction: Some Formal and Conceptual Problems." *Journal of Aesthetics and Art*

Criticism 37 (1978).

_____. *Representation and Meaning in the Visual Arts: A Study in the Methodology of Iconography and Iconology*. Lund: Berlingska, 1969.

Howell, Robert. "The Logical Structure of Pictorial Representation." *Theoria* 40 (1974).

_____. "Ordinary Pictures, Mental Representations, and Logical Forms." *Synthese* 33 (1976).

Novitz, David. "Conventions and the Growth of Pictorial Style." *British Journal of Aesthetics* 16 (1976).

Robinson, Jenefer. "Some Remarks on Goodman's Language Theory of Pictures." *British Journal of Aesthetics* 19 (1979).

_____. "Two Theories of Representation." *Erkenntnis* 12 (1978).

Savile, Anthony. "Nelson Goodman's 'Languages of Art': A Study." *British Journal of Aesthetics* 11 (1971).

Sparshott, Francis E. "Goodman on Expression." *The Monist* 58 (1974).

Walton, Kendall L. "Are Representations Symbols?" *The Monist* 58 (1974).

_____. "Points of View in Narrative and Depictive Representation." *Nous* 10 (1976).

_____. "Pictures and Make-Believe." *Philosophical Review* 82 (1973).

Zemach, Eddy M. "Description and Depiction." *Mind* 84 (1975).

6. 표현

표현 이론에 대한 초판의 나의 비판적 견해(제7장)는 보우스마(O. K. Bousma)나 존 호스퍼스(John Hospers)와 같은 철학자들의 논의를 반영하기는 했으나, 당시에 광범위하게 퍼져있었던 견해는 거스르고 있었다. 보상케(Bosanquet), 크로체(Croce), 콜링우드(R. G. Collingwood) 같은 표현 이론의 주요 창시자들이 상이한 형태를 제시했기 때문에, 표현 이론은 단일한 하나의 형태 혹은 정식적인 형태를 지니지 않는다. 그러나 예술작품(혹은 성공한 예술작품)은 예술가가 자신의 감정을 표현하는 과정을 통해 창조되며, 예술의 특별한 성격 및 가치는 예술작품이 그러한 방식으로 탄생했다는 사실로부터 나온다는 일반적 전제는 공유되고 있었다(특히 전제를 잘 점검하지 않는 비평가들 사이에서 공유되고 있었다).

이러한 전제에 대항하여 그 견해가 정합적으로 작동할 수 없다고 주장하는 것이 필요했다. 즉 문제의 견해는 예술작품이 일반적으로 만들어지는 방식에 대한 진정한 기술이 될 수 없으며, 예술작품의 특별한 성격과 가치는 제작 방식이나 기원에 대한 전제와는 독립적으로 설명될 수 있다는 점을 주장하는 것이 필요했다. 나는 예술작품이 표현 이론에서 말하는 무언가에 대한 표현이 되지 않고서도, 발랄함, 매력적임, 강렬함, 음울함과 같은 상당히 강렬한 인간적인 영역 성질들을 보여줌으로써 표현적일 수 있음을 지적했다. 나는 지난 20년간 이러한 일반적 견해, 즉 표현 이론의 중요한 요소들이 미적 성질에 대한 논의로 재기술 가능하다는 견해가 주도권을 가지게 되었다고 생각한다(Haig Khatchadourian, "The Expression Theory of Art: A Critical Evaluation").

이러한 반-표현주의적 견해에 아무런 저항이 없었던 것은 아니며, 예술을 논하는 게 직업인 사람들이 그 견해를 잘 이해하고 그 함의들을 항상 유념했던 것은 아니다. 종종 표현 이론의 수정된 형태가 제시되었으며, 훌륭한 논점들이 등장하기도 했다. 비록 그 수정된 형태들의 이름이 제대로 지어졌는지는 의심스럽지만 말이다. 예를 들어 엘리엇(R. K. Elliott)은 예술작품에 대한 우리의 경험이 다른 대상에 대한 경험과는 상당히 다르다는 점을 설득력 있게 주장했다("Aesthetic Theory and the Expression of Art"). 그는 우리가 예술작품을 '안에서부터' 경험한다고, 즉 마치 "우리 자신이 시인이거나 예술가인 양, 특정한 상상 방식을 통해서 나온 표현을 자기 자신의 표현으로서" 경험한다고 말한다. 그에 따르면 우리는 음악을 들을 때 "마치 누군가가 자신의 목소리를 통해서 감정을 표현하는 것과 마찬가지의 방식으로 음악적 구절을 통해서 감정을 표현하는 것인 양" 듣는다. 이것은 시의 극적 화자에 유비되는 무언가를 음악(혹은 다른 것들) 안에서 찾는 것과 같다. 그리하여 우리는 음악 안에 표현된 정서를 작곡가에게로 귀속할 필요가 없다는 것이다. 그렇다면 미적 경험의 이러한 현상학은 사실상 전통적인 표현 이론에서 벗어난, 그보다는 훨씬 나은 이론이며, 이는 내가 옹호해온 반-표현주의적 견해와도 상당히 일치한다.

표현 이론과 반-표현이론 사이의 중요한 차이점은 다음 두 개념들을 이론이 어떻게 연결시키는지에 달려있다. ① 예술작품이 표현하는 것, ② 예술가가 표현했던 것. 표현 이론의 본질은 바로 ①을 설명하기 위해 ②를 이용하는 것이다. 표현 이론에서는 표현의 행위 혹은 과정이 기본이며, 작품 속 표현에 대한 진술은 표현하는 행위자를 함축적으로 지시한다. 반-표현 이론에서도 여전히 우리는 예술가가 무엇을 표현하려고 했다는 말을 할 수 있지만(물론 이러한 말하기 방식은 오도적이기 때문에 피할수록 좋다), 표현의 행위는 표현적인 무언가를 창조하려는 행위로 간주된다. 그러므로 반-표현 이론에서는 ②가 ①을 통해 설명된다. 예술작품이 그 자신의 고유한 형식과 성질을 가지고 있으며, 우리가 그 형식과 성질에 대해 가지는 관계는 결코 창조자나 창조 행위에 대한 어떤 전제들에 의존하지 않는다는 것이 반-표현주의의 기본적인 생각이다.

이 때문에 표현에 대한 통찰력 있는 분석을 보여준 앨런 토메이(Alan Tormey)는 표현의 조건을 탐구하지만, 표현 이론은 거부한다(*The Concept of Expression*). 그의 분석에 따르면, 만약 예술작품이 표현적 성질 Q를 가진다면 예술가는 작품을 창조하면서 Q의 '질적 유사물'인 F라는 감정 상태를 표현한다는 명제(온유한 음악은 그것을 작곡할 때 예술가가 느꼈던 온유함의 질적 유사물이다)가 바로 표현 이론의 핵심이다. 그에 따르면 표현적 속성들의 명칭은 고뇌나 그리움 같은 인간의 지향적 상태들을 지시한다. 내 생각에 이는 표현적 속성을 지나치게 좁게 정의한 것 같다. 왜냐하면 우리는 표현적 속성 아래에 매력, 장엄, 위엄, 재치와 같은 (은유적) 속성들을 포함하고 싶어 하며, 이것들은 인간이 (문자 그대로) 가질 수 있는 속성이지만 지향적 상태는 아니기 때문이다. 토메이는 또한 표현적 속성과 비표현적 속성 사이의 관계에 관한 상당히 흥미로운 제안을 제시했다(이를 미적 속성과 비미적 속성 사이의 관계와 비교해보라. 3절 참조). 인간의 지향적 상태들은 그 상태를 부분적으로 구성하는 행동을 통해 표현되므로(화난 표정을 짓는 것은 화가 난다는 지향적 상태의 일부이다), 음악의 표현적 속성들과 리듬, 선율, 화음의 속성들 사이에도 그와 유비적인 관계가 존재한다고 볼 수 있다는 것이다. 이러한 제안은 명확하지 않은데, 왜냐하면 문제의 유비가 얼마나 강한지 자세히 설명되지 않았기 때문이다. 그러나 만일 그러한 유비가 음악의 비표현적 속성들이 부분적으로 음악의 표현적 속성들을 구성한다는 사실을 함축한다면, 어떻게 국소적(local) 성질들이 영역(regional) 성질들의 재료가 될 수 있는지 그 점을 이해하기가 쉽지 않다.

가이 시르첼로(Guy Sircello)는 그 자신이 현재의 '표준적 견해'라 간주한 이론을 수정하고 보충하면서 표현 이론의 원래 형태를 옹호한다(*The Mind in Art*). 그의 이론의 핵심은 '예술적 행위'라는 개념인데, 이는 우리가 '렘브란트는 이러저러한 에칭을 통해 그의 대상을 차갑고 냉정하게 다루었다'와 같이 말하면서 기술하는 행위를 말한다. 예술적 행위는 예술가의 행위이며 그의 태도를 포함한다. 우리는 작품으로부터 예술적 행위의 성질을 발견하기 때문에, 예술적 행위는 '작품 안'에 존재한다고 말할 수 있다. 차가움, 아이러니, 연민과 같이 작품의 어떤 '의인화된 성질들'은 '예술가가 작품 속에서 행한 일의 덕분으로' 작품에 속하게 된다. 이렇게 시르첼로는 예술작품의 중요하지만 간과되었던 특성에 주의를 기울이면서 여러 예시들을 살펴본다. 그러나 행위가 작품 안에 존재한다는 생각을 나는 이해하기 힘들다. 분명 작품을 만들면서 그것에 태도의 차가움이라는 성질을 부여하는 것은 하나의 행위이다. 그러나 내 생각에 차가움은 렘브란트의 실제 태도와 오직 우연적으로 연결되어 있다. 나는 차라리 우리가 작품에서 발견하는 태도(뚜렷한 주름, 차가운 빛에 노출된 처진 피부 등 때문에)는 허구적 창조물인 어떤 함축적 관람자에게 귀속되는 것이 가장 낫다는 제니퍼 로빈슨 (Jenefer Robinson)의 견해(이는 엘리엇의 견해와 유사하다)가 더 설득력이 있는 것 같다("The Eliminability of Artistic Acts").

표현에 관한 넬슨 굿맨의 분석은 사실 표현적 성질들에 대한 분석이며, 나는 그것이 표현 이론이라기보다는 예술에 대한 기호학적 이론이라고 생각한다. 그는 표현 이론의 표준적 형태를 거부하는데, 왜냐하면 그가 생각하기에 표현 이론의 표준적 형태는 만일 예술작품이 고요함을 표현한다면 보여주게 될 어떤 본질적 요소를 무시하기 때문이다. 그리고 그 본질적인 요소란 바로 의미론적 요소이다. 그에 따르면 고요함이 회화에 의해 표현될 때, 세 가지 조건이 만족된다. ① '~이 고요하다'는 술어, 혹은 공연적(coextensive) 술어가 회화에 적용된다(굿맨은 마지못해 회화가 고요함의 속성을 가진다는 말을 해도 된다고 인정한다). ② 회화는 그 술어(혹은 속성)를 지시한다. ③ 술어는 회화에 은유적으로 적용된다(오직 감각이 있는 존재만이 문자적으로 고요할 수 있다). 물론 표현 이론의 표준적 형태는 조건 ①과 ③에 이의를 제기하지 않을 것이다. 그러나 ②는 표준적 형태에서 멀어져 있다. 굿맨의 주장은 예술작품이 예화적(exemplificational) 상징체계의 기호들이라는 것(다른 상징체계에서와 마찬가지로)이다. 즉 예술작품들은 그들의 속성들을 지시한다.

여기서 '지시'(reference)는 매우 넓은 의미로, 그리고 다양한 조건, 행위, 결단, 약정 등에 의해 구성되는 것으로 이해되어야 한다. 그러나 만일 어떤 회화가 상당한 정도로 고요함을 보여주면서, 또한 미술관에 전시되어 있음으로 인해 우리에게 회화의 성질들에 주목하도록 요청한다면, 확실히 그 회화가 고요함을 지시한다고 말하는 것은 옹호될 수 있을 것 같다("Understanding Music"). 나는 굿맨식의 화법을 사용하면서 동시에 오직 술어들에 대해서만 이야기하는 것은 실현 불가능하다고 생각하며, 속성을 술어로부터 분리한 후 속성을 지시한다는 생각에는 알쏭달쏭한 점이 있다고 생각한다("Semiotic Aesthetics"). 예술작품의 미적으로 흥미롭고 중요한 성질들은 언제나 지시되는 것들이라는 생각에도 나는 동의할 수 없다. 그러나 이미 그의 예화 (exemplification) 개념은 미학 연구에 귀중한 공헌을 남겼다.

참고문헌

Beardsley, M. C. "Semiotic Aesthetic and Aesthetic Education." *Journal of Aesthetic Education* 9 (1975).

_____. "Understanding Music." In Kingsley Price, ed., *On Criticizing Music: Five Philosophical Perspective*. Baltimore: The Johns Hopkins University Press, 1981.

Brentlinger, Ann F. "Exemplification of Predicates." *Nous* 4 (1970).

Elliott, R. K. "Aesthetic Theory and the Experience of Art." *Proceedings of the Aristotelian Society* (1967).

Gombrich, E. H. *Meditations on a Hobby Horse*. London and N. Y.: Phaedon, 2nd ed., 1971.

Goodman, Nelson. *Languages of Art*. Indianapolis: Hackett, 2nd ed. 1976.

Hospers, John. "Professor Sircello on Expression." *The Personalist* 56 (1975).

Howard, Vernon. "On Musical Expression." *British Journal of Aesthetics* 11 (1971).

Jensen, Henning. "Exemplification in Nelson Goodman's Aesthetic Theory." *Journal of Aesthetics and Art Criticism* 32 (1973).

Khatchadourian, Haig. "The Expression Theory of Art: A Critical Examination." *Journal of Aesthetic and Art Criticism* 23 (1965).

Robinson, Jenefer. "The Eliminability of Artistic Acts." *Journal of Aesthetics and Art Criticism* 36 (1977).

Sircello, Guy. *Mind and Art: An Essay on the Varieties of Expression*. Princeton: Princeton University Press, 1972.

Sparshott, Francis. "Goodman on Expression." *The Monist* 58 (1974).

Tormey, Alan. *The Concept of Expression*. Princeton: Princeton University Press, 1971.

7. 허구

발화행위 이론이 출현하고 정교하게 완성되면서(위의 4절을 보라) 허구적 혹은 상상적인 문학과 관련된 오랜 문제들에 대해, 초판(제9장)에서 제시했던 것보다 좀 더 일반적이고 근본적인 해결이 가능하게 되었다. 이전의 관점은 반박되지 않고 새로운 관점 안에 포함된다. 비주장 담화(예컨대 이야기를 구성하고 말하기)는 발화수반 행위가 발생하지 않는 특별한 경우의 담화로 생각된다. 서정시는 허구적 텍스트의 영역에서 산문 서사와 나란히 놓을 수 있다.

최근 수많은 이론가들이 허구에 대한 이 이론의 버전들을 개진해왔는데, 이 버전들은 다소 다른 핵심 개념을 사용하고 있기는 하지만 어떤 중심적인 논제로 수렴하고 있다. 이튼(Marcia Eaton, "Art, Artifacts, and Intention"과 "Liars, Ranters, and Dramatic Speakers")은 '발화이전(移轉) 행위'(translocutionary act)라는 특수한 용어를 제안한다. 이것은 저자가 허구적 화자에게 발화수반 행위를 이전하거나 귀속시킨다는 것이다. 오만(Richard Ohmann, "Speech Acts"와 이후의 논문들)은 문학은 보통의 발화수반 행위를 발생시키는 담화이며 그가 '모방적인'(mimetic)이라 일컫는 특별한 강제력을 남겨놓는다고 주장한다. (그의 관점은 다음 글에서 비판적으로 논의된다. Mary Louise Pratt, *Toward a Speech-Act Theory of Literary Discourse*, 3장) 설(John Searle, "The Logical Status of Fictional Discourse")은 저자가 발화수반 행위를 '모방하고 있는' 것으로 말한다. 월튼("Fearing Fiction"과 "How Remote are Fictional Worlds from the Real World?")은 허구적 문장이 그림과 유사하게 (위의 5절) 체하기 게임에서 사용된다고 하면서, 공포영화광은 실제의 공포가 아닌 체하기 공포를 느낀다고 주장한다. 이러한 용어들은 참(truth)의 중요한 국면을 전달하지만 (이론가들이 많은 공헌을 했다) 한편으로는 오도하는 면도 있다고 생각한다("The Concept of Literature"를 보라). 나는 가장 만족스러운 설명은 재현의 개념을 사용하는 설명이라고 믿는다(B. H. Smith, *On the Margins of Discourse*, 1부를 보라). 내가 그 이론을 검토한 바로는 허구적 텍스트의 구성은 발화수반 행위나 그 연쇄의 재현(즉 묘사)이다. 그것은 화가가 암소를 묘사하거나 무대 위의 배우가 주먹으로 치는 행위를 묘사하는 것과 기본적으로 같은 의미에서이다("Aesthetic Intentions and Fictive Illocutions"와 "Fiction as Representation"을 보라). 명쾌하게 들어맞는 예로 하우스먼(A. E. Housman)의 다음 시를 보자.

Halt by the headstone naming	묘비명 곁에 멈추어 주오
The heart no longer stirred	이제 흔들림 없는 마음
And say the lad that loved you	너를 사랑했던 소년은
Is one that kept his word	약속을 지켰다 말하라

화자는 죽었고 그래서 진정한 발화수반 행위는 전혀 수행되지 않는다는 것이 분명하다. 그것과는 별개로 오스틴(J. L. Austin)이 의미했던 바에 의하면, 이 말들은 특정한 개인을 향하고 있지만 실제로는 그 누구에게도 향하지 않기 때문에 발화수반 행위에 '활용'되는 것도 없다. 그러나 이 시의 말은 허구적인 발화수반 행위의 가능한 연쇄를 개괄적으로 그리고 있다. 한때 사랑했던 한 사람이 무덤 앞에 멈추도록 요청하고, 그녀를 잊겠다는 화자의 약속을 이 말을 듣는 이에게 상기시키고, 아이러니하게

도 그는 죽어서야 그 약속을 지켰음을 주목하도록 한다.

텍스트가 실제 발화수반 행위를 기록하지 못하는 (그러나 발화수반 행위의 재현으로서 읽힐 수 없을 만큼은 아닌) 것은, 모종의 방식으로 실제 세계와 연결될 수 없기 때문이다. 소설에서 서술된 결혼들은 결코 일어난 적이 없는 일이며 인물의 이름들은 실제 사람에게 속하지 않는다. 전부는 아닐지라도 대부분의 허구 작품의 이러한 점을 특징짓는 문제는 많은 주목을 받아왔는데, 그것은 지칭의 근본적인 개념과 관련되기 때문이고 여기에 대해서는 많은 논쟁이 있어왔다. 존 설이 대표적으로 옹호하는 한 가지 친숙한 관점은(*Speech Acts*, 4장과 7장) 오직 존재하는 개체만이 지칭될 수 있다고 주장한다. 그래서 '제임스 본드'라는 이름은 아무도 지칭하지 않는다. 그리고 이것은 제임스 본드에 관한 소설을 허구적인 것이 되게 한다. 그러나 그렇다고 그 소설들을 누군가를 재현한 것으로서 사실에 입각한 역사를 제공하는 것으로 간주할 수 없는 것은 아니다. 그보다는 지지를 덜 받지만 내가 보기에는 더 만족스러운 관점에 따르면, 그 소설이 제임스 본드에 관한 것이라고 할 때 이 이름이 제임스 본드를 지칭한다고 하기 위해 우리가 이해하고 있어야 할 것은, 제임스 본드는 비록 존재하지 않지만 그의 놀라운 성질들과 모험에 대한 보고가 있는 사람이라는 것이다. 그렇지 않다면 예컨대 그 소설에서 '제임스 본드'라는 이름(유형)의 두 가지 다른 발화(징표)가 같은 사람을 지칭한다고 말할 수 없을 것이다(Gerald Vision, "Referring to What Does not Exist"를 보라). 그러나 우리가 그 이름을 지칭으로 취급하는지, 단지 지칭하려는 취지를 가리키는 것으로 취급하는지는 재현으로서의 허구의 일반 이론에 영향을 주지 않을 것이 명백하다.

그러나 일부 철학자들은 이름이 지칭을 한다는 것, 또 이름이 무언가를 지칭해야 한다는 것 둘 다를 주장한다. 그러나 허구적인 이름은 실제 세계에 있는 개체를 지칭하지 않기 때문에 다른 종류의 개체, 즉 특별한 '존재의 양태'(mode of existence or mode of being)를 갖는 개체를 지칭해야 한다. 최근 이 마이농주의의 존재론은 이 문제를 전문적으로 다루는 여러 논문에서 탐구되었는데 그중 주목할 만한 것이 파슨스(Terence Parsons)의 논문이다("A Meinongian Analysis of Fictional Objects"를 보라). 그러나 내 생각에는 아직 기본적인 존재론적 범주를 늘려야 할 필요성이 명백히 있어보이지는 않는다. 그렇게 되면 다양한 존재 양태 간의 관계에 있어서의 형이상학적 문제, 또 그 양태들에 대한 우리 지식의 인식론적 문제가 여러 가지로 발생하기 때문이다. 어떤

미학: 비평 철학의 문제들

의미에서는 우리 모두 소설의 '세계'에 관해 이야기하는 것이 편리하다는 것을 알고 있고, 이 세계에 대해 중요한 것들을 말할 수 있고 심지어 미적으로 중요한 발견, 이를테면 숨겨진 사건, 신비로운 동기 등을 발견할 수 있다는 것이 분명해보인다. 저자가 쓴 소설 속의 문장은 분명 참도 거짓도 아니다. 버지니아 울프는 그녀가 쓴 문장이 그것에 관해 참이거나 거짓이 될 수 있는 실제 세계 속 무언가에 대해 보고하고 있는 것이 아니라 이 문장들을 사용해 새로운 (허구적인) 세계를 창조하고 있다. 이러한 핵심은 스턴(Laurent Stern, "Fictional Characters")과 엄슨(J. O. Urmson, "Fiction")이 잘 짚고 있다. 그리고 이 점은 위에서의 주장, 즉 이러한 문장을 쓰면서 저자는 발화수반 행위를 묘사하는 것이지 수행하는 것이 아니라는 주장과 잘 들어맞는다. 그러나 우리가 작품에 대해 발화하는 문장, 예컨대 비평가로서 『댈러웨이 부인』이나 『롤리타』를 기술할 때의 문장은 진정 참이거나 거짓일 수 있다. 그러나 그렇다면 그 문장들은 무엇에 대해 참이거나 거짓인가?

이 문제는 분명히 제기되었고 허구적 세계에 대한 진술의 의미론을 생각하도록 만든다. 무엇이 그 문장들을 참이거나 거짓으로 만드는가, 그래서 이 진술들은 문학적 텍스트에 의해 투사된 어떤 종류의 개체에 대한 것인가. 일부 흥미로운 주장들이 주의 깊고 자세하게 개진되고 공식화되어왔다. 월터스토프(Nicholas Wolterstorff, "World of Works of Art")는 (사건을 포함하는) 사태(state of affairs)의 개념을, 허구적이건 실제적이건 세계를 구성하는 기본적인 것으로 간주한다. 저자는 그가 쓰는 문장을 통해 어떤 사태를 가리킨다. 그러나 다른 많은 것들은 명료화에 의해 발견된다. 월터스토프는 이러한 명료화에 적용할 수 있는 두 가지 일반 원칙에 대해 뛰어난 설명을 제시한다. 모든 사태는 존재하지만 모두 실제로 발생하는 것은 아니라는 것이다. 허크 핀이 뗏목을 가지고 있음은 허구인데 그것은 실제 세계의 일부가 아니라는 점에서 그러하다. 허구적 세계들은 또한 어떤 면에서 불완전하기도 한데, 그 이유는 예컨대 허크 핀이 존재함이란 사태가 발생한다면 그는 특정 수치의 키를 하고 있어야 할 것이기 때문이다. 그러나 이 사태는 소설에 속한 것이지 실제 세계에 속한 것이 아니기 때문에 허크 핀이 n 인치 키임과 같은 사태는 필요하지 않다.

루이스(David Lewis, "Truth and Fiction")는 비록 다른 기본 개념을 사용하기는 하지만 월터스토프의 설명에 필적할 만한 흥미로운 설명을 제시했다. 그는 허구적 인물의 기술을, '이러이러한 허구에서…'라는 변환자가 암묵적으로 앞에 붙은 약어로 취급하고 이렇게 확장된 문장들에 진리 조건을 할당하기 위한 몇 가지 그럴듯한 원칙들을 고려한다. 한 가지 주된 문제는 월터스토프도 다룬 것으로, 단지 함축되어 있기만 하고 명료화되어야 하는 작품의 세계에 대해 참된 진술을 제공하는 문제이다. 루이스의 예를 빌려오면, 홈즈가 워털루 역보다는 패딩턴 역에 더 가까운 곳에 살았다는 것은, 설령 이것이 코난 도일의 이야기에서 진술되지 않았다고 해도 우리가 런던 지도를 보면 정당하게 추론할 수 있는, 홈즈에 대한 사실이다. 루이스는 가능 세계의 의미론으로부터 나온 개념을 사용해 어떻게 두 가지 대안적인 원칙을 엄밀하게 표명할 수 있는지를 보여준다. 하나는 실제 세계에서 들어맞을 수 있는 것에 대체로 의존하고 다른 하나는 실제 세계에 대해 일반적으로 믿어지고 있는 것들에 의존하고 있다. 이 두 가지는 그 이야기의 명시적인 문장들을 보충하기 위한 것이다. 이 두 원칙 중 어느 것이 더 만족스러운 비평의 원칙인지를 결정하는 것은 문학 이론가들에게 넘기고 있다.

허구적 인물의 존재론적 지위에 대한 질문의 답변은 두 편의 다른 중요한 논문에서 매우 다른 방식으로 제시되고 있다. 하윌("Fictional Objects")은 허구적 인물에 대한 진술을 분석하려는 일부 시도에 대해 자세하게 비판하면서, 다소 잠정적이고 아직 완전히 발전된 형태는 아니지만 그 자신의 결론을 제안하고 있다. 예컨대 '안나 카레니나'라는 이름은 '정체가 확인되고 (비록 실제는 아니지만) 잘 개별화되어 있는 대상'을 지칭한다. 이러한 관점의 주된 난점 중의 하나는 할당 (예컨대 출생증명서의 등록) 과정을 통해 실제 인물이 그 이름을 갖게 될 수 있고, 그 이름은 다른 사람에게 알려질 때 그 개인과 관련을 유지하며 그 개인으로 확인된다는 것이다. '안나 카레니나'라는 이름을 할당하는 데 있어서는 이러한 인과적 과정은 유효하지 않다. 우리는 단지 소설에서 주어진 다양한 속성들을 알고 있을 뿐이며 그런 속성들이 아무리 많아도 그 속성들은 모두 언제나 무한히 많은 개인들에게 속할 수 있다. 그래서 그 속성들은 유일무이한 한 사람을 개별화하거나 확인하지 않는다. 하윌은 톨스토이의 창작 행위가 하나의 대체 개별화를 제공한다고 믿는다. 톨스토이는 안나를 상상하고 집중적인 주목을 받도록 뚜렷이 드러냈으며 그녀를 소설 속의 세계에 유일무이하게 자리 잡게 했다는 것이다.

인바겐(Peter van Inwagen, "Creatures of Fiction")은 허구적 인물이 존재하며 그들의 이름은 지칭을 한다고 주장한다. 그러나 허구적 인물들은 그가 '문학 비평의 이론적 개

미학: 비평 철학의 문제들

체'라 부르는 것의 부분집합이라는 것이다. 이것은 플롯, 운율, 심상의 패턴, 장르 등과 같은 다른 구성체들을 포함하는 범주이다. 인바겐은 다음 두 가지를 핵심적으로 구별한다. ① 우선, 엄격하게 말해 이러한 '허구의 생명체들'의 속성들이다. 이것은 클레멘스(Samuel L. Clemens)가 창조한 것으로 일종의 문학상의 반영웅의 예시로서, 피들러(Leslie Fiedler) 등에 의해 잘못 해석되어온 것이다. 다음으로는 ② 작품이 인물에 '귀속시키는' 속성들(전문용어적 의미에서)이다. '소년임', '문맹임', '뗏목을 가지고 있음' 등이 그 예이다. 인바겐은 허구적 개체에 대한 일부 끈질긴 난제들이 이 구별에 의거해 어떻게 해결될 수 있는지를 보여준다.

참고문헌

Beardsley, M. C. "The Concept of Literature." In Frank Brady et al., eds., *Literary Theory and Structure: Essays in Honor of William K. Wimsatt*. New Haven: Yale University Press, 1973.

_____. "Fiction as Representation" *Synthese* Vol. 46, No. 3, The Richard Rudner Memorial Issue (Mar., 1981), Springer, pp. 291-313 (23 pages).

_____. "Intentions and Interpretations: A Fallacy Revived." In M. C. Beardsley, *The Aesthetic Point of View*, ed. Donald Callen and Michael Wreen. Ithaca: Cornell University Press, 1981.

Eaton, Marcia. "Art, Artifacts, and Intentions." *American Philosophical Quarterly* 6 (1969).

_____. "Liars, Ranters, and Dramatic Speakers." In Benjamin R. Tilghman, ed., *Language and Aesthetics*. Lawrence: University of Kansas, 1973.

Howell, Robert. "Fictional Objects: How They Are and How They Aren't." *Poetics* 8 (1979).

Lewis, David. "Truth in Fiction." *American Philosophical Quarterly* 15 (1978).

Ohmann, Richard. "Speech Acts and the Definition of Literature." *Philosophy and Rhetoric* 4 (1971).

_____. "Speech, Literature, and the Space Between." *New Literary History* 4 (1972).

Parsons, Terence. "A Meinongian Analysis of Fictional Objects." *Grazer Philosophische Studien* 1 (1975).

Pratt, Mary Louise. *Toward a Speech-Act Theory of Literary Discourse*. Bloomington: Indiana University Press, 1977.

Searle, John. "The Logical Status of Fictional Discourse." *New Literary History* 6 (1975).

_____. *Speech Acts: An Essay in the Philosophy of Language*. Cam bridge: Cambridge University Press, 1969.

Smith, Barbara Herrnstein. *On the Margins of Discourse: The Relation of Literature to Language*. Chicago: Chicago University Press, 1978.

Stern, Laurent. "Fictional Characters, Places, and Events." *Philosophy and Phenomenological Research* 26 (1965).

van Inwagen, Peter. "Creatures of Fiction." *American Philosophical Quarterly* 14 (1977).

Urmson, J. O. "Fiction." *American Philosophical Quarterly* 13 (1976).

Vision, Gerald. "Referring to What Does Not Exist." *Canadian Journal of Philosophy* 3 (1974).

Walton, Kendall L. "Fearing Fictions." *Journal of Philosophy* 75 (1978).

_____. "How Remote are Fictional Worlds from the Real World?" *Journal of Aesthetics and Art Criticism* 37 (1978).

Wolterstorff, Nicholas. "World of Works of Art." *Journal of Aesthetics and Art Criticism* 35 (1976).

8. 문학의 해석

초판에서 나는 문학작품을 더 깊게 이해하기 위한 세 가지 형태의 비평적 작업을 구별하자고 제안했다. 해설(제3장), 명료화(제5장), 가장 좁은 의미에서의 해석(제9장)이 그것이다. 나는 이 작업들에서 마주하게 되는 문제의 차이에 매혹되었지만 또한 세 작업의 공통적인 문제와 절차를 알고 있기에, '해석'이라는 용어로 이 셋 모두를 포괄하여 말하는 문학 이론가들의 다소 광범위한 용어법을 별 주저함 없이 따를 것이다. 다만 이 용어들을 적절한 상황에 사용할 수 있도록 그 구별을 유지한다. 문학작품에서의 함축적인 의미를 발견하고 보고하는 것, 이러한 폭넓은 의미에서의 해석은 확실히 비평가의 작업에서 상당 비중을 차지하며, 또 문학을 연구하는 미학자들에게 어려운 이론적 문제를 설정한다. 해석은 정확히 어떤 종류의 탐구를 포함하는가? 그리고 문학에 대한 객관적인 지식이 가능하다면 어느 정도까지 그 지식을 산출한다고 할 수 있는가?

이렇게 하기는 했지만, 해석이라는 용어의 확장을 허용하는 나의 인내심에는 한계가 있고 나는 이렇게 광범위한 의미에서조차도 해석을, 지금 문학작품과 사실상 모든 종류의 텍스트에 대해 '포스트모던' 비평가들이 공통적으로 수행하는 느슨한 작업과는 구별되는 것으로 여전히 간주하고자 한다. 그 구별이 분명하게 이루어지고 꾸준하게 유지될 수 있다면 말이다. 포스트모던 비평가들의 작업은 현재 가장 진전된 형태로는 '해체'로 알려져 있다. 그러나 많은 유명한 비평가들, (비평가라는 말이 확실한 의미가 있다고 하면) 이 이름에 걸맞지 않아 보이는 이들은 니체가 최초로 왕성하게 고무했던, 텍스트를 대하는 자의적이고 무자비한 이러한 태도에 동조하고 있다. 이러한 비평가들은 그들의 작업을 '해석'이라고 보통 부르지만 이것은 어떤 통상적인 관점에서도 텍스트의 의미의 일부로 인정되지 않는 생각들을 자아낼 목적으로 텍스트를 사용하는 것이다. 작품의 무의식적 동기에 대한 정신분석학적 추정, 작품 속 단어들을 자기모순적으로 보이게 하고 그 의미가 스스로 무너져 보이도록 하려는 언어유희, 작품에서 자의적으로 선택한 부분들을 그것과 실제로는 관계없는 하이데거나 헤겔의 구절들과 자유롭게 연결시키기 등이 그러한 것이다. 이러한 형태의 비평이 매우 활발해졌고, 철학자들은 이를 그만큼 훨씬 더 비판적으로 논의해 마땅하다(이러한 비판적 논의에 대한 입문이자 예시로, Hartman, ed., *Deconstruction and Criticism*과 Harari, ed., *Textual Strategies*를 보라). 그러나 여기서 나는 광범위하지만 좀 더 좁은 쪽의 해석에 대한 미학적 문제에 집중하고자 한다.

중심적으로 논의할 두 가지 문제는 ① 일반적인 비평적 해석이 검증되고 확증될 수 있는가, 즉 증거에 의해 적절하게 뒷받침될 수 있는가, 그리고 그래서 다른 해석보다 더 받아들일 만하다는 것을 보여줄 수 있는가, 그리고 ② 만일 그렇다면 어떻게 그렇게 할 수 있는가 하는 것이다. 허쉬(E. D. Hirsch, *Validity in Interpretation* 중 "Objective Interpretation")가 논쟁에 처음 도입한 워즈워스의 짧은 시를 두고 이런저런 방식의 여러 가지 논의가 있어왔다. 나는 이 시를 해석의 상대성에 반대해 객관성을 옹호하면서 예시로 사용했다(*The Possibility of Criticism*, 1, 2장). 그 시는 다음과 같다.

A slumber did my spirit seal;	잠이 내 영혼을 봉인하니
I had no human fears;	내겐 인간의 두려움이 없네
She seemed a thing that could not feel	속세의 시간은
The touch of earthly years.	그녀에게 손대지 못하는 듯하네
No motion has she now, no force;	아무런 움직임도 힘도 없이
She neither hears nor sees;	듣지도 보지도 못하는 그녀
Rolled round in earth's diurnal course,	이 땅의 매일 밤낮에 감겨 있네
With rocks, and stones, and trees.	바위, 돌, 나무와 함께

허쉬는 서로 반대되는 베이트슨(F. W. Bateson)과 브룩스(Cleanth Brooks)의 해석을 인용한다. 베이트슨은 이 시가 범신론적이고 루시(시 속의 그녀)는 지금 대자연의 생명의 일부라고 해석하며, 브룩스는 이 시가 유물론적이며 루시는 단지 물질로 끔찍하게 환원되었다고 해석한다. 이 시에 대해서는 최근의 다양한 다른 주석들이 있다. (예

로서 J. Hillis Miller, "On Edge"와 Norman N. Holland, "Literary Interpretation"을 보라)

질문 ①에 대해 허쉬(*Validity in Interpretation*과 *The Aims of Interpretation*)는 긍정적인 답변을 한결같이 활발히 옹호한다. 허쉬는 상대주의로부터의 유일한 탈출구, 즉 '인지적' 개념에서의 해석을 위한 유일한 기반은 시(혹은 다른 문학작품)의 의미를 저자가 의도한 의미와 동일시하는 데 있다고 주장한다. 그렇다면 베이트슨과 브룩스 간의 논쟁과 같은 것은 1798년 워즈워스가 그 시를 썼을 때 그가 범신론에 기울어 있었고 브룩스가 기술한 방식으로 세상을 보지 않았을 것이라는 유효한 전기적 증거에 의거해 해결된다. (만일 우리가 그 시를 위의 7절을 따라서 발화수반 행위의 재현으로 간주한다면 전기적 증거의 적절성은 좀 더 문제가 될 것이다) 나는 텍스트의 의미를 저자의 의미와 동일시하는 것을 옹호할 수 없다고 하면서 허쉬의 관점을 비판했다(*The Possibility of Criticism*, 1장). 톨허스트(William Tolhurst, "On What a Text Is")는 시는 발화이고 시의 의미는 그라이스(위의 4절을 보라)가 제안한 방식으로 이해해야 하며 따라서 시를 이해하는 것은 "본질적으로 시인이 시로써 의도한 바를 올바르게 식별하는 문제"(p. 10)라고 답했다. 톨허스트의 주장은 매우 잘 전개되었고 만일 그라이스의 의미 이론을 옹호할 수 있다면 톨허스트의 입장을 효과적으로 지지할 수 있을 것이다. 메일런드(Jack Meiland, "Interpretation as a Cognitive Discipline")는 허쉬의 관점을 주의 깊게 분석하고 통찰력 있는 비판을 하면서 텍스트의 의미는 저자의 의도로부터 독립되어 있음을 옹호한다(cf. John Ellis, "Critical Interpretation").

의도주의적 논제, 즉 텍스트의 의미를 확립하는 데 있어서 저자의 의도에 관한 정보에 필수적으로 의거해야 한다는 것은 최근 여러 가지 흥미로운 방식으로 지지되어왔다. 줄(P. D. Juhl, "The Appeal to the Text")은 해석을 예컨대 시인이 다른 문구가 아닌 "earth's diurnal course"라고 쓴 이유를 핵심적으로 언급하는 '기능적 설명'이라고 본다("Some Problems of Critical Interpretation"에서의 나의 논평을 보라). 올슨(Stein Olsen, "Interpretation and Intention")은 담화를 문학으로 분류하는 것은 의도에 대한 언급을 포함하기 때문에 문학의 해석 또한 그러해야 한다고 주장하는 듯 보인다(cf. "The Philosophy of Literature"). 스타이그(Michael Steig, "The Intentional Phallus")는 저자가 마음에 품은 바에 의거할 것을 요구하는 듯한 놀라운 문학적 예시를 제시한다. 라이허트(John Reichert, *Making Sense of Literature*, 3장과 4장)는 아이러니와 은유 같은 여러 가지 문제를 미묘하고 신중하게 다루면서 의도가 해석에 적절하다고 꾸준하게 옹호한다. 그러나 그

미학: 비평 철학의 문제들

의 주장은 내가 발화행위 이론의 잘못된 버전으로 간주하고 있는 이론, 즉 발화수반
행위의 본성을 파악하는 것은 그것을 수행할 때 가진 의도를 파악하는 것이라는 이
론에 기초하고 있다(위의 4절을 보라). 그리고 많은 뛰어난 점이 있음에도 불구하고 기
본적인 방어에 성공하지 못하고 있다. 더욱이 내가 보기에는 저자가 의도했던 바에
대한 증거는 비록 그가 쓴 텍스트를 해독하는 데는 도움이 될지 모르지만, 적절한 규
칙과 관습으로 접근할 때 그 텍스트가 우리에게 말하는 것보다 우선시될 수도 그것
을 보충할 수도 없다("Intention and Interpretation"을 보라). 그리고 이것은 문학 연구에서
자주 나타나는 형태의 주장(위의 스타이그를 보라)에 특히 적용된다. 그 주장을 보면, 저
자는 초고로부터 그의 텍스트를 중요하게 바꾸는데 그 의미들을 최종 버전에 포함시
켜 읽게 된다. 그 의미들이 그 이전에 단지 거기 있었다는 이유로, 지금은 삭제되었는
데도 말이다! 이것은 주해가 아니라 자기 해석이다.

　　나의 관점은 여전히 워즈워스의 시를 둘러싼 논쟁 같은 것을 주어진 어휘와 구
문에서 의미가 가지는 잠재력에 의거해 해결해야 한다는 것이다. 일반적으로 그러하
듯이, 우리가 관심을 두는 것은 그 시가 쓰였을 때의 의미의 잠재력이다. 다양한 의미
가 제거되지 않고 남아있는 경우 우리는 흔히 두 가지 의미를 모두 받아들이며 그때
는 그렇게 해야 한다. 그 의미들이 충돌하는 경우 (엄격한 의미에서) 애매한 상태로 있게
되고 그 의미 사이에서 단순하게 결정을 내릴 수 없다. 나는 워즈워스 시에 대한 베
이트슨과 브룩스의 해석이 같은 정도로 옹호할 수 있는 것이라고 믿지 않는다. 브룩
스의 해석이 올바르다면 그가 해석한 대상은 만일 그 시의 두 번째 연이 다음과 같았
다면 워즈워스가 쓰려고 했을 (말도 안 되지만!) 시이다.

No motion has she now, no force;	아무런 움직임도 힘도 없이
She feels no thrills or shocks	흥분도 충격도 못 느끼는 그녀
Whirled round in earth's erratic course,	지구의 불규칙한 궤도를 어지럽게 도네
With trees, and stones, and rocks.	나무, 돌, 바위와 함께

　　이전에 내가 해설에 대해 다루었을 때(제3장) 해설은 객관적이고 (어떤 의미에서)
검증 가능하고 합당하게 논쟁할 수 있는 결과를 산출하는 공유된 비평 절차여야 한
다는 것을 명백히 알고 있었고, 여기에는 언어학의 방법론적 원칙 이상의 어떤 방

법론적 원칙에 대한 동의가 있어야 한다. 내 입장에서는 존경스럽게도 컬러(Jonathan Culler)가 이러한 생각을 훨씬 더 깊게 다루고 있다(*Structuralist Poetics*). 그는 이러한 규칙의 지시가 특별한 '문학의 역량'(competence)을 구성하는 것으로 간주한다(나의 글 "Philosophy of Literature"을 보라). 이러한 노선을 따라 이루어져야 할 많은 가치 있는 작업들이 남아있다.

의도주의자이든 비의도주의자이든 문학의 해석에 대한 객관적 관점을 다양한 형태로 공격해왔고 이것은 여러 가지 도전적인 논변들과 함께 이루어졌다. 다양한 방법론과 접근법을 자비롭게 허용할 것을 암시하는 꽤 느슨한 의미의 '다원주의'를 옹호하는 견해들이 있다(Walter Davis, *The Act of Interpretation*을 보라). 이러한 방법론들이 다른 질문들에 대답하는 한 아무 문제가 없다고 생각한다. 그러나 같은 질문에 대해 양립 불가능한 답변이 제시되는 경우 (워즈워스의 시가 범신론적인가 — 예 혹은 아니오인가?) 나는 이 답변들을 연합해 받아들일 수 있는 것으로 간주할 수 없다. 해석의 피할 수 없는 '주관성'을 증명하기 위해 최근 이론가들이 부활시킨 슐라이어마허의 '해석학적 순환'이 중시되어왔다. 즉 그 시의 일반적 의미를 우선 이해해야만 시 속의 특정한 단어가 의미하는 것을 알 수 있고, 반대로도 그러하다는 것이다. 그러나 내가 보기에는 시는 닫힌 순환과 거리가 멀다. 'rolled'와 'diurnal'의 표준적인 의미와 유효한 범위의 함축적 의미는 언어 안에 있고, 원 시에서 'rocks'보다 마지막의 'trees'가 강조되고 있다는 양식 혹은 수사학의 일반 원칙이 있다. 린드(Richard Lind, "Must the Critic Be Correct?")는 함축과 암시에 이렇게 의존하는 데 능숙하지만 올바른 해석의 가능성을 부정하는 것으로 보이지 않는다. 그러나 그는 비평가들이 그 시를 최상의 것으로 만드는 해석을 선호해야 한다고 주장하는데 해석의 가치는 그것이 미적으로 도움되는 데 있기 때문이다. 핸처(Michael Hancher, "The Science of Interpretation")도 비슷한 견해를 가지고 있다.

다른 이론가들은 해석 진술의 '논리적 취약함'을 주장해왔다. 〔예컨대 『나사의 회전』(*The Turn of the Screw*)에서 유령이 아이들을 타락시킨다는 명료화〕 마골리스(Joseph Margolis, "Robust Relativism")는 이러한 진술은 참도 거짓도 아니라고 분명하게 주장한다. 대신 이 진술들은 '적절한'(apt), '그럴듯한'(plausible) 같은 다른 술어를 취한다고 말한다. (이것은 의미론적이라기보다는 명백히 인식론적이다) 따라서 형식적으로 양립 불가능한 해석들 (cf. 『나사의 회전』에서 한 가지 해석은 유령이 없다는 것 그리고 가정교사가 그들을 환각에 빠지게 했다

미학: 비평 철학의 문제들

는 것'일 때의 해석)이 논리적으로 충돌하지 않는다. 그리고 두 해석 모두 비평가들이 받아들일 수 있는 것이다. 그러나 나처럼 마골리스도 이렇게 해석에 대해 진릿값을 부정하는 입장을 고수하는 데 있어서 큰 어려움을 안고 있다. 예컨대 그는 워즈워스의 시는 "진정 두 가지 다른 해석을 지지하는 것으로 보인다"(p. 43)고 주장하지만, 그 해석이 진릿값을 가지지 않는다면 사실이나 증거가 어떻게 그 해석들을 '지지'할 수 있는가? 더튼(Dennis Dutton, "Plausibility and Aesthetic Interpretation")은 실제 비평가들은 참보다는 그럴듯함에 훨씬 더 관심을 기울인다고 하는 마골리스에게 동의한다. 그러나 그럴듯함은 참이나 믿을 만한 것(혹은 이것들과 비슷한 무엇)의 겉모습이기 때문에, 내 생각에 그럴듯함에 관심을 가지면서 참에 관심을 갖지 않는 것은 무책임해보인다. 매튜스(Robert Matthews, "Describing and Interpretationg a Work of Art")는 "비평적 해석들은 일반적으로 명백히 비결정적이고 따라서 참도 거짓도 아니다"(p. 13)라고 주장하면서 마골리스에게 거의 동의한다. 나는 여기서 논리적 연결사로서 '따라서'가 적절한지 의문스럽다. 매튜스는 정의상 (기술하는 것이 아니라) 해석하는 것은 자신이 말하고 있는 것이 참인지를 아는 입장에 있지 않음을 인정하는 것이라고 말한다. 그래서 우리가 제임스의 소설에서 유령이 진짜인지 아닌지를 확신을 갖고 결정할 수 있는 충분한 지시를 찾는다면, 이 결정에 대한 우리의 보고는 매튜스의 관점에서는 더 이상 해석이 아닐 것이다. 내가 보기에 이것은 비정상적이고 불편하지만, 그리고 '해석'을 결정할 수 없는 진술들(예컨대 콰인이 한때 양조장에서 일했다는 진술)에 국한하여 사용한다면 이 용어가 쓸모없게 될지라도 우리는 이러한 용어법에 익숙해질지도 모르겠다. 그러나 나는 여전히 문학작품에 관한 많은 진술들이 사실은 매튜스가 생각하는 것보다는 (텍스트를 합당하게 읽음으로써) 결정 가능한 것이라고 주장하고자 한다(cf. Colin Radford and Sally Minogue, "The Complexity of Criticism").

참고문헌

Beardsley, M. C. "Intentions and Interpretations: A Fallacy Revived." In *The Aesthetic Point of View*, ed. Donald Callen and Michael Wreen, Ithaca: Cornell University Press, 1981.

_____. "The Philosophy of Literature." In *Aesthetics: A Critical Anthology*, ed. George Dickie and R. J. Sclafani, New York: St. Martin's, 1977.

_____. *The Possibility of Criticism*. Detroit: Wayne State University Press, 1970.

_____. "Some Problems of Critical Interpretation: A Commentary." *Journal of Aesthetics and Art Criticism* 36 (1978).

Culler, Jonathan. *Structuralist Poetics: Structuralism, Linguistics, and the Study of Literature*. Ithaca: Cornell University Press, 1975.

Davis, Walter A. *The Act of Interpretation: A Critique of Literary Reason*. Chicago: Chicago University Press, 1978.

Dutton, Denis. "Plausibility and Aesthetic Interpretation." *Canadian Journal of Philosophy* 7 (1977).

Ellis, John A. "Critical Interpretation, Stylistic Analysis, and the Logic of Inquiry." *Journal of Aesthetics and Art Criticism* 36 (1978).

Hancher, Michael. "The Science of Interpretation and the Art of Interpretation." *Modern Language Notes* 85 (1970).

Harari, JosuéV., ed., *Textual Strategies: Perspectives in Post-Structuralist Criticism*. Ithaca: Cornell University Press, 1979.

Hartman, Geoffrey, ed., *Deconstruction and Criticism*. New York: Seabury Press, 1979.

Hirsch, E. D., Jr. *The Aims of Interpretation*. Chicago: Chicago Univer sity Press, 1976.

_____. *Validity in Interpretation*. New Haven: Yale University Press, 1967.

Holland, Norman N. "Literary Interpretation and Three Phases of Psychoanalysis." *Critical Inquiry* 3 (1976).

Juhl, P. J. "The Appeal to the Text: What Are We Appealing To?" *Journal of Aesthetics and Art Criticism* 36 (1978).

Lind, Richard W. "Must the Critic be Correct?" *Journal of Aesthetics and Art Criticism* 35 (1977).

Margolis, Joseph. "The Prospects of an Objective Morality." *Social Research* 46 (1979).

_____. "Robust Relativism." *Journal of Aesthetics and Art Criticism* 35 (1976).

Matthews, Robert J. "Describing and Interpreting a Work of Art." *Journal of Aesthetics and Art Critcism* 36 (1977).

Meiland, Jack W. "Interpretation as a Cognitive Discipline." *Philosophy and Literature* 2 (1978).

Miller, J. Hillis. "On Edge: The Crossways of Contemporary Criticism." *Bulletin of the American Academy of Arts and Sciences* 32 (Jan. 1979).

Nordin, Svante. *Interpretation and Method: Studies in the Explication of Literature*. Lund, 1978.

Olsen, Stein Haugom. "Interpretation and Intention." *The British Journal of Aesthetics* 17 (1977).

Radford, Colin and Minogue, Sally. "The Complexity of Criticism: Its Logic and Rhetoric." *Journal of Aesthetics and Art Criticism* 34 (1976).

Reichert, John. *Making Sense of Literature*. Chicago: Chicago University Press, 1977.

Steig, Michael. "The Intentional Phallus: Determining Verbal Meaning in Literature." *Journal of Aesthetics and Art Criticism* 36 (1977).

Tolhurst, William E. "On What a Text is and How it Means." *The British Journal of Aesthetics* 19 (1979).

9. 근거와 판단

예술작품의 가치 판단, 그리고 그런 판단에 대해 우리가 제시하는 근거에 관한 의견 차이가 여전히 지속되고 있다. 다른 것들과 마찬가지로, 예술작품은 다양한 방식, 견해, 기준에 의거해서 판단될 수 있다. 그러나 그런 판단 형태들 중 하나가, 혹은 평가 관점들 중 하나가 다른 것들보다 더 핵심적이며 기본적이라고 주장될 수 있다. 그리고 나는 여전히 이 책의 초판에서 옹호되었던 생각(제10장과 제11장)이 타당하다고 본다. 비평가의 판단 행위는 예술작품이 예술작품으로서(qua) 간주되는 맥락 하에서 그 예술작품이 얼마나 좋은지(혹은 형편없는지) 말하는 것이다. 이는 예술작품의 미적 가치를 가늠하는 행위이다(*The Possibility of Criticism*, 3장). 가늠하는 행위는 미적 가치의 정도에 영향을 끼치는 작품의 특성들에 대한 정확한 이해에 근거해야 한다. 그리고 그런 특성들은 판단의 기준으로 사용될 수 있다. 즉 그런 특성들 중 하나가 나타나 있다는 사실은 작품이 좋거나 혹은 나쁘다고 말하는 하나의 근거로 간주된다("On the Generality of Critical Reasons", "The Classification of Critical Reasons").

문학의 경우(그리고 의미나 혹은 외적 지시를 가지는 예술작품에서) 문제를 복잡하게 만드는 것은 그것이 미적 관점으로도 판단될 수 있지만 또한 인식적으로 판단될 수 있다는 점이다. 즉, 우리의 지식이나 이해에 문학이 기여하는 잠재력이 문학의 전체 가치에도 영향을 준다는 점이다. 그러나 미적 가치와 인식적 가치는 구별되며, 그중 하나만이 예술로서의 예술에 관련된다. 게다가 고도의 미적 가치는 그 자체만으로도 매우 훌륭한 예술작품을 만들기에 충분하다(그러나 미적 가치 없이 고도의 인식적 가치가 있을 때에는 그렇지 않다). 그러므로 미적 가치는 비평가의 판단에서 가장 기본적이고 핵심적인 것 같다("The Name and Nature of Criticism").

이러한 비평적 평가 모델은 어느 정도 인정을 받아왔고, 심지어 비평적 판단이 인식적이고 이성적 활동으로 간주될 수 있는 범위에 대해 회의적인 이들 사이에서도 인정을 받아왔다. 내 생각에 우리는 종종 어떤 예술작품을 칭찬하거나 혹은 비난하기에 좋은 이유들을 가진다. 특히 다른 것과 비교해서 칭찬하거나 비난할 때 그러하다. 그리고 그런 이유들은 종종 너무 타당해서 그 이유들이 지지하는 믿음은 지식으로 성립되기도 한다. 피터 키비는 괴짜인 비평적 판단은 다른 유형의 괴짜 판단들처럼 비이성적이라고 주장한다("Aesthetics and Rationality"). 마이클 슬로트(Michael Slote)는 미적 선호상의 '일방향적' 변화(사람들은 차이코프스키를 좋아하다가 모차르트를 좋아하는 것으로 옮겨간다)는 가치의 객관적 차이를 보여준다고 주장한다("The Rationality of Aesthetic Value Judgments"). 도널드 크로포드(Donald Crawford)는 위와 같은 주장을 거부하며, '주관주의'를 논박하기가 얼마나 힘든지에 대해 이야기한다("Causes, Reasons and Aesthetic Objectivity"). 그러나 결국에는 그도 비평적 이유들이 인정되려면 무엇이 필요한지에 대해 논하고, 이유들이 지지하는 미적 판단들은 예술작품에 대한 '공통의 정감적 반응'에 기반한다는 주장을 한다.

철학자들은 비평적 평가를 지지하는 비평적 이유에 대한 모델을 찾는 데 어려움을 겪어왔고, 그 어려움들이 모두 만족스럽게 해결된 것은 아니다. 예를 들어, 비평적 이유들은 비평적 판단을 연역적으로 혹은 귀납적으로 지지해야 한다는 주장이 있었다. 그러나 비평적 이유들은 그 두 방식들 중 무엇과도 관련되지 않는 것 같고, 무엇보다도 사실에 관한 명제는 규범적인 명제를 논리적으로 지지할 수가 없다. 이는 복잡한 문제이다. 그러나 만일 비평적 판단이 본질적으로 경험적 요소(특정 유형의 능력을 예술작품에 귀속시킨다는 점에서)를 포함한다는 나의 주장이 옳다면, 비평적 이유는 귀납적으로 비평적 판단을 지지한다고 말하지 못할 이유는 없다. 둘째, 조엘 쿠퍼만(Joel Kupperman)이 지적한 바와 같이, 비평가의 이유가 그들의 평가를 지지할 수 있다 하더라도, 비평적 이유들은 '발견의 논리'를 제공하지 못한다는 주장이 있었다("Reasons in Support of Evaluations of Works of Art"). 그러나 내가 생각하기에 비록 예술작품 전체의 효과가 어떤 예비적 평가를 합리적으로 발생시킬 수 있을지는 몰라도, 비평적 평가를 궁극적으로 타당하게 만드는 것은 바로 작품의 특성 분석 및 기준 적용인 것 같다. 셋째, 브루스 베르마젠(Bruce Vermazen)은 예술작품의 비교 판단에 심각한 한계가 있다는 주장을 제기했다("Comparing Evaluations of Works of Art"). 왜냐하면 예술작품에서 가치 있다고 여겨지는 특성들이 다양하며, 그것들이 서로 비교 불가능하고, 그리하여 '서로 비교가 되지 않는' 다양한 방식을 보여주는 두 예술작품에 대해 하나의 합리적 판단을 내리는 것이 힘들기 때문이라는 것이다(피카소의 〈거울 앞의 소녀〉는 르누아르의 〈목욕하는 여인〉보다 더 좋은 회화인가 아니면 나쁜 회화인가?). 그러나 나는 많은 경우들에서 합리적인 비교 판단을 내릴 수 있다고 생각한다(그리고 베르마젠은 이에 동의했다).

넷째, 비평적 판단은 오직 판단된 예술작품을 경험하고 향유한 사람에 의해서만 제대로 판단될 수 있다는 점에서 특별하다는 주장이 제기되었다. 가이 시르첼로는 "그 누구도 작품 A를 지각하고, 더 나아가 A를 성공적인 것으로 지각하기 전까지는 작품 A가 성공적이라는 판단을 내릴 권리가 없다"고 말한다. 예술작품을 성공적인 것으로 지각한다고(perceiving) 말하는 방식에 대한 나의 거리낌과는 상관없이, 그의 주장은 어떤 이(someone)가 작품 A를 경험하지 않는 한 아무도 그 작품에 대한 판단을 내릴 권리가 없다는 사실 이상으로는 설득력을 가지지 못한다("Subjectivity and Justification in Aesthetic Judgments"). 앨런 토메이는 신칸트주의적 견해를 발전시킨다. 그는 시르첼로와 동일한 논제에서 시작해서 비평적 판단은 '비전달적'(nontransmissible)이라는 결론을 내린다(즉 비평적 판단은 다른 사람에게 전달될 수 없다. 왜냐하면 타인이 문제의 작품을 경험하지 않았다면 그는 판단을 내리는 데 필요한 요구사항을 충족하지 않은 것이기 때문이다). 그리하여 비평적 판단은 진정한 지식이 될 수 없다는 것이다("Critical Judgments"). 그러나 어떤 사람이 그가 보지도 못한 것에 대해 훌륭하다고 주장한다면(자신이 신뢰하는 권위 있는 비평가에 의존해서), 그는 그 작품을 판단하는 것이 아니라고 말할 수 있겠지만, 그럼에도 불구하고 여전히 그의 주장은 참이며 그가 그 주장을 믿을 만한 좋은 이유를 지닌 것도 참이다("In Defense of Aesthetic Value"). 다섯째, 가치–상대주의의 거친 형태들은 고맙게도 철학 분야에서 거의 사라졌지만(완전히 멸종된 것은 아니다), 비평적 판단을 지지하는 비평적 이론 모델을 상대화하려는 시도들이 여전히 존재한다. 사샤 탈모어(Sascha Talmor)는 비평적 평가는 특정 기준에 호소할 때에만 객관적일 수 있는데, 기준 그 자체는 그것이 특정 시기의 특정 사회에서 실제로 사용된다는 이유에 의해서, 즉 관습적인 이유에 의해서 정당화될 수밖에 없다고 주장한다("The Aesthetic Judgment and its Criteria of Value"). 그러나 나는 특정 기준의 수용가능성은 그것이 미적 가치에 관해 우리가 독립적으로 옹호할 수 있는 철학적 이론에 얼마나 잘 부합하느냐에 의해 결정된다고 생각한다. 그렇다면 우리는 기준의 수용가능성을 사회나 제도적 관습에 따라 상대화하지 않아도 된다.

조셉 마골리스는 보다 더 근본적인 공격을 제시한다("Robust Relativism"). 그러나 비평적 판단이 참도 거짓도 아니며, 따라서 엄밀한 의미에서(논리적 의미에서) 비평적 이유에 의해 지지될 수 없거나 혹은 비평적 판단 그 자체는 중요한 선택을 요구하는 실용적 논증(어떤 화가에게 펀딩을 제공할 것인가, 어떤 그림을 미술관에 전시할 것인가)에 근거가 될 수 없다는 주장은 너무 극단적이다.

비평적 판단을 지지하는 비평적 이론 모델이 위와 같은 논쟁적 측면을 지니고 있지만, 그 모델을 대체할 대안은 거의 제시된 적이 없다. 한스 아이히너(Hans Eichner)는 예술작품을 좋다고 말하는 것은 독자나 감상자가 '만일 X가 속하는 예술 형식에 진지하게 관심이 있다면, 그리고 예술에 대한 경험이 풍부하다면, 그리고 X에 대한 준비가 되어있다면', 그 작품을 좋아하게 될 것이라는 예측을 제시한다고 본다("The Meaning of 'Good' in Aesthetic Judgements"). 아이히너의 제안은 그림의 밝기가 그림의 좋음을 보장하지 못한다면, 밝기란 그림에서의 좋음에 대한 기준이 되지 못한다는 의심스러운 가정에 의존한다. 그리고 나는 비평가가 일반적으로 자신의 글을 읽는 독자가 무엇을 좋아하게 될지 혹은 싫어하게 될지 예측하는 자라고 주장하는 것은 설득력이 떨어진다고 생각한다. 물론 그가 '충분한'이라는 교묘한 단어를 삽입한다면 부정하기 매우 힘든 그런 주장들을 하는 데 성공할 수 있지만 말이다. 이와 대조적으로 브라이언 크리텐든(Brian Crittenden)은 비평적 평가란 작품에 대한 태도, 즉 보는 방식을 표현하며, 비평의 이유들은 그 태도의 적절함을 정당화하는 목적을 지닌다고 주장한다. 그러나 나는 대상 자체에 우호적으로 간주될 만한 무언가가 있음을(즉 비평적 이유로 언급될 수 있을 만한 특유한 가치를 대상이 가지고 있음을) 보이지 않는 한 어떻게 그 대상에 대한 우호적 태도가 적합한 태도라고 말할 수 있는지 모르겠다("From Description to Evaluation").

만일 비평적 평가에 대한 이유가 존재한다면, 어떤 종류의 이유가 효과적이며 유관한지에 대한 여러 문제가 발생한다. 이와 관련한 몇몇 논의들이 전개되었다. 니콜라스 월터스토프는 내가 제시한 기본적 이유(primary reason) 혹은 일반적 규범(General Canons)에 근거해서 좀 더 나은 개선책을 제시했다(Art in Action, Part III, Chapter 4). 그는 통일성, '풍부성', 강도에 관한 아주 훌륭한 토의를 전개했다. 특히 잠재성(Potency)과 활동(Activity)이라는 오스굿 인자(the Osgood factors)의 스케일 상에서 왼쪽이나 오른쪽에 위치한 성질들에 '밀접하게 부합한다'는 특성에 의해 강도를 분석한다. 강도는 작품이 '미적 단조로움'에서 벗어날 수 있도록 해준다. 월터스토프의 제안은 바람직하며 가치를 상승시켜주는 인간적 영역 성질(우아, 위엄)과 단점이라고 간주될 수 있는 '부정적'인 성질(귀에 거슬림, 어색함)의 차이를 설명할 수 있을지도 모른다(The Possibility of Criticism, 4장). 이 문제는 가이 시르첼로가 명쾌하게 제안한 미 이론 내에서 흥미로운 방식으로 다루어지고 있다(A New Theory of Beauty). 그의 이론에서 미의 개념은 광범위한 미적 성질을 포함할 수 있도록 확장되며(위의 3절 참조), 역사적으로 미 개념의 핵심이었던 명백하게 형식적인 개념들(질서나 비율)은 배제된다. 이에 대한 반응으로 다음 글을 참조하라. Haig Khatchadourian, *Journal of Aesthetics and Art Criticism* 35 (1977): 361–363.

참고문헌

Beardsley, M. C. "The Classification of Critical Reasons." *Journal of Aesthetic Education* 2 (1968).

_____. "In Defense of Aesthetic Value." *Proceedings and Addresses of the American Philosophical Association* 52 (August 1979).

_____. "The Name and Nature of Criticism." in Paul Hernadi, ed., *What is Criticism?* Bloomington: Indiana University Press, 1981.

_____. "On the Generality of Critical Reasons." *Journal of Philosophy* 59 (1962).

_____. *The Possibility of Criticism.* Detroit: Wayne State University Press, 1970.

Crawford, Donald W. "Causes, Reasons and Aesthetic Objectivity." *American Philosophical Quarterly* 8 (1971).

Crittenden, Brian S. "From Description to Evaluation in Aesthetic Judgement." *Journal of Aesthetic Education* 2 (1968).

Eichner, Hans. "The Meaning of 'Good' in Aesthetic Judgements." *British Journal of Aesthetics* 3 (1963).

Kivy, Peter. "Aesthetics and Rationality." *Journal of Aesthetics and Art Criticism* 34 (1975).

Kupperman, Joel J. "Reasons in Support of Evaluations of Works of Art." *The Monist* 50 (1966).

Margolis, Joseph. "Robust Relativism." *Journal of Aesthetics and Art Criticism* 35 (1976).

Osgood, Charles E. et al. *The Measurement of Meaning.* Urbana: University of Illinois Press, 1957.

Sircello, Guy. *A New Theory of Beauty.* Princeton: Princeton University Press, 1975.

_____. "Subjectivity and Justification in Aesthetic Judgments." *Journal of Aesthetics and Art Criticism* 27 (1968).

Slote, Michael A. "The Rationality of Aesthetic Value Judgments." *Journal of Philosophy* 68 (1971).

Talmor, Sascha. "The Aesthetic Judgment and its Criteria of Value." *Mind* 78 (1969).

Vermazen, Bruce. "Comparing Evaluations of Works of Art." *Journal of Aesthetics and Art Criticism* 34 (1975).

Wolterstorff, Nicholas. *Art and Action: Toward a Christian Aesthetic.* Grand Rapids: William B. Eerdmans, 1980.

10. 미적 가치

　나는 미적 가치(aesthetic value)라는 개념을 인정할 수밖에 없다고 생각한다. 가치에 대한 일반 이론은 불만족스러운 상태로 남아있고, 특히 미적 가치는 여러 가지 해결되지 않은 질문들을 제기한다. 그러나 초판에서와 마찬가지로, 나는 우리가 어떤 예술작품을 훌륭하다고 말할 때 어떤 형태의 (비도덕적) 가치를 작품에 귀속하며, 그 가치는 '미적'이라고 적절하게 불릴 수 있는 고유하고 특별한 것이라고 생각한다. 게다가, 우리가 이러한 방향으로 나아가기 시작한다면, 그 가치는 특별히 흥미로운 경험을 제공할 수 있는 잠재성을 본질적으로 포함하거나, 혹은 그 잠재성 내에 존재하는 것 같다. 그리하여 나는 지난 시간 동안 이러한 노선으로 미적 가치의 개념을 설명하려는 상이한 방식들을 시도해보았다. 가치라는 것 그 자체에 대한 일반적이고 기본적인 문제들은 제쳐두고, 가치라는 것이 존재하며 우리는 종종 대상이나 사건, 상태가 언제 가치를 가지는지 알 수 있다는 사실을 가정한다면, 우리는 우리의 초점을 우리의 관심사인 미적 가치로 좁힐 수 있다. 그리고 우리는 '어떤 것의 미적 가치는 그 가치에 대한 인지를 통해 우리의 경험에 현저한 미적 특성을 부여할 수 있는 능력'("In Defense of Aeshthetic Value")이라고 말할 수 있을 것이며, 이는 문제의 미적 특성이 그 가치로 경험해볼 만한, 즉 가치 있는 것이라는 필수적 전제에 의존한다. '그리고 X가 Y보다 더 큰 미적 가치를 가진다고 말하는 것은 X가 그것의 더 현저한 미적 특성으로 인해 Y가 제공할 수 있는 어떤 경험보다 더 가치 있는 경험을 제공할 능력을 가진다는 말이다.' 물론 이 진술에서도 문제의 미적 특성은 좋은 것이라고 가정되고 있다.

　미적 가치에 대한 위와 같은 분석에 문제점이 없는 것은 아닌데, 그들 중 일부는 여기에서 짚고 넘어가야 할 것이다. 나의 이론과 가장 근본적으로 비슷한 견해인, 미적 가치에 관한 '객관적인 상대주의적' 견해를 제시한 제롬 스톨니츠(Jerome Stolnitz)는 그러한 능력의 존재를 검증하는 데 있어서의 몇 가지 문제점들을 지적한다(*Aesthetics and Philosophy of Art Criticism*, Chapter 15). 나는 그가 능력에 대한 단언(capacity-assertion)을 예측과 혼동함으로써 자신의 작업을 보다 어렵게 만들었다고 생각하며, 나는 그와 내가 공유하는 기본적 입장을 '상대주의적'이라고 부르고 싶지는 않다. 왜냐하면 우리는 어떤 회화의 미적 가치는 감상자 혹은 감상자 집단에 상대적이라고 말하는 것은 아니기 때문이다. 회화의 미적 능력(온전히 감상할 줄 아는 사람들에게 제공할 수 있는 양)을 감상자의 능력(감상자들은 감상 능력에 있어서 엄청나게 다양할 수 있다)과 구분한다면, 흔한 혼란들을 제거할 수 있을 것이다. 그림 안에 들어있는 것보다 더 많은 것을 얻어가는 사람과 같은 비정상적인 상황의 문제들이 존재한다("The Aesthetic Point of View"). 그러나 나는 나의 정의 속에 삽입된 '그 가치에 대한 인지를 통해'라는 구절을 제대로 이해한다면 그러한 문제는 해결될 수 있을 것이라 생각하는데, 내가 삽입한 구절은 회화를 파악하는 데 있어서의 실패뿐만 아니라 회화에 대한 오해도 배제한다. 예를 들어, 조엘 쿠퍼만은 만일 우리가 예술-수용자의 경험을 통해 미적 가치를 정의하길 원한다면, 무엇이 작품에 대한 '적절한' 경험인지 말하기 어려워질 것이라고 본다. 왜냐하면 바로 그 적절한 경험을 통해서 미적 가치의 등급이 매겨지기 때문이다("Aesthetic Value"). 나는 작품 속에 실제적으로 무엇이 존재하는지에 대한 예술-수용자의 인지적 파악을 요구함으로써 이러한 문제가 해결될 수 있지 않을까 생각한다.

마이클 슬로트도 미적 가치를 성향적(dispositional) 속성으로 간주하지만(나는 능력도 성향적 속성의 하나라고 생각한다), 그는 그것을 하나의 경향(tendency)으로 취급한다("The Rationality of Aesthetic Value Judgments"). 그는 현저한 미적 성격의 경험을 제공할 수 있는 조건들을 명시하지 않고서도 미적 가치를 정의할 수 있다고 지적한다. 그러나 이것이 바로 경향과 능력의 차이이다. 내 생각에 비평가가 평가를 내릴 수 있는 상태에 있다는 것은 그의 능력이지 경향이 아닌 것 같다. 어떤 회화가 미적으로 감상될 수 있도록 하는 그 회화의 특성(즉 그 회화에 미적 가치를 부여하는 특성)을 비평가가 지적하면서 자신의 평가에 대한 이유를 제시할 때, 비평가는 (어떤 경향을 추론해내기 위해) 인구의 어떤 표본이 어느 정도의 비율로 그 회화를 미적으로 감상할지에 대한 통계적 일반화를 내릴 필요가 없다. 단지 회화의 어떤 특성들이 통일성, 복잡성, 긍정적인 국소적 성질의 강도 등을 증가시키는지 이야기하면 된다. 그러한 증가로 인해 문제의 회화는 미적으로 보다 많은 것을 제공할 수 있다는 정당화 가능한 전제를 가정한 상태에서 말이다(아래 참조).

미적 경험(aesthetic experience)이라는 개념(초판에서 미적 가치를 정의하기 위해 사용되었던)은 지난 20년간 다양한 우여곡절을 겪었다. 논쟁 중 일부가 미적 경험이라는 개념을 다듬고 명확하게 만들기는 했으나, 논쟁의 대부분은 정말 그런 것이 존재하는가에 대한 의심을 낳았다(혹은 그러한 개념이 미학 이론에서 유용한가에 대한 의심). 예를 들어 조지 디키는 미적 경험 개념을 강하게 비판했고("Beardsley's Phantom Aesthetic Experience"), 이 비판에 대한 대답으로 나는 후속적인 옹호 논증을 제시했다("Aesthetic Experience Regained"). 이에 디키는 또 다른 논증으로 비판을 이어나갔다(*Art and the Aesthetic*, Chapter 8). 아마도 나의 견해에서 가장 문제가 되는 것은 미적 경험을 경험의 특정한 속성들(예를 들어 통일성이나 정합성, 완전성 등)로 특징지을 수 있다는 생각인 것 같다. 나는 통일성이 예술작품의 장점이라고 생각하기 때문에 통일성은 내 이론에서 중요하다. 또한 나는 통일성을 비평의 긍정적 기준이라고 생각했는데, 왜냐하면 통일성으로 인해 작품은 통일성이 있는 경험을 제공할 수 있으며, 따라서 미적 가치를 가질 수 있기 때문이다(경험의 통일성은 그 경험을 미적 경험으로 만들 수 있다). 디키는 토론의 가치가 있는 몇 가지 예리한 비판들을 제시했다. 예를 들어, 통일된 경험에 대한 내 생각에 따르면, 지각은 다양한 종류의 정감과 통합되는데, 디키는 많은 예술작품들이 전혀 정감을 일으키지 않는다고 본다. 어떤 추상 회화들은 '한눈에 그 자체로 파악되고', '기대'나 정서는 발생시키지 않는다는 것이다. 이에 대한 나의 대답은 다음과 같다. 모든 패턴-지각은 능동적인 추구와 탐색을 필요로 하며(아무리 신속한 것이라 하더라도), 단순한 추상적 패턴을 파악하는 데 걸리는 시간 속에서도 다음과 같은 것들이 발생할 여지, 예를 들어 정감, 부분들 사이의 비교와 대조, 내적 적합성의 발견, 인간적 영역 성질의 창발 등이 발생할 여지는 충분하다.

　그러나 나는 미적 경험이라는 개념은 너무 협소해서 그것에 기초하여 미적 가치의 개념을 구성할 수 없다는 점을 인정하게 되었다. 나는 어느 정도의 지속기간 동안 미적 특성이 지배적인 그런 경험을 미적 경험이라고 부르는 데 반대하지 않는다. 그러나 나는 어느 정도의 지속기간 이하이거나(스쳐 지나가는) 혹은 이상이면서(오래 지속되는) 은은한 경험(자연이나 도시 경관을 바라볼 때의 경험처럼) 안에서도 어떤 미적인 방식으로 경험이 고양된다는 점을 인정하며, 그 경험 안에는 '하나의 경험'(an experience)이라 불리는 고전적인 듀이식(Deweyan) 현상의 특징(즉 결핍과 채움의 전개와 같은 것)은 아닐지라도, 증가된 정합성 같은 것이 존재한다고 생각한다. 예술작품 및 그들의 미적 가치와 관련된 대부분의 경우에서 우리는 여전히 미적 경험에 대해 이야기할 수 있다.

　디키의 지속적인 공격에도 불구하고 미적 경험 개념은 여전히 종종 논의되고 있으며, 그 개념이 어떻게 미적 태도 개념과 연결되는지 살펴보는 것은 도움이 될 것이다(*Art and the Aesthetic*, Chapters 2-5). 디키는 '취미 이론'과 '미적 태도 이론'을 구분한

미학: 비평 철학의 문제들

다. 미적 태도 이론의 '강한' 형태에 따르면, 우리가 특정한 태도를 대상에 취한다면 어떤 대상이라도 미적 대상(미적 만족의 원천)으로 변모할 수 있다. 나는 이러한 견해를 공격한 그의 논증에 충분히 설득되었다. 그렇지만, 종종 '미적 태도'라는 용어는 미적 경험 내의 한 요소를 지시하며, 그 요소란 미적 경험이 특징적으로 가지는 (예술-수용자 및 예술작품 사이의) 심리적 관계이다. 그리고 이러한 말하기 방식은 유해하지 않을 수 있다. 이런 맥락에서, 미적 태도는 종종 '무관심적 주목' 및 '심적 거리'를 포함하는 것으로 간주된다(디키가 이 둘을 매우 강하고 효과적으로 비판했다). 나는 어떤 형태(비록 이 형태가 어떤 것인지는 정확하게 기술하기 힘들지만)의 거리 혹은 분리(실제적 개입으로부터의 물러섬)가 미적 성격의 한 요인이라고 생각한다.

그러나 무엇이 미적 성격인가? 나는 예술작품(그리고 또한 어떤 자연적인 대상이나 기술적인 대상)과의 성공적인 만남에서 발견되는 특징들의 집합으로 미적 성격을 설명할 수 있다고 생각한다. 그 특징들은 미적 경험의 기준이 되며, 어떤 경험을 미적으로 만들고, 그것들 몇몇이 함께 나타나면 미적 경험의 발생이 보장되는 그런 것들이다. 이에 대해서는 보다 자세한 설명이 필요한데(*The Aesthetic Point of View*), 어떤 경험은 다음과 같은 특징들 중 일부를 지닐 때 확연한 미적 성격을 보인다. 지각적 혹은 지향적 대상에 단단히 고정된 주목, 대상 밖의 일들에 대해 신경 쓰지 않는 자유의 느낌, 실용적 목적에서 분리된 뚜렷한 정감, 발견의 힘을 발휘하는 느낌, 자신과 경험의 통합. 미적 성격에 대한 이와 같은 기술은 통찰력 있는 현상학자인 젠젠(M. J. Zenzen) 및 여타 연구자들의 결론과도 일치한다("A Ground for Aesthetic Experience").

최근 중요한 질문들이 몇몇 비판가들에 의해 제기되고 있다. 킹슬리 프라이스(Kingsley Price)는 미적 경험을 그 경험 대상의 성질에 의해 구분한다("What Makes and Experience Aesthetic?"). 나도 이와 비슷한 방법을 시도한 적이 있다("The Discrimination of Aesthetic Enjoyment"). 그러나 그는 내가 '순수한' 미적 경험을 대상으로부터 분리시키려 한다고 오해했다. 내 의도는 대상의 현상적으로 객관적인 특성이 경험의 통합된 내용 중 오직 일부라는 사실을 지적하는 것이었다. 조엘 쿠퍼만은 미적 경험이란 '감각적으로 제시되거나 혹은 상상적으로 의도된 대상의 형식 및 성질들에 연결됨으로써 주체가 그 대상에 주목할 때 행하게 되는 심적 활동이 통일성을 이루고 쾌를 유발하는 것'("Aesthetic Experience Regained")이라는 나의 미적 경험 정의들 중 하나를 인용했다("Art and Aesthetic Experience"). 그는 이 정의를 너무 넓게 해석해서 "그것은 미적 경험

뿐만 아니라 성적 경험에도 적용될 수 있다"고 말한다. 아마도 내가 '심적 활동'과 '주목'을 언급했다는 사실이 충분히 강조되지 않았던 모양이다. 혹은 그것들이 너무 데카르트적으로 들렸던 것 같다. 그러나 나는 환경과의 명백한 물리적 상호작용을 배제하는 방식으로 미적 경험이 경험의 형식 및 성질에 대한 몰입을 요구한다고 생각한다.

제롬 스톨니츠는 미적 경험에 대해 나와는 다른 매우 강한 주장을 전개한다("The Artistic Values in Aesthetic Experience"). 그는 미적 경험이 '예술적 가치'에 대한 인식과 향유를 포함한다고(나는 이를 배제했다) 주장한다. 예를 들어 감탄스러운 기술, 장인성, 숙련성, 행위의 경제성 등이다. 기술을 작품이 아닌 예술가의 속성으로 간주하여 작품을 평가하는 일에 관련 없다고 주장했던 나의 견해에 가해진 그의 훌륭한 논증은 기술이 예술작품의 경험 가능한 특성이 될 수 있으며, 그러므로 미적 가치 및 '미적 경험의 차이를 가져올 수 있다'는 점을 보인다. 스톨니츠와 같은 방식으로 기술에 대한 판단이 면밀하게 내려질 수 있다면, 그 판단은 작품에서 멀어져 예술가에 대한 전기적 탐구로 나아가지 않을 것이며, 따라서 작품의 표현성 중 일부가 될 것이다.

마지막으로, 이 절에서 살펴본 미적 가치 개념과 미적 경험 개념의 난점들이 여전히 해결되기 힘들다면, 우리는 대안으로서 그 두 개념을 모두 거부하고 그것들 없이 새로운 미학 이론을 세울 수도 있다. 넬슨 굿맨이 그러한 시도를 했었으나, 그 시도가 성공적이었는지 가늠하기에는 아직 너무 이르다(*Languages of Art*, Chapter 6; *Ways of Worldmaking*, Chapter 6, 7). 굿맨은 미적 가치라는 개념을 제거하고, 굉장히 일반적인 인식적 가치 개념을 통해, 혹은 지식 및 이해에 대한 기여라는 개념을 통해 이론을 세운다. 예술작품은 우리 세계를 리메이크하면서 또한 동시에 세계를 이해하는 활동에 참여함으로써 그 가치를 얻게 되며, 이것이 예술작품의 '주된 기능'이다. 예술작품은 이에 대한 성공 여부에 의해 판단된다. 이러한 강하고 급진적인 견해는 예술비평가들의 실천, 그리고 그들이 자신의 판단을 정당화하기 위해 제시하는 비평적 이유들을 만족스럽게 설명하지 못하는 듯 보이며("*Languages of Art* and Art Criticism"), 어떻게 모든 예술작품을 기호로 다룰 수 있는지가 아직 명확하게 드러나지 않았다("In Defense of Aesthetic Value"). 그러나 현재로서는 미적 가치를 포함한 예술 이론에 대한 대안들 중 가장 온전히 발전된 것이 바로 굿맨의 이론이다.

참고문헌

Beardsley, M. C. "Aesthetic Experience Regained." *Journal of Aesthetics and Art Criticism* 28 (1969).

_____. "The Aesthetic Point of View." *Metaphilosophy* 1 (1970).

_____. *The Aesthetic Point of View.* Ed. Donald Callen and Michael Wreen. Ithaca: Cornell University Press, 1981.

_____. "Aesthetic Theory and Educational Theory." In Ralph Smith, ed., *Aesthetic Concepts and Education.* Urbana: University of Illinois Press, 1970.

_____. "Beauty and Aesthetic Value." *Journal of Philosophy* 59 (1962).

_____. "The Discrimination of Aesthetic Enjoyment." *British Journal of Aesthetics* 3 (1963).

_____. "In Defense of Aesthetic Value." *Proceedings and Addresses of the American Philosophical Association* 52 (August 1979).

_____. "*Languages of Art* and Art Criticism." *Erkenntnis* 12 (1978).

Dickie, George. *Art and the Aesthetic.* Ithaca: Cornell University Press, 1974.

_____. "Beardsley's Phantom Aesthetic Experience." *Journal of Philosophy* 62 (1965).

Goodman, Nelson. *Languages of Art.* Indianapolice: Hackett, 2nd ed., 1976.

_____. *Ways of Worldmaking.* Indianapolis: Hackett, 1978.

Kupperman, Joel J. "Aesthetic Value." *American Philosophical Quarterly* 9 (1972).

Price, Kingsley. "What Makes and Experience Aesthetic?" *British Journal of Aesthetics* 19 (1979).

Slote, Michael A. "The Rationality of Aesthetic Value Judgments." *Journal of Philosophy* 68 (1971).

Stolnitz, Jerome. *Aesthetic and Philosophy of Art Criticism.* Boston: Houghton Mifflin, 1960.

_____. "The Artistic Values in Aesthetic Experience." *Journal of Aesthetics and Art Criticism* 32 (1973).

Zenzen, M. J. "A Ground of Aesthetic Experience." *Journal of Aesthetics and Art Criticism* 34 (1976).

들어가면서

—

신운화 번역

사람들이 예술작품에 대해 말하지 않는다면 미학의 테두리 안에 묶을 문제들이 없을 것이다. 영화나 이야기, 노래를 즐기면서 별 다른 말을 하지 않고, 이따금 툴툴거리거나 탄성을 내뱉을 뿐 곤혹스러움이나 만족감을 조용히 표현하는 데 그친다면 철학이 필요하지 않다. 그러나 작품에 대해 한마디라도 말로 표현하게 되면 다양한 문제가 생겨난다.

예컨대 한 영국 화가의 작품에서 보이는 것을 쓰고 있는 미술지의 논평은 그림 속 다양한 형태에 대해 다음과 같이 언급한다.

작품에 추가된 매우 명확한 숫자들. 때로 이 숫자들은 단지 날짜를 나타낸다. 앨런 데이비(Alan Davie)의 디자인에서 그 숫자들이 그토록 뚜렷하게 보이는 것은 그 이유 때문이 아니다. 그 숫자들은 그야말로 매우 일차적이고 분명한 상징(symbol)이기 때문에 그렇게 나타나 있다. 숫자들은 그 작품에서 상징의 상징이 되고 있고 데이비는 다른 많은 현대 미술가들처럼 이 상징들이 다른 특수한 것을 상징하도록 하기보다는 작품이 상징으로 구성된다는 사실을 표현하는 데 더 관심을 기울인다. 이것은 이상한 일이 아니다. 그것은 어느 시대라도 진정 창조적인 예술가가 언제나 마주했던 심오한 의미의 실재에 사로잡힌 결과일 뿐이다. … 그가 지각하고 있는 실재가 무엇이건 그것을 지각한 것을 기념하는 것, 그것이 예술가가 회화에서 목표하는 것이다. 그래서 앨런 데이비가 캔버스에 펼친 비밀 기호는 난해할 것이 전혀 없다.

그 숫자들이 '특수한' 어떤 것도 상징하지 않는다면 어떻게 '상징'이 될 수 있으며, '난해하지' 않다면 어떻게 '비밀 기호'가 될 수 있는가? 어떤 그림에 나타난 상징은 과연 무엇이며, 특히 '상징의 상징'은 무엇인가? 화가의 상징은 어떻게 그의 '심오한 의미의 실재'와 관련되며 이 맥락에서 '실재'라는 단어는 무엇을 의미하는가? 만일 이러한 의미의 실재와 그것을 지각한 것을 '기념하는' 목표가 모든 시대의 화가들에게 공통적인 것이라면, 상징하고자 하는 바에 대해서는 개의치 않으면서도 어느 정도는 상징적이고자 하는 욕망이 현대 미술가들의 고유한 특징이 되는 일이 어떻게 일어날 수 있는가?

한편 문학지의 한 논평가는 새로운 소설에 대해 다음과 같이 말한다.

> 미국 작가가 이국 문화의 정신 속으로 들어가려 할 때 그 작가가 성실한지 그렇지 않은지를 독자가 아는 것은 중요하다. 헤밍웨이(Hemingway)가 말하듯 그 소설가는 진실하게 쓰고 있는가, 아니면 자신의 사적인 환상을 좇아 생생하지만 부적절한 상징들을 추구하고 있을 뿐인가?
>
> 자, 이제 동시대의 멕시코에 대한 로버트 램지(Robert Ramsey)의 훌륭한 소설 『피에스타』(Fiesta)를 읽을 때 독자는 두려워할 필요가 없다. 램지의 소설은 진정성이 있다. 그것은 저자 자신의 경험에 관한 것이 아니다. 그 소설은 멕시코인의 경험을 충실히 따르고 있고, 저자의 현존은 살아있는 양심으로서 감지될 뿐이다. 이것은 우리를 안심시키는 그러한 현존이다.

독자가 저자가 '성실한지' 아닌지를 아는 것, 그리고 그 소설이 '진정성이 있다'는 것을 확인하는 것이 왜 중요한가? 사실 독자나 논평가가 도대체 그것을 어떻게 알 수 있는가? 그 소설이 '살아있는 양심'을 담고 있다고 말하는 것은 무엇을 의미하며, 이 말을 뒷받침하는 증거는 무엇인가?

한 음반 평론가는 안톤 브루크너(Anton Bruckner)의 교향곡들에 대해 다음과 같이 논한다.

> 브루크너는 제1주제의 끝부분에서 죽은 듯이 멈춘 다음 정중하거나 회유하는 듯한 간주 악절 없이 제2주제를 시작할 수 있다. 그는 화성적인 장식 없이 제창이 길게 계속되는 부분을 종종 사용하는데, 그러한 처리는 흔들림 없는 브루크너 애호가들에게는 극도로 대담하게 다가오지만 처음 들을 때는 때로 투박하게 들린다. 브루크너는 장대한

바로크 악장을 마무리할 때 종종 마침표나 감탄 부호를 써서 그것을 꽤 뻔뻔하게 강조하며, 강력한 절정을 만들어가는 과정에서 연속 악구를 아주 잘 사용한다. 천재성이 덜한 작곡가들의 경우 이러한 습관들은 세련되지 못하거나 거만해보일 수도 있다. 그러나 그 습관들은 브루크너의 음악적 개성의 일부분이고, 바로 그 세련미의 부족이 성실함, 대단한 솔직함, 그리고 고상하고 단순한 사고를 전달하고자 하는 각고의 노력과 밀접하게 관련된다. 그리고 이것 때문에 브루크너의 음악에 익숙한 사람들이 그를 사랑하는 것이다.

'화성적인 장식', '바로크', '연속 악구'가 의미하는 것은 무엇인가? 대담함이 음악에서 바람직한 것으로 여겨지는 것은 왜인가? 평론가들이 다른 작곡가들에게서는 명백히 결함으로 간주하는 음악적 습관들이 브루크너의 성실함과 솔직함으로 인해 장점으로 변하는 것은 어떻게 가능한가? 그리고 가사 없는 음악이 '고상하고 단순한 사고를 전달'한다고 기대할 수 있는 것은 어떤 방법을 통해 가능한가?

앞의 인용문들에 관해 수많은 다른 질문을 쉽게 생각할 수 있을 것이고 불분명한 용어들, 비판의 여지가 있는 가정들 때문에 그러한 질문이 꽤 많을 것이다. 앞의 글들은 끔찍하게 나쁜 사례로서 제시된 것이 아니며 지금 그 글들이 어느 정도로 전형적인지를 생각할 필요는 없다. 이를 결정하는 것은 어려운데, 예술에 관한 담화는 극도로 미묘한 통찰과 지극히 정교한 판단을 구현하는 것부터, 다른 분야에서는 심오하다는 찬사는커녕 참을 수 없을 만큼 가식적으로 난해했을 것까지 폭넓은 범위에 걸쳐 있기 때문이다. 그러나 위의 세 인용문과 그에 대한 질문은 사려 깊은 독자들을 당혹스럽게 하는 골치 아픈 문제 몇 가지를 분명히 보여준다. 미학이라는 학문분야를 생겨나게 한 것은 이러한 문제들이다.

미학과 비평

앞 인용문의 진술 대부분이 '예술작품'이라 불리는 대상에 관한 것이다. 지금은 이 용어를 다소 투박하게 사용하고 있지만 차후에 그 의미를 더 분명하게 다듬을 것이다.

예술작품들은 우리가 선뜻 손쉽게 구별하는 수많은 하위범주들에 속하고 따라서 예술작품에 대한 진술들도 그에 상응하여 나뉜다. 문학 작품에 대한 진술들은 '문학 비평'이라 불리며 음악 비평, 무용 비평 등도 있다. 나는 '비평적 진술'(critical statement)이란 용어를 매우 광범위하게 사용하여 예술작품에 대한 진술, 즉 시, 회화, 연극, 조각, 교향곡 같은 대상에 대한 어떠한 진술이라도 지칭할 수 있게끔 할 것이다. 비평적 진술은 꼭 작품에 대한 판정을 내린다는 의미에서 비평적인 것은 아니다. 반드시 가치 판단일 필요도 없으며 꼭 전문 비평가의 진술이어야 하는 것도 아니다. '〈로미오와 줄리엣〉(Romeo and Juliet)은 5막으로 되어 있다', '스메타나(Smetana)의 현악 4중주 E 단조(String Quartet in E Minor)는 자전적이다', '이브 탕기(Yves Tanguy)의 그림 〈엄마, 아빠가 다쳤어요!〉(Mama, Papa Is Wounded!, 1927, 뉴욕 현대미술관)는 불길한 분위기가 감돈다' 등 이러한 것들 모두 비평적 진술이다. 참이든 거짓이든 누가 이 진술을 했든 상관없다. 이렇게 하여 비평적 진술은 다음과 같은 질문에 대한 답변이다. 반 고흐(Van Gogh)의 〈밤의 카페〉(Night Café, 1888, 뉴욕 스티븐 C. 클라크 컬렉션)에서의 공간의 재현은 그 작품의 악몽 같은 성질에 어떻게 기여하고 있는가? 슈베르트(Schubert)의 교향곡 C 장조(Symphony C Major, No. 7)의 피날레의 관현악 편성에는 결함이 있는가? 셸리(Shelley)의 아도네이스(Adonais)에는 어떤 형이상학적 세계관이 반영되어 있는가?

The One remains, the many change and pass?
하나님은 그대로이고, 수많은 것이 변하고 죽는가?

〈벚꽃 동산〉(The Cherry Orchard)은 〈들오리〉(The Wild Duck)보다 더 훌륭한 연극인가? 이런 문제는 아마추어든 전문가든 비평가들이 다루는 문제이다.

그러나 우리가 예술작품에 관해서가 아니라 비평가가 예술작품을 두고 말하는 것에 대해 질문할 때, 즉 비평가의 질문이나 그의 답변에 대해 질문할 때 우리는 다른 차원의 담화를 하고 있다. '자전적'이라는 단어는 음악에 적용될 때 무엇을 의미하는가? 비평가는 시의 형이상학적 세계관을 어떤 방법론을 통해 결정하는가? 어떤 연극이 다른 연극보다 더 훌륭하거나 열등하다고 말할 수 있는 타당한 이유는 무엇인가? 이러한 질문은 미학의 문제이다.

하나의 연구 분야로서 미학은 다소 이종적인 문제들의 집합으로 구성되어 있다. 이 문제들은 진지하게 우리가 예술작품에 대해 보증할 수 있는 참된 무언가를 말하고자 할 때 생겨나는 것들이다. 지식의 한 분야로서 미학은 비평적 진술을 명확하게 하고 그것을 확증하는 데 필요한 원칙들로 구성되어 있다. 그렇다면 미학은 비평 철학, 혹은 메타비평으로 생각할 수 있다.

철학의 다른 두 분야인 윤리학, 과학철학과 미학을 간략히 비교하면 미학의 목적이 더 뚜렷해진다. '살생은 옳지 않다'는 도덕적 진술이고 참이거나 거짓이다. 윤리학, 혹은 윤리학의 적어도 한 분과는 도덕적 진술의 검토를 맡는다. 예컨대 "옳지 않다'는 단어는 무엇을 의미하는가?' 혹은 '어떤 종류의 행위가 잘못이라는 것을 어떻게 알 수 있는가?' 하고 물을 수 있다. 이 질문들은 도덕적 진술의 의미와 입증에 관한 것이지만 그 자체가 도덕적 문제인 것은 아니다. 또한 아원자 입자, 전자, 양자, 중간자 등의 속성에 관한 참된 이론을 제공하는 것은 물리학자들의 일 중 하나다. 그러나 철학자로서 우리는 다른 문제들에 관심이 있다. 이런 입자들이 인간의 정신과 상관없이 실제로 존재하는가, 아니면 이 입자들은 논리적 구성물인가? 자연에 대한 탐구는 인과율이나 귀납법의 원리 같은 어떤 형이상학적 명제를 상정하는가? 과학적 방법론이 모든 인간 행위에 적용될 수 있는가? 이 질문들은 과학 자체에 관한 것이며 물리학의 문제가 아닌 철학적 문제들이다.

물론 매우 근본적인 차원에서 윤리학, 과학철학, 미학을 포함한 철학의 모든 영역은 매우 광범위하고 근본적인 문제들로 수렴된다. 그리고 우리는 이 책의 내용을 따라가면서 철학의 다른 영역, 즉 형이상학, 인식론, 가치론 등과 연결되는 몇 가지 문제를 대면하게 될 것이다. 그러나 그럼에도 불구하고 그 울타리를 너무 높이 치지 않는다면 철학적 문제들을 분리하는 것이 사리에 맞고 정당하다. 우리가 무언가에 대해 생각할 때마다 당연시하는 매우 일반적인 추론 원칙들이 있고 이 원칙을 조사하는 것은 일반 논리학이 할 일이다. 그러나 이 조사와 관련된 문제들 외에 옳고 그름에 대해, 혹은 관찰할 수 없는 물리적 개체들, 역사 혹은 신, 감각 경험, 예술작품에 대해 우리가 열심히 생각하고자 할 때 제기되는 특수한 문제들이 있다. 그리고 이 책에서는 예술작품에 관해 성찰할 때의 특유한 문제들에 관심을 기울일 것이다.

이러한 방식으로 미학을 이해한다면 우리는 원칙적으로 미학과 비평을 분명하게 분리할 수 있다. 윤리학을 연구한다고 해서 이전보다 더 도덕적이 되지는 않을 것이고 과학철학을 연구한다고 해서 과학자의 자격을 얻는 것은 아니다. 마찬가지로 미학을 연구한다고 해서 비평가가 되지는 않을 것이며 화가나 시인이 되는 것은 더 더욱 아니다. 그러나 미학과 비평 어느 것도 다른 하나 없이 독립적으로 수행될 수 없다는 것을 보여줄 수는 있다. 미학과 비평 각자의 맡은 일이 있다고 해도 그 둘은 서로 의존한다.

우선 첫째로, 우리가 다룰 비평적 진술이 있어야만 미학을 할 수 있다. 예술작품의 의미 있음의 기준 그리고 작품의 참의 검증에 관한 문제를 제기하기 위해서 우리는 이 책에서 특정 예술작품에 관한 언명을 해야 한다. 그리하여 특정한 예술에 대한 논의가 있을 것이고 이것은 비평가들이 발견한 바를 토대로 이루어지는 것이다. 그러나 예술 자체가 매우 흥미롭다는 바로 그 이유 때문에, 우리는 가장 중요한 목적에서 벗어나지 않도록 주의를 기울여야 한다. 그 가장 중요한 목적은 일차적으로 예술에 대한 지식을 더 많이 쌓는 것이 아니라 예술에 대한 생각을 더 깊게 일구는 것이다. 그래서 만일 누군가가 브루크너가 성실하고 솔직했다고 말한 데 대해 당신이 동의하지 않는다면 이것은 생생한 논쟁거리가 된다. 브루크너는 가장 논란이 많은 작곡가 중 한 사람이기도 하다. 그러나 관련된 미학적 문제들은 다른 차원의 것이다. 브루크너가 솔직했는가와 같은 문제가 아니라 다음과 같은 문제들이다. 어떤 작곡가가 솔직한지 아닌지를 우리는 어떻게 분간하는가, 전기적인 증거는 이 문제에 적절한가 혹은 솔직함을 음악 자체에서 들을 수 있는가? 그리고 만일 그가 솔직하다는 것을 증명할 수 있다면 그것이 브루크너의 교향곡의 가치와 어떤 관련이 있는가?

둘째, 바람직한 비평을 위해 이러한 미학적 문제들이 제기되어야 하는 것은 분명하다. 좋은 비평가가 되기 위해서는 관심 있는 예술에 대해 방대한 정보를 축적하고 풍부한 경험을 하는 것만으로는 충분하지 않다. 이 자료들을 유익한 방식으로 정리할 수 있어야 하고 공식화하여 이해할 수 있도록 만들어야 한다. 그리고 이 지점이 미학이 개입하는 곳이다. 예를 들어 당장 어떤 예술에 대해 말할라치면 '실재'와 같은 단어가 불쑥 나타나게 되어 있다. 물론 어떤 의미에서 화가들은 실재에 관심이 있다. 그러나 어떤 의미에서인가? 수년간 서로 알고 지낸 두 예술 비평가가 지적인 공감대를 발전시켜와서 한 사람이 그림에서 '심오한 의미의 실재'를 말할 때 상대방이 그가 의미하는 바를 정확하게 이해할 수도 있다. 그러나 유감스럽게도 사람들은 어떤 말이 의미하는 바를 실제로 전혀 이해하지 못할 때에도 그것을 이해한다고 생각하는

미학: 비평 철학의 문제들

경우가 더 흔하다. 그리고 때로 사람들은 심오한 무언가가 말해지고 있다고 막연하게 느끼더라도, 그 말이 의미하는 바를 이해하든 이해하지 못하든 그다지 개의치 않는다. 비평가 자신이 '이 상징들이 특수한 무언가를 상징하도록 하기'보다 그의 말이 상징이라는 사실을 표현하는 것에 더 주의를 기울일 수도 있다.

이렇게 해서 '실재'는 사물의 표면적인 모습, 즉각적인 점검으로 알 수 있는 감각질, 즉 냄새, 맛, 질감을 의미할 수도 있다. 그러면 '심오한 의미의 실재'는 감각적 외양에 대한 강한 관심, 그것에 매료됨, 그것을 재생산하려는 욕망일 수도 있을 것이다. 그러나 이러한 의미에서는 '어느 시대건 진정 창조적인 예술가는 언제나 실재와 마주하고' 혹은 그것에 '사로잡히는지'가 전혀 분명하지 않다. 이러한 기술은 프랑스 인상주의자들에게는 들어맞지만 고딕이나 비잔틴 미술가들에게는 맞지 않다. 더욱이 만일 그 화가가 순수하게 감각적 외양에 관심을 가진다면 그는 왜 상징을 사용하게 되었는가? 확실히 숫자 6이 어떤 수를 상징하고 있는 것으로 인지될 때 지각자의 주의는 그 수의 순수한 감각적 성질을 떠나 그것이 의미하는 추상적 개체에로 향한다. 이때 물론 '실재'는 다른 중요한 의미를 가진다. 예컨대 즉각적으로 감각되는 성질들 이면의 세계, 즉 감각 경험을 통해서가 아니라 직관이나 순수 이성을 통해 알게 되는 초자연적인 세계를 의미할 수도 있다. 고딕과 비잔틴 미술가는 이러한 의미의 실재에 관심을 가지며 이러한 관심은 화가가 상징적인 표현을 사용하는 데 대한 설명을 제공할 것이다. 그러나 그것은 '그가 지각하고 있는 실재가 무엇이건 그것을 지각한 것을 기념하는 것'과는 같지 않다.

용어 '실재'에 대한 문제 묶음은 적절한 곳에서 다시 제시될 것이다. 여기서는 우리가 어떤 종류의 탐구를 다룰 준비를 해야 할지를 좀 더 완전하게 보여주기 위해 자세히 설명한 것이다. 과학에 대한 철학적 논의를 하지 않아도 훌륭한 과학자가 될 수 있지만, 과학의 과정은 누군가가 때때로 멈추어 그 방법론, 과학의 기본 용어의 의미, 인간의 여러 활동들 중 하나로서의 과학의 역할에 대해 깊이 생각하는 것에 따라 좌우된다. 만일 과학자 스스로가 이것을 행한다면 그때 그는 철학적 질문들을 하고 있는 것이다. 결국 과학자들이 그들이 하고 있는 것이 무엇이며 왜, 어떻게 그것을 하고 있는지를 더 분명하게 할수록 과학은 더 나아질 것이다. 마찬가지로 궁극적인 선의 본성이 무엇인지, 도덕적 책임의 기초가 무엇인지 자문하지 않고도 도덕적으로 흠 없는 삶을 영위할 수 있다. 그러나 삶을 영위할 가치가 있도록 만드는 것이 무엇인지 더 분명히 할수록 우리는 더 성공적으로 그러한 삶을 추구할 수 있다. 옳고 그름을 결정하는 올바른 방식에 대한 개념이 더 건전할수록 우리의 결정은 더 합리적이 될 것이다. 마찬가지로, 비평이 단순히 알아듣기 힘든 말, 무의미한 특수용어, 개성 강한 가치판단으로 전락하지 않도록 하려면, 누군가는 비평의 토대를 끈질기고 주의 깊게 생각해야 한다. 우리는 비평가들이 지각, 가치, 지식, 실재에 대해 어떤 전제를 가지고 있는지 질문해야 하며, 이러한 전제들을 조사하여 그것이 정당한지 살펴보아야 한다. 그들이 사용하는 기본 용어들의 의미, 논쟁의 논리를 생각하고 이것들을 분석하고 검증해야 한다. 비평가 자신의 가정을 정당화하는 것이 비평가의 임무는 아니지만 그는 그 가정들이 정당화될 수 있다는 것을 믿어야 한다. 그렇지 않다면 그는 그 가정들을 함에 있어서 불성실한 것이다.

그래서 이 책에서는 미학을 독립적으로 구별되는 철학적 탐구로 생각하고자 한다. 즉 미학은 비평의 본성과 기초에 관련된 것이다. 이때 비평은 그 자체가 예술작품에 관한 것으로서, 넓은 의미에서의 비평이다. 다만 미학이란 분야의 경계를 이런 식으로 규정하는 것이 다른 모든 미학자들의 견해와 정확히 일치하지는 않는다는 것은 인정할 수밖에 없다. 사실 이 문제에 대한 시각이 여러 수많은 의견별로 다르다는 것이 미학 분야의 애로점 중 하나이다. 가장 주된 차이는 이것이다. 보통 관례적으로는 창조적 과정 자체의 본성, 이를테면 어떤 사회적, 심리적 조건이 화가와 시인에게 작용하고 그들이 어떻게 작품을 시작하는가 하는 것을 미학의 문제들 사이에 포함시킨다. 그러나 여기서 나는 예술과 예술가들에 관해 미학의 문제로 제기할 수 있는 모든 문제를 고려하지는 않는다. 누군가가 완성된 작품을 마주하여 그 작품을 이해하고 그것이 얼마나 훌륭한가를 결정하고자 하는 상황을 중심으로 생각한다. 그 관람자가 자신이 하고 있는 바를 끈질기게 성찰한다면 많은 문제와 마주할 것이지만 예술적 창조의 심리학을 탐구할 필요는 없을 것이다.

예술가가 무언가를 창조하도록 만드는 것이 무엇인가 하는 문제는, 내 생각에는 심리학의 문제이지 철학적인 문제는 아니다. 그리고 예술작품의 원인과 결과에 관한 문제를 다루는 심리학적 미학과, 비평적 진술의 의미와 참에 관한 문제를 다루는 철학적 미학을 구별하는 것이 유용하다고 생각한다. 이 책에서 '미학'은 '철학적 미학'의 준말이다. 그럼에도 불구하고 우리는 심리학을 무시할 수는 없다는 것을 보게 될 것이다. 심리학의 자료와 결론들은 많은 점에서 우리가 다루는 문제와 관련되어 있다.

예를 들어 가치 평가의 논리를 생각할 때 우리는 미적 경험의 본성에 관한 것을 묻게 되고 이것은 심리학적 문제이다. 그 질문에 결정적인 답을 하기에 심리학적 자료가 너무 빈약한 경우 우리는 적어도 그 질문을 분석하고 가능한 한 분명하게 공식화하여 해당 문제에 대한 답을 얻기 위해 어떤 종류의 심리학적 자료가 필요한지를 알 수 있도록 한다.

미학의 문제들

사람들이 예술작품에 대해 말하는 것이 필수적이지도 않고 바람직하지도 않다고 말하는 경우도 보게 된다. 예술작품을 두고 하는 이러한 말들이 해로울 수도 있다. 시에 관한 어떤 책은 아주 흥미로워서 사람들이 시 자체를 읽는 것을 방해한다. 때로 비평가들, 심지어 나쁘고 무지한 비평가들의 논평이 명성을 얻어 그림과 음악에 대한 잘못된 생각을 널리 퍼뜨리고, 사람들은 이 예술들에서 가장 귀한 것을 놓치게 되기도 한다. 사람들이 그릇된 기대를 품고 작품을 접하게 되기 때문이다. 예컨대 교향악 콘서트에서 배포되는 통상적인 정보글의 내용 중 많은 부분이 차라리 없는 것이 더 나을 것인데, 그것은 청중이 음악을 집중해서 듣는 대신에 작곡가에 대해 감상적인 태도를 갖게 하기 때문이다.

그러나 또 다른 측면에 대해서도 말할 수 있다. 문학, 미술, 음악 교사들이 사람들로 하여금 시, 그림, 협주곡에서 더 큰 즐거움을 얻도록 도울 수 있다는 상당한 증거가 있다. 지각은 더 날카롭게 다듬어질 수 있고 취향은 더 정련될 수 있다. 심지어 창조적 과정의 일정 부분은 미술 학교, 음악 학교에서 명백히 가르칠 수 있고 적어도 지도를 통해 유익하게 북돋울 수 있다. 신문 독자는 형편없는 연극을 보지 않도록 미리 일러주는 비평가에게 충분히 고마움을 느낀다. 그리고 이 모든 것을 떠나, 예술작품은 마치 희귀식물이나 선사시대 뼛조각 더미, 혁명, 인간의 뇌처럼 우리 주위에서 볼 수 있는 그 자체로 상당히 흥미로운 현상이고 그것에 대해 우리는 당연하게도 지속적인 호기심을 느낀다. 위대한 비평가는 시가 힘을 발휘하는 것은 무엇 때문인지, 좋은 선율과 나쁜 선율을 구별하는 일반적인 특징은 무엇인지, 시각적 재현의 가능한 양태들이 무엇인지를 단지 앎의 즐거움 때문에 알고자 한다.

어쨌든 사람들은 앞으로도 예술작품에 대한 진술을 멈추지 않고 계속할 것이다. 문제는 우리가 말을 하는가 안 하는가가 아니라 말을 잘하는가 잘 못하는가 하는 것이다. 우리는 너무 많이 말하거나 너무 성급하게 말하거나 혹은 시시콜콜하게, 올바르지 않게, 부적절하게, 오해의 소지를 남기며 말하지 않도록 힘써야 한다. 내가 믿는 바대로 인간이 누리는 최상의 삶 속에 예술이 한 자리를 차지하고 있는 것이 맞다면, 예술은 우리가 많은 노력을 기울일 가치가 있는 것이다. 인간 삶에서의 예술의 의미에 대한 문제는 마지막 장에서 다룰 것이다. 우리 모두가 시인이나 작곡가가 될 수는 없지만 우리가 예술에 대해서 말하는 것이 예술의 목적을 성취하는 데 방해보다 도움이 되도록 힘써야 한다. 그리고 이것은 끊임없이 해야 할 일이다. 새로운 그림, 새로운 시문, 새로운 음악이 늘 생겨나고 있고 이것은 비평가에게 새로운 문제를 던져준다. 더욱이 예술에 대해 어리석고 우둔하고 공격적인 말들이 언제나 넘쳐나고 있는데, 이것은 일소되어야 한다.

예를 들어 아버지, 어머니, 아들, 딸을 재현하는 14피트 크기의 청동 조각이 로스엔젤레스의 새 경찰서 건물에 세워졌다고 하자. 인물들은 형체가 가늘게 표현되고 머리가 작고 얼굴이 없다. 이 인물들은 경찰의 보호를 받는 가족을 상징하고 있다고 한다. 한 시의원이 충격받은 시민들을 대변하여, 그 조각은 '지금껏 본, 미국인에 대한 가장 수치스러운 풍자이자 캐리커처'라고 하면서 이 조각을 부수고 악인을 체포하는 경찰을 나타내는 사실적인 조각을 대신 그 자리에 세워야 한다고 주장한다. 헐리우드 예술가 협회는 그 조각이 실제 경찰 인원을 모델로 하여 '쉽게 알아볼 수 있는 인물 형상'으로 구성되어 있고 충성 선서를 한 예술가가 작업했다고 주장한다. 이 복잡한 사건에는 정치적인 측면이 있기는 하지만 우리는 이를 통해 조각의 본성, 가치, 공동체의 삶 속에서 조각의 위치에 대한 의견대립이 있다는 것을 쉽게 알 수 있다. 만일 이러한 의견대립을 철저하게 터놓고 다룬다면 적어도 그 갈등은 좀 더 해결할 만한 것이 될 것이다. 이러한 경우 당시의 위대한 도덕적, 정치적 사건들에 관해 건전한 생각을 절박하게 요구하는 것만큼이나 예술작품에 대해 건전한 생각을 절박하게 요구하는 것은 아닐 것이다. 그러나 훌륭한 예술 철학을 갖는 것은 결국 훌륭한 철학을 갖는 데 있어서 결코 하찮은 부분이 아니다. 그리고 지금 철학은 우리의 궁극적인 관심사이다.

미학의 문제들은 예술작품에 관한 어떤 진술에 대해서도 제기할 수 있는 문제들, 사실 '그것이 참이라고 믿을 이유는 무엇인가'와 같이 다른 어떤 진술에 대해서도 제기할 수 있는 기본적인 문제들로부터 시작된다. 이 질문은 이후에 더 온전하게 살펴보겠지만 예컨대 '그 진술은 무엇을 의미하는가'와 같은 부차적인 질문으로 이어진다.

우리는 예술작품에 대해 무슨 말을 하기를 원하는가? 나는 여기서 '비평의 기능은 무엇인가?' 하는 질문을 제기하고 싶지는 않다. 비평가들이 예술작품에 대해 판단을 내리고 선전하고 부풀리는 것, 예술가와 대중 사이에서 호객꾼 혹은 사업자처럼 행동하는 것이 더 중요하든 아니든 간에 말이다. 만일 비평가가 조금이라도 쓸모가 있다면 그는 나름의 사회적 역할을 할 것이고 우리 탐구의 마지막 단계에서 이를 좀 더 효과적으로 논의할 수 있을 것이다. 내 생각에는 대부분의 비평가는 결국 그들의 활동이 예술적 창조를 돕든 아니든 간에 예술 감상, 예술을 온전하게 혹은 적절하게 즐기는 것을 돕는다고 주장하면서 스스로의 활동을 정당화한다. 어쨌든 비평가는 그가 마음에 품고 있는 궁극적인 목적이 무엇이든 간에 우리에게 작품에 대해 무언가를 말함으로써 그 목적을 달성하고자 한다. 그리고 그가 말할 수 있는 것은 기본적으로 세 가지가 있고 그 세 가지는 각각 그 자체로 특유한 미학적 문제를 불러일으킨다는 것을 알 수 있다.

첫째, 우리는 예술작품에 대한 규범적(normative) 진술과 비규범적(non-normative) 진술을 구별해야 한다. 규범적 진술은 비평적 가치 판단(critical evaluation)이다. 작품이 좋거나 나쁘다고 말하는 것, 작품에 아름답다거나 추하다는 평을 하는 것, 작품을 추구해야 할 대상 혹은 기피해야 할 대상으로 추천하는 것 등이 예술작품의 가치를 판단하는 것이다. '규범적 진술'을 정의하는 완전히 만족스러운 방법은 없다고 생각하지만 현재로서는 다음과 같이 대략적으로 그 집합을 가리키는 것으로 충분할 것이다. 비평적 가치 판단은 예술작품에 '훌륭하다' 혹은 '아름답다'는 단어, 그것과 반대되는 부정적인 단어, 혹은 그런 측면에서 정의할 수 있는 다른 술어를 적용하는 것이다.

비평적 가치 판단의 의미와 논리적 정당화를 생각할 때 생기는 문제는 우리가 마주치는 문제들 중 가장 어려운 것들이고 이 문제들은 책의 마지막 장으로 미룰 것이다. 이렇게 하는 것은 소심해서라기보다는 신중해서 그런 것이라고 생각해본다. 이 문제는 몇 가지 다른 주제를 먼저 살펴보면서 훨씬 쉽게 다룰 수 있을 것이다. 이 부분에서 우리는 가장 혼란스럽고 불만족스러운 개념들을 만나게 된다. 예컨대 사람들이 작품에 찬사를 보내는 이유가 어떤 것인지를 물음으로써 비평적 가치 판단의 문제에 접근할 수 있다. 흔히 제시되는 한 가지 이유는 예컨대 〈시스티나의 성모〉(Sistine Madonna, ca. 1515, 드레스덴 갤러리), 키츠(Keats)의 「성 아그네스의 이브」(Eve of St. Agnes), 포레(Fauré)의 〈레퀴엠〉(Requiem Mass) 등에서처럼 그 작품이 아름답다는 것이다. 하지만 어떤 이는 그것이 아름답다고 하고 다른 이는 아름답지 않다고 말한다면, 그 질문에 대한 답은 어떻게 정해질까? 충돌 없이 다른 방법으로 그것을 해결할 방법이 있는가? 가장 먼저 할 질문은 분명 '아름다움'이 의미하는 바가 무엇인가 하는 것이다. 아마도 두 논쟁자가 그 용어를 다른 의미로 사용하고 있는 것이기 때문이다. 아름다움은 대상에 내재한 모종의 성질인가 아니면 대상이 사람들에게 어떤 방식으로 영향을 주는 경향인가, 혹은 이러한 것들이 전혀 없는 것인가? 문학에서의 아름다움은 음악에서의 아름다움과 같은가? 그리고 작품이 아름답다는 것을 증명하기 위해서는 어떤 종류의 증거가 필요한가? 아름다움은 모든 훌륭한 예술작품에 공통된 것인가 아니면 일부 작품에만 있는 것인가? 혹자는 예술작품이 설사 추할지라도 위대할 수 있다고 생각하지만 그렇게 생각하지 않는 사람도 있다. 이와 같은 것들은 '아름다움'이란 단어에 의해 생겨나는 몇 가지 혼란스러운 문제들로서 우리가 이후에 마주하게 될 것이기도 하다.

두 번째 구별은 두 가지 종류의 비규범적 진술, 즉 작품을 해석하는 진술과 작품을 단지 기술하는 진술 간의 구별이다.

비평적 해석은 이 책의 목적에 비추어볼 때 예술작품의 '의미'를 선언하고자 하는 진술이다. 이것은 예컨대 피아니스트가 소나타를 특정한 방식으로 연주함으로써 그 곡을 '해석'하는 의미와는 다른 의미이므로 이와 혼동해서는 안 된다. 나는 '의미'라는 용어를 단어 그 자체와 작품 밖에 있는 무엇 간의 의미론적 관계를 가리키는 것으로 사용한다. 어떤 음시(音詩, tone poem)가 삶의 즐거운 긍정을 담고 있다, 혹은 그 작품이 작곡가의 삶 속의 무엇인가를 '지칭한다', 어떤 춤이 젊은 사랑이 눈뜨는 것을 '재현한다', 어떤 소설 속의 다리가 삶의 위기를 '상징한다', 혹은 '가리킨다', 근대적인 사무실 건물이 근대적 산업의 기능적인 효율성을 '표현한다'고 말한다고 하자. 이러한 진술들은 비평적 해석이다.

비록 작품을 해석하는 행위가 작품의 가치를 판단하는 행위보다 덜 복잡하다고 해도, 그 또한 상당히 복잡한 행위이며 그 나름의 문제들을 야기한다. 예컨대 '표현한다'는 용어를 생각해보라. 건물이 무언가를 '표현하는지' 아닌지를 어떻게 결정하는가? 그것을 디자인하는 동안의 건축가의 경험에 대해, 그 건물의 성질과 그 건물이 쓰이는 목적 사이의 관계에 대해, 그것을 바라보는 사람의 경험에 대해 이 용어가 함축하고 있는 것이 있다면 그것은 무엇인가? 건물의 표현성과 건축적 디자인으로서의 아름다움 사이에 어떤 관계가 있다면 그것은 어떤 관계인가?

그러나 이러한 문제들을 생각하기 전에 우리는 더 간단하게, 단지 예술작품의 특징을 기술하는 데서 생겨나는 몇 가지 문제를 다루어야 한다. 그림의 색채와 형태에 대한 정보를 주는 진술, 동영상의 플롯을 요약하는 진술, 오페라 아리아가 A/B/A 형식으로 되어 있다고 분류하는 진술은 비평적 기술이다. 이 부분에서의 중심적인 문제는 형식(form)이라는 개념과 관련되어 있다. 비평의 언어에서 이것만큼 자주 언급되는 단어도 없을 것이다. 형식은 각기 다른 맥락에서, '표현', '재현', '내용', '제재', '의미' 등의 반대어가 되는 단어이다. 형식을 갖고 있다는 것은 때로 일반적으로 예술작품으로서 구별되는 특징, 때로는 이 집합 내에서 예술적 탁월성을 나타내는 표지로 간주된다. 그러나 또한 다음과 같은 물음이 여전히 남는다. 그 용어는 어떻게 사용되는가? 그 용어의 사용법 중 어느 것이 보존할 가치가 있고 어느 것이 오해의 여지가 있는 것으로서 거부되어야 하는가? '형식'의 어떤 의미를 채택하든 간에 예술작품의 형식에 관해 알아야 할 중요한 것은 무엇인가?[*]

접근 방안

그렇다면 철학적 미학의 문제는 그것이 아무리 다양할지라도 3가지 주요한 그룹에 속하는 것이고 여기에는 자연스러운 접근 순서가 있다. 기술적 진술에 의해 제기되는 문제는 가장 단순한 것들이고 이에 대한 해결책이 나머지 문제들을 논의하기 위한 전제가 되므로 이것은 제2장에서 제5장에 걸쳐 가장 먼저 다루어야 할 것이다.

---

[*] 이후에 다룰 것이지만, 미학적 탐구를 필요로 하는 비평적 퍼즐과 혼동의 몇 가지 생생한 예를 다음의 문헌이 제공하고 있다. J. A. Passmore, "미학의 황량함"(The Dreariness of Aesthetics), Mind, N.S. LX (1951): 318-25, reprinted in William Elton, ed., Aesthetics and Language, New York: Philosophical Library, 1954, pp. 36-55.

해석적 진술에 대해 제기되는 좀 더 논쟁적인 문제들은 제6장에서 제9장까지 다룰 것이다. 마지막으로 제10장에서 제12장은 비평가의 가치 판단과 관련하여 제기되는 문제들을 다룰 것이다. 여기서 이 마지막 문제 그룹이 의심할 바 없이 가장 흥미로운 것들로 비평가들이 가장 해결하고 싶어 하는 문제이다. 더욱이 이 문제들과 가능한 해결책에 대한 우리의 관점은 책 전체를 관통하여 이끌며 영향을 미칠 것이다. 흔히 비평가들은 가치 평가를 하고자 하여 예술작품의 기술과 해석에 관심을 갖기 때문이다. 비평가들은 규범적 진술의 이유, 적어도 부분적인 이유로서 기술적 진술과 해석적 진술을 사용한다. 그래서 앞 장들에서 내가 특수한 탐구를 위해 어떤 종류의 기술을 선택할 때, 후반 장들에서 논의할 비평적 가치 판단에 이러한 진술이 적절한지를 때때로 염두에 둘 것이다. 그러나 기술과 해석이 단지 가치 평가를 위한 근거로서 중요한 것이라고 주장하고 싶지는 않다. 설사 예술작품에 대한 모든 가치 판단을 삼갈 수 있고 기꺼이 그렇게 한다고 하더라도, 예술작품의 성질과 내적인 관계를 분석하는 것, 그리고 작품이 의미하고 가리키는 것을 발견하는 것은 여전히 그 자체로 흥미롭고 유용하다. 결국 기술과 해석은 이해(understanding)라는 작업을 양분하고 있기 때문이다.

앞의 예시에서 살펴본 문제로 알 수 있듯이, 우리가 할 일에는 일정 정도의 언어적 분석, 즉 정의하고 구별하는 것이 필요할 것이고 이 책의 앞 장들에서 특별히 그러할 것이다. 단어의 의미에 관해 이렇게 관심을 쏟는 것은 때로 우리의 주요한 목표와는 거리가 멀어보일 수 있겠지만 이는 결코 사소한 것이 아니다. 더 실질적인 문제를 위한 것이다. 오늘날 미학이라는 학문분야는 더 이상 대강 자유롭고 손쉬운 접근 방법으로는 진전되지 않을 것으로 보이는 상황이다.

사실 미학은 오랫동안 철학 계열 내에서 배다른 자매처럼 경시되어왔다. 미학이 이렇게 배척된 것은 설명하기 어렵지 않으며, 미학이 관습적으로 깔끔하게 정리되지 못했고 철학 분야 내에서 일반적으로 쓸모 있게 되어 있지 않았기 때문이라고 한편으로는 변명할 수 있다. 심지어 어쩌다 관심을 갖곤 하는 사람들의 눈에는 분명 미학은 지체아로 비칠 것이다. 비록 이것이 무시할 만큼 작은 부분이 아니라고 해도 우리는 과거를 잊고 미래를 바라보고자 노력해야 한다. 우리는 미학이 낙후되었다는 것을 받아들여왔고 철학의 다른 형제들에게 요구했던 것만큼 요구하지 않았다. 사실 우리는 미학에 지나칠 정도로 특별한 요구를 하지 않았고, 어떻게 잘 유도한다면 미학이 수행할 수 있었을 만큼조차도 기대하지 않았다. 같은 시간에 정상아에게 쏟은 주의와 노력 이상의 것을 미학에는 단지 ABC를 가르치는 데 기울였다.

그래서 이 학문분야의 현재 상황을 생각할 때 이 책과 같은 일반론은 겸손과 야심이 정확하게 필요한 비율로 섞여 있어야 한다. 이전에 그래왔던 것보다 더 체계적으로 미학의 다양한 문제들을 종합하고, 몇 가지 문제로 나뉘어 행해져서 흩어져 있는 작업들을 한데 모으고, 그것들을 동일한 일반적인 틀 안에서 나란히 다루면 어떻게 되는지, 어떻게 서로 도움이 되는지를 살펴보고, 몇몇 문제들은 가능한 한 더 진전된 해결책을 탐구할 때가 바로 지금이라고 나는 생각한다. 무엇보다 미학의 문제들 자체를 명확하게 하고 서로 연결시켜야 한다. 나는 그 문제들이 통상적으로 다루어지는 것보다 더 잘 공식화될 수는 없는지, 몇몇 문제는 만연해 있는 용어상의 혼동 상태에 있는 것처럼 보이지만 사실상 해결책을 이미 눈앞에 두고 있는 것이 아닌지 알고 싶다. 미학 용어의 만족스러운 전문 용어집이 제공될 수 있는지, 그것에 의거해 대부분의 분파들이 설득되어 동의에 이를 수는 없는지 알고 싶다. 그리고 이러한 노선을 따라 작업함으로써 우리 비평이 질적으로 더 분별 있고 더 의미 있는 것이 될 수 있을 것으로 보인다. 이것이 야심이다.

그래서 나는 내내 가능한 한 명확하고 엄밀하고자 했지만, 심지어 정확하게 공식화할 수 없을 때조차도 유망한 생각에 도달할 수 있는 기회를 포기하지 않으려 했다. 우리가 사용하고 있는 용어와 개념의 구별은 사려 깊은 이론가들이 일정 기간 숙고해온 것이고 일반적으로 사용하기에 괜찮은 형태로 되어 있다고 여겨진다. 그러나 모호하고 느슨하지만, 예술작품에 관해 말하는 데 있어 참되고 도움되는 다른 것들도 있고, 비록 그중 잘못되고 오해를 불러일으킬 수 있는 것들을 골라낼 방법을 아직 모른다고 해도 우리는 그 비평적 도구들을 시험해보아야 한다고 생각한다. 언제나 한 눈은 진정으로 가장 중요한 대상인 예술작품 자체에 고정하고 있어야 하기 때문에, 비평적 담화가 때로 매우 침착하게 분석적이고 추상적이어야 한다고 해도, 그것이 적절하고 정당하려면 그 담화가 다루는 대상에 대한 애정과 존중을 잃어서는 안 된다. 특수하게 얽히고설켜 성가신 용어법상의 혼동이나 논리상의 혼란을 풀어내면서 우리가 아무리 자긍심을 가진다 해도, 작품 자체 앞에서, 그리고 작품을 만들고 작품의 모든 특징, 의미, 가치를 만들어낸 인간의 귀한 능력 앞에서 우리는 기본적으로 여전히 겸허해야 한다. 이것이 겸손이다.

이 책의 특징 중 설명이 필요한 것이 있다. 각 장 말미의 'Notes and Queries'는 텍스트에서 다룬 문제들, 그리고 거의 다루지 않았으나 연관된 문제들에 대한 더 깊은 성찰을 하게 할 것이다. 그것은 집단 토론이나 논문을 위한 문제에 초점을 맞추고 있고, 독자를 위한 꽤 광범위하지만 선별된 문헌 가이드와 함께 간헐적 질문과 비판적인 주석을 포함하고 있다. 더욱이 학문적인 책임감을 가지고, 개별 이론가의 장단점을 논하지 않고도 텍스트 자체 안에서 해당 문제를 발전시키고 방어 가능한 입장과 중요한 관점을 논의할 수 있도록 한다. 공격이든 방어든 내가 어떤 문제에 대한 해결책을 제시할 때는 가능한 한 그것을 명확하고 합리적으로 제시하여 그 안에서 가장 유용한 것이 쓰일 수 있도록 했다. 나는 이름을 들지는 않지만 각주에서 각 장 말미의 Note를 언급하고 있고 여기에서 특정한 버전의 이론을 찾을 수 있는 주요 책이나 논문을 인용한다. 그래서 Notes and Queries는 이 책의 필수불가결한 부분이며 미학의 영역에서 현재 논의되고 있는 것들의 흐름과 연결되어 있다.

제1장에 들어가기 전에 이 도입문의 시작 부분에서 잡지, 신문, 담화와 책 등으로부터 인용한 것처럼 비평적인 글의 몇 가지 예시를 모아보면 좋을 것 같다. 더 명확해져야 할 단어, 좀 더 논리적으로 정당화되어야 할 진술을 찾으면서 글을 주의 깊게 분석해보라. 어떤 진술들이 기술, 해석, 가치 평가인가, 혹은 그러한 것을 암시하는가? 가능하다면 이 글을 다른 누군가와 토론해보라. 어떤 단어가 다른 사람들에게서는 다른 의미로 생각되는지, 밑바탕에 깔려 있는 어떤 가정이 논쟁의 대상이 되거나 논쟁 가능한지를 찾아보라.

다음은 비평적인 글에서 발췌한 몇 가지 예시 구절인데 예비적인 토의를 위한 기초가 될 수 있을 것이다.

1. 영시 전체를 통틀어 리처드 크래쇼(Richard Crashaw)의 「불타는 마음」(The Flaming Heart)만큼이나 진실되고 열정적이며 그러면서도 직접적이고 인상적인 시행이 과연 있을까 싶다. 그러나 열정이 특정한 대상이나 상징 대신에 사고와 본질, 생각과 명상이라는 모든 무형의 보편자들로 향할 때, 그 열정은 시인으로 하여금 가장 내면 깊숙한 곳의 불투명함과 모호함을 표현하도록 만든다. 이러한 복잡한 개체는 물론 직접적인 언어나

담화로 표현될 수 없다. 시인은 감정적 유비에 의지한다. 시인이 의지하는 단어는 주어질 수 없는 의미가 아닌, 어조, 색깔의 등가물, 사고의 패턴과 윤곽의 등가물을 제공한다. 방금 인용한 비교적 단순한 구절에서조차 '네가 크게 들이마시는 이지적인 날'(thy large draughts of intellectual day)과 '그 마지막 키스의 완전한 왕국'(the full kingdom of that final kiss)과 같이 논리적인 분석을 허락하지 않는 어구가 있다. 이것들은 침범할 수 없는 어구로서 통째로 받아들여야 하고 그 시가 유도하는 감정적 상승의 분위기를 띠고 있다. 그 어구에 있는 두 은유적 표현은 융합되어 있어서 어떤 두서없는 의미나 합리적인 의미도 독자의 마음속에 촉발할 수 없고 실제로 그렇지도 않을 것이다[허버트 리드(Herbert Read), Phrases of English Poetry, London: Faber and Faber, 1948, pp. 90-91].

2. 조각가 헤이그(Hague)는 금속으로 작업하지 않으며 분명히 석재로도 작업하지 않는다. 그의 원숙한 매체는 목재로, 그의 갤러리를 어두운 갈색의 음울함으로 채우고 있다. B 단조 화음이 흐른 후 …

그의 물결치는 타원형의 형태들은 처음 볼 때는 이전에 본 많은 것들을 암시하는 듯하다. 그러나 그 형태들은 더 구체적으로 물질적이고 브랑쿠지(Brancusi)의 형태들보다도 훨씬 관념적인 본질과 거리가 멀다. 그리고 아르프(Arp)나 비아니(Viani)의 생물 형태들과는 달리, 변하고 있는 형태를 암시하고자 하지 않는다. 그들은 잠잠하고 아주 침착하며 그 덩어리 자체로 만족한다. …

나는 그 형태가 모두 인간의 몸, 특히 우아한 〈Mount Marion Walnut〉과 〈Log Swamp Pepper Wood〉를 가리킨다고 믿는다. 따뜻하게 부풀어 오른 표면으로 미루어 보아 이 둘은 모두 토르소이며 여성이다. 그러나 그 형태들은 머리가 없기 때문에 몰개성적이고, 팔다리가 없기 때문에 움직임이 없으며 파국적으로 단절되어 있어서 변질되었다.

부분적으로 인간적 성질이 있음을 고려하면 그의 형식(form)의 종말을 정의하는 갑작스러운 단절은 처음에는 모호하게 불편하다. 혹 새디즘인가 하는 갑작스러운 의심은 곧 흩어져버린다. 이 칼로 자른 듯한, 자의적인 종료는 작품의 시초부터 보였기 때문이다. 이 형태들이 하고 있는 것은 이탤릭으로 강조하는 것, 선택한 형식을 따옴표 안에 넣는 것이다. 그래서 이것들이 사실 인체의 이미지가 아니고 몸의 조각상의 이미지라는 것이 분명해진다. 그리고 이 형태들의 영감은 새로운 형태의 고전의 부활이며 새로운 방식으로 옛것을 모방하는 것이다(Leo Steinberg, "Month in Review," Arts, July 1956, p. 25).

3. 대부분의 작곡가들의 음악에서는 음악이 내용이며 동시에 구조인 경우인 데 반해, 모차르트에게 있어서는 음악이 오직 구조인 경우이다. 지각 가능한 내용이 전혀 없기 때문이다. 물질이 있는 모든 곳에 기하학이 있다. ubi materia ibi geometria(Where there is matter, there is geometry). 이것은 〈피가로의 결혼〉(The Marriage of Figaro) 서곡에서 두드러지게 나타난다. ⋯ 그 자체로 선율적인 내용이 없다. 현악 파트가 몰려오는 것과 관악기의 강세음 외에 기억 속에 들리는 음악이 없다. 이것은 피아노로 연주될 수 없다. 이 곡의 한 음표를 떼어내면 전체가 완전히 붕괴된다. 아무도 가슴에 손을 얹고 그 음악이 어떤 느낌을 불러일으키는지 말할 수 없다. 표현 같은 것은 전혀 없다. 표현은 통속적인 이해일 뿐이다. 그러나 이 곡을 자주 들으면 들을수록 더 흥분되고 더 열정적으로 단언하게 될 것이다. 이와 같은 음악은 이전에는 결코 없었다고. 이 곡이 마음에 미치는 영향은 이 곡이 감각에 부딪쳐오는 정도보다 훨씬 크다(W. I. Turner, Mozart: the Man and his Works, Garden City, N.Y.: Anchor, 1954, p. 317).

미학: 비평 철학의 문제들

제1장

미적 대상

AESTHETIC OBJECTS

신현주 번역

예술작품(work of art)이란 무엇인가? 우리가 『머리타래의 겁탈』(*The Rape of the Lock*), 〈풀밭 위의 점심〉(*Le Déjeuner sur l'Herbe*), 〈아이네 클라이네 나흐트무지크〉(*Eine Kleine Nachtmusik*)에 대해 말할 때 지시하는 것은 어떤 종류의 대상인가? 만일 미학의 문제가 그러한 대상들(문학작품, 조형예술, 음악작품)에 관한 진술을 다룬다면, 그 진술이 과연 어떤 것인지 알기 전에는 미학의 문제가 무엇인지 알 수 없다. 다른 말로 하면, 만일 비평가라는 사람이 예술작품에 대해 이야기하는 사람으로 정의된다면, 누가 비평가인지 분간하기 전에 우리는 먼저 무엇이 예술작품인지 분간할 수 있어야 한다.

이 포괄적 질문이 내포하는 바는 우리가 비평적 진술(critical statement)을 다른 유형의 진술과 비교해볼 때 보다 분명해질 것이다. 일상적으로 우리는 물리적 대상을 다루는 것이 물리학자의 일이고, 수나 함수와 같은 추상적 실체를 다루는 것이 수학자의 일이며, 의사에게는 발가락에 고통을 느낀다는 우리의 심리적 상태에 대해 말한다고 생각한다. 물론 이와 관련된 매우 어려운 철학적 문제가 존재한다. '전자'(electron)가 물리적 대상이라는 말은 무슨 뜻인가? 어떻게 '추상적 실체'(abstract entity) 같은 것들이 존재하는가? 발가락의 고통과 같은 심리적 성격의 사건은 발가락 그 자체와 어떤 관계가 있는가? 그러나 잠시 동안은 물리적, 추상적, 심리적 구분들이 가능하다고 가정해보자. 이제 비평가가 포프(Pope) 시의 재치를, 마네 그림의 구성을, 혹은 모차르트 음악의 비례를 칭찬할 때, 비평가는 돌멩이와 같은 어떤 물리적인 대상에 대해 말하고 있는가? 아니면 6과 같은 추상적인 것, 혹은 발가락의 고통과 같은 심리적인 것에 대해 말하는가? 그것도 아니면 또 다른 어떤 것을 말하고 있는가?

이러한 어려운 문제, 그리고 미학 관련 저자들이 만족스럽게 다루지 않았던 문제를 이렇게 일찍부터 마주해야 한다는 점은 당혹스럽다. 아마도 앞으로 등장할 이 책의 다른 문제들을 먼저 해결하지 않는 한, 이 문제에 대한 그 어떠한 답변에도 우리는 만족하지 못할지도 모른다. 그러나 이 문제는 시작 단계에서 마주칠 수밖에 없는 문제이며, 그러므로 우리는 최선을 다하는 것이 좋겠다. 논의가 진행되면 보다 분명해지겠지만, 미학의 몇몇 문제들은 '우리가 이야기하는 대상이 무엇인가?'라는 기본 문제를 대면하는 데 주저하기 때문에 발생한다. 이 문제의 답에 대해 확신하지 못하면, 우리는 알게 모르게 상이한 대상들에 대해 이야기하게 되고, 이는 유익한 논의를 방해한다.

이 장에서 다룰 일반적 질문을 특수 용어를 통해 정식화하는 것이 편리할 것이다. 앞으로 살펴보게 되겠지만, 비평가들은 예술작품에 대한 진술이 아닌 진술들, 즉 엄밀히 말해 비평적 진술이라고 볼 수 없는 진술들을 자주 사용한다. 우리들 각자도 종종 그런 진술들을 사용하며, 심지어 최신 브로드웨이 연극의 평을 남긴 비평가조차도 연극에 대해서뿐만 아니라 관객, 날씨, 극장의 경제학, 국제 정세 혹은 자기 자신에 대해 이야기하기도 한다. 그러나 연극 자체에 대한 진술이라고 의심할 여지 없이 동의 가능한 진술들의 목록이 구성될 수 있을 것이다. 다음과 같은 진술들이 그 예이다.

> 1막은 느렸다.
> 2막 끝부분의 아이러니는 과장되었다.
> 3막의 대치 장면은 극적이었다.

잠시 애매모호한 경우들은 보류해두기로 하자. 그러면 우리는 위와 같은 진술의 전형적인 많은 예들을 찾아낼 수 있다. 그리고 미적 대상(aesthetic object)이라는 용어를 도입해, 그러한 전형적인 진술의 대상이 되는 그것을 지시하기로 하자. 그렇다면 이제 우리의 질문은 다음과 같다. 미적 대상이란 무엇인가?

그런데 시작부터 우리가 심각한 선결문제 요구의 오류를 범한다는 주장이 제기될 수 있다. 즉, 이 맥락에서 '대상'(object)을 논의하는 것 자체가 과연 적절한가에 대한 문제가 제기될 수 있다. 우리가 어떤 예술작품을 총체적으로 바라본다면, 그것은 전환과 변화가 계속해서 나타나는 거의 연속적인 과정(process)인 것처럼 보인다. 입센(Ibsen)의 「유령」(Ghost)을 예로 들어보자. 1880년 11월 로마에 머무르는 동안 입센에게 어떤 감정과 사고들이 발생했고 이에 그는 일련의 단어들을 적어두었다. 1년 후 그 단어들이 출판되었고, 사람들은 그 단어들을 읽으며 분노하고 놀라워했다. 2년 후 스웨덴에서 어떤 연출자가 나타나 특정 의상을 입은 사람들로 하여금 특정 배경 하에서 그 단어들을 큰 소리로 낭독하게 했다. 이후 어떤 사람들은 그 단어들을 영어 및 다른 언어로 번역하기로 결심하고, 또한 다른 국가에서, 다른 사람들에 의해, 다른 배경 하에서, 다른 동작 및 다른 목소리 톤으로 낭독하게 했다. 이후 또 다른 어떤 이들은 극장을 방문하고, 그곳에서 감각기관이 받아들인 빛의 자극 및 음파를 통해 자신만의 사고와 감정을 가지게 된다. 예를 들어, 런던의 '데일리 텔레그래프'는 그 연극을 "덮개가 없는 하수구, 붕대를 감지 않은 역겨운 상처, 공공연히 행해진 더러운 행위, 창과 문이 모두 열린 나(癩)병원"이라 평했다. 이제 당신은, 이 모든 것들에서 대상이 어디 있느냐고 물을 수도 있다. 프랑스 혁명이 대상인가? 연기 한 모금이 대상인가? 바다 위의 파도는 대상인가?

이 책에서 우리는 명명되거나, 언급되거나, 혹은 어떤 특성들이 귀속될 수 있는 모든 실체들을 지시하기 위해서 '대상'이라는 용어를 사용할 것이다. '그 연극은 비극적이다'와 같은 진술은 무언가에 관한 것인 듯하며(사람들은 확실히 「유령」이 비극적인지 아닌지에 대해 논쟁해왔다), 이제 그 무언가를 '미적 대상'이라고 부르기로 하자. 이 용어는 다소 인위적이지만, 우리의 질문을 풀어나가는 데 도움을 준다.

왜냐하면, 비평가들과 우리가 연극, 시, 조각 등에 대해 논의할 때, 우리는 창작 혹은 관조의 과정과는 구분되는 무언가가 있다고, 즉 경험되고, 연구되고, 향유되고, 판단되는 무언가가 있다고 가정하는 것 같기 때문이다. 만일 이 전제가 정당화되지 못한다면, 비평은 아예 포기되거나 혹은 극단적으로 재구성되어야 할 것이다. 그러므로 이 장의 주목적은 정말 그와 같은 대상이 존재하는지 알아보는 것이다. 다시 말해, 비평가가 논의할 수 있는 대상은 어떤 종류의 대상인지 알아보는 것이다. 우리는 어쩌면 '미적 대상'이라는 용어의 완전한 정의를 제시하지 못할 수도 있지만, 어쩌면 정의가 필요하지 않을 수도 있다. 비평의 대상이 무엇인지에 대한 명확한 이해가 없기 때문에 비평가에게 닥치는 어려운 문제들을 규명한 후, 미적 대상이 다른 대상과 구분되는 5가지 측면을 우리가 합리적으로 명확히 밝힐 수 있다면, '미적 대상'이라는 용어 사용이 안전하게 될 것이다.

1 예술가의 의도

THE ARTIST'S INTENTION

예술작품에 대해 우리의 마음에 종종 자연스럽게 떠오르는 생각은 그것이 길고 고된 의도적인 인간 활동의 산물이라는 것이다. 시스티나 성당의 천장화,「시골 교회에서의 비가」(*Elegy in a Country Churchyard*), 〈보체크〉(*Wozzeck*), 샤르트르 대성당 등을 생각해보라. 이것들은 누군가에 의해 의도된(intended) 것들이며, 대체적으로 이것들을 제작한 사람들에 의해 의도되었다는 것은 의심할 여지가 없다.

예술가의 의도(intention)란 그의 마음속에 존재하는 일련의 심리적 상태들 혹은 사건들이다. 작품을 만들기 전에 혹은 만드는 과정 중에서 무엇을 하길 원했는지, 작품에 대해 어떤 상상을 했거나 투사했는지 등이다. 『캔터베리 이야기』(*The Canterbury Tales*)를 계획하던 초서의 마음속에는, 그리고 〈교향곡 제9번 D단조〉의 합창 피날레를 구상하던 베토벤의 마음속에는 무언가가 발생하고 있었다. 그리고 그것의 발생은 의심할 여지 없이 작품의 존재를 인과한 요인들 중 하나이다. 우리가 모든 작품에 대해 물을 수 있지만, 아마도 결정적인 대답을 기대하기 어려운 질문은 바로 '이 작품의 원인이 무엇인가?'이다. 그리고 물론 예술작품을 다룬 수많은 글들은 작품이 왜 창조되었으며, 그리고 왜 그런 모습으로 창조되었는지 설명하기 위해(만약 그런 설명이 가능하다면), 작품이 만들어지게 된 역사적, 사회적, 경제적, 정치적 조건(예술가의 가정사와 건강을 포함해)을 기술한다.

이 지점에서 발생할 수 있는 형이상학적 문제들을 논하기 위해 잠시 멈춰보자. 하나의 예술작품은 그것의 선행 조건들의 결과(effect)로서 설명될 수 있을까? 심리적 사건이 인과적으로 결정된다는 생각을 거부하면서 자유의지에 대한 믿음을 가지고 있는 철학자들은 아마도 창작 행위에 즉흥성이나 비결정성이 있으며, 그러므로 그 어떠한 예술작품도 사회적, 역사적, 혹은 심리적 용어로 설명될 수 없다고(심지어 원칙적으로도 설명될 수 없다고) 주장할 것이다. 다른 철학자들은(나는 그들의 주장이 건전하다고 생각한다) 『트리스탄과 이졸데』(*Tristan and Isolde*), 프락시텔레스(Praxiteles)의 헤르메스상(像), 〈백조의 호수〉(*Swan Lake*), 혹은 피라미드 등이 어째서 이 문제에 있어 필연적으로 1954년 허리케인 헤이즐, 제2차 포에니 전쟁, 올해 월드시리즈의 결과, 혹은 첫 번째 수소 폭탄 폭발 등과 다른 것인지 이해하지 못한다. 『트리스탄과 이졸데』와 마찬가지로, 허리케인이나 전쟁도 극도로 복합적이며, 그것의 인과적 요인들에 대한 완벽한 설명을 제시하는 것은 아마도 현실적으로 가능하지 않을 것이다. 그러나 그렇다고 해서 그 설명이 원칙적으로 불가능하다고 말해야 하는 좋은 이유는 없는 것 같다.

예술에 대한 소위 '역사적 비평' 혹은 '사회적 비평'을 실천하는 이들도 바로 그같은 설명 작업에 참여하고 있는 것이다. 그리고 비록 특정 예술작품이나 혹은 예술운동(낭만주의, 인상주의, 바로크 양식 등)에 대한 여러 설명을 의심할 정당한 이유가 있다 하더라도, 이는 아마도 설명되어야 하는 것이 지나치게 복잡하거나 혹은 우리가 가진 증거가 부족하기 때문일 것이다. 이 분야는 추측이 만연한 곳이며, 그러한 추측은 종종 비난받지 않고 허용되기도 한다. 아마도 이 때문에 많은 비평가들이 멀리에 존재하는 예술작품의 선행 조건보다는 예술가의 마음에 존재하는 근접 원인 혹은 즉각적 원인에 관심을 가지는 것이다. 그들은 예술가의 의도(intention)를 좇아 탐구하기를 좋아하는 비평가들이다.

의도의 증거들

미적 대상과 예술가의 의도 사이의 관계를 고려할 때 나타나는 문제는 다음 두 부류로 나누어진다. 첫째는 미적 대상의 평가(evaluating)와 관계된 의도의 역할이다. 이 부류에 속하는 문제는 제10장의 24절로 미루기로 하겠다. 또 다른 부류의 문제는 미적 대상을 기술(describing)하고 해석(interpreting)할 때 의도의 역할을 탐구한다. 그리고 이것이 바로 이 장에서 우리가 다룰 문제들이다. 미적 대상을 예술가의 마음속 의

제1장 미적 대상

도와 구분해야 한다는 것이 이 절의 간략한 논제이다.*

이렇게 구분한다고 해서 큰 해악이 발생하지는 않을 것이다. 그러나 이 구분에 관한 다소 심각하고 흥미로운 문제들이 존재하며, 우리는 그것들을 살펴봐야 한다. 먼저, 문제의 구분을 말로써는 인정하는 비평가들조차도, 그들의 비평 이론이나 실천 내에서 그 구분이 함축하는 바를 잘 보지 못하는 경우가 빈번하다. 문학 비평가인 에드몬드 윌슨(Edmund Wilson)이 쓴 다음 글에서 우리는 문제의 구분이 흐려지고 있음을 알 수 있다. 그는 앙드레 말로(AndréMalraux)의 소설 『인간의 조건』(*La Condition Humaine*)에 대해 다음과 같이 말한다.

> 이 거대하고 복잡한 주제를 다루어야 한다는 사실은 작가에게 상당한 고민을 던졌을 것이다. 그는 새로운 조건을 만족하는 어떤 하나의 구조물을 디자인하는 공학자와 같이 작업을 시작했으나, 역학적인 부분에서의 잦은 미숙함이 발생했다. 극적인 장면에서 정치적 사건을 설명하는 장치[이에 대해서 우리는 「정복자」(*Les Conquérants*)의 가린(Garin)에게 신세를 지고 있다]는 지나치게 철저한 대화의 연속으로 등장하여, 인물들을 특화하려는 작가의 노력에도 불구하고, 정치적 분석이라는 그 기능에 있어 종종 개연성이 부족해보일 정도에 이른다.**

고딕체로 된 부분은 소설에 관한 것이며, 나머지는 소설가에 관한 것이다. 그리고 이 문단을 살펴보면, 고딕체로 된 부분으로부터 고딕체가 아닌 부분으로 마치 주제의 변화가 없는 것처럼 자연스레 넘어간다. 그러나 위의 비평가에게 부당하지 않으려면, 우리는 이처럼 왔다 갔다 넘나드는 예들을 수많은 다른 비평가들의 경우에서도 동일하게 찾아볼 수 있다는 사실을 덧붙여야 한다.

미적 대상을 예술가의 의도와 구분함으로써 생기는 귀결들은 매우 중요하지만 그 모두가 명백하게 드러나지는 않는데, 왜냐하면 그것들은 종종 우리가 잊어버리기 쉬운 철학의 어떤 한 일반 원칙에 의존하기 때문이다. 만일 어떤 두 개의 것들이 서로 구분된다면, 즉 그것들이 진실로 두 개이며, 두 이름 아래의 하나가 아니라면(마치

---

*   이 구분의 중요성을 처음으로 명백하게 지적한 이는 웜샛(W. K. Wimsatt, Jr.)이다. 이 장 마지막에 실린 Note 1.1 참조.

** Edmund Wilson, *The Shores of Light*, New York: Farrar, Straus and Young, 1952, p. 570.

미국 부통령과 미국 상원 의장처럼), 그들 중 하나의 존재 및 성질에 대한 증거는 또 다른 하나의 존재 및 성질에 대한 증거와 정확히 동일할 수 없다. 예를 들어, 미국 부통령이 키가 크다는 사실에 대한 증거는 자동적으로 미국 상원 의장이 키가 크다는 사실에 대한 증거가 되고, 또 반대 방향도 성립한다. 그러나 미국 부통령이 키가 크다는 사실에 대한 증거는 대통령의 키에 대해 그 어떠한 관련성도 가지지 못한다.

이 점은 어떤 두 개가 서로 구분되지만 인과적으로 연결되어 있을 때 흐려진다. 예술가의 의도와 미적 대상의 경우에서처럼 말이다. 만일 존즈 시니어가 존즈 주니어의 아버지라면, 아버지가 키가 크다는 사실은 적어도 그 아들도 키가 클 것이라는 개연성에 영향을 준다는 (물론 확실성에 이르지는 못하지만) 유전 법칙에 의해서, 둘 중 어느 한 사람의 키에 대한 증거는 다른 한 사람의 키에 대한 간접적(indirect) 증거가 될 것이다.

그렇다면 우리는 미적 대상과 의도 각각에 관한 직접적 증거를 가진다. 우리는 대상을 보고, 듣고, 읽는 등의 방법을 통해서 대상의 성격을 발견하고, 편지, 일기, 작업노트에 근거한 전기적 조사를 통해서, 혹은 만일 예술가가 살아있다면 예술가에게 물어봄으로써, 예술가의 의도를 발견한다. 그러나 우리가 미적 대상 그 자체의 성격에 대해 알게 된 바는 예술가가 대상으로 무엇을 의도했는지에 대한 간접적 증거이고, 예술가의 의도에 대해 알게 된 바는 미적 대상이 어떤 것일지에 대한 간접적 증거이다. 그러므로 우리가 미적 대상 그 자체에 관해 관심을 가질 때, 우리는 대상의 성격에 관한 내부적(internal) 증거와 외부적(external) 증거를 구분해야 한다. 내부적 증거는 대상을 직접 조사함으로써 얻게 된 증거이다. 반면 외부적 증거는 대상의 심리적, 사회적 배경에서 나온 증거로서, 이는 대상에 대한 추론을 가능하게 해준다.

내부적 증거와 외부적 증거가 서로 부합하는 경우, 예를 들어 어떤 화가가 전시 카탈로그에 자신의 그림은 정교하게 균형 잡혀 있다고 썼는데, 우리가 그 그림을 보러 가서 그것이 정말 정교하게 균형 잡혀 있음을 보는 경우에는 아무 문제가 없다. 그러나 화가는 이것을 말하는데 우리 눈은 다른 것을 보는 경우처럼, 내부적 증거와 외부적 증거가 충돌한다면 이때 문제가 발생하는데, 왜냐하면 둘 중 하나를 선택해야 하기 때문이다. 문제는 어떤 선택을 할 것인가이다. 만일 예술가가 자신의 마음속에 투사한 그것을 우리가 '진짜' 그림이라 간주한다면 우리는 하나를 선택하는 것이고, 반면 바로 우리 앞에 있고 공공의 관찰에 개방되어 있는 것을 우리가 '진짜' 그림이라 간주한다면 우리는 다른 하나를 선택하는 것이다.

일반적으로 우리는 이 대안들 사이에서 주저하지 않는다. 단순한 기술(describing) 차원으로 논의를 한정해보면 우리는 감각을 의심하지 않는다. 만일 어떤 조각가가 자신의 조각상이 매끈하고 파란색이기를 의도했다고 말하지만, 우리의 감각은 거칠고 분홍색이라고 말한다면, 우리는 우리의 감각을 따른다. 그러나 조각상의 보다 미묘한 성질에 대해서는 혼란스러울 수 있다. 조각가가 자신의 조각상이 우아하고 경쾌하기를 의도했다고 말하는 경우를 생각해보자. 우리는 조각상을 조심스럽게 오래 관찰했지만 그런 점을 찾지 못할 수도 있다. 만일 조각가가 계속 그렇다고 주장한다면, 우리는 한 번 더 바라볼 것이다. 그러나 여전히 그런 성질을 보지 못한다면, 우리는 그런 성질이 그 조각상에 부재한다고 결론 내린다. 우리는 단순히 조각가 자신이 조각상 안에 그런 성질을 넣었다고 확신한다는 사실 때문에 그런 성질이 거기에 있을 것이라고 생각하지는 않는다. 그러나 우리가 보길 원하고 기대하는 것들, 그리고 특히 우리가 봐서는 안 되는 사회적으로 낙인된 것들에 의해 우리의 지각이 영향받는다는 사실은 잘 알려져 있다. 비록 조각가의 발언으로 인해 우리가 빨강을 파랑으로 보게 되지는 않겠지만, 만일 그의 언어가 권위 있다면, 즉 만일 우리가 이미 조각가의 의도를 최후의 권위로 인정하는 성향을 가지고 있다면, 그의 발언은 그 발언이 없었더라면 보지 못했을 조각의 우아함이나 경쾌함을 우리가 보게끔 만들 수도 있다. 만일 이 방식이 모든 사람에게 작동한다면, 모든 이들이 그 조각상의 우아함이나 경쾌함을 볼 것이다. 이를 통해 의도, 혹은 의도의 보고(report)는 대상의 실제 모습을 결정한다는 논증이 만들어질 수 있다.

그러나 의도를 최후의 권위로 삼으면 안 되는 강력한 이유가 되는 것이 바로 정확히 위의 논증이다. 어떤 물리학자가 있는데 자신의 가설에 너무나 감정적으로 얽혀있어서, 자기 실험의 결과를 언제나 자기가 세운 가설을 확증하는 것으로 바라본다고 해보자. 자신의 가설이 예측한 것이 푸른 리트머스 종이라면, 심지어 붉은 리트머스 종이를 푸른색으로 보기까지 하는 사람이라고 해보자. 의심할 여지 없이 이 사람의 과학적 미래는 어둡다. 그러나 그가 실험실에서 쓸모 있는 사람이라면, 우리는 여전히 그를 이용할 방도를 찾을 수 있다. 그에게 타인의 가설을 검증하도록 시키고, 실험이 끝날 때까지 그것이 어떤 가설인지 말해주지 않기로 하자. 이 과학자는 전적으로 상상적 인물이지만, 여기에서의 원칙은 타당하다. 그리고 이제 우리는 다음과 같은 유비적인 규칙을 적용할 수 있다. 오직 조각가가 어떤 성질을 의도했다는 사실을 믿는 사람만 볼 수 있는 성질이 있다면, 그 성질은 결코 조각상 안에 있는 것이 아니다. 왜냐하면 어떤 것을 기대하고 희망하는 사람만 볼 수 있는 그러한 것들은 우리의 일상적 기준에서 보면 환영이기 때문이다. 군중 속에서 잠시 당신의 아내와 닮아 보이는 낯선 여인처럼 말이다.

조각상을 해석(interpreting)하는 일과 관련해서는 상황이 더 복잡해진다. 조각가가 자신의 조각상은 인간의 운명을 상징한다는 말을 한다고 해보자. 광택이 나는 티크재로 만들어진 그 조각상은 커다랗게 꼬인 꽈배기 모양을 한 채 비스듬한 각도로 세워져 있다. 이를 바라보는 우리는 예술가의 힌트를 들은 후에도 그 안에서 그러한 상징적 의미를 보지 못한다고 해보자. 이제 우리는 조각상이 상징하는 바는 정확히 그것의 창조자가 상징한 바이므로, 지금 우리가 그 상징을 놓치고 있는 것일 뿐 여전히 조각상 안에 그것이 있다고 말해야 하는가? 아니면 험프티 덤프티(Humpty Dumpty)의 극단적인 의미론적 관습주의(semantic conventionalism)에 항거했던 엘리스의 정신에 의거해, 그 대상이 정말로 인간의 운명을 의미하고 있는지 물어야 하는가? 전자의 길을 택한다면 사실상 우리는 대상의 성격이, 그것의 의미에 관한 한, 예술가의 의도와 구분되지 못한다고 말하는 것이다. 반면 후자의 길을 택한다면 구분될 수 있다고 말하는 것이다. 그러나 전자의 길은 다음과 같은 극단적인 부조리, 즉 누구라도 아무것이나 선택해 그것이 무엇을 상징한다고 말하기만 하면 바로 그것을 상징할 수 있게 되는 부조리를 낳는다. 왜냐하면 또 다른 조각가가 위의 조각상과 동일한 대상을 복제하고 나서 그것을 '1938년, 팜비치(Palm Beach)의 정신'이라 부르는 것이 가능하기 때문이다.

정확한 공연의 문제

그러나 대상 그 자체와 그것을 산출한 심적 과정을 구분하는 문제는, 창작자와 지각자 사이에 공연(performance) 과정이 포함된 예술 분야에서 한층 더 어려워진다. 음악작품이나 연극을 경험하기 위해 우리는 보통 창작자가 공연자에게 남긴 지시사항이 담긴 악보 혹은 대본에서 시작하는데, 그 지시사항은 성격상 결코 공연 그 자체만큼 구체적일 수 없다. 악보는 연주자와 지휘자가 결정해야 하는 강약이나 프레이징 등의 모든 사항들을 사전에 정해주지 못한다. 대본은 모든 몸짓, 동작, 억양을 기술할 수 없다.

사실 음악에서 불확실성의 영역은 매우 크다. 심지어 바흐는 〈푸가의 기법〉을 어떤 악기로 연주해야 하는지도 밝히지 않았다. 악보상에는 모차르트의 미뉴에트를 비첨(Beecham)처럼 느리게 연주해야 하는지 혹은 토스카니니(Toscanini)나 칸텔리(Cantelli)처럼 빠르게 연주해야 하는지에 대해 알려주는 어떠한 표시도 없다. 브루크너의 〈교향곡 제8번 C단조〉에는 상당히 상이한 여러 판본(version)들이 있는데, 그중 그가 어떤 판본이 공연되기를 원했는지에 대해서, 예를 들어 1887년도 원전인지, 아니면 1890년도 혹은 1892년도 판본인지, 아니면 1935년도의 하아스(Hass) 판본과 같은 절충안인지에 대해서 이견이 존재한다.

그렇다면, 공연자에게 중요한 문제는 악보가 지시사항을 주지 않는 경우에 어떻게 작품을 공연할지(연주할지) 결정하는 것이다. 그리고 이에 대해 비록 악보가 작곡가의 의도를 충분히 보고하지 못했지만 작곡가가 어떤 소리의 음악을 의도했을지 결정함으로써 문제가 해결될 수 있다고 말하는 것은 자연스러워 보인다. '진짜' 음악은 작곡가가 한때 자신의 머리 속에서 들었던 그 소리라는 것이다. 이는 미적 대상은 바로 작곡가의 의도와 동일하다는 생각이다. 이로부터 따라 나오는 것은, 만일 작곡가가 스트라빈스키(Stravinsky)나 힌데미트(Hindemith)처럼 살아있다면, 우리는 그들과 상의해야 하고, 그리고 아마도 오케스트라를 직접 지휘하도록 그들을 설득해야 한다는 것이다. 반면 만일 작곡가가 죽었다면, 음악학자들은 작곡가의 편지나 노트들을 조사해 답을 찾아야 한다는 것이다. 그럼에도 여전히 공백이 남는다면, 지휘자는 작곡가가 품었던 희망사항들을 존중하는 방식을 통해 최대한 그 부분을 메꾸어야 한다는 것이다.

분명 몇몇 공연자들은 위의 원칙을 사용하겠지만, 대부분의 공연자들이 그렇지 않으며 사실 오직 이 원칙에만 의존해서 공연한다는 것은 불가능하다. 실제로 현대의 공연자가 작품을 어떻게 공연할지 결정하는 경우, 그 사람은 주로 추측된 의도에 의거해서가 아니라 다른 더 중요한 원칙에 의거해서 공연한다. 공연자는 악보에 의해 열린 여러 가능성들 사이에서 선택해야 하므로, 그가 사용하는 기준은 의도 이외의 것이며, 혹은 대부분의 음악에서 공연자는 어떤 하나의 공연 방식으로 결정 내리지 못한다. 베토벤의 〈교향곡 제5번 C단조〉 공연과 관련된 전형적인 몇 가지 문제들을 살펴보자. 1악장의 두 번째 악구는 페르마타를 동반한 두 개의 동일한 2분음표로 끝나는데, 자필 악보에서 페르마타는 한 마디의 길이였지만, 첫 번째 출판본에서는 두 마디로 나타난다. 문제는 얼마나 오래 페르마타가 유지되어야 하는가이다. 이 문제는 전체 악절의 연속성에, 그리고 이 악구들이 이후에 등장하는 선율의 일부로 포함되는 정도에 차이를 만들 것이다. 그러나 여기에서 작곡가의 의도는 아무런 도움이 되지 못한다는 것은 명백하다. 지휘자는 어떻게 해야 페르마타가 악장의 다른 부분과 가장 잘 부합할지 결정해야 한다. 또 다른 예로 3악장 스케르초의 도입부에 등장하는 리듬은 어떠한가? 만일 이 리듬이 4마디마다 첫 번째 음에 강조가 주어진 4마디-리듬이라면 중요한 선택의 문제가 남는다. 강박을 세 번째 소절의 C음에 두어야 하는가, 혹은 다섯 번째 소절의 G음에 두어야 하는가? 이 두 방식은 모두 가능하다. 그러나 여기에서도 마찬가지로 우리는 베토벤에게 호소할 수 없다. 3악장에서 지휘자는 장난스러움과 사악함의 혼합을 실현해야 하며, 이를 가장 잘 실현하는 것처럼 보이는 이러저러한 방식을 택할 것이다.

더 흥미로운 예는 첫 번째 악장의 두 번째 주제로 이어지는 악구이다. 제시부의 59-62마디에서 그 악구는 E플랫이며 호른이 연주하도록 되어있는데, 전개부의 303-306마디에서는 C장조이며 바순이 연주하도록 되어있다. 하지만 현재 대부분의 지휘자들은 주저 없이 전개부를 제시부와 마찬가지로 호른에 맡긴다. 왜인가? 이에 대해 베토벤 시대의 호른에 밸브가 있었더라면, 그래서 호른이 (한 조성 대신에) 두 조성을 모두 연주할 수 있었다면 베토벤 자신도 전개부를 호른에 맡겼을 것이라는

제1장 미적 대상

논증이 제시되었다. 즉 지휘자들의 결정이 예술가의 의도에 호소함으로써 내려졌다는 논증이다. 그러나 이 호소의 근거는 의도가 아니다. 근거는 바로 베토벤이 자유로이 선택할 수 있는 상황이었다면, 그는 우리와 마찬가지로 그 부분이 호른으로 더 잘 연주된다는, 즉 더 장엄하고 진지하게 연주된다는 사실을 알아차릴 것이라는 추측이다. 우리는 베토벤이 원한 것이 무엇인지 결정하고 난 이후에 연주 방식을 결정한 것이 아니다. 방향은 오히려 그 반대이다.

이렇게 공연자는 악보에 의해 지시된 음악의 광범위한 특성에 알맞은 세부사항을 결정하려고 노력한다. 그리고 물론 지휘자들 사이에 불일치는 있을 수 있고, 지휘자들마다 동등하게 적절하면서도 상이한 결정을 내릴 수 있지만, 그러한 적절성이 결정될 수 있는 한 그 결정은 음악 자체 내에서 발견된 관계들과 관련된다. 물론 더 강한 적절성이나 더 약한 적절성이 있는지는 또 다른 문제이다. 이 문제는 제4장의 12절에서 다룰 것이다.

극(drama) 분야에서 위의 경우와 유비되는 상황은 연극 제작에 대해 논한 다음의 글에 잘 나타나 있다. 글쓴이는 연출자, 연기자, 화가, 음악가, 무대 스텝, 관객이 모두 연극에 공헌한다는 점에서 연극이 '본질적으로 단체 예술'이라고 지적한 상태에서 다음과 같이 말한다.

> 그 어떠한 기술적 지식 혹은 능숙한 솜씨도 저자의 목적에 대한 진정한 이해를 대체하지 못한다. 새로운 연극이 리허설에서 재집필되는 경우는 드물지 않다. …*

만일 극작가의 의도적 행위를 연출 기준으로 삼아야 한다는 관점을 위 인용문의 첫 번째 문장이 승인하는 것처럼 보인다면, 두 번째 문장은 그 승인을 거부하고 있다. 재집필이 발견하려는 것은 극작가가 의도한 바가 아니라, 극작가가 의도했어야만 했던 것이다. 체호프(Chekov)는 이반 부닌(Ivan Bunin)에게 자신은 '사람들을 울게 하려고' 희곡을 쓴 게 아니라고 말했다. 체호프의 희곡을 슬프게 만든 것은 스타니슬랍스키(Stanislavsky)의 연출이다. 유명한 「르 시드」(Le Cid) 논쟁'은 코르네유(Corneille)의 연극 중 시멘이 로데릭과 결혼하는 장면 때문에 충격을 받은 사람들로 인해 시작되었

---

* John Dolman, *The Art of Play Production*, New York: Harper, 1928, p. 2.

다. 24년이 지난 1660년, 코르네유는 자신의 「검토」(*Examen*)를 통해 여주인공인 시멘이 로데릭과의 결혼에 명백한 동의를 보인 적이 없으므로, 마지막 장면에서 그녀의 침묵은 결혼에 대한 거부라고 주장하는데, 코르네유가 이런 구차한 변명으로 사람들을 설득했을 가능성은 극히 낮다. 코르네유 자신이 무엇을 의도했었다고 말하건 간에, 극의 내적 긴장은 그러한 해석을 허용하지 않았다.

그렇다면, 의도는 악보와 대본의 공연 방식을 결정하는 문제에서 아무런 역할도 담당하지 못한다. 그러나 그렇다고 해서 학습이 요구되는 언어를 통해 악보와 대본이 집필된다는 사실을 부정하는 것은 아니다. 어떤 단성 성가를 원래 소리로 복원하기 위해 우리는 그 성가를 전달해온 기보법을 배워야 하며, 중세의 음악가들이 그 기보를 읽을 때 사용했던 규칙을 알아야 한다. 바흐(Bach)의 칸타타를 그 당시의 성악가나 연주자가 공연했을 때 소리 났던 방식으로 복원하기 위해(물론 그들보다 더 잘 연주하고자 할 것이지만), 우리는 그 시대에 사용되었던 성악적이고 기악적인 기술들을 조사해야 한다. 그러나 이러한 조사를 행할 때, 우리는 무명의 단성 성가 작곡가나 바흐의 의도를 찾는 것이 아니다. 우리는 특정 시대에 음악이 어떻게 들렸었는지를 묻는 것이지, 작곡가가 자신의 마음 속에서 어떤 소리를 들었는지를 묻는 것이 아니다. 기보 읽기에 관한 규칙이나 바로크의 연주 관습은 공적인 관례들이며, 적어도 원칙상으로는 역사적으로 발견될 수 있다. 그것들은 특정 개인의 의도에 의존하지 않는다.

문학의 의미

위의 구분은 지나치게 섬세한 듯 보이지만 우리는 그 구분이 굉장히 중요함을 알게 될 것이고, 특히 대상과 의도 사이의 구분을 내리는 게 가장 어려워 보이는 분야, 즉 언어적(verbal) 예술에서 그렇다는 것을 알게 될 것이다. 문학에서 문제의 구분은 많은 비평가들이 터놓고 지지하거나 혹은 암묵적으로 가정하는 어떤 한 원칙으로 인해 흐려진다. 문제의 이 원칙은 어떤 의미에서 보면 시는 시가 의미하는 바와 같고, 시가 의미하는 바를 발견한다는 것은 시인이 의미한 바를 발견하는 것과 같다고 말한다. 이 원칙은 극적 화자, 즉 시 속의 '나'가 언제나 시의 저자이며, 그래서 극적 화자와 시의 저자, 둘 중의 한 사람에 관한 증거는 자동적으로 또 다른 사람에 대한 증거

제1장 미적 대상

임을 함축한다.

> 나의 빛이 어떻게 소진되었는지 생각할 때

여기에서 우리는 밀턴(Milton)이 자전적 요소인 자신의 실명(blindness)에 대해 이야기하는 모습을 볼 수 있다. 이와 관련된 여러 흥미로운 문제들이 있지만 이는 제5장에서 다루어질 것이다. 여기에서는 단지 단어가 의미하는 바와 사람이 의미하는 바의 구분 가능성에만 관심을 가질 것이다.

누군가가 어떤 문장을 발화한다고 가정해보자. 우리는 다음 두 질문을 물을 수 있다. ① 화자(speaker)가 의미하는 것은 무엇인가? ② 문장(sentence)이 의미하는 것은 무엇인가? 만일 화자의 정신이 온전하고 그가 언어 사용에 능숙하다면, 이 두 질문에 대한 대답은 의심할 여지 없이 동일할 것이다. 그리고 화자의 마음에서 발생한 사건을 알려주는 힌트로서 문장에 관심을 가지는 경우가 아니라면, 우리는 위 두 질문을 애써 구분하려 하지 않는다. 그러나 어떤 이가 잘 이해할 수 없는 혼란스러운 문장을 발화한다고 해보자. 그 사람은 소득공제에 대해, 혹은 게임 이론과 경제 행위에 대해 설명하고 있지만 매우 서투르다. 그가 의미한 게 무엇이냐고 우리는 물을 수 있고, 잠시 후에 그는 우리에게 아까와는 다른 단어를 써서 말한다고 해보자. 이제 우리는 '그게 아마 당신이 의미했던 것일지는 몰라도 당신이 말했던 것은 아니다', 즉 문장이 의미했던 바는 아니라고 대꾸할 수 있다. 그리고 여기에서 우리는 분명히 ①과 ②를 구분하고 있다.

이는 문장이 의미하는 바는 개인의 변덕, 심리적 괴팍스러움에 의존하지 않고, 언어 공동체의 관습적 패턴과 결부된 언어 사용의 공적 관례에 의존하기 때문이다. 이 점은 애매한(ambiguous) 문장의 경우에 잘 나타난다. 한 남자가, '나는 내 비서를 내 아내보다 더 좋아한다'고 말한다. 우리는 눈살을 찌푸리며 '아내를 좋아하는 정도보다 비서를 더 좋아한다는 뜻인가요?'라고 묻는다. 그러자 그가, '아니요, 저를 오해하셨군요. 제가 의미한 것은 제 아내가 제 비서를 좋아하는 것보다 제가 제 비서를 더 좋아한다는 것입니다'라고 답한다. 어떤 의미에서 그는 오해를 풀었고, 그가 의미했던 바를 우리에게 말해주었다. 그러나 원래 문장이 의미한 바는 여전히 그가 의미했던 바가 아니므로, 그는 원래 문장을 덜 애매하게 만들지는 못했다. 그는 단순히 첫 번째 문장을 더 나은 다른 문장(애매하지 않기 때문에)으로 대체한 것이다.

이제 이 구분을 문학비평의 특정 문제에 적용해보자. 빅토리아 여왕 즉위 50주년에 이르러, 하우스먼(Housman)은 영국 전역의 축하를 담은 「1887」이라는 시를 발표했다. '신이 여왕을 구원'했기 때문에, '클리(Clee) 언덕에서 천국까지 봉화가 피어오른다'. 시는 제국을 위해 싸웠던, '신의 일을 함께 분담'했지만 '자기 자신은 구원할 수 없었던' 많은 젊은이들을 기억하면서 다음과 같이 끝난다.

> 당신들의 아버지들이 얻었던 그 아들들을 얻어라,
> 그러면 신은 여왕을 구원할 것이다.[*]

프랭크 해리스(Frank Harris)는 마지막 구를 하우스먼에게 지목하면서 빈정거리는 말투로 시를 칭찬했다. "당신은 모든 것을 우습게 만들었고 멋진 조롱에 성공했다." 그러나 이 시에 대한 그러한 독해는, 특히 해리스와 같은 급진주의자로부터 나온 그러한 독해는 하우스먼을 화나게 만들었다.

> 나는 당신이 말한 것처럼 애국심을 우습게 만들려고 의도하지 않았고, 그 문장에는 조롱하려는 어떠한 정감도 찾을 수 없다. 만일 영국인들이 그들의 아버지와 같은 좋은 남자들을 길러낼 수 있다면, 신이 여왕을 도울 것이라는 것, 내가 의미한 것은 진실로 바로 이것이다. 나는 당신의 반항적인 칭찬을 거부하고 그에 대해 분노할 수밖에 없다.[**]

그렇다면 우리는 문제를 다음과 같이 표현할 수 있을 것이다. 하우스먼의 시는, 그리고 특별히 그 마지막 구는 반어적인가? 이 문제를 더 정교하게 정식화해보자. 우리에게는 두 선택지가 있다. ① 우리는 다음과 같이 말할 수 있다. 시의 의미는, 그것의 반어법이나 혹은 반어법의 부재를 모두 포함해, 정확히 저자가 의미하고자 의도한 바이다. 그렇다면 의도에 대한 그 어떠한 증거도 자동적으로 시에 대한 증거가 된

---

[*]   "1887," *The Collected Poems of A. E. Housman*, Henry Holt and Company, 1940.

[**]   Frank Harris, *Latest Contemporary Portraits*, New York: Macaulay, 1927, p. 280.

제1장 미적 대상

다. 만일 하우스먼이 반어적이라고 말한다면 그 시는 반어적이다. 그 시는 하우스먼의 것이므로 그가 최종 권위를 지닌다. ② 혹은 우리는 다음과 같이 말할 수 있다. 시의 의미와 저자의 의도를 구분할 수 있다. 물론, 많은 경우에서 저자는 자기 시의 좋은 독자일 수 있고, 우리가 간과했던 것을 보도록 도와줄 수 있다. 그러나 동시에, 저자가 반드시 자기 시의 가장 훌륭한 독자인 것은 아니고, 실제로 저자는, 아마도 하우스먼의 경우처럼 자기가 인정하는 것보다 더 많이 무의식에 의해 영향받는 경우에는, 자기 시를 잘못 해석할 수도 있다. 그리고 만일 시의 의미에 대해 시인 자신이 의도를 밝힌 바가 시 그 자체와 상충한다면, 우리는 시인이 의미하길 원했던 바가 그대로 시의 의미가 되게 만드는 그러한 권한을 시인에게 허용해서는 안 된다. 이 경우 우리는 유능한 비평가들이 시 안에서 반어적인 요소를 찾는다면, 하우스먼이 뭐라고 하건 간에, 그 시가 반어적이라고 결론 내려야 한다.

의도주의적 비평

위와 같은 테스트 사례들의 도움을 통해 우리는 어떤 예술 분야에서건 간에 두 유형의 비평가를 매우 명쾌하게 구분해낼 수 있다. 지속적으로 유익하게 미적 대상 그 자체에 대해 이야기하며, 미적 대상에 대한 진술을 미적 대상 안에서 발견되는 요소에 의해 검증하는 비평가들이 있다. 그들은 작품 안에 무엇이 있는지에 대한 가설을 제시하기 위해, 외부적 증거가 있는 경우 그것을 사용할지도 모른다. 예를 들어, 어떤 시인은 독자들이 놓친 시의 의미를 편지에다 적을 수도 있다. 그러나 그러한 가설의 증거가 되고, 가설을 확증해주는 것은 바로 시 그 자체이다. 시 안의 것을 간과하지 않는 것만큼이나 중요한 것은 시 안으로 무언가를 가지고 들어가지 않는 것이다. 반면 예술작품과 창작자 사이를 왔다 갔다 하면서, 자기 자신도 이것을 말하는지 저것을 말하는지 결코 알지 못하는 비평가들도 있다. 그들은 의도의 증거를 성취의 증거와 뒤섞고, 작품이 무엇인지 혹은 작품이 무엇을 의미하는지를 주로 외부적 증거에 의존해 결정한다. 이것이 바로 의도주의적 비평(Intentionalistic Criticism)이다.

첫 번째 유형의 예로 나는 클렌스 브룩스(Cleanth Brooks), 도널드 토비(Sir Donald Tovey), 반즈(A. C. Barnes)를 들 것인데, 이들은 모두 위 구분을 상당히 일관적으로 준수한다. 이들이 문제의 구분을 무시하는 것처럼 보이는 경우도 단지 언어적 오해일 뿐이다. 예를 들어 토비는 바흐의 〈골드베르크 변주곡〉(*Goldberg Variation*)의 16번째 변주에 대해 다음과 같이 말한다.

> 마지막으로, 30개의 변주들 중 하나로서의 비율을 희생하면서까지, 완전히 발전된 방대한 스케일의 서곡이라는 느낌을 주려는 것이 바흐의 목적은 아니었다. 그의 의도는 15개의 변주들이 슬픔과 우울함의 한 장으로서 작품의 전반을 마무리한 후, 청자들이 기대하지 못했던 보다 충만하고 확장된 두 번째 장을 여는 것이다. 이 목적을 위해 2악장으로 구성된 서곡 형식을 암시하는 대범함을 보였고, 이것이 하나의 온전한 서곡보다도 더 효과적이다.[*]

토비의 문체에 익숙한 사람이라면, 그리고 이 글을 맥락에 맞춰 읽은 사람이라면, 이를 비의도주의적인 언어로 번역하는 데 아무런 어려움이 없을 것이다. '15번째의 변주 후 보다 충만하고 확장된 두 번째 장을 여는 것은 바로 16번째 변주이다'와 같이 말이다.

> 그의 주목적은 색을 모든 형식들 중 가장 기본적인 재료로 만들고자 하는 것이며, 그는 모든 것을 색을 통해 쌓아 올리려고 노력했다.[**]

세잔(Cézanne)에 대한 반즈의 위와 같은 글에서, 반즈가 말하는 것은 바로 세잔이 무엇을 행했는지이다. 실제로 반즈의 회화 분석은 화가에 대한 그 어떠한 언급을 피한다. 그리고 브룩스는 워즈워스(Wordsworth)의 「어린 시절을 회상하고 영생불멸을 깨닫는 노래」(Ode: Intimations of Immortality from Recollections of Early Childhood)의 네 번째 스탠자에 대해 다음과 같은 발언을 하는데,

---

[*]   Donald F. Tovey, *Essays in Musical Analysis: Chamber Music*, New York: Oxford U., 1949, pp. 57-58. 고딕체는 비어즐리가 추가한 것이다. 이와 비슷하게 '의도'라는 용어가 사용된 예를 슈베르트의 기악편성에 관한 논의에서 찾아볼 수 있다. *Essays*, Vol. I: Symphonies, p. 202.

[**] Albert C. Barnes, *The Art in Painting*, New York: Harcourt, Brace, 1937, p. 322. 고딕체는 비어즐리가 추가한 것이다.

이 스탠자의 운율적 맥락이 보여주는 긴장감은 의도적(intentional)인 듯하다.[*]

각주를 통해 브룩스는 이 발언을 다음과 같이 명백하게 해명한다.

워즈워스의 의도가 무엇이건 간에, 이 스탠자의 긴장감은 전체의 시가 요구하는 효과에 완벽하게 부합한다.

그러므로, 의도주의적으로 보이는 많은 진술들은 사실은 작품 그 자체에 대해 이야기하는 잘못된 방식으로 간주될 수 있다. 너무나 간편한 생략적 말하기가 존재하며, 심지어 그것의 반복 사용으로 인해 ①과 ②의 구분이 흐려질 수 있음에도 불구하고, 간편하다는 이유로 생략적 말하기를 피하기 어려운 경우가 있다. 우리는 '렘브란트'(Rembrandt)라고 말하지만 사실 렘브란트의 그림을 의미한다. '로버트 프로스트'(Robert Frost) 혹은 '자작나무'(Birches)의 '저자'라고 말하면서 우리는 그 시의 극적 화자를 의미한다. 단순히 음악의 주요 구조와 성질을 의미하면서 우리는 음악의 '의도'를 말하기도 한다. 그림의 일부가 그림 전체와 맞지 않는 것처럼 보인다는 사실을 의미하기 위해, 그림이 '의도'를 수행하지 않는다고 부주의하게 말하기도 한다. 종종 이러한 방식의 말하기는 해가 되지는 않지만, 가능하다면 최대한 그러한 방식을 피하는 것이 좋다. 심지어 그렇게 하는 게 어색하더라도 말이다.

왜냐하면 지속적으로 그 구분을 혼동하며, 확고하게 의도주의적인 용어들로 비평하는 비평가들이 있기 때문이다. 혹은 의도주의적 용어의 의미 중 일부는 작품 그 자체에 대한 기술이나 해석으로 번역 가능하지만, 한편으로는 번역되지 않는 잔여 의미가 가능하기 때문이다. 그러므로 용어 중 어느 정도가 작품 자체를 지시하며 어느 정도가 예술가를 지시하는지 알기 어렵고, 그러한 용어를 사용하는 사람에게 물어보아도 그들 역시 어떻게 번역을 수행할지 모를 수 있다. 비평가가 작품에 대해 말하는지, 아니면 예술가에 대해 말하는지 우리가 알지 못한다면, 그 사람이 말한 것이 참인지 어떻게 검증하는가? 비평가의 진술을 검증하는 데 요구되는 증거가 무엇인

---

[*]   Cleanth Brooks, *The Well Wrought Urn*, New York: Reynal and Hitchcock, 1947, p. 124. 고딕체
   는 비어즐리가 추가한 것이다.

지 알지 못하는데 말이다.

예를 들어, 토머스 울프(Thomas Wolfe)의 한 소설에 대한 다음 진술을 보자. '이 작품에는 인물 특성화의 성공적이지 못한 시도가 나타나 있다.' 이 진술은 의도주의적으로 이해될 수도 있다. 울프는 그의 인물을 특성화하려고 매우 노력했지만 그렇게 하지 못했다는 뜻으로 말이다. 그러나 비평가는 어떻게 그러한 사실을 알게 되는가? 비평가가 소설 외부적 증거를 제시하지 않는다고 해보자. 그렇다면 우리는 비평가에게 소설 속의 어떤 요소로 인해 그러한 진술을 했는지 물어야 한다. 만일 우리가 소설 속에서 비평가의 진술을 검증하는 증거를 찾는다면, 이를 통해 우리는 위 진술의 비의도주의적 의미를 밝힐 수 있다. 즉 우리는 위 진술이 실제로는 소설 그 자체에 대해 말하고 있음을 발견하게 된다. 이 경우 맥락에 따라 우리는 비평가가 말하는 바가 다음 중 하나일 것이라고 판단할 수 있다. ① 소설 속 인물들이 마땅한 방식으로 완전하게 특성화되지 못했다. ② 특성화의 정도가 소설 전체에서 매우 들쑥날쑥하며 고르지 못하다. ③ 인물들이 더 완전하게 특성화되었더라면 소설은 더 훌륭해졌을 것이다. 이 진술들은 토머스 울프에 대한 것이라기보다는 그의 소설에 대한 것이고, 적어도 처음 두 진술은 작품 그 자체 내에서 검증될 수 있다.

그러나 비평가가 어떤 연극이 '의도치 않게 웃기다'라고 말한다고 해보자. 이때 연극이 웃기도록 의도된 게 아니라는 사실을 비평가가 어떻게 알게 되었는지 말하는 것은 어려운 일이다. 아마도 그 연극은 어떤 점에서는 웃기지만, 어떤 다른 점에서는 그렇지 않을 것이다. 혹은 연극의 유머가 다소 독특하고 거슬릴 수도 있다. 또 다른 비평가는 어떤 시가 지나친 '우아함'을 지닌다고 말하면서, 그러한 진술을 통해 시인이 '외적 형식에 과도한 관심을 보인다'를 의미한다고 해보자. 이 진술이 비의도적 용어로 번역될 수 있는가? 이 문제에 우리가 답할 수 있는 유일한 방법은 비평가가 자신이 언급하는 시의 특성이나 요소를 구체적으로 지적하고 있는지 살펴보는 것이다.

의도주의적 비평에서 반복적으로 사용되는 주요 용어들은 '신실한', '솔직한', '즉흥적인', '애쓰지 않은', '가식적인', '강제된', '주관적인', '개인적인', '진정성 있는' 등이다. 이 모든 용어들은 언급의 대상을 예술에서 예술가로 옮길 수 있는 힘을 가지고 있다. 이들은 기본적으로 의도를 기술하지만, 또한 파생적인 의미로서 의도의 결과를 기술할 수도 있다. 우리는 이 용어들을 어떤 보편적인 방식으로 정의할 수 없다. 그리고 자신이 무엇을 말하고 있는지 명확히 하고 싶지 않은 비평가는 바로 이러한 의미의 다양함 때문에 이 용어들을 편리하게 여긴다. 그러므로 각각의 경우에서 비평가가 이 용어들을 어떻게 사용하는지 살펴봄으로써만이 그 용어들의 의미를 정확히 결정할 수 있다. 이때 결정적인 질문은 다음과 같다. 비평가가 작품이 '진정성 있다' 혹은 '가식적이다'라고 말할 때 어떤 종류의 증거를 제시하는가? 만약 비평가가 사랑에 관한 어떤 시가 진정성이 없다고 말하면서, 그 이유로 시를 창작할 당시에 집필된 시인의 편지가 발견되었는데, 그 편지에서 시인은 사실 자신이 시 속의 젊은 여성을 전혀 사랑하지 않는다는 사적 고백을 했다는 사실을 든다고 해보자. 그렇다면 이 비평가는 의도주의적으로 말하고 있는 것이다. 반면 비평가가 시 안의 어떤 구절들을 지적하면서 그 구절은 시의 극적 화자가 자신의 위선을 인식하고 있음을 보여준다고 말한다면, 이때 비평가는 객관적으로(objectively) 말하고 있는 것이다. 즉 미적 대상에 대해 말하고 있는 것이다.

객관적인 비평가가 새로운 미적 대상을 만났을 때 던지는 첫 번째 질문을 보다 일상적 언어로 (그러나 지나치게 단순한 언어로) 설명한다면, 그것은 '이 대상은 무엇이 되기로 되어있었는가?'가 아니라 '우리는 우리 앞에 무엇을 가지고 있는가?'이다.

2   지각적인 것과 물리적인 것
THE PERCEPTUAL AND THE PHYSICAL

어떤 하나의 그림에 대해 우리가 얼마나 다양한 진술을 할 수 있는지 생각해보자.

1. 그것은 유화이다.
2. 그것은 사랑스러운 피부색을 보여준다.
3. 그것은 1892년에 그려졌다.
4. 그것은 넘실거리는 움직임으로 가득 차 있다.
5. 그것은 캔버스 위에 그려졌다.
6. 그것은 클리브랜드 미술관 벽에 걸려 있다.
7. 그것은 상당한 금전적 가치를 지닌다.

보통 그림에 관해 위와 같은 진술을 하는 사람이라면, 예를 들어 미술관 게시판에 새로 들어온 소장품에 대해 글을 쓰는 비평가라면, 자신이 이 모든 진술에서 동일한 것, 즉, 르누아르(Renoir)의 〈목욕하는 세 여인들〉(*Three Bather*)에 대해 말한다고 생각할 것이다. 대명사 '그것'(it)은 위의 모든 진술에서 동일 대상을 지시하는 것처럼 보인다.

그러나 위의 진술들을 근본적으로 구분하는 것이 가능하다.* 우리가 각 진술에 대해, '이것이 참임을 당신은 어떻게 아는가?'를 묻는다고 가정해보자. 다시 말해, 각 진술을 검증하는(verifying) 방식을 묻는다고 생각해보자. 각 진술에 대한 믿음을 정당화하기 위해서 어떤 유형의 증거가 요구되는가? 진술 2와 4의 경우, 아마도 우리가

---

* 이 구분은 루이스(C. I. Lewis)와 페퍼(Stephen Pepper)가 제안했다. Note 2.1과 4.2 참조.

그 진술이 참이라는 것을 볼(see) 수 있다는 대답이 가능하다. 우리는 그 그림을 볼 수 있고, 피부색과 넘실대는 움직임을 관찰할 수 있다. 진술 1과 5를 검증하기 위해 우리는 물감과 표면에 대한 화학 분석을 실행해야 할 것이다. 진술 3, 6, 7을 검증하기 위해서는 그림 자체를 넘어 역사, 지리, 혹은 경매장을 살펴봐야 할 것이다.

그렇다면 그림에 관해 우리가 알게 되는 것들에는 적어도 두 유형이 있는 것 같다(진술 3, 6, 7은 잠시 논외로 하자). 진술의 참이 그림 자체를 지각함으로써, 즉 우리 눈에 보이는 형태나 색을 직접 지각함으로써 결정되는 그런 진술들이 있다. 한편 진술의 참이 보다 간접적인 방식으로서만 결정되는 그런 진술들이 있다. 예를 들어서 물감 층을 벗겨내어 그 밑에 무엇이 있는지 본다든지, 자외선을 그림에 쏜다든지, 그림 조각을 시험관 안에서 용해해본다든지 등의 방식으로 말이다. 그리고 이 구분은 여기에서 우리가 생각해봐야 할 핵심적인 질문을 제기한다. 진술 1과 5의 대상은 진술 2와 4의 대상과 동일한가? 내 생각에는 그 누구도 진술 2와 4가 미적 대상에 대한 진술임을 부정하지 않을 것이다. 그러나 진술 1과 5도 미적 대상에 대한 진술인가?

당신은 이 문제를 해결할 한 가지 방법이 있다고 생각할 수 있다. 진술 4에 따르면 그림 안에 움직임이 존재하는데, 진술 6은 그림이 명백히 정적으로 벽에 걸려 있다고 말한다. 이 두 진술은 상호 모순적으로, 만일 그 둘이 모두 참이라면 결코 동일 대상에 대해서 참일 수는 없다. 왜냐하면 그 어떠한 대상도 모순적 특성을 동시에 가지지 않기 때문이다. 그러나 이 논증, 즉 진술 4와 6이 사실은 상이한 대상에 대해 말하고 있다는 논증을 피해가는 방법이 있다.* 진술 4와 6이 사실은 상호 모순적이지 않다고 말하기만 하면 된다. 그림 안에 움직임이 있다고 말할 때, 우리는 그림의 일부가 마치 모빌처럼 미술관 벽에 상대적인 플러스 속도를 가진다고 말하는 것이 아니다. 이 점에 주목함으로써, 진술 4와 6은 사실상 상호 모순적이지 않으며 그러므로 상이한 대상에 대해 말하는 게 아니라고 주장될 수 있다.

문제의 질문은 음악과 관련될 때 더 예리해지며 또한 더 답하기 쉬워진다. 왜냐하면 음악(music)에 대한 이야기와 음향(acoustics)에 대한 이야기는 서로 구분된다는 것이 매우 명백하기 때문이다. 소리(sound)와 음파(sound wave)는 구분된다. 그리고 비록 '소리'라는 단어가 화성학 책과 물리학 책에서 동시에 사용되고 있지만 각 맥락에

---

*   이 방법은 폴 지프(Paul Ziff)가 제안했다. Note 2.1 참조.

서 완전히 상이한 것을 의미한다. 우리가 드뷔시(Debussy)의 오케스트라 작품이 가지는 음색에 대해 말할 때, 혹은 슈만(Schumann)의 피아노 작품에서 나타나는 프레이징의 섬세함에 대해 말할 때, 혹은 바르톡(Bartók)의 〈현악 4중주 3번〉에서 나타나는 몇몇 악절들의 냉혹함에 대해 말할 때, 우리는 우리가 들을(hear) 수 있는 것에 대해 말한다. 피아노의 중간 C음에 의해 발생하는 초당 진동수, 하프시코드의 물리적 작동, 레코드판 홈(groove)의 폭 등은 우리가 들을 수 있는 것이 아니다. 우리가 물리학자로서 그것들을 철저히 연구하고, 엄밀한 수학적 용어로 기술한다 해도 말이다. 그러므로 그것들은 그것들로 인해 산출된 음악의 일부가 아니다.

음파의 어느 지점에서 진폭이 증가한다고 말할 때 우리는 우리 귀로 하여금 듣기 가능하게 해주는 물리적 조건을 말하는 것이다. 반면 음악에 크레셴도(crescendo)가 있다고 말할 때 우리는 우리 귀에 들리는 어떤 것을 의미한다. 물론, 지각된 음악과 그것의 물리적 조건 사이에는 인과적 관계가 있다. 음파의 진폭이 증가하면 크레셴도가 들린다. 그러나 악보를 잘 읽을 수 있는 음악가가 음악을 잘 경험하기 위해서 반드시 음파가 그의 고막을 두드릴 필요는 없으며, 우리들 중 대부분은 어떤 노래를 기억하고 마음속에서 조용히 그 노래를 부를 수 있다. 아마도 어느 시점에서 음파가 우리 귀를 자극한 적이 한 번도 없었다면, 우리는 아무런 음악도 만나지 못할 것이다. 그러나 사람들에게 약을 주거나, 혹은 뇌에 전파를 통하게 하는 방식을 통해서 우리가 음악을 들을 수 있는 방법이 발견된다면, 음악 비평가들은 자신들의 진술에서 어떤 것도 변경할 필요가 없지만 물리학자들의 경우에는 그렇지 않다.

게다가, 우리가 음악에 대해 논하고 있는지 아닌지에 대한 의심은 좀처럼 발생하지 않는다. 어쩌면 악기의 이름이 애매모호한 상황을 만들 수는 있지만, 이는 크게 우려할 정도는 아니다. 우리가 클라리넷에는 홀수 부분음을 산출하는 원통형 구멍이 있다고 말할 때, 이는 물리적 악기에 대한 진술이다. 반면 모차르트의 〈클라리넷 5중주〉 피날레의 첫 번째 변주에서 클라리넷이 한 음역에서 다음 음역으로 뛰어다니는

FOURTH MOVEMENT, BARS 22-24
Clarinet (as it sounds)

Mozart, *Quintet in A for Clarinet*, K. 581

제1장 미적 대상

것처럼 들린다고 말할 때, 이는 우리가 들을 수 있는 클라리넷의 음색에 대한 진술이다. 그리고 비록 이 음악이 전자적으로(electronically) 만들어진다 해도, 우리는 여전히 한 음역에서 다음 음역으로 뛰어다니는 것처럼 들리는 음악의 특색을 클라리넷으로 연주되었을 때와 마찬가지로 언급할 수 있다.

지각적 대상으로서의 미적 대상들

그러므로 음악의 경우, 내가 지각적 대상(perceptual object)이라 부르고자 하는 가청적인(audible) 것과, 그것의 물리적 기반(physical basis)을 명백하게 구분해야 한다. 지각적 대상이란 그것의 성질들이 적어도 직접적인 감각적 인식(sensory awareness)에 열려있는 대상을 말한다. 사실 우리는 음악작품의 모든 성질들은 들을 수 있는 것이어야 한다는 점에 동의할 것이다. 비록 모든 것이 동시에 들리지는 않겠지만 말이다. 우리는 또한 원칙적으로도 들을 수 없는 성질은 음악으로서의 음악작품에 속하지 못한다는 점에도 동의할 것이다.

음악의 물리적 기반은 물리학의 용어로 기술 가능한 사물 혹은 사건들로 구성된다. '물리적'이란 표현은 여기서 오해의 소지가 있지만, 그러한 표현 없이는 논의가 진행되기 힘들다. 우리는 어떤 의자를 물리적 대상이라고 부르지만, 갈색이고, 단단하고, 반들거리는 것으로서의 그 의자는 하나의 지각적 대상이다. 즉 그것은 지각 가능하다. 지각적 의자 이외에도, 직접적 감각을 통해서 발견되는 것이 아닌 의자, 즉 무게나 치수 등을 측정하거나, 절단하고 불에 태우는 방식 등을 통해서 그 성질이 발견되는 물리적 의자도 있다.

심리학자들의 가역 도형(reversible figure)의 경우를 생각해보자. 안과 밖이 뒤바뀌는 직육면체, 계단, 마주보는 인간의 옆모습이면서 물병처럼 보이기도 하는 그림 등. 이러한 도형의 독특한 점은 그것이 하나의 물리적 기반(즉 망막을 때리는 광파의 동일한 패턴)과 두 개의 지각적 대상들을(이때 어떤 것을 지각하느냐는 어느 정도 선택에 의존한다) 가진다는 점이다.

우리의 관심을 단어를 포함한 대상으로 옮겨보면 정확히 미적 대상이 무엇인지 말하기가 더 어려워진다. 그러나 그것이 물리적인 것은 아니라는 사실은 여전히 명백하다. 우리는 하나의 시를 그것이 낭송될 때의 음파나, 혹은 그것을 소리 없이 읽을 때 우리 머리 속에서 발생하는 전기적 과정이나, 혹은 인쇄된 책의 잉크 자국과 동일시하지는 않을 것이다. 물론 뇌 과정이 없다면 시도 없을 것이고, 음파나 잉크 자국이 없다면 많은 사람들과 시를 공유하는 것도 불가능할 것이다. 그러나 『황무지』(*The Waste Land*)나 『4개의 사중주』(*Four Quartets*)에 대한 글을 쓰는 문학 비평가가 뇌 과정이나 잉크 자국을 논의하는 것은 아니다.

물론 문학 역사가들은 잉크 자국에 부수적으로 관심이 있다. 서지학은 문학 텍스트의 물질 사실에 관해 다루는 과학이다. 예를 들어, 1600년에서 1608년 사이로 추정되는 셰익스피어의 4절판 책이 사실은 1619년에 인쇄되었다는 사실이나, 혹은 그의 퍼스트 폴리오(First Folio)의 인쇄가 중단되었다는 사실을 발견하는 것은 흥미롭다. 그러나 이러한 질문은 비평적 질문이 아니다. 서지학자는 비평을 위한 예비작업을 한다. 왜냐하면, 서지학자는 희곡이나 시를 논하지는 않지만, 비평가가 다루게 될 '진품적(authentic) 텍스트'를 결정하기 때문이다.

우리가 어떤 TV극을 철저하게 기술하려 한다고 가정해보자. 우리가 기술하려는 게 도대체 무엇인가에 대한 문제가 존재하지만, 적어도 브라운관의 전자들(electrons)에 대해 기술하지 않는다는 것은 확실하다. 영화의 예를 들어보면, 우리는 영화 속 장면이 마치 좌우로 펼쳐져 있는 것처럼 바라본다. 즉 그 장면을 어떤 커다란 전체의 일부로 바라본다. 비록 그 장면의 세트는 어떤 방음 스튜디오 안에 놓여있고, 카메라의 범위 밖에는 그 세트가 존재하지 않지만 말이다. 이러한 것들을 논할 때, 우리는 ① 제시된 화면(우리에게 보이는), 그리고 ② 그 화면을 만드는 데 사용된 세트라는 상이한 두 대상을 논하고 있음을 인식한다.

미술로 넘어가면, 지각적인 것과 물리적인 것 사이의 구분은 덜 명확하고 또한 덜 중요한 듯 보인다. 예를 들어, 누가 말하든지 간에 조각 자체는 항상 같은 대상이며, 그 대신 조각은 다음 두 성질을 가진다고, 즉 직접적으로 관찰되는 지각적 성질(반들반들함, 빛을 받는 방식, 형태의 둥그스름함 등)과 직접적으로 관찰되지 못하는 물리적 성질(대리석으로 만들어짐, 고체임, 1/4톤임)을 가진다고 말할 수 있다. 우리가 논의하고 있는 문제의 구분은 여전히 가능할 수 있지만, 그 구분이 두 대상들 사이에 존재하는 것이 아니고, 단지 동일 대상의 두 측면들 사이에서만 존재한다고 말할 수 있을 것이다. 그렇다면 미적 대상으로서의 조각을 말한다는 것은 지각적 성질과 관련하여 조각을 논한다는 것이고, 물리적 대상으로서의 조각을 말한다는 것은 그것의 다른 특성들과 관련하여 조각을 논한다는 것이 될 것이다.

이 구분을 명확하게 유념한다면, 어떤 용어를 사용하는지는 그다지 큰 차이를 만들지 않을 것이다. 예술작품의 다양한 유형들(조각, 연극, 그림, 음악)에 잘 부합하는 하나의 용어를 마련하는 것이 편리할 것이고, 이것이 내가 이 책에서 말하고자 하는 바이다. 그러나 내가 지금까지 두 대상들(objects)이라 불러왔던 것을 동일 대상의 두 측면들(aspects)이라 이해한다고 해서 치명적으로 오도적인 것은 아니다.

물론 지각적 대상과 물리적 대상의 구분함으로써, 그림, 조각, 건축의 제작 과정에 포함된 물리적 요소의 중요성을 부정하려는 것은 아니다. 우리가 아는 한, 지각적 조각상을 얻을 수 있는 유일한 방법은 돌이나 청동, 혹은 다른 재료들을 가지고 작업하는 것이며, 그림을 제작하기 위해서는 도구나 염료가 필요하다. 조각가는 자신의 물리적 재료와 가장 긴밀한 관계를 맺고 있어야 하며, 화가는 고된 연습을 거쳐야 한다. 술에서의 창작은 예술가의 마음속에서 샘솟은 아이디어가 재료 안에서 기계적으로 구현되는 그런 과정이 아니다. 그것은 돌이나 염료 안에 내재된 가능성의 탐색을 포함하는 과정이다. 게다가, 미술작품을 완전하게 감상하고 싶다면, 우리 역시도 유화나 수채 물감의 특성, 색 배합 방식, 그림을 세척하고 보수하는 방식에 대해 알아야 한다고 주장될 수도 있다. 그림을 미적 대상으로 지각하는 데 그러한 지식이 정확히 어떻게 관련되는지 묻는 것은 좋은 질문이며, 그리고 아마도 이에 대한 논쟁이 가능할 것이다. 그러나 미적 대상과 물리적 대상 사이의 구분은 여전히 유지된다.

그렇다면 어떤 비평가가 티치아노(Titian)의 후기 회화들이 강한 분위기와 강렬한 색을 보여준다고 말할 때, 그는 미적 대상에 대해 말하는 것이다. 그러나 그 비평가가 티치아노에 대해 말하면서 그가 캔버스 위에 어둡고 붉은 바탕칠을 하고, 물감을 바른 후, 투명 광택제를 도포했다고 말한다면, 이는 물리적 대상에 대한 것이다. 그리고 이 구분은 매우 중요하다. 왜냐하면 지각적 대상을 지각적 대상으로서 기술한다는 것은 그것의 물리적 기반이 어떻게 산출되었는지에 대해서 아무 말도 하지 않는다는 뜻이기 때문이다. 화가가 색을 칠했는지, 방울로 흘렸는지, 끼얹었는지, 입으로 불었는지, 내던졌는지, 사진 촬영 했는지, 새겼는지, 그렸는지, 단순히 엎질렀는지 등에 대해서는 아무 말도 하지 않는다는 뜻이다. 중요한 것은 가시적(visible) 결과이다.

여기에서 지각적 대상의 차이점을 기술하는 데 우리가 사용하는 용어가 그러한 차이점을 산출하는 과정(process)에 관한 물리적 용어이기 때문에 혼동이 발생하기도 한다. 판화에 대해 비평가는 그것이 목판화(woodcut)인지 혹은 목구목판화(wood engraving)인지와 같은 제작 방식이 아니라 그것의 외양에 관심을 가진다. '각조'(carving)나 '소조'(modeling)라는 용어는 조형물을 만드는 두 기술을 지시하거나, 혹은 두 유형의 조형물을 지시할 수도 있는데, 후자가 가능한 이유는 조형 기술에 대해 아무것도 모르는 사람이라도 조형물의 차이점을 볼 수 있기 때문이다. 아서 포프(Arthur Pope)*는 '소묘'(drawing)와 '회화'(painting)를 구분할 때 물리학이나 화학에 대한 언급을 전혀 하지 않는다. 그는 '색(색상이나 조도)이 포함되었는지'에만 의존하여 그 둘을 구분한다.

미술 비평이 마주하는 위험 중 하나는 대부분의 일상적인 분류 용어들이 물리적이라는 사실이다. '회화'(painting), '판화'(engraving), '석판화'(lithograph), '수채화'(water color) 등이 그렇다. 우리는 이것들을 모두 포함하는 용어, 즉 시각장 내에서 하나의 통합된 무엇으로 경험되는 대상(대상의 물리적 기반이 무엇이든지 간에)에 대한 용어가 필요하다. 그 대상은 바로 시각적 미적 대상들(visual aesthetic objects)이다.

---

*   *The Language of Drawing and Painting*, Cambridge, Mass.: Harvard U., 1949, pp. 55, 57.

3

현상적 객관성
PHENOMENAL OBJECTIVITY

우리는 미적 대상에 대한 진술을 미적 대상의 심리적 혹은 물리적 원인(조건)에 대한 진술과 구분하는 것이 중요하다는 사실을 살펴보았다. 비록 그렇게 구분하는 것이 종종 어려운 일이라 할지라도 말이다. 미적 대상에 대한 진술을 그것의 결과(effects)에 대한 진술과 구분하는 것도 지금까지 논의했던 구분들만큼이나 중요하며, 이 구분은 또한 일련의 새로운 문제들을 발생시킨다. 미적 대상이 무엇인지(is) 말하는 것은, 미적 대상이 우리에게 무엇을 해주는지(does) 말하는 것과는 다르다.[*]

일반적으로, 일상의 물리적 또는 심리적 과정과 관련하여 원인과 결과를 구분하는 일은 크게 어렵지 않다. 성냥 긋기와 타오르는 불, 코 간지럼힘과 재채기, 모욕과 성난 대꾸 등의 경우에서처럼 말이다. 그 과정이 긴밀하게 연속되는 경우, 우리는 구분선이 어디에 그어져야 하는지에 대한 철학적 질문을 던질 수 있다. 불이 물을 덥히고 물이 끓기 시작할 때, 이 사건의 어느 부분이 원인이고 어느 부분이 결과인가? 그리고 우리가 관련 용어를 확실하게 정의하지 않은 경우, 용어를 어떻게 써야 하는지 혼란스러울 수도 있다. 간 질환을 앓고 있는 사람의 황색 피부는 질병의 결과인가, 혹은 질병 그 자체의 일부인가? 그러나 우리는 대개 이러한 어려운 문제들을 일상의 상식적인 접근을 통해 피할 수 있다.

미적 대상과 관련해서도, 우리가 대상을 이야기하고 있는지 아니면 결과를 이야기하고 있는지는 종종 큰 어려움 없이 구분된다. 하우스먼은 밀턴의 다음 구절이 눈물, 떨림, 목구멍의 수축을 일으킬 수 있다고 말한다.[**]

---

[*]   이 구분의 중요성을 나에게 처음으로 명확하게 보여준 사람은 윔샛이다. Note 3.2 참조.

[**] *The Name and Nature of Poetry*, New York: Macmillan, 1933, pp. 45-46.

님프와 목동들이여, 더 이상 춤추지 말지어다.

베토벤은 〈현악 4중주 B플랫 장조〉(*Op. 130*)의 카바티나(Cavatina)를 작곡하는 도중에 울었다고 밝힌 바 있다. 하이든은 〈놀람 교향곡〉의 안단테에서 급작스럽게 등장하는 큰 소리로 인해 청중이 자세를 고쳐 앉아 집중할 것이라고 예견했고, 그의 예견은 의심의 여지없이 적중했다. 휘태커 체임버스(Whittaker Chambers)는 『레미제라블』(*Les Misérables*)을 읽었던 두 번의 경험이 자기 인생의 가장 중요했던 두 결정, 즉 공산당 가입과 탈퇴에 큰 영향을 미쳤다고 말한 바 있다.* 루이 필립(Louis Philippe)을 돈다발을 집어 삼키는 가르강튀아(Gargantua)로 캐리커처해 그린 도미에(Daumier)는 누군가의 심기를 건드렸음이 분명한데, 왜냐하면 1832년에 그 일로 수감되기 때문이다. 그리고 브라우닝(Browning)의 시에 등장하는 수도자들은, 로렌스 성인이 불에 태워지는 장면을 묘사한 프라 리포 리피(Fra Lippo Lippi)의 프레스코가 자신들에게 어떤 영향을 끼쳤는지를 다음과 같이 보고한다.

부제님(deacon)의 불에 탄 몸을 뒤집었던,
당신이 그린 세 노예들의 얼굴은 이미 모두 지워졌습니다.
우리는 그 얼굴들을 성에 찰 때까지 긁어대고 찔러버렸습니다.
독실한 신자들은 그렇게 마음을 풀었습니다.
분노에 가득 차 그곳에서 기도를 드리러 오면서 말입니다.

위의 모든 예에서 원인과 결과는 쉽게 구분된다. 그러나 구분이 전혀 쉽지 않은 경우도 있다.

먼저, 다음 세 진술을 생각해보자. '바이런의 『돈 후안』(*Don Juan*)은 웃기다', '마티스의 무어식(Moorish) 인테리어는 발랄하다', '드뷔시 〈현악 4중주〉의 느린 악장은 매우 슬프다'. 이 진술들은 모두 미적 대상의 성질에 대한 진술인 것처럼 보이지만, 다시 잘 생각해보면 그렇지 않은 것 같다. 예를 들어, 어떤 철학자는 내가 『돈 후안』을 '웃기다'고 말할 때, 사실 내가 의미하는 바는 '그것은 나를 웃게 한다' 혹은 '나는 그

---

*   *Witness*, New York: Random House, 1952, pp. 133-138.

것을 읽을 때 웃김을 느낀다'라고 주장할 것이다. 이 진술들은 『돈 후안』이 나에게 끼친 결과에 대한 진술들이라는 것이다. 그러므로 그러한 철학자들에 따르면, 내가 미적 대상이 웃기다, 발랄하다, 혹은 슬프다고 말할 때, 나는 미적 대상에 대해 전혀 말하고 있지 않으며 사실상 나 자신에 대해 말한다는 것이다. 만일 위의 진술들이 미적 대상에 대해 말하는 것처럼 보인다면, 이는 우리가 대상을 대상에 대한 반응과 혼동하기 때문이라는 것이다.

우리가 미적 대상에 대해 이야기한다는 착각 속에서 사실은 우리 자신에 대해 이야기하고 있다면, 즉 그 둘을 혼동하고 있다면, 그러한 사실을 유념하는 게 좋을 것이다. 그러므로 이 견해를 주의 깊게 살펴보는 것이 좋겠다.

이제 이 문제로 수렴하는 두 노선의 사고들이 있으며, 그 사고들에 상응하여 이 문제를 해결하도록 하는 두 가지 구분들이 존재한다. 첫 번째는 이미 앞선 절에서 다루었다. 다음의 짧은 대화를 상상해보자.

> A: 마티스의 저 그림은 발랄하지 않니?
> B: 그러니까 네가 의미하는 것은 그 그림이 너를 발랄하게 만든다는 거지?
> A: 아니, 나는 그림이 발랄하다고 말하는 거야.
> B: 아, 너는 오해하고 있는 게 분명해. 왜냐하면, 그림은 단지 전자, 양성자, 중성자 등의 집합에 불과하고, 전자가 발랄할 수 없다는 것은 확실하거든.

B의 논증은 위에서 예로 등장한 진술들이 왜 종종 미적 대상에 대한 진술이 될 수 없는지 말해주는 여러 이유들 중 하나를 언급한다. 물론, 만일 미적 대상이 물리적 대상이라면, 어떻게 '발랄하다'는 형용사가 물리적 대상에 적용될 수 있는지 이해하기는 힘들 것이다. 그러나 우리가 이 혼돈을 정리하고 나면, 그래서 위의 진술이 물리적 대상이 아니라 지각적 대상을 이야기하고 있음을 이해한다면, B의 논증은 무너진다.

그러나, 대화를 듣고 있었던 C가 B를 옹호하기 위해 다음과 같은 보다 세련된 유형의 두 번째 논증을 전개할 수도 있다.

C(우리가 A의 편에 서서 B에 대응한 후): 마티스의 그림이 발랄하다고 말할 때 우리가 전

자, 양성자 등에 대해 말하는 게 아님을 인정한다 해도, 우리가 어떤 다른 종류의 대상에 대해 이야기할 수 있는 것은 아니다. 왜냐하면, 엄밀히 말해 오직 인간만이 발랄할 수 있기 때문이며, 그러므로 어떤 것에 발랄함을 귀속하는 모든 진술은, 그것이 난센스가 아니라면 결국 사람에 대한 진술이다.

'엄밀히 말해'가 여기에서 핵심적인 구절이다. 엄밀히 말한다는 것이 '문자 그대로(은유적인 방식과 대립되는) 말해서' 이외에 다른 의미일 수 있는가? 만일 그렇다면, 확실히 위의 논증은 매우 독특하다. A가 잘못된 나무에 대고서 짖는다고 C가 말하는 상황을 가정해보자. 그러면 우리는 위에서 C가 사용했던 표현을 빌려 '엄밀히 말해' 오직 개(그리고 물개)만 짖을 수 있고, 그러므로 C는 사실상 A에 대해 이야기하는 것이 아니라 개나 물개에 대해 이야기한다고 대답할 수 있다. 물론 내가 어떤 사람에 대해 말할 때 '발랄하다'는 단어를 사용해서 의미한 바를, 내가 마티스의 그림이 발랄하다고 말할 때 의미할 수는 없다. 은유에 관련해서는 여러 문제들이 존재하며, 우리는 제3장에서 그중 일부를 다룰 것이다. 그러나 그 문제들을 해결하지 않고서도 우리는 C의 논증이 은유적 진술을 아예 불가능하게 만든다는 사실을 알 수 있고, 이는 너무 극단적이다.

현상적 장

그러나 지각심리학의 도움을 받아 더 발전된 구분이 마련되기 전까지는 C의 문제를 완전히 해결할 수 없다.* 현상적 장(phenomenal field)이란 용어를 써서 어떤 주어진 순간에 한 사람이 인식하는 혹은 의식하는 모든 것을 가리키기로 하자. 그러므로 지금 이 순간의 내 현상적 장은 다양한 색상들과 모양들(시각적 장), 타자기와 주변의 새 및 자동차 소리들(청각적 장), 나의 생각, 감정, 느낌, 기대 등으로 구성된다. 내 현상적 장의 일부는 현상적으로 객관적(phenomenally objective)이고, 일부는 현상적으로 주관

---

* 미적 대상의 성격을 이해하는 데 중요한 이 구분은 커트 코프카(Kurt Koffka) 외 여러 심리학자들이 논의한 바 있다. Note 3.1 참조.

적(phenomenally subjective)이다.

당신이 하나의 단일 대상을 관조하고 있다고 가정하자. 예를 들어 방금 전 손에 넣은 새로운 LP 레코드 같은 것을 말이다. 그것을 손에 쥐고 이리저리 돌려보면서 당신은 다양한 감각을 얻는다. 케이스는 매끄럽고, 단단하고, 사각형이며, 밝은색으로 되어있다. 당신은 또한 즐거운 기대감을 가지고 있다. 이제 곧 당신은 레코드를 재생해서 어떤 소리가 들리는지 알게 될 것이다. 어쩌면 당신은 과거에 들었던 작곡가나 연주자를 기억하려고 노력할 것이다. 어쩌면 함께 들을 다른 사람을 초대해야 하나 생각할지도 모른다.

이때 대상은 자신의 고유한 성질을 가질 수 있는, 나의 의지로부터 독립한 채 자족적으로 '저 밖에' 존재하는 어떤 것으로 나타나며, 색이나 모양은 그 대상에 속한 것으로 나타난다. 나는 여기서 레코드 케이스가 실제로 인간이라는 유기체로부터 독립적으로 존재할 수 있는가를 묻는 것이 아니다. 나는 물리학이나 인식론에 대한 고려 없이, 단지 우리의 의식상에서 우리가 발견하는 것, 혹은 우리에게 주어지는 것을 기술하고자 할 뿐이다. 대상은 당신에게 다음과 같은 방식으로 보일 것이다. 빨간색은 카드보드지 위에 단단히 고정되어 있어서, 당신이 눈을 감거나 혹은 자리를 뜬다 해도 여전히 거기에 남아있을 것처럼 보일 것이다. 즉 그것은 현상적으로 객관적이다.

반면 레코드에 대한 당신의 즐거운 기대감은 '저기' 시각장 속 어떤 대상이 가진 특성으로 나타나지 않고, 당신 자신에게 발생한 무언가로 나타난다. 왜냐하면 당신은 시각장(field) 안에서 당신을 둘러싼 대상과 구분되면서 고유한 성질 및 특성을 지닌 '나'를 인식하기 때문이다. 그리고 당신은 현상적 장 속 즐거움을 '저기'에 있는 것이 아니라 '여기'에 있다고 말한다. 즉 그것은 현상적으로 주관적이다.

현상적 장 속에서 발견된 것이 현상적으로 주관적인지 혹은 객관적인지 결정하기 위해, 당신은 그것이 당신 '바깥'의 어떤 것에 속한 것으로 나타나는지(예를 들어 오렌지, 고층빌딩, 푸딩 등) 혹은 당신 '안'에서 발생하는지(분노, 잊어버린 이름을 기억하려는 노력 등) 살펴봐야 한다. 객관성에도 정도와 부침이 있으므로, 현상적 자신(self)으로 향하는지 혹은 멀어지는지에 관한 결정적 방향성이 없는 경계성향의 경험들도 아마 존재할 것이다. 그러나 현상적으로 객관적인 것과 주관적인 것의 구분은 우리의 의식에 있어 근본적이며, 대부분 의식 내에 편재해 있다.

그렇다면 하나의 그림은 확실히 현상적으로 객관적이다. 그것의 빨간색, 색의 따뜻함, 모양, 시각적 장 내에서의 위치 등을 우리는 우리 앞에서 '발견한다'. 즉 그것들은 우리에게 '주어진다'. 그리고 그림의 생기 있음, 모양의 리듬감 있는 질서, 색조의 예리한 대비 등도 또한 같은 의미에서 현상적으로 객관적이다. 그것들은 현상적 그림의 성질로서 나타난다.

그림의 생기발랄함이나 우울함은 빨간색이나 사각형과 같을 수 없다고 생각될 수도 있다. 전자는 후자와는 달리 과거의 경험에 의존하는 것처럼 보인다. 그래서 어떤 의미에서 전자는 주관적이고, 후자는 주관적이지 않다고 주장될 수도 있다. 물론 빨간색과 같은 성질과 생기발랄함과 같은 성질 사이에는 중요한 차이점이 있고, 우리는 다음 장에서 그 차이점을 논할 것이다. 그러나 이 장에서 우리는 지각의 원인에 대해서는 관심을 가지지 않고, 우리가 지각하는 것에 대한 기술에 관심을 가진다. 지각 관련 실험에 따르면, 예를 들어 당신이 평범한 해군이라면 어떤 이를 소위로 생각할 때보다 장군으로 생각할 때 그 사람은 당신에게 키가 더 커 보일 수 있다. 혹은 로샤흐(Rohrshach) 잉크자국을 대면했을 때 그 자국을 무엇의 재현으로 간주하는지는 당신의 심리 상태에 달려 있다. 이 때문에 로샤흐 테스트는 심리진단으로서 유용하다. 이 실험들은 우리가 현상적으로 객관적이라 지각하는 것이 설명될 필요가 있으며, 물리적 자극만으로는 설명이 불가능하다는 것을 보여준다. 그러나 그 실험들은 지각의 현상적 특성에 영향을 미치지는 못한다. 현상적 대상으로서 장군의 키는 현상적으로 객관적이다. '투사'(projection)로 알려진 현상에 관해서도 비슷한 점을 말할 수 있다. 정신병이 있는 환자가 그 자신의 (무의식적) 적개심을 정신분석가에게 투사할 때, 그 적개심은 여전히 그에게 현상적으로 객관적이다. 환자가 그 적개심의 참된 (주관적) 원천에 대해 오해하고 있다 할지라도 말이다.

그러므로, '마티스의 그림은 생기발랄하다'는 '마티스의 그림은 나로 하여금 생기발랄함을 느끼게 만든다'와 전혀 같지 않다. 전자는 그림의 현상적으로 객관적인 성질을 이야기하며, 후자는 나에게 그림의 효과(effect)로 나타나 보이는 현상적으로 주관적인 느낌을 이야기한다. 만일 이 두 진술이 동일한 것을 뜻한다면, 하나가 참이지 않는 한 다른 하나도 참일 수 없다. 그러나 사실 이 두 진술은 논리적으로 독립적이다. 물론 생기발랄한 그림은 종종 나를 생기발랄하게 만든다. 그러나 생기발랄한 그림을 보는 것이 내가 가지지 못한 생기발랄함을 인식하게 하여 내 우울감을 더 증가시키는 상황에서도 나는 그림의 생기발랄함을 지각할 수 있고, 사실 정확히 바로 그러한 지각이 나를 슬프게 하는 것이다. 게다가, 내가 아는 사람의 사진은 그 자체로는 생기발랄한 사진이 아님에도 불구하고(마티스의 그림이 그런 것처럼) 나를 생기발랄하게 만들 수 있다.

음악작품이 (우리에게 끼친 영향과 구분되는) 현상적 대상이라는 점은 덜 명백할 것이다. 음악을 들을 때 그것은, 내가 연주자를 바라볼 때 그 사람들이 나에게 보이는 것보다 더 가깝게 느껴지거나, 혹은 적어도 마치 내가 음악 안에 있는 것처럼 느껴진다. 그러나 나는 음악을 내 안에 있는 것으로 듣지는 않는다. 음악은 내가 마주치는 무언가로, '저 밖에서'부터 나에게 다가오는 것처럼 느껴진다. 나는 음악에 대한 제어권을 가지고 있지 않다. 음악을 듣는 것은 마치 돌진하는 물줄기 안에 서서 물줄기의 힘을 느끼는 것과 같다. 음악은 돌진하는 물줄기와 동일한 방식으로 객관적이다.

내가 어떤 선율을 기억해내거나 혹은 만들어낼 때, 그렇게 하려고 노력하는 느낌, 집중, 혹은 만족감은 주체인 나 자신의 일부라 할지라도, 선율 그 자체는 발견되는 혹은 만들어지는 어떤 것, 그리고 고유한 개별성 및 자기 존재를 지닌 어떤 것으로 나타난다. 음악은 특정 장소에 위치하지는 않지만, 나와 분리된 가청적(audible)으로 인식 가능한 장소에 있다. 단지 음악의 존재가, 내가 레코드를 재생하는 경우처럼, 내 의지에 의존하고 있을 뿐이다.

그러므로, 우리가 드뷔시의 선율이 상실감과 비애를 지녀 슬프다고 말할 때, 우리는 우리 자신에 대해 말하는 것이 아니라 현상적으로 객관적인 무엇에 대해 말하는 것이다. 그 음악의 슬픔을 듣고 영향받지 않는 사람이 거의 없다고 할지라도 말이다. 우리는 제7장의 18절에서 이 문제로 다시 돌아가볼 것이다.

물론 우리는 어떤 미적 대상에 성질을 부여할 때 실수를 저지를 수도 있다. 예를 들어, 일전에 어떤 음악을 슬프다고 들었지만(이때 슬픔은 음악에 대한 그 당시의 경험에서는 현상적으로 객관적이다), 이후에는 더 이상 슬프게 듣지 않을 수도 있고, 이때 우리는 처음에 잘못 들었다고 결론 내릴 수도 있다. 즉, 미적 대상의 경험에서 현상적으로 객관적인 것처럼 보이는 모든 성질이 다 그 대상의 진정한 특성인 것은 아니다. 이는 다음 절을 통해 우리가 따로 고민해봐야 할 문제이다. 여기에서 우리는 단지 주관적인 것과 객관적인 것의 구분 그 자체에만 관심을 가진다.

이 구분은 문학에 적용될 때 더 곤혹스러워진다. 왜냐하면 문학 경험에서는 현상적으로 객관적인 것과 주관적인 것의 구분이 그어질 수 없어서 작품과 그 영향 간의 경계가 붕괴된 것처럼 보이기 때문이다. 시나 소설을 읽는다는 것은 결국 무엇인가? 종이 위의 자국 혹은 소리는 현상적으로 객관적이지만, 우리가 주목하는 것은 그런 것이 아니라 그것들이 우리 안에 환기시킨 의미이다. 문학 경험에서 우리의 반응만 있고 대상이 없다고 한다면, 대상과 반응을 어떻게 분리할 수 있는가?

현상적 객관성의 정의적 특성은 우리에게 나타나는 즉각적 제시(presentation)가 아니라 자신(self)의 독립성에 대한 경험이다. 그리고 현상적 대상을 인식하는 양상은 한 가지 이상이다.* 나는 사과를 '본다'. 나는 어린 시절의 집이나 혹은 피지 섬을 '생각한다'. 나는 샹그리라를 '상상한다'. 지인이 그려진 그림을 볼 때, 나는 그 사람을 생각한다. 존재한 적이 없기 때문에 아무도 알지 못하는 사람의 그림(예를 들어 페르세우스의 그림)을 볼 때, 이 경우에도 나는 그에 대해 생각한다.

물론, 어떤 것을 보는 것과 그것을 생각하는 것은 다르다. 또한 존재한다고 믿는 것을 생각하는 것과 그렇지 않다고 믿는 것을 생각하는 것도 다르다. 그러나 이들이 어떻게 다른지 설명하는 것은 다소 어렵다. 엘리자베스 여왕이나 혹은 윌리 메이스(Willie Mays)처럼 당신이 존재한다고 믿는 인물을 생각할 때, 그 사람에 대한 당신의 개념은 안나 카레니나 혹은 미의 신 발데르(Baldur the Beautiful)와 같이 존재하지 않는 인물들을 생각할 때와 마찬가지의 정도로 선명하거나, 자세하거나, 혹은 흥미로울 수 있다. 아마도 당신이 가지고 있는 티토 대통령이나 마오쩌둥에 대한 개념은 산타클로스에 대한 개념보다 덜 선명할 것이다. 그리고 당신은 애드가 후버(J. Edgar Hoover)보다는 팔스타프(Falstaff)를 더 잘 알 것이다. 이 질문들은 흥미롭고 알쏭달쏭하지만 여기에서 탐구되어야 할 필요는 없다. 여기에서의 주된 논점은 무언가를 생각하는 것은 그것을 인식하는 하나의 양상이라는 것이고, 생각되고 있는 것이 존재하지 않더라도 그것은 마치 당신 앞에 있거나 혹은 있을 수 있는 것인 양 곱씹어보고 관조될 수 있다는 것이다. 비록 그것에 대한 심상(mental image)까지 가질 필요는 없을지라도 말이다. 그러므로 그것은 하나의 대상으로서 현상적 장 안에 들어온다.

그렇다면 문학작품에서 우리가 주목하는 것은 인물, 장소, 그리고 사건이다. 카

---

* 대상을 인식하는 다양한 '양상들'(modes)을 구분하는 이로 칼 던커(Karl Dunker)를 들 수 있다. Note 3.3 참조.

제1장 미적 대상

멜롯, 피쿼드(Pequod) 포경선, 베이커가(街) 221B번지, 올림푸스 산 등, 그리고 장발장, 스칼렛 오하라, 드라큘라, 피터 팬, 신밧드와 같은 것들 말이다. 우리는 또한 인물에게 애정, 경멸, 질투, 경탄 등으로 반응할 수 있다. 당신이 햄릿을 생각할 때, 당신은 그와 그에 대한 당신의 감정(이것은 분명 당신의 감정이지 그의 감정이 아니다)을 구분할 수 있다. 심지어 당신이 연극을 관람하는 경우에도, 햄릿은 마치 실제 인물처럼 당신 앞에 있을 수 없다. 왜냐하면 무대 위에서 당신이 보는 것은 햄릿을 연기하는 누군가이지 햄릿이 아니기 때문이다. 그러나 햄릿은 당신이 살펴보고, 숙고하고, 생각해볼 수 있는 복합적이고 실질적인 인물이다.

당신은 이 구분이 소설이나 연극 등, 그 자체의 세계를 품을 수 있는 포괄적이고 사실적인 작품에서는 작동하지만, 서정시에서는 작동하지 않는다고 말할지도 모른다. 서정시에서는 소리 이외에 과연 무엇이 현상적으로 객관적인가? 소설, 연극의 경우와 서정시의 경우에는 정도(degree)의 차이만 존재한다. 예를 들어서 셸리의 「서풍에 부치는 노래」(Ode to the West Wind)를 읽을 때, 내가 주목하는 것은 화자의 감정, 즉 그의 자기 연민("나는 삶의 가시 위로 넘어지네! 나는 피를 흘리네!"), 충족되지 않은 포부("내 입을 통해 잠자는 대지에게/예언이 나팔이 되어다오")이다. 그의 감정이 내 감정은 아니다. 그의 감정은 내 감정이 향한 것이다. 홉킨스(Hopkins)의 사랑스러운 시, 「봄과 가을: 어린 아이에게」(Spring and Fall: To a Young Child)는 풍부한 복합성을 보여준다.

> 슬퍼지지 마가렛?
> 떨어지는 골든글로브 낙엽을 보니 말이야?*

이 구절에서 낙엽은 슬픔과 무상(無常)함을 은유적으로 나타낸다. 여기에 마가렛의 슬픔이 있고, 그 상황에 대한 화자의 슬픔이 있다. 마지막으로 이 모든 것에 대한 독자의 슬픔이 있을 수 있다. 모든 시에는 아무리 희미하거나 추상적이더라도 어떠한 인물이나 상황의 개념이 있고(이 점에 대해서는 제5장 15절에서 다룰 것이다), 그러므로 독자가 관조하거나 생각할 수 있는 대상이 항상 존재한다.

---

* "Spring and Fall," *Poems of Gerald Manley Hopkins*, Copyright, 1918, Oxford University Press.

정감적 용어들

그렇다면 현상적으로 객관적이어서 미적 대상에 귀속될 수 있는 것과 현상적으로 주관적인 것 사이의 구분은 미적 대상이 시각적이건, 청각적이건, 혹은 언어적이건 간에 상관없이 가능하다. 그리고 우리는 이 구분의 중요성이 비평에서 너무나 명백하기에, 비평가들이 자신이 미적 대상에 대해 말하는지 혹은 자기 자신에 대해 말하는지 스스로 확실하게 알 것이라고 기대한다. 그러나 사정은 그와 반대여서 비평가들은 그 구분에 거의 관심을 가지지 않으며, 예술 전반에 걸쳐 비평에서 많이 사용되는 용어들은 그 구분을 흐리거나, 혹은 가능하다면 지우려는 것 같다.

예를 들어, '느낌'(feeling)이라는 용어를 생각해보자. 일상에서 이 용어는 심각한 애매함을 발생시키지 않고서도 그 뜻을 잘 변화시킨다. '나는 우울한 느낌이다'라고 말할 때 당신은 당신 감정에 대해 말하고 있다. '사포가 거친 느낌이다'라고 말할 때 당신은 전혀 자신의 감정을 이야기하지 않으며, 대신 만져봄으로써 지각하게 된 사포의 촉각적 성질을 말하고 있다. 그러나 비평가가 미적 대상의 성질을 기술할 때 사용하는 '느낌'이라는 용어는 애매해질 수 있다. '세잔느의 이 풍경화에는 견고함의 느낌이 있다'고 할 때의 견고함은 느낌이 아니고, 우울함이 느껴지는 것과 같은 의미로 느껴지지도 않는다. 그것은 눈에 의해 지각되는 것, 즉 우리에게 보이는(seen) 것이다. 이 진술이 '세잔느의 이 풍경화에는 견고함의 성질이 있다' 혹은 '세잔느의 이 풍경화 속에 있는 대상들은 견고하다'라고 번역된다면, 우리가 견고함을 현상적으로 주관적인 것이라고 오해하는 일이 줄어들 것이다.

심지어 '효과'(effect)라는 용어도 문제를 일으킨다. '벨라스케스가 그린 〈이노센치오 10세의 초상화〉(1650, 로마)에는 강렬하고 거친 위엄의 효과가 나타난다.'(로마에 갈 수 없다면, 워싱턴의 내셔널 갤러리에 있는 벨라스케스의 습작을 살펴볼 수도 있다) 이 진술은 그림의 효과를 기술하는 것으로서 이해될 수도 있다. 그러나 문제의 그림은 감상자를 강렬하고 위엄 있게 만들어주지 못하기 때문에, 조금만 생각해보면 그렇게 이해하는 것은 확실히 어리석다. 여기에서 '효과'란 단순히 벨라스케스에 의해 초상화로 그려진 교황의 특징일 뿐이다. 그것은 당신이 그림 안에서 볼 수 있는 어떤 것이다. 물론, 그림 그 자체는 벨라스케스가 한 활동의 효과이지만, 그것은 또 다른 문제이다. '효과'라는 용어는 이 기술에서 등장하지 않아야 했다.

비평가들이 미적 대상을 기술할 때 사용하는 많은 형용사들은 이와 같은 지시의 독특성을 지닌다. 그것들을 정감적 용어(affective term)라 부를 수 있을 것이며, 이 명칭을 통해 나는 예술작품에 적용되면서 적어도 그 의미 중 일부가 예술작품이 지각자에게 끼친 효과를 지시하는 형용사들을 의미하고자 한다. 예를 들어, 어떤 비평가가 음악작품이 '짜증난다'(irritating)고 말할 때, 이는 그가 음악에 의해 짜증이 났다는 뜻이다. 그리고 이 정감적 용어는 그 음악에 대해서는 사실 별로 말해주는 것이 없는데, 왜냐하면 음악 안의 무엇이 그를 짜증나게 했는지 말해주지 않기 때문이다. 다른 한편으로, 어떤 소설이 '우울하다'(depressing)고 말하는 비평가는 부분적으로 소설에 의해 자신이 우울해졌음을 말하고 있지만, 또한 다소 모호할지라도 그 소설에 대한 약간의 기술(description)을 제공한다. 만일 그가 진실을 말하고 있다면, 언어를 조심스럽게 사용한다면, 우리는 그 소설이 어느 정도의 불행과 희망의 부재를 담고 있다고 합리적으로 추측할 수 있다.

그러므로, 정감적 용어는 객관적인 정보를 주는 정도에 따라 차별화될 수 있다. 어떤 정감적 용어는 전적으로 혹은 거의 전적으로 현상적으로 주관적인 상태를 기술하는 데 사용된다. 다른 정감적 용어는 비록 처음에는 주관적으로 보이지만, 실제로는 객관적인 기술적 용어로 판명날 수 있고, 우리가 원할 때면 언제든지 그것을 (오도적인 정감적 용어를 사용하지 않고서도 동일한 정보를 제공하는) 다른 용어로 번역할 수 있다(우리가 위에서 '우울한'이라는 용어로 그랬던 것처럼). 여기에서 수많은 정감적 용어를 분석해 얼마만큼의 객관적 의미가 그 안에 있는지 살펴보려 한다면, 이는 지나치게 자세한 논의가 될 것이다. 그 단어들 각각의 구체적 사용방식을 기술하지 않는 한 그러한 분석은 잘 실행될 수 없으며, 정감적 용어를 사용할 때 비평가가 작품 자체에 대해 말하고 있는지 알기 위해 종종 우리는 작품 전체의 맥락을 알아야만 한다.

그러한 긴 분석은 여기에서 수행될 필요가 없다. 당신이 그러한 분석과 관련된 방법을 이해하기만 한다면, 언제든지 스스로 필요할 때마다 분석을 실행할 수 있다. 다음은 정감적 용어들의 무작위적 목록이다.

감동적인, 마음을 뒤흔드는, 생생한, 힘찬,
인상적인, 영감을 주는, 두드러진, 편안한,
흥미진진한, 섬뜩한, 사로잡는, 놀라운

이 같은 형용사를 미적 대상에 적용하는 비평가를 만난다면, 당신은 적어도 그가 (그리고 어쩌면 기껏해야) 미적 대상에 대한 자신의 반응을 기록한다는 것을 알 수 있다. 그러나 이에 대해 두 가지 질문을 해볼 수 있다. 첫째, 얼마나 정확하게, 그리고 얼마나 자세히 자신의 반응을 기록하는가? 왜냐하면, 더 조심스럽게 자신의 반응을 기록하면 할수록, 그는 자신이 반응하고 있는 미적 대상의 특성을 지적해야만 할 것이고, 그러므로 그는 간접적으로 대상에 대한 이야기를 하게 되기 때문이다. 둘째, 그는 자신의 반응이 정상적이거나, 적절하거나, 혹은 예상 가능하다는 것을 보이기 위해 어떤 이유를 제시하는가? 왜냐하면, 일반적으로 자신의 반응을 옹호하기 위해서, 그리고 그것이 기이한 것이 아님을 보이기 위해서, 비평가는 타인도 비슷하게 느낄 대상의 특징을 지적해야만 할 것이고, 그러므로 다시 한 번 그는 적어도 부분적으로라도 대상을 기술하게 된다.

물론 비평가는 절대로 자신의 감정을 기술하면 안 된다는 도그마를 우리가 제시해서는 안 될 것이다. 우리는 다른 사람이 미적 대상을 어떻게 느꼈는지에 대해, 그리고 우리의 감정을 그들의 감정과 비교하는 일에 관심을 가질 수 있다. 그리고 물론 그러한 감정은 평가의 과정과 연결될 수 있다(이에 대해서는 제11장 28절에서 살펴볼 것이다). 실제로 우리는 종종 대상이 사람들에게 어떤 감정을 느끼게 했는지 물어본다. 그러나 다른 한편으로 우리는 그들에게 대상이 어떠한지 물어보며, 이때 사람들이 자신의 감정에 대해 말해주기를 바라지는 않는다. 그러므로 우리의 질문을 받은 사람이 문제의 두 질문을 구분할 수 있다면 그것은 우리에게 바람직한 일이 될 것이다.

대상과 대상의 제시
THE OBJECT AND ITS PRESENTATIONS

4

특정한 음악작품, 예를 들어 벨라 바르톡(Béla Bartók)의 〈현악기, 타악기, 첼레스타를 위한 음악〉(*Music for String Instruments, Percussion, and Celesta*)을* 생각해보자. 월요일에 당신이 그 음악을 콘서트홀에서 들었다고 가정해보자. 또 화요일에는 다른 오케스트라와 지휘자의 연주로 라디오를 통해 들었다고 해보자. 수요일에는 그 음악을 담은 레코드를 하나 사서 두 개의 서로 다른 축음기 위에서 상이한 조건하에 재생했다고 해보자. 목요일, 혹은 목요일 이후에, 당신은 악보를 입수해서 마음속으로 그 음악을 떠올렸다고 해보자. 어쩌면 당신은 그 음악에 과다노출되는 위험을 안고 있을지 모르지만, 그 작품은 너무나 훌륭한 것이어서 여러 번의 청취를 견뎌낼 것이다.

FIRST MOVEMENT, BARS 1-3
Andante tranquillo
Violas (muted)

Bartók, *Music for String Instruments, Percussion and Celesta*

그렇다면 여기에 그 작품에 대한 다섯 개의 구분되는 청취가 있으며, 그것들은 서로 정확히 동일하지 않다. 상이한 오케스트라들이 각자 다른 템포로 연주했을지도 모른다. 축음기들은 상이한 음색을 만들어낼 수도 있다. 그리고 작품에 대한 당신의 이해가 성장할 수도 있다. 처음에는 푸가 형식의 첫 악장이 하나의 선율로 들리지

* From Music for *String Instruments, Percussion, and Celesta* by Béla Bartók. Copyright 1937 by Universal Edition. Copyright assigned 1939 Boosey & Hawkes Ltd. Reprinted by permission of Boosey & Hawkes, Inc. Canadian clearance by permission of Associated Music Publishers, Inc., Mew York. Copyright 1937 by Universal Edition, Vienna.

않을 수도 있다. 대위법이 복잡해지기 시작하면 당신은 성부들을 듣지 못하게 될 수도 있고, 그래서 텍스처가 으깨어진 소리처럼 들릴 수도 있다. 피날레의 주선율에서 등장하는 프레이징이나 강세를 이해하기 위해서는 몇 번의 반복 청취가 필요할 수도 있다.

그러나 이러한 차이에도 불구하고, 보통 우리는 당신이 동일한 작품을 들었다고 말할 것이다. 비록 당신이 더 잘 듣게 되고, 작품 안에 있는 것을 더 많이 듣게 되고, 그리고 더 완전하게 '이해'하게 되었다 할지라도 말이다. 그리고 이렇게 하나의 작품이 있고 그에 대한 다양한 경험이 있다고 보는 상식적인 견해는 비평가들에게 자연스러운 듯하다. 왜냐하면, 비평가가 교향곡이나, 음시, 혹은 오페라에 대해 쓸 때, 그 사람은 보통 일종의 대상에 대해 쓰고 있는 것이지 그 대상에 관한 특정 경험(experience)에 대해 쓰는 것이 아니기 때문이다. 즉 우리는 어떤 하나의 청취가 발생했을 때 그것의 청각장 속에서 현상적으로 객관적인 것을 음악작품 그 자체와 동일시하지는 않는다. 다시 말해, 우리는 어떤 청취가 다른 청취보다 더 적절하다고 말하고 싶어 한다.

여기에서 새로운 용어를 도입한다면 이 문제를 더 명확히 하는 데 도움이 될 것이다. 미적 대상은 현상적 장 안에서 현상적으로 객관적인 것으로서 나타난다. 각각의 현상적 대상을 미적 대상의 제시(presentation)라고 부르자. 그렇다면 미적 대상의 특정한 제시는 특정한 사람이 특정한 경우에 경험한 대상이다. 서로 다른 청자에 의한 바르톡 작품의 청취는 모두 그 작품의 제시이다. 우리의 상식과 비평, 이 둘은 모두 미적 대상의 제시가 미적 대상 그 자체와 동일하지 않다고 가정한다.

물론 이 가정은 부정될 수 있지만, 상당한 대가를 치르고 나서야 그렇게 될 수 있다. 비평가는 미적 대상에 대한 자신의 경험만을 의미 있게 말할 수 있다는 주장, 혹은 미적 대상의 특정 제시만을 이야기할 수 있다는 주장이 제기될 수 있다. 이 이론이 충분히 발전된다면 비평적 인상주의(Critical Impressionism)라는 명칭으로 불릴 수

제1장 미적 대상

있다. 비록 체계적인 비평적 인상주의가 존재하는 것은 아니지만, 확실히 인상주의적 비평가들은 존재한다. 즉 미적 대상 그 자체에 대해 이야기하기보다는 미적 대상의 제시에 대해 이야기하는 비평가들 말이다. '그 연극은 나에게 너무 길게 느껴졌다', '당시에 그의 그림 〈창 안의 새〉가 나에게는 매우 감상적으로 느껴졌다(felt)', '처음 들었을 때에는 그 소나타가 무형식적으로 들렸다(sounded)'. 물론 이러한 예들은 신문의 리뷰 코너에서 찾아볼 수 있고, 연극이나 음악작품의 초연을 취재하는 기자가 작품보다는 제시에 대해 이야기하는 것은 말이 된다. 왜냐하면 그는 오직 하나의 제시만을 접했을 뿐이고, 따라서 작품에 대해 더 알 수 있는 기회가 없다면 작품에 대한 의견을 확정할 수 없기 때문이다. 그의 첫인상은 틀렸을 수도 있다. 그러나 다른 비평가들은 어떤 특정한 원칙에 근거해 위와 같이 말한다.

위의 예들에서, 객관적 진술과 인상주의적 진술 간의 구분은 어쩌면 사소한 따지기일 수 있다. 즉 위의 진술들은 쉽게 변형 가능하다. '이것은 나에게 무형식적으로 보인다(seemed)'는 '그것은 무형식적이다'로 바뀔 수 있다. 그러나 다음과 같이 상당한 이론적 차이가 드러나는 경우도 자주 찾아볼 수 있다. 우리가 비평가에게 '그것은 무형식적이지 않아요'라고 말한다면, 비평가는 '나는 그것이 무형식적이라고 말하지 않았다. 단지 당시의 나에게 그것이 무형식적으로 보였다는 것을 말할 뿐이고, 당신은 그것이 나에게 무형식적으로 보이지 않았었다고 설득할 수는 없다'라며 대꾸해버릴 수 있다.

이와 관련된 철학적 질문은 다음과 같다. 비평가는 자기 자신의 제시가 아닌 다른 것에 대해 의미 있는 진술을 할 수 없다고 볼 이유가 있는가? 이 문제에 대한 증명의 부담은 인상주의적 비평가가 아니라 객관적 비평가에게 있다고 주장될 수도 있다. 내가 나 자신의 경험에 대해서, 그리고 그 안에서 현상적으로 객관적인 것에 대해 의미 있게 이야기할 수 있다는 점에 우리 모두 동의한다고 가정하자. 그러므로 미적 대상을 그것의 제시와 구분하자고 내가 제안한다면, 어떻게 그렇게 할 수 있는지 설명해보라는 정당한 요구가 나에게 제기될 수 있다. 그리고 이것은 미적 대상의 성격, 그리고 미적 대상에 대한 진술이 미적 대상의 제시에 대한 진술과 어떻게 관련되는지 설명할 것을 요구한다.

무엇보다도 문제의 범위가 어디까지인지 결정되어야 한다. 미적 대상이 그것의 제시들과 가지는 관계에 관해 비평가들은 무엇을 가정하는가? 우리가 그 가정의 목록을 만들 수 있다면, 그것들은 객관적 비평의 가정으로 상정될 수 있을 것이다. 그 다음의 문제는 그 가정들에 대한 합당한 정당화가 가능한지 살펴보는 것이다. 정당화가 가능하다면 객관적 비평은 가능하다. 만약 정당화가 가능하지 않다면, 객관적 비평은 인상주의적 이론에 자리를 내어주어야 한다. 나는 그러한 정당화를 바로 여기에서 제공할 수 있다고 약속할 수는 없지만, 정당화를 위한 가장 근본적인 첫 번째 단계를 시작하고자 한다. 아래에서 등장하는 가정들의 목록을 참으로 만드는 (그리고 합당한 근거에 의해 지지되는) 그런 방식의 관계를 미적 대상과 미적 대상의 제시 사이에서 생각해볼 수 있을까?

비평의 공준들

미적 대상에 관한 진술을 분석해보면, 우리는 적어도 많은 비평가들이 다음과 같은 6개를 상정하고 있음을 알 수 있다.

1. 미적 대상은 지각적 대상이다. 즉 미적 대상은 제시들을 가진다.
2. 동일한 미적 대상의 제시들은 서로 다른 사람에게 서로 다른 시간에 발생할 수 있다.
3. 동일한 미적 대상에 관한 두 개의 제시들은 서로 다를 수 있다.
4. 미적 대상의 특성은 어떤 특정한 제시 안에서 모두 드러나지 않을 수 있다.
5. 제시는 진실할(veridical) 수 있다. 즉 제시의 특성이 미적 대상의 특성에 부합할 수 있다.
6. 제시는 환영적일(illusory) 수 있다. 즉 제시의 일부 특성은 미적 대상의 특성에 부합하지 못할 수 있다.

이 공준(公準, postulate)들이 실제로 모두 광범위하게 전제된다는 사실을 여기에서 자세히 논의할 필요는 없다. 어떤 시를 처음 읽으면 그 시를 완전하게 이해하지 못할 수도 있다는 말을 선생님이 학생들에게 한다면, 선생님은 4번을 전제하는 것이다. 선생님이 학생들에게 시를 잘못 이해했다고 말한다면, 선생님은 6번을 전제하는 것이다.

그렇다면 이것들은 합당한 공준들인가?

먼저 제시에 대해 생각해보자. 시각 예술의 예로 시작하면 도움이 될 것이다. 뉴욕의 메트로폴리탄 미술관에 걸려있는 엘 그레코(El Greco)의 톨레도 지방에 대한 그림을 생각해보자. 우리는 '엘 그레코의 〈톨레도의 풍경〉(*View of Toledo*)을 보는 경험'이라고 불릴 수 있는 경험의 집합(class)을 구별하고 싶어 한다. 즉 제시들의 집합 말이다.

물론 그 집합의 경계가 모호할 수는 있지만, 이 사실이 우리를 괴롭혀서는 안 된다. 만일 땅거미가 지면서 어두워지는 시간에 당신이 엘 그레코의 회화를 바라본다면, 그림은 점점 알아볼 수 없게 되고 마침내 당신은 아무것도 볼 수 없다. 이 경우 정확히 어느 순간에 그림을 보는 경험이 멈췄는가? 이에 대한 답은 그림이 사라진 정확한 순간은 없다는 것이다. 물론 다른 예술 분야에서도 비슷한 유형의 모호성이 있다. 예를 들어, 라디오를 통해 방송되는 음악은 점점 잡음에 의해 희미해지거나 뭉개질 수 있다. 혹은, 우리가 바흐의 〈오르간 파사칼리아와 푸가 C단조〉(*C Minor Organ Passacaglia and Fugue*)를 오케스트라를 위해 편곡하거나, 혹은 스카를라티(Scarlatti)의 곡을 하프시코드 대신 현대적인 스타인웨이 피아노로 연주하는 경우, 우리는 그것들이 동일한 작품이기를 멈추었는지, 따라서 하나의 다른 작품이라고 불려야 하는지 물을 수 있다. 그러나 이러한 질문들은 나중에 다루어도 된다. 여기에서 중요한 것은 우리가 엘 그레코 회화의, 혹은 〈파사칼리아와 푸가〉의, 혹은 〈로미오와 줄리엣〉의 제시들의 집합을 구별할 수 있다는 것이다. 비록 집합의 경계선이 명확하지 않더라도 말이다.

엘 그레코 회화의 제시들이 가지는 공통점은 그것들이 미적 대상의 물리적 기반에 의해 마련된 자극에 노출됨으로써 발생되었다는 점이다. 전자 및 전자기 교란과 같은 물리적 기반은 미적 대상은 아니다. 그러나 ① 최소한의 생리적 조건(예를 들어, 심각한 색맹이 아닐 것)을 만족하고, ② 좋은 조명 아래 눈을 뜬 채 캔버스 앞에 서 있으면서, ③ 자신이 바라보는 대상에 주의를 집중하는 사람이라면 누구나 그 그림에 대한 경험을 하는 것이다. 어떤 하나의 경험이 엘 그레코 그림에 대한 경험으로 분류되기 위해서 만족해야 하는 정확한 조건을 모두 제시하고(예를 들어, 어느 정도의 난시가 허용되어야 하는지, 벽으로부터 어느 정도 떨어져 있어야 하는지 등), 그에 대한 일반적 동의를 확보하는 것은 물론 어렵고 지루한 작업이다. 이 작업은 두 사람 간에 분쟁이 발생해, 한 사람이 다른 한 사람에게 그가 전혀 엘 그레코 그림을 경험하지 못했다고(이는 만일 두 번째 사람이 다른 미술관에 갔거나, 혹은 메트로폴리탄 미술관에 있는 엘 그레코의 다른 그림을 본 경우에 발생할 수 있다) 말하는 경우에서나 필요한 작업이다. 그러나 이러한 우발 사태들은 쉽게 설명될 수 있다.

바르톡의 〈현악기, 타악기, 첼레스타를 위한 음악〉으로 다시 돌아가보자. 이 작품을 콘서트홀에서, 혹은 방송을 통해, 혹은 레코딩을 통해 들을 때, 그 방식과는 상관없이 음파의 어떤 공통 패턴이 존재한다. 그 패턴은 당신이 악보를 마음속으로 읽을 때에는 존재하지 않지만, 우리는 악보 읽기라는 제시까지도 포함할 수 있도록 〈현악기, 타악기, 첼레스타를 위한 음악〉의 제시 집합을 넓힐 수 있다. 왜냐하면, 악보를 읽을 수 있는 사람은, 즉 이미지들을 마음속에서 소리로 변환할 수 있는 사람은 악보를 물리적으로 연주할 때 산출될 수 있는(possible) 제시와 매우 비슷한 제시를 경험하고 있기 때문이다. 그러나 그 음악을 외워버린 사람, 그래서 눈을 감고 마음속에서 음악을 떠올릴 수 있는 사람은 어떠한가? 이 역시도 그 음악의 제시로 인정되어야 하는가? 아무런 물리적 자극이 관여되지 않았는데도 말이다. 이 경우 우리가 원한다면 그 사람은 음악의 제시를 즐기는 것이 아니라, 단지 제시의 기억을 즐긴다고 말할 수도 있을 것이다. 그러나 그것은 너무나 생생하고, 완전하며, 마치 콘서트홀에 있는 것과 같아서, 음악의 제시로 보지 않는 것이 임의적이라고 느껴질 수도 있다. 베토벤이 귀가 들리지 않았을 때에도 우리는 그가 자신의 마지막 4중주곡을 들었다고 말하고 싶다. 비록 그것이 연주되는(played) 것을 듣지는 않았지만 말이다. 이 경우 우리는 실제 제시와 합당하게 유사한 것을 작품의 제시 집합에 포함시키기 위해 집합의 범위를 넓혀야 한다. 비록 실제 제시와 유사한 그것이 직접 음파에 의해 자극된 것이 아니더라도 말이다.

우리는 시에 대해서도 비슷한 질문을 던지고 비슷한 방식으로 답할 수 있다.

이제 미적 대상의 다양한 제시들이 서로를 보충할 때, 그 제시들이 가지는 현상적 특성을 대상 자체에다 귀속하는 데에는 아무런 어려움이 없다. 당신이 몇 번에 걸쳐 메트로폴리탄 미술관을 방문해 엘 그레코의 〈톨레도의 풍경〉을 반복해서 바라본다면, 그전에 놓쳤던 것, 예를 들어 강둑이나 평야 위에 있는 사람들의 작은 형상, 혹은 멀리 구불구불하게 이어진 길을 보게 될 수 있다. 그리고 당신은 이를 그림 안에 있던 것을 더 많이 발견하는 과정이라고 기술할 것이다. 그러나 두 제시가 서로 충돌할 때, 새로운 문제가 발생한다. 한 사람은 그림이 깊숙하게 보인다고 말하는 반면, 다른 사람은 위협적인 하늘과 구불구불한 언덕 및 평야가 앞으로 돌출되어 공간을 채운 것처럼 보인다고 말하는 경우를 생각해보자. 각자가 자신이 경험한 고유한 제시에 관해 보고한다는 점에 만족한다면, 여기에는 아무런 모순도 없다. 왜냐하면 그들은 서로 다른 것에 대해 이야기하고 있기 때문이다. 그러나 만일 그들이 모두 동일한 그림을 기술하고 있음을 주장한다면, 그들의 주장은 상충한다.

이제 일곱 번째 비평적 공준을 도입할 것인지 결정해야 한다는 사실은 피할 수 없는데, 일곱 번째 공준은 앞의 여섯 개보다 강력하며, 아마도 훨씬 더 논쟁거리가 될 것이다.

　7. 만일 동일한 미적 대상의 두 제시들이 양립 불가능한 특성을 지닌다면, 적어도 두 제시 중 하나는 환영적이다.

일곱 번째 공준은 미적 대상이 양립 불가능한 특성을 가질 수 없다는 주장과 맞먹는다. 다른 공준들보다 더 명확한 방식으로 이 가정은 '미적 대상'이라는 용어의 사용과 관련한 어떤 약정이나 결단을 보여준다. 우리가 '미적 대상'이라는 용어는 자기모순으로부터 자유롭다는 주장을 하지 않는다면, 그 용어의 사용은 딱히 유용할 것이 없다. 문제는 우리가 '미적 대상'이라는 용어에 자기모순으로부터의 자유를 확보해줄 수 있냐는 것이다.

양립 불가능한 제시들

물론 엘 그레코의 그림에 제기된 문제가 바르톡의 음악에도 동일하게 제기될 수 있다. 어떤 청취자에게는 1악장 푸가의 텍스처가 혼탁하게 들릴 수 있지만, 다른 청취자는 각각의 성부를 뚜렷하게 들을 수 있다. 어떤 청취자에게는 느린 움직임이 무정형적으로 들릴 것이고, 다른 청취자에게는 균형 잡힌 것으로 들릴 것이다. 그리고 더 놀라운 예들이 문학 분야에서 나타날 수 있다. 다음은 딜런 토마스(Dylan Thomas)의 가장 이해하기 힘든 소네트 중에서 발췌되었다.

황혼 무렵 중간집의 제단에 적합한 곳에
분노한 신사는 무덤을 향해 누웠네
아담에 의해 생긴 손거스러미 안의 지옥
그리고 요정들 사이의 한 마리 개(dog)인 그의 갈퀴로
소식을 좇는 턱을 가진 아틀라스를 먹는 그자는
내일의 비명과 함께 맨드레이크를 씹네.*

이 시는 매우 알쏭달쏭해서 독자들에게 아무 의미가 없는 것처럼 보인다. 다시 말해 정합적이고 일관적인 의미가 없는 것처럼 보인다. 그러나 이 시에 임의적 연상을 통해 접근한다면 우리는 적어도 부분적 설명을 산출할 수 있으며, 그러한 설명 중 일부는 서로 비일관적일 것이다. 신사는 지금 죽어가고 있다는 것, 이것은 확실하다. 그런데 그는 중년이기 때문에 '중간집'(half-way house)에 있는 것인가, 아니면 그는 이미 최종 시혜를 기다리며 소위 연옥이라는 곳에 머무르는 것일까? '신사'는 추분점을 지나 제단 자리(Ara) 쪽으로 향하는 헤라클레스 별자리의 움직임인가? 이디스 시트웰(Edith Sitwell)은 매우 우호적인 리뷰를 통해 아틀라스를 먹는 자에 대한 구절이 '현대 사회의 폭력적인 속도, 감각에 대한 사랑, 공포스러운 광기'를 지시한다고 말하지만, 딜란 토마스는 그 구절이 아무 의미가 없다고 말한다. 그 구절은 문자 그대로의 의미로 받아들여져야 한다는 것이다. 누가 옳은가?

이러한 질문에 대한 인상주의자의 답변은 단순하고 쉽다. 그는 시의 '진짜' 의미란 없다고 말한다. 시가 의미하는 바는 시가 지금의 당신에게, 내일의 당신에게, 지금의 나에게, 혹은 다른 이에게 의미하는 바이다. 위의 시와 관련해, 하나의 시가 있는 게 아니라, 다수의 시들이 있고, 사실상 독해의 수만큼이나 다수의 시들이 존재한다. 이러한 견해를 채택하게 될 경우 발생하는 불쾌한 결과 때문에 우리는 대안을 찾아야만 한다. 만일 우리가 이 견해를 거부한다면, 우리는 시를 위한 해설의 원칙들(principles of explication)이 있으며, 이들은 해설의 올바름에 관한 의견대립을 해소할 수 있다는 주장을 전개해야 한다. 그러한 원칙들이 있는지 없는지는 나중에 우리가

---

* "Altarwise by owl-light in the half-way house," *Collected Poems of Dylan Thomas*, Copyright 1952, 1953 by Dylan Thomas. Reprinted by permission of New Directions.

제1장 미적 대상

시의 언어에 관해 논의할 때 다루어야 할 중요한 문제이다. 영어 단어의 의미에 관한 의견불일치는 객관적으로 해결될 수 있다는 점이 명백하다. 사전을 참조해서 말이다. 문제는 이 시에 등장하는 '중간집'이라든가 '아틀라스를 먹는 자'의 의미에 관한 의견대립의 경우, 어떠한 사전을 참조한다 해도 해결되지 않는다는 점이다. 그것들의 의미는 암묵적으로, 그리고 종종 명시적으로 문학 비평가들이 가정하는 정당한 기준에 의해 결정될 수 있다는 것이 나의 견해이다. 그러나 이 견해를 옹호하기 위해서는 제3장 10절이 될 때까지 기다려야 한다.

음악과 회화에서, 하나의 제시와 또 다른 제시 사이의 격차 중 다수가 상대적으로 복잡하지 않은 방식으로 해결될 수 있다. 우리는 미적 대상의 현상적 특성 중 일부는 잘 보이지 않고, 긴밀한 집중이 필요하며, 또한 여러 요소를 동시에 주목해야 한다는 점을 알고 있다. 어떤 회화 안에서 내가 보지 못하는 성질을 당신이 발견했을 때, 당신은 그 색이나, 모양, 색의 대조, 모양의 반복 등을 나에게 지적할 수 있고, 내가 놓친 것을 볼 수 있도록 도움을 줄 수 있다. 엇갈리는 보고들 사이에서 선택을 해야 한다면, 우리는 누가 가장 구별을 잘하며, 경험이 풍부하고, 신중한 판단력을 지닌 관찰자인지, 그러므로 누구의 지각이 가장 정확할 법한지 가릴 수 있는, 신빙성 있는 독립적인 테스트(비록 오류 불가능하지는 않지만)를 가지고 있다.

그러나 심지어 비언어적인 예술의 경우에서도, 우리가 위에서 논의했던 구분들로부터 파생된 흥미로운 난점이 하나 있다. 1895년 루이스 설리번(Louis Sullivan)이 버팔로(Buffalo)에 세운 유명한 개런티 빌딩(Guarantee Building)의 기둥에는 하나 걸러 하나마다 철강이 포함되어 있다. 이 때문에 건축가는 비난을 받았는데, 이제 두 사람이 이 신-고딕(Neo-Gothic) 양식의 캠퍼스를 방문해 예배당이나 도서관 앞에 서 있다고 해보자.

A: 저거 참 아름다운 건물이지 않니? 튼튼해보이면서도 여전히 우아해.

B: 나에게는 천박하고, 저속하고, 진정성도 없고, 세속적으로 보여.

A: 어떻게 그렇게 말할 수 있지? 저 돌의 결이 멋지지 않아? 고딕 아치들이 잘 배치되어 있고 균형도 좋지 않아? 탑의 비율이 건물의 나머지 부분과 매우 잘 들어맞는다고 생각하지 않아?

B: 네가 말한 모든 것에 동의하지만, 나는 네가 모르는 사실을 알고 있어. 이 건물은

외관상 고딕 건물처럼 보이지만, 한 가지 매우 중요한 점에서 고딕 건물이 아니야. 고딕 성당의 경우 돌들이 가지는 무게에 의해 지지되지만, 이 건물은 비밀스럽게 철강 구조를 바탕으로 세워졌고, 그래서 특별한 지식이 없는 사람들에게는 마치 돌들이 이 건물을 지지하는 것처럼 보이지. 하지만 사실은 철강이 지지하고 있는 거야. 그러므로 이 건물은 내게 가짜처럼 보여.

이제 우리는 B에게 대답하기 위해서 그가 2절에서 언급된 기초적 혼돈에 빠져들었다고 말하고 싶어 한다. 결국 보이지 않는 철강 구조는 지각적 대상으로서의 건물의 일부가 아니고, 미적 판단은 지각에 제시될 수 있는 것을 언급해야 하기 때문이다. 만일 B가 이 도서관이 건축된 방식에 반대하고 있다면, 그것은 공학적 문제이다.

이러한 답변은 불행히도 너무 단순하다. 왜냐하면 미적 대상의 물리적 조건에 대한 우리의 지식은 실제로 그것이 우리에게 보이는 방식에 영향을 줄 수 있다는 것이 사실이기 때문이다. 우리의 그 지식 때문에, 미적 대상의 제시는 그 지식이 없었더라면 가지지 않았을 현상적으로 객관적인 특성을 지닐 수 있다. B에게 나타나는 그 건물의 성질은 A에게 나타나는 그 건물의 성질과는 다를 수 있다. 그리고 이것은 다른 방식으로도 발생할 수 있다.* 당신이 거대한 청동 조각을 바라보면서 그 힘에 감명받고 있다고 가정해보자. 그 조각이 채색된 크림으로 만들어졌거나, 혹은 비누로 조각된 것이라는 사실을 알게 된다면, 당신은 그 조각의 힘을 지각하기 힘들어질 것이다. 그 조각은 실제로 다르게 보일 수 있다. 혹은 어떤 음악을 들었는데 그 음악이 기분 좋았다고 해보자. 만일 그 음악이 하모니카나 혹은 장난감 호루라기로 연주되었다는 사실을 알게 되면 아마도 전보다는 좋지 못하게 들릴 수도 있다.

여기서의 문제는 이 현상이 실제로 발생하느냐가 아니라, 이 현상이 발생해야 하는가이다. 그리고 이는 미적 대상의 물리적 조건에 대한 지식의 결과로 제시가 가지게 되는 특성을 미적 대상 그 자체의 특성이라고 보아야 하는가, 아니면 환영이라고 보아야 하는가라고 묻는 것이다. 우리는 고딕 도서관이 정말로 정직하지 않은 외관을 지녔고, A는 그것의 부정직함을 볼 수 있을 만큼 충분한 지식을 지니지 않았다고 말해야 하는가? 아니면 B는 자신의 지식으로 인해 지각적 대상으로서의 건물에

---

* 볼프강 콜러(Wolfgang Köhler)는 이에 대한 몇 가지 예를 제시한다. Note 4.6 참조.

제1장 미적 대상

존재하지 않는 무언가를 보게 되었다고 말해야 하는가?

진실한 그리고 환영적인 성질들

우리 시대의 분석 철학자들은 '실제로'(really)라는 단어의 위치가 중요성을 지니는 질문을 주의하라고 가르쳐왔다. 우리는 그러한 질문이 보는 것과는 다르며, 종종 선결문제 요구의 오류를 범한다는 사실을 알게 되었다. 그러므로 우리는 현상적 속성으로서의 부정직함이 미적 대상으로서의 도서관에 속하는지 아닌지를 묻는 데 있어 신중해야 한다. 다행인 것은 우리 시대의 철학자들이 질문하는 올바른 방식을 가르쳐주었다는 것이다. 우리는 보다 다루기 쉬운 형태의 대체 질문에서 시작해 그에 답함으로써, 원래의 질문과 관련해 발생했던 알쏭달쏭함이 얼마나 사라질 수 있는지 알 수 있다. 우리는 이제 다음과 같은 방식으로 대체 질문을 찾아나갈 수 있다. 먼저 건축 비평가들을 살펴보고, 그들이 건축물의 물리적 사실에 대한 지식을 통해 보게 된 현상적 특성을 문제의 건축물에 속하는 것으로 간주하는지 조사할 수 있다. 건축 분야에서 진실한(veridical) 특성과 환영적(illusory) 특성을 구분하는 어떤 합의된 방식이 존재하는가?

이 질문을 깊이 탐구하는 일은 매우 고될 것이다. 왜냐하면, 우리는 방대한 양의 건축 관련 문헌을 조사해 그 안에서 암묵적으로 사용되는 방식을 발굴해야 할 것이기 때문이다. 우리 질문에 대한 직접적인 답은 거의 찾기 힘들 것이다. 우리의 대체 질문은 그와 혼동될 수 있는 다른 질문들로부터 조심스럽게 구분되어야 한다. 예를 들어, 건축 비평가들은 건물의 특정 현상적 특성이 사회 내 그 건물의 기능에 적합한지 논할 수도 있지만, 이는 우리가 다루는 문제가 아니다. 그리고 우리가 결국 어떤 결론에 도달한다 해도, 그 결론은 아마도 이 문제에 관한 아무런 동의가 없다는 사실의 발견일 것이다. 지금 우리가 관심을 가지고 있는 현상적 특성에 대해, 미적 대상으로서의 건축물은 그것을 소유하지 않는다고 간주되면서도 어쩔 때에는 그 특성이 건축물에 귀속되기도 한다.

'실제로' 존재하는 게 무엇인가에 대한 질문이 위와 같이 일반적으로 통용되는 방식에 대한 조사를 통해 답해질 수 없다면, 우리는 두 번째의 대체 질문을 시도해야 하는데, 그 질문은 다음과 같다. 어느 분야에서건 비평의 명확성을 위해서, 진실한 특성과 환영적 특성 사이의 구분을 긋는 것이 필요하다. 만일 비평가들이 그러한 구분을 긋지 않으면, 그들은 언어적 논쟁에 빠질 위험이 있다. 그리고 사실 비평적 논쟁이 무용지물이 되는 이유는 부분적으로 바로 이 때문이다. 우리의 원래 문제는 '무엇이 미적 대상인가?'이다. 이제 대체 질문은 '미적 대상에 속하는 현상적 특성을 그렇지 않은 특성으로부터 어떻게 구분해야 하는가?'이다. 그리고 이 질문에 대한 인정된 대답이 아직 없다면(사실 이 질문이 제기된 적도 거의 없다*), 문제의 구분을 긋는 방식을 제안하고 그 방식을 채택해야 할 이유를 제시하는 것은 나에게 달려있다. 지금부터 간단히 이를 논하겠다.

현재의 논의에서 문학은 제외하기로 하고, 나는 제시의 특성들 중 미적 대상의 인과적 조건(물리적이건 혹은 심리적이건 간에)에 관한 지식에 의존한 특성들은 미적 대상의 특성으로 간주되면 안 된다는 제안을 하겠다. 그러므로 위의 대화에서 B가 지각한 도서관의 부정직함은 미적 대상으로서의 도서관에 속하지 않으며, 대상의 진실한 성질을 보기 위해서 B는 도서관의 물리적 조건에 관해 알게 된 것을 잊어버리거나, 혹은 그 지식으로부터 벗어나는 법을 배워야 한다. 자신의 현상적 장이 작곡가의 생애나 사랑에 관한 지식에 의해 쉽게 영향받는 사람이라면, 그러한 생각들에 주목하지 않도록 노력해야만 음악을 제대로 들을 수 있다. 슈베르트의 가난을 동정하고 있기 때문에 그의 음악이 애절하게 들린다면, 이는 잘못되었다. 그리고 어떤 청동 조각상의 완벽한 모조품이 치즈로 만들어진 경우, 그리하여 눈으로 보거나 만져볼 때 원본과 아무런 차이가 없다면(냄새는 무시하기로 하자) 미적 대상으로서의 그 모조품은 원본과 정확하게 유사하며, 그 둘의 실제적인 물리적 기반을 알고 있는 사람에게 보일 수도 있는 특성은 그 둘의 특성이 아니다.

그러나 불행하게도, 이러한 단도직입적인 제안에 바로 추가되어야 하는 하나의 조건이 있다. 이 제안이 미적 대상을 완전히 마비시키지 않도록 하기 위해서 말이다. 우리는 미적 대상에 차갑게 다가가지 않으며, 미적 대상에 풍부하고 완전하게 반응하는 우리의 능력은 방대한 통각적 덩어리에 의존한다. 이 덩어리에는 아마도 작품

---

*   다음 글을 제외하고 말이다. Charles L. Stevenson, "Interpretation and Evaluation in Aesthetics," in *Philosophical Analysis*, ed. by Max Black, Ithaca: Cornell U., 1950, pp. 341-383. 여기에서 제시된 논증이 문학 해설에 어떻게 적용될 수 있는지는 제3장 10절에서 논의될 것이다.

의 일반적 스타일, 혹은 작품이 암시하는 다른 작품들, 혹은 작품과 대비되는 다른 작품들을 접해보았던 경험이 포함되어 있을 것이다. 이 모든 것들이 지각자에게는 유관한(relevant) 정보일 수 있다. 그러나 유관하지 못한 것은 바로 물리적 기반, 창작의 물리적 과정, 그리고 전기적(biographical) 배경에 관한 정보이다.

이제 이 제안을 옹호하기 위해서, 나는 ① 이 제안을 받아들일 때의 편리함, 그리고 ② 제안을 거부할 때의 불편함을 지적하면 된다고 생각한다. 그러나 이 제안이 지니는 불편함에 근거한 반론들이 가능하기에 그에 대한 답변도 또한 제시해야 한다. 순서대로 하나씩 논의해보자.

내 제안이 말하는 구분은 적어도 상당히 명확하며, 구체적인 이슈들을 해결할 수 있는 하나의 방안을 제시한다. 게다가, 내 제안은 미적 대상에게 안정성을 부여할 수 있다. 예를 들어, 내 제안을 따르게 되면 우리는 수년 동안 물리적 기반이 훼손되지 않은 그림에 대해 그것이 동일한 회화이며, 그 특성들은 모두에게 가시적이라고 말할 수 있게 된다. 비록 염료 조합의 비밀이나 혹은 다른 물리적 사실들이 잊혀진다 하더라도 말이다. 예술가의 성격이나 테크닉에 대한 지식의 도움으로 지각하게 된 현상적 특성을 미적 대상에 귀속하는 사람은 누구나 불편한 딜레마를 마주하게 된다. 그는 역사적 지식이 변함에 따라 대상의 특성이 변화한다고 말해야 하는데 이는 상당히 이상하다. 어쩌면 그는 대상의 인과적 조건에 관한 모든 사실을 알고 있는 사람이 경험하는 제시의 모든 현상적 특성들을 포함한 것이 바로 '진짜' 미적 대상이라고 말할지도 모른다. 이 말이 내포하는 바는, 우리는 고대, 중세, 그리고 대부분의 근대의 예술작품들과 관련해 그것들의 '진짜' 성질을 알 수 없다는 것이다. 심지어 보존 상태가 아주 좋은 상태에서 우리가 수년간 연구한다 해도 말이다.

그렇다면 내가 제안한 기준을 채택할 경우 발생하는 불행한 결과들은 무엇인가? 우선 내 제안은 사람들이 특정 예술작품에 대해 이야기해온 많은 정보들을 거짓으로 만든다. 그러나 이미 그 정보들은 대체적으로 믿기 힘든 경우가 많다. 그 정보들로 인해 멍청한 비평가들은 지오콘다(Gioconda)의 미소에 관해 장황하게 말하고, 조지 그로브 경(Sir George Grove)은 베토벤의 〈B 플랫 교향곡〉 및 〈C 마이너 교향곡〉 속에서 베토벤의 실패한 사랑을 발견한다. 어떤 이가 미적 대상에서 보았다고 생각하는 모든 것을 미적 대상에 귀속할 수는 없다. 비록 그것이 다른 사람들이 본 것과 비일관적이지 않다 하더라도 말이다. 그리고 내가 제시하는 구분보다 더 나은 구분을 나는 알지 못한다. 내 제안은 또한 우리 주변에 널리 퍼져있는 어떤 이론에 적절한 제한을 가할 수 있는데, 문제의 그 이론에 따르면 예술작품의 물리적 방식과 기술에 관한 광범위하고 철저한 연구 없이는 예술작품에 존재하는 것을 볼 수 없다. 예를 들어 인그레이빙(engraving)과 에칭(etching)의 차이를 지각하는 데 있어 그들의 제작 방식을 아는 것은 심리적으로 도움이 될 수 있겠지만, 회화 안에 존재하는 모든 것은 가시적이며 제작 방식에 관해 아무것도 모르는 사람에 의해서도 지각될 수 있다.

제시의 집합들

우리는 지금 미적 대상의 제시들의 집합(class)이라는 개념을 형성했지만, 원래의 질문들은 아직 남아있다. 미적 대상이란 무엇이며, 그것과 제시들은 어떤 관계를 맺는가? 이 문제에 답하는 한 가지 방법은 바르톡의 음악작품이나 딜란 토마스의 소네트와 같은 미적 대상은 바로 그 제시들의 집합과 동일하다고 말하는 것이다. 하나의 집합은 그 구성원들 중 하나와 같지 않다는 점에서, 이 대답은 대상과 제시를 구분하고 있다. 즉 젖소의 집합은 그 자체로 하나의 젖소가 아니고, UN은 하나의 국가가 아니다. 그러나 이 대답을 받아들일 수는 없다. 왜냐하면 하나의 집합은 우리가 생각할 수는 있지만 지각할 수는 없는 추상적 실체이기 때문이다. 그리고 이는 위에서 제시된 비평의 공준들 중 1번과 모순된다. 하나의 젖소는 지각적 대상이지만, 젖소들의 집합은 그렇지 않다. 집합이라는 개념을 다른 추상적 대상, 예를 들어 '구성체(construct)', '본질', '이상적 실체', '일련의 제시들이 수렴하는 한계' 등으로 대체한다 해도 소용없는데, 왜냐하면 이들 중 어느 것도 지각적 대상이 아니기 때문이다.

우리가 처한 곤경은 다음과 같다. 미적 대상을 명명하는 다양한 이름들이 존재하는데 그 이름들이 특정 제시들의 이름이라고 볼 수는 없을 것 같다. 그러나 여전히 미적 대상이 명명하는 것은 제시들 이외에는 없는 것처럼 보인다. 이러한 곤경 속에서 우리는 이전의 경우에서처럼 원래의 질문 대신 다른 질문을 제기하는 것이 더 나은지 살펴봐야 한다. 그리고 이제 곤경에서 빠져나갈 길이 있다.*

---

* 이 점은 리처드 러드너(Richard Rudner)의 중요한 논문에서 지적된 바 있고, 이 절의 나머지 부분

제1장 미적 대상

우리가 동의했던 바와 같이, 미적 대상의 특성이 어떤 하나의 단일한 제시 속에서 모두 드러나지 않을 수도 있지만, 미적 대상의 특성들 각각(each)은 몇몇(some) 제시들 속에서 드러난다. 그러므로 우리가 미적 대상에 대해 무언가를 말하고 싶을 때마다, 우리는 그 제시에 관해 이야기하면 된다. 이것은 미적 대상을 하나의 제시로 '환원'하는 것은 아니다. 이것은 단지 미적 대상에 관한 진술들(statements)을 제시들에 관한 진술들로 분석하는 것이다. 물론 이런 분석을 우리가 항상 하고 싶지는 않을 것이다. 너무 번거롭기 때문이다. 그러나 이 분석은 적어도 대상과 그 제시 사이의 관계에 대한 우리의 원래 질문이 지녔던 골치 아픈 부분을 처리해주기 때문에, 우리는 이 분석의 수행 가능성에 확신을 가지고 싶어한다. 즉 미적 대상의 특성에 관해 우리가 불일치를 이룰 때, 우리는 과거 혹은 현재의 제시들, 혹은 미래의 제시에 대한 개연성 있는 예측에 호소함으로써 문제의 불일치를 검증적 방식으로(verifiably) 해결할 수 있다. 예를 들어 내가 엘 그레코의 그림을 이야기할 때, 나는 단순히 그 그림에 대한 나의 경험을 기술하는 것이 아니라, 적절한 조건하에 놓인 다른 자격 있는(qualified) 지각자들도 가질 수 있는 경험을 말하는 것이다.

그러므로 다시 한 번 미적 대상에 관한 비평가의 진술 유형들을, 그리고 그에 대응하는 6개의 공준(위에서 언급된)들을 살펴보자. 어떤 음악 비평가가, '바르톡의 작품은 힘차게 끝나는데, 어제 저녁의 연주(혹은 공연)는 느슨했다'고 말하는 상황을 가정해보자. 여기에서 연주에 관한 진술은 어제 저녁 관객에게 나타난 제시들에 관한 진술로 이해되어야 한다. 어제 저녁 관객에게 나타난 제시들은 상이한 상황에서 발생 가능한 여타의 제시들과 차별되는 어떤 공통점을 지니고 있다. 그렇다면 이제 위 비평가의 진술은 '바르톡 작품을 힘 있게 끝내는 제시들이 있어왔고, 혹은 앞으로 있을 것이지만, 어제 저녁의 제시들은 느슨했다'로 재진술될 수 있을 것이다. 한편 '바르톡은 〈현악기, 타악기, 첼레스타를 위한 음악〉을 작곡했다'는 진술은 '이 작품의 첫 번째 제시는 바르톡 자신의 현상적 장 안에서 발생했다'를 의미한다. 다음의 진술, '소포클레스의 「안티고네」를 위한 반주 음악은 소실되었다'는 '그 음악의 제시는 더 이상 발생하지 않는다'를 의미한다.

특정 유형의 단어를 사용한 문장이 다른 유형의 단어를 사용한 문장이 행하는

은 그 논문에 의존한다. Note 4.1 참조.

역할의 전체 혹은 일부를 맡을 수 있다는 사실은 언제나 철학적으로 흥미로우나, 위와 같은 번역의 철학적 의의는 완전히 명백하지는 않다. 그러한 번역의 발견은 문장의 검증 문제와 관련해 통찰력을 제공할 수도 있고, 심지어는 '실재를 구성하는 실체들은 무엇인가?'라는 형이상학적 문제와도 관련될 수 있다. 그러나 지금 우리의 목표는 형이상학자의 목표에 비하면 덜 장대하다. 대상-진술로부터 제시-진술로의 번역과 관련해 주목해야 하는 독특한 문제가 하나 있는데, 그 문제는 '좋다'(good)는 단어 때문에 발생한다. '이 음악은 좋다'는 '이 음악의 몇몇 제시들은 좋다'라는 형식으로 바로 전환될 수 없는데, 왜냐하면 '좋다'는 단어는 제시들에 적용 가능하지 않기 때문이다(제10장 25절에서 더 논의된다). 그럼에도 불구하고 제11장 28절에 가서 나는 '이 음악은 좋다'는 진술이 제시에 관한 다른 진술로 번역될 수 있다고 주장할 것이다. 그러나 이 미묘하고 복잡한 문제는 나중에 다루기로 하자.

'제시' 관련 말하기 방식은 물론 다소 형식적이며, 우리가 필요할 때 정확성을 가지고 제시에 대해 말할 수 있다는 사실을 확신하게 되면, 다시 보다 일상적인 말하기 방식을 취해도 된다. 그러나 이 책에서 아직은 '제시'라는 용어를 계속 사용해야 하는데, 왜냐하면 아직 쾌(pleasure)의 반응을 일으키며 또한 비평가에 의해 기술, 해석, 평가되는 미적 대상의 성질을 충분히 규명하지 못했기 때문이다.

어떤 피아니스트가 소나타를 연주하는 것을 두 사람이 청취할 때, 거기에는 피아니스트 자신의 제시를 포함한 세 개의 제시가 존재한다. 피아니스트가 혼자서 연주할 때에는 오직 하나의 제시가 존재한다. 그렇다면 음악의 경우 다음 셋을 구분하도록 하자. ① 먼저 작곡가의 인공물(artifact), 즉 악보가 있다. ② 연주. 작곡가의 인공물 내에 있는 지시사항에 따라 발생한 것들은 모두 연주이지만, 동일한 작품에 대한 상이한 다수의 연주들이 존재할 것이다. ③ 제시. 이는 음악의 단일 경험을 말하며, 각각의 연주에는 다수의 제시들이 존재할 수 있다.

그러나 ②는 더 구분될 필요가 있는데, 왜냐하면 '연주'(performance)라는 용어는 여기에서 두 의미를 지니기 때문이다. 어떤 의미에서는, 당신이 특정한 레코딩을 두 번 재생할 때, 당신은 두 개의 연주를 만들어내는 것이다. 이런 의미에서의 연주는 1993년 브랜다이스(Brandeis) 판사의 부흐 대 주얼-라살르(Buch vs. Jewell-La Salle) 부동

산 회사 관련 판결*에서 나타나고 있다. 그는 '다수 연주'의 원칙을 수립했는데, 그 원칙에 따르면 어떤 피아노 콘체르토가 방송되는 경우, 거기에는 스튜디오 관객을 위한 연주가 있고, 라디오 청취자를 위한 방송사의 연주가 있고, 또한 손님들을 위해 라디오 방송을 틀고 있는 호텔 소유자의 연주가 있다. 그러나 다른 한편으로 피아니스트는 오직 한 번 연주했으므로, 그는 오직 하나의 연주를 실행했다고 볼 수 있다. 연극에서는 연주(공연)의 이러한 두 의미가 잘 구분된다. 예를 들어, 「자에는 자로」 (*Measure for Measure*)라는 희곡은 다수의 제작(production)으로 나타날 수 있다. 이 희곡에 대한 올드 빅(Old Vic) 극장의, 대학 드라마 클럽의, 코네티컷 스트랫퍼드 셰익스피어 극장의 제작들은, 만일 운이 좋다면, 다수의 공연들을 올릴 것이다. 나는 이 용어를 음악으로 옮겨, 바르톡 작품에 대한 라파엘 쿠벨리크(Raphael Kubelik)의 레코딩은 그 작품에 대한 특정한 제작이며, 이 레코딩을 재생하면 동일 제작에 대한 다수의 재생 (playing)들이 발생한다고 말할 것이다.

제작과 연주(공연)들

우리는 이제 비평의 공준들 중 7번을 받아들임으로써 발생하는 다소 역설적인 결과를 마주하게 된다. 베토벤 〈교향곡 제9번 D단조〉의 첫 악장에 대한 제작들 중 토스카니니(Toscanini)판 제작의 레코딩은 그 길이가 13분 정도이고, 푸르트벵글러 (Furtwängler)판 제작의 레코딩은 17분이다. 만일 '베토벤의 〈제9번 교향곡〉 첫 악장은 시간상 길이가 얼마나 되는가?'라고 묻는다면, 우리는 서로 모순적이지만 참인 대답들을 얻게 된다. 7번 공준에 따르면, 이 대답들은 동일한 교향곡에 대해서는 참일지라도, 동일한 미적 대상에 대해서는 참이 될 수 없다. 그러므로 교향곡의 제목은 단일한 미적 대상의 이름이 아니다. 여기에서 우리는 '동일하다'는 단어를 주의 깊게 살펴봐야 한다. 토스카니니와 푸르트벵글러는 동일 교향곡을 제작하고 있다. 즉 그들의 제작은 동일 작품에 대한 제작들이다. 그러나 그들은 동일한 미적 대상을 제작하는 것은 아니다. 그러므로 대부분의 음악 비평에서 논의하는 대상은 교향곡이 아니고

---

* Jacques Barzun, *Music in American Life*, Garden City, N. Y.: Doubleday, 1956, p. 99.

그것의 몇몇 제작(production)들이다.

우리가 정당하지 않은 기대를 하지 않는 한, 위의 결론은 우려하지 않아도 된다. 예를 들어, 비평가들은 종종 어떤 제작이 작품에 '적절한지' 묻는데, 이것은 어떤 특정인의 제시가 그 제작에 '적절한지' 묻는 것과는 다르다. 그 질문은 대략 '작품에 대한 더 나은 제작이 있는가?'를 묻는다. 이 질문으로 인해 우리가 다음 두 가지의 후속 가정들에 빠지지 않는 한, 이 질문은 완벽하게 논의 가능한 정당한 질문이다. 문제의 후속 가정들은 다음과 같다. ① 작품에 대한 오직 하나의 이상적 제작이 있다. ② 이 이상적 제작은 작곡가의 의도에서 구해져야 한다. 다른 제작보다 더 훌륭한 하나의 실제적인 혹은 가능한 제작이 존재할 수도 있다. 혹은 상이하지만, 동등하게 훌륭한 다수의 제작들이 존재할 수도 있다. 예를 들어, 토스카니니의 제작이 불같은 긴장감을 지닌 반면, 프루트벵글러는 위풍당당함을 지닐 수 있다. 이 지휘자의 추종자들은 자신이 좋아하는 제작이 예술적으로 더 우월하다고 주장할 수도 있다. 그러나 다른 제작을 과대하게 '전혀 베토벤적이지 않다'며 부정하는 것은 아무런 유용한 목적도 달성할 수 없다.

그러므로, 우리가 음악작품의 특성에 관심을 가질 때, 모든(혹은 대부분의) 제작에 공통적인 것을 묻고 있는지, 혹은 특정 지휘자와 특정 오케스트라의 제작을 묻고 있는지 분명히 알고 있어야 한다. 그리고 다른 예술 분야에서도 이 구분을 명확히 해야 한다.

예를 들어 연극은 어떤 의미에서는 극 공연이 가능한 문학작품으로 간주될 수도 있다. 즉 그 안에서 언급되는 모든 것들이 관객 앞에서 배우에 의해서 말해지고, 모든 장면(scene)들이 제시되며, 또한 모든 행동이 배우에 의해 무대 위에서 연기될 수 있는 유형의 작품으로 말이다. 이 정의에 따르면 어떤 소설들은, 예를 들어 스타인벡(Steinbeck)의 『생쥐와 인간』(Of Mice and Men)은 연극이 될 수 있는데, 왜냐하면 이 소설이 연극으로 제시되기 위해서 실제적으로 아무런 변화도 필요 없기 때문이다. 이 경우 인공물은 바로 원고이다. 그러나 보다 좁은 의미에서 연극은 특정 세트나 의상을 겸비한 특정 제작을 의미한다. 「자에는 자로」가 현대적 의상으로, 혹은 「폭풍우」(The Tempest)가 먼 행성에 떨어진 우주 난파선으로 제시되는 것처럼 말이다. 다시 한 번 말하지만, 동일한 연극의 두 제작들이 서로 상당히 다름에도 불구하고 동등하게 좋은 미적 대상일 수 있다. 하나의 이상적인 제작이 반드시 존재하는 것은 아니다.

    문학의 경우, 집필되거나 혹은 인쇄된 시가 인공물로 간주될 수 있을 것이다. 묵독되거나 혹은 낭송되는 시가 제작이 된다. 독자는 피아니스트가 소나타를 연주하는 것처럼 시를 연주한다. 그리고 시 읽기는 피아노 연주와 마찬가지로 하나의 단일한 사적 제시가 될 수도 있고, 혹은 공적인 제시들이 될 수도 있다. 이렇게 말하는 방식에서 유일하게 이상한 점은 시가 종종 묵독된다는 사실 때문에 발생한다. 만일 각각의 읽기가 새로운 제작이라면, 그래서 각각의 제작이 오직 하나의 제시만을 가지고, 그 제시들은 수적으로 상이한 미적 대상이라면, 우리는 너무 많은 미적 대상을 가지게 되고 이는 편리함과는 거리가 멀다. 그러나 이러한 결과가 어쩔 수 없다면, 정말로 그것이 당황스러운 일인지는 잘 모르겠다. 확실히 선생님들은 학생들의 읽기를 고쳐주려고 노력한다. 그들은 단어의 강조(예를 들어 '누가 너를 데려왔니?'라고 강조해서 읽는 것은 '누가 너를 데려왔니?'라고 읽는 것과는 다르다), 혹은 비유법에 대한 학생들의 이해를 고쳐주려고 노력한다. 우리는 학생들이 시를 제작하는 법을 배운다고 말해야 하는가, 아니면 자신의 제작을 지각하는(perceive) 법을 배운다고 말해야 하는가? 이 질문은 제3장 10절에서 더 다루어질 것이다. 제작과 제작의 지각은, 음악가가 자기 자신에게 악보를 읽어주는 경우처럼 하나로 통합될 수 있다. 여기서 음악의 공적 연주가 시의 공적 연주보다 더 빈번하다는 사실은 철학적으로는 중요하지 않다.

    조형예술의 경우 위의 구분은 조금 다르게 작동한다. 건축의 경우, 건축가의 도면이 인공물이고, 완성된 건물은 제작이다. 아마도 건축시공자가 가지는 재량은 음악연주가보다는 적을 것이다. 청사진은 악보에 비해 보다 완전한 지시사항을 전달할 수 있다. 건물은 오직 하나의 제작만을 가질 수도 있고, 혹은 주거 프로젝트의 경우에서처럼 여러 개의 제작들을 가질 수도 있다. 인그레이브된 판과 그것의 다양한 인쇄물들의 관계는 희곡 대본과 그것의 제작들, 혹은 청사진과 건물들 사이의 관계와 같다. 판화의 인쇄물들은 연극의 제작들만큼 서로 많이 다르지는 않지만, 각각의 인쇄가 금속판을 조금씩 마모하기 때문에 유의미하게 서로 다르다.

    그림과 소조(sculpture)에서는 인공물과 제작의 구분이 거의 사라진다. 예술가의 스케치, 예를 들어 루벤스(Rubens)의 스케치를 악보, 대본, 혹은 청사진과 비슷한 것으로 생각할 수도 있다. 그러나 이는 잘못된 생각이다. 루벤스의 스케치는 그 자체로 하나의 조형 예술작품이며, 그 자체로 가치를 가진다. 반면 악보는 음악작품이, 대본은 드라마가, 청사진은 건축이 아니다. 그러나 예술가에 의한 그림이나 소조의 완성,

그리고 관객의 지각 사이에는, 전시(exhibition)라는 과정이 있을 수 있고, 걸기, 액자 맞추기, 조명 비추기 등 작품 지각에 적절한 조건을 배열하는 과정은 음악 연주 혹은 건물 건설에 유비될 수 있다.

이러한 비교는 우리의 이해를 도우며, 다른 흥미로운 문제로 우리를 이끌지만, 여기에서 그 문제를 다루지는 않겠다. 이 책 전체에 걸쳐 기억해야 할 중요한 점은, 우리가 〈목욕〉(마네의 원제목)이나 〈월광 소나타〉(작곡가가 붙인 제목이 아님)라는 제목을 사용할 때, 미적 대상을 의미하는 것인지, 아니면 인공물 혹은 제시를 의미하는 것인지 알아야 한다는 것이다. 주어진 맥락이 특별히 위험하지 않다면, 희곡이나 소나타의 경우에 나는 제목을 통해 그것의 어떤 제작을 의미할 것이다.

5 비평적 진술의 범위

THE RANGE OF CRITICAL STATEMENTS

이 책에서 우리의 주목을 끄는 문제들은 '비평적 진술'(critical statement) 혹은 '비평의 진술'의 의미 및 참과 관련된다. 우리가 탐구하는 게 무엇인지 처음부터 명확히 하는 것보다 더 중요한 문제는 없기 때문에, 지금까지 우리는 우리가 관여하는 진술의 범위를 좁히고, 우리가 관여하지 않는 진술을 치워내기 위해 상당한 노력을 기울였다. 그러나 아직 우리가 유념해야 할 또 하나의 구분이 존재한다.

미적 대상은 지각적 대상이지만, 다른 것들, 예를 들어 소, 갈대, 화장실 설비도 그러하다. 지각적 대상에 대한 진술이라고 해서 비평적 진술인 것은 아니다. 적어도 어떤 특별한 논증 없이는 그렇게 되지 않는다. 그렇다면 이제 우리는 다음 질문을 통해 우리 탐구의 범위를 좁혀야 할 것이다. '미적 대상은 다른 지각적 대상과 어떻게 구분되는가?'

종종 이 질문은 우리가 지금껏 열심히 피해왔던 용어, 즉 '예술작품'이라는 용어에 의존해서 답해지곤 했다. 우리는 예술작품을 예술작품이 아닌 지각적 대상과 구분하는 데 동의한 후, 예술작품에 대한 진술, 혹은 적어도 그러한 진술의 일부 하위집합을 비평적 진술이라고 보는 데 동의할 수도 있다. 그렇다면 이제 다음 단계는 '예술작품'을 정의하는 일, 즉 회화, 시, 음악작품 등에 관심 있는 사람들이 어떤 기준으로 예술작품과 예술작품이 아닌 것을 구분할 수 있을지 그 기준을 명시하는 일이 될 것이다.

먼저 지적할 것은, 어떤 용어의 사용방식은 매우 다양하기 때문에 위의 작업은 상당히 어렵거나 아마도 불가능하다는 것이다.* 그리고 만일 이 작업을 만족스럽게

---

*   폴 지프와 모리스 와이츠(Morris Weitz)의 논문 참조. Note 5.6.

수행한다 할지라도, 우리의 관심이 예술작품의 진술에 한정됨으로써 탐구의 영역이 지나치게 좁아질 수도 있다. 확실히 예술작품은 인간의 노력에 의해 고안된 어떤 것이다. 그것은 작품(work)이며, 예술(art) 혹은 전통적 의미의 기술의 산물이다. 그러나 우리가 반 고흐의 그림에 대해 말하는 어떤 것들은 살아있는 사이프러스 나무에 대해서도 말할 수 있다. 꽃의 아름다움은 아마도 샤르댕(Chardin)의 정물화에 적용되는 원칙에 의해서도 설명 가능하고, 비록 바위를 만든 조각가는 무어(Moore)나 마욜(Maillol)이 아니고 바람이나 물이지만, 바위의 형태가 보이는 조각적 성질을 논의하면 안 된다는 어떠한 정당한 이유도 없다. 물론 나는 자연 대상들이 인공적 예술작품처럼 좋은 예술작품이거나, 혹은 그렇게 될 수 있다고 말하려는 게 아니다. 어쩌면 당신은 오스카 와일드(Oscar Wilde)가 석양을 보고 "이류적인 터너(Turner)의 작품, 침체기에 빠진 터너의 작품"이라 평한 것을 떠올릴 것이다. 나는 예술작품에 관해 진술될 수 있는 모든 유형의 것들이 자연 대상에 관해서도 진술될 수 있다고 말하는 것도 아니다. 그러나 예술작품이 아닌 지각적 대상이 미적 대상의 범위에 포함될 수 있는 어떤 요건들을 가지고 있다면, 처음부터 그들을 엄격하게 배제하는 것은 자의적이다.

그러나 심지어 관심을 예술작품에만 한정한다 할지라도, 그 용어 자체에는 뿌리 깊은 불편함이 내재되어 있다. 왜냐하면 '예술작품'의 의미 내에 끈질기게 규범적 혹은 가치적 요소가 들어있기 때문이다. '참 영리하네, 그렇지만 이게 예술인가?', 혹은 '그의 시는 재미있긴 하지만, 예술은 아니다'와 같은 표현은 그 점을 명백하게 드러낸다. 즉 어떤 것을 규범적 의미에서 '예술작품'이라고 부른다는 것은 그것이 좋거나 혹은 미적으로 가치 있다고 말하는 것이다. 이러한 규범적 의미를 모두 제거하고 그 용어를 중립적으로 사용하는 데 우리가 합의할 수는 있다. 그러나 우리가 의식하지 못할 때 규범적 의미는 종종 다시 침투할 수 있다. 그리고 만일 우리가 '예술작품'이라는 용어의 규범적 의미를 계속 유지한다면, 우리가 논의하는 종(species)들을 결정하기 이전에, 그 종들의 좋은(good) 구성원은 어떤 특성을 지니는지 결정해야 하기 때문에, '예술작품'이라는 용어는 우리 연구의 현 단계에는 별로 쓸모가 없게 된다.

그러므로, 모든 이가 예술작품이라 부르는 데 동의할 법한 미적 대상을 논할 때 '예술작품'이라는 용어를 사용해도 아무런 혼란이 발생하지 않겠지만, 이제부터 '미적 대상'이라는 용어를 우리의 가장 일반적인 용어로 사용하도록 하자. 그렇다면 이제 문제는 미적 대상을 다른 지각적 대상들과 어떻게 구분하는가이다. 이 문제는 지금까지 다음 네 가지 방식으로 다루어졌는데, 내 생각에는 이 중에서 마지막 네 번째 방식이 가장 좋다.

'미적 대상'의 심리적 정의

1. 우리는 '미적 대상'을 동기(motive)에 의해 정의할 수 있고, '예술작품'의 경우와 마찬가지로 그 범위를 인간에 의해 의도적으로 제작된 대상으로 한정할 수 있다. 이를 '미적 대상'의 일반적 혹은 의도주의적(intentionalistic) 정의라고 부를 수 있을 것이다. 예를 들어 우리는 어떠한 지각적 대상이 '자기 표현' 행위의 결과가 아닌 경우, 그것은 미적 대상이 아니라고 말할 수도 있다. 물론 의도주의적 정의의 다른 유형들도 가능하다. 이 정의에 따르면, 우리는 먼저 '미적 동기'를 넓은 의미에서의 '실용적' 동기(지적, 종교적, 도덕적 목적을 포함)와 구분해야 한다. 그러므로 증기 기관차, 『국부론』(The Wealth of Nations), 식사 메뉴, 주니족의 비의 춤, 주방의 스토브, 헨트(the Ghent) 제단화, 보트 등은 '미적 동기'를 가지고 만들어진 것이 아니기 때문에 미적 대상이 아니라는 것이다.

'자기 표현' 혹은 어떤 독자적인 미적 동기 같은 것이 있는가라는 문제는 흥미롭다. 그러나 우리가 미적 대상에 관해 명료하게 말하기 위해서 이 질문을 물어야 할 필요는 없다. 그러므로 이 질문을 이 책에서는 다루지 않을 것이다. 그러나 이 질문을 묻고자 한다면, '일반적으로 어떤 심리적 상태나 과정이 미적 대상의 산출에 관련되는가?'라는 형태로 묻는 것이 좋을 것이다. 그리고 만일 우리가 이 질문에 답하고 싶다면, 미적 대상이 산출되는 심리적 조건에 대한 언급을 삼가면서 '미적 대상'에 대한 독립적인 정의를 내린 후 시작해야 한다. 그렇지 않으면 우리는 선결문제 요구의 오류를 범하게 된다.

심리적(psychological) 정의가 낳는 또 다른 불편한 점들이 있다. 먼저, 우리는 레콩바렐(Les Combarelles)이나 알타미라(Altamira)에서 발견된 들소나 매머드를 그린 구석기 시대의 동굴 벽화들이 미적 대상인지 전혀 결정할 수 없게 된다. 왜냐하면 그것들이 '자기 표현'을 위해 창조된 것인지 아니면 주술적(실용적) 목적을 위해 창조된 것인지 알 수 없기 때문이다. 둘째, 종교화를 '미적 대상'이라고 부를 수 있을지 결정하는

데 큰 어려움을 겪게 된다. 제단화, 봉헌물, 혹은 성인의 순교를 그린 그림들은 분명히 신앙적 목적을 가지고 있다. 이 경우 우리는 미적 동기가 종교적 동기와 섞여있다고 말할 수도 있을 것이다. 그러나 이런 말을 할 때 우리가 내세우는 유일한 증거는 결과물들이 우리에게 매우 만족스러웠다는 사실뿐임을 주목하라. 즉 우리는 어떤 것이 좋은 미적 대상이라면, 그것은 분명 '미적 동기'를 가진 예술가에 의해 창조되었을 것이라는 주장을 암묵적으로 하고 있다. 그러나 이러한 주장은 우리가 먼저 의도주의적이지 않은 방식으로 '미적 대상'을 정의한 후에야 가능한 것이다. 셋째로, 의도주의적 정의가 적용될 수 있다 하더라도, 그 정의는 임의적이다. 만일 우리가 몬드리안그림의 가치를 매길 수 있다면, 클리넥스 티슈 상자의 가치는 왜 매길 수 없는가? 만일 탕기(Tanguy)나 달리(Dalí)의 초현실주의 그림의 가치를 매길 수 있다면, 책 표지나 레코드 케이스는 왜 안 되는가? 만일 브라크(Braque)나 폴록(Pollock)의 추상화의 가치에 대해 말할 수 있다면, 달 표면이나 현미경 슬라이드, 의자, 창문에 낀 서리의 패턴에 대해서는 왜 안 되는가?

2. 반면, 우리는 '미적 대상'을 그 대상의 효과(effect)를 통해서 정의할 수도 있다. 이를 '미적 대상'의 정감적(affective) 정의라고 부를 수 있을 것이다. 예를 들어 우리는 어떤 지각적 대상은 그것이 특정 유형의 경험, 예를 들어 강한 안식의 느낌 등을 산출하지 않는다면 미적 대상이 아니라고 말할 수 있다. 물론 정감적 정의에는 상이한 여러 유형이 가능하다. 이 제안에 따르면, 우리는 먼저 '미적 경험'(aesthetic experience)을 다른 경험들, 예를 들어, '오락'(entertainment)의 경험과 구분해야 한다. 이 정의는 시드 캐서(Sid Caesar)의 TV쇼 〈오클라호마〉(Oklahoma!), 벽지, 보석, 포고(Pogo) 놀이, 그리고 『로저 애크로이드 살인사건』(The Murder of Roger Ackroyd) 등은 오락은 될 수 있지만, '미적 경험'을 산출하지 않기 때문에 미적 대상이 되지 못한다고 말한다.

'미적 경험'이라는 것이 있는지, 만일 있다면 어떤 특징을 지니는지 등은 흥미로운 질문이고, 우리가 비평적 평가의 문제를 탐구할 때 물어야 하는 질문들이다. 이 질문들은 제11장 28절에서 논할 것이다. 그러나 이 질문을 논할 때, 우리는 '어떤 심리적 상태 과정이 일반적으로 미적 대상에 대한 반응 내에서 발견되는가?'라는 형태로 질문을 제기하는 것이 좋다는 사실을 알게 될 것이다. 그리고 확실히 미적 대상의 심리적 영향과 관계없이 '미적 대상'을 정의해야만 한다. 그렇지 않을 경우 우리는 선결

문제 요구의 오류를 범하게 된다. '미적 대상'의 정감적 정의를 피하려는 주된 이유는 바로 위의 형태로 표현된 질문을 열린 상태로, 그리고 탐구할 수 있는 질문으로 남겨 두기 위해서이다.

또 다른 이유도 있다. 만일 당신이 '미적 대상' 혹은 '예술작품'을 정감적으로 정의하는 이들을 살펴본다면, 당신은 규범적 요소를 배제하는 일이 얼마나 어려운지 알게 될 것이다. 어떤 문장에서 그들은 미적 대상에 대해 이야기를 하다가, 다른 문장에서는 좋은 미적 대상에 대해 이야기한다. 이렇게 되기 쉬운 이유는, 당신이 '미적 대상'을 그 영향을 통해 정의하고, 그 영향을 가치 있는 것이라 주장할 경우, '가치 없는 미적 대상'이라는 말은 불가능해지기 때문이다. 1930년의 관세법은 세금 없이 국내로 들어온 '골동품'을 '1830년 이전에 만들어진 예술적 장점이 있는 대상'이라고 정의한다. 그러나 이런 식의 정의보다 훨씬 나은 방식으로 '미적 대상'을 정의할 수 있고, 그리하여 좋은 미적 대상과 나쁜 미적 대상이 가능할 수 있다.

3. '미적 대상'을 정의하는 세 번째 방식이 있다. 미적 대상에 대한 우리의 접근, 우리의 태도를 통해 정의하는 방식이다. 이를 '미적 대상'의 태도적(attitudinal) 정의라고 부를 수 있을 것이다. 이 제안에 따르면, 우리는 먼저 대상을 향한 특정 유형의 태도, 즉 미적 태도를 구분해야 하고, 그 후 미적 태도로 다루어지거나 혹은 접근되는 지각적 대상은 모두 미적 대상이라고 말할 수 있다.

예를 들어, 사과를 바라보는 적어도 두 가지 방식이 있을 것이다. 우선 사과에 대한 '실용적인' 관심이 있다. 사과의 경제적 가치, 벌레 먹은 정도, 혹은 사과 수확의 성공에 대한 관심이다. 이것은 물리적 환경을 제어하기 위한 단서로서 사과를 이용하는 것이다. 혹은 사과의 '표면적 성질', 즉 색, 질감, 맛 등을 음미하는 데에만 관심을 가질 수도 있다. 만일 후자의 방식으로 사과에 접근한다면, 그 순간 사과는 당신에게 미적 대상이 된다. 다윈(Darwin)의 『종의 기원』(Origin of Species)에 대해서도 유사한 구분이 그어질 수 있다. 당신이 자연 선택과 인공 선택을 배우는 데 관심이 있다면, 혹은 생물학 이론의 역사에 관심이 있다면, 당신은 실용적 태도를 취하는 것이다. 그러나 당신이 원한다면 신중하게 잘 구성된 논증으로서, 혹은 스타일의 명작으로서, 혹은 중요한 진실을 밝히려는 헌신적인 노력으로서 그 책을 읽을 수도 있다. 이 경우 당신은 그 책의 '미적 성질'을 추구하는 것이고, 그것을 생물학 논문으로서가 아니라 문학작품으로서 간주하는 것이다.

그렇다면 태도적 구분은 관계적이다. 그 어떤 것도 그 자체로 미적이거나 비미적이지 않다. 물론 다른 것에 비해 미적 관심으로 접근되기 쉬운 대상들이 있다. 브랑쿠시(Brancusi)의 작품이 야구 방망이보다, 스포츠카가 덤프 트럭보다, 디올(Dior)의 가운이 낡은 목욕가운보다는 더 미적 관심으로 접근되기 쉬울 것이다. 그러나 지각적 대상은 정의상 '표면적 성질', 즉 관조될 수 있는 현상적 성질을 가지기 때문에, 화가의 바라보려는 관심이나 그려보려는 관심이 적용되는 대상에는 어떤 선험적 경계가 없다. 물론, 다른 대상에 비해 어떤 대상은 미적 태도로 접근될 때 더 만족스러울 수 있다. 대상 안에서 가치 있는 성질을 찾고자 노력한다 해서 그 성질이 발견된다는 보장은 없다. 아리스토텔레스(Aristotle)의 『형이상학』(Metaphysics), 연방의회 의사록에 기록된 연설, 광고, 논리학 교과서 등을 미적 태도로 접근하는 독자는 곧 그것들을 외면할 것이다.

'미적 대상'의 태도적 정의는 많은 장점을 가지고 있다. 정의하는 방식의 관대함으로 인해 이 정의는 비평적 진술의 범위를 가장 넓게 확장하며, 선결문제 요구의 오류를 범하게 될 가능성은 가장 적다. 만일 우리가 우선 미적인 지각적 대상과 비미적인 지각적 대상을 구분하고, 그리고 나서 미적 대상이 제공하는 경험의 유형을 통해 미적 가치를 설명하려 한다면, 비미적 대상 중 일부도 약간의 미적 가치를 가질 수밖에 없다는 사실이 따라 나오는데, 태도적 정의를 주장하는 이들은 이러한 귀결이 이상하지 않냐고 우리에게 반문할 수 있다. 그리고 만일 이렇게 말하는 방식이 심각하게 역설적으로 느껴진다면, 태도적 정의는 우리에게 이를 피할 수 있는 쉬운 길을 보여준다.

그러나 이는 나에게 심각하게 역설적으로 보이지 않으며, 우리는 그러한 귀결을 받아들일 준비가 되어야 할 것 같다. 이것이 말해주는 바는, 우리 정의에 따르면 미적 대상이 아닌 지각적 대상을 사람들이 마치 미적 대상인 것처럼 종종 사용하며, 그리고 그 대상은 그런 예상치 못한 능력을 종종 잘 발휘할 수 있다는 사실이다. 급한 순간에 혹은 재미를 위해서 종종 의자가 아닌 탁자 위에 앉는 것처럼, 그리고 두꺼비집에 동전을 사용하지 말라고 아무리 경고해도 동전을 사용하는 것처럼 말이다. 그러나 임시변통적으로 퓨즈의 역할을 한다는 사실은 '동전'의 정의를 구성하지 못하며, 우리는 이런 임시변통적인 재능에 의존하지 않으면서 동전을 다른 것들로부터 잘 구분할 수 있다.

객관적 정의

4. 미적 대상을 다른 지각적 대상으로부터 구분하기 위한 가장 안전하고 유익한 방식은 미적 대상의 원인 혹은 영향, 혹은 사람과의 관계를 통해서가 아니라 그 자체의 고유한 특성에 의해서 정의하는 것이다. 이것은 결국 우리가 말과 소를, 남자와 여자를, 빵과 돌을 구분하는 방식, 즉 그것의 모양이나 물질에 의해서 구분하는 방식이다. '미적 대상'의 이러한 정의는 객관적(objective) 정의가 될 것이다.

그러나 이러한 정의를 구성하는 데에는 두 가지 방식이 가능하다. 이 두 방식 중에서, 더 단순하고 편리한 방식은 모든 미적 대상이 소유하고 있지만 다른 대상들은 전혀 가지고 있지 않는 그런 특성의 집합을 골라내는 것이다. 미적 대상은 모두 공통적으로 어떤 주목할 만한 특성을 가지고 있을 수 있다. 예를 들어, 미적 대상은 현상적 장 내에서 내적 이질성에도 불구하고 여전히 하나의 전체로서 지각될 수 있을 만큼 충분한 질서를 소유한 영역으로 나타날 수 있다. 아마도 몇몇 철학자들이 생각하는 것처럼,* 미적 대상들 사이에 공통적인, 그리고 다른 대상에 대해서는 배타적인 중요한 특성들이 존재해 그것들이 미적 대상에 대한 정의의 기초가 될 수 있을지도 모른다.

중요한 점은 그러한 특성의 발견은 그 자체로 상당한 탐구를 요구하며, 현재 우리는 그러한 특성이 있다는 제안이 참인지 자신 있게 결정할 수 없다는 사실이다. 다양한 예술 분야들을 매우 자세하고 조심성 있게 살펴보기 이전에는 말이다. 현 상태에서 우리에게 필요한 것은 미적 대상에 대한 정보는 조금 덜 전달할지라도 우리가 성취할 수 있을 만한 정의이며, 이것은 탐구 분야에 대한 방대한 지식을 전제하지 않은 채 탐구 분야의 경계를 명확히 하는 그런 정의이다. 그러므로 우리는 객관적 정의에 대한 두 번째 대안을 살펴봐야 한다.

이 두 번째 정의를 구성하기 위해, 우리는 먼저 지각적 대상을 각각의 감각장에

---

*   수잔 랭거(Susanne Langer)와 모리스 와이츠 참조. Note 5.4.

따라 나누어야 한다. 어떤 대상은 우리에게 보이며, 어떤 대상은 들린다. 제2장 8절에서 우리는 청각장 내의 기본 구분들을 살펴볼 텐데, 이때 음악이 소음, 새의 노래, 오케스트라의 튜닝과 구분되는 지점이 어디인지 살펴볼 것이다. 정확한 경계를 그으려고 노력할 필요는 없다. 원한다면 그렇게 할 수도 있지만 말이다.

시각장의 경우도 마찬가지로, 일단 시각장의 기본 속성들을 살펴본 후 우리는 시각적인 미적 대상을 다른 시각적 대상과 구분할 수 있다(제2장 7절참조). 그리고 언어와 의미의 기본적 요소들을 살펴본 후, 우리는 문학작품을 다른 철학적, 과학적, 실용적 담론들로부터 구분할 수 있다(제3장 9절 참조). 질문을 이같이 나누는 이유는 이 구분들이 그 자체의 고유한 문제를 제기하기 때문이다. 오페라와 굴러가는 통 사이의 차이점은, 『실낙원』(*Paradise Lost*)과 버마 쉐이브(Burma-Shave) 광고 사이의 차이점과는 다르다. 어떤 구분은 다른 구분보다 더 어렵고, 게다가 이 모든 구분들은 다소 모호할 텐데, 왜냐하면 우리가 일반적으로 단어들을 사용하는 방식이 그렇게 날카롭지 않기 때문이다.

그러나 이 기획을 수행하기 위해 우리는 음악작품, 시각 디자인, 문학작품 등을 선언적(disjunctively) 방식으로 묶고, '미적 대상'이라는 이름을 그들에게 적용할 수 있다. 그렇다면 하나의 미적 대상이란 음악작품이거나, 혹은 문학작품이거나, 혹은 다른 어떤 것이다. 이 기획이 수행되려면 이 책에서 시각, 청각, 그리고 언어에 대해 보다 구체적으로 논의하는 지점이 나올 때까지 기다려야 한다. 그러나 우리는 이제 더 이상 순환적인 정의의 위험에 노출되어 있지 않다. 왜냐하면 이제 '음악'을 정의하기 위해 '음악'이라는 용어를 도입할 필요가 없기 때문이다(음악의 요소들에 관해서는 제2장 8절에서 논의할 것이다). 우리는 오직 '음고', '음량', '선율'과 같은 용어들만 도입하면 된다.

이러한 방법을 통해 우리는 미적 대상을 다른 지각적 대상과 구분할 수 있고, 결과적으로는 미적 대상에 대한 진술을 다른 지각적 대상에 대한 진술과 구분할 수 있다. 이제 미적 대상에 관한 진술의 집합을 생각해보자. 그중 몇몇은 미적 대상의 원인과 결과에 대한 진술인데, 이들을 '외적 진술'(external statement)이라 부르자. 또 다른 진술은 미적 대상 그 자체, 즉 미적 대상의 푸른색임, '의미', 아름다움 등에 관한 것이다. 이들을 '내적 진술'(internal statement)이라 부르자. 이제부터 나는 '비평적 진술'이란 표현으로 미적 대상에 대한 내적 진술을 뜻하도록 하겠다.

작가의 무의식에 대한 진술, 혹은 어떤 화가가 다른 화가에게 끼친 영향에 대한 진술, 혹은 소설에 의해 개선된 사회적 환경에 대한 진술은 예술사나 사회학에 속한다. 물론 그러한 진술의 검증에 관련된 문제들이 존재하지만, 그들은 미적 대상에 특수한 것이 아니며, 미학이 아닌 역사학이나 사회과학의 방법론에 속한다. 그러나 미적 대상의 특성에 관한 진술, 미적 대상을 기술하고, 해석하고, 혹은 평가하는 진술들은 미학 분야에 특수한 문제들을 제기한다. 그러므로 우리는 외적 진술들이 내적 진술들의 검증에 관련되지 않는 한 그들을 무시해야 한다. 우리는 이미 외적 진술이 미적 대상의 기술적, 혹은 몇몇 해석적 진술의 검증 문제에서 관련이 없다고 볼 수 있는 좋은 근거들을 살펴보았다. 외적 진술들이 그 밖의 해석적 진술 및 평가적 진술에 관련성이 있는지는 좀 더 나중에 살펴볼 것이다.

우리는 이제 '미적 대상'의 의미에 대한 동의를, 따라서 이 책이 미학의 주제라고 간주할 비평적 진술의 범위에 대한 동의를 이루었다. 이 장이 논의는 광범위했으나, 우리가 성취한 것은 이 정도라는 것을 기억하는 것이 좋겠다. 종종 미학 책의 도입부에서 혼란을 조장하는 것은 '미적 대상' 혹은 그에 대한 대안적 용어의 정의를 미적 대상에 대한 이론과 함께 섞는 관행이다. '표현으로서의 예술', '소원성취로서의 예술'에서처럼 집필자들이 예술을 이것'으로서' 혹은 저것'으로서' 이야기할 때, 그들은 자신이 '예술'이란 단어를 어떻게 사용할지에 관한 하나의 제안을 하는 것인지, 혹은 '예술'*이라는 것에 대한 일반화를 하는 것인지 명확히 알지 못한다. 지금까지 우리가 논의한 것은 일의 첫 번째 순서, 즉 안건에 대한 동의이며, 이론이나 일반화는 이후에 등장할 것이다.

우리는 앞으로 우리가 할 일들을 다룰 수 있는 형태로 만들었다. 미적 대상에 관한 외부적 진술을 배제한 상황에서, 커다란 세 그룹이 우리에게 남는다. 어려워지는 순서로 그들을 정렬해보면, 기술, 해석, 그리고 평가이다. 또 다른 일을 나누는 게 필요하다. 모든 예술 분야는 완전히 평행적이어서, 한 분야에서 가능한 구분은 다른 분야에서도 가능하다는 공리를 도입하는 예술에 관한 일원론적 접근이 존재한다. 이는 일반적으로 혼란을 일으킨다. 일원론적 접근은 우리가 가진 증거들을 최대로 사용하려 하고, 실패했을 경우에는 기본 용어들을 애매모호하게 만드는 희생을 치르면서까

---

* 내가 '예술'을 이런 의미로서 말할 때, 나는 '어떠한 특정한 장(field)에서의 미적 대상들의 집합(class)'을 뜻한다.

지 예술 분야들의 외양적 대칭성을 확립하려고 한다. 우리는 평행성이 가능한 곳에서는 그것을 지적하겠지만, 기본적으로는 다원론자(pluralist)로 시작해 이 연구를 수행할 것이다. 음악 혹은 회화와는 아무런 평행성을 지니지 않는, 문학작품 혹은 언어적인 미적 대상에서 발생하는 복잡성이나 난점들도 존재한다. 음악과 회화 사이의 차이점보다도 그들과 문학 사이의 차이점이 더 크다. 그러므로 기술적이고 해석적인 진술들을 다루면서 우리는 문학의 문제를 독립된 장들을 통해 독자적으로 다룰 것이다. 기술적 진술을 다룸에 있어 음악과 회화는 평행적으로 논의될 것이나, 해석의 문제에서는 그 둘도 서로 갈라지게 될 것이다.

제1장 미적 대상

NOTES AND QUERIES

1

사용된 약자는 다음과 같다.

JAAC	The Journal of Aesthetics and Art Criticism
J Phil	The Journal of Philosophy
PAS	Proceedings of the Aristotelian Society
Phil and Phen Res	Philosophy and Phenomenological Research
Phil R	Philosophical Review
PMLA	Publications of the Modern Language Association

1.1 내적 증거와 외적 증거(INTERNAL AND EXTERNAL EVIDENCE)

문학작품의 의미에 관한 내적 증거와 외적 증거를 만족스럽게 구분할 수 있을까? 외적 증거가 내적 증거를 압도한 적이 있는가? 다음 글들을 참조하라. "Intention," *Dictionary of World Literature,* ed. by Joseph T. Shipley, New York: Philosophical Library, 1943, pp. 325-329; W. K. Wimsatt, Jr., and Monroe C. Beardsley, "The Intentional Fallacy," *Sewanee Review,* LIV (1946): 468-88, reprinted in Ray B. West, Jr., ed., *Essays in Modern Literary Criticism,* New York: Rinehart, 1952, pp. 174-189, and in W. K. Wimsatt, Jr., *The Verbal Icon,* Lexington, Ky.: U. of Kentucky, 1954, pp. 3-18; Leslie A. Fiedler, "Archetype and Signature: A Study of the Relationship Between Biography and Poetry," *Sewanee Review,* LX (1952): 253-274; T. M. Gang, "Intention," *Essays in Criticism,* VII

(1957): 175-186; R. Jack Smith, "Intention in an Organic Theory of Poetry," *Sewanee Review,* LVI (1948): 624-633; William Empson, "Still the Strange Necessity," *Sewanee Review,* LXIII (1955): 475-477.

1.2 의도주의적 용어를 번역하기(TRANSLATING INTENTIONALISTIC TERMS)

당신에게 친숙한 예술 비평문의 저자가 미적 대상에 대한 논의에서 창작자에 대한 논의로 옮겨가고 있는지 혹은 그 반대인지 분석해보라. 창작자에 대한 진술 중 어떤 것들이 대상에 대한 진술로 번역될 수 있는가? 그리고 어떤 것들이 번역될 수 없는가? '꾸밈없는', '즉흥적인', '억지로 꾸민', '강요된' 등과 같은 의도주의적 용어들, 그리고 '의도'의 동의어로 등장하는 '목표', '목적', '계획', '구상' 등을 특별히 주의해서 살펴보라.

1.3 자기 작품의 해설가로서의 저자(THE WRITER AS EXPLICATOR OF HIS WORK)

저자는 필연적으로 자기 작품을 가장 잘 해설하는 사람인가? 다음 글에서 여러 입장이 소개된다. Robert W. Stallman, ed., *The Critic's Notebook,* Minneapolis, Minn.: U. of Minnesota, 1950, ch. 8, Bibliography (pp. 289-293). 특히 하트 크레인 (Hart Crane)이 자신의 시 「멜빌의 무덤에서」(At Melville's Tomb)에 대해 쓴 해설을 살펴보라. 문제는 그가 말하는 것들 중 어느 정도가 시 안에 정말로 존재하는가이다. 다음 글과 비교해보라. R. P. Tristram Coffin, *The Substance That Is Poetry,* New York: Macmillan, 1942, ch. 4, pp. 79-104. 이 글은 시인이 집필한 시 이외에도 '집필되지 않은' 또 다른 시가 존재하는데, 그 시도 원래 시의 '일부분'이며 원래 시를 이해하는 데 중요하다고 주장한다.

1.4 자신의 그림에 대한 해석가로서의 화가
(THE PAINTER AS INTERPRETER OF HIS PAINTING)

몇몇 화가들은 자신이 그린 그림의 '의미'를 어떻게 해석해야 하는지에 대한 글을 남겼는데 그런 글들에서 화가가 무엇을 이야기하는지 살펴보라. 예를 들어 반 고흐는 편지를 통해, "나는 [〈밤의 카페〉(*Le Caféde Nuit*)에서] 빨강과 초록을 사용해 인류의 처참한 수난을 표현하려고 노력했다"고 말한다. 다음 글에서 또 다른 예들을 찾을 수 있다. Robert Goldwater and Marco Treves, *Artists on Art,* New York: Pantheon, 1945. 그림 안에서 무언가가 실제적으로 '표현'되고 있지만, 화가가 우리에게 말해주기 전에 우리는 그것을 발견할 수 없다는 것은 말이 되는가?

1.5 정확한 음악 공연에 대한 기준
(THE CRITERION OF CORRECT MUSICAL PERFORMANCE)

작곡가의 의도를 실행하는 데 이러저러한 이유로 실패했다는 점을 들어 음악 공연을 비난하는 예를 찾아보라. 그리고 그 예를 분석해보라. ① 작곡가가 어떤 의도를 가졌다고 말하면서 비평가가 들고 있는 증거는 무엇인가? ② 비평가는 자신이 제안한 바대로 음악이 연주되는 게 더 좋았을 것이라고 말하는가? 지휘자 및 연주자들이 보여주는 이론이나 실천을 다음 글들에서 살펴보라. Roger Sessions, *The Musical Experience,* Princeton, N. J.: Princeton U., 1950, ch. 4; David Ewen, *Dictators of the Baton,* Chicago, New York: Alliance, 1943. 이 글들에서 지휘자 및 연주자들은 실제로 얼마만큼 작곡가의 의도에 호소해 음악의 연주 방식을 결정하는가?

1.6 연극에서의 의도와 공연(INTENTION AND PERFORMANCE IN THE DRAMA)

희극을 공연할 때 극작가의 의도가 맡는 적절한 역할은 무엇일까? 이 문제와 관련해 스타니슬랍스키(Stanislavsky), 오토 브람(Otto Brahm), 코포(Copeau), 메이어홀드(Meyerhold)와 같은 유명 연출가나 감독들의 견해를 비판적으로 검토해보라. Toby Cole and Helen Chinoy, eds., Directing the Play, Indianapolis, Ind.: Bobbs-Merrill, 1953; John Gassner, Producing the Play, rev. ed., New York: Dryden, 1953, pp. 272-300, 436-444.

1.7 문학의 전기적 비평(BIOGRAPHICAL CRITICISM OF LITERATURE)

저자에 대해서 무언가를 알기 전에는(예를 들어 개인적 경험, 가정 문제, 친구 관계 등) 작품의 의미 중 일부를 발견할 수 없는 그런 문학작품을 알고 있는가? 그렇다면 그 작품을 분석해, ① 전기적 정보가 정말로 필요했는지 ② 만약 필요했다면, 작품 그 자체에 의해 이미 제공된 것은 아닌지 답해보라. 예를 들어, 자신의 실명에 대해 쓴 밀턴의 소네트를 읽으면서 우리는 밀턴이 그 글을 썼을 때의 나이를 알 필요가 없다.

물론 시의 화자가 실명했다는 것을 우리가 알아야 하지만, 이를 위해 전기적 증거가 필요한 것은 아니다. 왜냐하면 시의 도입부에서 시적 화자가 우리에게 그 사실을 말해주기 때문이다. 반면 결혼할 당시에 그가 실명이었다는 사실을 모른다면, 죽은 아내에 대해 쓴 그의 소네트를 이해할 수 없으리라는 주장이 제기될 수도 있다. 다음의 글들을 참조하라. George Boas, "The Problem of Meaning in the Arts," *University of California Publications in Philosophy,* XXV (1950): esp. 318-353; René Wellek and Austin Warren, *Theory of Literature,* New York: Harcourt, Brace, 1949, chs. 7, 8, Bibliography; E. M. W. Tillyard and C. S. Lewis, *The Personal Heresy: A Controversy,* New York: Oxford U., 1939. '사적인 이단'이라는 표현으로 루이스는 무엇을 뜻하는가? 시인의 '성격'과 시적 화자의 '성격' 사이의 관계와 관련된 루이스와 틸야드(Tillyard)의 논쟁은 어떻게 해결될 수 있을까? 예이츠(Yeats)의 경우 시 속에 다수의 사적 상징을 사용하고 그 의미를 『비전』(*A Vision*)이라는 산문을 통해 설명하는데, 시의 의미 중 그의 설명으로부터 독립되어 발견될 수 있는 것이 어느 정도인가라는 문제가 제기된다. 다음의 글 참조. Cleanth Brooks and Robert Penn Warren, "Two Songs from a Play," *Understanding Poetry,* rev. ed., New York: Holt, 1950, pp. 457-464.

다음 글도 참조하라. Wayne Shumaker, *Elements of Critical Theory,* Berkeley, Cal.: U. of California, 1952, chs. 5, 6, 7. "바이런(Byron)의 시 속 맨프레드(Manfred)의 후회를 자극한 범죄는 무엇인가? 인쇄된 종이 위에는 답이 없으며, 이 때문에 사람들은 영국에서 추방되었던 저자의 상황 속에서 답을 구해왔다."(p. 42) 슈메이커(Shumaker)는 이 사실에 충격을 받지 않았지만, 사실 마땅히 받았어야 했다. 이는 술에 잔뜩 취한 이가 어두운 밤에 무언가를 잃어버린 후 가로등 밑에서 물건을 찾는다는 농담과 완벽하게 일치한다. 왜 가로등 밑에서 찾느냐는 질문을 받을 때 그는 '왜냐하면 그곳이 밝으니까요'라고 말한다.

몇몇 문학 비평가들은 문학작품을 '이해'하기 위해서는 저자가 휘트먼(Whitman)이나 소포클레스(Sophocles)처럼 동성애자였는지, 에머슨(Emerson)이나 소로(Thoreau)처럼 억압되었었는지, 헨리 제임스(Henry James)처럼 성적 불능이 있었는지, 니체처럼 미쳤었는지, 피츠제럴드(Fitzgerald)처럼 알코올 중독이었는지 등을 아는 것이 '핵심적'이라고 주장하는 다음 글에 동의한다. Stanley E. Hyman, *The Armed Vision,* New

제1장 미적 대상

York: Knopf, 1948, pp. 121-122. 그러나 여기에서 '이해한다'는 용어가 어떤 뜻으로 사용되는가?

1.8 문학의 원천들(LITERARY SOURCES)

문학작품의 원천에 대한 연구는 작품 자체에 대한 우리의 이해에 어떤 방식으로 관련될 수 있을까(만일 관련될 수 있다고 한다면)? 혹은 어떤 유형의 원천이 작품 자체에 대한 이해에 유관할 수 있을까? 그러한 원천을 사용한다는 것은 의도에 대한 암묵적인 호소를 함축하는가? 다음을 참조하라. Robert W. Stallman, "The Scholar's Net: Literary Sources," *College English,* XVII (October 1955): 20-27; René Wellek, "Literary History," in N. Foerster et al., *Literary Scholarship, Its Aims and Methods,* Chapel Hill, N. C.: U. of North Carolina, 1941.

전기적 연구의 중요성은 의도의 문제와 관련되지 않음을 주목하라. 전기 작가는 셰익스피어가 의도했던 것이 아니라 그가 실제로 썼던 것을 발견하려고 노력한다. 마찬가지로, 복원가는 예술가의 작업실을 떠났을 때의 바로 그 상태로 그림을 복원하려고 노력하지 예술가의 의도를 복원하려는 것이 아니다.

1.9 한 작가의 작품 전체(THE BODY OF A WRITER'S WORK)

문학작품을 이해하기 위해 같은 작가가 쓴 다른 작품들에 호소하는 방법론이 존재한다. 로버트 프로스트의 시는 그가 쓴 다른 시들이 지니는 의미 때문에 특정 의미를 가지게 된다고 간주된다. 혹은 도스토예프스키의 소설이나 셰익스피어의 희곡은 동일 작가의 다른 작품에서 발견되는 테마 때문에 특정 테마를 지닌 것으로 간주되기도 한다. 이러한 방법론을 정당화하는 방식 중 하나는 작가가 한번이나 혹은 두 번 의도했던 것은 그의 신념 체계의 일부이기 때문에 또다시 의도하기 쉽다고 말하는 것이다. 이는 논쟁의 소지가 있는 일반화이며, 특정 작품 안에 어떤 것이 존재하지 않음에도 불구하고 그 안에 존재한다고 오독하게 만들 수 있다. 이러한 실수의 예를 찾을 수 있는가? 의도에 호소하지 않고도 이러한 방법론을 정당화할 수 있는가? 아니면 이 방법론은 거부되어야 하는가?

1.10 사회학적 비평(SOCIOLOGICAL CRITICISM)

Y라는 어떤 것에 대한 설명을 제시한다는 것은 대략 ① Y의 선행 조건인 X, 그리고 ② 'X가 발생할 때마다 Y가 또한 발생한다'는 형식의 일반 법칙을 발견하는 것이다. 그러한 법칙을 검증하려면 다수의 X 및 Y의 예들을 찾아야 한다. 보다 더 일반적인 법칙으로부터 문제의 법칙이 연역되는 것이 아니라면 말이다. 이제 예술작품 및 그 선행 조건의 복잡성을 생각해보았을 때, 그리고 좋은 예술작품이 가지는 독특성을 생각해보았을 때, 문학작품에 대한 역사학적 혹은 사회학적 설명에 기대할 수 있는 개연성은 어느 정도인가? 다음을 참조하라. Wellek and Warren, *op. cit.,* ch. 9, Bibliography. 다음 글에서 아놀드 하우저(Arnold Hauser)는 16세기 플랑드르 회화에 대해 다음과 같이 말한다. "복원된 가톨릭교는 다른 곳에서가 아닌 이곳에서 예술가에게 더 많은 자유를 허용했다. 이러한 자유로운 분위기 때문에 플랑드르 예술은 프랑스 궁정 예술에 비해 덜 형식적이고 더 즉흥적이며, 로마의 교회 예술에 비해 더 자연스럽고 생기 넘친다"(Part I. p. 457). Arnold Hauser, *The Social History of Art,* New York: Knopf, 1951. 이는 단지 그럴듯한 추측일 뿐인가? 아니면 하우저는 종교적 상황과 회화의 성질 사이의 인과적 관련성에 관한 적절한 증거를 제시하는가?

1.11 의미와 의도(MEANING AND INTENTION)

시의 의미는 단지 시인이 의미한 바인가? 아니면 이 둘은 구분될 수 있는가? 시인이 의미하고자 한 바보다 더 많은 것을 혹은 더 적은 것을 의미하는 시들이 있는가? 이 구분에 대한 다소 기술적인 논의가 다음 글에서 진행된다. Karl Aschenbrenner, "Intention and Understanding," *University of California Publications in Philosophy,* XXV (1950): 229-272.

2

2.1 지각적인 것과 물리적인 것의 구분
(THE DISTINCTION BETWEEN THE PERCEPTUAL AND THE PHYSICAL)

다음을 참조하라. C. I. Lewis, *Analysis of Knowledge and Valuation*, LaSalle, Ill.: Open Court, 1947, ch. 15. secs. 5-7, pp. 469-478. 이를 다음과 비교하라. Paul Ziff, "Art and the 'Object of Art'," *Mind*, N. S. LX (1951): 466-480, reprinted in William Elton, ed., *Aesthetics and Language*, New York: Philosophical Library, 1954, pp. 170-186. '미적 대상은 그것의 물리적 조건과 구분되는가?'라는 질문에 관해 위의 두 저자들이 보여준 의견 차이를 어떻게 기술할 수 있을까? 새뮤얼 알렉산더(Samuel Alexander)의 책에서 폴 지프가 보였던 혼란은 차치하더라도, 그림의 경우 '두 대상이 있는 것이 아니라 두 개의 기술이 있다'는 사실, 그러므로 '신비스러운 미적 대상과 같은 미학의 유령'은 퇴출되어야 한다는 사실을 지프가 입증했는가? 지프의 결론이 음악에까지 확장될 수 있을까? 프랜시스 스파르샷(Francis Sparshot)은 다음 글에서 알렉산더에 대한 지프의 의견을 예리하게 공격한 바 있다. Francis Sparshot, "Mr. Ziff and the 'Artistic Illusion'," *Mind*, LXI (1952): 376-380. 다음 글도 참조하라. Harold Osborne, *Theory of Beauty*, London: Routledge and Kegan Paul, 1952, ch. 5, esp. pp. 91-101.

2.2 이중적 의미를 지닌 비평 용어들(CRITICAL TERMS WITH A DOUBLE MEANING)

음악이나 조형예술 관련 글들에서 물리적 의미 및 지각적 의미를 지니는 용어의 예를 찾아보라. 예를 들어 그림에서의 '라이트'(light)는 광파(light wave)를 의미하거나 혹은 가시적 가벼움(lightness)을 의미할 수도 있다. 물리적 의미와 지각적 의미를 명확하게 구분할 수 없기 때문에 혼동을 초래하는 비평적 용어가 있는가? 다음 글은 '예술 대상'(art object)의 '위치'(location)에 관해 명확해야 함을 지적한다. Manuel Bilsky, "The Significance of Locating the Art Object," *Phil and Phen Res*, XIII (June 1953): 531-536.

2.3 기술적 정보의 관련성(THE RELEVANCE OF TECHNICAL INFORMATION)

미적 대상의 물리적 조건에 관한 정보는 미적 대상을 경험하는 데 어떤 도움을 줄 수 있는가? 예를 들어, 유화 물감이 캔버스에 입혀지는 다양한 방식을 알게 되면 우리가 완성품을 더 섬세하게 분별할 수 있는가? 염료, 광택제, 음향 이론에 관한 기술적 정보 습득이 그림이나 음악 감상과 맺는 관계에 대해 토의해보라.

2.4 '상상된 대상'으로서의 미적 대상
(AESTHETIC OBJECTS AS 'IMAGINED OBJECTS')

다음 글들을 참조하라. R. G. Collingwood, *The Principles of Art,* Oxford: Clarendon, 1938, ch. 7, pp. 125-153; W. B. Gallie, "The Function of Philosophical Aesthetics," *Mind,* LVII (1948): 302-321, reprinted in William Elton, *op. cit.,* pp. 13-35. '예술작품'은 지각된 것이 아니라 "예술가의 머릿속에 존재하는 상상된 것"이라고 말하는 콜링우드의 발언은 무슨 뜻인가? 그의 주장은 명확하며 설득력이 있는가?

3

3.1 현상적 객관성(PHENOMENAL OBJECTIVITY)

현상적 객관성 및 주관성의 구분과 관련하여 다음 글을 참조하라. Kurt Koffka, "Problems in the Psychology of Art," Part I, *Art: A Byrn Mawr Symposium*, Byrn Mawr, Pa.: Byrn Mawr College, 1940, esp. sec. 3, pp. 190-209; Wolfgan Köhler, *Gestalt Psychology,* New York: Liveright, 1929, pp. 224-233. 현상적 객관성이나 주관성으로 분류가 불가능한 경계 사례가 존재하는가? 어떤 경험에서는 이 구분이 사라지기도 하는가? 다음 글에서 기술된 두 가지 보기(seeing) 방식들을 비교해보라. James J. Gibson, *The Perception of the Visual World,* Boston: Houghton Mifflin, 1950, ch. 3. 이 글에서 '시각적 세계'와 '시각장(場)'이 구분되고 있음에 주목하라. 반면 본고에서는 '시각장'이라는 용어가 시각적 세계 및 시각장을 모두 포함한다. 다

음 글도 참조하라. David W. Prall, *Aesthetic Analysis,* New York: Crowell, 1936, pp. 141-157. 데이비드 프랄(David Prall)의 설명은 커트 코프카(Kurt Koffka)의 설명과 어떻게 대조되는가? 프랄은 자신이 '느끼다'라는 용어를 여러 의미로 사용한다는 점을 부인한다(p. 149). 그의 논증은 '기능적인' 주관성과 '현상적인' 주관성을 혼동하는가? 다음 글도 참조하라. G. Campbell-Fisher, "Aesthetic and the Logic of Sense," *Journal of General Psychology,* XLIII (1950): 245-273.

3.2 정감적인 비평 용어들(AFFECTIVE CRITICAL TERMS)

다음을 참조하라. W. K. Wimsatt, Jr., and Monroe C. Beardsley, "The Affective Fallacy," *Sewanee Review,* LVII (1949): 458-488, reprinted in Robert W. Stallman, *Critique and Essays in Criticism,* New York: Ronald, 1949, pp. 401-411; reprinted in full in W. K. Wimsatt, Jr., *The Verbal Icon*, Lexington, Ky.: U. of Kentucky, 1954, pp. 21-39. 비평가들이 사용하는 정감적 용어의 예를 찾아보고, 그 용어의 객관적인 기술적 내용을 추출할 수 있도록 용어의 맥락을 분석해보라.

3.3 문학작품의 세계(THE WORLD OF THE LITERARY WORK)

문학의 현상적 객관성에 관해서 다음을 참조하라. Karl Duncker, "Phenomenology and Epistemology of Consciousness of Objects," sec. 1, *Phil and Phen Res*, VII (June 1947): 505-542. 이 글은 파우스트 전설을 예로 들어 설명한다(p. 516). 허구적 사건에 대한 우리의 의식 양상은 실제적 사건에 대한 의식 양상과 어떻게 차이 나는가(p. 533)? 잘 알려진 소설 속 사건의 현상적 지위를 최대한 객관적으로 기술해보라. 다음 글도 참조하라. Richard Rudner, "Some Problems of Nonsemiotic Aesthetic Theoris," *JAAC*, XV (March 1957): esp. pp. 306-308.

4

4.1 추상적 실체로서의 미적 대상
(THE AESTHETIC OBJECT AS AN ABSTRACT ENTITY)

루이스의 다음 글에 대한 리처드 러드너의 비판을 살펴보라. 또한 미적 대상의 이름이 '공의어적'(syncategorematic, 共義語)이라는 그의 대안적 제안도 주목하라. C. I. Lewis, *Analysis of Knowledge and Valuation,* LaSalle, Ill.: Open Court, 1947; Richard Rudner, "The Ontological Status of the Aesthetic Objects," *Phil and Phen Res*, X (1950): 380-388. 러드너는 '제시'(presentation)라는 용어 대신에 '공연'(rendition)이라는 용어를 사용한다. 다음 글이 러드너의 입장을 옹호한다. Donald F. Henze, "The Work of Art," *J Phil,* LIV (1957): 429-442, esp. 438-442.

4.2 구성물로서의 미적 대상(THE AESTHETIC OBJECT AS A CONSTRUCT)

다음의 논쟁을 살펴보라. Stephen C. Pepper, "Supplementary Essay on the Aesthetic Work of Art," *The Basis of Criticism in the Arts,* Cambridge, Mass.: Harvard U., 1949; Nathan Berall, "A Note on Professor Pepper's Aesthetic Objects," *J Phil,* XLVIII (November 22, 1951): 750-754; Pepper, "Further Considerations of the Aesthetic Work of Art," *J Phil,* XLIX (April 10, 1952): 274-279; J. L. Jarrett, "More on Professor Pepper's Theory," *J Phil,* XLIX (July 3, 1952): 475-478; Pepper, "On Professor Jarrett's Questions," *J Phil,* XLIX (1952): 633-641; Stephen C. Pepper, *The Work of Art,* Bloomington, Ind.: Indiana U., 1955, chs. 1, 4. 스티븐 페퍼(Stephen C. Pepper)의 견해는 다음 글에서 철저히 비판되었다. Henze, "Is the Work of Art a Construct?" *J Phil,* LII (1955): 433-439; "The Work of Art," *J Phil,* LIV (1957): 429-442, esp. 434-438. 미적 대상을 '구성물'(construct) 및 '성향적(dispositional) 대상'으로 설명하는 페퍼의 견해는 이 장에서 제시된 나의 견해와 대립하는가? 다음 글과 비교해보라. Andrew P. Ushenko, *Dynamics of Art,* Bloomington, Ind.: Indiana U., 1953, pp. 18-25, 42-51. 이 글은 미적 대상을 '잠재태'를 지닌 '본질'로 설명하는데, 이는 나의 견해와 어떻게 다른가? 다음 글도 참조하

라. Stephen C. Pepper and Karl Potter, "The Criterion of Relevancy in Aesthetics: A Discussion," *JAAC*, XVI (December 1957): 202-216.

4.3 집합으로서의 시(THE POEM AS A CLASS)

I. A. Richards, *Principles of Literary Criticism, London: Routledge and Kegan Paul*, 1925, ch. 30; René Wellek, "The Mode of Existence of the Literary Work of Art," *Southern Review*, VII (Spring 1942): 732-754, largely reprinted as ch. 12 of René Wellek and Austin Warren, *Theory of Literature*, New York: Harcourt, Brace, 1942; and in Robert W. Stallman, ed., *Critiques and Essays in Criticism*, New York: Ronald, 1949, pp. 210-223. 문학작품을 '계층화된 규준 체계'로 설명하는 웰렉(Wellek)의 이론에서 나타나는 모호함은 무엇인가? 그의 이론은 문학작품의 해석적 불일치가 해결될 수 있는 방식을 잘 설명하는가? 웰렉의 이론에 대한 반론으로 다음을 참조하라. S. J. Kahn, "What Does a Critic Analyze?" *Phil and Phen Res*, XIII (December 1952): 237-245.

4.4 대상과 그것의 제시(THE OBJECT AND ITS PRESENTATIONS)

① 음악작품이나 희곡, ② 지휘자나 연기자에 의한 그것들의 '해석', ③ '번역'과 '채보'(transcription), ④ '연주'나 '공연', 이들 사이의 관계가 이 장에서 제시된 용어에 의해 명확해졌는가? 예를 들어 어떤 시의 번역은 여전히 원래의 시와 동일하다고 볼 수 있는가? 어떤 음악작품의 채보는 문제의 음악작품과 동일하다고 볼 수 있는가? '공연' 예술과 '비공연' 예술의 구분은 근본적인가? 이를 위해 다음을 참조하라. Stephen C. Pepper, *The Work of Art*, ch. 4.

4.5 변화의 문제(THE PROBLEM OF CHANGE)

시나 그림은 시간에 따라 변화하는가? 아니면 그들은 여전히 동일하지만 우리가 부분적으로 그들을 잃어버리고 있다고 보아야 하는가? '제시'라는 용어를 사용함으로써 그러한 구분이 명확해질 수 있는가?

4.6 현상적 특성의 가변성(THE VARIETY OF PHENOMENAL CHARACTERISTICS)

Wolfgang Köhler, "Psychological Remars on Some Questions of Anthropology," *American Journal of Psychology*, L (Golden Jubilee vol., 1937): 271-288, esp. 275-282; Karl Duncker, "The Influence of Past Experience upon Perceptual Properties," *ibid.*, LII (1939): 255-265. 지각자의 믿음이 그의 지각에 미치는 이러한 영향들은 미적 대상의 성질에 관한 간주관적 동의가 불가능함을 함축하는가?

5

5.1 '미적 대상'을 정의하기(DEFINING 'AESTHETIC OBJECT')

미적 대상에 대한 대안적 정의 유형들, 즉 의도주의적, 정감주의적, 태도적, 객관적 정의 유형들의 상대적 장점을 논의해보라. 다른 저자들이 얼마나 자주 미적 대상을 구분하는지 살펴보라. 예들 들어, 다음 글들에서 저자들이 '예술', '예술작품', '예술적 활동', '미적 경험', '미적 가치' 등을 언제 정의하는지 살펴보라. Jacques Maritain, Benedetto Croce, DeWitt H. Parker, Charles Morris in Eliseo Vivas and Murray Krieger, eds., *The Problems of Aesthetics,* New York: Rinehart, 1953, Part II, esp. pp. 51-57, 77-78, 94-105, 109-111.

5.2 예술의 의도주의적 정의(INTENTIONALISTIC DEFINITION OF ART)

미적 대상은 그것을 제작하는 데 포함된 활동이나 경험에 의해 명확하게 다른 대상과 구분되는가? 이러한 의도주의적 정의는 다음에서 찾아볼 수 있다. C. Hillis Kaiser, *An Essay on Method*, New Brunswick, N. J.:Rutgers U., 1952, ch. 3; T. M. Greene, *The Arts and the Art of Criticism,* Princeton, N. J.:Princeton U., 1940, pp. 5-12; C. J. Ducasse, *The Philosophy of Art,* New York: Dial, 1929, ch. 8, and *Art, the Critics, and You,* New York: Piest, 1944, ch. 2; L. A. Reid, *A Study in Aesthetics,* New York: Macmillan, 1931, pp. 52-53; Dewitt H. Parker, *The Principles of Aesthetics,*

Boston, New York: Silver, Burdett, 1920, ch. 2 and *The Analysis of Art,* New Haven: Yale U., 1926, ch. 1; Thomas Munro, *The Arts and Their Interrelations,* New York: Liberal Arts, 1949, ch. 3. 다음도 참조하라. John Hospers, "The Croce-Collingwood Theory of Art," *Philosophy,* XXXI (1956): 3-20.

5.3 예술의 정감주의적 정의(AFFECTIVE DEFINITION OF ART)

미적 대상은 그것이 지각자에게 끼친 영향에 의해 명확하게 다른 대상과 구분되는가? 종종 의도주의와 결합되기도 하는 이러한 유형의 정의는 다음에서 찾아볼 수 있다. Thomas Munro, "Form and Value in the Arts: A Functional Approach," *JAAC,* XIII (March 1955): 316-341; David W. Prall, *Aesthetic Analysis,* New York: Crowell, 1936, ch. 1; Harold N. Lee, *Perception and Aesthetic Value,* Englewood Clieffs, N. J.: Prentice-Hall, 1938, ch. 9; E. M. Bartlett, "The Determination of the Aesthetic Minimum," *PAS,* XXXV (1935): 113-136.

5.4 예술의 객관적 정의(OBJECTIVE DEFINITION OF ART)

미적 대상은 그들이 모두(조경 정원이나 꽃꽂이, 문신과 같은 경계적 경우들을 포함해) 공통으로 소유하지만 다른 대상은 소유하지 않는 특성에 의해서 명확한 방식으로 다른 대상과 구분될 수 있을까? 예를 들어 그들은 '유기적 복합체'(organic complexes)로 정의 가능한가? 다음을 참조하라. Morris Weitz, *Philosophy of the Arts,* Cambridge, Mass.: Harvard U., 1950, p. 44. 혹은 '외양'(semblance)으로 정의될 수 있을까? 다음을 참조하라. Susanne Langer, *Feeling and Form,* New York: Scribner's 1953, ch. 4; Arthur Berndtson, "Semblance, Symbol, and Expression in the Aesthetics of Susanne Langer," *JAAC,* XIV (June 1956): 489-502.

5.5 예술의 규범적 정의(NORMATIVE DEFINITIONS OF ART)

'미적 대상'이라는 용어나 그 동의어가 비규범적으로 정의될 수 있을까? 아니면 미적 대상은 그것이 미적 가치를 소유했다는 점에서 다른 대상과 구분되는가? 다음을 참조하라. Harold Osborne, *Aesthetics and Criticism,* London: Routledge and Kegan Paul, 1955, pp. 18, 40-47. '어떤 대상의 유형에 대한 정의는 또한 항상 그 유형의 좋은 대상에 대한 정의이다. 왜냐하면 한 유형 내에서 좋은 대상이란 그 유형의 특성을 소유한 대상이기 때문이다'라는 논증의 오류는 무엇인가?

5.6 '예술작품'의 정의(THE DEFINITION OF 'WORK OF ART')

다음 글을 참조하라. Paul Ziff, "The Task of Defining a Work of Art," *Phil R*, LXII (January 1953): 58-78. 여기에서 지프는 '예술작품'이라는 용어의 다양한 의미들을 지적한다. 그는 시와 음악이 그림 및 조각과 '같은 의미에서' 예술작품으로 간주될 수 없다는 주장을 펼치는데, 그의 이러한 주장은 설득력이 있는가? Morris Weitz, "The Role of Theory in Aesthetics," *JAAC*, XV (September 1956): 27-35. 이 글은 '예술'(art)이라는 용어 및 다른 비평적 용어들은 '열린 개념'(open concept)이며, 따라서 그 용어의 적용과 관련된 필요충분 조건을 찾을 수 없다고 주장한다. 그러나 기술적인 목적으로 '예술'이라는 용어의 정의를 약정할 수 있고, 그 정의는 우리가 알고 있는 '예술'의 친숙한 용법들에 부합할 수도 있음을 그가 부정하는 것은 아니다.

제2장

비평적 분석의 범주들

THE CATEGORIES OF CRITICAL ANALYSIS

김정현 번역

미적 대상을 마주하여 비평가들이 해야 할 첫 번째 임무는 이 대상이 어떤 대상인지를 알아보는 일이다. 비평가들이 미적 대상과 하는 모든 일은 그 대상이 어떤 대상인지에 따라 달라진다. 비록 비평가가 대상이 지닌 다양한 특성과 국면을 모두 발견할 것 같지 않다 해도, 한 대상의 주된 특성과 주요 국면이 파악되어야 비로소 그 대상을 온전하게 향유할 수 있기 때문이다. 이렇게 비평가는 대상을 관찰하고 향유하는 것에 만족할 수도 있지만, 만일 작품을 해석하거나(interprete) 평가하려(evaluate) 한다면 적어도 작품에 대한 부분적인 기술(description) 정도는 해줄 준비가 되어 있어야만 한다. 다시 말해, 그는 작품에 대한 해석적 의의나 미적 가치의 근거가 되는 작품의 특징들을 명확하게 명시해줄 준비가 되어 있어야만 한다. 그리고 미적 대상을 기술하는 일은 절대 녹록치 않다.

비평적 기술(critical description)은 모든 수준에서 자세하고 구체적이어야 하지만, 그 기술이 세부 사항들을 분별하여 구분해줄 때 가장 유익하고, 이러한 기술은 우리에게 미적 대상의 내적 본질에 대한 통찰을 주게 된다. 우리는 이러한 비평적 기술을 분석(analysis)이라 부르고, 이 장에서 우리는 미적 대상의 분석에서 발생하는 문제들을 살펴볼 것이다. 그러나 먼저 분석 자체에 대해, 그리고 이와 관련해 끊임없이 제기되어 온 몇몇 오해들을 언급하고 가는 것이 필요하다.[*]

비평적 분석에 대하여는 종종 두 가지 반론이 제기되고는 한다. 첫째, 미적 대상의 경우는 왠지 비평적 분석이 불가능하다는, 즉 미적 대상은 분석적 비평이 어렵거나 이러한 고려에 해당하지 않는다는 반론이다. 둘째, 미적 대상의 분석이 가능하다 할지라도, 이러한 고려가 우리의 정서를 방해하여 미적 대상에서 찾을 수 있는 즐거움을 망칠 것이기에 바람직하지 못하다는 반론이다. 첫 번째 반론은 미적 대상의 본성에 대한 특정 가정으로부터 기인하고, 두 번째 반론은 현대 회화와 음악의 비평가, 특히 문학에서의 소위 '신비평주의자들'에 대한 반발로, 이 비평가들이 과하게 지적이고 지나치게 독창적이라 종종 나무를 보느라 숲을 놓친다고 비판한다.

두 번째 반론에 대한 것이라면, 그 답변은 간단하다. 분석은 향유(enjoy)가 아니다. 그래서 우리는 항시 이 둘을 동시에 행할 수 없다. 그렇다고 한 시점의 분석이 다

---

[*] 비평적 분석에 대한 옹호에 관하여는, David W. Prall, *Aesthetic Analysis*, New York: Crowell, 1936, ch. 1, pp. 12-31; ch. 2와 Edmund Gurney, *The Power of Sound*, London: Smith, Elder, 1880, pp. 40-41을 보라.

른 시점의 향유를 배제하지도 않는다. 그럴 리가 있겠는가. 영양사이거나 약사이거나 음식에 대해 연구해야 한다. 음식의 연구가 음식의 섭취와는 다른 일이지만, 연구가 식욕을 감퇴시키겠는가? 그러나 이 유비를 너무 과하게 주장하지는 말아야 한다. 왜냐하면 미적 분석과 화학적 분석이 정확히 동일한 것은 아니기 때문이다. 정확히 말하자면, 미적 대상의 분석은 대상에 있는 더 세심한 세부 사항과 더 미묘한 성질들을 알아가는 것, 즉 향유될 수 있는 혹은 정서적으로 감응 가능한 것들을 발견하는 일이다. 이러한 분석이 없다면, 미적 대상이 지닌 날것으로서의 겉보기의 특성에 대해 미숙하고 조악한 정서적 반응만을 보이게 될 것이다.

첫 번째 반론에 숨어있는 의심은 이보다 조금 더 복잡하다. 때때로 분석이 대상을 '훼손하고' 대상의 중요한 특징을 제거한다고 여긴다. 만일 색채 분석가가 초록색이 '실제로' 노랑과 파랑일 뿐이라고 말한다면, 초록은 어찌 되는 것일까? 물론 이렇게 말하는 것은 터무니없는 일이고, 분명 '분석'이라는 말로 우리가 하고자 의미는 아닐 것이다. 화학적 의미의 분석은 분해라서 화학자가 혈액 분석을 마치고 나면 그 혈액은 더 이상 피로서는 무용하다. 그러나 비평적 의미의 분석은 그저 더 잘 보고, 더 잘 듣고, 더 잘 읽는 일이라서 이러한 분석이 대상을 훼손하지는 않는다. 화학자가 케이크를 분석하여 그 안에 든 비소를 발견할 수는 있다. 그러나 그 비소가 맛볼 수 없을 정도의 소량이라면 이러한 발견은 케이크 전문가가 '너무 짜다'거나 '바닐라 풍미가 부족하다'와 같이 말할 때처럼 그 맛에 대한 감각적 분석에 해당하는 것은 아니다. 노랑과 파랑을 섞어 초록을 만들 수 있다고 말하는 것은 초록색을 '분석'하는 것이 아니다. 왜냐하면 황록색이 아닌 이상 우리는 초록색에서 노랑을 보지는 못하기 때문이다. 이는 초록색의 물리적 원인에 관한 진술일 뿐 어느 모로 보아도 비평적 분석에 해당하지 않는다. 숫자 8이 접점을 공유하는 두 원으로 이루어졌다고 말하는 것도 우리가 말하는 의미의 분석이지만, 이때 숫자 8이 '실제로' 8이 아니라는 어떠한 함축도 여기에 없으며 우리가 이 숫자를 못 알아보지도 않는다.

또한 비평적 분석이 미적 대상을 '왜곡'하여 미적 대상에 대한 잘못된 진술을 낳는다고 말해지기도 한다. 만일 이러한 반론이 옳다면 비평적 분석은 자기-모순적인 (self-defeating) 것이니 심각한 일이다. 그러나 이것은 지각에 관한 중요한 사실을 기술하는 잘못된 방식에 기초한 탓이다. 언급한 것은 한 부분의 감각장이 속한 맥락에 변화가 일어날 때 이에 상응하는 물리적 자극에 아무런 변화가 없음에도 불구하고 그 부분의 성질이 변할 수 있다는 것을 보여준다. 따라서 몇 가지 임의의 사례를 들어보자면, 종이에 그려진 회색 동그라미는 이 종이로부터 발산되는 빛의 파동의 양적 변화가 없음에도 불구하고 하얀 배경보다는 좀 더 어두운 배경에 놓일 때 더 진한 회색으로 보이고, 회색 패치는 강도(intensity)가 높은 색채 위에 놓일 때 보색 빛이 돈다. 그리고 측정한 직경의 수치에는 차이가 없을지라도 어두운 배경에 놓인 밝은색 동그라미가 밝은색 배경에 놓인 어두운 색 동그라미보다 더 커 보일 것이다. 이와 유사한 수많은 사례들이 각각의 감각장에 대해서 논해질 수 있다는 것은 두 말 할 나위가 없다.

그렇다면 이제 한 그림에서 빨간색 배경에 놓인 회색 패치를 관찰한 후 회색 패치만을 따로 떼어 고려한다면, 이 패치는 녹색조가 사라져서 더 이상 이전의 것이 아니라고 반박할지 모른다. 그러나 이 또한 분석에 대한 잘못된 생각이다. 우리가 캔버스에서 개별 패치들을 잘라내어 각각 독립된 장소에 두면 물론 달라 보일 것이다. 그러나 분석이 잘라내기는 아니다. 우리는 주어진 것, 즉 나타난 바(what appears)를 분석하는 것이다. 그리고 이때 나타난 녹색조가 그 색채에서만이 아니라 일부 배경색과 갖는 관계에서 작용하는 것이라 해도 우리가 그림의 이 패치가 녹색조를-띤-회색이라고 말하지 못할 이유는 없다.

마지막으로, 특히나 미적 대상에서는 '전체가 부분의 합이 아니기'에 분석이 너무나 많은 것들을 제외할 수밖에 없다고 말해진다. 단순한 의미로 보면 이 경구는 몸무게처럼 전체에 대해서는 옳지만 그 부분들에 대해서는 옳지 않은 것들이 있음을 뜻한다. 이는 옳은 말이다. 그러나 비평적 분석이 이 경구를 부인하는 것도 아니다. 사실 엄밀히 말해 분석은 첫째, 부분에 참이 되는 것을 발견하고, 둘째, 그 부분들이 전체의 특유한 성질에 기여하는 방식을 발견하는 것을 목적한다.*

그렇다면 분석은 세부사항들을 구별하고 식별하고 기술하는 일일 것이다. 그리고 분석은 비평가가 중요하게 주목하는 세부 사항의 종류에 대한 가정 위에서 진행된다. 분석가는 특정 범주(categories), 즉 기초 식별을 사용한다. 그리고 이러한 식별은 현재 우리가 중요하게 논의하고자 하는 문제, 즉 '비평적 분석에 적합한 범주란 무엇인가?'라는 질문을 낳는다. 따라서 우리는 간략하게나마 비평에서 널리 사용되는 범

---

*   Charles L. Stevenson, "On the 'Analysis' of a Work of Art," *Phil R*, LXVII (1958): 33-51을 보라.

주들을 검토하여 이 범주들이 지닌 문제점을 논한 후 이보다 좀 더 편리한 다른 대안 범주들을 제안해야 한다. 이 장에서 이러한 대안을 설명하기 위한 논의의 대부분은 회화와 음악에 제한될 것이다. 그리고 논의된 범주들이 조각과 건축에도 얼마나 잘 적용될 것인가 하는 문제는 독자들의 몫으로 남겨두고자 한다.

6

부분과 전체

PARTS AND WHOLES

미적 대상은 대부분 분명하게 도드라지는 특징들, 즉 미적 대상을 접하여 첫눈에 알아볼 법한 지배적인 패턴이나 성질들을 가진다. 우리가 꼼꼼히 살펴보아야만 발견할 수 있는 특징들은 이보다 더 주목받을 만한 것이기에 이것들이 미적 대상의 최선은 아닐 것이다. 그러나 이러한 특징들은 너무나 명백하고 도드라져서 큰 노력이나 감수성을 기울이지 않고도 지각할 수 있다. 물론 잘못된 것일 수는 있지만 쉽게 추론해보면 때로 이 명확한 특징들은 예술가가 가장 먼저 떠올렸거나 그가 가장 헌신했던 특징으로 여겨지기도 하고, 비슷하게 예술가의 주요 의도로 여겨지기도 한다. 작품의 나머지 부분들은 이 주요 의도에 종속된 것으로, 즉 의도를 실행하는 수단으로 여겨진다. 따라서 만일 우리가 비평가에게 미적 대상을 분석할 때 추구하는 것이 무엇인지를 물어본다면, 그들은 첫째로 미적 대상의 목적(end), 혹은 목표를 발견하는 것이 필수적이고, 이것을 수단(mean), 혹은 실행으로부터 구분하는 것이라고 답할 것이다.

이제 이 한 쌍의 알쏭달쏭한 용어를 살펴보자. 물론 이 용어에도 중요한 사용이 있겠지만, 우리가 궁금한 것은 이 용어들이 비평적 분석의 범주로 사용되는가 하는 것이다. 영어 사용에서 '목적'과 '수단'이란, 서로 인과적으로 의존하는 과정의 단계들을 식별하기 위해 쓰인다. 그래서 이 목적-수단이라는 관계는 개별 과정을 염두에 두는 한 시간의 순서를 지닌(temporal) 비대칭적 관계이다. 다시 말해, 망치질은 못 박기를 위한 수단이지만, 그 역은 성립하지 않는다. 이제 예컨대 렘브르크(Lehmbruck)의 조각이나 담배 한 갑, 혹은 낡은 신발 한 짝 같은 대상 하나를 골라보자. 우리는 이 대상들에서 어느 부분이 목적이고 수단에 해당하는지를 어떻게 결정할 것인가?

이러한 질문은 분명 어리석은 구석이 있다. 그러나 부주의해서 엉뚱한 사용이

제2장 비평적 분석의 범주들

발생하는 것이 다반사가 아니라면 이러한 질문은 제기되지도 않았을 것이다. 어떤 때 비평가는 분명 '수단'이라는 말을 작품 완성 이전의 작가 활동을 가리키는 데 쓰고 이때 작품은 전적으로 '목적'이 된다. 반면 다른 경우 비평가는 분명 '목적'을 감상자에게 미치는 효과를 가리키는 데 사용하고 이때 작품은 전적으로 '수단'에 해당한다. 둘 중 어느 경우도 이 용어들이 목적-부분과 수단-부분의 구분을 작품 내에서 (within) 구분 짓지는 않는다. 그러나 이러한 개념은 목적-수단의 구분이 만들어질 수 있고 만들어져야 한다는 것을 고수한다.

예컨대, '렘브란트의 드로잉, 〈잠자는 소녀〉(Girl Sleeping, 도판 2)는 매우 경제적인 수단으로 그 목적을 성취한다'와 같은 전형적인 진술을 생각해보자. 글쓴이는 당시 렘브란트가 돈이 궁해서 싸구려 재료를 샀다거나, 혹은 힘을 아끼려고 드로잉을 기댄 자세로 그렸다는 주장을 하려는 것이 아니다. 그는 우리에게 이 드로잉을 그 증거로 보여주어 단순히 드로잉 자체를 살피는 것만으로도 그의 진술이 확증된다고 본다.

이 같은 모든 경우를 다루는 우리의 방법은, 첫째, 상식적으로(sensibly) 뜻할 수 있는 바가 무엇인지를 묻고, 둘째, 좀 더 오해 없이 진술될 수 있었는지를 묻는 것이다. 그런데 현재 이 사례의 경우는 의미가 명확하다. 다시 말해, 위 진술은 소녀의 몸과 옷 주름의 윤곽을 그린 선의 수가 드물어 대충 그린 듯 보임에도 소녀의 몸이 놀랍게도 부드러운 입체감을 형성하여 그림에 풍부한 포근함을 부여한다는 의미이다. 그렇다면, 이 그림의 수단은 개별적인 선이나 음영의 영역들일 것이고, 목적은 그림이 가지는 일반적인 성격(character)일 것이다. 그리고 비평가는 그림이 이 일반적인 성격을 매우 적고 간략한 붓질을 통해 성취하기 때문에 렘브란트를 상찬한 것이다.

그러나 우리가 잠시 목적-수단 구분의 평범한 사용이라 불릴 만한 다른 한 특징을 떠올려 보면 이렇게 말하는 것이 문제가 있다는 것을 알 수 있다. 우리는 같은 추상적인 목적을 성취하는 대안적인 수단들이 있을 때, 목적-수단의 구분을 필요로 한다. 예를 들어, 우리의 목적이 특정한 도시에 도착하는 것이고 당장에는 경비 절약이나 시간 절약과 같은 여타의 목적에는 관심이 없다면, 그 도시에 도착하려는 이 추상적인 목적에 하나 이상의 수단들이 있을 것이다. 예컨대 우리는 기차, 버스, 비행기를 탈 수도 있고, 자가 운전이나 도보로 갈 수도 있다. 이제 우리가 경비 절감과 같은 두 번째 목적을 염두에 둔다면, 이 두 번째 목적의 관점에서 첫 번째 목적을 성취하는 모든 수단을 비교할 수 있다. 다시 말해, 우리는 그 도시에 도착하기 위한 가장 경제적인, 즉 가장 저렴한 수단이 무엇인지 물어볼 수 있다.

이제 같은 생각을 렘브란트의 드로잉에 적용해보자. 잠자는 소녀를 그린 렘브란트의 또 다른 드로잉이 있었다고 해보자. 이 그림은 위의 그림과 정확히 동일한 정도의 입체감, 부드러움, 포근함을 지니고 있지만 더 많은 선으로 그려져서 이전 그림만큼 큰 여백은 찾아보기가 어렵다고 해보자. 이제 우리는 이전 그림이 이 그림보다 더 경제적이라고 말할 수는 있다. 그러나 이전 그림과 동일한 목적을 성취할 대안적인 수단이 없다는 것이 분명해 보인다. 왜냐하면, 언급한 여백이 없고 붓질을 아끼지 않았다면 빛이 그토록 선명하게 소녀를 비추지도 않았을 것이고, 그렇다면 소녀의 입체감과 부드러움이 상실되었을 것이기 때문이다. 만일 선들이 조금 더 길거나 짧거나, 혹은 두껍거나 가늘거나, 혹은 더 많거나 적어서 조금이라도 다르게 그려졌다면, 전체 드로잉이 가지는 일반적인 성격이 달라졌을 것이다. 이보다 경제적인지 못한 어떤 수단도 동일한 목적을 성취하지 못하는 상황에서 가장 경제적인 '수단'을 운운하는 것은 무의미하다.[*]

비평적 기술에서 '목적'과 '수단'이라는 용어는 너무나 친숙한 것이라 이 용어들을 이처럼 간략하게 거부하는 것은 다소 성급해 보일 수 있다. 나는 결코 독단적으로 보이고 싶지 않을뿐더러 좀 더 깊은 논의도 없이 이 용어에 얽힌 모든 궁금증을 해결할 수도 없다. 예를 들면, 어떤 의미에서는 한 회화의 목적을 달성하는 대안적 수단들을 가지고 있다고 말할 수 있기도 하다. 예를 들어, 한 형체가 다른 형체보다 멀어보이도록 재현하는 방법에 해당하는 중첩, 선원근법, 대기원근법 같은 것들 말이다. 우리는 자연스럽게 이러한 방법을 거리감을 재현하는 서로 다른 수단이라고 말한다. 그리고 우리가 의미하는 맥락을 명확하게만 한다면 목적과 수단이라는 용어의 사용을 항시 피할 이유도 없고, 이 용어들이 '작가가 선택한 수단이 그의 목적을 얼마나 잘 성취하는가?'와 같은 유감스러운 질문으로 빠진다는 이유에서 이 용어들을 기초 범주로 상정하는 것을 주저할 필요도 없을지 모른다. 다시 말해, 작가가 원근법을 사용한다고 해서 그가 깊거나 얕은 깊이감을 원한다고 가정해서도 안 되며 작가가 원했던 것을 성취했거나 실패했다고 그를 칭찬하거나 비난해서도 안 된다. 깊이감의

---

[*] 경제성 개념과 이 개념을 음악, 회화, 문학에 적용한 사례는 다음 논문에서 더 자세히 다루었다: M. C. Beardsley, "The Concept of Economy in Art," *JAAC*, XIV (March, 1956): 370-375. 마틴 슈타인만(Martin Steinmann)과의 논답도 참조하라: XV (March 1956): 124-125.

제2장 비평적 분석의 범주들

정도와 그것의 특별한 성질은 그림에서 색 영역들이 연결되는 방식에 의존한다. 물론 목적과 수단은 작가의 마음에 존재했을 공산이 크다. 작가가 깊이감을 원해서 이에 맞는 지각적 조건들을 찾았을 수도 있고, 이러한 지각적 조건을 원하다 보니 그 결과로 깊이감을 기꺼이 받아들였을 수도 있다. 그러나 이 어떤 것도 감상자가 결정할 몫이 아니며 감상자의 지각을 통제하지도 않는다. 목적-수단이라는 용어는 의도주의자적 말하기 방식의 잔재이고, 감상자를 작품으로부터 벗어나게 하는 동시에 입증할 수도 없는 의도라는 개념을 조장하는 경향이 있기 때문에 반대할만한 것이다.

그 외의 오용된 용어들

두 번째 한 쌍의 용어도 비평적 글쓰기에서 매우 흔하게 쓰이며 문제가 많은 것으로 이는 '무엇'(what)과 '어떻게'(how)에 해당한다.* 이 용어를 사용하는 이들에 따르면, 비평 분석가가 미적 대상에서 발견해야 할 것은 첫째로, '무엇이', 그리고 둘째로, '어떻게' 행하여졌는가이다. 물론 '어떻게'라는 용어는 선결해야 할 두 가지 매우 다른 의미를 가진다. 우리는 이렇게 물어볼 수 있다. '그가 무엇을 했어?', 그는 나무를 베었어. '어떻게(어떤 수단으로)?', 도끼로. 이런 의미로라면 어떻게-무엇의 구분은 수단-목적의 구분과 동일한 것이고, 전자는 후자의 모든 혼란에 영향받는다. 하지만, 우리는 다음과 같이 물어볼 수 있다: '그가 무엇을 했어?' 도끼를 휘둘렀어. '어떻게(어떤 방식으로)?' 우아하게, 부드럽게, 힘차게, 솜씨 좋게.

두 번째 구분에서 가장 먼저 주목해야 할 사안은 이것이 완전히 상대적이고 임의적인 것이라는 점이다. 도끼를 휘두르는 것과 껌을 씹는 것은 서로 다른 행위이지만, 그가 도끼를 휘둘렀다면 그때 발휘한 우아함은 별개의 행위가 아니라 같은 행위이며, 좀 더 구체적으로 기술되었을 뿐이다. 앞서 그가 무엇을 했는지 물었을 때, 우리는 온전한 설명이 아니라 다른 많은 행위에도 적용될 수 있는 추상적 분류(abstract classification)만을 얻었다. 예를 들어, '그가 팔을 움직였어'라는 말에 우리가 '어떻게?'

---

* 제5장에서 우리는 이 용어들이 문학작품에 적용되는 용례를 다룰 것이다. 이에 대한 가장 명민한 분석은 브래들리(A. C. Bradley)의 강연록 중 "Poetry for Poetry's Sake"에 있다. 이 책의 Note 14.1을 보라.

라고 묻는다면, 이는 그 무엇에 대한 더 상세한 설명을 요구하는 것이다. 즉 '그가 팔을 나무-베기처럼 혹은 야구공-던지기처럼 움직였어'와 같은 설명으로 일상적인 발화에서라면 '그가 마치 ~을 하듯'이라고 덧붙였을 것이다. 만일 이러한 답도 여전히 부족하다고 여겨진다면 우리는 '어떻게 (어떤 방식으로) 나무를 베었어?'라고 물어볼 수 있고, '우아하게'라는 답은 그 행위를 보다 상세하게 기술해준다.

그렇다면 그 본래의 사용에서 '어떻게'와 '무엇'을 구분하는 것은, 어떤 사람이 세 이름으로 불릴 때 각각의 이름이 그 사람의 서로 다른 부분을 명칭하지 않는 것처럼 한 대상을 두 부분으로 나누지 않을 뿐만 아니라 하나의 행위를 두 부분으로 나누지도 않는다. 그리고 이 두 용어의 구분은 개별적인 정보-요청 맥락에 상대적인 것이라 좀처럼 비평적 도구로 쓰이지 않을 것이다. 그리고 '기법'(treatment), '처리'(handling), '기예'(technique)와 같이 흔히 '어떻게'에 매우 가까운 유사어로 소개되는 다른 용어들도 또한 마찬가지이다.

위에서 언급한 이 친숙한 용어들이 모두 너무나 많은 용례와 의미를 지닌 탓에 짧게 정리하기는 불가능하다. 우리가 이 장에서 할 수 있는 것은 몇몇 가장 중요한 논점들에 주목하여 논란의 여지가 있는 용어들을 대처하는 방법을 설명해보는 것이다.

'기법'이라는 단어는 때때로 미적 대상과 어떤 것의 관계를 기술할 때 사용된다. 비평가가 드보르작(Dvořák)의 민요적 '사용'이나 티치아노(Titian)의 조르조네(Giorgione)식 구성의 '사용'을 언급한다면, 예컨대 그는 '티치아노가 구성을 좀 다른 기법으로 다루었다(treat)'고 말하는 것인지 모른다. 이런 의미에서라면 '기법'이라는 용어는 '티치아노의 구성이 어떤 점에서 좀 다르다'는 것을 의미할 뿐 다른 기능을 가지지 않는다. 그러나 이렇게 말하는 것은 티치아노의 그림만을 놓고 보았을 때 그 구성과 그것의 기법을 구분할 수 있다고 말하는 것이다. 하지만 실상 이는 불가능하다.

다음의 예문들을 생각해보자. '에르네스트 블로흐(Ernest Bloch)의 *Concerto Grosso* 피날레에서 주제는 전위(inversion)와 주제 확대(augmentation)라는 기법으로 다루어졌다.' '매너리즘 회화에서 공간의 기법은 고전 르네상스 시기의 그것과 다르다.' 이러한 문장들은 다른 용어들로 쉽게 번역 가능하기 때문에 거의 무해하다. 블로흐의 선율의 전위는 그 자체로도 하나의 선율이다. 즉 한 선율이 나머지 선율보다 더 '어떠할'(how) 것이 없고, 만일 두 번째 선율이 먼저 생겨났더라면, 우리는 첫 번째 선율을 '기법'이라고 불렀을 것이다. 그리고 매너리즘 회화에서라면 공간에 대해 말하고 '기법'이라는 말을 포기하는 편이 나을 수 있다. '어떻게'라는 용어와 그 유사어가 지닌 문제점은, 다시 한번 말하지만, 이것이 의도주의적이라는(intentionalistic) 데에 있다. 이러한 용어들은 예술가가 어떤 것으로 시작해서 거기에 또 어떤 것을 더 했다는 것을 시사하고 실제로 그럴지도 모르지만, 그렇게 되면 이러한 용어들은 우리에게 작품에서 먼저 행해진 것과 나중에 행해진 것을 결정하도록 만든다. 드로잉의 선이 지워진 것을 알아볼 수 있는 경우처럼 아주 특이한 상황이 아니라면 이러한 결정은 불가능하고, 또 필요도 없다.

'기예'라는 용어는 미적 대상과 그 물리적 근간 사이를 넘나드는 습관이 있다. 순수 예술에서 이 용어는 종종 화가의 손놀림, 즉 물감을 바르는 방법과 같은 것을 언급할 때가 많다. 이런 의미에서라면 연주자의 기예는 있을지언정 작곡가의 기예는 없다. 한편 '기예'가 음악 자체에서 들릴 수 있는 것, 즉 특정 종류의 불협음이나 대위 선율 간의 관계를 지칭할 때가 있는데, 이런 의미에서라면 회화는 붓질의 크기, 방향, 넓이나 물감의 두께와 같이 회화에서 보이는 것을 지칭할 것이다. 비평가라면 항시 '기예'라는 용어의 사용 맥락이 자신이 말하는 바를 드러내지 못하는 곤란을 겪을 수 있다. 이 용어 사용에 대한 반론의 핵심은 용어의 사용이 실제로는 없는 어떤 구분이 존재한다고 주장한다는 데 있다. 우리가 회화와 음악 작품에 관한 수많은 기술적인 (descriptive) 진술을 모두 베껴 적었다고 해보자. 우리는 어떤 기준에서 이 중 어떤 진술들이 다른 어떤 것이 아닌 기예에 대한 진술이라고 분류할 수 있을까?

우리는 널리 사용되는 또 다른 용어 하나를 여기에서 잠시 고려해야 하는데, 이것은 바로 '매체'(medium)이다.* 이 용어는 매우 다르지만 쉽게 혼동되는 수많은 의미를 가지고 있어서 진지하고 엄밀한 비평에는 거의 쓸모가 없다. 예컨대 대중 매체인 신문, 소리 전달 매체인 공기, 영적 매체인 보샹 부인(Mrs. Beauchamp), 소통의 매체인 미국 우편과 같은 미적 대상과 무관한 의미들 외에도 이 용어에는 더 당혹스러운 의미들이 많다. 유화나 템페라가 매체라고 할 때의 의미는 말(horse)이 매체라고 할 때의 의미와 다르다. 그리고 이 둘 중 어느 의미도 금속 요판과 에쿼틴트 요판이 서로 다른 매체라고 말할 때의 의미와 같지 않다. 그리고 듀크 엘링턴(Duke Ellington) 밴드와 Symphony of the Air의 협연 콘서트 리뷰에서 한 신문사가 재즈밴드와 심포니

---

* 그린(T. M. Greene)은 이 용어를 많이 이용했다. Note 6.2를 참조하라.

오케스트라를 두 '음악 매체'라고 언급했을 때의 의미와도, 한 코미디언이 라디오를 언급하며 "나이트클럽까지 포함한 모든 희극 매체 중 가장 성공적인 사례"라고 언급했을 때의 의미와도, 오스카 와일드(Osacr Wilde)가 "브라우닝(Browning)은 시를 산문 작화의 매체로 사용한다"고 언급했을 때의 의미와도 모두 다르다.

우리가 이 모든 사용의 구분을 정리해 '매체'라는 단어에 모두가 동의할 만한 어떤 구제의 의미를 구해줄 필요도 없다. 이러한 의미의 사용을 부여하는 것은 쉬운 일일 것이나 그렇게 하는 것이 혼동을 막지는 못할 것이다. 왜냐하면 어떤 가능한 의미에서도 '매체'의 어원적 의미, 즉 '수단'이나 '~으로써'라는 개념의 암시를 고수할 것이기 때문이다. 그리고 어떤 가능한 의미에서도 비평적 분석에 유용한 구분이 주어지지 않을 것이다.

나는 '이 그림은 수채화이다'라는 문장을 매체에 관한 진술이라고 본다. 그렇다면, 매체는 미적 대상인 회화의 부분이 아니라 회화의 물리적 기초이거나, 혹은 아니면 색채의 옅음, 광택 없음, 투명성과 같은 시각적 성질들의 단순한 합이다. 미적 대상에 관한 기술들을 매체를 언급한 것과 언급하지 않는 것으로 나누는 유용한 방법은 없어 보인다.

요소와 복합체

따라서 우리는 어떤 것이 미적 분석을 위한 좋은 범주들의 집합일 것인가 하는 문제를 살펴보아야 한다. 앞서 논의한 논란의 용어들이 실제로 미적 대상에서 입증되는 것을 지칭하는 한 이 용어들은 미적 대상의 부분과 그 부분들의 관계를 가리키는 것임이 분명하다. 그리고 우리가 분석의 기초 범주로 삼을 것도 바로 이 부분-전체의 관계이다. 나는 앞으로 이 절에서 이 부분-전체의 관계에 연관된 범주들의 작은 집합을 대략적으로 구획해 보고, 이어지는 두 절에서는 이 범주들의 사용가능성과 유용성을 보여줄 것이다.

관계적 용어에 해당하는 '~의 부분'의 의미는 이것이 시각장에 적용되는 한 논란의 여지가 없다. 나체 형상, 혹은 분홍색 패치는 명확하고 확실한 이유에서 전체 그림의 한 부분이다. 우리가 전체 악장이나 그 악장의 한 악절이 전체 교향 악곡의 부분이라고 말하는 것은 흔한 일이지만, 하나의 음이나 하나의 선율(melody)이 교향악의 부분이라고 말하는 것은 조금 어색하게 들릴지 모른다. 이 경우, 이질성이 대상 내에 있다면, 예컨대 핑크빛 물감과 파란 물감 간의, 혹은 낮은 레 음 부분과 파 음 부분 간의 구분이 대상 안에서 가능하다. 그리고 우리가 이러한 구분점들 사이에서 발견하는 것이 무엇이건 그것은 전체의 적합한 부분에 해당한다.

감각장의 어떤 부분들이건 그것이 더 작은 부분들로 쪼개질 수 있다면 이것도 그 자체로 복합체(complex)이다. 감각장에서 절대적으로 동질적인 부분이 더 작은 부분으로 나뉘지 않는다면, 이 더 이상 부분으로 나뉘지 않는 부분은 감각장의 요소(element)라고 부를 수 있다. 분석은 바로 이 요소에서 끝난다. 우리는 달의 표면에서 밝은 부분과 어두운 부분을 구별할 수 있지만, 어두운 부분에서 어떤 차이도 발견할 수 없다면 이 어두운 부분은 요소적인 부분이다.

이러한 요소적인 부분들도 가령 어둡기나 형태와 같은 성질들을 가지는 것이 분명한데, 그러한 성질들이 없다면 우리는 그 부분을 지각할 수 없다. 이러한 성질들을 국소적 성질(local quality)이라 부르자. '성질'이라는 단어의 'o'자 안에 있는 하얀 부분은 지금 이 페이지의 요소에 해당하고, 그래서 이 부분이 지닌 하양(whiteness)은 국소적 성질이다. 그러나 어떤 복합체는 그것의 요소들이 지니지 않는 성질들을 지니기도 한다. '국소'라는 단어는 다섯 자모를 가지지만, 이 중 어떤 자모도 같은 성질을 가지지 않는다. 그리고 어떤 복합체들은 그것의 어느 복합체 부분들도 지니지 않는 성질을 지니기도 한다. 예컨대 앞 문장은 열두 개의 어절을 가지지만, 이 문장의 어느 구절이나 어절도 같은 성질을 가지지 않는다. 복합체에는 속하지만 그 복합체의 어느 부분에도 속하지 않는 속성이나 특징을 그 복합체의 영역 속성(regional property)이라 부르자. 그렇다면, 몸무게가 나간다는 특징은 이런 의미에서 영역 속성이 아닌데, 이는 우리 몸의 부분인 사지도 무게가 나가기 때문이라는 데에 유의하자. 그러나 몸무게가 68 킬로그램이라고 했을 때, 68 킬로그램이 나간다는 속성은 영역속성에 해당한다. 왜냐하면 몸의 어느 부분도 68 킬로그램만큼 많이 나가지 않을 것이기 때문이다.

어떤 영역 속성들은 감관에 의해 지각될 수 있지만 다른 것들은 그렇지 못할 수 있다. 몸무게가 68 킬로그램이라는 속성은 저울에서 재거나 혹은 다른 방법으로 유추할 수는 있어도 직접적으로 지각할 수 없다. 그러나 우리의 건장함이나 마름은 지각 가능하다. 우리는 미적 대상의 기술에서 지각 가능한 속성들에 관심을 두며 이러한 속성에 '성질'(quality)이라는 이름을 준다. 따라서 내가 복합체의 영역 성질이라 하면 이것으로 나는 복합체가 지닌 지각적인 영역 속성을 의미한다.

이제 더 상세하게 두 종류의 영역 속성, 합산적(summative) 속성〔혹은 가산적(additive) 속성〕과 창발적(emergent) 속성으로 칭해지는 두 속성을 구분해야 할 듯하다. 예컨대, 1 파운드 두 개를 함께 저울에 올리면 이 합은 2 파운드가 될 것이다. 이때 이 2 파운드는 앞선 정의에 따르면 영역 속성에 해당한다. 왜냐하면 2 파운드는 둘 중 어떤 부분의 특징도 아니기 때문이다. 그러나 이때 전체 무게는 두 부분을 단순하게 산술적으로 더한 합이다. 하지만 염소와 나트륨에는 없는 염화나트륨의 짠맛과 수소와 산소에도 없는 H_2O가 가지는 젖는 성질은 이러한 합으로 기술되기 어렵다. 기존의 것과는 다른, 그리고 새로운 것이 조합을 통해 창발된 것이다. 다시 말해, 두 백색광이 합쳐져서 만드는 백색광의 밝기는 합산적이고, 서로 다른 두 색상의 빛이 합쳐져 만드는 빛의 색상은 창발적이다.

직관적으로 보면 이러한 구분은 옹호가능한 듯 보인다. 그러나 안타깝게도 이러한 구분을 분석하고 일반적인 방식으로 정의하려는 시도들은 그다지 성공적이지 못했다. 예를 들어, 전자의 무게의 합은 부분의 무게를 아는 것으로부터 예측 가능하지만 후자의 짠맛은 염소와 나트륨 각각의 속성으로부터 예측 가능하지 못하다고 말할 수 없다. 사실 두 사례 중 어느 것도 부분에 대한 지식만으로는 예측 가능하지 못하지만, 두 사례 모두 우리가 두 무게를 합하여 합을 내어보거나 나트륨에 염소를 결합해본다면 예측 가능하다. 아마도 그 차이는 두 사례 간의 근본적인 차이라기보다는 생소함(surprisingness)의 정도에 있지 않나 싶다. 예를 들어, 우리가 큰 입방체를 만드는 아홉 개의 동일한 입방체들을 가지고 있다면, 이는 그리 특별할 것이 없다. 그러나 이미 모두가 잘 아는 퍼즐인 다음의 네 조각은 하나의 T를 이루지만, 막상 각각의 퍼즐을 흩어진 상태에서 받게 되면 그 T가 명확히 보이지 않는다.

특정 학문 분야에서 창발은 우세한 설명이론을 참조해 정의될 수 있다. 모두가 받아들이는 이론 T가 있고, 이 이론 T에 의해 그 현존이 설명되지 않는 속성 P가 있다고 해보자. 그렇다면 이론 T의 입장에서 속성 P는 창발한 것이다. 그러나 이는 미적 대상을 분석하는 데에 있어 우리가 추구하는 구분에 해당할 것 같지 않다. 어떤 경우에라도 만일 합산적 속성과 창발적 속성 간의 구분이 만족스럽게 정식화되려면 이는 다소 복잡한 방법들과 어떤 전문적인 상징(symbolic) 기제의 도움을 받아 이루어

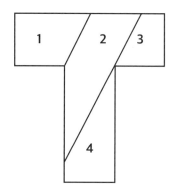

질 것임이 분명하다.* 따라서, 이러한 구분이 현 논의의 목적에 크게 부합하지 않는다고 말할 수 있다면 (나는 그럴 것이라 보는데) 그편이 낫다. 예술에 관한 담론에서 중요한 것은 복합체의 영역 성질이 두 국면을 지닌다는 점이다. 즉 영역 성질들은 이것들이 각각의 부분에서는 발견되지 않는다는 점에서 새로움(novelty)을 지니지만 그럼에도 부분과 그것들의 관계에 또한 의존한다는 것이다.

이제 우리가 다루는 범주들을 단순한 그림을 통해서 설명해볼 수 있다. 아래 네 개의 작은 원들이 있다. 언급의 편의를 위해 알파벳을 적어놓았다.

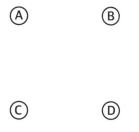

문제는 우리가 이 그림에 대해 말할 수 있는 근본적인 차이의 종류가 무엇인가 하는 것이다.

첫째, 우리는 요소들을 기술할 수 있다. 즉 A, B, C, D가 원이며 이 원들의 배경이 흰색이라고 기술해볼 수 있다.

---

*   특히, Note 6.3에 언급된 Ernest Nagel, E. H. Madden, N. Rescher과 P. Oppenheim의 논문을 참조하라.

둘째, 편의상 이것을 지리학적 좌표평면이라고 가정하고 이 요소의 관계들을 기술할 수도 있다. 예컨대, A는 B로부터 1인치 서쪽에, C는 D로부터 1인치 서쪽에, A는 C로부터 1인치 북쪽에, B는 D로부터 1인치 북쪽에 있다고 말이다. A가 D로부터 북서쪽에 있다는 기술처럼 우리가 기술할 수 있는 관계가 앞서 말한 것이 전부인 것은 아니다. 그러나 앞의 네 개의 관계로 충분하다. 왜냐하면 일단 이 네 관계가 주어지면 위 그림이 고유하게 결정되고 이로써 이 그림의 부분들이 지니는 다른 모든 관계가 확정되기 때문이다.

셋째, 우리는 위 그림이 전체로서 지니는 영역 성질들을 기술할 수 있다. 예컨대, 이 그림은 사각형의 특징을 지닌다고 말이다. 사각형성(squarishness)은 그림의 어떤 부분에도 속하지 않지만 복합체에는 속하기 때문에 영역 성질인 것이 옳다. 그리고 이 그림에 대한 완벽한 기술이라면 이러한 성질이 있다는 진술을 반드시 포함하고 있어야 한다.

빠진 것은 없을까? 가령 이 원들이 검은 가는 선으로 그려졌다고 말하는 것처럼 이 요소들을 좀 더 자세하게 기술할 수도 있다. 원 B가 원 C로부터 $\sqrt{4^{1/2''}}$ 북동쪽에 있다고 할 때처럼 다른 관계들을 열거해볼 수도 있다. 그림 전체가 지니는 성질에 대해 더 기술할 수도 있는데, 이 그림은 어느 정도의 안정성은 지니지만 결속력은 부족하다고 말할 수 있다. 그러나 기술되어야 할 새로운 종류는 없을 것 같다. 제아무리 그림을 복잡하게 그리더라도, 그것을 기술하는 참된 진술은 동일한 기초 범주에 속할 것이다. 이러한 진술에는 요소들의 수와 국소적 성질에 관한 진술, 복합체와 그 영역 성질에 관한 진술, 요소 간의 혹은 복합체 간의 관계에 관한 진술이 있다.

영역 성질과 지각 조건

여기에서 주목해야 할 몇 가지 지점들이 있다. 영역 성질은 확장적인(extensive) 정도를 가질 수 있다. 예컨대, 비례를 그대로 유지한 채 그림의 원들을 더 크거나 작게 만들 수 있듯 영역 성질은 더 큰 혹은 더 작은 감각장의 부분에 걸쳐 나타날 수 있다. 영역 성질은 강렬한(intensive) 정도도 가질 수 있다. 예를 들어, 기존의 원 사이에 더 많은 원들을 넣어 사각형 성질이 더 도드라져 보이게 할 수 있다.

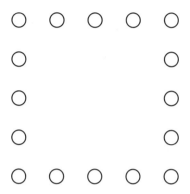

혹은 반대로 사각형 성질이 희미하다 못해 결국 사라질 때까지 원과 원 사이를 떨어뜨릴 수도 있다. 영역 성질은 시간의 지속적인(persistent) 정도를 가질 수 있다. 즉 영역 성질은 위 사례처럼 한 대상을 특징하기도 하고, 한 사건, 혹은 시간 속에서 일어난 일련의 사건들을 전체로 특징하기도 한다. 가령, 극적 성질은 무대 위의 한 사건이 아니라 일련의 사건들이 가지는 성질이다.

우리는 이제 이 장의 나머지 부분과 그 이후에도 편리하게 쓰일 또 다른 두 용어를 소개해야 할 시점에 이르렀다. A와 B라는 두 요소 혹은 복합체가 모두 상대적으로 더 강렬한 영역 성질을 가지는 더 큰 복합체의 부분이라면, 이제 A와 B는 매우 중요한 방식에서 서로에게 결속되어 있는 듯하다. 각자의 개별성을 잃지 않으면서 (은유적으로 이렇게 말할 수 있다면) 일종의 서로에 대한 의식을 가진다. 요컨대 이 경우 A와 B는 지각적으로 결합된 것이다. A와 B는 단순한 동반이 아니라 융합(fuse)에 해당한다. 가령, 앞선 도판에서 네 개의 원도 이러한 융합이 일어난 사례이다. 왜냐하면, 각 원은 그저 한 원으로서가 아니라 나머지-세-모서리를-동반한-사각형의-한-꼭짓점에 해당하기 때문이다. 물론 이때의 융합이 더 명확하고 확실하게 나머지-세-변을-동반한-사각형의-한-변을-이루는-한-열에-속한-요소에 해당하는 두 번째 그림에서의 융합보다는 약할지 몰라도 말이다.

복합체 A-B가 그 자체로 영역 성질을 가지면 이것을 전체라고 말할 수 있다. 이 복합체는 스스로를 배경으로부터 분리해 지각되도록 한다. 즉 자체의 개별성(individuality)을 가지게 된다는 말이다. 전체성(wholeness)은 또 다른 영역 성질로서 이는 복합체의 부분들을 묶어주는 또 다른 영역 성질들의 강렬성에 따라 그 정도가 다양해진다. 예컨대 위에서 제시된 두 번째 그림은 첫 번째 그림보다 사각형 성질이나 안정성을 더 많이 지니고, 그래서 두 번째 그림은 소위 더 전체-스럽다(whole-ish). 모든 영역 성질의 이름이 그러하듯 '전체성'도 지시적으로(ostensively)만 정의되는, 즉 사례를 통해 지목되는 성질이다.

복합체에서 영역 성질의 존재가 그것이 지닌 요소와 요소들의 관계에 의존한다는 사실은 향후의 목적을 위해서도 중요하고 앞으로 더 분명하게 드러날 것이다. 이것은 영역 성질의 지각적 조건(perceptual condition)에 해당한다. 이는 위 그림에서 충분히 알 수 있는 것으로 전체 그림이 사각형의 성질을 지니는 것은 네 개의 원들이 그러한 관계에 놓여 있기 때문이다. 만일 A가 B의 남서쪽에, B가 C의 북서쪽에, C가 D의 북동쪽에, D가 A의 남동쪽에 놓였더라면, 이 그림은 사각형이 아니라 마름모꼴이었을 것이다. 그러나 이 그림이 사각형이라고 말할 때 우리는 부분들의 관계를 말하는 것이 아니라 전체가 결과적으로 가지는 성격을 보고하는 것이다. 다시 말해, A, B, C, D가 가지는 공간적 관계로 인해 이 그림이 사각형이라고 말하는 것은 동어반복이 아니라 경험적 종합 진술이다.

일반적으로 영역 성질과 그것의 지각적 조건에 대하여는 두 가지를 말할 수 있다. 첫째, 만일 지각적 조건이 달라지면 영역 성질들의 집합 전체 혹은 어떤 하나의 영역 성질이 변할 수 있다. 그러나 둘째, 지각적 조건의 급격한 변화에도 불구하고 주어진 영역 성질이 유지될 수도 있다. 예컨대 찡그린 표정이 사람의 얼굴이나 자동차의 그릴 모양에서 나타날 수 있듯이, 동일한 영역 성질이 매우 다른 지각적 조건에서 발생할 수 있다.

따라서 두 가지 혼동을 피해가는 것이 중요하다. 첫 번째로는 제1장에서 물리적 기초라 칭했던 것과 지각적 조건을 혼동하지 않는 것이 중요하다. '600mμ 혹은 그 이상의 파장을 지닌 빛에 노출된 정상적인 눈은 빨간색을 본다'는 진술은 감각 성질과 물리적 기초가 가지는 관계에 대한 진술이다. 그러나 '채도가 높은 적색과 녹색의 주파수를 번갈아 보여주면 쉴 새 없이 깜박거리는 불안한 성질이 나온다'는 진술은 영역 성질과 그 지각적 조건의 관계에 대한 진술이다. 둘째, 영역 성질의 지각적 조건에 관한 진술들은 수단과 방법에 관한 어떤 의미도 함축하지 않는다. 비평가가 렘브란트의 그림에 대해, '렘브란트가 드로잉의 왼쪽 상단을 어둡게 칠했지만 소녀의 머리가 공간으로부터 돌출해 보이도록 하기 위해 까만 머리카락 주변에 밝은 테두리를 남겼다'고 말할지 모른다. 이 진술이 목표하는 내용은 다음과 같이 표현될 수 있다:

'머리를 앞으로 내민(영역 성질) 인물의 공간적 방향성은 부분적으로 이 드로잉의 왼쪽 상단의 음영처리(지각적 조건)에 의존한다.'

우리는 기초용어들을 개괄하기 위해 편의상 가능한 한 가장 간단한 도형들을 사용했었다. 다음 절에서는 이렇게 소개된 용어들이 더 복잡한 시각적 형태를 설명하는 데 얼마나 용이한가 하는 것을 살펴보도록 할 것이다. 그리고 나는 편의상 시각장의 사례에서 시작했지만, 이 개념 구분이 청각장에도 같은 의미로 얼마만큼 적용될 수 있는가 하는 것은 또 다른 문제이다.

예술을 '공간 예술'에 해당하는 회화, 조각, 건축과 '시간 예술'에 해당하는 음악, 시, 연극, 춤이라는 두 부류로 구분하는 것은 관례적인 일이다. 이제 우리는 회화에서 너무나 중요한 것들이 음악에서는 일어나지 않고 그 역도 마찬가지라는 것을 받아들일 준비가 되어 있어야 하며, 마찬가지로 한 예술에서 다른 예술로 안이하게 옮겨가는 것을 경계해야 할 것이다. 하지만 예술 간의 차이를 지나치게 강조해서도 안 되는데, 이는 이러한 차이가 생각했던 것보다 절대적인 것이 아님을 방증하는 일반적인 두 성찰이 있기 때문이다. 먼저, 음악 악곡을 듣는 데 시간이 걸리는 것과 마찬가지로 회화를 감상하는 데에도 시간이 걸린다. 물론 회화를-보는-행위는 음악 청취처럼 완전히 제어되지는 않지만 이전 단계의 회상과 종합을 통해 발생하는 대조와 누적된 강렬성과 같은 몇몇 공통된 특징을 지닌다. 다른 한편, 음악에서 소절들은 회화의 부분들과는 달리 지나가고 나면 다시 반복될 수 없지만 음악에 정통한 사람들은 한 작품의 모든 부분을 관조하고 비교할 수 있고, 이러한 관조와 비교는 청취한-부분이 청취할-부분에 하듯 청취할-부분이 청취한-부분에 의미를 부여하며 청취한 모든 부분에 의미를 부여하는 것을 돕는다.

이제 우리는 언급한 기술의 기초 범주들이 시각예술에서 그러하듯 음악에도 유용하다는 초견적(prima-facie) 증거는 마련한 셈이다. 그러나 음악에도 요소, 관계, 복합체, 영역 성질, 융합된 복합체, 전체가 있는지를 보다 면밀히 살펴볼 필요가 있다. 이러한 탐구는 8절에서 계속될 것이다.

7 시각적 디자인에 대한 분석

THE ANALYSIS OF A VISUAL DESIGN

조각과 건축을 제외한 회화, 드로잉, 동판화, 목판화, 석판화, 사진, 지두화 등을 모두 일컬을 수 있는, 미술 전공 학생들이 일반적으로 사용하는 단일 용어가 없다는 것은 놀라운 일이다. 제작방식에 구애받지 않고 이 중 어느 것이건 논할 수 있기 위해 하나의 명칭을 만들어야만 하는데 이를 시각적 디자인(visual design)이라 부르기로 하자. 시각적 디자인이라 하는 것은 창에 선 서리, 보도에 난 균열, 얼룩말 무늬 같은 것들과 같은 집합에 속한다. 시각적 디자인은 미적 대상의 한 종류이다.

엄밀히 말해, 한 사람의 시각장에 들어오는 모든 부분이 시각적 디자인에 해당하는 것은 아니다. 먼저, 시각적 디자인은 특정 방식으로 결속되거나 경계 지어진 것으로 그 배경으로부터 분리되어 지각되어야 한다. 이로 인해 경계 안의 것들은 하나의 제한된 화면을 구성한다. 가령, 임의로 벽돌벽 중앙에 위치한 2 평방 피트 정도의 그을린 벽돌들을 생각해보면, 이 경우 경계 지어진 구역이 없다. 둘째, 시각적 디자인은 그 안에 이질성(heterogeneity), 즉 색상의 차이나 도판 1, 젠센(Jensen)의 〈구성〉(*Composition*)처럼 명암의 차이를 가지고 있어야 한다. 빈 종이 한 장은 디자인에 해당하지 않는다.

혹자들은 이러한 '시각적 디자인'에 대한 정의가 너무 협소하다고 여겨서 이질성을 지녀야 한다는 조건을 빼고 싶을 것이다. 쾌청한 푸른 하늘, 프렌치 호른이 내는 단일한 음, 혹 풍기는 향수 한 줌이 미적 대상일 수 있을까? 그렇게 말하면 미적 대상이라는 개념을 너무 사소하게 만드는 것이다. 물론 말레비치(Malevich)가 회화의 본질을 구한 끝에 1918년에 도달하게 된 *White on White*(ca. 1918, Museum of Modern Art, 뉴욕) 같은 회화도 있다. 이는 말레비치가 하얀 바탕의 검은 사각형이 회화의 본질이라고 천명했던 때로부터 5년이 지난 때였다. 그러나 *White on White*마저 이질성을 지니는

데, 이는 기울어진 (중앙의) 사각형이 희미한 윤곽선을 지니고 배경보다 더 밝은 하얀색이기 때문이다. 이렇게 되면 그것이 놓인 배경이 밝은 회색으로 보이게 되어 제목이 이중으로 역설적이다. 텅 빈 액자를 건다고 해도 화가가 (손이 좀 덜 가기는 하겠지만) 보여주는 것이 모자라지는 않을 것이다. 왜냐하면 이때의 벽도 질적인 다양성을 보여줄 것 같기에 액자 안의 벽은 *White on White*에 비해 훨씬 복잡할 것이다. 물론 그렇다고 해도 그 벽 부분이 좋은 회화라는 것은 아니다. 여기에는 *White on White*에서는 흥미로웠던 통제된 대조가 없기 때문이다.

또 다른 이들은 앞선 정의가 너무 포괄적이니 더 많은 조건을 포함시키자고 할지 모른다. 무작위의 휘갈김이나 바닥에 쏟아진 가득 찬 시장바구니는 어떤 의미에서는 디자인이 아닌 것이 분명하다. 이는 눈의 결정처럼 실제로 디자인된 것도 아닐 뿐만 아니라 디자인되거나 계획되거나 배열될 수 있는 것처럼 보이지도 않기 때문이다. 요컨대 여기에는 질서(order)가 없다. 질서의 개념은 제4장 13절에서 살펴볼 기회가 있을 것이다. 질서와 이에 연관된 개념들은 분명 좋은 디자인의 구성을 말할 때 중요한 요소가 될 것이다. 그러나 현시점에서 우리의 목적은 여전히 순수하게 기술적인 것에 해당하기 때문에 질서의 개념을 논외로 하는 것이 최선의 방책일 듯하다. 우리의 정의에 따르면 종이에 휘갈겨 그려진 선들은 디자인일 것이다. 왜냐하면 종이 테두리에 의해 경계를 지니고 선과 배경의 대조로 인해 이질적이기 때문이다.

그렇다면, 이제 시각적 디자인의 부분들이란 어떤 것일까?* 칼이나 가위로 자를 수 있는 조각만이 아니라 실제로 지각되는 부분은 어떤 것일까? 일견 생각해보면, 시각적 디자인은 구역(area)이라고 부르는 요소적인 조각들이 펼쳐진 것으로 이 구역들 전체의 합에 해당하는 그림의 표면이 화면(picture-plane)이다. 이러한 기술은 젠센의 〈구성〉(도판 1)이나, 혹은 심지어 개별 선들이 분명하게 보이는 뒤러의 목판화 〈최후의 만찬〉(*Last Supper*, 도판 6)과 같이 구역이 명확하게 구분되는 회화나 판화에는 완벽하게 잘 들어 맞는다. 그러나 색조가 점진적으로 이행하여 한 구역이 다른 구역으로 스며드는, 루오(Rouault)의 석판화 〈미제레레〉(도판 5)나 고야(Goya)의 〈거인〉(*Colossus*, 도판 7)과 같은 작품에 적용하기에는 다소 억지스러운 면이 있다. 그러나 후자의 경우

---

*   이 문제는 Rudolf Arnheim, *Art and Visual Perception*, Berkeley, Cal.: U. of California, 1954, pp. 53-64에서 제기되어 논의되었다.

에서조차도 우리가 이 용어가 지니는 한계를 유념하기만 하면 언급한 용어의 사용은 분석에 편리하다.

두 구역은 그 형태(shape), 크기(size), 위치(position), 색조(tone), 색(color)에서 각각 다를 수 있다. '크기'는 자로 잰 치수가 아니라 액자나 전체 화면의 경계에 상대적인 치수이다. 가령, 막스 베크만(Max Beckmann)의 〈자화상〉(*Self-Portrait*, 도판 4)에 있는 힘과 장악력은 작품의 실제 크기 때문이라기보다는 꽉 차서 액자 밖으로 쏟아질 것 같은 느낌에서 비롯된다. 루오의 〈씨 뿌리는 사람〉(도판 5)에서 보이는 겸손과 영적 번뇌는 인물이 측면과 상단에 가깝게 구부리는 모양새에서 나온다. 반면, 케테 콜비츠(Käthe Kollwitz)의 〈시립보호소〉(*Municipal Lodging*, 도판 3)에서 배경의 낭비는 인물들이 소외되어 보이게 한다. 위치도 화면의 경계에 상대적인데, 왼편에 놓인 루오의 씨 뿌리는 사람과 오른편 상단에 있는 고야의 거인처럼 그 구역이 놓인 장소(location)와 렘브란트의 〈잠자는 소녀〉(도판 2)가 향한 각도나 뒤러(Dürer)의 목판화에 있는 테이블보의 수평성과 같은 구역의 방향(lie)이나 방위(orientation)를 모두 포함한다. 표지 그림인 파울 클레의 〈줄타기를 하는 사람〉의 선들은 수평과 수직으로부터 모두 조금씩 어긋나 있는데, 이것이 이 선들이 지니는 가장 중요한 지점 중 하나이다.*

형태, 크기, 위치는 각 구역이 차이를 보이는 국면일 뿐만 아니라 구역들을 연쇄적으로 질서 지우는 본유적인(intrinsic) 관계를 가진다. 위치는 한 구역이 다른 구역의 왼편, 오른편, 위, 아래에 있는 방식으로 서로 연결된다. 크기는 다른 크기보다 더 크거나 더 작다. 그리고 형태는 다른 형태보다 더 혹은 덜 일정하다. 그러나 형태, 크기, 위치는 — 물론 색도 — 구역이 지니는 독립적인 속성들로 각각은 나머지 속성들이 유지될 때에도 일정 한계 내에서 변화 가능하다. 예컨대 크기 면에서만 살짝 차이를 보이는 두 동심원도 여전히 동일한 위치를 점유할 수 있을지 몰라도, 더 큰 동심원이 점점 커져 화면을 채우게 되면 그때는 더 이상 작은 동심원과 같은 위치를 점유하지 않게 된다.

---

* 클레의 저서, *Pedagogical Sketch Book* (trans. by Sibyl Peech, New York: Nierndorf Gallery, 1944, secs. 21-24)에 있는 줄타는 사람과 그 수직성에 대한 클레의 언급을 이 판화와 비교하는 것은 꽤 흥미로운 일이다.

색의 성질들

이제 같은 형태, 크기, 그리고 거의 동일한 위치를 공유하는 두 구역을 생각해 보자. 그렇다해도 이 두 구역은 색조(tone)에서 여전히 다를 수 있다. 그리고 두 색조가 차이를 보이는 방식이 여러 가지이다 보니 이 차이는 복잡하다. 색은 더 맑거나 더 탁하고, 더 선명하거나 더 흐리고, 더 무겁거나 덜 무겁고, 더 따뜻하거나 더 차갑고, 더 혹은 덜 도드라져(전진 혹은 후퇴해) 보이고, 좀 더 혹은 덜 화사하거나, 혹은 색질 (timbre) 면에서 (양모 같은 빨강보다는 실크 같은 빨강처럼) 밋밋하거나 생생할 수 있다. 물론 일부 연구가들이 구분할 수 있다고 주장해온 거침(wildness)과 유순함(tameness)과 같은 성질들도 위 목록에 추가될 수 있을지 모른다.

한 개별 구역의 색조에 대해서도 우리는 다양한 성질을 (분리할 수는 없어도) 식별할 수 있다. 예컨대, 색조는 노랗고, 맑고, 밝고, 따뜻하며, 전진적으로 보일 수 있다. 그러나 분류와 목록을 위해 색조가 차이를 보이는 세 가지 방식을 선택해 이것을 기초 색조 차원(basic tonal dimensions)으로 간주하는 것이 관례이다. 왜냐하면 이 세 기초 차원이 밝혀지면, 한 색조와 그것이 다른 색조와 가지는 관계가 고유하게 정해지고 해당 색조의 모든 성질이 또한 결정되기 때문이다. 색조의 기초 차원은 사실 우리에게 친숙한 것이다. 먼저, 두 색조는 색상(hue)에서 다를 수 있다. 빨강이 초록색과 다르고, 석류빛이 밤색과 다르고, 자줏빛이 심홍색과 다른 것처럼 말이다. 그리고 동일 색상의 두 색조는 벽의 한 부분이 그늘진 다른 부분과 차이를 보이는 것처럼 밝고 어두움(lightness or darkness)에서 다를 수 있다. 명도(lightness)는 때로 '색가'(色價, value) 혹은 '강도'(intensity) 혹은 '광도'(brightness)로 불리기도 한다. 같은 색상, 같은 명도를 지닌 두 색조도 파스텔 색조와 농염한 색조가 차이를 보이듯 채도(saturation) 혹은 색의 농도(strength) 면에서 다를 수 있다. 이러한 양상은 때로는 '색상-강도'(hue-intensity)로, 때로는 색도(色度, chroma)로 불린다. 검정과 하양, 그리고 회색조는 색조이지만, 색상(hue)이 없는 무채색(achromatic)이다. 다시 말해, 채도가 없다는 뜻이다.

다른 색조와 혼동하지 않도록 한 색조를 명칭하기 위해 필요한 것은 오직 이 세 가지 기초 차원을 언급하는 것이다. 특정 색상, 밝기, 채도를 지닌 색조는 항상 동일한 정도의 따뜻함, 전진성, 밝기도 지닐 것이기 때문이다. 그러나 그 색조를 온전하게 기술하고자 한다면 위에서 열거한 다른 특징도 언급해야만 한다. 왜냐하면 이러한 특징도 기초 차원만큼이나 색조 '속에' 들어있기 때문이다. 색상, 명도, 채도를 기초 차원으로 선택하면 편리한 이유는 두 가지다. 첫째, 비록 화가는 색조의 따듯함과 차가움의 차이를 가장 먼저 알아채고 또 더 의식하겠지만, 이 차원들은 대부분의 사람에게 가장 명확한 색 성질들에 속하기 때문에 상대적으로 식별이 더 쉽다 보니 이 차원들을 통한 비교가 더 정확할 확률이 높다. 둘째, 이 차원들은 그것이 생산되는 물리적 과정과 가장 직접적으로 상호 연결되어 있어서 가장 손쉽게 파악될 수 있다. 이러한 상호연결은 다양한 이유에서 언제나 정확한 것은 아니다. 가령 두 회색 원이 같은 검은 배경에 놓인다면 일반적으로 정상적인 조건에 있는 동일한 관찰자에게는 더 밝은 회색 원이 물리적으로 측정된 더 많은 빛의 파장에 반응한 원일 것이다.

이러한 점을 명확히 하는 것이 중요하다. 왜냐하면 일단 기초적인 성질과 종속적인 성질을 구분하고 나면, 개별 색조를 이 기초 차원으로 구성된 것으로 생각한 다음 '그 색조가 종속적인 성질들을 어떻게 획득하는지'를 질문하기가 수월해진다. 그래서 사람들은 우리가 주황색을 따듯한 색으로 보고 파랑색을 후퇴하는 특성을 보이는 색으로 보는 이유를 묻는다. 이러한 질문은, 주황색이 따듯한 색이 아니고 파랑색이 후퇴하는 특성을 보이지 않는 때가 있었고, 이후 어찌 이 색들이 언급한 성질들을 획득하여 이 획득의 과정이 설명될 필요가 있다고 전제하고 있는 듯하다. 하지만 그런 때가 있었다는 근거가 없고, 이러한 질문은 발생하지 않는다.

같은 질문에 대한 두 번째 형식이 있을 수 있는데 이는 좀 더 변론 가능해보일지 모른다. '왜 우리는 주황색을 따듯한 색으로 보는가?'라는 질문을 '중국 사람은 그렇지 않은데', 혹은 '길 건너 사람들은 그렇지 않은데'라는 문구로 보충할 수 있다. 따듯함-차가움 차원의 지각에만 다양성이 발생하고 이에 상응하는 색상-명도-채도의 변화가 없다면, 우리가 혹자는 주황색을 따듯한 색으로 혹자는 그것을 차가운 색으로 보는 이유를 묻는 것은 자연스러운 일일 것이다. 그러나 재차 말하지만 질문을 정당화해줄 근거는 없는 것 같다. 다른 색조와 비교해보면 주황색의 따듯함은 그것이 지닌 노란빛만큼이나 딱 보기에도 명확하지 않은 것이 사실이지만, 그 채도의 정도도 명확하지 않기는 마찬가지다. 우리는 그 색조를 그저 슬쩍 보고 그것이 녹황색이다 적황색이다라고 말하지 못하고, 결과적으로 차갑거나 따듯한 것도 말하지 못한 채 그저 노란색이라고 보고했는지도 모른다. 그러나 나는 주황색의 온전한 채도를 관조하기 위해 멈추어 서서 이러한 맥락에서 '따듯한'과 '차가운'이라는 용어 사용을 아는 이는 누구라도 주황색을 차가운 색이라고 보고하지는 않을 것이라 생각한다.

색의 특징에 관한 흥미로운 심리학적 문제들이 있다.* 그러나 이 중 몇몇은 용어의 오용에서 기인한 것일 뿐이다. 우리는 색의 특정 종속적인 특징들을 설명하기 위해 새로운 전문용어를 만드는 대신 '따듯한', '신나는', '유쾌한'과 같은 용어를 사용하는데, 이러한 특징들이 다소 설명이나 식별이 어려운 탓에 언급한 용어들은 명확하지도 정확하지도 않다. 따라서 몇몇 이론가들은 이러한 특징들을 '정감적 성질'(affective qualities) 혹은 '감정적 성질'(feeling qualities)이라고 부르기도 했다. 그러나 현상적으로 대상이 지닌 성질과 대상에 대한 우리의 정서적 반응을 구분하지 못하게 되면 또 다른 혼동들이 잇따르기 십상이다. 현상적으로 말해 종속 성질들이 기초 성질들 보다 더 주관적인 것은 아니다. 예컨대, 파울 클레의 〈줄타기를 하는 사람〉(표지 그림)이 지닌 전반적인 생동감뿐 아니라 심지어 그 불편함에도 큰 기여를 하고 있는 이 그림의 분홍색을 두 그룹의 성질로, 즉 기초 색조와 활력이나 투명성이라는 성질로 (식별할 수는 있어도) 나눌 수는 없다. 둘 중 어떤 성질도 나머지 성질과 정확히 같은 의미에서 그림에 현존한다.

형태(shape), 크기(size), 위치(position), 색상, 명도, 채도라는 구역에 나타나는 여섯 가지 기초 특징들에 발생하는 언어적인 문제도 있다. 일상 언어에서 우리는 색이나 형태의 이름을 친숙한 사물에서 빌려 쓴다. 그래서 우리는 '살색 핑크', '체리 레드', '풀빛 그린', '도넛 모양', '나무 모양', '쐐기 모양'이라는 명칭들을 얻었다. 이렇게 구축된 용어들은 가령, 누구의 살인지, 어떤 나무인지, 적어도 그 비교 기준을 명확히 하기 전까지는 그렇게 정확한 것이 못 되기 때문에 편리하기는 하지만 전(前)과학적인 것이다. 색 명칭의 명명법 체계가 마련되었기 때문에** 우리가 그림의 한 구역을 '핏빛 빨강'이라고 편의상 말할 때도 그렇게 피를 언급할 필요가 없다는 것은 명확하다. 왜냐하면 피의 언급 없이도 색 차트 상의 위치로 그 색을 이름 할 수 있기 때문이다. 따라서 우리가 한 구역을 핏빛 빨강으로 인지할 때도 이렇게 색 인지를 한다고 해서 우리가 일정 정도 그 구역이 피를 재현하거나 상징해야 한다는 주장을 인정하

---

*   Note 7.1에 있는 찰스 하트숀(Charles Hartshorne)과 다른 저자들의 저술을 참조하라.

**   A. Maerz and M. Rea Paul, *A Dictionary of Color*, New York: McGraw, 1930과 *The Science of Color*, Optical Society of America, Committee on Colorimetry, New York: Crowell, 1953, ch. 9 를 참조하라. Note 7.1에 있는 참고문헌들도 보라.

는 것은 아니다. 형태의 명칭에는 이러한 명명법 체계가 없긴 하지만 그 명칭들도 마찬가지이다. 우리는 제6장 16절에서 이 문제를 다시 다룰 것이다.

선

시각적 디자인을 기술하는 기본 용어들을 살펴보았으니, 예술 비평에서 상당한 중요성을 지닌 다른 두 용어인 '선'(line)과 '양괴'(mass)를 살펴보는 것이 도움이 될 듯하다. 이러한 용어에 대한 논의가 철저하게 이루어지기를 바랄 수는 없지만 이는 두 가지 면에서 유용할 것인데, 이러한 논의는 시각 디자인을 기술하는 명확한 어휘를 구축하려 할 때 발생하는 문제들과 그 문제들을 해결하는 데 필요한 방법을 보여주게 될 것이다. 그리고 이러한 논의는 다음 장의 논의를 진행하는 데 있어 우리가 명심해야 할 회화의 중요한 특징들을 또한 상기시켜줄 것이다.

시각 디자인의 분석에서 '선'이라는 단어는 아무리 작다 해도 한 위치와 또 다른 위치 사이 간의 경로(path)를 확보해주는 두 지점 간의 확인 가능한 연결을 가리킬 수 있다. 그리고 이러한 시각적 선(visual line)에는 세 가지 종류가 있다. ① 한 구역에서 길이와 너비의 불균형이 늘어남에 따라 그 구역이 한 차원으로는 길어지거나 다른 차원으로 좁아진다면 이 구역은 점진적으로 선의, 혹은 선형(linear)의 특성을 띠게 된다. 이러한 특성이 현저한 곳에서는 보통 선(line)이라고 부르는 것을 보지만, 우리는 이것을 선구역(line-area)이라 부를 것이다. 예컨대 우리가 이름을 필기체로 서명할 때 만드는 선처럼 말이다. ② 한 구역과 다른 구역 사이에 분명한 가장자리가 있다면 이는 경계선(boundary-line)에 해당한다. 이 페이지의 가장자리가 한 예가 되겠다. ③ 그리고 끊어진 작은 구역들이 전체적으로 선형 특성을 보이는 일렬을 형성하는 관계에 놓여 있다면 이는 점선(broken line)이라 불린다. 인쇄 페이지에 일렬로 적힌 자모들이 일례일 수 있다. 점 하나를 찍은 다음 그 가까운 옆에 다른 한 점을 찍으면 우리는 한 쌍의 점만이 아니라 그 두 점 사이의 연결을 보게 된다. 그 옆에 더 많은 점을 일렬로 찍으면 각 점은 더 확실히 그 점 모두를 포함한 전체의 부분으로 보인다. 다시 말해, 이제 이 점들은 선 구역의 많은 특징을 소유한 점선으로 융합된다.

선 종류의 구분은 선의 경로를 따라 우세한 국소적 조건들에 의해 형성된다. 그

제2장 비평적 분석의 범주들

리고 물론 이러한 조건들은 선의 견고함(strength), 즉 선형성(線形性)의 강도를 결정한다. 어떤 선구역은 얇고 옅은 반면, 다른 선 구역들은 까맣고 또렷하다. 어떤 경계선은 모호하고 흐린 반면, 다른 것들은 뚜렷하고 명확하다. 어떤 점선은 겨우겨우 선으로 지각되는 정도인 반면, 다른 것들은 대개의 선 구역처럼 오해의 여지없이 견고하다. 그렇다면, 선의 견고함은 하나의 선을 이루는 국소성(locality)마다 다른 다양한 특징에 의존한다. 예컨대 (경계선의 경우는 해당되지 않지만) 선의 굵기, 선과 배경의 대조, 점선으로 식별되는 구역의 근접성과 유사성에 따라 다를 수 있다.

선이 선으로서 지니는 특징은 무한히 다양하지만, 다시 한번 이러한 특징들도 몇 가지 기초 특징들로 구분하면 편리하다. 시각적 디자인에서 선을 확인하기 위해서는 선의 (액자 상대적인) 길이, 액자 상대적인 (기운 선이나 자세의) 방향성(수평인지, 수직인지 혹은 비스듬한지), 이리저리 굽어지는 곡률(curvature, 曲率), 이 세 가지만 상세화하면 된다. 선의 다른 모든 특징이 이 세 가지 특징에 의존한다. 따라서, 예컨대 기울어진 선은 안정성을 가지지 못하는 반면 수평선은 조용하고 평온하다. 그 외에는 삐쭉삐쭉한 선, 억센 선, 굽이치는 선, 늘어진 선, 요동치는(nervous) 선 등이 있다.

우리가 소묘와 회화의 거장을 알아보고 평가하는 것은 바로 위에서 언급한 선의 훌륭하고 완벽한 성질들이다. 가령, 렘브란트의 에칭선, 뒤러의 목판선, 피카소(Picasso)나 숀가우어(Schogauer)의 드로잉 선, 루오나 보티첼리(Botticelli)의 붓질 선처럼 말이다. 이러한 성질들은 우리가 선의 유의미성(significance)이라고 부르는 것을 이룬다. 하나의 선은 일정 부분 그것이 그리는 형체의 속성에 대한 정보를 전달하는 재현적 기능을 하는 한에서 의미를 지닌다. 마치 렘브란트의 드로잉(도판 2)이 보여주는 헨드리케(Hendrickje)의 (그녀가 맞다면) 부드러움처럼, 막스 베크만의 〈자화상〉(도판 4)이 보여주는 화면과 후퇴처럼, 그리고 도미에의 〈증인들〉(Witnesses, 도판 8)이 그린 인물들의 앙상함처럼. 그러나 선은 그 자체로는 특성이 없고 공허하고 심심하다기보다 부분적으로 스스로 강한 영역 성질을 지니기 때문에 유의미하기도 하다. 렘브란트의 브러쉬 스트록이 보여주는 부드러움, 베크만의 물감 나이프가 찍어낸 날카로운 삐침, 도미에의 선들이 보여주는 고뇌에 찬 굴곡처럼 말이다. 물론 우리는 좋은 선들이 지니는 성질을 정확히 포착해주는 단어를 어떤 언어에서도 찾지 못할 수도 있지만, '강철 같은', '부드러운', '유려한' 같은 단어들이 우리 입에서 자연스럽게 흘러나온다. 그리고 이러한 단어들은 시각적 디자인의 기술과 관련해 명백해 보이는 문제 중 하나를 발생시킨다.

색의 경우에서와 마찬가지로 어떤 이론가들은 선이 지닌 불안함, 대범함, 호방함, 평온함 등이 선의 길이, 방향, 곡률과 식별될 뿐 아니라, 전자가 후자의 성질에 부가되거나 후자의 성질이 획득되는 방식과는 다소 다른 방식으로 획득된다고 보았던 듯하다. 그래서 그들은 '연상'(association)의 원리나 '공감'(empathy)* 이론을 통해 어떻게 선이 불안하고 침착할 수 있는지 설명하려 했다. 하지만 그렇게 설명해서 얻는 것이 있는지 잘 모르겠다. 진실은, ① 우리는 이러한 은유적인 단어를 선의 몇몇 특징들을 기술하는 데 사용하고, ② 이러한 기술이 이해 가능하고 적절하며, ③ 인간으로부터 선으로 이러한 단어를 은유적으로 확장하는 것은 이 둘 사이에 있는 유사성을 전제한 것이라고 말할 수 있다(이에 대한 상세한 설명은 제3장, 10절에서 논의될 것이다). 그러나 여기에는 놀라울 것이 없다. 방향을 자주 바꾸는 선은 대안을 기웃거리기만 하거나 모순된 충동에 끌려다니는 불안하고 어지러운 마음과 닮았다. 다시 말해, 우리가 선을 '불안하다'고 부르는 것은 그 단어를 믿을 만한 담보로 빌려 쓰는 것이다.

내가 '굽이치는'으로 기술하는 일반적 성질은 파도를 경험해본 적 없는 사람이 기술한 것과는 다르거나, 혹은 그는 어떻게 기술할지 몰라서 쩔쩔맬지 모른다. 그러나 단지 파도를 지각해본 적이 없다는 이유만으로 그가 그러한 성질을 지각할 수 없다는 결론이 나오지는 않는다.

형체와 양괴

선의 양 끝이 서로 연결되어 끊김 없이 융합되면 형체(figure), 혹은 흔히 형식(form)이라 부르는 것이 된다. 형체는 끊김 없이 지속된 선 구역 곧 윤곽선(outline)일 수도, 원형 배열의 점들일 수도, 점선(broken line)으로 연결되어 삼각형, 주전자 형태, 코끼리 형태를 만드는 흐릿한 선 구역(line area)들의 그룹일 수도 있다. 잠시 각 변이 선 구역인 정사각형을 생각해보자. 우리가 이 정사각형의 윤곽선을 하나의 선으로 볼 것인지 아니면 각 변에 해당하는 네 선으로 이루어진 것으로 볼 것인지는 크게 중

---

* 참고문헌을 보려면, Note 7.4를 보라.

요하지 않다. 만일 우리가 후자의 방식으로 말하고자 한다면, 이는 어느 두 선이건 그것들이 둘 다 동일한 형체의 부분을 이루는 식으로 융합하면 이때 두 선은 서로 '동행한다'(go with)고 말하려는 것이다. 선 X와 선 Y가 동일한 형체의 부분이면 선 X는 선 Y와 동행한다.

이 개념을 조금 더 살펴보기 위해 우리는 현대 비구상화에서 주로 많이 전용되지만 항시 회화에서 중요했던 원리도 설명해주는 현상인, 다중 연관성(multiple relevance)을 가진 선들을 생각해볼 수 있다. 같은 선이 고블릿 잔의 오른쪽 측면과 디켄터 병의 왼쪽 측면이 되는 위가 불룩한 커다란 고블릿 잔과 아래가 불룩한 작은 디켄터 병을 그린다고 해보자. 이 선은 구분된(distinct) 두 형체에 동시에 속한다. 혹은 다시 말해, 이 선은 구분된 두 선 집합에 동행한다. 이 선은 우리의 눈을 둘 중 어느 형체의 윤곽선 중 어느 부분으로부터이건 간에 나머지 형체의 윤곽선 어느 부분으로라도 이동하도록 돕는 방식으로 두 형체를 특별히 긴밀한 방식으로 묶어주고 있다.

두 형체의 윤곽선 연결이 어떠한가에 따라 두 형체의 연결의 긴밀도가 달라지는 것을 볼 수 있다는 것은 흥미로운 일이다. ① 이탈리아 원시 회화(Italian primitive painting)에서처럼 두 형체는 완전히 별개의(separated) 것일 수 있다. ② 한 인물의 다리나 등의 선이 다른 인물의 팔이나 측면의 선으로 이어지는 루벤스나 엘 그레코의 그림에서처럼, 한 곳에서 다른 곳으로 가는 끊어진 선(broken line)이 있을 수 있다. ③ 디켄터-고블릿 예나 오장팡(Ozenfant), 그리(Gris), 브라크(Braque), 그리고 한 시기의 피카소의 그림처럼[피카소의 〈앉아있는 여인〉(Seated Woman, 1927, Art Institute, Chicago)을 보라], 같은 선이 두 형체 모두에 속할 수도 있다. ④ 두 형체를 모두 가로질러 형체들의 실제 윤곽선을 배경에 묻히게 만들며 사실상 형체를 배경 속으로 함몰시킴으로써 그 형체적 특성을 상실하게 만드는 뚜렷한 선(strong line)이 있을 수도 있다. 이것이 위장의 원리(principle of camouflage)이다.

단순하건 복합적이건 화면의 모든 구역은 소위 다른 구역과의 비교를 통해 일정 정도의 주목을 받고 눈에 띄어 그 존재를 알린다. 모든 구역이 일정정도의 우세(dominance)나 종속(subordination)의 정도를 가진다는 말이다. 이러한 성질은 부분적으로 화면 내 위치에 의존하는데 이는 어떤 구역이건 그 테두리가 둘러지면 자동으로 중심의 혹은 중심 근방의 위치가 다른 위치보다 더 우세하게 되는 일종의 장(field, 場)을 형성하기 때문이다. 그러나 이 우세한 성질은 또한 그 구역의 시각적 밀도(visual density)라 불리는 것에 의존하기도 하는데, 다시 말해, 구역이 가지는 불침투성(impenetrability) 혹은 불투명성 성질에 의존한다. 어떤 구역은 다른 구역보다 시각적 밀도를 더 크게 가진다. 시각적 밀도의 정도는 그 색조가 배경 대비 가지는 크기, 명도, 채도, 그리고 그 외의 국소적 성질들로부터 기인한다. 우리는 지금 이차원적 평면에 대해 다루고 있을 뿐 아직 삼차원 대상 영역으로 들어가지 않았다. 젠센의 〈구성〉(도판 1)에서처럼 시각적 디자인이 평평하거나 혹은 거의 그러할지라도 디자인의 구역들은 시각적 밀도에서 차이를 보인다.

그러나 복잡한 디자인은 평평함을 완전히 유지하는 것이 거의 불가능하다. 어떤 색은 다른 색에 비해 전진해 보일 것이고 몇몇 형태들은 그것이 지닌 안정성이나 규칙성 덕분에 다른 형태들을 배경으로 삼을 것이다. 한 형체 위에 다른 형체를 놓는 중첩(superposition)은 화면을 차별 짓고 후퇴해 보이게 할 것이다. 그리고 모델링(modeling)이나 선 원근법 혹은 대기 원근법도 있을 수 있다.

이러한 국소적 조건으로부터 창발하는 것은 새로운 영역 성질인 깊이(depth)이다. 그림의 공간은 삼차원을 띠게 되고 화면 너머 화면-공간(picture-space)을 이룬다. 이 화면-공간은 시각적 한계 없이 끝없이 후퇴하는 무한 공간일 수도 혹은 방의 후면 벽처럼 유한한 경계를 가질 수도 있다. 두 경우 모두 이제 회화는 시각적 양감(visual volume)을 가진다고 말해지고, 이때의 양감은 부분적으로 입체 혹은 삼차원적 양괴(mass)에 해당하는 채워진 공간으로, 그리고 나머지는 비워진 공간으로 이루어진다. 가령 멀리서 바라본 산의 경우 시각적으로 말해 산 앞에는 아무것도 없다. 그래서 양괴가 영역 성질인 것이다.

비록 내가 산이라는 재현(representation)된 대상을 방금 언급하기는 했지만 아직 재현의 영토에 이른 것은 아니다. 보통 추상 혹은 비구상이라고 부르는 회화에서도 입체 형체(solid figure)가 있을 수 있다. 이때 이 형체들은 깊은 공간 속에서 지니는 양괴와 위치를 통해 연결되어 시각적 디자인을 이룬다. 그러나 당연히 원근법이 사용된 곳에서는 엄격한 의미의 재현이 발생한다. 즉 깊이가 단지 영역 성질로 제시되는 것이 아니라 묘사되는(depicted) 것이다. 이는 매우 중요한 논점으로 가장 좋은 '재현'의 정의에 예리한 질문을 발생시킨다. 이 질문은 제6장 16절에서 다시 다룰 것이다.

선과 형체가 특정 형태나 방향과 같은 특징을 지니게 되면 일종의 유도된 불안정성(instability)을 띠게 된다. 선과 형체는 움직이거나, 움직이려 하거나, 움직일 수 있는 방향으로 애쓰는 듯 보인다. 헤드가 모두 한 방향을 가리키는 일렬로 선 화살표들은 이러한 특징을 강하게 띤다. 같은 방향을 바라보고 서있는 소들이 있는 들판의 경우는 이보다 덜하겠지만, 그 이유가 소라서 그리고 소들은 느림의 대명사라는 이유에서 그런 것이 아니라 화살표와 비교할 때 둔한 소의 형태 때문에 그런 것이다. 기울어진 형태는 그것이 모딜리아니(Modigliani)가 그린 여인들의 부분이건 십자가를 짊어진 예수의 부분이건 간에 낙하하는(falling) 경향성을 지닌다.

차나 기차가 만드는 실제적 움직임과 구분하기 위해 명칭 하였듯, 소위 함축적 움직임(implicit movement)은 상상력의 문제가 아니라 시각장에 제시된 것이 무엇인가의 문제이다. 그 각각이 다음 움직임으로 이어지는 일련의 함축적 움직임은 회화-공간 내에서 하나의 주기를 완성할 수도, 상쇄될 수도 있다. 젠센의 〈구성〉(도판 1)에서 왼쪽으로 크게 기운 한 줄기 하얀 광선은 이보다는 적게 오른쪽으로 기운 두 광선에 대립하며 매우 섬세한 균형감을 불러일으킨다. 도미에의 〈증인들〉(도판 8)에서 인물들이 이루는 각과 무릎의 굽어진 모양은 고발하는 손가락질 없이도 열린 문을 주목하게 만드는 우측 움직임을 강하게 발생시킨다. 그러나 이 오른쪽을 향한 움직임은 이내 재판장 문의 수직선에 의해 제지된다. 이러한 움직임들의 대립, 혹은 움직임과 이에 대한 방해 움직임의 대립은 시각 디자인에서 긴장감(tension)이라는 성질을 조성한다. 그렇다면, 긴장감은 함축적 움직임이 저지되거나 상쇄되는 곳에서 전체 시각적 디자인이 가지는 영역 성질이다. 많은 후기-세잔 회화가 시각적 디자인의 깊은 부분과 화면 사이에 조성된 이러한 긴장감을 중심으로 구성되었다. 앙드레 드랭

(AndréDerain)의 *The Window on the Park* (1912, Museum of Modern Art, New York)는 긴장감이 조성된 매우 명확한 사례이다. 색과 빛이 가득 찬 창밖의 광경은 역전된 원근법으로 그려진 어둑한 방에 의해서만 저지되고 억제되어, 이 그림의 시각적 디자인이 억눌린 에너지로 요동치게 된다.

8 음악 악곡의 분석

THE ANALYSIS OF A MUSICAL COMPOSITION

일견 음악 악곡(musical composition) 혹은 청각적 디자인은 하나의 복합적 사건이고 그 사건의 요소들은 (때로는 중요해도) 더 작은 사건들, 즉 동시적으로 계속해서 발생하는 작은 변화들에 해당한다. 비평적 분석의 목적에서 보면 이러한 변화들은 그것의 종착지에 의해 기술될 수 있다. 왜냐하면 변화란, 예를 들어 거센 소리에서 부드러운 소리로, 낮은 소리에서 높은 소리로, 부드러운 소리에서 거친 소리로 옮겨가듯 항상 어떤 것에서 어떤 것으로 옮겨가기 때문이다. 음악적 변화의 종착지는 소리(sound)이다. 그리고 우리는 이 책에서 이러한 소리를 음악의 요소로 간주할 것이다.

소리는 다양한 속성을 소유한다. 이 속성들은 모두 음악적으로 중요하지만, 시각 구역들이 지니는 속성들처럼 이것도 편의상 기초(basic) 소리와 종속(dependent) 소리라는 두 그룹으로 나누어볼 수 있다. 모든 소리는 ① 특정 길이(duration), 즉 소리가 가지는 특정한 시간의 길이, ② 세기(intensity), 즉 소리의 크고 작음, ③ 음색(timbre), 예컨대 날카로움, 부드러움, 긁는 소리, 목쉰 소리 같은 성질을 지닌다. 어떤 소리들은 ④ 음고(pitch)를 가지는데, 이는 음의 높고 낮음을 말한다. 높낮이를 지닌 소리를 음(tone)이라 부르며 그 나머지는 소음(noise)이다. 정적(silence)은 소리의 세기가 없는 상태로 정의될지 모른다. 음악은 소음과 정적을 포함한 소리로 만들어진다. 이는 정적이, 음악이 발생하는 배경으로뿐만 아니라 유의미한 정적(pregnant silence)으로도 나타나기 때문이다. 가령, 하이든(Hyden)의 *C Minor Symphony* (No. 95) 1악장과 미뉴에트, 그리고 윌크스(Weelkes)의 마드리갈에서처럼 대위법적인 선율 사이의 간극에서도 나타난다.

음의 길이, 음의 세기, 음색, 음고는 음의 기본 성질이다. 그러나 음은 종속 성질 또한 가진다. 쿵 하는 소리가 끽하는 소리와 다르듯 음은 둔탁함(dullness)과 가벼움

(lightness)에서 다르고, 낮은 음이 더 아래 공간으로부터 오는 듯 들리는 것처럼 현상적 공간에서도 다르고, 음량(volume)에서도 다른데, 이는 음들이 현상적 공간을 더 혹은 덜 차지하는 것처럼 가늘고, 굵고, 묵직하고, 혼란스럽다고 기술될 수 있기 때문이다.

우리는 모든 가청적 음의 총체(totality)를 모든 음악의 모든 요소를 담아내는 네 가지 차원의 열거로 생각해볼 수 있다. 첫째, 음의 총체는 인간의 가청범위와 청각적 식별의 한계치와 같은 생리적이고 심리적인 조건들에 의해 제한된다. 예컨대, 알로이스 하바(Alois Haba)같이 반음을 서로 다른 세 개의 음고로 나누고 한 옥타브가 36음고를 지닌 음계로 음악을 작곡한 작곡가들이 있다, 하지만 여기에서 대부분의 사람들은 가온도에서 6번째 낮은 음을 별개의 음고로 듣지 않고 내림 도처럼 듣는다. 하지만 이 또한 연습으로 개선될지 모른다. 음악적 음의 범위 또한 사회적·기술적 요소에 의해서도 제한된다. 작곡가에게 가용한 음색의 다양성은 그 작곡가가 생존한 당시에 발명된 악기에 따라 달라진다. 물론 스트라빈스키가 〈봄의 제전〉을 불가능하리만치 높은 음역을 연주하는 바순으로 시작하거나, 헨리 카웰(Henry Cowell)이 *Banshee*에서처럼 피아노의 현을 개조한 후 현을 뜯거나 문지름으로써 혁신적인 소리를 뽑아내었듯 작곡가가 발명의 재능을 통해 새로운 소리를 만들어낼 수도 있다. 만일 이미 놀랄만한 R.C.A 전자음악 신디사이저가 악기와 연주자 없이도 모든 상상 가능한 소리를 만들어낼 수 있는 단계까지 발전한다면 음악적 소리는 기술적인 한계를 지니지 않을 것이다.

음악적 음의 네 가지 차원에 대한 열거는 앞 절에서 언급했던 시각적 구역에 대한 여섯 가지 차원의 열거처럼 음 자체의 본유적(intrinsic) 관계를 통해 정해진다. 어느 두 음고도 하나가 나머지 하나보다 높다. 마찬가지로 음들을 크기나 길이의 순차적으로 나열할 수도 있다. 바로 이 본유적 관계가 색 구역에서처럼 음악적 음들을 우리에게 익숙한 더 큰 구조로 조합하도록 만들어 주는 것이다.

이런 점에서 시각적 구역과 음은 냄새나 맛과 다르다. 물론 냄새나 맛도 어떤 식으로 분류 가능하고, 냄새와 맛에도 색이나 소리와 유사한 기초 차원들이 제안된 바 있다. 그러나 적어도 아직은 우리가 이러한 차원들을 순차적으로 열거하지 못했고, 그래서 이로써 더 큰 작업을 구성하는 원칙들을 조직할 수가 없었다. 패니 파머(Fanny

Farmer)*가 말했듯, "요리는 예술만큼이나 자기표현의 수단일지 모른다". 그러나 이는 자기-표현이 예술의 전부가 아님을 말해줄 뿐이다.

우리가 향수나 브랜디, 혹은 갓 벤 건초나 호박파이 향을 풍기는 건반을 가진 향기-오르간을 만들려 한다고 해보자. 오름 음고에 따라 피아노의 건반을 배열하였다면 우리는 이제 어떤 원리에 따라 이 오르간의 건반을 배열해야 할까? 조화롭고 즐길 만한 복합체가 될 체계적이고 반복 가능한 정례적 조합을 어떻게 찾을 것인가? 예컨대 패니 파머가 추천했던 것과 같은 식욕을 돋울 식사를 만드는 모호한 요리 원칙이 있기는 하다. 이러한 원칙에는 풍미, 식감, 형태와 색이 다른 음식들이 포함된다. 크림을 얹은 생선요리, 으깬 감자, 콜리플라워와 바닐라 푸딩은 제아무리 조리가 잘 되었다고 해도 배고픈 손님조차 꺼리는 식사의 조합이다. 어떤 향기는 분명 다른 향기보다 더 향기롭다. 하지만 냄새와 맛의 감각장에는 균형, 절정, 전개 혹은 패턴을 지닌 미적 대상을 형성하기에 충분한 규칙 같은 것이 있을 것 같지 않다. 냄새나 맛이 시각과 청각에 비해 '열등한 감각'이라는 것이 아니라, 언급한 것과 같은 사실이 맛-교향곡이나 냄새-소나타가 없는 이유를 설명해주는 듯하다.

음악의 움직임

그렇다고 임의의 모든 소리 모둠이 음악이 되는 것은 아니다. 그리고 임의의 음 모둠도 마찬가지이다. 지붕에 떨어지는 비, 활강로를 내려오는 석탄, 타자기로 가득 찬 사무실이 음악 악곡의 일부를 이룰 수는 있어도 자체로 음악 악곡인 것은 아니다. 왜냐하면 이러한 소리에는 특별한 청각적 움직임(auditory movement)**이라는 음악의 본질적 속성이 없기 때문이다. 이러한 움직임이나 유사-움직임은 논하기는 매우 까다롭지만 세심한 귀를 지닌 사람에게는 완벽하고 분명하게 들린다. 특정 소리나 소리 복합체는 앞으로 올 다른 소리를 요청하거나 가리킨다. 즉 이러한 소리들은 벡터-성

---

* *The Boston Cooking School Book*, Boston: Little, Brown, 1937, p. 3.
** 에드먼드 거니(Edmund Gurney)는 그의 명저 *The Power of Sound* (London: Smith, Elder, 1880, p. 165ff)에서 이를 '이상적 진행'(Ideal Motion)이라고 불렀다. 이를 가장 잘 설명한 이는 그로브너 쿠퍼(Grosvner Cooper)이다. Note 8.1을 보라.

질(vector-quality)이라는 것을 가진다. 이러한 명칭은 요점을 현상적으로 객관적인 용어로 표현한다. 이에 상응하는 주관적인 상태는 이러한 소리가 우리의 기대나 예측을 환기시키고 우리가 이러한 소리의 전개에 충분히 관심을 두게 하여 다음 소리에 놀라거나, 기뻐하거나, 실망하는 것이라고 말할 수 있다. 이렇듯 일련의 소리는 단일한 과정으로 융합되어 방향(direction)과 동력(momentum)을 드러낸다.

약소한 정도의 음악적 움직임은 매우 단순한 지각조건에 의해서도 발생할 수 있고, 원한다면 우리는 '음악'에 대한 광범위한 정의를 택할 수도 있다. 예를 들어, 체레미스 동요*는 곡 전체가 한 음표로 노래하며 8분음표와 4분음표 두 박자만을 사용하지만, 아무리 단순하다고 해도 이 노래는 여전히 음악 악곡이다. 어떤 의미에서 음악적 움직임은 규칙적인 혹은 리드미컬한 북소리만으로도 이루어질 수도 있고 실제로 많은 음악가들이 드럼 솔로를 음악 악곡으로 인정하는 '음악'의 정의를 받아들이려 할 것이다. 그렇다면, 음악은 리듬을 지닌 소리이다. 어디에서 선을 그을 것인가는 그렇게 중요하지 않다. 그러나 나는 음악의 정의에 적어도 몇몇 음이 있어야 한다는 조건을 포함시키는 것이 편리하다고 본다. 이러한 정의는 분명 1차 세계대전과 20세기 초 이탈리아 미래주의자들에게는 받아들여질 수 없는 것이다. 이들은 '조음기'(Bruiteurs) 혹은 소음기(noise-maker)로 연주하는 순수한 타악기 오케스트라를 위한 작곡을 했고, 자신들의 예술을 '소음의 예술'이라 칭했다. 그러나 여기에 에드가르 바레즈(Edgard Varèse)의 *Ionization*과 같은 작품이 제외될 리 없는데, 이 작품은 타악기와 사이렌을 위한 작곡이었음에도 피아노와 차임이 내는 음들을 포함하고 있다.

위 어느 경우이건 간에 나는 우리가 선율(melody)이 포함될 때야 비로소 높은 수준의 가장 순수한 형식의 음악적 움직임을 얻게 된다고 본다. 선율은 당연히 일련의 음들을 일컫지만, 모든 음의 연결이 선율인 것은 아니다. 음고가 서로 다른 두 음표를 생각해보자. 이 두 음 간의 음고 거리를 음정(interval)이라 한다. 이제 한 음 뒤에 나머지 음이 바로 따라 나온다고 해보자. 특정한 조건, 즉 두 음이 가지는 특정한 국소적 성질과 두 음 간의 특정한 관계가 주어지면 이 두 음은 서로 융합해 하나의 선처럼 움직인다. 이 음들은 연속된 두 음으로 들리지 않고, 가라앉고, 급강하고, 상승하고,

---

*   다음 책의 말미에 있는 예제 8번으로부터 인용했다: Bruno Nettl, *Music in Primitive Culture*, Cambridge, Mass.: Harvard U., 1956.

치솟는 듯한, 즉 한 음고에서 다른 음고로 이동하는 것처럼 들린다. 우리는 선율을 올라가거나 떨어진다고 말하지만 이때 올라가고 떨어지는 '그것'은 무엇일까? 이제 음 자체가 아닌 다른 어떤 것이 존재하게 되는데, 이것은 하나의 지속된 과정 속에서 안정, 가속, 혹은 방향의 전환점을 만든다. 이 같은 현상은 '스와니강'에서 엿볼 수 있는 것으로, 이 노래는 장중하게 미에서 레로, 다시 도로, 2도씩 내려오다가 장 3음 올라 미로 간 다음 다시 내려와 윗 도까지 한 옥타브를 뛰어오른다. 그리고 단 3음 내려 라로, 그리고 다시 도로 올라간다. 음정이 극단적으로 낙차가 크거나, 음 사이의 음정 이동 시간이 너무 길거나, 음색이 급격한 대비를 이루면, 하나의 움직임으로 가는 융합이 잘 일어나지 않는다. 가령 베베른(Webern) 같은 현대 작곡가들은 이러한 의미에서 선율을 이루지 못하는 혹은 그다지 선율로 들리지 않는 음들의 연속악구(sequence)를 만들었다. 그러나 어찌했건 이러한 연속악구도 여전히 움직인다.

음들의 연결이 선율이 되면 음악에서 가장 중요한 더 심화된 영역 성질들을 획득하게 된다. 첫째, 선율은 방향성(direction)을 획득한다. 예컨대 선율은 올라가거나 내려가거나 그대로 머물기도 하고, 점점 커지거나 작아지기도, (그 목적이 계속해서 변화할지라도) 함축된 목적을 향해 나아가기도 한다. 그리고 둘째, 선율은 전체(whole)가 된다. 선율의 부분들은 자체의 정체성을 잃지 않으면서 함께 융합한다. 이러한 선율의 전체성은 또 다른 두 영역 성질, 카덴스(종지법, cadence)와 칸투어(음형, contour)에 의존하는 듯하다.

음악적 움직임은 매 순간 항상 특정한 정도의 추진력(propulsion)을 가진다. 한 극단에서 추진력은 급박하고 뚜렷하게 템포를 거스르며 밀어붙인다. 물론 속도가 돌진하는 것에 도움을 주기는 하겠지만 반드시 필요한 것은 아니다. 다른 극단에서 음악의 움직임은 사라져버리는 경향을 띤다. 음악이 멈추며 그 에너지가 적어도 그 순간에는 소강되거나 혹은 움직인다고 해도 마치 어디로, 왜 가야 하는지 모르는 듯 정처없이 서성이며 망설이는 정도로만 움직인다. 우리는 이것을 음악적 동력의 정도(degree of musical drive)라고 부르기로 하자. 카덴스적 성질은 음악적 동력이 줄어드는 것을 말한다. 음악 악곡을 끝내는 마침(close)과 반마침(half-close)은 카덴스의 성격이 뚜렷하게 나타나는 지점이다. 선율의 칸투어는 선율 내 음고가 그리는 연속된 곡선과 다이내믹한 변화를 말한다. 선율 중간에 정지가 있는 것은 차이를 만들지 않는다. 칸투어가 되게끔 한다. 이러한 영역 성질은 사실상 선율에 관한 한 가장 손쉽게 관찰되는 것이다. 가끔 어떤 곡이 잘 떠오르지 않을 때 우리는 그 곡이 올라간 후 내렸던, 혹은 느려지거나 커졌던 것을 기억해낼 수 있다.

하나의 선율이 여러 선율로 구성될 때 이 선율들 각각은 실제로 분리 가능할 뿐 아니라 확실하게 기억되는 칸투어를 가지는 탓에 그 자체로 하나의 전체이거나 혹은 전체에 가깝다. 이제 이러한 종속 선율들은 악절(clause) 혹은 큰악절(period)에 해당한다. 가령, 〈Au Clair de la Lune〉는 각각 여덟 마디로 된 두 개의 주악절로 구성된다. 첫 번째 악절의 경우 정확히 동일한 두 개의 악절로 이루어진다. 악절은 전체성이 약간 떨어지기는 하나 여전히 특징적인 둘 혹은 그 이상의 분절체로 이루어지는데, 이 분절체를 악구(작은악절, phrase)라 한다. 악구 안에 있는 둘 혹은 그 이상의 음표 그룹이 그 자체로 특징을 가지고 선율의 부분으로 분리시켜도 알아볼 수 있다면, 음형(figure) 혹은 동기(motive)가 된다. 따라서 〈Au Clair de la Lune〉에서 우리는 다음의 것들을 알 수 있다:

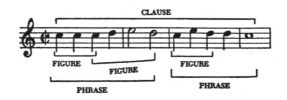

음형은 선율이 아니지만 선율로부터 추출된 것이고, 그 특징을 주요하게 선율의 맥락으로부터 취한다. 예를 들면, 다음과 같이 익숙한 선율을 생각해보라:

이 선율은 그 자체로 작은 악구이지만, 동시에 또한 서로 다른 조성의 많은 선율이 출발하는 음형이기도 하다.* 이 선율들은 종류가 너무 달라서 서로가 서로를 연상

---

*   사례로는 다음과 같은 곡들이 있다: 바흐의 *Wachet Auf!* (*Cantata No. 140*); 바흐의 아리아, "Ich esse mit Freude mein weniges Brot" (*Cantata No. 87*); 바흐의 "Et Resurrexit" (*B Minor Mass*); 베토벤의 *Symphony in D Major* (*No. 2*), 느린 악장; 슈베르트의 *Cello Sonata in A Minor*의 느린

                                           제2장 비평적 분석의 범주들

하게 만들지조차 않는다. 그러나 소나타 형식의 발전부 악장에서와 같이 한 선율에서 취해진 음형이 같은 악곡의 다른 선율의 부분으로 사용되면, 이 음형은 새로운 선율 안에서 이전 선율의 맥락을 생각나게 하여 놀랍고도 극적인 것이 될 수 있다. 선율의 이와 같은 그리고 이와 연관된 면모들에 관해서는 음악 형식(musical form)을 논하는 제4장 12절에서 좀 더 온전하게 다룰 것이다.

부득이하게 간략하고 대략적으로 진행된 전술한 선율의 움직임에 대한 진술들은 우리가 음악을 들을 때 현상적 영역에서 흔히 발견하는 것들을 분명 잘 설명해줄 것이지만, 그럼에도 불구하고, 이면에는 다른 문제가 도사리고 있다. 두 사람이 동일한 음의 연결을 듣고, 한 사람은 그것이 선율이라고 하고 나머지 한 사람은 선율이 아니라고 한다고 하자. 이러한 상황은 비단 이론적으로만 가능한 것이 아니라 한 사람의 소질의 발전이나 더 놀랍게는 음악사의 발전에서도 발견된다. 단선율 성가(plainsong)로부터 쇤베르크(Schönberg)에 이르는 서양 음악만을 고려해보면, 우리가 일련의 음표들을 하나의 융합된 선율로 듣는 능력은 음들과 음들 간의 관계가 만드는 국소적 성질뿐만 아니라 청자의 훈련과 경험에도 의존하는 것이다. 가령, 베토벤(Beethoven), 브람스(Brahms), 바그너(Wagner), 드뷔시, 스트라빈스키와 같은 대부분의 독창적인 작곡가들은 당대의 사람들 대다수가 단번에 선율이라기보다는 그저 파편적인 음들로만 알아들었던 선율을 작곡했었다. 당시 사람들은 그렇게 낙차가 큰 음정이나 그토록 길고 끝날 줄 모르는 악구에 익숙하지 않았다. 그래서 분명 우리도 미래의 사람들이 어떤 음의 연결을 선율로 느낄 것인지를 쉽게 예측할 수가 없다. 예를 들어, 명화 〈금지된 세계〉(Forbidden Planet) 같은 SF물에서 자주 나오는 이상한 전자음들의 낑낑거리는 소리, 주르르 미끄러지는 소리, 쌩쌩거리는 소리, 꺽 하는 소리조차도 그들은 선율로 들을지 모른다.

언급한 것과 같은 선율 지각의 가변성은 칸투어와 카덴스의 성질에 모두 영향을 미친다. 칸투어의 경우, 선율을 특정 음정들 사이를 계속해서 움직이는 것으로 들

악장; 모차르트(Mozart)의 세레나데, *Eine Kleine Nachtmusik*의 미뉴에트; *Carmen*의 "Seguidille"; 스트라우스(Strauss)의 *Death and Transfiguration*의 메인 주제곡; 성가곡, "Lead, Kindly Light"; 훔퍼딩크(Humperdinck)의 *Hansel and Gretel* ("I know a little house in the forest green"); "Merry Widow"의 왈츠; 레쿠오나(Lecuona)의 "Andalucia"; 영화 〈하이 눈〉(High Noon)에 나오는 디미트리 티옴킨(Dmitri Tiomkin)의 "Ballad of Frank Miller"; 남아프리카인들의 노래, "Brandy, Leave Me Alone".

는다. 영화 〈드라그넷〉(Dragnet)의 주제음악인 제롬 컨(Jerome Kern)의 〈All the Things You Are〉의 가사 '겨울'이 나오는 부분에서 증4도 음정으로 올라가는 선율이나, 컨의 같은 음악 몇몇 곳의 'I'll know'가 나오는 부분에서 7도 음정으로 내려오는 선율을 듣는 것은 아무 문제가 없다. 그러나 이러한 음정은 2도, 3도, 4도, 5도 음정만을 추구하도록 길러진 사람들에게는 선율 과정의 붕괴처럼 들릴 것이다. 카덴스의 경우에서도 그만큼 차이는 크다. 으뜸음(tonic tone)으로 끝나는 선율을 듣는 것에 익숙한 사람에게 민속음악처럼 3도 혹은 6도 음정으로 끝나는 선율은 완결되지 않았거나 전체성이 부족한 것처럼 들릴 것이다. 그리고 화성적 연속 악구(harmonic sequence)에 대해서도 같은 말을 할 수 있다.

그렇다면 문제는 "선율'을 상대적으로 정의할 필요는 없는가?' 하는 것이다. 다시 말해, 우리는 일련의 음표들이 해당 장소와 해당 시대에 가능한 훈련과 경험을 가진 사람들에게만 융합되어 들릴 수 있다면, 이러한 일련의 음표들을 음악사의 특정 시기 혹은 특정 문화에서의 선율이라고 정의해야 하지 않는가 말이다. 이 문제가 개인의 문제는 아닌 것이, 앞서 언급한 '들릴 수 있다'는 단어가 이 정의를 사람들 사이의 문제로 만들기 때문이다. 브람스와 동시대인들이 브람스가 만든 몇몇 음표의 연결들이 선율이 아니라고 불평했을 때 이는 잘못 판단한 것이다. 왜냐하면 다른 사람들은 그 음표들을 선율로 들을 수 있었고, 아마 이후 그들 자신조차도 그랬을 것이기 때문이다. 물론 옳은 말일지 몰라도 이로부터 특정 음표의 연결이 어느 누구에게도 선율로 들리지 않을 수 있다는 말을 독단적으로 할 수 없다는 것이 추론된다. 그러나 선율인 것과 그렇지 않은 것 간의 구분은 해당 음악적 시기나 문화의 맥락 내에서 발견 가능한 객관적인 것이다.

리듬과 조성

선율은 또한 음악의 또 다른 근본적인 특징인 리듬(rhythm)을 예화한다. 물론 선율이 없는 리듬도 있지만, 음악에서 중요한 리듬들은 대부분 선율로부터 파생된다. 예를 들어, 리듬 음형 a는 모차르트의 *G Minor Symphony* (No. 40) 1악장의 전 영역에 나타난다. 이 음형은 불안하게 몰아치는 오프닝 테마의 첫 음표들이 지닌 리듬을 상기시킨다. 리듬 음형 b도 모차르트의 *Piano Concerto in C Major (K. 503)*의 1악장과, 다소 좀 더 빠른 템포기는 하지만 베토벤의 *C Minor Symphony*의 1악장에서 비슷한 역할을 한다. 이러한 리듬 음형들은 선율로부터 추출된다.

음악에서 리듬의 국면은 각각 연관이 있으면서도 구분된 세 가지 특징을 필요로 한다. 그 첫째 특징은 펄스(박, pulse)이다. 어떤 소리이건 규칙적으로 반복되어 시간의 흐름(flow)을 거의 동일한 간격으로 나누면, 지속된 하나의 연쇄적 순서라는 인상을 준다. 이것이 펄스이다. 가령 수도꼭지에서 떨어지는 물소리가 그 일례이다. 물론 다양한 크기가 가능하겠지만 이 물소리가 크기에서 뚜렷하게 차이를 낸다면, 강한 악센트(strong accent)와 약한 악센트(week accent)라는 두 가지 주된 종류로 나뉘곤 한다. 펄스가 강세가 있는(accented) 비트(박, beat)와 강세가 없는 비트를 규칙적으로 반복하면, 박자(meter)가 생긴다. 덜컹덜컹 가는 기차 바퀴 소리가 그 일례이다. 리듬은 박자와 펄스와도 다르다. 하나 혹은 그 이상의 강세가 없는 비트 그룹이 강세가 있는 비트와 어떤 관계 속에 있을 때 리듬 단위(rhythmic unit)가 발생한다. 리듬 단위는 구별하기 쉬울 수도 어려울 수도 있다. 단발성일 수도 있고 반복될 수도 있다. 펄스를 깔고 발생할 수도 펄스 없이 발생할 수도 있다. 모차르트 곡에서 가져온 리듬 음형은 이러한 사례이다.

선율의 음고가 제한적이고 안정되어 음고에서 음고로 옮겨가는 것이 규칙적이고 반복적이면, 특정 음정이 이 선율 본연의(native) 것처럼 들리기 시작한다. 그리고 이 선율이 특정 음으로 자주 돌아와 그 음에 리듬의 강조를 두며 머물면, 그 음은 마치 홈베이스처럼 이 선율의 핵심 특징이 될 것이다. 이 음이 으뜸음(주음, tonic tone)이다. 여기에서 우리가 음계(scale)라고 부르는 음들의 체계라는 의미가 생겨난다. 새의 지저귐이나 사람들이 울며 통곡하는 소리 같은 선율들은 음계가 아예 없거나(scaleless), 혹은 거의 없다. 왜냐하면 음정이라는 것이 고정되지 않기 때문이다.* 그러

---

* 그러나, 나는 개똥지빠귀의 프레이즈나(반복되는 울음), 휘파람새의 구애의 지저귐의 경우 논란의

나 서양문화에서 음악적 선율이라는 것은 거의 언제나 (넓게 보자면) 음계적(scalar) 구조였다. 복잡한 사안을 간단하게 말하자면 선율의 음계는 다음과 같은 방식으로 결정된다고 할 수 있다. 즉 선율이 포함하고 있는 모든 음표들을, 최종음으로서 종지적인 성질을 가장 많이 지닌 듯한 음표로부터 시작해 오름차순으로 나열해보라. 물론 음계의 결정은 이 보다는 더 어려운 일일 것이다. 왜냐하면 음계는 개별 선율뿐만 아니라 선율 집합 전체가 가지는 영역 성질이어야 하고 그 음계로 쓰인 어느 개별 선율에서도 추출될 수 있는 한편 독립적으로도 존재할 수 있기 때문이다. 그래서 가령 교회 선법(mode)이나 서양 음악의 장음계(major scale)는 무수히 다른 선율을 무한히 창출할 수 있는 잠재력이 있다. 물론 한 개별 선율이 한 음계의 모든 음표를 사용하지 않을지라도 그 음계로 들릴 만큼 충분한 음표들을 사용한다면, 나머지 음표들은 배경으로, 그리고 이 선율의 음계의 부분으로 들릴 것이다.

특정 종류의 음계적 선율은 또 다른 특징도 가지는데, 이러한 선율들은 함께 소리 날 수 있는 다른 음들을 요청하는 듯 들린다. 다시 말해, 이 선율들은 화성(harmony)을 시사한다. 심리학자이자 음악학자에게 화성이라는 주제는 화성의 본성, 그것의 올바른 분석, 그것의 물리적이고 심리학적인 기초와 같은 중요한 전문적인 문제들로 가득 차 보이겠지만, 우리의 현안이 이러한 문제를 푸는 것은 아니다. 화성은 둘 혹은 그 이상의 음들이 동시에 소리 날 때 발생한다. 그 결과 화음은 그 화음만의 성질을 가진 전체로 융합된다. 예를 들어, 푸치니(Puccini)가 〈나비 부인〉의 유명한 주제곡에 인상 깊게 사용한 증 5도는 초조한 예감의 분위기를 조성한다:

Puccini, *Madame Butterfly*

그리고 바흐는 〈마태 수난곡〉에서 바라바의 석방에 울부짖는 군중을 표현하며 감 7 화음이 가지는 긴장감과 사나움을 사용했다. 하지만 화음(chord)의 성질 자체에 대해 음악적으로 말할 수 있는 중요성은 그다지 크지 않을지 모른다. 결국 푸치니가

여지가 있다고 들었다.

사용한 화음도 그 자체로 반문하고 의심하는 성질을 소유한 선율 악구가 없었다면 별반 다르지 않았을 것이기 때문이다.

　　한때 화음은 협화음과 불협화음으로 나뉜다고 여겨졌지만 19, 20세기 음악의 발전은 그러한 생각에 종지부를 찍었다. 그럼에도 어떤 화음이 다른 화음보다 조금 더 혹은 덜 불협화음이라는 것이 여전히 화음의 상대적인 속성이고, 이러한 속성은 마땅히 음악의 기초적 사실로 보인다. 모든 화음은 일정 정도의 안정성이나 불안정성을 가진다. 그리고 이로부터 화음의 진행은 선율의 방향성이 아닌 단지 화음의 방향성을 취한다. 그래서 장3화음(major triad)처럼 종지적(cadential) 성격이 강한 화음을 포함하지 않는 음악 악곡도 악곡의 엔딩이 종결로 들릴 수 있으려면 여전히 그 곡에서 우세한 불협화음의 정도를 이용해 비교적 종지적 화음에 도달해야 할 것이다.

　　너무나 많은 음악에서 근본적인 역할을 담당하고 있기에 반드시 다루어야만 하는 영역 성질 하나가 더 있다. 어떤 음계가 수많은 선율에 사용되어 한 집합의 선율로 분류되고 규정될 만큼 인식 가능해진다면, 그리고 그 주음(keynote) 혹은 으뜸음이 그 음계를 사용한 선율에서 매우 강한 종결성 혹은 종지적 성질을 이끈다면, 그리고 이러한 종결성이 그 주음을 동반하는 자주 등장하는 매우 안정된 화음으로 인해 더 강력해져서 다른 화음들이 이 화음의 경향성을 띠거나 이 화음을 향해 가는 듯한 느낌이 든다고 하자. 그렇다면 이제 이러한 음계와 화성 체계에 기초한 선율은 조성(tonality)을 띤다. 이때 선율은 음조를 띠는 분위기가 감돌고, 이러한 분위기는 이 선율의 흐름(flow)에 퍼져 이것을 경계 짓고 지배하며, 선율이 움직이는 방향을 명확하고 결정적으로 만드는 강한 내적 연속성과 이끄는 방향성을 선율에 부여할 것이다.

　　조성은, 특정 종류의 기후처럼 다양한 정도로 제시될 수 있는 성질이며, 이때 제시되는 정도는 선율의 다양한 국소적 성질과 종속된 영역 성질들에 의해 좌우된다. 'Pop Goes the Weasel'은 조성이 매우 강한 곡인데, 이는 부분적으로 이 선율이 으뜸음 혹은 주음을 첫 강박으로 친 다음 마지막에 다시 이 음으로 돌아오기 때문이며, 또 부분적으로 악곡 전체를 통해 그 화성이 명확하게 나타나고 곡의 시작과 끝이 으뜸화음(tonic major chord)을 띠기 때문이며, 또 부분적으로 이 선율의 칸투어가 으뜸음

(표)의 중요성을 분명하게 전달하기 때문이다:

하지만 가령, 바르톡의 *Fourth String Quartet*의 1악장이나 에르네스트 블로흐 (Ernest Bloch)의 *Third String Quartet*에서는 조성이란 것이 거의 없다. 그러나 또 완전히 없는 것은 아닌 것이, 몇몇 소절(passage)에서 적어도 한정된 음조(key)들 중 어떤 하나에 있는 것 같은 느낌이 들기 때문이다. 베토벤 *D minor Symphony*의 유명한 오프닝 부분처럼 선율은 조성이 애매할 수도 있다. 이 곡의 오프닝 음조는 가장조인지, 가단조인지, 라장조인지, 라단조인지 첫 눈에 알기 힘들다. 스트라빈스키의 *Petrouchka*에 나오는 'Danse Russe' 주제곡은 다장조로 기보되었지만, 엄밀히 말해 사(G) 음조가 아님에도 이 음조의 분위기를 강하게 띠고 있다. 만일 이 주제곡이 마(E)로 옮겨가는 제자리 바(F)를 가지고 있었다면 다(C) 음조가 되었을 것이다. 한편, 만일 이 곡이 사(G)로 옮겨가는 올림 바(F)를 가지고 있었다면, 사(G) 음조를 띠었을 것이다. 그러나 이 주제곡은 둘 다 아니었다.

Stravinsky, *Petrouchka*

조성이 생겨나지 않거나 혹은 적어도 조성을 확립하지 못하도록 하는 것도 가능하다. 이러한 가능성은 '12음' 기법으로 작곡한 작곡자들에게서 전용되었는데, 이들의 음악을 무조라고 불렀다. 무조란, 쇤베르크의 *Third String Quartet*과 알반 베르크 (Alban Berg)의 *Lyric Suite*처럼 음을 지니지 않는다는 것이 아니라 조성이 없다는 것을 뜻한다. 그러나 클래식 음악의 누구나 알만한 소절에서도 조성이 일시적으로 파괴되었다. 가령, 모차르트의 *C Major ("Dissonant") Quartet* (K. 465)의 피날레 직전의 느린 소절이나, *G minor Symphony*의 피날레 중 발전부를 여는 극적인 소절이 그러한 예이다. 이 악곡에서 선율은 몇 마디를 마치 쇤베르크의 12 음렬인 듯 그 옥타브의 열두 음을 거의 모두 사용하면서 변덕스럽게 뛰어다닌다. 만일 선율이 4도나 5도와 같은 협화음이 강한 음정을 피한다면, 그리고 만일 다양한 선율들이 화성적으로 매우 서로 독립적이라면, 그리고 만일 어떤 개별 음에도 조성의 중심이 될 특별한 자격이 허용되지 않는다면, 비록 이 음악이 몇몇 지점에서 어떤 음조를 되찾기 시작한다고 해도 이 조는 그것과 양립 불가능한 전개로 인해 이내 사라져버릴 것이다.

　전조(조바꿈, modulation)란, 한 조성에서 다른 조성으로 옮겨가는 것을 말한다. 전조가 일어나는 소절에서는 조성이 약해지는 느낌과 정지되는 것 같은 순간이 오지만, 고전적인 전조에서 이러한 정지의 순간은 거의 없고 모차르트의 피아노 콘체르토에서처럼 음조가 매우 자주 변할 때조차도 그 악곡은 명확해지기에 충분할 만큼 길게 각 음조에 머문 다음 부드럽지만 단호하게 조를 이행한다. 하지만 몇몇 현대 작곡가들은 선율이 진행됨에 따라 스스로 전조를 하는 유형의 선율을 발전시켰다. 예를 들면, 힌데미트(Hindemith)의 *Third String Quartet*을 시작하는 푸가(fugue) 주제곡을 생각해보자:

Hindemith, *String Quartet No. 3*

　이 선율은 C와 D와 A 중 어느 것도 고집하지 않으면서 C에서 D로, 그리고 A로 옮겨간다.

　여기에서 몇몇 음악적 기초를 선택적으로 간략히 검토한 목적은 아래 Notes and Queries에 적혀 있는 것과 같은 개론적이거나 전문적인 논의의 장을 마련하고자 한 것이 아니다. 예술 비평의 기초용어를 다룬 앞 절의 검토에서와 마찬가지로 이 절도 한정된 몇 가지 목적을 가지고 있었다. 가령 ① 제4장 12절에서, 음악이라는 형식을 논의할 때 유용할 몇몇 용어들을 상기시키고, ② 이 용어들이 6절에서 제안된 범주의 일반적인 체계에 부합할 수 있는 (특히 영역 성질과 그것의 지각적 조건의 구분에 대한) 방법을 보여주고, ③ 가장 분명하고 명백한 음악의 특징들조차 이러한 특징들을 기술할 때 발생하는 몇 가지 난제들을 (해결한다기보다는) 보여주고자 했다. 왜냐하면 비록 내가 유용한 논의를 이끌 수 있는 전문성이 모자라 그러한 난제들을 여기에서 완벽히 탐구하지는 못했다 하여도, 아래 참고문헌들이 보여줄 것이듯 선율, 리듬, 조성과 같은 개념들에서조차 미궁인 난제들이 음악가와 음악학자에게 남겨져 있기 때문이다.

NOTES AND QUERIES

6

6.1 오용된 용어들(MISLEADING IDIOMS)

'목적', '수단', '방법'(how), '방식'(manner), '기법'(treatment), '기예'(technique), '처리'(handling) 같은 용어들을 사용하여 미적 대상을 기술한 사례들을 찾아보라. 가능하다면 맥락이나 주어진 사례들로부터 각각의 용어가 적용되는 대상의 부분이나 국면을 결정하고, 그 기술을 좀 더 오해의 여지가 없는 용어로 바꾸어보라. 예컨대 '조각 하나에 한 가족 전체를 결합시키려는 생각은 괜찮았지만 그것이 잘 실행되지 못했다'고 한다면 이는 '이 조각이 한 가족을 재현하지만, 그것이 디자인으로 드러나지 않았다'는 것을 의미한다.

6.2 '매체'(MEDIUM)

T. M. Greene, *The Arts and the Art of Criticism*, Princeton, N.J.: Princeton U., 1940, Part I, esp. chs. 1, 2, 5를 보라. 그리고 Thomas Munro, *The Arts and Their Interrelations*, New York: Liberal Arts, 1949, ch. 7과 비교하라. '매체'라는 용어에 대한 그린의 정의를 살펴보라. 그리고 그가 이 용어를 모든 예술에 동일한 의미로 사용할 수 없다는 점에 주목하라. 미적 대상에 내재하는 구분이 아니라 외재하는 구분인 점을 고려한다면, 그린이 내린 '주요 원재료'(primary raw material)와 '주요 매체'(primary medium)의 구분은 음악이나 예술 비평가에게 사용 가치가 있을까? 그의 '주요 원재료'와 '부차적 원재료'의 구분과 이에 상응하는 '주요 매체'와 '부차적 매체'의 구분을 고려해보라. 이 개념들은 명확한 것인가? '부차적 원재료'는 미적 대상이 무엇인가라기보다는 그것이 하는 일로 분류되어야 하지 않을까?

6.3 영역 성질(REGIONAL QUALITIES)

영역 성질을 확인하고, 기술하고, 분류하는 문제에 관해서는, Kurt Koffka, "Problems in the Psychology of Art," *Art: A Bryn Mawr Symposium*, Bryn Mawr, Pa.: Bryn Mawr College, 1940, pp. 209-212를 보라. 코프카(Koffka)는 이 성질을 '제3의 성질'이라고 칭했고, '인상학적 성격'(physiognomic character)은 이 성질의 하위종이다. Heinz Werner, *Comparative Psychology of Mental Development*, New York: Harper, 1940, pp. 67-103에서는 '인상학적 성질'을 '기하학적-기술의 성질'(geometrical-technical qualities)과 구분한다(p. 69). Wolfgang Köhler, *Gestalt Psychology*, New York: Liveright, 1929, chs. 5, 6에서는 "Ehrenfels-quality"(p. 190), "supralocal"(p. 188), 그리고 "Gestaltqualität"(p. 192)이라는 용어를 사용한다. '게슈탈트'(Gestalt)의 의미에 관하여는, Harry Helson, "The Psychology of Gestalt," *American Journal of Psychology*, XXXVI (1925): 342-370, 494-526, esp. 364-368; XXXVII (1926): 25-62, 189-223, esp. 201-214를 참조하라. C. D. Broad, *Examination of McTaggart's Philosophy*, Cambridge, Eng.: Cambridge U., 1933, Vol. I, pp. 268-269이 재발행 된 H. Feigl and W. Sellars, *Readings in Analytical Philosophy*, New York: Appleton-Century-Crofts, 1949, pp. 474-475에서는 '집합적 속성'(collective property)을 '환원적'(reducible) 속성과 '창발적'(emergent) 속성으로 나눈다. 그리고 브로드(Broad)는 *The Mind and Its Place in Nature*, London: Routledge and Kegan Paul, 1925, pp. 59-67에서 창발적 속성을 확장한다. 좀 더 전문적인 논의에 관하여는 다음을 참조하라: E. H. Madden, "The Philosophy of Science in Gestalt Theory," *Philosophy of Science*, XIX (1952): 228-238가 재발행 된 H. Feigl and M. Brodbeck, *Readings in the Philosophy of Science*, New York: Appleton-Century-Crofts, 1953, pp. 559-570; Ernest Nagel, "Wholes, Sums, and Organic Unities," *Philosophical Studies*, III (1952): 17-32; N. Rescher and P. Oppenheim, "Logical Analysis of Gestalt Concepts," *British Journal for the Philosophy of Science*, VI (August 1955): 89-106; Paul Henle, "The Status of Emergence," *J Phil*, XXXIX (1942): 486-493.

6.4 장과 벡터(FIELDS AND VECTORS)

장과 벡터라는 개념은 Andrew Ushenko, *Dynamics of Art*, Bloomington, Ind.:

Indiana U., 1953, ch. 2에서 미적 대상을 기술하는 데에 사용되었다. 그렇다면 그의 개념들은 이 장에 나오는 같은 개념들과 어떻게 다른가? 우센코(Ushenko)의 기본 범주들에 주목하라. 감각장에서 즉각적으로 지각되지 않지만 주의를 끄는 것은 어떤 것이건 '함축적인'(implicit) 것으로, 그리고 '힘', 혹은 실제성이 아닌 '잠재성'이라는 상태로 존재한다고 말할 수 있다. 따라서 일렬로 찍힌 점들은 '함축적' 선이다. 이때 선적인 성격은 '잠재된' 것으로 감각에 제시되는 것이 아니라 '상상력'에 의해서 '재구성'되는 것인데, 이는 그 점들을 통해 선을 그리는 것이 선적인 성격을 더 명백하게 해줄 것이기 때문이다. 우센코의 용어법은 지각적 사실에 관한 서로 다른 가정들을 얼마만큼 반영하고 있는가?

6.5 기술(DESCRIPTION)

원인과 결과를 언급하거나 작품의 '의미'나 '재현'을 언급하지 않고 자신만의 언어로 회화와 음악 악곡에 대해 상세하게 기술해보라. 이러한 연습은 순수한 기술에 있는 어려움을 분명하게 해주고 기술에 포함되어야 할 종류의 정보를 생각해내도록 도와준다.

7

7.1 색(COLOR)

색의 차원과 성질에 관한 논의로는 다음을 참조하라: Arthur Pope, *The Language of Drawing and Painting*, Cambridge: Harvard U., 1949, chs. 1, 2, Appendices 1-3; Stephen C. Pepper, *Principles of Art Appreciation*, New York: Harcourt, Brace, 1949, ch. 8; Rudolf Arnheim, *Art and Visual Perception*, Berkeley: U. of California, 1954, ch. 7; David Katz, *The World of Color*, London: Routledge and Kegan Paul, 1935, esp. Part I; George H. Opdyke, *Art and Nature Appreciation*, New York: Macmillan, 1933, pp. 75-330; Committee on Colorimetry of the Optical Society of America, *The Science of Color*, New York: Crowell, 1953, ch. 2; Ralph M. Evans,

An Introduction to Color, New York: Wiley, 1948, chs. 8, 10; Charles Hartshorne, *The Philosophy and Psychology of Sensation*, Chicago: U. of Chicago, 1934, sec. 13 (pp. 117-126); Robert M. Ogden, *The Psychology of Art*, New York: Scribner's, 1938, ch. 8; Albert R. Chandler, *Beauty and Human Nature*, New York: Appleton-Century, 1934, chs. 5, 6 (그의 참고문헌 또한 참조하라).

여기에서 가장 중요한 문제 중 하나는 색의 기초 성질과 종속 성질 사이의 관계에 관한 것이다. 예를 들면, *The Science of Color*는 색의 종속 성질을 물리적 대상의 외양이 보이는 양상으로 간주한다. 그러나 에반스(Evans)는 색의 따뜻하고 차가운 성질을 '색에 대한 정서적 반응'에 속하는 것으로 본다(p. 180); 하트숀(Hartshorne)은, "노란색이 지닌 '화려함'이 노랑(yellowness)이다"라고 말한다(p. 123). 훌륭한 논문 Jeanne Wacker, "Hartshorne and the Problem of the Immanence of Feeling in Art," *J Phil*, LIV (1957): 635-645도 참조하라.

또한 Ivy G. Campbell-Fisher, "Aesthetics and the Logic of Sense," *Journal of General Psychology*, XLIII (1950): 245-273, esp. 258-266을 보라.

7.2 선과 형태(LINE AND SHAPE)

선의 종류와 선과 형태의 성질에 대한 논의로는 다음을 보라: Pepper, *op. cit.*, chs. 9; Arnheim, *op. cit.*, chs. 8, 9; James J. Gibson, *The Perception of the Physical World*, Boston: Houghton Mifflin, 1950, chs. 10, 11; Lois Bingham, *How to Look at Art: The Search for Line*, Washington: National Gallery of Art, 1946; Chandler, *op. cit.*, pp. 46-50; Opdyke, *op. cit.*, pp. 382-417, 467-477. 페퍼가 말하는 선의 '일차적' 특징과 '이차적' 특징의 구분과 그러한 구분의 적합성과 편리성을 검토하라. 선과 형태의 중요한 몇몇 영역 성질을 모아 구분해보라. 이러한 흥미로운 사례로는 다음의 저술을 참조하라: Leo Steinberg, "Month in Review," *Arts,* June 1956, pp. 42-45.

파울 클레가 세 종류의 선을 구분한 것을 보라: Paul Klee, *Pedagogical Sketch Book*, trans. by Sibyl Peech, New York: Nierendorf Gallery, 1944, secs. 1-5. 클레의 '수동적'(passive) 선은 내가 말한 '경계선'에 해당한다. 방향을 바꾸는 선인 그의 '능동적'(active) 선과, 원의 둘레처럼 공간을 닫는 선인 '중간적'(medial) 선은 (그의 사례인) 선-영역이나 점선에 해당할 수 있다.

7.3 시각적 양괴와 깊이(VISUAL MASS AND DEPTH)

관련 논의로는 다음의 저술들을 보라: Pepper, *op. cit.*, chs 10, 11; Arnheim, *op. cit.*, chs. 5, 6; Evans, *op. cit.*, ch. 9. 시각적 움직임에 대하여는 다음을 참조하라: Ivy G. Campbell-Fisher, "Static and Dynamic Principles in Art," *Journal of General Psychology*, XLV (1951): 25-55.

7.4 공감(EMPATHY)

공감이론의 설명과 옹호를 보려면, 다음의 저술들을 참조하라: Herbert S. Langfeld, *The Aesthetic Attitude*, New York: Harcourt, Brace & Howe, 1920, chs. 5, 6 (부분 재인쇄) Eliseo Vivas and Murray Krieger, eds., *The Problems of Aesthetics*, New York: Rinehart, 1953, pp. 315-325; Vernon Lee (Violet Paget), *The Beautiful*, Cambridge, Eng.: Cambridge U., 1913, chs. 8-11. 다음의 저술에 나온 비판과 비교하라: Kurt Koffka, "Problems in the Psychology of Art," *Art: A Bryn Mawr Symposium*, Bryn Mawr, Pa.: Bryn Mawr College, 1940, pp. 213-229. '주체의 지각 활동이 대상의 성질에 융합한다'는 의미는 무엇인가? 공감이론을 주장하는 이들이 답하려는 질문이 무엇이며 그중 어떤 질문이 부적절한 가정을 전제하고 있는가?

7.5 '가상 공간'(VIRTUAL SPACE)

Susanne Langer, *Feeling and Form*, New York: Scribner's, 1953, chs. 5, 6은 (그녀는 모든 '조형 예술'의 본질적인 본성이라고 했지만) 시각 디자인의 본질적인 본성이 '가상 공간'을 구축하고 상세화하는 데 있다고 주장한다. 랭어는 회화적 공간이 일상적인 현상적 공간과 어떻게 다르다고 생각하는 것일까? 그녀가 옳은 것일까? 그녀의 '광경'(scene)(p. 86)이라는 용어의 사용에 주목하라. 그녀가 시각 디자인이 '가상 광경'이라고 말할 때, 그녀는 단지 시각 디자인이 내재적 복합성을 지닌 경계지어진 공간이라고 말하는 것일까?

8

8.1 음악의 정의(THE DEFINITION OF MUSIC)

Grosvenor Cooper, "The Nature of Music," *Journal of General Education*, VII (1953): 176-182를 보라. 음악적 움직임에 관하여는 다음의 저술들을 참조하라: Ivy G. Campbell-Fisher, "Static and Dynamic Principles in Art," *Journal of General Psychology*, XLV (1951): 25-55, 특히 49-53; George S. Dickinson, "Aesthetic Pace in Music," *JAAC*, XV (March 1957): 311-321. 음악이 '가상 시간'(virtual time)이라고 주장하는 랭어의 견해와 비교해보라: Susanne Langer, *Feeling and Form*, New York: Scribner's, 1953, chs. 7-9. 그녀는 시간 자체에 대해 말하는 것일까? 아니면 시간의 진행과정(process in time)에 대해 말하는 것일까? 예를 들어, 그녀가 말하는 음악적 시간과 일상적 시간의 차이에 대한 논의를 고려해보자.

8.2 소리의 성질(THE QUALITIES OF SOUND)

다음을 참조하라: Albert R. Chandler, *Beauty and Human Nature*, New York: Appleton-Century, 1934, ch. 10; James L. Mursell, *The Psychology of Music*, New York: Norton, 1937, pp. 49-80; Carroll C. Pratt, *The Meaning of Music*, New York: McGraw-Hill, 1931, pp. 1-8, 28-62, 104-126; Robert M. Ogden, *Hearing*, New York: Harcourt, Brace, 1924, chs. 3, 5, 6; Edmund Gurney, *The Power of Sound*, London: Smith, Elder, 1880, ch. 12; Charles Hartshorne, *The Philosophy and Psychology of Sensation*, Chicago: Chicago U., 1934, Appendix B.

8.3 냄새, 맛, 그리고 촉각의 미학(THE AESTHETICS OF SMELL, TASTE, AND TOUCH)

냄새와 맛과 촉감은 그 본유적 규칙이 없는 탓에 미적 대상의 재료로 여겨질 수 없는가? 한 끼의 식사가 예술작품일 수 있다고 주장할 것인가? 규칙 결여의 논증 외에도 이 감각들이 미적으로 적합하지 않다고 주장하는 두 가지 노선이 더 있다: ① 저급한 감관은 기능상 실용적이고 자기-보존과 긴밀히 연결되어 있어서 색이나 소리가 하는 것과 같은 초연한 관조를 가능하게 해주지 못한다. ② 자료에 대한 반응, 즉 맛과 냄새의 선호가 사람마다 너무 다르고 또 시기마다 크게 변화하기 때문에, 이로부터 맛과 냄새의 향유를 위한 안정적인 대상이 확립되기 어렵다. 이러한 논증은 설득력 있는 주장일까? 전문 차-감식가는 1,500종류의 찻잎을 구분할 수 있다는 점을 기억하자. 다음을 보라: David W. Prall, *Aesthetic Judgment*, New York: Crowell, 1929, pp. 57-75, (재인쇄) Eliseo Vivas and Murray Krieger, *The Problems of Aesthetics*, New York: Rinehart, 1953, pp. 182-193; Edmund Gurney, *op. cit.*, chs. 1, 2, and pp. 48-49, 243-244; Thomas Munro, *The Arts and Their Interrelations*, New York: Liberal Arts, 1949, pp. 136-139; Hartshorne, *op. cit.*, sec. 36; Frank A. Geldard, *The Human Senses*, New York: Wiley, 1953, ch. 14, 15.

Sidney Zink, "Esthetic Contemplation and Its Distinction from Sense Pleasure," *J Phil*, XXXIX (1942): 701-711에서 논하기를, '미적 쾌'(aesthetic pleasure)는 관계에 대한 관조로부터 얻는 쾌로 정의될 것이기에 단일한 색이나 음이나 냄새 등으로부터 취해지는 즐거움은 미적인 것이 아니다. 그의 주장은 다음에서 논의되었다: C. J. Ducasse, "Esthetic Contemplation and Sense Pleasure: A Reply"와 Carl Thurston, "Is Our Pleasure in Single Colors Esthetic?" *J Phil*, XL (1943): 156-159, 320-323.

각각의 성질들이 다른 성질과의 관계로 인해 그 고유한 위치를 부여받는 감각 성질들의 (심지어 색상에 대한) 질서를 구축하는 것이 가능한가 하는 문제는 다음의 저술에서 논의되었다: Nelson Goodman, *The Structure of Appearance*, Cambridge: Harvard U., 1951, Part III; W. C. Clement, "Quality Orders," *Mind*, N.S., LXV (1956): 185-199; 굿먼의 노트(같은 책, LXVI (1957): 78)도 참조하라.

8.4 선율(MELODY)

선율에 관한 한 훌륭한 논의가 다음의 저술에서 진행되었다: Leonard B. Meyer, *Emotion and Meaning. in Music*, Chicago: Chicago U., 1956, pp. 92-102. 이 중요한 책에 나온 일반론들을 제4장에서 다룰 것이다. 다음의 책들도 보라: Robert Erickson, *The Structure of Music*, New York: Noonday, 1955, pp. 3-69; Donald F. Tovey, "Melody," *Encyclopaedia Britannica*, 14th ed., Chicago: U. of Chicago, 1929, (재인쇄) *The Forms of Music*, New York: Meridian, 1956; Aaron Copland, *What to*

Listen For in Music, New York: Mentor, 1953, ch. 5; Gurney, *op. cit.*, ch. 9; Douglas Moore, *Listening to Music*, rev. ed., New York: Norton, 1937, ch. 5; Ebenezer Prout, *Musical Form*, 4th ed., London: Augener, 1893, chs. 1-8; Chandler, *op. cit.*, pp. 180-184; MurselII, *op. cit.*, pp. 99-107.

8.5 리듬(RHYTHM)

리듬에 관한 훌륭한 논의는 다음의 책을 보라: Leonard B. Meyer, *op. cit.*, pp. 102-127. 이 책에서 나는 큰 도움을 얻었다. 다음의 저술도 보라: Donald F. Tovey, "Rhythm," *op. cit.*; Copland, *op. cit.*, ch. 4; Chandler, *op. cit.*, pp. 193-196; Robert M. Ogden, *The Psychology of Art*, New York: Scribners, 1938, ch. 4, sec. 19; Mursell, *op. cit.*, chs. 4, 5; Gurney, *op. cit.*, pp. 127-139, Appendix B; Douglas Moore, *op. cit.*, ch. 4; Matyas Seiber, "Rhythmic Freedom in Jazz?" *Music Review*, VI (1945): 30-41, 89-94, 160-171; Curt Sachs, "Rhythm and Tempo," *Musical Quarterly*, XXXVIII (July 1952): 384-398.

'폴리리듬'(polyrhythm)이라는 용어는 구별해야 하는 두 가지 사안을 때때로 아우른다. ① 한 마디에서 다른 마디로 가거나 혹은 같은 마디 내에서 박자의 변화가 있다. 모차르트의 *Divertimento in E Flat Major for String Trio* (K. 563) 1악장에서, 세 악기가 첫 두 마디 동안 박자표는 3/4박자임에도 2박자로 연주한다. 그리고 세 번째 마디에서 미뉴에트 템포가 확립된다. 다른 분명한 사례로는, 베토벤 *D Minor Symphony* (No. 9) 스케르조에서 네-마디에서 세-마디 스윙으로 옮겨간 것과 그의 *String Quartèt in C Sharp Minor* (Op. 131)의 프레스토(Bar 109)에서 악센트를 없앤 것을 들 수 있다. 바르톡은 그의 *Fifth String Quartet* (1934)에 있는 스케르조 트리오에서 10/8박자를 사용한다. 그리고 여기에서 8분음표는 어떤 때에는 3+2+2+3으로, 어떤 때에는 2+3+3+2로 그룹 지어진다. 베토벤은 *C Sharp Minor Quartet*의 4악장의 6번째 변주곡에서 9/4박자를 가진 종류의 것을 시도한다. ② 그러나 모차르트의 *G Minor Symphony*의 미뉴에트에서 선율은 부분적으로 2박자이지만 반주는 3박자를 유지하며, 화성이 그 마디들의 초입에서 변하여 동시적으로 진행되는 박자의 대조가 명확히 드러나는데, 이 중 한쪽이 더 근본적인 것이다. 이는 신코페이션이라 하는 것으로, 우리는 'Twelfth Street Rag'와 'I Can't Give You Anything but

Love, Baby'와 같은 곡을 통해 잘 알고 있다. '폴리미터'라는 용어는 두 개의 박자가 거의 똑같이 강조되는 곳에 사용하는 것이 가장 적합할 것이지만 신코페이션을 '폴리미터'라고 칭할 수도 있다.

8.6 음계, 화성, 조성(SCALE, HARMONY, TONALITY)

다음을 참조하라: Erickson, *op. cit.*, pp. 71-107; 도널드 토비(Donald F. Tovey)의 논문 "Harmony," *op. cit.*; Copland, op. cit., ch. 6; Chandler, op. cit., 184-193; Ogden, Psychology of Art, ch. 3, 4, secs. 16-18, 20; Ogden, *Hearing*, chs. 7, 8, 10; Mursell, *op. cit.*, pp. 81-148; Pratt, *op. cit.*, pp. 62-71; Gurney, *op. cit.*, pp. 139-149, ch. 11, Appendix C; Moore, *op. cit.*, chs. 6, 8; John Myhill, "Musical Theory and Musical Practice," *JAAC*, XIV (December 1955): 191-200; Mark Brunswick, "Tonality and Perspective," *Musical Quarterly*, XXIX (1943): 426-437; Donald F. Tovey, "Tonality〔in Schubert〕," *Music and Letters* (슈베르트 편), IX (1928): 341-363, (재인쇄) *The Main Stream of Music*, New York: Oxford U., 1949, pp. 134-159; C. Hubert H. Parry, *The Evolution of the Art of Music*, ed. by H. C. Colles, New York: Appleton, 1941, chs. 2, 15; Igor Stravinsky, *Poetics of Music*, Cambridge: Harvard U., 1947(New York: Vintage, 1956에 재인쇄), ch. 2.

'무조' 음악에 관하여는 다음을 보라: Richard S. Hill, "Schönberg's Tone-Rows and the Tonal System of the Future," *Musical Quarterly*, XXII (January 1936): 14-37; George Perle, "Evolution of the Tone-Row: The Twelve-Tone Modal System," *Music Review*, II (1941): 273-287; William Hymanson, "Schönberg's String Trio (1946)," *Music Review*, XI (1950): 184-194.

오늘날 음악에 나타난 조성의 상황과 앞으로의 가능하고 바람직한 발전 방향에 대해서는 조셉 아세르(Joseph Yassers)의 주목할 만한 책에서 깊이 다룬 바 있다: Joseph Yassers, *A Theory of Evolving Tonality*, New York: American Library of Musicology, 1932. 아세르는 온음음계(the whole-tone scale), 12음 기법(the twelve-tone system), 그리고 반음의 다양한 분할과 같은 최근 음계의 발전상을 가장 꼼꼼하고 상세하게 다루었으며, 이러한 발전의 의의와 이에 얽힌 오해를 잘 지적하고 있다.

제3장

문학작품

THE LITERARY WORK

신현주 번역

문학작품이란 무엇인가? 이는 대부분의 질문들과 마찬가지로 상이한(비록 중첩되기는 하지만) 관심들을 반영하고 있다.

예를 들어, 우리는 문학가가 창조하는 것은 무엇인지, 그의 노력의 산물이 어떤 종류의 개체인지 알고 싶을 수도 있다. 우리는 화가가 시각적 디자인을, 그리고 작곡가가 청각적 디자인을 창조한다는 것을 살펴보았다. 글쓴이가 창조하는 것은 어떠한 유형의 디자인인가? 혹은 우리는 문학작품의 기본 구성요소가 무엇인지 알고 싶을 수도 있다. 만일 우리가 이전 분석을 통해 시각적 디자인은 색 영역으로 구성되어 있고, 음악작품은 소리 혹은 소리의 운동으로 구성되어 있다고 말했다면, 문학을 구성하는 요소는 무엇인가? 혹은 우리는 문학작품이 그것과 어느 정도 닮은 다른 것들, 예를 들어 신문 광고나 과학 논문, 약 상표 등과 어떻게 구분되는지 알고 싶을 수도 있다. '문학작품'의 일반적 정의는 무엇인가?

어떤 소설에 대한 리뷰에서 우리가 다음과 같은 진술들을 발견한다고 생각해 보자.

1. 이 소설은 비극적이다.
2. 이 소설은 복합적이다.
3. 이 소설은 상당량의 또렷한 자연 이미지를 포함한다.
4. 이 소설은 세 명의 주인공을 등장시킨다.
5. 이 소설은 13개의 장으로 되어있다.
6. 이 소설은 트리니다드토바고에서 발생한다.
7. 이 소설은 포르투갈어로 쓰였다.

이 진술들은 모두 참일 수 있다. 게다가 이들은 모두 기술적 진술들이다. 즉 이들은 해석하지 않는다. 그러나 이들이 모두 문제의 소설에 대한 진술이라고 해서 동일한 차원에 있는 것은 아니다. 사실 이 진술들은 상이한 두 종류로 나눠지는 것 같다.

글쓴이는 무엇을 창조하는가라는 질문에 대해, 우리는 다음과 같은 대답을 할 수 있다. 글쓴이는 인물을 창조한다. 즉 글쓴이는 특정한 방식으로 행위하도록 되어있는 인간들을 생각해낸다. 저자는 인물의 행위를 위한 배경을 설정하고, 플롯이나 행위의 순서를 구성한다. 글쓴이는 라스콜니코프(Raskolnikov), 미코버 부인(Mrs. Micawber), 포사이트 가문(the Forsyte), 에레혼(Erewhon), 키르케(Circe)의 섬, 피가로의 결혼, 어셔(Usher)가의 몰락, 얼룩끈 사건 등을 만들거나 혹은 지어낸(make up) 사람이다. 이러한 관점에서 보았을 때, 문학작품은 글쓴이가 상상하거나 혹은 생각한 인간 행위들의 집합이다. 행위는 행위자와 배경을 포함한다. 인물, 장소, 대상의 이러한 총체를 나는 작품 세계(the world of the work)라 부르겠다. 작품 세계에 적용되는 것이 바로 진술 1, 4, 6이며, 진술 2도 적용 가능하다.

그러나 글쓴이가 무엇을 창조하는가라는 문제에 대한 또 다른 대답도 가능하다. 글쓴이는 단어들을 새로운 질서로 조합한다. 그는 구절, 문장, 단락을 구성한다. 그는 장과 절을 쓴다. 이러한 관점에서 봤을 때, 문학작품은 언어적 디자인(verbal design), 혹은 담화(discourse), 즉 일련의 가지적인(intelligible) 단어들이다. 담화에 적용되는 것이 진술 3, 5, 7이며, 진술 2도 적용 가능하다.

작품 세계와 관련해 우리는 제5장 15절에서 더 많은 논의를 할 것이다. 작품 세계는 단어들이 의미한 바대로, 혹은 단어들에 의해 투사된 바대로 존재하므로, 우리가 먼저 살펴봐야 하는 것은 바로 단어들이다. 그리고 이 장에서 우리는 하나의 담화로서, 혹은 단어들의 디자인으로서의 문학작품에 접근할 것이다.

9
문학의 언어
THE LANGUAGE OF LITERATURE

문학작품은 담화이기 때문에, 문학작품의 부분들은 언어의 분절들이다. 문장은 단락의 일부이고, 단어는 문장의 일부이다. 문장이 문단에 대해 가지는 관계와 단어가 문장에 대해 가지는 관계가 동일하지는 않지만, 무엇의 부분임(being a part of)이라는 것은 두 관계에서 공통된다.

문학의 궁극적인 부분 혹은 요소가 무엇인가라는 질문에 대해 우리는 다양한 대답을 제시할 수 있고, 그 대답들 중 우리의 목적에 맞는, 즉 비평적 분석이라는 목적에 맞는 선택을 해야 한다. 우리는 담화의 최소 완전 단위가 문장이며, 문장보다 더 작은 부분은 실제 혹은 가능한 문장과의 관계를 통해 정의되거나 이해될 수 있다고 말할 수 있다. 혹은 우리는 문학의 요소들이란 의미 있는 언어의 최소 입자들이라고, 즉 단어를 구성하는 어근이나 접사라고 말할 수도 있다. 이렇게 보았을 때, '불-법-적'(un-law-ful)이란 단어는 세 입자들로 구성된다. 그러나 문장이나 입자 사이에 있는 어떤 것, 소위 단어(word)를 문장의 요소로 간주하는 것이 더 편리하다. 대략적으로 말해, 단어란 그것을 나눌 경우 그 부분들이 홀로 서지 못하는(적어도 의미의 변화 없이는) 언어의 단위이다. '법'(law)은 혼자 존재할 수 있지만, '불'(un)과 '적'(ful)은 그렇지 않다.* 이 정의는 불완전하지만, 다행스럽게도 이 정의는 여기에서 더 다듬어질 필요가 없다. 더 중요한 문제가 우리를 마주하고 있다.**

---

*   Edward Sapir, *Language*, New York: Harcourt, Brace, 1921 (reprinted New York: Harvest, 1956). chs. 1, 2.

**   여기에서 나는 다음 저서에서 드러난 견해(비록 나의 견해와 몇 가지 차이점은 있으나)에 크게 의존하고 있다. Charles L. Stevenson, *Ethics and Language*. Note 9.1 참조.

함의와 취지

특정한 조건하에서, 하나의 몸짓, 소리 내기, 혹은 울기와 같은 인간의 행동은 상당히 확정적인 방식으로 지각자에게 영향을 끼치는 경향이 있다. 이 경향을 행위의 함의(import)라고 부를 수 있다. 여기서 우리는 오직 언어적 행위, 즉 발화된 소리나 그 소리를 대신하는 글자에만 관심을 가질 것이기 때문에, 우리 정의의 범위를 제한할 수 있다. 하나의 언어적 표현은 특정 그룹의 사람들에게, 즉 이전 경험을 통해 그 표현의 발화(말로 된 것이건 글로 된 것이건 간에)에 반응하도록 준비된 이들에게 함의를 지닌다.

함의에는 기본적인 두 유형이 있다. 먼저 언어적 표현은 화자에 관한 특정 믿음을 일으키는 경향을 가질 수 있다. 언어적 표현은 특정한 마음 상태와 연결되어 있어서, 그것의 발화는 청자로 하여금 화자의 마음속에 무슨 일이 일어나고 있는지 추론하도록 한다. 이러한 능력을 나는 언어적 표현의 인식적 함의라고, 줄여서 언어적 표현의 취지(purport)라 부를 것이다. 예를 들어, 영어를 말하는 사람이 '아야(Ouch)!'라고 말할 때, 우리는 그가 날카로운 고통을 느꼈다고 추론한다. 물론 이 추론은 종종 정확하지 않다. 화자는 단지 아픈 척 가장하고 있을 수도 있다. 그러나 일반적으로는 추론이 내려질 것이고 또 그 추론은 정확할 것이다. 화자가 '아야!'라고 말할 때 자신에 대한 정보를 의사소통하려고 의도하지 않아도 된다. 그는 단지 자신의 감정을 표출했을 뿐이다. 그러나 그의 감탄사는 정보를 전달하고, 그러므로 취지를 가진다.

다른 한편으로, 언어적 표현은 청자에게 특정 감정이나 정서를 일으키는 경향을 가질 수도 있다. 이 능력을 나는 언어적 표현의 정서적 함의(emotive import)라고 부를 것이다. 예를 들어, 특정 그룹의 사람들에게 앵글로색슨이라는 단어는 충격과 역겨움의 감정을 일으키는 경향이 있고, 집, 엄마, 모교 등은 따뜻한 애정을 일으키는 경향이 있다.

언어적 표현의 취지가 청자에게 특정한 믿음을 일으키는 능력이기 때문에, 우리는 또 다른 구분을 지을 수 있다. 언어적 표현의 발화는 청자로 하여금 화자의 믿음(beliefs)에 관한 무언가를 믿도록 할 수 있다. 혹은 청자로 하여금 화자의 감정(feelings)이나 정서에 관한 무언가를 믿도록 할 수 있다. 그렇다면 A가 '아아(Alas)!'라고 말할 때, 이는 B로 하여금 A가 슬픔을 느낀다고 생각하게 한다. 그러나 A가 '어두워지고 있다'라고 말할 때, 이것은 B로 하여금 A는 어두워지고 있음을 믿는다고 생각하게 한다. 어떠한 언어적 표현이 화자의 믿음에 관한 청자의 믿음에 영향을 미칠 때, 나는 언어적 표현이 인식적 취지(cognitive purport)를 가진다고 말할 것이고, 이를 곧 의미(meaning)와 동일한 것으로 취급할 것이다. 그러므로 문장의 의미는 문장의 취지 중 일부와 같지만, 문장의 취지 전체와 같은 것은 아니다. 왜냐하면, 첫째, 언어적 표현은 또한, '에구! 무슨 일일까? 쟈니가 박람회에 너무 오래 머무는데!'에서처럼, 화자의 감정(feelings)에 대한 청자의 믿음에도 영향을 끼칠 수 있기 때문이다. 나는 이것을 언어적 표현의 정서적 취지(emotive purport)라 부를 것이다. 둘째, 언어적 표현은 화자의 다른 특성들, 즉 그의 국적, 사회 계급, 종교, 지위, 신분, 조건 등에 대한 청자의 믿음에 영향을 미치는데, 나는 이것을 언어적 표현의 일반적 취지(general purport)라 부를 것이다. 예를 들어, 당신이 항해술, 동굴학, 파충류학, 폴로, 주술사, 혹은 전자학 등에 관한 기술적 용어를 사용한다면, 당신이 말하는 내용과 관계없이 단순히 그러한 용어를 사용한다는 사실 그 자체는 당신에 대한 정보를 준다. 상류층 및 하류층의 언어 습관, 특정 지방에서 사용되는 구어적 표현들, '쥐구멍 작전'(Operation Rathole)처럼 특정한 사회적 혹은 정치적 태도를 가진 사람들이 보여주는 정형화된 반응 역시도 화자에 대한 정보를 준다(비록 이것들의 대부분은 또한 강한 정서적 취지를 포함하지만 말이다).

물론 누군가가 '비가 온다'고 말할 때, 이는 단지 그 사람이 비가 온다고 믿는다를 의미하는 것은 아니다. 이 언어적 표현은 비가 온다를 의미한다. 즉 이 언어적 표현은, 참이건 거짓이건 간에, 화자의 마음 밖 세상에서 일어나고 있는 일을 지시한다. 문장의 이러한 지시적 능력, 즉 문장의 의미론적 측면은 결코 완벽하게 이해되지 못한다. 그러나 나는 문장의 지시적 능력이란 믿음을 형성할 수 있는 문장의 능력에 기반하며, 또한 그 능력을 통해 설명될 수 있음이 지난 분석에서 드러났다고 생각한다. 발화된 문장을 들으면 우리는 화자를 전혀 생각하지 않고 오직 비에 대해서만 생각할 수 있고, 화자는 그 자신이 말하는 것을 믿지 않는다는 사실을 알게 되더라도 우리는 완벽하게 그의 문장을 이해할 수 있다. 그러나 문장을 이해한다는 것은 그것이 어떤 믿음을 형성할 수 있는지(could)를 아는 것이다. 그리고 이는 우리 자신이 그런 믿음을 갖는다는 게 무엇인지, 그 점을 아는 것과 같다. 즉 비가 온다는 믿음을 가지고 창밖을 바라본다면 무엇을 보게 될지, 혹은 모자 없이 밖에 나간다면 어떨지 아는 것과 같다. 그러므로 문장의 의미를 알게 된 후에는 특정 화자가 그 의미로 무엇을 하는지와 상관없이 그 의미에 대해 이야기할 수 있다.

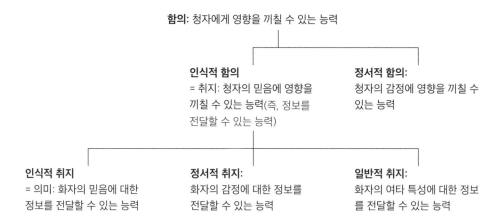

함의: 청자에게 영향을 끼칠 수 있는 능력

인식적 함의
= 취지: 청자의 믿음에 영향을 끼칠 수 있는 능력(즉, 정보를 전달할 수 있는 능력)

정서적 함의:
청자의 감정에 영향을 끼칠 수 있는 능력

인식적 취지
= 의미: 화자의 믿음에 대한 정보를 전달할 수 있는 능력

정서적 취지:
화자의 감정에 대한 정보를 전달할 수 있는 능력

일반적 취지:
화자의 여타 특성에 대한 정보를 전달할 수 있는 능력

이 지점에서 지금까지의 구분들을 도표로 그려 그들 사이의 관계가 명확해지도록 하는 것이 도움이 될 것이다.

그렇다면 언어적 표현의 의미는 믿음을 형성할 수 있는, 혹은 믿음의 증거를 댈 수 있는 능력이다. 그러나 이 도식이 우리의 필요에 부합하려면 우리는 또 다른 구분을 한 번 더 그어야 한다. 일반적으로는 평서문이 믿음을 형성한다. 그것이 평서문의 주된 역할이다. 누군가가 진심을 담아 '주식 시장은 기본적으로 건전하다'고 말하는 경우처럼 말이다. 다른 종류의 문장은 다른 주된 역할을 맡고 있고, 평서문과 마찬가지로 정보제공적일 수 있다. 주식 브로커가 '주식을 사기 전에 기다리세요'라고 말할 때, 이는 명령문이지만 그가 가지고 있을 법한 믿음을 우리에게 알려준다.

이 두 예들이 모두 문장들이지만, 의미를 가지는 게 단지 문장만은 아니다. 단어나 구절도 의미를 지닌다. 아마 모든 단어가 의미를 지니지는 않을 것이다. 왜냐하면, '-이다'(is) 및 '그'(the)와 같은 단어들은 그 자체로는 의미를 가지지 않지만, '신이 있다'(God is)나 '달 위의 사람'(the man in the moon)처럼 의미를 지니는 언어적 표현의 필수적인 부분이다. 이제 내가 갑자기 '달'이라는 단어 자체만을 발화하면, 나는 나의 믿음과 관련된 사람들의 믿음에 영향을 끼칠 수 없다(비록 내 정신이 멀쩡한가에 대한 사람들의 믿음에는 영향을 끼칠 수 있다 하더라도 말이다). 그렇다면 어떤 차원에서 우리는 '달'이 의미를 가진다고 말할 수 있는가? 오직 파생적인 차원에서 의미를 가질 수 있다. '달'이 의미를 가진다고 말하는 것은 그것이 의미를 가지는 언어적 표현(예를 들어 '목성은 9개의 달을 가진다')의 기능적 부분으로 나타날 수 있다고 말하는 것이다. 영어에서 'lorph'는 아무 의미가 없다고 말하는 것은 그 단어를 포함한 영어 문장이 없다고 말하는 것이다. 보다 친숙한 용어로 설명하자면, '달'은 그것이 해당 언어를 알고 있는 사람의 마음에 하나의 '생각'을 불러일으키는 경향이 있을 때 의미를 가진다. 그러나 이 생각이라는 것이 이미지일 필요는 없다. 당신은 '달'이라는 단어가 문장 안에 있지 않을 때에도 그 단어를 이해할 수 있지만, 그 단어가 들어있는 문장에 의해 당신의 믿음이 영향받지 않는다면 그 단어를 이해한 것이 아니다.

　의미에 관한 이러한 점들을 유념하면 이제 보다 구체적으로 문학의 성질을 탐구할 수 있다. 문학적 담화를 다른 담화와 구분할 수 있는 기준을 찾게 된다면 편리할 것이다. 이 기준은 이후 우리에게 '문학'의 정의를 제공하게 될 것이다. 이 절에서의 주요 문제는 문학이 문학의 언어에 의해 확인될 수 있는가, 즉 비문학적 담화가 아닌 문학에서 사용되는 언어의 방식에 의해 확인될 수 있는가이다.

　이러한 시도가 온전히 수행 가능한지에 대해서는 보편적 동의가 존재하지 않는다. 어쩌면 우리는 '시'조차도 정의하지 못할 수 있다. 문학 이론가들은 '시'가 특정 유형의 언어로 쓰인 담화로서 정의될 수 있음을 시사하면서 종종 '시의 언어'라는 표현을 사용한다. 영국 시의 특정 시기에서는 이것이 크게 어려운 일이 아니었다. 그 시기의 시는 시적 어휘 선택에 의해 확인될 수 있다. 예를 들어 '물고기' 대신 '지느러미 부족'이나 '비늘 종족'을, '양' 대신 '폭신폭신한 무리'를 선택했었다. 그러나 우리는 예이츠의 시 「비잔티움으로의 항해」(Sailing to Byzantium)와 같이 그러한 구식 기준이 더 이상 충분하지 않은 시에 익숙하다.

> 연어 폭포들, 고등어로 가득 찬 바다들
> 물고기, 육류, 조류들은 여름 내내 칭송하네
> 생성되고, 태어나고, 죽은 것이라면 무엇이든지[*]

　그럼에도 불구하고 보통 우리는 시를 다른 것들과 구분할 수 있는 것처럼 말한다. '시'의 좋은 정의가 있다 하더라도, '문학'의 좋은 정의는 없을지도 모른다. 아마도 시를 문학작품이라고 부를 때 우리가 문학작품에 대해 가지고 있는 생각은, 소설

---

[*] "Sailing to Byzantium," *William Butler Years, Collected Poems.* Copyright 1951 and reprinted with the permission of the Macmillan Company.

을 문학작품이라고 부를 때 우리가 문학작품에 대해 가지고 있는 생각과는 다를 것이다. 왜냐하면 상이한 구분이 관련되기 때문이다. 그렇다 하더라도, '문학작품'의 정의를 통해서 그 용어의 일반적 용법에 근접할 수 있는지 알아보는 것은 유익할 것이며, 일상적 용법을 포기하고 더 나은 용법을 취하는 것이 어떤 목적들을 위해서는 더 나을 수도 있다.

문학과 정서적 언어

'문학'을 그것의 언어를 통해 정의하려는 시도에는 다음 두 유형이 있다. 먼저 언어의 정서적 측면에 의존하는 유형이 있으며, 반면 전적으로 언어의 의미를 통해 정의하려는 유형도 있다.

첫 번째 유형의 정의는 매우 깔끔한데, 사실 너무 깔끔해서 받아들이기 힘들 정도이다. 그러나 이 유형은 몇 가지 근본적인 질문들을 제기하며, 조심스러운 논의를 필요로 한다. 일반적으로 첫 번째 유형은 '문학'의 정의라기보다는 '시'의 정의로 제시되어왔는데, 그러므로 우리는 첫 번째 유형을 그러한 협소한 형태로 살펴볼 것이다. 심지어 이 정의는 협소한 형태일 때에도 타당성이 떨어지지만 우리는 그럼에도 불구하고 그 정의를 살펴봐야 하는데, 왜냐하면 시에 대해 깊이 생각해보지 않은 사람들이 흔히 가지고 있는 견해를 대표하기 때문이다.

'시'의 정서적 정의는 일반적으로 '시는 정서적 언어이다'라는 형태를 보인다. 그리고 여기에서 정서적 언어는 독립적인 정서적 의미를 가지는 언어라고 설명된다. 나는 우리의 논의에서 '정서적 의미'(emotive meaning)라는 용어를 사용하지 않으려고 한다. 이 용어를 적절하게 대체할 수 있는 용어를 위에서 우리가 만든 구분들 사이에서 찾고자 할 때, 우리는 이 용어가 생성하며 또한 은폐하는 혼란을 인식하게 될 것이다. 우리는 인식적 함의와 인식적 취지를 포함하는 단어의 인식적 힘, 그리고 정서적 함의와 정서적 취지를 포함하는 단어의 정서적 힘을 구별할 수 있다. 이제 단어의 정서적 힘과 인식적 힘 사이의 관계에 대한 매우 근본적이고 포괄적인 질문, 특히 전자가 후자에 의존하는 정도에 관한 질문이 제기된다. 이 관계에 관한 '독립 이론'(The Independence Theory)에 따르면, 인식적 힘에 인과적으로 의존하지 않는 정서적 힘이 존재한다.

그러나 이렇게 광범위한 형태로 기술된 독립 이론을 논의하는 일은 매우 힘들다. 광범위한 형태의 독립 이론은 함의와 취지의 도표 상에 나타나 있는 교차 관계들을 통해 분석되어야 한다. 서로 완전히 구분되는 두 유형의 독립 이론이 존재하며, 그것들이 던지는 질문들을 우리는 구분해서 다루어야 한다. 그러나 그 질문들을 다루기 전에, 독립이라는 개념 자체에 대한 명료화가 필요하다. 지금 우리의 목표를 위해 주목해야 하는 것은 다음 두 사항이다. 임의의 두 대상 X와 Y에 대해, 우리는 ① X가 Y 없이 발생할 수 있거나, 혹은 ② X가 Y의 변화 없이도 변할 수 있다면, X가 Y로부터 독립되었다고 말할 수 있다. 그러므로 UN의 불가리아 대표들은 ① 구소련 대표들은 투표하지 않지만 그들은 투표하거나(혹은 그 반대일 때) 혹은 ② 구소련 대표들이 투표한 것과 다른 방식으로 투표할 때마다, 구소련 대표들로부터 독립되어 있다.

'정서적 함의의 독립 이론'(The Independent Emotive Import Theory)이라 불릴 수 있는 이론은 독립 이론의 두 유형들 중 그 범위는 더 넓지만 그다지 흥미롭지는 않다. 이 이론에 따르면, 인식적 함의(즉 취지)로부터 독립된 정서적 함의가 존재한다. 이제 다음과 같은 두 질문이 발생한다. ① 단어나 문장 중에는, 아무런 취지도 없이 정서적 함의를 가지는, 다시 말해 화자의 믿음, 감정, 혹은 다른 특징에 관한 아무런 정보도 전달하지 않는 상태로 청자의 감정을 일으키는 것들이 존재하는가? 이는 상당히 있을 법하지 않은 경우이다. 당신은 매우 강한 정서적 함의를 지니는 충격적인 단어를 사용할 수 있지만, 그 정서적 효과는 확실히 어느 정도는 단어의 의미에(아무리 모호하더라도) 의존한다. 우리는 정서 스펙트럼의 또 다른 극단에 존재하는, '달링'(Darling)과 같은 애정 표현에 대해서도 같은 말을 할 수 있다. ② 그렇다면 정서적 함의가 취지와 상관없이 달라질 수 있는가? 이 논제를 검증하기 위해서 우리는 정확히 동일한 취지를 지니지만 정서적 함의에서 차이가 나는 한 쌍의 단어를 찾아야 한다. 즉 동일한 정보를 전달하지만 상이한 감정을 일으키는, 예를 들어 하나는 부정적 감정을 일으키고, 다른 하나는 긍정적 감정을 일으키거나 혹은 아무 감정을 일으키지 않는 경우를 찾아야 한다. 내 생각에 그러한 한 쌍의 단어는 없다. 이는 단순히 다음과 같은 이유, 즉 살아있는 언어의 두 단어들은 상이한 역사를 지니며 그러므로 그들의 전반적 취지가 어느 정도 상이하다는 이유 때문은 아니다. 왜냐하면 우리는 정서적 함의는 다르지만 취지에서 상당히 비슷한 두 단어조차도 찾을 수 없기 때문이다. '집'과

'가정', '자유'와 '방종', '정치꾼'과 '정치인'과 같은 일상적 예들은 그러한 한 쌍이 아니다. 아마 가장 근접한 예는 '자매'와 '여자 형제'일 텐데, 왜냐하면 이 단어들의 취지는 상당히 비슷하지만, 첫 번째 단어는 약간의 긍정적인 정서적 함의를 가지는 반면, 두 번째 단어는 그것을 결여하기 때문이다. 그러나 이 단어들의 취지는 동일하지 않다. 왜냐하면 '자매'가 '여자 형제'로 대체되었을 때 그 취지를 상실하게 되는 시적 문맥을 생각해볼 수 있기 때문이다. 예를 들어, 스펜서(Spenser)가 쓴 「축혼가」(Epithalamion)의 첫 줄에 등장하는 "배운 자매들이여"를 생각해보라.

그러나 우리가 그러한 예를 찾지 못한다는 사실이 독립적인 정서적 함의 이론을 논박하는 것은 물론 아니다. 정서적 함의의 독립 이론에 호의적인 이론적 근거들이 있다. 동일한 단어에 대해 남부인과 북부인이 정서적으로 상이하게 반응하는 경우를 생각해보자. 단어가 가지는 함의의 범위는 집단마다 조금씩 다를 수 있다는 견해를 지지하는 사례는 얼마든지 찾을 수 있다. 그러나 그러한 사실로부터 정서적 반응의 상이함이 취지의 상이함으로 완전하게 설명될 수 있다는 사실은 따라 나오지 않는다. 결국 두 사람은 동일한 것에 대해 상이하게 느낄 수 있고, 심지어 단어의 취지가 그 둘에게 동일할 때에도 그들은 그에 대해 상이하게 느낄 수 있다. 즉 동일한 단어는 그들에게 상이한 정서적 함의를 지닐 수 있다. 게다가 외국인 혐오증을 지닌 사람에게 '외국인'이라는 단어가 부정적인 정서적 함의를 지닌다고 가정해보자. 이 단어의 취지에 대한 그의 이해가 변하지 않는 경우에도 그는 외국인에 대해 다른 방식으로 느끼고, 그리하여 그 단어에 다르게 반응할 수 있다.

우리는 이제 어떤 담화의 취지는 그 담화의 정서적 함의가 의존하는 유일한 요소는 아니지만 우세적 요소라는 결론을 내릴 수 있다. 내가 이 둘을 분리하는 것이 불가능하다고 보는 것은 아니다. 왜냐하면 어떤 사람은 특정 상황에서 단어의 소리에 특정한 방식으로 반응하도록, 그러나 그 단어의 동의어에는 그렇게 반응하지 않도록 조건화될 수도 있기 때문이다. 그러나 이러한 반응은 특이한 것이다. 이러한 반응은 단어의 정서적 함의, 다시 말해, 특정 그룹의 사람들에게 특정한 감정을 산출하는 상당히 안정되고 규칙적인 경향으로 간주되지 않는다. 올더스 헉슬리(Aldous Huxley)의 『멋진 신세계』(Brave New World)에서 '엄마'라는 단어가 나쁜 단어로 변모하는 방식은 단어의 정서적 함의가 변할 수 있음을 보여준다. 그러나 그 변화는 믿음 차원의 변화로부터 독립적이지 못하다.

'정서적 취지의 독립 이론'(The Independent Emotive Purport Theory)은 인식적 취지로부터 독립적인, 즉 의미로부터 독립된 정서적 취지가 있다고 주장한다. 여기에서 우리는 또다시 두 질문을 던진다. ① 아무런 의미 없이(즉 화자의 믿음을 드러내지 않고서도) 정서적 취지를 가지는(즉 화자의 감정을 드러내는) 단어나 문장이 존재하는가? 이러한 기술에 부합하는 단순한 비속어들, 예를 들어 '젠장!'과 '아야!' 등이 약간 존재할 것이다(심지어 그러한 단어가 발화된 상황이 명확하지 않을지라도). '아야!'라고 말하는 것은 확실히 당신의 느낌을 드러내지만 당신의 믿음을 보여주지는 못할 것이다. 물론 정확한 선을 긋는 것이 어렵기는 하지만 말이다. ② 의미에서는 동일하나 정서적 취지에서는 상이한 단어나 문장의 쌍들이 존재하는가? 정서적 함의의 독립적 변화 가능성을 논의할 때 살펴보았던 고려사항들이 여기에서도 유효하며, 이상하게도 동일한 예들이 종종 언급된다. 그 예들이 현재의 문제에 유관하다면 이전의 문제에는 유관하지 않을 것이지만 말이다. 그러나 만일 '자매'와 '여자 형제'가 상이한 정서적 취지를 지닌다면, 이는 부분적으로 그 두 단어의 미묘한 의미 차이 때문이다. '남부 민주당원'과 '딕시크랫'(Dixiecrat), 그리고 '북부인'과 '양키'의 경우도 마찬가지이다.

독립적인 정서적 힘에 관한 위와 같은 다소 성급한 논의마저도 시적 언어의 정의적 특징을 찾는 과업에서 우리가 선택할 수 있는 상이한 여러 정의적 특징들이 있음을 잘 보여주며, 그 다양한 특징들을 여기에서 모두 논의하는 것은 지루한 일이 될 것이다. 한쪽 극단에는 시를 오직 순수한 정서적 언어로 바라보는 견해, 즉 정서적 취지는 있으나 인식적 취지가 없는 언어로 바라보는 견해가 있다. 그러한 시는 순전히 '망할!', '오 맙소사!', '아!', '으음'과 같은 감탄사들로만 구성될 것이다. 아무도 시에 대해 이러한 견해를 유지할 법하지 않은데, 왜냐하면 그러한 모호한 감탄사들이 정확하고 확정적인 어떤 감정을 드러낼 수 있도록 채워지는 순간(예를 들어, '나는 지쳤어, 지쳤어, 나는 차라리 죽었으면!'), 그 감탄사들은 더 이상 단순히 정서적이지 않게 되며, 그들이 지니는 정서적 취지가 의미에 의해 통제되고 결정되기 때문이다. 또 다른 극단에는 시를 상당량의 정서적 취지, 그리고 아마도 상당량의 정서적 함의를 지닌 언어로 바라보는 견해가 자리한다. 이 견해가 해롭지는 않지만 정의로서는 충분하지 않는데, 왜냐하면 시가 아닌 많은 담화들이(예를 들어 살려달라는 혹은 위험을 알리는 외침, 출생과 사망 선고 등) 시보다도 더 많은 정서적 취지나 함의를 지니고 있기 때문이다. 위의 두 극단적 견해들 사이에 어쩌면 극단적이지 않으면서도 적용 가능성이 있는 시에 관한 정서적 견해가 존재할 수도 있지만, 나는 이에 대해 회의적이다.

그렇다면 정서적 정의에 대한 대안은 문학의 정의적 속성을 문학이 사용하는 언어의 의미에서 찾는 것이다. 그리고 가장 유망한 노선은 종종 명시적(explicit) 의미와 함축적(implicit) 의미라 불리는 의미의 두 차원을 구분하는 것이다. 사실 여기에는 두 개의 구분이 존재하는데, 우리는 이를 간략하게 살펴볼 것이다.

기본적 의미와 이차적 의미

먼저 문장들을 살펴보자. 몇몇의 예외가 있지만(이는 제9장 22절에서 다뤄질 것이다), 모든 평서문은 문장의 문법적 형식으로 인한 기본적 의미(primary meaning)를 가진다. 평서문은 참이나 혹은 거짓이라고 말할 수 있는 유형의 의미복합체를 제시한다. 한마디로 그것은 진술이다. 평서문은 일반적으로 믿음을 발화한다. 만일 누군가가 '나폴레옹은 위대한 장군이었다'라고 말한다면, 우리는 보통 그가 자신이 참이라고 믿는 것을 말한다고 생각한다. 명령문은 진술이 아니고, 그러므로 기본적인 의미 차원에서 믿음을 발화하지는 않는다. 그러나 명령문은 진술하지 않은 어떤 믿음을 화자가 가지고 있음을 간접적으로 보여줄 수는 있다. 그러므로 만일 누군가가 '창문을 닫아주세요'라고 말한다면, 우리는 그 사람이 창문은 닫혀야 한다는 것을 혹은 날씨가 쌀쌀하다는 것을 믿는다고 추론할 수 있다. 이러한 믿음은 진술된(stated) 것이 아니지만, 암시되었다고(suggested) 말할 수 있다. 문장이 암시하는 바를 나는 이차적인 문장-의미(secondary sentence meaning)라 부를 것이다.

평서문은 어떤 것을 진술하면서 또 다른 것을 암시할 수 있고, 그것이 진술한 것은 참이거나 거짓일 수도, 그리고 그것이 암시한 것도 참이거나 거짓일 수도 있다. 다음의 문장을 생각해보자. "오른쪽 측면이 위험하다는 것을 감지한 나폴레옹은 군대를 지휘해 적진으로 향했다."* 이 복합 문장은 ① 나폴레옹이 그의 오른쪽 측면이 위

---

* 이 예는 다음에서 빌려온 것이다. Gottlob Frege, "Sense and Reference," trans. by Max Black, *Phil R*, LVII (1948): 227-228. 이 글의 또 다른 번역문으로 다음을 참조하라. "On Sense and Nomination," in H. Feigl and W. Sellars, *Readings in Philosophical Analysis*, New York: Appleton-Century-Crofts, 1949, pp. 85-102.

험하다는 것을 감지했다는 것, 그리고 ② 나폴레옹이 적진으로 군대를 지휘해 나갔다는 것을 진술한다. 만일 이 진술들 중 하나라도 거짓이라면 원래의 문장은 거짓이다. 그러나 원래의 문장은 그것이 진술하고 있는 것 이상을 말하고 있는데, 왜냐하면 그 문장은 ① 나폴레옹의 조치가 위험의 감지 이후에 발생했다는 것, 그리고 ② 나폴레옹의 조치는 위험에 대한 감지 때문에 발생했다는 것, 혹은 다른 말로 하면 그가 적진으로 군대를 몰고 간 이유는 바로 위험의 감지라는 것을 암시하기 때문이다. 이제 그가 적진으로 군대를 몰고 간 결정이 위험 감지 이전에 이미 내려졌다는 사실을 우리가 발견했다고 가정해보자. '엄밀히 말해' 원래의 문장은 여전히 참이라고 우리는 말할 수 있을 것이다. 그러나 우리는 또한 원래의 문장이 거짓인 무언가를 암시하기 때문에 오도적이라는 점을 덧붙이고 싶을 것이다.

그렇다면 문장이 암시하는 것이란, 문장이 진술하는 것을 넘어 아마도 화자가 믿고 있을 법한 것을 우리가 추론해낸 것이다. 암시인지 아닌지를 검사할 수 있는 방법은 오도성(misleadingness)을 살펴보는 것이다. 문장이 의미하는 어떤 것이 거짓임이 밝혀졌을 때 우리가 그 문장을 거짓이라 부르기보다는 단순히 오도적이라고 부르게 되는 경우가 있다고 해보자. 이때 그 문장이 의미하는 어떤 것은 진술된 것이 아니라 암시된 것이다. 암시는 문장의 온전한 의미를 구성하는 일부분이지만, 그것의 존재는 기본적 의미처럼 중심적인 것으로 혹은 기본적인 것으로 느껴지지 않는다(그러나 암시는 기본적 의미에 의존하기는 한다). 이것이 내가 암시를 이차적 의미라고 부르는 이유이다. 암시는 보통 기본적 의미에 비해 덜 단호하고, 덜 두드러지며, 덜 확정적이고, 덜 고정적이지만, 결코 덜 중요하지는 않다. 문장은 넌지시 말하기, 빗대어 말하기, 힌트, 함축 등의 형태를 통해, 자신이 암시하는 바를 명시적이라기보다는 함축적으로 말한다. '스미스 부인은 존즈 부인보다 아름답다'와 '존즈 부인은 스미스 부인보다 추하다'의 차이는 암시의 차이이다. 만일 하나가 정확하다면, 다른 하나는 오도적이다. 그러나 '미의 등급에 있어 스미스 부인은 존즈 부인보다 다소 높은 등급을 차지하고 있고, 그 둘은 모두 상당히 높은 등급에 위치한다'는 문장은 과학적 언어에 근접한다. 이 문장은 거짓일 수는 있지만 오도적일 수는 없으며, 그러므로 아무것도 암시하지 않는다.

우리는 여기에서 이차적인 문장-의미의 다양성 및 용법들을 살펴보지 않을 것이다. 우리의 목표에서 중요한 것은 문학에서 사용되는 상당량의 수사적이고 작법적인 장치들이 이차적인 문장-의미라는 일반적 제목 아래에 포함될 수 있다는 것이다. 정상적인 문법 질서에서 일탈하는 것처럼 느껴진다면 모두 이차적 문장-의미의 경우가 된다. 나폴레옹의 예에서처럼, 사고들 사이의 어떠한 연결관계를 함축적으로 주장하고는 있지만 그 관계를 독자가 스스로 생각해보도록 하는 사고의 병치도 마찬가지로 이차적 문장-의미이다. 우리가 그러한 연결관계를 생각해내지 못할 때 우리는 모호함이나 혹은 난센스를 마주하게 된다.

그렇다면 시의 의미 중에서 행, 문장, 연의 구문론이나 질서에 의존하는 부분은 모두 암시이다. 그리고 암시는 시의 의미 중 중요한 부분을 구성할 수 있다. 그레이(Gray)의 『비가』(Elegy) 속에 부르주아적 선전이 들어있다면, 이는 기회 부족으로 고통스러워하는 시골 천재가 인간에게 뽑히고 싶지 않은 사막의 꽃에 비교되면서 그 선전이 암시되기 때문이다. 『실낙원』(Paradise Lost)* 속에 이교도주의가 함축되어 있다면, 이는 다음과 같은 행들 때문이다.

그림자가 더 짙게 드리운 나무 그늘 아래,
비록 상상된 곳이지만 보다 성스럽고 한적한 그곳,
목신 혹은 실바누스는 결코 잠들지 않으며
님프와 파우누스도 마찬가지이네

이 행들은 이교도의 나무 그늘이 어느 정도의 신성함을 지닌다는 사실을 암시한다. '잭은 조보다 더 많은 돈을 가져본 적이 없다'는 문장에서 잭은 어느 정도의 돈을 가지고 있음이 암시된 것처럼 말이다. 혹은 하우스먼의 시 중 다음을 생각해보자.

나홀로 어둠이 내린 배를 타고
요금으로는 동전 하나
레테(Lethe)의 부두에서
당신이 만나게 될 이는 누구인가? 나는 아니네**

---

* 이 두 예들은 다음에서 등장한 것이다. William Empson, *Some Versions of Pastoral*, London: Chatto and Windus, 1930, pp. 4, 190.

** "Crossing Alone the Nighted Ferry," from *The Collected Poems of A. E. Housman*. Copyright,

여기에서 던져진 질문에 대한 대답은 '나는 아니네'가 아니라 '나이네'이다. '나는 아니네'라는 대답은 '당신은 누구를 찾을 것인가?'에 대한 대답이며, 이 질문은 이 시가 직접적으로 묻고 있지는 않지만 그럼에도 불구하고 함축적으로 시 안에 존재한다.

문장에서 문장의 부분으로 우리의 관심을 돌리면, 우리는 위의 구분에 대응하는 또 다른 구분을 단어의 기본적인 혹은 중심적인 의미와 단어의 주변적인 혹은 동반하는 의미 사이에서 찾을 수 있다. '바다'라는 단어는 광활한 소금물과 같은 특정한 특성들을 지시하는데(designate), 이것이 그 단어의 기본적 단어-의미이다. '바다'는 종종 위험함, 변화 가능성, 끊임없는 움직임, 길, 장벽 등과 같은 특성들을 내포하기도 한다(connote). 이것들은 '바다'의 이차적 단어-의미들이다. '자매'나 '여자 형제'는 동일한 지시(designation)를 지니지만 상이한 내포(connotation)를 지닌다. 왜냐하면 피붙이가 아닌 두 여성이 '마음으로는 자매'일 수 있기 때문이다.

단어-의미에 관한 위와 같은 두 차원의 구분이 항상 명쾌한 것은 아니지만 모든 일상적 발화 내에서 작동한다. 언어의 가장 보편적이고 중요한 성과는, 특히 고도의 섬세함과 힘을 지닌 문학 언어의 성과는, 우리가 한 단어의 총체적 의미를 위와 같은 방식으로 바라본다는 사실에 의존한다. 예를 들어, '늑대'라는 단어는 특정 동물 부류를 정의하는 어떤 특성을 지시한다. 그러나 늑대는 정의적 특성을 지닐 뿐만 아니라, 다른 여러 특성들을 지닌다고 간주된다. 예를 들어, 맹렬함, 집요함, 약탈적 파멸성 등을 말이다. 이러한 특성들은 '늑대'라는 단어가 포함된 맥락 내에서 늑대에게 귀속되어왔고, 반면 늑대의 기술적 동의어인 '카니스 루푸스'(*Canis lupus*)를 포함한 맥락은 대개 그러한 특성을 늑대에게 귀속하지 않는다. 그러므로 누군가가 어떤 문맥에서 '늑대'라는 단어를 사용한다면, 우리는 그 단어가 내포하는 특성을 그 단어에 의해 언급된 개체들이 가진다는 사실을 아마도 그가 믿는다고 추론할 수 있다. 그리고 문맥에 의해서 그 특성이 배제되지 않는 한, 그 특성은 한 단어의 온전한(full) 의미 중 일부가 된다. 비록 단어의 엄밀한 혹은 사전적인 의미, 다시 말해 지시(designation)가 되

1940, by Henry Holt and Company, Inc. Copyright, 1936, by Barclays Bank, Ltd. By permission of the publishers. Canadian clearance by permission of the Society of Authors as the Literary Representative of the Trustees of the Estate of the late A. E. Housman, and Messrs. Jonathan Cape Ltd., publishers of A. E. Housman's *Collected Poems*.

지는 못할지라도 말이다.

그렇다면 한 단어의 내포는 그 단어가 지시하지는 않지만, 그 단어가 지시하는 대상에 속하는 혹은 속한다고 간주되는 것들이다. 이것이 한 단어가 가지는 내포의 범위이다. 그러나 특정한 문맥에 위치한 한 단어의 내포는, 즉 단어의 문맥적 내포는 언제나 내포의 총체적 범위 내에서 선정된다. 그리고 이 범위는 양립 불가능한 내포들을 포함할 수도 있다. 예를 들어, '바다'라는 단어는 장벽과 대로(大路)를 모두 내포할 수 있다. 어떤 문맥에서는 한 단어의 내포가 다른 단어들에 의해 배제되기도 한다. 그러한 문맥은 마치 기술적이거나 과학적인 글처럼 의미를 완전히 명시적인 것으로 만들기 때문에 우리를 오도하지 않는다. 어떤 다른 문맥에서 단어들은 자유로운 내포를 가지게 되는데, 이를 잘 보여주는 예는 비유적 언어, 특히 은유적 언어가 사용된 문맥들이다. 이에 대해서는 다음 절에서 보다 깊이 살펴볼 것이다. 이차적인 단어-의미가 가장 온전하게 실현되는 곳이 시의 언어라는 사실은 명백하다. 예를 들어, 토머스 커루(Thomas Carew)의 「노래」(Song) 중 첫 연은 다음과 같은데, 여기에서 '원인들'(causes)이라는 단어는 아리스토텔레스의 형이상학으로 충만해 있다.

> 6월이 지나가면 이 빛바랜 장미를
> 목성이 어디에 놓아두는지 더 이상 묻지 말아요
> 이 꽃들은 마치 그들의 원인들(causes) 속에 있는 것처럼
> 당신의 깊은 아름다움 속에서 잠들어 있으니

기본적 차원의 의미와 이차적 차원의 의미를 함께 지닌 담화는 다수적 의미 (multiple meaning)를 가진다고 볼 수도 있다. 예를 들어, 어떤 담화가 언어유희, 양의 (double-entendre), 은유, 반어적 암시들을 포함한다면 그 담화는 다수적 의미를 가진다. 다수적 의미는 종종 '애매성'(ambiguity)이라고 불리며, 애매성은 시의 언어가 가지는 특별한 특성 중 하나로 간주된다. 나는 '애매성'이라는 용어를 다음과 같은 경우, 즉 어떤 언어적 표현이 두 개의 가능 의미들 중 어느 것도 가질 수 있지만 동시에 둘을 가질 수는 없으며, 두 개의 의미 중 어느 하나로 결정 내릴 수 있는 근거가 없기 때문에 의미에 있어 확신할 수 없는 그런 경우를 다룰 때 사용하겠다. 암시나 내포가 나타나는 경우 어떠한 선택도 요구되지 않는다. 즉 그 경우 여러 의미가 동시에 나타난다.

'문학'의 의미론적 정의

　이전 논의로부터 우리는 이제 몇 가지 일반적인 결론을 내릴 수 있다. 담화들은 그들이 이차적 의미에 의존하는 정도에 따라 대략적으로 정렬될 수 있다. 즉, 암시나 내포에 의해 함축적으로(implicitly) 제시되는 의미가 어느 정도의 비율을 차지하느냐에 따라서 정렬될 수 있다. 한쪽 극단에는 의미로 가득 충전된 담화들, 다시 말해 상당량의 의미를 작은 공간에 집약한 담화들이 놓인다. 물론 이 스펙트럼은 상당히 연속적이지만, 우리는 그 스펙트럼 위에서 특정 지점들을 구분하는 몇몇의 기준 담화들을 선택할 수 있다. 게다가 다소 모호할지라도, 상당량의 이차적 의미를 지닌 담화와 그렇지 않은 담화 사이의 구분선을 그을 수 있다. 우리는 이제 다음과 같은 하나의 정의를 시도할 수도 있다. 문학작품은 의미의 중요한 부분이 함축적인 그러한 담화이다. 이것은 '문학'을 의미를 통해 정의하기 때문에 '문학'에 대한 '의미론적 정의'(Semantic Definition)라고 볼 수 있다.

　모든 문학작품들은 시, 수필, 그리고 산문적 허구라는 세 부류에 속한다. 《스펙테이터》(The Spectators)지와 던(Donne)의 설교는 두 번째 부류이다. 연극 대본이나 영화 시나리오는 허구로 간주될 수 있다. 연출된 연극은 무대 위에서 펼쳐지는 인간의 혹은 인간적인 일련의 움직임들로 구성된다. 그것은 단어의 발화를 포함할 수도 있지만, 그 자체로는 문학작품이 아니고 문학과 관련된 보다 복합적인 것이다. 이 책에서 우리는 그러한 종류의 극을 다룰 여유는 없다. 그러나 읽히는 것으로서의 연극, 즉 연극 대본은 문학작품이며, 우리의 분류에 속한다. 그것은 「햄릿」(Hamlet)처럼 시이거나, 혹은 「고스트」(Ghosts)처럼 산문적 허구이다.

　문학작품의 이 세 부류는 각 부류를 정의하는 문제, 즉 그 셋을 구분하는 문제를 제기하며, 이는 제5장과 제9장의 주제를 다루기 전까지는 해결될 수 없다. 그렇지만 지금 이 지점에서 우리가 할 수 있는 말이 무엇인지 생각해보자. 먼저 수필(essay)과 관련해, 문학적 의미에서의 수필을 다른 기술적인 글, 철학 논문, 뉴스 기사들과 구분하는 문제가 있다. 그들은 확실히 정도(degree) 차이에 의해 구분되겠지만, 문제는 '어떤 눈금에 의거해서 정도가 측정되어야 하는가?'이다. 내 생각에 이 문제에 대한 대답은 이차적 의미의 총체적 비율, 즉 암시와 내포의 비율이다. 문학적 수필은 상당히 높은 정도로 이차적 의미에 의존하며, 또한 이차적 의미로부터 나오는 성질(예를 들어,

재치, 유머, 반어 등)에도 높은 정도로 의존한다. 이러한 구분선은 다소 자의적이고, 심지어 이 구분선이 그어진 이후에도 우리는 여전히 비문학적 담화들 내에서 '문학적 성질'로 간주될 수 있는 것들을 발견할 것이다.

허구(fiction)를 구분하는 특징, 즉 허구를 비허구적 서사와 구분하는 특징은 허구가 기본적 차원의 의미와 관련해 축어적 참을 주장하지 않는다는 것이다. 그러나 이 정의는 제9장 22절에 가서 보다 확대되고 옹호되어야 한다. 이렇게 정의된 허구들을 모두 문학에 포함시키는 것이 편리할 것이다. 비록 어떤 비평가들은 믿도록 기대되지 않는 진술이라는 정의를 넘어선, 보다 실제적인 어떤 것으로 '문학'을 한정하고 싶어 하지만 말이다. 어찌 되었든, 역사나 심리학적 사례 연구와 비교해보았을 때, 허구는 인물의 성격을 단순히 추상적으로 기술하기보다는 행위로부터 부분적으로 추론되도록 남겨두며, 사건의 의의에 대한 판단을 명백하게 진술하기보다는 암시한다. 그리고 이것은 이차적 의미이다.

시(poetry)는 보다 복잡한 문제를 제기한다. 먼저, 의심할 여지 없이, 시에는 소리 차원에서의 독특한 특징이 있고, 우리는 이를 제5장 14절에서 보다 세심하게 살펴볼 것이다. 시는 적어도 조직된 소리이며, '운문'(verse)을 정의하는 소리 구조를 분석하는 것은 하나의 문제이다. 그러나 모든 운문이 시인 것은 아니다. 이제 '운문'이 무엇인지 정의되었다고 가정해보자. 어떤 운문이 엄격한 의미에서 '시'로 불려야 하는가? 시는 상당히 많은 의미를 이차적 차원으로 전달하는 운문이다. '시'를 은유, 직유, 상징 등의 비유적 언어와 관련시켜 정의하는 것이 거의 가능하다. 그러나 그러한 정의가 대부분의 많은 시를 포함할 수 있겠지만, 모든 시를 포함할 수는 없다. 예를 들어 잘 알려진 작자미상의 발라드 「에드워드」(Edward)를 생각해보라. 우리가 이 발라드의 마지막 연에 등장하는 '지옥의 저주'를 비유적이라고 간주하지 않는 한, 이 발라드에는 비유적 표현이 없다. 그렇지만 이 발라드는 살인의 동기와 결과, 증오와 죄책감에 대한 암시 때문에 시가 된다.

그러므로 우리는 잠정적으로 '문학'을 '중요한 함축적 의미를 지닌 담화'라고 정의할 수 있을 것이다. 이 정의는 문학작품의 언어가 가지는 주목할 만한 특성에 집중함으로써 문학을 다른 것들로부터 유용하게 구분할 뿐만 아니라, 비평가들이 '문학'이라는 용어를 사용하는 방식에 합리적으로 잘 부합한다.

그럼에도 불구하고, '문학'의 의미론적 정의가 너무 형식적으로 느껴지거나, 혹은 어떤 의미에서는 '인간'을 '깃털 없는 두 발 동물'이라고 정의하는 것처럼 단순히 명목상의 정의인 것처럼 느껴질 수 있다. 그리고 '문학'에 대한 또 다른 정의 방법이 있기는 한데, 현재의 논의를 정리하기 위해서도 이를 간단히 살펴볼 필요가 있다. 결론적으로 나는 그 정의가 언어적 정의와 실질적으로 일치한다고 주장할 것이다.

우리가 문학의 정의적 특성을 그 언어에서가 아니라 그것이 투사하는 세계에서 찾는다고 생각해보자. 먼저 이 견해를 의도주의적인 용어로 기술해보자면(이는 쉽게 객관적인 용어로 번역이 가능하다), 문학 창작자는 하나의 대상(이는 물질적 대상이 될 수도, 혹은 인물, 사고, 사건, 상태 등이 될 수도 있다)을 발명하거나 혹은 발견해, 그 대상 내에서 상호 교차 되는 관계들의 집합을 그 대상 주변에 축적한다. 예를 들어, 문학 창작자는 어느 이른 봄날 잔디밭 위에 놓인 소년의 버려진 겨울 코트를 상상할 수 있다. 내가 앞으로 복수적 관련성(multiple relatedness)이라고 부르는 것을 그 창작자가 겨울 코트에 부여할 수 있다면, 그는 문학의 실체를 창조하게 된다. 그는 속박으로부터 해방되어 자유롭게 뛰어다니고자 하는 소년들의 영원한 투쟁으로서, 혹은 겨울의 종료로서, 혹은 쌀쌀한 날씨와 관련된 부모와 자식 간의 대립으로서 그 겨울 코트를 바라볼 수 있다. 그는 그 코트가 어떤 하나의 플롯 속에서 동기와 성격의 징후로서, 혹은 비극적 사건의 원인으로서 작동하게 할 수도 있다. 그는 어쩌면 잔디밭 위에 붉은색의 안감이 대어진 구겨진 겨울옷이 소매 하나를 축축한 배수로에 드리운 채 놓여있는 모습에 집중하며 그 무심함에 대해 곰곰이 생각해볼 수도 있다.

물론 나는 위의 예에서 창작자가 추론을 한다고 말하는 게 아니다. 만일 그가 위의 것들 중 오직 하나 혹은 두 가지에만 관심이 있으며, 상관관계나 설명에 대한 호기심으로 치우치게 된다면(예를 들어, '3월에 감기에 걸리는 미국 어린이들의 비율은 얼마나 될까?'라는 질문으로 관심이 쏠린다면), 그는 추상, 일반화, 그리고 과학으로 나아가는 것이다. 그러나 만일 그가 인간성을 고찰하면서 인간적 행동 패턴의 초점으로서 개별 대상에 대한 주목을 놓치지 않는다면, 그는 관조 가능한 문학적 대상을 가지고 있는 것이다.

이러한 논의는 우리가 제5장과 제9장에서 보다 체계적으로 다루어야 할 주제들을 이미 건드리고 있다. 나는 그 주제들을 이 장에서 본격적으로 다루지는 않을 것이다. 그러나 이로부터 무엇이 따라 나오는지 보라. 우리는 서정시, 허구 작품, 혹은 문학 에세이를 상이하게 대하는 저자를 생각해볼 수 있다. 그러나 그들에 공통된 것은 바로 복수적 관련성, 즉 패턴들의 융합이며, 이때 패턴이 융합되는 방식은 훈련된 식물학자가 습지대를 버섯 군락지로 바라보는 방식이나 혹은 정치학자가 상원외교위원회의 숙의를 국무부와의 대립으로 바라보는 방식과는 다르다.

그러나 의미론적 정의에서 중요한 단어는 바로 '부여하다'와 '만들다'이다. 어떻게 하나의 담론은 그것이 지시하는 대상에다 복수적 관련성이나 패턴의 융합 같은 특성을 부여하는가? 내 생각에 이것은 오직 이차적 의미를 통해서만 가능하다. 즉 오직 내포나 암시를 통해서만 가능하다. 그러므로 우리의 논의가 문학작품의 세계에서 출발한다 해도 결국 문학작품의 언어로 돌아오게 되며, 이것이 우리의 논의에서 의미론적 정의가 중요하게 제시된 이유이다.

10

해설의 논리

THE LOGIC OF EXPLICATION

문학적 담론은 오직 내포와 암시에 의해서만 알려질 수 있는 깊은 의미를 지니고 있기 때문에 수학적 담론이나 기술적 담론과 비교해보았을 때 일종의 의미론적 두터움(thickness)을 지닌다. 이것은 단순히 모호함, 느슨함, 무기력함, 혹은 무모함 등과 혼동되어서는 안 된다. 의미론적 두터움은 정확함 및 절제와 양립 가능하다. 그러나 의미론적 두터움은 처음 보았을 때보다 더 많은 무언가를 지니고 있다는 분위기를 문학적 담론에 부여한다. 이는 마치 머무를수록 새로운 의미가 생성되는 것 같은, 혹은 언제나 무언가를 비축해두고 있는 것 같은 분위기이다. 그러므로 문학적 담론을 이해하게 되는 경험은 일종의 성장과 같다. 이것은 이해를 하느냐 못 하느냐의 문제가 아니라, 더 많이 혹은 적게, 더 깊이 혹은 얕게 이해하느냐의 문제이다. 특히나 시에 대해서 이 모든 것은 참이라고 말할 수 있다.

게다가 우리는 시를 이해하는 데 도움을 받을 수 있다. 의미들 중에는 도움 없이는 알 수 없으나 누군가 우리에게 지적해준다면 그것이 시 속에 존재한다고 알게 되는 것들이 있다. 시 속의 의미를 지적한다는 것은 시를 해설하는(explicate) 것이다.

물론 우리는 자신이나 타인의 어떤 해설 없이도 시의 상당 부분을 이해할 수 있다. '오 나의 님이여, 어디를 배회하고 있나요?'가 그 예이다. 어떤 다른 시들은 의미가 잘 드러나지 않기에 다소 생각을 해본 후에야 그 의미를 알 수 있다. 그러나 처음 읽었을 때 상당히 잘 이해할 수 있었던 시들도 최초의 독해 그 자체 내에서 모든 의미를 드러내지 않는다. 우리는 후속 독해에서 더 많은 의미를 찾아낸다. 셰익스피어의 시, 셸리의 서정시, 바이런의 『돈 주안』(*Don Juan*)에서 시작해, 하트 크레인(Hart Crane), 월러스 스티븐스(Wallace Stevens), 딜런 토마스에 이르는 연속선 상에는 정도(degree)의 차이가 존재한다. 해설은 긴 시간이 걸려 얻을 수 있는 것을 보다 짧은 시간 안에 얻을 수 있도록 해줄 뿐이다. 우리가 적절한 훈련을 받았을 경우에 말이다. 해설자는 우리가 가지고 있지 않지만 시의 이해를 위해 필요한 정보를 제공하는 것이지, 시 안의 모든 의미를 지적하는 것이 아니다. 해설자는 '이 시에서 '액화'(liquefaction)는 여러 다른 의미들 중에서 특히 …을 의미한다', 혹은 '이 문맥에서 '복잡한 매듭'은 여러 다른 의미들 중에서 특히 …을 의미한다'와 같이 말할 것이다. 이는 부분적인 해설이라고 볼 수 있다. 여기에서 우리가 마주하는 근본적인 질문은 다음이다. 그러한 진술은 어떻게 참이라고 밝혀질 수 있는가?

　　언어적 표현을 해설한다는 것은 그 표현의 의미를 분명히 하는 것이다. 그러나 의미를 분명히 하는 또 다른 방식인 정의(definition)와 '해설하다'(explicate)를 구분하는 것이 편리할 것이다. 만일 당신이 특정 문맥 내에서 어떤 한 단어가 무엇을 의미하는지 묻는다면, 당신은 해설자가 대답할 수 있는 유형의 질문을 하는 것이다. 그러나 당신은 또 다른 유형의 질문, 즉 단어의 일반적인 의미에 관한 질문을 할 수도 있다. 이는 사전편찬자가 답할 수 있는 유형의 질문이다. 사전편찬자는 대부분의 문맥, 혹은 특정 유형의 문맥(예를 들어서 법률 관련 글이나 체스 서적)에서 비교적 불변적으로 나타나는 의미를 조사한다. 한 단어의 이러한 맥락간(脈絡間)적 의미(물론 여러 맥락간적 의미가 있을 수 있다)는 일종의 표준화된 의미이다. 이는 앞선 절에서 지시(designation)라고 불린 것이다.

　　한 단어의 표준적 의미를 그와 동의어 관계에 있는 단어를 제시함으로써 밝히는 것은 바로 그 단어를 정의하는 것이다. 동물 브리더들이 사용하는 '버새'(hinny)라는 단어는 '숫말과 암나귀의 새끼'와 같은 의미이다(즉 '숫말과 암나귀의 새끼'가 지시하는 특성과 동일한 특성을 지시한다). 다수의 문맥에서 이것이 '버새'가 의미하는 바이고, 몇몇의 문맥에서 이것은 '버새'가 의미하는 전부이다(예를 들어 '버새가 외양간에 있다'). 정의는 매우 유용하지만, 우리가 해설에 요구하는 모든 것을 정의가 수행할 수는 없다. 왜냐하면 정의는 어떤 특정 문맥 내에서 한 단어가 가지는 완전한 의미를 보고하는 것은 아니기 때문이다.

　　해설은 종종(사실은 그보다 더 자주) '해석'(interpretation)이라고 불리기도 하지만, 나는 '해석'이라는 용어는 다른 활동을 위해 남겨두고자 하며, 이에 대해서는 제9장 22절에서 논의하기로 하겠다. 해설과 해석의 구분이 선명한 것은 아니지만, 비평가가 시의 상대적으로 국소적인 부분에 대해 이야기할 때, 혹은 은유의 의미, 단어의 내포, 애매한 문장구조가 뜻하는 바 등을 논할 때, 그는 해설을 하는 것이다. 어떤 측면에서 보았을 때, 하나의 시는 의미들의 복합체이므로, 해설-진술은 시에 대한 기술(description)로 간주될 수 있다.

문학비평가들이 시를 해설하는 다수의 진술을 말한다는 점은 확실하다. 그러나 우리는 그들이 자신의 진술을 정당화하기 위한 좋은 근거를 대고 있는지 의심할 수 있다. 하나의 시에 관해 두 명의 비평가가 양립 불가능한 해설을 제시한다고 가정해보자. 이는 한 비평가가 다른 비평가가 놓친 의미를 지적함으로써 보충적인 해설을 하는 상황이 아니라, 서로 논리적으로 모순적인 해설을 제시하는 상황이고, 그들의 해설이 '양립 불가능하다'(incompatible)는 것은 바로 이런 의미에서이다. 그들 사이의 의견 불일치가 해결될 수 있는 어떠한 적절하고 객관적인 방식이 적어도 원칙상으로라도 존재하는가? 다시 말해, 해설뿐만 아니라 해설의 방법(method)도 존재하는가?

잠시 '방법'이라는 단어에 대해 생각해보자. 우리가 행하는 어떤 일들에는 그것을 행하는 방법이 있고, 다른 어떤 일들에는 그것을 행하는 방법이 없다. '어떤 방법으로 계란의 흰자를 노른자와 구분하나요?'라고, 혹은 '어떤 방법으로 당신의 아이들을 재우나요?'라고 묻는 것은 말이 된다. 그러나 '재채기를 하는 당신의 방법은 무엇인가요?'라고 묻는 것은 말이 안 된다. 오직 ① 어떤 행위를 수행하는 대안적인 방식이 존재할 때, ② 그 행위를 수행하면서 일반적인 원칙이나 규칙을 유념하는 것이 가능할 때, 그리고 ③ 다른 규칙이 아닌 바로 그 규칙을 따르는 좋은 이유가 제시될 수 있을 때, 그 행위는 방법을 가질 수 있다. 한 행위가 진리에 대한 주장을 할 때(사고의 행위가 한 예이며, 공을 차는 행위는 이에 대한 예가 되지 않는다), 그 행위를 하는 방법은 넓은 의미에서의 '논리'가 될 것이다. 그러므로 연역적으로 추론하기라는 행위가 있을 수 있고, 이것은 당신이 그것을 어떻게 행하는지 공부한 적이 없어도 행할 수 있다. 그러나 또한 연역 논리라는 것이 있고, 이것은 언제 연역이 정확하게 수행되었는지 말할 수 있게 해주는 합리적으로 정당화된 일반적 규칙의 집합이다. 또한 귀납 논리라는 것도 있고, 아마도 역사 연구 및 도덕적 추론과 관련된 보다 구체적인 하위 논리들이 있을 것이다. 지금 우리의 문제는 해설의 논리가 존재하는가이다.

동시대 비평가들의 실천을 생각해볼 때, 우리는 다소간 명시적으로 지켜지고 있는 어떤 일반적 절차의 윤곽을 그려낼 수 있다. 만일 그 절차가 체계적으로 산출되고 또한 정당화된다면, 그것이 바로 우리가 찾고 있는 해설의 논리이다. 그러므로 이제 그 절차에 대해 생각해보자.

복합적인 언어 표현(예를 들어 문장)의 의미는 모두 영역적(regional) 의미이다. 다수의 문장들에서 이 의미는 해당 문장을 구성하는 단어들과 그것들의 문법적 관계의 독특한 함수임이 분명하다. 당신은 아마도 이전에 '악어가 피아노 위에 있다'라는 문장을 본 적이 없을 것이지만, 이 문장을 이해하는 데 아무런 어려움도 겪지 않는다. 왜냐하면 당신이 '악어' 등의 사전적 의미, 구문론, 그리고 문법 규칙을 알고 있다면, 문장의 국소적(local) 의미들로부터 문장 전체의 영역적 의미를 읽어낼 수 있기 때문이다. 물론, '잭은 짐보다 존에게 더 많은 돈을 빚지고 있다'와 같은 애매한 문장의 경우, 두 개의 서로 다른 영역적 의미가 그 문장으로부터 구성될 수 있다는 점에서 애매한 시각 디자인과 같다(예를 들어서 계단 그림). 그러나 상당히 많은 문장들이 의미에 있어 확정적이다(decisive).

그러나 영역적 의미와 국소적 의미 사이의 관계가 보다 복합적인 문장들이 존재한다. 우리가 이전 장에서 관련 용어에 대한 좋은 정의를 내릴 수 있었다면, 문제의 복합적 의미를 '창발적(emergent) 의미'라 부르고 싶을 것이다.

물리적 마을의 형이상학적 길거리에서
우리는 유다(Juda)의 사자를 기억하네

– 월러스 스티븐스, 「뉴 헤이븐의 일상적인 저녁」[*]

만일 각각의 단어와 그들의 문법적인 관계로부터 이 문장의 영역적 의미를 구성하려고 한다면(마치 '고양이가 깔개 위에 있다'와 같은 문장의 경우에서처럼) 우리는 어려움에 처할 것이다. 이 시에서 '형이상학적'과 '물리적'의 문맥적 의미는 확실히 신선하고 아리송하며, 사전의 범위를 한참 넘어선다. 만일 이와 같은 경우에 사용할 수 있는 해설의 방법이 있다면, 그것은 우리가 일상적 문장에 적용하는 방법을 넘어서야 할 것이다.

---

[*] "An Ordinary Evening in New Haven," Reprinted from *The Collected Poems of Wallace Stevens*, by permission of Alfred A. Knopf, Inc. Copyright 1950, 1954 by Wallace Stevens.

해설에 관한 상대주의적 이론

물론 비평가들은 또 다른 해설의 방법을 가지고 있다. 이 방법은 두 부분으로 구성되어 있는데, 모두 상당량의 사고와 민감한 판단을 요구한다. 첫 단계는 '형이상학적'과 '물리적'과 같은 단어의 잠재적 내포(connotation)의 범위를 묻는다. 두 번째 단계는 문맥에 맞는 것을 고름으로써 잠재적 내포들 중 실제적(actual)인 것을 고른다. 해설과 관련해서 충족되어야 하는 조건은 단어의 표준적 의미들(이는 단어가 가진 지시에 한정된다)이 결정한다. 이는 상당히 평범한 의미를 지니는 '마을'과 같은 단어의 경우에도 마찬가지이다. 그러므로 '마을'과 '거리'가 주어졌을 때, '형이상학적'과 '물리적'의 어떤 가능한(possible) 내포들이 전자들에 의미 있게 적용될 수 있을까? 해설자는 대략 이러한 방식으로 작업한다고 볼 수 있다. 물론 해설자의 정신은 내가 지금 기술하는 것보다 더 신속하고 미묘하며 풍부하게 이 작업을 수행할지도 모른다. 그럼에도 불구하고, 해설자가 하는 일은 부분들의 의미(이차적 의미를 포함해)가 가지는 의미론적 함수관계를 통해 전체 문장의 영역적 의미를 그들의 문법적인 관계 내에서 밝히는 것이라고 볼 수 있다. 그리고 해설자의 작업은 상이한 다음 두 절차를 포함한다. 내포들의 범위를 결정하는 것, 그리고 그중에서 실제적 함의를 선택하는 것.

그러나 좀 더 깊이 생각해본다면 위와 같은 방법의 확정성(decisiveness)에 대해 회의하게 될 수도 있다. 어떤 두 사람이 동일한 문제와 관련해 위의 방법을 정확히 적용할 뿐만 아니라 관련된 모든 정보를 가지고 있기에 동일한 결론에 도달할 때, 우리는 아마도 위의 방법이 확정적이라고 말할 것이다. 이런 의미에서 테이프를 이용해 탁자의 수치를 재는 방법은 확정적이다. 그러나 방법의 적용이라는 것이 단지 정보 보유나 규칙 준수에만 의존하는 것이 아니라 사람에 따라, 혹은 같은 사람의 경우에도 시간에 따라 변화하는 어떤 것에 의존한다고 가정한다면, 이 경우 문제의 방법은 확정적이지 않다. 우리는 이 방법이 모든 개인에게 타당한 어떠한 결과를 산출하리라고 기대할 수 없다. 그것은 상대주의적 방법이다. 예를 들어, 테이프가 탄성력이 있고 사용하기 위해서 잡아당겨야 한다면, 수치 재기의 결과는 개인의 힘이나 일시적 성향에 의해 부분적으로 좌지우지될 것이고, 만일 두 사람이 상이한 결과를 얻는다면 우리는 그중 어느 하나가 잘못되었다고 말할 수 없다.

해설과 관련해 위와 비슷한 이론이 존재하며, 이 이론을 뒷받침하는 강력한 옹호 논증이 제시될 수도 있다.* 만일 그 이론이 참이라면, 해설의 논리는 존재하지 않으며, 비평의 상당 부분은, 유쾌한 자유 연상으로 간주되지 않는 한, 무의미하게 된다. 이러한 회의적 입장은 다음의 두 보조 논증에 근거하는데, 만일 그중 하나라도 결정적이라면 이는 해설의 논리에 치명타가 될 것이다.

문제의 보조 논증 중 첫 번째 논증은 해설 방법의 첫 단계, 즉 시 속 단어들의 가능한 내포의 범위를 결정하는 문제와 관련된다. 첫 번째 논증은 이 문제가 그 어떠한 객관적인 답도 허용하지 않는다고 지적한다. 이 견해에 따르면, 우리는 한 단어가 특정 상황에 위치한 특정 독자에게 어떤 내포를 지니는지 물을 수 있고, 단어의 내포는 독자의 고유 경험이나 성격 특성에 의존하지만, 그 단어가 일반적으로 어떤 내포를 지니는가는 물을 수 없다는 것이다. 즉, 내포는 개인적 연상과 구분될 수 없으며, 그러므로 상대적이라는 것이다.

이 첫 번째 논증은 확실히 내가 이전 장에서 내세웠던 주장과 상충하며, 만일 내 주장이 옳다면 이 첫 번째 논증은 논박된다. 나는 '불', '사막', '달', '강철', '돌'과 같은 단어의 내포란 그 단어들이 가지는 의미들 중 객관적인 부분으로서, 이 객관적인 부분은 단어의 사전적 의미처럼 (비록 이보다는 조금 덜 명백할지라도) 문제의 단어가 특정 언어 공동체에 속함으로써 가지게 되는 것이라고 말했었다. 단어의 내포는 그 대상이 인간의 경험 내에서 나타나는 방식으로부터 나온다. '사막'은 헛됨이나 죽음을 함의하며, 이는 특정 독자가 그 내포를 알고 있는지 아닌지와는 상관이 없다. 독자는 사막이 가지는 실제 효과를 상기함으로써 자신의 독해를 고치거나 개선할 수 있다. 그러므로 보다 추상적으로 표현하자면, '사막'의 내포는 '사막'이란 단어가 가지는 지시 (designation)의 함수이며, 원칙상 만일 두 사람이 '사막'의 지시를 알고 있고, 사막의 성격에 관한 사실, 사막에 대한 현재의 믿음들, 그리고 탐험가, 공학자, 역사가 등이 사막에 대해 언급했던 과거의 언어적 맥락을 모두 알고 있다면, 그 두 사람은 어떤 좁은 한계 내에서는 '사막'이라는 단어가 어떤 특성을 내포하는지 아닌지에 동의할 수 있다. 더 나아가 이렇게 함으로써 '사막은 내가 어릴 때 알았던 자그마한 모래더미를 생각나게 하는군!'과 같은 개성적인 독해의 개성적인 성격을 온전히 지적할 수 있다.

---

* 찰스 스티븐슨(Charles L. Stevenson)의 논문 참조. Note 10.1.

첫 번째 논증에 대한 답변이 위와 같이 가능한 반면, 두 번째 논증은 훨씬 더 위험하다. 두 비평가가 단어의 가능한 내포 범위에 대해 완전히 동의한다고 가정하자. 여전히 그들은 어떤 내포가 실제적인지 결정해야 한다. 우리는 아마도 내포들 중 일부가 문맥에 의거해 배제되어야 한다고 말할 것이다. 그러나 여기에서 회의주의자는 글쓴이가 표출한 의도를 떠나서는 문맥이 어떤 내포를 허용하거나 배제하지 못하고, 글쓴이의 의도는 일반적으로 접근 가능하지 못하다고 볼 것이다. 그러므로 내포의 허용이나 배제는 독자의 결정을 요구한다는 것이다. 독자가 할 수 있는 것은 시를 두 가지 방식으로, 즉 특정한 내포를 동반하는(with) 방식 및 배제하는 방식으로 읽고, 그 두 시 중 자신이 어떤 것을 더 선호하는지 결정하는 것밖에 없다. 만일 그가 특정 내포가 동반된 시를 그렇지 않은 시보다 더 좋아한다면, 그것이 바로 그가 그 시를 읽는 방식이 될 것이다. 다른 독자는 다른 방식을 선택하더라도 말이다. 물론 그는 자신이 선택한 의미가 가장 잘 '부합한다' 혹은 '정합적이다'라고 말함으로써, 자신의 결정에 들어있는 규범적 요소, 즉 선호의 요소를 위장할 수도 있지만, 우리가 살펴보고 있는 논증에 따르면 '부합한다'나 '정합적이다'라는 용어 역시도 객관적으로 정의될 수 없다. 그렇다면 '이 시는 이런저런 것을 의미한다'는 해설-진술은 '나는 (다른 방식보다는) 이 방식으로 읽은 이 시를 선호한다'를 의미한다.

　　이 견해에 따르면, 모든 해설-진술은 화자 자신, 그리고 그의 개인적인 선호를 암묵적으로 언급한다. 엠프슨(Empson)은 '폐허가 된 헐벗은 성가대'가 수도원의 파괴[*]를 지칭한다고 주장하고 반면 그의 비판자들은 이를 부정했을 때, 그들은 서로를 부정하고 있는 듯 보이지만 사실은 그렇지 않다는 것이다. 왜냐하면 그들 중 어떤 이는 그러한 의미를 지닌 시를 좋아한다고 말하고 있고, 다른 이는 자신은 그러한 의미가 없는 시를 더 좋아한다고 말하고 있기 때문이라는 것이다. 이러한 견해를 나는 '해설에 관한 상대주의적 이론'(Relativistic Theory of Explication)이라 부르겠다.

　　상대주의적 이론은 어떠한 해설도 객관적 타당성에 대한 주장을 하는 것이 아니므로(우리가 그 해설을 제대로 이해한다면), 그 어떠한 해설도 틀리지 않음을 내포한다. 이는 핵심적인 두 차원에 있어서 해설이 개별 독자의 특이성에 의존하고 있기 때문인데, 그 두 차원이란 단어에 관한 개인적 연상, 그리고 시에 대한 자신의 개인적 선호

---

[*]　　*Seven Types of Ambiguity*, New York: Meridian, 1955, p. 5.

이다. 해설이 그 두 특이성으로부터 독립적임을 보인다면, 다시 말해, 해설의 비상대주의적 논리를 산출할 수 있다면, 이는 상대주의적 이론을 논박하기에 충분하다. 상대주의적 이론의 첫 번째 논증, 즉 내포의 상대성을 말하는 논증은 이미 내가 적절하게 처리했다고 생각한다. 지금 우리의 관심사는 두 번째 논증이다. 문제는 다시 다음과 같다. 우리는 시에 어떤 잠재적 의미를 부여할지, 그리고 어떤 잠재적 의미를 배제할지 어떻게 아는가?

이 방대하고 엄중한 질문을 다루기 수월한 크기로 줄이면서도 그 질문의 중요한 측면들을 등한시하지 않기 위해서, 우리는 해설과 관련된 견본 문제, 즉 테스트 케이스로 작동할 수 있는 일종의 모델을 선택해야 한다. 해설과 관련된 방대하게 다양한 문제들이 있지만, 나는 은유의 해설과 관련된 문제를 택할 것이다. 만일 우리가 시적 의미의 핵심이라 할 수 있는 은유에 관한 만족스러운 이론을 제시할 수 있다면, 그리고 일반적으로 은유에 대한 만족스러운 이론이 보다 광범위한 다른 것(예를 들어 시 전체)에도 또한 적용될 수 있음을 보일 수 있다면, 우리는 해설에 관한 상대주의적 이론에게 합리적인 답변을 할 수 있을 것이다.

은유의 이론들

은유(metaphor)란 무엇인가? 내가 제안할 이론은 논의의 편의를 위한 것이며 또한 잠정적인데, 왜냐하면 나는 이 이론이 진실에 가깝다는 것을 알지만 또한 불완전하다는 것을 인식하고 있기 때문이다. 내가 제안할 이 이론은 은유에 대한 대안적인 세 이론들과 대조해볼 때 가장 명확하게 드러날 것이다. 세 이론들 각각에 대해 그것을 옹호하는 저자의 명확한 예시를 찾는 것은 어려운 일이고,[*] 어쩌면 이는 중요한 문제가 아닐 것이다. 적어도 그 이론들은 가능하며 또한 옹호 가능한 견해들이고, 다소간 명시적으로 한번쯤은 주장된 적이 있다.

은유의 첫 번째 이론을 나는 정서이론(Emotive Theory)이라 부르겠다. 단어의 은유적 조합은 영어에서 단어들이 결합되는 방식에 대한 우리의 정상적 기대를 위반하는

---

[*]   주요 저자들의 목록은 Note 10.3 참조.

일이 흔하다. 은유는 언어의 전위(dislocation) 혹은 오용으로 간주된다. 비록 은유는 고유의 독특한 가치와 흥미로운 성격으로 인해 언어 오용의 다른 방식들과 구분되고, 그리하여 은유의 언어 오용은 종종 언어를 가지고 우리가 할 수 있는 최고의 사용이라 볼 수 있지만 말이다. 정서이론이 설명하려는 것은 바로 은유의 이러한 특성이다.

이 이론을 가장 그럴듯하게 만들려면, 우리는 단어의 의미라는 것을 이전 절에서 우리가 생각했던 것보다 더 좁게 생각해야 한다. 정서이론에 따르면, 하나의 단어는 오직 특정 상황에 대한 그 단어의 적용 가능성을 확인할 수 있는 방법이 존재하는 경우에, 즉 오직 단어가 분명한 지시를 지니는 경우에 의미를 지닌다. 예를 들어, 칼의 날카로움은 여러 방식으로 검증될 수 있으며, 그러므로 '날카로운 칼'이라는 구절은 의미를 지닌다. 우리는 또한 날카로운 물건에 대한 우리의 경험을 근거로 '날카로운'이 어떤 부정적인 정서적 함의를 지닌다고 가정할 수도 있다. 이제 우리가 '날카로운 면도기'나 '날카로운 드릴'을 이야기할 때, 정서적 함의(emotive import)는 활성화되지 않는데, 왜냐하면 이 구절들은 의미가 있기 때문이다. 그러나 우리가 '날카로운 바람', '날카로운 딜러', 혹은 '날카로운 혀'를 말할 때, 날카로움에 대한 검증은 가능하지 않으며, 그러므로 비록 개개의 단어들이 의미 있다 하더라도, 그 단어들의 조합은 그렇지 않다. 이러한 방식으로 형용사의 정서적 함의가 발생하고 강화된다.

그렇다면 정서이론에 따르면, 은유란 의미 없이 정서적 함의만 있는 표현의 한 예이다(우리는 이전 논의에서 그런 예를 찾고자 했으나 찾아내지 못했다). 그러나 은유는 그러한 표현의 한 예시가 아닌 것이 확실하며, 그러므로 정서이론은 틀렸다. 사실 정서이론에는 적어도 두 가지 잘못된 점이 있다. 먼저, 정서이론은 의미의 개념을 너무 좁게 설정하고 있으며, 이는 검증 가능성 개념에 대해서도 마찬가지이다. '날카로운'의 지시(designation)들은 혀에 적용될 수 없다 하더라도, 내포(connotation)들은 여전히 혀에 적용될 수 있다. 따라서 날카로운 혀에 대한 검증 가능성이 없다고 말하는 것은 잘못이다. 자주 비꼬면서 비판하고 잘못을 찾아내는 사람이라면 누구나 날카로운 혀를 지녔다고 볼 수 있다. 물론 날카로운 혀에 대한 검증은 날카로운 면도기에 대한 검증과 동일하지 않다. 그러나 날카로운 면도기에 대한 검증 역시도 날카로운 드릴에 대한 검증과 동일하지 않은 것이 사실이다. 둘째, 모든 은유가 정서적이라고 말하는 방식으로 은유를 설명하는 것은 적절하지 않다. 은유는 정서적일 수 있고, 다수의 은유가 사실 그러하다. 그러나 은유가 반드시 그럴 필요는 없다. 아마도 우리가 특별히 날카로운 바람을 좋아하는 것은 아닐 테지만, '날카로운 바람'은 '새 대가리'처럼 상당히 정서적인 표현은 아니다. 게다가 '날카로운 재치'에서처럼 '날카로운'이 비난조가 아니라 명예로운 성격을 지닌다면, 이것은 새로운 맥락에서 그 의미가 변했기 때문일 것이며, 그렇다면 이때 은유는 무의미하지(meaningless) 않다. 마지막으로, '날카로운 불멸성', '날카로운 나태'와 같은 구절은 무의미한 것이 맞다. 그러나 이 구절들에서 '날카로운'은 그 어떠한 정서적 함의도 지니지 않는다.

이렇게 은유의 의미를 부정한다는 점에서 정서이론은 다른 세 이론과 차별된다. 다른 세 이론은 모두 인지적(cognitive) 이론이다.

두 번째 은유 이론을 나는 수반 이론(Supervenience Theory)이라 부르겠다. 이 이론을 옹호하는 논증은 다음과 같은 관찰, 즉 시적 언어, 특히 은유는 문자적 의미의 언어가 전달할 수 없는 의미를 전달할 수 있다는 관찰에서 시작한다. 은유를 대체할 수 있는 발화 양식이 존재한다면, 도대체 은유가 왜 필요하단 말인가? 내가 생각하기에 수반 이론의 지지자들은 일반적으로 '날카로운 바람'과 같은 예들을 '진정한' 은유 혹은 중요한 은유로 간주하지 않을 것이다. 그러나 그들은 플라톤의 동굴의 은유 혹은 도스토예프스키(Dostoevsky)의 지하의 은유를 통해, 자연적인 것은 초자연적인 의미를 지닐 수 있게 된다고 말할 것이다. 언어는 오직 은유를 통해서 (그리고 신화 및 제식과 같은 은유의 확장을 통해서) 문자 그대로의 발화가 가지는 제약으로부터 해방되며 우리의 의지대로 한계를 벗어나게 된다.

수반 이론에 따르면, 은유의 의미는 은유의 부분들이 가지는 문자 그대로의 의미로부터 나오는 것이 아니라, 부분들의 의미와 관련 없이 독립적인 것으로서 나타난다. 문자 그대로의 의미들은 기각되고 사라진다. 은유적 의미는 문자 그대로의 의미들을 통해서 설명되지 않는다.

이에 관한 친숙한 유비가 있다. 단어들 개개의 의미에 의존하지 않으면서 그 자체로 특별한 의미를 지니는 구절을 관용구(idiom)라고 한다. 외국인은 'chez lui'나 'by the way'의 의미를 단순히 문법이나 사전만을 가지고서 이해할 수 없다. 수반 이론은 은유를 관용구의 한 종류로 간주한다. 수반 이론은 정서이론과 마찬가지로(그러나 다른 이유에 근거하면서) 은유가 설명될 수 있다는 사실을 부정한다. 이 점에서 이 두 이론은 앞으로 살펴볼 나머지 두 이론과 차별된다.

관용구는 관용구이기 때문에 우리는 그 의미를 통째로 배워야 한다. 관용구는 사실상 새로운 단어이며, 마치 새로운 단어인 것처럼 사전에 실린다. 그러나 우리가 은유를 읽을 때, 우리는 적어도 그러한 사전 없이도 의미의 일부를 알아낼 수 있다. 어떻게 이것이 가능한가? 여기에서 수반 이론이 다른 이론과 구분되는 근본적인 차별점이 나타난다. 수반 이론에 따르면, 우리가 '고양이가 깔개 위에 있다'를 이해하게 되는 방법은 존재하지만, 이것은 다음의 윌리엄 블레이크(William Blake)의 시 「호랑이」(The Tyger)를 이해하는 방식과는 아무런 상관이 없다.

> 호랑아! 호랑아!
> 밤의 숲속에서 활활 타오르는 호랑아!
> 그 어떤 불멸의 손과 눈이
> 너의 무시무시한 균형을 지어낼 수 있었는가?

은유는 부분들의 상호작용으로부터 파악될 수 없다. 은유는 특별한 직관 행위를 요구한다.

이 이론이 함축하는 바가 이제 명확해졌다. 수반 이론은 지식과 관련된 어떤 하나의 이론을 전제하고 있는데, 이 때문에 우리가 아직 다룰 준비가 되어있지 않은 문제들이 발생한다. 이 문제는 제9장 23절에 가서 다시 다룰 것이다. 그전까지는 수반 이론이 최후의 보루로서 정당하게 인정될 수 있다. 다시 말해, 만일 은유의 독특성을 만족스럽게 설명하는 합리적인 은유 이론이 제시되는 때가 온다면, 그리고 그 이론이 은유적 의미가 설명되고 분석될 수 있다고 주장한다면, 그때 우리는 수반 이론이 불필요하다고 판명할 수 있다.

은유의 세 번째 이론을 나는 축어주의적 이론(Literalist Theory)이라 부르겠다. '축어적'(literal)이란 용어는 다음의 두 가지 일반적인 의미를 지닌다. ① '비유적인'(figurative)과 대조되는 것으로, 은유, 직유 및 다른 비유들을 배제한다는 의미, ② '은유적인'(metaphorical)과 대조되는 것으로, 내가 이 글에서 사용하고자 하는 의미가 바로 이것이다. 단순한 비교('그의 집은 내 집과 비슷하다')는 어떤 단어도 은유적으로 사용하지 않는다는 점에서 축어적 표현이다. 그리고 다음과 같은 직유의 한 종류도 마찬가지로 축어적 표현이다.

그의 서리 낀 숨,

마치 오래된 향로에서 피어나오는 경건한 향과 같이

- 키츠(Keats), 「성 아그네스 전야」(The Eve of St. Agnes)

축어주의적 이론은 은유를 가장된 혹은 단축된 직유로 간주한다. 이 이론에 따르면, '우리의 탄생은 오직 잠이요 망각일 뿐'은 '우리의 탄생은 잠 및 망각과 같다'로 해석되어야 하며, 다음 시에서 등장하는 '격정은 음모를 직조한다'는 은유는 '격정은 직조하는 무언가와 같으며 그리고 음모는 직조된 무언가와 같다'로 이해되어야 하는데, 왜냐하면 격정은 오직 은유적으로만 직조할 수 있으며 음모도 은유적으로만 직조될 수 있다는 점에서 이중 은유이기 때문이다.

비극적인 삶에서, 신은 알고 있다,

어떠한 악당도 필요 없다는 것을, 격정이 음모를 직조한다는 것을

우리는 내적 거짓에 의해 배신당하네

- 메레디스(Meredith), 「사랑의 무덤」(Love's Grave)

축어주의적 이론에서 근원적으로 간주되는 개념은 바로 **생략법**(ellipsis)으로, 현대의 문법학자들은 이 개념을 불편해한다. 사람들이 'She is the one I adore'라고 말할 때, 이 문장을 'She is the one whom I adore'의 생략으로 간주하는 것은 부자연스럽다. 사람들은 어떤 것을 생략하고 있음을 의식하지 않는다. 그러나 문장의 의미를 완성하는 데 있어 어떤 단어들은 특정한 다른 가능성을 배제해야 하기 때문에, 발화되지는 않았지만 암묵적으로 함축된 단어들을 가지는 문장이 있다고 볼 수도 있다. 'If he's going, I am not'이 이해되기 위해서는 'not' 뒤에 'staying'보다는 'going'을 필요로 한다. 이제 축어주의적 이론은 은유가 생략적인 직유라고 주장한다. 직유와 은유 사이에는 어떠한 근본적인 차이가 없으므로, 은유는 일상적인 언어 규칙에 의거해 직유가 작동하는 방식으로 이해될 수 있으며, 해설과 관련해 어떠한 특별한 문제를 발생시키지 않는다는 것이다. 왜냐하면 직유와 관련된 유일한 문제는 직유가 어디까지 확장될 수 있는지 결정하기 위해 충분한 사실 정보를 수집하는 것이기 때문이다.

> 조약돌 깔린 바닷가로 파도가 달려가듯
> 우리의 시간도 끝을 향해 서두르네
>
> – 셰익스피어, 「소네트 LX」

　　우리 스스로 이 시에서 나타난 시간과 파도를 비교해봐야 하는 것은 사실이지만, 엄밀히 말해 그것이 이 직유의 의미(meaning)를 구성하는 한 부분은 아니며, 이 직유는 단지 파도와 시간이 어떤 점에서 서로 닮았다고 말할 뿐이다.

　　은유와 직유가 크게 다르지 않고, 하나가 다른 하나로 환원된다는 견해는 다소 오래된 견해이다. 그럼에도 불구하고, 그 견해는 잘못되었다.

　　먼저, 두 유형의 직유가 있음에 주목해야 한다. ① 열린 직유(open simile)는 X가 Y와 같다(시간은 파도와 같다)고 진술한다. ② 닫힌 직유(closed simile)는 X가 이러이러한 점에서 Y와 같다고 진술한다.

> 그리고 관습은 당신을 무겁게 짓누르네
> 서리처럼 무겁게, 삶과 거의 마찬가지로 깊숙하게
>
> – 워즈워스, 「송가: 어린 시절을 회상하고 얻은 불멸성에 대한 암시」
> (Ode: Intimations of Immortality from Recollections of Early Childhood)

　　여기에서 관습과 서리는 '무거움'과 관련해, 한편 관습과 삶은 '깊음'과 관련해 비교되고 있다. 닫힌 직유는 은유와 같이 작동하며, 상당히 만족스럽게 은유로서 재기술될 수 있지만('관습은 서리-무거움을 지닌다'), 내 생각에 모든 은유가 만족스럽게 닫힌 직유로 재기술될 수는 없다. 예를 들어, '달은 해협 위에 아름답게 누워있네'에서 달이 무엇과 비슷하게 누워있다는 말인가? 은유가 열린 직유로 환원될 수 있는 것도 아니다. 왜냐하면 그 둘은 시적 문맥에서 매우 상이하게 작동하기 때문이다. 문맥이 없으면 열린 직유는 비제어적이고 공허하다. A는 B와 같은데 도대체 어떤 점에서 그러한지 문맥이 우리에게 알려주어야만 한다. 반면 은유는 그 어떤 문맥과 상관없이 풍부하고 완전하다. 사실 은유의 문맥은 가능한 다른 의미들을 제거하는 것이지 그 의미들을 제공하지는 않는다. 은유는 함축된(implied) 비교가 아니다.

논리적 불합리

은유의 네 번째 이론을 나는 반박 이론(Controversion Theory)이라 부르겠다. 은유 이론 혹은 일반적인 수사학적 전략(이 안에 은유가 속해있다)을 위해 내가 찾아낼 수 있었던 최선이 바로 이 이상한 이름의 이론이다. 먼저 자기-반박적 담화(Self-Controverting Discourse)라 불릴 수 있는 어떤 한 유형의 담화를 생각해보자. 이 담화의 근본 원칙은 화자 혹은 집필자가 어떤 진술을 명백하게 발화하지만 자신이 진술한 것을 믿고 있지 않음을 혹은 자신이 발화한 것에 관심이 없음을 보여주는 방식으로 발화함으로써, 자신이 명시적으로 진술하지 않은 어떤 다른 것에 관심을 집중시키는 것이다(예를 들어, '그가 이긴다면 나는 내 모자를 먹겠다'). 이 담화는 기본적 의미를 상쇄해 이차적 의미를 위한 공간을 마련함으로써, 진술한 것보다 더 많은 것을 말하는 담화이다. 이 원칙은 굉장히 광범위하게 적용되는데, 왜냐하면 이 원칙은 다양한 전략의 기저를 이루기 때문이다. 반어(irony)가 이를 보여주는 명확한 한 예이다. 반어적으로 진술할 때 당신은 목소리 톤이나 혹은 여타의 방식을 통해 진술하는 행위 속에서 그 진술을 철회하고 있음을 보여주며, 그리하여 그 진술과 반대되는 것을 암시한다. 이 같은 일을 수행하는 다수의 여러 방식들이 존재한다. 진술을 '농담'이나 '이야기' 혹은 '우화'라고 명명하는 방법이 있다. 혹은 유용한 정보를 전달하는 게 당신의 목적이 아니라는 것을 암시하기 위해 진술을 운문 형태로 표현할 수도 있다. 아무것도 명명하지 않는 이름들, 예를 들어 '허클베리 핀'(Huckleberry Finn)이나 '요크나파토파 카운티'(Yoknapatawpha County) 등을 사용할 수 있다. 혹은 실제 인물과의 유사성은 순전히 우연이라고 말할 수도 있다. 명백한 과장을 하거나, 혹은 자연 법칙을 위반할 수도 있다. 세부 사항에 대해 얼버무림으로써 진술을 검증할 준비가 되어있지 않음을 보여줄 수도 있다.

이 모든 경우들에서 사용되는 전략은 비슷하다. 독자는 당신의 진술이 단언하지 않는다는 것을 알 수 있지만(단언한다는 것은 믿음을 이끌어내고 그것을 믿도록 초대하는 것이다), 어떤 진술이 만들어졌고 또한 무언가가 단언되는 것 같기에 결국 무언가를 말하고 있는 의미의 이차적 차원을 살피게 된다. 그리고 시에서 이러한 결과를 얻을 수 있는 주요 전략은 바로 논리적 불합리(logical absurdity)라는 전략이다. 즉, 시 안에서 이차적 차원의 의미를 만들어내는 것은 바로 진술들의 논리적 불합리이다.

이제 다음과 같은 언어적 표현을 생각해보자. 이 표현은 적어도 두 단어로 구성되고, 그중 한 단어는 어떤 집합(class)을 지시하면서 그 부류를 특징 지으며, 다른 한 단어는 그 특징을 양화하거나 한정한다. 이러한 언어적 표현을 '귀속'(attribution)이라 부르기로 하자. 나는 '커다란 개들'과 같은 단순 문구나 혹은 '그 개들은 커다랗다'와 같은 완전한 문장을 모두 귀속이라 부를 것이다. 그러나 필요한 경우에는 '문구-귀속' 및 '문장-귀속'이라고 구분할 것이다. 이 두 경우에서 모두 한정되고 있는 단어는 '개들'인데, 나는 이를 귀속의 대상(subject)이라고, 한편 '커다랗다'를 한정사(modifier)라고 부를 것이다. 여기에서 내가 개들을 대상이라 말하는 것이 아니라, '개들'이라는 단어를 대상이라 말하고 있음을 주목하라.

이제 논리적으로 공허한 귀속이라는 특이성을 가지는 귀속들을 생각해보자. 나는 그것들이 무의미한 귀속이라고 말하는 게 아니다. 그들은 단지 이 세상에 적용 불가능하다는 어떤 특정한 논리적 속성을 가지고 있을 뿐이다. 그리고 이러한 논리적으로 공허한 귀속은 다음 두 가지 유형으로 나뉜다.

먼저 자기-포함적 귀속(self-implicative attribution)은 한정사의 의미가 이미 대상의 의미에 포함되어 있는 것으로, 한정사는 전체 표현에 아무것도 더하지 않는다. 만일 자기-포함적인 귀속이 '두 발 달린 두 발 동물'(biped)이나 '늙은 노파'와 같은 형식이라면, 그러한 귀속은 잉여적이다. 여기에서 전체적인 귀속은 논리적으로 공허하지는 않지만, 한정사는 쓸모가 없다. 만일 자기-포함적 귀속이 '두 발 동물은 발이 두 개다' 혹은 '노파는 늙었다'와 같은 문장 형식이라면 이는 동어반복적이다.

자기-포함적 귀속을 무지나 혹은 서두름으로 인해 자신도 모르게 사용하는 경우가 가능하다. 어떤 이들은 노파가 정의상으로 늙었다는 사실을 모를 수도 있다. 그러나 자기 자신이 무엇을 행하는지 알고 있으면서도 자기-포함적 귀속을 고의로 발화하는 것도 또한 가능하다. 그런 경우 발화는 그 자체를 반박한다. 영리한 독자(혹은 청자)는 당신과 그가 모두 논리적 불합리라 알고 있는 것에 대해 당신이 진지하다는 점을 간파하고, 또 다른 가능한 의미를 찾아내려 할 것이다. 만일 독자가 그것을 한정사의 내포(connotation)들 중에서 찾을 수 있다면, 그는 전체 표현에다 의미를 부여할 수 있게 된다. 이제 더 이상 뻔한 자기-포함이 아니라 의미 있는 자기-포함(significant self-implication)이 된다. 즉 한정사의 지시 차원에서는 자기-포함적이고 그러므로 논리적으로 공허하지만, 한정사의 내포 차원에서는 공허하지 않은 귀속이 된다.

몇 가지 예를 들어보겠다. 먼저, 잉여의 경우이다.

> 칠 년 동안 우리는 조용히 살아왔네,
>
> 주목을 피해 오면서,
>
> 살았었고 또 부분적으로 살았었네.
>
> — 엘리엇(T. S. Eliot), 『대성당의 살인』(*Murder in the Cathedral*)[*]

이는 이중 잉여를 보여주는데, 왜냐하면 '조용히 살아왔네'가 '살았었고'를 포함하고, '살았었고'가 '부분적으로 살았었네'를 포함하기 때문이다. '산다'는 것이 두세 번 등장할 때, 우리는 우선 그 잉여성을 파악하지만, 또한 즉시 그 단어가 가지는 풍부한 내포들 중 어떤 것을 문제의 문맥으로 가져와야 할지에 대해 고민한다. 잉여의 또 다른 유형은 '들리지 않는(inaudible) 소리 없는(noiseless) 시간의 발'이란 구절처럼 동의어들의 한 쌍으로 구성되는데, 엠프슨[**]은 『끝이 좋으면 다 좋아』(*All's Well That Ends Well*)에서 등장하는 이 구절을 잉여의 한 예로 든다. 독자는 이 구절의 명백한 반복을 피하기 위해서, 일반적으로 각 단어가 단독으로 있을 때보다 훨씬 더 깊이 각 단어의 미묘한 내포(이것이 각 단어의 미묘한 차이를 만든다)에 주목한다.

동어반복의 한 예로 위에 등장한 엘리엇의 시구는 '당신과 함께 산다면, 나는 살게 될 텐데'를 의미하는 에밀리 디킨슨(Emily Dickinson)의 다음 시구에 필적될 수 있을 것이다.

> 나는 당신과 함께 살 수는 없군요.
>
> 그렇게 하는 게 인생일 텐데.[***]

엠프슨[****]도 조지 허버트(George Herbert)의 「고뇌」(Affliction)에 등장하는 시구 "당

---

[*]   *Murder in the Cathedral* by T. S. Eliot. Copyright, 1935, by Harcourt, Brace and Company, Inc., and reprinted with their permission.

[**]   *Op, cit.*, pp. 108-111.

[***] "I Cannot Live With You," *The Poems of Emily Dickinson*, ed. by Thomas H. Johnson, Reprinted with the permission of the Belknap Press of the Harvard University Press.

[****] *op, cit.*, p. 207. 엠프슨은 이를 '동어반복에 의한 애매성'이라 부른다. 애매성의 7개 유형에 관한 논

신을 사랑하지 않게 해주오. 만일 내가 당신을 사랑하지 않는다면"이 가지는 풍부한
의미를 자세하게 보여준 바 있다. 이를 다음과 비교해보라.

> 이 녀석, 농담거리, 불쌍한 그릇 조각,
> 땜질 조각, 나무 조각, 그리고 불멸의 다이아몬드는
> 불멸의 다이아몬드이다.
>
> — 홉킨스(Hopkins), 「자연은 헤라클레이토스의 불이며 부활의 위안」
> (That Nature is a Heraclitean Fire and of the Comfort of the Resurrection)*

차가운 형식 논리를 시에 적용한다는 것이 이상하게 보일지도 모른다. 그러나
시적 진술은 다른 모든 진술과 마찬가지로 논리적 형식을 가지고 있으며, 나는 시적
힘이 의존하고 있는 것이 바로 시적 진술의 독특한 논리 형식이라고 주장하는 것이
다. 여기에서 내가 인용한 시구들의 완전한 의미를 자세하게 다룰 여유는 없다. 예를
들어 '불멸의 다이아몬드'와 그것이 함축하는 영혼 개념이 처음에는 소박한 사물들
사이에서 주어로서 등장했다가, 이후에는 그 자체가 서술어로서 전면에 나타나는 방
식을 통해서 일종의 부활의 의미를 지니게 된다는 것 말이다. 이런 방식은 풍부하며
흔치 않다. 그러나 현재 우리는 오직 기초적인 논점에만 관심이 있는데, 그것은 바로
위 구절이 동어반복이며 이 동어반복성이 그 구절의 고차원적 의미를 읽어내도록 우
리를 이끈다는 사실이다.

은유적 귀속

자기-모순적 귀속(Self-contradictory attribution)이란 한정사가 주어에 의해 지시되는
특성들과 양립 불가능한 어떤 특성을 지시하는 귀속을 말한다. 예를 들어, '네 발 달
린 두 발 동물', '원은 정사각형이다' 등이 있다. 뻔한 자기-모순은 바로 저런 것들이

의는 그의 책의 7장 참조.

* Reprinted from *Poems of Gerard Manley Hopkins*, 3d ed., N. Y. and London: Oxford University
Press, 1948, by permission of the Oxford University Press.

제3장 문학작품

지만, 대상에 의미 있게 귀속될 수 있는 어떤 특성을 한정사가 내포하는 경우, 독자들은 글쓴이 자신이 자기 부정을 하고 있음을 알아차리게 되며 어떤 의미 있는 무언가를 구상하지 않는 한 그러한 자기-모순을 발화하지 않을 것이라는 원칙에 의거해, 그러한 명백한 자기-모순을 뛰어넘어 그것을 간접적으로 해석하려고 한다. 이때 그 표현은 의미 있는 자기-모순(significant self-contradiction)이 된다.

가장 단순한 형태의 의미 있는 자기-모순은 모순어법(oxymoron)으로, '무례하게 친절한'(nasty-nice), "살아있는 죽음"(밀턴의 「투기사 삼손」), "불친절한 친절"(던의 「노래」), "나의 이 발은 천천히 빨리 가네"(러브레이스의 「달팽이」) 등이 그 예이다. 다음과 같이 보다 규모 있는 형태의 예들도 찾기 쉽다.

> 당신이 모르는 것이 당신이 아는 유일한 것이며
> 당신이 소유한 것이 당신이 소유하지 않는 것이고
> 당신이 있는 곳이 당신이 있지 않은 곳이다.
>
> – 엘리엇, 「이스트 코커」(East Coker)*

혹은 런던 대중을 다음과 같이 기술한 워즈워스의 글에서도 찾아볼 수 있다.

> 아무런 법칙도, 의미도, 목표도 없이
> 차이에 의해 하나의 정체성으로
> 녹아들고 축소되었네
>
> – 워즈워스, 「전주곡」(*The Prelude*, Book VII, II. 726-728)

여기에다 마리안 무어(Marianne Moore)의 「시가」(Poetry)에 등장하는 "실제의 두꺼비가 살고 있는 상상의 정원들"을 포함할 수 있을 것이다.

그러나 이보다 더 간접적인 유형의 자기-모순('남성인 여성'이 직접적 모순인 데 비해 '여성인 삼촌'이 간접적이라고 이해할 수 있다면)이 존재한다. 남자를 '여우'라 부르는 것은 간접적 자기-모순인데, 왜냐하면 남성은 정의상 두 발 동물인 반면 여우는 네 발 동물

---

*   *Four Quartets*, New York: Harcourt, Brace & World, 1943. With permission.

이고, 이 둘이 논리적으로 동시에 가능하지 않기 때문이다. 길거리를 '형이상학적'이라고 부르는 것도 간접적 자기-모순인데, 왜냐하면 길거리는 정의상 물리적이지 형이상학적이지 않기 때문이다. 그리고 이것들이 은유의 두 예이다. '그 남자는 여우이다'는 그 남자가 '여우'에 의해 내포되는 특성을 지닌다고 말한다. '형이상학적 길거리'는 '형이상학적'에 의해 내포되는 특성을 길거리에 귀속한다. '형이상학적'에 의해 내포되는 특성이 무엇인지 결정하는 것보다 '여우'에 의해 내포되는 특성이 무엇인지 결정하는 것이 쉽다. 물론 뉴 헤이븐(New Haven)에서 형이상학은 성행하고, '일상적인 저녁'에도 그렇겠지만, 길거리에서보다는 린슬리 홀(Linsly Hall)에서 성행한다고 볼 수 있다. 만일 '형이상학적 길거리'에 어떤 의미가 있다면, '형이상학'의 어떤 내포들이 길거리에 적용될 수 있기 때문일 것이다. 예를 들어, 그 길거리는 프루프록(Prufrock)의 길거리와 비교해봤을 때 마치 형이상학적 논증처럼 방황하고 있거나, 혹은 버클리(Berkeley)가 생각했던 물리 세계처럼 마음 밖에서는 아무런 존재를 가지지 못할 수도 있다. 어찌 되었든, 나는 어떤 귀속이 간접적으로 자기-모순적일 때마다, 그리고 대상에 귀속 가능한 내포를 한정사가 가지고 있을 때마다, 그러한 귀속은 은유적 귀속(metaphorical attribution)이거나 혹은 은유라고 제안한다.

그러나 이러한 일반화를 내가 참이라고 생각하기는 하지만 양방향적인 것은 아니어서, 아직 은유에 대한 완전한 이론을 제공하지는 못한다. 즉, 로렌스(D. H. Lawrence)의 다음 시구에서, 의미의 퍼뜨림에 대해 이야기하는 것이 자기-모순적이라고 말하는 것은 지나치다.

> 마치 체 안에 담아 체를 치는 것처럼
> 달을 조각조각 체 쳐서 그 의미를 퍼뜨리는 사람
>
> — 로렌스, 「바다」(The Sea)*

그렇지만 이 시의 표현이 보여주는 묘한 성격은 그 표현이 축어적이지 않고 은유적이라는 사실을 보여준다. 또 다른 예를 들어보자면 연극하는 사람들 사이에서는

---

* "The Sea," *Collected Poems of D. H. Lawrence*, copyright 1929 by Jonathan Cape & Harrison Smith, Inc. Reprinted with the permission of Jonathan Cape, Ltd., The Viking Press Inc., and the Estate of the late Mrs. Frieda Lawrence.

제3장 문학작품

'브로드웨이(Broadway) 밖에는 모든 것이 브리지포트(Bridgeport)이다'라는 말이 있는데, 이는 내 고향의 이름이 가지는 내포를 촌 동네 일반에 적용하는 것이다. 비록 이 문장은 자기-모순적이지는 않고 단순히 불합리(absurd)할 뿐이지만, 우리는 이 문장을 어떻게 파악해야 하는지 알고 있다. 다시 말해, 이 문장은 너무나 명백하게 거짓이며 또한 화자도 거짓임을 알고 있기에(왜냐하면 만일 화자가 '브리지포트'가 무엇을 지칭하는지 안다면, 그는 브리지포트가 경계 있는 도시임을, 즉 모든 것이 아님을 알기 때문이다), 우리는 이 문장이 단순한 축어적 진술이 아님을 안다.

이 문제를 해결하는 한 가지 방법은 다음과 같다. 대부분의 단어는 자신의 표준적인 의미 이외에도 가정(presupposition)이란 것을 가진다. 가정이란 그것이 있을 때 어떤 단어가 정확하게 적용되었다고 간주되는 조건이다. 예를 들어, '바바라'(Barbara)는 성(性)을 지시하지 않는다. 사실 그것은 고유명사로서 아무것도 지시하지 않는다. 그러나 '바바라'라는 단어는 여성임을 가정하며, 우리가 '바바라'는 여성의 이름이라고 말할 때 의미하는 바가 바로 이것이다. '브리지포트'는 도시의 이름이다. '대출'이라는 단어는 돈에 적용되는 것이 정확하며, 이것이 '대출'이라는 단어의 규칙 중 하나이다. 그러므로 '펼쳐지다'는 펼쳐지는 것이 물리적 대상임을 요구하며, 우리는 물리적임이 그 단어가 가지는 가정이라고(비록 정의는 아닐지라도) 말할 수 있을 것이다. 그러므로 '펼쳐지다'가 비물리적인 것에 적용될 때 그 단어는 잘못 적용되는 것이고 은유를 만들어낼 수 있다.

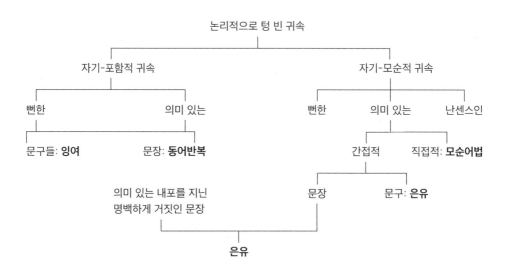

이제 우리는 반박 이론을 다음과 같이 재기술할 수 있을 것이다. 은유는 간접적으로 자기-모순적이거나 혹은 문맥상 명백하게 거짓인 성격을 지니는 의미 있는 귀속이며, 이때 한정사는 주어에 참이거나 거짓일 수 있는 특성을 내포한다. 지금까지 우리가 지어왔던 구분들을 앞과 같은 표로 만들어보는 것이 도움이 될 것이다.

주어에 적용될 수 있는 한정사의 내포들을 파악하는 것이 어려울수록, 은유는 더 모호해진다. 그러나 이는 확실히 독자의 능력에 달려있다. 한정사가 내포를 가지는 한, 아무리 모호하다 하더라도 거기에는 은유가 존재한다. 그러나 만일 내포가 없다면, 은유가 아니라 특정한 종류의 난센스(nonsense)가 존재하게 된다. 난센스 귀속의 뚜렷한 예를 찾는 것은 쉽지 않다. 우리가 영어의 모든 형용사를 하나의 모자 안에, 그리고 모든 명사를 다른 모자 안에 넣은 다음 무작위로 단어들을 뽑는다 하더라도, 여전히 그 괴이한 조합이 어떤 가능한 의미를 발생시킨다는 것을 알게 될 것이다. 그리고 이것이 살아있는 언어의 중요한 한 특성이며 이 특성에 대해서는 조만간 곧 논의하게 될 것이다. 게다가 우리는 어떤 주어진 귀속이 난센스라는 것을 확실성을 가지고 알 수 없는데, 왜냐하면 어떤 이는 그 귀속이 작동할 수 있는 시구를 창조해냄으로써 우리가 간과했던 어떤 의미를 그 귀속에서 찾아낼 수도 있기 때문이다.

예를 들어, 한 번은 내가 난센스의 한 예로 '접합된(laminated) 정부'라는 표현을 수업시간에 만들어낸 적이 있었다. 이후 한 학생이 내게로 와서 정부에 관련한 어떤 책 속에서 내가 만들어낸 표현과 유사한 의미를 지니는 표현을 찾아 보여주었다.[*] '분사구문적 두 발 동물' 및 '내림가(A flat)장조의 남자'와 같은 표현들이 아마도 해설되기 힘든 표현일 것이며, "혈연관계는 나태함을 마신다"[**]와 같은 오래된 철학적 표현도 그럴 것이다.

반박 이론은 은유의 가장 중요하면서도 알쏭달쏭한 특성을 설명하는데, 그 특성이란 바로 새로운 문맥적 의미를 창조하는 능력이다. 종종 우리에게는 어떤 아이디어가 떠오르며 이에 그것을 뜻하기 위한 은유를 찾아 나선다. 비록 우리가 은유를 찾

---

[*]   "한 덩어리로 된 국가의 모습에 대조되는 미국의 정치, 경제, 사회 조직의 힘은 접합적인 구조에서 나온다. … 이 다원주의적 충성의 접합적 사회 안에서, 국가의 구성 조직이 구성원들에게 요구하는 것이 그 구성원들이 다른 조직에 대해 가지는 의무와 합리적으로 타협될 수 있는 한, 국가의 힘, 통일성 및 진실성은 보존될 수 있다." George A. Graham, *Morality in American Politics*, New York: Random House, 1952, p. 302.

[**]   Bertrand Russell, *An Inquiry Into Meaning and Truth*, New York: Norton, 1940, p. 209.

기 전까지는 무엇을 뜻하려고 한 것인지 완전히 알지 못하더라도 말이다. 그러나 종종 우리는 어떤 은유를 창조하고 발견하며, 그 은유가 우리에게 새로운 아이디어를 제공한다. 이렇게 되는 이유는 단어의 내포들이 사전에 결코 완전하게 알려질 수 없기 때문이고, 종종 한 단어가 은유적 귀속 안에서 한정사로서 어떻게 작동하는지 보고 나서야 그 단어의 새로운 내포를 발견하게 되기 때문이다. 은유는 내포를 창조하지 않지만, 내포에 생명을 불어넣는다. 예를 들어 커밍스(E. E. Cummings)가 사용한 은유인 '고무 질문들'(rubber questions)에서 한정사를 가져다가 다음과 같은 다양한 명사들과 결합한다고 생각해보자.

> 고무 육각형 뿌리
> 고무 선율
> 고무 행복
> 고무 정원
> 고무 절벽
> 고무 희망

이들 중 몇몇 조합은 확실히 난센스이며 다른 조합들은 기이한 새로운 의미를 발생시키는데, 왜냐하면 이 조합들의 주어는 지금까지 한정사가 가지고 있었지만 주목받지 못했던 내포들을 주어가 끄집어내어 우리가 주목하도록 하기 때문이다.

이러한 방식으로 은유는 단어들의 축어적인 조합이 의미할 수 없는 어떤 것을 의미할 수 있다. 은유는 수반 이론이 주장하는 것처럼 우리 언어의 재료를 확장한다. 그러나 은유가 분석 가능하다고 본 점에서 축어주의적 이론은 옳다.

일치와 풍부함

단순한 귀속과 실제 시의 복합적인 질감 사이에는 상당한 거리가 있음을 인정해야만 한다. 그러므로 이 글에서 논의되고 있는 반박 이론은 오직 뼈대일 뿐이다. 그러나 우리는 이 절에서 시작된 문제, 즉 해설의 논리가 존재하는가라는 문제를 해결하는 데 호소할 수 있는 무언가를 가지고 있다. 왜냐하면, 은유는 축소된 시이며, 은유의 해설은 다른 모든 해설에 대한 하나의 모델이 될 수 있기 때문이다. 은유를 파악한다는 것은 한정사가 가지는 내포들 중 어느 것이 주어에 부합하는지(fit) 결정하는 문제이고, 은유는 주어에 부합하는 내포들을 모두 의미할 수 있다. 이후 보다 넓은 문맥에 의해서 주어에 부합하지 않는다고 판명되고 제거되는 내포가 발생하지만 말이다. 루스(G. H. Luce)의 "오 태양의 연약한 강철 조직이여"에 대해 생각해보자. 이는 『실제적 비평』(Practical Criticism)에서 리처즈(I. A. Richards)적 규약에 대한 글을 썼던 저자들을 괴롭혔던 구절이다. 위 시구는 다중 은유를 보여주며, 그 총체적인 의미는 구성 단어의 충돌과 맞물림의 결과로 나타난다. 우리는 도대체 어떤 의미에서 태양이 조직들을 가지게 되는지, 그리고 어떻게 강철 조직이 될 수 있는지, 그리고 어떻게 강철이 연약할 수 있는지 생각해보게 된다. 혹은 단어 순서대로 말해본다면, '연약한'이란 단어는 우리로 하여금 가능한 다양한 방식들로 반응하도록 준비시키며, '조직'은 다양한 방식들 중 어떤 것들을 거부하고 제한한다. 그리고 '태양'이라는 단어에서 은유가 완성될 때, 애초에 가능했던 의미들 중 오직 몇 가지만 살아남으며, 그중 몇몇도 보다 넓은 문맥에 의해서 제거된다.

은유를 해설함에 있어 우리는 두 원칙을 사용했는데, 이제 동일 원칙이 시 전체에도 사용될 수 있을 것이다. 먼저, 일치의 원칙(Principle of Congruence)이다. '접합된'(laminated)은 부분들의 분리를 내포할 수 있지만, '접합된 변조'(modulation)는 그럴 수 없다. 왜냐하면 변조는 분리된 부분을 가질 수 없기 때문이다. 나는 이것이 '부합한다'가 의미하는 바가 되어야 한다고 생각한다. 시 속 단어의 허용 가능한 내포를 타진하는 데 있어 우리는 논리적이고 물리적인 가능성의 안내를 받는다. 그러나 두 번째로 풍부함의 원칙(Principle of Plenitude)도 있다. 이 원칙은 부합한다고 판명될 수 있는 모든 내포들이 시에 귀속되어야 한다고 말한다. 다시 말해 시는 그것이 의미할 수 있는 모든 것을 의미한다.

이 두 가지 해설의 원칙이 바로 우리가 찾던 해설의 방식 혹은 논리를 구성한다. 그러나 여전히 두 개의 근본적인 질문이 남아있다.

첫째, 이 방식은 확정적인가? 이 방식이 다수의 경우에서 비평가들 사이의 동의를 이끌어낼 수 있다는 점은 의심할 수 없다. 그리고 시가 매우 복합적일 때, 그리고 상이한 독자들이 상이한 관점을 통해 작품에 접근해 각자가 다른 이들이 놓쳤던 의미를 찾아낼 때, 그들의 해설은 서로를 보완하고 확장하면서 수렴한다. 예를 들어 키츠의 「그리스 도자기에 부치는 노래」(Ode on a Grecian Urn)에 관한 다양한 독해들을 생각해보라. 이 시에 관해 제안된 하나의 해설은 시 속 단어들이 가지는 방대한 양의 데이터(잠재된 내포들을 포함해)를 설명할 수 있는 능력이 있는가라는 질문을 통해 검증 가능한 하나의 가설로 간주될 수 있다. 그리고 대안 가설이 제시될 수 있는 대부분의 시들에서 하나의 가설이 다른 것보다 더 우월한 것으로 판명될 것이다.

그럼에도 불구하고, 시와 같은 복합적인 담화는 근본적으로 애매하다는 사실이 이론적으로 가능할 수 있다. '그는 집을 렌트한다'라는 문장에 대해, 두 개의 양립 불가능한 해설이 제시될 수 있고, 맥락이 부재한 상태에서는 그중 무엇을 선택해야 하는지 알 수 있는 방법이 없다. 다소 과장된 유비이기는 하지만 우리에게 6개의 이상하게 생긴 카드보드 조각이 있고 그것을 서로 끼워 맞춰서 단순한 대칭적 도형을 만들어야 한다고 가정해보자. A는 그것들을 삼각형으로, B는 그것들을 마름모로 맞추었다고 해보자. 이 둘은 모두 문제를 풀었다. 즉 이 문제는 두 개의 답을 가진다. 둘 중에 틀린 사람은 아무도 없다. 이 둘이 아닌 다른 답은 틀릴 수 있다 하더라도 말이다. '그는 집을 렌트한다'에서 발견할 수 있는 유형의 애매함은 복합적이고 통제된 발화에서는 일어나기 힘들다. 그레이의 「비가」에 등장하는 "And all the air a solemn stillness holds"는 통사적으로 애매한데, 왜냐하면 'air'가 'holds'의 주어가 될 수도 있고 목적어가 될 수도 있기 때문이다. 그러나 우리는 선택을 할 필요가 없다. 즉 여기서의 애매함은 공기(air)와 엄숙한 고요함(solemn stillness) 사이의 구분이 힘들다는 점을 말해준다. 그러므로 이 문장은 전체로서의 시를 애매하게 만드는 것이 아니다. 반면 '그는 집을 렌트한다'의 경우 우리는 선택을 해야만 한다. 왜냐하면 그가 동일한 집에 대해 렌트비를 지불하면서 동시에 렌트비를 받을 수는 없기 때문이다.

엄밀한 의미에서 전체로서의 시가 애매한 경우에는, 제한된 수의 동등하게 정확한 해설이 존재할지언정, 단 하나의 정확한 해설은 존재하지 않는다.

해설의 과정을 바라보는 또 다른 방식이 존재한다. 시를 읽는다는 것은, 즉 단어의 소리를 내고(반드시 밖으로 들리게 낼 필요는 없다) 그것을 이해한다는 것은 시를 수행한다는 것, 즉 내가 고안한 전문 용어에 따르면 하나의 제작(production)을 만들어낸다는 것이다. 하나의 독해는 통상적으로 인쇄된 자국들에서 시작하고, 이것은 바이올리니스트가 악보를 읽는 것에 유비될 수 있다. 우리가 음악에서의 미적 대상을 특정한 제작으로 간주하지 않는다면 모순이 발생할 수 있음을 제1장 4절에서 논의한 바 있다. 그러나 우리가 시의 해설-진술을 그 시의 특정 독해에 대한 기술이라고 간주한다면, 우리는 다시 상대주의로 되돌아가게 되는데, 왜냐하면 각각의 해설자들은 자신이 만든 고유한 제작에 대해 이야기하는 것이 되기 때문이다. 그러나 만일 해설-진술이 특정 독해에 대한 기술이 아니라면, 해설-진술은 과연 무엇이라고 할 수 있을까?

나는 해설-진술이란 어떻게 시가 제작되어야 하는지, 다시 말해, 어떻게 시가 공연되어야(performed) 하는지에 대한 진술이라고 생각한다. 해설자는 음악 선생님이나 코치와 비슷하다. 단어가 가지는 가능한 이차적 의미들의 목록은 그 단어로부터 무엇이 제작될 수 있는가를 보여준다. 일치와 풍부의 원칙하에서, 해설은 정확한 공연을 구성하는 게 무엇인지 보여준다. 그러나 음악의 경우 우리는 단일한 정확한 공연이 있다는 사실을 의심했었다. 그렇다면 왜 시에 대해서는 단일한 정확한 공연이 있다고 보아야 하는가?

우리가 이미 동의했듯이, 몇몇의 경우에서는 단일한 정확한 공연은 존재하지 않는다. 애매한 시가 바로 그러한 경우인데, 이때 두 개 이상의 동등한 정도로 일치적이고 풍부한 해설이 제시될 수 있다. 그러나 만일 해설이 이 두 원칙에 의해 제어된다면, 단어의 내포와 통사론적 관계를 가지고 끌어낼 수 있는 해설은 일반적으로 고정되어 있고 명확하다. 바이올리니스트가 악보 위의 자국들에 대해서 가지는 자유를 해설자는 가질 수 없다. 왜냐하면 해설자의 경우에는 그에게 주어진 종이 위의 자국들이 특별 유형의 행동을 나타내는 임의적 시그널(예를 들어 여기에서는 멈추고, 여기에서는 바이올린의 활이 방향을 바꾸어야 한다는 행동 등)이 아니라, 다수의 인간들의 사고와 경험 속에 깊이 내재된 살아있는 언어의 일부이기 때문이다.

여전히 우리의 최종 두 질문 중 마지막 질문이 남아있다. 일치와 풍부의 원칙을 해설의 일반적인 방법으로 받아들여야 하는 이유는 무엇인가? 물론 이에 대한 도구주의적인 정당화가 가능하고, 우리는 이를 제11장 28절에서 살펴볼 것이다. 일치와 풍부의 원칙을 받아들임으로써 우리는 시를 가능한 한 더 완전하고 정합적으로 읽게 된다. 비록 일치의 원칙은 일치가 되지 않는 것들을 제거할 뿐이어서, 그 원칙을 따라 독해한 시가 반드시 통일성을 갖추도록 보장해주지는 않지만 말이다. 만일 시의 가치가 그것의 정합성과 복합성에 부분적으로 의존한다면, 결국에는 일치와 풍부의 원칙을 받아들이는 것이 시적 가치를 최대화할 것이다. 이것은 그 두 원칙을 가치 이론에 의존하게 만들지만, 가치 자체가 상대적이지 않은 한 그 원칙들이 상대적인 것은 아니며, 그 두 원칙이 받아들여지는 순간, 가치에 대한 문제는 시의 해설 그 자체 안에서는 무시될 수 있다.

　도구주의적 정당화가 답이 될 수는 있겠지만, 나는 우리의 현 문제가 아직 완벽하게 적절한 해답이 내려지지 않은 보다 심층적인 문제라고 생각한다. 모든 경험적 탐구의 경우, 어떤 데이터를 설명할 수 있는 대안적 가설들 중에서 무언가를 선택해야 할 때 우리는 오컴의 면도날(Principle of Occam's Razor)이라는 일반 원칙의 안내를 받으며, 이 원칙은 우리로 하여금 가장 단순한 가설을 채택하도록 한다. 가장 단순한 가설은 가장 적은 것으로 가장 많은 것을 설명한다. 그것은 지적 경제성의 원칙이다. 그러나 비록 우리가 이 원칙을 사용한다 해도, 그리고 그 원칙을 '합리성'의 일부라고 생각한다 하더라도, 우리는 그 원칙의 사용을 어떻게 정당화해야 할지 모른다. 다수의 철학자들이 오늘날 이 문제를 당황스럽게 생각한다. 몇몇은 경험적 설명이라는 개념 자체가 적은 것을 통해 많은 것을 설명하는 것이라고 말할 것이다. 적어도 가설이 데이터보다 단순하지 않다면, 그것은 설명이라고 보기에 힘들지 않은가. 그러므로 무언가를 설명하는 좋은 이유는 또한 무언가를 최대한 단순히 설명하는 좋은 이유가 된다.

　일치와 풍부의 원칙이 시의 해설에서 맡는 역할은 과학 탐구에서 단순성의 원칙이 맡는 역할에 유비된다. 그리고 아마도 근본적으로는 그 둘은 모두 경제성의 원칙이라는 보다 넓은 원칙에 속한 특수 경우들일 것이다. 비평적 해설이라는 개념은 시에서 최대한의 의미를 추출하려는 시도처럼 보인다(이때 이 시도는 시에서 의미를 '추출하는 것'과 시에 의미를 '덧붙이는 것' 사이의 구분을 보존하려는 어떤 제어에 의해서만 통제될 뿐이다). 앞절에서 우리는 '문학'이 지극히 의미 있는 언어로서의 이차적 의미를 통해 정의될 수 있는 것 같다는 점을 이야기했고, 확실히 시는 그러한 의미의 다수성과 반향을 최고도로 보여주는 문학의 한 유형이다. 그러나 만약 이것이 사실이라면, 시를 이해하는 가장 적절한 접근은 시가 가지는 의미론적 풍부성에 온전히 개방되고 그것을 인식하는(아무리 그 의미가 미묘하고 난해하다 하더라도) 접근일 것이다.

NOTES AND QUERIES

9

9.1 의미(MEANING)

찰스 스티븐슨(Charles L. Stevenson)의 의미론은 다음에서 찾아볼 수 있다. Charles L. Stevenson, *Ethics and Language,* New Haven: Yale U., 1944, ch. 3. 그가 사용한 용어와 이 책에서 사용되는 용어의 차이점에 주목하라. 그가 사용하는 '정서적 의미'는 정서적 함의(emotive import)와 정서적 취지(emotive purport) 양자를 모두 포함한다. 그의 '기술적 의미'는 나의 '지시'(designation)와, 그의 '인지적 암시'(cognitive suggestion)는 나의 '내포'(connotation)와 같다.

단어 및 문장의 이해와 관련해서는 다음을 참조하라. Gustaf Stern, *Meaning and Change of Meaning*, Göteborg: Elanders Boktryckeri Aktiebolag, 1931, ch. 6, esp. pp. 155-157; C. H. Whiteley, "On Understanding," *Mind*, N. S., LVIII (1949): 339-351; Bertrand Russell, *The Analysis of Mind*, London: Allen and Unwin, 1921, ch. 10.

9.2 정서력, 그리고 그것이 인지력과 가지는 관계
(EMOTIVE FORCE AND ITS RELATION TO COGNITIVE FORCE)

(I) 독립 이론의 주목할 만한 주장과 논증은 다음 글에서 찾을 수 있다. Charles L. Stevenson, *loc. cit.* 이 글의 견해는 다음 두 글을 통해 보다 심층적으로 옹호되고 비판되었다. Charles, L. Stevenson, Max Black, and I. A. Richards, "A Symposium on Emotive Meaning," *Phil R*, LVII(1948): 111-157. 블랙(Black)의 글은 다음을 통해 재발행되었다. M. Black, *Language and Philosophy*, Ithaca, N. Y.: Cornell U.,

1949, pp. 203-220, 254-257. 리처즈(I. A. Richards)의 글은 다음을 통해 재발행되었다. I. A. Richards, *Speculative Instruments*, London: Routledge and Keagan Paul, 1955); C. L. Stevenson, "The Emotive Conception of Ethics and Its Cognitive Implication," and R. B. Brandt, "The Emotive Theory of Ethics," *Phil R,* LIX (1950): 291-318, 528-540.

독립 이론의 영향력 있는 초기 형태는 다음에서 찾아볼 수 있다. C. K. Ogden and I. A. Richards, *The Meaning of Meaning,* London: Routledge and Keagan Paul, 1923. 이 글은 '단어의 정서적 사용'을 구분하고, 그 아래에 시를 분류하지만(pp. 147-158; ch. 10), '단어의 상징적 사용'은 '진술'(statement)이라고 지나치게 좁게 정의한다(p. 149). 이와 비슷한 지나친 단순화가 다음 글에서 나타난다. I. A. Richards, *Science and Poetry,* 2nd ed., London: Routledge and Kegan Paul, 1935, reprinted in Mark Schorer, Josephin Miles and Gordon McKenzie, eds., *Criticism,* New York: Harcourt, Brace, 1948, pp. 505-523; Ray B. West, Jr., ed., *Essays in Modern Literary Criticism,* New York: Rinehart, 1952, pp. 167-174; Robert W. Stallman, ed., *Critiques and Essays in Criticism,* New York: Ronald, 1949, pp. 329-333. 시는 '진술'이 아니라 '유사-진술'이며, 유사-진술이란 "우리의 충동이나 태도 등을 조직하거나 혹은 해소하는 효과에 의해서 정당화된다"(p. 65). 이 논제는 여러 개의 다른 이슈와 섞여있기 때문에 다루기가 힘든데, 그러한 이슈들 중 일부는 제9장 22, 23절에서 다룰 것이다. 예를 들어 리처즈는 종종 유사-진술(감탄문과 같은)은 전혀 진술이 아니라고 말하는 것 같으면서도, 종종 그것들이 참 혹은 거짓이 될 수 있지만 그것들의 "과학적 참 혹은 거짓은 당장의 목적에 무관하다"고 말한다. 종종 그는 시에 대해 말하는 것이 아니라 '시인의 일'에 대해 말하는데, 이를 통해 그가 의미하는 바는 시인이 마땅히 해야 하는 일이다. 그럼에도 불구하고 리처즈의 글은 관련 문제를 논의하는 데 필수불가결한 고전이다. 리처즈의 후기 견해들은 다음에서 찾아볼 수 있다. "A Symposium on Emotive Meaning"; "Emotive Language Still," *Yale Review,* XXXIX (Autumn 1949): 108-118.

다음 글도 참조하라. Gustaf Stern, *op. cit.,* pp. 54-60. 이 글에서 '의미의 정서적 요소'는 거의 정서적 취지를 뜻한다. S. I. Hayakawa, *Language in Thought and Action,* New York: Harcourt, Brace, 1949, ch. 8; Irving Lee, *Language Habits in*

Human Affairs, New York, London: Harper, 1941, ch. 8, pp. 132-133.

(II) 독립 이론에 대한 비판으로 다음을 참조하라. W. K. Wimsatt, Jr., and Monroe C. Beardsley, "The Affective Fallacy," *Sewanee Review,* LVII (1949): 458-488, sec. 1, reprinted in W. K. Wimsatt, Jr., *The Verbal Icon,* Lexington, Ky.: U. of Kentucky, 1954, pp. 21-39; William Empson, *The Structure of Complex Words*, New York: New Directions, 1951, ch. 1, and pp. 56-64; Mornoe C. Beardsley, *Thinking Straight,* 2nd ed., rev., Englewood Cliffs, N. J.: Prentice-Hall, 1956, secs. 27, 30; "A Symposium on Emotive Meaning"

(III) 종종 '회화적 의미'라고 불리는, 언어의 세 번째 측면은 다음에서 분석되었다. Virgil Aldrich, "Pictorial Meaning and Picture Thinking," *Kenyon Review,* V (1943): 403-412, reprinted in H. Feigl and W. Sellars, *Readings in Philosophical Analysis,* New York: Appleton Century-Crofts, 1949, pp. 175-181. 발화하는 이의 마음속에 어떤 이미지를 환기시키는 것은 언어적 표현이 보이는 경향이다. 나는 이 경향이 함의(import)의 세 번째 유형 혹은 '회화적 함의'(pictorial import)라고 불릴 수 있을 만큼 규칙적이며 항상적인지 묻고 싶다. 문제의 환기 효과는 그것이 발생할 경우 확실히 의미에 의존하고 있으며, 그러므로 '회화적 의미'라는 용어는 오도적이다.

9.3 복수적 의미(MULTIPLE MEANING)

(I) 기본적 문장-의미와 이차적 문장-의미의 구분(혹은 평서문, 진술, 암시의 구분)에 대해서는 다음을 참조하라. Monroe C. Beardsley, *op, cit.,* sec. 28. 이 글에서 비어즐리(Beardsley)는 다양한 유형의 제안들을 구분한다. Otto Jesperson, *The Philosophy of Grammar,* New York: Holt, 1924, p. 309. 여기에서는 "암시는 억제를 통한 인상이다"라는 흥미로운 정의가 등장한다. 암시는 종종 개념적 포함(entailment)과 대비되어 '함축'(implication)이라 불린다. 다음을 참조하라. C. F. Strawson, *Introduction to Logical Theory,* New York: Wiley, 1952, p. 48.

기본적 단어-의미와 이차적 단어-의미(지시와 내포)의 구분에 대해서는 다음을 참조하라. Monroe, C. Beardsley, *op. cit.*, sec. 25; John Sparrow, *Sense and Poetry,* London: Constable, 1934, ch. 1(이 글에서 나타나는 '의미'와 '연상'의 구분은 나의 '지시'와 '내포' 구분과 일치한다); William Empson, *op. cit.,* pp. 15-38; Lascelles Abercrombie, *The*

Theory of Poetry, London: Secker, 1924, ch. 4; Richard D. Altick, *Preface to Critical Reading,* rev. ed., New York: Holt, 1951, ch. 1; T. M. Greene, *The Arts and the Art of Criticism,* Princeton, N. J.: Princeton U., 1947, ch. 6. 우리는 단어가 다른 단어를 교차 지시하는 경우를 내포 아래에 포함시켜야 한다. 다음을 참조하라. I. A. Richards, *Philosophy of Rhetoric,* New York: Oxford U., 1936, ch. 3.

이차적 의미는 종종 '화용론적 의미' 혹은 '심리적 의미'라 불리기도 한다. 그러나 한 단어의 함의는 그 단어의 지시와 마찬가지로 '화용론적'(행위를 산출하는 것과 관련 있다는 의미에서)이지 않으며, 혹은 '심리적'이지 않다(믿음과 관련 없다는 의미에서). 내포와 지시는 종종 규칙의 여부에 의해서 구분되기도 한다. 지시에는 '규칙'이 있지만 '내포'에는 없다는 식으로 말이다. 그러나 이 구분 역시도 아리송하며, '규칙'은 아마도 오직 사전적 정의만을 지목할 수 있을 것이다(사전적 정의 이외에 일반적으로 사용되는 규칙이 또 무엇이 있는가?) 만약 그렇다면, 문제의 구분은 오도적이다. 왜냐하면 한 단어가 여러 특정 맥락에서 가질 수 있는 모든 의미를 사전이 말해줄 수 있다고 생각하는 사람은 아무도 없기 때문이며, 그러므로 의미는 사전에 보고된 것으로 환원될 수 없다. 다음 글에서 제안된 것처럼 이차적 의미 대신에 '비스듬함'(obliqueness)이라는 용어가 사용될 수도 있을 것이다. E. M. W. Tillyard, *Poetry Direct and Oblique,* rev. ed., London: Chatto and Windus, 1948. 이 글에서 저자는 모든 시가 정도의 차이가 있을 뿐 어느 정도 비스듬하다고 말한다. 그러나 이 글이 '진술'이라는 단어를 사용하는 방식은 너무 이상하며 비평적 목적을 위해서 적합하지 않다.

단어의 기본적 의미와 이차적 의미 사이의 구분은 다음과 같이 일반적으로 인정되는 견해, 즉 대부분의 용어(예를 들어 '말')를 적용함에 있어서 필요조건이 되는 특성(예를 들어 말은 물리적이어야 하고, 특정한 모양을 지녀야 한다 등)이 존재하며 그러한 특성은 용어의 정의적 특성(즉 지시)이라는 견해에 근거한다. 다음 글은 이 견해를 효과적으로 비판한다. Michael Scriven, "Definitions, Explanations, and Theories," in Herbert Feigl and Scriven, eds., *The Logic of Scientific Concepts and the Mind-Body Problem,* Vol. II, Minnesota Studies in the Philosophy of Science, Minneapolis: U. of Minnesota, 1958. 이 글에서 저자는 대부분의 일반 용어는 필요조건을 가지지 않으며, 오직 충분조건의 집합들을 가진다고 주장한다. 만약 이 저자가 옳다면, 의미의 중심성 혹은 주변성에는 적어도 정도의 차이가 존재한다. 그리고 그러한 정도의 차이는 아마도 이 책에서 기본적 의미와 이차적 의미 사이를 구분하려는 목적과 일맥 상통할 것이다. 내가 생각하기에 어떤 단어와 연관된 주요 특성이 문맥에 의해서 배제되지 않는 한 우리는 전혀 은유를 얻을 수 없다.

엠프슨은 자신이 '단어 속의 진술'이라 명한 것에 대한 독창적이며 가치 있는 분석을 통해 이차적 의미의 중요한 한 유형을 보여준다. *op. cit.*, ch. 2. 단어 속 숨겨진 진술은 단어의 두 의미가 모두 한 단어 안에 존재하기에 서로에게 속하는 경우 발생한다. 만일 '디자인'이라는 단어가 '질서를 지닌 것'이라는 뜻과 '계획된 것'이라는 뜻을 모두 의미한다면, 그 단어를 특정 맥락에서 사용할 경우 질서를 지닌 것은 계획되었던 것임을 암시적으로 진술하게 된다. 엠프슨이 들었던 수많은 예들은 이보다는 훨씬 섬세하다. 그의 발견이 어떻게 이 장의 원칙들과 동화될 수 있을지는 완전히 명확하지 않지만, 하나의 연결점은 확실하다. 암시적 진술은 오직 단어의 지시에서 강한 겹침이 존재하는 경우에만 가능하다. 그리고 두 개의 의미 중 하나가 내포인 경우, 그것이 내포라는 사실은 그러한 내포된 특성을 가지는 관련 대상이 상당히 많이 존재함을 전제한다. 그러므로 단순히 단어를 사용해서 진술〔적어도 엠프슨이 '등식'(equation)이라 부르는 진술〕을 만드는 것은 단어의 지시들(혹은 내포의 기저에 존재하는 지시)을 연결하는 경험적 일반화에 우리의 주의를 집중시킨다.

(II) '내포'를 정의하는 데 발생하는 주요 문제점들은 다음 두 가지이다. ① 공적인 내포를 사적이고 개인적인 연상(즉 거미에 대한 두려움이나 고양이 털에 대한 알러지 반응과 같이 개인적 경험에서 비롯한 사적 연상)과 구분하는 것, ② 내포를 지시와 구분하는 것, 즉 단어에 의해 내포된 한 특성이 언제 다양한 문맥에서 그 단어의 표준적 의미로 간주되는가를 결정하는 문제. 이 중 어떤 것도 완벽하게 정확한 방식으로 구분될 수 없지만, 후속 연구들이 더 명확한 구분을 가능하게 할 수 있을 것이다. 불행하게도 이러한 난점들이 용어상의 변화와 혼란으로 인해 가중된다. 내가 '지시'라고 부르는 것은 보통 문예비평이나 문학 수업에서는 '외연'(denotation)이라 불리는데, 이 용어는 단어와 그것이 가리키는 것 사이의 관계를 위해 필요하다. 나는 비평가들의 방식에 부합하는 방식으로 '내포'라는 용어를 정의했는데, 논리학자가 이 용어를 사용하는 방식은 나의 '지시' 정의와 일치한다. 단어의 내포는 대상의 특성으로서 단어의 정서적 효과와 혼동되어서는 안 된다. '정서적 내포'라는 일상적 표현이 어떤 중요한 차이점을 흐리게 한다.

개인적 연상과 내포를 구분하는 문제는 이디스 시트웰(Edith Sitwell)의 시 속 한 단어가 제기한 기묘한 논쟁을 통해 논의된 바 있다. 우선 존 스패로우(John Sparrow, *op. cit.*, p. 81)가 "에밀리로 채색된(Emily-colored) 손들"이라는 구절이 순수하게 사적이라는 이야기를 시작했고, 이후 필립 토인비(Philip Toynbee)는 제임스 조이스를 옹호하는 글을 통해 "에밀리로 채색된 손들"이 '명백한 속임수'라고 인정한다. 런던《옵저버》(*Observer*)에 실린 일련의 후속 논의들이 1951년 11월 12일자《타임》지에 요약되어 있다. 문제의 이 비유적 표현은 강하게 비난되기도, 또한 다른 한편으로는 그만큼 강하게 옹호되기도 했다. 시트웰 자신은 다음과 같이 말한다.

> 나는 '에밀리로 채색된 손들'이라는 말도 안 되는 구절을 쓰지 않았다. 나는 '에밀리로 채색된 앵초(primulas)'라고 썼으며, 이는『도버의 흰 절벽』(*White Cliffs of Dover*) 이후의 시들을 읽은 사람이라면 누구나 어린 시골 여자아이들의 분홍빛 볼을 떠올리게 되는 표현이다.

시트웰은 이 예를 비롯해 몇 가지 흥미로운 시트웰 스타일의 은유들을 보다 길게 논의하는데, 그중에는 '털북숭이 하늘', '털로 뒤덮인 빛' 등이 있다("Some Notes on My Own Poetry," *The Canticle of the Rose, Poems: 1917-49*, New York: Vanguard, 1949, pp. xii-xxxviii). 다음도 참조하라. Geoffrey Nokes and Kingsley Amis, *Essays in Criticism*, II (1952): 338-345.

(III) 모든 유형의 이차적 단어-의미 및 문장-의미를 포함하는 용어인 '애매성'은 다음의 글에서 처음 비평가의 언어로 등장했다. William Empson, *Seven Types of Ambiguity*, London: Chatto and Windus, 1930. 이 글에서 저자는 애매성을 "동일한 언어 조각에 대해 대안적 반응의 여지를 남겨두는(그것이 아무리 사소하다 할지라도) 모든 언어적 뉘앙스"(2nd ed., p. 1)라 정의한다. 이 뉘앙스들을 일곱 가지 카테고리로 분류하려는 그의 시도는 실패했지만(아무도 그 구분을 따라가거나 적용할 수 없었다), 시와 관련해 통사론적이며 동시에 의미론적인 복수적 의미들에 대해 그가 보여준 유용한 발견은 이후 큰 영향을 끼쳤다. 그가 관심을 가졌던 의미의 복수성을 의미의 불확실함과 구분하는 것이 중요한데, 나는 '애매성'이라는 단어를 후자를 뜻하기 위해 사용한다(Beardsley, *op. cit.*, secs. 17, 18). 그러나 다음의 글에서 추천된 '미적 애매성'

이라는 용어를 대신 사용할 수도 있다. Abraham Kaplan and Ernst Kris, "Aesthetic Ambiguity," *Phil and Phen Res*, VIII (March 1948): 415-435, reprinted in Ernst Kris, *Psychoanalytic Explorations in Art*, New York: International Universities, 1952. 이 글의 저자들은 '선언적 애매성'을 통해 일반적인 애매성을 가리키며, 반면 '연언적 애매성'과 '통합적 애매성'을 통해 명확하게 구분되지 않는 복수적 의미를 가리킨다. 이 글은 또한 시의 복수적 의미에 대한 여러 심리학적 문제들도 다룬다.

다음 글은 '애매성'이라는 용어로 여러 유형의 복수적 의미를 포괄하며, 애매성을 모호성이나 불분명함과 구분해 설명한다. W. B. Stanford, *Ambiguity in Greek Literature*, Oxford: Blackwell, 1939, Part I, esp. ch. 5.

다음 글은 복수적 의미를 나타내기 위해 새로운 용어("plurisignation")를 사용하자고 제안한다. Philip Wheelwright, *The Burning Fountain*, Bloomington, Ind.: Indiana I., 1954, p. 61.

9.4 시의 언어(THE LANGUAGE OF POETRY)

(I) 다음 글에서 등장하는 '시의 언어는 패러독스의 언어이다'라는 진술은 '시'의 의미론적 정의를 지지한다. Cleanth Brooks, "The Language of Paradox," in Allen Tate, ed., *The Language of Poetry*, Princeton, N. J.: Princeton U., 1942. 이 글은 다음에도 실려 있다. Schorer, Miles, and McKenzie, *op, cit.*, pp. 358-366; *The Well Wrought Urn*, New York: Reynal and Hitchcock, 1947(이 책에서 저자는 '시의 본질은 은유이다'라고 말하기도 한다. chs. 2, 11, p. 223 참조). 이를 다음과 비교하라. I. A. Richards, "The Interactions of Words," in Tate, *op. cit.*

다음 글도 참조하라. Dorothy Walsh, "The Poetic Use of Language," *J Phil*, XXXV (1938): 73-81. 여기에서 저자는 시가 '그것이 말하는 모든 것을 의미한다'고 주장한다. 다음도 참조하라. Richard von Mises, *Positivism*, Cambridge, Mass.: Harvard U., 1951, ch. 23.

다음 글의 저자는 '시적인 언어 사용의 본질적 사실'은 암시로 구성된다는 심오한 주장을 한다. Empson, *Seven Types of Ambiguity*, New York: Meridian, 1955, p. 30.

제3장 문학작품

운이나 보격, 그리고 비교 등과 같은 어떤 다른 장치가 부족한 이 시구들이야말로 오직 그 치밀함으로 인해 시로 간주될 수 있는 것들이다. 두 진술은 마치 서로 연결된 것처럼 존재하며, 독자는 그들의 관계를 스스로 파악하도록 강요된다. 이러한 사실들이 왜 어떤 시를 위해 선택되었어야 했는지는 독자 스스로 생각해내야 한다. 독자는 다양한 이유를 생각해낼 것이며 그의 마음속에서 그것을 정리할 것이다.

이를 본문 속의 프레게(Frege)가 한 말과 비교해보라. 독자의 '생각해냄'은 시의 명시적 담화 그 자체의 조건에 의해 통제되고 있음을 주목하라.

'시'(poem)와 '시가'(poetry)에 대한 콜리지(Coleridge)의 유명한 구분은 의도주의적이며 심리주의적이지만, 그의 '대립적인 혹은 불협화음적인 성질들의 균형과 화해'란 표현이 객관적인 용어로 번역된다면 시의 의미론적 정의에서 크게 벗어나지 않는다. Coleridge, *Biographia Literaria,* ch. 14, reprinted in Schorer, Miles, and McKenzie, *op. cit.*, pp. 249-253. 이에 대한 좋은 토론을 다음 글에서 찾을 수 있다. Meyer H. Abrams, *The Mirror and the Lamp,* New York: Oxford U., 1952, pp. 114-124. 이 책의 저자는 '시가'의 다양한 역사적 정의에 대한 흥미로운 논의를 담고 있다 (chs. 1, 4, 5, 6). 저자는 또한 『서정 가요집』(*Lyrical Ballads*)의 서문에서 '산문과 운문 언어의 본질적 차이'는 존재하지 않는다는 워즈워스의 아리송한 진술에 대해서도 논의한다.

다음 글은 시를 의미론적으로 정의하고 있는 듯하다. D. G. James, *Scepticism and Poetry,* London: Allen and Unwin, 1937, pp. 87-97. 여기에서 저자는 '아름다운 것은 행복이다 영원히'(a joy forever)는 시이지만, '아름다운 것은 항상적 행복이다'(a constant joy)는 시가 아니라고 말한다.

다음 글은 '시적 의미'를 '의미론적 의미'와 대조시키는데, 흥미롭게도 저자는 '의미론적 의미'로 과학적 언어를 뜻한다. Kenneth Burke, "Semantic and Poetic Meaning," *Southern Review,* IV (1939): 501-523. 그러나 '의미론적 이상'(*The Philosophy of Literary Form,* p. 141)에 대한 저자의 기술은 비판받을 소지가 있다.

다음 글도 참조하라. Ezra Pound, "Literature Is Language Charged with Meaning," *ABC of Reading,* London: Routledge and Kegan Paul, 1934, p. 14.

다음 글은 어떤 담화가 시가 되기 위한 최소한의 조건을 흥미롭게 다루고 있다.

Warren Beck, "The Boundaries of Poetry," *College English,* IV (1943): 342-350.

다음 글은 시가 되기 위한 필요충분조건의 단일한 집합은 실제 문예비평가들 사이에 존재하지 않는다는 것을 설득력 있게 주장하며, 저자는 시의 다양한 특성을 가늠하는 다이어그램을 통해 '시'의 의미 변동을 흥미롭게 보여준다. 그러나 시에 대한 새로운 정의를 받아들일 이유가 충분히 존재한다면 그러한 정의를 받아들여 실제 비평가들의 방식을 단일화하지 못할 이유는 없다. Charles L. Stevenson, "On 'What Is a Poem?'" *Phil R*, LXVI (1957): 329-362.

(II) A. E. Housman, *The Name and Nature of Poetry*, New York: Macmillan, 1933. 이 글에서 저자는 직유와 은유를 "시의 비본질적인 요소"(p. 11)라고 말하며, 시의 '독특한 기능'은 "저자가 느낀 바에 대응하는 동요를 독자에게 일으키는 것"(p. 8)이라고 말한다. 그러나 그가 '정서의 기운'을 보여주는 첫 번째 예로 제시한 시구는 은유적이다(p. 8). 그리고 '그 입술을 치우시오'가 '난센스'이지만 '매혹적인 시'라고 말할 때(p. 40), '난센스'는 정확한 언어가 아닌 과장이다. 동일한 논제를 지지하는 다음 글을 참조하라. John Hospers, *Meaning and Truth in the Arts,* Chapel Hill, N. C.: U. of North Carolina, 1946, pp. 117-138. 이 글은 비(非)비유적인 언어의 예로 (a) 워즈워스 시 「그녀는 미답의 길에 머물렀다」(She Dwelt among the Untrodden Ways)의 마지막 스탠자를(그러나 첫 번째와 마지막 스탠자가 시의 영역으로 고양된 것은 바로 중간 스탠자 덕분이다), 그리고 (b) 매튜 아놀드(Matthew Arnold)의 「도버 해안」(Dover Beach)을 든다(그러나 이 시는 "바다는 달빛 가득한 대지와 만난다"와 같은 의인화로 가득 차 있는데, 나는 이것이 은유적이라고 생각한다. 비록 오스카 윌리엄스(Oscar Williams)의 "대양은 해안가에 침을 흘린다"와 같은 정도로 명백히 은유적이지는 않더라도 말이다).

그럼에도 불구하고 비유적이지 않은 시가 있다는 사실을 지적한 점에서 위의 두 글은 옳다. 그러나 강조점이 잘못되었는데, 왜냐하면 비유적이지 않은 시는 상대적으로 흔하지 않기 때문이다. 다음과 같은 도식을 발전시켜보는 것이 의미 있을 수 있다. (A) 운율이 있는 담화이지만 이차적 의미를 지니지 않기 때문에 시가 아닌 것들. 「9월에는 30일이 있어」(Thirty Days Hath September), 삼단논법의 타당한 형태를 나열한 중세 시대의 글, 쾌락을 계산할 때 고려되는 요인들을 나열한 다음과 같은 벤담(Bentham)의 글(*An Introduction to the Principle to the Principles of Morals and Legislation*, New York: Hafner, 1948, p. 29n).

강렬하고, 길며, 확실하고, 신속하고, 유용하고, 순수한

이런 특성의 쾌와 고통은 지속된다.

(B1) 비유적이지 않지만 내포나 암시를 통해 중요한 이차적 의미를 담고 있는 시들.「오 서풍이여, 너는 언제 불 것인가」(O Western Wind, When Wilt Thou Blow), 로버트 프로스트의 「멀지도 깊지도 않은」(Neither Out Far Nor In Deep), 워즈워스의 「우리는 일곱이야」(We Are Seven), 하디(Hardy)의 「그가 죽인 남자」(The Man He Killed), 로버트 루이스 스티븐슨(Rober Louis Stevenson)의 「레퀴엠」(Requiem). (A)와 (B1)의 경계에 있는 시로는 로버트 프로스트의 「목장」(The Pasture), 윌리엄 카를로스 윌리엄스(William Carlos Williams)의 「침묵」(Silence), 매스필드(Masefield)의 「화물선」(Cargoes). 프로스트의 「두 마녀들」(Two Witches)과 같은 시는 일상 언어에서 일탈하지 않지만 심지어 그런 부분조차도 시의 다른 부분들로 인해서 이차적 의미를 획득한다. (B2) 비유법이 사용된 시들. 이에 관련된 예는 방대하다. (B1)과 (B2)의 경계에는 심상주의적(Imagist) 시들이 존재하는데, 예를 들어 일본의 하이쿠나 아서 웨일리(Arthru Waley)의 중국어 번역 등이 있다. 아델레이드 크레프시(Adelaide Crapsey)의 오행시는 확실히 은유적이거나 상징적이다.

(III) Charles W. Morris, *Signs, Language, and Behavior,* Englewood Cliffs, N. J.: Prentice-Hall, 1946, pp. 136-138. 이 글의 저자는 '시적 담화'를 '주로 평가-가치적' 이라고 정의하는데, 시적 담화가 '가치 태도를 이끌어내는' 목적에 사용되는 평가적 요소를 상당한 비율로 담고 있다고 지적한다. 만일 우리가 저자의 의도를 언급하는 두 번째 기준을 배제한다면, 우리에게는 첫 번째 기준만 남게 되는데, 이는 시와 다른 담화의 구분을 제공하지 못하는 것처럼 보인다. '참 좋은 영화였어'는 평가-가치적이지만, 시는 아니다.

'시적 담화'를 '표현적 담화'로 정의하는 시도는 다음 글에서 체계적으로 나타난다. Philip Wheelwright, *op, cit.,* chs. 2-4. 이 정의는 지식에 대한 직관주의적 이론과 관련되며 이에 관한 논의는 제9장에서 다루어진다.

다음도 참조하라. Max Riser, "Language of Poetic and of Scientific Thought," *J Phil,* XL (1943): 421-435. 여기에서 시는 사물에 '삶의 의미'를 부여해주는 가치의 언어로 제시된다. 이 글은 다음 글에서 논의된다. M. Whitcomb-Hess, "The

Language of Poetry," *Phil R*, LIII (1944): 484-492.

Owen Barfield, *Poetic Diction*, 2nd ed., London: Faber and Faver, 1952, chs. 1, 2. 이 글은 직관주의 방향으로 발전되는 정서주의적 시 정의를 보여준다(이 책의 제9장 23절 참조).

Marguerite H. Foster, "Poetry and Emotive Meaning," *J Phil*, XLVII (1950): 657-660. 이 글은 시가 정보를 '전달'하지 않지만 그렇다고 해서 '의미 없거나' 혹은 '순수하게 정서적'인 것은 아니라고 말한다.

Solomon Fishman, "Meaning and Structure in Poetry," *JAAC*, XIV (June 1956): 453-461. 이 글의 저자는 그가 '구조주의적'이라 부르는 의미론적 시 정의에 반대한다. 그러나 그의 비난은 이 장에서 제시된 시 정의에 치명적이지는 않아 보인다.

다음 글에는 몇 가지 미완성이지만 흥미로운 통찰력들이 발견된다. Bernard Mayo, "Poetry, Language and Communication," *Philosophy*, XXIX (1954): 131-145.

9.5 '문학'의 정의(THE DEFINITION OF 'LITERATURE')

'문학'의 정의 문제는 다음 글에서 논의된다. René Wellek and Austin Warren, *Theory of Literature*, New York: Harcourt, Brace 1949, chs. 2, 12. 이 글에서 저자들은 부분적으로 '미적 기능'이라는 개념에 의존하는데, 우리는 아직 이 책에서 이 개념을 정의하지 않았다. Thomas C. Pollock, *The Nature of Literature*, Princeton, N. J.: Princeton U., 1942. 이 글은 '문학'을 '환기적 상징주의'(pp. 96-97, 141)로 정의하며, 이것은 저자의 경험과 유사한 어떤 '통제된 경험'을 독자에게 불러일으킬 수 있다고 말한다(chs. 8, 9 참조). 내 생각에 이 정의 및 '문학'과 '유사-문학' 사이의 구분(p. 180)은 의도주의적이다. 저자는 환기적 상징주의의 구체적 특성에 대한 적절한 설명을 제공하지 않았지만(chs. 6, 7), 나는 그에 대한 적절한 설명은 이 장에서의 논의와 상당히 일맥상통할 것이라고 생각한다.

다음 글은 '기능'의 측면에서 시와 과학을 구분하는데, 시가 '본래적으로 흥미로운'(p. 307) 효과를 산출한다고 말한다. Albert Hofstadter, "The Scientific and Literary Uses of Langauge," *Symbols and Society*, 14th Symposium of the Conference on Science, Philosophy and Religion, New York: Harper, 1955, ch. 10.

다음 글에서 시(혹은 문학 전반)는 저자의 마음속에서 일어난 일을 단순히 기술하는 게 아니라 모방한다는 생각이 등장한다. Lascelles Abercombie, *op. cit.*, chs. 3, 6.

우리가 추구하는 방식으로 '문학'을 정의하려는 또 다른 시도는 드 퀸시(De Quincey)의 글에서 나타난다. 그는 문학을 '지식의 문학'과 구분해 '힘의 문학'이라 부르는데, 왜냐하면 문학의 '기능'을 '감동시키는 것'이라 생각하기 때문이다. 그의 글은 다음 저서에 포함되어 있다. Schorer, Miles, and McKenzie, *op. cit.*, pp. 473-476.

9.6 문학작품의 존재(THE EXISTENCE OF THE LITERARY WORK)

소위 문학작품이라는 것이 특정한 언어 공동체에 속하는 사람들의 언어 관습에 존재한다는 이유로, 문학작품을 구성하는 단어의 의미가 변화함에 따라 문학작품도 변화한다는 말을 할 수도 있다. 셰익스피어의 어떤 소네트에 대해 우리는 그것이 1650년, 1750년, 그리고 1950년에 어떤 의미였는지 물을 수 있다. 이는 셰익스피어의 의도에 대한 호소를 포함하지는 않고 단지 특정 시대의 언어 용법에 대한 호소를 포함한다(아래의 10절 참조). 어떤 담화의 단어는 다른 저자들이 그것을 주목할 만한 문맥에 사용함으로써, 시간이 지남에 따라 새로운 의미의 풍부함을 획득할 수도 있다. 성경의 킹 제임스(King James) 버전이 바로 그 예이다. 다른 담화들은 변화에 의해 망가지고, 그 원래의 질이 회복 불가능해지기도 한다. 그러나 일반적으로, 최고의 셰익스피어 소네트들처럼 그 의미 구조가 더 긴밀하게 조직되어 있을수록 언어 변화에 현저히 잘 저항한다고 말할 수 있다. 의미 구조가 느슨한 것들은 그 운명이 시간에 맡겨지는 경우가 더 빈번하다. 물론 시간 변화에 의해 그들의 운명이 어떻게 변할지 예견할 수는 없지만 말이다. 햄릿의 독자는 누구에게 듣지 않아도, "나를 방해하는 (let) 이는 모두 유령으로 만들어버리겠다"는 대사에서, 셰익스피어 시대의 'let'의 의미가 현재의 의미와 완전히 정반대라는 사실을 알아차릴 것이다.

10

10.1 해설의 원리들(THE PRINCIPLES OF EXPLICATION)

(I) 해설의 상대주의적 이론에 대해서는 다음 글을 참고하라. Charles L. Stevenson, "Interpretation and Evaluation in Aesthetics," in Max Black, ed., *Philosophical Analysis,* Ithaca, N. Y.: Cornell U., 1950, pp. 341-383. 해설에 대한 스티븐슨의 논증은 다음과 같이 정리될 수 있다. '그 시는 M을 의미한다'는 '그 시는 적절하게 해설될 때 M이라는 의미를 지닌 것으로 이해될 수 있다'. 그러나 여기에서 '적절한'은 비환원적인 규범성을 지니며, 해설이라는 방식을 통해 순수하게 비규범적으로 상세화될 수 없다. 스티븐슨은 'X는 적절한 조건하에서 빨갛게 보인다'를 의미하는 'X는 빨갛다'에서 '적절한'은 비규범적으로 상세화될 수 있다(예를 들어 밝은 조명 등)는 점을 인정한다. 아마도 그는 단어의 표준적 의미에 관해서는 이 같은 점을 인정할 것이다. 다시 말해, "삼촌"은 남성을 지시한다'는 문장은 "삼촌"은 적절하게 해석되었을 때 남성에게만 한정된 것으로 이해된다'를 의미하며, 여기에서 '적절한'은 언어학적 조사를 통한 비규범적 상세화가 가능하다고 말이다. 그러나 던(Donne)에 대한 스티븐슨의 예에서 나타나듯이(p. 358), 그는 단어의 맥락적 의미에 대해서는 '적절한' 해설의 기준이 가능하다는 점을 부정한다. 그는 '적절한'이 '명령적' 요소를 포함한다고 생각하며('그 시는 이렇게 해석되어야 한다'), 그리하여 '적절한' 해설은 오직 명령문이 정당화되는 방식으로만 '정당화' 가능하다고 본다. 즉 욕구된 결과를 통해서만 정당화 가능하다는 것이다.

다음 글에서 웜샛(W. K. Wimsatt)은 다양한 해설적 용어들이 기술적이면서 동시에 본래적으로 규범적이라고 본다. 그에 따르면, 해설자는 시의 정확한 해설을 결정하려 할 때, 무엇이 좋은 시인가에 대한 자신의 개념에 어느 정도 의존한다. 그러나 웜샛의 규범적 이론은 스티븐슨의 이론처럼 상대주의적이지는 않다. W. K. Wimsatt, Jr., "Explication as Criticism," *English Institute Essays*, 1951, New York: Columbia U., 1952, reprinted in *The Verbal Icon*, Lexington, Ky.: U. of Kentucky, 1954, pp. 235-251.

다음 글에서 저자는 해설을 '해석'이라 부르며 설명한다. 그는 해설의 목적을

제3장 문학작품

"문제의 작품으로부터 개별 해석자가 가장 극대화된 미적 만족을 얻어내는 것"(p. 356)이라 말하는데, 이는 상대주의적인 발언이다. 저자는 허용 가능한 해설의 기준으로서 의도와의 '대응'(correspondence)을 들고 있지만, "정합성 개념은 일반적으로 거의 내용이 없다"(p. 359)고 말한다. Isabel Hungerland, "The Interpretation of Poetry," *JAAC*, XII (March 1955): 351-359.

해설의 원리 일반에 관해서는 다음을 참조하라. Cleanth Brooks, "The Poems as Organism," *English Institute Essays*, New York: Columbia U., 1941. 여기서 저자의 관점은 해설이 간주관적으로 검증 가능하다는 것이다. 이를 다음과 비교하라. R. S. Crane, "I. A. Richards on the Art of Interpretation," in *Critics and Criticism*, by Crane et al., Chicago U., 1952, pp. 27-44.

다음의 논의도 참조하라. F. W. Bateson, John Wain, W. W. Robson, "'Intention' and Blake's Jerusalem," *Essays in Criticism*, II (1952): 105-114.

10.2 해설의 문제들(PROBLEMS OF EXPLICATION)

문학 비평가들이 실제로 사용하는 방법론, 그리고 명백하게 혹은 암묵적으로 가정하는 원리에 관한 후속 연구를 위해, 나는 이제 시 해설의 적절한 예들, 그리고 해설 불일치의 예들을 보여줄 것이다.

하트 크레인의 「파우스터스와 헬렌」(Faustus and Helen)에서 '수'(number)는 무엇을 의미하는가? 이에 대한 해설 중 하나가 다음 글에 등장하는데, 이 해설은 비난을 받은 후 철회되었다. Yvor Winters, "The Experimental School in American Poetry," *In Defense of Reason*, New York: Swallow, 1947, pp. 41-43, 153-155. 이 글은 다음으로 재출판되기도 했다. Mark Schorer, Josephine Miles and Gordon McKenzie, eds., *Criticism*, New York: Harcourt, Brace, 1948, p. 294. 이를 크레인 자신이 그의 시 「멜빌의 무덤에서」(At Melville's Tomb)에 대해 제시한 해설과 비교하기 위해 다음을 참조하라. Robert W. Stallman, ed., *The Critic's Notebook,* Minneapolis: U. of Minnesota, 1950, pp. 242-247; ch. 4.

예이츠의 「학교 아이들 사이에서」(Among School Children)의 다섯 번째 스탠자에서 "세대의 꿀"에 의해 배신당한 것은 어머니인가 아이인가? 이 질문은 어떻게 해결될 수 있는가? 이에 대한 다음 글의 논의를 살펴보라. John Wain, *Interpretations,* ed., by John Wain, London: Routledge and Kegan Paul, 1955, pp. 198-200.

다음 유익한 글들을 참조하라. William Empson, "Marvell's Garden," *Some Versions of Pastoral*, London: Chatto and Windus, 1935, ch. 4, reprinted in Schorer, Miles, and McKenzie, *op. cit.*, pp. 342-352, and in Ray B. West, *Essays in Modern Literary Criticism,* New York: Rinehart, 1952, pp. 335-353. 조지 허버트(George Herbert)의 「희생」(The Sacrifice)에 대한 다음의 해설을 참조. William Empson, *Seven Types of Ambiguity,* New York: Meridian, 1955, ch. 7. 이 글에서 등장한 해설을 비판한 다음을 참조하라. Rosamund Tuve, *A Reading of George Herbert*, London: Faber and Faber, 1952, Part I.

다음 글에서 사용된 해설의 방법을 정당화할 수 있는 그럴듯한 원리를 찾는 것은 쉽지 않다. Elder Olsen, *The Poetry of Dylan Thomas,* Chicago: U. of Chicago, 1954. 예를 들어 이 글에서는 "바람 부는 서쪽에서 두 개의 총을 찬 가브리엘이 나타났다"가 페르세우스 성좌를 지시한다고 보는데, 왜냐하면 페르세우스는 칼과 메두사의 머리라는 두 무기를 지녔기 때문이라는 것이다. 두 개의 총은 미국 개척시대 서부를 생각나게 하고, 서부는 포커 게임을, 포커 게임은 카드 게임을, 카드는 트럼프를, 트럼프는 마지막 트럼프, 즉 마지막 나팔소리인 천사 가브리엘을 떠올리게 한다는 것이다(p. 74). 이런 방식의 해설에는 어떤 한계가 존재하는가? 이에 대해 다음 글을 참조하라. Theodore Spencer, "How to Criticize a Poem," *New Republic,* CIX (December 6, 1943): 816-817. 이 글에서 등장한 공격이 언제 부적절하게 되는지 살펴보는 것도 좋다.

해설과 관련된 하나의 흥미로운 질문은 특정 작가가 다수의 자기 작품에서 사용하는 키워드와 관련된다. 예를 들어 예이츠의 '장미'와 '의식', 혹은 블레이크의 '양'이 있다. 상이한 문맥에서 이 단어들은 상이한 내포를 지니는데, 문제는 상이한 시들이 서로를 지지하는지, 혹은 지지한다면 어느 정도로 지지하는지이다. 이에 관련해 두 가지 해설의 원칙이 제시될 수 있을 것이다. ① 각각의 시에서 등장한 단어는 동일 작가가 다른 시들에서 그 단어로 의미한 모든 것을 의미한다. 문맥상 배제되는 경우들을 제외하고 말이다. ② 동일 작가의 이전 시들에서 등장한 특별한 의미는 다음 시로 이행될 수 있는데, 오직 그 의미가 문맥에 의해 지지되는 경우에만 그러하다. 몇몇 비평가들은 첫 번째 원리보다 더 광범위한 원리를 주장하는데, 이때 그들은 블레이크나 예이츠의 짧은 서정시의 의미들은 그 시인들의 보다 긴 시들에서 등장한 모든 풍부한 의미를 다 가져갈 때 더 깊어진다는 점을 근거로 든다. 다른 비평가들은 이 원칙이 시를 서로 지나치게 의존적으로 만든다는 점을 지적한다. 시에 대한 대안적 논의들을 다음 글에서 찾을 수 있다. David Daiches, *Critical Approaches to Literature*, Englewood Cliffs, N.J.: Prentice-Hall, 1956, p. 300. 다음 글의 참고도서 목록은 유용하다. George Arms and Joseph Kuntz, *Poetry Explication,* New York: Swallow, 1950.

10.3 은유(METAPHOR)

아리스토텔레스 이후로 은유 이론에 가장 큰 공헌을 한 두 저자는 바로 다음과 같다. I. A. Richards, *Philosophy of Rhetoric,* New York: Oxford U., 1936, chs. 5, 6; Gustaf Stern, *Meaning and Change of Meaning*, Göteborg: Elanders Boktryckeri Aktiebolag, 1931. 리처즈는 안타깝게도 '은유'라는 용어를 너무 광범위하게 사용했고, 그로 인해 살아있는 은유와 '죽은 은유'의 구분을 흐리게 만들었다. 다음을 참조하라. I. A. Richards, *Interpretation in Teaching,* New York: Harcourt, Brace, 1938, ch. 2. 또한 은유적 귀속과 관련해 '원관념'(tenor)과 '수단'(vehicle)이라는 용어를 도입하는 과정에서 보다 발전된 생각을 전개하지 못한 것도 아쉽다. 그러한 구분은 필요한 것이었으나, 이 용어에 대한 그의 정의는 충분하지 않고, 그뿐만 아니라 다른 그 누구도 이 용어들을 일관적인 방식으로 사용할 수 없었다(심지어 이 용어의 애매성에 대해 지적한 이들조차도 말이다). 예를 들어 리처즈 그 자신은 원관념과 수단이 서로 닮을 수 있는 두 개의 '것들'이라고 말하며(p. 118), 또한 "우리는 원관념을 추출할 수 있고 그것을 하나의 진술로 믿을 수 있다"고 말하기도 한다(p. 135). 다른 말로 하면, '먼지 쌓인 대답'(dusty answer)이라는 은유에서 어떤 때에는 먼지라는 물리적인 것이 수단이기도 하고, 어떤 때에는 '먼지 쌓인'이라는 단어가 수단이기도 하다. 마찬가지로 대답이 원관념일 때도 있고, 어떤 때에는 '대답'이라는 단어가, 또 어떤 때에는 '먼지 쌓인'이라는 단어에 의해 내포된 특징(원치 않는, 만족스럽지 않은 등)이 원관념이기도, 즉 "수단이 … 의미하는 … 기저의 생각"이기도 하다(p. 97). 은유의 구술적(verbal) 요소를 뜻하는 명시적 용어를 마련하는 것이 더 만족스러울 것이다('대답'은 주어이고 '먼지 쌓인'은 한정사라고). 리처즈는 반박 이론을 제안하지는 않지만, 반박 이론은 그의 견해와 잘 동화될 수 있다.

다음 글은 은유가 축어적 표현으로 전환될 수 있는 방법에 대한 흥미로운 이론을 제시한다. C. S. Lewis, "Bluspels and Flalansferes: A Semantic Nightmare," in *Rehabilitations and Other Essays,* New York: Oxford U., 1939. 이를 다음과 비교해보라. Owen Barfield, "Poetic Diction and Legal Fiction," in *Essays Presented to Charles Williams,* New York: Oxford U., 1947.

은유 일반에 대해서는 다음을 참조하라. René Wellek and Austin Warren, *Theory of Literature*, New York: Harcourt, Brace, 1949, ch. 15, Bibliography (pp. 373-374); D. G. James, *Scepticism and Poetry*, London: Allen and Unwin, 1937, pp. 94-108; F. W. Leakey, "Intention in Metaphor," *Essays in Criticism*, IV (1954): 191-198.

(I) 정서이론

Max Rieser, "Analysis of the Poetic Simile," *J Phil,* XXXVII (1940): 209-217; "Brief Introduction to an Epistemology of Art," *J Phil,* XLVII (1950): 695-704. 준-정서주의적 이론을 보여주는 위의 글들은 다음과 같이 말한다. 직유 안에서 "연결은 사실적이지 않고 정서적이다"(XXXVII: 210), "시적 비교는 결코 진술이 아니다"(XLVII: 701). 다음 글은 정확히 정서이론은 아니지만, 정서이론에 상당히 근접해 있다. Max Eastman, *The Literary Mind,* New York: Scribner's, 1931, Part IV, ch. 1, secs. 5, 6(이를 다음과 비교하라. *The Enjoyment of Poetry,* New York: Scribner's, 1913). 여기에서 은유는 '습관적으로' 적용되지 않는 형용사를 적용함으로써 "의식을 고양하는 비실용적인 동일시"(p. 187)라고 제시된다(p. 164). 그러나 은유적 진술은 동일시가 아니며, 습관은 은유와 비은유적 귀속을 구분하지 못한다. 위 글의 저자는 은유를 설명하는 것이 아니라 단지 일반적으로 혹은 종종 은유가 보여주는 효과를 서술한다.

(II) 수반 이론

이 이론의 예로 다음을 들 수 있다. Martini Foss, *Symbol and Metaphor in Human Experience, Princeton,* N.J.: Princeton U., 1949, pp. 53-69, esp. 61-62. 이 글은 은유적 귀속이 일어날 때 각각의 분리되었던 용어들은 그것이 애초에 가지고

있던 모든 의미를 잃고, "은유적 영역은 … 단순한 불가분의 통합체를 실현한다"고 보고 있다(p. 61). 나는 이런 견해가 옹호될 수 있다고 보지 않는다. 이 글에 대한 훌륭한 토론은 다음에서 찾을 수 있다. W. K. Wimsatt, Jr., "Symbol and Metaphor," *Review of Metaphysics,* IV (December 1950): 279-290, reprinted in Wimsatt, *The Verbal Icon,* pp. 119-130. 지식의 두 방식을 대조하려는 생각으로 포스(Foss)는 '은유'라는 용어를 너무 확장시켰고, 이 때문에 모든 동사들(p. 64), '존재'라는 단어(p. 65) 및 인과성(p. 67)까지도 '은유적'인 것이 되어버렸다는 점은 안타깝다. 이러한 견해보다 덜 극단적인 것으로는 다음이 있다. Philip Wheelwright, *The Burning Fountain,* Bloomington, Ind.: Indiana U., 1964, chs. 5, 6. 이 글은 "과격한 은유의 존재론적 지위"(p. 97)를 주장하는데, 그러한 은유는 '준-논리적'인 지식이라는 특유한 지식 유형을 실현하며, 그러므로 시적 담론의 한 종류라는 것이다. 이러한 견해는 다음에서도 찾을 수 있다. Philip Wheelwright, "Symbol, Metaphor, and Myth," *Sewanee Review,* LVIII (1950): 678-698.

(III) 축어주의적 이론

다음 글은 상당히 철저한 축어주의적 이론을 보여준다. Scott Buchanan, *Poetry and Mathematics,* New York: Day, 1929, ch. 4. 아리스토텔레스는 다음 글에서 은유와 직유의 차이는 '아주 미미하다'(1406b)고 말한다. *Rhetoric,* III, 2-10, Lane Cooper, trans., New York: Appleton, 1932). 『시학』(Poetics, ch. 21)에서 그는 은유가 비교를 표현하며, 그 '근거'는 '비례적 유비'라고 말한다. 그러나 은유가 '이질적인 이름의 적용'이라는 그의 견해는 반박 이론으로 발전된다. 아리스토텔레스 자신은 이름의 이질성을 구성하는 게 무엇인지 설명하지 않았음에도 말이다. 다음 글은 아리스토텔레스의 견해를 밀접하게 따르며, '영향'(bearings)이라는 개념(pp. 428-429) 혹은 맥락적 제어라는 개념을 추가한다. Andrew Ushenko, "Metaphor," *Thought,* XXX (1955): 421-439. 나는 '은유'를 이런 방식으로 정의해 은유가 보다 넓은 맥락을 포함하도록 하는 것은 문제가 있다고 생각한다(위의 글에서 고립된 은유는 '유사-은유'라고 소개된다. p. 424).

(IV) 반박 이론

이 책에서 전개된 반박 이론은 다음의 글 이외에서는 찾기 힘들다. Monroe C.

Beardsley, *Practical Logic,* Englewood Cliffs, N.J.: Prentice-Hall, 1950, pp. 94-105. 그러나 다른 이들이 전개한 은유에 대한 몇몇 논의들은 반박 이론에 상당히 가깝다고 볼 수 있다. 예를 들어 다음 글들을 참조하라. Max Black, "Metaphor," *PAS* (1955): 273-294. 이 글은 '은유에 관한 상호작용적 견해'를 전개하는데, 그것은 특히 은유에 관한 '대체(substitution)적 견해' 및 '비교적 견해'에 대한 비판으로서 제시되고 있다. 이 글이 말하는 "관련 상투어들의 체계"(p. 287)는 은유적 한정사가 가지는 내포의 범위를 결정하는 믿음의 집합이다. 이 글은 중요한 통찰력을 전달하지만, 나는 은유적 귀속의 한정사가 축어적이라기보다는 은유적임을 우리에게 알려주는 것이 도대체 무엇인지를 이 글이 설명하지 않는다는 점에서 완전하지 못한 이론을 전개했다고 생각한다. 다음 글은 리처즈의 견해를 이어간다. Abraham Kaplan, "Referential Meaning in the Arts," *JAAC,* XII (June 1954): 457-474 (esp. 469-473). 이 글의 입장은 내가 생각하기에 반박 이론과 양립 가능하다. 다음에서 등장하는 매우 섬세하면서 유익한 논의도 참조하라. William Empson, *The Structure of Complex Words,* New York: New Directions, 1951, chs. 17-19; Scott George, *The Eighteenth Century Philosophy of Metaphor*, Nashville, 1945. 여기에서 '은유'는 아주 넓은 의미로 사용되고 있다.

나는 은유란 '정상적으로 하나의 대상이나 개념을 의미하던 용어를 반드시 그와 다른 대상이나 개념을 지시하도록 사용하는 것'이라고 말하는 게 과연 무슨 뜻인지 설명하기 위해 반박 이론을 취했다. 은유에 대한 이러한 규정을 다음 글에서 찾을 수 있는데, 이때 중요한 핵심어는 바로 '반드시'이다. 어째서 '반드시' 한 단어가 다른 대상을 지시하게 되는가? 왜냐하면 문제의 맥락 내에서 여타 단어들과의 결합이 의미 차원에서의 불가능성을 산출하기 때문이다. W. B. Stanford, *Greek Metaphor,* Oxford: Blackwell, 1936, p. 101. 은유에 대한 이와 동등한 또 다른 분석은 은유란 "하나의 담론 세계로부터 다른 담론 세계로의 단어 전이"라고 말한다(Wilbur M. Urban, *Language and Reality,* London: Allen and Unwin, 1939, p. 433). 여기에서 단어의 '담론 세계'란 그 단어로 지시되는 대상들을 포함하는 어떤 일반적인 집합을 의미하거나 혹은 그 단어의 적용이 제한되는 대상들의 집합을 의미한다. 그리고 '전이'란 주어의 세계와 한정사의 세계 사이의 양립 불가능성에 의해 발생한다. 다수의 오류는 있지만 그래도 가장 유용하고 철저한 방식으로 은유를 논의하는 글로는 다음을 참조하

라. Gustaf Stern, *Meaning and Change of Meaning*, Göteborg-Elanders Boktryckeri Aktiebolag, 1931, ch. 11, pp. 390-393. 이 글은 하나의 지시체로부터 또 다른 지시체로의 의도적인 전이를 '지명'(nomination)이라 부르며(p. 167-168), 비유는 지명의 하위 집합에 속해 있다고 말한다. 비유는 '정서적 요소'를 포함한 지명이며(p. 296), 은유는 비유의 하위 집합으로 설명된다. 은유 내의 '상이한 요소들의 융합'(p. 300), 그리고 한정사가 보여주는 '실제적 맥락과 일차적 의미 사이의 긴장'(p. 307)에 대한 이 글의 강조는 반박 이론과 맞닿아있다.

은유의 반박 이론을 가다듬는 하나의 방법은 은유와 근접해 있지만 그와는 구분되어야 하는 것들의 유형을 검토하는 것이다. 예를 들어, ① 엘리엇의 '형태 없는 모양'은 헐벗은 자기-모순과 의미 있는 자기-모순 사이의 경계에 닿아있다. 그러나 그것은 '형태 없는 형태'로 환원되지는 않는다. ② 어떤 귀속은 상이한 문맥 내에서 축어적이거나 혹은 은유적일 수 있다. 사자를 고양이라고 부르는 것, 혹은 심장을 펌프라고 부르는 것은 이러한 유형의 귀속이라 볼 수 있다. 여기에는 '고양이'나 '펌프'의 기술적 의미들이 있고 이때 이들은 모두 축어적으로 참이지만, 만일 문맥의 어떤 점이 '고양이'를 오직 집에서 키우는 동물로만 한정한다면, 이때의 귀속은 은유가 된다. 밀턴의 '가시적인 어둠' 및 '검정색은 색인가?'라는 질문을 생각해보라.

10.4 직유(SIMILE)

직유가 은유는 아니지만, 내 생각에 직유는 자기-반박적인 담론 아래에 포섭될 수 있을 것 같다. 먼저, 열린 직유를 생각해보자. 'A는 B와 같다'는 'A가 가진 특징 중 적어도 하나를 B가 가진다'를 의미한다. 이는 논리적으로 참인데, 왜냐하면 A나 B가 무엇이든지 간에 그것들은 모두 단위-집합(unit-class)들의 구성원이므로 직유가 동어반복이 되기 때문이다. 심지어 이디스 시트웰의 "별들은 말린 자두와 같다"조차도 참이다. 별과 말린 자두는 모두 물리적이기 때문이다. 그러므로 커밍스의 "봄은 아마도 손과 같다"도 마찬가지이다. 둘째, 닫힌 직유를 생각해보라. '바람은 칼과 같이 날카롭다'는 바람이 날카롭다는 점을 암시하는데, 이는 곧 은유이다. 다른 말로 하면, 닫힌 직유는 은유를 암시한다. 이는 어째서 은유가 닫힌 직유로 환원될 수 없는지를 설명한다. 왜냐하면 닫힌 직유에 그 비유적 힘을 주는 것은('제인은 소처럼 긍정적이다'와 '제인은 조안처럼 긍정적이다'를 대조해보라) 바로 그것이 은유를 암시한다는 사실인데, 그렇다면 환원이 순환적이게 될 것이기 때문이다.

10.5 심상(IMAGERY)

심상의 두 가지 주요 의미는 종종 혼동되곤 하는데 그 두 의미에 대한 명확한 구분은 다음에서 찾을 수 있다. Josephine Miles, "The Problem of Imagery," *The Imagery of Keats and Shelly, Sewanee Review,* LVIII (1950): 522-526. ① 만일 '심상'이라는 말이 지각 가능한 대상을 가리킨다면, 비은유적인 심상들이 존재한다. ② 만일 '심상'이라는 말이 '비유적 표현'과 동의어라면, 어떤 이미지들은 구체적이라기보다는 추상적이게 되며, 이는 '심상'이라는 용어를 매우 이상하게 사용하는 것이다. '심상'이라는 용어를 첫 번째 의미로 한정하는 것이 가장 낫지만, 여전히 이 용어에 대한 여러 문제가 존재하며, 이를 마일스(Miles) 교수가 지적하고 있다. 다음 글에서는 두 번째 의미의 '심상'이 사용된다. Caroline Spurgeon, *Shakespeare's Imagery,* Cambridge, Eng.: Cambridge U., 1952, p. 5.

다음 글은 문학에서의 심상에 대한 정량적 연구에 상당한 기여를 했다. Edith Rickert, *New Methods for the Study of Literature,* Chicago: U. of Chicago, 1927. '비유적 심상'에 대한 그녀의 분류를 살펴보라(pp. 47-49). 다음 글들도 참조하라. C. Day Lewis, *The Poetic Image,* New York: Oxford U., 1947, chs. 1, 2; Louis MacNeice, *Modern Poetry,* New York: Oxford U., 1938, ch. 6; Lascelles Abercrombie, *The Theory of Poetry,* London: Secker, 1924, ch. 4; J. M. Murry, "Metaphor," *Countries of the Mind,* 2nd Series, London: Oxford U., 1931; Elder Olson, "William Empson, Contemporary Criticism, and Poetic Diction," in R. S. Crane et al., *Critics and Criticism,* Chicago: U. of Chicago, 1952, pp. 79-82; Una Ellis-Fermor, *The Frontiers of Drama,* 3d ed., London: Methuen, 1948, ch. 5.

10.6 문학에서의 불명확성(OBSCURITY IN LITERATURE)

현대의 시인들은 그들의 불명확성, 즉 '의사소통 실패'로 인해 비난받으며, 그러한 비난은 시인뿐만 아니라 시를 비난하는 근거로도 사용된다. 그러나 불명확성이 해결되기 전까지 우리는 문제의 시가 무엇인지 알 수 없으며, 혹은 우리가 접하는 게 과연 시인지조차도 알지 못한다. 문학에서 불명확성을 만들어내는 요인을 분류하는 것, 그리하여 불명확성의 유형 분류를 하는 것이 이 문제를 해결하는 데 도움이 될 것이다. 예를 들어, 시 속에서 아소카(Asoka)란 이름이 등장했을 때 그가 누구인지 모른다는 것은 오든(Auden)의 소네트 「청원」(Petition)에서 생략적인 표현을 채우지 못하는 것과는 매우 다른 문제이다.

9.3의 「에밀리」도 참조하라. 불명확성은 다음에서 논의되었다. John Sparrow, *Sense and Poetry*, London: Constable, 1934, chs. 4, 5; Louis MacNeice, *op. cit.,* 9; Julian Symons, "Obscurity and Dylan Thomas," *Kenyon Review,* II (1940): 61-71; Max Eastman, *The Literary Mind,* New York: Scribner's, 1931, Part III, chs. 1, 3; Randall Jarrell, "The Obscurity of the Poet," *Poetry and the Age*, New York: Knopf, 1953.

10.7 난센스(NONSENSE)

난센스, 혹은 비가지성은 여러 유형이 있지만 문학비평가들의 주목을 끌 만한 담론 내에서 난센스를 구성하는 표현들은 아마도 모두 단어들일 것이다. 혹은 적어도 내포를 지닌 발화의 인식 가능한 부분들일 것이다. 비록 그것들이 조어일지라도 말이다(예를 들어, 'chortle' 등). 통사적 관계가 너무나 무질서해서 독자에 의해 재구성될 수 없을 때 한 유형의 난센스가 발생할 수 있다("Chocolate kilowatt striving an, / Barometer within aging"). 이는 생략법의 점근선적 한계이다. 빠르게 움직이는 은유의 한계에는 통사적으로 정확한 표현이지만 난센스인 것들("The chocolate kilowatt strove to age the incredulous barometer")이 있다.

난센스의 이러한 유형들을 철학적으로 논의한 다음 글을 참조하라. A. C. Ewing, "Meaninglessness," *Mind,* N. S. XLVI (1937): 347-364, esp. 359-364. 이 글은 '덕은 석탄삽이다'와 '보라색 2차 방정식이 경마 대회에 간다'는 의미 있음에 틀림없는데, 왜냐하면 우리가 그것들이 거짓임을 알기 때문이라고 주장한다; Max Black, "Philosophical Analysis," *PAS,* XXXIII (1932-33): 237-258 (이 글은 '즙이 많은 명사'와 '형용사는 분석을 사랑한다'가 의미 없다고 주장한다); Wilbur M. Urban, *op, cit.,* pp. 197-203, 221 (이 글은 '카이사르는 소수이다'가 의미 없다고 주장한다); 또한 부정(negation)에 대한 토론으로 다음 글을 참조하라. J. D. Mabbott, Gilbert Ryle, and H. H. Price, "Negation," *PAS,* Suppl, vol. IX (1929). 난센스인 표현들이 '의미 없다'고 간주되어야 하는지는

흥미로운 문제이다. 그 표현의 일부가 의미 있다는 사실은 그것이 전체로서 의미 있음을 보장하지는 않는다. 어찌 되었든 난센스인 표현은 설명 가능하지 않다.

제4장

예술적 형식

ARTISTIC FORM

신운화 번역

형식(form)은 비평가들이 지대한 관심을 갖는 미적 대상의 특징이다. 미적 대상은 고도의 형식을 가지고 있는데 그것이 바로 미적 대상이 다른 대상과 구별되며 특별한 가치를 갖는 점이라고들 한다. 이것은 참이지만 우리가 중요하게 알아야 할 것은, 이렇게 확실한 진술을 할 때 유감스럽게도 이 맥락에서 '형식'이 의미하는 바가 무엇인지 적절한 설명이 따르는 일이 거의 없다는 사실이다.

예를 들어 만일 조각상의 '형식'이 조각상의 형태(shape)라면 어떤 조각상은 다른 조각상보다 형식 면에서 더 풍부한가, 그리고 조각상이라면 모두 농구공이나 순무 같은 다른 대상보다 형식 면에서 더 풍부한가? 또 조각상이 순무보다 더 나은 형식을 갖고 있다고, 즉 조각상이 형태 면에서는 더 뛰어나지만 식용으로는 더 좋지 않다고 말한다면 이것은 단지 조각상의 형태를 더 선호한다는 것을 뜻하는가 아니면 더 복잡한 무언가가 있는가? 예컨대 하이든의 〈현악 4중주 F장조〉(op. 3, No. 5)와 테니슨(Tennyson)의 〈샬롯의 아가씨〉(Lady of Shalott)가 순무보다 더 좋은 형식을 하고 있다고 말할 수 있는 무엇이 있는가?

미적 대상의 형식에 대해 말하는 것은 적어도 미적 대상의 형식과 그 외의 다른 국면들이 구별된다는 것을 함축하고 있다. 그리고 미학에서 난해한 문제들을 불러일으키는 것이 이 구별이다. 가장 논쟁적인 몇 가지 문제가 이 구별로 인해 제기된다. 형식은 내용(content)과 분리될 수 있는가? 미적 대상의 형식은 미적 대상의 내용이나 의미보다 더 중요한가 아니면 덜 중요한가? 어떤 대상의 형식을 다른 대상의 형식보다 더 좋게 만드는 것은 무엇인가? 위대한 예술이 열등한 예술과 다른 점은 위대한 예술에서는 형식이 내용과 일치하고 형식이 내용과 구별되지 않지만 열등한 예술은 그렇지 않다는 것이다. 그러나 이 경우 '형식'과 '내용'이란 단어는 무엇을 의미하는가? '형식'이라는 용어의 적절한 의미가 분명히 정해지지 않고 때에 따라 달라지는 한, 이러한 문제는 모두 사실상 여러 문제들이 합쳐져 있는 덩어리일 것이고 이 문제들 중 일부는 진지하고 엄중한 것이겠지만 어떤 것은 단지 용어상의 문제이거나 사소한 문제인 경우도 있을 것이다.

이런 난제들에 대해 충분히 중립적이면서 논리적으로도 적절한 접근 방법이 있다. 비평가들이 미적 대상을 기술하는 데 사용하는 용어들 중에서 '형식-용어'(form-terms)라고 말할 만한 것이 있을까? 혹은 같은 의미로, 미적 대상에 대한 일군의 진술을 '형식-진술'(form-statements)이라고 따로 구분하는 것이 가능하고 또한 유용할까?

예컨대 '이 그림은 나선형의 구도를 하고 있다'와 '이 악곡은 론도이다'는 형식 진술이라고 할 수 있을 것이지만, '이 그림은 우울하다'와 '이 음악은 경쾌하다'는 형식 진술이 아니라 다른 종류의 진술이라고 할 것이다.

이러한 질문들과 마주칠 때마다 취할 수 있는 좋은 방법이 있다. 이 방법은 두 단계로 이루어져 있다. 첫 단계는 다음과 같이 묻는 것이다. 만일 일반적인 용어법이 있다면 그것은 무엇인가? 내 생각에 대부분의 비평가들은 '론도'나 '경쾌하다'는 단어에 대해, '론도'는 형식을 지칭하지만 '경쾌하다'는 그렇지 않다는 것에 동의할 것이다. 그리고 만일 특징을 기술하는 용어들에 대해, 형식에 관련된 용어와 그렇지 않은 용어 두 가지의 목록을 만들 수 있고 각 목록에 해당하는 용어들에 대해 일반적인 동의가 이루어진다면, 용어들을 두 가지로 구분하고 널리 퍼져 있는 용어법을 정확하게 반영하는 '형식'이란 용어의 정의를 얻을 수 있을 것이다. 그러나 안타깝게도 여러 모로 상황을 둘러보면 '형식'이란 단어가 매우 예측 불허하게 여러 가지로 사용되고 있어서 기대와 달리 결과는 실망스럽다. 몇몇 예술 비평가들은 '형식'이란 단어를 그림의 구도에 가까운 의미로 사용한다. '그것은 점묘파 회화이다'라는 말은 이 용어법에서는 형식-진술이 아닐 것이다. 다른 비평가들은 그림이 재현하는 바와 대비되는, 그림의 전체 디자인을 의미하는 말로 사용한다. '그 그림에는 붉게 칠해진 부분이 있다'는 이 용어법에서 형식-진술일 것이다. 또 다른 비평가들은 그려진 대상들이 그림의 화면에 '어떻게' 배열되었는지를 의미하는 데 사용하는데, '두텁게'와 '우아하게'라는 말은 이 용어법에서 형식-용어가 될 것이다. 그리고 그 외에도 '형식'은 다양한 의미로 사용된다.

적어도 우리가 이 용어를 사용하는 방식이 일말의 모호함 없이 명확해야 한다고 하면, 모든 일상적인 용어법에 대응하는 정의를 마련할 수 있으리라 기대할 수는 없다. 그래서 우리는 두 번째 단계를 고려해야 한다. 비록 정확하지 않더라도 가장 보존할 가치가 있는 용어법을 선정하자. 예컨대 경계에 둘러싸인 시각적 표면 자체를 의미하는 것으로 '디자인'과 같은 단어가 이미 있다. 그 디자인의 요소, 관계, 그리고 영역(regional) 성질에 관한 모든 진술은 디자인에 대한 진술이다. 따라서 '형식'이란 단어를 그것과 똑같은 것에 할당한다면 용어를 불필요하게 중복하는 것이 된다. 디자인에 대한 진술 중에서 나머지 다른 것들과 구별하는 데 유용한 하위범주의 진술들이 있는지를 살펴보는 것이 흥미로울 것이다. 그리고 우리가 이미 도입한 범주들의 측면에서, ① 시각적 디자인(visual design)이나 악곡 내에서 요소들의 국소적(local) 성질과 복합체의 영역 성질들을 기술하는 진술들, 그리고 ② 그 대상 내에서 요소들 간의 그리고 복합체들 간의 내적 관계(relations)를 기술하는 진술들, 이 ①과 ②는 분명하게 구별된다. 이 중 후자를 '형식-진술'이라고 할 수 있다.

이 구별은 충분히 정확하다고 생각한다. 사실 몇 가지 논리적 도구를 활용한다면 필요 이상으로 더 정확한 구별이 가능할 것이다. 만약 어떤 악곡에서 한 음이 다른 음보다 더 높거나 더 소리가 크다든가, 혹은 한 악장의 어떤 악절이 더 밝은 조성이라든가, 어떤 악장이 다른 악장보다 길다고 한다면 이것은 관계적인 진술이다. 즉 이것은 'X는 Y에 대해 이러이러한 관계를 갖는다'와 같은 유형의 진술인 것이다. 그래서 앞의 정의에 의거해 이 진술들은 형식-진술이다. 이와 비슷하게, 만약 어떤 시각적 디자인에서 한쪽 면이 다른 면과 대비가 된다거나, 어떤 구역이 다른 구역보다 어둡다거나 그 회화 공간의 한 부분이 다른 부분보다 깊다거나 하고 말한다면 형식에 대해서 말하고 있는 것이다.

비평적 기술들 중에서 형식-진술을 모두 가려내고 나면 남는 것은 무엇일까? 첫째로, 작품 내에서 볼 수 있는 요소와 복합적인 부분에 관한 진술이 있을 것이다. 예를 들면 '그 악곡은 A음으로 시작되고 네 개의 악장으로 되어있다', '그 그림에는 붉은 산호빛으로 된 부분이 몇 군데 있고 두 개의 주요한 입체가 있다' 등과 같은 진술이다. 둘째, 그 작품이나 작품의 부분이 가지고 있는 영역 성질에 관한 진술이 있을 것이다. 예컨대 '그 음악은 F조이다'라거나 '그 음악은 광폭하다' 혹은 '도입부가 고요하다' 등의 진술, '그 그림은 밝고 생기 있다'는 진술 같은 것이다. 형식적 기술이 아닌 이러한 기술을 칭하는 이름이 있으면 편리하지만 지금의 논의에서 쓸 수 있는 완전하게 만족스러운 이름은 없다. '형식'은 자연히 '내용'을 그것과 상호보완적인 것으로 간주하는데 이 관습을 따르면 될 것이다. '내용-진술'(content-statement)은 어떤 면에서는 좋지 않은 용어인데, 그것은 악곡이나 시각적 디자인이 포함하고 있는 것들 중에는 각 부분들과 그 성질은 물론이고 또한 부분들 간의 관계도 있기 때문이다. 대부분의 경우 나는 '내용'이란 단어를 전혀 사용하지 않고 논의를 진행할 것이지만 그 단어를 사용할 때는 다음과 같은 의미에서이다. 내용-진술은 형식-진술이 아닌 기술을 말한다.

일단 이런 구별을 했다면, 그 구별이 눈부시게 정밀하다는 사실에 넋을 잃지 않

제4장 예술적 형식

는 것도 중요하다. 이제 그 구별이 과연 유용한지를 두루 살펴봐야 한다. 정밀한 구별 중 많은 것이 사실 할 필요가 없는 구별인데, 그 구별이 쓸모가 없기 때문이다. 만일 미적 대상의 어떤 국면을 따로 떼어내어 그 국면에 특별한 이름을 붙인다면, 이것은 사실 그 국면들이 특수한 기능 혹은 중요성을 갖거나, 무언가가 모종의 방식으로 그 국면에 의존하고 있을 때 비로소 정당화될 수 있다. 그래서 이 장에서 해야 할 것은, 비평가들이 말하고자 하는 중요한 사항들이 우리가 채택한 관점, 즉 '형식'이라는 용어와 그 용어에 의해 정의되는 다른 용어들의 측면에서 가장 잘 설명된다는 것을 보여주는 것이다. 이러한 의미에서의 형식을 분명히 구분하여 특별히 주목하는 것이 중요하다는 것, 그것은 형식이 예술에서 중요한 역할을 하기 때문이라는 것을 보여주어야 한다.

　한편, 앞에서 제안한 정의를 채택한다면 형식과 관련된 익숙한 문제 중 일부는 분명 사라지게 된다. 형식은 내용과 구별될 수 있는가? 확실히 구별될 수 있다. 내용에 대해 말하지 않고서도 형식에 대해 이야기할 수 있다는 의미에서 그러하다. 형식과 내용은 관련되어 있는가? 확실히 관련되어 있다. 두 음 사이의 관계들 중 일부는 그 음들의 성질에 달려 있고, 어떤 디자인에서 해당 색을 띠는 구역이 갖는 몇몇 성질은 이웃해 있는 구역과의 관계에 좌우되기 때문이다. 형식과 내용은 분리할 수 있는가? 분명 분리할 수 없다. 그리고 구별할 수 있음과 분리할 수 있음을 혼동하는 것은 중대한 잘못이다. 제2장 6절에서 지적했던 바와 같이, 어떤 복합체의 성질은 그 요소들과 그리고 그 요소들의 관계, 달리 말하자면 그것의 형식 그리고 내용 둘 다에 좌우된다. 만일 이 중에서 어느 한쪽이 변화한다면, 즉 만일 다른 음이나 색깔로 대체되거나 그 음악이 빨라진다거나 그 색으로 된 구역이 재배열된다면 특정한 성질이 변화하거나 사라질 것이다.

　그렇다면 이 용어법에 의거하면 형식은 내용보다 더 중요한가? 이 물음은 매우 깊이 들어가며 사실 그 답을 구하는 방법은 한 가지에 국한되지 않는다. 표면적으로는 미적 대상의 영역 성질에 매우 높은 가치를 두는 것처럼 보인다. 예를 들어 모차르트의 〈현을 위한 5중주 G단조〉(K. 516)의 첫 두 악장의 성질은 음악적으로 더할 나위 없이 귀중한 것이다. 그리고 누군가는 이것이 주요한 가치이자 유일한 가치라고 말할지도 모르겠다. 이 곡의 형식이 중요한 것은 오직 이러한 성질을 나타내기 위해 그것이 불가결하기 때문이라는 것이다. 또 다른 누군가는 그 형식은 우리가 음악에

299

서 소중히 여겨야 할 것이라고, 또 설령 그 형식에 이러한 깊은 비통함이 없다 해도, 형식은 가치가 있다고 말할 것이다. 이것은 앞으로 직면할 대비를 해야 하는 문제이다. 그러나 아직은 그럴 준비가 되지 않았고, 형식에 관해 우리가 더 잘 다룰 수 있는 문제들을 먼저 해결하는 것이 그 준비의 한 부분이다.

11 시각적 디자인의 구조와 질감
STRUCTURE AND TEXTURE IN VISUAL DESIGN

미적 대상의 형식이 그 대상의 부분들 사이의 전체 관계망이라는 데 동의한다면 이제 비평가들이 중요하게 여기는 또 다른 구별을 해야 할 지점에 있다.

미적 대상에는 교향곡의 악장이나 분명한 중심축에 의해 양분된 그림의 두 반쪽처럼 어떤 큰 주요 부분, 혹은 가장 중요한 부분이 있기 때문이다. 이 부분들은 모종의 방식으로 관계되어 있기 마련이다. 제2악장이 첫 악장의 조성의 버금딸림음조로 되어있다거나 해당 그림의 두 반쪽이 시각적 밀도 면에서 거의 동등하다거나 하는 식으로 말이다. 그리고 그 대상에는 그보다 더 작은 부분들, 즉 대상의 요소나 더 소규모의 부수적인 복합체도 있다. 교향곡의 선율이나 그림의 입체 형태 같은 것이다. 그리고 이러한 더 작은 부분들도 모종의 방식으로 관계되어 있다. 한 선율은 다른 선율보다 더 활기차다든가, 어떤 입체는 다른 입체보다 공간적으로 더 깊다든가 하는 식으로 말이다. 주요 부분과 부수적인 부분 간의 구별은 때로 모호하고 어쩌면 임의적이기도 할 것이다. 그러나 통상 그 구별은 눈이나 귀로 감지될 것이다. 어떤 경우든 그 구별은 유용할 것이다.

그렇다면 주요 부분들 간에 성립되는 상대적으로 대규모의 관계와, 부수적인 부분들 간의 상대적으로 소규모의 관계가 있다. 달리 말한다면, 대상 내의 크고 먼 영역들 간의 관계와 이웃한 영역들 간의 관계가 있다. 그리하여 우리는 두 가지 종류의 미적 형식을 구별하게 된다. 그것은 구조(structure)와 질감(texture)이다. 이 절에서는 이 구별을 시각적 디자인에 적용할 것이다.

'질감'이란 용어는 종종 미술 비평가들이 사용하는데 그 의미는 내가 제안한 의미와 정확히 같지는 않다. 예컨대 미술 비평가들이 비단과 삼베, 혹은 소나무와 단풍나무가 질감 면에서 다르다고 할 때는, 손으로 그 표면을 문지른다면 다르게 느껴질 것으로 보인다는 것을 종종 의미한다. 촉각적 성질상의 차이가 있는 것이다. 맞는 이야기다. 그러나 우리가 보는 바를 분석해보면, 그 사물들이 시각적으로 보이는 방식의 차이는 그 사물들의 성질상 각각의 상세한 차이에 따른 것이다. 어떤 목재는 결이 곱고 다른 목재는 그렇지 않다. 어떤 천은 겹쳐진 작은 사각형들로 이루어져 있지만 다른 천은 팽팽하고 빛을 받아 윤기나 색이 극도로 미묘하게 달라지면서 부드럽게 변화한다. 이것이 내가 '질감'이란 말로써 의미하는 바이다. 시각적 디자인의 질감은 그 디자인 내의 어느 위치에서든 그 위치에 있는 작은 부분들 간의 관계로 이루어진다. 또 대상 전체의 질감, 즉 다양한 위치에서 나타나는 소규모 관계들에 대해서도 개략적으로 말할 수 있다.

디자인이 구조는 있지만 질감이 없을 수도 있고 질감이 있지만 구조가 없을 수도 있다. 전자에 해당하는 경우로, 흰 바탕에 두 개의 크고 빨간 원형 구역을 포함하고 있는 큰 직사각형을 상상해보라. 이 디자인에는 분명한 큰 주요 부분이 있으며 이 부분들은 관계되어 있다. 원들은 바탕과 대비되어 두드러지고 단순한 대칭으로 서로 균형을 이루고 있다. '바탕과 대비되고' '균형을 이루는' 관계는 이 경우 구조적인 관계이다. 그 관계가 큰 주요 부분들과 관련되기 때문이다. 그러나 큰 주요 부분 내에 어떤 가시적인 차별점도 없고, 그래서 식별되고 비교되는 더 작은 부분들도 없다고 가정해보자. 그러면 구조는 있지만 질감은 없다. 그러나 사실 시각적 디자인의 구역에는 언제나 모종의 이질성(heterogeneity)이 있다. 예컨대 젠센의 〈구성〉(도판 1)에서 볼 수 있는 것과 같이 말이다. 그렇지 않았다면 이것은 질감이 없는 구조의 예일 것이다.

그러면 이제 빨간색 작은 점, 일정하게 늘어선 작은 물방울무늬로 뒤덮인 흰색 면을 상상해보자. 단순한 드레스나 부엌 커튼의 재료로 많이 볼 수 있는 무늬이다. 전체 면이 이런 물방울무늬로 되어있다면 그 면 안에 큼직한 주요 분할은 없다. 그 디자인은 시각적으로 어떤 큰 부분들로 나뉘지 않으며 따라서 거기에 구조는 없다. 그러나 이 경우 질감은 있는데, 사실 전체적으로 동일한 질감인 각각의 점은 흰색 바탕과 이웃한 점들에 대해 똑같은 방식으로 관계를 맺고 있기 때문이다. 루오의 석판화(도판 5)의 오른쪽 윗부분, 뒤러의 목판화(도판 6)의 바닥과 뒤의 벽, 고야의 동판화(도판 7)의 왼쪽 윗부분에서는 다른 질감들이 보인다. 물론 구조와 질감 사이의 구별은 상대적이다. 만일 질감을 확대하거나 전체 화면을 축소하기 시작한다면, 그 요소들이 디자인에서 작고 부수적인 부분이 아니라 큰 주요 부분이 되는 지점에 도달할 것이다. 그러나 그렇게 되면 그것은 이제 다른 디자인일 것이다. 그림을 보면 거기에는 언제나 어떤 큼직하게 분할되는 부분들이 있고, 욕실 타일이나 벽돌 벽을 보면 작게 분할된 부분들은 있을지라도 그렇게 큼직하게 분할된 부분이 없는 것은 아주 분명하다.

구도와 양식

이제 '구도'(composition)라는 용어를 생각해보자. 케테 콜비츠의 〈시립보호소〉(도판 3)가 삼각형 혹은 피라미드형 구도로 되어있다고 말한다 하자. '구도'라는 말은 두 가지 방식으로 이해할 수 있고, 일반적으로 그 둘을 구별한다는 점을 간과하는 것은 아니지만 이 맥락에서 '구도'의 두 정의 모두를 똑같이 괜찮은 것으로 볼 수 있을 듯하다. 일단 한 가지 방식으로서, 구도가 삼각형이라고 말하는 것은 그림 안의 가장 두드러진 몇몇 구역이 맺고 있는 대규모 관계를 파악하는 것이다. 예컨대 어머니의 머리는 아이의 발로부터 특정한 방향에 있다. 이것은 구도에 대한 진술을 대규모 관계로 분석하는 것이라 하겠다. 다른 방식은, 그림 안에서 두드러지게 보이는 큰 모양을 지칭하고자 '지배적인 패턴'(dominant patterns)이라는 용어를 도입하는 것이다. 예컨대 엄마의 등과 아이의 등에서 보이는 부수적인 패턴들 사이에 있는 강한 윤곽선들 때문에 이 부수적인 패턴들로부터 지배적인 패턴이 나타난다. 한 디자인의 지배적인 패턴은 관계의 집합이 아니라 이 관계들에 의존하는 영역 성질이다. 구도를 관계들 자체로 볼지 아니면 관계들이 규정하는 패턴으로 볼지는 그다지 중요한 문제가 아니다. 어쨌든 만일 해당 디자인에 관계들이 있다면 패턴도 있을 것이다. 시각적 디자인에서 구도는 적어도 구조의 일부라고 말하고 싶다. 다시 말해 디자인의 구도에 대한 진술은 디자인의 구조에 대한 진술이다.

다음 페이지에 제시한 간단한 도해를 참고하면 이 핵심 사항들을 정리하는 데 유용할 것이다.

첫째, D는 많은 요소들이 다른 셋과 다르다는 점을 주목하라. D는 작은 원들 대신 대부분 십자형으로 이루어져 있다. 둘째, B는 다른 셋과 지배적인 패턴 면에서 다르다. B의 지배적인 패턴은 사각형이 아니라 삼각형이고, B에서는 요소들 간의 대규모 관계, 즉 요소들이 줄지어 선 지배적인 방향, 큰 원들이 서로에 대해 갖는 관계가

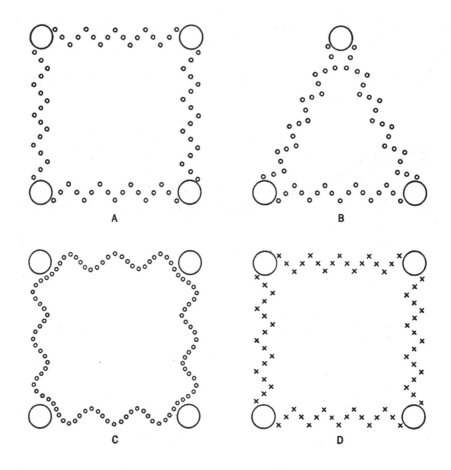

다르다. 그래서 B는 다른 셋과 구조 면에서 다르다. 셋째, A와 B는 질감 면에서 유사한데, 작은 원들이 이웃하고 있는 관계가 비슷하다. 작은 원들의 관계는 직각의 지그재그를 형성하고 있다. C는 A 및 B와 질감 면에서 다른데, C의 작은 원들은 둥그스름한 물결 형태를 이루게끔 관계를 맺고 있다.

이제 '구도'란 용어를 우리의 분석 범주들 안에서 정의할 수 있다. 이 용어가 해당 디자인 내의 모든 구역들의 '배열'(arrangement), 즉 그 구역들의 관계를 의미할 때는 '형식'과 같은 의미이다. 만일 '구도'가 대규모 관계 그리고/혹은 지배적 패턴을 의미하는 것으로 규정될 때는 '구조'와 같은 의미이다.

'구조'와 '질감'이란 용어를 빌려, 이제 비평 관련 어휘에서 상당한 몫을 차지하는 또 다른 용어, '양식'(style)을 명확하게 할 수 있다. '양식'은 비평가들이 이 용어를 어떻게 사용하는가, 즉 비평가들이 특정한 미적 대상에 관해 무엇을 말하고 있는가에만 주의를 기울여도 분명하게 알 수 있는 용어 중 하나이지만, 비평가들에게 이 용어를 어떻게 정의하는지를 묻는다면 엄청난 혼란을 초래할 것이다. 대개 이런 정의들은 일반적인 사전에서 예술가의 '표현 방식'이나 예술가가 '작품에 더해놓은 개인적 측면'을 가리키는데 이런 정의는 별로 도움이 되지 않는다. 그것은 우리가 '양식'이라는 용어를 어떻게 사용하건 작품이 무슨 양식인지를 경험적 관찰을 통해 파악하면서 사용해야 하기 때문이다.

'양식'이란 용어의 사용법이 폭넓게 다양하고 또 변화가 심하다는 것은 아주 분명하다. 화가이자 사진가인 스티븐 트리포니디즈(Steven Trefonides)는 자신의 사진이 자신의 그림과 몇 가지 양식적 특색이 같다고 말했다. 그러나 회화에 대한 한 유명 문헌은 꽤 단호하게 사진에는 양식이 없다고 하면서 그 명백한 이유로 예술가의 직접적인 수작업으로 볼 수 있는 것이 사진에는 없다는 점을 들고 있다. 이것은 좀 분석해 볼 필요가 있고, 늘 그렇듯이 '양식'이란 용어에 대해 결국 우리 나름대로 결정을 내려야 할 것이다. 그 용어를 가장 유용하게 만들면서 가장 오해의 소지가 적은 정의를 선택해, 가능한 한 분명하게 그 정의를 규정하고 다른 이들에게도 그 정의를 권유하는 것이다.

예술가와 그의 작업에 대한 문제들을 일단 옆으로 제쳐둔다면, 비평가들은 양식에 대해 말할 때 어떤 것을 언급하는 것일까? 우선 하나를 들면 비평가들은 특정한 그림의 양식에 대해, 예컨대 붓질이 짧고 촘촘하다, 임파스토가 많이 보인다, 혹은 작품이 점묘파 회화이다라는 식으로 말한다. 그리고 그 그림의 질감상 반복적으로 나타나는 특징에 대한 진술도 있다. 즉 어떤 질감상의 특징들이 작품에서 반복되면, 그런 특징들을 따로 가려내어 양식의 특색으로 간주한다. 그리고 이것은 예술가에 대해 전혀 말하지 않고도 가능하다. 예컨대 렘브란트의 〈잠자는 소녀〉(도판 2)의 양식상의 특징은 잉크로 그려진 부분들이 넓고 투명하고 끝이 부드럽고 점점 가늘어지며, 배경 부분을 제외하면 서로 분리되어 있다는 점이다. 베크만의 〈자화상〉(도판 4)의 양식적 특징을 보면 잉크로 된 부분들이 어둡고, 모서리가 딱딱하고, 끝이 뾰족하고, 흰색 바탕과 극명하게 대비된다.

이런 경우 사진에 대해서는 어떻게 말해야 할까? 우선 '양식'이라는 단어를 '반복되는 질감상의 특징'을 의미하는 말로 사용하기로 한다면, 양식이 없거나 양식에 대해 별로 말할 것이 없는 시각적 디자인이 있으리라는 점에 우선 주의해야 한다. 물론 그 디자인에 질감은 있을 것이다. 그러나 부분마다 질감이 다양하게 변하는 경우, 가령 루벤스, 반 고흐, 티치아노, 쇠라(Seurat), 그리, 클레, 라파엘로(Raphael) 작품의 조각들을 조합해서 만든 디자인처럼 붓질이 어떤 일관된 특징을 보이지 않는 경우를 생각해보자. 이 경우 비록 아주 변화무쌍한 질감을 보이는 디자인이지만 전체적으로는 아무런 양식도 없다고 할 것이다. 때로는 그 디자인에는 여러 양식들이 혼합되어 있다고 말할 수도 있겠지만 그것은 우리가 그 화가들의 다양한 양식에 이미 익숙해져 있기 때문이다. 그러나 그렇다고 이것이 사진에는 양식이 있을 수 없다는 것을 의미하지 않으며 사실 그렇다고 보기도 힘들다. 어떤 대상을 특정한 조명 아래 촬영하고 특정한 방식으로 마무리처리를 한다면, 명암의 날카로운 대조, 표면의 반짝임이나 둔탁함, 그 윤곽선의 선명함이나 희미함과 관련된 어떠한 특징이 있을 것이고, 이것은 많은 사진들에서 공통적으로 볼 수 있는 특징이다. 그리고 이 특징들이 사진의 양식일 것이다.

우리는 특정한 시각적 디자인에 대해 위와 같이 말할 수 있을 것이다. 설사 이 세상의 다른 어떤 시각적 디자인도 그것과 똑같거나 아주 비슷한 양식으로 된 것은 없다고 해도 말이다. 그러나 물론 미술사가들은 '양식'이란 용어를 시각적 디자인들의 집단으로 확장해 적용하는 데 더 관심을 기울인다. 그래서 미술사가들은 렘브란트의 양식 발전의 단계를 구분하고, 마지막 단계는 색채 구역의 검은 부분들과 때로 붓 손잡이도 사용하는 등의 다양한 붓질을 통해 더 강하고 풍부한 키아로스쿠로 혹은 명암 대비의 특징을 보인다고 말하려 한다. 그들은 또 고딕 양식이나 국제 양식, 피렌체 양식이나 베네치아 양식, 플랑드르 양식이나 바로크 등의 시대 양식에 대해서도 말하고자 한다. 거듭 말하자면 양식은 반복되는 특징들의 모음이다. 이런 경우 미술사가들은 통상 양식이란 용어를 다소 확장하지만, 그들이 말하려는 바를 안다면 그다지 심각하게 혼동할 위험은 없다. 어떤 미술사가가 바로크 '양식'이란 용어를, 폐쇄적인 형식이 아니라 개방적인 형식, 명암의 극단적 대조, 대각선상으로 공간 깊숙이 후퇴하는 구도 등으로 특징짓는다고 하자. 이 중 어떤 특징은 질감상 반복되는 특징이고 어떤 것은 구조상 반복되는 특징이다. 어떤 화가가 나선형 구도를 좋아한다고 해서 그것을 그 화가의 양식적 특징이라고 말하는 것은 좀 이상하지만, 그렇다고 아주 이상한 것은 아니며 이런 관습은 미술사에 깊게 뿌리박혀 있다.

그러면 이제 시각적 디자인의 양식과 관련된 논의를 다음과 같이 정리할 수 있을 것이다. 첫째, '양식'은 개별적인 대상에 적용될 때는 반복되는 질감상의 특징을 가리키는 것으로 가장 잘 사용되며 이러한 용어법은 예술 비평가들의 용어법에 잘 들어맞는다. 이 용어를 정의하는 데 있어 그들이 의도주의에 경도되어 있다는 점을 무시한다면 말이다. 둘째, '양식'이 대상들의 집단, 특정한 시대나 특정 화가의 작품 전체에 적용될 때는 반복되는 질감과 구조상의 특징들을 가리키는 것으로 보통 사용된다.

여기에는 한 가지 단서가 붙어야 할 것이다. 어떤 미술사가들은 어떤 면에서 더 강한 의미의 '양식'의 정의를 고집할 것이다. 그것은 그들이 때로 '양식'이란 말로써, 단지 반복되는 특징들의 집합이 아닌 특징들의 체계(system)를 가리키는 경우가 있기 때문이다. 예컨대 큐비즘은 '강한' 양식이라 할 수 있는데, 큐비즘을 규정하는 특징들이 서로 연합해 있을 뿐 아니라 서로에게 속해 있기 때문이다. 이후에 13절에서 살펴보겠지만 그 특징들은 서로 일관된(coherent) 집합이다. 전성기 바로크와, 그보다 살짝 약한 정도이긴 해도 매너리즘 양식은 매우 강한 양식이다. 반면 '종합적' 큐비즘과 초현실주의는 그렇지 않다. 하지만 '양식'을 넓은 의미로 사용하되 일관된 양식과 덜 일관된 양식을 더 구체적으로 구별하고 그리하여 그 양식들이 어느 정도 구별되면서 필요한 것을 빠짐없이 포괄할 수 있도록 하는 것이 가장 좋을 것이라 생각한다.

분류 용어

비평가와 미술사가들이 말하고자 하는 것이 예술가의 전기가 아니라 미적 대상에 대한 것일 때, 비평가들이 시각적 디자인에 관해 말해야 할 많은 부분이, 그리고 미술사가들이 말해야 할 것은 더 많은 부분이 시각적 디자인들을 비교하고 분류하는 것에 해당한다. 때로 이것은 작품 외적인 증거가 부족할 때 양식을 분석해 서명이 없는 그림이 누구의 것인지 혹은 서명된 그림의 연대가 어떻게 되는지를 정확하게 결정하는 문제이다. 때로 이것은 화가와 작품을 화파나 사조로 묶어 그것이 사회적, 정치적 변화와 어떤 관련이 있는지를 추론하는 문제이기도 하다. 또 때로는 어떤 화가가 다른 화가의 화법을 직접적으로 빌려왔다고 추측할 만큼 유사한 점들을 짚어내어 그 화가들의 영향 관계를 증명하는 문제이다. 사실 뒤에 살펴보겠지만 어떤 비평가들은 미적 대상을 정확하게 분류하고 나서야 비로소 그것을 가치 평가할 수 있다고 주장한다.

그러나 그림과 악곡 같은 미적 대상은 특히 비교하고 분류하기가 어려운 것으로 생각되어왔다. 미적 대상은 고도로 개별적인 대상들이고 각기 매우 독자적이며, 흔히 성공적으로 일반화할 수 없는 것으로 여겨진다. 이 관점은 언뜻 보기에는 그럴듯하다. 미적 대상과 다른 대상의 비슷한 점을 짚어내는 것이 사람들이 미적 대상을 더 잘 감상하는 데 도움이 된다고 하더라도 미적 대상의 환원 불가능한 차이를 강조하는 것이 더 중요하다고 말하는 비평가들도 있다.

어떤 대상이 다른 대상보다 더 고도로 개별화되어 있다는 것이 무엇을 의미하는지는 분명하지 않다. 그러나 여기서 굳이 멈추어 그 문제를 생각하지 않더라도 미적 대상도 인간과 마찬가지로, 고도로 개별화되어 있지는 않다고 당연히 생각할 수 있을 것이다. 금속, 나비, 경제적 체제, 정신 질환 등에 일반적인 분류 원칙을 적용하는 것처럼 미적 대상에도 적용할 수 있지 않을까 생각하는 것은 당연하다. 물론 예술에서는 이 일반 원칙들을 적용하는 데 따르는 어려움이 매우 크다고 해도 말이다. 하지만 미적 대상을 분류하는 데 사용되는 가장 범용적인 용어들 다수가 만족스럽게 정의되지 않은 상태인 것은 꽤 분명하다. 그래서 예컨대 쇤베르크 같은 20세기 작곡가가 '낭만적'인지 '반낭만적'인지, 마네 같은 화가가 '사실주의자'인지 '인상주의자'인지 같은 어쩔 수 없는 언어상의 논쟁을 하게 된다. 그러나 이것은 공허한 문제들이 아닌 것이, 이 문제들은 진지한 관심을 기울여 작품 자체를 분명하게 지각하고 해당 작품들과 다른 작품들 사이의 미묘한 차이를 명확하게 제시하면서 제기한 것들이기 때문이다. 그래서 이러한 문제를 놓고 벌이는 논쟁이 안타깝게도 작품 자체에 대한 면밀한 연구를 대체해버릴 수도 있지만, 비평가의 어휘에서 이러한 일반적인 용어들을 모두 제외하는 것은 지나치게 가혹하고 급진적인 해결책이다. 언어는 비록 부족한 점이 있지만, 미적 대상이 어떻게 다른 것들과 다른지, 미적 대상에서 주목할 만한 것이 무엇인지를 우리 자신과 타인에게 명확히 하는 가장 좋은 도구이다. 그러나 언어로 표현하려면 가능한 한 단어들의 의미를 분명하게 해야 할 것이다.

미술의 분류-용어 중 몇몇은 '풍경화', '정물화'처럼 작품이 재현하는 소재 측면에서 분명하게 정의할 수 있고 지금 이런 용어들을 논의하려는 것은 아니다. 형식만을 지칭하는 다른 용어들이 있고, 심지어 '초현실주의'처럼 다소 여러 가지가 섞이거나 혼란스럽게 사용되는 용어들도 있다. 우선 순수하게 형식적인 구별 용어들 몇 가지를 살펴보고 분석적인 정리가 확연히 필요해보이는 몇몇 용어의 예를 간략하게 다루도록 하자.

시각적 디자인의 부분들 사이에서 유효한 관계들은 무엇일까? 주요한 것들을 편의상 두 그룹으로 나눌 수 있다. 첫째, 이원(dual) 관계, 즉 디자인의 두 부분 사이에 성립하는 관계이다. 이 관계는 논리적인 측면에서 대칭적이다. 즉 만일 A에게서 B에 대해 어떤 관계가 성립한다면 그것이 B에게서 A에 대해서도 성립한다. 이 관계는 그 대상에서 상대적으로 큰 부분들 간에 성립하는 한, 구조를 구성하는 것으로서 가장 중요하다.

이원 관계는 더 세분될 수 있다. 예컨대 바탕 면 위의 두 형체처럼 한눈에 볼 수 있는, 시각적 디자인의 두 부분을 따로 가려내어, 비슷하거나 서로 다른 여러 특징들의 측면에서 비교한다고 생각해보자. 모양, 색, 배치 방향, 크기 같은 특수한 특징을 살펴보자면 가능한 세 가지의 구분 방법이 있다. 그 형체들은 정확하게는 아닐지라도 그런 특징 면에서 유사할 수 있다. 혹은 어두움과 밝음, 크고 작음, 부드러움과 삐죽삐죽함 등 특징 면에서 대조적일 수 있고, 혹은 서로 별 관계없이 다를 수도 있다. 즉 아주 비슷하지도 아주 대조적이지도 않을 수도 있다. 대문자 P는 대문자 R과 모양이 비슷하다. R이 P를 포함하고 있기 때문이다. 대문자 X는 대문자 O와 대조적인데, X가 완전히 열린 형태인데 반해 O는 완전히 닫힌 형태이기 때문이다. 대문자 P와 M은 그다지 비슷하지도 않고 분명한 대조를 보이지도 않는다.

이 이원 관계 중 시각적 디자인에서 구조적으로 매우 중요한 세 가지가 있다. 첫 번째는 그 디자인의 두 부분을 시각적 조밀성 측면에서 비교할 때 나타난다. 그 두 부분은 밀도 면에서 거의 같을 정도로 유사하고 이 경우 균형을 이루고 있다고 할 수 있다. 그 두 부분은 대조적일 수도 있고, 유사하거나 대조적인 그 어느 쪽도 아닐 수 있다. 균형은 비교되는 두 구역을 가르는 점이나 세로선, 기준, 축을 암시한다. 예컨 대 뒤러의 〈최후의 만찬〉(도판 6)에서 윗부분의 둥근 창문과 아랫부분의 빈 접시는 강한 세로축, 끊어진 선을 형성한다. 왼쪽에 일곱 명의 인물이 있고 오른쪽에는 다섯 명밖에 없지만 이 인물들의 크기와 배치는 그 축의 양쪽 면을 완벽하게 균형 잡히도록 한다. 좀 더 미묘한 예는 렘브란트의 〈잠자는 소녀〉(도판 2)이다. 이 그림에서 소녀의 위팔 가장자리 왼쪽에 그림자를 만들고 있는 두꺼운 세로 방향 붓 선은 몸의 윗부분과 아랫부분이 섬세한 균형을 이루게 하는 축의 윤곽을 만들어내고 있다.

두 번째는 그 디자인의 두 부분을 색채, 혹은 색조(color-tonality) 면에서 비교할 때 나타난다. 두 부분이 색조가 잘 어울려서, 즉 조화로울 수 있다. 혹은 어울리지 않고 충돌할 수도 있다. 즉 서로의 존재로 인해 색채상으로 불편해보일 수 있다. 혹은 그 두 부분이 그냥 아무런 관계가 없을 수도 있다. 색채-조화는 모양-조화나 크기-조화처럼 일종의 유사성이다.

세 번째의 이원 관계는 디자인의 두 부분을 동세의 측면에서 비교할 때 나타난다. 그것은 동세에서 동력의 크기 및 방향을 포함한다. 예컨대 흰 바탕 위에 있는 두 검은 형체는 왼쪽 위 모서리로 같은 방향으로 움직이는 것처럼 보일 수 있다. 또 그 형체의 모양, 크기, 위치 등에 따라 마치 내적인 힘에 이끌린 듯이 함께 움직이는 것처럼 보일 수도 있고 각자 떨어져 나가듯이 움직일 수도 있다. 혹은 이런 경향들과 상호작용하는 다른 형체들이 있어서, 팽팽하게 안정감을 유지하는 긴장이 생겨나고 형체들이 특정 위치에 자리 잡고 있는 것처럼 보일 수도 있다. 그래서 이 두 형체는 평형 상태에 있는 것도, 불균형한 상태에 있는 것도 아니다. 젠센의 〈구성〉(도판 1)은 이런 평형 상태의 단순하고 분명한 예시이다. 오른쪽으로 기울어진 두 개의 흰 영역이 왼쪽으로 기울어진 영역과 겨루고 있다. 씨 뿌리는 사람을 그린 루오의 그림(도판 5)은 좀 더 복잡하다. 여기서는 기울어진 머리와 팔뚝, 멀리 있는 길이 강한 시계 방향의 동세를 구축하지만, 그 동세는 화면 아래에서 반시계 방향의 동세를 만들어내는 오른쪽 허벅지의 각도로 인해 저지되고 생기 넘치는 균형감이 부여된다. 루오와 베크만의 작품과 같은 구도는 불안정한 평형 상태에 있다고 할 수 있다. 그 작품들의 평형 상태는 서로 강하게 대항하는 힘들이 긴장감을 띠고 대립하는 데서 생겨나는 것이기 때문이다. 콜비츠와 뒤러 작품의 구도는 안정적인 평형 상태에 있다고 할 수 있다.

시각적 디자인에는 이원 관계 외에 연속적인(serial) 관계도 있을 수 있다. 셋 이상의 형체가 복잡하든 단순하든 서로 관계를 이루고 있다고 생각해보라. 그중 둘이 이원 관계에 있는 경우는 제외하자. 그러면 세 가지 가능한 경우가 남는다. 첫째, 그 형체들이 모두 색, 모양, 크기, 배치 방향, 위치 등 어떤 공통적인 특징을 갖는 경우이다. 그런 경우 그것들은 반복에 의한 연쇄를 형성한다고 하겠다. 각각이 다른 나머지 모두에 대해 같은 방식으로 비슷하기 때문이다. 둘째, 그 형체들은 색, 모양, 크기, 배치 방향, 위치 면에서 다소 규칙적으로 다를 수 있다. 예컨대 A는 B보다 어둡고 크며 B의 왼쪽에 있고, B는 C보다 어둡고 크며 C의 왼쪽에 있는 식이다. 이 경우 A와 B의 관계는 B와 C의 관계와 유사하다. 이 경우 이 형체들이 방향성을 띤 변화를 형성한다고 하겠다. 그리고 세 번째, 모든 형체들을 연결하는 어떤 연속적인 관계도 없는 경우이다. 베크만의 〈자화상〉(도판 4)에서 보이는 작은 무리의 선들이 이런 연쇄의 예이다. 베크만은 예컨대 우상단에서 인물의 왼쪽 이마에서처럼, 일정한 방향성을 띤 변화를 피했지만 각각의 선 무리 내에는 길이, 굵기, 때로는 우세한 방향 측면에서 변화가 있다.

　순수하게 형식적인 이런 구별은 물론 그 디자인의 큰 주요 부분을 고려하느냐 부수적인 부분을 고려하느냐에 따라 구조적인 구별일 수도 있고 질감상의 구별일 수도 있다. 예컨대 이집트 사원의 벽을 따라 그려진 인물들은 모종의 연쇄를 이루고 있고, 이것은 구조적이라 할 수 있다. 채식 필사본의 페이지 가장자리를 두르고 있는 꼬이고 얽힌 선들도 연쇄를 이루며, 이것은 질감적인 연쇄라 할 수 있다.

　'큐비즘'과 '인상주의' 같은 단어는 회화 영역에서 일어난 전반적인 운동을 일컫기 위해 도입된 용어로, 그 용어를 정의하는 것은 그 말을 익혀 다소 박식한 투로 사용하는 것보다 훨씬 어렵다. 그 어려움 중 하나는 종종 그 용어들이 동시에 두 가지 목적으로 사용되어야 하는데 그 두 가지 목적이 반드시 조화롭지는 않다는 것이다. 그 용어들은 어떤 유형의 그림을 다른 그림과 구별하는 기준을 제공한다. 예컨대 특정 회화가 큐비즘 회화인지 아닌지를 말하거나, 혹은 더 융통성 있게, 어떤 측면에서 그 그림이 큐비즘 회화이고 어떤 측면에서 큐비즘 회화가 아닌지를 말하는 기준을 제공한다. 이것이 그 용어들이 해야 할 우선적이고 더 중요한 일이다. 그러나 그 용어들은 또한 특정 화가의 미학 이론 및, 때로 특수한 양태의 회화가 전달하는 듯한 형이상학적이거나 신비스러운 생각에 관한 가장 주목할 만한 이야기를 가리키기도 한다.

　이 관념들은 제8장 21절에서 다룰 것이며 이러한 용어들이, 기술하는 용도로는 어떻게 사용되어야 하는지를 살펴볼 것이다. 인상주의 화가들은 '사물의 끊임없이 변화하는 외양, 감각에 남는 인상을 기록하려고 시도한다'고 할 수 있다. 또 큐비즘 화가들은 '견고한 대상, 정육면체, 구, 원통, 피라미드, 원뿔로부터 어떤 본질적인 형태를 추상해내어 그 대상을 다양한 시각면으로 그려냈다'고 할 수 있다. 여기서 우리는 의도주의적인 용어는 걸러낼 수 있다. 만일 어떤 시각적 디자인을 다른 디자인들과 비교해 인상주의적인 것으로 분류하는 것이, 그 디자인에 순수한, 즉 채도가 높은 색상으로 칠해진 작은 영역들이 인접해 있다는 것, 식별할 수 있는 붓자국들의 모양, 방향, 크기가 매우 다양하다는 것을 의미한다면 인상주의는 질감의 한 유형이다. 만일 어떤 그림을 큐비즘 회화로 분류하는 것이 의미하는 바가, 그 그림에 단순하고 날카로운 윤곽을 가진 수많은 덩어리들이 있고 그 덩어리들이 깊이 있는 공간 속에서 관계되어 있는 것이라고 한다면 '큐비즘'은 구조와 질감 모두를 가리키는 용어이다.

여기서 간략히 살펴봐야 할 혼란스러운 용어가 하나 더 있다. 그 용어를 명확히 규정하는 것은 결코 간략할 수 없지만 말이다. 비평가들은 때로 '장식 예술'(decorative art)이란 말을 하는데, 이 용어를 반드시 찬사의 의미로서가 아니라, '표현적인' 예술이나 다른 예술과 대비되는 의미로 사용한다. 가령 예컨대 벽지, 천, 필사본의 채식, 마티스의 몇몇 그림은 장식적 디자인이지만 지오토(Giotto), 루벤스, 세잔의 그림은 장식적이지 않다고 할 수 있을 것이다. 가장 분명한 의미로, '장식적 디자인'을 '질감은 있지만 구조는 없는 디자인'이라고 정의할 수 있을 것이고, 사실 이것은 널리 쓰이는 용어법에 꽤 잘 들어맞을 것이다. 하지만 완벽하게 들어맞는 것은 아니다. 때때로 비평가가 어떤 디자인을 '장식적'이라고 말할 때 그는 그 디자인이 구조가 없다는 것을 의미하는 것이 아니라 그 디자인에서 흥미롭고 미적으로 가치 있는 것은 그것의 질감이라는 것을 의미하는 경우가 있기 때문이다. 구조와 질감을 구별하는 것은 장식적이라는 개념을 말하는 데 있어 확실히 기본이 된다.

어떤 현대 화가에 대해 다음과 같이 말하는 신문 구절이 있다.

큐비즘은 장식적으로 사용되기에는 너무 타협의 여지없이 단호한 양식이다. 큐비즘은 건축적이거나 혹은 아무것도 아니다.

큐비즘을 '장식'과는 반대되는 것이지만 하나의 '양식'이라고 부른 점에 유의한다면, 이 구절의 의미는 다음과 같이 이해할 수 있다. 큐비즘 회화에서 작동하는 공간-관계와 양괴-관계가 만일 상대적으로 큰 양괴들 사이의 구조적('건축적') 관계로서 사용된다면 큐비즘 회화는 좋은 그림이 될 수 있지만, 그 양괴들이 작아서 그 관계들이 질감적('장식적')이 되면 그 그림은 좋은 그림이 아니라는 것이다. 물론 여기서 우리는 아직 다룰 준비가 되지 않은 가치의 문제를 건드리고 있다. 그러나 위 구절의 필자가 말하는 내용의 옳고 그름을 논의하지 않더라도 그가 말하려는 바를 충분히 이해할 수 있다. 그리고 이러한 언어적 분석의 단편은 우리가 사용해온 범주들의 견지에서 비평의 진술들을 분석해 그 진술들을 명확히 하는 방법을 보여주는 데 도움이 된다.

12 음악에서의 구조와 질감

STRUCTURE AND TEXTURE IN MUSIC

미적 대상의 구조를 기술하는 진술과 질감을 기술하는 진술을 구별하는 것은 시각 예술에서와 마찬가지로 음악에서도 중요하다. 음악에서 그 구별은 곡의 규모에 따라 다르지만, 오히려 더 분명하다. 악곡이 짧은 선율로 된 것이라면 그 주요 악구들 사이의 관계가 곡의 구조일 것이다. 선율이 피아노 협주곡의 피날레 부분에 나온다면, 전체 악장에 비추어 그 악구들 간의 관계는 질감과 관련된다.

'소나타'란 단어는 구조-용어임이 분명하다. 물론 원래부터 그 단어가 구조-용어였던 것은 아니지만 말이다. 어떤 악장이 소나타-알레그로 형식으로 되어있다고 할 때는, 그 악장의 주요 악절, 즉 제시부, 전개부, 재현부가 중요한 방식으로 관계되어 있다는 것을 의미한다. 예컨대 전개부에서 제시부의 선율 중 어떤 음형이 나타난다거나, 재현부는 전체가 제시부 첫 부분과 같은 조성으로 되어있거나 혹은 대부분 제시부 첫 부분의 조성으로 되어 있으면서 마지막 부분은 확실히 그 조성으로 마치는 식이다. 이것들은 대규모 관계의 진술이다. 한편, 어떤 악곡이나 곡의 어떤 소절이 돌림노래로 되어있다고 할 때, 이것은 한 성부가 다른 성부가 노래하는 똑같은 선율을 일정한 간격을 두고 뒤따라가면서 같은 음정이나 다른 음정으로 반복하거나 모방한다는 것을 의미한다. 〈엄지 어디 있어〉(Frère Jacques)나 〈노를 저어라〉(Row, Row, Row your boat) 같은 곡에서는 각 성부들이 같은 음정으로 소절을 뒤따라가며 반복한다. 여기에 조스캥 데 프레(Josquin de Près)가 작곡한 간단하지만 인상적인 소절 두 개가 있다.

첫 번째 구절에서 테너는 한 옥타브 아래에서 두 마디만큼 늦게 따라가며 소프라노를 모방한다. 두 번째 구절에서는 5도 아래 음정으로 불과 4분음표 하나의 간격을 두고 모방한다.

이 예시들을 통해, 여기서 제시한 정의에 의하면 구조와 질감의 구별이 음악의

Josquin des Près, *Ave Maria*

수평적이고 수직적인 차원들 사이의 구별과 같지 않다는 것을 알 수 있다. 음악적 질감은 그것이 하나의 선율선으로 이루어져 있는지, 한 선율에 화음 반주나 아르페지오, 즉 장식된 화음 반주가 붙는지, 아니면 두 개 이상의 선율로 대위법적으로 되어있는지에 따라 종종 단성적, 화성적, 다성적인 것으로 나뉜다. 이것은 물론 질감상의 구별이다. 그렇지만 '질감'이라는 용어는 이보다 더 광범위하게 쓰인다. 소절이 돌림노래 형식이라고 할 때는 음악의 수직적 차원만이 아니라 대각선적인 특징에 대해서도 말하고 있는 것이다. 또 어떤 화성적 진행이 있다거나 어떤 선율적인 음정이 반복되고 있다고 할 때는, 수평적으로 말하고 있지만 또한 질감에 대해서도 말하고 있는 것이다. 질감은 일부 최고의 비평가들이 사용하는 좀 더 편의적인 의미로는 그 순간에 진행되고 있는 것, 이것을 인접한 부분들 간의 관계 측면에서 기술한 것을 가리킨다. 배럴하우스 재즈와 딕시랜드 재즈 간의 차이는 질감상의 차이이다.

음악적 구조는 흔히 음악의 주요한 큰 부분, 혹은 악절의 수에 따라 분류된다. 예를 들어 평범한 32마디의 가요(popular song) 곡은 두 도막, 즉 두 부분으로 이뤄진 구조를 하고 있다. 첫 16마디가 한 도막이고 뒤의 16마디가 다른 도막이다. 클래식에서 트리오가 딸린 미뉴에트 악장은 세 도막, 즉 세 부분으로 된 구조이다. 그러나 이렇게 기술하면 문제가 생긴다. 악곡의 악절 혹은 주요 부분을 구성하는 것은 무엇인가? 한 악절과 다른 악절 간의 구분선이 되는 것은 무엇인가?

가요 곡과 미뉴에트에 관해서라면 그다지 논쟁의 여지가 없다. 하지만 그 원칙이 분명하고 명쾌하지 않을 때는 의견의 충돌이 생기고 사실 클래식의 소나타-알레그로 악장과 같은 익숙한 것에도 의견 충돌이 있다. 소나타-알레그로 악장은 두 도막 구조인가, 세 도막 구조인가? 그런 의견 충돌은 비평가들이 소위 음악적 종지에 대

314   제4장 예술적 형식

해 두 가지 다른 기준을 적용한 데서 비롯되었고, 그 기준들은 보통 같은 결과를 낳는 경우가 많지만 때로는 다른 결과를 내놓기 때문이다.

첫 번째 기준은 중간 휴지점의 측면에서 구별한다. 어떤 악장이 구조적으로 두 도막인지 아닌지를 묻는 것은, 곡이 끝나기 전에 다른 부분보다도 훨씬 더 강력하게 종결적인 성질을 가진 지점이 하나 있는지를 묻는 것이다. 클래식의 소나타-알레그로 악장에는 이러한 지점이 있고 그 지점에서는 방해받는 느낌 없이 음악이 멈추어질 수 있다. 말하자면 전개부가 시작되기 바로 전에 제시부가 끝나는 곳 같은 지점이다. 전개부의 끝이나 재현부의 시작 부분은 이런 지점이 아니다. 사실 그 지점은 가장 강렬한 부분 중 하나이며 그 음악이 급박하게 달리면서 마지막 구간을 장식할 으뜸음 조를 필연적으로 찾아가는 부분이다. 그래서 이 첫 번째 테스트에 의하면 모차르트와 하이든의 소나타-알레그로 악장은 구조상 두 도막 형식이다.

그러나 베토벤이나 브람스 같은 후대의 작곡가들이 소나타-알레그로 구조를 확장해 전개하면서 그들은 곡의 지속성을 더 강하게 하려고 했고 제시부에서 전개부까지 멈춤 없이, 음악적 흐름이 덜 끊기도록 진행시키는 방법을 찾았다. 이런 경우 악장 내에서 어떤 뚜렷한 종지부를 짚어낼 수 없고, 따라서 첫 번째 기준에 의거하면 그 악장은 전혀 분할되지 않고 한 도막으로 되어있다. 그러나 그 악장은 두 번째 기준에 의해서는 나눌 수 있다. 가장 큰 변화가 일어나는 지점, 즉 앞에 나온 소절과 뒤에 이어지는 소절의 대비가 가장 두드러지고 분명한 지점들을 찾는 것이다. 일반적으로 사실 이러한 지점은 흔히 두 개가 있다. 음악이 전개부의 시작 부분에서 상대적으로 낯설고 대비되는 조성으로 돌입하는 지점과, 재현부의 시작 부분에서 음악이 갑자기 원 조성으로 돌아오는 지점이다. 그래서 원한다면 소나타-알레그로 악장은 세 개의 주요 부분, 즉 구조상 세 도막으로 되어있다고 할 수도 있다. 그러나 이 방법을 편견 없이, 또 선행되는 이론적 고려를 하지 않은 채 소나타-알레그로 구조로 된 대규모 악장에 적용하게 되면 다소 뜻밖의 결과를 마주하게 된다. 예컨대 베토벤의 〈교향곡 E플랫 장조〉("영웅")나 〈교향곡 D단조〉의 첫 악장 같은 경우 이렇게 눈에 띄는 전환점이 둘 이상이 있고 사실 어떤 지점은 전개부 중간에 있기 때문이다.

음악에서의 구조와 질감 사이의 관계를 생각해보면 앞에서 다룬 시각적 디자인의 경우와 똑같은 질문을 제기하게 된다. 구조와 질감 중 어느 하나가 나머지 하나 없이도 존재할 수 있는가? 질감 없이 구조가 있을 수 없다는 것은 꽤 분명하다. 주요한 큰 악절이 없다면 구조도 없으며, 또 악장이 어떤 변화의 계기까지 전개되기 위해서는 국소적인 변화들이 계속되고 선율이 오르락내리락 하며 화성이 두터워졌다 얇아졌다 하고 리듬이나 템포상의 변화가 있어야 하는데 이것들은 모두 질감이기 때문이다. 한편, 질감이 있지만 구조가 없는 음악은 이론적으로 가능하다. 순수한 예로 아이가 혼자서 부르는 반주 없는 선율로 된 노래 같은 것이 그에 해당할 것이다. 그 아이의 노래는 한동안 계속되면서 계속 종잡을 수 없이 변하고 끝날 때까지 결코 반복되지도 멈추지도 않는 노래이다. 그러나 구조가 없는 질감이 가능한 방식으로서 좀 더 그럴듯한 다른 것이 있다. 팔레스트리나(Palestrina)의 미사곡 '영광송'(Gloria)이나 '크레도'(Credo) 혹은 앞에서 인용한 데 프레의 모테트, 아베 마리아(Ave Maria)에 붙인 아름다운 곡을 생각해보라. 이런 음악은 확연하게 변함없이 흘러가고, 가사에 따라 늘 미묘하게 변하지만 음계상의 선율과 화성 때문에 극단적으로 다급하거나 종국적인 상태에 결코 이르지 않는다. 이 음악은 비록 뚜렷하지는 않지만 부분으로 나뉘고 반(半)마침이 있다. 한 성부는 다른 성부가 이전의 주제를 마무리할 때 새로운 주제를 시작한다. 그러나 악절들끼리는 서로 악절로서 결정적이고 분명한 관계를 갖지 않는다. 주제를 반복하는 메아리도 있다. 예컨대 팔레스트리나의 〈교황 마르첼루스 미사〉(Pope Marcellus Mass)의 '아뉴스 데이'(Agnus Dei)는 첫 번째 '키리에'(Kyrie)처럼 시작한다. 팔레스트리나는 〈아드 푸감〉(Ad Fugam)이나 〈아스피체 도미네〉(Aspice Domine) 같은 다른 미사곡에서도 이런 방식을 취했다. 그리고 데 프레의 모테트의 두 번째 소절은 첫 번째 소절의 변주로 간주될 수 있다. 더욱이 그 모테트에는 중요한 음악적 대비가 있는데, 두 번째 소절이 2박자에서 3박자로 변화할 때, 또 "아베 프라이클라라 옴니부스"(Ave Praeclara omnibus)라는 가사에서 갑작스럽게 날카로운 격발이 일어날 때이다. 그러나 전체적으로 볼 때 이러한 음악은 질감 면에서는 중요한 것이 많음에도 불구하고 구조라고 말할 만한 것은 없다고 보는 것이 정확할 것이다.

그래서 팔레스트리나의 미사곡을 데 프레의 모테트와 비교할 때 가장 흥미로운 것은 반복적으로 나타나는 질감의 특징일 것이다. 예컨대 미사곡은 일반적으로 다소 복잡한 질감을 가지고 있지만 모테트는 질감의 대비가 더 크다. 요컨대 양식이 관심사로 떠오르는 것이다. 사실 앞 절에서 제안한 '양식'의 분석은 미술 비평가들의 용어법보다 음악 비평가들의 용어법에 훨씬 더 잘 들어맞는다.

그래서 비평가는 드뷔시의 피아노 음악이나 듀크 엘링턴의 재즈 양식을 언급

제4장 예술적 형식

하곤 한다. 혹은 베토벤의 후기 4중주 양식이 그의 초기 양식보다 어떤 측면에서 다르다고 말할 수도 있다. 후기 4중주의 양식에는 돌림노래 형식의 모방이 많고 템포와 음량 면에서 갑작스러운 변화도 있으며, 특히 느린 악장들에서 성부들이 종종 제 1 바이올린부터 첼로까지 몇 옥타브에 걸친 음 공간을 광범위하게 넘나든다. 이것들은 분명히 질감상의 반복되는 특징이다. 그리고 음악사가들이 헨델(Handel), 바흐, 스카를라티, 타르티니(Tartini) 같은 바로크 음악을 바그너 이후의 19세기 음악과 비교할 때, 많은 차이를 지적하지만 그들은 일반적으로 '양식'이라는 용어를 질감상의 차이로 한정한다. 바로크 작곡가들이 콘체르토 그로소를 작곡하는 것은 바로크 양식과 그다지 관련이 없다. 그러나 몇몇 음악사가들은 콘체르토 그로소 악장이 전형적으로 리토르넬로 원칙, 즉 특정한 소절이 규칙적인 간격으로 반복되는 것에 의거하고 있는 것은 바로크 양식과 관련이 있다고 할 것이고 이것은 일종의 구조이다. 이 용어법에서 '양식'은 질감에 한정되지 않는다.

음악적 구조-유형

그러면 이제 음악적 구조를 구축하는 수단이자 음악적 구조를 분류하는 기준이 되는 핵심적인 관계들에 대해 살펴봐야 할 것이다. 어떤 관계는 조성(tonality) 관계로서 유사함, 가까움, 대비와 같은 관계이다. 또 어떤 관계는 선율적 혹은 주제적인 관계이다. 그리고 이 양자 모두 음악적 구조의 유형을 지칭하는 전문 용어의 의미와 관련된다. 음악적 구조를 논의할 때, 중요하게 유념할 것은 음악을 분류함에 있어서 특정한 목적을 위해 음악의 일부 형식적 관계를 추출하면서 다른 관계들을 고려하지 않는다는 것이다. 그래서 악곡이 소나타-알레그로 형식으로 되어있다고 하는 것은 그 구조의 일부만을 기술하는 것인데, 그것은 '소나타-알레그로 구조'라는 정의에 포함되는 관계뿐 아니라 대규모의 내적 관계들이 모두 함께 전체 구조를 구성하고 있기 때문이다. 소나타-알레그로 구조는 실제로 구조-유형(structure-type)이다. '론도', '주제와 변주' 등 다른 익숙한 용어들도 구조-유형을 의미한다. 때로 이것들은 음악적 진행(procedure)이라 불린다.

구조와 관련된 용어들을 이렇게 간주하는 데 따르는 중요한 결과들이 있고, 또 이렇게 함으로써 실수도 미연에 방지할 수 있다. 첫째로, 이 유형은 선험적인 형식이나 틀이고 작곡가들은 그 틀에 내용을 채워넣는 것이라고 생각하면 안 된다. 때로 소나타-알레그로 구조가 작곡가에게 예술적 강제가 되어 작곡가들이 선율과 화성적 진행을 생각하는 방식에 결정적으로 작용한 것은 사실이다. 그러나 비평가의 관점에서 보면 이 구조는 수많은 실제 개별 악곡들로부터 추출된 것이고, 개별 곡들은 다른 나머지 곡이 다 없어지더라도 여전히 그대로일 것이다. 구조는 그 곡들의 공통된 특징일 뿐이다. 구조는 그 구조를 예시하는 작품들에 선행해 존재하거나 작품들과 별개로 독립해 존재하지 않는다. 대상의 형태가 대상과 별개로 독립적으로 존재하지 않는 것과 마찬가지다.

구조-유형들의 명칭은 그 의미가 이리저리 변하는 경향이 강한데 그것을 설명해주는 것이 구조-유형들의 바로 이러한 파생적인 특성이다. 음악은 결코 제자리에 가만히 머물러 있지 않고, 한 용어를 여러 곡에서 보이는 어떤 구조-유형에 적용하기가 무섭게 누군가가 그 유형과는 조금 다른 곡을 작곡할 것이고 그렇게 되면 그 새로운 음악을 포섭할 수 있도록 이전 용어의 의미를 확장해야 할 것 같기 때문이다. 그래서 예컨대 '소나타-알레그로'가 하이든과 모차르트의 작품에서는 매우 제한된 의미를 가졌지만 그 용어는 슈베르트와 브람스의 작품에도 충분히 준용되며 이렇게 되면 그 용어의 확장이 설득력을 얻게 된다. 물론 '변칙들'로 일컬어져야 할 것들도 있다. 가령 슈베르트는 때로 자기 작품의 재현부를 원 조성과 다른 조성으로 시작하는데, 그 새로운 조성은 원 조성과 관련되어 있어서 제시부에서 원 조성에서 벗어나도록 만든 바로 그 전조(modulation)가 이때는 다시 원 조성으로 돌아가도록 이끄는 식이다. 그러나 공통적인 특징도 여전히 많다. 제시부에서의 조성이나 주제가 대비되는 것, 중심 악절이 다시 등장하기 전에 먼저 아주 다른 조성으로 옮겨가는 것 등이다. 그러나 오늘날의 비평가들이 일종의 재현부를 가진 악장, 예컨대 바르톡의 〈현악 4중주 제4번〉(Fourth String Quartet), 블로흐의 〈현악 4중주 제2번〉(Second String Quartet), 쇤베르크의 〈현악 4중주 제3번〉(Third String Quartet)의 첫 악장과 같은 것들을 '자유 소나타 형식' 혹은 '수정된 소나타 형식'이라고 기술할 때, 사실 그 곡들에는 강한 조성이 나타나지 않지만 혹여 그런 조성이 있다면 아마 그 용어들의 의미는 매우 혼란스러워질 것이다.

두 번째로, 한 음악작품이 설령 당시까지 인지되고 명명된 어떠한 구조-유형에도 속하지 않는다 해도 그 작품에는 구조가 있을 수 있다. 이것을 몰라보는 것은 것은 초보적이지만 낯설지 않은 실수이다. 현대음악에는 음악적 구조상 매우 흥미로운 일탈을 보이는 작품들이 있다. 예를 들어 새뮤얼 바버(Samuel Barber)의 〈교향곡 제1번〉 *(First Symphony)*은 하나의 악장으로 되어있지만 몇 개의 주요 악절이 있고 그 악절 각각은 처음에 언급된 주제들 중 하나를 풀어낸다. 이 새로운 구조는 공식적으로 명명되지 않았다. 그리고 물론 유명한 고전음악의 악장들 중에도 고전적인 유형으로 확실하게 분석될 수 없는 경우들이 있다. 예컨대, 모차르트의 〈바이올린과 비올라를 위한 신포니아 콘체르탄테 E플랫 장조(K. 297b)〉*(Sinfonia Concertante in E flat Major for Violin and Viola, K. 297b)*의 느린 악장, 베토벤의 〈현악 4중주 B플랫 장조(op. 130)〉*(String Quartet in B flat Major. op. 130)*의 제3악장[*], 하이든의 〈현악 4중주 D장조(op. 76, No. 5)〉*(String Quartet in D Major. op. 76, No. 5)*의 제1악장 같은 것들이다. 그러나 이 악장들에는 모두 고도의 질서가 있어 구조가 없다고 말할 수는 없다.

고전음악의 실제 예들에서 추출되어 기본적인 유형으로 전해져온 구조-유형들에 우연하고 임의적인 점이 있다고 하더라도 그 유형들은 완전히 임의적이지는 않은데, 그것은 음악적 구조의 어떤 핵심적인 원칙들을 반영하고 있기 때문이다. 이 원칙들은 내가 아는 한 아직 완전하게 숙고되어 공식화되고 적절히 명명된 것은 아니지만 현재의 논의와 관련된 문제를 간략하게 시사하는 바가 있다. 화성이 동반되었든 아니든 어떤 선율이 하나 있다고 하자. 이 선율을 일단 한번 연주하고 나서 그 다음 이 선율로 무엇을 할 수 있을까? 아마 여러 번 반복할 수 있을 것이다. 이것이 가장 간단한 단항적(monadic)인 구조일 것이다. 물론 아주 복잡한 악장은 이런 방식으로 만들 수 없다. 그 선율이 돌아오기 전에 좀 흥미로운 요소를 가미해 그 반복을 더 매력 있게 만들고자 하여 중간에 대조적인 두 번째 선율을 도입할 수도 있다. 대비되는 악절이 그 자체로 완전한 선율이라면 세 도막으로 된 구조, 즉 A/B/A의 구조가 될 것이다. 그러나 대중적인 가요 곡의 세 번째 8마디짜리 악구가 그러하듯, 대비되는 악절의 핵심적인 특징이, 새로운 방향으로 나아가면서도 한편으로는 첫 번째 악절로 불가피하게 주저 없이 돌아가도록 하는 것이라면 두 도막 구조, A/BA가 된다.

---

[*]　도널드 매커들(Donald MacArdle)의 흥미로운 분석을 보라. "Beethoven's Quartet in B Flat: An Analysis," *The Music Review*, VIII(1947): 15-24.

가요 곡은 B 앞에서 A를 반복하는 경향이 있어서 AA/BA가 된다. 이렇게 되면 두 악절은 더 균형을 이루게 되지만 핵심적인 구조 면에서는 차이가 없다. 혹은 충분히 비슷하면서 리듬, 음정, 화성 혹은 일반적인 선율선 등이 첫 번째 선율에서 파생된 것처럼 들리는 두 번째 선율을 첫 번째 선율 뒤에 이어 붙이기도 한다. 이 두 번째 선율은 첫 번째 선율을 더 확장하거나 비튼 것일 수도 있고 첫 번째 선율에 대한 주석과 같을 수도 있다. 이러한 두 번째 선율은 첫 번째 선율의 변주일 것이다. 또는 두 번째 선율을 첫 번째 선율과 돌림노래 형식으로 결합하거나 아예 다른 선율, 혹은 첫 번째 선율의 변주와 결합할 수도 있다. 이것이 푸가와 같은 여러 다성적 형식의 핵심적인 원칙이다. 또 그 선율이나 리듬, 화성을 음형으로 쪼개어 그 음형들을 다른 음형들과 재결합해 새로운 선율이나 비선율적인 소절을 만들 수도 있다. 이것이 음악적 전개(development)이다.

여기에서 주목할 것은 우리는 음악의 어떤 한 부분이 반복, 변주, 전개 등으로서 다른 부분과 관계를 맺는 방식에 대해 말하고 있으며, 그 선율로 '무엇이라도 할 수 있다'는 것은 단지 상투적인 말에 불과하다는 것이다. 더욱이 지금은 악장의 유형, 예컨대 '변주-악장' 같은 것에 대해서는 이야기하고 있지 않다. 어떤 핵심적인 음악적 관계를 검토하고 있는 것이다. 그래서 일군의 변주는 푸가적인 소절을 포함할 수도 있고, 베토벤의 〈대 푸가(Op. 133)〉(Grosse Fuge, Op. 133)처럼 푸가를 포함하고 있을 수도 있고, 〈작품 Op. 127〉이나 〈작품 Op. 131〉의 느린 악장에서의 변주처럼 대비와 전개 등 다양한 다른 간주를 포함할 수도 있다. 그리고 모차르트의 마지막 세 곡의 교향곡과 하이든의 〈"런던" 교향곡〉에서 큰 단위의 전개 악절은 다른 조성으로으로의 반복, 푸가적 소절, 주제의 변주, 엄격한 의미에서의 음악적 전개를 모두 포함하고 있다.

동적 패턴

이러한 핵심적인 음악적 관계들은 중요하지만, 기계적으로 그 관계들을 설명하는 것이 상대적으로 쉽다는 것은, 음악 비평에서 어찌 보면 안타까운 일이다. '스케르초'나 '론도'의 통상적인 정의는 바로 기억할 수 있다. 그러나 그 못지않게 중요한 음악적 구조의 다른 국면이 있고, 다음 절에서 살펴볼 문제들과 마주칠 때 이것은 특히 중요하다. 그 국면을 아직 명확히 하지 않았기에, 지금 하려는 제안은 다소 잠정적일 수밖에 없다. 내가 제안하려는 것은, 악곡에는 앞에서 기술한 형식적 관계 외에도 말하자면 동적 패턴(kinetic pattern)이 있다는 것이다. 그것은 추진력이나 움직임의 강도 측면에서의 변화 패턴이다. 제2장 8절에서 음악은 시간상의 진행으로서, 물리적 움직임을 묘사하는 용어로서 은유적으로 기술할 수 있는 다양한 영역 성질을 가진다는 것을 이미 봤다. 음악은 세차게 달리고, 주저하고, 멈추고, 속도를 올리고, 고요해지고, 전진하고, 저항을 극복하고, 관성을 만들고, 고집하고, 허둥거리고, 질질 끌고, 폭발하고, 물러나고, 느릿느릿 다가가고, 사라진다. 이것은 순간순간 진행되는 것들을 때로는 딱 적절하지만 사실 매우 비슷한 정도로 기술한 것에 불과하다. 어떤 음악에서는 선율이 계속 움직이는 한 동적 패턴이 미묘하게 전개되고는 있지만 전반적인 속도와 강도는 급격한 변화 없이 일정하다. 다른 음악에서는 갑작스럽고 심오한 변화들이 있다. 두 경우 모두에서 동적 패턴은 음악적 형식의 가장 핵심적인 국면이다.

동적인 성질과, 그것이 의존하는 지각적 조건들은 매우 단순한 선율을 예로 들어 설명할 수 있다. 예컨대 이 오래된 민요의 곡조를 보라. 이 곡은 AA/BA 형식으로 되어있고, 각 악구는 8개의 마디로 되어있다. 이 곡의 동적 성질이 뚜렷하게 증가하고 감소하는 것을 기술해보자.

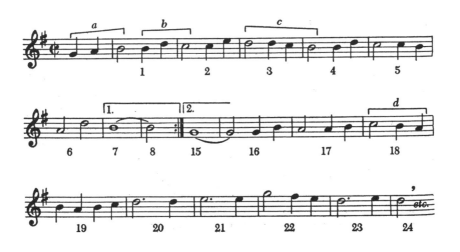

선율이 전반적으로 4개의 음형 혹은 음악적 동기(motive)로 구성되어 있다는 것에 우선 주목하라. 그 음형 중 둘, a와 b는 3개의 음표로 된 상승하는 음형이고 4음표

짜리 음형인 c와, 18째 마디의 대비되는 악구에 이르러서야 비로소 등장하는 3음표 짜리 음형 d는 하강하는 음형이다. 첫 번째 악구의 움직임은 처음에 G음으로부터 올라가서, 가장 높은 음정인 E음에 다다르고 일곱 번째 마디에서 B음까지 하강한다. 첫 악구는 네 개의 음형을 포함하는데, 이 음형들은 때때로 겹치면서, a, b, b, c, b, c 의 순서로 진행되고 마지막에 두 음표로 된 종지부로 끝난다. 처음 네 마디에서는 상 승하는 음형들이 우세하고 두 번째 네 마디에서는 하강하는 음형들이 우세하다. 선율은 매우 견고하고 분명한 윤곽을 가지고 있어서 이후에 그 선율선으로부터 일탈하는 것은 무엇이든 특히 강렬하고 중요하게 들릴 것이다. 더욱이 이 선율은 6도 음정 이내라는 한정된 음역 내에서 움직이고 있고, 이 움직임은 첫 번째 악구가 반복되면서 더욱 강화되어 이것은 그 범위 안에 머무르는 데 만족하는 다소 평이한 선율처럼 보인다. 만일 이후에 이 선율이 경계를 박차고 나가면 설사 기꺼이 자진해서 그랬다 해도 강한 긴장, 그리고 장애물을 극복하는 느낌을 불러일으킬 것이다.

처음 8마디를 보면 선율이 으뜸음조의 온음에서 절대적으로 안정된 상태로부터 시작해, 제3마디까지 다급하고 추진력 있게 그러나 평화롭지 않게 상승하고 제3마디 에서 한 번 더 진정되기 시작한다. 그러나 B음에서의 첫 번째 종지는 반마침에 불과 하고 따라서 선율의 에너지는 고갈되지 않는다. 그 선율은 다시 반복될 조짐을 보이 고 실제로 그렇게 된다. 두 번째 반복될 때에는 그 선율이 원래의 G음으로 돌아가 거 기에서 완전히 멈추거나 아니면 새로운 방향으로 향해야 한다는 것을 알 수 있다. 그 선율은 후자를 택한다. 새로운 악구는 부분적으로는 같은 음형으로 구축되지만 순서 가 다르게 구축된다. 그리고 비록 그 선율 역시 상승하려고 애쓰지만 보다 신중하게 그리고 도전을 위한 힘을 비축하면서 상승한다. 그 선율의 음형은 b, a, d, a, d이지만 21번째에서 24번째 마디까지 새로운 움직임의 패턴이 나타난다. 19번째 마디에서는 이 노래에서 처음으로 한 마디 안에 4분음표 4개로 된 리듬이 보이고 이 리듬은 이 맥락에서 매우 결단력이 있으며 더 높은 음들을 요구하는 것처럼 위로 나아간다. 이 요구는 처음에 20번째 마디에서 D음의 점 2분음표에 의해 저지되면서 동시에 커진 다. 이 점음표는 이 노래에서 처음 등장하는 것이며 21번째 마디에서 E음으로 하나 더 등장한다. 마지막으로 이 노래에서 가장 높은 음이자 선율의 클라이맥스인 G음으로의 도약이 일어나고 여기서 열창이 이루어진다. 그러면서 약간 정지되는 느낌, 활기가 유예되는 느낌이 있고, 그 다음 첫 악구가 다시 반복된다. 일반적으로 짝수 번호의 마디에 비해 홀수 번호의 마디들이 강조되기는 하지만 클라이맥스의 음은 22번째 마디에서 등장한다. 그 음이 아니었다면 그 마디가 강조되지 않았을 것이고 이러한 리듬상의 미묘함 때문에 이 순간의 긴장이 커진다.

이 선율에서 강도의 변화를 도해하면 선율의 동적 패턴을 그려낼 수 있을 것이고, 이와 같은 것을 훨씬 더 미묘하고 복잡하겠지만 베토벤, 모차르트, 슈베르트의 위대한 선율들에서도 이야기할 수 있을 것이다. 더 큰 규모의 음악적 형식으로 주의를 돌려보면 같은 종류의 움직임이 더 큰 규모로 나타나는 것을 알 수 있다. 규모가 큰 작품은 음악적 단계나 소절로 나뉘고, 그 안에는 무한히 다양한 동적인 성질이 있지만 정도 면에서 네 가지 주요한 동적 성질을 들을 수 있으며, 각 동적 성질이 전체 소절의 성격을 규정한다. 지금 제안하는 도식은 꽤 과도한 단순화로 보일 것이고, 물론 그렇지만 그 도식에는 중요하고 유용한 진실이 담겨 있다.

때로 음악은 도입하는 느낌이 강하며 뒤에 무언가가 이어질 것같이 들린다. 마치 뒤에 중요한 것이 등장한다는 것을 발표하는 듯한 분위기를 풍기고 어느 정도는 그런 분위기가 계속될수록 듣는 이가 더 많은 것을 기대하고 요구하게 된다. 그것은 기다리면서 무엇을 기대하는 성질이다. 예컨대 슈베르트의 〈현악 4중주 A단조〉(String Quartet in A minor)의 제1주제가 나오기 직전에 등장하는 몇 마디의 아르페지오 반주가 그러하다. 모차르트의 〈교향곡 E플랫 장조(K. 543)〉(E Flat Major Symphony, K. 543), 베토벤의 〈교향곡 A장조(No. 7)〉(A Major Symphony, No. 7)에서처럼 때로 고전음악 작곡가들이 주요 교향곡 앞부분에 배치하는 길고 심오한 소절도 그러하다. 그러나 내가 말하는 도입적 성질(Introduction Quality)은 실제 도입부에만 나타나지 않는다. 고전음악 작곡가들은 이런 성질을 띤 중요한 소절을 전개부의 마지막 부분, 즉 재현부 바로 앞에 넣기도 한다. 베토벤의 〈현악 4중주 "하프" E플랫 장조(op. 74)〉(String Quartet "the Harp" in E Flat Major, op. 74)의 첫 악장의 109에서 138마디가 좋은 예이다. 그리고 사실 낭만주의 작곡가들의 음시(tone poem) 및 다른 표제 음악에서 음악이 장대한 규모로 뻗어나가는 부분에도 이것과 똑같은 성질이 있고, 때로 이 성질은 음이 지속되는 시간 이후에도 계속된다. 성취의 순간이 끊임없이 연기되는 약속은 청자의 흥미를 지속시키는 동력을 점점 잃어가기 때문이다.

다른 소절은 종결적 성질(Conclusion Quality) 혹은 최종 마무리로 접근하는 느낌을 준다. 이러한 소절은 지금까지 벌어진 일이 마치 곧 끝날 것처럼 모든 것을 모아서 마무리한다. 고전음악 교향곡들의 코다(coda, 종결부)에는 이런 성질이 아주 강하게 나타난다. 물론 베토벤의 〈교향곡 F장조(No. 8)〉(Symphony in F Major, No. 8)에서처럼 때로 새로운 활력을 엄청나게 만들어내면서 가능한 한 그 종결을 미루는 경우도 있지만 말이다. 그러나 종결적 성질이 비교적 약한 소절들은 고전음악의 악장 속 다양한 전략적 지점에서 등장한다. 모차르트의 〈교향곡 E플랫 장조〉(E Flat Symphony)의 피날레 같이 어떤 악장은 결론을 지을 거라는 약한 암시만으로 끝나고 그런 갑작스러운 처리가 청자를 놀라게 하기도 한다.

　그러나 노래나 고전 교향곡들의 수많은 제시부의 선율은 그 자체로 도입적 성질이나 종결적 성질을 갖지 않는다. 그 선율은 그냥 그 순간 울리고 있다. 〈교향곡 "군대" G장조(No. 100)〉("Military" Symphony in G Major, No. 100) 같은 하이든의 후기 교향곡의 느린 도입부 뒤에 나오는 알레그로 선율은 이렇게 말하는 듯하다. '바로 이것이다. 당신이 기다리고 있었던 것, 내가 바로 여기 있다.' 그러나 어떤 음악적 주제는 도입부를 필요로 하지 않는다. 모차르트의 〈교향곡 G단조〉(G minor Symphony)에서는 도입 주제의 두 음 이후, 반주격으로 저음부의 현들이 몇 번 퉁겨지고는 다음으로 나아간다. 이것은 명백히 해당 음악적 의제의 본론이다. 실질적인 선율, 풍부하게 반복되는 주제는 모두 이런 성질을 가지고 있다. 이것을 전시적 성질(Exhibition Quality)이라 부르기로 하자. 이러한 소절은 무슨 일이 방금 일어났거나 곧 일어날 것이라는 것을 나타내는 것이 아니라, 바로 지금 중요한 일이 일어나고 있다는 것을 나타낸다.

　마지막으로 이행적 성질(Transition Quality)을 가진 소절이 있다. 이 소절은 보통 선율 그 자체가 대단히 흥미롭지는 않지만, 하이든의 현악 4중주들의 소나타-알레그로 악장에서처럼 원 조성에서 두 번째 조성으로 전조를 실행하는 데 사용되는 것으로, 일반적으로 '간주 악절'이라 불린다. 이러한 소절은 전시적 소절에서 다른 전시적 소절로 나아가는 과정의 소리를 담고 있다. 이 소절들은 곡의 진행을 유보하고 일시적으로 불확실하고 비종결적인 음표를 도입하며, 그 불확실성은 전시적 성질을 가진 새로운 소절이 다시 등장하면서 해소된다.

　그러면 이제 음악적 움직임의 지배적인 동적 패턴(dominant kinetic pattern)을 대략 이 네 가지 성질로 제시할 수 있겠다. 때로는 그 패턴이 계속 나타나고 때로는 약하게 살짝 나타나는 등 그 정도가 다르게 출현한다는 것에 주의하면 될 것이다. 전시적인 소절이 있으면, 뒤이어서 이행적인 소절이 나타나고, 그 뒤에 다시 다른 전시적인 소절이 나타난다. 갑작스러운 멈춤이 있고, 뒤따르는 간략한 침묵은 작은 이행적 소절처럼 들리기도 한다. 그리고는 도입 같기도 한 다소 야심찬 소절이 들린다. 도입적 성질이 확실하게 강해지다가 그것은 또 다른 전시적인 소절로 연결된다. 이것은 변화의 계기를 만들어내다가 완화되기 시작한다. 이제 점점 종결적 소절에 들어선 것을 명확히 알게 되고 소절이 마무리되는 것을 느끼게 되며 곡의 움직임은 끝이 난다. 음악작품의 지배적인 동적 패턴의 전반적인 모습은 흔히 이러하다.*

음악의 동적 성질을 기술하면서 나는 현상적인 객관성과 관련된 용어를 사용했다. 즉 '긴장'과 '이완', '경향'과 '분투', '머뭇거림', '완화'와 '완결' 같은 단어로 음악적 진행의 영역 성질을 명명했다. 물론 현상적 주관성과 관련된 용어도 있고 그 용어들을 대신 사용할 수도 있다. 사실 목적에 따라서는 이 용어가 매우 유용하다. 이러한 용어로 '고조되는 기대'와 '실망', '예상'과 '성취' 등을 들 수 있다. 이것은 청자가 음악을 들으면서 갖게 되는 태도에 상응하는 국면들이다. 음악적 경험은 청자의 감정을 끊임없이 이끌어 가고 다루는 데서 이루어지기 때문이다. 만일 다음에 무엇이 일어날지 전혀 기대를 불러일으키지 않는 음을 듣는다면, 청자는 그것을 음악으로서 즐기고 있는 것이 아니다. 그 음은 청자에게 어떤 방향도 제시하지 않기 때문이다. 그리고 사람들이 어떤 곡을 '이해하지' 못한다고 할 때, 그것이 보통 의미하는 것은 그곡을 들을 때 실망이나 성취감을 느낄만한 어떤 기대도 할 수 없었다는 것이다. 일어나는 모든 일이 놀랍지도 않고 예상되는 바도 없고 한결같이 무덤덤한 것이다. 청자들은 그 음악적 진행을 느낄 수도, 이해할 수도 없다.

음악적 기대

그러면 한 가지 문제가 제기된다. 음악에 대한 우리의 기대를 불러일으키는 것

---

* 내가 '동적 패턴'이라 부르는 것은 아놀드 엘스턴(Arnold Elston)이 그의 흥미로운 논문 "Some Rhythmic Practices in Contemporary Music," Musical Quarterly, XLII (1956): 329에서 말하는 '에너지 곡선'(energy curve)과 비슷하다고 생각한다. 역동적인 패턴의 측면에서 음악을 상세하게 기술한 것에 가장 근접하는 것으로는 시카고 대학의 Humanities One에서 사용된 Handbook for Music의 2장이다(5th ed., Chicago: U of Chicago, 1955). 이 책은 그로스베너 쿠퍼(Grosvenor Cooper)에 의해 Learning to Listen, Chicago: U of Chicage, 1957로 개정되었다.

은 무엇인가? 그리고 우리는 그 기대를 중요한 두 가지 종류로 구별할 수 있다. 첫째, 방금 봤던 것처럼 음악 자체의 성질과 관련된 기대이다. 우리는 딸림 7화음이 해소될 것으로 기대하는데, 그 화음은 해소되어야 할 것 같아 보이기 때문이다. 반마침으로 끝나는 선율은 그것이 다시 반복될 것으로 기대한다. 첫 악구에서 6도 음정의 범위 안에 머물러 있는 선율은 그 음역 내에 머무를 것으로 기대하는데, 그 선율이 스스로 움직이는 범위를 정하는 듯 보이기 때문이다. 듣는 사람 입장에서는 물론 생각으로는 그 선율이 그 범위 안에 머무르지 않을 것이라는 걸 알지만 느낌으로는 그 선율에서 그렇게 특별하고 예기치 않은 일이 벌어질 것 같지 않다. 그리고 이것은 그 음악 자체가 우리가 그렇게 느끼도록 만든 것이다. 앞의 곡을 분석하면서 알 수 있었듯 이러한 기대가 생기는 것은 곧 그 음악을 즐기는 것과 같다.

그러나 둘째, 우리의 음악적 경험에 한몫을 하는 다른 기대들이 있는데 이것은 좀 더 지적인 종류의 기대이다. 예컨대 곧 연주될 음악이 모차르트의 현악 4중주곡의 두 번째나 세 번째 악장이라는 것, 그리고 그 음악이 빠르지 않게 3박자로 시작한다는 것을 안다면 우리는 그 음악이 세 도막의 구조를 한 미뉴에트일 것이라고 예상할 수 있다. 혹은 그 음악이 고전 교향곡의 마지막 악장이라면 우리는 도입부의 주제를 듣고 그 주제는 소나타-알레그로 주제보다는 론도 주제처럼 전개될 것으로 생각할 것이고, 이어지는 음악적 움직임은 이를테면 중간에 삽입 악구를 두고 그 주제가 비교적 온전한 형태로 두세 번 더 반복되는 식의 일반적인 특징을 보일 것이라고 기대하게 된다. 이러한 기대는 특정 유형의 음악을 과거에 경험해 일반화한 것에 기초하고 있다.

이 두 번째 종류의 기대도 단지 통계적인 예측에 불과한 것은 물론 아니다. 누군가가 바흐의 3성 푸가를 연주한다고 하면, 그가 연주를 시작하기도 전에 우리는 두 번째 성부가 딸림음조로 나올 것이라는 걸 안다. 어떤 음악적 주제가 론도 주제인 것을 알게 된다면 그 이유는 일부분 그 주제 자체의 본성 때문이다. 그 주제에는 견고한 성질, 전체성과 자기충족성, 어떤 활기가 있고 다른 조성으로 전조될 위험이 없다. 이 성질들로 인해 이 주제는 론도에 적합하며 소나타-알레그로 악장에는 그다지 적합하지 않다. 또한 주제가 견고하고 두드러진 선율선과 리듬으로 되어있으며 심지어 그것이 두터운 대위법적 질감으로 나타난다면, 그리고 그 음악의 후반부가 전반부보다 짧은 음표들로 되어있다면 우리는 연주곡목을 보지 않고도 푸가를 듣게 될 것이라고 예상한다.

그러나 문제가 생기는 것은 음악적 기대의 내적인 이유와 외적인 이유 간의 이러한 구별 때문이 아니라 이 구별을 무력하게 만드는 듯한 어떤 강한 사고 과정 때문이다. 형식을 경험하도록 하는 어떤 기대들은 특정한 음악 자체의 동적 성질과 상관관계에 있고 따라서 다른 악곡들에 대한 통계적인 정보와는 무관하다고 가정해왔기 때문이다. 그러나 바로 이 동적 성질을 지각하는 것, 즉 누군가의 현상적 장에 그 동적 성질이 나타나는 것 자체가 그 사람이 이전에 다른 비슷한 음악을 들은 경험이 있는지에 따라 좌우된다면 어떻게 되는가? 그러면 그 음악의 동적 패턴은 과거의 경험과, 그러한 경험이 있는 개인에 따라 달라질 것이다. 이것을 음악적 형식에 대한 상대주의적 이론(Relativistic Theory of Musical Form)이라고 부르겠다.

이 관점에 따르면, 음악적 양식 즉 구조적이고 질감적인 특징을 모두 포함하는 넓은 의미에서의 음악적 양식은 확률의 체계이고, 한 양식의 음악을 들음으로써 그 양식을 알게 된다는 것은 어떠한 음악적 전개의 상대빈도적 확률을 알게 되는 것이다. 예컨대 어떤 화음이 다른 화음 뒤에 오는지, 어떤 선율적 음형이 시작하는 음형일지 마치는 음형일지, 어떤 음정이 어떤 음계에 속하는지 같은 것이다. 이러한 확률을 아는 것이 꼭 의식적으로 이루어지는 것은 아니다. 그 확률은 청자의 습관-패턴 안에 구체화되어서 일군의 잠재적 기대가 된다. 악곡을 이해하는 것은 그 곡의 양식에 적합한 습관-패턴을 적용하는 것이다. 그래서 이 관점에 의하면 음악의 동적 성질은 일정한 확률로 분석될 수 있거나 혹은 그 확률에 달려 있다. 예컨대 특정한 소절에 강한 종결적 성질이 있다고 하기보다는, 이러이러한 때에 이러이러한 장소에서, 다양한 곡에서 그와 비슷한 소절들이 처음보다는 끝부분에서 더 자주 등장한다면 이 소절은 종결일 확률이 높다고 할 것이다.

물론 상대주의자들이 이렇게까지 할 필요는 없다. 상대주의자들은 음악의 동적 성질은 어느 정도는 내적인 것이라고, 즉 경험으로 습득된 것이라기보다는 국소적 성질과 상관관계가 있다고 인정할 것이다. 그러나 또한 음악이 주는 즐거움의 본질적인 부분을 이루는 어떤 기대들은 동적 성질에 대한 반응이고 그것은 음악의 국소적 조건뿐만이 아니라 이전의 곡들이 수립한 어떤 규범들을 따르거나 위반하는 방식에도 좌우된다고 주장할 것이다.

지금은 이 관점을 적절하게 다룰 만한 상황이 아니다. 하지만 몇 가지를 덧붙이고 싶다. 첫째, 음악적 확률을 추정하는 문제는 복잡하고, 단지 빈도 측면에서 계산하는 것은 좋은 결과를 얻지 못할 것이다. 으뜸화음은 여전히 트리스탄 7화음이 도달하고자 하는 화음이다. 설사 바그너가 트리스탄 7화음들이 으뜸화음에 이르도록 허락하지 않는다고 해도 말이다. 으뜸화음이 뒤이어 나오는 일이 거의 없다고 해도 으뜸화음은 여전히 뒤이어 나올 '확률이' 가장 높은 화음이다. 물론 이것은 바그너의 화성적 양식이 으뜸화음으로 종결되는 경우가 가장 흔한 다른 곡들을 배경으로 하여 성립되었기 때문일 것이다. 더욱이 우리에게는 다른 음악적 체계의 예가 없다. 가령 딸림 7화음이 더 안정적이고 종결적으로 보이기 때문에 으뜸화음이 딸림 7화음으로 귀결되는 예시들이 끊임없이 반복되어 나타나고, 그래서 사람들이 으뜸화음이 딸림 7화음으로 귀결되어 해소될 것이라고 기대하게 되는 그러한 식의 다른 음악적 체계를 접한 바가 없다. 둘째, 양식을 '이해하는 것'이라는 관념을 명확하게 하는 문제가 있다. 이것은 일단 모차르트 음악에 적합한 습관-패턴을 형성했다면 팔레스트리나의 음악을 들으면서도 화성이 점점 두터워질 것이라는 기대감이 참을 수 없이 계속 마음에 솟아오른다거나, 또 바그너의 음악적 어법을 일단 이해하고 나면 더 이상 모차르트를 이해할 수 없게 되는 그런 것이 아니다. 한 사람이 분명 다양한 양식-체계 속에 익숙해져 있을 수 있고, 이 문제에는 습관-패턴 이상의 무엇이 있다는 것을 시사하는 듯하다.

그래서 다음과 같이 말해야 할 것 같다. 악곡의 동적인 성질, 따라서 악곡의 형식은 음악이 전개될 때 그것이 위치한 장소에 의해 정의되어야 한다. 마치 시가 그것이 쓰여진 언어를 참조해 정의되어야 하는 것과 같다. 그리고 음악은 그 형식이 변할 수도 있고 형식을 잃게 될 수도 있다. 특정한 때에 그 음악이 소유한 동적 성질은, 그 곡 안의 모든 국소적 사건들을 듣고 음악의 진행 경로를 깊은 주의를 기울이면서 따라갔음은 물론 그때까지 작곡된 모든 음악을 들은 청자가 그 곡에서 듣게 될 성질이다. 이것은 물론 이상화된 정의이고 여기에 부합되는 실제 청자는 없을 것이다. 사실 음악적 양식을 알기 위해 그런 양식으로 된 모든 음악을 들을 필요는 없다. 그리고 어떤 청자들은 비록 때로 오류를 범하더라도 그들이 잘 아는 음악의 동적 성질은 물론, 결과적으로 그 음악의 형식에 대해서도 말할 수 있을 만큼 충분히 훌륭한 소양을 갖추고 있다고 생각된다.

13 통일성 및 그것과 관련된 개념들

UNITY AND RELATED CONCEPTS

'형식'이란 단어에는 우리가 지금까지 살펴본 것과 아주 다른 중요한 의미가 있다. 그러나 그 의미가 지금까지 살펴본 의미와 언제나 주의 깊게 구별되는 것은 아니다. 비평가들이 어떤 시각적 디자인이나 악곡을 '무형식'이라거나 '형식을 결여'하고 있다고 말하는 경우가 흔히 있다. 그와 다소 비슷한 다른 문구들도 있다. 잭슨 폴록이나 윌리엄 바지오츠(William Baziotes)의 그림을 '구조가 없다'거나 '잘 조직되어 있지 않다'고 말하고, 브루크너나 시벨리우스(Sibelius)의 교향곡을 '일관되게 짜여있지 않다'거나 '균형이 무너졌다'고 말하기도 한다. 이러한 판단들이 옳은지 아닌지는 지금 생각하지 않기로 하자. 첫 번째 문제는 이 판단들이 무엇을 의미하는가, 그리고 이 판단들이 옳다는 것을 어떻게 알 수 있는가이다.

이렇게 보면 형식은 미적 대상이 각기 다른 정도로 가질 수 있는 무엇이다. 아마도 미적 대상은 형식을 어느 정도 가질 수도 있고 거의 가지지 않을 수도 있다. 이 장의 앞부분에서 정의했던 의미에서의 형식은 다른 종류의 특징이다. 앞의 의미에서는 미적 대상이 어떤 형식을 하고 있는가를 묻지, 얼마나 풍부한 형식을 가지고 있는가를 묻지 않는다. 그러나 새로운 의미의 형식 개념에서는 미적 대상이 얼마나 풍부한 형식을 가지는지, 즉 얼마나 잘 형식화되어 있는지를 묻는다. 그리고 이 질문이 중요한 것은 거의 모든 비평가들이 그 질문에 대한 답이 미적 대상의 가치와 관련된다고 생각하기 때문이다. 어떤 대상이 좋은 형식을 하고 있거나 '고도로 조직화되어' 있다면 그것은 언제나 장점으로 생각된다. 그것이 장점인가 아닌가 하는 문제는 제10장 24절에서 살펴볼 것이다. 그러나 우선 '좋은 형식' 자체라는 관념을 살펴봐야 한다.

현재의 논의에서 '형식'의 이 두 가지 의미는 서로 관계되는 두 가지 의미의 '질서'(order)를 비교함으로써 더 분명해질 수 있다.* 누군가가 바닥에 구슬이 든 가방을 쏟아서 구슬들이 아무렇게나 굴러가 어수선하게 흩어진 모습으로 놓여있다고 생각해보자. 그 구슬이 놓여있는 질서를 기술해야 한다면, 어떤 의미에서는 아무리 우연하게 놓였어도 어떤 질서가 있다고 할 수도 있다. 데카르트적인 좌표 체계상 거리와 방향상의 분명한 관계가 있고 그 관계는 각각의 구슬 모두를 나머지 다른 구슬들과 연결시킨다. 그리고 이러한 관계는 측정되고 진술될 수 있다. 그러나 그 구슬들이 '훌륭한 질서를 이루고' 있거나 '잘 질서 지어져' 있거나 '질서정연하지'는 않다고 말할 수도 있다. 이것은 '질서'란 용어를 매우 다른 의미로 사용하는 것이다. 구슬들에는 나름의 질서가 있지만 질서정연하지는 않다. '디자인'이란 단어도 똑같은 변화를 겪는다. 어떤 신학자들에 의하면 세상은 하나의 디자인일 뿐 아니라 디자인되었다.

다른 용어군을 선택해 이러한 두 가지 생각을 구별하는 것은 분명 장점이 있다. 그리고 일단 잘 구별해서 사용한다면 다소 한정된 어휘 때문에 생기기 마련인 오류를 더 잘 예방할 수 있다. 거의 동의어나 마찬가지인 용어들을 마구 사용한 결과 의미가 우아하게 바뀌어버리는 상황을 초래하지 않고도 우리에게 필요한 구별을 모두 지칭하기에 충분할 것이다. 동의어의 이러한 무분별한 변형은 영어에서 많이 일어나는 일이고 예술에 대해 말하는 이들이 매우 좋아하는 것이기도 하다. 어느 정도 용어상의 절제가 필요하다. 예술이라는 화제가 본성상 풍부하고 매혹적이기에 그런 용어상의 절제가 어울리지 않을지라도 말이다.

우리는 이미 '형식'이라는 단어의 하나의 사용법을 찾았고 그 사용법을 꽤 잘 규정했다. 이제부터는 '형식'이란 용어를 형식이 더 풍부하거나 빈약하다는 의미로는 사용하지 않을 것이다. 하지만 이 후자의 의미에 대해 혼동할 위험이 없는 완벽하게 좋은 단어가 있다. 미적 대상의 통일성(unity)을 말할 때, 어떤 대상이 다른 대상보다 더 혹은 덜 통일되어 있다고 말할 때, 우리는 서로 다른 대상들이 각기 다른 정도로 가지고 있는 성질을 언급하려고 한다. 이러한 진술을 경험적으로 이해할 수 있는지를 보자.

일부 미학도는 그대로 '통일성'이라고 하기보다 '유기적 통일성'(organic unity)이

---

*　이 두 의미는 베르그송(Bergson)이 무질서(disorder)의 개념에 대한 통찰력 있는 분석을 통해 구별한 두 가지 의미와 정확히 똑같지는 않지만 그것과 관련되어 있다. *Creative Evolution*, trans. by Arthur Mitchell, New York: Holt, 1911, pp. 220-236.

라고 말하는 쪽을 더 선호한다. 후자는 미적 대상과 특히 밀접한 관계를 갖는 특수한 통일성이다. 그러나 이 형용사가 덧붙이는 바가 무엇인지는 명확하지 않다. 어떤 대상은 그것이 복합체일 때 그리고 오직 그러한 경우에만 유기적인 통일성을 갖는다고 할 수 있을 것이다. 즉, '유기적 통일성'을 영역 성질로서의 통일성을 지칭하는 말로 따로 사용하는 것이다. 이것은 명쾌하지만 불필요한 것이기도 하다. 비평의 담화에서는 미적 대상의 요소들이 가진 통일성보다는 복합체들이 가진 통일성만 관심의 대상이 된다. 이 맥락에서 통일성은, 그것이 하나의 성질이라면 언제나 영역 성질이기 마련이다. 이 용어를 좀 다르게 사용하는 이들의 표현으로는, 어떤 대상이 유기적으로 통일되어 있다는 것은 그중 어떤 부분이라도 제거하게 되면 그 대상이 변한다는 말이다. 물론 이것은 유기적 통일성을 너무 느슨하게 정의하는 것이다. 소소한 생각으로는, 복합체 내에서 일어나는 어떤 변화라도 그것은 그 복합체를 달라지게 한다. 그러면 이것을 보다 명확하게 하여, 어떤 전체의 부분이나 그 부분들 간의 관계에 변화가 있을 때, 그 변화가 어떤 것이라도 그로 인해 그 전체의 통일성이 감소한다면 그 전체는 유기적으로 통일되어 있는 것이라고 하자. 그러면 유기적 통일성의 검증은 적어도 분명해질 것이다. 그림의 색깔을 바꾸거나 그림 속 덩어리를 옮기거나 하여 이러한 각 변화가 통일성을 감소시키는지를 보면 될 것이다. 물론 가능한 변화의 가짓수는 상당히 많아서 확실하게 판단하기 어려울 것이다. 그러나 아무리 통일성이 크다고 해도 이 검증을 통과할 그림이 세상에 단 하나라도 있을지 의심스럽다.

시각적 완전성과 일관성

'통일성'이란 단어를 분석하는 가장 안전한 방법은 우선 시각적 디자인에서 그 용어의 쓰임을 살피고, 그 다음 음악에서의 쓰임을 살펴서 두 가지 경우의 사용법이 똑같은지, 혹은 어떤 측면에서 똑같은지 비교해보는 것이다.

통일성이란 개념에는 구별되는 두 구성요소가 있다. 이 두 요소는 함께 가는 경향이 있지만 같은 것은 아니며 어느 정도까지는 서로 독립적으로 변화한다. 그러나 '통일성'이란 단어는 두 요소 모두에 적용되는 듯 보인다. 이것을 알고 있다면 이런 용어 사용이 꼭 혼란스럽기만 한 것은 아니다. 아니면 두 대상을 비교할 때 그 대상들의 통일성이 뭔가 좀 미묘하게 달라 보이는데 어느 쪽이 더 통일성이 강하다고 할 수는 없는 경우가 있을 것이다. 한 대상이 다른 대상에 비해 통일성의 첫 번째 구성요소를 더 강하게 가지고 있고, 다른 대상이 그 대상보다 통일성의 두 번째 구성요소를 더 강하게 가지고 있다는 것을 알지 못하면 우리는 불필요한 혼란을 겪을 것이다. 이러한 경우 두 대상 중 어느 쪽이 더 통일적이라고 할 수 없다. 대신에 통일성의 두 구성요소에 대해 말하거나 대상들이 거의 같은 정도로 통일적이라고 할 수 있을 것이다.

통일성의 한 가지 요소를 완전성(completeness)이라고 하고, 다른 요소를 일관성(coherence)이라고 부르겠다.

앞에서 봤듯, 시각적 디자인은 명확한 윤곽에 의해 시각장의 다른 부분과 구별된다. 즉 시각적 디자인에는 테두리가 있다. 그래서 시각적 디자인은 시각장에서 선명하게 구별되고 한정된 부분으로 보이고, 그 자체의 회화-공간(picture-space)은 회화면(picture-plane)에 종속되어 있다. 그 시각적 디자인이 완전성을 갖는다는 것은 그 디자인 외적인 어떤 것도 필요로 하거나 요구하지 않는다는 것이다. 그 디자인은 필요한 것을 모두 갖추었으며 모든 것이 거기에 있다. 이것은 정의가 아니다. 완전성은 주목해야 할 단순한 성질이다. 이 논의에서 할 수 있는 것은 그것과 관련된 것들을 말하고, 예시를 들고, 동의어적인 표현을 빌려 그 성질을 어디에서 확인할 수 있는지를 보여주는 것이 전부이다. 우리는 완전성이라는 용어로 같은 것을 의미하고 있다는 것을 원칙적으로 당연히 확신할 수 있다. 사실 우리는 이미 같은 것을 의미하고 있을 것이다. 그러나 완전성을 어떤 더 단순한 성질들로 분석할 수는 없을 것이다.

물론 시각적 디자인이 고도의 완전성을 가지게 되는 조건들에 대해 말할 수 있다. 즉 그 디자인의 완전성을 증대시키는, 그 디자인의 부분들의 특징들과 그 부분들의 관계에 대해 말할 수 있다. 예를 들어 다른 조건들이 같다면, 그 디자인의 틀이 더 강할수록 그 틀이 디자인의 내부를 주위 벽으로부터 더 많이 분리하고 회화-공간은 그 자체의 내부로 더 몰려 들어가는 경향이 있다. 한편, 만약 그 그림이 여러 가지 화사한 색으로 칠해진 벽에 걸려 있고 벽의 색 중 일부가 그림에도 있는 색조라면, 이 색채-조화는 그림의 외부와 내부를 불가피하게 연결시켜 그림의 자기충족성과 독립성은 감소될 것이다. 동시대미술의 몇몇 회화나 뉴욕현대미술관에 있는 모네(Monet)의 거대한 〈수련〉(Water Lilies, 1925년경)처럼 그 디자인에 강한 지배적인 패턴이 없다면, 그런 디자인들은 어느 방향으로든 계속 연장될 수 있을 듯이 보이고 심지어 둘로 분할된다 해도 심각한 손상을 입지 않을 것이다. 또 만일 어떤 그림의 어릿광대가 회화 면 밖으로 튀어나와 그림이 걸려 있는 방의 공간 속으로 들어온다면 그림의 완전성은 감소될 것이다. 그러나 회화-공간의 모든 덩어리들이 서로 분명하고 뚜렷하게 연결되어 있다면 그 형태들은 그림의 틀 밖으로 시선을 돌리게 하지 않을 것이고 시각적 완전성을 위해서 무엇인가 보충할 것이 필요하지 않을 것이다.

여기서 우리는 기본적으로 디자인에 대해 말하고 있다. 물론 어릿광대의 예에서처럼 재현적인 요소들이 그 디자인을 복잡하게 할 수 있다. 그러나 지금 말하고 있는 완전성은 재현과는 별개의 것이다. 단순한 토르소인 조각, 혹은 팔과 다리가 소실된 고전 조각상은 그럼에도 불구하고 디자인으로서 꽤 완전하다. 생리학적 측면에서는 확실히 뭔가 부족할지라도 말이다. 그래서 로댕(Rodin)이 후에 빅토르 위고(Victor Hugo)의 기념비에 사용된 자신의 조각상 〈내면의 소리〉(Inner Voice)에서 그 조각상의 팔은 동작을 암시하는데 동작은 명상의 적이라고 하면서 그것을 제거해도 그 조각의 완전성이 파괴되지 않았다. 그러나 그림의 끝으로 달려가는 강한 대각선이 있고, 회화 공간으로 시선을 다시 돌리도록 하는 것이 없으며, 그런 기이한 움직임을 완화시킬 수 있도록 균형을 이루는 선도 없는 그림은 그 대각선이 팔이든 밧줄이든 길이든 간에 불완전하게 보일 것이다.

콜비츠의 〈시립보호소〉(도판 3)와 고야의 〈거인〉(도판 7)에서는 흥미로운 인물들을 그림의 틀에서 멀리 떼어놓았기 때문에 고도의 완전성이 얻어진다. 렘브란트의 〈잠자는 소녀〉(도판 2)의 발과 베크만의 〈자화상〉(도판 4)의 머리카락과 귀는 회화 면 밖을 향해 나가고 있으며 이것은 약간, 아주 약간의 불완전성을 가미한다. 도미에의 〈증인들〉(도판 8)에서는 우리 눈에 보이는 무리가 보이지 않는 더 큰 무리의 선봉이라는 강한 암시가 있고 이것이 이 그림의 완전성을 상당히 감소시킨다. 물론 다른 측면에서 그림의 힘을 증대시키기는 하지만 말이다.

위대한 미완성작, 예컨대 세잔의 후기작들과 바흐의 〈푸가의 기법〉(Art of Fugue), 카프카(Kafka)의 『성』(Castle) 같은 작품에는 강력한 불완전성이 있어서 그것을 완성시키고 싶은 강력한 충동을 느끼는 사람들이 있을 정도이다.

'일관성'이란 용어에 대해서는, 이 성질을 찾아볼 수 있는 곳을 바로 주목할 수 있게 하는, 동의어에 가까운 표현이 있다. 즉, 일관된 디자인은 그 안에 속해 있는 것들이 모두 제자리에 있는 디자인이다. 모든 것이 서로 들어맞는다. 그러나 그 성질 자체는 단순하다. 그래서 그 용어는 개념을 부분으로 쪼개어 분석하는 식으로 정의할 수 없다. 그러나 일관성의 현상적인 조건에 대해서는 말할 수 있고, 이렇게 간접적인 방식으로 일관성에 대해 말하고 있다는 것을 우리는 합리적으로 확신할 수 있다.

디자인을 일관되게 만들거나 일관되지 않게 만드는 조건의 목록을 빠짐없이 작성할 수 있는 것은 아니다. 우선 미술에서의 혁신은 더 위대한 작품이 만들어진다는 사실보다 위대한 화가들이 디자인을 일관되게 만드는 대단히 가치 있는 새로운 방식들을 발견하는 데 있다. 어떤 큰 범주를 설정해 일관성-조건의 가능한 모든 유형을 어느 정도 포괄할 수 있겠지만 이것은 단지 비평가들을 위한 편의에 불과한 것이지 화가의 독창성을 반영하거나 회화의 미래를 결정하는 것은 전혀 아니다.

여기서 우리는 일관성의 '원칙'을 말할 수 있을 것이고 이러한 원칙은 다른 조건이 같다면 이러이러한 일군의 요소나 관계가 일관성을 만들어내고 증대시킨다는 진술이다. 이 원칙들은 크게 세 가지 종류로 묶을 수 있을 것이다.

일관성은 초점(focus)에 의해 증대된다. 초점은 그것이 전체 그림에서 분명하게 드러난다면 지배적인 패턴이거나 구성적인 도식이고, 혹은 그림에서 지각적으로 가장 두드러지는 부분일 수도 있고, 혹은 강한 선들이 수렴함에 따라 다양한 방향으로부터 시선이 모이는 부분이다. 렘브란트의 후기 작품과 사실 수많은 바로크 회화들이 통일성을 갖는 부분적인 이유는 그림들에 중심 초점이 있기 때문이다. 그러나 통일성이 있는 모든 그림들이 이런 방식으로 통일적인 것은 아니다. 콜비츠의 작품(도판 3)과 고야의 작품(도판 7)의 지배적인 패턴에서, 도미에의 〈증인들〉(도판 8)에서 감상자의 시선을 계속 끌어당기는 가리키는 손에서, 뒤러의 〈최후의 만찬〉(도판 6)에서 예수님에게 수많은 선들이 수렴하는 것에서 초점의 원칙을 볼 수 있다. 뒤러 작품에서는 앞의 한 사람을 제외한 모든 제자들이 예수님을 바라보고 있으며, 바라보지 않는 제자조차도 예수님을 가리키고 있다.

일관성은 균형과 평형에 의해서도 증대된다. 그 예시는 앞 절에서 든 바 있다. 회화사에는 멋진 문제가 하나 있다. 서 있는 인물이 둘 있을 때 그 둘을 어떻게 관련시키는가 하는 것이다. 아담과 이브를 그린 화가들은 서양 회화의 초창기부터 이 문제에 직면해왔고 이 문제는 여전히 화가들에게 매력적이다. 꽤 강력한 축이 있다면 어느 정도는 그 둘을 서로 균형을 이루게 해 통일성을 부여할 수 있었다. 운 좋게 창

제4장 예술적 형식

세기에는 이 목적으로 이용하기 좋은 나무도 나온다. 어릿광대 그림을 몇 점 그린 피카소 같은 화가가 나무 없이 통일성을 주고자 한다면, 그 디자인이 둘 이상의 온전한 별개로 나누어지지 않도록 하려면 다른 방법을 취해야 한다.

균형의 개념은 회화-공간 안에서 깊이상의 관계로 확장될 수 있다. 한 선을 깊은 공간 속으로 끌고 들어가는 강한 움직임을 가진 선들이 있다면 그것을 회화 표면으로 다시 끌고 나오는 선들에 의해 균형을 이룰 것이다. 세잔의 많은 풍경화들에서 이를 볼 수 있다. 그렇지 않으면 그림의 후경과 전경이 분리되고 서로 별개의 것이 되어 그 그림은 일관성을 잃게 된다.

셋째, 일관성은 디자인 내 부분들 사이의 유사성에 의해 증대된다. 이 원칙은 종종 조화(harmony)의 원칙이라고 불리는데, 많은 사람들이 이 맥락에서 '질서'란 말로 의미하는 것이기도 하다. 그래서 일반적으로 그림의 두 구역이 색조나 선, 모양이 비슷하면 마치 연결되어 있는 것처럼 보인다. 상호-참조가 성립되는 것이다. 그리고 그 구역들이 부분으로서 포함되어 있는 디자인은 일관성을 띠게 된다. 물론 그 구역들이 강하게 대조되면 반대 작용이 일어나는 경향도 있다. 대략 일반화하자면, 다른 조건이 같다면 그 디자인의 부분들 사이에 유사한 점이 더 많을수록 그 디자인은 더 일관성을 띠는 경향이 있다.

디자인 전체에 걸쳐 나타나는 질감의 유사성, 즉 양식이 한결같다는 것은 일관성의 가장 강력한 지각적 조건 중 하나이다. 이 책에서 재현하는 디자인들은 모두 이러한 일관성을 가진 뛰어난 예시들이다. 각 예시들은 디자인 전체에 걸쳐, 선과 국소적 모양 면에서 뛰어나고 기억에 남는 뚜렷한 성질을 갖고 있으며 흑백조로 되어있다.

시각적 디자인의 완전성과 일관성에 대한 이 간략한 정리는 복잡 미묘한 수많은 문제들을 요약한 것에 불과하다. 그러나 여기서의 문제는 그림에 통일성을 부여하는 조건들이 정확히 무엇이고 그렇지 않은 조건들이 무엇인지를 발견하는 것이 아니다. 그것은 비평가들이 할 일이다. 가능하다면 우리는 비평가가 하는 일이 무엇인지를 알고 싶고 비평가가 아니더라도 그 일을 할 수 있다는 확신을 얻기를 원한다. 그리고 지금 다루고 있는 것은 경험적인 문제이다. 단순한 예를 들어 설명해보면 쉽다. 노란 종이, 파란 삼각형, 초록색 별, 붉은 사각형이 있다고 가정하고 다음과 같이 문제를 설정할 수 있을 것이다. 노란 종이 위에 이 세 도형을 배열하되, 색상 면에서는 대조되게 하면서 전체적으로는 가능한 한 통일성 있게 배열해보는 것이다. 이 문제에 대한 단 한 가지의 이상적인 답은 없겠지만 확실히 더 좋고 덜 좋은 답은 있을 것이다. 그 도형들을 각기 다른 세 모서리에 놓는 것 같이 매우 형편없는 답을 생각해내는 데는 창조적인 예술가일 필요가 전혀 없다. 이 문제에 대한 두 가지 답을 비교할 때 때로 한 디자인이 다른 디자인보다 더 통일성이 있다는 것을 분명히 알 수 있을 것이다. 그 이유로는 그 디자인이 다른 것보다 완전성과 일관성 양쪽 측면 모두에서 더 낫기 때문일 수도 있고, 혹은 완전성과 일관성 중 한 가지 측면은 거의 비슷하지만 다른 한 가지 측면에서 더 뛰어나기 때문일 수도 있다. 그리고 이것을 예컨대 'A는 삼각형과 별이 서로 더 가깝기 때문에 더 일관성이 있다'거나 'A는 세 가지 도형이 삼각형에 가까운 패턴으로 놓여있기 때문에 더 일관성이 있다'는 식으로 말할 수 있을 것이다. 이런 말로 인해 그 디자인이 훌륭한 예술작품이 되는 것은 아니겠지만 여기서는 그런 가치에 관심을 두는 것이 아니다. 지금 논의의 관심사는 하나의 시각적 디자인이 다른 디자인보다 더 혹은 덜 통일되는지를 경험적으로 질문하는 것이다. 이러한 인위적인 예시에서 파올로 베로네제(Paolo Veronese)나 틴토레토(Tintoretto)의 장대한 작품으로 시선을 옮기면 문제는 엄청나게 더 복잡해진다. 그러나 통일성을 찾을 때 우리가 찾는 것은 분명 같은 성질이다. 벨라스케스의 〈라스 메니나스〉(Las Meninas, 1956, 프라도 미술관)는 앞에서 살펴본 통일적인 특징들을 많이 보이고 있다. 마르가리타 공주라는 인물에 초점이 맞추어지는 것, 다른 인물들 간의 연속적인 질서, 균형, 공간이 명확하게 정의된 회화 면, 전체적으로 통제된 가치-강도의 관계에 따라 조화를 이루는 색조 등이 그것이다.

음악적 완전성과 일관성

음악에서 완전성의 개념은 더 쉽고 뚜렷하게 겉으로 드러난다. 선율은 끝 부분에서 종결적인 성질을 가지며 그래서 선율 자체가 어느 정도 완결될 것이 '선율'의 정의의 일부분이라는 것을 본 바 있다. 시각적 디자인은 어떤 식으로든 경계선으로 둘러싸여 있을 것이 '시각적 디자인'의 정의의 일부인 것처럼 말이다. 그러나 의자에 먼저 앉기 놀이에서 음악이 중간에 딱 멈출 때처럼 중간에 선율이 끊기는 경험을 생각해보면, 불완전성이 무엇인지 시각적 디자인을 가위로 반으로 자르는 경우보다도 훨씬 명확하게 알 수 있다. 끝나지 않은 선율도 불완전하게 들리지만 끝날 수 없는 선율도 그러하다. 누군가가 별 생각 없이 어떤 곡조를 휘파람으로 부는 단조로운 행위를 하는데, 같은 선율을 끊임없이 반마침으로 돌아가면서 끝내지 않고 계속 반복한다면 이것 역시 음악에서의 불완전성이 무엇인지 알 수 있는 강력하고 짜증스러운 예시이다.

악구와 악절을 포함하고 있는 더 큰 규모의 선율을 살펴보면 그 완전성은 역동적인 패턴의 더 미묘한 국면들에 좌우된다. 예컨대 〈스와니 강〉(Swanee River)은 A_1/A_2/B/A 유형으로 되어있지만 A_1은 A_2와 다르게 끝난다. 만일 그 곡이 C 조성으로 연주된다고 상상하면 A 악구들은 으뜸화음의 E음으로 시작할 것이다. 비록 A_1은 "그리워라"까지 D음과 딸림 7화음으로 끝나서 그 자체가 불완전하지만, A_2 악구("날 사랑하는 부모 형제, 이 몸을 기다려")는 으뜸음조이면서 으뜸음인 C로 끝나서 A_1/A_2 두 악구는 결과적으로 함께, 상당한 완전성을 갖는 이중 악구, 혹은 4소절 악구로 된 악절을 형성한다. 〈달빛에〉(Au Clair de La Lune) 또한 A_1/A_2/B/A 유형으로 되어있지만 이 경우에는 모든 A 악구들이 으뜸음조에다 으뜸음으로 끝나서 A_2는 A_1과 정확히 똑같다. 그런데 이 노래에서 A_1은 비록 짧지만 그 자체가 매우 완전한데, 그것을 A_2로 반복하면 그 완전성이 살짝 감소한다. 그것은 이 반복 자체가 모종의 더 큰 대비를 필요로 하게 만들어 어떤 다른 B가 이어질 것이라는 기대를 갖도록 하기 때문이다.

교향곡의 악장 같은 대규모 음악작품의 완전성은 그 음악의 동적 패턴과 일정한 관계가 있다. 예컨대 곡이 어떤 지점에서 도입적 성질이나 이행적 성질을 가진 구절로 넘어가서 멈추면 용두사미식의 결말이 되고 완전성이 파괴된다. 토비는 리스트 (Liszt)의 음시 〈산악 교향곡〉(ce qu'on entend sur la montagne)을 지배적 동적 패턴의 측면에서 잘 서술하고 있다.

이 작품은 도입부에서 도입부로 이어지고 연결 부분을 거쳐 또 다른 도입부가 나오고 이어서 광시곡적인 간주가 나오며, 이것은 세 번째 도입부의 자유로운 전개로 이어지고 그 다음에는 이전의 도입부를 훨씬 더 도입부답게 전개하는 일련의 악구가 이어진다. 이제 그 다음으로 엄숙하고 느린 주제가 나오는데, 이렇게 20분이 흐른 뒤에 나오는 이 주제를 진짜 시작으로 간주하도록 청자를 설득하는 것은 인력으로는 안 되는 일이다.

그리고 이 곡은 결국 원래의 신비스러운 처음의 도입부로 다시 돌아가면서 종결된다.*

이것은 일종의 불완전성이다. 이 곡은 전시적 성질을 가진 소절이 나올 것이라는 예상을 하게 하지만 실제로는 전시적 악구는 결코 시작되지 않는다. 그리고 곡이 멈출 때도 여전히 무언가 앞으로 등장할 것 같은 느낌을 주지만 끝내 그것은 등장하지 않는다.

동적 패턴이란 개념은 대규모 작품에서 통일성의 구성 요소 중 완전성을 자세하게 탐구할 수 있는 수단이 된다. 예를 들어 쇼스타코비치(Shostakovitch)의 〈5번 교향곡〉(Fifth Symphony)의 첫 악장을, 반대 극단의 예라 할 수 있는 베토벤의 〈교향곡 제4번 B플랫 장조〉(B Flat Major Symphony, no. 4)의 첫 악장과 비교해보라. 베토벤 교향곡에서의 거대하고 느린 도입부 처음 마디들에 감도는 긴장감은 무언가 중요한 일이 일어날 것이란 기대를 갖게 하고 그 도입부는 알레그로를 향해 저돌적으로 돌진하는 부분으로 연결된다. 그 지점부터는 약화되는 모든 부분은 더 큰 긴장과 뒤따르는 소절들을 요구하도록 하는 수단일 뿐이다. 그리고 그 요구는 결국에는 충족된다. 전개부의 절정 부분은 제시부에 있는 휘몰아치는 상승의 메아리들, 즉 265마디의 디미누엔도, 기대감이 감도는 조용한 분위기, 311에서 335마디까지의 북의 긴 연타, 현악기들이 불붙듯 흥분하는 느낌 등을 담고 재현부를 위한 대단히 만족스러운 준비가 되고 있어서, 이 전체 악장은 베토벤의 모든 곡들 중 가장 촘촘하게 짜여있고 자기충족적이며 완전한 악장들 중 하나로 꼽힌다.

한편 쇼스타코비치의 교향곡은 꽤 단호한 4마디의 악구로 시작하는데, 이 악구는 곧 저음부 현악기들이 연주하는 일종의 시작 전 반주 격(vamp-till-ready)의 도입 소절로 이어지고, 전시적 성질이 있지만 그것이 그다지 강하지 않은 느린 선율이 나온다. 이 선율이 점점 사라지면서 곧 주저하는 듯한 이행적 소절로 이어지고 그 느린 선율의 편린들이 다시 새로운 주제로 엮이지만 전체적으로는 어떤 추진력이나 긴장을 만들어내지 못한다. 그 선율에는 항상 잦아들고 말 듯한 분위기가 감돈다. 악보의 #7 부분의 팡파르는 종결처럼 들리지만 갑자기 도입부분으로 돌아가 시작 전 반주가 나오고 새로운 느린 선율이 나온다. 이 새로운 선율은 비록 한계가 있지만 처음

---

*   Donald F. Tovey, *Essays in Musical Analysis*, London: Oxford U., 1935-39, Vol. II, p. 7.

제4장 예술적 형식

4마디 이후 가장 단호하고 전시적으로 들리는 고지식하고 견고한 주제이다. 그 악장은 다음과 같이 진행된다. #38에서 한껏 기대감을 불러일으키는 포르티시시모(fff)의 절정은 종결처럼 들리지만 그것은 지연되는 결말, 실망, 계속되는 용두사미로 이어진다. 전반적으로, 기대감의 고조 같은 것은 내던져버린 상태인데, 뒤이어 나오는, 전시적 성질이 강한 선율-소절이 없고 종결적 성질의 소절들 다음에는 김빠지고 주저하는 듯한 소절이 뒤따르기 때문이다. 이 악장은 느슨하고 비결정적이며 불완전한 성질을 가진다.

베토벤의 〈바이올린과 피아노를 위한 "크로이처" 소나타 A장조〉("Kreuzer" Sonata for Violin and Piano in A Major)의 악장들과 바르톡의 〈바이올린 소나타 제2번〉(Second Violin Sonata, 1920)의 2악장도 멈춤과 시작, 속도의 빨라짐과 느려짐, 작은 선율들과 활기찬 피치카토 악구들 등, 앞의 경우와 비슷한 대조를 보여준다.

음악적 일관성은 그것에 반대되는 것과 대조하면 가장 쉽게 알 수 있다. 베토벤의 〈현악 4중주 A단조(op. 132)〉(A Minor String Quartet, op. 132)의 느린 악장에 재즈곡인 〈폭풍 치는 날〉(Stormy Weather)이나 〈타이거 랙〉(Tiger Rag)의 몇 마디를 삽입한다고 상상하면 매우 부조화스러운 곡이 나올 것이다. 일관성의 한계를 독단적으로 설정하지 않고 미래의 작곡가에게 가능한 최고의 자유를 허락해 그가 우리가 모르는 다른 방식의 일관성을 찾아낸다 해도, 이 곡들이 같은 곡으로 결합되거나 같은 작품의 부분으로서 엮여있는 것으로 지각될 수 있을지는 매우 의심스럽다. 한편 드보르작의 〈첼로 협주곡 B단조〉(Cello Concerto in B minor)의 첫 악장에는 도입부의 총주(tutti) 끝 부분에 활기찬 소주제가 있는데 이후 이 주제는 다시 등장하지 않는다. 그러나 이것이 아주 부적절해보이지는 않는데, 그 소주제와 같은 성질을 가진 무언가가 그 지점에서 그 악장을 이루는 악절들을 구별 지을 필요가 있고 그 소주제는 작품의 나머지 부분의 성격과 양식적으로 조화되고 있기 때문이다. 멘델스존(Mendelssohn)의 〈교향곡 A장조 "이탈리아"〉("Italian" Symphony in A Major)의 전개부에서 처음으로 나타나는 소주제에 대해서도 똑같이 말할 수 있다. 그 주제는 맥락에 완벽하게 어울린다. 사실 드보르작과 멘델스존의 음악은 일반적으로, 다른 한계점이 있기는 하지만 동적 패턴의 명확함과 지속성 면에서 고도의 일관성을 가진 것으로 특징지어진다. 이 작곡가들은 준비와 절정을 다루는 법을 알고 있다.

음악의 일관성에 공헌하는 조건은 무엇인가? 시각적 디자인에서처럼 음악을 일관되게 결합하는 조건들을 모두 제시할 수 있으리라고 기대할 수는 없다. 이것은 작곡가가 발견하고 비평가가 포착해야 하는 것이다. 선율의 일관성이 모종의 요인들에 의해 강화된다는 것은 알려져 있다. 그 선율이 모두 같은 조로 되어있다면 조성이 변하는 것보다 더 일관성이 있을 것이다. 음정의 범위가 작다면 매우 일관성이 강할 것이다. 선율적 음형과 리듬적인 음형에 유사성, 평행적 관계, 반향이 있다면 그것으로 인해 곡은 일관된 성격을 띨 것이다. 선율적이지 않은 음악이나, 그 선율이 그다지 일관되지 않은 음악도 다른 방식으로 일관성을 띨 수 있다. 예컨대 리듬 면에서 일관될 수도 있고 전반적인 영역 성질 면에서 일관될 수도 있다.

어떤 음악의 경우 일관성이 그 구조에 상당 부분 기인하고 있다. 예컨대 하이든의 교향곡의 악장은 견고한 조성 관계, 선율적인 반복과 발전이 합쳐져 이루어진 주요한 역동적 대조들을 기반으로 구축되어 있다. 다른 음악의 경우 일관성을 주로 그 질감에서 획득하기도 한다. 예컨대 바로크 음악의 콘체르토 그로소의 악장은 상당히 지속적이고 견고한 동력을 발전시켜 이것을 곡의 끝까지 유지한다. 바흐의 〈브란덴부르크 협주곡 제3번 G장조〉(*Third Brandenburg Concerto in G Major*)에는 구조가 있다. 리토르넬로(ritornello), 그리고 관련 조성으로의 전조와 원 조성으로의 복귀가 그것이다. 그러나 그 곡에서 더 눈에 띄는 것은 질감이 일정하다는 것인데, 부분적인 이유로는 처음부터 끝까지 동일한 악기 편성으로 되어있어서 음색이 같다는 것, 또 선율 선이 똑같이 반복되는 음형에 기초하고 있다는 것을 들 수 있다. 그 곡에서는 모든 소절이 같은 곡에 속한 것처럼 들린다. 이런 작품들은 소나타-알레그로 구조-유형을 참고해 만들어진 작품들보다 더 강한 일관성을 성취할 수 있다. 그러나 대체로 그 일관성과 동일한 정도의 완전성을 얻지는 못한다. 그 곡을 끝에서 두 번째의 종지에서 멈춰보면 훨씬 불완전하게 들릴 것이다.

음악적 통일성에 있어 가장 혼란스러운 문제들 중 하나는 여러 요소가 혼합된 혹은 여러 악장으로 된 악곡들과 관련된다. 각 악장의 통일성이 어디에 기인하는지는 꽤 분명하다. 그러나 소나타나 모음곡에서처럼 여러 악장들이 일관된 전체를 구성하도록 만드는 것은 무엇인가? 악장들은 템포와 조성 면에서 대조를 이루기도 하고, 연속되면서 흥미로운 패턴을 만들어내기도 한다. 그러나 콘서트 프로그램의 여러 다양한 곡들도 그러하며 콘서트는 단일한 악곡이 아니다. 그러나 베토벤의 〈교향곡 C단조〉(*C Minor Symphony*)는 하나의 악곡이고, 헨델의 〈수상 음악〉(*Water Music*), 브람스의 〈클라리넷 5중주〉(Clarinet Quintet)도 하나의 악곡이다.

　최근 논의에서는 여러 요소가 혼합된 악곡의 통일성을 보장하는 주요한 요인으로 주제적 발전, 주제의 변주, 그리고 자리바꿈 같은 돌림노래의 기법들 속에서 유지되는 특별한 종류의 주제적인 유사성을 꼽는다.* 이 관점에 의하면 두 악장이 비록 완전히 다르고 심지어 대조적인 성격일지라도 두 악장의 주제는 어떤 특징으로 인해 중요한 관련을 맺고 있다. 간단한 예로, 모차르트의 〈아이네 클라이네 나흐트무직〉(Eine Kleine Nachtmusik)의 제1악장, 제2악장, 제4악장의 도입부를 살펴보자. 이 선율들은 분명하게 구별되고 서로 혼동되지도 않을 것이지만, 음표의 패턴을 공유하고 있으며 이것은 우리가 지금 살펴보고 있는 이론의 지지자들이 중요하게 생각하는 점이다.

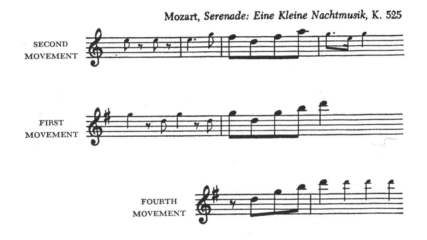

　바흐의 〈마태 수난곡〉(St. Matthew Passion)에서는 이와 같은 관계를 더 큰 규모로 찾을 수 있다. 그 작품 안의 적어도 15개의 악곡에서, 상승하는 2도 음정에 하강하는 2도 음정이 이어지는 음형, 혹은 이 음형을 약간 변형한 음형을 찾아볼 수 있다.

　이 '주제적 변형'(transformation) 이론, 특히 그 이론의 심리적 가정은 더 깊은 탐구를 위한 유익한 가능성을 열어놓는다. 〈아이네 클라이네 나흐트무직〉의 악장들이 잘 어울리게 짜여있다는 것은 의심의 여지가 없다. 문제는 이것이 그 이론으로 설명되는가 하는 것이다. 그 이론이 주장하는 것은 듣는 이가 주제적인 유사성을 알아

*　Rudolf Reti, *The Thematic Process in Music*; Note 13.2를 참조하라.

차리지 못하는 곳에서조차도 그 주제적인 유사성에 영향을 받아, 한 악장의 선율을 다른 악장의 선율에서 파생된 것으로 듣지 않을지라도 두 개의 악장이 주제적 변형의 관계로 연결되어 있는 것으로 지각한다는 것이다. 물론 이 논제를 검증할 방법이 있다. 우선 다른 세 악장과 그다지 친밀하지 않지만 그 악곡 내에서 잘 어울려 보이는 제3악장을 분석해 주제적 유사성이 드러나는지를 물을 수 있다. 다른 한편으로는 〈아이네 클라이네 나흐트무직〉 대신, 주제적 유사성이 있는 적합한 현악 4중주 미뉴에트를 선정해 그 자리에 넣고, 이 곡이 〈아이네 클라이네 나흐트무직〉보다 더 적합하게 들리는지를 살펴보는 것이다. 이때 비교 대상이 되는 현악 4중주곡은 주의 깊게 선택해야 할 것이다. 〈아이네 클라이네 나흐트무직〉은 기보나 양식 면에서 현악 4중주가 아니기 때문이다.

여러 예술에 공통적인 형식들

나는 시각적 디자인에서의 통일성과 음악에서의 통일성에 대해 말하면서 양쪽에 같은 단어를 사용했다. 하지만 이렇게 하면 당연히 매우 중요한 문제가 대두된다. 내가 두 예술에서 같은 것에 대해 말하고 있는가? 같은 용어로 지칭한 그 두 가지는 같은 성질인가? 사실 그다지 애쓰지 않아도 이 점에 있어 상당히 회의적인 경우를 생각해낼 수 있을 것이다. 무언가가 통일되어 있다고 할 때, 그리고 이 용어를 청각적 영역과 시각적 영역, 또한 시와 연극 모두에 적용되는 의미로 사용하고자 한다면 그 개념은 다소 과할 정도로 희석되어야 할 듯 보인다. 시각과 청각은 별개의 것이다. 붉은색과 사각형은 시각에 속하고, 느림과 높은 음정은 청각에 속한다. 그 양쪽 모두에 속하는 성질이 어떻게 있을 수 있을까? 공통적인 성질이 있는지 아닌지를 검증하는 것은 쉽고 확실하다. '통일성'이란 말로써 양쪽에서 같은 것을 의미한다면 어떤 악곡과 어떤 그림을 이 성질 측면에서 비교할 수 있어야 할 것이다. 두 악곡을 서로 비교하거나 두 점의 그림을 서로 비교하듯이 말이다. 결국 통일성을 공통된 성질이라고 할 수 있다면 그렇게 못할 것이 무엇이겠는가? 불합리한 경우가 한없이 많을 것이다.

그 문제가 해결될 수 있다고 주장하지는 않겠지만 이 의문들에 답할 수는 있을 것 같다. 여러 요소가 혼합된 영역 성질로서의 통일성과 통일성의 지각적 조건을 분명하게 구별할 수 있다면, 판이하게 다른 조건들을 갖는 두 경우에서도 유사한 성질이 나타날 수 있다는 것이 원천적으로 납득 불가한 것은 아니다. 그리고 사실 이것은 자주 일어나는 일이다.

그렇다고 두 경우를 비교할 때 제기되는 이의를 물리칠 필요는 없을 것이다. 모든 비교에는 말하자면 일정 범위의 비결정성이 있다. 비교되는 성질이 측정 가능할 때는 비결정성의 범위가 그다지 크지 않을 것이다. 정확한 저울로 두 개의 돌을 단다면 무게의 차이를 아주 미세한 정도까지 밝혀낼 수 있다. 한편 두 돌의 무게가 같은지 손으로 들어 올려서 알아보려 한다면 미세한 무게 차이는 알 수 없을 것이다. 2~3온스 정도의 무게 차이도 식별할 수 없을 것이다. 그런데 시각적 디자인에서 통일성의 정도는 규모가 아니다. 즉 통일성의 정도를 측정하기 위한 저울을 어떻게 만들어야 할지 모른다. 결국 그 정도가 모호할 것이라고 생각할 수밖에 없다.[*]

음악과 그림에서의 통일성이 같은 성질이라는 것을 보이기 위해 어떤 음악과 어떤 그림의 비교라도 확신을 가지고 할 수 있어야 할 필요는 없다. 비교가 가능한 합당하고 명쾌한 몇 가지 경우가 있으면 된다. 그리고 극단적인 경우들이 명쾌하다. 어느 정도 통일성이 있는 그림을 보여주면 그 그림보다 더 통일성이 있는 악곡이나 악장을 찾을 수 있고 통일성이 덜한 악곡을 찾거나 만들어낼 수 있다.

비록 약식이기는 하지만, 앞에서 언급한 일반적인 통일성 개념에 대해 한 가지 반론이 더 있다. 음악과 시각적 디자인이 공통 성질로서 통일성을 가질 수 있다고 인정한다면 이것은 음악과 시각적 디자인이 공유하는 유일한 특징인가, 아니면 공유하는 다른 특징들이 있는가? 그 구분선을 어디에 그어야 하는가?

물론 여기서 어떤 일반적인 원칙을 요구하는 것은 과도한 요구이다. 비평가들이 이미 해놓았거나 할 수 있는 비교를 살펴보면서 그중 어떤 것이 설득력이 있고 어떤 것이 그렇지 않은지를 보는 것이 우리가 할 수 있는 전부이다. 그리고 이 비교는 주요하게 다음 세 가지 종류로 나눌 수 있을 것이다. 첫째, 어떤 비평가들은 문학까지 포함해 예술에 공통된 기본적인 구조-유형을 탐구해왔다. 둘째, 비평가들은 공통된 영역 성질, 즉 '정조'(mood)나 '느낌'(feeling), '기분'(spirit)상의 유사성을 탐구해왔다. 셋

---

[*] 의사소통 이론(Communication Theory)을 취해 통일성이 잉여(redundancy)의 개념의 측면에서 정의될 수 있다면 통일성을 측정할 수 있을 것이라는 주장이 있어왔다. Note 13.4를 보라.

째, 비평가들은 구조와 양식상의 기본적인 유사성을 탐구해왔다. 이 유사성은 어떤 특정 역사적 시점에서, 시대-유형을 정의하고 예술 외적인 것을 포함한 인간의 다양한 작업들 간의 그 밑바탕에 깔려 있는 연결을 드러낸다.

다소 추상적인 층위에서 생각하면, 음악적 디자인과 시각적 디자인은 디자인 일반론(General Theory of Design)의 주제가 될 만한 공통적인 구조적 특징을 나타내고 있다. 디자인 일반론은 시각적 디자인 이론(Theory of Visual Design)과 음악적 디자인 이론(Theory of Musical Design)의 바탕이 될 것이다. 예를 들어, 앞에서 봤듯이 시각적 디자인의 한 부분과 다른 부분 사이에는, 그리고 악곡의 한 부분과 다른 부분 사이에는 확실하게 중요한 유사성이 있다. 그러면 그 둘 모두에서 각자의 방식으로 반복이나 되풀이가 나타난다고 할 수는 없을까? 그리고 유사한 부분들뿐 아니라 그 부분들 사이의 유사한 관계가 있을 때, 그 둘 모두가 리듬을 갖는다고 할 수는 없을까? 음악에서는 박자가 일정하게 되풀이되는 것에서 규칙적인 리듬이 나타난다. 프리즈 부분의 인물 조각이나 큐비즘 회화에서의 덩어리들의 배치도 그렇게 말할 수 있지 않을까?

분석의 일부 어려운 문제는 이러한 사고 과정에 의해 발생하는데 아직 만족스럽게 해결되지 않고 있다. 지금은 그 문제들을 해결하려 하기보다 문제를 제기할 지점이라고 생각한다. 음악에서의 리듬처럼 특정한 예술에서 무언가가 분명하게 확인될 때마다, 그것이 그 예술이 다른 예술과 공통적으로 가지는 더 광범위하고 더 기초적인 특징들인지 아닌지, 그래서 같은 단어를 다른 예술 모두에도 충분히 쓸 수 있을지를 살펴보고 싶어진다. 예컨대 〈기타와 꽃〉(Guitar and Flowers, 1912, 뉴욕현대미술관) 같은 후안 그리의 초기 그림은 때로 '다성적'이라고 말할 수 있는데, 어떤 모양들이 '리듬감 있게' 간격을 두고 되풀이되며 푸가의 성부와 같은 뚜렷한 '중심축들'이 있기 때문이다. '리듬'이란 단어는 청각 분야에서 유래했지만, 시각 분야에서 반복적인 패턴이나 물결치는 선들 같은 곳에 적용하는 것도 적어도 언뜻 보기에는 가능한 것 같다. 한편 '균형'이라는 단어는 시각 분야에서 발원한 의미를 갖고 있지만 음악에도 역시 흔히 적용된다. 반마침으로 끝난 악구는 균형을 맞추기 위해 다른 악구를 요청한다고 말한다. 이것은 확실히 좀 다른 의미인 듯하다. 이 용어를 더 큰 음악적 단위에 어떻게 적용할 수 있을지는 덜 분명하다. 교향곡의 악장에 도입부와 코다가 모두 있다면 그 둘 사이에는 중요한 관계가 있을 것이다. 그러나 그 둘이 서로 균형을 이룬다고 말할 만큼 동등하게 들리는 측면은 없는 듯하다.

모든 예술에 통용되는 어떤 기본적인 디자인-유형을 구별지으려는 더 야심찬 시도는 전부터 있었다. 예컨대 앞에서 봤듯 주제와 변주 구조는 음악에서 중요한 구조이다. 그래서 한 그림에서 어떤 곡선이나 색상이 여러 곳에서 약간씩 변형되어 나타나지만 보기에 유사한 경우라면, 이것은 기본적으로 같은 구조-유형이라고 할 수 있을 것이다. 그러면 그 곡선이나 색상들을 충분히 추상적으로 생각한다면, 물론 유사성을 찾을 수 있지만 아마도 차이점이 더 중요할 것이다. 그것들을 똑같이 취급해버리면 그 차이점은 흐릿해져버린다. 일군의 음악적 변주에는 시각적 디자인에 결여되어 있는 두 가지 본질적인 특징이 있다. 첫째, 일종의 참고 기준처럼 행세하는 원곡조 혹은 주제가 있어서 모든 변주들은 아무리 원 주제로부터 멀어지도록 변형되어도 원 주제와 관계를 유지하고 있다. 둘째, 변주들이 펼쳐지는 극적인 순서가 있어서 그 순서가 바뀌면 그 곡은 완전히 다른 성격을 띠게 될 것이다. 반면 시각적 디자인에서는 시선이 완전히 통제되지 않으며 그 디자인의 부분들 사이를 거의 자유롭게 오간다.

여러 예술에 공통된 성질들

음악과 시각적 디자인을 성질 면에서 비교하려는 시도는 또 다른 흥미로운 문제를 발생시킨다. 우리는 모두 한 감각에서 다른 감각으로 성질-용어들을 쉽게 옮겨 사용하는 데 익숙하다. 음악에서의 '음색'(tone-color)과 시각적 디자인에서의 '색조'(color-tonality), 디자인의 우울한 구역과 우울한 음표들, 활기찬 벽지 패턴과 활기찬 곡조가 그 예이다. 예컨대 무소르그스키(Moussorgsky)의 〈전람회의 그림〉(Pictures at an Exhibition)에서 보듯, 음악이 표면상 시각적 디자인의 뚜렷한 영역 성질을 소리로 포착하기 위해 작곡되기도 했다. 휘슬러(Whistler) 같은 화가도 표면상 '녹턴'과 '스케르초'를 음악의 영역 성질을 시각적으로 구현하기 위해 그렸다.

문제의 요지를 일상적인 대화체로 말하면 다음과 같다. 음악은 디자인이 눈에 비쳐지는 방식으로 들리는가? 음악의 요소는 시각적 디자인의 요소가 아니다. 요소들 간의 관계도 같지 않다. 큰 소리를 밝은 색깔과 비교해보면 알 수 있듯, 그 요소들은 어떤 면에서는 유비적인 면이 있지만 유비적이라는 것은 공통된 특징을 갖는다는 것이 아니다. 그러면 다른 지각적 조건들로부터 똑같은 영역 성질이 창발되는 것이 가능할까?

영역 성질과, 영역 성질의 지각적 조건들 간의 관계에 대해서는 두 가지 진술이 있고 이 둘은 분명하게 구별되어야 한다. 첫째, 시각적 혹은 청각적 복합체의 모든 영역 성질의 총합은 그 지각적 조건, 즉 식별 가능한 부분들과 관계들에 의해 규정되어, 부분이나 관계에서 어떤 눈에 띄는 변화가 있으면 영역 성질이 일부 변하며 적어도 그 성질의 강도가 변하게 된다. 그러나 둘째로, 복합체의 부분이나 관계 측면의 변화가 다른 영역 성질을 변화시키지 않고 두어서, 그 부분이나 관계 혹은 둘 다의 측면에서 다른 두 복합체들에서 같은 특수한 영역 성질을 볼 수 있다. 296쪽의 도해에서처럼 이것은 시각적 디자인에서는 흔한 일이다. 이와 비슷하게 조옮김이 되거나 다른 악기로 연주되는 선율은 그 요소들이 변했어도 이전과 똑같은 선율이다. 어떤 선율을 약간 빠르게 연주하거나 두 배의 길이로 연주하거나, 심지어 다소 곡조에서 이탈하도록 연주해도 요소들 간의 관계가 약간 변했긴 하지만 그 선율을 여전히 알아볼 수 있다.

그러면 같은 영역 성질이 다른 지각적 조건과 결부될 수 있는 가능성을 의심할 이론적인 이유가 없다. 비록 조건상의 차이가 커질수록 영역 성질에도 차이가 있을 가능성이 크기는 하지만 말이다. 그리고 사실 어떤 성질은 음악과 시각적 디자인 모두에서 나타나는 것이 분명해보인다. 시각적 디자인에서 볼 수 있는 대담하고 부드럽고 활기 넘치고 또 고요한 성질을 악곡에서 들을 때 우리는 잘못 듣지 않는다. 이것은 음악에서 나타나는 모든 성질이 시각적 디자인에서도 보인다거나 그 반대의 경우도 그러하다는 것을 함축하는 것은 아니다. 그러나 공유할 수 있는 성질이 몇 가지 있다는 것을 인정해야 한다고 생각한다. 그 성질들을 기술하거나 말로써 그 성질을 확인하기가 어렵다고 해도 말이다.

음악과 시각적 디자인의 세 번째 비교는 역사가들이 종종 시도했던 것이다. 성질들은 우선 각 예술 영역 내에서 어떤 양식-범주나 시대-범주로 묶이고 나서 예술들 간의 경계를 넘나드는 용어로 함께 묶인다. '바로크', '낭만주의적', '고딕', '모더니즘적인'과 같은 용어는 이러한 목적으로 사용되어왔다.

이러한 용어들을 사용하는 두 가지 다른 목적이 있고, 이 용어들을 안전하게 사용하는지 아닌지의 문제를 고려할 때 두 목적은 분리되어야 한다. '바로크'란 용어를 한번 생각해보자. 첫째, 우리는 특정 시대의 그림에서 자주 보이는 양식이나 구조상의 어떤 특징들을 주목하게 된다. 즉 루벤스, 렘브란트, 엘 그레코, 베르메르(Vermeer), 푸생(Poussin)의 그림은 서로 엄청나게 다르지만 어떤 특징들을 공통적으로 드러낸다. 이러한 점들에서 비슷한 하나의 그룹으로 이 그림들을 함께 묶고 명칭을 붙이면 편리하다.

그러나 여기서 문제가 생긴다. '탁자', '지네', '양자' 같은 일반적인 단어를 정의하는 통상적인 방식은 그 용어를 적용하기 위한 필요충분조건을 구성하는 특징들의 목록을 만드는 것이다. 즉 어떤 대상이 '탁자'로 적절하게 일컬어지려면 그 대상은 목록에 있는 모든 특징들을 가지고 있어야 한다. 그러나 '바로크' 같은 단어는 전혀 그렇지 않다. 이 단어의 정의를 바로크 화가들의 모든 그림, 혹은 바로크 시대의 한 화가의 모든 그림 혹은 1615년에서 1620년 사이에 그려진 모든 그림들에서 발견되는 성질들로 한정하면 '바로크'란 용어가 의미하는 것은 아무것도 없을 것이다. 그 정도로 압도적으로 보편적인 특징들은 없을 것이기 때문이다. 한편, 흥미로운 특징 열 가지의 목록을 작성해 그것을 '바로크'의 정의로 삼는다고 해도 그에 해당하는 바로크 회화는 몇 점에 불과할 것이며 그 용어는 그다지 유용하지 않을 것이다.

이와 다른 논리적인 방법이 있고 그것은 예술사가들이 대부분 실제로 행하는 방법이다. 예술사가들이 그 방법을 스스로 분명하게 규정하지도 않고 항상 그 결과를 존중하는 것은 아니기는 해도 말이다. 열 가지 특징을 나열하고 어느 것이든 그중 다섯 가지, 혹은 그 이상의 특징을 가지는 그림을 바로크 그림이라고 부르는 것이다. 그러면 바로크 그림의 일정한 집합을 얻게 되고, 그 그림 집합 내에서 임의의 두 점의 그림을 비교해보면 비록 열 가지 특징 모두를 공통적으로 가지는 경우는 없을지라도 그중 일부 특징은 공통적으로 가질 것이다. 그리고 그 용어를 정의했던 방식을 잊는 우를 범하지 않는다면 그 정의를 어느 정도 편리하게 이용할 수 있을 것이다.

그러나 일부 문화사학자들이 밟는 두 번째 단계가 있는데 그것은 지금 논의하는 문제와 가장 직접적으로 관련된다. 바로 음악과 회화의 비교 가능성이다. 문화사학자들은 '바로크'를 정의하는 특징들을 다른 문화적 국면, 즉 음악, 문학 그리고 조각과 건축에서 찾아볼 수 있는지 혹은 특징들 간에 적어도 아주 가까운 유비가 있는지를 살피고자 한다. 사실 더 상상력이 풍부하고 과감한 추측을 하는 몇몇 문화사학자들은 '바로크 음악'이나 '바로크 연극'에 만족하지 않고, '바로크 정치', 또 30년 전쟁에서의 군사적 전술은 밀턴의 산문과 닮았다고 하면서 '바로크 군사적 전술'을 말하고, 또 '바로크 수학', 홉스(Hobbes)나 라이프니츠(Leibniz) 같은 '바로크 철학'에 대해 논의해왔다.

물론 이러한 일반화가 옳다는 것을 입증하는 것은 사실 어렵고, '바로크'나 '낭만 적' 같은 용어들이 이렇게 모호하게 사용될 때는 매우 피상적인 유비인 것들이 강한 인상을 남기기 쉽다. 이런 경우에는 모두를 위해 다소 냉정할 필요가 있다고 생각한 다. 바로크 음악은 결국 바로크 회화와 어떤 공통점이 있는가? 루벤스의 그림은 거대 하고 극적인 대조로 가득하고 강렬한 주목을 받는 강한 지배적 패턴을 중심으로 짜 여있다. 이러한 측면에서는 적어도 루벤스의 그림은 하인리히 쉬츠(Heinrich Schütz)의 수난곡이나 헨델의 콘체르토 그로소보다는 베토벤의 교향곡과 더 비슷하다.

흥미롭고 선명한 유사성들을 찾을 가능성을 배제해야 한다는 것이 아니다. 그 유 사성들을 검증해야 한다는 것일 뿐이다. 예술분야 간의 공통된 정신이나 양식, 문화 의 다른 국면들과 예술의 유사성을 강조하는 대부분의 문화사학자들은[*] 그렇게 하면 서 역사나 문화의 본성에 대한 어떤 광범위한 논제들을 추구해온 것이다. 예컨대 각 시대마다 시대정신(Zeitgeist or Spirit of Age)이 있어서 그것이 모든 활동의 기반이 되며 모든 활동에서 그 시대정신이 표출된다는 논제, 혹은 어느 시대의 문화에서든 일어 나는 모든 일이 문화의 내적 정신의 발전 상태에 좌우된다는 논제 같은 것들이다. 여 기서 이 이론들 나름의 장점을 살펴보는 것은 다른 영역으로 넘어가는 문제일 것이 다. 그러나 이론들이 적절하게 만들어졌다고 해도 그 이론들이 성립되기 위해서는 많은 증거가 필요할 것이고 그 증거가 분명하고 확실해야 한다는 데에는 모두가 동 의할 것이다.

복합성

여러 예술의 비교 가능성에 관한 이 문제들을 정리하기 전에, 간단하게라도 다 루어야 할 한 가지 개념이 더 있다. 그 개념은 '통일성'과 서로 관계되는 용어로서, 시

---

[*] 예컨대 루이스 멈포드(Lewis Mumford), 에곤 프리델(Egon Friedell), 오스발트 슈펭글러(Oswald Spengler)가 그들이다. Note 13.8를 보라.

각적 디자인과 악곡을 기술하고 비교하는 데 있어 중요한 역할을 종종 하기 때문에 현재 논의에서 충분히 다룰 만한 것이다. '복합성'(complexity)이라는 용어이다. 통일성과 복합성이란 두 가지 관념은 주의 깊게 구별될 필요가 있다. '통일성'의 반대는 '분열'이고 '복합성'의 반대는 '단순성'인데도 불구하고, 비평가들이 '단순성'이란 용어를 내가 '통일성'으로 의미하는 바를 가리킬 때 사용하는 경우를 흔히 볼 수 있기 때문이다. 하얀 페이지 위에 검은색 윤곽선으로 그려진 원은 단순하면서도 통일되어 있다. 그러나 이 디자인의 단순성, 즉 복합성이 결여된 것은 이 디자인의 통일성, 즉 불완전하거나 일관되지 않은 것이 없는 통일성과는 같지 않다. 복합성은 대략 말하자면, 미적 대상 안에서 보이는 부분들의 개수 혹은 부분들 간의 차이에 대한 것이다.

여기서 보다 일반적인 개념을 취하는 것이 유용할 것 같다. 그것은 미적 대상의 규모, 즉 미적 대상의 지각적 크기이다. 내부에 점 하나가 있는 원은 점이 없는 같은 크기의 원보다 규모 면에서 크고, 사각형은 원보다 규모 면에서 크다. 방향상의 변화 면에서 변화가 더 많기 때문이다. 그러나 이 두 가지 비교에서처럼 규모는, 완전하게는 아닐지라도 복합성으로 환원될 수 있는 듯 보인다. 렘브란트의 에칭 〈금 계량인의 벌판〉(Goldweigher's Field, 1651, 뒷 목록 249)은 작은 크기의 종이에 인쇄되어 있지만 그것이 포섭하여 화면 속에 배치해놓은 공간은 엄청나게 크다. 이러한 측면에서 이 판화는 큰 작품이다.

이러한 방식으로 규모와 복합성을 구별해보겠다. 흰색 위의 원을 사진으로 찍어 그것을 원래 크기의 두 배로 확대한다고 하자. 그 규모는 커졌다고 할 수 있지만 복합성은 그렇지 않다. 부분들은 이전과 달라진 것이 없기 때문이다. 물론 일반적인 사진을 확대해서 이전에는 작아서 보기 어려웠던 것을 볼 수 있게 할 때는 복합성도 증대시킨 것이다. 그리고 아마도 절대적인 크기라는 요인, 혹은 전체에 대한 그 부분의 크기와 비교될 만한, 실제 세계에 대한 전체 디자인의 크기가 있을 것인데 일부 미술 작품에서는 그것도 고려해야 한다. 물론 건축에서는 특히 그러하다. 말한 대로 1인치 높이짜리 피라미드는 무의미하다. 그리고 회화에서는 특정 구역이 다른 변화 없이 여러 번 반복될 수 있다면 좋든 나쁘든 미적 대상으로서의 그 그림에 분명히 무슨 일이 일어날 것이다. 크고 넓다는 것은 르네상스 벽화의 특징의 본질적인 부분이다. 하지만 당분간은 규모의 척도로서의 복합성에 집중하도록 하자. 그것도 충분한 문제들을 제시할 것이다.

음악에서 규모는 더 미묘하겠지만 그래도 똑같이 중요한 것이다. 교향악의 악장, 혹은 협주곡의 첫 악장이 시작부분에서 펼쳐 보이는 범위는, 그림의 틀이 그러하듯이 그 악장에서의 내적인 비례를 규정하며 그 악장은 불완전하게 들리지 않으려면 그 범위를 준수해야 한다. 느린 악장은 빠른 악장에 비해 음표가 적거나 음고나 음량 면의 변화가 덜하지만 더 오래 지속되고 더 광대하고 웅장한 체계를 하고 있을 것이다. 그런데 여기서 음악에서의 복합성이라고 하지만, 그 의미로 회화에서 복합성으로 생각하는 것을 염두에 두고 이야기하도록 하자. 악곡이나 악절에 다른 것에 비해 더 많은 식별 가능한 요소, 복합체, 차이, 즉 변화들이 있을 때, 이 악곡이나 악절은 더 복합적이다. 그러나 이것은 단지 대략적으로 말한 것일 뿐이다.

'대략적으로 말한 것'이라는 말 때문에 지금 논의의 첫 번째 문제, '통일성'에 대해 제기된 것과 똑같은 문제에 주의를 돌리게 된다. X가 Y보다 더 복합적인지를 논쟁할 때 마치 복합성을 만드는 요인들을 셀 수 있고 따라서 수적인 척도를 부과할 수 있는 것처럼 들린다. 시각적 디자인은, 심지어 미켈란젤로(Michelangelo)의 〈최후의 심판〉(*Last Judgement*, 1541, 바티칸의 시스티나 성당)과 같은 거대한 시각적 디자인에서도 그 시각적 구역들을 헤아릴 수 있을 것이다. 비록 시각적 구역들이 서로 겹치면서 서서히 다른 것으로 넘어가는 부분에서는 구별 가능한 가장 작은 차이들을 보여주기 위해 다소 자의적으로 구역을 표시해야 하겠지만 구역을 세고 그 시각적 구역들로 구성된 복합적인 부분의 수를 셀 수 있을 것이다. 악곡에서는 악보의 음표를 셀 수 있고 선율, 선율적인 음절, 악절, 악구 및 가능한 음형의 수를 셀 수 있을 것이다. 그러나 부분들 사이의 관계는 설령 우리가 여력이 있다 해도 수적으로 셀 수 있는 영역이 아니다. 임의의 두 부분 사이의 모든 관계를 생각할 수 있다고 자신할 수 없으며, 그 부분들이 바깥 세계와 맺는 모든 관계를 무시하고 대상 자체에만 한정하더라도 그 관계들 모두가 중요하다고 결코 자신하지 못할 것이기 때문이다.

다행하게도 이러한 수적 척도는, 시각적 대상과 악곡의 복합성에 대해 설령 모호하게라도 경험적으로 그리고 검증 가능한 방식으로 말하기 위해 필수적인 것은 전혀 아니다. 마사치오(Masaccio)의 〈성전세〉(*Tribute Money*, 1428, 피렌체의 브랑카치 성당)가 흰색 위의 원보다 더 복잡하다는 것, 바흐의 〈B단조 미사〉(*B Minor Mass*)가 동요 〈족제비가 튀어나오네〉(Pop goes the Weasel)보다 더 복잡하다는 것은 의심할 바가 없다. 그리고 우리가 '복합성'이라는 용어로 무언가를 의미하고 있다는 것을 확인하는 것으로

　　　　　　　　　　　　　　　　　　　　　　　　　　　　　　　　제4장 예술적 형식

충분하다. 비록 마사치오의 〈성전세〉가 피에로 델라 프란체스카(Piero della Francesca)의 〈시바 여왕의 방문〉(*Visit of the Queen of Sheba*, 1460년경, 아레초의 산 프란체스코 성당)보다 더 복합적인지 혹은 덜 복합적인지, 혹은 바흐의 〈B단조 미사〉가 그의 〈마태 수난곡〉보다 더 혹은 덜 복합적인지를 결정하는 것은 어렵지만 말이다. 이런 경우들은 복합성의 정도가 매우 높아서 우리가 하는 대략적인 가늠도 확신할 수 없고, 그나마도 그것이 우리가 할 수 있는 최선이다. 어떤 항아리에 든 콩의 수가 노동절 주말에 특정 지점을 통과하는 차의 수보다 더 많은지 아닌지를 가늠하는 것이 어려운 것과 마찬가지이다.

그러나 그 복합성은 해당 작품의 규모를 기술하면서 그것을 고려할 때, 진정한 복합성일 것이다. 예컨대 음악적 질감의 실제 복합성은 귀로 들어서 결정되지 악보상에 나타난 모습으로 결정되지 않는다. 스트라빈스키의 〈페트루슈카〉(*Petrouchka*)의 일부 페이지는 시각적으로 가장 복잡해보이는 악보 중 하나이지만 전체적으로는 다소 단순한 음악이다. 물론 이것은 거대한 오케스트라가 매우 어렵게 연주하는 곡이다. 많은 곳에서 모든 악기들은 빠른 아르페지오로 각자의 할 바를 다하며 이곳에서는 개별 성부가 개별 성부로서 드러나지 않는다. 단순한 민속음악적 곡조에, 희미하게 어른거리는 배경음들이 있을 뿐이다. 모차르트의 〈교향곡 C장조 "주피터"〉(*"Jupiter" Symphony in C Major*)의 마지막 악장의 코다의 일부 페이지는 악보상으로는 단지 몇 개의 보표만 있으면 되지만 그 질감은 더 복잡하다. 각기 독립된 5개의 성부가 있고 그 성부 각각이 나머지 성부와 결합되면서도 동시에 개별성을 유지하는 대위법으로 되어있기 때문이다.

시각적 디자인에 대해서도 똑같이 말할 수 있을 것이다. 약간의 점묘나 얼룩에서처럼 매우 미묘한 차이도 그 디자인의 복합성에 기여하지만 뚜렷하게 구별되는 구역들처럼 필수적으로 기여하지는 않는다. 예컨대 도판 5의 루오의 석판화의 배경과 도판 6의 뒤러의 목판화의 명암이 그러하다. 그러나 뒤러 작품 속의 형체들은 중요하고, 도판 2의 렘브란트의 소묘의 선과 도판 4의 베크만의 목판화의 선에서 보이는 미묘한 변화들 역시 중요하다. 뒤러의 작품이 베크만의 작품보다 더 복합적인 디자인이고 베크만의 작품이 도판 1의 젠센의 〈구성〉보다도 더 복합적이라고 확실히 말할 수 있다. 렘브란트와 베크만의 작품 사이의 복합성을 식별하는 것은 좀 더 섬세한 문제이다. 렘브란트의 작품이 더 미묘하지만 그러면서도 더 통일성이 있기 때문이다. 렘브란트의 작품은 더 복합적이지만 그 복합성은 좀 더 천천히 드러나는 반면에 베크만 작품의 복합성은 첫눈에 매우 강력하게 느껴지는 것 같다.

'미적 복합성'을 규모로 정의해 한 악곡이나 시각적 디자인이 다른 것보다 두 배 혹은 2.3배 복합적이라고 말할 수는 없을지라도 우리가 지금 논의하고 있는 것이 무엇인지를 안다고 충분히 확신할 수는 있다. 이제 통일성과 복합성은 구별되는 별개의 것이고 어느 정도까지는 독립적으로 변화할 수 있다는 것이 분명하다. 어느 한도 내에서는 첫째, 가장 단순한 것들은 꽤 높은 정도의 통일성을 가질 수밖에 없고, 둘째, 가장 복합적인 것은 통일되기가 어려울 것이고 아마도 덜 복합적인 것들만큼 완전하게 통일될 수 없을 것이기 때문이다. 통일성과 복합성은 서로에 대해 지배력을 행사한다. 대략적으로 말하자면 통일성은 부분들의 유사성에 의해 증대되고 복합성은 부분들의 차이에 의해 증대된다. 그래서 몇 개로 구별되는 구역들로 이루어진 디자인을 두 가지 방향으로 변화시킬 수 있다. 색조의 다양성을 줄인다면 다른 조건이 같을 때 통일성은 증가하고 복합성은 감소할 것이다. 구역마다 색조를 다르게 한다면 복합성은 증가하고 통일성은 감소할 것이다. 그 디자인의 통일성을 보존하면서 복합성을 증대시키고자 한다면, 새로운 차이들과 함께 그만큼의 유사성을 더 도입해야 할 것이다. 예컨대 형태상의 유사성을 더하거나 색조가 명도와 채도상으로는 뚜렷이 다르면서도 조화를 이루게 한다거나 하는 식으로 말이다. 디자인을 가지고 이런 종류의 실험을 해보는 것은 그림을 실제로 그리는 과정과는 별 관계가 없다. 핵심은 통일성과 복합성이라는 두 특징의 차이, 그리고 두 가지가 서로 별개임을 작업상의 예로 보여주려는 것이다.

렘브란트의 유명한 그림 〈코크 대장의 민병대〉(*The Shooting Company of Captain Cocq*, 1642, 암스테르담 국립미술관), 소위 〈야경〉(*Night Watch*)이라 불리는 이 그림은 매우 복합적이지만 그러면서도 고도의 통일성을 갖춘 그림이다. 티에폴로(Tiepolo)가 그린 로코코풍의 천정화는 매우 복합적이지만 통일성은 훨씬 덜하다. 세잔의 정물화와 반 고흐의 풍경화는 둘 다 고도의 통일성을 보이지만 세잔의 작품이 디자인으로서 더 복합적이라고 할 수 있다. 베토벤의 〈장엄 미사〉(*Mass Solemnis*)는 포레의 〈레퀴엠〉보다 훨씬 더 복합적이지만 통일성이 덜하지는 않다. 한편 리스트의 〈전주곡〉(*Les Préludes*)은 베토벤의 〈교향곡 8번 F장조〉(*Symphony in F Major No. 8*)의 첫 악장보다 훨씬 단순하지만 통일성이 덜하다.

결국 적어도 원칙적으로는 각 예술 분야에 걸쳐 복합성을 공통적으로 비교할 수 있다는 것을 인정할 수 있다. 베토벤의 〈장엄 미사〉가 〈야경〉보다 더 복합적인지 아닌지를 말하기는 어렵지만 그 작품들이 세잔의 정물화나 반 고흐의 풍경화보다는 확실히 더 복합적이라고 할 수 있다. 그리고 〈야경〉은 〈전주곡〉보다 더 복합적이다. 이것은 이상한 비교처럼 보일 수 있을 것이고 따라서 강요하지는 않겠다. 그러나 이 지점에서 문제를 제기하고 이를 숙고해보는 것은 반드시 필요하다. 그것은 첫째, '통일성'과 '복합성'과 같은 용어가 미적 대상에 적용될 때 적절하게 잘 정의된 의미를 가지며, 둘째, 이 용어들이 의미상으로 희석되어 하찮은 것이 되어버리지 않고 다양한 영역의 미적 대상에 잘 정의된 의미로 적용될 수 있다고 생각하는지 아닌지에 따라, 이후에 다룰 비평적 가치 평가 개념에 대한 논의가 다소 달라질 것이기 때문이다.

NOTES AND QUERIES

11

11.1 '형식'의 정의(THE DEFINITION OF 'FORM')

모리스 와이츠는 *Philosophy of Arts*, Cambridge, Mass.: Harvard U., 1950, ch. 3 에서 '형식'이란 단어의 의미 변화에 대해 논의하고 자신의 정의를 제안했는데, 와이츠의 정의는 형식을 내용과 구별 불가능하게 만든다(pp. 47-48). 그는 이 결정이 "약정에 불과한 것이 아니라고"(p. 49) 하는데, 이것은 예술의 '실제 유기적인 특징과 더 잘 조화되고' 따라서 예술에 대해서 말하는 '더 적합한 용어법'이라고 말한다. 내용과 형식을 구별하기를 거부하거나 특수한 단어로 그것을 지칭하는 것을 거부한다면 미적 대상에서 다른 방식으로는 말할 수 없거나 명쾌하게 말할 수 없는 것들을 어떻게 이야기할 수 있을까?

D. W. Gotshalk, *Art and the Social Order,* Chicago: U. of Chicago, 1947, pp. 117-118, reprinted in Eliseo Vivas and Murray Krieger, eds., *The Problems of Aesthetics,* New York: Rinehart, 1953, pp. 201-203; T. M. Greene, *The Arts ane the Arts of Criticism,* Princeton U., 1947, chs. 7, 8(p. 32에서 그의 정의의 순환성을 주목하라); C. J. Ducasse, *The Philosophy of Art,* New York: Dial, 1929, pp. 202-206; John Dewey, *Art as Experience*, New York: Minton, Balch, 1934, ch. 6을 보라. 형식과 질료(matter)가 '동일'하다는 관념을 남(Nahm)은 비판한다. Milton C. Nahm, *Aesthetic Experience and Its Presuppositions*, New York: Harper, 1946, ch. 8. 듀이는 그 문제를 이렇게 광범위하게 형식화하면 분리되어야 할 얼마나 많은 문제들이 한데 섞이게 되는지를 보여준다.

11.2 시각적 디자인의 구조와 질감 사이의 구별
(THE DISTINCTION BETWEEN STRUCTURE AND TEXTURE IN VISUAL DESIGN)

Albert C. Barnes, *The Art in Painting*, 3rd ed., New York: Harcourt, Brace, 1937, pp. 25-31, 38-42에서는 '질료'와 반대되는 것으로서의 '형식'과 '기예'(technique)를 구별하는데, 이 구별은 분명하기만 하면 구조-질감 사이의 구별에 상응하는 것으로 보인다. 그러나 반즈는 이 의미를 강하게 고수하지는 않는데, '형식'은 때로는(p. 27) '조직화 계획'이 되고 그래서 '의도'를 의미하는 쪽으로 쉽게 가버리기 때문이다. 클로드(Claude)와 마네에 대한 언급과, "형식 등 예술가가 보여주려 의도한 것을 알지 못한다면 예컨대 기예 같은 수단이 적절한지 부적절한지를 판단할 수 없다"는 언급을 보라(pp. 29-30). 또 구성에 대해 논의한 부분을 보라(pp. 102-108).

Roger Fry, *Last Lectures*, New York: Macmillan, 1939, ch. 2에서 로저 프라이가 그림의 구조와, '질감'이라고도 부르는 '감도'(sensibility)를 구별하는 것은 이 장의 구별과 일치하는가? 프라이는 이 구별을 중요시하는데, 그의 구별은 의도주의적이지만 비의도주의적인 관점으로 그것을 변환할 수 있는 충분한 단서들을 포함하고 있다.

T. M. Greene, *op. cit.*, chs. 9, 10을 보라. 그린이 '다루는 방식'과 '구성적 패턴'을 구별하는 것을 비판적으로 살펴보라. 이 구별은 어떤 측면에서 질감-구조 간의 구별에 들어맞는가? 그의 구별이 일관되게 이루어지고 있지 않다는 것과, '처리'(handling) 같은 의도주의적인 관념과 섞여있다는 것에 주목하라. '일차적인 매재'가 어떤 의미에서 '처리'될 수 있는가?

11.3 시각적 디자인에서 '양식'의 정의
(THE DEFINITION OF 'STYLE' FOR VISUAL DESIGN)

미술 비평가들이 이 용어를 사용하는 몇 가지 사례를 수집해 그들의 관점에서 그것이 "Stylistic Analysis" *JAAC*, V (December 1946): 128-158에서 제안하는 '양식'이란 용어의 분석과 어떤 점이 일치하고 어떤 점이 다른지를 분석해보라. '중요한 특징-복합체'란 관점에서 정의를 내리는 이 논문의 입장은 그들과 용어법과 꽤 가깝다.

또한 다음을 보라. Henri Focillon, *The Life of Forms in Art*, trans. by C. B. Hogan and George Kubler, New Haven, Conn.. Yale U., 1942, ch. 1; Meyer Schapiro, "Style," in A. K. Kroeber, ed., *Anthropology Today*, Chicago: U. of

Chicago, 1953, esp. secs. 1-4.

11.4 시각적 디자인에서의 구조(STRUCTURE IN VISUAL DESIGN)

구조에 대한 일반적인 논의에 대해서는 다음을 보라. Rudolf Arnheim, *Art and Visual Perception*, Berkeley, Cal.: U. of California, 1954, ch. 1; Gyorgy Kepes, *Language of Vision*, Chicago: Theobald, 1944, chs. 1, 2. 힐레어 하일러(Hilaire Hiler)는 흥미로운 구별들을 제안하는데 그것은 "The Origin and Development of Structural Design," *JAAC*, XV (September 1956): 106-116에서 더 깊이 분석될 수 있을 것이다.

구성에 대해서는 Erle Loran, *Cézanne's Composition*, Berkeley, Cal.: U. of California, 1946과 아울러 비판적인 언급으로는 J. M. Carpenter, "Cézanne and Tradition," Art Bulletin, III (1951): 174-186을 보라.

색채 조화에 관해서는 다음을 보라. Arnheim, *op. cit.*, pp. 283-303; Arthur Pope, *The Language of Drawing and Painting*, Cambridge, Mass.: Harvard U., 1949, Appendix I; Ralph M. Evans, *An Introduction to Color*, New York: Wiley, 1948, chs. 20, 21.

균형에 대해서는 다음을 보라. Albert R. Chandler, *Beauty and Human Nature*, New York: Appleton-Century, 1934, pp. 51-54.

11.5 시각적 디자인의 분류-용어들(CLASSIFICATION-TERMS FOR VISUAL DESIGN)

미술의 유파들, 예컨대 '사실주의', '표현주의', '다다이즘' 등을 구별할 때 사용되는 용어들의 예시를 수집해보라. 어떤 것이 구조적이고 어떤 것이 질감적이고 어떤 것이 두 가지가 혼합된 것이고 어떤 것이 둘 중 어느 것도 아닌가?

'장식적'이라는 용어에 대해서는 다음을 보라. Albert C. Barnes and V. de Mazia, *The Art of Henri Matisse*, New York, London: Scribner's, 1933, ch. 5; Sir Charles Holmes, *A Grammar of the Arts*, London: Bell, 1931, ch. 3; Walter Abell, *Representation and Form*, New York: Scribner's, 1936, pp. 152-158.

11.6 회화에 대한 기술(THE DESCRIPTION OF PAINTING)

Heinrich Wölffin, *Principles of Art History*, trans, 1950): by M. D. Hottinger,

London: Bell, 1932 (reprinted New York: Dover, 1950)에 나오는 다음의 인용문의 맥락을 읽어보라.

a. "열린 형식으로 된 양식은 어디에서나 그 자체를 넘어선 것을 가리키며 일부러 한계를 정하지 않는 것으로 보인다."(p. 124.)

b. 구조가 없는 열린 형식에서는 그 디자인 전체가 "가시적인 세계에서 우연히 잘려 나온 조각처럼 보이도록 하려는" 것이다.(p. 126.)

c. "최종 문제는 정면과 측면, 수직적인 것과 수평적인 것, 구조적인 것과 구조가 없는 것이 아니라, 그 형체, 가시적인 형식으로서의 전체 그림이 의도적인가 아닌가 하는 것이다."(p. 126.)

d. "그림의 다양한 부분에서 하나의 색이 반복되는 것조차도 색의 객관적인 기능을 약화시키려는 의도를 명백하게 드러낸다."(p. 203.)

e. "실제 의도는 객관적인 내용과 구별되는 전체적인 인상을 구상한다."(p. 220.)

이 모든 서술은 의도주의적이지만 명백하게 말할 수 있는 객관적인 의미도 가지고 있다. 제2장과 제4장에서 소개했던 용어의 도움을 빌려, 가능한 언제든 작품 자체에 대해 말하는 바를 끌어낼 수 있게끔 위의 진술들을 다른 말로 바꾸라.

12

12.1 음악적 질감과 양식(MUSICAL TECTURE AND 'STYLE')

Donald F. Tovey, "Contrapuntal Forms," "Counterpoint," "Fugue," *Encyclopaedia Britannica*, 14th ed., Chicago: U. of Chicago, 1929, reprinted in The *Forms of Music*, New York: Meridian, 1956. Aaron Copland, *What to Listen for in Music*, 1939, New York: Mentor, 1953, chs. 8, 9, limits the term "texture" to the vertical dimension of music을 보라. 그러나 Willi Apel, "Texture," *Harvard Dictionary of Music*, Cambridge, Mass.: Harvard U., 1950 아펠은 그를 지지하지 않

는다. 두 '진행의 양식'을 흥미롭게 구별하는 것을 W. S. Newman, "Musical Form as a Generative Process," *JAAC*, XII (March 1954): 301-309에서 볼 수 있다. C. Hubert H. Parry, *Style in Musical Art*, Oxford: Clarendon, 1900, chs. 1, 6, 10, 11에서의 다소 두서없는 조망은 "양식은 주로 외적인 속성-결말로 가는 수단이다"에서처럼 흥미로운 혼동을 보여준다(pp. 1-2).

Robert Erickson, *The Structure of Music*, New York: Noonday, 1955, pp. 116-201에는 대위법에 대한 탁월한 논의가 있다.

나는 '반복', '발전', '변화' 같은 단어는 구조-유형의 단어라고 생각하는데 이 단어들은 악절들 간의 핵심적인 관계를 가리키기 때문이다. 그러나 '푸가'라는 단어는 그렇지 않다. 어떤 소절이 '푸가로 되어있다'고 할 때, 이것은 그 소절에 널리 나타나 있는 질감에 대한 진술이며 지속적인 모방이 나타난다는 것이다. 한 악곡이 '푸가이다'라고 할 때는 적어도 그 곡이 전체적으로 푸가로 되어있다고 말하는 것이다. 아마 그 이상의 의미를 담아 말하는 것일 수도 있다. 어떤 18세기 이론가들의 수칙에 따르면, 푸가의 규칙들이 있는데 이 규칙들이 명시하고 있는 것은 예컨대 여러 개의 조성을 넘나들어야 하고, 적어도 두 개의 도입부가 있어야 하며, 원조로 돌아올 때는 스트레토로 마무리되어야 한다는 것이다. 스트레토란 성부들이 서로 밀접하게 겹치는 악구이다. 모든 푸가가 이러한 규칙을 따른다면, 사실 바흐의 〈평균율〉*(Well-Tempered Clavier)* 곡집 두 권에 있는 모든 푸가들에 과연 공통되는 구조적인 특징이 있는지 아닌지가 흥미로운 문제가 될 것인데, 일단 그렇다면 '푸가'는 부분적으로 구조-용어일 것이다. 그러나 보통 그 곡의 주요 소절이나 조성 관계에 대해 아무것도 암시하지 않고 어떤 악곡을 푸가라고 부르는 것 같다. 물론 모든 푸가에는 구조가 있지만 그러나 그것은 푸가를 정의하는 부분에는 속하지 않는다고 본다.

12.2 음악에서의 구조-유형(STRUCTURE-TYPES IN MUSIC)

다음을 보라. Copland, *op. cit.*, chs. 10-14, Appendices I, II, III; Donald F. Tovey, "Sonata Forms," "Variations," "Rondo," "Scherzo," *op. cit.*; Albert Gehring, *The Basis of Musical Pleasure*, New York, London: Putnam, 1910, ch. 2; Carroll C. Pratt, *The Meaning of Music*, New York: McGraw-Hill, 1931, pp. 77-114; Douglas Moore, *Listening to Music*, rev. ed., New York: Norton, 1937, chs. 10, 11; Albert

R. Chandler, *Beauty and Human Nature*, New York: Appleton-Century, 1934, ch. 11, pp. 196-209; Ebenezer Prout, *Musical Form*, 4th ed., London: Augener, [1893], chs. 9, 10; Edward J. Dent, "Binary and Ternary Form," *Music and Letters*, XVII (1936): 309-321; Colin McAlpin, "Concerning Form in Music," *Musical Quarterly*, XV (1929): 55-71; M. D. Calvocoressi, *Principles and Methods of Musical Criticism*, London: Milford, 1923, pp. 132-138. Hugo Leichtentritt, *Musical Form*, Cambridge, Mass.: Harvard U., 1951은 유형에 대한 철저한 논평을 제공하지만 유형을 매우 관습적으로 취급하고 있다.

D. J. Grout, "Johann Sebastian Bach: An Appreciation," *The Music Review*, VI (1945): 132에 있는 '형식'의 정의와 또한 비교해보라.

Herman Reichenbach, "Gestalt Psychology and Form in Music," *Journal of Musicology*, II (1940): 63-71을 보라.

음악적 형식의 연구에 대한 가장 유익한 접근 중 하나는 다음 책에서 취하는 접근이다. Leonard B. Meyer, *Emotion and Meaning in Music*, Chicago: U. of Chicago, 1956; 그리고 뒤의 Note 13.3를 보라. 마이어는 안타깝게도 음악적 형식의 기본 구성 요소를 가리키는 것으로 '구현된 의미'라는 용어를 사용한다. 음악적 사건은 곧 일어날 다른 음악적 사건을 의미하거나 혹은 '가리킨다'(p. 35). 마이어의 책은 대부분 음악적 형식을 다루고 있고 그의 이론은 선율, 화음, 리듬에 의해 기대가 조절되는 방식을 탁월하게 분석한 수많은 사례들을 들면서 매우 주의 깊고 분별 있게 개진되고 있다. 다음을 보라 esp. ch. 2.

12.3 음악에 대한 분류-용어들(CLASSIFICATION-TERMS FOR MUSIC)

'샤콘느', '행진곡', '지그', '가보트' 등과 같이 악곡을 분류하는 데 공통적으로 사용되는 몇몇 용어들의 정의를 살펴보라. 양식이나 구조, 성질, 혹은 이것들의 어떤 조합이라는 측면에서 정의된 것은 어느 것인가? 다음도 참고하라. Donald F. Tovey, "Symphony," "Concerto," "Suite," "Overture," "Serenade," *op. cit.*; Douglas Moore, *op. cit.*, chs. 12-14.

교향곡의 소나타-알레그로 악장의 제시부와 협주곡의 관현악 제시부 간의 형식상의 차이를 특징짓는 흥미로운 문제가 있다. 다음을 보라. Tovey, *loc. cit.*

와 *Musical Analysis*, New York: Oxford U., 1935-1939, Vol. III에 실린 그의 논문 "The Classical Concerto", Arthur Hutchings, "The Keyboard Concerto," *Music and Letters*, XXIII (1942): 298-311, Abraham Veinus, *The Concerto*, Garden City, N.Y.: Doubleday, Doran, 1944.

'교향곡'이라는 용어는 때로는 구조뿐만 아니라 영역 성질도 지칭한다. 고전음악 작곡가에게 유효한 그 정의는 단순하고 매우 명확하다. 교향곡은 관현악을 위한 소나타이다. 현악 4중주가 4개의 현악기를 위한 소나타인 것처럼 말이다. 그러나 현대 작곡가들처럼 더 이상 특정한 악장의 패턴을 따르지 않거나 소나타-알레그로 형식의 악장이 없는 작품에 그 용어를 일단 적용하기로 한다면, 그것은 교향곡을 다른 악곡들로부터 계속 구별할 수 있을지 아닌지를 묻기 위해서이다. 그렇다면 고전 교향곡들은 아무리 서로 다르더라도, 심지어 하이든과 모차르트의 수많은 초기 교향곡들조차도 악장들을 대조시키면서 그 폭을 발전시켜 다양한 성질들을 나타내는 것으로 보인다. 그리고 설령 일부 악장이 가볍고 느긋하더라도 상당 정도의 긴장과 극적인 힘을 발생시키는 악장을 최소한 한두 개 포함하고 있다. 그래서 예를 들어 〈13개의 목관악기를 위한 세레나데 B플랫 장조(K. 361)〉*(B Flat for Thirteen Wind Instruments, K. 361)* 같은 모차르트의 세레나데의 전체적인 성질은 그의 교향곡이 가지는 성질과 일반적으로 다르다. 설령 모차르트의 세레나데와 교향곡 둘 다 소나타-알레그로 악장, 미뉴에트, 느린 악장, 론도로 된 마지막 악장으로 되어있다고 해도 그러하다. 그러면 어빙 벌린(Irving Berlin)이 그의 노래 네 곡을 가사를 빼고 한데 모아 각기 알레그로, 안단테, 프레스토, 알레그로로 명명하고 이것을 '교향곡 1번'이라고 부른다면, 모두가 이 경우는 교향곡이란 용어를 농담조로 사용하는 것으로 여길 것이다. 만일 어빙 벌린이 이것을 '노래 모음곡'이라고 부른다면 그것은 용인될 것이다. 그리고 그 구별은 한 가지 성질이다. 적어도 하나의 악장이 그 전체가 중량감, 추진력, 중요하고도 위엄 있는 느낌 같은 '교향악적' 성질을 띨 만큼 강한 역동적 패턴과 풍부하고 다양한 질감을 갖춘 충분히 견고한 구조로 되어있지 않다면, 적어도 어떤 유효한 의미에서 교향곡이 아니다. 이 교향악적 성질은 기술하기 어렵지만 분명히 곡에 있는 성질이며 때로는 '심오함'(profundity)으로 일컬어지기도 한다. 새뮤얼 바버의 〈1번 교향곡〉*(First Symphony)*, 로이 해리스(Roy Harris)의 〈3번 교향곡〉*(Third Symphony)*, 월터 피스턴(Walter Piston)의 〈2번 교향곡〉*(Second Symphony)*, 본 윌리엄스(Vaughan Williams)의 〈6번 교향곡〉

*(Sixth Symphony)*에는 이 성질이 있지만, 아마도 랜들 톰슨(Randall Thompson)의 〈2번 교향곡〉*(Second Symphony)*의 도입부 마디를 제외한 나머지 부분, 미요(Milhaud)의 〈1번 교향곡〉*(First Symphony)*, 더글러스 무어(Douglas Moore)의 〈2번 교향곡〉*(Second Symphony)*에서는 이 성질이 없다고 생각한다. 프로코피에프(Prokofieff)의 〈5번 교향곡〉*(Fifth Symphony)*은 첫 악장에는 교향악적 성질이 있지만 마지막 악장에는 이 성질이 없음이 확연히 드러난다. 마지막 악장은 모음곡의 악장이나 발레 음악 같은 느낌을 준다. 칼 마리아 폰 베버(Carl Maria von Weber)의 〈교향곡 1번 C장조〉*(Symphony in C Major, no. 1)*의 1악장은 이런 점에서 흥미롭다. 그의 서곡들처럼 이 악장은 전시적 성질을 가진 일련의 소절들과 다음으로 이어지는 이행부로 되어있다. 교향곡 악장이 될 만큼 긴장감과 절정을 부여해 긴 호흡으로 강화되고 발전되는 것이 없다. 이런 구별에 관해서 확신하는 것은 매우 어려운데, 주관적일 위험이 크기 때문이다. 그러나 차이는 분명 있는 것으로 보인다.

13

13.1 시각적 디자인의 통일성(UNITY IN VISUAL DESIGN)

시각적 디자인에 대한 더 자세한 기술과, 그 요인들에 대한 논의로는 다음을 보라. Denman W. Ross, *A Theory of Pure Design*, New York: Smith, 1933. 로스가 '디자인'을 '질서'라는 관점에서 정의해(p. 1) 그의 책 전체가 일반적인 의미의 형식이 아니라 통일성에 대해 다루고 있다는 점을 주목하라; Stephen C. Pepper, *Principles of Art Appreciation*, New York: Harcourt, Brace, 1949, chs. 3, 4, pp. 249-258; Mateo Marangoni, *The Art of Seeing Art*, London: Castle, 1951, pp. 59-87, 122-179; R. W. Church, *An Essay on Critical Appreciation*, London: Allen and Unwin, 1938, chi 4; Walter D. Teague, *Design This Day*, New York: Harcourt, Brace, 1940, chs. 7, 8; E. A. Batchelder, *Design in Theory and Practice*, New York: Macmillan, 1910, ch. 3; George H.: Opdyke, *Art and Nature Appreciation*, New York: Macmillan, 1933, pp. 487-547; Hermann Weyl, *Symmetry*, Princeton: Princeton U., 1952; Herbert S.

Langfeld, *The Aesthetic Attitude*, New York: Harcourt, Brace and Howe, 1920, chs. 9, 10; W. R. Sickles and G. W. Hartmann, "The Theory of Order," *Psychological Review*, XLIX (1942): 403-420; W. R. Sickles, "Psycho-geometry of Order," *Psychological Review*, LI (1944): 189-199; Ivy Campbell, "Factors Which Work Toward Unity or Coherence in a Visual Design," *Journal of Experimental Psychology*, XXVIII (1941): 145-162. 이것을 Rudolf Arnheim, *Art and Visual Perception*, Berkeley, Cal,: U. of California, 1954, ch. 2, pp. 37-51과 비교해보라. 대부분 아른하임은 이 장에서 '통일성'으로 의미한 것을 '단순성'이란 용어를 사용해 말하고 있는 듯하지만 모든 부분에서 그런 것은 아니다. 예를 들어 "직선은 변하지 않는 하나의 방향을 취하고 있기 때문에 단순하다"(p. 39)고 말하기도 한다.

일반적인 의미의 통일성에 관해서는 다음을 보라. T. M. Greene, *The Arts and the Art of Criticism*, Princeton, N.J.: Princeton U., 1947, ch. 11; L. A. Reid, *A Study of Aesthetics*, New York: Macmillan, 1931, pp. 187-195; JoséI. Lasaga, "Outline of a Descriptive Aesthetics from a Structuralist Point of View," *Psychological Review*, LIV (1947): 9-23.

13.2 음악에서의 통일성(UNITY IN MUSIC)

음악적 통일성을 만드는 요인들에 대한 더 자세한 논의는 다음을 보라. Edmund Gurney, *The Power of Sound*, London: Smith, Elder, 1880, chs. 9, 10; W. H. Hadow, selection from *Studies in Modern Music* in Eliseo Vivas and Murray Krieger, eds., *The Problems of Aesthetics*, New York: Rinehart, 1953; pp. 262-276; Douglas Moore, *op. cit.*, chs. 7-9; C. Hubert H. Parry, *The Evolution of the Art of Music*, ed. by H. C. Colles, New York: Appleton, 1941, ch. 3.

브루크너와 시벨리우스 작품에서의 통일성 문제를 논의하는 것으로는 다음을 보라. Robert Simpson, "Bruckner and the Symphony," *The Music Review*, VII (1946): 35-40: W. G. Hill, "Some Aspects of Form in the Symphonies of Sibelius," *The Music Review*, X (1949): 165-182.

Rudolph Reti, *The Thematic Process in Music*, New York: Mac millan, 1951, esp. Introduction, chs. 1, 5, 9, 12를 보라. 그의 '간접적 유사성'(indirect affinity)(p. 240)

이란 개념은 매우 넓어서 임의의 어떤 두 주제라도 거의 이 관계를 가지게 되는가? 혹은 이 용어에 대해 합리적으로 제한된 정의가 레티의 예시와 분석으로부터 정리될 수 있는가? 다음도 보라. Leonard B. Meyer, *Emotion and Meaning in Music*, Chicago: U. of Chicago, 1956, esp. chs. 4, 5.

베토벤의 〈현악 4중주 A단조〉*(A Minor String Quartet, op. 132)*에 대한 조셉 커먼의 매우 흥미로운 분석이 있다. Joseph Kerman, "Beethoven: The Single Journey," *Hudson Review*, V (Spring 1952): 32-55.

13.3 통일성과 복합성(UNITY AND COMPLEXITY)

이 두 개념은 서로 독립적인가? 시각적 디자인과 악곡을 이 두 특징 면에서 비교한 수많은 비평적 진술을 찾아보라. 이 중 한 가지 특징 면에서는 결정적으로 다르면서 다른 특징 면에서는 뚜렷하게 다르지 않은 분명한 예시들을 찾아보라. 그 예시들을 보면 이 용어들을 분석하는 데 대한 더 깊은 질문(이 장에서 다루지 않은 질문)이 제기되는가?

버크호프(George D. Birkhoff)는 *Aesthetic Measure*, Cambridge, Mass.: Harvard U., 1933, esp. pp. 1-11에서 '질서'와 '복합성'이란 용어의 수적 정의를 내리고 그것들을 미적 가치, 그의 표현으로는 '미적 척도'(measure)를 계산하는 공식에서 결합시켰다. 그 계산식은 M은 O/C이다. C를 분모로 놓은 것은 알쏭달쏭한데, 그러면 가장 덜 복합적인 디자인이 최고의 디자인이 되기 때문이다. 그러나 그가 특히 p. 211에서 언급한 바에 의하면, 그의 체계에서 O는 내가 '복합성'이라 부른 것(그는 때로 이것을 '다양성'과 같은 것으로 놓는다)을 진정으로 의미하며 C는 통일성의 반대인 '분열'을 의미한다. 따라서 이 책의 관점에서 표현된 그의 공식은 다음과 같이 된다. M은 C×U이다. 그러나 버크호프의 흥미로운 방식이 그다지 복합적이지 않은 디자인에도 적용될지는 전혀 분명하지 않다.

음악에서의 복합성에 대해서는 다음을 보라. Carroll C. Pratt, *The Meaning of Music*, New York: McGraw-Hill, 1931, pp. 77-87. '유기적 통일'에 대해서는 다음을 보라. Harold Osborne, *Aesthetics and Criticism*, London: Routledge and Kegan Paul, 1955, pp. 238-248.

13.4 잉여(REDUNDANCY)

The New York Times, December 31, 1955, p. 7은 프린스턴 대학원 동문회 (Princeton Graduate School Alumni, Princeton, New Jersey)의 5차 학회에서의 논의를 보고했다. 그 논의는 통일성이 잉여(redundancy)의 측면에서 정의될 수 있을 가능성에 대한 것이었고, 벤보 리치(Benbow Ritchie, of the University of California)와 헨리 글레이트먼 (Henry Gleitman, of Swarthmore College)도 이러한 주장을 해왔다. 몇몇 문제는 마이어가 잘 논의하고 있다. Leonard B. Meyer, "Meaning in Music and Information Theory," *JAAC*, XV (June 1957): 412-424. 이 주장의 본질은 다음과 같이 요약할 수 있다. 정보 이론(Information Theory)은 메시지의 전달을 다루는데 이것은 넓은 의미의 '메시지' 이고 '잉여' 또한 광범위한 의미를 갖는다. 이 책을 쓰면서 나는 로마자를 사용한다. 그래서 어느 정도는, 단어를 시작할 때 내가 그 단어를 완성하기도 전에 사람들은 어떤 단어가 나올지를 추측할 수 있다. 이것은 부분적으로는 그 문장의 의미(sense)에 달려 있다. 만일 'communicate wi'라고 쓰면 'wi' 다음에 'th'이란 말이 올 것이라고 추측한다. 그것은 영어에서 'communicate'의 뒤에서 'wi'로 시작하면서 의미가 통하는 단어는 매우 적기 때문이다.

그러나 예시를 좀 더 간단하게 하고자, 의미를 일단 차치하고 영어 단어로서의 글자를 생각해보자. 만일 'th'로 단어를 시작하면 영어에서의 조합의 빈도에 따라 그 뒤에 올 글자로서의 일정한 가능성이 알파벳 글자마다 다르다. 'th' 뒤에 'z'가 올 가능성이나 'K'가 올 가능성은 전혀 없다. 그러나 'a'나 'x'가 올 가능성은 크고 'e'가 올 가능성은 더 크다. 그럼 어떤 특정한 글자가 뒤에 올 가능성이 클수록 다른 글자를 쓰는 것이 더 부적절해진다. 사실 내가 'the'를 전혀 쓰지 않고 항상 'th' 뒤를 비워두더라도 사람들은 내가 하는 말을 완전히 이해할 것이다. 'q'의 뒤에는 언제나 'u'가 오기 때문에 'u'는 전적으로 불필요하며 즉 100퍼센트 잉여이다. 메시지에 잉여가 적을수록 더 짧고 더 효율적이지만 잘못 이해될 가능성은 커진다. 특히 책에 인쇄상의 오류가 있을 때는 더욱 그러하다.

내가 임의로 마구 타자기를 두드려서 일련의 글자로 메시지를 썼는데 그 결과가 전혀 영어가 아니라 글자들의 임의적인 연속이라면 이때는 잉여가 전혀 없을 것이다. 그것은 그 다음 글자를 전혀 예측할 수 없을 것이고 다음 글자를 보기 전까지는 알 수 없을 것이기 때문이다. 그래서 어떤 의미에서 잉여는 임의성에 반대된다. 그러나 시각적 디자인과 청각적 디자인에서의 일관성도 그러하다.

이것은 다음과 같은 가능성을 암시한다. 만일 일련의 음표가 우연히 연주되면 그런 경우는 잉여가 없을 것이고 일관성도 없을 것이다. 일관성의 정도는 음정과 선율, 조성, 그리고 다른 요소와 관계가 반복되는 것과 상관관계가 있다. 그러면 음악에서 일관성의 척도는 잉여의 정도라고 할 수는 없을까? 그리고 시각적 디자인에서 일관성은 다양한 종류의 유사성에 달려 있다. 이러한 유사성의 수를 셀 수 있다면 그 수가 일관성의 정확한 척도가 될 수 없을까? 이러한 사고의 노선은 아직 그다지 연구되지 않았지만 유망한 국면이 있다. 그러나 이 사고 노선이 전개되지 못하더라도 곤란해할 필요는 없다고 생각한다. 시각적 디자인에서 일관성과 관련된 모든 요인들, 예컨대 집중 같은 것들이 유사성의 측면에서 그리고 따라서 넓은 의미의 잉여의 측면에서 정의될 수 있는지는 분명하지 않다. 그리고 설령 일관성에 대해서는 그것이 가능하다 해도 완전성이 같은 방식으로 다루어질 수 있는지는 심지어 더 불분명하다.

더 자세한 설명을 필요로 한다면 다음을 보라. R. C. Pinkerton, "Information Theory and Melody," *Scientific American*, February 1956, pp. 77-86.

13.5 좋은 비례(GOOD PROPORTION)

시각적 디자인에 자주 적용되면서 음악에는 그보다 다소 덜 적용되는 개념이 비례(proportion), 특히 좋은 비례라는 개념이다. 이 용어가 의미하는 것은 무엇인가? 통일성의 개념과 연결되어 있다면 어떻게 연결되어 있는가? 이에 대해서는 다음을 보라. Jay Hambidge, *Dynamic Symmetry: The Greek Vase*, New Haven: Yale U., 1920; 그는 그리스의 꽃병에서 '완벽한 비례'(p. 44)를 말하는데, 이것은 그 꽃병이 전반적인 수학적 도식 면에서 통일되어 있기 때문인 것으로 보인다(p. 142). 그러나 이에 대해 더 나아간 설명이 없으며 pp. 59, 89에는 혼란스러운 단락들이 있다. 또한 다음을 보라. Erwin Panofsky, "The History of the Theory of Human Proportions as a Reflection of the History of Styles," in *Meaning in the Visual Arts*, Garden City, N.Y.: Anchor, 1955; Rudolf Arnheim, "A Review of Proportion," *JAAC*, XIV (September 1955): 44-57; Albert R. Chandler, *op. cit.*, 54-56.

13.6 음악과 시각적 디자인에서 비교되는 형식과 성질
(COMPARATIVE FORM AND QUALITY IN MUSIC AND VISUAL DESIGN)

다양한 예술 분야에서 기본적인 구조-유형을 확인할 수 있을 가능성에 대해서는 다음을 보라. DeWitt H. Parker, *The Analysis of Art*, New Haven, Conn.: Yale U., 1926, ch. 2, partly reprinted in Rader, *op. cit.*, pp. 357-370; D. W. Gotshalk, *op. cit.*, ch. 5, reprinted in Vivas and Krieger, *op. cit.*, pp. 194-208.

미술에서의 '리듬'에 대해서는 다음을 보라. Ross, *op. cit.*, pp. 2-3, 25-36, 56-89, 120-129; W. D. Teague, *op. cit.*, ch. 9.

기본적인 분류를 시도한 것으로는 다음을 보라. C. A. Harris, "The Element of Repetition in Nature and the Arts," *Musical Quarterly*, XVII (1931): 302-318. Joseph Yasser, "The Variation Form and Synthesis of Arts," *JAAC*, XIV (March 1956): 318-323과 비교하라. Doris Silbert, "Ambiguity in the String Quartets of Joseph Haydn, *Musical Quarterly*, XXXVI (1950): 562-573을 보라. 시각적 디자인에 음악적 질감에서의 '애매성'(ambiguity)과 유사한 것이 있는가?

다음을 보라. Meyer Schapiro, "Style," in A. L. Kroeber, ed., *Anthropology Today*, Chicago: U. of Chicago, 1943, esp. secs. 5-8; Wolfgang Stechow, "Problems of Structure in Some Relations Between the Visual Arts and Music," *JAAC*, XI (June 1953): 324-333.

둘 이상의 감각을 넘나드는 성질에 대해서는 다음을 보라. E. M. von Hornbostel, "The Unity of the Senses," in W. D. Ellis, *A Source Book of Gestalt Psychology*, London: Routledge and Kegan Paul, 1938, pp. 210-216. 시각의 영역 성질을 소리로 다시 포착하려는 작곡가들의 시도가 얼마나 성공적이었는지 혹은 얼마나 성공적이지 못했는지를 살펴보면 유익할 것이다. 예컨대 아서 블리스(Arthur Bliss)의 〈색채 교향곡〉*(Color Symphony)*과, 다양한 그림들에 대한 헨리 르네(Henri René)의 음악적 스케치를 살펴보라. [the RCA Victor LP recording의 〈회화 수난곡〉*(Passion in Paint)*을 보라.]

13.7 양식 시대의 개념(THE CONCEPT OF STYLE PERIODS)

다음을 보라. René Wellek, "The Concept of Baroque in Literary Scholarship,"

JAAC, V (September 1946): 77-108; Wellek, "The Parallelism Between Literature and the Arts," *English Institute Annual 1941*, New York: Columbia U., 1942, pp. 29-63; Paul L. Frank, "Historical or Stylistic Periods?" *JAAC*, XIII (June 1955): 451-457. 겉으로만 그럴싸해보이는 평행적 관계(parallelism)에 대한 웰렉의 비판에 비추어 프랭크의 주장을 살펴보라. 예컨대 프랭크는 '선적인' 르네상스 회화에서 '회화적인' 바로크 회화로의 이행(Wölfflin, *op. cit.*)은 1600~1750년의 음악에서 "리듬으로부터 화성과 음색으로 강조점이 넘어가는 것에 비교할 수 있다"고 말한다. 이 둘은 정말 유비적인가? *JAAC*, XIV (December 1955): 143-174 안의 바로크에 대한 다양한 논문들을 비교해보라. 특히 M. F. Bukhofzer, "The Baroque in Music His tory," pp. 152-156과 Wolfgang Stechow, pp. 171-174의 논평을 보라. 다음도 보라. J. H. Müller, "Baroque-Is It Datum, Hypothesis, or Tautology?" *JAAC*, XII (June 1954): 421-437; Austin Warren, *Richard Crashaw, A Study in Baroque Sensibility*, Baton Rouge, La.: Louisiana State U., 1939, ch. 3.

Wylie Sypher, *Four Stages of Renaissance Style*, Garden City, N.Y.: Anchor, 1955, esp. pp. 1-35는 문학과 미술의 비교에 주로 집중하고 있고 그의 주장은 우리가 문학에 대해 다룬 이후에 다시 살펴볼 수 있을 것이다. 그러나 그의 양식 범주, 즉 르네상스, 매너리즘, 바로크, 후기 바로크 등의 범주가 얼마나 음악에 적용될 수 있는지를 살펴보는 것은 흥미로운 일이다. 예컨대 그는 미뉴에트, 로코코 패널화, 와토(Watteau)의 그림, 시 『머리타래의 겁탈』(*The Rape of the Lock*)과 팔코네(Falconet)의 조각이 '동류적인' '템포'를 가진다고 말한다(p. 11). 이것이 의미하는 바는 무엇인가? 비록 그가 '소재'(subject)의 측면에서 예술을 비교하는 것은 양식 측면에서 비교하는 것보다 훨씬 덜 중요하다(p. 12)고 주장하고는 있지만, 그의 책을 주의 깊게 살펴보면 소재 측면의 비교가 더 설득력 있는 비교인 경향이 있다는 것을 알 수 있다. 그러나 M. F. Bukhofzer, *Music in the Baroque Era*, New York: Norton, 1947, chs. 1, 2, 10에서 사이퍼(Sypher)가 타성적으로 '초기 바로크'의 특징을 다루는 것을 보라.

그림과 음악 양쪽에 적용되는 예컨대 '낭만주의'와 '신고전주의' 같은 다른 시대 양식의 정의를 찾아보라. 어떤 공통된 요소가 실제로 있는가?

13.8 문화의 통일성(THE UNITY OF CULTURE)

미적 대상과 다른 문화적 선언이나 인공물 사이의 '양식' 혹은 영역 성질 측면의 대응을 탐구하는 시도로는 다음을 보라. Lewis Mumford, *Technics and Civilization*, New York: Harcourt, Brace, 1934, esp. chs. 2, 6, 7; Mumford, *The Culture of Cities*, New York: Harcourt, Brace, 1938, esp. ch. 2; Egon Friedell, *A Cultural History of the Modern Age*, trans. by C. F. Atkinson, 3 vols., New York: Knopf, 1930-33, esp. Introduction and Book II; Oswald Spengler, *The Decline of the West*, trans. by C. F. Atkinson, 1 vol. ed., New York: Knopf, 1932, esp. Vol. I, chs. 7, 8.

"형식에 대한 고딕적 의지"라고 표현하고 있음에도 불구하고, 분명한 설명을 제공하면서 예술작품 자체에 대한 중요한 관찰들로 가득한 양식 연구로 Wilhelm Worringer, *Form in Gothic,* trans. by Herbert Read, New York: Putnam, 1927, esp. chs. 18-21을 보라. 여기에서는 고딕 건축을 스콜라 철학과 비교하고 있다.

제5장

문학에서의 형식

FORM IN LITERATURE

신운화 번역

'형식'이라는 단어를 문학에 적용하면 예상 밖의 상황이 펼쳐진다. 작품 세계를 작품의 '내용'으로, 언어적인 디자인을 '형식'으로 일컫기도 하고 때로는 작품 세계 속의 인물과 사건들을 '내용'으로, 플롯이나 사건의 연속을 '형식'으로 말하기도 한다. 여기서는 앞 장에서 채택한 기본적인 용어법에 따라 '형식'이란 단어를, 언어적인 것이든 행위가 일어나는 세계의 측면이든 작품 내의 관계들에 한정시킬 것이다. 예를 들어 비평가들은 공통적으로 소설가의 '조직 방식(method)'에 대해 말한다. 조직 방식은 소설가가 선택한 시점, 장면전환 방식, 서술과 대화의 비율 등과 관련된다. 단어 '조직 방식'이 작품을 구성하는 과정을 지칭하는 데 사용되면 자칫 잘못 이해될 소지가 있기는 하지만, 지금 논의에서 그 단어는 분명히 작품 자체에서 발견할 수 있는 특징들을 지칭하며 이 특징은 형식의 국면이다.

그러나 문학에는 논의를 복잡하게 만드는 추가적인 문제가 있는데 그것은 문학이 소리이면서 의미이기 때문이다. 즉 문학은 음성적(phonetic) 국면과 의미의(semantic) 국면을 모두 갖는다. 소리와 의미의 구별은 구조와 질감 사이의 구별에도 영향을 미친다. 그래서 우리는 이론상 네 가지 범주의 형식을 다루어야 한다.

그러나 이 범주들은 다소 축소될 수 있다. 음악에서처럼 문학에서 소리의 질감에 포함시켜야 하는 것들이 무엇인지는 꽤 분명하다고 생각한다. 소리-변화의 세부 사항, 이웃하는 소리들 사이의 관계가 그것이다. 그러나 음악의 조성이나 큰 악절의 반복 같은 것에 상응하는 것이 문학에는 없기 때문에 음악적 구조에 상응하는 것은 없다. 그러나 하나의 시에서 어떤 유형의 질감이 결합되고 내내 유지될 때는 소리-구조라고 부를 만한 대규모의 패턴이 생겨난다. 스펜서풍(風) 시의 연, 전원시, 발라드 등이 그 예이다. '소네트'라는 용어는 소리 측면에서 완전하게 정의할 수 있다. 소네트는 대략 140개의 음절, 14개의 시행, 약강격의 운율과 각운으로 되어있다. 이 정의에서 의미는 전혀 언급하지 않는다. 이 장의 첫 번째 절에서는 문학의 소리-질감에 대한 문제들을 다룰 것이다. 그러나 이 문제들을 의미에 대한 문제들과 연관시킬 때 가장 생산적인 접근이 된다.

문학에서 의미의 질감과 의미의 구조 사이의 구별은 훨씬 불분명하며 사실 이용어들이 의미에 합당하게 적용되는지 의심스러울 수도 있다. 그러나 이 용어들은 합당할 뿐 아니라 분명한 표현이라고 생각한다. 일정한 길이의 담화에는 전체 담화나 담화의 큰 부분들에 의존하거나 그것과 상관관계를 갖는 의미들이 있기 마련이다. '라스콜니코프는 살인을 하고 자백했다'는 문장은 긴 이야기를 요약하지만 그 요약이 맞는지를 알고자 한다면 그 소설을 모두 혹은 대부분 읽어야 한다. 그래서 어떤 비평가가 『죄와 벌』(Crime and Punishment)의 이야기는 죄가 죄책감으로 이어지고 죄책감이 용서로 이어지는 이야기라고 말한다면 그 소설의 의미의 구조에 대해 말하고 있는 것이다. 그러나 어떤 단락, 문장, 구절, 단어의 의미에 대해 말한다면 그는 의미의 질감에 대해 말하고 있는 것이다.

그 구별은 앞으로 논의하면서 더 분명해질 것이다. 첫 절에서는 문학의 의미-질감과 그것을 분석하려는 시도로 생겨나는 주요한 문제들을 살펴보면서 시작할 것이다. 그리고 나서는 소리-질감과 소리와 의미의 관계를 살펴볼 것이다. 이 장의 두 번째 절에서 문학의 구조와 그것의 특유한 문제들로 넘어갈 것이다.

14 문체: 의미와 음성의 문체

STYLE: SEMANTIC AND PHONETIC

문학적 담화의 질감은 무한히 다양할 수밖에 없지만 질감의 어떤 특징들은 되풀이되는 경향이 있고, 수사학의 전통적인 목적 중 하나는 이렇게 반복되는 특징 혹은 '언어적 도구'를 연구하는 것이다. 오래전 일부 수사학자들은 그 특징들을 명명하고 분류하는 데 주로 관심을 쏟았지만 더 중요한 목적을 완전히 망각하지는 않은 듯하다. 그것은 이러한 언어적 도구들이 그것이 포함된 구절의 의미에 기여하는 바를 발견하는 것이다.

이러한 언어적 도구를 지칭하는 애매하지 않으면서 훌륭한 이름은 없다. '비유적 언어'와 '비유(figure)'라는 용어는 종종 은유와 직유, 환유나 제유 같은 비유에 한정되는 듯 보이는데, 이것들은 종종 '심상'(imagery)으로 분류된다. 그러나 더 일반적인 의미의 '비유'에는, 'the rose so red' 대신 'so red a rose'로 쓰는 도치나, 나무를 '식물'이라고 부르는 추상화, 'repair' 대신 'fix up'을 쓰는 구어적 표현도 포함될 수 있다. 요컨대 어법이나 구문론적 구성의 규범으로 간주되는 데서 일탈하는 것들은 모두 비유이다. 이 두 번째 의미에서, 비유를 연구하는 것은 담화에서 확인할 수 있는 모든 질감상의 특징들을 연구하는 것이다.

지금까지 피해 왔던 단어이지만 우리는 이미 분명, 보통 '문체'(style)로 일컫는, 위와 같은 담화의 국면들에 대해 말하고 있는 것이다. 그리고 이 절에서 첫 번째 큰 문제는 이 중요한 비평적 용어로 무엇을 할지를 결정하는 것이다. 시나 소설에 대한 수많은 진술이 있을 때, 그중 어느 것이 문체에 대한 진술이고 어느 것이 다른 것에 관한 진술인가?

지금 필요한 것은 '문체'의 정의이다. 그러나 이러한 정의에서 무엇을 기대하는지를 먼저 명확하게 해야 한다. 우선 실제 활동하는 비평가들이 이 단어를 사용하는 방식을 아는 것이 흥미로울 것이다. 비평가들에게 직접 묻는 것은 그다지 도움이 되지 않을 것인데, 그것은 비평가들이 명백하게 밝히는 정의는 다양하고 과장되어 있으며 실제 문학작품과는 어슷하고 느슨하게 연결될 뿐이기 때문이다. 비평가들이 문학의 문체에 대해 말한다고 주장하면서 내놓은, 문학에 대한 다양한 진술들의 예시를 모아서 살펴보는 것이 훨씬 더 도움이 될 것이다. 분석해보면 이 중 일부는 아주 현명하지는 못한 것으로 드러난다. 예컨대 버클리의 문체는 그의 생각을 완전하게 표현한다는 진술 같은 경우가 그러한데, 버클리가 말한 바가 아니었다면 우리가 그의 생각을 어떻게 알 수 있겠는가? 이런 식의 말을 제외하면 중요하고 검증 가능한 진술들이 남게 되고, 그러면 이 진술들을 포괄할 수 있는 정의를 마련할 수 있다. 이 정의는 실제 용어법에 대략 상응하지만 완전히 상응하지는 않을 것이다. 그것은 이 정의가 적격한 것을 가려내는 데 기초할 것이기 때문이다. 그래서 그 정의는 일종의 권고와 같은 것이기도 하다. 즉 그 정의를 제안하면서, 비평가들이 말할 수 있고 또 말하는 것이 바람직한 어떤 것들이 있고 이것을 '문체'로 지칭하는 것이 가장 편리하다고 말하고 있는 것이다.

문학작품에서 이야기할 수 있는 것은 소리, 의미, 그리고 그 둘 사이의 관계가 전부이다. 그러면 문체는 어떤 작가가 긴 문장 혹은 짧은 문장을 사용하곤 한다는 식으로 소리의 어떤 특징을 포함하는 것으로 흔히 간주된다. 그리고 이러한 의미에서 문체는 소리-질감의 반복되는 특징으로 구성되는 듯 보인다. 그러나 이러한 의미는 당분간 논의에서 제쳐두자. 작가가 단순한 문장이 아니라 복합적인 문장을 사용하는 경향이 있고 이것이 그의 문체의 특징이라는 식으로도 말할 수 있을 것이기 때문이다. 당장의 문제는 이러한 맥락에서 '문체'가 의미하는 바가 무엇인지를 살펴보는 것이다.

의미로서의 문체

'문체'를 잠정적으로 다음과 같이 정의할 수 있다. 문학작품의 문체는 그 의미의 질감상 반복되는 특징으로 구성된다. 이 정의가 제대로 기능하도록 하려면 좀 더 다듬어야 하겠지만 이것이 우선적인 당면과제는 아니다. 그 정의는 언뜻 아주 통상적인 말하기 방식을 위반하는 것으로 보이기 때문이다. 예컨대 비평가들은 흔히들 시에서는 말하고자 하는 바, 즉 비평가들이 '의미'라고 부르는 것보다, 어떻게 말하는가가 중요하다고 말한다. 같은 것을 두 가지 다른 방식으로 말할 수 있다. 즉 두 문장은 의미가 같으면서 문체가 다를 수 있다. 그래서 문체는 의미와 대비된다. 어떤 문학작품은 일차적으로 그 문체로 인해 흥미로우며 예컨대 버트랜드 러셀(Bertrand Russell) 같은 작가들의 문체는 투명할 정도의 선명함이 눈에 띄며 그로 인해 높이 평가받고 있다. 논리적 역설에 대해 쓰든 감각 자료의 본성에 대해 쓰든, 잡지《참》(Charm)에 쓴 것처럼 남편이 다른 여자와 바람이 났을 때 해야 할 일에 대해 쓰든 그의 문체는 투명하고 선명하다. 문체는 별도로 논의할 수 있는 것이고 사실 훌륭한 문체를 갖추고 나쁜 문체를 피하기 위한 규칙들이 흔히 제안된다. 이것은 문체와 다른 것들과의 관계와는 별개 문제이다. 구체적이고 생생하며 간결할 것. 그래서 문체는 문학작품에서 따로 분리될 수 있는 하나의 국면인 듯하다. 그러나 분석을 해보면, 더 주의 깊게 문체를 분석하거나 문체의 훌륭함과 나쁨을 논의할수록 더욱더 의미의 문제로 다시 돌아가는 것 같다. 이것이 문체 분석의 역설이다.

'문체'의 정의를 의미의 측면에서 진지하게 살펴본다고 하자. 문체는 의미의 세부이거나 소규모의 의미이다. 이것을 문체의 의미론적 정의(Semantical Definition of Style)*라고 부르고자 한다. 이 정의를 분명하고 설득력 있게 하고자 몇 가지 간단한 예를 들겠다.

> 그 아기는 남자 아기이다.
> 그 아기는 여자 아기이다.

이 문장들은 의미상의 차이가 있지만 이것은 기본적인 차이이다. 이 문장들의 차이를 문체상의 차이라고 기술하지는 않을 것이다. 반대 극단의 예로 다음을 보자.

> 그녀는 케이크와 파이를 판다.

---

* 이것은 W. K. Wimsatt, Jr.가 가장 잘 옹호하고 있다. 그의 주장과, 문체에 대한 반대 입장을 참고하려면 이 장 말미의 Note 14.1를 보라.

그녀는 파이와 케이크를 판다.

이 문장들은 다른 문장이지만 의미상으로는 달라 보이지 않는다. 설사 의미상 차이가 있다고 해도 아주 근소하다. 이 문장들은 문체상으로도 다르지 않다.

나는 여기 있다(I am here).
나 지금 왔어(Here I am).

이 두 문장은 문체상으로 다르고 이 차이는 의미상의 차이이기도 하다. 상황이 다르고 화자가 상황과 맺고 있는 관계도 다르다는 점에서 의미상의 차이도 있다. '나 지금 왔어'(Here I am)는 누가 나를 오래 기다렸거나 찾았다는 것을 암시한다. 또 다음 문장들을 보자.

집에 가(Go home).
당신의 거주지로 돌아가시오(Return to your abode).

이 두 문장도 문체상으로 다르다. 그러나 여기서도 의미상의 차이가 있다. '거주지'(abode)가 의미하는 바는 '집'(home)이 의미하는 바와 같지 않기 때문이다.

물론 이런 단편적인 예시들로는 문체의 전반적인 차이와 관련된 풍부한 문제를 탐구할 수 없다. 예컨대 버트랜드 러셀이나 윌리엄 포크너(William Faulkner), 토머스 브라운 경(Sir Thomas Browne)과 조지 산타야나(George Santayana), 칼 마르크스(Karl Marx)와 칼라일(Carlyle) 등의 문체의 차이를 탐구하기는 어려울 것이다. 그러나 본질적인 핵심은 축소 모형으로도 알 수 있다. 의미상의 차이가 전혀 없거나 차이가 중대한 경우에는 문체상 차이가 있다고 말하지 않는다. 의미상의 차이가 상대적으로 미묘하고 의미가 일차적인 차원에서 기본적으로 유사하면서 그 차이가 나타나는 경우, 의미상의 그 차이를 문체상의 차이라고 부른다.

그러나 이것이 완전히 만족스러운 정리일까? 한 가지 조건을 인정해야 한다. 제3장 9절에서 봤듯이 어떤 단어와 어떤 구문론적인 구조는 화자가 특정한 지역 출신이거나 특정 직업, 사회적 입장에 속해 있음을 드러낸다. 화자가 'you' 대신에

'thee'를 쓴다면, '일요일' 대신에 '제1일'(First-day)이란 말을 쓴다면 화자가 아마도 퀘이커 교도일 것이라고 추론할 수 있다. 이것은 이 단어들이 제공하는 정보의 한 부분이다. 그 단어들이 함축하는 것 중에서 그 정보를 중요하게 생각해야 할까? '제1일'이란 단어가 퀘이커 교도임을 함축한다고 말해야 할까? 이것은 어색하다. 하지만 그렇지 않다면 다음과 같은 문장은 문체상으로 분명 다르지만 의미상 차이가 없다고 할 수 있을 것이다.

> 나는 일요일에 교회에서 너를 만날 거야.
> 나는 제1일에 집회소(Meeting House, 퀘이커 교도의 예배당)에서 널 만날 거야.

그러나 문체상의 차이는 제3장 9절에서 일반적 취지(general purport)라 부른 것의 차이이다. 차이를 인지하는 것, 예컨대 퀘이커 교도들이 특정한 표현들을 쓴다는 것을 아는 것은 확실히 이런 표현들이 등장하는 월터 휘트먼의 시 같은 것을 이해하는 데 한몫할 것이다. 취지상의 차이를 알지 못하면 그 차이가 문체상의 차이라는 것을 알 수 없을 것이다.

그러면 이제 이를 설명하기 위해 의미론적 정의를 수정하자. 즉, 문체는 이차적인 의미에 일반적 취지를 더한 것, 그것의 세부 사항이거나 질감이다. 혹은 달리 말해 두 담화는 의미의 세부 사항이 다르거나 일반적 취지가 다를 때 문체상 다르다. 그렇다면 말하는 바를 아는 것과 그것을 어떻게 말하는지를 아는 것 두 가지의 문제가 아니라, 개략적으로 그냥, 말하려는 바를 아는 것의 문제이다. 원래의 말이 암시, 함축, 일반적 취지 면에서 의미할 수 있는 다른 것은 생각하지 않은 채로 말이다. 만일 누군가를 점심에 초대하고자 하는데 적절한 표현을 찾기 어렵다면, 즉 문체를 선택하기 어렵다면 그 문제는 의미의 문제이다. '점심 식사를 함께 하시겠습니까?'와 '드럭스토어에서 샌드위치 어때?' 둘을 놓고 분별 있는 선택을 할 수 있는 유일한 근거는, 그 문장들이 화자 본인과 그의 믿음, 그리고 다른 사람을 향한 화자의 태도에 대해 갖는 취지 면에서의 차이이기 때문이다.

문체의 성질들

문체를 형성하는 담화의 특징들은 편의상 두 부분, 즉 어법과 구문으로 나뉜다. 예컨대 새뮤얼 존슨(Samuel Johnson)의 문체를 정의하는 특징들을 생각해보라. 첫째로는 앵글로 색슨어계의 동의어들보다 라틴어에서 파생된 단어들을 쓰는 경향이 있다. '타닥타닥 소리'(crackling) 대신 '염발음'(crepitation)을, '적합함'(fitness) 대신에 '전체적 조화'(concinnity)를, '삼키기'(swallowing) 대신에 '연하작용'(deglutition)을 쓰는 식이다. 이 단어들은 특정한 유형의 함축된 의미가 있거나 다른 동의어들에 비해 함축된 의미가 더 적은 경향이 있다. 이것은 의미상의 차이이다. 그러나 또한 이 단어들에는 다른 취지, 즉 이 단어들은 과학이나 의학 서적에서 보통 사용되기 때문에 그만큼 과학적 혹은 기술적인 분위기가 있어서 그 단어를 쓰는 문장에 근엄하고 다소 격식 있는 성질을 부여한다.

이 성질은 존슨의 문체의 두 번째 경향인 잦은 대구법과 대조법으로 한층 강화된다.

> 이 습관은 유쾌한 사람들에게는 농담에, 진지한 사람들에게는 열변에 알맞은 소재이기에 매우 즐거운 위트로 조롱을 당했고 매우 확장된 수사법으로 과장되었다.*

네 구절을 보면, 첫 번째 구절은 두 번째 구절과, 세 번째 구절은 네 번째 구절과 대조된다. 첫 번째 구절은 세 번째 구절과, 두 번째 구절은 네 번째 구절과 대구를 이룬다. 앞의 쌍들은 두 번째 쌍의 조건이 된다. 담화의 소재가 무엇이든 이러한 문장에는 한 가지 생각을 다른 생각에 대비시키는 균형감, 양쪽 측면을 모두 고려하는 사려 깊은 분위기가 있다. 이런 분위기는 환영에 불과할 수도 있다. 그러나 양극단 사이의 어떤 방도나 중용의 정책을 권유하고자 하는 웅변가처럼, 그가 무엇을 권유하든지 간에 존슨식의 구문은 화자의 어떤 태도와 역량을 요구하고 따라서 그 구문 나름의 의미와 일반적 취지를 모두 갖는다.

---

* 이 논의에서 참고한 출처는 다음과 같다. The Rambler, No. 2; quoted in W. K. Wimsatt, Jr., *The Prose Style of Samuel Johnson*, New Haven, Conn.; Yale U., 1941.

그리고 또 다른 작가들에게서 볼 수 있는 문체의 성질들, 즉 박식하고, 빈약하고, 군더더기 없고, 고풍스럽고, 간결하고, 길고 복잡하고, 유려하고, 위트 있고, 반어적인 이런 성질은 문체의 더 세부적인 의미와 일반적 취지이다. 그리고 이것은 작가들이 종종 '문체'의 정의를 요청받을 때 내놓는 감상적인 진술들이 의미하는 핵심이다. 이 진술들 대부분은 분석해서 정리하기 전까지는 거의 도움이 되지 않는다. '문체는 그 사람이다'라는 말은 작가를 전기적으로 낭만화하는 등 잘못된 방향으로 이끌 뿐이다. 어니스트 헤밍웨이, 조윗(Jowett)이 번역한 플라톤, 킹 제임스판 성서(King James Bible), 트롤럽(Trollope), 프루스트(Proust), 하이네(Heine)의 문체가 그 사람인지 아닌지는 우리의 관심사가 아니다. 그러나 그 작품의 화자는 부분적으로는 우리가 '문체'라고 부르는 취지와 의미의 바로 그 특징들을 통해 자신을 드러내고 공공연히 알리며 무심코 노출한다. 이 많은 것이 참이고 중요하다. 화자에 대해서는 다음 절에서 살펴볼 것이다.

'문체'의 의미론적 정의가 올바르다면, 문체의 훌륭함과 나쁨은 작품과 별개로 판단할 수 없을 뿐 아니라 작품의 의미와 일반적 취지 같은 다른 부분과도 별개로 판단할 수 없을 듯하다. 한편 실제 비평은 이 결론을 반박하는 것처럼 보인다. 그런데 지금은 가치와 관련된 문제들과 직접적으로 씨름할 준비가 되어있지 않고, 아직 문체와 관련된 이 문제에 대해 말할 것이 더 있다. 좀 간략하게 중립적인 용어로 진술될 수 있는 부분들을 살펴보자.

《새터데이 리뷰》(Saturday Review)*에 실린, 한 문학 에세이집에 대한 논평에서 하워드 멈포드 존스(Howard Mumford Jones)는 그가 논평한 책으로부터 두 구절을 인용했는데 그중 하나는 다음과 같다.

예의라는 용어가 모욕으로 사용되는 경우, 즉 그 용어가 드 스탈 부인의 궁정 의례, 밴더빌트 부인의 차 모임의 위선, 혹은 엘리엇 씨의 "즐거운 고고학적 재건" 등과 숨은 의미상 동의성을 갖게 되어버리는 경우, 지금 우리는 그것이 모두 부적절한 경우였다고 생각해야 한다. 이것은 무심한 사람들의 작품이 아니라, 예의라는 말이 함축하는 것에서 계층 구별, 소수 집단, 집단 학살과 유대인 게토의 악몽을 떠올리는 사람들의 작품

---

*   May 26, 1956, p. 33.

이다. 그들이 예의의 의미를 자발적으로 잘못 이해하는 것은, 그렇게 하는 것이 동시대 삶에서 지속되고 있는 합리적 약속, 우리가 자유평등주의적인 것으로 여기는 것들의 보존, 혹은 현실에 대한 '전체적' 관점을 위해 정략적으로 필요해서이다.[*]

'이러한 구절은 확실히 나쁜 산문의 절정이다'라고 논평자는 말한다. 그리고 이 구절의 문체는 확실히 다소 비난받아 마땅해보인다.

그러나 이 문체에서 잘못된 것이 무엇인가? 무엇을 비난의 이유로 들겠는가? 이 문체를 비판하는 이들은 다음과 같이 말할 것이라고 생각한다. '예의'의 '의미'에 대한 '잘못된 이해'에 붙어있는 '자발적'(willed)은 '의도적'(intentional)이나 '고의로'(willful)의 의미에 딱 들어맞는 말이 아니다. '자발적'은 그 자발성이 오해보다 앞서 일어나는 일이라는 것을 암시하고 있고 이것이 혼란을 준다. '숨은 의미상 동의성' 은 당황스럽지만, 분명 필자는 단순히 사람들은 '예의'란 단어로 사회적 품위를 가리킨다는 것을 말하고 있다. 그러나 '동의성'은 그야말로 잘못 사용되고 있는데, 한 단어와 동의어의 관계에 있는 것은 그 단어가 지시하는 것들이 아니라 다른 단어들이기 때문이다. 그리고 '숨은 의미상'은 잉여이다. 이 단어는 '모욕으로 사용되는'을 단지 반복하고 있을 뿐인데 그 단어가 거기에 있음으로 해서 우리는 이미 문장이 말하는 것에 덧붙여 또 무슨 의미가 있는지를 헛되이 살피게 되기 때문이다. '동시대 삶의 약속'은 매우 막연한 표현이지만, 잘못된 이해가 무엇을 위해 필요한지의 내용이 앞으로 나올 것을 예측할 수 있게끔 한다. '정략적으로'(politically)는 '정치와 관련된'(political)보다는 '현명한'(politic)에서 파생된 것으로 보이는데, 이 사실을 알아채려면 맥락을 재확인해야 한다.

요컨대 많은 단어들에서 그 함축된 의미와 세부적인 지시 작용이 의미의 큰 줄기에 영향을 미치거나 혹은 그것에 배치된다. 그 결과 엄격하게 폄하한다면, 첫째, 의미가 일관되지 않고 둘째, 애매해져버린다. 그래서 비평가들의 논의를 따르면 나쁜 문체를 잠정적으로 다음과 같이 기술할 수 있다. 담화의 어법과 구문이 의미의 일차적인 층위와 이차적인 층위 간의 일관성을 해치는 것, 의미를 애매하거나 모호하게 만들어

---

[*]   John W. Aldridge, *In Search of Heresy: American Literature in the Age of Conformity*, New York: McGraw-Hill, 1956, pp. 70-71.

버리는 것이 나쁜 문체이다. 여기에 더 추가할 것이 있다. 나는 문체의 가치 평가가 마땅히 갖추어야 할 객관적인 분석이 무엇인지를 지적하고자 한다. 문학작품의 결함을 문체의 결함으로 말한다면, 그 결함은 의미, 함축, 일반적 취지, 구문론적 암시의 세부 사항들이 더 크고 중요한 의미 부분들에 비추어볼 때 미숙하게 처리된 데서 오는 결함임이 드러난다. 다른 한편으로, 문체가 만들어내는 비주류적인 의미가 주류와 합치하면, 문체가 작품의 나머지 의미에 적합하거나 그것과 일관된다고 할 수 있다.

이런 간략한 논의는 이 복잡한 문제를 적절하게 다루지 못한다. 하지만 가능하다면, 제기될 수밖에 없는 한 가지 반론에 대해 답변이 있어야 할 것이다. 문체에 대한 구체적이고 일반적인 규칙을 정하는 것이 불가능하다는 것을 본 일부 비평가들은 반대 극단의 입장을 취한다. 시에서 좋은 문체가 에세이에서는 나쁜 문체일 것이고 그 반대도 마찬가지라는 것이다. 그들에 따르면 그렇기에 문체에 대해 일반적으로 조언할 수 있는 것이 없는데, 알맞은 문체의 종류는 '의도'에 달려 있기 때문이다. 지금은 물론 의도를 잠시 제쳐두고자 하지만, 이 관점은 의도뿐 아니라 참과 오류가 혼합되어 있는 듯 보인다. 예컨대 때때로 시에서 중의성은 좋은 것이지만 산문에서는 나쁜 것이라고 하면 이 관점이 방어된다. 그러나 지금 논의에서 '중의성'은 두 가지 의미로 사용되는 것이라고 생각한다. 산문에서 배격하는 의미의 불확실성과 이완은 시에서도 배격할 만한 것이다. 이것은 엄격한 의미이다. 그러나 만일 '중의성'이란 용어를 다의적이라는 의미로 사용한다면 그것이 산문에서 나쁜 것이라고 할 수 없고, 또 시에서 좋은 것이라고도 할 수 없다. 중의성은 시를 정의하는 특성이고 따라서 불가결한 것이기 때문이다. 자매들에게서 여성이라는 것을 좋은 것이라고 말하지는 않는다. 혹은 또 때로 비평가는 모호함은 산문에서는 나쁜 것이지만 시에서는 허용된다고 할 것이다. 그러나 만일 모호함이 이해하기 어렵다는 것이라면 확실히 산문과 시 모두에 통용되는 오직 하나의 기준이 있을 것이고 그것은 엄밀하게 문학적인 기준은 아닐 것이다. 우리가 어떤 담화를 이해하기 위해 오랜 시간을 고심해야 하고 그리고 나서 그 내용이 그렇게 고심해서 이해할 가치가 없는 것이라는 것을 알게 된다면 산문이든 시든 그 담화를 좋아하지 않을 것이다. 한편, 이해하기 위한 노력이 충분히 보상받는다면 사람들이 왜 불평을 하겠는가? '숨은 의미상 동의성을 갖게 되어'는 '~을 의미하는 것으로 간주되어'보다 더 좋지 않은데, 그것은 뜻을 풀기가 더 어려울 뿐 아니라 그렇게 추가적인 어려움을 무릅쓴다고 해서 적절한 의미 이상으로 더 얻는 보상도 없기 때문이다.

시의 소리

이제 문학의 청각적인 질감을 살펴보도록 하자. 문학작품을 단지 일련의 소리로만 생각하려면 상당한 추상화 노력이 필요하다. 그러나 그렇게 할 수는 있는데, 단어의 의미와 단어의 소리 사이에는 필연적인 관계가 없기 때문이다. 그리고 그것은 문학이 작동하는 방식을 이해하기 위해서 해야 하는 일이기도 하다. 문학에서의 소리와 의미 사이에는 필연적이지는 않다고 해도 중요한 관계가 있고 이 관계를 분명히 밝히려면 우선 관련된 국면들을 먼저 구분해야 하기 때문이다.

지금의 논의와 관련되는 세 가지 요인이 있다. 첫째, 소리-성질(sound-quality), 혹은 음색(timbre)이 있다. 우리는 단어를 부드럽게, 매끄럽게, 거칠게, 낭랑하게, 거슬리게, 후두음으로, 파열음으로 말한다. 개별 단어에 대해서는 그다지 말할 것이 없다. 영어에서 가장 아름답게 들리는 단어 중 하나로 유명한 'cellar-door'와 같은 단어에서조차도 그러하다. 단어의 연속에 관해서라면, 특히 의미 있는 문장이나 시행을 이루는 단어의 연속이라면 그 소리는 더 결정적이고 섬세하게 통제된다.

> The still, sad music of humanity
> 인간애의 고요하고 슬픈 음악을
>
> — 워즈워스, 「틴턴 수도원으로부터 수 마일 떨어진 상류 지점에서 지은 시」
> (Lines Composed a Few Miles above Tintern Abbey)*

이 행은 당연히 장중하고 조용하게 읽어야 한다. 그렇다면 담화의 소리-성질은 그 단어의 성질에 부분적으로 의존하는 영역 성질이고, 또 아직 언급하지 않은, 소리의 두 가지 다른 요인에도 의존한다.

둘째, 소리-유사성(sound-similarity)이 있는데 이것을 '동음성'(homophony)이라고

---

* 번역 출처: 윌리엄 워즈워스, 『워즈워스 시선』, 윤준 옮김, 지식을만드는지식, 2014, p. 37.

부를 것이다. 이것은 각운, 'wind', 'wound'에서와 같은 자운, 'music', 'humanity'에서와 같은 유운, 'still', 'sad'에서와 같은 두운을 포함한다. 동음성을 세세하게 다룰 필요는 없을 것이다. 이것은 이후에 시의 의미에 관련될 때 다시 살펴보고자 한다.

셋째, 소리-패턴(sound-pattern)이 있는데, 즉 운율과 리듬이다. 여기서 시에서 가장 문제되는 국면 중의 하나이며 오해와 논란이 많은 영역과 마주치게 된다. 그래서 간결하고 주의 깊게 접근해야 한다. 주요 문제가 무엇인지, 그 문제들이 어떤 방법론적 혹은 일반적인 미학적 관심의 원칙들과 관련되어 있는지를 보자.

담화의 운율은 담화의 영역 성질이고, 본질적으로 어떤 규칙성이나 반복되는 패턴에 있다고 일반적으로 생각된다. 그 규칙과 반복은 절대적인 것은 아니며 때로 그 규칙과 반복에서 일탈하는 것이 있더라도 그것은 담화에서 널리 찾아볼 수 있는 통상적인 것이다. 어려움은 이 성질의 지각적인 조건, 규칙성이 의존하는 언어적 소리의 국소적 특징을 탐구할 때 생긴다. 언어적 소리의 단위인 음절은, 그것의 개별적인 음색이나 음높이의 등감곡선 외에도 운율상으로 매우 중요한 두 가지 다른 성질을 갖는다. 그것은 상대적 길이와 상대적 강세이다. 상대적 길이의 예로 'very'에서보다 'canebrake'에서의 음절의 길이가 보통 길다. 그리고 상대적 강세는 단어나 구절에서 음절들이 강세가 있는 위치에 있는지, 강세가 없는 위치에 있는지에 따라 결정된다. 길이, 강세, 그리고 음높이는 물론 발생할 때마다 그 정도가 다양하지만, 두 음절이 나란히 위치해 있을 때 상대적인 정도의 차이가 귀에는 절대적인 것으로 받아들여질 수 있고, 일련의 음절이 두 묶음으로 나뉜 것처럼 다소 뚜렷이 구분되게 들릴 수도 있다. 이러한 분리가 그 성질 중 어떤 것에 기초하는지는 언어마다 다르지만 여기에서는 영어에 국한해 논의할 것이다.

영어에서 운율의 결정적인 요인은 강세이다. 강세가 있는 모든 음절이 동등하게 강조되지는 않는다. 그러나 한 음절이 그 앞이나 뒤의 음절보다 강하게 발음되면 강세가 주어진다. 그리고 이런 식으로, 연속되는 영어 음절은 강한 음절과 약한 음절, 강세가 있는 음절과 없는 음절로 보통 뚜렷하게 나뉜다.

That time of year thou mayst in me behold

여기에서 'mayst'와 '-hold'에 있는 강세는 'me'에 있는 강세보다 강하다. 그러나

제5장 문학에서의 형식

이웃한 음절들과 대조하면 이 음절들은 모두 강한 음절 무리에 속한다. 그리고 행 전체 는 다섯 개의 약한 음절과 다섯 개의 강한 음절이 교대로 나타나는 것으로 파악된다.

　　강세가 있는 음절은 발화하는 흐름에서 음성상의 구두점이 되고 전체 흐름을 작은 그룹, 음보(feet)로 쪼갠다. 약한 음절은 강한 음절의 영향을 받고 강한 음절에 부착된다. 이러한 측면에서 영어 시행에는 두 가지 주요한 유형이 있다. 첫 번째 유형, 음의 강약을 운율의 기초로 하는 음절시의(accentual) 시행에서는, 음절의 각 단위 그룹이 하나의 강한 음절과 다수의 약한 음절을 포함하는데 약한 음절의 수는 음보마다 다르다. 「베오울프」(Beowulf), 「농부 피어즈」(Piers Plowman)의 시행, 홉킨스와 엘리엇의 많은 운문들, 그리고 콜리지(Coleridge)의 「크리스타벨」(Christabel)이 그러하다.

> From | her ken- | nel beneath | the rock
> She mak- | eth ans- | wer to | the clock,
> Four | for the quart- | ers, and twelve | for the hour.

　　두 번째 유형, 음절수에 근거한 음수율의(syllabic) 시행에서는 일정한 수의 약한 음절이 각각의 강한 음절과 연합된다. 여기서 운율, 즉 강세의 규칙적인 패턴을 보게 된다.

　　음절수에 근거한 운율(음수율)은 우선 음보의 유형에 따라 분류되는데, 즉 강세가 없는 음절들의 수이다. 2음보, 3음보, 때로는 4음보이다. 그러나 운율만으로 분리된 것들 내에서 좀 더 자세한 구별이 필요하다. 그것은 리듬상의 구별이다. 예를 들면 음보에서 강세가 있는 음절의 위치에 따라서 두 가지 종류의 2음보 운율이 있고 세 가지 종류의 3음보 운율이 있다. 'protest too much'와 'final protest' 사이의 차이는 전자에서의 두 음보는 상승하는 리듬적 성질이지만 후자에서의 두 음보는 하강하는 성질이다. 전자는 약강격, 후자는 강약격이다.

　　이 차이는 시에서는 중요하지만, 수많은 국소적 요인들에 좌우되는 영역 성질이기 때문에 언제나 알기 쉽고 확실한 것은 아니다. 예를 들어 영어 발화에서 한 단어와 다른 단어의 분리가 같은 단어 내의 한 음절과 다른 음절 간의 분리보다 좀 더 분명하다. 그래서 만일 2음보 운율의 시행에서, 다수의 2음절 단어들이 두 번째 음절에 강세가 있다면 이 행은 상승하는 혹은 약강격의 성질을 띠게 된다. 반면 첫 번째 음절에 강세가 있는 단어가 많다면 이 시행은 하강하는, 강약격의 성질을 띠게 된다. 그러나 만일 마지막 음절에 강세가 있거나 첫 번째 음절에 강세가 없다면 이 시행은 무조건 약강격이 될 것이다. 다음 두 시행을 비교해보라.

Without | a grave, | unknélled, | uncóf- | fined, ánd | unknówn
To fól- | low knów- | ledge like | a sínk- | ing stár

– 바이런의 「차일드 해럴드의 순례」(Childe Harold's Pilgrimage)와
테니슨의 「율리시스」(Ulysses)

두 번째 행에는 하강하는 단어들이 더 많고 첫 번째 행에는 상승하는 단어들이 더 많아서 첫 번째 행이 더 분명하게 약강격이다. 그러나 두 행 모두 전체적으로 약강격이고, 그것은 이 행들이 전반적으로 약강격인 맥락에 있기 때문만은 아니다.

시의 음보와 음악의 마디 사이에는 어떤 유비 관계가 있다. 그리고 시형의 연구는 음악의 기보법을 차용하면 상당히 분명해질 수 있는 것으로 흔히 생각되어왔다. 예컨대 다음과 같이 썼다고 생각해보자.

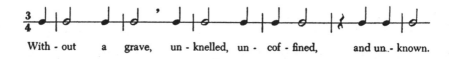

그리고 이 기보는 운문의 리듬과 분명 중요한 관계가 있다. 그러나 문제는 그 관계가 무엇인가 하는 것이다. 음악적 기보는 두 가지 중요한 측면에서 운문의 리듬 이상의 것이기 때문이다.

첫째, 음악적 기보는 같은 값의, 혹은 거의 같은 값의 시간 간격을 음보에 할당하며, 이렇게 할당하는 것은 운문의 운율은 음보가 같거나 거의 같은 시간으로 되어있다는 것, 혹은 그렇게 되어야 한다는 가정에 근거한 것이다. 그러나 이 가정은 잘못된 것으로 보인다.* 제2장 8절에서 봤듯이 음악에서의 박자는 규칙적인 박동에 근거하고

---

* 운율과 리듬에 관한 이 요점과 다른 요점들을 분명하게 밝힐 수 있는 것 또한 W. K. Wimsatt, Jr.의

있고, 이것이 음고와 강세 변화의 기저에 있다. 그러나 시의 음수율은 음보의 시간에 좌우되는 것이 아니라 강세가 있는 음절과 강세가 없는 음절이 규칙적으로 교대하는데 달려 있다. 그리고 이 규칙성은 실제로 읽을 때 속도와 템포가 크게 변하더라도 운율로서 지각된다. 물론 운문에 음악을 붙이거나 심지어 단지 읽기만 할 때라도 운율의 규칙적인 박자가 운문에 부여될 것이다. 바이런의 시행을 위의 악보에서 지시한 대로 읽을 수 있다. 그러나 그러한 규칙적 박동은 이 시의 리듬에 속하지 않는다.

둘째, 음악적 기보는 특정한 지속을 각 음절에 할당한다. 예컨대 '-out'은 'with'보다 두 배 길게 지속되도록 하는 식이다. 물론 이렇게 할 수 있다. 그러나 이런 식으로 정량화하면 이 운문의 리듬이 무엇인가 하는 측면에서 이 운문의 리듬을 살피는 것만이 아니라, 이 운문을 낭송하는 방식에 대해 보고하고 그것에 대한 지침을 내리는 것이다. 운문으로서의 그 시에 속한 것과 그것을 낭송할 때 덧붙여지는 것을 구별하는 것은, 설령 완전히 정확하게 할 수 없다고 하더라도 이 논의에서 가장 중요한 것이다. 우리는 시행을 훑어볼 때 무엇을 하려고 하는가? 그 시의 전반적인 리듬을 명확히 하려 하고, 또한 약강격 음보 대신 약약강격 음보로 대체되거나 중간 휴지가 발생하는 부분 등 그 운율에서 눈에 띄게 벗어나는 것들도 명확히 하고자 할 것이다. 즉 운율 분석을 통해 어떻게 읽더라도 보존되어야 하는 소리의 특징, 그 읽기가 올바르거나 적절한 것이 되려면 유지되어야 할 소리의 특징을 알게 된다.

그러나 다양한 시작(詩作)에 공통되는 시의 운율을 보여주는 것과 특정한 시작에 대해 기술하는 것은 전혀 별개의 것이다. 음악적 기보는 시인이 본인의 작품을 읽는 방식을 표기하고 낭독 방법을 제시하는 데 매우 유용하다. 그러나 이렇게 하는 것은 운문 자체의 리듬을 넘어서는 것이다. 'privately'라는 단어가 강약약격 시행의 일부가 되기 위해서는 단어의 첫 음절에 강세가 있기만 하면 되고, 그 단어는 원래 항상 그 음절에 강세가 있다. 그 단어를 다음과 같이 읽을 수 있다.

덕분이다.

이 중 어느 하나가 다른 것보다 나을 수도 있을 것이다. 그러나 이 예시 모두 음악적 리듬은 다르지만 언어상의 리듬은 같다.

운율에는 수많은 복합적인 문제들이 있고 심지어 명쾌하게 정리되지 않은 문제들도 있는데, 지금 하고 있는 간략한 설명은 이것들을 다루지 않고 있다. 그러나 앞에서 말한 바로써 운문의 올바른 운율에 대한 문제들은 종종 실재하는 문제라는 것을 충분히 보였고, 이 문제들에 답할 방법이 있다. 어떤 시행의 운율을 조사하는 올바른 방법을 두고 두 운율학자들 간에 이견이 있을 경우를 생각해보자. 예를 들자면 이버 윈터스(Yvor Winter)와 로버트 브리지스(Robert Bridges)가 밀턴의 「투기사 삼손」(*Samson Agonistes*)의 운율에 대해 그런 이견을 보였다. 분석해보면 때로는 그런 이견들이 실체가 없는 것임이 드러나기는 해도, 일반적으로 이런 이견을 조정하는 방법이 있다. 예컨대 셰익스피어풍의 시행과 밀턴풍의 시행의 특징은 약강 5보격, 즉 다섯 개의 약한 강세와 다섯 개의 강한 강세가 교대로 나오는 운문으로 생각된다. 그러나 어떤 운율학자들은 이것은 잘못된 것이며 그러한 많은 시행이 실제로는 네 개의 강세가 있는 시행이라고 말한다.

Whether 'tis nobler in the mind to suffer.

이 입장은 무운시(無韻詩, blank verse)와, 고대 영어 서사시의 음절시(accentual verse) 사이의 연속성을 강조한다.

두 번째 입장의 근거로서 관찰되는 것은 'in'은 'mind'와 'nob-'보다 강세가 약하다는 것이고, 그 시행의 지배적인 강세들이 의존하고 있는 2차적 리듬 패턴이 있는 것은 맞다. 그러나 이것은 그 시행의 1차적 시적 리듬이 아닌데, 이것은 절대적 강세가 아니라 상대적인 강세에만 좌우된다. 사실 두 리듬은 서로 반대로 작용한다. 'in'이 '-ler'와 'the'보다 좀 더 강한 강세를 가지고 있는 한 이것은 강한 음절 중 하나이고 따라서 약강격의 리듬이 이 시행 전체를 관통한다. 물론 이 리듬은 양 끝보다는 중간 부분에서 더 약하다. 이렇게 해서 '이것이 다섯 개의 강세로 된 시행인가, 네 개의 강세로 된 시행인가' 하는 물음은 이 문제가 분명해짐과 동시에 사라진다.

그러나 더 미묘하고 골치 아픈 문제가 있다. 지금까지는 시의 전반적인 운율적 특징에 대해 이야기했지만 이것은 단어의 의미에는 좌우되지 않고, 단어와 구절의 분리 같은 가장 단순한 구문론적 고려사항에만 좌우된다는 것에 주의해야 한다. 그래서 영어 발음 규칙을 따라 올바른 음절에 강세를 주기만 한다면 우리는 무의미한 음절들로 된 시의 리듬을 쉽게 조사할 수 있다.

Descouching hort froomiscious-bun

이것도 약강 5보격이다. 그러나 시 속의 단어들의 의미, 특히 이 의미가 강세나 강세 없음에 의해 미묘하게 영향을 받는 측면을 생각하면 시를 읽는 것이 혼란스러울 수 있다. 만약 인쇄된 단어들이 어떤 시작(詩作)에 대한 지시를 구성한다면 그 지시가 불완전하거나 애매해 보일 때 어떻게 해야 할까?

던의 「애가 10」(Elegy X)에 있는 다음 시행을 보자.

So if I dreame I have you, I have you*

시행의 전반적인 리듬을 충실히 지켜 'I'와 'you'에 강세를 둔다면, 중요한 것은 다른 사람이 아닌 내가 다른 사람이 아닌 당신을 만난다는 것임을 암시한다. 만일 운율적인 불규칙성을 도입해서 대신에 'have'를 강조한다면, 이 시는 내가 단지 그래 보이거나 그러기를 원하는 데 그치지 않고 당신을 진정으로 만나는 것이 중요하다는 것을 의미하게 된다. 혹은 그 의미를 불확실한 채로 두려면 그 시를 읽을 때 강세를 'have'와 'you' 모두에 똑같이 두면 될 것이다.

지금 논의의 관심사는 이런 질문에 답할 수 있는 일반적인 방법이 있는가 하는 것이다. 그리고 여기서 제시하지는 않을 것이지만 아마도 그런 방법이 있을 것이다. 그 과정은 제3장에서 논의한 해설(explication)과 비슷하거나 혹은 그 해설의 일부와 일치할 것이다. 가능한 다른 선택지들을 모두 생각해보고, 발화할 수 있으면서도 나머지 시들과 비교해 의미가 가장 복합적이면서도 가장 모순이 적은 것, 그것을 말로

---

* 이 예시는 운율에 관한 *Kenyon Review*의 심포지엄에서 아놀드 스타인(Arnold Stein)과 시모어 채트먼(Seymour Chatman) 간의 논쟁에서 나온 것이다. 이 장 말미의 Note 14.5를 참고하라.

표현할 수 있는 것을 선택하는 것이다. 위의 예에서 'you'에 강세가 주어지면 시의 다른 부분들과 긴밀하게 연결될 수 없는 어조가 되는 것으로 보인다. 'have'에 주어지는 강세는 가장 의미가 잘 통하도록 하며, 혹은 최선의 의미가 되게 한다. 어쨌든 개연성은 두 번째 읽기 쪽으로 기울고, 두 번째 읽기를 거부하려면 첫 번째 읽기만이 갖는 주목할 만한 적절한 의미를 발견해야 한다. 이것이 특정 종류의 구절을 읽을 때 통상적인 강세-패턴을 알고 있어야 하는 이유이다. 생각, 바람, 꿈, 말을 실제와 비교할 때마다 영어에서 그 비교는 동사에 강세를 줌으로써 전달된다. '나는 당신이 그것을 할 수 있으리라고 생각했고 당신은 그것을 했소'이지 '당신이 그것을 했소'이거나 '당신이 그것을 했소'가 아니다. 그리고 이 시에서 'have'에 강세를 두어야 하는 것은 바로 꿈에 대한 언급이 있기 때문이다. 이것이 영어의 강세에 대한 일반 원칙이다.[*] 시의 읽기, 예컨대 소리 내어 읽기에 대한 지침이 되는 것은 이러한 원칙들이다.

운문

이제 '시'의 정의에서 이미 사용되고 있는 중요한 용어를 정의할 준비가 되었다. '운문'(verse)이 의미하는 것, 혹은 의미하고자 하는 것은 무엇인가? 담화의 운율적인 성질은 다양한 강도로 발생하는 영역 성질이고, 운율이 있는 담화와 운율이 없는 담화의 경계선은 모호하기 마련이다. 그렇다고 그것이 놀랍거나 골치 아픈 것은 아니다. '운문'을 '운율이 있는 담화'로 정의할 수 있다면 가장 간단할 것이고 이 용어는 흔히 이런 방식으로 사용된다. 그러나 그것으로는 충분하지 않다. 즉 비평가들 사이에 통용되는 용어법에 더 근접한 것, 더 자세하게 구분하는 용어법을 찾을 수 있다. 운율이 있다는 것은 운문이기 위한 필요조건도 충분조건도 아니기 때문이다. 비평가들은 공통적으로 운율이 전혀 없는 종류의 운문을 '자유시'(free verse)라 말하고 있기 때문에 그것은 필요조건이 아니다. 최고의 자유시는, 때로 보이는 것 이상으로 운율이 있는 유기적 구조에 의존하는 경향이 있는 듯하지만 말이다. 그리고 디킨스(Dickens)의 소설에는 약강격의 운율로 읽히는 구절이 있고 『모비 딕』(Moby Dick)의 38장에 나오

---

[*]   Seymour Chatman, 같은 곳에서 주장한 것이다.

는 항해사 스타벅의 묵상도 운율이 있지만 이 구절들을 운문이라 하지 않는다는 점에서 충분조건도 아니다. 이 구절들은 쉽게 운문으로 만들어질 수 있겠지만 그 과정에는 무언가 다른 것이 개입된다. 토머스 울프의 글귀들은 운문으로 '배열되었고', 예이츠는 〈모나리자〉*(Mona Lisa)*에 대한 월터 페이터(Walter Pater)의 묘사를 운문으로 배열해 그가 쓴 책『옥스퍼드 현대시 모음집』*(Oxford Book of Modern Verse)*의 첫 번째 시로 등재했다. 또 스피노자(Spinoza)의『윤리학』*(Ethics)*의 첫 번째 정의를 들어보자.

> By cause of itself, I understand that whose essence involves existence; or that whose nature cannot be conceived unless existing.
>
> 자기원인에 대해, 나는 그 본질이 존재를 포함한다고 이해한다. 혹은 존재하지 않는다면 그 본성을 상상할 수 없다고 이해한다.

이것은 산문이다. 아직은 시가 아니다. 그러나 운문으로 배열하면 이렇게 된다.

By cause of itself,	자기원인에 대해
I understand that	나는 이해한다.
Whose essence	그것의 본질이
Involves existence;	존재를 포함한다고.
Or that whose nature	혹은 그 본성을
Cannot be conceived	상상할 수 없다고
Unless existing.	존재하지 않는다면.

이것은 심지어 꽤 규칙적인 운문이다. 그러나 라이프니츠의『단자론』*(Monadology)*은 다음과 같이 자유시가 될 것이다.

The monad	단자
Of which we shall here	여기 우리가
Speak	이야기하는 건
Is merely a simple	오직 단순한

Substance,	실체,
Which enters into composite;	합성물의 부분을 구성하는
Simple,	단순함
That is to say,	그것은 곧
Without parts.	부분으로 쪼개지지 않는다는 것

　이것을 가까스로 운문이라고 한다 해도, 운문과 산문 간의 경계선을 넘나드는 느낌조차 크게 들지 않는다. 적어도 소리 측면에 관한 한, 매리앤 무어(Marianne Moore)의 어떤 시행이나 에즈라 파운드(Ezra Pound)의 「칸토스」(Cantos)에 삽입된 공적 기록의 인용, 혹은 엘리엇의 「이스트 코우커」(East Coker)에 나오는 단어 사용의 어려움에 대한 구절이 주는 약간의 운문 같은 느낌보다도 못하다.

　이렇게 행을 나누는 것은 어떤 작업인가? 산문의 흐름을 더 작은 단위로 속도를 늦추면서, 리듬을 가진 부분들로 나누는 것이다. 물론 거기에 새롭고 때로 매우 중요한 강조와 암시를 도입한다. 통상적인 종결부에 규칙성과 통제를 도입하고, 또는 음성에 오르내리는 억양을 넣는 것이다. 이렇게 하면 언제나 시가 되는 것은 아닐지라도 운문을 만들기에는 충분하다. 물론 모든 산문을 이렇게 할 수 있는 것은 아니다.

　그렇다면 운문은 산문보다 소리-패턴이 더 고도로 유기적으로 조직된 담화이다. 그리고 서로 독립적인 두 가지 유형의 조직화 방식이 있다. 첫 번째는, 반드시 필요한 것은 아닌데, 운율, 즉 리듬을 가진 음보로 조직화하는 것이다. 두 번째는, 꼭 필요한 것으로서, 전통적인 의미의 시행이나 연으로 조직화하는 것이다. 그래서 인쇄 페이지에 배열된 것을 보면 시라는 것을 알 수 있으리라는 소박한 생각은 어느 정도 참에 가깝다. 그러나 참에 가까울 뿐이다. 인쇄된 페이지에 행을 나누어놓는다고 해도 그것이 어느 정도 그렇게 낭송되거나 들릴 수 있을 만큼의 차이를 만들지 못한다면 시에서처럼 실제로 행이 나뉜 것이 아니다. 물론 현대의 자유시 작가들은 행의 분리, 중단, 혹은 행을 없앰을 통해, 시의 소리는 물론 간접적으로 시의 의미도 중요하게 결정짓는 수많은 방법들을 발견했다. 그렇다고 해서 이러한 시행 분리가 모두 실제로 의미 있는 것이 되지는 않는다. 커밍스의 글은 인쇄상으로는 특이하지만 실제로 그다지 중요한 차이를 낳지 않는다.

　말소리라는 자원은 중요하지만, 선율, 박동과 같은 리듬, 화성 등 음악의 자원에 비하면 매우 제한되어 있다. 그래서 '시의 음악'이라고 말하는 것은 오해의 소지가 크다. 시에서 발화의 소리 국면은 음악에서보다 복합성, 다양성, 흥미로움이 훨씬 덜하다.

운문이 우리에게 미치는 효과를 완전히 이해하지 못하고 있는 것이 사실이고 그 문제에 있어 충돌하는 이론들을 검증하기 어려운 것도 사실이다. 혹자는 전혀 이해하지 못하는 언어로 시를 크게 낭송하는 것을 듣고도 매우 감동을 받고 최면에 걸리는 듯한 경험을 한다고 한다. 그러나 그렇다고 해도 이 효과는 어느 정도는, 정확하든 부정확하든 단어에 귀속되는 모호한 의미 덕분이다. 가령 인터링구아(Interlingua, 과학자용 인공 국제어)의 구절을 읽을 때 설령 그 언어를 전혀 공부하지 않았더라도 한두 가지의 라틴계 언어를 좀 알고 있다면 그 어근들을 알아볼 수 있기 때문에 그런 효과가 가능하다. 그리고 낭송자가 특정한 어조로 말할 때 그 소리의 감정적 취지나 일반적 취지 때문이기도 하다. 그 효과가 분명한가에 대해서는 논쟁의 여지가 있지만 나는 실질적으로 시적인 소리의 뚜렷한 효과들은 모두 의미나 취지와의 관계에 기인한다고 믿는다.

소리와 의미

비평가들이 흔히 말하는 것이, 어떤 시에서는 특별히, 그리고 모든 훌륭한 시에서는 어느 정도, 소리가 의미를 '강화하거나' 의미와 '일치한다'는 것이다. 이제 문학에서의 소리에 대한 논의를 마무리하기 위해 이 소리와 의미 간 관계의 본성을 분명히 밝혀야 할 것이다. 가장 단순한 관계는 의성어에서 볼 수 있는데, 의성어에서 단어가 지시하는 소리는 그 단어에서도 소리 난다. '으르렁', '스르르', '부르릉', '딱', '탁탁', '펑'에서 단어의 소리는 그 의미에 대한 표상적 등가물(presentational equivalent)이다.

그러나 이 관념을 소리에서 다른 것으로 확장해, 단어의 소리가 성질이나 움직임 면에서 그것이 지칭하는 대상이나 사건의 성질이나 움직임과 유사할 때, 그 단어는 그것이 가진 의미의 표상적 등가물이라고 할 수 있다. '흔들리는'(swinging)은 흔들리는 움직임을 갖고 있고 '날아가는'(winging)도 그러하다. '텅 빈'(hollow)은 일종의 텅 빈 소리를 하고 있고 '메스꺼운'(disgusted)은 약간 메스꺼운 성질을 갖고 있는 등 그

외의 예들도 있다. 분명 조금만 생각해보아도 금방 검증 가능성의 허들을 충분히 통과할 수 있지만 한편으로는 여전히 설득력이 조금 약하다. 개별 단어를 놓고는 이러한 관념을 주장하지 않는 편이 좋을 것이지만 어구에 대해 주장하는 것은 충분히 합당하다. 예를 들어 다음을 보자.

> A savage place! As holy and enchanted
> As e'er beneath a waning moon was haunted
> By woman waiting for her demon-lover!
> 야생의 장소! 이우는 달 아래
> 자신의 악령 애인을 찾아 울부짖는 여인이
> 늘 출몰할 만큼 신성하고 마력적인 곳!
>
> — 콜리지, 「쿠블라 칸」(Kubla Khan)[*]

이 시의 소리도 무언가 출몰하는 듯하고, 마력에 홀린 듯하며 으스스하고 기이하다.

sheer plod makes plough down sillion Shine	꾸준한 밭갈이는 이랑 속의 쟁기를 빛나게 하며

> — 홉킨스, 「황조롱이」(The Windhover)[**], [***]

이 시에서 강세, 소리의 무게, 느린 움직임은 분투와 노력의 성질을 갖고 있다. 더 간단한 예를 들어 알프레드 노예스(Alfred Noyes)의 「노상강도」(The Highwayman)의 운율은 그 시가 말하고 있는 과장된 이야기의 속도처럼 숨 가쁘고 세차다.

이렇게 표상적인 등가물의 관계는 소리가 의미에 대해 갖는 하나의 관계이다. 그 관계가 없거나 약할 때는 놓칠 수도 있지만 강하게 드러날 때는 그 관계를 알아차

---

[*]   번역 출처: 윤준, 『코울리지의 시 연구』, 동인, 2001, p. 198.

[**] 출처: "The Windhover", *Poems of Gerard Manley Hopkins*, Copyright 1918 by the Oxford University Press and reprinted with their permission.

[***] 번역 출처: 제라드 홉킨스, 『홉킨스 시선』, 김영남 옮김, 지식을만드는지식, 2014, p. 86.

리고 그것이 시를 일관되게 만드는 데 일조한다고 느끼게 된다. 그러나 때로 중요한 역할을 하는 다른 관계도 있는데, 그것은 이 관계가 확장된 것이다. 그것은 내가 '동음성'이라고 말한 것에 좌우된다. 시가 유도하는대로 이르게 되는, 적어도 가까이 가야 하는 강렬한 집중 상태에서는 단어와 관련된 모든 것이 중요하다. 독자는 모든 언어적 단서에 반응하면서 긴장감이 높아진다. 어떤 면에서 두 단어가 비슷하게 들린다는 사실은 그것만으로도, 그 의미들이 어떻게든 연관되어 있다는 경미하지만 분명한 암시이다. 그 두 단어는 원초적인 층위에서 서로 묶여있다. 이 관념은 아이들이 서로 놀리는 말을 노래하듯이 가락을 넣어 말하는 데서도 보인다. '필은 알약이야'(Phil is pill)와 '조시는 참견쟁이'(Josey is nosey)는 왠지 맞는 말 같다. 단어가 적절하게 소리난다는 사실은 이런 대체로 합리적인 차원에서 그런 의미 귀속이 옳다는 일종의 '주장'이다.

이 주장을 더 깊게 밀고 나가는 것은 적절하지 않다고 생각하지만, 그러나 시는 이상적인 가능성에 대한 우리의 감각을 활용하는 것처럼 보인다. 마치 올바른 방식의 말하기라면 소리가 의미-관계를 언제나 극화하고 실연하리라는 듯이 말이다. 'enchanted'(마법에 홀린)과 'haunted'(사로잡힌)는 서로 엮여있다. 'seek'(추구하다)와 'shun'(피하다)의 두운은 그들이 동일한 태도나 행위의 부분임을 쉽게 암시하도록 돕는다. 그러나 이것은 분명하다. 워즈워스가 '음악'과 '인간애'를 잘 어우러지게 한 것은 오히려 그 언어를 발견하거나 개발하는 것이라는 점이다. 또 인간애에는 고요하고 슬픈 음악이 있다는 주장은 그 소리의 유사성으로 인해 더 강화된다는 점이다. 두운과 내부의 각운은 특히 시 안에서 단어와, 그것이 지시하는 개념 및 대상 사이에 교차-관계의 망을 만든다. 이것들은 함축이 더해지면서 질감을 두텁게 하고 그 시의 질감상의 일관성(coherence)을 증대시킨다.

> Past ruined Ilion Helen lives,
> Alcestis rises from the shades;
> Verse calls them forth; 'tis verse that gives
> Immortal youth to mortal maids
> 멸망한 트로이 너머에 헬렌이 살고
> 알케스테스는 하계로부터 솟아오른다.

시가 그들을 불러낸다. 시야말로

영원불멸의 젊음을 인간의 처녀들에게 준다.

– 랜도(Landor), 「멸망한 트로이 너머에」[*](Past ruined Ilion)

'ruined Ilion Helen'의 'n' 소리는 단일한 비극적 결말에 세 단어를 함께 묶는다. 'verse'의 'v'와 'forth'의 'f'는 'verse calls them forth'라는 문장이 당연히 참이라는 것을 암시하면서 묶여있다. 'maids'는 이 단어가 연결된 두 단어, 즉 각운으로 연결된 'shade'와 두운으로 연결된 'mortal'의 의미와 대조되어 아이러니를 띠게 된다. 'immortal'과 'mortal'의 소리-평행관계는 처녀들의 젊음이 처녀들보다 더 오래 지속된다는 주장의 경미한 역설을 강화한다.

그렇다면 시의 소리가 어떤 면에서 시의 의미에 적합할 수 있다면, 부적합할 수도 있을까? 원칙상 그럴 수 있을 것 같지만 확실한 예시를 찾기가 쉽지 않다.

Death is here, and death is there,	여기에 죽음이, 또 저기에 죽음이
Death is busy everywhere	어디나 죽음이 분주하네.

– 셸리, 「죽음」(Death)

브룩스(Brooks)와 워런(Warren)이 인용한 이 시에서 '빠르고 경쾌한 리듬'은 소재의 엄숙함과 어울리지 않는 성질이고 따라서 시의 의미를 하찮게 만들고 배반한다.^{**} 이 시는 그러한 좋은 예이다. 심지어 여기서도 의미에 충분히 집중하면 운율의 과장된 규칙성을 최소화해 시를 읽을 수 있다고 주장할 수도 있겠지만 그것은 수고를 요하는 일이다. 'death', 'there', '-where'와 같이 길게 발음되는 모든 음절이 강한 악센트이고, 'is'와 '-y'같이 짧게 발음되는 음절 모두가 약한 악센트로 되어있다. 그래서 극도의 규칙성과 강한 박자가 성립되는 것이다. 죽음에 관한 다른 모든 시들이 이렇게 되어있지는 않을 것이다. 예컨대 던의 소네트를 보자.

---

* 번역 출처: 공석하·안석근, 『영미시 즐겨보기』, 고대식 옮김, 뿌리, 2003, p. 170, https://blog.naver.com/jwekds/150041489030

** Cleanth Brooks and Robert Penn Warren, *Understanding Poetry*, rev. ed., New York: Holt, 1950, p. 112.

Death be not proud, though some have called thee

Mighty and dreadful…

죽음아, 뽐내지 마라, 어떤 이들은 너를 일러

힘세고 무섭다고 하지만…*

    물론 죽음에 관한 모든 시들이 슬프거나 심지어 엄숙해야 한다고 규정해서는 안 될 것이다. 그러나 단어가 의미하는 태도가 장중하면 가볍고 경쾌한 소리는 그 시를 일관성이 없는 것으로 만들 것이다. 또는 적어도 구문의 도움이 있어야만 반어적인 어조를 띠게 될 것이다. 윌리엄 카를로스 윌리엄스의 「예법」(Tract)에서 이러한 것을 볼 수 있다.

    문학작품의 통일성은 부분적으로 그 소리와 의미의 질감에 좌우된다고 결론 내릴 수 있다. 즉 운문이라면 그 인위적인 질서에, 또 의미상의 항상성이나 연속성에 좌우된다. 더욱이 문학의 통일성은 의미론적 문체의 어떤 영역 성질과 유사하다. 그러나 살펴봐야 할 통일성의 또 다른 국면이 있고, 이것은 문학이 투사하는 세계에 속하는 상황과 사건, 인간관계의 구조에 좌우된다. 이제 이 구조를 살펴보겠다.

---

*   번역 출처:「소네트 X」, 존 던, 『존 던의 戀·哀·聖歌』, 김선향 편역, 서정시학, 2016, p. 164.

15 문학의 구조
LITERARY STRUCTURE

    문학작품이 투사하는 세계 안에서 우리는 문학에서 보편적이고 핵심적인 주요 구분들을 할 수 있다. 일차적인 한 가지는 담화의 본성에 내재해 있는데, 담화는 그것이 무엇이든, 관계성을 갖는 발화(utterance)로서, 누군가가 무언가에 대해 어떤 것을 말하는 것이기 때문이다. 설사 그 단어들이 침팬지가 친 것이거나 비바람이 절벽에 새긴 것이라고 해도 말에는 이러한 3중의 국면이 있다.

    그래서 모든 문학작품에는 우선 무엇보다 암묵적인 화자(speaker), 혹은 목소리가 있다. 화자의 말은 그 작품이 뜻하는 바이다. 엘리엇의 「동방 박사들의 여행」(Journey of the Magi), 브라우닝의 「아랍 의사 카시시의 이상한 의학적 경험을 담은 서한」(An Epistle Containing the Strange Medical Experience of Karshish, the Arab Physician)이나 다음에서 인용한 윌리엄 던바(William Dunbar)의 「초서풍 시인들을 위한 비가」(Lament for the Makaris)처럼 화자는 전면에 나와 자신에 대해 많은 것을 드러낼 수 있다.

> No state in Erd here standis sicker,
> As with the wynd wavis the wicker,
> So wannis this world's vanitie;
> Timor Mortis conturbat me.
> 이 지상 어떤 나라도 견고한 것 없어라
> 거친 바람이 버드나무를 흔드니
> 이 세상 헛된 것 시들어 가네
> 죽음의 공포로 불안한 마음이여

혹은 화자는 배경 속에 멀리 물러서서 자신을 그다지 드러내지 않은 채로 있을 수도 있다.

> The king sits in Dumferling toune,
> Drinking the blude-red wind…
> 왕은 덤펄링 도읍에 납시어
> 붉은 포도주를 들며…
>
> – 「패트릭 스펜스 경」(Sir Patrick Spens)

그러나 심지어 여기에서도 우리에게 이야기를 하는 누군가가 있고, 그의 말로부터 말하고 있는 화자 자신에 대한 무언가를 알 수 있다.

화자와 상황

화자를 작품의 저자와 동일시해서는 안 되며, 저자의 삶을 연구한다고 해서 화자에 대해 그가 시에서 스스로 드러내는 것 이상을 알 수도 없다. '슬픔으로 마음이 무거운' 사람은 하우스먼이 아니며 '잠들기 전 갈 길이 있는' 사람은 프로스트가 아니다. 에즈라 파운드는 한때 다음과 같이 썼다.

> (엘리엇이 프루프록이 아닌 것처럼 나도 모벌리가 아니다. 하지만 좋다.)
> 모벌리는 겉모습에 불과하다.[*]

토머스 울프를 유진 갠트와, 『비밀 공유자』(The Secret Sharer)에서 조셉 콘래드(Joseph Conrad)를 레깃 선장과, 『죽은 대령의 딸들』(The Daughters of the Late Colonel)에서 캐서린 맨스필드(Katherine Mansfield)를 콘스탄샤나 조세핀과 동일시하는 등으로 저자

---

[*] Letter to Felix Schelling, July 1922; *Letters 1907-41*, ed. by D. D. Paige, New York: Harcour, Brace, 1950.

를 다른 어떤 작중 인물과도 동일시할 수 없듯, 저자를 화자와도 동일시할 이유가 없다. 일단 작품 자체로부터 화자라는 인물을 알게 되면, 원한다면 그 화자가 저자와 얼마나 비슷한지를 물을 수는 있다. '『영웅 스티븐』(Stephen Hero)은 자전적 작품인가' 하고 물을 때 이런 비교를 하는 것이다. 그러나 스티븐 디덜러스를 조이스와 비교하는 것은 분명히 다른 두 사람을 비교하는 것이지 엄밀하게 철학적인 의미에서 그 둘을 하나로 취급하는 것은 아니다.

화자를 저자와 혼동하고 싶은 유혹이 가장 강한 곳은 서정시이다. 서정시에는 거의 항상 인칭 대명사들이 있다. 그러나 통상적으로 시에 있는 '당신'을 독자로 간주할 이유가 없듯이 시의 '나'를 저자로 간주할 이유가 없다. '나'는 '당신'처럼 어떤 의미에서는 작품 속 인물 중 하나일 뿐이고 아마 작중에서 유일한 사람일 수도 있다. 물론 화자는 다소 특별하며 특권을 가진 인물이다. 그의 시점으로 모든 것이 보이기 때문이다. 그리고 어떤 서정시에서는 그 안의 모든 일이 화자의 마음속에서 일어나는 일이다. 그런데 예컨대 자서전 같은 일부 글에서는 인칭 대명사가 저자를 가리키는 것이라고 간주해야 한다. 그렇다면 그와 같은 의미에서 시를 자전적이라고 간주할 수는 없을까?

우선 시에서 지칭되는 다른 것들을 생각해보자. 어떤 시에 고유 명사가 있다고 하자. '피 흘린 시저를 묻은 곳', '위대한 안나! 세 왕국이 복종하는 자여', '멸망한 트로이 너머에 헬렌이 살고', 명예 훼손으로 고발당하는 것을 피하고자 '불멸의 S—k, 근엄한 De—re'라고 쓰거나, 포프가 사용하는 별명들인 'Bavius', 'Bufo', 'Budo' 같은 예가 있다. 해당 시를 이해하려면 물론 그것이 누구의 이름인지를 알아야 하고 때로는 그 이름의 주인에 대해 많은 것을 알아야 한다. 이제 시의 화자가 저자의 이름으로 자신을 지칭한다면 아마 그 경우에도 똑같이 말할 수 있을 것이다. 그러나 이런 일은 매우 드물다. 휘트먼의 「나 자신의 노래」(Song of Myself)를 포함시키지 않더라도, 그의 〈거리의 창녀에게〉(To a Common Prostitute)가 그러하고 다음 인용한 존 시아디(John Ciardi)의 〈만약을 위한 애가〉(Elegy Just in Case)도 그러하다.

제5장 문학에서의 형식

Here lies Ciardi's pearly bones,
In their ripe organic mess[*]

여기 시아디의 진주 같은 뼈가 누웠네
부패한 살점들 속에

〈내 이름의 풍경〉(Landscape of My Name)과 비교해보라.

던과 셰익스피어가 자신의 이름으로 말장난을 한 것도 있다. 프루스트의 『잃어버린 시간을 찾아서』(A la Recherche du Temps Perdu)의 화자가 자신을 '마르셀'이라고 지칭한다는 사실을 생각하면 문제는 더 복잡해진다. 그 작품이 자전적인 측면에 근거하고 있다는 암시가 있기는 하지만 그렇다고 그 작품이 자서전은 아니다. 분명히 차이가 있다. 그러나 일인칭으로 서술되는 작품에서 화자가 저자와 이름이 같으면 어떤 중요한 측면에서 저자를 닮았다고 알려져 있다. 이 문제를 매듭짓자면, 특별히 '자서전' 혹은 '회상'이란 부제가 붙었을 경우 그 작품은 저자가 자신에 대해 말하는 작품이 맞다.

하지만 고유 명사 없이 인칭 대명사만 있는 경우를 생각해보자. 그 인칭 대명사가 저자를 지칭한다고 어떻게 생각할 수 있겠는가? '나', '당신', '여기', '지금'과 같은 단어는 그 문장이 발화된 상황, 즉 발화의 화용적 맥락에 대해 모른다면 어떤 것을 지칭하는지 규정할 수 없다. '개체발생이 계통발생을 반복한다'나 '사람은 실수하기 마련이고 용서는 신이 한다'와 같은 문장은 화용적인 맥락과 무관하게 이해할 수 있다. 대명사를 포함하고 있는 메시지의 실질적인 결과에 관심을 두는 경우라면 지칭하는 대상을 알기 전에는 적절한 행동을 취할 수 없고 지칭하는 대상이 있는 화용적인 맥락이 있지 않다면 행동 자체를 취할 수 없다. 확실히 셜록 홈즈 이야기에서 코난 도일이 '나'라는 단어를 사용할 때 이 단어는 그 자신도 아니고 어떤 실제의 인물을 지칭하지도 않는다. '왓슨 박사'는 존재하지 않았다. 그러면 키츠나 셸리가 이 대명사를 사용할 때 언제나 그 자신을 가리킨다고 가정해야 할 이유가 있을까? 만일 당신이 '생일 축하' 시를 쓰고 생일을 맞은 누군가에게 그 시를 건네거나 당신 이름으로 편지로 보낸다면 그것은 화용적 맥락에서 그 메시지를 전하는 것이다. 만일 연애시를 쓰고 그것을 시집으로 출판한다면 그 메시지를 화용적 상황에서 전달하는 것이 아니

---

[*]   From "Elegy Just in Case," John Ciardi, As If. Copyright 1955 by the Trustees of Rutgers College in New Jersey and reprinted with the permission of John Ciardi.

다. 그 메시지는 전하는 사람도 받는 사람도 없고 누군가의 앞으로 보내지지도 않는다. 독자가 그 메시지를 우연히 듣는 것이다. 당신은 저자일지라도 화자는 아니다.

이 주장은 아주 근사해 보일 수 있다. 그러나 그 핵심에는 분명 혼란스러운 부분이 있다. 일반적으로 올바른 원칙은 문학작품의 화자를 저자와 동일시할 수 없다는 것, 따라서 저자가 화자와 자신을 연결하는 화용적 맥락을 제공하거나 주장하지 않는다면 화자의 인물됨과 조건은 내적인 증거로만 알려질 수 있다는 것이다. 그러나 화용적 맥락을 구성하는 것들이 항상 분명하지는 않다는 것을 인정해야 한다.

모든 문학작품에는 화자 외에도 화자가 마주치는 일군의 대상과 사건들이 있는데, 이것을 화자의 상황(situation)이라고 부를 수 있다. 화자는 쥐, 종달새 혹은 그리스 항아리, 로던 강, 묘지, 연인의 죽음, 머리타래의 약탈, 트로이의 포위, 인류의 타락을 마주하거나 혹은 생각하며 관조한다. 나는 '상황'이라는 단어를 이 모든 것을 포괄하는 것으로 사용한다. 이렇게 넓은 의미에서 상황은 작품의 소재(subject)이다. 상황은 작품 속에서 화자가 발견하고 직면하는 것이며 화자에게 일어나고 보이는 것들이다. 어떤 의미에서 상황은 작품이 그것에 관해 다루는 대상이다. 상황이 사건들의 연결로 이루어질 때 작품은 서사(narrative)이고 화자는 서술자(narrator)라 할 수 있다.

상황은 사소한 것일 수도 있고 어마어마한 것일 수도 있다. 브라우닝의 『스페인 수도원에서의 독백』(Soliloquy in a Spanish Cloister)도 있고 단테의 장대한 여정도 있다. 엄청나게 자세하게 투사될 수도 있고 모호하게 개략적으로만 나타날 수도 있다. 일부 짧은 낭만주의 서정시에서는 일어나고 있는 일이 무엇인지, 예컨대 그의 연인이 그를 떠났는지 혹은 이 세상의 무언가가 형언할 수 없는 비애를 자아내는지 어렴풋이 생각할 수 있을 뿐이다. 어떤 현대시에서는 수많은 일이 일어나고 있는 것 같으면서도 꿈같은 분위기로 순식간에 초점이 바뀌어 그 상황이 혼란스럽고 불확실하다. 그럼에도 불구하고 화자가 뭔가를 말한다면 설사 말하는 내용이 대부분 자신에 관해서라고 해도 환경, 원인, 그가 관심을 두는 대상에 대한 어떤 개념이 암시되어 있다. 그가 누구에 대해 비통해하는지, 그를 성가시게 하거나 절망하게 하는 것이 무엇인지, 속으로 상상하고 바라는 가능한 대답이나 탈출구가 무엇인지 등이 말이다.

또 작품의 상황은 작품이 쓰여지는 때와 구별되어야 한다. 작가의 삶 속의 인물이나 사건은 영감을 줄 수 있고 시 쓰기를 시작할 수 있는 동력이 되기도 하지만 시에서 일어나는 일들은 역시 그것과는 다른 것이다. 직접적으로든 간접적으로든 시 자체가 말하는 바를 알 수 있을 뿐이다. 시에서 틴턴 수도원 근처에서 사색에 잠긴 사람들은 워즈워스와 비슷할 수도 비슷하지 않을 수도 있는 화자이지 워즈워스가 아니다. 워즈워스 자신이 그 장소를 방문했다는 것은 그가 그 시를 쓴 이유를 설명하는 데는 적절하지만 그 시의 내용을 이해하는 데는 전적으로 부적절하다. 비슷하게, 작가가 그려낸 작품 속 인물들이 작가의 친구나 적을 암시하고 있는지 아닌지, 그의 소설이 해묵은 원한을 갖는 실화 소설인지 아닌지를 아는 것은 흥미롭다. 새뮤얼 버틀러(Samuel Butler)나 헨리 제임스가 그들이 창조한 작중인물들에 대해 말했던 것처럼, 그 인물들이 자유 의지를 가지고 작가의 눈앞을 떠돌면서 작품에 등장하게 해달라고 요구했는지도 모른다. 그러나 이것 역시 작품 속에서 드러나는 그 인물들의 본성의 문제와는 전혀 관계가 없다.

문학의 요체는 인간이다. 작품 속의 주요 인물은 겉모습은 동물일지라도, 예컨대 두꺼비 선생(케네스 그레이엄의 만화 주인공), 블랙 뷰티(안나 슈엘의 소설의 말), 치킨-리킨(헨리 페니 책의 닭), 포고(월트 켈리 만화의 동물 같은 주인공), 바바르와 셀레스트(세실 드 브뤼노프의 동화의 코끼리 - 괄호 안은 역주)는 동물이지만 그들의 본성은 인간이고, 과장되거나 희석되더라도 인간의 특징을 가지고 있다.

화자와 상황이 정해지면, 일반적으로 그 상황에 대한 화자의 태도(attitude)가 있게 마련이다. 그리고 태도에서 느낌과 믿음은 구별된다. 예컨대 벤 존슨(Ben Jonson)의 〈그대의 눈으로만 내게 건배해요〉(Drink To Me Only with Thine Eyes)나 바이런의 「그리하여 우리는 더 이상 방황하지 않으리」(So We'll Go No More A-Roving) 같은 작품에서, 화자는 그 세계 전반에 대해 정교한 믿음을 드러내고 있지는 않지만 생생하고 뚜렷한 느낌을 드러낸다. 새뮤얼 존슨의 「욕망의 공허」(Vanity of Human Wishes)나 오든의 「1939년 9월 1일」(September 1, 1939)에서는 일반적인 주제에 대한 묵상이 나타나 있고 화자가 생각하는 바에 대해 우리는 많은 것을 말할 수 있다. 때로 화자는 완전히 뒤로 물러나 거의 무관심해지고 초연해지기도 한다. 아마 가장 유용한 용어로 표현한다면 이러한 작품은 '사실주의적'이다. 그러나 그렇다고 해서 어느 정도의 싸늘한 아이러니가 불가능한 것은 아니다.

그들은 아침 여섯 시 반에 여섯 명의 각료를 병원의 벽 앞에 세우고 쏘았다. 마당에는 분천(噴泉)이 있었다. 뜰의 포석 위에는 젖은 낙엽이 있었다. 비가 세게 왔다. 병원의 모든 덧문은 닫혀 못질이 되어있었다. 장관들 중 한 사람이 장티푸스를 앓고 있었다. …*

    화자에 관해 주목할 만한 것은 정확히, 그가 사건에 대해 어떤 느낌도 드러내지 않고 어떤 도덕적 판단도 하고 있지 않다는 것이다. 발자크(Balzac)나 플로베르(Flaubert) 같은 위대한 프랑스 사실주의 작가들은 마치 기획자처럼 독자 앞에 인물과 사건들을 놓아두고 나머지는 독자에게 맡긴다. 대조적으로『톰 존스』(Tom Jones)의 서술자는 때때로 무대 중앙으로 걸어가 삶과 인간의 본성에 대한 자신의 성찰을 독자와 나누기도 한다.

    어떤 문학작품은 특별한 독자들을 향하고 있고, 문체나 소재로써 그 독자들의 어떤 본성을 보여주고자 한다. 예컨대 레우코노에(호라티우스 책의 인물), 루커스터(리처드 러브레이스의 책의 인물), 실리아(셰익스피어 희곡의 인물), W. H. 씨(오스카 와일드 책의 인물 - 괄호 안은 역주), 혁명적인 프롤레타리아, 영국 국회의원들, 매사추세츠 콩코드의 시민들, 서사시의 뮤즈 등이 그들이다. 다소 어색하게 들리겠지만 이 작품들은 암묵적인 수신자(implicit receiver)가 있다고 할 수 있다. 또 이 수신자들은 실제 인물이 아닐 수도 있고, 단지 난롯가나 술집에 둘러앉은 사람들, 보트나 특별 객차의 동승자들 등으로 설정된 사람들일 수도 있다. 모든 문학작품에 수신자가 있는 것은 아니다. 암묵적으로『적과 흑』(Le Rouge et le Noir)이 프랑스어를 이해하는 사람들을 향해 쓰였다거나『피네간의 경야』(Finnegans Wake)가『황금 가지』(The Golden Bough),「칼레발라」(The Kalevala) 등 다른 책을 읽은 사람들을 위한 것이라고 하지 않는다면 말이다.

    작품에 암묵적인 수신자가 있을 때는 수신인에 대한 화자의 태도에서 그것을 알아낼 수 있는데, 수신자에 대한 태도는 마주한 상황에 대한 화자의 태도와 구별되는 것이다. 이것을 종종 작품의 어조(tone)라고 한다. 그러나 '어조'라는 단어는 좀 더 일반적으로 사용될 수 있고 화자의 태도를 가리키는 것으로 특별히 제한될 필요는 없다. 시나 소설의 어조는 비통하고, 정중하고, 침착하고, 불평스럽고, 사납고, 활기 넘치기도 하며, 그것이 자기 성찰적인 기술이 아니라 어법과 구문의 감정적인 취지에 좌우되는 한 화자의 태도가 갖는 일반적인 성질을 의미하게 된다. 어조는 앞에 인용

---

*   Ernest Hemingway, epigraph to ch. 5 of *In Our Time*, New York: Viking Portable Library, 1949, pp. 399-400.

제5장 문학에서의 형식

한 헤밍웨이의 구절의 어조처럼, 뭐라 잘 묘사할 수는 없지만 분명하게 지각할 수 있는 영역 성질이다.

문학작품이 서사라면 그 안의 상황이나 사건의 연속은 언제나 작품이 명시적으로 진술하는 것 이상의 것이다. 어떤 행위들은 보고되고, 그것으로부터 다른 사건이나 사태, 인물과 동기를 추론하게 된다. 데이지 밀러가 호텔에서 나타난다. 그러므로 그 인물은 탄생했음이 틀림없다. 그녀는 만난 적이 거의 없는 남성들과 교제를 한다. 그러므로 그녀는 자신의 평판에 무신경하다. 문학작품을 이해할 때 중요한 부분은 작품에서 일어나고 있는 일에 대해 우리의 지식을 동원해 겉으로 제시된 것 이상의 것을 채워넣는 과정이다. 이 과정을 다소 자의적으로 작품의 **명료화**(elucidation)라 부르겠다. 이것은 해설(explication)과는 다른데, 해설은 언어적 의미와 관련이 있다. 해설처럼 명료화는 종종 '해석'(interpretation)이라 일컫기도 하지만, 이 용어는 제9장에서 다룰 것이다.

문학의 명료화

명료화를 통해 비평가들이 답하려는 질문이 어떤 유형인지는 이런 예에서 나타난다. 햄릿은 미쳤는가? 라스콜니코프가 노파를 죽인 진짜 동기는 무엇인가? 「노인」(Gerontion)과 「비잔티움에로의 항해」(Sailing to Byzantium)에서 화자는 어디에 있으며 그는 어떤 상황에 있는가? 안티고네라는 인물의 기본적인 특성은 무엇인가? 명료화하기 어려운 문제 몇 가지가 있고 따라서 해설과 해석도 어려운 희곡, 에우리피데스(Euripides)의 「바커스의 여신도들」(The Bacchae)에 나오는 '리디아의 이방인'은 변장한 디오니소스인가? 요컨대 명료화 문제의 본성은 유명한 비평문의 제목 『햄릿에서 일어난 일』(What Happens in Hamlet)에 간결하게 요약되어 있다.*

명료화는 우리가 일상적인 읽기에서 직관적으로, 의식적인 노력 없이 수행하는 것이다. 제시된 말과 행위들 사이에서 인물과 동기를 지속적으로 연결시킬 수 없어

---

*   J. Dover Wilson, 3d ed. Cambridge, Eng.: Cambridge U., 1956; 이 책은 명료화 문제들의 보고(寶庫)이며, 논쟁의 여지가 없지는 않지만 독창적인 해답을 제시하고 있다.

도 이해할 수 있는 허구 작품은 아마 초등 1년생을 위한 가장 단순한 이야기 정도의 극소수뿐일 것이다. 그러나 복잡한 허구 작품에 대해서는 논쟁이 일어나고 현재의 논의에서 우리는 명료화를 할 때 무엇을 하는지, 합리적인 원칙에 따라 명료화를 하는지 아닌지를 생각해야만 한다. 이에 들어맞는 뛰어난 예시가 헨리 제임스의 『나사의 회전』(*The Turn of the Screw*)이다. 여기서는 두 가지의 양립 불가능한 명료화가 가능한데 각각의 명료화는 강력한 근거를 가지고 있다. 하나가 옳고 다른 하나는 옳지 않은 것인가, 혹은 이 문제에 대한 해답을 객관적으로 정할 수 없기 때문에 둘 다 잘못되었거나 어느 쪽도 잘못되지 않은 것인가?

이 문제는 여기서 판정하기에는 너무 복잡하다. 그러나 여기에 관련되는 방법론의 근본적인 문제를 충분히 보여줄 수 있도록 개요를 제시하는 것은 가치 있는 작업이다.* 많은 것을 좌우하는 중심적인 문제는 아이들이 피터 퀸트와 제셀 양의 유령을 봤는가 아닌가 하는 것이다. 만일 유령을 봤다면 아이들은 가정교사에게 뭔가 중요한 것을 숨긴 것이고 가정교사의 믿음대로 사실 악령에 지배되어 타락한 것이다. 그러나 유령을 보지 않았다면 이것들은 가정교사가 주관적으로 투사한 환영이고 따라서 가정교사가 근본적으로 신경증에 걸린 것이다. 이 경우 아이들을 파괴한 악령은 가정교사 자신으로부터 나온 것이다. 그러면 그 질문에는 단지 두 개의 답만이 가능하다. 독자는 진정한 결정적 선택을 해야 할 듯하다. 그 이야기를 어떤 것으로 받아들일지, 그 이야기의 성질과 핵심, 구조는 모두 독자가 이 문제에 어떻게 답하는가에 달려 있다.

이야기를 명료화할 때 하는 일은 무엇이며 어떻게 명료화를 검증하는가? 가장 단순한 예를 우선 생각해보자. 호머가 베시에게 두 시간 동안 이야기를 했고 베시는 하품을 했다고 가정하자. 베시가 지루해한다는 말을 들을 필요가 없다. 제3장에서 제안한 용어로 이렇게 말할 수 있다.

---

* 에드먼드 윌슨(Edmund Wilson)의 프로이트적인 해석은 "The Ambiguity of Henry James," *The Triple Thinkers*, New York: Harcourt, Brace, 1938; reprinted in Mark Schorer, Josephine Miles and Gordon McKenzie, *Criticism*, New York: Harcourt, Brace, 1948, pp. 147-162.의 1장에서 찾아볼 수 있다. 이 글에 대한 상세한 비판은 다음 글을 보라. Robert B. Heilman, "The Freudian Reading of The Turn of the Screw," *Modern Language Notes*, LXII (1947): 433-445, and "*The Turn of the Screw as Poem*," Form of Modern Fiction, ed. by W. V. O'Connor, Minneapolis, Minn.: U. of Minnesota, 1948, pp. 211-228; A. J. A. Waldoch, "Mr. Edmund Wilson and The Turn of the Screw," *Modern Language Notes*, LXII (1947): 331-334.

'호머는 베시에게 두 시간 동안 이야기를 했고 베시는 하품을 했다'는 베시가 지루해한다는 것을 암시한다.

명백히 이 암시는 우리가 알고 있는 특정한 인과적 관련성에 좌우된다. 두 시간 동안 이야기를 들은 사람은 아마도 지루해할 것이고 지루한 사람은 아마도 하품을 할 것이다. 이것이 대체적인 심리적 법칙이다. 결론적으로는 같지만 바꿔 말하면 베시가 이야기를 듣고 있었다고 가정할 때 '그녀가 지루해한다'는 가설은 하품을 한 것에 대한 가장 유효하고 가장 그럴듯한 설명이다.

이 분명한 핵심들과 이 사소한 예시에 대해 깊이 계속 말하는 것은 재미없는 일이지만, 그러나 더 복잡한 예에 접근하기 전에 가장 단순한 경우라도 그것이 어떠한지를 살펴볼 필요가 있다. 그러면 이제 명료화 진술은 명시적으로 보고된 사건에 대한 설명력에 따라 설득력을 얻는 가설, 혹은 그 가설의 일부분이라고 주장할 수 있다. 이 점에 있어서는 행위로부터 동기를 추측할 때 일상적으로 사용하는 추론 방식과 원칙상 차이가 없다. 그러나 중요한 차이가 하나 있다면, 실제 삶에서는 우리의 가설을 검증할 수 있는 더 자세한 증거들을 얻을 논리적 가능성이 언제나 있는 데 비해 소설에서는 우리가 설명하고자 하는 일군의 사실들이 영원히 완결되고 닫혀 있다는 것이다. 예를 들면 '왓슨은 여자였다'에 대해 어색하고 과도하게 복잡하지만 결정적으로 논파할 수 없는 기막히게 좋은 명료화를 구상하는 것이 가능한 것이 바로 이 때문이다. 곧 이 점을 다시 다룰 것이다. 그러나 우선 그 방법이 헨리 제임스의 작품에 어떻게 적용되는지를 주목하라. 『나사의 회전』의 주목할 만하고 가치 있는 특질은, 마지막 장면까지 일어나는 사건들의 대부분이 다음 두 가지 가설 중 어떤 것에 의거해서도 설명될 수 있다는 것이다. ① 유령은 진짜이고 그것을 아이들이 봤다. ② 유령은 오직 가정교사의 마음속에만 있다. 가정교사의 마음속에서조차 자꾸만 드는 의심이 있고 그 의심은 이야기를 진행시키고 또 이야기를 복잡하게 만든다. 그러나 마지막 장면은 가설 ②로 설명될 수 없는데, 그 장면에서 마일즈는 이전에 피터 퀸트의 유령을 본 적이 있다는 것, 그 유령을 다시 봐도 놀라지 않을 것이라는 것이 나타나고 있기 때문이다. 그러나 그는 유령을 더 이상 볼 수 없어서 죽게 된다. 그리고 독자는 이전 장면들에서 일어난 몇 가지 사건, 그때까지는 강조되지 않던 사건들이 가설 ①에 의해서만 설명되거나 혹은 가설 ①로써 더 간단하게 직접적으로 설명되는 세부적인 사항이라는 것을 떠올리게 된다. 즉 가정교사가 피터 퀸트에 대한 말을 듣기 전에 그의 유령을 보고 정확하게 묘사를 했다는 것, 마일즈는 어떤 알 수 없는 이유로 학교로부터 집으로 보내졌다는 것, 아이들이 그들의 과거에 대해 결코 말하지 않는다는 것, 어린 소녀가 큰 나룻배를 노 저어 호수를 가로지른다는 것 등이다. 최종적으로 분석하면 가설 ①이 가설 ②보다 훨씬 그럴듯하고 따라서 이 이야기에서 '헨리 제임스에게는 애매한 것'이 없다.

분명 명료화는 단지 인과적인 추론이지만 허구와 실제 삶 사이의 차이가 사라져버려서는 안 된다. 어떤 허구 작품에서라도 인물에 대해, 작품 자체에서 답을 얻을 수 없는 질문을 언제나 할 수 있다. 햄릿은 비텐베르크에서 무엇을 공부했는가? 호손(Hawthorne)의 단편 『목사의 검은 베일』(The Minister's Black Veil)에서 목사의 숨겨진 죄는 무엇인가? 「인형의 집」(The Doll's House)에서 노라의 실제 이름은 무엇인가? 입센은 실제로 이에 대한 답을 준비해 놓았지만 그것을 이 희곡에 쓰지는 않았다. 댈러웨이 부인의 증조부는 누구였는가? 톰 존스는 그 이야기가 끝난 후 몇 년을 더 살았는가? 존 재스퍼가 어둠 속에서 살해한 사람은 에드윈 드러드가 아니라 배저드 씨인가? 또는 이 모든 질문들의 원형이 되는 것,* 맥베스 부인은 자녀가 몇인가? 맥베스 부인은 분명 자녀가 몇 명 있다. 그녀가 자녀들을 언급하기 때문이다. 그리고 몇 명이라고 하면 하나, 둘, 셋 혹은 다른 분명한 수의 자녀이고 그것이 몇 명인지 궁금해진다. 그리고 물론 미묘하게나마 그 가설을 뒷받침하는 약간의 단서라도 극 중에서 찾아보는 것은 정당하다. 그러나 많은 셰익스피어 연구자들, 특히 과거의 연구자들은 이 정도를 넘어섰다. 유효한 증거가 없을 때 비평가들은 자유롭게 짐작했다. '나는 맥베스 부인이 충직한 두 아들을 두었다고 상상한다. 하나는 어머니를 닮았지만….' 이것은 명료화가 아니고 지어낸 것이다.

예컨대 스타니슬라브스키는 「오셀로」(Othello)에 대한 '연출노트'를 준비했을 때,** 이아고, 로드리고, 카시오, 오셀로 사이의 관계에 대한 정교한 과거사를 제공했

---

* 유명한 논문 L. C. Knight, "How Many Children Had Lady Macbeth?" Explorations, London: Chatto and Windus, 1951, pp. 1-39 때문인데, 이 글은 문학과 삶을 혼동하는 것에 대한 일반적인 비판을 담고 있다.

** Konstantin Stanislavsky, Stanislavsky Produces Othello, trans. by Helen Nowak, London: Bles, 1948, esp. on Act I, Scene I (이 부분은 Toby Cole, ed., Acting, New York: Lear, 1947, pp. 131-138에도 있다).

제5장 문학에서의 형식

고 이 뛰어나게 상상적인 구성은 실제의 극과 완벽하게 일관되면서 스타니슬라브스키가 이 연극을 감독하고 배우들이 극중 인물을 입체적으로 나타내는 데 도움이 되었다. 어쨌든 극을 제작하는 것은 부분적으로는 창안이고 또는 대본의 틈을 메워 넣는 것이다. 그러나 극을 무대에 올리는 것은 허구 작품으로서 그것을 명료화하는 것과는 다르다. 허구 작품이 답할 수 없는 질문들은 질문할 수 없는 것들이다. 그리고 이것은 애매한 것도 아니다. 그것은 시공간 측면에서 작품의 한계 범위 중 하나일 뿐이다. 데이비드 코퍼필드나 오디세우스, 스완에 대해 꿰뚫기 전에 많은 것을 알 수 있지만, 작품의 소재는 작품에서 명시적으로 보고된, 혹은 그 보고에서 추론할 수 있는 그들의 삶이나 인물됨의 일부분일 뿐이고 이 인물들은 작품 밖에서는 존재하지 않는다.

그래서 우리는 명료화를 더 진행할 수 없는 한계선을 생각해야 한다. 그리고 이 한계는 증거들이 고갈되는 지점이라고 말하기 쉽다. 그러나 주어진 사실 F가 가설 H를 위한 증거인지 아닌지는 F에만 좌우되지 않는다. 간단히 말해, F와 H를 연결시키는 법칙 혹은 일반화 G에 의해 좌우된다. 행위로부터 동기를 추론하는 것은 심리적인 법칙에 의존한다. 그래서 새로운 법칙을 받아들이면 새로운 추론을 할 수 있게 되고 새로운 명료화 또는 명료화의 새로운 방향이 열린다. 명료화의 방법에 대한 시험 사례를 「햄릿」(Hamlet)에 대한 유명한 프로이트적 명료화 작업에서 찾을 수 있다.[*] 문제는 왜 햄릿이 그의 복수를 미루었는가 하는 것이다. 프로이트의 주장을 따라 어니스트 존스(Ernest Jones)는 이 미룬 행위를 외부적인 장애물이나 인물의 어떤 약점의 측면에서 설명하는 데 따르는 어려움을 분명하게 보여주고, 그의 해결책은 간단히 말해 햄릿이 소극적이었던 것은 그의 무의식 속의 양가감정, 즉 클로디어스와 자신을 아버지의 살해자이자 어머니의 연인으로서 부분적으로 동일시한 데서 기인한 양가감정 때문이라고 보는 것이다. 이 '초과해석'(hyperinterpretation)은 햄릿을 '히스테릭한 주체'로 만든다.

흥미로운 문제는 이 명료화 방법이 정당한가 하는 것이다. 우선 이 방법을 옹호하는 견해를 생각해보자. 이 세계에 대해 더 많은 것을 알게 될수록 우리는 보는 것

* Freud의 *Interpretation of Dreams*, in Basic Writings, ed. by A. A. Brill, New York: Modern Library, 1938, pp. 309-311을 보라. 이 논변은 Ernest Jones, *Hamlet and Oedipus*, New York: Norton, 1949에서 더 심화 발전되었다.

에서 많은 것들을 추론할 수 있다. 따라서 허구 작품 속의 사건과 행위가 함축한 바는 확장될 수밖에 없고 연극은 점점 더 깊어지고 더 복잡해진다. 어떤 소설 속 인물에게 소설이 쓰였던 당시에는 진단될 수 없었던 어떤 증상이 있고 지금 우리는 그것을 예컨대 폐렴 바이러스라고 진단할 수 있다고 가정해보자. 소설 속의 인물 자신도 다른 극중 인물도 소설가도 폐렴 바이러스를 모른다고 해서 그가 폐렴 바이러스를 보유하고 있지 않은 것인가? 이것은 단지 논리적 추론으로 보일지도 모른다. X는 이러한 증상을 보이고 그런 증상을 보이는 이는 아마도 폐렴 바이러스를 보유하고 있다. 그러므로 X는 아마도 폐렴 바이러스를 보유하고 있다. 그러면 이와 비슷하게, 햄릿도, 클로디어스도, 거트루드도, 셰익스피어도 부모 중 한쪽을 죽이고 다른 쪽과 맺어지려는 억압된 깊은 욕망이 잠재된 무의식이 인간에게 있다는 것을 알지 못했다. 그러나 모든 인간은 무의식을 가지고 있고 햄릿이 인간이라면 햄릿은 무의식을 가진다.

그러나 이런 종류의 논변에 대한 강한 반대가 개진될 수 있다. 이것은 햄릿을 세상에 있는 실제 사람인 것처럼 생각해서 문학과 삶을 대단히 혼동하는 것이 아닌가? 이러한 혼동으로 인해 맥베스 부인의 자녀들과 셰익스피어의 여주인공들의 소녀 시절에 대해 어리석은 질문을 하게 되는 것이다. 소설 속의 인물과 화자가 바이러스를 생각하지 못한다면, 설사 그런 증상이 있어도 그들의 세계에는 바이러스가 존재하지 않는다. 프로이트적인 무의식의 개념은 세탁기, 비례대표제, 한계효용, 핵분열과 마찬가지로 햄릿의 세계에는 속해 있지 않다. 셰익스피어의 시대에는 없었던 개념들을 그 극에 투입하는 것은 시대적으로 오독하는 것이고, 프로이트적인 '명료화'는 명료화가 아니라 순전한 가공이거나 확장이다.

프로이트의 방법대로, 예컨대 그 연극이 1601년 셰익스피어의 부친의 죽음 직후에 쓰였다는 등의 전기적 자료에 근거해 그 극과 극적 상황을 셰익스피어 자신의 무의식적 갈등의 증후로 보게 되면, 이 경우 프로이트적인 명료화는 복잡해지지만 더 강화되지는 않는다. 셰익스피어가 무의식적으로 햄릿에게 무의식을 부여했다고 주장할 수 있을지도 모른다. 햄릿이 타인을 죽일 수 있음에도 클로디어스를 죽이지 못했던 것이 그의 무의식적 죄책감에 기인한다는 것을 셰익스피어의 의식은 알아채지 못했을지라도 셰익스피어의 무의식은 알아차렸다는 것이다. 그러나 햄릿을 정신분석할 수 없고 미래의 그의 행동을 관찰할 수도 없기 때문에 그 가설은 검증의 영역 밖에 있는 것으로 보인다.

셰익스피어가 햄릿이란 인물과 그의 행위를 창안할 때 그는 이미 잠재의식적인 억압의 개념을 어렴풋하게나마 파악하고 드러내고 있었다고, 그 연극이 프로이트의 발견의 전조가 되는 통찰을 구현하고 있다고 주장하는 것이 더 적절할 것이다. 적어도 이 관점은 성립할 것이다.

그럼에도 불구하고 이것은 얽히고설킨 문제이며 그 답은 간단하지 않을 것이다. 그러나 두 가지는 분명해보인다. 만일 명료화가 법칙에 따른 추론이라면 햄릿을 프로이트적으로 독해하는 것은 명료화이다. 그러나 그렇게 되면 상정하는 법칙들에 따라 달라지는 다양한 명료화들을 확실히 구별해야 한다. 어떤 명료화는 극 자체 내의 인물들이 가정하고 있는, 혹은 그 극이 처음 상연된 당시에 가정된 심리적 일반화의 관점에서 햄릿을 독해한다. 이것은 확실히 정당한 종류의 명료화이다. 그러나 또한 지금 가정하거나 알고 있는 일반화의 관점에서 20세기적인 햄릿의 독해를 요청할 수도 있다. 물론 이 두 가지 명료화는 두 개의 연극을 만들어낼 것이다.

관점적 구조

문학작품의 구조는 앞의 장에서처럼 정의할 수 있다. 구조는 작품 내의 대규모의 관계들, 주요한 연결들로 구성된다. 가능한 구조들이 매우 다양하며 그 구조들에 대해 쓰고 있는 글도 많다. 지금 문제는 우리가 지금까지 해온 구별들을 활용해 일반적인 분류를 하면 어떤 결과가 나올지를 살피는 것이다. 주요하게 나눌 수 있는 것은 분명하다. 우선 화자와 그의 상황 간의 다양한 관계들이 있다. 이것을 관점적 구조(perspectival structure)라고 부르자. 둘째, 상황이나 화자의 태도가 어떤 식으로 변할 때, 그 변화의 주요한 단계들 간의 다양한 관계들이 가능하다. 이것을 전개적 구조(developmental structure)라고 부르자.

관점적 구조는 두 종류이다. 공간적인 것과 시간적인 것이다. 먼저 공간적 구조를 살펴보자.

어떤 사건에 대한 화자의 공간적 관계를 전혀 암시하지 않으면서 그 사건에 대해 간략하고 비개인적인 보고를 할 수 있다. '존스네 집이 불탔다.' 그러나 '우리는 존스네 집이 불타는 것을 봤다'는 화자가 그 불을 목격했다는 것, 그리고 그가 목격자들 중 한 사람이라는 것을 주장하고 있다. '불타는 존스네 집에서 솟은 불길이 한밤의 하늘을 밝혔다'는 화자에 대해 전혀 언급하고 있지 않지만, 그 불타는 집으로부터 어느 정도 떨어진 위치에서 관찰을 하고 있는 화자가 있다는 것, 그리고 그 화자는 그 순간 위험이나 경제적 결과보다도 시각적 이미지를 더 많이 알고 있다는 것을 뜻한다.

기술되는 바가 단순히 어떤 사건이 아니라 인간의 행위일 때는 그 기술에서 행위에 대한 기술자의 공간적 관계가 나타나도록 하는 것이 훨씬 더 자연스럽다. 그리고 그 기술로부터 더 긴 서사가 시작된다면 이 관계를 제거하는 것은 거의 불가능할 것이다. 서술자는 행위자의 마음속에서 일어나는 일을 직접적으로 알기도 하고 그렇지 않을 수도 있다. 서술자는 그의 외적인 모습을 관찰할 수 있을 수도 있고 그렇지 않을 수도 있다. 그래서 문학에서 시점(point of view)이라 불리는 것이 생겨난다. 시점은 화자가 그가 기술하는 사건을 바라보는 관점이다. 물론 다수의 시점이 가능하고 시점의 이동도 가능하다. 그리고 작품의 어떤 일반적인 성질은 많은 부분 이 관점에 따라 좌우된다.

일상 언어가 담아내는 다른 관계가 있는데 그것은 시제(tense)에 의해 나타난다. '존스네 집이 불탔다'는 그 사건을 과거의 일로 보고하며, 보고하는 순간과 보고되는 순간 사이의 시간적 관계를 성립시킨다. 시제는 더 복잡할 수도 있다. '내일이면 내가 떠났을 것이다'에는 말하는 현재의 시간과, 떠남을 되돌아보는 미래의 시간과, 미래이지만 되돌아보는 시점에서는 이미 과거가 된 떠나는 시간이 있다. 문학작품은 그 작품에 전반적으로 나타나는 시제가 있고, 사실 어떤 작품의 주요한 성질의 일부는 이 특징에 좌우된다고 할 수 있다. 예컨대 산문으로 된 허구 작품은 전형적으로 과거 시제로 되어있고 지금은 이미 끝난 행위나 갈등을 기록한 것으로 읽힌다. 서술자는 언제나 과거의 일을 돌아보는 시점에 위치하고 있기 때문이다. 물론 이것은 그 책의 마지막 사건을 현재의 일로 하는지, 미래의 일로 하는지에 따라 달라질 수 있다. '나는 이 마지막 페이지를 내 생의 마지막 밤에 쓴다. 내일이면 나는 교수형에 처해질 것이다'처럼 될 수도 있다. 극적 서정시(dramatic lyric)를 포함해 서정시는 일반적으로 현재 시제로 되어있다. 현재 시제는 놀이를 묘사하거나 야구 경기를 중계할 때도 자연스럽게 사용하는 시제이다. 무언가가 진행되고 있고 그 결과는 아직 결정되지 않았다. 우리는 그 순간을 살고 있고 화자는 지금 그 자신이 느끼고 있다고 기술하는 것을 느끼고 있다. 저자는 평온하게 회상을 하고 있는 중일지도 모르지만 화자는 그렇지 않다. 명상적이거나 종교적인, 철학적인 시나 산문의 경우는 이보다 덜 분명하다. 그것은 수학이나 과학처럼 시제가 없는 저작과 다소 비슷하다. 작용과 반작용의 힘이 같다는 뉴턴의 제3 법칙이나 $x^n + y^n = z^n$이고 $n > 2$인 정수 x, y, z는 없다는 페르마의 마지막 정리를 생각해보자. 이 경우 '같다', '없다'와 같은 단어는 엄밀히 말하자면 현재 시제로가 아니라 시제 없이 쓰이고 있다. 이 문장들이 진술하고 있는 진리들은 과거, 현재, 혹은 미래의 사건이 아니고 시간을 초월한 것이다. 따라서 이와 같은 문장에서 화자는 시간의 흐름 바깥에 있거나 시간을 초월한 곳에 위치한다. 포프의 『인간론』(Essay on Man)이나 로버트 브리지스의 『미의 유언』(Testament of Beauty)의 화자에 대해서도 이와 같이 말할 수 있겠지만 이것은 오해의 소지를 낳는다. 이러한 작품들에서는 생각과 감정이 진행되고 역동적으로 발전하고 있으며 따라서 화자는 시간의 흐름 속에 있기 때문이다.

전개적 구조

전개적 구조는 주로 세 가지로 분류될 수 있다. 논리적(logical) 구조, 서사적(narrative) 구조, 그리고 다소 적합한 단어는 아니지만, 극적(dramatic) 구조이다.

어떤 담화에서 임의로 두 개의 문장이나 절을 선택하고 그 두 문장이 어떤 관계로 인해 동일한 담화에 속하고 있는지 묻는다면 다음과 같이 답할 수 있을 것이다. 첫 번째 문장이 두 번째 문장을 위한 증거를 제공한다, 혹은 두 번째 문장은 첫 번째 문장을 포함하는 일군의 전제들의 논리적 결과 가운데 하나이다, 첫 번째 문장은 두 번째 문장에서 언급되는 용어의 정의를 제공한다 등으로 답할 수 있다. 이것들은 논리적 관련성이다. '학교 설비는 수리가 필요하다. 그네가 망가졌다' 같은 두 문장을 연이어 발화하는 것이 이치에 합당하려면 둘째 문장에 첫 문장에 언급된 사물의 집합에 속하는 예시가 있다고 이해해야 한다. 이제 긴 담화에 체계적으로 논리적 관계를 갖는 다수의 문장들이 있을 때, 예컨대 한 문장이 나머지 문장으로부터 추론되거나 어떤 문장은 그것이 참이라면 다른 문장의 증거이거나 할 때 그 담화는 논리적 구조를 갖고 있다고 할 수 있다. 예컨대 셰익스피어의 소네트 94의 마지막 6행을 보자.

The summer's flower is to the summer sweet,

Though to itself it only live and die,

But if that flower with base infection meet,

The basest weed outbraves his dignity

For sweetest things turn sourest by their deeds;

Lilies that fester smell far worse than weeds.

여름 꽃은 여름을 아름답게 하도다

그 자체는 다만 살다 죽지만.

그러나 만일 그 꽃이 나쁜 병에 걸리면

가장 보잘것없는 잡초도 그의 품위를 능가하도다.

가장 달콤한 것도 그 행위에 따라 가장 신 것이 되나니

썩은 백합은 잡초보다도 더 악취를 풍기도다.*

세 번째 행과 네 번째 행은 전제인 다섯 번째 행의 결론이 되고 있다.

그러나 이것을 하나의 논변으로 기술하는 것은 올바르지 않을 것이다. 문장들이 실제로 주장을 담고 있지 않아서 온전한 의미에서의 논변이 되고 있지 않기 때문이다. 이 구분은 제9장 23절에서 다룰 것이다. 이 시는 누군가가 시라노나 넬리 포부쉬를 연기하듯이 논변을 '가장'한다. 이 시에는 논변에 있는 사건의 진전(movement), 추상적인 관계, 명확한 분절이 있다. 그리고 이것은 『인간론』, 『사물의 본성에 관하여』 (On the Nature of Things), 던의 「시성」(Canonization), 마벨(Marvell)의 「수줍은 여인에게」(To His Coy Mistress), W. H. 오든의 「1939년 9월 1일」과 같은 시에 있어 중요한 것이다.

하지만 비록 서사적 구조가 무엇인지 그다지 분명하지 않더라도 '서사'를 우리가 지금까지 정의했던 것보다 더 정확하게 정의할 필요는 없다고 생각한다.** 하나의 서

---

* 번역 출처: 윌리엄 셰익스피어, 『셰익스피어의 소네트 시집』, 피천득 옮김, 샘터사, 2013. https://blog.naver.com/muleteer/130041954798

** 거트루드 스타인(Gertrude Stein)은 "서사는 누군가가 어떤 식으로든 일어날 수 있는 혹은 일어났거나 일어날 어떤 일에 대해 어떤 방식으로 말해야 하는 것"이라고 했다. 손튼 와일더(Thornton Wilder)는 그녀의 말이 "거의 오싹할 만큼 정확하다"고 찬사를 보냈다. Gertrude Stein, *Narration*, Chicago: U. of Chicago, 1935, Introduction, p. vi.

사와 다른 서사 간의 어떤 종류의 차이가 구조의 차이로 간주되어야 하는가? 우선 그 하나로, 플롯(plot)과 줄거리(story)를 구별할 수 있다. 플롯은 사건들의 연쇄(sequence)로, 그 사건들이 발생하는 순서에 따른 것이다. 줄거리도 똑같이 사건들의 연쇄이지만 그 사건들이 서술되는 순서에 따른 것이다. 좀 투박하게 말한다면 다음 두 문장은 플롯이 같지만 줄거리가 다르다.

> 1. 존은 그의 부인에게 키스하고 모자를 벗었다.
> 2. 존은 모자를 벗었다. 그의 부인에게 키스를 한 후였다.

그러나 다음의 두 문장은 다른 플롯이다.

> 3. 존은 그의 부인에게 키스를 하고 모자를 벗었다.
> 4. 존은 그의 모자를 벗고 그의 부인에게 키스했다.

줄거리는 단순히 사건의 연쇄가 아니라 어떤 연속성을 가진 사건의 연쇄이다. 그것은 각 단계가 이전 단계로부터 발전되어 나오며 자연스럽게 미래로 이끌기 때문이다. 그러나 그 연속성은 완결되지 않거나 구조가 전혀 없을 것이다. 사건의 흐름 내에서 우리는 에피소드를 구별할 수 있고 서사적 구조를 구성하는 것은 이 에피소드들 사이의 유사성과 차이이다. 예컨대 어떤 에피소드는 장면(scene)이고 대화와 행위의 세세한 부분에 주의가 집중된다. 한편 다른 에피소드는 사건의 요약이고 한 단락 내에서 수년의 시간이 흐른다. 이 두 유형이 혼합되는 비율이 어떤 소설을 다른 것들과 형식적으로 구별하는 한 가지 기준이 된다. 예컨대 『포사이트 연대기』(Forsyte Saga)는 『무기여 잘 있거라』(A Farewell to Arms)와 형식적으로 구별된다. 작품 속의 행위는 관련된 사람 수의 측면에서 다르다. 단편 소설은 셔우드 앤더슨(Sherwood Anderson)의 『교양』(Sophistication)처럼 본질적으로 두 사람 사이의 관계에서 일어나는 이야기이거나 알퐁스 도데(Alphonse Daudet)의 「아를의 여인」(The Girl from Arles)처럼 가족 간의 관계에서 일어나는 이야기이다. 한 작품은 에피소드나 에피소드의 연쇄, 즉 줄거리나 플롯, 부차적 플롯의 수 면에서 다른 작품과 다르다. 이 에피소드의 연쇄는 폴로니어스, 라에르테스, 오필리어 가족이 클로디어스, 거트루드, 햄릿 가족과 대비되는 것처럼 서로 평행적일 수도 있고 대조적일 수도 있다. 서사는 올더스 헉슬리 소설에서처럼 복잡하고 산재된 진전을 보일 수도 있고, 우스꽝스럽고 지루한 이야기들에서처럼 직접적으로 반복되는 진행을 보일 수도 있다.

그래서 예컨대 『아기돼지 삼형제』(*The Three Little Pigs*)의 서사적 구조를 익숙한 형태로 기술한다면, 그 이야기는 두 개의 선적인 에피소드 연쇄로 구성되어 있고 그 대부분은 대화가 있는 장면이며 거기에 마지막 에피소드가 추가된다고 할 수 있을 것이다. I부에서 서로 평행적인 세 가지 사건이 있다. 늑대가 각 집에 방문한다. 그러나 이것은 특정한 방향으로 전개된다. 짚으로 된 집, 나뭇가지로 된 집, 벽돌로 된 집에서 늑대의 공갈은 매번 점점 강해지고 결국은 실패한다. II부에서 늑대는 힘이 아니라 변장으로 전략을 바꾸고 세 번째 아기돼지 집을 침입하는 것에서 아기돼지를 꾀어내는 것으로 전환한다. 다시 세 가지의 비슷한 에피소드가 등장한다. 순무, 사과나무, 우유통 에피소드가 특정한 방향으로 전개된다. 각 에피소드마다 늑대는 조금씩 더 혼란스러워진다. 이야기의 마무리인 일곱 번째 에피소드에서 늑대는 다시 폭력을 쓰는 방법으로 돌아가 굴뚝으로 들어가려고 하고 그 결말은 알려진 대로이다. 이렇게 추상적인 방식으로 살펴보면 플롯은 거의 도식화되는 것처럼 보이지만, 이 플롯을 굳이 도식화할 필요는 없을 듯하다. 이렇게 단순한 이야기에서도 서사적 구조의 다른 중요한 특징들을 살펴보면, 예컨대 여기서는 늑대가 두 아기돼지를 먹게 되는 버전으로 이야기하자면 처음 두 번은 성공하고 나중에 더 깊은 실패를 하는 패턴이 있다는 것을 주목해야 한다. 엄마 돼지를 제외하면 늑대를 포함해 등장인물이 넷에서 둘로 줄어들어 그것은 갈등이 결과적으로 집중되는 패턴이 있다. I부에서는 다른 아기돼지들의 집에서 세 번째 아기돼지의 집으로 행위가 공간적으로 이동하고, II부에서는 다시 집 밖의 장소에서 집 자체로 같은 방향으로 행위의 공간이 이동하며, 마지막 장면에서는 바로 그 난로로 이동한다.

한 문학작품 전체, 혹은 작품의 특정 부분은 논리적 구조와 서사적 구조 모두를 동시에 가질 수 없다. 그 사건의 진전이 다르기 때문이다. 그리고 동시에 가질 필요도 없다. 그러나 작품 속의 사건이 진전된다면 그 진전의 특정한 영역 성질들이 다양하기에 작품이 갖게 되는 세 번째 유형의 구조가 있다. 이 성질들은 긴장을 조성하고 완화하는 것과 관련되며 우리가 극적인 용어들로 기술하는 것이다. 그래서 이 세 번째 전개 패턴을 작품의 극적 구조라고 부를 것이다.

　　　　　　　　　　　　　　　　　　　　　　제5장 문학에서의 형식

극적 구조는 작품이 계속 진행되는 과정에서의, 진행의 속도와 계기 면에서의 다양한 변화로 구성된다. 이것을 내가 음악에서 '동적 패턴'(kinetic pattern)이라 부른 것과 비교하는 것이 유익할 것 같다. 예컨대 담화의 일부 에피소드나 부분은 도입적 성질을 가진다. 설정을 제시하고 인물을 등장시키고 예비적으로 기술하는 구절들이 있고, 예컨대 시체를 찾는다든가 하는 문젯거리를 제기하고 미스터리를 불러일으킨다. 《뉴요커》(The New Yorker)지의 '금주의 가장 매혹적인 뉴스 이야기' 란에 실리는 과감하게 요약된 단편 기사들은, 뉴스 그대로가 아니라 '인간적인 관심을 끄는' 이야기들에서 취해온 것이고 그 도입 단락들은 시작이 아니라 요약처럼 읽힌다. 단편 소설은 일반적으로 도입부에 지면을 거의 할애하지 않는다. 대부분 전시적 성질을 가진 에피소드로 구성되고 이것은 소설에서도 많은 경우 그러하다. 추적, 육박, 플롯을 보강하거나 복잡하게 만들기, 여행, 갈등의 장면으로 구성된다. 전시적 성질들이 가장 강하고 중대한 변화의 의미가 가장 뚜렷해지는 곳에서 장면은 절정으로 치닫고, 문학작품의 동적인 곡선은 전환, 대치, 폭로, 마지막 결전, 죽음 등 크고 작은 절정의 장면들을 전후로 전개되는 것들의 연결 구조를 그린다. 이런 장면들은 대단원 혹은 결론적인 정리의 성격을 가진 에피소드로 빠르게 넘어간다.

그래서 『아기돼지 삼형제』는 도입이 매우 간략하다. 엄마돼지가 아기돼지들을 세상으로 보내어 성공의 길을 찾게 하고, 아기돼지들은 집 짓는 재료를 구하고 그들의 집을 짓는다. 이것은 순식간에 요약된다. 늑대가 투입된다. 늑대가 세 번째 집을 불어 날려버리는 데 실패한다는 것이 첫 번째 절정이다. 지붕에서 늑대가 '내려가서 너를 잡아먹을 거야'라고 위협하는 것이 두 번째 절정이면서 더 큰 절정이다. 늑대의 죽음으로 애초에 늑대가 등장하면서 도입된 긴장이 해소되고 작품 속 행위의 최종 결말을 짓는다. 물론 비록 늑대가 등장한 이후 상황은 그 이전의 상태와는 달라졌지만 말이다.

논리적인 주장은 극적인 구조가 있거나 있을 수 있다. 전제-도입-결론으로의 인도와 같은 구조이고, 그 결론은 아무리 놀라운 결말일지라도 어느 정도 예상하거나 적어도 고대하던 대로이다. 그리고 물론 서사는 아무리 느슨하고 지루하고 지나치게 서두르거나 김이 빠진다고 해도, 모종의 극적 구조를 결여하는 것이 거의 불가능하다. 그런데 심지어 논리적이지도 않고 서사적이지도 않은 서정시에도 흔히 감정이나 정조의 연쇄, 긴장의 고조와 해소가 있다. 그 곡선은 보통 단순하다. 우리는 아놀드의 「도버 해안」(Dover Beach)의 절정 부분이 다음 시행임을 알 수 있다.

> Ah, love, let us be true
> To one another!
> 아, 사랑하는 사람들이여,
> 우리 서로에게 진실하자.[*]

그리고 딜런 토마스의

> And the mystery
> Sang alive
> Still in the water and singingbirds.[**]
> 하여 기적은 여전히
> 물과 노래새들 속에
> 살아 노래했다.[***]

여기에서 감정이 전환된다. 셸리의 「서풍의 노래」(Ode to West Wind)에서 우리는 절정을 향해 고조되는 분위기를 따라가고 다음의 시행에서 그 절정에 이른다.

> I fall upon the thorns of life! I bleed!
> 나는 인생의 가시밭에 추락한다! 피를 흘린다![****]

---

[*] 번역 출처: 김영지, 발전이 낳은 파괴의 불협화음: 도버 해안과 성북동 비둘기를 중심으로,《인문과학연구》61, 강원대학교 인문과학연구소, 2019.6. p. 90.

[**] "Poem in October," *Collected Poems of Dylan Thomas*, Copyright 1952, 1953 by Dylan Thomas, Reprinted by permission of New Directions.

[***] 번역 출처: 딜런 토마스, 『시월의 詩』, 이상섭 옮김, 민음사, 1975.
http://sitong.or.kr/bbs/zboard.php?id=recomend&page=9&sn1=&divpage=1&sn=off&ss=on&sc=on&select_arrange=headnum&desc=desc&no=189

[****] 번역 출처: 『19세기 영국 명시 낭만주의 시대』 제3권, 김천봉 엮음, 이담북스, 2011, p. 107.

제5장 문학에서의 형식

그러나 절정에 이르렀을 때 뭔가 충분하지 않다. 어조는 잘못되었고 감정은 진술될 뿐 실제로 보여지지(shown) 않고, 동적 패턴이 일단 중단된다.

통일성과 복합성

구조의 분류와, 소설, 전원시, 애가, 비극 등 문학적 유형의 정의는 별개의 문제이다. 후자는 전자에 의존한다. 지금 멈추어 그 문제들을 논의하지는 않을 것이지만 세 번째 문제에 잠시 주목할 필요가 있다. 우리는 음악과 회화에 대해 말할 때 '통일성'과 '복합성'이라는 두 가지 중요한 용어를 사용해왔다. 문제는 이 용어들이 문학작품에도 같은 의미로 적용될 수 있는가 하는 것이다.

문학작품에 이 용어들이 같은 의미로 적용될 수 있다는 것은 쉽게 알 수 있다. 우선 통일성의 국면을 생각해보자.

단순한 경우들에서는 완전성(completeness)을 매우 쉽게 판단할 수 있다. 『아기돼지 삼형제』에서 늑대가 주전자에 빠지는 마지막 장면이 없다면 이 이야기는 결론을 내리지 못한 채 자취를 감출 것이다. 이야기는 멈추겠지만 완결이나 해결이 없을 것이다. 예컨대 드라이저(Dreiser)의 소설 『천재』(*The Genius*)와 『자본가』(*The Financier*)에는 이러한 성질이 있다. 행위는 중단되지만 전체에는 그다지 큰 변화 없이 장면들이 나타나고 사라지는 것처럼 독자는 느낀다. 인물들은 발전의 마지막 단계 같은 지점에 이르지 못했다. 사실 인물들은 전혀 발전되지 않는다. 문학작품의 완전성은 일차적으로 동적 성질에 달려 있다. 시작은 시작처럼 느껴져야 하고 끝은 결론처럼 느껴져야 한다. 그리고 만일 문학에서 완전성의 지각적 조건이 음악이나 그림에서의 조건과 정확히 똑같지는 않아도 유사하다면, 이것은 완전성의 성질이 동일하다는 즉각적이고 순전한 인상을 뒷받침한다.

일관성(coherence) 또한 문학에서도 음악과 시각적 디자인에서와 같은 성질인 것으로 보인다. 『아기돼지 삼형제』는 꽤 일관성이 있는 이야기이다. 행위의 패턴이 분명하고 행위의 동기가 단순하고 직접적이며 변하지 않고 인물들은 한결같으며 절정은 평이하고 적절하기 때문이다. 만일 어떤 지점에서 삼촌 돼지를 등장시켜 아저씨 같은 충고를 하게 하거나 늑대 부부의 집안 장면을 삽입한다면 일관성이 덜할 것이다. 이것은 서사의 연속성을 방해하고 아마도 다른 방향으로 전개되어나가리라는 달갑지 않은 예상을 하게 만들 것이다. 도스토예프스키의 『악령』(*The Possessed*)은 다소 일관성이 덜한데, 예컨대 『죄와 벌』(*Crime and Punishment*)이나 『카라마조프의 형제들』(*The Brothers Karamazov*)보다도 훨씬 일관성이 덜하다.

어떤 특징들이 문학작품을 일관되도록 하는가? 이 질문에 대한 답을 이미 많이 알고 있다. 그러나 우리가 알지 못하는 다른 답들이 분명 있다. 일관성은 분명한 논리적, 서사적 구조, 용두사미가 아닌 절정을 갖춘 결정적인 극적 구조, 단일한 시공간적 시점 등에 의해 강화될 수 있다. 「오이디푸스 왕」(*King Oedipus*)은 연극들 중 가장 고도의 통일성을 갖춘 작품들 중 하나이다. 행위가 연속적이며 동기가 분명하고 장면이 변하지 않으며 주요 인물의 수가 적기 때문이다. 더욱이 영웅과 그의 적이 동일인이고 '발견'과 '행운의 반전'이 동일한 사건이다. 어느 정도까지 담화는 단지 동일한 것을 다루는 것만으로도 통일된다. 이것은 한국에 대한 백과사전적 항목 설명에서 볼수 있는 통일성이다. 보다 미묘하지만 중요하게, 지금까지 그다지 논의하지 않았지만 제9장 22절에서 다룰 두 가지 요소, 상징적 수렴(symbolic convergence)과 주제의 통일성(thematic unity)에 의해 일관성이 더 강해질 수 있다. 사실 주제의 통일성은 조건이라기보다 결과인 경우가 흔하지만 말이다.

그러나 또한 우리는 어떤 문학작품이 다른 문학작품보다 더 복합적이라고 말하기도 하며, 여기에서는 그것이 무슨 의미인지를 분명하게 알고 있다. 『아기돼지 삼형제』는 꽤 단순한 이야기이지만 『빨간 두건』(*Little Red Riding Hood*)이나 『진저브레드 맨』(*Gingerbread Man*)보다는 복합적이다. 『전쟁과 평화』(*War and Peace*)는 『안나 카레니나』(*Anna Karenina*)보다 더 복합적이다. 이런 판단을 할 때 우리는 인물과 사건의 수, 인간의 경험이 확장되는 범위, 행위의 시공간적 반경 등과 같은 외연적인 복합성과, 식별의 미묘함, 세부의 날카로움, 의미의 정확성 등과 같은 내적인 복합성 모두를 염두에 두고 있는 것으로 보인다. 셰익스피어의 가장 뛰어난 소네트는 셸리의 소네트보다 복합적이고, 와이어트(Wyatt)의 소네트는 메릴 무어(Merrill Moore)의 소네트보다 복합적이고, 포크너의 가장 뛰어난 소설은 헤밍웨이의 소설보다 복합적이다. 그러나 이경우들은 상대적으로 분명하게 쉽게 판단할 수 있다. 이런 경우들이 있다고 해서 임의의 두 시나 임의의 두 소설을 놓고 비교할 때 분명한 결정을 할 수 있는 것은 전혀 아니다. 그 차이가 매우 미미할 수도 있고 비교할 요소의 종류들이 근본적으로 매우

제5장 문학에서의 형식

달라서 복합성과 관련된 어떤 판단도 불확실하다고 느낄 수도 있다. 음악이나 회화에서와 마찬가지로 문학에 대해서도 복합성의 수적 척도를 기대할 수 없으며 다행히도 그런 척도가 필요한 것처럼 보이지 않는다. 그러나 우리가 문학작품의 복합성에 대해 말할 때 다른 종류의 미적 대상의 복합성을 말할 때와 같은 의미로 이 용어를 쓴다는 데 대해서는 일단 강한 확증이 있고, 더 깊이 고찰하더라도 이 확증은 무너지지 않을 듯하다.

NOTES AND QUERIES

14

14.1 '문체'의 정의(THE DEFINITION OF 'STYLE')

(I) '문체'의 의미론적 정의, 즉 문체는 '의미의 표면이고 극도로 세부적으로 조직되어 있는 면(面)'이라는 것을 가장 잘 방어하는 논의는 다음 글에 있다. W. K. Wimsatt, Jr., "Introduction: Style as Meaning," *The Prose Style of Samuel Johnson*, New Haven, Conn.: Yale U., 1941; 그가 사용하는 용어 '의미'는 내가 '일반적 취지'(general purport)라 부른 것을 포함하고 있다. 윔샛의 관점은 다음 두 편의 전문적인 논문을 통해 더 깊이 발전되고 있다. ① "Verbal Style: Logical and Counterlogical," *PMLA*, LXV (1950): 5-20, reprinted in The Verbal Icon, Lexington, Ky.: U. of Kentucky, 1954, pp. 201-217. 이 글에서 그는 의미의 '실제적인 층위'(substantial level)와 '그림자, 메아리, 몸짓과 더 비슷한 것으로서의' 문체 사이의 구별을 명확하게 하고 날카롭게 다듬고 있다. ② "The Substantive Level," *Sewanee Review*, LIX (1951): 1-23 (*The Verbal Icon*, pp. 133-151). 이 글에서는 일종의 규범('수풀과 나무')으로 간주되는 담화의 추상성이나 일반성의 차원을 분명히 하고자 하는데, 이 규범에 의하면 '자라나는 것들'의 추상성과 불그스름하고 자줏빛이 감돌고 갈라지고, 강직하고, 잔가지가 많은 수풀과 나무(Williams, "By the Road to the Contagious Hospital*")의 구체성은 논의의 궤도를 벗어난 것처럼 느껴진다. 그는 실제적인 층위라는 자신의 개념이 회화에서의 재현 개념과 유사성이 있다고 지적한다(제6장을 보라). 내 생각에는 실제적인 층

---

* From "By the Road to the Contagious Hospital" from *Spring and All* by William Carlos Williams. Copyright 1938, 1951 by William Carlos Williams. Reprinted by permission of New Directions.

위라는 개념이 존 로크(John Locke)가 부정한 실체적 본질(real essences)에 대한 이론에 의존한다고 주장하는 것은 잘못이다[본질(essence)은 제8장, 21절에서 다룬다]. 다음 글도 보라. "Rhetoric and Poems," *English Institute Essays*, 1948, New York: Columbia U., 1949 (The Verbal Icon, pp. 169-185).

A. C. Bradley, "Poetry for Poetry's Sake," *Oxford Lectures on Poetry*, New York: Macmillan, 1909, largely reprinted in Eliseo Vivas and Murray Krieger, eds., *Problems of Aesthetics*, New York: Rinehart, 1953, pp. 562-577, and in Melvin Rader, ed., *Modern Book of Esthetics*, rev. ed., New York: Holt, 1952, pp. 335-356. 브래들리의 시에 대한 고전적인 강의와 글은 시의 '내용'(what)과 '방법'(how) 간의 가정된 구별을 효과적으로 공격한다. 그의 논변은 또한 문체에도 적용된다. "진정한 시에서는, 의미를 변화시키지 않고 단어를 바꾸는 것이 불가능하다."(Vivas and Krieger, *op. cit.*, p. 572) 여기서 오해하기 쉬운 주장인, 나쁜 시에서는 의미로부터 문체를 분리하는 것이 가능하다는 주장을 이후의 '주'에서는 수정했다(p. 576). I. A. Richards, in "The Bridle of Pegasus," *Coleridge on Imagination*, London: Routledge and Kegan Paul, 1934, reprinted in Robert W. Stallman, ed., *Critiques and Essays in Criticism*, New York: Ronald, 1949, pp. 289-314. 리처즈 또한 '내용-방법'이란 용어법과 몇 가지 변형된 유사어들을 조사하고 비판한다. 그의 주장은 브래들리의 논의를 몇 가지 측면에서 보완한다. 이 저자들에 대한 주석으로는 다음을 보라. Monroe C. Beardsley, "The Concept of Economy in Art," *JAAC*, XIV (March 1956): 370-375, and exchange with Martin Steinmann, *JAAC*, XV (September 1956): 124-125.

몇몇 다른 저자들이 '문체'의 의미론적 정의를 지지했지만 흔들림 없이 확고하게 지지한 것은 아니었다. 그 지지자들은 다음과 같다. J. Middleton Murry, *The Problem of Style*, New York: Milford, Oxford U., 1922. 이 글은 무용한 정의를 제시하지만(p. 71), "문체는 글에서 분리시킬 수 있는 성질이 아니다. 그것은 글 자체이다"라는 말을 덧붙이고 있으며(p. 77), 그의 논의(esp. chs. 1, 4, 5)는 괜찮은 편에 속한다. 또 문체에 관한 다음 두 논문집을 보라. Lane Cooper, ed., *Theories of Style*, New York: Macmillan, 1907; W. T. Brewster, ed., *Representative Essays on the Theory of Style*, New York: Macmillan, 1905. 일부 저자들은 다소 분명하게 문체를 의미의 측면에서 생각하고 있다. Wackernagel (Cooper, p. 10) 바케르나겔은 문체는 '언어적 표현의 표

면'이라고 말한다. Buffon (p. 171); Coleridge (p. 206); Schopenhauer (pp. 255-557) 쇼펜하우어는 '생각의 실루엣'이라고 하며, Lewes (p. 320) 루이스 등은 "사고의 살아있는 몸"이라고 말한다. Pater (p. 399); Brunetière (p. 422); Newman (Brewster, pp. 9-12). 스티븐슨(R. L. Stevenson)은 '질감'(texture)(p. 268)이라는 용어를 사용하지만, 그 용어와 '문체'라는 용어로써 의미하는 것은 담화의 소리인 것으로 보인다. 크로체는 '직관은 곧 표현이다'라는 일반 공식을 견지하면서 모든 수사적 범주의 '철학적 무효성'에 대한 일반적인 공격을 개진한다. Benedetto Croce, *Aesthetic*, trans. by Douglas Ainslie, 2nd ed., New York: Macmillan, 1922, Part I, ch. 9, 문체에 대한 크로체의 말은 통찰력이 있지만, 모든 구별을 그가 부정하는 것은 사실에 비추어 보증되지 않으며 그의 이론 내에서도 불합리한 추론이다.

의미론적 정의는 다양한 예시들을 통해 검증될 수 있을 것이다. '존은 제인에게 키스했다'라는 능동태와 '제인은 존에 의해 키스를 받았다'라는 수동태의 대비, '누군가는 결코 모른다'라는 형식 문장과 '너는 절대 몰라'라는 구어적 문장의 대비, '그는 왔고, 그리고 나는 갔다'라는 쉼표와 '그는 왔다. 나는 갔다'의 마침표의 대비를 생각해보라. 문체상의 이 모든 차이를 의미상의 차이로 분석할 수 있는가?

(II) 문체에 관한 꽤 최근까지의 가장 기초적인 논의와 일부 고전적인 논의를 보면, 다소 뚜렷하게 문체에 대한 '장식적인' 혹은 분리 가능한 관점을 볼 수 있다. 다음을 보라. 포프의 *Essay on Criticism*에서는 "흔히 생각되지만, 결코 그만큼 잘 표현되지는 않는 것"(Part II, 1. 298) 그리고 "표현은 사고의 의복이다"(Part II, 1. 318) 등의 표현이 있다. 아리스토텔레스의 표현(*Rhetoric*, Book III, ch. 1; Cooper, *op. cit.*, p. 53), "무엇을 말할지 아는 것으로는 충분하지 않고, 어떻게 그것을 말할지를 또한 알아야 한다"는 말은 문체를 의미로부터 분리하는 듯 보인다. 다음 글들도 보라. 볼테르(Voltaire)(Cooper, *op. cit.*, p. 184)와 드 퀸시(p. 222; Brewster, *op. cit.*, p. 143)의 '제재'(matter)와 '방식'(manner)의 구별을 보라. 좋은 문체를 '경제성'의 견지에서 분석한 스펜서도 이러한 경향에 기울어 있다. (그의 *Philosophy of Style*은 Cooper와 Brewster에 모두 수록되어 있다). John Crowe Ransom, *The New Criticism*, Norfolk, Conn.: New Directions, 1941, pp. 260-281. 랜섬은 시에 대한 '논리적 논쟁'과 시의 '의미-질감'(meaning-texture) 혹은 문체의 논리적 논쟁을 구별한다(cf. *The World's Body*, New York: Scribner's, 1938, p. 348). 그는 또한 '소리의 질감'(texture of sound)이란 용어를 사용한다. 그 당시에 그는 이러한 의미의 두 국면

이 시에서는 어떤 면에서는 필연적으로 서로 부적합하다고 생각하는 경향이 있었다. 이 관점은 이후에는 다소 완화된다. 다음을 보라. "Inorganic Muses," *Kenyon Review*, V (1943): 228-254, 446-447, esp. 285 ff. 어법(diction)에 관한 더 자세한 언급은 다음을 보라. Louis MacNeice, *Modern Poetry*, New York: Oxford U., 1938, ch. 8.

14.2 좋은 문체와 나쁜 문체(GOOD STYLE AND BAD STYLE)

분명하고 적용 가능한 문체 개념을 진정으로 검증하려면 나쁜 문체에 대해 어떻게 말하는지를 보면 된다. 그것은 여기서 유혹은 문체를 의미와 일반적 취지 위에 있는 무엇으로 취급하려는 것이기 때문이다. Wimsatt, *Prose Style of Samuel Johnson*, p. 10에서의 "나쁜 문체는 의미로부터 단어가 이탈하는 것이 아니라, 의미로부터 의미가 이탈하는 것이다"라는 윔샛의 말은 올바른 말하기 방식을 보여주며, 그는 오해의 소지를 남기지 않으려 꾸준하게 애쓰는 거의 유일한 저자이다. 초기 저작에서 그가 '의도'를 자주 언급하는 것은 객관적인 용어로 쉽게 번역될 수 있다. 그의 다른 중요한 두 논문은 좋고 나쁜 문체에 대한 판단과 일차적으로 관련되어 있다. 'Verbal Style'에서 그는 삼단논법에서 우아하게 변형된 용어가 어떻게 의미의 세부와 일반적인 구조 사이의 긴장이나 불일치를 초래하는지를 보여준다. 그는 또한 흔히 본질적으로 나쁜 것으로 치부되는 몇 가지 문체상의 오류에 대해 최초의 체계적인 설명을 제공한다. 예컨대 비슷한 어미가 의미의 병렬성을 강화하는 '그것은 빠르고 효율적으로 이루어졌다(it was done speedily and efficiently)'와 같은 문장과는 달리 '그는 실제로 실질적으로 살해되었다(he was really practically killed)'와 같은 비슷한 말의 반복 같은 것이 문체의 오류이다. 이것은 부분적으로 다음 글에 기초하고 있다. H. W. Fowler, *A Dictionary of Modern English Usage*, Oxford: Clarendon, 1937) "When Is Variation 'Elegant'?" *College English*, III (1942): 368-383 (*The Verbal Icon*, 187-199)와 같은 다른 논문에서는 이러한 오류들 중 하나를 매우 확실하게 세부까지 다루고 있다. (앞의 Note 14.1에 언급한 크로체의 말을 보라)

14.3 아이러니(IRONY)

문체의 한 가지 중요한 성질로서, 완전히 정의하기 쉽지 않은 것이 아이러니이다. 이 용어는 명확히 두 가지 중요한 사용법이 있다. 구조적 사용과 질감에의-사용

(texture-use)이 그것이다. 그러나 이 사용법에 공통된 것이 무엇인지 정확하게 말하기는 어렵다. 우리는 아이러니라는 용어를 사건이나 사건의 연속에 적용한다. 금주동맹이 양조장에서 출연한 기금으로 후원되는 것은 아이러니하다. 극중의 인물이 어떤 목적을 가지고 있는데, 관객들이 아는 바로는 정확히 그 목적을 성취하는 기회를 망치는 행동을 하고 있다면 아이러니이다. 이것은 '극적 아이러니'(dramatic irony)이다. 아이러니한 사실은, 만일 완전히 밝혀진다면 어떤 방식으로든 전체의 상황을 반전시키거나 구조를 바꿀 것이다. 우리는 아이러니라는 용어를 담화에도 적용한다. 아이러니한 진술은 그것이 진술하는 바와 양립 불가능하거나 반대되는 것을 암시하는 문장이다. 그러나 이것은 좀 확장될 필요가 있다. 포프의 시구 "남편들이 혹은 애완견들이 마지막 숨을 쉴 때"는, 여기 사용된 평행 관계의 단어들이 이 용어들이 일상적으로 사용될 때 함축하고 있는 가치 차이와는 반대로 가치의 동등함을 암시하고 있기 때문에 아이러니하다. 아이러니는 그래서 의미와 완전히 구별되는 별개의 것이 아니라 의미의 일종이다. '나는 당신을 영원히 사랑할 거야'를 아이러니하게 말하는 것은 감정적 압박으로 내가 아마도 과장되게 말하고 있다는 것을 안다는 것, 그리고 대부분의 인간 존재들처럼, 이렇게 맹렬한 감정조차도 아마 지속되지 않을 것이라는 것, 그러나 한편으로 나는 지금만큼은 그것이 영원한 듯한, 혹은 일부 그러한 감정 속에 빠져 있는 인간일 뿐이라는 것도 안다는 것을 암시하는 것이다. 이 주석들은 더욱 철저하고 체계적으로 연구할 노선들을 제안한다.

14.4 혼합적 은유(MIXED METAPHOR)

문체의 몇 가지 특수한 문제는 소위 '혼합적 은유'에 의해 제시된다. 첫 번째 문제는 혼합적 은유들과 그렇지 않은 은유들 간의 구별에 관한 것이다. '혼합적'이란 단어가 규범적으로 정의되는 일이 아주 흔하여, 혼합적 은유들은 정의상 오염된다. 그러나 때로 '혼합적'이 중립적으로 정의되면 두 번째 질문이 제기될 수 있다. 혼합적 은유는 필연적으로 나쁜 문체인가? 그리고 그렇다면 왜 그런가? 예컨대 해밀턴(Hamilton)에 대한 다니엘 웹스터(Daniel Webster)의 언급(March 10, 1831; *Works*, Boston: Little, Brown, 1857, Vol. I, p. 200), "그는 자연 자원인 바위를 세게 쳤고 엄청난 수익의 물결이 솟구쳤다. 그는 공공 신용의 시체를 건드렸고 그러자 그 시체는 몸을 일으켜 자신의 두 발로 섰다"라는 문장은 아마도 혼합적 은유라고 해서는 안 될 것이고, 하나의 은유에서 다른 은유로 빠르게 옮겨가는 것이라고 해야 할 것이다. 또 밀턴의 「리시다스」(Lycidas)의 구절 "[계곡이여] 울긋불긋한 너의 들꽃[눈]을 모조리 여기에 뿌리라"는, 햄릿과 맥베스 같은 유명한 예시들처럼 누군가는 그것을 혼합적 은유로 볼 것이다. 축자적인 차원에서 이 구절이 물리적으로 불가능한 행위를 기술하고 있다는 것만으로도 그러하다. 그러나 그렇게 되면 '여기에 눈(eye)을 던지라'에서처럼 모든 은유는 혼합된 것이 된다. 은유는 하나의 층위에서는 불가능한 것을 포함하고 있기 때문이다. 한 종류의 대상이나 한 범주의 사물에서 다른 대상이나 범주로 옮겨가는 속도는 확실히 여러 정도가 있다. 그래서 이질성과 놀라움의 정도, 의미의 모호함과 압축의 정도도 다르다. 그러나 혼합적 은유와 혼합되지 않은 은유 사이에 만족할 만한 경계선을 긋는 것이 가능해보이지는 않는다. 문제는 은유들이 의미하는 것이 있다면 그것이 진정 무엇인가 하는 것이고, 은유가 그것이 포함된 시에 얼마나 많은 의미, 얼마나 적절한 의미의 기여를 하고 있는가 하는 것이다.

혼합적 은유에 대한 논의로는 다음을 보라. I. A. Richards, *Practical Criticism*, London: Routledge and Kegan Paul, 1929, Part III, ch. 2. 그러나 좋은 은유와 나쁜 은유를 구별하기 위한 그의 잠정적인 기준(p. 196)은 동어반복에 지나지 않는다. Stephen J. Brown, *The World of Imagery*, London: Routledge and Kegan Paul, 1927, pp. 198-202. 이 글은 분석에 유익한 예들을 많이 제공한다. 심지어 더 그로테스크한 예시들을 소개하고 있으며, 그것과 함께 혼합적 은유를 대상이나 사건의 시각화 불가능성이라는 측면에서 정의하려는 시도, 분명 유용하지 않은 기준이긴 하지만 그러한 시도를 담은 글로는 다음을 보라. John Press, *The Fire and the Fountain*, New York: Oxford U., 1955, ch. 5.

14.5 운율 체계(PROSODY)

샤피로(Karl Shapiro)의 주석이 달린 *Bibliography of Modern Prosody*, Baltimore: Johns Hopkins U., 1948이 매우 유용하다. 또한 다음 문헌도 보라. Lascelles Abercrombie, *Principles of English Prosody*, London: Secker, 1923; René Wellek and Austin Warren, *Theory of Literature*, New York: Harcourt, Brace, 1949, ch. 13. Albert R. Chandler, *Beauty and Human Nature*, New York: Appleton-Century, 1934, ch. 13. 챈들러는 수많은 심리학적 조사를 검토하고 신중하게 논의하고 있

다. 다만 음악적 기보에 대한 분석(pp. 266-271)은 '운율 분석'(scansions)이라 부르지 말아야 한다고 말한다. 다음과 비교해보라. Robert M. Ogden, *The Psychology of Art*, New York: Scribner, 1938, ch. 6; I. A. Richards, *Practical Criticism*, London: Routledge and Kegan Paul, 1929, Part III, ch. 4. John Hollander, "The Music of Poetry," *JAAC*, XV (December 1956): 232-244. 이 글은 운율적 분석의 '기술적'(descriptive) 체계를 지시적(prescriptive)이거나 '수행적'(performative) 체계와 구별하는 것의 중요성을 강조하며, 음악과 운문 사이의 일부 비교를 명확하게 밝히고 있다.

운율(meter)의 분석에 대해서는 다음을 보라. 레이니어(Sidney Lanier)의 *The Science of English Verse*, New York: Scribner's, 1880은 음악의 기보를 도입해 시의 운율을 분석하는 것으로, 그가 '리듬'(rhythm)이라 부르는 시의 운율은 음악적 박자와 같다는 확신에 기초하고 있다. "시간은 리듬의 본질적인 기반이다."(p. 65), 그리고 악센트 혹은 강세는 "리듬이 확립된 이후에야" 리듬적인 기능을 가진다(p. 103). 다음을 보라. chs. 2, 3 (특히 p. 65n의 논증), Raymond M. Alden, *English Verse*, New York: Holt, 1903. 올든은 레이니어의 극단적인 관점을 거부하지만(pp. 391-409), 시의 운율의 박자-개념은 지지한다. "악센트는 규칙적인 시간 간격을 두고 나타난다", 비록 시인이 "이러한 규칙성과 결별할 위대한 자유를 사용할지라도 말이다."(p. 11). Paul F. Baum, *The Principles of English Versification*, Cambridge, Mass.: Harvard U., 1922. 바움은 시간과 강세를 운율의 요소들과 조화를 이루는 것으로 간주하지만(ch. 3), 그것들 간의 관계에 대한 그의 개념을 분명하게 하고 있지 않다. 다음 문헌은 레이니어의 체계를 부정하고 있다. Cary F. Jacob, *The Foundations and Nature of Verse*, New York: Columbia. U., 1918. 또한 다음을 보라. David W. Prall, *Aesthetic Analysis*, New York: Crowell, 1936, ch. 4. 운율의 분석에 언어학이 기여한 바에 대해서는 다음 심포지엄에서 흥미롭게 논의되었다. "English Verse and What It Sounds Like" with papers by Harold Whitehall, Seymour Chatman, Arnold Stein, and John Crowe Ransom, *Kenyon Review*, XVIII (1956): 411-477.

'운문'(verse)의 정의에 대한 것은 다음과 같다. 바움(Paul F. Baum)은 운문을 운율의 측면에서 정의한다. 자유시는 "가장 좋은 상태이지만, 새로운 형태로 인쇄되고 주의 깊게 리듬이 가미된 산문이다."(*op. cit.*, p. 42, pp. 150-158.) 윈터스(Yvor Winters)는 다음 글에서 자유시에 대한 흥미롭지만 논쟁적인 분석과 방어를 하고 있다. "The

Influence of Meter on Poetic Convention" (from *Primitivism and Decadence*), In *Defense of Reason*, New York: Swallow, 1947, pp. 103-150. 음절시의 규칙에 대한 브리지스 (Robert Bridges)의 다음 글과 비교해보라. *Milton's Prosody*, rev. ed., Oxford: Oxford U., 1921, Part IV.

14.6 시에서 소리가 의미에 대해 갖는 관계
(THE RELATION OF SOUND TO MEANING IN POETRY)

추천할 만한 논의는 다음 글이다. Cleanth Brooks and Robert Penn Warren, *Understanding Poetry*, rev. ed., New York: Holt, 1950, ch. 3. 다음 글에도 좋은 예들이 있다. John Press, *op. cit.*, ch. 4; Paul F. Baum, *op. cit.*, ch. 5. Elizabeth Drew, *Discovering Poetry*, New York: Norton, 1933, pp. 93-144. 드루는 카우퍼(Cowper)의 '알렉산더 셀커크가 쓴 것으로 추정되는 시'(Verses Supposed to Be Written by Alexander Selkirk)를 부적합한 운율의 예로 들고 있다(pp. 121-122). 윔샛은 다음 글에서 시의 암시된 의미에 각운이 기여하는 바를 탐구하고 있다. "One Relation of Rhyme to Reason," *Modern Language Quarterly*, V (1944): 323-338 (*The Verbal Icon*, pp. 153-166). 다음 문헌도 보라. W. S. Johnson, "Some Functions of Poetic Form," *JAAC*, XIII (June 1955): 496-506; Paul Goodman, *The Structure of Literature*, Chicago: U. of Chicago, 1954, pp. 192-224. 그러나 그의 운율 분석은 완전히 믿을 만하지는 않다. Laura Riding and Robert Graves, *A Survey of Modernist Poetry*, London: Heinemann, 1928, chs. 1, 2; Northrop Frye, *Anatomy of Criticism*, Princeton, N.J.: Prince ton U., 1957, pp. 251-281; Lascelles Abercrombie, *The Theory of Poetry*, London: Secker, 1924, ch. 5; Louis MacNeice, *op. cit.*, ch. 7; Gilbert Murray, *The Classical Tradition in Poetry*, Cambridge: Harvard U., 1927, ch. 4; Kenneth Burke, "On Musicality in Verse," *The Philosophy of Literary Form*, Baton Rouge, La.: Louisiana State U., 1941, pp. 369-378; T. S. Eliot, "The Music of Poetry," *On Poetry and Poets*, New York: Farrar, Straus and Cudahy, 1957, pp. 17-33; Albert R. Chandler, *op. cit.*, ch. 14; Robert M. Ogden, *op. cit.*, ch. 5. Edmund Gurney, *The Power of Sound*, London: Smith, Elder, 1880, ch. 19. 마지막 책은 운문에서의 소리에 대해 잘 다루고 있다. 특히 말소리의 순수한 '선율'에 대한 그의 회의론을 보라(pp.

440-441). 또 단순한 표상적 등가물에 대한 포프의 잘 알려진 예시를 보라. *An Essay on Criticism*, Part II, 11. 337-357.

14.7 활자와 시(TYPOGRAPHY AND POETRY)

의미에 대한 소리의 관계는, 시의 의미에 대한 시각적 외양의 관계와 비교할 수 있는데 이것은 비슷한 문제를 불러일으킨다. 예컨대 조지 허버트의 「제단」(The Altar), 「부활절의 날개」(Easter Wings) 등과, 딜런 토마스의 「환상과 기도」(Vision and Prayer)에서의 형태시(shaped poem)들, 커밍스의 활자를 이용한 실험들, 프랜시스 퀼스(Francis Quarles)의 「당대의 죽음에 대한 탄식」(Sighes at the Contemporary Deaths), 혹은 사소한 예로는 루이스 캐롤(Lewis Carroll)의 『이상한 나라의 앨리스』(*Alice's Adventures in Wonderland*)에서의 '생쥐 이야기'(Tale of a Mouse) 등을 보라. 이러한 유형의 배열은 감각에 대한 표상적 등가물로 간주될 수 있을까, 그리고 감각과 일치하는 것으로 간주될 수 있을까, 혹은 그 관계는 우연적이고 단지 궁금한 것으로 남아있을 뿐일까? 시가 이탤릭체나 소형 대문자로 인쇄된다면, 커다란 크기로 혹은 고딕체나 캐슬런 올드체나 개러몬드체 같은 특수한 활자체로 인쇄된다면 어떻게 되는가?

시의 시각적 국면과 의미론적 국면 간의 상호작용에서 보이는 한 가지 특징은, 예컨대 셰익스피어의 소네트 135와 136에서의 'will'과 'Will'처럼 쓰이는 바에 따라 좌우되는 말장난이다. 이것은 발화되는 단어들로서만이 아니라 쓰여지는 단어들로서의 시의 존재 방식에 달려 있다.

14.8 문학에서의 시각적 보조(VISUAL AIDS IN LITERATURE)

문학작품에 그림이 덧붙여질 때 문학작품과 그림은 어떤 관계일 수 있을까? 문학작품과 그림은 단일한 경험으로 일치될 수 있는가? 그것들은 서로 어긋나게 작동할까? 예컨대 19세기의 소설과 동화책의 삽화와 켈스의 복음서(Book of Kels)의 장식들을 생각해보라. 다음과 같이 단어와 그림을 결합시킨 실험들을 생각해보라. Archibald MacLeish, *Land of the Free*; William Blake, *Songs of Innocence and Songs of Experience*; Wright Morris, *The Home Place*; James Agee and Walker Evans, *Let Us Now Praise Famous Men*.

15

15.1 화자와 상황(THE SPEAKER AND THE SITUATION)

(I) '페르소나', '가면' 등의 극적 화자의 개념은 비평에서 널리 사용되지만 그 것에 대한 분석은 드물다. 간략한 논의로는 다음을 보라. R. P. Parkin, "Alexander Pope's Use of the Implied Dramatic Speaker," *College English*, XI (December 1949): 137-141. Walker Gibson, "Authors, Speakers, Readers, Mock Readers," *ibid.*, XI (February 1950): 265-269. 깁슨은 일반 독자와, 그가 '가짜 독자'(mock reader)라고 부르는 암묵적 혹은 상정된 독자를 구별할 것을 제안한다. 다음 문헌도 보라. Albert Hofstadter, "The Scientific and Literary Uses of Language," *Symbols and Society*, 14th Symposium of the Confer ence on Science, Philosophy, and Religion, New York: Harper, 1955, pp. 327-333; Susanne K. Langer, *Feeling and Form*, New York: Scribner, 1953, pp. 254, 292-301; E. M. Forster, "Anonymity: An Enquiry," *Two Cheers for Democracy*, London: Arnold, 1951, pp. 77-88.

화자가 어떤 조건 아래서 저자와 동일시되고 혹은 동일시되지 않는가를 결정하는 문제는, 예컨대 반(半)자서전적 작품같이 경계에 놓여있는 예시들을 통해 뚜렷해진다. (제1장, Note 1.7도 보라) 예컨대 아이셔우드(Christopher Isherwood)는 다음 소설에서 서술자에게 자신의 이름을 붙였다. *Lions and Shadows*, New York: New Directions, 1947, pp. 45, 60. 그가 "독자에게 부치는 글"에서 쓴 "일상적인 저널리스트적 의미에서의 자서전은 아니다"라는 말은 나머지 인물들에게 허구적인 이름을 부여하고 독자에게 '이것을 소설로 읽으라'고 조언한다.

「로드 랜달」(Lord Randall), 하우스먼의 「내 말은 쟁기질을 하는가」(Is My Team Ploughing), 오든의 「발라드」(Ballad)["오 귀에 황홀한 그 소리는 무엇인가"(O what is that sound which so thrills the ear)]와 같이 둘 이상의 화자가 있는 시담(poem-dialogues)이나 Browning, *The Ring and the Book*; Faulkner, *As I Lay Dying*처럼 한 명 이상의 인물에 의해 내레이션이 이루어지는 문학 작품으로 인해 또 다른 문제가 제기된다. 그것은 또 다른 화자가 이 목소리들 뒤에 있거나 혹은 이 목소리들을 인용하고 있다고 생각해야 하는가 하는 것이다.

(II) Susanne Langer, *op. cit.*, chs. 13, 14. 랭거는 비록 부분적으로 오해의 소지가 있지만 문학작품이 투사하는 세계에 대해 훌륭하게 기술하고 있다. 그녀는 시인은 "환영, 순수한 외형"(p. 211), "가상적인 삶의 단편"(p. 212), "가상의 경험"(p. 215)을 만들어낸다고 말한다. 그녀가 '담화'(discourse)라는 용어에 제한적인 의미를 두었다는 데 주목하라. 그것에 따르면 시는 담화가 아니며(p. 252) 그것이 의미하는 바는 "실제에 대한 진술"(p. 253)이다.

Charles Mauron, *The Nature of Beauty in Art and Literature*, London: L. and Virginia Woolf, 1927, pp. 61-88. 모런은 문학작품 속 세계를 '심리적 용적' 혹은 '심리적 현실'을 구성하는 것이라고 기술한다. 다음 문헌을 보라. Eliseo Vivas, "The Object of the Poem," *Creation and Discovery*, New York: Noonday, 1955, pp. 129-143; "What Is a Poem?" *ibid.*, 73-92; Elder Olson, "An Outline of Poetic Theory," in Robert W. Stall man, ed., *Critiques and Essays in Criticism*, New York: Ronald, 1949, esp. pp. 277-278. '책 그 자체'에 집중하는 것과 책을 기술하는 것의 어려움에 관해서는 다음을 보라. Percy Lubbock, *The Craft of Fiction*, New York: Scrib ner, 1955, ch. 1. '책 그 자체'란 말로 그가 의미하는 것이 무엇인가? 다음도 보라. 제1장, Note 3.3.

15.2 작품 속의 감정과 작품의 감정(EMOTIONS IN AND OF THE WORK)

제2장 8절에 언급된 홉킨스의 「봄과 가을」(Spring and Fall)에 나타난 다양한 슬픔의 감정을 생각해보라. '슬픈 시'나 '슬픈 이야기'라는 말을 할 때 의미하는 것이 이것들 중 무엇인가 하는 것이 문제이다. '객관적 상관관계'(objective correlative)에 대한 엘리엇의 유명하지만 다소 혼란스러운 언급이 이 문제와 관련된다. 다음을 보라. "Hamlet and His Problems," *Selected Essays*, new ed., New York: Harcourt, Brace, 1950, pp. 121-126, reprinted in Robert W. Stallman, *op. cit.*, pp. 384-388, in R. B. West, Jr., ed., *Essays in Modern Literary Criticism*, New York: 1952, pp. 527-531, and in Mark Schorer, Josephine Miles and Gordon McKenzie, *Criticism*, New York: Harcourt, Brace, 1948, pp. 266-268. 더 중요한 것으로, 다음의 뛰어난 비평을 보라. Eliseo Vivas, "The Objective Correlative of T. S. Eliot," *American Bookman*, I (Winter 1944): 7-18; reprinted in Stallman, op. cit., pp. 389-400, and in Vivas,

Creation and Discovery, pp. 175-189. 다음과 비교해보라. Yvor Winters, *In Defense of Reason*, New York: Swallow, 1947, pp. 469-474, 523-527; Paul Goodman, *The Structure of Literature*, New York: Noonday, 1954, pp. 3-6. 제1장, Note 3.2도 보라.

15.3 명료화(ELUCIDATION)

명료화의 방법론에 있어서의 몇 가지 문제는 소설 속 인물 샤일록에 대한 유명한 다음 글에 예시와 함께 설명되고 있다. Elmer E. Stoll, *Shakespeare Studies*, New York: Macmillan, 1927, ch. 6. 스톨의 접근법은 공공연하게 의도주의적이다(pp. 257, 332): "셰익스피어의 의견과는 별개로 어떤 샤일록이 거기에 있는가?"(p. 332). 사실 그는 의도주의에 대한 유일한 대안은 완전한 인상주의라고 생각하는 듯하다(p. 259). 그의 논변은 내적인 증거인 연극 자체의 데이터를 엘리자베스 조의 연극적 관습과 문학사라는 외적 증거와 섞고 있다. 그러나 이것은 동일한 것에 대한 두 종류의 증거가 아니다. 다음과 같은 사실상 별개의 두 질문이 있기 때문이다. ① 샤일록이라는 인물은 어떤 인물인가? ② 엘리자베스 조의 관객들은 샤일록을 어떻게 느꼈을까? 인물-명료화는 '강조'의 문제라는 스톨의 원칙(p. 303)은 중요하다. 그가 "유대인은 눈이 없는가?"(Hath not a Jew eyes?)로 시작하는(pp. 324-329) 샤일록의 핵심적이며 가장 문제적인 발언을 읽을 때 그가 그 원칙을 충실히 고수할지 의문스럽다.

브래들리의 *Shakespearean Tragedy*, 2nd ed., New York: Macmillan, 1905에 있는 유명한 주석에는 명료화 문제에 대한 다른 좋은 예시가 등장한다. 예컨대 맥베스의 자녀들 문제에 대해서는 다음을 보라. Note EE, *Macbeth*, pp. 486-492. 맥더프의 말 "그는 자식이 없다"에서의 '그'가 맥베스를 가리키는지 맬컴을 가리키는지의 문제는 해설(explication)이 아니라 명료화(elucidation)가 필요하다. 왜냐하면 그 질문은 맥더프가 마음속으로 어떤 생각을 하고 있는가의 문제이기 때문이다. 그래서 카프카(Kafka)의 『심판』(*The Trial*)에서 『법 앞에서』(*the Law*)에 대한 신부의 우화를 이해하는 문제는 설령 상상적인 문제라고 하더라도 명료화의 문제이다.

다음 글에는 어니스트 존스의 「햄릿」 독해에 대한 흥미로운 논평이 있다. Lionel Trilling, "Freud and Literature," *Kenyon Review*, II (1940): 152-173, and *The Liberal Imagination*, New York: Viking, 1950, pp. 34-57, and in Schorer, Miles and McKenzie, *op. cit.*, pp. 172-182.

명료화라는 유익한 문제가 발라드 〈세 까마귀〉(The Three Ravens)에 의해 제시된다. 다음을 보라. Cleanth Brooks and Robert Penn Warren, *Understanding Poetry*, rev. ed., New York: Holt, 1950, pp. 44-47; Earl Daniels, *The Art of Reading Poetry*, New York: Farrar and Rinehart, 1941, pp. 133-137; *The Explicator*, IV (June 1946): 54; V (March 1947): 36. 문제는 기사를 땅에 묻는 '암사슴'이 실제의 암사슴인가 한 여인인가 하는 것이다. 이 물음은 경험적인 일반화와 함께 내적인 일치를 근거로 하여 해결될 수 있을까? 아니면 발라드 전통에 의거해야 할까? 혹은 단지 우리가 더 좋아하는 독해 방식을 선택해야 할까?

더 심화된 예시들을 보려면 다음을 참고하라. George Arms and Joseph Kuntz, *Poetry Explication*, New York: Swallow, 1950.

15.4 시점(POINT OF VIEW)

서술자의 시점이 갖는 중요성은 다음 문헌을 통해 강조되고 있다. Lubbock, *op. cit.*, 중요 장의 중판은 다음 책이다. J. W. Aldridge, ed., *Critiques and Essays on Modern Fiction*, New York: Ronald, 1952, pp. 9-30. 다음도 보라. E. M. Forster, *Aspects of the Novel*, New York: Harcourt, Brace, 1927, ch. 4, pp. 118-125; Susanne Langer, *op. cit.*, pp. 292-301. 가능한 소설적 시점들을 관습적으로 분류하는 기반이 되는 원칙들을 다시 조사하고, 단편 소설이나 장편 소설에서 시점상의 어느 정도, 혹은 어떤 방식의 변화가 통일성을 감소시키는가의 문제를 다시 생각해볼 가치가 있다.

15.5 시제(TENSE)

문학에서 시제의 역할은 다음 문헌에 언급되고 있다. John Crowe Ransom, "The Tense of Poetry," *The World's Body*, New York: Scribner, 1938; Thornton Wilder, "Some Thoughts on Play wrighting," *The Intent of the Artist*, ed. by Augusto Centeno, Princeton: Princeton U., 1941, pp. 96 ff.; T. M. Greene, *The Arts and the Art of Criticism*, Princeton: Princeton U., 1940, ch. 9, sec. 6. Susanne Langer, *op. cit.*, chs. 15-17. 랭거는 기본적인 문학 유형들을 구별하는 데 있어서 시제라는 개념을 가장 많이 활용했다. 일반적인 '극시'(poesis)에서, '일차적인 환영'(primary illusion)은 '가상의 역사'의 창조로 일컬어진다. '참된 문학'(literature proper)은 '기억의 양태'(mode of memory)에 그 역사를 제시한다(pp. 264, 266). 연극은 '운명의 양태'에 '가상의 미래'를 제시한다(p. 307). 이러한 구별들을 주의 깊게 살펴볼 필요가 있다. 다음 문헌은 동사의 시제에 대한 논리적 분석을 담고 있다. Hans Reichenbach, *Elements of Symbolic Logic*, New York: Macmillan, 1947, sec. 51.

문학에서의 시제의 중요성은 다음과 같은 예시를 통해 설명할 수 있다. ① 아서 밀러(Arthur Miller)가 그의 극작품 「도가니」(The Crucible, 1953)를 출판했을 때, 재판에서는 아니지만 과거 시제의 산문 구절을 덧붙여 인물들의 역사적 원형에 관한 더 자세한 정보를 제공했다. 이것은 그 극작품 자체에 전적으로 부적합한 느낌이다. ② Susanne Langer, *op. cit.*, pp. 269-273에서 지적했듯 〈패트릭 스펜스 경〉(Sir Patrick Spens)과 「샬럿의 처녀」(The Lady of Shalott) 같은 많은 발라드에는 시제의 혼합이 나타난다. 한 가지 질문은 이러한 시제상의 변화가 시의 나머지 부분과 유기적으로 연결되는가, 혹은 단지 시간 감각을 일반적으로 약화시킬 뿐인가 하는 것이다.

15.6 전개적 구조(DEVELOPMENTAL STRUCTURES)

다음 문헌은 일반적으로 구조에 관한 문제 대부분을 간략하게 논평하고 있다. René Wellek and Austin Warren, *Theory of Literature*, New York: Harcourt, Brace, 1949, ch. 16. 이야기와 플롯에 대해서는 다음을 보라. E. M. Forster, *op. cit.*, chs, 2, 5; 서술적 구조에 대해서는 다음을 보라. ch. 8; 다음 문헌도 참고하라. Edwin Muir, *The Structure of the Novel*, New York: Harcourt, Brace, 1928, chs. 1, 2. 서사의 속도에 대해서는 다음을 보라. chs. 3, 4. Aristotle, *Poetics*, esp. chs. 7-12, 18은 구조에 대한 고찰을 하기 위한 여전히 가장 좋은 시작점이다. '반전'(reversal), '뒤얽힘'(complication), '해소'(unraveling), '전환점'(turning point) 같은 그의 주요 용어는, 절대적으로 보편적이지는 않을지라도 핵심적이고 매우 일반적인 서사의 특징들을 가리킨다. Paul Goodman, *The Structure of Literature*, Chicago: Chicago U., 1954. 폴 굿맨은 일군의 분석적 범주를 제시하는데, 이해하기에 다소 어렵기는 하지만 적어도 그의 입장에서 매우 유익한 발견을 제시하고 있다. 예컨대 운문에서의 전개적 구조에 대한 탁월한 설명을 보라(pp. 199-206).

다음 글은 긴장감(suspense)의 본성에 대해서 다룬다. "On Stories," in *Essays Presented to Charles Williams*, London: Oxford U., 1947. 이 매우 흥미로운 논문에

서 루이스(C. S. Lewis)는 다음과 같이 말한다. "유일하게 중요한 것은, 놀라운 것들은 처음과 마찬가지로 스무 번도 효과가 있다는 것이다. 우리를 기쁘게 하는 것은 예상치 못함이라는 성질이지 사실이 아니다."(p. 103)

케네스 버크(Kenneth Burke)는 '문학적 형식'의 정의를 그의 표현으로는 "관객의 심리"의 측면에서 제시한다. 다음을 보라. *Counter-Statement*, New York: Harcourt, Brace, 1931, pp. 38-56, 157-189, reprinted in Robert W. Stallman, *op. cit*., pp. 224-249; *The Philosophy of Literary Form*, Baton Rouge, La.: Louisiana State U., 1941, esp. pp. 73-90. 그의 분석은 그의 '상징적 행위'(symbolic action)라는 개념과 밀접하게 관련되어 있다(제9장, Note 22.1을 보라). 그러나 그의 처음 논문 "Psychology and Form"에서 그가 '형식의 심리학'과 '정보의 심리학'을 대비시키고 있는 것과, 또 문학적 형식을 음악이 '욕망의 좌절과 성취를 정밀하게' 다루는 것에 자주 비교하고 있는 것을 보면, 그가 작품 자체와 작품 속 행위의 현상적으로 객관적인 경향과 긴장, 즉 극적 구조에 관해 말하고 있다는 것을 알 수 있다. 그의 두 번째 논문 "Lexicon Rhetoricae"에서의 '질적인 연쇄적 진행'(qualitative progression)에 관한 그의 설명은 극적 구조의 정의에 근접하고 있다. 이 용어는 다음 글에서도 사용되었다. Yvor Winters, "The Experimental School in American Poetry," *In Defense of Reason*, pp. 30-74, reprinted in Schorer, Miles and Mc Kenzie, *op. cit*., pp. 288-309. 그리고 아마 이것은 버크도 의미한 것이기도 하지만, 일종의 자유 연상으로서 재정의된다. 어쨌든 그것은 시에서의 일종의 연쇄적 진행을 가리키는 좋은 명칭이다. 이를테면 A가 B와 관련되고 B는 C와 또 다른 관련을 가지지만 A는 C와 아무런 구조적 연관이 없는 식이다. 앨리스가 구멍으로 떨어지면서 하는 생각들, 니클비 부인의 대화가 그 예이다. 윈터스의 귀중한 논문은 문학적 구조에 대한 버크의 분류를 기초로 하여 그것을 발전시키고 확장하고 있다.

극적 구조의 개념은 링컨의 게티스버그 연설에서 보이는 내용의 움직임을 분석하면서 설명할 수 있다. 그 연설에서는 먼 과거(87년 전)로부터 최근의 과거(전쟁)로, 그것이 오늘날로, 미래로의 움직임이 있다. 대륙에서 국가로, 우리가 서 있는 전장으로, 다시 국가로, 세상으로의 공간상의 움직임도 있다. 지금의 일과 여기서의 일이 중간에서 교차하여 만나고 그 지점을 따라서 움직이는 것은 또한 외부로의 시선에서 내면의 해결로의 심리적 이동, 축성하는 것에서 축성받는 것('그것은 우리 산 자를 위한 것입니다')으로의 전환이 있다. 이것은 전체 연설에서 가장 고조된 감정적 지점 혹은 절정이다.

구조적 분석의 다른 문제들은, 윈터스의 텍스트 내에 쓰여있지 않지만 여기에 언급할 수 있다. ① 우리는 소설의 주요 인물이 누구인지를 어떻게 아는가? 주인공이 되기 위한 암묵적 기준은 무엇인가? 우리는 어떤 소설에는 주인공이 없다고 해야 할까? ② 서사적 움직임의 동적 성질을 지각하는 조건이 되는 것은 담화의 어떤 특징들인가? 예컨대 이야기의 시작에서 짧은 구절 A를 선택하고, 좀 떨어진 부분에서 다른 짧은 구절 B를 선택했다고 가정하자. 맥락과 별개로 A는 도입부처럼 읽힐 것인데, 아마도 그 구절은 당신이 등장인물들을 미리 알고 있다고 가정하는 대신에 인물들에 대해 더 설명을 하거나, 행위의 연속을 마무리하기보다는 시작하는 사건들을 다룰 것이기 때문이다. (집으로부터 떠나기 vs. 집으로 돌아오기, 방으로 들어가기 vs. 방에서 떠나기, 편지나 전화를 받기 등등) '어느 옛날에…'는 무언가의 시작이다. '… 그들은 언제까지나 행복하게 살았다'는 설명을 맺는다. ③ 움직임의 성질들은 삶이 아니라 소설이나 연극에서 일어날 법한 것들에 대한 기대에 어느 정도로 좌우되는가? 이것은 음악적 기대의 문제와 유사하다(제4장, Note 13.2를 보라). 몇 년이 지나 다른 극적 관습이 시행되고 관람자의 마음속에 극적 진행에 대한 다른 규범이 자리 잡고 있을 때 연극이 상연된다면 연극의 구조가 변하는가?

15.7 문학의 유형 혹은 장르(LITERARY TYPES OR GENRES)

René Wellek and Austin Warren, *op. cit.*, ch. 17 웰렉과 워런은 주요한 문제들을 검토하고 있다. 또한 다음 문헌도 보라. Susanne Langer, *op. cit.*, ch. 16. Benedetto Croce, *Aesthetic*, trans. by Douglas Ainslie, 2nd ed., New York: Macmillan, 1922, chs. 12, 15. 크로체는 문학적 유형이라는 개념 전체를 공격하며, 심지어 예술들 간의 구별도 공격한다. 크로체가 드는 근거가 적절해 보이지는 않지만 그의 비판은 범주들을 구별하는 데 있어서의 어려움과 그 범주를 잘못 사용하는 경향을 지적하고 있다. 분명 일부 비판적인 이론가들은 기술상의 분류와 규범적인 지침을 심각하게 혼동하고 있으며 분류적인 개념 중 일부는 쓸모없는 세분화나 애매한 일반론으로 빠져버리는 경향이 있다. 그러나 전원시의 개념에 대한 엠프슨의 작업은 매우 유익한 유형-분석의 예이다. *Some Versions of Pastoral*, London: Chatto and Windus, 1930.

유형-개념의 본성과 그 공식화 방법에 관한 많은 문제들이 있다. 예컨대 '풍자'(satire)는 비의도주의적으로 정의될 수 있는가, 혹은 그것이 겨냥하는 특정한 사람이나 상황에 대한 외적인 증거 없이도 풍자로 확인될 수 있는가?

문학과 다른 예술들 사이의 형식적, 질적 유비에 대한 언급으로는 다음을 보라. 제4장, Notes 13.5와 13.6.

비극과 희극에 대한 언급은 다음 부분에 있다. 제9장, Notes 22.9와 22.10. 이 개념들은 구조적일 뿐 아니라 주제적(thematic)이기 때문이다.

Christopher Caudwell, *Illusion and Reality*, New York: Macmillan, 1937, chs, 10, 11. 코드웰의 책은 시와 소설의 차이에 관한 흥미로운 생각들을 담고 있다. 다음을 보라. Northrop Frye, *Anatomy of Criticism*, Princeton, N.J.: Princeton U., 1957, pp. 203-214.

15.8 문학에서의 통일성과 복합성(UNITY AND COMPLEXITY IN LITERATURE)

이러한 용어를 문학작품에 적용하는 것을 검증하는 한 가지 좋은 방법은, 만일 어떤 부분이 빠지거나 다른 것이 추가되면 시나 이야기의 일반적인 성격이 어떻게 되는가를 살피는 것이다. 적어도 많은 작품에서는 일관성(coherence)과 완전성(completeness) 사이에 밀접한 관련이 있을 것이다. '시에서 어떤 시행이 없어져도 그 시의 완전성이 감소하지 않는다면, 그 시행이 거기에 있다는 것은 필연적으로 그 시의 일관성을 감소시키는가?' 같은 질문을 허구에서의 인물이나 일화에 대해서도 제기할 수 있다.

Paul Goodman, *op. cit.*, pp. 12-18, chs. 2, 4, 6. 폴 굿맨이 통일성을 다루는 방식은 주의 깊게 연구할 가치가 있다. 그가 보들레르의 「거녀」(La Géante)와 딜런(George Dillon)의 영역본을 비교함으로써(pp. 199-206) 서정시에서의 통일성 조건에 대해 그가 한 줄기 빛을 던져주고 있음을 주목하라. 다음도 보라. W. K. Wimsatt, Jr., "The Structure of the Concrete Universal in Literature," *PMLA*, LXII (1947): 262-280 (*The Verbal Icon*, pp. 69-83), and Schorer, Miles and McKenzie, *op. cit.*, pp. 393-403, esp. secs. 4-5.

앨런 테이트(Allen Tate)는 시의 통일성에 관해, 비록 혼동되는 용어를 사용하고 있기는 하지만 훌륭한 논평을 하고 있다. 다음을 보라. "Tension in Poetry," *Kenyon*

Review, V (1943): 228-254; reprinted in Stallman, *op. cit.*, pp. 55-65; and West, *op. cit.*, 267-278. C. Day Lewis, *The Poetic Image*, New York: Oxford U., 1947, ch. 5. 데이 루이스는 홉킨스의 「Harry Ploughman」과 「Felix Randall」을 유익하게 비교하고 있는데 후자가 전자보다 얼마나 더 통일성이 있는지를 지적한다. 다음 문헌도 보라. Lascelles Abercrombie, *The Theory of Poetry*, London: Secker, 1924, Part II, ch. 2; John Sparrow, *Sense and Poetry*, London: Constable, 1934, chs. 2, 3.

서사, 특히 연극의 통일성에 관해서는 다음을 보라. Gilbert Murray, *The Classical Tradition in Poetry*, Cambridge, Mass.: Harvard U., 1927, ch. 6. 소설의 통일성에 대해서는 다음을 보라. C. H. Rickword, "A Note on Fiction," in W. V. O'Connor, ed., *Forms of Modern Fiction*, Minneapolis, Minn.: U. of Minnesota, 1948, pp. 294-305; Edwin Muir, *op. cit.*, ch. 5; Percy Lubbock, *op. cit.*, chs. 2-4; E. K. Brown, *Rhythm in the Novel*, Toronto: U. of Toronto, 1950.

통일성과 복합성의 개념은 허구적 인물을 분석할 때도 사용된다. ① 비평가들은 '한결같은'(consistent) 인물과 '변화하는'(inconsistent) 인물을 구별한다. 한결같은 인물은 짐작건대 더 통일되어 있고 작품의 전체적인 통일성에 기여한다. 한결같음은 어떻게 분석될 수 있는가? 부분적으로는, 어떤 선행적인 행위가 있고 알려진 심리적 법칙을 고려할 때 행위가 개연성에 합치하는 것이라고 할 수 있을 것이다. 그러나 이것은 너무 단순하다. 카라마조프 형제들처럼 완벽하게 한결같은 허구적 인물은 전혀 평범한 방식으로 행동하지 않는다. 그리고 우리는 인물에 대한 생각을 그의 행위로부터 형성하기 때문에 아마도 우리는 아무리 복잡하더라도 인물에 대한 어떤 생각을 언제나 형성할 수 있으며, 그렇게 해서 아무리 변덕스러운 행위일지라도 그 행위를 설명하고자 한다. 한편 만일 장 발장이 갑자기 아이들에게 잔인하게 군다면 우리는 이 행위가 인물의 성격에서 벗어난 것이고 이 행위가 그의 이미지를 흐리거나 혼란스럽게 한다고 말할 것이다. 이 문제는 연구할 필요가 있다. ② 비평가들은 '평면적인'(flat) 인물과 '입체적인'(round) 인물을 구별한다. (Forster, *op. cit.*, pp. 103-118, and Wimsatt, "Concrete Universal"을 보라) 아마도 입체적인 인물이 평면적인 인물보다 더 복합적일 것이지만 이것을 어떻게 분석할 수 있을까? 인물의 복합성은 부분적으로는, 그 인물이 할 수 있는 행위를 추론하는 기반이 되는 특성의 수가 훨씬 더 많다는 것이다. 그 특성들은 사소한 특이함과 외모의 유별남도 포함되지만 그것이 전부는 아니다. 그러나 사람의 특성들을 셀 수 있는가 하는 것은 좋은 질문이다. 그리고 어쨌든 이것은 너무 단순하다. 아마도 인물의 진정한 입체성은 복합성뿐 아니라 어느 정도의 통일성 혹은 통합성을 포함한다.

제6장

시각 예술에서의 재현

REPRESENTATION IN THE VISUAL ARTS

신운화 번역

대부분의 사람들에게 회화(painting)는 어떤 '그림'(picture)이다. 시각적 디자인(visual design)에 관해 우리가 가장 먼저 의식하는 것은 쉐보레의 최근 모델, 격자무늬 셔츠, 위스키 병, 예쁜 소녀 등에서 시각적인 디자인이 뚜렷이 드러난다는 것이다. 사실 디자인을 디자인으로서, 즉 선, 형태, 색채가 결합된 것으로서 생각하려면 노력이 좀 필요하다. 그런 시각적 형태를 만들어내는 것이 선, 형태, 색채임에도 말이다. 즉 우리는 선, 형태, 색채를 통해 본다. 그러나 그림은 디자인이면서 동시에 무언가를 나타낸 것, 두 가지 다에 해당한다. 즉, 무언가를 직접 살펴볼 수 있도록 눈앞에 제시하고, 또 그림 틀 밖에 존재하거나 존재할지 모르는 무엇인가를 재현한다.

다음과 같은 질문을 할 때 우리가 주목하는 것은 디자인의 이 두 번째 국면이다. 그 디자인이 무엇을 그리고 있는가? 그 디자인은 무엇에 관한 것인가? 디자인이 의미하는 것이 무엇인가? 혹은 간단히 말해, 그것은 무엇인가? 물론 이런 질문들을 굳이 하지 않는 경우가 흔하다. 답을 바로 알 수 있기 때문이다. 그러나 클레의 〈줄타기를 하는 사람〉(*Man on a Tight Rope*, 권두삽화)을 처음 볼 때는 좀 당혹스러울 것이다. 이 그림 속에서 일어나는 일은 무엇인가, 그리고 그것을 어떻게 생각할 것인가? 아주 다른 종류의 작품도 비슷한 문제를 제기할 수 있다. 케테 콜비츠의 〈시립보호소〉(도판 3)의 제목에서 아이러니는 무엇인가? 루오의 석판화(도판 5) 속의 사람은 무엇을 하고 있는가? 뒤러의 〈최후의 만찬〉(도판 6)의 바닥에 놓인 빈 접시는 어떤 의미가 있는가? 또 가장 수수께끼 같은 것으로, 고야의 동판화(도판 7) 속의 거인은 누구이며 정체가 무엇인가? 이 질문에 답하는 것은 그 디자인을 해석하는 것이다. 해석의 많은 부분이 그 디자인이 무엇을 재현하는지를 말하는 것이고 그것은 그 소재가 무엇인지를 말하는 것으로 간주된다.

시각적 디자인의 이러한 이중적인 국면 때문에 우리는 다음과 같은 문제를 만나게 된다. 재현된 것과 눈앞에 제시된 것 사이에는 어떤 관계가 있는가? 둘 중 더 중요한 것이 있다면 어느 쪽인가? 화가들마다 이 질문에 대해 상당히 다른 입장을 갖고 있고 비평가들 역시 그러하다. 무엇보다 시각 예술에서 무엇을 기대할 수 있을지, 무엇을 찾고 무엇에 만족을 느낄 수 있을지 알고자 하는 일반 대중들의 당혹스러움이 가장 크다. 이것은 애석한 일이다. 결코 얻을 수 없는 것을 애타게 구하는 사이에 진정 매우 가치 있는 것을 놓칠 수도 있기 때문이다.

예술을 잘못 이해한 20세기의 악명 높은 사례로 1913년 뉴욕 아모리 쇼에서의 대중의 반응을 들 수 있다. 이 전시는 다양한 모더니즘 미술 운동을 미국에 처음으로 소개한 것이었는데, 가장 논란을 불러일으킨 그림은 마르셀 뒤샹의 〈계단을 내려오는 누드〉(*Nude Descending a Staircase*, 1912, 아렌스버그 컬렉션, 필라델피아 미술관)였다. 이 그림은 큐비즘적인 형태를 중첩시켜, 내려오는 동작처럼 보이는 것을 나타내고 있다. 이 그림에 대해 '판자 공장 안의 허리케인', '안장주머니 더미'를 비롯한 무례한 말들이 오갔다. 이 그림을 폄하한 사람들이 화가가 의도한 것을 파악하지 못했다고 할 수는 없다. 그들은 화가가 이루어놓은 것을 보지 못했던 것이다. 잘못된 가정과 기대를 품고 그림에 접근했기 때문이다.

그러나 그렇게 멀리 거슬러 올라갈 필요도 없다. 매년 '모던' 예술에 대해 격렬한 의견 차를 포함해 새로운 주요 쟁점이 등장한다. 모던이라는 용어 자체가 다방면에서 부정적인 함의를 갖고 있었기에 1948년 보스턴 현대 미술관(Boston Institute of Contemporary Art)은 그 이름 속에 있던 '모던'(Modern)이라는 단어를 '컨템퍼러리'(Contemporary)로 바꾸기까지 했다. 1955년 초 네브래스카주 의회의 예산 위원회는 그 몇 개월 전 링컨(Lincoln) 소재의 주 의사당 원형 홀에 설치된 케네스 에빗(Kenneth Evett)의 벽화에 대해 항의했다. 그 벽화는 장인, 큰 황소를 대동한 목부, 광부, 건축자를 재현하는 네 개의 형체로 된 단순한 디자인이었다.

한 주의원은 "저 사각형 황소가 거슬린다. 인물들은 티(T)자형 자로 그려진 것 같다"고 말했다. 그보다 2년 전 샌프란시스코의 린컨(Rincon) 센터 별관 우체국 로비에 안톤 레프레지에(Anton Refregier)가 그린 벽화도 비판받았는데 그 이유 중 하나는 '우리 조상들은 직사각형 머리를 하고 있지 않았다'는 것이었다. 미 참전용사 기구는 이 벽화를 비난했고 미 하원은 이 벽화를 철거하도록 표결했다.

이런 반대 이유들을 우리는 어떻게 판단해야 할까? 우선 그 이유가 어떤 벽화가 훌륭한 예술인가 나쁜 예술인가 하는 물음에 적절한가? 혹은 그 벽화의 좋고 나쁨이 황소와 사람을 왜곡시킨 것과는 별개의 문제인가? 만일 그 이유가 적절하다면 어떤 측면에서 적절한가? 즉 자연적인 대상의 모습 일부를 잘못 재현하고 있는 이 벽화들에 대한 결론적인 반대인가, 혹은 벽화들을 판단할 때 고려하는 요인들 중 하나에 불과한가? 물론 일반 대중은 최종적인 판단이 무엇일지 신경 쓸 필요가 없을 것이다. 그러나 그 벽화를 보러 가야 할지 그 벽화를 멀리 해야 할지, 그 벽화가 이상해서 접근하기 어렵지만 그래도 이해하려고 노력해야 할지, 특히 납세자들의 돈을 그 벽화에 써야 할지를 알고 싶어 한다. 분명 이것은 미학적 문제를 주의 깊게 철저히 검토하는 것이 현실의 가치 판단 문제가 될 수밖에 없는 경우이다.

16

재현과 추상

REPRESENTATION AND ABSTRACTION

첫걸음은 '재현'이라는 용어가 의미하는 것, 그리고 그것과 사실상 같은 것인, 시 각적 디자인의 '소재'가 의미하는 바를 최대한 분명히 하는 것이다. 재현은 디자인과 다른 무엇 사이의 관계이다. 공식으로는 이러하다.

X는 Y를 재현한다.

X는 회화, 동판화, 사진과 같은 시각적 디자인 자체이고 Y는 재현된 소재이다. 이제 우리는 X가 어떤 종류의 사물인지를 안다. 그것은 조각상이나 건물도 될 수 있 지만 여기서는 2차원적 디자인에 관심을 한정하도록 하겠다. Y는 어떤 종류의 사물 인가?

루벤스의 그림을 생각해보자. 〈파리스의 심판〉(*The Judgement of Paris*, 1635-1637, 런 던 내셔널 갤러리)에서 중앙의 여성은 루벤스의 두 번째 부인인 엘렌 푸르망을 모델로 하고 있다. 이 그림의 소재에 대해 예컨대 다음과 같이 여러 가지를 말할 수 있다.

1. 그 그림은 세 명의 여성과 두 명의 남성을 재현한다.
2. 그 그림은 그리스 여신 셋과 남신, 양치기를 재현한다.
3. 그 그림은 엘렌 푸르망을 재현한다.
4. 그 그림은 미네르바, 주노, 비너스, 머큐리와 파리스를 재현한다.
5. 그 그림은 양치기가 세 여신 중 한 명에게 사과를 주는 것을 재현한다.
6. 그 그림은 파리스의 심판을 재현한다. 즉 파리스가 세 여신 중 가장 아름다운 여신 을 선택하는 것을 재현한다.

문제는 이것이다. 여기에서 '재현한다'라는 단어가 몇 가지의 다른 의미로 사용되고 있는가? 창의력이 닿는 대로 가짓수를 늘리기보다, 중요한 의미 구별점을 살펴 그것을 놓치지 않도록 하자.

사실 그 의미 구별 자체에 관심이 있어서라기보다 재현에 관한 진술들을 받아들일 합당한 이유를 찾는 현재의 논의에서 그 구별들이 적합하기에 주의를 기울이는 것이다. 이제 앞에 열거한 각 진술과 관련해 필요한 구별이 무엇인지 알아낼 것이다. 두 가지 진술이 같은 방식으로 확증된다면 그 진술들을 같은 종류로 묶을 수 있다.

묘사와 초상

남자와 여자를 본 적이 있는 사람이라면 누구나 그림 속의 어떤 복합적인 구역의 형태와 색채가 실제 남자와 여자의 형태, 색채와 유사하다는 것을 알아볼 수 있다. 그리고 수많은 다른 생물종들의 실례를 알고 있다면 그림 속 형체들이 세상의 다른 대상들보다는 인간과 더 닮았다는 것을 추론할 수 있다. 그림을 보는 사람이 특정인을 알고 있을 필요는 없으며 인간이란 집단에 속하는 구성원 몇몇을 알고 있는 것으로 충분하다. '재현'이라는 용어의 이 첫 번째 사용법에서는, 재현되는 것은 언제나 사람을 비롯해 어떤 물질적 대상의 집합에 속한 비결정적이고 불특정한 구성원이다. 우리는 그 그림이 어떤 말의 그림, 어떤 아기의 그림, 어떤 십자가의 그림, 어떤 눈의 그림이라고 말한다. 그리고 이것은 화가의 의도와 관계가 없다. 정확히 같은 의미에서, 큰 바위 얼굴은 어떤 사람을 재현하고 창유리의 성에나 마르고 뒤틀린 뿌리도 어떤 사람을 재현할 수 있다.

편의상 이러한 종류의 재현을 '묘사하다'(depict)란 단어로 칭하도록 하자. 그리고 이 정의가 명확하고 받아들일 만하다는 것을 확인하기 위해 이 정의를 다소 면밀하게 진술해볼 수 있다.

'디자인 X가 대상 Y를 묘사한다'는 것이 의미하는 것은 'X는 그 시각적 외형이 다른 종류의 대상들보다 Y와 더 비슷한 어떤 구역을 포함하고 있다'는 것이다.

이 정의는 어떻게 작용하게 될까?

우리는 이 정의를 받아들이는 데 따를 결과를 살펴보고, 그 결과를 받아들이고 지지할 준비가 되었는지 결정해야 한다. 물론 가능한 한 우리는 미술 비평가들이 재현과 소재에 대해 말할 때 의미하는 것과 같은 결과를 얻기를 원하며, 내가 주장하고 싶은 것은 비평가들이 묘사에 대해 꽤 자주 말하고 있다는 것이다. 그러나 때로 비평가들은 다른 것에 대해 말할 때도 같은 단어를 쓰기 때문에 묘사와 그 다른 것을 언제나 명확하게 구별하고 있지는 않은 것을 보게 되는데, 이는 사실 놀라운 일이 아니다. 그래서 우리는 새로운 용어를 도입하고 그 용법을 좀 더 다듬을 필요가 있다. 가장 중요한 것은 지금 이 문제들을 논의할 때 우리가 그 용어로 무엇을 의미할지를 결정하는 것이다.

시각적 디자인이 묘사하는 것을 식별하기 위해서는 물론 그 대상과 관련된 경험이 있어야 한다. 우리는 어떤 사진을 보고 '도대체 이게 뭐야?'라고 할 수 있고, '누(gnu)야', '깝작도요야'라고 답할 수 있다. 핵심은 우리가 이러한 생물을 보고 그 디자인과 비교한다면 그 생물과 해당 디자인이 여러 공통된 특징을 가졌다는 것을 알아볼 수 있다는 것이다. 그러나 물론 그 디자인이 누를 묘사하고 있다는 것을 알아보기 전이라도 새가 아니라 네 발 짐승을 묘사하고 있다는 것을 알아볼 수 있다. 그래서 또 다른 예를 통해 다른 각도로 이 문제를 살피는 것으로서, 백지 위에 원 하나를 그린다고 생각해보자. 그런데 우리는 이것이 원을 묘사한다고 말하지 않는다. 그것은 원이다. 그것은 그 형태의 이름이다. 그리고 그것은 세상의 수많은 다른 종류의 대상들, 예컨대 접시, 달, 비눗방울, 오렌지, 복숭아, 사과, 인공위성과 공통된 형태적 특징을 갖고 있다. 그러나 이 원은 접시 같지 않듯이 달 같지도 않으며, 우리의 정의에 의하면 접시나 달 어느 것도 묘사한다고 말할 수 없다. 만일 그 원의 형체를 본뜬 무엇을 만들고 배경을 바꾸어 3차원적인 외형을 갖게 하고 거기에 색을 입히고 줄기 모양을 추가한다면 그것은 사과와 공통된 성질을 충분히 갖게 되어 복숭아, 자두, 오렌지와 구별될 것이다. 그러면 우리는 그 디자인이 사과를 묘사한다고 할 것이다. 볼드윈 품종인지 와인샙 품종인지 정도까지는 구별할 수 없을지라도 말이다. 사과를 다른 과일과 구별하려면 몇 가지 특징이 필요하지만 덤벨이나 사람의 옆얼굴같이 모양이 분명히 다른 대상은 선 하나로도 재현될 수 있다.

그렇다면 '재현하다'의 한 가지 중요한 의미는 '묘사하다'인 것 같다. 그러나 어떤 미술 비평가들은 '묘사하다'의 정의가 '재현하다'의 의미를 충분히 정확하게 포착하기에는 어떤 면에서는 좀 광범위하다고 느낄 것이다. 비평가들은 더 상세한 조건을 추가해 그 정의를 강화하고 싶어 할 것이다. 그러나 이렇게 하려면 다소 교묘하고 결과적으로 그다지 만족스럽지 않을지 모를 한 가지 구별을 해야 한다.

우선 우리가 '소재'라는 단어를 흔히 사용하는 방식을 살펴봄으로써 그 문제에 접근할 수 있다. 어떤 그림을 보고 그 소재가 꽃, 구름, 말이라고 하는 것은 자연스러운 일이다. 그러나 그 소재가 입방체, 원뿔, 고체라고 말하지는 않을 것이다. 즉 우리는 그림이 꽃, 구름, 말을 재현한다고 말하겠지만 입방체, 원뿔, 고체를 재현한다고 하지는 않을 것이다. '그건 말의 그림이야'라는 말은 흔히 하지만 '그것은 물질적 대상의 그림이야'라는 말은 흔히 하지 않는다. 우리는 재현된다고 할 수 있는 사물들, 즉 'X는 Y를 재현한다'에서 Y가 될 수 있는 것들의 집합에 대해 암묵적으로 어떤 추가적인 제한을 두고 있는 듯하다. 하지만 이 제한을 어떻게 명확히 할 수 있을까?

여러 가지 집합들을 추상성이 큰 것에서 점차 감소되는 순으로 열거한다고 가정해보자. 예컨대 원통, 회색 원통, 가는 회색 원통, 속이 빈 회색 원통, 회색 금속 원통, 강철 파이프와 같은 식으로 말이다. 우리는 확실히 어떤 그림이 강철 파이프를 재현한다고 말할 수 있다. 그리고 그것이 원통을 재현한다고 말하는 것은 올바르지 않다면 이 열거한 것 중 어디에서 어떻게 경계선을 그을 것인가? 시도해볼 만한 한 가지 방법이 있다. 어떤 사물의 집합들은 실용적인 목적이나 필요와 관련되어 있어서 우리 경험에서 중요하고, 혹은 발명되거나 발견될 수 있어서 지금 우리 주위에 있는 것들이다. 칼, 무릎, 집, 말(馬), 구름, 파이프, 말린 자두 등이 그러하다. 이것들을 필수적 집합(vital classes)이라 부르자. 다른 집합들은 우연히 생겨났거나 혹은 개념적인 것에 불과한 것들이다. 그 집합들은 똑같이 논리적으로 정당하지만 똑같은 중요성을 갖지는 않는다. 원환체, 구체, 작고 붉은 삼각형, 크고 부드러운 고무 물방울 무늬가 있는 원뿔 등을 예로 들 수 있다. 이것을 형식적 집합(formal classes)이라 부르자. 그러면 이제 '묘사하다'라는 우리의 정의를 다음과 같이 수정할 수 있다.

'디자인 X가 대상 Y를 묘사한다'는 것이 의미하는 바는 'Y의 집합이 필수적 집합이고, X가 그 시각적 외형이 필수적 집합의 다른 대상보다 Y와 더 비슷한 어떤 구역을 포함하고 있다'는 것이다.

우리가 다음 절에서 분리 이론(Divergence Theory)이라고 부를 이론을 지지하는 사람들이 어떤 그림을 감상하기 위해 일상 속에 있는 것을 전혀 떠올릴 필요가 없고 그 그림이 무엇을 재현하는지를 무시할 수 있다고 주장할 때, 그들은 '재현하다'라는 단어를 명백히 이러한 의미로 사용하고 있는 것이다.

이 구별을 유지할 수 있을지는 확실하지 않다. 그 구분선이 분명 아주 확실한 것은 아니다. 그러나 잠정적으로 그 구별이 타당하다고 가정하고 이 새로운 정의를 채택하고 그 결과를 받아들이고자 한다. 예컨대 깊은 공간 속의 고체들을 그린 그림들이 모두 재현적인 것은 아니다. 이 구별을 예컨대 이브 탕기의 〈무정형의 가분성〉(*Indefinite Divisibility*, 1942, 올브라이트 미술관, 버펄로)과 같은 그림에 적용할 경우 난점이 발생한다. 이것은 그 구별의 경계선에 있는 좋은 예이다. 만약 이 그림이 무언가를 묘사하고 있다면 그것은 우리가 지금까지 어디에서도 본 적 없는 대상이거나 다행히도 앞으로 볼 가능성이 거의 없는 대상이다. 그림에 막대기 같은 것들, 액체가 든 용기 같은 것들이 있는데, 이 중 몇몇은 유기체인지 아닌지 구별할 수 없다. 이것들은 분명 물질적인 대상인데도 말이다. 이 그림은 물질에 관해 살펴봐야 할 여러 흥미로운 문제를 제기한다. 그러나 현재 논의하는 요점과 관련된 한, 그 그림은 그다지 재현적이라고 할 수 없지만 부분적으로는 재현적이라고 할 수 있다고 생각한다. 이 그림에는 풍경이 있고 부드러운 바위와 조약돌도 있다. 그러나 아무것도 재현하지 않는 다른 구역들도 있다.

'묘사하다'의 정의를, 실제로는 존재하지 않는 대상일지라도 그것이 묘사될 수 있다는 것으로 공식화했으면 한다. 어떤 그림이 여전사 아마존, 그리핀, 키메라, 미래의 도시를 그린 그림이라고 할 때는, 만일 이러한 대상들이 존재한다면 그 디자인의 구역들은 다른 대상들보다 그 대상들을 더 닮았을 것이고, 이러한 대상들을 알고 있는 사람이 있다면 그가 그 유사성을 알아볼 수 있을 것이라는 것을 의미한다. 존재하지 않는다고 해서 키메라의 집합이 필수적 집합이 될 수 없는 것은 아니다. 그것은 이 개념이 매우 구체적이고 충만하며 이 생물체가 나타난다면 우리의 삶에 영향을 주고 특별한 문제를 발생시킬 수 있다는 것과, 설사 우리가 그 문제에 대처하지 못하더라도 그런 상황들이 어떠할지를 어느 정도 상상할 수 있기 때문이다.

이렇게 해서 우리는 루벤스의 그림에 대한 처음 두 진술을 명확히 했고, '재현하다'라는 말이 그 두 가지 측면에서 모두 같은 의미를 가진다는 것을 알게 되었다. 진술 1을 참이 되게 하는 것은, 인간을 볼 수 있는 사람이라면 누구나 그림 속의 형체들이 인간과 유사하다는 것을 알아볼 수 있다는 사실이다. 진술 2를 참이 되게 하는 것은, 어쨌거나 그리스 신화의 여신들과 목동들을 본 사람이라면 누구나 옷 등 그들의 일반적인 외양을 보아 이 그림이 그들과 닮았다는 것, 혹은 적어도 그림 속의 인물들이 이집트의 신이나 목동들보다는 그리스 쪽과 더 닮았다는 것을 알 것이라는 사실이다. 진술 2는 진술 1보다 더 상세하지만 검증 방식은 비슷하다. 두 가지 경우 모두, 설사 그림 속에 묘사된 것에 대해 두 사람의 의견이 일치하지 않는다 해도 적어도 원칙적으로 그 불일치를 해결할 수 있을 것이고 묘사한 당사자에게 묻지 않고도 해결이 가능할 것이다.

문자 Y는 그러나 진술 3과 4에서는 다른 종류의 사물을 의미한다. 이 진술들에서 '재현하다'의 목적어가 되는 것은 불특정한 대상이 아니라 특정한 혹은 한정된 대상이거나 고유명사로 지칭되는 것이다. 우리는 어떤 시각적 디자인이 2개월 된 조이(Joey), 나폴레옹, 생트 빅투아르 산, 모나코의 왕자를 재현한다고 말한다. 또 엠파이어스테이트 빌딩, 삼미신(三美神), 다윗과 골리앗을 재현한다고도 말한다. 이 소재들 각각은 특수한 대상이거나 특수한 대상 집단이거나 이름이 있거나 독특하게 기술되어 지칭되는 것들이다. 이미 사용하고 있는 용어를 가져와 그 범위를 약간 넓혀 말한다면 이러한 종류를 재현적 초상(portrayal)이라 부를 수 있다.

묘사와 초상의 차이는 비교를 통해 알 수 있다. 회화로 60여 점, 판화로 20여 점, 소묘로 10여 점이 넘는 렘브란트의 자화상 중에서 뉴욕의 프릭 컬렉션에 있는 작품(1658)과 워싱턴 국립 미술관의 멜런 컬렉션의 작품(1659)을 살펴보자. 렘브란트에 대해 뛰어난 글을 쓴 한 저술가는 이 두 작품 모두를 논하면서 다음과 같이 말한다. 첫 번째 작품에 대해서는 "고요한 겉모습 아래 자제력을 잃지 않는, 충동적이고 격렬한 인격이 재현되어 있다"고 하고, 두 번째 작품에 대해서는 "렘브란트는 극도로 연약한 인간으로서 자신을 재현했다"*고 말한다. 첫 번째에서는 재현된 것이 '인격'이라고 하며(앞의 진술 1과 비교해보라) 두 번째에서는 렘브란트 '자신'이라고 하고 있다는 점(진술 3과 비교해보라)을 주목하라.

여러 맥락에서, 이렇게 두 가지 방식으로 말하는 것은 위험하지는 않지만 불필

---

*   Jacob Rosenberg, Rembrandt, Cambridge, Mass.: Harvard U., 1948, p. 30.

제6장 시각 예술에서의 재현

요한 혼란을 일으킬 수 있다. 이 두 그림의 소재가 같은 것인지를 묻는다고 하자. 이 문제는 결국 언어상의 논쟁이 될 뿐이다. 만일 그 소재가 렘브란트라고 한다면 두 작품 모두 같은 소재를 다루고 있는 것이다. 그 작품들은 동일한 사람의 초상을 그려낸다(portray)고 할 것이다. 만일 한 작품의 소재는 '격렬한 사람'이고 다른 작품의 소재는 '연약한 사람'이라고 한다면 그 작품들은 다른 소재를 다루고 있다. 다른 사람을 묘사하고 있는 것이다.

두 종류의 초상

이 그림이 렘브란트의 초상을 그려내고 있다는 진술은 루벤스의 그림이 엘렌 푸르망의 초상을 그려내고 있다는 진술과 매우 유사하다. 즉 이 진술들을 같은 방식으로 입증할 것이다. 그러나 초상-진술의 입증은 묘사-진술의 입증보다 더 복잡하다. '~의 초상을 그려내다'(portray)를 다음과 같은 방식으로 정의한다고 가정해보자.

'디자인 X가 대상 Y의 초상을 그려낸다'는 것이 의미하는 것은 'X는 그 시각적 외형이 Y가 아닌 다른 대상보다 Y와 더 비슷한 어떤 구역을 포함한다'는 것이다.

즉, 우리는 묘사를 정의했던 것처럼 초상을 정의할 수 있을 것이다. 초상의 소재가 일반적인 집합(노인)이 아니라 오직 하나의 원소만을 가진 집합(렘브란트)인 것이 다를 뿐이다. 그리고 아마도 이 정의는 때때로 유효할 것이다. 적어도 이 정의는 중요한 핵심에 주목하게 한다. 그 그림이 렘브란트의 초상을 그려내고 있는지 아닌지를 결정하려면 가능하다면 렘브란트와 초상화를 비교해보는 것이 합리적일 것이다. 만일 렘브란트와 비교할 수 없다면 초상화를 비교할 수 있는, 그의 외모에 대해 기술하고 있는 다른 자료를 찾아보는 것이 합리적일 것이다.

이 방식은 괜찮지만 방금 제시한 정의를 수정할 일이 생길 가능성이 없을 때만 그러하다. 화가의 관심사가 정확한 초상화 이상의 다른 무언가를 그리는 것이라면, 그의 자화상이나 그가 그린 타인의 초상화는 모델과 아주 정확하게 닮은 모습은 아닐 것이다. 그래서 그 초상화가 명목상의 소재보다 다른 사람을 더 닮게 되는 것도 이론적으로 가능하다. 오늘날 렘브란트 본인보다 더 그 자화상을 많이 닮은 사람이 나타났다고 해보자. 그러면 우리의 잠정적인 정의에 따라, 그 그림은 이제 렘브란트의 초상을 그려낸 것이 아니라 다른 사람의 초상을 그려내고 있다고 해야 하는가? 요컨대 이렇게 되면 단지 새로운 사람이 나타났다는 것만으로 그 초상의 대상(묘사의 대상은 아닐지라도)이 바뀌는 것이 가능하게 되는데, 이것은 이상한 결론이다.

이렇게 말하고 싶지는 않으며, 그렇다면 X가 Y의 초상을 그려내고 있는지 아닌지가 전적으로 유사성에 따라서만 결정되는 것이 아니라 X와 Y를 연결하는 더 상세한 외적 조건에 의해 결정된다는 것으로 '~의 초상을 그려내다'에 대한 우리의 정의를 약정해야 한다. 그리고 이를 위해서는 몇 가지 구별을 해야 한다.

모델을 눈앞에 두고 그린 그림은 어느 정도 그 '실물 모델'(sitter)과 유사하다. 이 용어를 두 가지 측면에서 확장해보자. 첫째, 화가가 직접 본 적이 없고 다른 그림이나 사진을 보고 그린 사람일지라도 그림이나 사진들을 추적하다 보면 원래의 인물이 확인될 때 그를 실물 모델이라고 하자. 둘째, 그 용어를 인간이 아닌 다른 대상에도 적용해보자. 예컨대 좀 독특하게 느껴지기는 하지만 생트 빅투아르 산을 실물 모델이라고 하자. 나는 실물 모델이라는 용어로 그 그림의 원래 모델이 된 대상을 의미하고자 한다.

그렇다면 어떤 사람이나 산을 그린 특정한 그림에 실물 모델이 있는지 아닌지는 그림 자체만으로 결정될 수 없다. 그 문제는 그 그림을 빼닮은 사람이나 산을 세상에서 찾는 것만으로 최종적으로 결정될 수도 없다. 화가가 그 사람이나 산, 혹은 그것의 사진을 봤다는 증거가 추가적으로 필요하다. 대상과 그림이 놀라울 정도로 유사하고, 화가가 너무 일찍 사망했거나 혹은 결코 그 장소에 갈 수 없었다거나 하여 그 대상을 볼 수 없었으리라는 결정적인 증거가 없다면 그 대상을 해당 그림의 실물 모델로 보는 것이 합리적이다. 한편 만약 화가나 그의 친구들이 남긴 기록을 통해 그 사람이나 산이 실제로 화가 앞에 있었고 그림은 그 결과물이라는 것을 증명할 수 있다면, 실제로는 그림이 대상을 그다지 닮지 않았다고 해도 우리는 그 사람이나 그 산의 그림이라고 할 것이다. 우리는 도판 2에서 렘브란트가 그린 〈잠자는 소녀〉의 특징을 명확히 볼 수 없지만 아마도 헨드리케가 실물 모델이었을 것이다.

지금까지 살펴본 것들은 또 다른 중요한 요인, 바로 제목과는 전적으로 별개의 것이다. 그림에 제목이 없는데 무엇의 초상을 그려내고 있는가 하는 질문에 답하려면 실물 모델이 있었다는 증거를 찾아야 하고, 이런 증거를 찾을 수 있다면 그 실물 모델을 소재라고 할 수 있을 것이다. 이러한 증거를 찾지 못한다면 그림이 무엇의 초상을 그려내고 있는지 알 수 없거나 특정한 사람이나 산의 초상을 그려내고 있다고 할 수 없을 것이며 다만 막연히 어떤 사람이나 산을 묘사하고 있다고 추측할 것이다. 그러나 만일 그림이 '자화상'이라고 한다면 그 그림이 인간을 묘사하고 있는 한, 화가의 초상이라고 할 것이다. 그리고 〈비극의 뮤즈 차림의 시돈즈 부인〉(*Mrs. Siddons as the Tragic Muse*)이나 〈엘바 섬의 나폴레옹〉(*Napoleon on Elba*)이라는 제목이 붙어있다면 그 묘사가 전적으로 이상하지 않은 한, 역시 그 그림을 초상화로 볼 것이다. 물론 그림이 암소를 묘사하면서 〈1936년 더비 경마의 승자〉(*Derby Winner, 1936*)라는 제목이 붙어 있다면, 매우 당황스럽고 이 제목이 어떻게 잘못 붙여지게 되었는지 궁금할 것이다. 그러나 이런 일은 그리 흔하지 않다.

그러나 때로 제목을 알 수 없는 경우가 있고, 그럴 때 우리는 그 그림의 제목으로 추정되는 것, 즉 작가가 붙였을 제목을 추적한다. 이러한 작업은 화가의 의도에 근접할지라도, 그 의도에 정확히 근거하게 된다는 것을 의미하지는 않는다. 문제는 화가가 무엇의 초상을 그려내고자 의도했는가가 아니라 그가 자신의 그림을 무엇이라고 부르고자 했는가 하는 것이다. 이런 종류의 고전적인 문제들이 있다. 19세기에 〈유대인 신부〉(*Jewish Bride*)라고 제목이 정해진 렘브란트의 그림(1668, 암스테르담 국립 미술관)에는 성서에 나오는 복장을 한 한 쌍이 있다. 이것은 묘사의 소재이다. 그런데 이 그림은 룻과 보아스의 초상인가, 아니면 이삭과 리브가의 초상인가, 아니면 렘브란트의 동시대인인 미구엘 드 바리오스와 그의 두 번째 부인을 그린 초상인가? 분명 이 질문에 답하는 방법은 그림의 원제가 있다면 그것에 대한 증거를 확보하는 것이다. 그리고 초창기의 판매 카탈로그에 이 그림에 대해 의심의 여지가 없는 확실한 언급이 있다면, 즉 완전한 설명과 함께 제목이 언급되어 있다면 미술사학자들은 흡족할 것이다. 렘브란트의 다른 그림 〈그의 장인을 위협하는 삼손〉(*Samson Threatening His Father-in-law*, 1635? 뉴욕 월터 크라이슬러 2세 컬렉션, 이 그림은 존재하는 두 사본 중 하나이다)은 이전에는 〈감옥에서 늙은 아버지를 위협하는 겔더른의 아돌푸스〉(*Adolphus of Geldern Threatening His Old Father in Prison*)라는 제목으로 알려졌다. 또한 여기서도 이렇게 제목이 변한 결정적인 이유가 재현적인 정확성의 문제는 아니라고 우리는 확신할 수 있다. 그림 속의 사람이 삼손과 더 닮았는지 아니면 아돌푸스와 더 닮았는지를 확정할 방법은 없으며, 옷차림으로는 어느 쪽도 가능하다고 생각된다. 가능*하다면 미술사학자들이 알고 싶은 것은 렘브란트가 그 그림을 무엇이라고 불렀는가, 렘브란트의 묵인하에서 동시대인들이 그 그림을 무엇이라고 불렀는가 하는 것이다.

루벤스의 그림에 대한 진술 3과 4는 그래서 둘 다 초상-진술이다. 그러나 그 두 진술 사이에는 차이가 있고 그것은 각 진술에 대해 기대하는 증거들과 관련된다. 엘렌 푸르망은 실제 인물이기에 우리는 그녀가 어떤 외모를 하고 있었는지를 찾을 것이다. 이 그림 속의 인물이 그녀를 닮았다는 것을 우리는 알고 있다. 그녀가 다른 그림을 위해 포즈를 취한 것을 알기 때문에 이 그림을 위해서도 포즈를 취했다는 것을 증명할 수 있을 것이다. 그리고 제목과는 완전히 별개로 이 그림은 엘렌 푸르망의 초상을 그려내고 있다고 할 것이다. 그러나 동시에 아무런 모순 없이 이 그림이 비너스의 초상을 그려내고 있다고도 할 것이다. 그러나 이것은 비너스가 그림을 위해 포즈를 취할 수 있었거나 그림 속 인물의 외양이 비너스를 닮았기 때문이 아니다. 그것은 제목 때문이며, 그리고 큐피드를 포함해 그림이 묘사하는 것이 그 그림이 비너스의 초상을 그려내는 것과 양립 불가능한 것이 아니라는 사실 때문이다. 아마도 제목이 꼭 필요하지는 않을 것인데, 세 여신과 한 목동을 묘사한 제목 없는 프리즈가 고대 로마 유적에서 발굴된다면 우리는 그것이 누구의 초상을 그려내고 있는지 추측할 수 있기에 그러하다. 그러나 그 프리즈가 아마도 세 여신과 목동의 초상이라고, 그리고 조각가도 그렇게 간주했으리라고 우리가 추론하는 것은, 이미 우리가 세 여신과 목동의 초상인 것으로 간주해온 다른 프리즈들과 매우 닮았기 때문이다.

많은 그림들이 실제로는 존재하지 않았거나 존재하지 않았을 사람들의 그림이다. 모세, 햄릿, 톰 소여, 폴 번연 같은 신화적 인물들, 소설 속의 등장인물, 민족적 영웅들은 실제 근거를 가질 수도 있고 그렇지 않을 수도 있다. 이런 경우들에서 그림과 해당 인물이 닮은 점이 있다고 하거나, 그 인물이 존재한다면 그 그림이 다른 사람보다 그 인물과 더 비슷하다는 것을 알아볼 것이라고 말하는 것은 불합리할 것이다. 물론 우리가 비너스에 대해 알고 있는 점이 있지만 그러나 비너스를 그린 수많은 서로

---

* 초상의 문제에 대한 뛰어난 예가 파노프스키(Panofsky)의 『시각 예술에서의 의미』(*Meaning in the Visual Arts*), pp. 36-38 (Note 12.1을 보라)에 있다. 이 경우에서도 문제되는 것은 (미상의) 작가가 그 그림을 무엇이라고 불렀는가 하는 것이라는 점이 명백하다. 이것은 의도의 문제가 아니다. 의도가 언어적 약정 속에서 구체화된 경우가 아니라면 말이다.

다른 초상화들이 있을 수 있고, 그 초상화 중 어떤 것이 원칙적으로 다른 초상화보다 더 정확한 것으로 입증될 수 있는 것도 아니다. 그리고 사실 오늘날 많은 사람들은 비너스를 엘렌 푸르망보다는 다소 날씬한 모습으로 생각하고 싶어 한다.

　존재하지 않는 인물이나 현재는 그 외모를 알 수 없는 인물들을 그린 초상은, 존재하고 있으며 외모가 알려진 사람의 초상보다 더 근거가 약하고 자의적이다. 그러나 유사점은 있다. 우리는 때로는 그림을 원래의 모델과 연결시키고, 때로는 그 그림 이전에 이미 존재했던 어떤 개념과 연결시킨다. 말하자면 허구, 신화, 사람들의 마음 속에 있는 전통 같은 것들이다. 그러나 허구적인 인물의 초상은 그 자체만으로 견고하게 성립되지 못한다. 그 인물로서 세례를 받아야 한다. 해당 그림의 대상과 그 그림을 연결하는 모종의 언어적 지시가 있어야 한다. 그래서 루벤스의 그림이 비너스의 초상이라는 것을 인정하기 위해서는, 그림이 그려지기 전에 이러한 사람이 상상되고 있다는 것, 그녀에 대한 이야기를 그림 또한 담고 있다는 것을 알아야 한다. 그리고 그녀에 대해 사람들이 생각하는 바와 일관되지 않는 점이 그림 속에 없음을 확인해야 한다. 그러나 그보다 더 중요한 것은 루벤스나 다른 사람이 그 그림 속의 인물을 비너스라고 불렀다는 증거가 있어야 한다.

　이와 동일한 기준을, 실제 인물이지만 아주 먼 과거의 인물로 자료가 거의 남아 있지 않아 외모에 관한 자세한 증거를 찾기 어려운 인물의 초상에 대해서도 적용한다. 적어도 이것은 유명한 중세사 『뉘른베르크 연대기』(Nuremberg Chronicle)의 발행인의 원칙이었던 것 같다. 그들은 절약정신을 발휘해 645가지의 목판에 각기 다른 1,809점의 그림, 초상, 지도를 그렸다. 그래서 예컨대 28가지의 목판으로 198명의 교황을, 54가지의 목판으로 224명의 왕과 황제들을, 22가지의 목판으로 69개의 도시들을 '재현했다'. 만약 국왕 알폰소 1세와 알폰소 2세의 외모에 대해 알려진 것이 둘 다 남성이고 검은 수염이 있었다는 것이 전부라고 한다면, 두 왕의 초상을 그려내는 데 검은 수염을 한 남성을 묘사한 동일한 이미지를 사용하는 것이 합리적인 것으로 보인다.

　그리고 이와 똑같은 일반적 고려사항들이, 베로네제가 종교 재판소와의 갈등에서 벗어나기 위해 고안했던 방법에 대한 변명이 되어준다. 베로네제가 베니스의 산티 조반니 에 파올로 성당의 도미니크회 수도사들의 식당에 〈최후의 만찬〉을 그렸을 때, 그 그림에는 큰 개와 그리고 종교재판소의 표현으로는 "어릿광대, 술고래, 게르

만인, 난쟁이, 외설적인 것들"이 포함되어 있었고 종교재판소는 베로네제에게 그림을 바꾸라고 요청했다. 화가는 그림을 바꾸는 대신 제목을 〈레비 가의 향연〉(*Banquet in the House of Levi*)으로 바꾸었다. 〈최후의 만찬〉 혹은 〈레비 가의 향연〉은, 근방에 있는 장식과 동물상에 대해 더 상세한 정보가 없는 상황에서는, 베로네제가 그림의 이름을 바꾸었을 때, 물론 묘사의 대상을 바꾸지는 않았지만 초상의 대상을 바꾸었다는 것을 우리는 인정해야 할 것이다. 베로네제가 그것으로 완전히 면죄부를 받은 것은 아니었다. 그는 예수의 머리 옆에서 흑인의 머리를 치워야 했다. 종교재판소 관계자들은 그 자리에 어두운 색채가 필요하다는 베로네제의 간청을 받아들이려 하지 않았다.

그러나 초상으로 그려진 대상이 생존 인물이거나 많은 정보가 알려진 역사적 인물인 경우, 즉 그 대상의 외형에 대한 별도의 증거가 실제로 있거나 앞으로 발견될 수 있는 경우라면, 그 그림을 초상화로 부르기 위해서는 그 대상과 그림이 상당한 정도로 닮아야 한다. 얼마나 닮아야 하는지를 말할 수는 없고, 분명 사람들은 그 경계선을 다양하게 설정할 것이다. 실물 그대로의 모습과 거리가 먼 사진을 찍는 사진가에게, 자식을 애지중지하는 어머니는 사진이 조금만 달라도 '그건 나의 수지(Susie)가 전혀 아니야'라고 말할 것이고, 한편 운 좋게 모딜리아니, 루오, 피카소가 그리는 초상화 모델이 된 사람은 본디 모습에서 상당히 왜곡되는 것을 감수해야 할 것이다. 화가가 머리를 두 개로 그리더라도 말이다. 어떤 중요한 특징이 남아있는 한, 우리는 현대(modern) 회화에서 '초상화법'(portraiture)이라는 용어를 매우 넓은 범위로 사용한다.

그러면 어떤 그림이 쉬잔 발라동이나 사스키아, 가브리엘이 아니라 엘렌 푸르망을 그린 초상이라고 할 때, 이것은 그 그림이 프레야, 스칼렛 오하라, 네페르티티 여왕이 아닌 비너스를 그린 초상이라고 말하는 것과는 매우 다른 듯 보인다. 그 그림은 동시에 엘렌 푸르망과 가브리엘의 초상일 수 없고, 동시에 비너스와 프레야의 초상일 수 없다. 그러나 엘렌 푸르망의 초상이면서 동시에 비너스의 초상은 될 수 있다. 그래서 '~의 초상을 그려내다'라는 용어는 두 가지 의미를 가질 수밖에 없는데, 엘렌과 비너스는 같은 사람이 아니기 때문이다. 이제 이전에 제시했던 정의 대신 다음의 정의쌍으로 대체하자.

'디자인 X는 대상 Y의 물리적인 초상이다'라는 것이 의미하는 것은 'X는 Y의 외형과 상당히 유사하고, Y가 X를 위한 실물 모델이었다'는 것이다.

'디자인 X는 대상 Y의 명목상의 초상이다'라는 것이 의미하는 것은 'X는 Y에 귀속되는 특징들과 양립 불가능한 뚜렷한 특징을 갖지 않고, 제목의 형태로든 구두 언급이나 부수적인 텍스트의 형태로든 X를 Y의 초상화로 불러야 한다는 언어적 약정이 있다'는 것이다.

막스 베크만의 목판화(도판 4)는 그의 물리적인 초상화이다. 뒤러의 목판화(도판 6)의 인물은 예수와 열한 제자들의 명목상의 초상화이다.

이것은 과도하게 정밀하고 조심스러워 보일 수도 있지만, 이 구별들 중 일부는 지금까지 적절하게 명시된 적이 없었기에 결과적으로 재현-진술과 관련해 불필요한 혼란을 초래하는 것이다. 어떤 그림이 누군가의 물리적 초상화라는 것(진술 3)을 증명하기 위해서는, 그것이 명목상의 초상화라는 것(진술 4)을 증명하는 데는 요구되지 않는 증거가 필요하다. 그리고 그 그림이 명목상의 초상화라는 것을 증명하기 위해서는 그것이 묘사라는 것(진술 1과 2)을 증명하는 데는 요구되지 않는 증거가 필요하다.

초상과 묘사의 구별은, 익숙하지만 오해를 낳기 쉬운 화법(話法)을 명확하게 하는 데 도움이 될 것이다. 때때로 비평가들은 예술가가 '소재를 다루는 방식'에 대해 말한다. 보통 비평가들은 화가가 실물 모델을 다룬다는 뜻으로 말하지 않기 때문에, 비록 일부 실물 모델은 좋지 않게 다루어지는데도 불구하고 비평가들은 초상의 대상을 화가가 묘사한다는 뜻으로 말할 뿐이다. 그러나 단일한 그림에서, 묘사된 것 중에서 '소재'인 것과 화가가 '다룬 결과물'을 구별하는 것은 불가능하다. 묘사된 것은 전적으로 소재이거나 전적으로 화가가 소재를 다룬 결과인 것이다. 같은 초상-소재를 다르게 묘사한 두 그림이 있다면, 물론 우리는 묘사-소재들이 어떤 점에서 유사하고 어떤 점에서 다른지를 결정하기 위해 그 둘을 비교할 수 있다. 그러나 그 차이를 화가가 '다룬 결과물'에서의 차이로 기술하는 것은 혼란만을 초래할 뿐이다.

소재의 명료화

루벤스의 그림에 대한 진술 5와 6은 새로운 국면을 제시한다. '사과를 주는 목동', '파리스의 선택', '최후의 만찬', '십자가를 들어 올림', '사비니 여인의 납치'와 같은 구절에서 핵심적인 것은 그 구절이 단순히 '사과'나 '여인' 같은 대상뿐 아니라 사건을 의미한다는 것이다. 그러나 묘사와 초상의 구별은 대상에 적용되는 것처럼 사건에도 적용된다. 예컨대, 어떤 불특정한 저녁 식사가 묘사되고 있고, 특정한 사건인 최후의 만찬의 초상이 그려지고 있다. 어떤 목동이 사과 하나를 주는 것(진술 5)이 묘사되고 있고, 파리스가 특정한 사과를 주는 것(진술 6)이 명목적 초상으로 그려지고 있다. 이제 '묘사'와 '초상'에 대한 우리의 정의에, 각 경우 Y가 대상뿐 아니라 사건일 수 있다는 것, 즉 제자리에 있는 대상뿐 아니라 움직이고 있는 대상일 수 있다는 것을 덧붙이기만 하면 된다.

이렇게 수정하기는 쉽지만 수정을 하고 보면 여전히 문제가 있다. 그림의 소재가 어떻게 이러이러한 위치에 있는 이러이러한 사람만이 아닌, 무언가를 하고 있는 사람일 수 있는가? 그들 중 한 사람이 스승을 배반하리라는 예수의 말에 움찔하는 제자들, 파도 위를 걷는 예수 등으로 말이다. 움직이지 않는 디자인이 어떻게 움직임을 재현하는가?

분명 우리는 정지된 자세를 움직임의 단면으로 간주해, 인과적 관계의 선행사건과 결과를 포함하고 있는 것으로 그 이미지를 읽어낸다. 창문 가까이에 있는 야구공은 방망이에 닿고 날아왔으며 창문을 깨뜨릴 것이다. 내 생각에 지금 다루고 있는 문제는 제5장 15절에서 논의했던, 문학작품에서의 명료화(elucidation) 문제와 정확히 같다. 그래서 똑같은 용어를 사용하는 것은 정당하다. 디자인은 우리가 그것을 명료하게 할 수 있기 때문에, 즉 묘사된 대상들 간의 관계를 그 안에 포함하고 있는 사건의 패턴을 채워 넣을 수 있기 때문에 이야기를 전달할 수 있다. 작은 마을의 철도역 매표창 앞에 앞을 연 외투 차림의 남자가 서 있는 광고가 있다. 그 광고는 그가 데이크론 제품인 옷을 '적절하게' 입고 있다는 것을 말하지만 그가 무엇을 하고 있는지를 말해줄 필요는 없다. 불룩한 스토브 옆 바닥에는 선물포장이 된 꾸러미와 여행 가방이 있다. 그의 팔 아래에는 또 다른 꾸러미가 있고 창문에는 호랑가시나무 화환이 있다. 분명 그는 크리스마스 휴가를 맞아 집으로 가는 중이다. 이러한 동기와 행위의 집합을 그림의 극적 소재(dramatic subject)라고 부르자.

이 그림 속에서 일어나고 있는 일을 아는 것은 그림의 완전한 의미를 이해하는 작업의 일부이고 가장 중요한 것일 터이다. 뒤러의 목판화(도판 6)를 생각해보라. 그 작품은 분명 최후의 만찬을 묘사하지만 작품에서 흥미로운 것은 최후의 만찬 중에서 그것이 묘사하는 정확히 어떤 순간이다. 이러한 측면에서 이 작품은 미술사에서 독특하다. 이 작품이 묘사하고 있는 것은 예수님이 자신이 배반당할 거라고 말하는 순간이 아니라 사랑이라는 '새로운 계명'을 선포하려는 순간이다. 어윈 파노프스키의 말을 빌리면 다음과 같다.

> 그리고 나서 유다는 방을 나갔고 신실한 열한 명의 제자들만 남아있다. 그들의 연합을 의미하는 성찬의 상징이 탁자로부터 빛나고 있다. … 뒤러의 목판화의 주요 내용을 형성하고 있는 것은 이 '새로운 계명'을 선포하는 것이고 그것이 작품의 이름이 될 것이다. 인간의 비극과 성스러운 제의의 성립을 복음주의적 공동체라는 제도로 대체하고 있다.[*]

이 그림을 명료화하면서 우리는 문학을 명료화할 때처럼 인간의 행위와 물리적 과정에 대한 인과법칙을 아는 지식에 의존한다. 물론 해는 뜨고 있는 것이 아니면 지고 있는 것이라는 벤저민 프랭클린(Benjamin Franklin)의 농담에서처럼 애매한 측면이 있을 수 있다. 사람이 오고 있는지 가고 있는지 모를 수도 있다. 히에로니무스 보쉬(Hieronymus Bosch)의 풍자적인 회화 〈바보들의 배〉(*The Ship of Fools*, 1500년경, 파리 루브르 미술관)에는 주전자를 흔드는 여인이 있는데 이 여인이 남자의 머리를 치는 것일 수도 있고 남자가 물속에서 식히고 있는 다른 주전자의 술을 요구하는 것일 수도 있다. 판별할 방법이 없다. 루오의 석판화(도판 5)는 흥미로운 예이다. 이 작품은 때로 〈걸인〉(*The Beggar*)이라고 불려왔는데, 물론 이 그림은 구걸하는 사람을 묘사한 것일 수도 있다. 그러나 루오가 붙인 제목은 루오의 친구였던 시인 안드레 수아레스(André Suarès)로부터 받은 구절로, "저마다 다른 방법으로 척박한 땅에 씨 뿌리는 고귀한 소명"이다. 우리는 두 가설 모두를 고려해 분석함으로써 이 석판화가 무엇을 묘사하는

---

[*]   *Albrecht Dürer*, Princeton, N.J.: Princeton U., 1948, I. 223.

지를 결정해야 한다. 예컨대 하늘로 향한 손바닥은 구걸에 들어맞지만 그 손의 각도는 낟알을 뿌리는 것에 더 잘 들어맞는다. 그 자세의 겸손함은 두 가지 의미 모두에 들어맞지만 척박한 땅은 확실히 있다. 요컨대 이 묘사는 비록 명료화가 좀 필요하긴 하지만 애매하지는 않다.

이 예에서 볼 수 있듯, 그림의 명료화에서 검증 가능성의 한계는 문학의 명료화에서보다 일반적으로 더 엄격하다. 작품이 잘 알려진 역사적 사건의 초상을 그려내는 것이 아니라면 시간상의 전후를 명료화할 수 있을 만큼 충분한 세부사항들을 그림이 제공할 수 없기 때문이다. 크리스마스 꾸러미를 든 남자에 대해 우리가 말할 수 없는 것이 엄청나게 많다. 예컨대 그가 어디로부터 왔고 어디로 가는지 등이다. 물론 루오의 작품은 이러한 질문들을 불러일으키지도 않는다. 그러나 예컨대 조르조네의 수수께끼 같은 그림들, 특히 〈폭풍우 혹은 병사와 집시〉(The Tempest, or Soldier and Gypsy, 1500년경, 베니스 아카데미 갤러리)와 〈야외 음악회 혹은 전원곡〉(Concert Champêtre or Pastorale, 1505, 파리 루브르 미술관) 같은 작품에 대해서는 터무니없는 이야기가 수없이 써졌다. 뭔가 기이하고 중대한 일이 곧 일어날 듯한 기운이 감도는 이 그림들의 깊고 생생한 분위기를 보면 그림 속 광경을 어떤 연극의 한 장면으로 여기고 싶어진다. 몇 가지 정교한 상상들이 펼쳐져 왔고 이것이 잘못된 일인지는 분명하지 않지만, 이 그림들이 그러한 상상의 이야기들을 어떤 의미에서도 재현하지 않는다는 것은 분명하다.

비재현적 디자인

이제 오늘날의 미술 비평에서 상당한 역할을 하는 다른 개념 구별을 분명하게 할 수 있다. 우선, 어떤 대상의 초상을 그려내기 위해 그림은 무언가를 묘사해야 한다는 것을 주목하라. 만일 어떤 산을 그린 그림일 뿐 특정한 산의 그림이 아니라면 그 그림은 초상을 그려내지 않고도 묘사를 할 수 있다. 그러나 묘사를 하지 않고 초상을 그려낼 수는 없다. 어떤 산의 그림이 아니고서는 생트 빅투아르 산의 그림일 수 없기 때문이다. 그러나 아무것도 묘사하지 않고, 그래서 더욱 확실하게 어느 것의 초상도 아닌 시각적 디자인도 있다. 이렇게 무엇을 묘사하지 않는 디자인은 특수한 종류로 묶인다.

무언가를 묘사하지 않는 디자인을 부르는 이름은 많다. '추상적인'[칸딘스키의 용어로는 '구체적인'(concrete)이라고도 한다], '절대적인', '순수한', '비대상적인', '비구상적인'[가보와 아르프의 용어로는 '사실주의의'(realistic)], '표상적인', '비재현적인' 등의 용어가 그것이다. 내 생각에는 이 모든 용어 중 마지막 단어가 오해를 불러일으킬 여지가 가장 적어보인다.* 그러면 지금 문제는 우리가 시각적 디자인을 두 그룹으로, 즉 재현적인 디자인과 비재현적인 디자인으로 나눌 수 있는가 하는 것이다. 여기서 재현적 디자인은 무언가를 묘사하는 디자인이고, 대상의 초상을 그려낼 수도 있고 그렇지 않을 수도 있다.

언뜻 보기에 이 구별은 쉬우면서도 또한 불가피한 것처럼 보인다. 인쇄된 이 페이지는 디자인이지만 엄격한 의미에서 분명 아무것도 재현하지 않는다. 단어 표기들은 의미를 가지지만 '암소'라는 단어는 암소의 그림처럼 암소를 재현하지는 않는다. 금이 가 갈라진 보도의 구획이나 비행기에서 바라본 밭갈이 된 들판과 그렇지 않은 들판의 패턴은 비재현적인 디자인이다. 우리가 모던 미술이나 동시대미술 갤러리에서 보는 많은 것들이 그와 같은 종류다.

재현적 디자인과 비재현적 디자인의 차이가 있음은 분명하다. 그러나 그 양자가 얼마나 분명하게 구별될 수 있으며 그 구별이 얼마나 유용한지에 대해서는 의문의 여지가 있다. 두 번째 의문은 다음 절에서 다루도록 하겠다. 간단명료하게 말하자면 그 구별의 유용함은, 재현적 예술에서만 제기되고 비재현적인 예술에서는 전혀 제기되지 않는 문제들이 있다는 사실에 기인한다. 그러나 첫 번째 의문은 지금 여기서 다루어야 한다. 그 구별이 다소 모호한 것으로 판명된다고 해서 아쉬워할 필요는 없다. 이 분야에서 우리가 하고 있는 구별들 대부분이 사실 그러할 것이고, 그렇다고 해서 이 구별들이 무의미한 것은 아니다.

재현적/비재현적 디자인의 구별과 관련된 어려움 중 일부는 미학에서 오늘날 일부 저술가들이 '재현'이란 용어를 의도적·체계적으로 잘못 사용하고 있는 데서 기인한다. 특히 재현을 순수한 성질과 혼동해서는 안 된다. 그래서 녹색은 한색이지만

---

* 이 용어에 대해서는 블랜샤드(Frances B. Blanshard)의 『회화 이론에서 유사성으로부터의 후퇴』(*Retreat from Likeness in the Theory of Painting*, 2nd ed., New York: Columbia U., 1949, ch. 6. esp pp. 117-122)를 보라. 그러나 블랜샤드는 '비재현적인'이라는 용어에 반대하며 이 용어를 사용하지 않으려는 쪽이다.

녹색이 '서늘함을 재현한다'고 말해서는 안 된다. 이것은 재현이 아니라 평이한 기술이다. 지그재그선은 들쭉날쭉하지만 그것이 '들쭉날쭉함을 재현한다'고 말하는 것은 혼동하고 있는 것일 뿐이다. 서늘함과 들쭉날쭉함은 성질이지 대상이나 사건이 아니다. 그리고 우리가 '재현'이라는 용어에 있어 재현되는 것을 대상과 사건으로 한정하게 되면 의사소통의 명료함 측면에서 유익한 점이 많다.

재현은 또한 디자인이 감정을 환기하는 것과도 구별되어야 한다. 나는 이탈리아 미래주의자 중 한 사람인 보치오니(Boccioni)가 '특정 순간의 영혼의 상태를 동시적으로 제시하는 것'이라는 미래주의의 목표를 추구하여, 술에 취해가는 압생트 중독자의 그림을 그렸다는 것을 읽은 적이 있다. 그리고 그 그림 자체가 사람을 취하게 한다고들 한다. 식당과 여인은 휘청거리고 관람객 자신도 때로 심하게 술에 취한 것처럼 느끼게 된다. 지금 이 설명은 일부는 그림의 성질, 일부는 재현하는 대상, 또 일부는 그림을 보는 사람에게 미치는 효과에 대한 것이다. 그리고 이 그림이 '영혼의 상태'를 '재현'한다는 진술은 아마도 어떤 특정한 경험을 하고 있는 사람을 재현한다는 진술을 생략한 것으로 간주할 수 있다. 메레 오펜하임(Meret Oppenheim)의 유명한 털로 된 찻잔은 끔찍하게 메스꺼운 느낌을 자아내지만 이러한 느낌을 재현하지는 않는다.

혼동을 초래한 또 다른 원인이 있는데, 흔히 말하듯 '어떤 의미에서는' 모든 예술이 재현적이라는 생각을 하게 만든 책임이 여기에 있다. 영어에서 일차적으로 모양을 분류하는 데 쓰이는 단어는 극소수이며 원, 사각형, 삼각형, 마름모, 타원, 평행사변형 등과 같이 그 단어들 대부분은 기하학에서 탐구하는 단순한 모양들을 가리킨다. 이 단어들은 자연과 미술에서 볼 수 있는 한없이 다양한 모양들에 대응하기에는 턱없이 부족하다. 그러나 그렇다고 우리가 일반적으로 심각한 불편을 겪지는 않는데, 그것은 '잎 모양의'(leaf-shaped), '흰 참나무 잎 모양의'(white-oak-leaf-shaped), '거미 모양의'(spider-shaped), '뱀 같은'(snaky), '물결 같은'(wavy)처럼 접미사를 사용해 대상의 이름을 모양의 이름으로 언제든 바꿀 수 있기 때문이다.

그러면 다음과 같은 단순한 모양들을 생각해보자.

1. ◯ 는 원이다.
2. ⌛ 는 모래시계 모양이다.

3. ◇ 는 다이아몬드이다.

4. ◇ 는 연 모양이다.

2와 4를 보면 익숙하게 사용할 수 있는 이름을 빌려와 간단하게 새로운 단어를 내놓는다. 진술 2와 4는 재현과 관계된 것이 아니다. 모래시계 모양이 반드시 모래시계를 재현하지는 않는다. 그냥 비슷한 모양을 하고 있을 뿐이다. 물론 2의 모양을 보기 위해 모래시계를 생각할 필요는 없다. 그 모양이 그렇게 명명된 것을 생각하기 위해 모래시계를 생각해야 하는 것이다. 그러나 모래시계에 대해 들어본 적이 없는 사람도 그 모양을 있는 그대로 볼 수 있다. 예를 들어 다음과 같이 구불구불한 모양을 기술하려고 한다면, 이 모양의 각 부분들과 공통점이 있는 단어들을 찾을 것이다.

고리 모양이 있고 급하게 도는 부분도 있다. 그러나 이 모양에서 독특한 부분들은 기술하기가 쉽지 않을 것이고 우리는 이 모양을 기술하기 위해 버섯, 쿠션 등 비슷한 모양을 한 대상을 생각해내려 할 것이다. 그러나 이러한 대상들을 생각하는 것은 디자인이 그렇게 하도록 강요해서가 아니라 이것을 기술하는 일 때문에 그런 것이다.*

암시

하지만 아직 의문이 가시지 않을 것이다. 우리의 정의에 의거해 구불구불한 모양이 재현적인 디자인이 아니라고 할지라도, 많은 비평가들이 어떤 의미에서는 '경계선상에 있다'고 하거나 '넓은 의미에서 재현적'이라고 말하고 싶어하기도 한다. 구

---

*   아이젠버그(Arnold Isenberg)는 예리한 논문 "지각, 의미, 그리고 예술의 주제"(Perception, Meaning, and the Subject-Matter of Art, Note 12.3의 출처를 보라)에서 디자인의 일부분을 설명하기 위해 모양의 이름을 사용하는 것은 그 작품 바깥의 무언가를 지칭하도록 하지 않는다는 것을 보여준다.

름이 '고래와 매우 비슷하다'고 해서 재현인 것은 아니며, 같은 잉크 얼룩을 어떤 사람은 마녀로, 다른 사람은 천사로 볼 수도 있다. 로저 프라이스(Roger Price)가 고안하여 '드루들'(droodles, 역주: 로저 프라이스가 개발한 두뇌 훈련용 그림 문제)이라고 부르는 이 이상한 작은 디자인들도 같은 범주에 속해 있다. 이것이 무엇인지 추측할 수 없지만, TV를 보는 사람, 개를 데리고 장벽을 통과하는 군인, 위에서 본 멕시코 솜브레로 모자 등 유사성을 포착하게 되면 어떤 면에서는 그 형상처럼 보인다. 물론 다른 형상처럼 보일 수도 있지만 말이다. 또 한스 아르프의 디자인, 예컨대 〈산, 탁자, 닻, 배꼽〉(*Mountain, Table, Anchors, Navel*, 1925, 뉴욕 현대 미술관)에서 보이는 형태들은 드루들과 비슷하다. 닻의 모양들이 있다. 그렇게 볼 수 있다. 그러나 엄격히 말해 닻의 재현은 아니다. '배꼽'은 사실 도넛과 더 비슷하다.

이런 예들을 재현으로 분류할 수 없음이 더 분명해 보인다면 이것들을 무엇으로 분류할 것인가? 매우 쉽고 간단한 아르프의 디자인만큼은 아니지만, 많은 비재현적 디자인에는 그 형태와 외부 세계의 사물 간의 어떤 관계가 있고, 이 관계가 디자인의 효과에 한몫을 한다. 즉 어떤 경우에는 그 디자인의 성질을 완전히 이해하려면 물결 모양과 대양, 뱀 같은 선과 뱀 간의 이러한 관계를 알아봐야 한다. 이것은 모양의 이름을 짓기 위해서만이 아니다. 사실 이름을 짓기 위해 그러한 경우는 드물다. 그것보다 그 디자인을 전체적으로 즐기기 위해서이다. 물결 모양이 물결을 재현하지 않는다면 형태와 대상 간의 관계는 과연 무엇인가?

한 가지 관점에 따르면 이 관계는 연관성(association)이다. 물결 모양의 선은 물결과, 푸른색은 하늘과 연관되어 있다고 할 수 있다. 그림이 담고 있는 것을 전부 파악하려면 물결을 선과, 하늘을 파란색이 퍼진 것과 연관시켜야 한다. 그렇다면 이 연관성의 기반은 그 디자인의 구역과 자연적 대상의 외형에서 확인할 수 있는, 형태나 색 측면에서의 어떤 뚜렷한 유사성일 것이다. 심리학적인 사실로는 그 연관성이 발생하는지 아닌지는 각 개인에게 달린 문제일 것이다. 그러나 그런 연관이 발생해야 하는지, 그런 연관이 발생하는 근거가 있는지는 그 디자인 자체와 자연적인 대상에 달려 있다. 그래서 '암시'라는 다른 단어를 사용하는 것이 나을 것이다. 젠센의 〈구성〉(도판 1)은 비재현적이지만, 밤하늘을 가로지르는 탐조등의 빛을 암시한다. 렘브란트의 〈잠자는 소녀〉(도판 2)에서 소녀의 팔뚝 아래서 시작되는, 뒤집힌 C 모양의 굵고 검은 선은 의자나 소파의 팔걸이를 암시한다. 디자인이 어떤 자연적인 대상과 색이나 형태 면에서 공통된, 눈에 띄고 확연히 구별되는 특징들을 가지고 있다면 그 디자인은 그 자연적인 대상을 암시한다.

여기에서 '눈에 띄고', '확연히 구별되는'이란 말은 매우 모호하다. 피카소의 작품에서 기타처럼 보이는 선들이 기타를 재현하지는 않을지라도 기타를 암시한다는 데는 모두 동의할 것이다. 그러나 그렇게 모호하다고 해도 이 구절을 다소 면밀하게 따져봐야 할 것이다. 그렇지 않으면 그 정의는 감당할 수 없을 정도로 광범위해질 것이다. 어떤 타원 형태가 수박을 암시할 수도 있고, 가지, 사람의 머리, 서커스 천막이나 행성의 궤도를 암시할 수도 있다. 그러나 특정 그림 속의 타원이 이 모두를 암시한다고 하겠는가? 그 그림을 감상하기 위해 분명하게 타원이거나 달걀형 모양을 가진 사물들 모두를 생각해야 한다면 우리는 아예 손들어버릴 것이고, 게다가 그 사물들을 일일이 생각하는 것은 매우 지루한 일일 것이다. 확실히 이 논의의 어딘가에 다른 원칙을 도입해야 한다. 암시-일치(suggestion-congruence)의 원칙이다. 이것은 제3장 10절 문학의 해설(literary explication)에서의 일치의 원칙(Principle of Congruence)과 유사하다.

특정 그림 속의 타원이나 물결 모양의 선, 파란색 부분이 잠재적으로 암시하는 것이 무엇인지를 결정하려 한다고 하자. 그것은 그 모양들과 잘 어울리거나 자연적인 관련성을 갖는 일군의 대상을 그 모양들이 암시한다고 해석할 수 있는 정도에 좌우된다. 그림 속의 타원이 연못을, 물결 모양의 선이 물을, 파란색 부분이 하늘을 암시하지 못할 이유가 없다면, 우리는 그 형태들을 종합해 바깥 풍경을 일반적으로 암시하는 것으로 볼 수 있다. 비평가들도 그 디자인이 '자연의 세계를 생각나게 한다'거나 '자연 풍경에 대한 미묘한 암시가 있어 바깥 풍경 같은 느낌을 준다'고 말할 가능성이 크다. 한편 그 타원이 바퀴의 캠이 될 수 없고 물결 모양의 선이 골이 진 철판을, 파란색 부분이 오버롤을 나타낼 수 없을 이유가 없다면 그 모양들을 종합해 일반적인 기계 공장의 광경으로 생각할 수 있을 것이다. 두 해석 모두 가능할 것이다. 한 해석이 다른 해석보다 더 옳다고 할 수도 없다. 이 그림에서의 암시가 중의적이기 때문이다.

시각적 디자인의 많은 암시들을 우리는 별 어려움 없이 올바르게 읽어내는데, 그 암시가 분명한 재현과 함께 발생하기 때문이다. 렘브란트 소묘 작품에서의 선은 그 자체만으로 소파나 의자를 암시하지 않을 것이다. 만일 그렇다면 그 선은 수많은 다른 사물을 같은 정도로 강하게 암시할 것이다. 그러나 소녀의 위치가 적절한 암시의 범위를 한정한다. 여기에서 다시 일치의 원칙이 작용한다. 비슷한 경우로 루오의 석판화(도판 5)에서의 길과 고야의 〈거인〉(도판 7)에서의 마을은 맥락에 의해 결정된다. 집과 길이, 마을과 평원이 함께 어우러지기 때문이다.

그림에 관해 이렇게 말하면서 우리는 검증 가능성의 경계선 근처에 와 있음을 유념해야 한다. 암시된 것을 제대로 보는 것과 단순히 자유 연상에 몰두하는 것 사이의 경계선은 명확히 잘 그어져 있지 않으며, 무지, 부주의, 기발하지만 성공적이지 못한 예술적 장치에 의해 그 경계는 쉽게 무시된다. 아마 좀 더 분명하게 경계를 그을 수 있겠지만, 노력이 필요하고 아무리 대단한 방법을 동원해도 개선되는 정도가 크지 않을 것이라고 생각한다. 그래서 지금의 논의에서는 이러한 몇 가지 길잡이를 마련하고 이와 가까운 어딘가에 경계선이 있다는 것을 보이는 것으로 충분할 것이다.

따라서 완전하게 비재현적인 그림을 두고 '그 그림은 어떤 헤아릴 수 없이 광대한 세상에서 운명과 맞닥뜨린 사람의 느낌을 담고 있다'고 말한다면 이것은 너무 멀리 간 것이다. 무엇이 이 정도의 암시를 하고 있는 것인지 알기 어렵다. 그러나 '격렬한 녹청색 모양들이 밤하늘을 향해 날아가는 비행기의 느낌을 담고 있다'거나 '그 그림은 금방이라도 불길하고 사악한 형상들로 가득 찰 듯한 황량한 장소를 암시한다'고 말하는 것은 의미가 통하며, 작품 자체가 가진 암시를 전달하는 것으로 정당하게 간주될 수 있다.

이제 이러한 암시와 같은 것이 있다면, 비재현적인 예술을 다시 두 종류로 구별해야 할 것이다. 첫 번째 종류는, 아무리 모호하더라도 곤충, 여성의 신체, 나무, 기계, 바위 같은 것들을, 재현하지는 않더라도 암시하는 구역이 있고 여러 다른 구역들이 암시하는 바가 어느 정도 일관되는 경우이다. 이러한 예술은 때로 '추상표현주의'로 불리지만 추상, 표현이라는 단어는 둘 다 지금 논의에서는 피하는 것이 좋을 것이다. 나는 이 경우를 '암시적인 비재현적 예술'이라고 부르고자 한다.

한편 암시적이지 않은 비재현적 디자인이 있다. 혹은 적어도 있을 것으로 보인다. 이 디자인들은 주로 직선, 몇 가지 일차적 색상, 그리고 입체감이 없는 상당히 정형적이고 단순한 모양, 즉 대체로 흔히 '기하학적'이라 불리는 모양들로 한정되어 있는 디자인이다. 타일, 레이스와 깔개의 디자인, 검정과 흰색의 사각형이나 육각형이 번갈아 반복되는 디자인, 다양한 종류의 소용돌이와 타원이 엮여있는 디자인 같은 것들이다. 욕실 바닥에 있는 사각형 모양이 상자, 객실, 헛간을 암시한다고 말할 수도 있겠지만 이것은 이상하고 불필요한 말이라고 생각한다. 이 암시를 패턴 속에서 다른 모양의 암시와 연결시킬 수 없다면, 그 디자인 속에 있는 것을 보는 것이라기보다는 그 디자인에 무엇을 개입시키면서 의미를 읽어내는 것일 터이다. 그러나 아무리 단순하더라도 분명한 잎 모양과 꽃 모티프를 결합시킨 디자인은 암시적이라고 할 수 있다.

추상과 왜곡

암시적이지 않은 디자인을 때때로 '장식적인 디자인'이라고 부른다. 특히 구조에 의해서보다 질감에 의해 통일되어 있을 때 그러하다. 이 디자인을 '추상적 디자인'이라고 부르기도 한다. '추상적'이란 말이 다용도로 쓰이는 단어여서 이때의 의미는 이 단어의 여러 의미 중 하나에 불과하기는 하지만 말이다. 전반적으로 볼 때 이런 식으로 '추상적'이라는 단어를 쓰지 않는 것이 나을 것 같다. 그것은 무언가 추상적인 것은 적어도 그 기원상 무언가로부터 추상된 것이기 때문이다. 그래서 암시적인 디자인을 추상적이라고 부르는 것이 더 합당할 것인데, 예컨대 우리가 병 모양을 보면서 그것이 병을 암시한다고 볼 때 그 디자인은 아마도 병으로부터 추상되었고 마찬가지로 파란색은 하늘로부터 추상된 것이라고 덧붙일 수 있기 때문이다. 그러나 '암시적'이라는 단어 대신 또 다른 용어를 쓸 필요는 없다. 사실 용어를 불필요하게 중복해서 사용하는 것은 이 분야의 골칫거리다. 더욱이 다른 개념도 그것을 지칭할 단어가 필요하고, '추상적'이란 단어는 모든 면에서 최고의 후보이다. 우리는 필요에 따라서는 재현적인 디자인을 다소 추상적이라고 말할 수 있었으면 한다.

'추상적'이란 용어를 이런 식으로 사용하는 것은 추상적 디자인과 비추상적인 디자인을 구별하는 것이 아님을 주의하라. 추상성은 정도의 문제이다. 사과에 대한 두 가지 재현(묘사)이 있다고 생각해보자. 재현이 되기 위해서는 그 디자인들이 각각 사과와 공통된 여러 특징을 갖고 있어야 한다. 이 경우 한 가지 특징만으로는 불충분하다. 그러나 그중 한 디자인이 다른 디자인보다 사과와 공통적인 특징을 더 많이 갖고 있을 수 있다. 즉 한 디자인이 사과와 더 비슷한 것이다. 예컨대 둘 다 전체적으로 사과 모양이고 꼭지가 있으며 약간 입체감을 띠고 있는데 하나는 붉은색이고 하나는 색깔이 없다고 하자. 그러면 붉은색의 디자인이 무색의 디자인보다 사과와 더 공통점이 많다. 그리고 적절하고 유용한 의미에서, 무색의 디자인이 더 추상적이다.

그래서 세잔이 그린 복숭아는 샤르댕이 그린 복숭아보다 더 추상적이다. 마티스가 그린 목욕하는 사람들은 르누아르가 그린 목욕하는 사람들보다 더 추상적이고, 르누아르의 그림은 같은 소재를 그린 부셰(Boucher)나 부게로(Bouguereau)의 그림보다 더 추상적이다. 렘브란트의 〈잠자는 소녀〉(도판 2)의 얼굴은 루오의 〈미제레레〉속 씨 뿌리는 사람의 얼굴(도판 5)보다 더 추상적이다. 루오의 그림은 베크만의 〈자화상〉(도판 4)보다 더 추상적이고 또 베크만의 그림은 뒤러의 〈최후의 만찬〉(도판 6)의 사도들의 얼굴보다 더 추상적이다. '추상적'이라는 말이 가진 여러 의미 중 하나가 '사실적'(realistic)이란 말의 반대이다. A가 B보다 더 추상적인 재현이라고 하는 것은 B가 A보다 더 사실적이라고 하는 것과 같은 의미이다. 소위 '눈속임 그림'(trompe l'oeil), 예컨대 애런 보로드(Aaron Bohrod)의 그림은 가장 추상적이지 않은 것이다. 원한다면 암시적인 디자인은 모두 재현적인 디자인보다 더 추상적이라고 말할 수도 있지만, '추상적'이란 용어의 일차적인 용법은 어떤 재현을 다른 재현과 비교하기 위한 것이다. 가장 어려운 점은 그 용어가 안타깝게도 각진 성질이나 선형적인 성질을 암시한다는 것이다. 우리의 정의에 의하면 미국 영토의 경계를 표시한 두 지도가 있을 때, 작은 물줄기를 생략하고 그 선들을 직선으로 처리한 지도가 다른 지도보다 더 추상적이다. 그러나 추상성은 색채에도 적용된다. 두 화가가 다양하게 색조가 변하는 대상을 그린다고 하자. 두 화가 모두 그림에서 색조의 다양성을 어느 정도 제한하고 어떤 색조는 생략해야 할 것이지만, 선명하게 구별되는 색조의 수가 더 적은 그림이 색상 면에서 더 추상적인 그림이다. 세잔이 그린 생트 빅투아르 산을 르누아르의 그림과 비교하고 마네의 그림을 베르메르의 그림과 비교해보라.

'추상'이란 단어와 함께 '왜곡'이란 단어도 우리가 사용하는 용어 목록에 쉽게 넣을 수 있다. 이 논의 맥락에서 왜곡은 잘못된 재현(misrepresentation)이지만, 일단 무언가를 재현해야만 잘못 재현한다는 것도 생각할 수 있다. (타원은 왜곡된 원이 아니다) 여기서 다시 사과를 묘사한 두 디자인을 생각해보자. 그 디자인 모두 사과와 공통된 특징을 가지고 있어서 사과로 식별 가능할 만큼 재현적이다. 그러나 혹자는 그 사과의 모양이 오이 같다고 말할 수도 있고 그 디자인은 사과에는 결코 없는 분홍빛 색을 하고 있을 수도 있다. 이런 것이 왜곡이다. 비잔틴의 성인들, 보티첼리의 여인과 반 고흐의 사이프러스 나무, 엘 그레코와 모딜리아니의 길게 늘인 손과 얼굴, 파르미지아니노(Parmigianino)의 〈목이 긴 성모〉(Madonna with the Long Neck, 피렌체 피티)와 같은 매너리즘 회화의 인체 비율, 극단적인 경우로는 달리의 축 처진 시계 등에서 볼 수 있는, 원래 성질에서 멀리 벗어나는 것이 왜곡이다. 케테 콜비츠의 〈시립보호소〉(도판 3)와 도미에의 〈증인들〉(도판 8)에서는 몸통에 대한 다리의 정상적인 비율이 왜곡되어 있는데 두 작품은 반대 방향으로 왜곡되어 있다. 전자에서 왜곡은 어머니의 보호와 고통을, 후자에서는 머리 없는 해골의 으스스함과 노여움을 강조하는 데 일조한다.

여기서 '사실적'이라는 말의 두 번째 의미와 마주치게 된다는 점에 주목하자. 달리의 시계들이 사실적인지 아닌지를 묻는다면 두 가지 답변이 가능하기 때문이다. 만일 사실적이라는 말이 '왜곡되지 않은'을 의미한다면 그 답은 아니오이다. 그 시계들은 세상에 존재하는 것을 보여준다는 의미의 '실제인'(real) 것이 아니기 때문이다. 그러나 만일 '비추상적'인 것을 의미한다면 그 답은 그렇다이다. 달리의 시계들은 주의 깊게 시계의 형태를 따랐기 때문이다. 그런데 '사실적'의 이 두 가지 의미 모두, 쿠르베 같은 화가가 '사실주의자'라고 불리는 의미와는 다른 의미이다. 사실주의 화가들은 평범한 사람의 하층민적인 삶이나 행위들을 묘사하고 있기 때문이다. 그리고 또 카라바조(Caravaggio)가 성 마태를 더러운 발을 하고 있는 모습으로 그린 것을 두고 사실적이라고 할 때의 의미와도 물론 다르다.

사람의 초상과 묘사와 관련해 때때로 논의되는 특별한 종류의 추상과 왜곡이 있다. 예컨대 일부 사람들이 다른 사람들보다 개인적인 특성이 덜 느껴지도록 묘사되는 것이다. 비잔틴 모자이크와 고딕 시대의 일부 그림들 속의 사람들은 두 가지 유형의 개인적 특성을 결여하고 있다. 얼굴 표정은 특정한 태도를 드러내지 않으며, 얼굴이 특정한 인물의 개성을 나타낼 만큼 충분히 자세하게 묘사되고 있지 않다. 군중 속에서 그 인물들을 구별해낼 수 없을 것이다. 혼란스러운 점이 좀 있지만 여기서 말하고자 하는 것은 꽤 명확하다. 개별화는 일반화에 반대되는 것이고 일반화는 추상의 결과 중 하나이다. 잘 익은 붉은 사과가 모두 공통적으로 가지는 특징들만을 가진 사과를 그린다면, 그 그림이 묘사하는 대상의 집합은 홍옥이나 매킨토시 품종이라는 이름을 가진 사과들의 집합보다 클 것이다. 이러한 의미에서 그림은 더 추상적이기 때문에 더 일반적이다.

한 개인의 초상을 그려낼 때 그 인물의 특징을 더 많이 나타내면, 묘사된 바 그 인물의 성격은 더 풍부하고 충만해지며 그 인물 개인으로서 더 강하게 드러난다고 말할 수 있다. 그 인물을 말로 기술할 수 있어서가 아니다. 렘브란트가 그린 얼굴들의 표정을 기술하는 것은 거의 불가능하다. 예컨대 〈경청하는 예수〉(The Listening Christ, 1656, 필라델피아 미술관)나 〈예수를 배반하는 베드로〉(Peter Betraying Christ, 1660, 암스테르담 국립미술관)를 보라.

일부 화가들은 소재를 '이상화'하며 그것은 좋은 쪽일 수도 있고 나쁜 쪽일 수도 있다. 이상화는 분명 일종의 왜곡이지만 여기서는 두 가지 관념이 관련되어 있다. 화가가 어떤 측면에서 실물 모델의 실제 모습보다 그림 속의 모습을 더 낫게 보이도록 했다는 별도의 증거가 있다면 화가가 그 실물 모델을 이상화했다고 할 수 있다. 예컨대 티치아노가 카를 5세를 그린 여러 초상화에서, 튀어나온 아래턱을 덜 강조해 그를 더 멋있게 나타낸 것이 그러한 경우이다. 이것은 초상의 이상화이다. 또 푸생이나 고전 조각가들, 르네상스 조각가들이 그랬듯이 인간을 지금까지의 실제 모습보다 어떤 면에서 더 낫게 나타내어 인간 자체를 이상화했다고 할 수도 있다. 고상한 이상화와, 무리요(Murillo)의 작품같이 '감상적인' 이상화 간의 구별을 어떻게 할 것인가 하는 것은 별개의 문제이다. 아마도 이 경우는 다른 방향의 왜곡이라 할 수 있다. 그러나 고상한 이상화는 감상적인 이상화보다 더 추상적일 것이다. 어쨌든 유감스럽게도 우리는 '사실적'이라는 용어의 네 번째 의미와 마주치게 된다. 즉 '사실적'이라는 용어는 때로 '이상화되지 않은'을 의미한다.

Robert M. Walker, Swarthmore, Pa.

존 젠센, 〈구성〉, 로버트 워커(피츠버그, 스왈스모어) 소장품, 석판화

British Museum, London

렘브란트, 〈잠자는 소녀〉, 영국 박물관 소장, 브러쉬드로잉

Solomon E. Asch, Swarthmore. Pa.

케테 콜비츠, 〈시립보호소〉, 솔로몬 E. 애쉬(피츠버그, 스왈스모어) 소장품, 석판화

Museum of Modern Art, New York

막스 베크만, 〈자화상〉, 뉴욕현대미술관 소장, 목판화

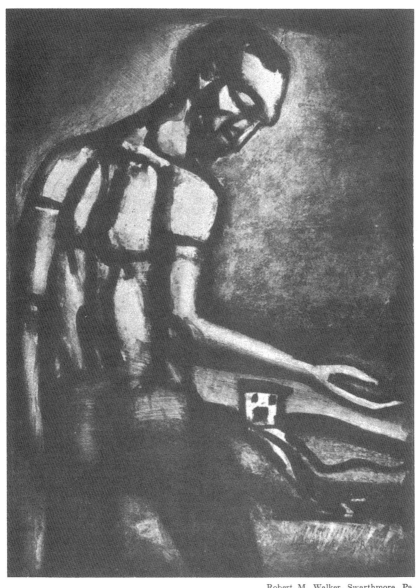

Robert M. Walker, Swarthmore, Pa.

조르주 루오, 〈미제레레〉 중 22번째 판화, 로버트 M. 워커(피츠버그, 스왈스모어) 소장품, 석판화

New York Public Library

알브레히트 뒤러, 〈최후의 만찬〉, 뉴욕공공도서관 소장, 목판화

Kupferstichkabinett, formerly Staatliche Museen, Berlin

프랜시스코 고야, 〈거인〉, 드로잉&판화 전시관(전 베를린 국립미술관) 소장, 동판화

Metropolitan Museum of Art, New York

오노레 도미에, 〈증인들〉, 뉴욕 메트로폴리탄 미술관 소장, 석판화

상징성

　주저함을 무릅쓰고 이 절에서 논의해야 할 용어가 하나 더 있다. 어떤 예술 분야의 비평 용어도 '상징'(symbol)이라는 단어만큼 다루기 까다로운 것은 거의 없다. 그러나 일부 시각 예술작품에서 해석이 필요한 것 중에는 그 작품의 상징적 의미도 있다. 나는 '상징'의 간단명료하고 적합한 정의를 제시할 수는 없지만, 가능한 한 간략하게 그 단어를 명확히 규정해볼 만하다고 생각한다.

　지금 논의에서 구하는 것은 '상징'이란 단어의 익숙한 의미보다는 더 엄밀하고 유용한 의미라고 생각한다. 르네상스 회화에서 성인들과 그 밖의 성서적 인물들의 상징물은 그들이 누구인지 확인할 수 있도록 돕는 것으로 흔히 '상징'이라 일컫는다. 성령을 상징하는 비둘기, 4복음서를 의미하는 묵시록의 네 짐승, 미네르바의 부엉이, 성 캐서린의 못이 박힌 바퀴, 쟁반 위에 놓인 성 루시아의 눈 등이 그 예이다. 그러나 이 예시들은 대상에 대한 일종의 지칭이지만 그것은 상당히 제한된 일대일 상응관계로서, 성인들이 모임에 온 사람들처럼 옷깃에 명패를 착용하는 것과 별반 다르지 않다. 물론 그 대상은 성인이 순교한 형태를 상기시키지만 그것은 기호나 다름없다. 그것을 상징이라고 할 수 있겠지만 상징이라는 말의 중심적이고 완전한 의미에서는 아니다.

　그러한 의미에 가까운 상징성(symbolism)의 예를 찾아보면, 1달러 지폐 뒷면의 미국 국새에 있는 피라미드와 눈을 생각해볼 수 있다. 그것은 물질적인 힘과 지속, 그리고 눈이 피라미드 위에 있듯이 물질을 뛰어넘는 영적인 복락을 상징하는 것으로 알려져 있다. 독수리가 오른 발톱으로 쥔 올리브 가지의 13개의 잎과 왼 발톱으로 쥔 13개의 화살은 각각 평화 시와 전쟁 시의 국가의 힘을 상징한다. 또 수용소의 가시철조망 뒤의 사람을 그린 그림에는 전체주의의 야만성이나 인간을 대하는 인간의 비인간적 측면에 대한 상징이 있다.

　한 가지 예비적인 구별을 하면 문제가 단순해질 것이다. 십자가, 해골, 거울, 저울을 그린 그림에는 상징성이 있을 것이다. 그러나 십자가 그림이 상징적이라고 할 때 이것은 생략된 진술로서, 다음 두 가지로 풀어 말할 수 있다. 첫째는 그 그림이 십자가를 재현한다는 것, 둘째는 그 십자가가 기독교를 상징한다는 것이다. 즉 무언가를 상징하는 것은 대머리 독수리, 십자가, 깃발 같은 대상이거나 적십자, 붉은 별, 백합, 슈바스티카[만(卍)자형] 같은 패턴이다. 그림은 이러한 대상을 재현하거나 암시할 때, 혹은 이러한 패턴을 포함하고 있을 때 상징적이다. 이 구별은 도움이 된다. 예컨대 성배가 기독교적 상징이라고 할 때 이 말로 의미하는 바를 알아내는 것은 알아내기는 어렵지만, 그러나 그것을 안다면 뒤러의 〈최후의 만찬〉(도판 6)이 상징적이라고 말할 때 의미하는 바를 우리는 안다. 그 그림에 그려진 것 중에 성배가 있음을 의미하기 때문이다.

편의상 상징적인 대상에 집중해 살펴본다고 해도 행위 또한 상징적일 수 있다는 것에 주목해야 한다. 그리고 무릎을 꿇거나 성체를 높이 드는 것 같은 예배의 제의적 행위뿐 아니라, 예컨대 루오의 석판화(도판 5)에서의 씨뿌리기 같은 일상적인 행위도 상징적일 수 있다. 상징적 대상에 대한 우리의 설명은 모두 이러한 방식으로 상징적 행위까지 쉽게 확장할 수 있다.

그러면 대상이나 패턴, 행위가 무엇을 상징한다면, 상징되는 의미는 언제나 믿음, 희망, 자비, 용기, 지혜, 순결, 부패 등과 같은 속성이나 특성들이다. 상징적 대상은 특정한 사물을 지시할 수 있지만 그런 지시적인 의미작용은 상징작용이 아니다. 미국의 국새는 미국을 지시하지만 그것이 상징하는 것은 미국이 가진, 혹은 가졌다고 생각되거나 가져야 하는 어떤 특징이다.

그러나 무엇이 한 대상을 상징적인 것이 되게 하는가? 그 대상은 어떻게 상징적인 의미를 띠게 되는가? 이 질문들에 대한 만족스러운 답은 없지만, 꽤 확실하게 말할 수 있는 것이 있고 이것은 중요하다. 대머리 독수리를 생각해보자. 이것이 상징이 된 데는 적어도 세 가지가 관계된 것으로 보인다. 첫째, 독수리와, 그것이 상징하는 국가 및 국가의 성격 사이에 어떤 면에서 자연적인 유사점이 있다는 것이다. 독수리는 강하고 지독하게 독립적이며 형태와 크기 면에서 어떤 웅장함이 있다. 적어도 그 국가 자체가 이런 성질을 갖기를 희망할 수 있다. 이 유사점들이 실제든 믿는 바이든 이 유사점들을 상징성의 자연적 기반(natural basis)이라고 부르자. 둘째, 대머리 독수리는 우연히 상징적 기능을 획득한 것이 아니다. 어떤 시점, 즉 1872년에 대머리 독수리가 미국을 의미하도록 하자는 결정이 있어야 했다. 즉 일종의 동의나 약정이 있었다. 이것을 상징성의 관습적 기반(conventional basis)이라고 하자. 그러나 세 번째, 독수리는 격식상의 것에 불과해지거나 단지 그 나라의 기호나 지시만으로 남을 수도 있었다. 수표는 현금을 대신하는 것이고 해당 현금의 금액을 의미하지만 현금의 상징이 아니며, 상징이라고 해도 약한 의미로만 그러하다. 상징이란 용어의 완전한 의미 차원에서 보자면 독수리가 상징이 되기 위해서는 모종의 역사가 필요했다. 독수리가 국새와 달리 지폐에 사용되고, 정치적 회합과 관련하여 등장하고, 애국심의 감정, 자긍심과 기쁨을 환기시킬 힘을 얻어야 했다. 독수리는 인간의 어떤 행위들 속으로 들어왔고, 독수리의 복제물은 말하자면 그 자체로 어느 정도 신성함을 갖게 되었다. 이 것을 상징성의 활성적 기반(vital basis)이라 부르도록 하자.

이렇게 볼 때, 많은 상징이 세 가지 기반을 모두 갖고 있지만 세 번째 활성적 기반이 본질적이고 결정적인 것 같다. 대상이나 패턴은 인간의 행위 속으로 들어와 무언가의 단순한 기호로서가 아니라 상징적 기능을 할 수 있을 만큼 그 자체가 가치를 가진 것으로서 인식된 이후에야 비로소 온전한 의미에서 상징이 된다. 국기는 하나의 상징에 불과하지만 규칙에 의해 보호된다. 바닥에 내동댕이쳐져서는 안 되며, 자신의 국기가 발밑에 짓밟히는 것을 보는 사람들은 그 국기가 모욕당하는 것처럼 느낀다. 국가에 대한 어떤 감정이 국기 자체에 전이된 것이다.

뒷받침하는 예시들 없이, 우선 내가 제안하고 싶은 일반적인 원칙은 다음과 같다. 어떤 대상이 활성적 기반을 얻어 상징적이 되기 위해서는, 자연적인 기반이 약하거나 없을 때는 관습적 기반을 가지고 있어야 한다. 그러나 자연적 기반이 충분하고 뚜렷하다면 그 대상은 관습적 기반이 없이도 활성적 기반을 얻을 수 있다. 이 원칙을 간략하게 설명해보겠다.

미국의 상징으로서의 성조기는 상징성을 위한 약간의 자연적 기반이 있다. 빨강이 피의 색을 거쳐 용기와 연결되고 흰색이 순수성 및 결백함과, 파랑이 온누리를 에워싼 하늘의 정의와 연결되는 것은 임의적이지 않다. 별과 줄무늬가 미국의 주들과 수적으로 상응하는 것도 물론 임의적이지 않다. 성조기는 또한 관습적 기반도 가지고 있다. 사람들이 숙고하여 국기로 선택한 것이다. 그리고 활성적 기반은 성조기가 기능적 역할을 해온 모든 순간, 즉 전쟁, 퍼레이드, 집회, 회합, 대통령 취임식 등 미국인들이 성조기를 사용해온 모든 활동이 축적된 역사이다. 기독교의 상징으로서의 십자가는 관습적 기반을 가지지만 자연적 기반은 거의 없다. 십자가의 모양과 그것이 상징하는 의미 사이에는 비슷한 점이 없다. 활성적 기반은 기독교의 역사, 기독교 의식의 역사이다. 그 행위 안에서 십자가는 그 자체가 신성한 것이며 숭배의 대상이다.

이것들은 자연적인 기반이 없거나 미약하지만 관습적 기반을 가진 상징들의 예이다. 붉은 별과 적십자도 이에 해당하는 예일 것이다. 그러나 관습적인 기반이 없고 그것을 필요로 하지도 않는 다른 상징들이 있다. 이 상징들에는 인간 삶의 중요한 일부가 되어온 다양한 자연적 대상, 즉 태양, 달, 산, 강, 불처럼 인간의 안전, 방위, 복지에서 의미가 크기 때문에 사람들이 그 작용을 주목했던 대상들이 포함된다. 태양이 옥수수 밭 위에 내리쬘 때는 생명의 상징이 되도록 하고 사막 위에 내리쬘 때는 죽음의 상징이 되도록 하자고 사람들이 동의할 필요는 없었다. 태양의 따뜻함은 생명의 따뜻함이고 그 뜨거움은 열사(熱死)의 뜨거움이며, 인간의 삶에 있어 태양의 중요성은 이 점들이 간과될 수 없도록 만들었다.

　　인디언 부족들이 사용하는 상징적인 패턴, 예컨대 만족을 뜻하는 도마뱀 패턴이나 평화를 의미하는 부러진 화살 같은 것에는 관습적인 요소가 있는데, 이 경우의 관습적 요소는 좀 다르다. 물론 그 디자인들은 관습적이다. 그 디자인은 도마뱀이나 태양, 거미의 매우 단순화된 그림들이고 이 그림들을 그 대상을 가리키는 것으로 이해하자는 일종의 암묵적인 동의가 필요하다. 그 디자인들은 암시적이지만 그다지 재현적이지는 않다. 그러나 일단 그 패턴이 태양을 의미한다는 데 대해 동의가 이루어지면 태양이 상징하는 것은 자연적 기반을 갖는다. 그리고 가시철조망도 똑같은 종류의 사물이라고 말하고 싶다. 가시철조망은 누군가 의지를 가지고 그렇게 정해서 전체주의를 의미하는 것이 아니다. 상징성을 위한 자연적 기반이 있다. 전체주의 국가는 어떤 면에서 가시철조망과 유사하다. 그리고 물론 상당한 활성적 기반도 있다.

　　그러면 우리는 그림에서 무언가가 상징적 의미를 갖고 있다는 것을 어떻게 아는가? 그리고 그 상징에 대한 생각이 일치하지 않을 때 어떤 방법으로 그것을 해결하는가? 이것이 이 지점에서 마주하게 되는 주요한 질문이다. 이미 봤듯이, 이 질문에 화가가 상징하고자 의도했던 것에 대한 증거를 찾아야 한다고 답한다면 너무 안이한 것이다. 지금까지 상징성에 대해 간략히 분석해본 것만으로도 화가가 상징할 수 있는 것이 온전히 그의 의지에 속해 있지 않다는 것을 알 수 있다. 화가가 무엇을 말하든, 그가 당근을 그려놓고 그것이 대중의 봉기를 상징하도록 하거나 코르크마개뽑이가 어린 시절의 순수함을 상징하도록 만들 수 없다. 만일 백색 바탕 위에 검은 원을 그려놓고 화가가 그것은 야망을 품은 인간의 영혼을 주재하는 신적인 섭리의 영원한 감시를 상징하고 있다고 말한다면, 험티덤티(역주: 말을 마음대로 바꾸는 인물)에게 던지는 앨리스의 회의 섞인 말을 듣게 될 것이다.

그림 속의 상징성을 해석할 때 우리가 하는 일은 첫째, 그 그림이 일차적으로 관습적 기반을 가진 상징을 포함하고 있는지, 둘째, 일차적으로 자연적 기반을 가진 상징을 포함하고 있는지를 살피는 것이라고 생각한다. 첫 번째는 도상학의 연구이다. 십자가나 가시철조망이 상징하는 것을 알기 위해서는 화가의 의도가 아니라 기독교와 근대 정부의 역사를 탐구한다. 〈신성한 사랑과 세속적 사랑〉(Sacred and Profane Love, 1510년경, 로마 보르게세 미술관)*이란 제목으로 통하는 티치아노의 그림에서, 우리가 처음 언뜻 보고 짐작하는 바와는 달리 누드의 여인이 신성한 사랑을, 옷을 입은 여인이 세속적 사랑을 의미한다는 것을 알기 위해서는 물론 그 그림이 청교도주의의 발흥 이전, 신플라톤주의의 맥락에서 그려졌다는 것을 생각해야 한다. 이 상징에 올바른 관습적 기반을 제공하는 것은 신플라톤주의이다. 이 상징들은 물론 자연적 기반도 가지고 있지만 관습을 알지 못한다면 우리는 이 그림을 벨리니(Bellini)의 〈지상의 천국〉(Earthly Paradise, 1490? 피렌체, 우피치 미술관)이나 렘브란트의 동판화 〈불사조〉(The Phoenix, 1658, 뒤 295쪽)만큼이나 그 의미가 모호하다고 생각할 것이다.

관습적 기반이 없는 상징들을 해석할 때는 동의가 이루어지기도 어렵고 우리가 제대로 하고 있는지 확신하는 것도 언제나 더 어렵다. 상징에 대한 사전도 없고 그 상징을 해독하는 규칙의 집합도 없기 때문이다. 여기서 다음 두 질문을 분리하는 것이 매우 중요하다고 생각한다. 우리는 그림에서 묘사된 대상이 상징인지 아닌지를 어떻게 아는가? 그리고 그것이 상징하는 바를 어떻게 아는가?

첫 번째 질문에 대한 대답은, 흔히 명확한 공식은 없지만 우리는 다소 특별한 종류의 방법론적 원칙을 사용한다는 것이다. 만일 그림 속의 대상들이 서로 관련되어 있고, 사건이 보통 진행되는 과정에서 그 대상들이 근접해 있는 것으로 예상된다면 우리는 그 대상들에서 어떤 상징적 의미를 찾을 필요가 없다. 그러나 대상이 어떤 면에서 두드러져 보이면서 그 상황과 대비되는 점이 있거나 디자인 측면에서 초점이 되고 있다면 우리는 그 대상에 대해 깊이 생각하게 되며 그것을 상징으로 취급한다. 예컨대 벨리니의 작품 같은 이탈리아 르네상스 회화에서 때로 나무가 가지치기가

---

* 파노프스키의 『도상해석학 연구』(*Studies in Iconology*), New York: Oxford U., 1939, p. 152는 신플라톤주의적 상징성의 관점으로 보고 있는데, 이 글에 의하면 그림의 올바른 제목은 〈쌍둥이 비너스〉(*The Twin Venuses*)이며 그들은 각각 미(美)의 영원한 형상과, 이 세상에서 덧없이 사라질 아름다움들을 창조하는 힘으로서 서로 반대되는 의미이다.

되어 거의 앙상하게 보이는 것을 발견할 수 있다. 황량한 나무는 죽음과 열매 없음에 대한 자연적 상징이다. 또한 저주를 상징할 수도 있는데, 대(大) 피터 브뤼겔(Pieter Brueghel the Elder)의 〈네덜란드 격언〉(Netherlandish Proverbs, 1559, 카이저 프리드리히 미술관)의 나무가 그러하다. 하지만 벨리니 그림의 나무도 상징적인가? 이 질문에 대한 답으로는 이탈리아의 농부들은 가축의 먹이로 쓰려고 나뭇가지를 잘랐다는 사실을 지목하는 것이 보통은 적절하다고 여겨진다. 즉 이 풍경에서의 나무의 모습에는 특별히 이상한 점이나 별난 점이 없으며 따라서 상징적으로 해석할 필요가 없다.

이것을 돌출의 원칙(Principle of Prominence)이라고 부르도록 하자. 이미 인지된 관습적 상징이 아닌 대상은, 그림 속에서 제시된 모습이 어떤 면에서 이상하거나 충격적일 때에만 자연적 상징이 된다는 것이다. 고야의 〈거인〉(도판 7)이 아주 좋은 예이다. 그 그림에서 거인은 세상의 끝에서 평원 위에 거대하게 솟아있다. 어디서 오고 어디로 가는지에 대한 설명도 없이 단지 어울리지 않는 곳에 있는 거인일 뿐이다. 그 거인을 강력한 상징으로 독해하는 것을 주저할 이유가 없다. 루오의 석판화(도판 5)에서 배경이 어두워지는 것, 이상한 빛, 다른 파종자나 트랙터, 도구같이 파종에 어울릴 만한 다른 것들이 없다는 것, 이 디자인의 초점이 손에 있는 것 등 이 모든 것이 결합되어 그림 속의 몸짓에 상징적인 함의를 부여한다.

두 번째 질문에 대한 대답은, 우리는 그 대상들이 인간의 삶 속에 나타날 때 갖는 잠재적인 상징적 의미의 범위를 우선 고려한다는 것이다. 달은 서늘하고 변할 수 있고 멀리 떨어져 있다. 파종의 행위는 생산적이고 불확실하고 인내심이 있고 희망적이고, 자연과 신에 대해 겸손하다. 그러나 그 다음으로 우리는 이 잠재적인 상징적 의미 중 어느 것이 그림 속의 다른 대상들 및 그 잠재적 의미와 어울리면서 하나의 일관된 전체를 이룰 수 있는지를 본다. 이것이 상징-일치의 원칙(principle of symbol-congruence)이다. 예컨대 루오의 작품에는 씨 뿌리는 사람과 집, 길만 있으며, 우리는 파종의 잠재적인 의미 대부분을 이 패턴에 끼워 맞출 수 있다. 고야의 그림에는 좀 더 미묘한 문제가 있는데, 그것은 거인의 상징적 의미가 상당히 불분명하고 비결정적이기 때문이다. 발을 딛고 집들 위로 우뚝 솟은 이 생명체에는 뭔가 공포스럽지만 그럼에도 불구하고 매혹적인 점이 있다. 거인이 뒤돌아보며 어둠 속에서 우리를 응시하면서 꼼짝 못하게 해도 그는 실제로 우리를 위협하지 않는다. 그러나 거인은 분명 잠재적으로 파괴적인 세력이다. 그는 마치 형상화된 이드처럼, 우리 자신의 무의식 속에 도사리고 있는 무언가와 유사하다. 그러나 거인의 의미는 완전히 해독된 적이 없으며 심지어 고야에게조차도 그랬을 것이다.

고야의 그림에는 비록 해석할 수 없을지라도 상징성이 있다고 생각하는 것이 합당하다. 그러나 물론 우리가 살펴보고 있는 모든 문제들에서처럼, 여기서도 경계선상에 걸쳐 있는 경우를 보게 된다. 상징성이 쉽게 사라져버리고 대상들이 미약하게 암시되거나 대상들의 상징적인 잠재력이 맥락상 느슨하거나 통제되지 않는 경우, 자유 연상에 의해 자유분방한 상징적 의미를 갖게 되는 일이 언제든 가능할 것이기 때문이다. 그러나 그런 자유로운 상징적 의미는 대체로 주관적이고 사적이며 우리는 이런 경우를 애써 탐구하지 않아도 될 것이다. 〈줄타기를 하는 사람〉(권두삽화)을 생각해보라. 이 작품은 줄타는 사람의 경험, 그리고 그것을 바라보는 우리의 경험이 갖는 불안정한 성질을 그러한 디자인으로 잘 포착하고 있기 때문에 이 성질을 집중적으로 드러내어 우리의 주의를 끈다. 그리고 그것 때문에 줄타는 사람의 행위가 일종의 상징이 된다고, 즉 비록 가볍고 섬세한 상징이기는 하지만 인간의 대담성이나 인간의 조건이 무릅쓰고 있는 위험에 대한 상징이라고 해도 별 문제가 없다. 그러나 이 디자인이 현대적 삶의 특수한 불확실성을 상징한다고 하거나, 나에게 떠오른 생각이지만 미학의 문제들을 뚫고 작업을 계속해나가는 고충을 상징한다고 한다면 그것은 아마도 과도한 해석일 것이다. 그림 속에는 한 인간이 있다. 적어도 그런 암시로 볼 수 있다. 그러나 그가 현대인이거나 미학자, 혹은 니체의 『차라투스트라는 이렇게 말했다』(*Thus Spake Zarathustra*)의 영웅적인 줄타기 곡예사라는 것을 보여주는 것은 아무것도 없다.

17 디자인과 소재의 관계

THE RELATION OF DESIGN TO SUBJECT

이제 재현적 디자인과 관련해 가장 까다로운 문제 중 하나를 다룰 준비가 되었다. 이 장의 시작 부분에서 제기한 문제로서, 디자인과 소재의 관계는 무엇인가 하는 것이다.

이 문제는 규범적인 용어로 보통 공식화된다. 소재가 디자인보다 더 중요한지 혹은 덜 중요한지, 위대한 그림이 되기 위해서는 디자인뿐 아니라 소재도 있어야 하는지, 혹은 단지 디자인에 불과한 것이 '좋은 예술'이라는 의미에서의 '예술'이 될 수 있는지를 물을 수 있다. 이 질문들에는 아직 대답할 준비가 되지 않았다. 이 질문에는 비규범적인 질문들이 숨어있고, 그 비규범적인 질문 자체를 털어놓고 조사하지 않는다면 답을 얻을 수 없기 때문이다. 때로 비평가들은 특정 그림을 두고 디자인과 소재가 서로 '적합하다' 혹은 '잘 들어맞는다'고 말한다. 그러나 다른 비평가들은 디자인과 소재가 서로 적합할 수 있다는 것을 부정한다. 그리고 이것은 이제 우리가 다루어야 할 문제이다. 적합성 같은 것이 있는가? 즉 디자인과 소재를 서로 통일되게 결합시키는 관계가 있을 수 있는가? 만약 그렇다면 그 관계를 어떻게 분석할 수 있는가?

분명히 이 문제는 우리가 앞에서 했던 구별로써 명확하게 하고자 했던 중요한 추정에 의거하고 있다. A와 B가 특정한 범위 내에서 서로 독립적으로 변화할 수 있으면서 A가 우리의 통제 아래 있는 상황이 아니라면 A가 B에 적합한지를 질문하는 것은 이치에 맞지 않는다. 그래서 어떤 사람의 몸무게가 그의 키에 적합한지 아닌지를 묻는 것은 합당하다. 그는 키의 변화 없이 자발적으로 몸무게를 늘이거나 줄일 수 있기 때문이다. 그러나 그가 몸무게를 변화시키면서 그의 몸집을 유지할 방법, 혹은 적어도 몸무게는 크게 변화하면서 몸집의 변화는 작게 할 수 있는 방법을 처방할 수 없다면, 그 사람의 몸무게가 그의 몸집이나 부피에 적합한지를 묻는 것은 합당하지

제6장 시각 예술에서의 재현

않다. 사람들이 미학적인 문제를 다룰 때 이 구별을 항상 명심하고 있는 것은 아니다. 분명 우스꽝스럽지만 아주 얼토당토않은 것은 아닌 한 예를 들어보자. 누군가가 다음과 같이 말하며 특정한 물결 선 모양이 굽이치는 성질에 적합하다고 말했다고 생각해보자. '이 경우 예술가는 그의 목적을 실현하는 데 적합한 수단을 선택한 것이다.' 그 모양이 그 굽이침, 혹은 그 정도의 굽이침의 성질을 가진 유일한 모양일 수 있고, 이 경우 적합성의 문제가 제기되지 않는다.

그러나 디자인과 소재의 관계에서 문제가 제기된다. 우선 초상의-소재를 생각해보라. 이미 봤듯 다른 두 그림이 같은 사람이나 대상의 초상을 그려낼 수 있지만 디자인상으로는 매우 다를 수 있다. 다른 색상, 다른 모양을 하고 있고 지배적인 패턴도 다르고 질감도 다를 수 있다. 이렇게 틴토레토는 최후의 만찬을 레오나르도와는 다르게 그려내고 있고 뒤러도 같은 주제를 여러 가지 다른 방법으로 그려냈다. 카라바조는 엠마오의 저녁 식사를 피아체타(Piazzetta), 들라크루아, 벨라스케스와 다른 방식으로 그렸고 렘브란트는 그 주제를 판화로 제작하면서 자신이 그것을 회화로 그려낼 때와는 다른 방식으로 그려냈다.

이제 이 그림들에 대해 할 수 있는 질문이 하나 있는데, 여기서 언급하지만 이 절에서 논의하지는 않을 것이다. 우리는 묘사가 초상의 소재에 적합한지 아닌지를 물을 수 있다. 이것이 어떤 종류의 질문인지, 어떻게 이 질문이 제기되는지를 주목하라. 종교계의 권위자들은 틴토레토나 카라바조가 성서적 근거가 없는 인물을 그림에 도입했다는 이유로, 혹은 예수님을 무례한 인물로, 예컨대 용서하지 않는 인물로 그리거나 장면의 중앙에 그리지 않았다는 이유로 그 그림에 반대했을지 모른다. 이것은 묘사를 초상과 비교하면서 반대하는 것이겠지만, 도덕적, 종교적 혹은 역사적 반대이다. 그쪽의 주장은 그림이 잘못된 내용을 담고 있다는 것, 즉 복음적 서사나 기독교 교리에 비추어 참이 아닌 것을 담고 있다는 것이고, 혹은 그 그림이 유해하고 기독교적 믿음을 약화시키거나 도덕적 타락을 초래하는 경향이 있다는 것이다. 이것은 어떤 그림을 반대할 진지한 이유가 될 것이고 그 진지함과 적절성은 이후에 주의 깊게 다루어야 할 것이다. 첫 번째 반대는 제8장에서, 두 번째 반대는 제12장에서 다룬다. 지금 논의할 문제는 아니다.

만일 두 그림이 다른 것을 묘사하고 있다면 디자인 면에서도 다소 다를 것임에 틀림없다. 예컨대 사진의 두 인화본처럼 정확하게 유사한 두 디자인은 같은 것의 그림일 수밖에 없기 때문이다. 그리고 이것은 양 방향으로 작용한다. 만일 두 재현적 디자인이 디자인으로서 다르다면 아무리 그 차이가 적더라도 그 디자인이 묘사하는 대상이 사소하게라도 다를 수밖에 없다. 예컨대 멀리 보이는 마을의 그림을 생각해보자. 그 디자인의 작은 일부분이 적색에서 녹색으로 변하는 아주 작은 변화가 있다고 상상해보자. 그러면 묘사된 대상에 변화가 있게 된다. 붉은 집 대신에 초록색 집, 지붕 대신에 초원 구획이 묘사되는 것이다.

물론 그럼에도 불구하고, 두 그림이 디자인 면에서 크게 다르면서도 묘사한 내용은 동일하지는 않아도 매우 비슷할 수 있다. 같은 다리를 다른 장소에서 찍은 두 사진에서, 한 사진은 휘어진 줄을 찍었지만 다른 사진은 찍지 않았을 수 있다. 프라도 미술관에서 지척에 걸려 있는 두 그림, 티치아노의 〈아담과 이브〉(Adam and Eve, 1565~1570년경)와 그것을 자유롭게 복제한 루벤스의 작품(1628~1629)을 비교해보라. 루벤스는 열대 조류를 그림에 넣었지만 이 두 그림이 그려내고 있는 초상의 대상은 동일하며 묘사하고 있는 것도 꽤 유사하다. 두 그림은 인물의 행위, 의도, 태도와 관련해 아주 다른 것을 말하고 있지 않기 때문이다. 그러나 루벤스는 아담을 앞으로 더 기울어지게 그리고 이브가 좀 더 강한 욕망을 표현하고 있도록 했으며 아기의 얼굴을 한 뱀은 다른 방향을 보고 있게 그렸다. 이 두 그림은 디자인의 성질 면에서 매우 다르다. 각도와 방향상의 차이로 인해 루벤스의 작품은 더 역동적인 성질을 띠며 공간이 더 충만하고 더 활동적인 질감을 갖는다. 대신 티치아노의 그림에서 볼 수 있는 곡선의 완벽한 균형과 공간적 관계의 조화가 루벤스의 그림에는 결여되어 있다.

디자인과 소재 사이의 관계에 관해 말할 때 비평가들이 중시하는 두 가지 핵심이 있다. 첫째, 하나의 디자인으로서 그 자체와 그 디자인을 이루는 요소들 간의 통일성이다. 이 특성에 대해 말하자면 거의 동일한 것을 묘사하는 두 디자인, 예컨대 같은 다리를 가까운 두 장소에서 찍은 두 사진, 같은 사과를 색조만 미묘하게 다르게 그린 두 그림이 통일성의 정도가 엄청나게 다를 수 있다. 한 사진이 다른 사진보다 훨씬 균형 잡힌 것일 수 있고, 한 그림에서 사과가 해당 그림의 나머지 부분과 훨씬 조화를 잘 이루고 있을 수 있다. 그리고 아주 다른 것을 묘사한 두 디자인, 예컨대 여인과 아이를 그린 디자인과 과일 접시를 그린 디자인이 디자인으로서의 통일성 측면에서 매우 비슷할 수 있다. 비록 명백히 다른 소재를 그렸지만 두 그림의 구성과 색조 관계가 매우 비슷할 수 있다.

둘째, 디자인의 영역 성질이 있다. 달리는 말을 여러 컷의 연속 사진으로 찍는다고 생각해보자. 이 사진들이 재현하는 것은 달리는 말로, 매우 비슷하고 이 사진들은 모두 말의 다리가 달리는 위치에 있는 것을 보여줌으로써 그것을 재현한다. 그러나 그중 어떤 사진들은 단지 디자인 측면만 생각할 때 움직임, 긴장과 활력으로 가득할 것이다. 다른 사진에서는 디자인이 정적이고 꽤 균형 잡혀 있을 것이다. 이런 경우를 보면 묘사의 소재는 그다지 다르지 않음에도 디자인의 영역 성질들은 매우 다르다. 그리고 여인과 아이, 과일 접시의 경우를 다시 보자면, 소재 면에서 상당히 다름에도 불구하고 디자인으로서는 우아하고 고요하고 생기 있음 등의 비슷한 성질을 가질 수 있다.

분리 이론

따라서 이제 묘사의 소재 측면에서 큰 차이가 없어도 일정한 범위 내에서 디자인의 형식적 통일성이나 영역 성질은 상당히 달라질 수 있다는 것, 또 그 반대도 가능하다고 할 수 있다. 그래서 십자가형이나 티 파티를 묘사한 각기 다른 두 디자인에 대해, 둘 중 어떤 것이 그 소재에 더 적합한가 하는 물음은 무의미한 것이 아니다. 이 것은 디자인과 소재의 일관성(coherence)에 관한 물음이다. 한 그림에서 그 디자인과 소재의 관계가 일종의 전체를 구성하는 것으로 파악되도록 처리되어 있는가 하는 것이다.

이 질문에 대해서는 분명 두 가지 답이 가능하다. 우선 부정적인 답을 살펴볼 것인데, 이것은 디자인과 소재 사이의 관계에 대한 분리 이론(Divergence Theory)에 의거하고 있다.

분리 이론의 요지는, 비록 한 그림이 디자인이면서 또한 어떤 소재를 가질지라도 그 그림의 소재와 디자인이 언제나 서로 부적절하거나 갈등을 일으킨다는 것이다.* 이 관점을 뒷받침하는 그럴듯한 경우를 찾는 것은 어렵지 않다. 비재현적 그림들이 있다는 사실은 주제로부터 순수한 디자인을 추출해내는 것이 심리적으로 가능

---

* 이 이론을 옹호한 이는 클라이브 벨과 로저 프라이이다. Note 17.1을 보라.

함을 보여준다. 화가가 그렇게 하지 않아도 관람자가 그렇게 할 수 있다. 역사화의 경우 디자인 자체의 성질인 거대한 나선형, 흐르는 선들, 강력하고 멋진 색감을 그 소재가 불러일으키는 애국심, 동정심, 기쁨과 구별하는 것은 쉽다. 그리고 우리는 이 성질들을 살펴볼 때 소재를 무시한다. 그 소재가 델라웨어를 건너는 워싱턴이든, 복숭아이든, 베이컨의 한쪽 면이든, 오래된 구두이든 중요하지 않다. 화가가 오래된 구두를 그림 속에 놓았다면 그것은 그 대상을 환기시키고자 해서가 아니라 그가 창조할 디자인에 특정한 모양이 필요하기 때문이다. 물론 화가는 이러한 모양을 사용할 때 그 대상을 불가피하게 재현하게 되며 최소한 암시라도 하게 된다. 그 대상을 무시할 것인지는 우리에게 달려 있다.

사실 화가의 작품과 관람자의 마음속에서 디자인과 소재 간의 불가피한 갈등이 일어날 때 여기에는 두 가지 핵심이 있다. 우선 재현적인 그림을 그릴 때 화가의 문제는 양립 불가능할 수도 있는 두 가지 요구를 충족시키려 한다는 것이다. 만일 그 문제가 아기 예수의 팔이나 말이 어디에 놓여야 하는가 하는 것이라면, 정확하고 그럴듯한 재현의 목표에 들어맞는 한 가지 선택지와, 반면 디자인의 측면에서 더 나은 다른 선택지가 있을 수 있다. 재현의 측면에서 말하자면, 팔은 어깨에 붙어있고 아기 예수는 성모의 팔에 안겨 있고 말은 기수 아래 똑바로 서 있는 것이 최상이다. 그러나 디자인의 측면에서는 팔의 곡선이나 아기의 형상이 그림의 다른 쪽에 있어야 하거나 말이 거꾸로 놓여야 한다면 화가는 소재와 디자인 중 하나를 희생시켜야만 할 것이다. 푸생은 〈우물가의 리브가와 엘리에셀〉(Rebeccal and Eleazer at the Well, 1648, 루브르 미술관)에서 낙타를 모두 생략해야 했는데, 디자인 면에서 낙타 모양이 들어갈 공간이 없었기 때문이다. 분리 이론의 옹호자들은 화가가 소재와 디자인을 모두 만족시키는 경우도 일부 있음을 인정하지만 이것은 절묘한 역작인 경우로 생각한다.

공중에 접시 던지기를 하면서 〈양키 두들〉의 멜로디를 휘파람으로 부는 사람을 상상해보자. 그는 동시에 두 가지를 하고 있지만 그 두 가지 일은 서로 관련이 없다. 그 두 행위는 여전히 두 가지이지 한 가지 행위가 되지는 않는다. 그러나 만일 왈츠를 추면서 왈츠를 노래한다면 그 두 행위는 리듬 면에서 서로 관계가 있고 그 리듬 관계는 두 행위를 서로 결합해, 두 가지가 전혀 무관하지만 단지 동시에 일어나는 일 이상의 것이 되도록 한다. 분리 이론은 재현적인 화가의 임무는 접시 던지기와 휘파람 불기를 동시에 하는 경우와 더 비슷하다고 주장한다.

또한 분리 이론은 이것이 관람자의 경험에 있어서도 똑같다고 주장한다. 만일 디자인과 소재, 이 두 가지가 어떤 식으로든 서로 어울리지 않으면 관람자의 주의는 계속해서 이동한다. 그 둘이 서로 관계가 있어 보이지 않으며 서로 충돌하고 거슬릴 것이다. 물론 잡지 표지의 유머러스한 상황을 즐기거나 저렴한 종교적 물품을 구입하는 많은 사람들이 그러하듯이, 디자인에 민감하지 않다면 그런 충돌이 성가시지 않을 것이다. 그런 충돌에 신경 쓰지 않을 것이기 때문이다. 혹은 시각적 추상 작업을 훈련하면서, 갤러리에 가서 소재를 전혀 주목하거나 기억하지 않고 디자인만을 즐길 수도 있다. 어떤 비평가들은 이렇게 한다고 한다.

어떤 선이 뾰족하다는 것을 보는 것, 그 선이 휙 하고 움직여서 핵심을 날카롭게 꿰뚫는다는 것을 파악하는 것과, 그 선을 바위나 가문비나무, 번개의 윤곽선으로 보는 것은 완전히 다른 것이다. 분리 이론의 옹호자 중 일부는 이것들을 동시에 하는 것이 불가능하다고 주장한다.

나는 분리 이론을 어떤 명확히 한정된 문제에 대한 답변으로서 공식화하기로 했고, 이 범위 내에서 분리 이론과 대안이 되는 다른 이론을 논의할 것이다. 그러나 대안 이론을 살펴보기 전에 좀 더 폭넓게 살펴보는 것이 바람직할 것이다. 내가 디자인과 주제의 관계에 대한 분리 이론이라고 부르는 것은 원래 특별한 조건하에서 개진된 것으로, 미학적 문제를 해결하려는 시도였을 뿐 아니라 '모던' 회화라 불리는 것들, 이 경우는 특히 인상주의와 후기인상주의 회화에 대한 공감적 이해를 얻고자 비평가들이 들고 싸웠던 무기이기도 했다. 몇몇 비평가들은 모던 회화가 이해받기 어려웠던 것이, 문화적인 교양을 드러내려면 그림의 소재를 주목하고 탐구하고 기억하고 이야기해야 한다는, 의심 없이 완고한 가정이 널리 퍼져 있었기 때문이라는 것을 알아차렸다. 그 비평가들은 '소재의 목록을 작성하지 말고 그림을 디자인으로서 보라'고 말하며, 다른 분야처럼 예술에서도 실질적인 개혁에 필요한 것은 반대 의견에 대한 공격뿐 아니라 내용을 담은 슬로건이기 때문에 사람들이 예술에서 추구할 바를 분명하게 정해줄 수 있는 용어를 원했다. 그 비평가들이 고안한 용어가 '의미 있는 형식'(significant form)이다.

이 용어는 꽤 성공적이었고 목적에 잘 부합했다. 용어의 사용자들에 의해 정의되어서가 아니었다. 그 용어를 정의하려는 최초의 고전적인 시도*는 완전히 순환적이었고 ① '의미 있는'이란 단어가 그림이 어떤 것을 지시한다는 것을 함축하는 것으로 생각되어서는 안 되며, 단지 그림이 의미 있는(significant) 것이라는 점, ② '형식'은 형태와 형태의 관계에만 국한되는 것이 아니라 색채도 포함하며 사실상 전체적인 디자인이라는 것을 끊임없이 강조해야 했다. 그래서 그 용어는 상당히 오해의 여지가 있었던 셈이다. 그러나 원래 사용자들이 그 용어에 대해 말한 것 말고, 그림에 대해 이야기할 때 그들이 그 용어를 사용하는 방식을 살펴본다면 상당히 만족스러운 정의를 제공할 수 있으리라고 생각한다. 어떤 그림이 아주 훌륭하고 고도로 통일된 디자인이라면, 즉 통일성과 충분히 생생한 영역 성질을 가진다면 의미 있는 형식을 가진다고 할 수 있다. 그것이 바로 비평가들이 가치 있게 생각하는 것이고, 그들이 사람들이 그림에서 찾고 즐기기를 원하는 것이며, 그림의 소재와 분명하게 구별하고자 하는 것이다. 그 비평가들이 그것을 그림의 어떤 성질로 제한을 두려 하지는 않았다고 생각한다. 그들은 우아함, 견고함, 힘, 광채, 섬세함, 강함 등 많은 성질들을 들면서 작품에 찬사를 보냈다. 비평가들은 세잔이 그린 산에서처럼 그가 그린 와인 병과 카드 놀이를 하는 사람들에서 똑같은 견고함을 발견했다. 그들은 엘 그레코가 그린 톨레도 풍경에서 피어오르는 불안감, 마티스가 그린 목욕하는 사람들의 선마다 나타나 있는 삶의 기쁨, 반 고흐가 그린 나무와 꽃에서 보이는 생명력 등을 높이 샀다. 핵심적인 것은 그 작품이 흥미롭지 못하고 별 특징 없는 것이 아니라 어떤 뚜렷한 성질을 가진다는 것이다.

그러나 이 용어가 미학자들에게 미친 영향은 당혹스러운 것이었다. 이 용어로 인해 미학자들은 분리 이론의 옹호자들에게 '형식주의자'란 이름을 붙일 수 있게 되었고, 이 이론을 일반적인 '예술에 대한 형식주의 이론'으로 확장시키게 되었다. 그런데 사실 이렇게까지 되는 것은 합당하지 않다. 이러한 이론은 무엇이 될 수 있는가? 이 이론이 만일 형식이 미적 대상에서 가장 중요한 것이거나 유일하게 중요한 것이라는 것을 의미한다면, 예술 전반에서 통용될 수 있는, '형식'이란 용어의 어떤 의미에서도 이 이론은 명백히 잘못된 것이다. 그 이론이 좀 더 설득력을 가지려면 각 예

---

* 그 시도는 이 용어를 고안한 클라이브 벨에 의해 이루어졌다. 이후에 나온 유의어들이 '조형적 형식'(plastic form)(Albert C. Barnes)과 '표현적 형식'(expressive form)(Sheldon Cheney)이다. Note 17.2를 보라.

술에서의 '형식'과 '내용' 사이의 구별을 덧붙여야 할 것인데, '내용'의 의미가 예술마다 다르기 때문에 그 이론은 사실 하나의 이론이 아닌 것이다. 유일하게 안전한 길은 다른 예술들을 당분간 생각하지 않는 것이다. 예를 들어 누군가가 시의 소리는 시의 의미보다 더 중요하다고 주장하는지, 이것이 문학 이론에서의 '형식주의'인지는 지금 논의에서 문제되지 않는다. 이제 범위가 꽤 한정되어 있고 다루기 쉬운, 우리 앞에 놓인 문제들에 집중하자. 그것은 시각적 디자인 작품에서 디자인과 소재를 통일시키는 연결이 있을 수 있는지 아닌지의 문제이다.

융합 이론

여기에서 융합 이론(Fusion Theory)*이라 칭할 이론이 제시하는 답은, 디자인과 소재 간에 밀접한 관계가 있어서 소재를 알아보는 것과 디자인을 지각하는 것은 단일한 경험으로 통일되고 융합된다는 것이다.

융합 이론의 밑바탕이 되는 일반적인 원칙은 다음과 같이 공식화할 수 있다. 재현된 (묘사된) 것으로서의 소재의 성질이 디자인에 의해 표상될 때, 디자인과 소재는 일관된다. 이 원칙을 이렇게 진술한다면 구체적인 사항이 너무 부족하다. 예컨대 이 원칙을 좀 더 확장하여, 만일 디자인이 재현된 것으로서의 소재의 성질과 반드시 동일한 성질은 아닐지라도 그 성질과 일반적으로 관련되어 있는 어떤 성질들을 제시한다면 통일성이 나타날 것이라고 덧붙일 수 있을 것이다. 그러나 지금은 이 원칙을 실제 시각 예술작품에 적용하기 전에, 매우 간단한 예와 관련지어 보면서 이 원칙이 어떻게 귀결될 수 있는지를 살펴볼 것이다.

바위의 선묘에서 바위가 불안정하고 뾰족한 것으로 재현될 수 있다. 동시에 그 선 자체가 불안정함과 뾰족함이라는 영역 성질을 가질 수 있다. 이것은 반드시 함께 나타날 필요는 없지만 함께 나타날 때는 비슷한 점이 있고 그래서 소재와 디자인 간

---

* 이 이론을 완전하게 제시하고 옹호하는 주장은 월터 아벨(Walter Abell)의 『재현과 형식』(*Representation and Form*)에 나타나 있다. D. F. Bowers, Helen Knight, Albert C. Barnes, Rhys Carpenter, Herbert S. Langfeld, L. A. Reid, Dewitt H. Parker 등도 이 이론을 옹호했다. Note 17.3을 보라.

의 통일성의 근거가 된다. 그 디자인은, 제5장 14절에서 도입한 용어를 사용하자면 그 소재의 표상적 등가물(presentational equivalents)을 포함하고 있다. 춤을 추거나 파티를 하고 있는 사람들을 그린 그림에서 사람들은 미소 짓거나 웃고 있는 것으로, 일반적으로 행복한 시간을 보내고 있는 것으로 재현될 것이고, 동시에 디자인 자체가 흥겹고 생생한 성격을 띨 것이다. 표상적 등가물은 일대일 관계가 아니다. 특정한 성질을 가진 한 디자인이 한 가지 이상의 소재에 적합하게 들어맞을 수 있다.

디자인과 소재 사이의 다른 연결 방식은 구도상 지지의 원칙(principle of compositional support)이다. 그림 속의 인물 중 누가 가장 중요한지, 혹은 그 소재 측면에서 중심적인 것이 무엇인지를 재현을 통해 알려주는 그림에서 그 사람을 재현하는 구역은 디자인의 초점이기도 하다. 루오 작품(도판 5)의 씨 뿌리는 사람의 손, 도미에의 〈증인들〉(도판 8)에서 가리키는 손 등이 그것이다. 소재에 대한 디자인의 적합성을 여기서 다시 확인할 수 있다.

융합이 가능한지에 대한 의심은 대부분, 디자인과 소재 사이의 구별이 충분히 명확하지 못한 데서 기인한다고 생각한다. 우리는 오랜 시간을 주목하지 않아도 디자인과 소재가 융합되고 있음을 인정한다. 재현이 있는 곳이라면 어디든 어느 정도 디자인과 소재가 융합되는 것은 의심할 바 없다. 그러나 그다지 훌륭하지 못한 작가들의 작품, 잡지 스케치나 사진에 아주 풍부하고 강력한 표상적 등가물이 없더라도 무엇인가가 재현되었다는 것을 우리는 흔히 알아차린다. 그 대상은 묘사되고 있지만 그 성질이 거기에 나타나 있지는 않다.

융합이란 개념을 분명히 하기 위해 간단한 것부터 시작해보겠다. 몸집이 크고 거대한 사람을 재현한다고 하자. 좀 떨어진 곳에 작은 인물을 그리고 원근법을 도입하고 근처에 다른 대상을 놓음으로써 비록 작게 재현했으나 우리는 그 인물을 큰 사람으로 나타낼 수 있다. 그러나 초상화가들이 하듯이 그를 그림의 표면에 가깝게 배치하고, 사용할 수 있는 회화 공간을 가득 채우도록 한다면 그를 재현하는 구역 자체가 크고 거대해질 것이다. 여기서 그 사람의 거대한 몸집은 디자인 구역의 거대함을 통해 재현된다. 예컨대 고야의 〈거인〉(도판 7)을 보라. 흔히 하는 말로 우리는 그의 거대함을 '느낀다'. 단지 거대함을 추론해내는 정도가 아닌 것이다. 이것은 융합의 가장 단순한 경우이지만 의식적으로 주목하지 않더라도 충분히 작동한다. 근거가 불분명하지만 벨라스케스의 작품으로 추정되는, 가감 없이 솔직한 초상화인 〈야전 원수 알레산드로 델 보로〉(*Field Captain Alessandro del Borro*, 연대 미상, 베를린 카이저 프리드리히 미술관) 같은 예를 제외한다면 말이다. 여기서 이 장군을 기둥 사이에 자리하게 하고 관람자의 눈을 그의 발 높이에 맞춤으로써 큰 몸집의 인상은 더욱 강화된다.

융합의 일반적인 원칙은 여러 방식으로 예를 들어 설명할 수 있고 다양한 예를 제시하는 것이 바람직할 것이다. 모든 그림에 있어 내가 말하는 바에 동의할 것을 주장하지는 않는다. 일부 예시에서 표상적 등가물이 분명하게 보이는 것으로 충분할 것이다. 중요한 핵심은 이 관념 자체를 납득할 만큼 명확하게 하는 것이다.

엘 그레코의 〈겟세마네 동산에서의 고뇌〉[*Agony in the Garden*, 겟세마네(*Gethsemane*)라고도 함, 1604~1614, 런던 내셔널 갤러리]부터 시작해보겠다. 예수는 그가 맞이하게 될 시련을 앞두고 괴로워하면서 그 잔을 그로부터 거두어달라고 간청하고 있다. 그러나 묘사되어 있는 그의 감정적 성질은 디자인 자체의 성질이기도 하다. 바위는 그 윤곽이 고통스럽게 비틀려 있고, 어둡고 위협적인 구름이 위에 있다. 이 그림에서의 디자인과 소재의 통일성에 대해서는 더 많은 것을 이야기할 수 있을 것이고, 사실 이 그림에서 디자인과 소재의 연결은 매우 분명하게 드러나 있다. 디자인으로서의 영역 성질이 보여주는 생생함과 강력함, 감정 면에서 소재와의 어울림으로 인해 다른 작품들과 흥미롭게 비교되는 점들이 있다. 무리요의 〈십자가 처형〉(*Crucifixion*)에서도 비슷한 소재를 찾을 수 있지만 표상적 등가물이 없다. 아쉴 고르키(Arshile Gorky)의 〈고뇌〉(*Agony*, 1947, 뉴욕 현대 미술관)에는 붉은 모양과 불규칙한 검은 선들로 된 모종의 표상적 등가물이 있지만 이 그림은 비재현적이기에 소재가 없다. 엘 그레코의 작품에는 종합(synthesis)이 있다.

호베마(Hobbema)와 로이스달(Ruisdael)의 풍경화에는 인간의 평화로운 점유와 자연의 부드러움이 그 디자인의 부드럽고 수평적인 선들로 드러난다. 브론치노(Bronzino)의 〈청년의 초상〉(*Portrait of a Young Man*, 1535년경, 뉴욕 메트로폴리탄 미술관)에서 청년은 우아한 복장을 한, 자의식이 강하고 남을 무시하는 귀족으로 묘사되고 있다. 강력한 세로축과 주의 깊게 조화를 이루고 있는 미묘한 디자인은 그 자체가 위엄 있고 인간미가 적고 초연한, 그러면서도 긴장과 자기 절제를 머금은 분위기를 풍긴다. 조르주 루오의 〈병사들에게 능욕을 당하는 그리스도〉(*Christ Mocked by Soldiers*, 1932, 뉴욕 현대 미술관)에서의 회화 공간의 속박감은, 예수의 머리 주위를 에워싸고 있는 병사들의 얼굴 중 하나와 더불어 그리스도에게 가해지는 압력의 느낌을 전달한다. 질감상의 강렬한 성질은 여러 색상과 검은 윤곽선들과 함께 그 디자인을 특별히 더 강렬하게 만든다. 그러나 예수의 형체는 체념과 평온함 속에 앞으로 드러나면서 그 공간 속의 자기 자리를 견고하고 분명하게 지키고 있다. 마치 그 어떤 것도 예언서에 기록된 그의 사명을 완수할 것을 단념시킬 수 없을 듯한 모습으로, 루오의 예수는 틴토레토의 〈빌라도 앞에 선 예수〉(*Christ before Pilate*, 1566-1567, 베니스 스쿠올라 디 산 로코)에서 보이는 예수의 모습과는 다르다. 그러나 틴토레토 작품에서의 예수의 형체는 그 자체의 본질적인 디자인 성질을 가지고 있고, 대체로 조용하지만 강렬한 위엄을 가진 모습으로 그 이야기에 적합하다. 그리고 〈수태고지〉[*Annunciation*, 예컨대 시모네 마르티니(Simone Martini)의 1333년작, 피렌체 우피치 갤러리]에는 성모가 영광스러움과 고통으로 움찔하는 모습이 성모의 형태를 표현한 선과 성모와 천사 사이의 공간적 관계 속에 압축되어 있다.

파벨 첼리체프(Pavel Tchelitchew)의 〈정신병원〉(*The Madhouse*, 1935, 뉴욕 현대 미술관)에서는 디자인상으로 원근법 그리고 사람과 가구 같은 덩어리들의 위치를 왜곡시켜 환자의 마음 상태를 반영하고 있다. 〈무한의 향수〉(*Nostalgia of the Infinite*, 1911, 뉴욕 현대 미술관)나 〈시인의 기쁨〉(*Delights of the Poet*, 1913, 뉴욕 현대 미술관)과 같은 데 키리코(De Chirico)의 신비스러운 그림에서는 풍경의 고적함과 비인간적인 냉담함이 칙칙하고 차가운 색감 패턴으로 묘사되고 있다.

마지막으로 친숙한 예시들을 살펴보자. 〈시립보호소〉(도판 3)에서 케테 콜비츠는 그 상황의 성질을 디자인 자체에 구현했다. 어머니의 보호는 단지 묘사되는 데 그치지 않는다. 그녀를 묘사하는 모양은 그 자체가 아이의 모양을 끌어당기는 희미하게 에워싼 형태이다. 그 디자인 속의 모든 움직임이 구심력을 가지고 있어서 형체들이 따뜻함과 위로의 느낌을 자아내려 애쓰고 있고 회색과 검정으로 된 넓은 낫 모양의 따뜻한 색조는 흰 배경이 인물 형체에 대비되어 차갑고 적대적으로 보이도록 만들고 있다. 그와 비슷하게 복합적인 방식으로 루오의 석판화(도판 5)에서 보이는, 고요하고 어둠 속에서 빛나며 신비로운 벨벳 느낌의 색조, 또 렘브란트의 소묘(도판 2)에서의 터치의 부드러움, 상냥함, 밝음은 묘사된 주제와 완벽하게 일관되고 있다.

이 예시들은 디자인과 소재의 융합이 실제로 일어난다는 것을 분명하게 보여준다. 그러나 물론 앞서 말한 바와 같은 일반적인 원칙, 즉 그 융합은 표상적 등가물이 있을 때 발생한다는 것은 대략적이고 모호하다. 다양한 종류의 등가물들을 체계적으로 살펴봄으로써 그 원칙은 더 정확하게 다듬어질 수 있다. 이것은 심리학적 연구로 좋은 성과를 얻을 수 있는 문제이다.

　디자인과 소재의 연결이 양방향적이라는 것이 주목할 만하다. 원근법, 지각적인 형체 덩어리, 그리고 구성적인 수렴은 중요한 특징에 초점을 맞추도록 함으로써 소재를 뒷받침한다. 그러나 어떤 경우 소재를 알아보는 것이 디자인 자체가 가진 성질을 강화하고 견고하게 하는 데 일조한다. 예컨대 어떤 그림에 삼각형이 하나 있고 그 삼각형은 색상과 맥락 면에서 견고하다. 이것을 가까이 있는 문진이 아니라 멀리 있는 피라미드를 재현하는 것으로 생각할 때, 그 형체 자체는 더 강한 견고함, 무게, 단단함을 띠게 될 것이다. 물론 이렇게 되려면 그림 속의 다른 요소들의 방해로 그 형체가 가볍고 떠다니는 성질을 갖게 되거나 하는 일이 없어야 한다. 표면적인 크기는 재현과 상관관계가 있고, 재현된 대상의 크기는 그것을 재현하는 구역의 외양에 미묘하게 영향을 미친다. 때로 색의 성질에 있어서도 이것은 동일하다. 플러시 천, 비단, 코듀로이 천과 같은 무언가의 색으로서 지각된 색은 단순한 색 단편일 때와는 약간 다르게 보일 것이다. 이 약간의 차이가 바로 디자인으로서의 그 디자인의 구도적 균형과 일관성에 매우 큰 차이를 초래한다.

형식의 세 가지 차원

　소재가 있는 그림은 두 가지 층위로 존재하며 이 층위들 간의 관계뿐 아니라 이 층위들 내의 관계도 있다. 그래서 융합 이론을 받아들이게 되면, 재현적 그림에는 형식의 세 가지 차원이 있게 된다. 그 결과 우리가 그림의 형식을 살펴볼 때 질문해야 할 문제들은 세 가지 그룹으로 나뉜다.

　첫째, 그림의 디자인 자체에 대한 질문이다. 디자인은 완전하고 일관되어 있는가? 얼마만큼의 복합성을 아우르고 있는가? 디자인의 영역 성질들은 무엇이며 얼마나 강렬한가? 이 질문들은 제4장 13절에서 이미 다루었다.

　둘째, 그림의 소재에 대한 질문이다. 그 소재가 서로 다른 사람들 간의 심리적 관계가 관련된 사건이나 상황이라면 연극의 한 장면으로 간주될 수 있다. 이러한 의미에서 그리스도를 십자가에서 내림, 바스티유 습격, 윌리엄 펜과 인디언의 조약 등을 그린 그림에는 극적인 소재가 있고 문학작품에 대해서도 같은 질문을 할 수 있다. 이 질문들은 제5장 15절에서 논의했다. 재현된 인물은 심리적으로 일관성이 있는가? 그가 하고 있는 행동은 묘사된 성격과 일관되는가? 설정된 상황은 그 행위와 심리적으로 잘 어울리는가? 간단한 예로, 폭풍우 치는 밤이나 바람 부는 황야는 살인과 어울리는가? 그림에서의 심리적 통찰의 깊이와 침투력에 관한 다른 질문들을 할 수도 있다. 그러나 이 질문들은 참(truth)과 관련된 다른 종류의 문제들과 연결되며 이것은 제8장 20절에서 다룰 것이다.

극적 통일성이 만족스럽게 나타나 있는 그림의 예를 찾기는 어렵지 않다. 17세기의 네덜란드 장르 화가들, 테르보르흐(Terborch), 얀 스테엔(Jan Steen), 피터 드 호흐(Pieter de Hooch)의 작품은 온통 그러하다. 그 작품 속의 상황을 보면 인물의 성격과 지엽적인 사건 행위 간의 아이러니하고 재미있는 대조가 풍부하다. 대(大) 피터 브뤼겔의 〈십자가를 지고 가는 예수〉(Christ Carrying the Cross, 1563, 빈 국립 갤러리)는 놀랍도록 복잡하고 극적인 이야기를 담고 있는데, 언덕 위로 멀리 원을 이룬 사람들의 무리가 병적인 호기심으로 대단한 볼거리를 기다리고 있다.

한편 극적 통일성이 덜하거나 붕괴된 경우도 있다. 히에로니무스 보쉬의 〈동방 박사의 경배〉(Adoration of Magi, 1490년경, 뉴욕 메트로폴리탄 미술관)의 여러 대상과 사건은 전부가 밀접하게 관련되어 있지는 않다. 불 곁에서 손을 녹이는 양치기들은 성모와 예수로부터 동떨어진 위치에 있다. 다비드의 〈소크라테스의 죽음〉(Death of Socrates, 1787, 뉴욕 메트로폴리탄 미술관) 속 인물들의 꾸민 듯이 과장된 몸짓과 자세는 그 자체가 극적 통일성이 결여되어 있다. 그것은 동기가 불충분하기 때문이다. 플라톤이 『파에돈』(Phaedo)에서 말한 영혼의 배반으로 볼 수도 있겠으나 이것은 별개의 문제이다. 이와 비슷하게 카라바조의 〈그리스도를 십자가에서 내림〉(Deposition, 1602-1604, 로마 바티칸)에서 마리아의 들어 올린 두 손의 과장된 성질도 비판할 만하다. 루벤스도 그렇게 생각했던 것으로 보이는데, 그는 카라바조의 그림을 자유롭게 모작(1611-1614, 빈 리히텐슈타인 갤러리)하면서 이 손을 없앴다.

고도의 극적 복합성을 발견할 수 있는 두 종류의 그림이 있는데 모두 렘브란트 작품에서 그 예를 찾아볼 수 있다. 렘브란트의 〈얀 식스의 초상〉(Jan Six, 1654, 암스테르담 식스 컬렉션)에서 묘사된 인물은 초상화 역사상 가장 복잡하고 미묘한 인물 중 하나이다. 렘브란트의 동판화 〈병자를 치유하는 그리스도〉(Christ Healing the Sick, '백 길더 판

화'라고도 불림, 뒤 236)는 매우 다양한 인물 성격, 태도, 인간의 조건을 포함하지만 회화
적 전체 내에 모두 잘 결합되어 있다.

　세 번째 질문은 소재와 디자인 사이의 관계에 대한 것이다. 소재에 대한 표상적
등가물이 있음으로 하여 디자인이 소재와 일관되는 정도는 어떠한가? 앞의 논의에
서 비평가들이 이 질문에 답하는 일반적인 방식을 볼 수 있다.

　디자인과 소재가 가장 완전하게 융합된 그림들, 디자인과 소재 각각이 통일되고
그 자체로 강렬한 성질을 갖고 있는 그림들을 떠올려본다면, 지오토와 렘브란트를
동시에 들 수 있을 것이다. 지오토의 위대한 프레스코 작품들은 어느 것이나 그 디자
인이 대단히 일관되고 완전하게 구성되었으면서도 디자인으로서 강한 영역 성질을
가지고 있다. 이 디자인에서는 깊은 심리적 초상을 볼 수 있다. 디자인의 성질이 묘
사된 사건의 성질과 일치한다. 예를 들어 〈그리스도를 애도함〉(*Lamentation over Christ*,
1305, 파두아 아레나 채플) 속의 사건의 슬픔과 관람자의 슬픔은 처진 옷자락, 굽힌 등의
곡선, 비스듬한 구도에서 근거를 확보한다. 내셔널 갤러리의 와이드너와 멜론 컬렉
션과 메트로폴리탄에 소장된, 렘브란트의 40~50대 시절의 초상화들은 빛이 뚜렷하
게 집중되어 얼굴에 강렬함을 부여하고 있다. 그 디자인들에는 휴식, 진지함, 명상적
임, 초시간적인 느낌, 엄숙함의 성질, 확고한 초점, 그리고 초상의 소재가 가진 생명
력과 심리적 깊이를 반영하는 내적인 색채 효과의 반짝임 등이 있다. 주위를 둘러싸
고 있는 어둠은 인물의 형태가 자연스럽게 부각되도록 세상으로부터 그 인물들을 차
단하면서 감싸는 포장 같고, 인물은 자신의 영혼과 홀로 대면하는 듯 보인다.

　세 번째 질문에 대해서는 세 답변 중 어느 것을 취해도 좋을 것이다. 이미 봤듯
이 많은 디자인에 디자인과 소재 간의 뚜렷한 통일성이 있다. 어떤 디자인들에서는
부적합성이 보인다. 통상적으로 잡지의 삽화와 광고에서는 디자인과 소재 사이의 연
관성이 매우 적다. 연관성은 거의 허물어져 있다. 물론 언제나 어느 정도 관련이 있기
는 하다. 성공적인 삽화가라면 어느 정도의 활기와 힘을 자신의 디자인에 불어넣는
방법을 알기 때문이다. 그러나 순수 미술 작품과 비교할 때 이러한 삽화는 영역 성질
면에서 상대적으로 약하며 따라서 표상적 등가물 같은 방식으로 제공하는 성질이 상
대적으로 적다. 또 어떤 디자인에서는 분명한 비일관성이 보인다. 푸생의 여러 회화
에서 보이는 디자인상의 엄숙함, 장중함, 조용한 위엄은 인물을 묘사하고 이상화한
바탕이 되는 왕의 위엄, 최고의 신성, 고상한 소박함과 매우 잘 맞아떨어진다. 〈리날

도와 아르미다〉(*Rinaldo and Armide*, 1633, 톨레도 미술관)과 같은 작품을 보라. 그러나 〈무죄한 이들의 학살〉(*Massacre of the Innocents*, 1627-1629, 샹티이 콩데 미술관)을 보면 묘사된 행위의 폭력성은 그 디자인의 상대적인 안정성에 비추어볼 때 이상할 정도로 조화롭지 못하다. 그리고 이것은 디자인으로서는 그림보다 훨씬 활기차고 생기 있는 카툰-연구와 비교해보면 특히 더 명확하다.

이런 종류의 부적합성은 화가가 의도했건 아니건 새로운 성질을 낳는다. 소재가 사소하거나 친숙한 것이라면 그 부적합성은 어색하고 따라서 우스꽝스럽게 보일 것이다. 소재가 진지한 것이라면 그 부적합성은 아이러니하게 보일 것이다. 그러나 아이러니는 일종의 일관성이기도 할 것이다. 적어도 이러한 관점에 과도하게 치우쳐 그림을 분석하는 것은 좋지 않다. 예컨대 고갱(Gauguin)의 〈황색 예수〉(*The Yellow Christ*, 1889, 버펄로 올브라이트 미술관)는 혼란스러운 예시라 할 수 있다. 화면에 널리 퍼져 있는 노란색이 그림의 소재인 거대한 십자가에 부적합하다고 직설적으로 말한다면 잘못일 것이다. 그러면 우리는 이 그림에서 너무 벗어나게 될 것이다. 문제는 어떤 느낌이 십자가 처형이라는 소재에 적합한가가 아니라 그 디자인의 어떤 성질이 여기서 묘사된 장면, 무릎 꿇은 농부 여인들에 적합한가 하는 것이다. 그리고 소재에 관한 한 색채-성질과 실제로 충돌하도록 묘사된 것은 없다고 주장할 수 있을 것이다. 사실 그 색채는 모델링의 결여, 형태의 단순성과 함께 의례적인 듯한 단순한 믿음을 분명히 드러내는 데 도움이 된다.

일관성에 관한 이 세 가지 문제는 모두 재현적인 그림에 대해 가치 판단을 내리는 데서 제기된다. 그러나 그렇다고 해서 이 문제들이 가치의 문제에 자동적으로 답을 제공하는 것은 아니다. 시각 예술 비평가들은 이 문제에 있어서 뚜렷하게 의견이 나뉘어 있다. 일부 비평가들은 재현적인 그림이 비재현적 그림보다 더 상위의 가치를 가진다고 주장하며, 중요하고 일관된 극적 소재를 다루는 그림은 표상적 등가물로 많은 것을 담고 있든 아니든 위대한 그림이 될 수 있다고 주장한다. 다른 비평가들은 그림의 표상적 국면은 본질적인 것이고 재현적인 국면은 주변적인 것이라고 말한다. 그래서 그들은 그림이 아무것도 재현하지 않아도 위대할 수 있다고, 재현을 하지만 표상적 등가물과 통일된 디자인이 결여된 그림은 단순한 '삽화'(illustration)이지, (예술로서의) '순수 미술'(fine art)이 아니라고 말한다.

다음과 같이 생각할 수 있을 것이다. 우리는 제10장에서 가치 평가의 문제를 다룰 때 이 점을 염두에 두고 있어야 한다. 그러나 이 단계에서는 합리적으로 방어하기가 까다로운 선험적인 판단들을 일소해버리지 않아도 된다. 예컨대 재현적인 그림들이 모두 열등하다거나 비재현적 그림들이 모두 열등하다거나 하는 식의 판단이다. 분명한 것은 디자인과 소재 사이에 아무런 관련이 없는 재현적인 그림은 일관성이라는 중요한 차원을 결여하고 있다. 비재현적 그림은 복합성(complexity)이라는 중요한 차원을 결여하고 있다.

디자인과 기능

재현의 문제를 면밀하게 다루기 위해서는, 조각이나 건축 같은 분야로 우리의 결론을 확장하지 않고, 앞에서 말한 대로 시각적 디자인에 국한해 논의해야 했다. 이렇게 다른 분야로 결론을 확장하면 어떤 점은 꽤 분명하고, 어떤 점은 더 혼란스럽다. 그러나 소재에 대한 논의를 마치기 전에 이 문제들이 우리가 다루어왔던 것들과 얼마나 평행적인지 그리고 그와 비슷한 방식으로 다룰 수 있을지 알기 위해, 관련된 일군의 문제에 대해서도 간략하게 살펴볼 것이다. 이 문제들은 디자인과 소재의 문제와는 무관하고, 디자인과 용도 혹은 흔히 일컫듯이 형식과 기능의 문제와 관련이 있다.

어떤 대상이 디자인으로서 관조의 대상이 되는 것 이외의 다른 용도가 있을 때, 대상의 디자인과 대상의 용도 사이의 관계는 무엇인가? 난로, 개수대, 숟가락, 검, 정유 공장처럼 실용적인 목적을 위해 디자인된 대상이라면 그 용도를 지시하는 성질이 겉으로 드러날 것이다. 누군가가 염주나 회로 차단기를 보여줄 때 그 물건에 대해 적절한 지식이 없다면 물론 그 용도를 알아차리지 못할 것이다. 혹자는 갈퀴나 제설기를 보고 당황스러워할 수도 있다. 그러나 적절한 지식을 갖춘 사람은 여러 유용한 대상들의 디자인에서 그 대상의 목적을 알 수 있을 것이다. 말하자면 숟가락은 뭔가를 젓거나 액체에 담글 때 사용하는 것처럼 생겼고 텐트는 바깥 날씨로부터 무언가를 보호하는 것처럼 생겼다.

그렇다고 반드시 그래야 하는 것은 아니다. 때로 디자인은 대상의 목적을 위장하기도 한다. 침대는 접혀서 소파가 되기도 한다. 옛날 스타일의 싱어(Singer) 재봉틀은 정교하게 만들어진 형태를 하고 있어서 주철 가구처럼 보인다. 극단적인 예로는 군용 탱크가 위장색을 하고 있는 경우이다. 이것은 언제나 가능한 것은 아니다. 커다란 다리를 다리가 아닌 것처럼 보이도록 하는 것은 어렵다. 그러나 그보다 좀 덜한 경우, 차의 크롬 도금이나 한때는 기능적이었으나 지금은 그렇지 않은 재킷 소매의 단추, 숟가락 손잡이 부분의 새김 장식 등, 그 대상의 목적에 충실하도록 돕는 것과 무관한 디자인상의 변화나 덧붙임은 모두 불완전한 은폐이다. 이것들은 사물의 실용성에 영향을 주지 않으면서 사물의 외관에 영향을 준다.

디자인과 용도 간의 관계에 대해 분리 이론을 다음과 같이 공식화할 수 있을 것이다. 디자인과 용도는 대상의 별개의 국면이며 밀접한 관계가 없다. 그러나 융합 이론 또한 옹호될 수 있을 것이다. 일부 대상에는 디자인과 용도 간에 관계가 있다. 문제는 그것이 어떤 종류의 관계인가 하는 것이다.

이 논의에서 융합 이론이 제공할 수 있는 원칙을 공식화하기 위해서는 '외관'(look)이란 단어의 두 가지 의미를 구별해야 한다. 대상을 볼 때 우리는 대상의 목적이나 적어도 한 가지 용도를 추론할 수 있다. 예컨대 그것은 뭔가를 파거나, 치거나, 때리거나, 그 안에서 헤엄치는 데 좋은 물건이다. 이것은 그런 종류의 대상들을 과거에 경험해본 것에 기초한 논리적 추론이다. 현실에 기반한 추론인 것이다. 예컨대 차를 살펴보고 있다고 가정해보자. 차의 덮개를 열면서 '빠르게 달릴 것 같아 보인다'고 할 수 있다. 이것은 예측이다. 차에 타서 시동을 걸고 클러치를 넣고 가속 페달을 밟으면 차는 빨리 달릴 것이다.

그러나 자동차가 길가에 서 있고, 단지 차의 색상, 윤곽선, 형태를 살펴보는 중일 뿐이라고 생각해보자. 차체가 낮고 길고, 완만한 곡선이 뒤로 흐르며, 두 색 사이의 크롬 도금 부분이 단지 디자인상으로 앞을 향해 움직이는 선을 따라 이어져 있다. 그 차는 '빠른' 생김새를 하고 있다. 이것은 추론도 아니고 예측도 아니다. 생각과 달리 아마 그 차 안에는 모터가 없을지도 모르고 모터가 나쁜 형태일 수도 있다. 이 경우는 디자인 자체의 영역 성질을 단순히 기술하고 있는 것이다. 차는 깔끔하고 날렵하고 흐르는 듯하고 강력하고 부드러운 외형을 하고 있다.

'그 차는 빠르다(빠를 것이다)'고 말하는 것은 그 대상의 수행(performance)-특성을 기술하는 것이다. '그 차는 빨라 보이는 외형을 하고 있다'는 것은 디자인 성질을 기술하는 것이다. 디자인이 대상의 바람직한 수행-특성이기도 한 성질을 가지고 있을 때 그 디자인은 기능에 적합하다.

그래서 어떤 차 제품이 빠르게 달리도록 디자인되었다고 하자. 만일 그 차가 빨리 달릴 것으로 보이기도 한다면, 그 차의 외형은 그 차의 이상(理想)을 분명히 보여주며 그것을 직접적으로 알 수 있도록 한다. 즉 그 차의 외형은 차에서 기대하는 성질들을 구현하고 있는 것으로 보인다. 차의 외형은 그 차가 어떤 차인지, 어떤 차여야 하는지를 보여준다. "눈길을 끄는 새로운 그릴. 바로 리더십의 느낌이죠"는 제너럴 모터스의 광고이다. 즉 디자인으로서 주목을 끄는 그릴의 외형, 이 경우 험악하고 으르렁거리는 그릴 모양은 그 자체가 도로에서 다른 차를 앞서 나갈 것으로 예측되는 능력의 표상적 등가물이다. '당신이 보는 모든 곳이 부드러운 움직임을 드러냅니다. 활기찬 선은 새로운 엔진의 힘을 표현합니다.' 이 차의 디자인에는 부드러운 움직임이 있고 차는 부드럽게 움직인다. 혹은 적어도 그렇게 주장한다. 또 다른 광고는 이러하다. "여기 저속하게 화려하지 않은 아름다움, 풍부하지만 장식 없이 단순한 스타일링, 결단력을 의미하는 길고 완만한 곡선을 보십시오." 그 차는 정지해 있을 때조차도 즉각 날아오르려고 자세를 취하고 있는 것처럼 보인다.

앞에서 말했듯 융합 이론은 가치 판단이 아니다. 그 이론은 때때로 실현될 수 있는 가능성을 가리킬 뿐이다. 그러나 융합 이론과 관련해 이따금 옹호되는 다른 이론이 있고 여기서 그것을 적어도 간략하게 살펴보고자 한다. 그것은 기능주의(Functionalism)이다.* 이 이론을 다루는 데 있어서의 주된 어려움은 이 이론이 완전히 별개이고 논리적으로 독립적인 명제들 몇 가지를 통상적으로 함께 취급하고 있다는 것이다. 이 명제들을 먼저 분리해야 한다. 이 명제들 중 일부는 그다지 논쟁의 여지가 없는 것들이다. 기능주의자들이 건물은 '기능적'이어야 한다, 즉 지어진 목적에 부합해야 한다고 말한다면 이에 반대하기 어려울 것이다. 한편 기능이 미적인 가치를 위해 희생되어서는 결코 안 된다고 말한다면, 그런 전면적인 진술을 정당화하는 것은 불가능할 것이다. 반박할 사례로 여성복을 들 수 있다. 그러나 때로 기능주의자들이 염두에 둔 듯한 두 가지 명제는 중요하고 논의할 만한 것이다.

첫째, 때로 기능주의자들은 실용적인 대상에서 디자인은 그 용도에 적합해야 한다고 주장한다. 은행 건물의 주된 목적은 돈과 서류를 안전하게 보관하는 것이다. 그

---

* 이 이론을 옹호한 사람은 호레이쇼 그리너프(Horatio Greenough)와 티그(W. D. Teague)이다. Note 17.6을 보라.

건물은 튼튼하고 안전하고 약탈하기 쉽지 않아야 한다. 그러면 모던한 재료들을 사용해, 보기에는 전혀 그렇지 않을지라도 실제로는 은행을 안전하게 만드는 것도 가능할 것이다. 건물이 유리로 만들어져서 부드럽고 가볍게 떠다니는 듯한 성질을 가질 수 있을 것이다. 실제로는 침입자들로부터 안전하면서 말이다. 또는 사각의 으스스한 정문, 육중한 대리석 벽돌, 견고해보이는 문으로 되어있어 안전해보이는 건물이 사실은 유리로 만든 것보다 덜 안전할 수도 있다.

자, 모두 혹은 대부분이 은행은 안전해야 한다는 데 동의한다. 기능주의자는 은행이 안전해보여야 한다고 말한다. 그 디자인의 성질은 건물의 이상이나 그 기능을 수행하는 가장 바람직한 모습과 일치해야 한다. 어떤 종류의 논증으로 이것을 지지할 수 있는지 전적으로 분명하지는 않다. 어쨌든 이것은 지금 논의하는 문제로부터 벗어난 가치의 문제로 연결된다. 만일 디자인과 목적이 더 긴밀하게 종합되면 우리의 일상에서 일종의 조화나 통일성을 경험할 것이라고 주장할 수 있을 것이다. 이러한 사고 노선은 제12장에서 다룰 예술의 사회적 효과에 대한 문제들로 이어진다. 혹은 만일 건축가, 공장 설비 디자이너, 가구 제작자들이 디자인에 그 대상의 성질을 구현하고자 애쓴다면 우리는 주위에서 더 많은 좋은 디자인을 보게 될 것이라고 주장할 수 있을 것이다. 그리고 이 논증은 이제 기능주의의 두 번째 논제로 이어진다.

때로 기능주의자는 대상의 디자인이 그 용도에 더 적합할수록 그 디자인은 더 훌륭하다고 말하는 듯하다. 이것은 물론 실용적인 대상에만 적용될 것이다. 그림과 같은 비실용적인 대상이 훌륭한 디자인을 하고 있을 수 있다는 것에도 그들은 일반적으로 동의할 것이다. 그러나 기능주의자들은 다음 두 가지 방식으로 논증할 것이다. ① 어떤 유형의 대상이 발전할 때 그 진보의 과정을 보면, 예컨대 브루클린 브리지에서 조지 워싱턴 브리지로의 진보, 초창기의 자동차와 재봉틀, 진공청소기에서 최신 모델들로의 진보를 생각해보면, 대상의 원래 목적에 더 잘 들어맞도록 대상이 점진적으로 향상됨에 따라 디자인도 그에 상응하는 단순화와 통일화 과정을 겪는 경향이 있음을 보게 된다. 불필요한 부속물이 없어지고 그 형태도, 마치 최초의 자동차가 마차의 차체 모양이었던 것처럼 다른 곳에서 빌려온 형태를 하지 않고 사물 자체의 본성으로부터 유기적으로 도출된 형태를 취하게 된다. 디자인의 가치가 통일성의 정도에 좌우되는 한, 다른 것들이 똑같다면 대상이 그 목적에 더 부합할수록 그 디자인은 더 훌륭할 것이다.

② 더욱이 첫 번째와 잘 맞아드는 또 하나의 경향이 있다. 대상이 다른 것이 아닌 그 자체의 목적에 더 집중할수록, 즉 그 대상이 목적에 더 충실하게 부합할수록 그 대상은 더 올바른 모습을 하고 있는 것으로 보이는 경향이 있다는 것이다. 다리가 더 훌륭할수록 그 다리는 더 높이 날아오를 듯하고 다리가 걸쳐 있는 공간을 잘 장악하고 극복하고 있는 것처럼 보인다. 만일 다리가 더 안전하다면 더 안전해보일 것이다. 그리고 주전자가 액체를 따르기에 더 좋을수록, 의자가 몸을 기대기에 더 좋을수록, 부엌이 음식을 장만하기에 더 좋을수록 그 대상들의 영역 성질은 더 강력하고 뚜렷할 것이다. 그리고 디자인의 가치가 그 영역 성질의 강력함에 좌우되는 한, 대상이 더 기능적일수록 대상의 디자인은 더 좋아진다.

모든 기능주의자들이 통일성과 강력함이 좋은 디자인을 위한 충분조건이라고 주장하지는 않겠지만 일부 기능주의자들은 그렇게 주장할 것이라고 생각한다. 그리고 그들은 심지어 그림도 이렇게 간소화된 실용적인 대상과 더 비슷한 것을 더 좋아할 것이다. 그러나 이 두 번째 논제를 지지하는 논증에 대해 제기하고 싶은 두 가지 문제가 있다. 첫째, 대상의 유용성이 커질수록 대상의 디자인이 더 단순화되어야 한다는 것은 불가피한 것이 아니다. 오늘날의 정유 시설은 초창기의 정유 시설과 비교해 디자인으로서 덜 복잡하지 않다. 그러나 하나의 일반화로서는 그렇게 말할 수도 있을 것이다. 둘째, 그 논증은 흔히 거기에 덧붙여지는 당연한 귀결, 즉 모든 순수한 장식은 따라서 제거되어야 한다는 생각으로 이어져서는 안 된다. 그것과 동등하게 중요한 비기능주의적 참도 염두에 두어야 한다. 임의의 어떤 대상이 그 자체의 기능을 아무리 잘 수행하더라도, 훌륭한 디자이너가 약간의 제한적인 장식을 가미해 더 좋은 디자인을 만들어내고 대상의 성질을 강력하게 만드는 경우가 넘쳐난다. 아마도 모든 대상이 이런 방식으로 더 좋아지지는 않을 것이다. 총알, 일부 주전자, 익은 토마토 등은 그렇지 않다. 장식적 요소를 가미하는 것이 유용한 대상의 디자인을 망치는 경우도 종종 있다. 그럼에도 불구하고, 고속의 성능을 위해 스포츠카가 아무리 잘 디자인되었을지라도 선이나 색상 면에서의 약간의 변화, 실용성은 전혀 없고 기능 수행에도 아무런 도움이 되지 않는 그런 변화가 그 스포츠카를 더 뛰어난 레이스 성능을 가진 것으로 보이게 할 수 있다는 것은 여전히 참이다. 갈색인 것보다 빨간색인 것이, 대비되는 색상의 줄무늬가 있는 것이 그 차를 더 레이스 성능이 뛰어난 것으로 보이게 하지만, 차의 색상은 속력에는 전혀 영향을 미치지 않는다.

어쨌든, 순수 미술 작품을 경험할 때와 마찬가지로 실용적인 대상을 경험할 때도 융합과 동일하거나 매우 유사한 원칙이 작용하는 것처럼 보인다. 실용적 대상에 있어서 통일성, 복합성, 그리고 다른 영역 성질들 같은 미적 성질은 그 대상의 용도와 관계가 없고, 이런 성질은 실용적 대상을 문화적 맥락에서 분리해 박물관에 놓는 경우처럼 대상을 용도와 분리할 때 가장 완전하게 드러날 것이다. 혹은 그렇지 않고 미적 성질이 그 용도의 시각적 구현일 수도 있다. 이 경우 그 미적 성질은, 인간의 생활 양식에서 그 대상이 원래 어떤 목적으로 만들어졌는지를 이해할 때 가장 완전하게 지각될 수 있을 것이다.

NOTES AND QUERIES

16

16.1 '재현'의 정의(THE DEFINITION OF 'REPRESENT')

'주제'(subject matter)에 관해서는 John Hospers, *Meaning and Truth in the Arts*, Chapel Hill, N.C.: U. of North Carolina, 1946, pp. 15-25를 보라. 호스퍼스가 '재현'이라는 단어를 넓은 의미로 사용하기로 한다는 점을 주목하라(p. 29). 흔히 말하듯 문학은 '재현적 예술'이다(p. 23). 그러나 설사 시가 무엇인가에 '관한'(about) 것이라고 할지라도, 똑같은 단어를 재현적 디자인에서의 '~에 관한 것임'(aboutness)과 같은 것을 가리키는 데 사용한다면 혼란을 초래할 것 같다. 또한 그가 말하는 '주제'(p. 23)의 두 가지 의미는 내가 구분한 묘사된 소재, 초상으로 그려지는 소재의 의미와 같지 않다. Albert C. Barnes, *The Art in Painting*, 3rd ed., New York: Harcourt, Brace, 1937, pp. 20-21과 비교해보라. '소재'(subject)와 '주제'에 대한 반즈의 구별은 초상으로 그려진 대상과 묘사된 대상의 구별에 어느 정도 상응한다.

Morris Weitz, *Philosophy of the Arts*, Cambridge, Mass.: Harvard U., 1950. 와이츠는 그의 '유기적 이론'(organic theory)을 주장하면서(pp. 56-60) 그것을 뒷받침하기 위해 '재현'(represent) 및 유의어들을 사용한다. 여기서 그는 '예술의 모든 구성요소는 표현적인 의미에서 재현적이다'라는 식의 광범위한 의미로 말하고 있다(p. 60). 그래서 와이츠는 노란색이 따뜻하거나 햇살 같은 것이 아니라 노란색은 따뜻함과 햇살 같음을 '재현'한다고 말할 것이다. 어떤 선이 힘찬 것이 아니라 그 선은 힘을 '의미하거나', 힘의 '표시'이다. 이렇게 말하는 것은 부당하고 참기 어려울 정도로 느슨해보인다. 제7장 18절에서 음악적 의미의 이론과 관련해 이렇게 용어를 사용함으로써 생기는 특수한 난점들에 대해 논의할 것이다.

16.2 묘사와 초상(DEPICTION AND PORTRAYAL)

Helen Knight, "Aesthetic Experi ence in Pictorial Art," *Monist*, XL (1930): 74-83. 나이트는 회화의 '추상적' '의미'와 '구체적' '의미' 사이의 구별을 하고 있다. 이 구별은 묘사와 초상 간의 구별에 상응하는 듯 보인다. 그녀의 주장이 채택되지 않은 것이 놀랍다.

최근 그림에서 초상화의 개념이 확장되고 있는 것은 (다음을 보라. introduction to, and reproductions in, Monroe Wheeler, *20th Century Portraits*, New York: Museum of Modern Art, 1942) 이 장에서 제시된 '초상'의 정의에 어려움을 제기하는가? 예컨대 달리의 〈부드러운 자화상〉(*Soft Self-portrait*, 1941, 작가 소장)은 초상화인가?

초상에 대한 더 심층적인 문제점을 제시하는 자료로는 다음을 보라. Mari anna Jenkins, *The State Portrait: Its Origin and Evolution*, Monographs on Archaeology and Fine Arts, the Archaeological Institute of America and the College Art Association, No. 3, 1947.

Erwin Panofsky, "Iconography and Iconology: An Introduction to the Study of Renaissance Art," *Studies in Iconology: Humanistic Themes in the Art of the Renaissance*, New York: Oxford U., 1939, pp. 3-31, reprinted in *Meaning in the Visual Arts*, Garden City, N.Y.: Anchor, 1955, pp. 26-54. 파노프스키는 묘사를 작품에 대한 '전(前) 도상학적 기술'(pre-iconographical description)이라는 범주 아래 분류하고, '도상학'(iconography)이란 용어는 명백히 초상인 '이차적이고 관습적인 주제'(secondary or conventional subject matter)의 해석을 위한 것으로 사용한다(pp. 30-31). 작품에 대한 다른 진술들 및 상징의 해석에 대해 파노프스키는 '도상해석학'(iconology)이란 용어를 사용한다(pp. 30-31).

16.3 재현적 디자인과 비재현적 디자인의 구별(THE DISTINCTION BETWEEN REPRESENTATIONAL AND NONREPRESENTATIONAL DESIGNS)

Richard Bernheimer, "In Defense of Representation," *Art: A Bryn Mawr Symposium*, Bryn Mawr, Pa.: Bryn Mawr Col lege, 1940, esp. pp. 23-30에서 베른하이머는 이 구별을 반대하는데 '예술에서의 재현은 궁극적으로 불가피하기' 때문이라는 것이다. 그러나 그는 재현이라는 용어를 이 장에서 제안한 것보다 더 넓은 의미로

사용하고 있는 것인가? C. J. Ducasse, *The Philosophy of Art*, New York: Dial, 1929, pp. 206-213. 듀카스는 디자인은 그 자체가 '재현된' 것이라고 주장한다. 그러나 여기서 '재현된'이 의미하는 것이 위와 같은 의미인지는 의문스럽다. Wolfgang Paalen, *Form and Sense*, New York: Wittenborn, 1945에도 흥미로운 논의가 있다.

다음을 보라. Arnold Isenberg, "Perception, Meaning, and the Subject-Matter of Art," *J Phil*, XLI (1944): 561-575, reprinted in Eliseo Vivas and Murray Krieger, eds., *The Problems of Aesthetics*, New York: Rinehart, 1953, pp. 211-225. 우리가 달을 볼 때 갖게 되는 것은 달의 표상(moon-presentation, 감각 데이터 혹은 감각 인상)이고, 같은 의미에서 아이젠버그는 달의 그림은 달의 표상이라고 말한다. 그러면 왜 우리는, 달의 표상이 달을 재현하듯이 달의 그림이 달을 '재현한다고' 말해야 하는가? 그러나 그림으로서의 달은, 말하자면 자연적인 달에 속하거나 달을 구성하는 달-재현 집합의 원소가 아니다. 우리는 달의 그림을 볼 때 달을 보고 있지 않고, 그 그림을 달의 그림으로 알아보는 것은 달을 달로서 알아보는 것 이상의 무언가를 포함하는 것이다. 아이젠버그에게 중요한 것은 '예술의 주제를 통해 우리가 이해하는 것 중 얼마나 많은 부분이 감각 지각의 영역에서 나온 것인지를 보이는 것'이다(Vivas and Krieger, *op. cit.*, p. 224). 그러나 그는 미술 작품을 경험할 때 인상적인 모든 것이, 눈앞에 제시된 것을 파악하는 것으로 환원될 수는 없다고 인정한다.

큐비즘은 재현적 디자인과 비재현적 디자인의 구별에 있어 흥미로운 문제를 제시한다. In *Abstract and Surrealist Art in America*, New York: Reynal and Hitchcock, 1944(그리고 이 책의 많은 유용한 삽화들을 보라)에서 시드니 재니스(Sidney Janis)는 다음과 같이 말한다(p. 4). "모든 큐비즘 회화는 자연적 대상에 대한 추상적 재현이다. 이 회화들은 구상화이며 비구상 회화와 대조된다." 그러나 비록 어떤 큐비즘 회화는, 그것이 어떤 정의에 의거해도 재현적인 것이 된다 할지라도, 실제로 존재하는 물질적 대상의 그림으로 보기는 확실히 어려운 것들도 많다.

이 구별을 명확하게 하고자 나는 편의상 뉴욕 현대 미술관에 있는 20세기 회화의 몇 가지 사례들을 나열하겠다. 재제작의 경우도 논의에 충분히 도움이 된다. *Painting and Sculpture in the Museum of Modern Art*, ed. by A. H. Barr, Jr., New York: Simon and Schuster, 1948에 언급된 그림들 모두가 재제작된 것이다. 나는 피카소의 〈거울 앞의 소녀〉(*Girl Before a Mirror*, 1932)와 레제의 〈세 여인〉(*Three Women*, 1921)

을 둘 다 모두 고도로 추상적임에도 불구하고 재현적인 그림으로 분류할 것이다. 마린(Marin)의 그림 중 일부, 예컨대 〈로어 맨해튼〉(*Lower Manhattan*-also called *Composing Derived from Top of Woolworth*, 1922)과 〈만을 가로지르는 캠든 산〉(*Camden Mountain Across the Bay*, 1922)은 그 경계에 놓인 예이다. 그러나 나는 이 그림들이 암시적이기는 하지만 재현적이지는 않다고 말해야 할 듯하다. 그리고 이것과 같은 범주에 브라크의 〈기타를 든 사람〉(*Man with a Guitarm*, 1911), 피카소의 〈카드를 치는 사람〉(*Card Player*, 1913-1914), 칸딘스키의 〈즉흥〉(*Improvisation*, 1915)과 〈구성 VII〉(*Composition VII, Fragment I*, 1913), 미로의 〈새에게 돌을 던지는 사람〉(*Person Throwing a Stone at a Bird*, 1926), 바지오츠의 〈난쟁이〉(*Dwarf*, 1947)를 포함시킬 것이다. 암시적이지 않은 작품의 범주에 나는 몬드리안의 〈브로드웨이 부기우기〉(*Broadway Boogie Woogie*, 1942-1943)를 넣을 것인데, 이 작품은 엄밀한 의미에서 그 음악을 암시하는 것이 아니라 그 음악과 신경생리학적 성질을 공유하고 있다. 페레이라(Pereira)의 〈흰 선들〉(*White Lines*, 1942)과 말레비치의 〈절대주의 구성〉(suprematist compositions)도 이에 해당한다. 아마도 독자들은 내가 제시한 예들 중 일부에는 동의하지 않을지도 모르겠다. 마지막에 언급한 일부 그림들에서 중요한 암시를 내가 알아차리지 못했을지도 모른다. 혹은 독자들은 피카소의 〈거울 앞의 소녀〉와 미로의 〈새〉 사이에 그어진 경계선이 상당히 자의적이라고 여길 수도 있다. 그렇기는 해도 여기에는 꽤 다른 세 유형의 그림들이 있는 것이다.

필수적 집합(vital classes)의 측면에서 '재현'을 좁게 정의하려는 시도가 틀렸음을 입증하기 위해 철학적인 난제가 고안될 수도 있다. '이 그림은 오렌지를 재현한다. 오렌지는 구이다. 그러므로 이 그림은 구를 재현한다'고 한다면 이 논증은 타당한가?

16.4 암시와 암시-일관성(SUGGESTION AND SUGGESTION-COHERENCE)

암시에 대해서는 다음을 보라. Walter Abell, *Representation and Form*, New York: Scribner's, 1936, pp. 26-35. (그러나 아벨에게 있어서 '재현'은 때때로 암시를 의미한다는 것에 주의하라) 다음의 글과도 비교해보라. Piet Mondrian, "Plastic Art and Pure Plastic Art" (1937), *Plastic Art and Pure Plastic Art and Other Essays*, New York: Wittenborn, 1945, pp. 50-63, also in *Circle: International Survey of Constructive Art*, London: Faber and Faber, 1937, pp. 41-56. '진정한 비구상 예술'(really nonfigurative art)에 대한 몬드리안의 항변(p. 44)은 암시적이지 않은 디자인을 의미하는

듯 보이고, 암시적이지 않은(nonsuggestive) 디자인은 그에게 '구상적인 단편'(figurative fragments, p. 52)에 반대되는 것이다. 그러나 또한 몬드리안은 균형 잡힌 구성은 '실제 삶'의 '조형적 표현', 즉 '역동적 균형'(dynamic equilibrium, p. 46)이고 이것은 암시적이지 않은 디자인에서는 사실상 가능하지 않다고 주장하는 것처럼 보인다.

암시적이고 비재현적인 그림에 대한 해석, 예컨대 *The New York Times* 일요판의 비평 칼럼인 *The Art Bulletin, or Arts*를 찾아보라. 이 해석들은 디자인은 그 잠재적인 암시가 일관성이 없다면 암시적이지 않다는 원칙을 따르고 있는가? 당신이 찾아본 예에 비추어볼 때 이 원칙을 더 명확하게 공식화할 수 있는가?

16.5 제목(TITLES)

시각적 디자인과 그 제목 간에는 어떤 관계가 가능한가? 예컨대 어떤 경우 제목은 단지 라벨에 불과하다. 〈구성 6〉(*Composition #6*)이나 〈회색과 황금색의 조화〉(*Harmony in Grey and Gold*) 같은 경우가 그러하다. 후자는 누군가가 휘슬러에게 그 작품의 제목을 디킨스의 소설 속 인물을 따서 트로티 벡(Trotty Veck)으로 다시 지을 것을 제안했을 때 휘슬러가 완강하게 고집했던 제목이다. 다른 경우, 디자인과 제목의 관계가 보다 본질적인 것처럼 보인다. 이 관계의 유형들을 분류하고 각 유형들에 대한 명확한 예들을 들 수 있겠는가? 예컨대 미켈란젤로의 시스티나 천정화의 예언자들의 이름처럼 제목이 무엇인지에 따라 그림에 혹은 그림 속의 내용에 차이가 발생하는가? 그림을 해석할 때 제목의 도움에 의존하는 것은 의도주의의 한 형태인가? 다음을 참고해서 보라. Abell, *op. cit.*, pp. 106-110.

파울 클레의 작품은 제목의 불가결함에 관한 좋은 질문을 제기한다. 다음을 보라. Werner Haftmann, *The Mind and Work of Paul Klee*, London: Faber and Faber, 1954, ch. 8.

16.6 추상(ABSTRACTION)

이 용어 및 관련된 용어('왜곡', '일반화', '이상화', '사실성')에 대해 이 장에서 제안한 정의들은 다음 글에서 볼 수 있는 구별을 명확하게 하는 데 도움이 될 것이다. Andrew C. Ritchie in *Abstract Painting and Sculpture in America*, New York: Museum of Mod ern Art, 1951.

Are the "modes" of drawing and painting, distinguished by Arthur Pope in *The Language of Drawing and Painting*, Cambridge, Mass.: Harvard U., 1949, chs. 5, 6 에서 구별되고 있는 소묘의 '양태'(modes)와 회화의 양태는 재현의 유형인가? 다음 글도 보라. Stephen C. Pepper, *Principles of Art Appreciation*, New York: Harcourt, Brace, 1949, pp. 238-249.

Jerome Ashmore, "Some Differences Between Abstract and Nonobjective Painting," JAAC, XIII (June 1955): 486-495 애쉬모어의 구별은 명백히 의도주의 에 기울어 있는데, 그것은 그가 사용한 '원 주제'(original subject matter)라는 용어(p. 486) 가 예술가가 원래부터 보고 상상했고 '변형'(transformation)시킨 대상만을 의미하기 때 문이다. 의도와 상정된 형이상학적 함축을 고려하지 않은 채, 디자인과 재현의 측면 에서 그 구별이 정확히 어떻게 귀결될지를 결정하는 것은 쉽지 않다.

16.7 왜곡(DISTORTION)

재현을 하면서 왜곡이 일어난 예들을 수집하고, 각 경우에서 왜곡이 해당 작품 에 어떻게 기여하는가의 문제를 논의하라. 이 기여가 그것이 왜곡이라는 것을 알아 보는 것에 어느 정도까지 좌우되는지 생각해보라. 예컨대 화성인이 파르미지아니 노의 〈목이 긴 성모〉를 보고 인간은 모두 그렇게 생겼다고 생각한다면 성모의 형체 가 가진 성질이 달라져야 하는가? 다음을 보라. Mateo Marangoni, *The Art of Seeing Art*, London: Shelley Castle, 1951, pp. 115-140.

'캐리커처'는 어떻게 정의되어야 할까? 다음을 보라. Bohun Lynch, *A History of Caricature*, Boston: Little, Brown, 1927. 익살스러움과 과장은 그 용어를 정의하는 부분이 될까? 어떤 부류의 사람들의 캐리커처를 그리는 것이 엄격한 의미에서 가능 할까, 아니면 오직 개인의 캐리커처만이 가능할까? 달리 말하면 초상-캐리커처는 물 론이고 묘사-캐리커처도 있을 수 있는가?

16.8 상징성(SYMBOLISM)

이 장에서 분석하고 있는 것을, 그것과 비슷한 다음 글의 결론과 비교해보라. Richard Bernheimer, "Concerning Symbols," *Art: A Bryn Mawr Symposium*, Bryn Mawr, Pa.: Bryn Mawr College, 1940, pp. 31-74. 베른하이머 또한 독수리를 예

로 든다. E. H. Gombrich, "Visual Metaphors of Value in Art," *Symbols and Values*, 13th Sym posium of the Conference on Science, Philosophy and Religion, New York: Harper, 1954, ch. 18. 이 글 또한 이해를 돕는다. 곰브리치는 보통 '상징'으로 일컫는 것들에 대해 '시각적 은유'(visual metaphor)라는 용어를 사용하는 편을 선호한다. W. G. Constable, "Symbolic Aspects of the Visual Arts," in the same volume, ch. 14. 이 글은 크게 도움이 되지는 않는다. 모든 그림들이 어떤 의미에서는 상징적이라고 주장하면서 분명한 구별들을 거의 하지 않고 있다. Douglas Morgan, "Icon, Index, and Symbol in the Visual Arts," *Philosophical Studies*, VI (1955): 49-54는 논의 도중에 도식적인 요약을 하면서 여러 가지 개념 구별을 하고 있다.

'상징'에 대한 분석은 다양한 종류의 예시를 통해 검증할 필요가 있다. 예컨대 다음 글들을 보라. George W. Ferguson, *Signs and Symbols in Christian Art*, New York: Oxford U., 1954 ['기호'(sign)와 '상징'(symbol)을 저자가 구별하고 있는 것에 주목하라. p. xii]. Erwin Panofsky, *op. cit.*; Franz Boas, *Primitive Art*, Cambridge, Mass.: Harvard U., 1927, ch. 4, pp. 88-143; Émile Mâle, *Religious Art from the Twelfth to the Eighteenth Centuries*, New York: Pantheon, 1949, pp. 61-98; J. Huizinga, *The Waning of the Middle Ages*, London: Arnold, 1924, ch. 15. 모더니즘 예술에서의 상징성에 대해서는 다음 글을 보라. Gyorgy Kepes, *Language of Vision*, Chicago: Theobald, 1944, ch. 3. 다음 글에서는 브뤼겔의 그림을 해석하는 데 있어서 매우 흥미롭고 난해한 문제들을 제기하고 논의하고 있다. K. C. Lindsay and Bernard Huppe, "Meaning and Method in Brueghel's Painting," *JAAC*, XIV (March 1956): 376-386. 이 저자들의 해석 방법론, 전제, 근거로 삼는 외적 증거의 종류, 동원하고 있는 상징적 일관성의 원칙 등은 주의 깊게 살펴볼 가치가 있다.

상징성에 대한 프로이트적 이론의 예로는, 다음 글에 나오는 배(船)의 상징에 대한 분석을 보라. Jacques Schnier, "Art Symbolism and the Unconscious," *JAAC*, XII (September 1953): 67-75. 무의식적 욕망에 대한 호소를 저자는 '예술의 진정한 언어'(the true language of art, p. 75)라고 생각한다. 그의 입장은 이 장에서 제시한 분석에 대한 대안인가 아니면 보충인가? 만일 대상과 성적 의미 사이의 무의식적 연결이 인간의 마음 속에 진정 존재한다면, 그 연결은 대상에 대한 관심 혹은 대상의 감정적 효과의 힘을 설명하는 필요조건이나 충분조건이 되는가?

16.9 답할 수 없는 물음들(UNANSWERABLE QUESTIONS)

그림의 해석에서 제기되는 다양한 유형의 문제들에 대한 예시로서 특정 화가의 표준적인 작품들을 비판적으로 살펴보라. 원칙적으로, 검증을 통해 답할 수 없는 문제는 어떤 것인가? 베르메르가 그 적절한 예가 될 수 있다. (다음을 보라. P. T. A. Swillens, *Johannes Vermeer, Painter of Delft*, Utrecht-Spectrum, 1950; Lawrence Gowing, *Vermeer*, London: Faber and Faber, 1952). ① 실내를 그린 베르메르의 그림들이 초상화라고 가정하면, 그가 각기 다른 방을 몇 개 그렸는지 물을 수 있다. (Swillens, pp. 69-70은 다섯 개라고 말한다) 이 정보는 베르메르의 그림을 해석하는 데 있어서 어떤 방식으로 중요한가? ② 흔히 〈화가의 아틀리에〉(*An Artist in his Studio*, 1665년경, 빈)로 불리는, 화가와 그의 모델을 그린 그림은 알레고리인가? 최고의 글인 Césare Ripa, *Iconology*, published in Amsterdam, 1644에 의하면 트럼펫은 우리가 거의 무의식적으로 명예의 상징으로 생각하는 것이지만, 상징적 일관성의 원칙에 의거해, 예컨대 그림 속 모델은 트럼펫을 불려고 하는 것처럼 보이지 않는다는 것, 명예를 나타내는 명예의 여신을 화가가 그린다는 것이 다소 이상하다는 것을 생각하면(Swillens, pp. 99-102), 아마도 그것은 이 맥락에서 상징이 아니라고 결론 내리게 될 것이다. ③ 〈버지널 앞에 선 젊은 여인〉(*Young Woman Standing in Front of the Virginals*, 1670년경, 런던 내셔널 갤러리)은 초상화인가 아닌가? 그녀가 '화가와 면식이 있는 사람'이라고 확신할 수 있는가?(Swillens, p. 103) ④ 〈잠자는 소녀〉(*The Sleeping Girl*, also called *The Sad Young Woman*, 1656년경, 뉴욕 메트로폴리탄 미술관) 속의 소녀가 잠든 것인지 슬픈 것인지 객관적으로 결정할 방법이 있는가? 혹은 〈병사와 웃는 소녀〉(*the Soldier and Laughing Girl*, 1657년경, 뉴욕 프릭 컬렉션)의 소녀는 돈을 받으려고 손을 내밀고 있는가? 그리고 이 두 장면이 펼쳐놓는 이야기의 정확성을 검증할 방법이 있는가? (다음을 비교해보라. Swillens, pp. 1, 105, Gowing, pp. 50-51)

17

17.1 디자인과 소재의 관계에 대한 분리 이론
(THE DIVERGENCE THEORY OF THE RELATION BETWEEN DISIGN AND SUBJECT)

이 이론의 전개와 옹호에 관해서는 다음을 보라. (1) Clive Bell, *Art*, London: Chatto and Windus, 1914, Part I, ch. 1, and pp. 63-68; Part IV, ch. 2, partly reprinted in M. Rader, *A Modern Book of Esthetics*, rev. ed., New York: Holt, 1952, pp. 317-334; *Since Cézanne*, London: Chatto and Windus, 1922, chs. 2, 8. 특히 다음 문장에 주목하라(p. 94). "예술작품으로 생각되는 이 조각상〔엡스타인(Epstein)의 〈그리스도〉(*Christ*, 1919)〕이 예수 그리스도를 재현하는지 존 스미스를 재현하는지는 전혀 중요하지 않다."

(2) Roger Fry, *Vision and Design*, London: Chatto and Windus, 1920 (reprinted New York: Meridian, 1956), pp. 16-38 ("An Essay in Aesthetics"), 284-302 ("Retrospect"). 지오토에 대한 글(pp. 131-177)은 그의 그림 속의 극적 주제에 대한 탁월한 논의이지만 프라이의 관점과는 그다지 일치하지 않는다. (p. 131의 프라이의 주석을 보라) 사실 글의 다른 부분(예컨대 pp. 168-169)에서는 융합 이론에 더 가까운 면을 보인다. 다음을 보라. *Transformations*, London: Chatto and Windus, 1926 (reprinted New York: Anchor, 1956), pp. 1-43. 그가 소재와 디자인을 노래에서의 가사와 음악과 비교하는 것을 주목하라(pp. 27-34).

(3) Hilaire Hiler et al., *Why Abstract?*, New York: Laughlin, 1945, pp. 19-29; N. Gabo, "The Constructive Idea in Art," *Circle: International Survey of Constructive Art*, London: Faber and Faber, 1937, pp. 1-10.

분리 이론에 대한 비판으로는 다음을 보라. Morris Weitz, *Philosophy of the Arts*, Cambridge, Mass.: Harvard U., 1950, chs. 1, 2; C. J. Ducasse, *The Philosophy of Art*, New York: Dial, 1929, pp. 213-222; John Hospers, *Meaning and Truth in the Arts*, Chapel Hill, N.C.: U. of North Carolina, 1946, pp. 98-117; L. A. Reid, *A Study in Aesthetics*, New York: Macmillan, 1931, ch. 12, pp. 311-327. 이 비판들은 그 이론의 핵심을 어디에서 놓치고 있는가, 혹은 벨과 프라이가 말한 것을 어디에서 잘못 해석

하고 있는가?

17.2 의미 있는 형식(SIGNIFICANT FORM)

이 개념에 대해서는 다음을 보라. Bell, *Art*, Part I, chs. 1, 2, 3; Part IV, ch. 2; *Since Cézanne*, ch. 2; Fry, "Retrospect," pp. 284-302. 다음 글에 나오는 프라이의 '활력'(vitality)이라는 개념과 비교해보라. *Last Lectures*, 1939, ch. 3; Albert C. Barnes, *The Art in Painting*, 3rd ed., New York: Harcourt, Brace, 1937, Book II, ch. 1, pp. 55-71; Sheldon Cheney, *Expressionism in Art*, New York: Liveright, 1934, ch. 5; Susanne Langer, *Feeling and Form*, New York: Scribner's, 1953, pp. 14-15, and ch. 3. C. J. Ducasse, *op. cit.*, Appendix에서의 듀카스의 날카로운 공격은 몇 가지 중요한 핵심을 짚고 있다.

17.3 디자인과 소재의 관계에 대한 융합 이론
(THE FUSION THEORY OF THE RELATION BETWEEN DESIGN AND SUBJECT)

이 이론의 전개와 옹호에 대해서는 다음을 보라. (1) Walter Abell, *Representation and Form*, New York: Scribner's, 1936, chs. 7-10. 아벨의 입장은 주의 깊게 제시되고 있지만 그가 페루지노에 대해 언급하고 엘 그레코의 〈감람산의 그리스도〉(Agony in the Garden)와 비교하면서 색조와 구성이 그 소재와 어울리지 않는다고 주장했을 때, 그는 소재를 '출발점'과, 혹은 묘사의 대상을 초상의 대상과 부분적으로 혼동하고 있는 것인가? 벤투리가 아벨을 비판한 다음 글에서 얼마나 많은 혼동이 있는지를 살펴보면 흥미롭다. Lionello Venturi, criticism of Abell's comparison, *Art Criticism Now*, Baltimore: Johns Hopkins, 1941, pp. 42-46. 벤투리에 대한 더 심화된 주석은 다음 글을 보라. Bernard C. Heyl, *New Bearings in Esthetics and Art Criticism*, New Haven, Conn.: Yale U., 1943, pp. 129-130. 이 글은 요점을 벗어난 것으로 보인다. 아벨과 벤투리 간에 논의되는 것은 그들이 '다른 기준들에 따라 판단하고 있다는 것'이 아니라 페루지노의 디자인이 들어맞는 소재가 무엇인지가 분명하지 않다는 것이다. 역사적인 사실을 초상처럼 그려내고 있는가 아니면 페루지노가 그 사건을 자신의 방식대로 묘사했는가 하는 것이다.

(2) Albert C. Barnes, *op. cit.*, Book I, ch. 4, sec. 4; Book II, ch. 2; 더 심층적

인 사례들을 원한다면 다음 여러 곳의 예와 분석을 보라. pp. 92 (Botticelli's religious paintings), 392 (Giotto), 422 (Giorgione), 477 (Picasso). 반즈는 융합 이론을 주장하는데 일부 진술은 그 이론과 양립 가능하지 않음에도 불구하고 그러하다. 반즈 주장의 비일관성에 대해서는 아벨이 일부 지적하고 있다(ch. 1). 반즈는 '표상적 등가물'(presentational equivalents)이란 단어 대신에 '조형적 등가물'(plastic equivalents, pp. 33, 75)이라는 용어를 사용한다.

(3) Rhys Carpenter, *The Esthetic Basis of Greek Art*, Bryn Mawr, Pa.: Bryn Mawr College, 1921, ch. 2, reprinted in M. Rader, *A Modern Book of Esthetics*, ist ed., New York: Holt, 1935, pp. 272-284. 재현적인 것으로 인지되지 않는 선과 형태는 강력한 영역 성질도 뚜렷한 영역 성질도 가질 수 없다는 저자의 주장에 주목하라.

(4) David F. Bowers, "The Role of Subject Matter in Art," *J Phil*, XXVI (1939): 617-630. 이 뛰어난 논문은 그 문제들을 매우 주의 깊게 다루면서 분명하고 전형적인 융합 이론을 옹호한다.

또 다음 글들도 참고하라. Helen Knight, "Aesthetic Experience in Pictorial Art," *Monist*, XL (1930): 74-83; DeWitt H. Parker, *The Analysis of Art*, New Haven, Conn.: Yale U., 1926, pp. 89-100; L. A. Reid, *op. cit.*, ch. 12, esp. pp. 323-326.

디자인과 소재의 관련성에 대한 더 심층적인 예시들은 다음 글에서 찾을 수 있다. H. S. Langfeld, *The Aesthetic Attitude*, New York: Harcourt, Brace and Howe, 1920, pp. 169-178 and ch. 8; D. W. Gotshalk, *Art and the Social Order*, Chicago: U. of Chicago, 1947, pp. 97-102, 126-130; Matteo Marangoni, *The Art of Seeing Art*, London: Shelley Castle, 1951, pp. 150-236.

17.4 극적 통일성(DRAMATIC UNITY)

그림의 극적 소재가 그 자체로 극적으로 일관되거나 일관되지 않을 수 있는 여러 다른 방식들로는 무엇이 있는가? 몇 가지 사례를 찾아보고 분석하라. 연극에 대해 사용되는 기준들 중 어떤 것이 여기에 의미 있게 적용될 수 있을까? 이에 대해서는 다음을 보라. Abell, *op. cit.*, pp. 73-74, and ch. 6. 아벨이 사용하는 '결합된 형식'(associative form)이라는 용어의 의미는 '극적 통일성'의 의미에 근접하고 있다. Roger Fry, *Transformations*, p. 14. 프라이는 '심리적 구조'(psychological structure)라는 용어를 사용한다. Charles Mauron, in his brief comparison of painting with literature, *The Nature of Beauty in Art and Literature*, London: L. and Virginia Woolf, 1927, pp. 65 ff. 모런은 그림과 문학을 간략하게 비교하고 있는데 여기에서 프라이가 그의 용어라고 한 '심리적 용적'(psychological volumes)이라는 용어는 보이지 않는다. 대신 그는 문학에서 '정신적 용적'(spiritual volumes)이란 용어를 선호하고 있는데 그림에 대해서는 사용하지 않는다.

17.5 적합한 소재(SUITABLE SUBJECTS)

미술사적으로, 여러 화가들이 여러 차례 반복해 선택한 소재가 있음은 분명하다. 그 소재 중 일부는 명백히 종교적이고 사회적인 모티브이다. 그 소재들이 허용하는 유형의 디자인이라는 측면에서 말한다면, 그런 외형을 자주 취하는 어떤 다른 이유가 제시될 수 있을까? 일부 친숙한 소재를 그 소재들이 기반하고 있는 디자인과 관련해 논의하라. 그리고 그 디자인의 통일성과 성질에 대해 논의하라. 그림에 완전히 부적절한 소재들이 있는지에 대해서도 종종 논쟁이 있다. (예컨대 다음을 보라. Lessing's *Laocoon*, chs. 2, 3, 24, 25). 그러나 특정 주제에 대한 특정 시대의 정치적, 종교적, 도덕적 반대와는 별개로, 통일된 디자인으로 표현하는 것이 불가능한 어떤 소재를 떠올릴 수 있는가?

17.6 디자인과 기능(DESIGN AND FUNCTION)

기능주의에 대한 옹호를 살펴보려면 다음을 보라. Horatio Greenough's essays in *Form and Function*, ed. by H. A. Small, Berkeley, Cal.: U. of California, 1947, pp. 24, 51-86, 113-129. 특히 다음 글을 보라. the essay on "American Architecture," reprinted in *Theme and Form*, ed. by Monroe C. Beardsley, Robert W. Daniel, and Glenn H. Leggett, Engle wood Cliffs, N.J.: Prentice-Hall, 1956, pp. 349-354. 저자 입장의 핵심적 본질은 "건물의 입지와 용도에 건물을 끈질기게 맞추어나가는 것은 그 맞춤의 확실한 산물로서 성격과 표현을 부여한다"(p. 62)는 것이다. 그러나 이 문장의 핵심 용어들은 각각 주의 깊은 분석을 요한다. 다음 글도 같은 관점을 주장하고 있다. W. D. Teague, *Design This Day*, New York: Harcourt, Brace, 1940; see ch. 4, esp. p. 53.

기능주의에 대한 비판에 관해서는 다음을 보라. Herbert Read, *Art and Industry*, London: Faber and Faber, 1934, 교훈적인 삽화에 대한 그의 논평 또한 보라. 리드는 "아름다움과 기능 사이에 필연적 관련성"(pp. 2, 45)이 있다는 것을 부정한다.

기능적인 대상의 예를 들어 논의하고자 한다면 다음을 보라. Edgar Kaufmann, Jr., *What Is Modern Design?*, New York: Museum of Modern Art, 1950, and Eugene Raskin, "Walls and Barriers," *Columbia University Forum*, I (Winter 1957): 22-23. 다음 글과 비교해보는 것도 흥미롭다. Lewis Mumford's *New Yorker* essay on the Manufacturers Trust Building in New York, "Crystal Lantern," also reprinted in Beardsley, Daniel, and Leggett, *op. cit.*, pp. 354-358.

제7장

음악의 의미

THE MEANING OF MUSIC

신현주 번역

하나의 음악작품을 음정이나 선율, 음형, 전조, 전개 등을 살펴봄으로써 철저하게 분석한 후에도, 즉, 음악의 구조와 텍스처를 자세하게 드러낸 후에도, 여전히 작품에 대해서 우리가 남겨놓은 중요한 어떤 기술이 있다. 왜냐하면 그 음악작품에 특징적이며 그 안에서 향유되는 영역(regional) 성질을 아직 언급하지 않았기 때문이다. 그러한 성질을 열거할 때, 즉 음악이 극적이다, 요동친다, 절제되어 있고 서정적이다, 떠들썩하고 허세적이라고 말할 때, 우리는 이 기술이 절대로 완전할 수 없다는 것을 안다. 비록 기술이 완전하다 할지라도 우리는 그 음악에 대해 무언가를 더 말할 수 있다는 느낌을 막연하게 가진다.

왜냐하면 우리의 주의 깊은 귀에 음악이 제시하는 것보다 더 많은 무언가가 음악 안에 있는 것처럼 느껴지기 때문이다. 즉 음악 자체에 대한 이야기를 초월해, 비록 간접적인 방식일지라도 세상이나 혹은 인간사에 대한 언급이 있는 것처럼 느껴지기 때문이다. 그리고 이 느낌은 이해 가능하다. 음악의 경험은 드러냄(revelation)의 경험과 비슷하다. 우리는 마치 무언가를 최초로 발견하는 사람처럼 느낀다. 물론, 이는 음악이 우리의 주의를 음악 바깥의 어떤 것으로 이끈다거나 혹은 그것을 매개해주는 것이 아니라, 단지 우리가 음악 그 자체를 발견하는 경험일 수도 있다. 새로운 단어를 발견하는 것이, 예를 들어서 '삭망'(syzygy)이라는 단어를 발견하는 것이, 필연적으로 새로운 개념을 발견하는 것은 아니다.

음악의 흐름은 유의미한 인간 담론의 흐름과 상당히 닮아있다는 사실이 종종 관찰되곤 했다. 따라서 음악을 하나의 '언어'라고 말하고 싶은, 그리고 '구절', '문장', '문단'과 같은 언어적 용어를 가지고 음악을 분석하고 싶은 유혹이 생긴다. 베토벤의 마지막 현악 4중주(F장조, Op. 135)의 악보를 보자. 베토벤은 4악장에 등장한 세 개의 짧은 음형(figure)을 피날레에 인용한 후, 그 아래에 단어들을 붙이고 그것을 '어려운 결정'이라 명명한다.

"그렇게 되어야만 하는가? 그렇게 되어야만 해!" 이 단어들에 이끌려 어떤 이들은 이 현악 4중주에서 운명에 대한 철학적 체념을 읽어냈다. 그러나 음악과 베토벤에 대해 우리가 알고 있는 사실과 어울리는 가장 단순한 가설을 찾는다면, 다음의 가설이 유력하다. 즉 베토벤은 첫 번째 악절의 상승하는 억양과 신비감이 의문문과 동적(kinetically)으로 비슷하다는 사실에, 반면 다른 악절의 절도 있는 단호함과 강한 하락은 평서문과 동적으로 닮아있으며 첫 번째 악절에 대답하는 분위기를 자아낸다는 사실에 매료되었다는 가설 말이다. 그런데 이 악절들은 음악적인 이유로 인해 4악장 내에서 질문과 대답이라는 바로 그 순서로 등장하지는 않는데, 아마도 베토벤은 이렇게 흥미로운 관계를 지적하는 게 재미있다고 생각했던 것 같다.

어쨌든, 이러한 문답적 성질은 확실히 그 악장 안에 존재한다. 적어도 당신이 독어나 영어의 문답을 생각해본다면 말이다. 그리고 보다 광범위한 차원에서 살펴보면, 우리는 비평가들이 종종 언급하곤 하는 다른 담론적 성질(discourse qualities)을 감지할 수 있다. 푸가에서는 상이한 목소리들 간의 '대화'를 감지할 수 있다. 비록 대화라고 여겨지기에는 다소 단조롭기는 하지만 말이다. '토론', '주장', '논쟁', 그리고 '합의'도 있다. 협주곡에서 독주 선율은 나머지 앙상블에게 '훈계'하고 있을 수도 있다. 게다가 비평가들은 음악이 종종 피상적이라기보다는 '심오하다'고 말한다. 혹은 '작곡가가 정말로 무언가를 말하고자 한다'는 점에서 '중요하다'고 말한다.

이에 음악은 단지 부분적 혹은 전체적 성질을 가질 뿐만 아니라, 단어 및 제스처와 같은 의미론적 성질, 즉 의미를 가진다는 견해가 등장한다. 그렇다면 음악 비평가의 임무 중 하나는 그 의미가 무엇인지 밝혀내고, 숙련되지 않은 청자들이 그 의미를 찾을 수 있도록 도와주는 것이다. 이러한 작업을 수행하는 것은 음악을 해석하는(interpret) 것이고, 이것은 음악을 기술하는 것과는 다른 작업이다. 그리고 여기서 발생하는 미학적 문제는 바로 이 해석의 과정과 관련된다. 음악은 주목할 만한 차원에서 의미를 가지는가? 만약 그렇다면, 우리는 그 의미가 무엇인지 어떻게 아는가?

종종 위대한 작곡가들은 무방비 상태에서 음악의 의미론적 측면에 대해 여러 혼란스러운 말들을 내뱉곤 하며, 위 문단의 질문은 그러한 작곡가들에 대한 존중과 함께 제기되곤 한다. 예를 들어, 차이코프스키는 타네예프(Taneev)에게 쓴 편지에서, "아무것도 의미하지 않는 교향곡, 다시 말해 오직 화음, 리듬, 전조의 전개로만 구성되어 있는 교향곡이 내 펜에서 흘러나온다면 참 유감일 것이다"라고 말한다.[*] 이 말은 우리가 다루는 문제의 위험성 중 하나를 보여준다. '당신의 교향곡은 의미 있나요?'라는 질문에 작곡가는 가벼운 마음으로 '아니요'라고 말할 수 없는데, 왜냐하면 그렇게 말하면 자신의 교향곡이 의미 없다는 말이 되고, 이것은 마치 교향곡이 지녀야 하는 어떤 것을 결여하는 것처럼 들리기 때문이다. 그러므로 프로그램 음악에 대한 방대한 저서를 남긴 한 작가는 베토벤에 대해 진지하게 다음과 같이 말한다. "베토벤의 고상한 마음은 음조(tonal) 조합이 아무리 관능적으로 아름답다 할지라도 의미 없는(meaningless) 절묘한 구성을 보일 경우 그것을 경멸할 수밖에 없었다."[**] 여기에서 '의미 없는'이란 표현은 문제의 음악이 어떠한 뚜렷한 영역 성질도 가지지 못했음을 암시한다. 마찬가지로 '음조 조합'이란 표현은 그 음악에 선율이 없다는 사실을 암시한다. 만일 위 저자가 베토벤은 '음악 외부의 무언가를 지시하지 않지만, 아름다운 선율로 구성된 절묘하고 강렬한 음조 구조'를 경멸한다고 썼다면, 우리는 베토벤이 음악에 별 관심이 없었다고 결론 내려야 할 것이다. 그러나 저 인용문에 등장하는 '의미 없는'이라는 단어에 일반적인 비난 이외의 어떤 다른 뜻이 추가된 것인지 알기란 쉽지 않다.

차이코프스키의 발언은 적어도 위의 예보다는 그 맥락이 더 명확하다. 차이코프스키는 그의 〈교향곡 제4번 F단조〉가 '거의 확실하게' 어떤 프로그램을 가지고 있다고 주장한다. 즉 그 교향곡은 단지 음악이 아니라 거기에 동반하는 단어들이 있다는 것이다. 이는 음악과 단어 사이의 관계(만일 그러한 관계가 존재한다면)에 대한 복잡한 질문을 제기한다. 노래나 프로그램 음악 모두와 관련해서 말이다. 우리는 이 질문을 이 장의 두 번째 절에서 다룰 것이다. 그전에 첫 번째 절에서 우리는 단어가 제외된 음악 그 자체를 살펴볼 것이다. 그리고 조형예술의 재현적 차원과 유비될 수 있는 음악의 의미론적 차원이 있는지 물을 것이다. 즉, 음악이 존재할(be) 수 있는 능력뿐만 아니라 의미할(mean) 수 있는 능력을 갖는지 물을 것이다.

---

[*]   이것은 차이코프스키의 교향곡에 관한 에세이들을 실은 다음 저서에서 인용한 것이다. *The Music of Tchaikovsky*, ed. by Gerald Abraham, London: Duckworth, 1946, p. 27. 로사 뉴마치(Rosa Newmarch)가 번역한 편지(1878. 3. 27~4. 8)는 다음과 같다. "나는 아무것도 표현하지 않고, 단순히 화음, 리듬, 그리고 전조로만 구성된, 목적 없는 디자인의 교향적 작품이 나에게서 흘러나오기를 바라지 않는다."(*Life and Letters*, New York: Dodd, Mead, 1905, p. 294. 이 편지를 다음과 비교해보라. Madame von Meck, 1878. 2. 17~3. 1.

[**] Frederick Niecks, *Programme Music in the Last Four Centuries*, London: Novello, 1906, p. 132.

18 표현과 의미작용

EXPRESSION AND SIGNIFICATION

음악이 우리에게 음악 밖의 것을 생각나게 하는 친숙하지만 사소한 세 방식이 존재한다. 우리의 현재 관심에 비추어볼 때 그 방식들은 크게 중요하지는 않은데, 왜냐하면 그것들은 음악의 우연적이고 주변적 요소로서 쉽게 분별되기 때문이다. 그러므로 그 방식들을 간단하게 살펴본 후 우리의 논의에서 더 이상 다루지 않는 것이 좋겠다.

먼저, 어떤 노래의 음악은 우리에게 가사를 떠올리게 한다. 만일 우리가 문제의 노래를 잘 알고 있다면 말이다. 만일 '난 바싹 말라있어!'라는 감탄문과 매우 밀접하게 연관된 선율이 있고, 어떤 영화에서 인물이 술집으로 들어갈 때 그 선율이 배경음악으로 사용된다면, 그 선율은 감탄문의 단어들이 자아내는 우스꽝스러움을 동일하게 자아낼 수 있을 것이다. 이 맥락에서 음들이 단어들을 흉내낼 뿐만 아니라, 단어들에 대한 인식 가능한 대체물이 된다는 의미에서, 당신은 음들이 단어들을 '의미한다'(mean)고 말할 수 있다. 이런 특별한 음악적 의미는 찬송가 선율을 사용해 우리에게 그 가사를 연상시키려 했던 바흐의 음악에서 발견되고는 있으나, 별로 중요한 것이 아니다.

둘째로, 특정 행사에서 관습적으로 사용되는 음악은 그 행사와 연관되기 쉽다. 춤곡, 장례 음악, 군악, 종교 음악 등이 바로 그렇다(여기에서 이 용어들은 각 음악의 성질에 대한 기술이 아니라 각 음악이 무엇의 반주로 사용되는지를 나타낸다). 만일 음반 회사가 모든 가능한 행사들에 사용될 수 있는 무드 음악(Gebrauchsmusik)을 제공하는 데 성공한다면, 이 두 번째 유형의 음악적 연상이 도대체 어디까지 특수화될 수 있을지 우리는 알 수 없다. 우리에게는 이미 공부할 때 듣는 음악, 요리할 때 듣는 음악, 사랑할 때 듣는 음악 등이 있다. 이제 곧 프랑스 요리를 먹을 때 듣는 음악, 마티니를 마실 때 듣는 음악

등도 등장할 수 있다. 대학교 음악, 힐빌리 노래, 흑인 영가, 이발소 발라드 등과 같이 작곡가들이 음악의 소재를 나타내기 위해 이용하는 음악들이 있다. 예를 들어, 브람스는 〈대학 축전 서곡〉(*Academic Festival Overture*)에서 독일 학생들의 노래인 '우리, 즐거워하자'(Gaudeamus Igitur)를 사용했다. 역사적 연상도 존재하는데, 차이코프스키의 〈1812년 서곡〉(*1812 Overture*)에서 프랑스와 러시아 국가가 사용된 것, 혹은 베토벤의 〈교향곡 제5번 C단조〉의 처음 4음이 모르스 코드에서의 V자 리듬과 같기 때문에 제2차 세계대전 승전의 상징으로 사용되는 것이 바로 그 예이다. 마지막으로, 좀 더 사적인 유형의 연상들이 있는데, 바로 무도회라든지 혹은 선상에서 들었던 적이 있기 때문에 들을 때마다 눈물이 고이게 하는 경우이다.

위의 모든 경우에서 음악이 사용되었다는 점은 부정할 수 없다. 그러나 위 경우들은 음악적 의미의 핵심 문제와는 관련이 없다. 공부할 때 듣는 음악이 있다고 한다면(나는 있을 법하다고 생각하지 않지만), 그 기능을 수행할 수 있는 능력은 아마도 그 음악이 가진 바람직한 성질에 의존할 것이다. 그러나 그 능력이 음악이 의미를 지닌다는 사실에 의존하는지는 명백하지 않다. 어찌 되었든, 공부할 때 듣는 음악이 가능하다는 사실은 음악이 의미를 지닌다는 사실을 증명하기에 충분하지 않으며, 그 음악이 공부를 '의미한다'는 점은 더욱 증명하지 못한다.

셋째로, 음악의 모방적 측면이 있다. 소리를 내는 사건(전투, 개울, 회전하는 바퀴, 기차, 천둥, 양 울음소리, 개구리 울음소리 등)은 모두 다른 소리에 의해 모방 가능하다. 소리에 의한 소리의 모방을 보여주는 수많은 예들은 음악 관련 문헌에서 쉽게 찾을 수 있다. 재현적 그림이 시각적 디자인을 통해 우리 눈에 보이는 모습을 모방하는 것처럼, 길로틴이 떨어지는 소리가 베를리오즈(Berlioz)의 〈환상 교향곡〉(*Fantastic Symphony*)에서처럼 현악기의 피치카토로 모방되든지, 아니면 보다 사실주의적인 작곡가들에 의해 실제 길로틴 소리로 모방되든지 간에, 청각적 디자인에 의한 소리의 모방은 음악의 '재현적 측면'이라고 불릴 수도 있을 것이다. 이러한 유비는 상당히 잘 성립한다. 대상의 시각적 재현을 알아보는 데 필요한 것이 대상의 시각적 외양에 대한 익숙함인 것과 마찬가지로, 베토벤의 〈교향곡 제6번 전원〉(*Pastoral Symphony*)에서 메추라기 및 뻐꾸기 소리 모방(혹은 쉰들러의 주장에 따르면, 노랑텃멧새 소리의 모방)을 알아보는 데 필요한 것은 그 새 소리에 대한 익숙함이다. 그러나 이렇게 시각적 재현과의 유비가 성립한다는 점을 강조할 필요는 없다. 우리는 '소리-모방', 혹은 소리에 의한 소리의 모방

제7장 음악의 의미

을 이야기할 수 있기 때문이다.

이미지-환기 이론

음악이 우리에게 음악 밖의 것을 상기시킬 수 있는 방식으로 위에서 언급된 세 번째 방식은 다소 사소하게 느껴진다. 그러나 이 방식은 중요한 논의로 나아갈 수 있는 탐구를 촉진한다. 소리가 소리를 모방할 수 있다는 사실을 받아들인다 하더라도, 우리는 소리가 소리 아닌 다른 것을 모방할 수 있는지 물을 수 있기 때문이다. 우리는 종종 음악이 눈에 보이는 것을 모방한다고 말한다. 바다, 구름, 물을 조용히 가르는 숭어, 산에서 피어오르는 안개, 요정, 달빛 등을 말이다. 오네게르(Honegger)는 〈기관차 퍼시픽 231〉(*Pacific 231*)이라는 곡에서 자신이 기관차의 소리뿐만 아니라 '시각적 인상'까지도 '묘사'했다고 말한 바 있다. 만일 그가 이에 성공했다면, 우리는 그의 성공을 바탕으로 음악적 의미에 대한 하나의 이론을 성립할 수 있을 것이다. 바다의 소리뿐만 아니라 생김새까지 모방한다는 말을 듣는 드뷔시의 〈바다〉(*La Mer*)를 생각해보자. 먼저 드뷔시가 자신의 마음속에 바다에 대한 이미지를 형성하고, 그 후 유능한 청자라면 그 음악을 들을 때 동일한 혹은 유사한 이미지를 형성하게 되는 음악을 작곡했다고 해보자. 이 경우 우리는 그 음악이 바다를 '의미한다'고 말할 수도 있을 것이다.

음악을 진지하게 전공하는 학생이라면 이미지-환기 이론(The Image-Evocation Theory)을 지지하지는 않을 것이다. 그러나 확실히 음악에 관한 많은 글들, 특히 리뷰나 공연 프로그램 책자는 이미지-환기 이론이 참일 때에만 말이 된다. 음악작품을 '이해하지' 못한다고 말하는 사람들은 흔히 그 음악작품이 무슨 의미냐고 묻는데, 이때 그들은 자신이 음악과 관련된 대상이나 역사적 사건에 대한 이미지를 형성해야 하는데 그렇게 하지 못한다고 고충을 토로하는 것이다. 여기에서 '이미지'란 오직 가시적인 것으로서의 직관적 심상만을 의미하는 것은 아니다. 만일 이 이론이 모호하고 불분명한 상태일 때에만 그럴듯하게 들린다면, 이 점은 이 이론을 속속들이 밝혔을 때 어떤 모습이 될지 살펴봐야 할 또 다른 이유를 우리에게 제공한다. 그리고 이는 우리에게 교훈을 줄 수 있다.

사람들은 종종 음악이 이미지를 환기한다고, 즉 그들에게 어떤 대상이나 사건을 암시한다고 말한다. 사실 청자들은 그와 같이 반응하는 경향성 정도에 따라서 등급 분류를 받아왔다. 그러나 어떤 것이 이미지-환기로 인정되는 일은 쉽지 않다. 만일 어떤 사람이 목욕 후 몽상에 빠진다면, 그 목욕이 몽상을 환기한다고 말하는 것은 잘못이다. 물론 목욕이 몽상에 적합한 좋은 조건을 제공하며, 아마도 우리는 목욕이 몽상을 자극한다고 말할 수도 있을 것이다. 그러나 목욕 그 자체로는 몽상의 내용을 제어하는 데 매우 경미한 통제력을 행사한다. 즉 목욕은 몽상 내용을 지시하는 데 충분하지 못하다. 마찬가지로, 청자가 음악적 분위기를 이용해 자신의 심리적 통제를 느슨하게 하고 공상에 빠진다면, 이에 대해 음악이 청자의 이미지를 환기했다고 말하는 것은 잘못이다.

　　그렇다면, 음악이 정말로 이미지를 환기할 수 있는가에 대한 대답은 음악이 이미지에 대해 행하는 제어력에 달려 있다. 만일 음악이 고도의 제어력을 발휘한다면 음악이 이미지를 환기할 수 있다고 기술하는 것은 적절하다. 만일 그렇지 않다면(물론 음악은 목욕보다는 더 높은 강도의 제어력을 발휘하겠지만), 환기할 수 있다는 기술은 적절하지 않다.

　　이 문제에 관한 직접적 증거는 청자들 자신의 보고 및 우리의 공통 경험에 관한 연구에서 도출된다. 이전에 들어보지 않은, 제목과 작곡가도 모르는 음악을 듣고 적절한 대상과 사건을 상상해보라는 요청을 받은 여섯 명의 청자가 있을 때, 그중 두 명이 동일한 결과를 보이는 경우도 찾기 힘들다. 어떤 사람이 토네이도를 보는 곡에서, 다른 사람은 늑대와 멧돼지의 싸움을 본다. 어떤 사람이 약혼자에게 작별을 고하는 여성을 보는 곳에서, 다른 사람은 명상하는 승려를 본다.

　　우리는 이미 제4장 13절에서 유사한 성질들이 상이한 감각장(sensory fields) 내에서 나타난다고 볼 수 있는 이유를 살펴보았으며, 앞으로 이어질 음악과 문학에 대한 논의를 통해 이 논점은 보다 강화될 것이다. 그러나 이와 같은 대응(correspondence)에는 심각한 한계가 있다. 먼저, (물리적 사건과 대비되는) 물리적 대상 혹은 사태를 생각해보라. 바다가 시각적으로 보이는 방식으로 음악이 소리 날 수 있을까? 그래서 우리가 그 음악의 유일무이하게 특별한 대상으로서 바다를 지목할 수 있을까? 확실히 차이코프스키의 〈호두까기 인형〉(The Nutcracker Suite) 중 사탕요정의 춤은 멘델스존의 〈한여름 밤의 꿈〉(A Midsummer-Night's Dream) 서곡에 등장하는 요정의 춤이나 혹은 〈이

올란테〉(*Iolanthe*)의 도입부에 등장하는 '여기저기 넘어질 뻔'하는 요정의 춤과도 다르다. 그러나 나는 멘델스존이나 설리번(Sullivan)의 요정이 아닌, 차이코프스키의 요정에 부합하는 이미지를 그려내려고 하는 사람들에 저항할 것이다. 동일한 어려움이 음악적 방법만을 이용해서 안개와 가벼운 눈, 혹은 달빛과 가로등을 구분하려는 시도에서 발생한다.

만일 우리가 물리적 대상을 제쳐두고 물리적 사건, 즉 대상이 행하는, 혹은 대상에게 발생하는 일에 대해 생각해본다면, 음악의 모방력은 상당히 더 뚜렷해진다. 음악은 적어도 어떤 과정(process)인데, 우리는 물리적 변화(위치 변화이건 혹은 질적 변화이건 간에)를 포함한 모든 과정에 관해서 다음과 같은 것들을 말할 수 있다. 모든 과정은 속도, 긴장, 추진력, 절정, 증가, 감소 등의 운동적 성질을 가진다. 그리고 음악적 과정의 운동적 패턴은 다른 과정의 운동적 패턴과 비슷할 수 있다. 그러므로 음악은 어느 정도까지는 확실히 물리적 운동의 운동적 측면들, 예를 들어, 서두름, 주저함, 도약, 살금살금 걸음, 떨림, 뛰놀음, 돌진, 치솟음, 미끄러짐, 떨어짐, 폭발, 붕괴 등을 모방할 수 있다.

음악에 맞춰 춤추기를 미적 대상으로 가능하게 한 것은 음악의 바로 위와 같은 능력이다. 여기에서 춤의 예술을 다룰 여유는 없지만, 다음 절에서 우리가 논의할 몇몇 주제가 춤과 관련될 것이다. 춤이라는 예술의 존재는 음악의 패턴이 신체 움직임의 패턴에 대응하는 가능성에 의존한다.

그러나 이로부터 음악이 그러한 과정을 의미(mean)할 수 있다는 사실은 따라 나오지 않는다. 왜냐하면 음악은 절대로 그러한 과정 중 하나만을 지시할 수 있을 정도로 정확하게 그 과정을 모방하지 못하기 때문이다. 우리가 어떤 음악이 송어의 재빠른 움직임을 모방한다고 말할 때, 이 말에는 조심스러운 제약이 필요하다. 이때 음악은 재빠른 움직임은 제시할 수 있다. 그러나 재빠르게 움직이는 유일한 것이 송어가 아니고서는, 송어를 제시할 수는 없다. 슈베르트의 〈송어〉(*Die Forelle*) 59소절에서 화음이 두터워지는 것처럼, 음악은 어떤 혼탁함을 제시할 수는 있다. 그러나 단어의 사용 없이는 막대기로 물을 휘저어 물고기를 혼란시키는 어부를 음악은 말해주지 못한다. 그러므로 음악적 과정이 물리적 과정과 비교되는 대부분의 경우에서, 여러 비교가 동시에 동등하게 적절할 수 있다. 간단한 예로서, 베토벤의 〈교향곡 제7번 A장조〉의 스케르초를 생각해보자.

우리가 이 부분을 어떤 물리적 움직임과 비교해야 할 필요는 절대로 없다. 그러나 이미지-환기 이론을 검증하기 위해, 이 음악을 듣고 운동 패턴 차원에서 비슷한 모습을 보이는 어떤 물리적 과정을 우리가 떠올릴 수 있는지 생각해보자.

어떤 이가 기울어진 경사면을 재빠른 두 번의 점프로 올라간 후 경쾌하게 내려온다. 누군가가 지붕에 물을 뿌리고, 그 물들이 흘러내린다. 어떤 것이 폭발해 공기가 터져 나온다. 아마도 우리는 이 이야기들 중 몇몇을 다른 것에 비해 더 즐겁게 생각할 수 있을 것이다. 그러나 그들 중 어떤 것도 음악의 물리적 유사체에 대해 우리를 깨우치지 못한다. 만일 저 음악이 의미하는 바가 바로 지금 나열된 것과 같다면, 당신은 아마도 그 의미에 대해 생각하지 않는 편을 선호할지도 모른다. 베토벤이 마음속에서 이 이미지들 중 어떤 것을 떠올렸는지, 혹은 과연 이미지란 것을 떠올리기라도 했는지를 결정할 수 있는 방법은 없다. 사람들에게 음악을 듣는 대신, 음악에 대한 물리적 유사체를 생각하라고 장려하는 것은 어리석은 일이다. 그리고 정확한 유사체를 떠올리기 전까지는 음악을 이해한 것이 아니라고 말하는 것은 더 어리석다.

이제 이미지-환기 이론의 옹호자들은 모든 음악이 자신들이 생각하는 의미를 지닌다고 주장하지는 못할 것이다. 그러나 내 생각에 이제 우리는 가사가 동반되지 않는 음악 중 이미지-환기 이론이 주장하는 의미를 지니는 음악은 존재하지 않는다고 말할 수 있다. 그러므로 음악이 '기술한다', '서술한다', 혹은 '묘사한다'고 말하는 것은 매우 오도적이다. 그런 것은 불가능하다. 본 윌리엄스(Vaughn Williams)의 〈런던 교향곡〉(London Symphony)이 런던을 기술하는 것도, 라벨의 〈밤의 가스파르〉(Gaspard de la Nuit) 중 '교수대'(Le Gibet)가 교수대를 기술하는 것도 아니다.

표현 이론

이미지-환기 이론을 제치면 음악의 의미에 관한 보다 실질적이고 근본적인 두 이론을 검토할 수 있는 장이 마련된다. 엄밀하게 말해 두 저자들이 완벽하게 동의하는 경우는 없으므로 여러 이론이 존재한다고 말할 수 있지만, 모든 이론이 표현(expression)과 의미작용(signification)이라는 주요한 두 유형으로 분류 가능하다.

음악의 의미에 대한 표현 이론(Expression Theory)*은 다음 형식을 취한다.

X는 Y를 표현한다.

여기에서 X는 음악작품, 혹은 음악작품의 일부를, Y는 영웅적 기개, 우울감, 발랄함 등과 같은 심리적 상태 혹은 성질이다. 다음이 한 예이다.

베토벤의 〈교향곡 제7번 A장조〉의 스케르초는 기쁨을 표현한다.

이 진술은 해롭지 않은 것처럼 보인다. 확실히 우리가 보통 발화하는 진술이기는 하다. 그러나 스케르초가 무엇을 표현하는지 우리는 어떻게 아는가? 즉 공포나 초조함이 아니라 기쁨이라는 것을 어떻게 아는가? 이를 결정할 때 우리가 찾아봐야 하는 증거는 무엇인가? 이 지점에서 우리는 표현 이론을 주장하는 사람들이 사실은 마음속에 세 개의 상이한 생각을 가지고 있음을 알게 된다.

종종 사람들이 음악적 표현에 대해 이야기할 때, 우리는 사실 그들이 작곡가의 심리 상태에 대해 이야기하고 있음을 알 수 있다.

'베토벤의 〈교향곡 제7번 A장조〉의 스케르초는 기쁨을 표현한다'는
'베토벤은 그 스케르초를 작곡할 때 기쁨을 느꼈고, 그 감정이 작곡을 하게 했다.'

그들이 '표현하다'라는 용어를 이처럼 사용하는 모습은 다른 경우에서도 쉽게 찾아볼 수 있다. 예를 들어, 우리는 어떤 사람의 표정이 난처함이나 혹은 당황을 표현한다고 말한다. 이는 그가 난처한 듯 혹은 당황한 듯 보인다(looks) 뜻이다. 즉 그 사

---

* 조지 산타야나(George Santayana), 존 듀이(John Dewey), 콜링우드(Collingwood), 라이드(L. A. Reid), 듀카스(C. J. Ducasse), 그린(T. M. Greene), 존 호스퍼스(John Hospers), 갓셸크(D. W. Gotshalk), 헨리 에이켄(Henry Aiken) 등이 이 이론을 주장했다. Note 18.1 참조.

람의 얼굴이 보통 그러한 정서에 동반해 나타나는 표정을 보이기 때문에, 우리는 그 사람이 그런 감정을 가진다는 사실을 어느 정도의 개연성을 가지고 표정으로부터 추론한다는 뜻이다. 이 추론은 '저런 모습을 보이는 사람은 일반적으로 당황한 것이다'라는 일반화에 의존한다. 그리고 우리는 얼굴 표정을 당황에 대한 언어적 징후들('나는 이를 전혀 이해할 수 없어') 및 다른 행동적 징후들(주저함이나 머리 긁적임) 등과 연관시킬 수 있기 때문에, 얼굴 표정과 관련한 그러한 일반화를 획득할 수 있다.

그러나 우리는 '베토벤의 스케르초와 같은 음악을 작곡하는 사람은 일반적으로 기쁨에 차있다'와 같은 일반화는 알고 있지 못하다. 왜냐하면, 무엇보다 문제의 스케르초와 매우 유사한 또 다른 음악이 없기 때문이다. 일반화는 단일 사례에 근거할 수 없다. 그리고 둘째, 단일 사례와 관련해서도 베토벤의 심리 상태에 관한 독립적 증거가 없다. 위대한 음악가들의 전기 작가들은 항시 그러한 유형의 추론을 하고, 종종 추론을 뒷받침하기 위해 그다지 정황적이지 못한 자료들을 제시한다. 예를 들어, 최근 발표된 정신분석학 저서 중 하나는 브람스의 짝사랑에 관해 많은 이야기를 한다. "그의 음악에서 동경과 비애를 듣게 되는 일은 놀랍지 않다"* 이 말이 의미하는 바가 다음과 같다면, 즉 어떤 작곡가가 이루지 못한 사랑에 대한 동경을 품고 있었음을 우리가 알게 되면 그로부터 그 작곡가의 음악에서 동경이나 비애를 들을 수 있다고 예측하는 것이 가능하다는 정도의 이야기라면, 정신분석이라는 것은 내가 생각해왔던 것보다 훨씬 단순한 것이 된다. 위와 같은 이야기는 개연성 있는 추측은 될 수 있으나, 그에 대한 어떠한 적절한 증거도 없다.

그러므로 표현에 대한 첫 번째 개념, 즉 표현을 감정 분출과 동일시하는 개념은 우리에게 유용하지 않다. 그러한 표현 개념을 가지고는 음악작품이 기쁨을 표현한다는 진술을 비평가가 검증하는 것이 거의 불가능하다. 왜냐하면, 그러한 검증을 위해서 비평가는 작곡가가 작곡 당시 느낀 감정뿐만 아니라 작곡하면서 그 감정을 분출했다는 사실을 알고 있거나, 혹은 그러한 유형의 음악과 문제의 감정 사이의 상관관계에 관한 일반 법칙을 알고 있어야 하기 때문이다. 만일 음악이 표현하는 바가 음악 그 자체만을 청취함으로써 발견될 수 있는 것이라면, 표현은 감정 분출과 동일한 것

---

*   Edward Hitschmann, *Great Men: Psychoanalytic Studies*, New York: International Universities, 1956, p. 224.

이 될 수 없다.

음악적 표현에 대해 논하는 비평가들은 사실상 음악을 청취할 때의 자신의 심리 상태에 대한 이야기를 한다. 그들에게,

'베토벤의 〈교향곡 제7번 A장조〉의 스케르초는 기쁨을 표현한다'는
'스케르초는 나를 기쁘게 한다'를 뜻한다.

이 말은 음악이 발장단을 맞추게 한다든지 혹은 춤추게 한다고 말하는 것과 동일하지 않다. 음악의 그러한 영향은 생리적 차원에서 발생할 수 있다. 위의 두 번째 표현 개념에 따르면, '표현하다'는 '일으키다'(arouse)와 동의어로서, 음악은 청자에게 기쁨, 슬픔, 고요함, 불안함 등을 경험하게 만든다.

음악이 단어 없이도 정서(emotion)를 일으킨다고 엄밀하게 말할 수 있는가라는 질문은 흥미롭다. 분노, 두려움, 호기심, 도덕적 분개와 같은 것은 확실히 개념적 요소, 즉 정서가 향하는 대상을 포함하는데, 음악은 개념을 제시할 수는 없다. 그러므로 음악은 분노에 차거나 두려울 수는 있지만, 분노나 두려움을 일으킬 수는 없다. 그러나 우리가 정서보다 더 일반적인 어떤 것을 의미하기 위해 느낌(feeling)이라는 용어를 사용한다면, 아마도 음악은 흥분, 고요함, 무기력, 이완, 긴장과 같은 느낌을 일으킬 수 있을지도 모른다. 이것들은 음악 그 자체에 관한 느낌이지, 표현 이론가들이 언급하는 인간의 존엄함, 영웅주의와 같은 것들이 아니다. 개념의 매개 없이 어떻게 그러한 정서가 발생할 수 있는지 이해하기는 매우 힘들다. 영웅적인 음악은 내가 영웅인 것 같은 느낌을 주는가? 한순간도 그렇지 않다.

어쨌든, 여기에서 '표현'이라는 용어는 잉여적이다. 우리는 이미 정서의 일으킴을 나타내는 용어, 즉 '일으킴'(arousing)이라는 용어를 가지고 있다. 만일 음악이 정서를 표현한다고 말하면서 우리가 뜻하는 바가 바로 일으킴이라면, 일으킨다고 말하는 편이 더 낫다. 왜냐하면 그렇게 함으로써 작곡가나 작곡가의 감정에 관해 전혀 언급하지 않은 채 청자에게 끼친 음악의 영향에 대해서만 말할 수 있기 때문이다.

음악적 표현에 관해 말할 때 사람들은 종종 음악 그 자체의 영역 성질에 관해 말한다. 그들에게,

'베토벤의 〈교향곡 제7번 A장조〉의 스케르초는 기쁨을 표현한다'는
'그 스케르초는 기쁘다'를 뜻한다.

이 번역을 통해 우리는 몇몇 표현 이론가가 가지고 있는 생각에 점점 다가가는 듯한데, 왜냐하면 그들은 예술적 표현이라는 행동을, 울기 혹은 웃기와 같은 정서의 단순한 표출로부터 구분하려고, 또한 광고하기나 정치 캠페인과 같은 결과 산출로부터 구분하려고 애쓰기 때문이다. 우리는 예술가가 예술적 표현을 통해 '자기 자신을 작품 안에 집어넣는다'는 말을 하기도 한다. 즉 우리는 예술가가 그의 감정을 '구현한다' 혹은 '객관화한다'고 말한다. 꿈꾸기, 소리 지르기, 명상하기, 케이크 굽기, 뜨개질하기 등과 예술의 차이점이 바로 이것이라는 것이다.

표현 이론가들에게 객관화나 구현 개념(종종 그들에게 이것은 '표현'과 동의어이다)을 완전하게 설명해달라고 요구하면, 우리는 아마 조금씩 상이한 여러 대답을 얻게 될 것이다. 그러나 핵심은 바로 다음이다.

'작곡가는 그의 스케르초 안에 기쁨을 객관화했다(구현했다, 표현했다)'는 말은 다음을 뜻한다. '① 작곡가가 기쁨에 의해 감동받아서 스케르초를 작곡하게 되었다. ② 작곡가는 스케르초에 기쁨의 성질을 부여했다. ③ 그 음악은 작곡가가 스케르초를 다시 듣는 경우 그에게 기쁨의 감정을 불러일으킬 수 있는 능력을, 또한 다른 청자들에게도 그렇게 할 수 있는 능력을 지녔다.'

이제 나는 이 같은 복합적인 이론을 '음악적 의미의 표현 이론'(Expression Theory of Musical Meaning)이라 부르고자 한다.

위의 정의에서 ②는 ①과 ③으로부터 논리적으로 독립적임이 명백한데, 왜냐하면 음악은 특정 성질이 정감의 원인이나 혹은 결과가 아니더라도 그 성질을 가질 수 있기 때문이다. 만일 우리의 이전 논의가 건전하다면, 우리에게는 이미 위와 같은 복합적 형태의 표현 이론을 거부할 이유가 있다. 왜냐하면 ①은 검증 불가능하고, ③은 의심스럽기 때문이다. 그러나 ②는 여전히 생각해볼 만한 가치가 있고, 따라서 지금부터 고찰해보려고 한다. '이 음악은 기쁨을 표현한다'로부터 우리가 '이 음악은 기쁘다'라는 진술, 즉 음악에 대한 기술을 추출한다고 해보자. 이것은 확실히 은유적 기술

이지만, 은유적이라고 해서 기술이 아닌 것은 아니다. 그러나 이는 여러 문제를 제기한다.

'표현'이라는 용어는 모든 영역 성질에 적용되는 것이 아니고 오직 일부에만 적용된다. 음악이 '매우 표현적이다'라고 불리기 위해서는 음정이 맞는다든지 혹은 뚜렷한 리듬이 있다든지 하는 것은 충분하지 않다. 어떤 영역 성질은 인간의 행동, 특히 인간의 심리 상태나 과정의 성질, 예를 들어 우울함, 침착함, 유쾌함, 결단, 고요함, 관능적임, 우유부단함 등과 유사하다. 이러한 성질을 '인간적 성질들'(human qualities)이라 부르자. 그렇다면 이제 표현 이론은 음악의 영역 성질 중 일부는 인간적 영역 성질(human regional qualities)이라고 주장한다.* 문제는 과연 이 주장이 참인가 하는 것이다.

음악의 인간적 성질들

음악이 영역 성질을 가진다는 사실을 인정하는 사람은 음악이 인간적 성질을 가진다는 점을 거부할 이유가 없다고 당신은 생각할지도 모른다. 그러나 사실 조성이나 리듬 등 영역 성질에 대해서는 의문을 제기하지 않는 이들조차도 인간적 성질에 대해서는 종종 두 가지 의심을 제기한다. 첫 번째 의심은 우리가 인간적 성질이라는 것을 사실상 음악의 현상적으로 객관적인 성질로서 듣는가 하는 것이다. 이에 대해, '기쁘다'와 같은 용어를 사용하는 우리의 방식을 살펴보았을 때, 사실 우리는 현상적으로 객관적인 성질로서 인간적 성질을 분별하지 못하며 단지 우리의 주관적 감정에 대해 이야기한다는 주장이 있다. 두 번째 의심은 음악의 인간적 성질이 청각적 장에서 현상적으로 객관적인 경우가 있다 하더라도, 그것이 지각적 대상으로서의 음악 그 자체에 귀속될 수 있을 만큼 개인 간 차이가 없는 성질인가 하는 것이다. 이에 대해 음악적 자극과 대면했을 때 우리가 듣게 되는 것은 나이, 지각적 감수성, 훈련, 문화적 조건화 등의 요인에 의해 달라진다는 주장이 제기되었다.

심리학적 연구뿐만 아니라 일반인 자신의 내적 관찰에 따르면 첫 번째 의심을

---

* 이 성질들은 종종 '관상학적(physiognomic) 성질들', '정감적 성질들', 혹은 '감정 성질들'이라고 불린다. 제2장의 Note 6.3 참조.

잠재울 충분한 증거가 있지만, 두 번째 의심과 관련된 상황은 보다 복잡하다. 인간적 성질을 음악에 귀속하는 것을 정당화하기 위해서, 우리는 그 성질이 국소적(local) 성질들 및 하부-영역적(subregional) 성질들의 함수라는 점을, 즉 인과적으로 의존한다는 점을 보여야 한다. 다른 말로 하면, 우리는 누군가가 음악의 특정한 국소적 혹은 하부-영역적 성질(예를 들어, 선율의 도약, 온음계적 간격, 빠른 템포 등)을 들을 때면, 그 사람은 또한 언제나 특정한 인간적인 영역 성질(예를 들어 기쁨)을 듣는다는 사실을 보여야 한다. 당연히 이는 증명하거나 혹은 반박하기 힘든 작업이다. 이를 반박하기 위해 다음과 같은 사실, 즉 우리가 중국 음악을 처음 듣게 되었을 때에는 중국인들이 그 음악을 기쁘게 듣는지 혹은 슬프게 듣는지 알 수 없다는 사실을 지적하는 것은 소용없다. 왜냐하면, 적절한 훈련이 없다면 우리는 그것을 음악인 것으로도 듣지 못하기 때문이다. 즉 적절한 훈련이 없다면 우리는 사실상 그 음악의 국소적 및 하부-영역적 성질들이 자리한 진정한 관계를 전혀 듣지 못하기 때문이다.

그럼에도 불구하고, 심리학자들은 이 문제에 관해 어느 정도의 연구를 진행했으며,[*] 물론 그 연구들은 꼼꼼함이나 완전성에서 정도의 차이를 보이지만, 전반적으로 주목할 만한 결과를 산출하고 있다. 연구에는 몇 가지 주요한 난점들이 있었다. 그중 하나는 두 피실험자가 정말로 동일한 국소적 성질을 듣는 건지 우리가 확신하지 못한다는 점이었다. 특히 타 문화의 음악을 가지고는 제한된 실험밖에 하지 못했으며, 우리에게는 더 많은 증거가 필요하다. 그러나 음치가 아닌 피실험자를 선정해 그들이 접근할 수 있는 어법으로 생성된 음악을 들려주는 것은 가능하다. 또 다른 난점은 피실험자에게 정확한 지침사항을 주고 자신이 무엇을 보고해야 하는지 알려주는 것이다. 여기에서 많은 실험자들이 스스로 장애물을 증가시켰다. 실험자가 피실험자에게 음악을 기술해보라고 할 때, 실험자는 어느 정도 수렴하는 반응을 얻는 경향이 있다. 물론 모든 이가 음악을 기술하는 데 동일한 단어를 선택하지는 않을 것이다. 그렇지만 그들의 기술은 상당한 유사성을 보이는데, 특히 실험자가 복합적이거나 변화하는 성질의 긴 악절을 주면서 오직 하나의 형용사만을 사용하라고 지시하지 않는 경우에 그러하다. 반면, 실험자가 피실험자에게 작곡가가 어떻게 느꼈을지, 혹은 음악이 그들에게 어떤 감정이 들게 하는지, 혹은 어떤 그림을 연상시키는지 묻는다면, 그

---

[*] 이 연구들에 대한 짧은 설명을 곁들인 참고문헌 목록은 다음을 참조. Notes 18.5와 18.6.

때부터 피실험자들의 반응은 서로 갈리기 시작한다. 그리고 이는 전혀 놀랍지 않다. 왜냐하면 그러한 지침사항은 피실험자가 음악 그 자체의 성질에 집중하는 데 방해가 되기 때문이다.

또 다른 난점은 언어 장벽으로 인해 종종 치명적으로 실험자와 피실험자 사이의 의사소통이 어렵다는 사실이다. 왜냐하면 음악을 기술하는 데 적절한 언어가 은유밖에 존재하지 않는 상황에서는 은유에 대한 이해의 차이가 가능하기 때문이다. 심지어 모든 피실험자들이 동일한 인간적 성질을 듣는다 하더라도 말이다. 누군가가 '엉뚱한'이라고 기술하는 성질은 언어적으로 덜 발전된 다른 피실험자가 '거친'이라고 부르는 성질일 수 있다. 혹은 '유치한'을 의미하기 위해 '단순한'이란 단어를 사용할 수도 있다.

그러나 이 말은 은유적 기술이 어떠한 객관적 지시도 가지지 못한다는 뜻은 아니다. 제3장 10절에서 살펴본 바와 같이, A에게 축어적으로(literally) 적용 가능한 용어를 B에게 은유적으로 적용하기 위한 최소한의 조건은 A라는 용어가 내포하는 (connote) 어떤 측면과 B가 유사해야 한다는 것이다. A와 B 사이의 유사한 성질을 지시하는 용어가 존재하지 않는다면, 은유적 용어가 우리가 가진 전부가 된다. 물론 이 때 맥락이 은유적 용어의 의미를 어느 정도 제한하지 않는다면 은유적 용어는 매우 오도적일 수 있지만, 반면 매우 적절하고 정확할 수도 있다. 일반적으로, 우리는 방대한 작품을 아우르는 전체적 성질에 관해서는 많은 말을 할 수가 없다. 모차르트의 피아노 협주곡에 관한 어떤 글*에 따르면, K. 414(A장조)는 "신선하고 봄다운 성질"을 가지며, K. 450(B플랫 장조)은 "활기차고 친밀하며", K. 453(G장조)은 "애매모호하고 … 심각하며", K. 459(F장조)는 "발랄하고", K. 466(D단조)은 "격정적이며 종종 사악한 힘"을 보여준다. 내 생각에 이 기술들은 우리의 능력 내에서는 가장 적절한 기술이지만, 그렇다고 아주 정확한 것은 아니다.

특정 악장 혹은 악절로 한정한다면, 우리의 기술이 더 정확해질 수도 있지만, 우리는 항상 음악의 개별 성질이 광범위한 성질을 지시하기 위한 단어('발랄하다'처럼)를 통해 모호하게 지시될 수밖에 없다고 느낀다. 은유 그 자체를 확장하거나 발전시키

---

*   A. H. King, in *The Concerto*, ed. by Ralph Hill, Baltimore: Penguin, 1952. 이 글을 바흐의 〈푸가의 기법〉(*Art of Fugue*)에 속한 각 푸가들의 상이한 성질들을 기술한 다음 글과 비교해보라. Hermann Scherchen, *The Nature of Music, trans.* by William Mann, London: Dobson, 1950.

는 것도 별로 도움이 되지 않는다. 만일 우리가 어떤 악장이 슬프다고 말할 때 그 슬픔이 어떤 종류의 슬픔인지 질문을 받는다면, 가까운 친척이지만 그렇게 많이 가깝지는 않은, 예를 들어 어린 시절 많은 시간을 함께 보냈지만 몇 년 동안 만나지 못한 사촌을 잃었을 때와 같은 유형의 슬픔이라고 말하는 것은 별로 도움이 되지 않는다. 그보다는 바이올린이 느린 3박자로 G와 D 선상에서 하강하는 선율을 연주할 때 발생하는 유형의 슬픔이라고 말하는 것이 유용하다. 이는 우리로 하여금 음악 그 자체를 보다 구체적으로 상상하도록 도와준다. 그러나 이 분석이 말해주는 것은, 음악 자체를 가리키고 음악 자체의 성질에 주목하는 게 음악을 기술할 때 가장 좋은 방법이라는 사실이다.

그렇다면 음악이 없는 경우에는 음악의 인간적 성질의 지각적 조건을 분석함으로써 그 인간적 성질에 대한 더 정확한 기술을 할 수 있다. 이러한 분석이 가정하는 것은 인간적 성질이 의존하는 지각적 조건이 있으며, 그 조건은 원칙적으로 발견 가능하다는 생각이다. 음악작품을 기쁘거나 혹은 슬프게 만드는 경향이 있는 국소적(local) 조건들은 '기쁨을 만드는' 혹은 '슬픔을 만드는' 성질이라 불릴 수 있을 것이다. 그리고 이러저러한 특징을 가지는 음악, 예를 들어 느린 템포, 낮은 음고, 반음계의 하강 음정, 단조 등을 가지는 음악은 슬프게 될 경향이 있다는 진술은, 만일 참이라면, 경험적 법칙 혹은 일반화가 될 것이다.

그러한 법칙을 검증하는 데 발생하는 어려움은 우리 지식의 불완전함으로 인해 그 법칙들이 유사-통계적 형태를 보일 수밖에 없다는 사실이다. 우리는 단조로 된 모든 음악이 슬프다고 말할 수 없다. 〈행복한 방앗간 주인〉(The Jolly Miller)이라는 노래와 베를리오즈의 〈파우스트의 겁벌〉(Damnation of Faust) 중 라코치 행진곡(Rakoczy March)은 모두 단조이지만 충분히 유쾌하다. 반면 〈여름의 마지막 장미〉(The Last Rose of Summer)와 멘델스존의 〈사울〉(Saul) 중 장송 행진곡(Dead March)은 장조임에도 불구하고 발랄하다고 볼 수 없다. 그러나 우리는 여전히 단조가 음악을 슬프게 만드는 경향이 있다고 말할 수 있다. 비록 단조의 영향이 다른 특성에 의해 무효가 될 수도 있지만 말이다. 그리고 이 점을 특정 템포나 리듬, 음정, 음고에 대해서도 말할 수 있을 것이다. 어떤 음악이 느리고, 단조이며, 하강하기 때문에 슬프다는 말은 동어반복(tautology)이 아니고, 종합적(synthetic)이며 검증 가능하다. 느린 발랄함이나 빠른 장엄함은 논리적 모순이 아니다. 그들은 단지 매우 개연성이 떨어지거나 혹은 경험적으로 불가능할 뿐이다.

지각적 조건과 인간적인 영역 성질 사이의 그러한 일반 법칙을 확인하려는 기획에는 어떠한 방법론적인 문제도 없다. 우리는 작품을 매우 상세하게 분석하기 이전에 작품의 영역 성질을 인식할 수 있다. 즉 그 성질을 들을 수 있다. 분석 후에 그 성질이 더 강하게 혹은 섬세하게 들릴 수 있다 하더라도 말이다. 기쁘거나 혹은 흥겹게 들리는 악장들을 수집한다고 생각해보자. 이 모음 안에 베토벤의 스케르초뿐만 아니라, 그 교향곡의 마지막 악장, 피아노 협주곡 〈황제〉의 마지막 악장, 모차르트의 〈협주 교향곡 E플랫 장조〉의 마지막 악장, 바흐의 〈이탈리안 협주곡〉의 마지막 악장, 멘델스존의 〈교향곡 제4번 A장조〉의 1악장을 포함시키고, 여기에 '명랑하다'(gay)고 기술되는 것이 더 적절할 수도 있는 차이코프스키의 〈호두까기 인형〉 중 꽃의 왈츠, 베버(Weber)의 〈오베론 서곡〉(Oberon Overture)을 추가해보자. 이 곡들을 분석해 공통점이 무엇인지 찾고자 한다면, 우리는 우연적인 반복 이상으로 발생하는 여러 템포, 선율, 화성의 전개, 음정 등의 특성을 찾을 수 있을 것이고, 그것들은 기쁨이라는 성질의 발생에 기여할 것 같다.

표현 이론은 음악에 대한 중요한 사실, 즉 인간적인 영역 성질에 우리의 관심을 주목시켰다. 그러나 그러한 공헌을 함으로써 표현 이론은 스스로를 폐기시키는 셈이 되었다. 이제 우리는 더 이상 표현 이론을 필요로 하지 않는다. 오히려 표현 이론이 없어지는 게 훨씬 낫다. '그 음악은 기쁘다'는 말은 있는 그대로의 진술이며 또한 옹호 가능하다. '그 음악은 기쁨을 표현한다'는 불필요하고 대답 불가능한 질문만 보탤 뿐이다.

왜냐하면 '표현한다'는 용어는 관계적이기 때문이다. 이 용어는 표현하는 X와 표현되고 있는 Y를 요구하며, X와 Y는 서로 구분되어야 한다. 우리가 어떤 장미 한 송이가 붉다고 말할 때, 우리는 오직 하나의 개체, 즉 문제의 장미 한 송이를 가지고 그것의 성질을 기술하는 것이다. 이와 정확히 같은 방식으로, 우리가 어떤 음악이 기쁘다고 말할 때, 우리는 오직 하나의 개체, 즉 문제의 음악을 가지고 그것의 성질을 기술한다. 여기에서 '표현한다'라는 용어는 필요하지 않다.

'표현한다'가 적용되는 다른 예술 분야와 관련해서도 위와 동일한 결론이 나올 것이다. 나는 표현 이론을 음악에 대한 하나의 이론으로 간주하고 살펴보았는데, 왜냐하면 표현 이론의 가장 좋은 형태가 음악 분야에서 가능하다고 생각했기 때문이다. 그러나 표현 이론을 옹호하는 다수의 이론가들은 예술 전반에 관한 일반 이론으로서 표현 이론을 전개한다. 그들은 조형예술이 디자인이면서 재현적일 뿐만 아니라, 또한 표현적이라고 말할 것이다. 그러나 조형 예술작품의 표현성에 관한 진술들을 정확하게 분석해보면, 위에서와 유사한 방식으로, 그 진술들은 디자인이나 주제가 가지는 인간적인 영역 성질에 대한 진술들로 번역 가능하다는 것이 밝혀진다. 예를 들어, 루이스 멈포드가 뉴욕시의 제조자 신탁회사 빌딩은 "위엄, 평온, 질서의 고전적 성질을 표현한다"[*]고 썼을 때, 그는 '표현한다'라는 단어 대신에 '가진다'(has)를 사용해도 되었다. 그리고 비록 이러한 번역이 모든 문제를 해결하는 것은 아니지만 적어도 올바른 문제를 제기한다고 말할 수 있다.

의미작용 이론

이제 내가 음악적 의미의 의미작용 이론(Signification Theory)[**]이라고 부를 두 번째 이론을 살펴볼 것이다. 이 이론의 옹호자들은 표현 이론과의 연관을 거부하며 표현 이론을 대체할 더 우월한 이론으로서 의미작용 이론을 내세우지만, 그럼에도 불구하고 표현 이론에 관해 우리가 논의했던 몇 가지 사항들이 의미작용 이론에도 적용될 것이다.

의미작용 이론은 정서의 분출과 환기를 의미와 관련된 것으로 보지 않지만, 음악적 의미에 대한 진술이 기술로 환원될 수 있다고 생각하지는 않는다. 왜냐하면 그들은 음악이 음악 밖의 것과 지시적 관계를 맺는다고 주장하며, 그 관계를 기호학적 용어를 통해, 즉 기호(sign)라는 개념을 통해 분석하고자 하기 때문이다. 그들 중 일부가 '상징'(symbol)이라는 용어를 선호한다는 사실은 우리의 현재 목적에는 중요하지 않다. 나는 의미작용 이론 중 가장 설득력 있는 형태를 살펴볼 것이며, 나의 논점이 개별 이론가들의 용어로는 어떻게 번역될 수 있는지에 대한 문제는 다루지 않을 것이다.

---

[*]　앞선 장의 Note 17.6 참조.

[**]　이 이론은 알버트 게링(Albert Gehring), 찰스 모리스(Charles Morris), 수잔 랭거(Susanne Langer), 라이드(L. A. Reid) 및 여타의 이론가들이 지지한다. Note 18.9 참조.

가장 넓은 의미에서의 '기호'라는 단어는, 즉 단어, 몸짓, 수기 신호, 출구 및 화장실을 알려주는 표시에도 적용될 수 있는 의미에서의 '기호'라는 단어는 자신 이외의 다른 대상 혹은 사건을 지시하며, 혹은 우리로 하여금 기호 그 자체가 아닌 다른 어떤 것을 고려하게 한다. 사실, 의미작용, 혹은 '어떤 것의 기호가 됨'에 관한 적절한 일반적 정의를 구성하는 일은 매우 어렵지만, 다행스럽게도 여기에서 그 작업을 수행할 필요는 없다. 왜냐하면 음악이 어떤 것의 기호인가 아닌가를 말하기 위해서, 우리는 이미 인정받은 기호의 정의적 특성들 중 일부를 살펴보면 되기 때문이다.

만일 우리가 '기호'라는 단어를 위와 같이 넓은 의미로 사용한다면, 신호등과 단어 사이, 혹은 단어와 깃발 사이의 매우 중요한 차이점이 있다는 사실을 덧붙이고 싶을 것이다. 그러나 음악에 대한 의미작용 이론은 기호의 하위집단 중 오직 하나에만 관심을 가지는데, 문제의 그 기호는 어떤 중요한 방식에 있어서 그것이 나타내는 것, 즉 기호의 지시물(significata)을 닮아있다. 이러한 기호는 도상적 기호(iconic signs)라고 불린다.

의성어적인(onomatopoeic) 단어가 도상적 기호의 예이다. 보다 넓게는 문법 순서도 도상적일 수 있다. 예를 들어, '번개에 이어 천둥이 쳤다'라는 문장에서, '번개'라는 단어에 '천둥'이라는 단어가 뒤따른다. 그러나 '천둥이 번개에 이어 나타났다'는 동일한 사건의 연속을 기술하지만 도상적이지는 않다. '천둥'(thunder)이라는 단어 자체가 의성어적일 수 있다는 점을 제외하고는 말이다. 의성어의 시각적 유사물로는 자신이 의미하는 것과 동일한 패턴을 전시하는 시각 디자인을 들 수 있다. 지도는 특정 영역을 나타낸다는 점에서 기호이지만, 자신이 나타내는 영역과의 구조적 유사성을 가짐으로써 그 영역을 보여준다. 예를 들어, 지도 위에 그려진 점들 사이의 방향 관계나

거리는, 그 점들이 나타내는 도시들 사이의 관계와 체계적으로 대응한다. 도로표지판도 이와 비슷한 예이다.

모든 운전자들이 알고 있듯이, 이 표지판은 전방에 S자 커브가 있음을 의미한다. 이 표지판의 디자인은 커브이고, 우리의 관심을 커브에 집중시킨다.

그렇다면, 음악에 관한 일종의 지도-이론(map-theory)을 구성하는 게 가능할까? 음악에 지도화할 수 있는 것이 있다면 가능할 것 같다. 그리고 이것이 바로 의미작용 이론이 주

장하는 것이다. 즉 의미작용 이론은 음악이 심리적 과정의 도상적 기호임을 주장한다. 의미작용 이론에 따르면, 음악은 인간의 심리적 삶을 '명확히 하거나' 혹은 '설명하는데', 심리적 삶의 구조적 혹은 운동적 측면에 관한 청각적 등가물을 제시함으로써 그렇게 한다. 이 이론은 종종 기호학적 이론(Semiotic Theory)이라 불리는데, 왜냐하면 음악을 기호 현상 혹은 기호 기능에 관한 일반 이론 아래에 포섭하려 하기 때문이다. 표현 이론과 마찬가지로, 의미작용 이론은 문학과 회화를 포함한 모든 예술 분야에 관한 일반 이론으로서 전개되었다. 확실히 문학은 기호 작용의 한 경우로 볼 수 있는데, 왜냐하면 단어들은 의미작용을 가지기 때문이다. 조형예술에서의 재현은 문학보다는 의심쩍다. 예를 들어 누드화는 정확히 말해 누드의 기호는 아니다. 그것은 지도나 도로표지판처럼 수단-목표 행동을 위한 지시사항이 되지 못한다. 해부학 서적에 그려진 그림은 그러한 지시사항이 될 수 있다 하더라도 말이다. 그러나 우리의 주된 질문은 음악이 의미작용을 할 수 있냐는 것이다. 앞에서 살펴본 음악의 모방성이나 음악-외적 연상을 제외하고 말이다. 표현이론가와 같은 의미작용 이론가들은 월터 페이터(Walter Pater)의 유명한 격언, "예술의 모든 분야는 음악의 조건을 염원한다"는 격언을 이와 동등한 정도로 혼돈스러운 제안인 '음악은 문학의 조건을 열망한다'로 대체하고자 한다. 그러나 어떤 예술 분야가 왜 인접 예술 분야의 속성을 탐내야 하는지는 전혀 명확하지 않다.

그렇다면 의미작용 이론은 다음 두 명제로 구성된다. ① 음악작품은 인간의 심리 과정에 관해 도상적일 수 있다. 즉 음악은 중요한 차원에서 심리 과정과 유사할 수 있다. ② 음악의 도상성 덕분에, 음악작품은 심리 과정에 관한 기호가 된다. 고딕체로 표시된 단어가 보여주듯이, 두 번째 명제는 첫 번째 명제에 의존하지만, 첫 번째는 두 번째 명제가 거짓일지라도 참이 될 수 있다. 그러므로 우리는 각 명제를 따로 살펴보아야 한다.

첫 번째 명제에 대해 살펴보자면, 이 명제는 내가 이미 말해온 바와 완벽하게 양립 가능하다. 그러나 여전히, 의미작용 이론가들 및 그들의 비판자들은 위에서 강조되지 않았던 음악의 어떤 한 특성에 관심을 집중한다. 음악은 하나의 과정(process)이며, 개인의 마음속에 발생한 사고와 감정의 연속도 또한 하나의 과정이다. 이 두 과정은 질적으로 여러 측면에서 상당히 다르다. 삼각형에 대한 생각과 원에 대한 생각 사이의 구분에 대응하는 것이 음악에는 존재하지 않는다. 혹은 역겨움과 혐오감 사이의 구분에 대응하는 것이 음악에는 없다. 그러나 음악과 정신생활은 모두 과정으로서 가지게 되는 특성들, 예를 들어 템포, 강약 변화, 충동적임, 긴장과 이완, 점점 강해지거나 약해짐과 같은 특성을 보여준다. 이러한 특성을 나는 이미 음악의 '운동적(kinetic) 성질'에 포함시켰고, 종종 '역동적(dynamic) 성질'이라 부르기도 했다. 어찌 되었든, 동일한 성질들이 심리적 과정에서도 발견될 수 있다.

예를 들어, 베토벤의 스케르초의 도입은 운동적으로 다음과 같이 기술될 수 있다. 점차 소리가 커지는 두 개의 폭발적 분출이 음고를 도약하며 나타나고, 이를 가볍고 재빠른 계단식 하강이 뒤따른다. 이러한 운동적 패턴은 갑자기 농담을 마주했을 때의 심리적 과정, 즉 갑작스럽게 우스움으로 동요되었던 마음이 점차 안정되어가는 과정에서도 발견될 수 있다. 우리가 어떤 악절이 기쁘다고 말할 때, 그러한 은유가 작동하기 위해 우리가 의존하는 것은 부분적으로 바로 이러한 운동적 평행성이다. 나는 지금 예를 든 이 특수한 평행성이 완전히 적절하다고 주장하거나, 혹은 더 나은 평행성은 없을 것이라고 주장하는 것이 아니다. 나는 단지 몇몇 음악과 몇몇 심리적 과정 사이에 존재한다고 주장되는 도상성, 그리고 어쩌면 모든 음악이 어떤 상상 가능한 심리적 과정과 가지게 되는 도상성은 인정할 수 있다고 말하는 것이다.

그러나 우리가 의미작용 이론의 첫 번째 명제에 동의한다 하더라도, 두 번째 명제에 동의할 수밖에 없는 것은 아니다. 왜냐하면, 의미작용 이론에 따르면, 베토벤의 스케르초의 도상성을 인식하게 되면 거기에서 더 나아가 그 스케르초가 기쁨의 기호라고 말해도 되기 때문이다. 그렇다면 음악작품을 해석한다는 것은 '이 아다지오는 고요하고 흐트러지지 않은 사색을 의미한다(mean)', '이 알레그로는 자기통제에 대한 분투와 그러한 목표의 성취를 뜻한다(signify)', '대조적인 조성 및 템포의 전환은 심리적 동요와 양가감정, 희망과 절망 사이의 투쟁을 나타낸다(indicate)' 등을 말하는 셈이 된다.

기호의 본성

그렇다면 음악은 그 도상성으로 인해 무언가를 의미하게 되는가? 먼저, 성질에 대한 것이건 혹은 구조에 대한 것이건 간에, 단순한 유사성은 어떤 대상을 기호로 만들기에 충분하지 않다. 만일 단순한 유사성만으로 충분하다면, 우리는 땅이 지도를 의미하고, 심리적 과정이 음악의 기호라고 말해야 한다. 왜냐하면 유사성이란 항상 양방향적이기 때문이다. 하나의 의자는 정확하게 다른 의자와 닮을 수 있지만, 그렇다고 해서 그 의자가 다른 의자를 의미하는 것은 아니다. 의미하려면 유사성 이상의 무언가가 요구된다.

어떤 대상이 기호가 되는 조건을 살펴볼 때 우리는 다수의 미묘한 문제를 만나게 된다. 그러나 일반적으로 언어적 약정(관습적 기호) 혹은 일상적 인간 행동과 관련된 인과관계(자연적 기호)가 존재하지 않는 한 대상은 기호가 되지 못한다고 말할 수 있다.

그러므로 S자 커브를 나타내는 도로표지판은 그 의미에 대한 열쇠, 즉 정부가 발행한 운전자를 위한 핸드북에 실린 일종의 기호-사전이 존재한다는 오직 그 이유 때문에 기호이다. 그러한 언어적 설명이 없다면, 그 기호를 처음 본 우리는 그것이 강이 아니라 커브를 나타낸다는 사실을 알 수 없다. 그것은 관습적(conventional) 기호이다. 물론 우리는 전국을 돌아다니면서 그 기호를 볼 때마다 굽은 도로가 나타난다는 사실에 주목하게 될 수도 있다. 그렇다면 그 도로표지판은 우리에게 자연적(natural) 기호가 되는데, 왜냐하면 그 기호와 굽은 도로 사이를 연결하는 자연법칙이 성립했기 때문이다. 비록 우리가 어떤 영역을 잘 알기 때문에 그 영역의 지도를 제목 없이도 인식할 수 있다 하더라도, 지도를 지도로 만드는 것은 제목이다. 제목 없이는 우리는 노스다코타(North Dakota)에 대한 좋은 지도와 사우스다코타(South Dakota)에 대한 형편없는 지도를 구분할 수 없을 것이다. 이것이 의미작용(signification)과 시각적 묘사 사이의 중요한 차이점이다. 우리는 단어의 도움 없이도 어떤 그림이 여자를 묘사한다는 사실을 알 수 있다. 그러나 적어도 '보물섬'과 같은 고유명사나 혹은 기술이 없다면, 우리는 어떤 디자인이(예를 들어 해적 보물에 대한 조잡한 지도) 무엇을 의미하는지 알 수 없다. 지도는 단순한 묘사(depiction)가 아니라, 일종의 초상(portrayal)이다.

물론 음악의 일부분이 맥락에서 떨어져 나와 어떤 테마나 도망의 신호로서, 혹은 카드게임에서 같은 편끼리 쓰는 위법적 의사소통으로서 의미작용을 할 수도 있지만, 일반적으로 음악은 어떤 것의 관습적 기호도, 또한 자연적 기호도 아니다.

연기는 불의 자연적 기호로 인정되고, 마찬가지로 온도계 눈금은 온도의, 반점은 수두의 자연적 기호로 인정되는데, 왜냐하면 그들 사이에 인과관계가 있기 때문이다. 동일한 방식으로, 지문은 어떤 사람의 일시적 존재의 기호이다. 아마도 카나리아의 노래는 카나리아의 물리적 혹은 정신적 안녕의 징후이거나 혹은 짝짓기 본능의 징후이다. 그러나 모차르트와 관련해서는 그러한 단순한 대응이 존재하지 않는다. 음악이 자연적 기호라는 것을 증명하려면, 우리는 '표현'이라는 용어의 첫 번째 의미에 대한 이전 논의를 통해 이미 수행 불가능한 것으로 판명되었던 작업을 수행해야 한다. 즉 음악의 부분을 작곡가의 구체적 심리 상태와 연결시키는 작업 말이다.

그러므로 관습적이건 혹은 자연적이건 간에 음악이 도상적 기호라고 말할 수 있는 좋은 근거가 있는지 의심스럽다. 그리고 정말로 의미작용 이론이 무언가를 보여준다 하더라도 지나치게 많은 것을 보여주는 셈이 된다. 왜냐하면, 음악이 그것과 도상적인 모든 심리 과정을 의미한다는 점을 우리가 인정하게 되면, 질적으로 상이한 다수의 심리 과정들이 동일한 운동적 패턴을 가질 수 있다는 사실로 인해, 음악적 의미작용은 어쩔 도리 없이 애매해지기 때문이다. 라벨(Ravel)의 〈볼레로〉(Bolero)에 등장하는 길게 늘어진 점강음은 기쁨의 분출을 의미할 수도 혹은 분통 터짐을 의미할 수 있다. 의미작용 이론가들은 종종 이러한 귀결을 수긍하지만 이를 치명적 난점이라고 간주하지는 않는다. 어쩌면 이는 단지 음악적 의미작용의 한계를 보여줄 뿐일지도 모른다. 그러나 그 한계가 매우 심각하다는 것이 문제이다.

다른 한편으로 당신은 음악적 의미작용이 애매한 것이 아니라 매우 일반적일 뿐이라고 말할 수도 있다. 즉 〈볼레로〉는 점점 강도가 증가하는 특성을 보이는 모든 심리 과정을 가리킨다고 말이다. 그러나 이러한 생각은 위에서 제시된 '도상적 기호'의 정의에 포함된 도상적 의미작용 개념이 지니는 난점을 드러내는데, 문제의 이 난점은 '중요한' 방식으로 닮아야 한다는 조건 때문에 발생한다. 만일 〈볼레로〉의 모든 성질을 가지는 심리 과정에 대한 도상적 기호가 〈볼레로〉라면, 〈볼레로〉는 오직 자기 자신의 기호만 될 수 있을 뿐이다. 만일 점점 증가하는 강도를 지닌다는 측면에서 〈볼레로〉와 유사한 특성을 보이는 여타의 과정들에 대한 기호가 〈볼레로〉라면, 우리는 단순히 〈볼레로〉를 듣는 것만으로는 그것이 저 과정이 아닌 바로 이 과정을 의미한다는 사실을 분별할 수 없다. 이 경우 음악은 자신의 성질 중 어떤 것이 도상적으로 중요한지 규정하는 언어적 규약으로부터 도움을 받아야 한다. 그리고 그러한 규약이 부재한 상황에서는 수많은 다수의 가능한 성질들 중 무엇이 도상적으로 중요한 성질인지 결정할 수 없다. 따라서 만약 그러한 상황에서 음악이 기호라고 한다면, 그것은 결국 애매한 기호가 된다.

게다가, 만일 의미작용 이론이 주장하는 바와 같이 유사성 그 자체가 의미작용에 대한 충분한 근거라면, 우리는 음악적 과정이 단지 심리적 과정뿐만 아니라 물리적 과정도 의미한다고 말해야 한다. 왜냐하면 음악적 과정과 물리적 과정 사이에도 동일한 유형의 도상성이 있기 때문이다. 그리고 심리적 과정과 물리적 과정은 이 비교에 있어서 전적으로 분리될 수 없는데, 왜냐하면 음악이 심리적 과정과 유사하게 되는 이유 중 일부는 바로 음악이 심리적 과정의 행동적 드러냄과 유사하기 때문이다. 예를 들어, 우울한 사람의 느린 걸음걸이, 행복한 사람의 활기차고 열정적인 움직임의 경우처럼 말이다. 그러나 음악이 물리적 과정을 의미한다고 보는 것은 지나친 것 같다.

위의 고려사항들은 의미작용 이론을 결정적으로 논박하지는 않는다. 그러나 내 생각에 이러한 점들은 의미작용 이론을 유지해야 할 좋은 근거가 없음을, 그리고 유지하지 말아야 할 좋은 근거가 있음을 보여준다. 그럼에도 불구하고 의미작용 이론은 매력적인데, 왜냐하면 음악을 어떤 의미에서 특별한 '감정의 언어'로, 즉 일상적 담론과는 다른 질서를 지닌 언어로서 우리 마음의 긴장과 고통에 대한 담론으로 바라볼 수 있는 흥미로운 가능성을 제시하기 때문이다. 그러나 그러한 언어는 그 언어로 참이면서 중요한 것들을 이야기할 수 있을 때에만 오직 가치가 있다. 이 지점에서 이번 장과 다음 장이 갈라지는데, 다음 장에서 우리는 음악이 참인지 혹은 거짓인지, 혹은 어떤 유형의 지식을 담고 있는지 살펴볼 것이다.

의미작용 이론은 우리가 어떤 음악작품을 '이해하지' 못한다고 말할 때 그 말이 무슨 말인지에 대한 흥미롭고 주목할 만한 설명을 제공한다. 그 설명은 바로 우리가 아직 음악이 의미하는 바를 발견하지 못했다는 것이다. 그러나 나는 또 다른 설명이 있다고 보는데, 그 설명은 이론의 단순성 때문만이 아니라 일상 경험에 일치한다는 점에서 추천할 만한 이론이다. 음악작품을 이해한다는 것은 '듣는다'의 가장 완전한 차원에서 음악을 듣는다는 것, 즉 음악의 소리를 조직하고, 음의 연속을 선율과 화성 패턴으로 파악하고, 음악의 운동 성질을 지각하며, 마지막으로 이 모든 것에 의지하는 미묘하고 편재된 인간적 성질을 지각한다는 것이다. 아마도 음악이 잘 이해가 되지 않는 이유는, 우리가 그 음악의 모든 것을 다 들었지만(어떻게 이것이 가능한가?) 그것과 연결시키고 비교할 만한 음악 바깥의 어떤 것을 아직 찾아 헤매고 있기 때문이 아니다. 음악이 잘 이해되지 않는 이유는 우리에게 청각적 형태로 나타나는 요소나 측면들이 아직 서로 맞아 들어가지 않기 때문이다.

음악의 해석에 관해

음악은 표현하거나 혹은 의미하지 않는다는 결론을 잠정적으로 내려야 할 것 같다. 그러므로 음악에 대한 해석적 진술은 거짓이다. 비록 음악 관련 담론의 상당 부분을 해석적 진술이 차지하고 있지만 말이다. 구소련의 비평가들을 고민하게 만들었던 쇼스타코비치의 〈교향곡 제10번〉만큼 반복적으로 해석되는 교향곡은 별로 없을 것이다. 어떤 비평가는 '이 교향곡은 비극적 성격을 명확하게 표현했다'고 썼지만, 그 교향곡의 종결이 낙관적인지 아닌지에 대해서 비평가들은 이견을 보였다. 혹은 자신을 위협하는 힘 앞에서 나약한 자신을 느끼는 외로운 남자의 비극인지 아닌지에 대해서도(이렇게 주장하는 비평가들이 있지만 쇼스타코비치 자신은 이를 부정했다) 비평가들은 합의를 보지 못했다. 모차르트의 〈교향곡 G단조〉, 베토벤의 〈교향곡 제5번 C장조〉와 〈교향곡 제7번 A장조〉도 쇼스타코비치의 교향곡만큼이나 자주 해석되었는데, 이들의 해석과 관련된 분쟁은 절대로 해결될 수 없다. 왜냐하면 그러한 분쟁은 잘못된 이론에 기반하고 있기 때문이다.

그러한 진술이 최소한 음악을 기술하려는 시도임을 인정한다면, 이제 우리는 '~를 가지다' 혹은 '~이다' 대신 '의미하다'나 '표현하다'(혹은 이와 동의어)를 사용하는 것이 과연 비평가들에게 중요한지 물을 수 있다. 어쩌면 그러한 용어를 사용하는 것이 그들에게 상당히 중요할 수 있다. 왜냐하면, 위와 같은 유형의 '해석'에 노출되었던 청자는, 자신이 그러한 방식으로 이야기할 수 없는 음악을 불만족스럽게 느낄 수 있기 때문이다. 그들은 무언가 중요한 것을 놓치고 있다고 느낄 수 있다. 그렇게 느낄 필요가 없음에도 말이다. 사실 그들은 음악을 듣고 있으며, 만일 그들을 가만히 내버려둔다면, 그러한 진술이 형편없는 방식으로 보고하고 있는 음악의 성질을 이미 즐기고 있을 수도 있는데도 말이다. 혹은 더 심각하게도, 청자들은 위와 같은 언어적 반응을 어떻게 진술하는지 배워야만 음악의 본질을 파악하는 것이라고 느끼기도 한다. 음악을 들으려고 노력하기도 전에 말이다. 음악에 대한 기술이 순수한 기술의 형태로 나타나는 경우, 기술이 주장하는 바는 음악 그 자체에 의해 뒷받침되며, 기술의 관심은 음악 자체로 나아간다. 반면 음악에 대한 기술이 의미작용에 대한 진술의 모습으로 나타나는 경우, 기술은 음악 자체로부터 멀어지고 종종 음악학적 전문성으로 위장한 전기적 의도주의나 혹은 기호학적 심오함으로 위장한 정감적 자유연상주의로 나아간다.

지금 우리가 도달한 견해*는 종종 음악에 관한 '형식주의적'(Formalist) 이론이라 불린다. 그러나 지금 이 견해는 전적으로 부정적으로 구성되기 때문에, 즉 음악이 의미를 가진다는 명제의 부정으로 구성되기 때문에, 이 견해에는 어떤 특별한 이름이 필요 없다. 또한 합당한 이 견해에 '형식주의'라는 오해를 살 만한 이름을 붙일 필요도 없다. 비록 예술 일반에 대한 이론으로 '형식주의'(Formalism)라는 명칭이 널리 사용되고 있지만, 그러한 이름이 명명하는 어떤 이론을 발견하는 것은 불가능하다. 음악에서 의미를 부정하는 견해는 회화에서 주제와 디자인 사이의 관계와 관련된 분리 이론(Divergence Theory)을 상기시키지만, 현재 우리가 다루는 견해와 분리 이론 사이에 어떤 논리적 연결이 있을 법하지는 않다. 우리는 확실히 그 둘 중 한 이론을 주장하지 않으면서도 다른 이론을 주장할 수 있다. 나는 또한 미적 대상 일반에 관한 명제이면서 그로부터 회화의 분리 이론과 음악의 '형식주의적' 이론이 모두 도출되는 그런 명제를 찾을 수 없다.

그렇다면 음악은 심리적이건 물리적이건 간에, 혹은 뉴튼적이건 베르그송적이건 간에, 어떤 시간이나 과정의 상징이 될 수 없다. 음악 그 자체가 과정이다. 그리고 우리는 변화하는 것들로부터 추상된 순수 과정에 가장 가까운 것이 음악이기에, 음악을 들을 때 우리는 일상의 행복과 슬픔, 혹은 안전이나 성공에 대한 생각 등으로 주의가 분산되지 않은 채 음악 자체에 집중하게 된다고 말할 수 있다. 음악이 이것밖에 안 된다고 말하는 대신, 우리는 오직 음악만이 이렇게 될 수 있다고 말해야 한다. 이 점이 음악을 어떻게 가치 있게 만드는지, 그리고 음악은 어떤 가치를 지니는지는 나중에 살펴볼 것이다.

---

* 주로 에두아르트 한슬릭(Eduard Hanslick)이 그의 고전(*The Beautiful in Music*)에서 주장한 이론(Note 18.9 참조). 에드먼드 거니(Edmund Gurney, Note 18.1)와 캐롤 프랫(Carroll C. Pratt, Note 18.5)도 이를 주장했다.

19 음악과 단어의 관계
THE RELATION OF MUSIC TO WORDS

예술을 공부하는 학생들은 종종 '순수'와 '혼합'이라는 두 부류로 나뉜다. 그러나 이 구분의 원칙은 명확하거나 일관적이지 않다. 예를 들어, 음악은 단일한 감각장 안에 존재하기 때문에 '순수'로 불릴 수도 있지만, 그 경우 조각은 만지거나 볼 수 있기 때문에 '혼합'이 되어야 한다. 아마도 음악, 그림, 조각, 문학은 더 자주 '순수'하다고 불리는 반면, 노래는 단어와 음악이 함께 나타나기 때문에 '혼합'이라고 불린다. 이 구분이 어떻게 그어지건 간에 보통 두 질문을 제기한다. 첫째, '순수' 예술은 '혼합' 예술보다 고급인가? 이에 대한 답이 명백한 부정이 되도록 이해하지 않는 한, 즉 이 질문을 '모든 순수한 미적 대상은 모든 혼합적 미적 대상보다 더 나은가?'라고 이해하지 않는 한, 나는 이 질문에 어떻게 대답해야 할지 모르겠다. 둘째, '혼합' 예술이 과연 가능한가?

가능성에 대한 이 질문은 일상적인 방식으로 답하면 안 되는 질문이어야 한다. 노래가 존재할 수 있음을 보이는 일상적 방식은 노래를 불러봄으로써 그것이 존재함을 보여주는 것이다. 위의 두 번째 질문에는 깊은 회의주의가 담겨 있는데, 단어와 음악이 동시에 산출된다 하더라도 서로 구분되고 분리된 채로 남아있다는 생각이다. 림스키 코르샤코프(Rimsky-Korsakov)의 음악을 들으면서 이국적 향수를 몸에 뿌리는 것, 혹은 팔레스트리나(Palestrina)나 빅토리아(Victoria)를 들으면서 르네상스 그림에 대한 책을 넘겨보는 것은 향기음악이라든가 혹은 음악그림이라고 불릴 법한 어떤 단일한 통합체를 만들어내지 않는다.

그러나 단어와 음악의 관계는 이보다는 특별한 것 같으며, 보편적으로 받아들여지는 다음 전제를 무너뜨리기 위해서는, 즉 어떤 단어와 음악은 둘이 함께 고유한 통합체로서의 하나의 미적 대상을 산출할 수 있다는 전제를 무너뜨리기 위해서는 위에서 등장한 일반적 회의주의보다 더 강력한 논증이 필요하다. 단어와 음악의 조합이 '혼합' 대상이라고 불린다면, 이는 별로 문제가 되지 않는다. 사실 우리는 이미 이전 장에서 일종의 '혼합' 예술로서 두 개의 상이한 일을 동시에 수행하는 재현적 회화를 만났었다. 그러나 지금 여기에서 재현적 회화와의 비교는 잘 성립하지 않는데, 왜냐하면 단어 없는 음악, 혹은 음악 없는 단어는 가능하지만, 조형예술의 경우 디자인 없는 묘사가 불가능하기 때문이다. 그럼에도 불구하고, 재현적 회화의 문제를 다룰 때 우리가 따랐던 방법이 여기에서도 유용할 수 있다.

그렇다면 문제는 특정한 언어 담론이 특정한 음악작품에 적절하다는 말을 할 수 있는 것인지, 그리고 만약 그렇다면 어떤 의미에서 적절한지이다. 그리고 이 문제가 발생하는 주요 두 영역이 있다. 첫째는 노래나 오페라에서 발견되는 단어와 음악의 결합이다. 둘째는 프로그램 음악이나 '교향시'에서 발견되는 보다 느슨한 결합 유형이다. 우리는 이 둘을 각각 다룰 것이다.

노래에서의 음악과 단어의 관계에 대해 탐구할 때 우리가 주의 깊게 구분해야 할 다음의 문제들이 있다. 음악은 단어의 소리와 어떻게 관련되는가? 음악은 단어의 의미와 어떻게 관련되는가? 이 두 문제 중 하나에 대해서는 그리 오래 논의하지 않을 것이다.

우리는 단어를 발음하면서 또한 동시에 어조(tone)를 만들어내기 때문에 노래를 할 수 있다. 만일 모든 단어가 오직 단일 어조로 되어있다면 모든 발화는 일종의 노래가 될 수는 있겠지만, 단어 각각에 오직 하나의 선율만 가능할 것이기 때문에 노래가 작곡되지는 못할 것이다. 작곡이 가능하려면 어떤 면에서는 정확한 발음 규칙이 고정되어 있지 않을 것, 그리하여 발음에서의 가능성을 열어둘 것이 요구된다. 영어의 경우 인식 가능한 지배적 음성 패턴이 존재하는 한 단어가 얼마나 빨리, 얼마나 크게, 얼마나 높은 음고로 발음되어야 하는지에 대한 규칙은 없다.

이러한 일상적 관찰은 우리의 첫 번째 질문과 관련된다. 어떤 노래의 음악-소리가 그 노래 가사의 단어-소리와 유사한지 우리가 묻는다고 가정해보자. 이 질문은 거의 대답 불가능한데, 왜냐하면 가사의 소리 중 상당부분은, 예를 들어, 소리의 세기 같은 것은 단어 자체에 속하지 않기 때문이다. 가사는 노래로 불리기 때문에 그런 소리를 가지게 되는 것이다. 그러나 우리가 제5장 14절에서 살펴본 바와 같이, 여전히 어떤 성질들은 매우 모호한 방식이기는 하지만 단어-소리에 귀속될 수 있을지도 모르며, 우리는 단어-소리의 거칢이나 혹은 부드러움이 또한 음악에도 나타나는지 물을 수 있다. 이렇게 다소 제한적인 차원에서 우리는 단어-소리를 음악-소리와 비교할 수 있다.

그러나 이는 단어-소리와 음악-소리의 관계 중 가장 중요한 측면은 아니다. 특정 음으로 노래된 단어는 그 음의 음색의 일부가 되며, 그러므로 음악적 소리 그 자체의 일부가 된다. 게다가 소리로서의 단어가 가지는 움직임, 즉 단어의 강세, 멈춤, 리듬의 무리 짓기, 음절 구분 등은 음악적 움직임에 영향을 끼친다. 이 때문에 오페라 번역에 문제가 발생한다. 〈마술피리〉(The Magic Flute)의 정점은 파파게노(Papageno)가 파미나(Pamina)에게 '우리는 이제 뭐라고 말해야 하나?'라고 묻고 파미나가 낭랑한 목소리로 다음과 같이 대답할 때이다.

오든(Auden)과 칼만(Kallman)이 텔레비전 방송을 위해 〈마술피리〉를 번역하면서 지적한 바와 같이,[*] 이 부분에서 독일어 가사를 대체할 수 있는 적절한 영어 가사는 없다. 의미 차원에서 'Wahrheit'에 가장 가깝다고 볼 수 있는 'truth'는 이 음악이 내세우고 있는 소리의 움직임을 포착하지 못하며, 반면 소리의 움직임에 가까운 'truthful'이란 단어는 의미 차원에서 보았을 때 너무 싱겁고 적절하지 않다.

우리는 선율이 원래 단어의 강세와 멈춤을 조정해 단어가 가지는 중요한 이차적 의미를 보전하기를, 그리하여 단어의 암시가 소실되지 않기를 바란다. 또한 음악의 미묘한 뉘앙스를 통해 원래 단어의 암시가 강화되거나 혹은 새로운 암시가 추가되는 경우가 종종 있음을 우리는 알고 있다. 이러한 능력을 보여주는 위대한 대가 중한 명은 휴고 볼프(Hugo Wolf)인데, 괴테(Goethe)의 「프로메테우스」(Prometheus)나 미켈

---

[*]   W. H. Auden and Chester Kallman, trans., *The Magic Flute*, New York: Random House, 1956, p. 107. 레오노라(Leonora)의 "Todt' erst sein Weib!"에 대한 해석을 둘러싼 덴트(E. J. Dent)와 마이어스타인(W. H. Meyerstein) 사이의 논쟁도 비교해보라. 이 논쟁은 다음에 수록되어 있다. *Fidelio, The Music Review*, VI(1945): 64, 128.

란젤로 부오나로티(Michelangelo Buonarotti)의 시 「내 영혼이 느끼네」(Fühlt Meine Seele)를 다루는 방식에서 그의 대가적 면모를 살펴볼 수 있다. 그러나 우리의 주요 문제는 음악의 소리와 단어의 소리 사이의 관계가 아니라, 음악의 소리와 단어의 의미 사이의 관계이다.

이 질문에 대한 논쟁은 다음과 같이 전개될 수 있다. 언뜻 보기에 단어와 음악 사이의 자연적 친화성이 너무 강해서 그것들을 서로에 대한 불가피한 대응물로 볼 수 있는 경우가 있다. 예를 들어 당신이 길버트와 설리번(Gilbert and Sullivan)의 노래를 배운다면, 그 노래의 가사가 다른 음악에 붙을 수 있다는 점을 상상하기는 쉽지 않다. 슈베르트가 시에 음악을 붙인 방식은 너무나 적절하고 결정적이어서, 다른 작곡가들은 슈베르트가 사용한 시를 다시 사용하는 데 주저한다. 그리고 음악과 단어 사이의 '적절한' 관계가 무엇인지 명확하지 않다면, 부적절한 경우들을 생각해보는 것은 훨씬 쉽다. 〈세인트 루이스 블루스〉(St. Louis Blues)의 선율에 실러의 「환희의 송가」(Ode to Joy)가, 혹은 〈양키 두들〉(Yankee Doodle)의 선율에 '욕정의 작용은 수치스러운 정신 낭비이다'가 가사로 붙는 경우를 생각해보라. 이 경우 운율의 측면에서만 본다면 단어와 음악은 완벽하게 부합한다.

그럼에도 불구하고, 단어와 선율의 부합에 주관적이고 사적인 요인이 개입되거나 혹은 개인적 습관이 작동한다는 사실이 드러날 수도 있다. 당신이 〈저 멀리 어느 구유에〉(Away in a Manger)의 세 버전 중 하나를 배우고 나서, 혹은 수많은 버전을 가지고 있는 민요 〈존 헨리〉(John Henry)나 〈로드 랜달〉(Lord Randall)을 배우고 나서, 그것과 다른 선율로 노래하는 타인들이 당신과 마찬가지로 노래를 즐긴다는 사실을 알게 된다면, 당신은 적절함이라는 감정이 단순히 익숙함이 아닌지 의문을 가지게 될 것이다. 가톨릭 교회의 미사에 다양한 선율이 붙여지고, 어떤 시에는 민요처럼 상이한 선율들이 계속 붙여진다면, 우리는 어떻게 문제의 단어들이 다른 경쟁자를 제치고 오직 하나의 음악에만 부합한다고 말할 수 있는가?

같은 음악 혹은 거의 같은 음악이 상당히 다른 가사를 지닌 노래들에 사용되는 경우와 관련해서도 위와 같은 질문이 제기될 수 있다. 바흐의 〈B단조 미사〉(Mass in B Minor) 중 〈십자가에 못 박히심〉(Crucifixus)과 〈세상의 죄를 없애시는 분〉(Qui Tollis)은 가사와 매우 잘 결합된 음악을 보여주지만, 이 음악들은 원래 다른 작품에서 다른 가사와 조합되었던 것으로 바흐는 그 음악을 재사용했다. 웨슬리 형제는 선원들의 야

한 노래에 사용된 선율을 성가로 전환해 선원들을 개종시켰다고 알려져 있는데, 이는 주제의 변화에도 불구하고 선원들이 여전이 동일 선율을 즐길 수 있다는 사실에 의존한 전략이다. 그리고 아주 단순한 경우를 생각해보자면, 〈반짝반짝 작은 별〉(Twinkle, twinkle, litter star)과 〈메에 메에 검은 양〉(Baa, baa, black sheep)의 가사에 도대체 어떤 공통점이 있기에 아이들은 그것들을 동일선율로 노래하는가?

융합 이론

그렇다면 상이한 음악이 동일 가사와 적절하게 맞는 듯 보이는 것처럼, 상이한 가사도 동일 음악과 그런 것 같다. 그러나 특정 음악이 다른 음악에 비해 특정 가사에 더 적절하다고 말할 수 있는 관계가 가사와 음악 사이에 존재할 수 있을까? 그런 관계가 가능하다고 보는 이론은 다음과 같이 요약될 수 있다. 하나의 악절은 거기에 가사로 붙여진 언어적 담화와 제시적 동등성(presentational equivalence)을 지닐 때, 즉 언어적 담화 내에서 지시되고 있는 성질을 문제의 악구 자체가 가지고 있을 때, 그 언어적 담화에 적절하다(즉 정합적이다). 이 이론은 음악과 단어 사이의 관계에 관한 융합 이론(Fusion Theory)이라 부를 수 있을 것이다.*

이 이론은 심리학적 이론이다. 이 이론은 제시적 동등성이 어느 정도의 확실함과 강도로 우리에게 들릴 때, 정합성이라는 영역 성질이 나타날 뿐만 아니라 가사와 음악은 현상적 총체의 부분이 될 것이라고 주장한다. 우리에게 필요한 것은 어느 정도의 조건, 제한, 범위 내에서 이 이론이 참인지 결정하는 일이다. 상식 차원에서의 증거 및 민감한 관찰자들의 증언이 존재하지만, 여전히 더 많은 것들이 필요하다. 그러나 이 이론을 우리의 탐구에 알맞은 형태가 되도록 다듬기 전에 몇몇 예비적인 분석이 필요하다. 다음 예를 통해 융합 이론 및 그 함의를 명확히 하도록 하자.

1. 바흐의 〈칸타타 106번, 하느님의 시간〉(Cantata No. 106, Gottes Zeit)의 3/4박자에서

---

* 나는 대부분의 성악 관련 저자들이 이 이론을 지지한다고 생각한다. 어떠한 명시적 진술 없이 단순히 이 이론을 전제하고 있는 경우에도 말이다. Notes 19.2, 19.3, 19.4 참조.

소프라노가 "랑게"(lange)라는 단어의 첫 음절을 4분음표 10개 길이로 지속하고 있는 동안 합창의 낮은 세 성부들은 정지해 있다.

2. 퍼셀(Purcell)의 〈디도와 아에네아스〉(*Dido and Aeneas*)에서 "폭풍"이라는 단어가 아리아 혹은 레치타티보에 나타날 때마다(5번, 19번, 26번, 30번을 보라. "천둥"은 25번을 보라), 그 단어는 황급한 전개나 혹은 갑작스러운 리듬을 동반한다.

3. 헨델의 〈메시아〉(*Messiah*) 중 11번 베이스 아리아에서, "어둠 속을 걷는 사람들"은 방황하며 불확실한 B단조의 반주와 함께 나타난다.

4. 바흐의 〈칸타타 84번, 저는 행복합니다〉(*Cantata No. 84, Ich bin Vergnügt*)에서, "제가 받은 축복에 저는 행복합니다"라는 첫 번째 아리아의 가사는 만족감에 찬 음악을 동반한다. 두 번째 아리아, "활기차게 저는 제 빵을 먹습니다"는 활기찬 음악을 동반한다. 그리고 이 두 성질들은 음악 안에서 명확하게 구분된다.*

5. 슈베르트의 〈겨울나그네〉(*Winterreise*) 〈밤인사〉(Gute Nacht)의 4절에서, 음악은 "당신의 꿈을 방해하고 싶지 않아"(*Will dich im Traum night stören*)라는 가사의 등장과 함께 D단조에서 D장조로 전환된다.

6. 보들레르(Baudelaire)의 시 「여행에의 초대」(L'Invitation au Voyage)를 이용한 앙리 뒤파르크(Henri Duparc)의 곡은 시의 "모든 것은 단지 질서이자 아름다움이다. 사치, 평온, 쾌락"(Tout n'est qu'ordre et beauté/Luxe, calme et volupté)이라는 구절이 말하고 있는 시골의 영속성 및 관능적 충만성의 성질을 보여준다.

음악이 단어와 가질 수 있는 가장 단순하고 기계적인 관계는 1번 예가 잘 보여준다. 여기에서 단어는 단순히 음표의 어떤 특성(여기서는 음표의 길이)을 지시한다. 이 관계가 발생할 때 우리는 그것을 알아차릴지도 모르는데, 동일한 관계가 〈성 니콜라스의 방문〉(A Visit from St. Nicholas)이라는 음악에서 "긴 겨울 낮잠"이라는 가사 중 '긴'이라는 단어가 보여준다. 이 관계는 또한 매력적인 효과를 내기 위해 사용될 수 있는데, 로이 해리스(Roy Harris)가 〈크리스마스의 12일〉(The Twelve Days of Christmas)에 선율을 붙이면서 각각의 날마다 상이한 음정을 사용하고 두 번째 날에는 선율을 장2도만

---

* 〈칸타타 56번, 저는 기꺼이 십자가를 질 것입니다〉(*Ich will den Kreuzstab Gerne Tragen*)의 "저의 굴레가 벗겨졌습니다"를 비교해보라.

큼 올린 예가 그러하다.

그러나 비록 우리가 그러한 상관관계의 존재를 알아차린다 해도, 그 관계의 부재를 알아차리지는 않는다. '긴'이라는 단어는 짧은 음표로 처리될 필요가 없는 것만큼이나 긴 음표로 처리될 필요도 없다. 그 관계는 외재적인 것이다. 그러므로 그러한 대응관계는 우리가 음악과 가사를 정합적인 것으로 지각하는 데 거의 기여하지 않는다.

2번 예에서 우리는 이전 절에서 논의되었던 음악에 의한 물리적 운동의 모방을 볼 수 있다. 이는 1번보다는 긴밀한 대응관계이다. 이 예에서 음악은 단어에 의해 지시되고 있는 폭풍이라는 물리적 사건을 모방한다. 여기에서도 우리는 대응관계의 존재를 알아차릴 수 있지만, 그것의 부재는 알아차리지 않는다. 우리는 선율이 가사 안에서 언급되는 모든 물리적 운동을 포함해야 한다고 생각하지 않는다. 사실 바흐의 아리아들이 자주 그러한 모방을 보여주지만, 바흐가 개별 시구 하나하나를 모방한 것은 아니다. 시 속의 어느 한 단어가 그에게 어떤 선율적 형태를 제시했을 수는 있지만, 그는 그 형태를 음악 전체에서 사용했다. 이러한 유형의 모방은 단어와 음악 사이의 정합성을 결정하는 데 그다지 중요한 역할을 담당할 수는 없을 것이다.

3번 예에서 헨델은 두 가지 일을 수행했다. 그의 악구는 부분적으로는 2번 예에서와 같은 물리적 운동의 모방이지만, 또한 부분적으로는 심리적 과정의 모방이다. 그렇다면 그 악구는 단지 물리적 운동의 운동적 성질을 지닐 뿐만 아니라 인간적 성질도 지닌다. 4번 예도 같은 경우를 보여주지만 보다 단순하고 명백하다. 여기에서도 역시 가사가 지시하는 인간적 성질에 대응하는 음악의 인간적 영역 성질이 나타난다. 그리고 내 생각에 이제 우리는 음악과 가사의 적절함이 느껴지는 경우와 부적절함이 느껴지는 경우가 명백해지는 지점에 들어선 것 같다. 〈반짝반짝 작은 별〉 선율에(이 노래의 화자는 호기심을 가지고 질문하고 있지 어둠 속에서 배회하는 것은 아니다) 붙여진 헨델의 아리아 가사는 우스꽝스럽다. 그리고 바흐의 "저는 행복합니다"라는 가사를 우울하고 침체된 선율에 붙이는 것은 어딘가 확실히 이상하다.

사실 바흐가 칸타타 170번 〈안식을 즐기고 마음의 기쁨을 가지라〉(*Vergnügte Ruh! beliebte Seelenlust*)의 마지막 알토 솔로에서 실수를 했다는 생각을 지울 수 없는데, 그곳에서 "계속 살아가는 게 역겹습니다"라는 가사가 편안하고 안락한 선율과 함께 등장하기 때문이다. 이것이 주는 효과는 패러디와 비슷하다. 또 다른 예로는 〈이올란테〉

(*Iolanthe*) 중 요정 여왕의 노래인 〈오 어리석은 페이여!〉(O Foolish Fay)를 들 수 있다. 여기에서는 런던 소방부서의 쇼(Shaw) 대장에게 말하는 가사가(특히 2절의 가사) 심각하게 흐르는 선율을 동반하면서 생기는 부조화로 인해 유머가 발생한다.

음악과 가사의 부조화로 인해 단순히 와해의 결과가 나타날 수도 있지만, 길버트와 설리번의 노래에서처럼 그 결과는 유머가 될 수도 있다. 그러나 이 두 결과 모두 음악과 가사가 깊은 친화성을 가지는 경우와는 뚜렷이 구분된다. 후자의 경우는 3번 예에서 언급된 헨델의 작품, 바흐의 〈세상의 죄를 없애시는 분〉, 〈디도와 아에네아스〉 중 〈디도의 탄식〉(Dido's Lament), 슈베르트, 브람스, 휴고 볼프, 뒤파르크의 많은 작품들에서 찾아볼 수 있다. 현재 우리의 문제는 그러한 친화성의 성질을 밝히는 것이다.

그렇다면 3번과 4번 예의 경우, 음악의 인간적 성질이란 가사에 의해 문자 그대로(4번 예) 혹은 은유적으로(3번 예) 지시된 성질이다. 다른 예들에서 음악과 가사의 연결 관계는 보다 광범위하고 원거리적이지만, 그렇다고 해서 덜 중요하지는 않다. 5번 예에서 조성의 변화는 시의 절정을 표시하는데, 그 지점은 방랑자가 마을의 휴식을 방해하지 않은 채 지나가려고 결심하는 때이다. 이 조성의 변화는 성찰에 기반한 목적의식, 타인을 위한 배려, 그리고 방랑자로서의 운명을 받아들이는 느낌을 준다. 그것은 감정의 분위기를 전환한다. 6번 예에서 뒤파르크는 어떤 단일한 단어의 영역을 묘사하려 하지 않는다. 그는 시 전체의 분위기를 다루면서 그 분위기의 청각적 대등물을 제시한다.

이제 우리는 융합 이론 원칙의 최초 형태를 다음처럼 재기술할 수 있다.

하나의 악절은 상당히 강렬한 인간적 영역 성질을 가지는 경우, 그리고 문제의 성질이 가사에 의해 지시되는 성질이거나 혹은 가사가 기술하는 사건이나 상황의 성질일 때, 그 악절에 붙여진 언어적 담화와 정합적이다(즉 적절하다).

이 융합 이론의 형태가 완벽한 것은 아니지만, 적어도 이제 후속 연구로 나아가기에 더 좋은 형태가 되었다. 적어도 이 형태는 경험적으로 검증 가능하다. 우리가 들었던 예들이 견본으로 간주될 수 있다면, 위의 원칙을 성립하는 데 어느 정도 이용될 수 있을 것이다. 그러나 우리가 더 알고 싶은 것은 이 원칙과 관련된 심리적 메커니즘 및 융합이 일어나게 되는 보다 자세한 조건들이다. 그뿐만 아니라 다소 조심스럽게 언급되어야 할 또 다른 고려사항들이 있다. 음악은 자신이 아닌 다른 것들을 자신에게 녹이고 융합하는 매우 뛰어난 능력을 가진 것 같다. 이는 음악이 다양한 행사에 적절하게 사용되는 이유를 부분적으로 설명한다. 물론 어떤 노래의 경우 가사에 특별히 잘 부합하는 음악의 성질을 지목하기 힘들 수도 있다. 그러나 만일 음악과 가사간에 심각한 부조화가 없고 음악 자체가 훌륭하다면(모차르트의 아리아처럼) 음악은 문제없이 가사를 끌고 나간다. 진정 음악은 가사를 자기 안으로 흡수하고 가사의 흐름을 자신의 흐름으로 만들어버린다.

이는 음악이 가사와 결합하는 그 긴밀한 방식으로 다른 것들과도 결합할 수 있다는 뜻은 아니다. 결국에 가사는 우리가 제5장 15절에서 본 바와 같이 함축적 화자를 지니고 있으며, 만일 그 화자가 또한 노래하는 사람이라면, 그 둘 사이의 간격은 넘지 못할 만큼 벌어져 있지 않다. 우리가 가사를 읽어보면, 이미 어느 정도 목소리의 톤이나 음색 안에 인간의 심리적 성질이 들어있음을 알 수 있는데, 노래의 음악적 실체는 그러한 인간의 심리적 성질의 또 다른 예화로 간주될 수 있다. 파우더블루 색상의 치마에 맞는 향수를 찾는 일과 〈스케이터의 왈츠〉(The Skater's Waltz)에 맞는 향수를 찾는 일은 동일하지 않다.

그렇다면 지금까지의 논의에 비추어서 우리는 위에서 제기되었던 반론들에 대해 융합 이론가가 어떤 대답을 내놓을지 알 수 있다. 어떤 이들이 익숙함을 이유로 〈저 멀리 어느 구유에〉의 여러 선율들 중 특정 선율을 선호한다는 사실은 융합 이론을 논박하지 못한다. 왜냐하면 여전히 어떤 하나의 멜로디가 다른 것들보다 더 낫다는 점을 보일 수 있기 때문이다(예를 들어 그 선율이 다른 선율은 지니지 못한 안정적인 요람의 운동성을 보여준다면 말이다). 혹은 모든 선율들이 각자의 방식으로 동일가사에 동등하게 적절할 수도 있다. 가톨릭 미사 음악의 경우가 그러하다.

융합 이론에 대한 반론으로 등장한 두 번째 예도 마찬가지로 융합이론에 타격을 줄 수 없다. 〈반짝반짝〉과 〈메에 메에〉를 생각해보라. 하나는 양에 대한 것이고 다른 하나는 별에 대한 것이지만, 시적 의미의 구조로서 그들은 상당한 공통점을 공유한다. 그 둘의 수사적 형태는 모두 단순하다. 〈반짝반짝〉에서는 명령문에 이어 감탄문이 등장하는데, 이 문장들은 모두 단순한 1음절 언어로 되어있고 한 줄에 한 문장이 나타난다. 〈메에 메에〉에서는 두 줄짜리 질문에 이어 두 줄짜리 답변이 등장하며, 마찬가지로 매우 단순한 언어로 되어있다. 이러한 언어 구조는 간결하고 단호한 상승과 하강을 동반한 단순한 선율에 의해 수행된다. 선율은 마치 이 두 시의 화자들처럼 솔직하고 깔끔하며, 그 범위와 활동에 있어 상당히 제한되어 있다. 그러나 문제의 선율이 두 시에 모두 적절함에도 불구하고, 〈메에 메에〉에 조금 더 잘 부합한다. 왜냐하면 〈반짝반짝 작은 별〉은 그 안에 다소 의심의 흔적이 나타나 있지만("나는 네가 누구일지 궁금해"), 선율 그 자체는 그 무엇에 대해서도 궁금해하지 않기 때문이다.

바흐가 자신의 이전 음악을 재사용한 경우에도 위와 같은 점을 적용해볼 수 있다. 애초에 바흐가 〈세상의 죄를 없애시는 주〉의 선율에 붙인 가사는 완성작의 가사와 완전히 동떨어져 있지 않다. 또한 그는 동일 선율을 사용함에 있어 아무런 수정 없이 사용하지는 않았다. 이전 음악 역시도 풍부한 인간적 성질들로 가득 차 있는데, 그들 중 일부가 "세상의 죄를 없애시는 주 우리를 불쌍히 여기소서"라는 가사의 성질과 일치한다.

제시적 상세화

나는 위의 관계보다 더 미묘한 관계가 음악과 가사 사이에 존재한다고 생각한다. 그러나 우리는 그 관계에 대해 상당히 잠정적일 수밖에 없다. 우리는 제시적 동등성이라는 개념에다가 제시적 상세화(presentational specification)라는 개념을 추가할 수 있다. 내가 생각하고 있는 것은 다음과 같다. 여기 슬픈 시가 있고, 이 시는 또한 슬픈 음악에 붙여진다. 여기까지는 좋다. 그러나 우리는 여기에서 더 나아간 무언가가 없다면, 그 둘의 결합이 가장 완전하거나 완벽하지는 않다고 생각한다. 음악은 단순히 가사를 강조하거나 그 뜻을 강화해서는 안 되고, 주목할 만한 방식으로 가사에 무언가를 더해야 한다. 그리고 음악은 이를 성취할 수 있다. 예를 들어 낭만적 서정시처럼 매우 애매모호한 시가 있다고 해보자. 예를 들어 어떤 시가 우리에게 말해주는 것이 '내 사랑이 날아가버려 나는 슬프네' 정도라고 해보자. 그런데 여전히 음악의 슬픔은 일반적인 슬픔이 아닐 수 있다. 음악의 슬픔은 더 구체적이고 명확한 성질을 지녀 다소의 체념이거나 혹은 짜증일 수도, 심오하거나 피상적일 수도, 자기연민적이거나 반어적일 수도, 혹은 흐느끼거나 과묵할 수도 있다. 나는 이런 기술이 너무 많이 나갔다고 생각한다. 슬픔에는 위와 같은 상이한 성질들이 있을 수 있지만, 음악은 그것들을 정확하게 구별할 수는 없다. 그럼에도 불구하고, 나는 음악이 어느 정도 그런 구분을 할 수 있다고 생각하며, 종종 그와 같은 상세화된 슬픔의 성질을 노래에 부여하는 것도 음악이라고 생각한다.

만일 이것이 참이라면, 이는 노래 작곡과 관련해 종종 아리송하게 보였던 한 가지 명백한 사실을 설명해준다. 그 사실이란 바로 최상의 시가 최상의 노래를 만드는 것이 아니며, 훌륭한 작곡가는 형편없는 시로도 매우 좋은 노래를 만들 수 있다는 사실이다. 모차르트나 슈베르트, 그리고 여타의 작곡가들이 다수의 경우에서 이를 보여주었다. 만일 주어진 가사가 '내 사랑이 날아가버려 나는 슬프네'라면, 작곡가는 작업할 수 있는 여지를 가질 수 있다. 만일 주어진 글이 셰익스피어의 소네트나 던(Donne)의 시처럼 날카롭게 균형 잡혔으나 양면적인 심리상태를 보여준다면, 성질을 상세화하는 작업에서 작곡가가 할 수 있는 일은 별로 없고, 오히려 그에 반하는 일을 하게 되기 쉽다. 그런 경우 작곡가는 상세화를 하지 않는 편이 낫다. 나는 던의 시를 사용한 벤저민 브리튼(Benjamin Britten)의 〈성시〉(Holy Sonnets)가 존재함에도 불구하고 이런 말을 하는 것이다.

처음에는 부조화스러울 것 같은 노래도 음악이 가사를 보충하고 있는 것으로 바라본다면 그 통일성이 우리를 만족시킬 수도 있다. 예를 들어, 휴고 볼프가 파울 하이제(Paul Heyse)의 이탈리아 시에 곡을 붙인 〈이탈리아 가곡집〉(Italienisches Liederbuch) 중 〈저 달이 깊이 탄식하네〉(Der Mond hat eine schwere Klag' erhoben)는 유치한 내용(달이 별을 세어보았는데, 그중 가장 밝은 별 두 개가 사라졌다는 것을 알게 된다. 그런데 그 두 별이 바로 당신의 눈이라는 내용)을 매우 심오한 음악에 붙인다. 여기에서 음악은 그런 가사를 가지고도 자신이 하고자 하는 바를 수행하는 데 성공한다.

제시적 상세화라는 개념은 여러 차원에서 적용될 수 있다. 가장 단순하고 뚜렷한 적용사례는 아마도 미사곡 중 사도신경(Credo)일 것이다. 다양한 시대의 작곡가들은 '내리시어'(descendit)라는 단어를 하강하는 선율에, 그리고 '오르시어'(ascendit)라는 단어는 상승하는 선율에 붙이는 경향이 있었다. 팔레스트리나도 미사곡 〈주님을 바라보라〉(Aspice Domine)를 제외하고는 대체로 그렇게 작곡했다. 그의 〈교황 마르첼루스 미사〉(Pope Marcellus Mass) 중 한 구절은 다음과 같이 나타난다.

Palestrina, *Missa Papae Marcelli*

베토벤의 〈장엄미사〉(*Missa Solemnis*)에서 그 구절은 다음과 같이 나타난다.

Beethoven, *Missa Solemnis in D Major*

이 둘 모두 하강하기는 하지만 얼마나 다른 하강인가! 팔레스트리나의 곡에서 예수님이 내려오심은 그다지 멀지 않은 곳으로부터 이 세계로의 평온한 이동이라면, 베토벤의 곡에서 그 하강은 극적인 하락이다.

어쩌면 내가 이러한 차이점에 너무 많은 의미를 부여하고 있을지도 모른다. 나는 위의 두 악절이 가톨릭 신학과 프로테스탄트 신학의 차이 전부를 포함한다고 말하는 것은 아니지만, 확실히 가사에 기여하는 태도나 기대의 차원에서 위의 두 악절은 상당히 다르다. 이는 어째서 위에 등장한 가사에 곡을 붙이기 쉬운지, 더 나아가 다양한 방식으로 곡을 붙이는 게 어떻게 가능한지 설명한다. 〈주여 우리를 불쌍히 여기소서〉(Kyrie Eleison)라는 미사곡은 절망의 외침, 차분한 신념, 애원, 혹은 타인을 의식하지 않는 찬송이 될 수도 있다. 이 중 무엇이 될지 결정하는 것은 작곡가이다. 포레(Fauré)는 그의 〈레퀴엠〉에서 "어둠에 빠지지 않도록"이라는 가사에 곡을 붙이는 방식을 통해 망자를 기다리고 있는 운명이 무엇인지 우리에게 말해준다(tell us). 베르디(Verdi)는 그의 〈레퀴엠〉에서 심판의 날이 두려운 것이라기보다는 애처로운 것이라고 우리에게 말해주는데(tell us), 이는 "그 눈물의 날"(lacrymosa dies illa)이라는 가사를 서정적 선율에 붙인 방식을 통해 성취된다. 반면 베를리오즈의 〈눈물〉(Lacrimosa)이라는 곡은 두려움에 가득 찬 절망을 보여준다. 또 다른 예를 들어보자면, 헨델은 〈메시아〉에서 "내 주는 살아계시고"(I know that my redeemer liveth)라는 가사에 곡을 붙이는데,

그 아리아가 전달하는 고요한 신념의 정도 및 성질을 정확하게 보여주는 것은 바로 음악이다.

나는 위에서 '말해준다'(tell us)라는 단어를 사용했는데, 이 단어는 이 시점에서 내가 주장할 수 있는 것 이상을 뜻한다. 작곡가는 가사와 곡의 결합인 노래에 특정 성질을 부여하고, 이는 모호하거나 추상적인 가사가 등장할 때 음악이 문제의 특정 성질을 공급함으로써 가능해진다. 이에 대한 좋은 예는 괴테의 시「인간의 한계」(Grenzen der Menschheit)에 음악을 붙인 볼프의 작품이다. 볼프가 신학적 명제나 혹은 여타의 어떤 명제(proposition)를 노래에 도입하고 있는가는 또 다른 문제이며, 우리는 이를 다음 장에서 살펴볼 것이다.

제시적 상세화라는 개념은 노래의 또 다른 측면을 이해하는 데 도움이 된다. 우리는 모차르트와 바그너의 음악이 그들 오페라의 인물들을 '특징화'하는 데 도움을 준다고 말한다. 즉 우리는 팔스타프(Falstaff), 맥베스(Macbeth), 혹은 돈지오반니(Don Giovanni)와 같은 인물들에 대해, 그들의 말이나 행동만으로는 알 수 없었던 무언가를 음악을 통해 배운다고 말한다. 그들의 말과 행동은 일반적 성질들을 묘사한다. 〈마술 피리〉의 등장인물 파미나는 순수하고 고결하다. 그러나 진실에 대한 그녀의 헌신이 진정 어떤 특징과 강도를 지니는지 말해주는 것은 바로 망설임 없이 진심을 다하는 단호한 음악에 맞추어 파파게노에 답하는 그녀의 노래이다. 유사한 방식으로 음악은 상이한 특징의 여성들, 예를 들어, 카르멘(Carmen), 토스카(Tosca), 이졸데(Isolde), 혹은 어떤 뮤지컬에 등장하는 '폭풍 속의 갈대처럼 불안정한' 그리고 '줄에 매달린 꼭두각시처럼 안절부절한' 여성을 묘사하는 데 도움을 준다. 이 뮤지컬 속 소녀가 처한 특수한 곤경을 생각한다면, 작곡가가 말한 바와 같이 "노래의 선율은 젊고 여성스럽고 초조해야 하며, 가능하다면 그 소녀처럼 예뻐야 할"* 뿐만 아니라, 그녀의 곤경과 심리 상태가 그 선율에 의해 전달되어야 한다.

---

*   Richard Rodgers, in *Lyrics by Oscar Hammerstein* II, New York: Simon and Schuster, 1949. p. xv.

표제 음악

지금까지 음악과 단어가 노래 안에서 유익하게 결합될 수 있음을 살펴보았기에, 또 다른 유형의 말-음악작품, 즉 표제 음악에 대해서도 (이 유형의 가장 중요한 형태인 교향시를 포함해) 그러하다고 말하는 것이 자연스럽게 느껴진다.

이 문제를 다루는 데 필요한 첫 번째 단계는 (이미 어느 정도 위험이 내재된 단계인데) '표제 음악'(program music)의 정의에 관한 합의에 이르는 것이다. 나는 표제 음악의 정의로 다음을 제시하겠다. 표제 음악이란 표제(program)를 동반하는(with) 음악이다. 이보다 더 좁은 정의는 모든 이를 만족시킬 수 없음이 확실하며, 어떤 이들은 이보다 넓은 정의를 주장할 것이다. 그러나 내가 제시한 정의에서 멈추어야 하는 좋은 이유가 있는데, 이것은 후속 논의를 통해 우리가 어디에다 선을 그었는지 명확해지면 드러날 것이다. 왜냐하면 간결한 정의가 거의 존재하지 않는 분야에서 간결한 정의를 했다는 점에서 위의 정의가 훌륭하기는 하지만, 여전히 '표제'나 '동반하는'과 같은 문제적 용어를 포함하기 때문이다.

표제란 적어도 두 사건의 연속을 서술하면서, 훌륭하지는 않을지라도(우리는 지금 문학적 가치에 관심이 있는 게 아니다) 넓은 의미에서의 플롯을 지니고 있는 언어적 담화이다. 나는 〈봄〉, 〈이별〉, 〈배멀미〉, 〈수탉〉과 같은 제목들이, 〈돈 후안〉(Don Juan), 〈한여름 밤의 꿈〉, 〈전주곡〉(Les Préludes), 〈페르귄트〉(Peer Gynt)처럼 문학작품을 언급하는 제목이 아니라면, 혹은 요한 루드비히 두섹(Johann Ludwig Dussek)이 〈1787년 10월 11일, 해군 전투 그리고 던컨 장군에 의한 네덜란드 함대의 몰락〉이라고 부른 음악작품의 경우처럼 어떤 플롯을 가리키는 제목이 아니라면, 표제가 아니라고 간주한다.

제목과 관련된 몇 가지 흥미로운 문제가 있는데, 아쉽지만 여기서는 짧게 언급하고 지나가야 할 것 같다. 제목들은 청자로 하여금 음악을 들으면서 특정한 대상이나 사건을 상상하도록 도움을 준다. 그러나 제목 중 일부는 순수하게 음악적 기능을 담당한다. 작곡가가 악보 위에 '구슬프게', '열정적으로', '농담조로' 혹은 심지어 '추수감사절의 기쁨에 찬 찬송가'와 같은 지시사항을 연주자를 위해 적어놓을 때, 우리는 이 지시사항을 일종의 표제라고 생각해서는 안 된다. 관례적인 기보법이 불완전한 상황에서 그것들은 연주를 돕기 위한 악보의 일부분일 뿐이다. 이제 〈봄〉이라든가, 혹은 심지어 〈배멀미〉와 같은 제목도 그와 유사한 기능을 담당한다고 볼 수 있다.

즉 '이 곡을 봄과 같은 성질로 연주하라', 혹은 '약간 메스꺼움이 느껴지게 연주하라'와 같은 지시사항으로 기능한다고 볼 수 있다. 에릭 사티(Eric Satie)는 악보 중 하나에다 "치통을 앓는 꾀꼬리처럼"이라고 적기도 했다. 그리고 클래식 음악에서 논쟁이 되었던 베토벤의 〈전원 교향곡〉의 경우에도, 그의 "전원"이라는 문구는 지휘자에게 은유적으로 지시사항을 제안하는 것으로 보아야 할 것 같다. 그렇다면 '개울가 옆에서'는 '이것은 개울을 묘사한다'를 의미하는 것이 아니라, '반주에 졸졸 흐르는 개울 같은 성질을 부여하라'를 의미하게 된다. 그렇다면 나는 이제 〈전원 교향곡〉은 표제 음악이 아니라고 말해야 한다. 그러나 이 말은 그 교향곡에 대해 아무것도 말해주지 않음을 주목하라. 나는 단지 그 교향곡에 표제가 없음을 말할 뿐이다.

물론 당신은 〈전원 교향곡〉 안에 시골의 춤, 폭풍우, 맑아지는 하늘 등이 있다고 대답할 것이다. 이러한 사건들은 교향곡의 표제를 구성하는 소박한 이야기가 아닌가? 그럴 수도 있다. 그렇지만 이에 대한 나의 반론은 표제 음악의 정의에서 보다 중요한 단어인 '동반하는'(with)에 초점을 맞춘다. 음악작품이 표제를 가진다는 것은 무슨 뜻인가? 음악작품이 표제를 가지는 데 있어 음악에 동반하는 어떤 하나의 이야기를 쓸 수 있다는 것만으로는 충분하지 않다. 어떠한 음악작품도, 심지어 바흐의 48개의 전주곡과 푸가마저도, 우리가 얼마나 이야기가 어설픈지 신경 쓰지 않는다면 그에 동반하는 이야기를 쓸 수 있다. 표제가 음악을 동반하기 위해서는 ① 이야기가 어떤 방식을 통해 음악에 대응해야 하고, 또한 ② 음악과 함께 제공되어야 한다.

이미 이전의 논의를 거쳤기 때문에, 대응이라는 것이 어떠해야 하는지는 어려운 문제가 아니다. 이야기의 에피소드들은 음악의 운동적 성질과 부합하는 운동적 성질을 가져야 한다. 우리에게 문제가 되는 것은 바로 표제가 음악과 함께 제공되어야 한다는 조건이다. 내가 이 자리에서 바흐의 〈평균율 클라비어곡집〉(Well-tempered Clavier) 제1권의 C단조 푸가에 대한 이야기를 쓴다면, 이것은 아직 표제를 제공하는 것이 아니다. 나는 그 푸가가 연주되도록 해야 하고, 더 나아가 내 이야기를 읽어주거나 혹은 내 이야기의 복사본을 나누어줘야 한다. 그러나 무엇보다도 두 사건이 함께 일어나야 한다는 지시를 내려야 한다. 즉 청자는 음악을 듣기 전에 내 이야기에 익숙해져야 하며, 음악을 들으면서 내 이야기를 마음속에 떠올릴 수 있어야 한다. 이 모든 것을 수행할 수 있다면 나는 바흐의 푸가를 표제 음악으로 만들게 된다. 즉 나는 그 푸가에 표제를 제공하게 된다.

그러므로 자신이 쓴 음울한 이야기를 알고 있을 것을 관객에게 지시한 베를리오즈는 〈환상 교향곡〉에 표제를 제공한 것이고, 폰 미크(von Meek) 부인을 위한 이야기를 지어낸 차이코프스키는 〈교향곡 제4번 F단조〉에 표제를 제공한 것이다(비록 일반 대중을 위한 표제는 제공하지 않았지만 말이다). 레너드 번스타인(Leonard Bernstein)의 〈불안의 시대〉(*Age of Anxiety*)는, 오든의 시 제목을 지시하는 것 외에도, 번스타인 자신의 '해석'이 레코드 표지의 뒷면에 실림으로써 표제를 제공했다(이 놀라운 해석을 당신이 이해할 수 있다면 말이다). 림스키 코르사코프는 애초에 〈세헤라자데〉(*Scheherazade*)의 각 악장에다 제목을 제공했다가 이를 철회했고, 자서전을 통해 자신이 청자에게 힌트를 주고 싶었으나 지나치게 그들의 생각을 규제하고 싶지는 않았다고 말한다. 이것은 의도적인 미결정적 표제이다.

제작자의 지시사항이라고 불릴 수 있는 것(표제를 만든 이가 작곡가 자신인지, 아니면 지휘자인지, 혹은 제3자인지는 본질적으로 중요하지 않다)은 청자에게 구속력을 행사하지는 않는다. 청자가 음악을 듣다가 나가버릴 수도, 이야기를 찢어버릴 수도, 레코드 표지 읽기를 거부할 수도 있다. 그러나 여기에서 우리가 관심을 가질 이론은 표제 음악에서 음악과 표제는 하나의 정합적인 통합체로 융합되어 단일한 미적 대상을 형성할 수 있다고 주장한다. 이 이론을 '표제 음악에 대한 융합 이론'이라 부를 수 있겠다.* 비록 이 이론은 검증하기에 아주 명확한 상태는 아니지만, 잠정적이고 일반적인 방식으로 논의 가능하다. 이 이론을 속속들이 모두 다룰 수는 없지만, 고찰해봐야 할 몇 가지 사항들이 있다.

우리가 음악에 노출될 때, 그와 동시에 우리가 자신에게 어떤 이야기를 말할 수 있다는 점은 인정 가능하다. 그러나 이로부터 음악의 흐름을 자세하게 따라가면서 동시에 어떤 이야기를 상상할 수 있다는 점은 따라 나오지 않는다. 노래 반주의 경우처럼, 음악이 구조의 측면에서 단순해 온전한 주목을 요구하지 않는 경우, 그리고 이야기에 대한 우리의 관심이 오직 가사의 의미에만 집중되는 경우, 우리의 주목은 크게 분산되지 않는다. 그러나 음악이 방대하고 교향악적이라면, 그리고 음악 자체와 어떤 지각 가능한 연결 관계가 없는 기존의 독해로부터 어떠한 이야기를 회상해내야 하는 것이라면, 음악과 단어 사이의 대응은 아마도 융합되지 못하고 단순한 대응으

---

* 이는 표제 음악에 대해 쓴 다수의 저자들이 취하고 있는 입장이다. Note 19.5 참조.

제7장 음악의 의미

로 남아있을 것이다. 표제 음악의 숭배자들이 융합을 경험했다고 말할 때, 그들이 단순한 대응 이상을 말하는 것인지 의문이 제기될 수 있다. 그들이 음악의 이 부분에서 돈키호테가 양이나 풍차를 공격한다고 말할 때, 혹은 슈트라우스 부인이 접시를 달그락거린다고 말할 때, 혹은 빗자루들이 마법사 견습생을 따라다닌다고 말할 때 말이다.

이어 또 다른 일반적 원칙을 생각해볼 수 있다. 하나의 클라이맥스와 몇 개의 조성 변화, 그리고 일관적으로 조직된 짧고 단순한 음악작품은 음악이 목적한 운동을 명백한 방식으로 수행하며, 음악을 듣는 와중에 우리가 잠시 동안 춤추는 목신, 달리는 기차, 혹은 죽어가는 남자를 생각할 때에도, 그 목적한 운동에 대한 우리의 주목은 방해받지 않는다. 그러나 보다 규모가 큰 음악작품은 음악적 통일성이나 연속성을 성취하기 위해 부분들의 순수한 음악적 관계에 의존한다. 그리하여 발전부, 재현부(recapitulation), 변주나 테마 조합 등을 요구한다. 한편 이야기는 문학적 통일성과 연속성을 성취하기 위해 이야기 부분들 간의 순수한 문학적 관계, 예를 들어 동기, 성취, 성격 발전, 대립 해소 등에 의존한다. 만일 음악과 이야기가 모두 복합적이라면, 그리고 그럼에도 불구하고 주요 부분에서 대응이 일어나야 한다면, 음악과 이야기 사이에는 긴장이 생길 수밖에 없다. 그리고 음악과 이야기가 각자 더 복잡하고 통일될수록, 그 둘은 서로로부터 멀어지게 된다. 만일 이 원칙이 참이라면 정합적일 수 있는 표제 음악의 규모에 엄격한 제한이 생겨난다. 물론 어느 정도의 융합이 가능한 상대적으로 단순한 표제 음악의 존재를 부정하는 것은 아니지만 말이다. 베토벤의 〈레오노라 서곡〉(Leonora Overture)의 여러 버전들이 이 점을 잘 보여준다.

게다가, 구조의 통일성을 가지고 있지 못한 음악은, 표제가 아무리 통일성이 있다 하더라도 표제에 의해 통일될 수 없다. 예를 들어 리스트의 교향시가 그 자체로는 그다지 통일되지 못했지만, 음악에 대응하는 사건들에 의해서 음악적 부분들이 서로 맞물리게 되었다고 말하는 것은 잘못이다. 이는 우리의 주목이 이야기에 집중되고 음악은 관심의 가장자리로 물러나는 경우이다. 마치 음악이 그 자신의 온전한 성질로 들리지 못하고 단순히 이야기 설명의 역할을 담당하는 영화음악처럼 말이다. 그러나 심지어 영화음악의 경우에도 음악은 다른 것에 스며들어 그것의 일부가 될 수 있는 엄청난 생명력과 힘을 보여준다. 이야기의 사건과 조금이라도 유사성이 있다면 음악은 그 이야기의 배경 역할을 겸손하게 수행한다. 그러나 만일 영화음악이 고도로 조직적이고 그 성질이 상당히 강렬하다면 음악이 우리의 주목을 끌 것이고, 이 경우 오히려 이야기가 잘못된 곳에 이질적으로 놓인 것처럼 느껴진다.

마지막으로, 표제 음악의 혼합성이 이 장 초반에 논의했던 '혼합'(mixed)의 의미를 넘어설 수밖에 없는 근본적인 이유가 있다. 내 생각에 미적 대상의 정합성은 부분적으로는 그것이 단일한 인간 정신의 산물인 것처럼 보이는 데 달려있다. 이것이 표현 이론의 이면에 담긴 진실이다. 그러나 이 생각 자체가 표현 이론은 아님을 주목하라. 왜냐하면 단일한 인간 정신의 산물인 듯 보인다는 말은 미적 정합성을 기술하는 또 다른 방식인데, 이는 대상이 정말로 한 사람 혹은 다수에 의해 만들어졌는지, 혹은 대상을 만든 이가 아무도 없는지에 대한 문제와는 상관없기 때문이다. 이제 재현적 회화에서 동일한 선이 세상을 묘사하기도 하고 동시에 디자인을 명확히 하기도 하며, 노래에서는 동일한 목소리가 가사를 발화하며 또한 동시에 선율을 만든다고 말할 수 있다. 그러나 교향시에서는 그러한 원천(source)의 단일성을 찾을 수 없다. 교향시에서 '시'를 구성하는 이야기 에피소드들은 우리 마음 안에 기억으로서 존재하는 반면, 음악은 우리 마음의 외부로부터 온다. 이 둘의 조합이 운 좋은 우연 이상의 무언가가 된다면, 이는 허황된 이론에 현혹되지 않은 사람들을 놀라게 할 것이다.

NOTES AND QUERIES

18

18.1 음악적 의미의 표현 이론(THE EXPRESSION THEORY OF MUSICAL MEANING)

(I) 표현 이론을 설명하고 옹호하는 글로 다음을 참조하라. George Santayana, *The Sense of Beauty*, New York: Scribner's, 1896, pp. 192-208. 이 글에서 산타야나(Santayana)는 '모든 표현에서 우리는 두 가지를 구분해야 한다'고 주장한다. 그 두 가지는 바로 '표현적인 것'과 '표현되는 것'인데(p. 195), 후자는 어떤 방식으로든지 간에 전자에 '통합되어' 있을 수밖에 없다고 말한다.

L. A. Reid, *A Study in Aesthetics,* New York: Macmillan, 1931, chs. 2, 3, 4. 이 글에서 라이드(L. A. Reid)는 '직접적'인 미적 표현과 '간접적'인 미적 표현을 구분하며, 직접적인 미적 표현(예를 들어 소리의 으스스함)을 종종 '성질'이라 부르고(pp. 75-76), 과거의 경험이 현재의 자료와 '융합'될 때 간접적인 미적 표현이 구성된다고 본다. 예를 들어, '키가 큰 나무는 고상한 멸시로 아래를 내려다보았다'는 멸시를 자주하는 사람들에 대한 우리의 과거 경험을 '연상'함으로써 설명된다는 것이다. 그러나 우리가 그런 사람을 한 번도 경험해보지 못했다면 나무를 그렇게 기술하지 못할 것이라는 점을 인정한다 하더라도, 우리가 나무 안에서 그런 성질을 지각할 수 없을 것이라는 주장, 혹은 그러한 성질의 지각에는 '연상'이 전제된다는 주장의 근거가 이 글에서 제시되었는가? 다음을 주목할 필요가 있다. '음악이 으스스함의 성질을 축어적으로 소유한 것은 아니다'라는 진술은 참이지만, 여기에서 비축어적으로 사용되는 단어는 '소유하다'가 아니라 '으스스함'이다.

다음 글은 산타야나와 라이드의 견해를 모두 논의하는데, 여러 면에서 산타야나에 동의하지만 지각자에게 나타나는 표현의 가변성을 강조한다. '무언가를 표현한다'는 것은 '누구에게 무언가를 불러일으킨다'를 함축하지 '누구에게 무언가를 불러일으키도록 의도되었다'를 함축하지는 않는다는 것이다. John Hospers, *Meaning and Truth in the Arts,* Chapel Hill, N.C.: U. of North Carolina, 1946, ch. 3 (이를 아래에 소개되는 그의 후속 논문과 비교해보라).

John Dewey, *Art as Experience*, New York: Minton, Balch, 1934, chs. 4, 5. 이 글에서 듀이(Dewey)는 표현 행위를 설명하고, 더 나아가 표현 행위가 미적 대상에 남기는 표시를 생생하게 기술하지만, 'X는 Y를 표현한다'에 대한 정의의 부재로 인해 '진술'과 '표현'을 구분하려는 그의 시도는 명확하지 않다(pp. 84ff). 표현은 "하나의 경험으로 이끄는 일과는 다른 일을 한다. 그것은 하나의 경험을 구성한다"(p. 85). 이 말은 표현이 관계가 아니라는 말에 맞먹는다. 그러나 듀이가 그런 생각을 거부하는 듯 보이는 때도 있는데(pp. 99ff), 특히 그가 선들의 영역 성질을 설명하면서 "선들은 그것에 대상의 속성을 담는다"고 말할 때 그렇다(pp. 100-101). 이를 다음과 비교하라. Eliseo Vivas, "A Note on the Emotion in Dewey's Theory of Art," *Creation and Discovery,* New York: Noonday, 1955.

T. M. Greene, *The Arts and the Art of Criticism,* Princeton, N.J.: Princeton U., 1940. chs. 12, 15, 19 sec. 3, and "Supplementary Essay" by Roy D. Welch; "The Problem of Meaning in Music and Other Arts," *JAAC*, V (June 1947): 308-313. 여기에서 그린(T. M. Greene)의 견해는 예술이 '실재의 해석을 표현'하거나 혹은 '제재'의 해석을 표현한다는 것인데, 이 견해는 음악을 포함한 예술작품이 명제를 담고 있다는 그의 견해와 명확하게 구분되지 않는다(이를 이 책의 제8장, Note 20.2와 비교해보라).

D. W. Gotshalk, "Aesthetic Expression," *JAAC,* XIII (September 1954): 80-85. 이 글은 표현을 '정서의 암시'로 분석한다. 이를 다음 글과 비교해보라. D. W. Gotshalk, *Art and the Social Order,* Chicago: U. of Chicago, 1947, ch. 6. 특히 "보편적인 추상적 표현성"(pp. 139-140)과 "예술가의 성격 표현"(pp. 140-143)에 대한 저자의 생각을 중심으로 살펴보라.

R. G. Collingwood, *The Principles of Art,* Oxford: Clarendon, 1938, ch. 6. 이 글은 정서의 표현을 정서의 드러냄, 환기, 혹은 기술과 구분하고 있다. 정서의 표현은 다른 것들과는 달리 정서의 '탐색'이 동시에 일어나는 것으로 제시된다. 그러나 콜링우드(Collingwood)는 단순히 작품을 조사하는 것만으로도 예술가가 정말로 정서를 '표

현'하는지, 아니면 단순히 드러내거나 환기하는 것인지 구분할 수 있다고 말하는 것처럼 보인다(p. 123).

C. J. Ducasse, *The Philosophy of Art*, New York: Dial, 1929, chs. 2, 8. 여기에서 듀카스(C. J. Ducasse)는 '정서의 의식적인 객관화'에 대해 논의하며, 그의 이론은 표현 이론으로 간주될 수 있다.

음악작품의 심리학에 대해서는 다음의 연구를 참조하라. James L. Mursell, *The Psychology of Music*, New York: Norton, 1937, ch. 7, esp. 268-281.

다음 글은 예술작품이 단순히 '표면'이 아니며 '정서를 표현하거나 혹은 환기한다'고 주장하는데, 이에 대한 근거로 음악에 귀속되는 인간적 성질들은 현상적으로 주관적이거나 상대적이라는 사실을 든다. Henry Aiken, "Art as Expression and Surface," *JAAC*, IV (December 145): 87-95, esp. 91.

F. D. Martin, "On the Supposed Incompatibility of Expressionism and Formalism," *JAAC*, XV (September 1956): 94-99. 이 글에서 나타나는 '표현주의' 옹호는 저자가 음악이 '해야 하는 것'과 음악이 하고 있는 것을 혼동함으로써 약화된다(p. 94).

J. W. N. Sullivan, *Beethoven: His Spiritual Development*, London: Cape, 1927, reprinted New York: Mentor, 1949. 이 글은 아마도 표현 이론을 오해하거나 과장한 것으로 해석될 수 있다(이 책의 제8장, Note 20.2 참조).

(II) 관계적 이론으로서의 표현 이론에 대한 비판으로 다음을 참조하라.

Vincent A. Tomas, "The Concept of Expression in Art," a symposium in *Science, Language, and Human Rights*, American Philosophical Association, Eastern Division, Philadelphia: U. of Pennsylvania, 1952, pp. 127-144. 이 글에서 토마스(Tomas)는 자신이 '두 용어'(two-term) 이론이라 부르는 이론을 검토한다. 그에 따르면 표현 이론은 '한 용어'(one-term) 이론으로 형식화되어야 하지만, 우리의 논의를 따르면 '한 용어' 이론은 표현 이론으로 인정될 수 없다. 토마스는 음악에서 인간적 성질이 보여주는 가변성의 정도에 대해, 그리고 인간적 성질을 검증하는 어려움에 대해 질문을 제기한다(아래의 18.5 참조). 그의 이러한 논점은 같은 글 내에서 더글라스 모르간(Douglas N. Morgan)에 의해 비판받는다(pp. 145-165). 모르간은 인간적 성질의 가변성에 대한 에이켄(Aiken, op. cit.)의 견해를 지지하지만 인간적 성질의 현상적 주관성에 대한 그의 견해는 지지하지 않는다. 그렇지만 모르간의 견해에서 두 용어 표현 이론에 대한 지지를 찾기는 힘들다. 다음 글도 참조하라. Charles Hartshorne, "The Monistic Theory of Expression," *J Phil*, L (1953): 425-434. 이 글은 '감각적 성질' 이 정서와 매우 닮아있어서 그것을 '느낌 성질'이라 부를 수 있지만, '느낌 성질'은 어느 정도 객관적이라고 본다. 이에 그는 "'동요되는'은 '동요시키는'보다 더 객관적이다"라고 말한다(p. 433).

John Hospers, "The Concepts of Artistic Expression," *PAS*, LV (1954-1955): 313-344. 이 글은 '표현'의 다양한 의미를 구분하며, 표현-진술이 기술로 환원될 수 있다고 주장한다.

O. K. Bowsma, "The Expression Theory of Art," in *Philosophical Analysis*, ed. by Max Black, Ithaca, N.Y.: Cornell U., 1950, pp. 75-101, reprinted in *Aesthetics and Language,* ed. by William Elton, Oxford: Blackwell, 1954, pp. 73-99. 이 글 역시도 표현을 '어떤 특성을 가지는 것'으로 분석한다. 그의 논증은 깔끔하지는 않지만 흥미롭다.

표현 이론에 대한 날카로운 비판으로 다음도 참조하라. Susanne Langer, *Philosophy in a New Key*, Cambridge, Mass.: Harvard U., 1942, ch. 8; "음악 그 자체의 성질은 본질적으로 무언가를 표현하는 데 아무런 힘이 없다"는 스트라빈스키의 유명한 발언도 참조하라(*Autobiography*, New York: Simon and Schuster, 1936, p. 83; 이를 베토벤과 비교해보라. pp. 181-186); Edmund Gurney, *The Power of Sound,* London: Smith, Elder, 1880, ch. 14; Richard Rudner, "Some Problems of Nonsemiotic Aesthetic Theories," *JAAC*, XV (March 1957): 298-310; Harold Osborne, *Aesthetics and Criticism,* London: Routledge and Kegan Paul, 1955, ch. 7.

(III) '표현'이라는 용어를 사용하기는 하지만 표현을 단순한 성질로 환원하는 견해(음악 및 여타 예술 분야에서)를 살펴보려면 다음을 참조하라.

David W. Prall, *Aesthetic Judgment,* New York: Crowell, 1929, ch. 11, esp. pp. 235-244, and *Aesthetic Analysis,* New York: Crowell, 1936, ch. 5. 이 두 글에서 '느낌' 은 '지각'이나 '성질'이란 뜻으로 사용되는데, 저자의 핵심 견해는 다음과 같다. "표현된 것은 무엇이든지 간에 적어도 질적인 경험적 내용이다"(*Aesthetic Analysis*, p. 142).

Charles Hartshorne, *The Philosophy and Psychology of Sensations,* Chicago: U.

of Chicago, 1934, ch. 5. 이 글에서 '표현'이라는 단어는 성질을 이야기하기 위해 사용된다. 비록 저자는 오해의 소지가 있는 '객관적 느낌'이라는 용어를 종종 사용하지만 말이다(sec. 13, pp. 117-124).

Roger Sessions, *The Musical Experience of Composer, Performer, Listener,* Princeton, N.J.: Princeton U., 1950, pp. 22-28. 이 글은 음악이 '의사소통한다'고 말한다. Roger Sessions, *The Intent of the Critic,* ed. by Augusto Centeno, Princeton, N.J.: Princeton U., 1941, pp. 123-124. 이 글은 음악이 '재생산'한다고 말한다. 그러나 위 두 글에서 의미하는 바는 모두 성질 관련 용어로 번역될 수 있다.

Lucius Garvin, "Emotivism, Expression, and Symbolic Meaning," *J Phil,* LV (1958): 112-118. 이 글은 '음악의 느낌'에 대해 이야기한다.

다음도 참조하라. Ivy G. Campbell-Fisher, "Intrinsic Expressiveness," *Journal of General Psychology,* XLV (1951): 3-24.

18.2 모방과 심상-환기(IMITATION AND IMAGE-EVOCATION)

음악을 소리 및 시각적 대상을 모방하는 것으로 보는 논의를 살펴보려면 다음을 참조하라. Edmund Gurney, *op. cit.,* chs. 15, 16(저자는 '암시'라는 용어를 사용한다); Mursell, *op. cit.,* pp. 206-210.

공상적인 '해석자'에 대한 흥미로운 공격은 다음에서 등장한다. Winthrop Parkhurst, "Music, the Invisible Art," *Musical Quarterly,* XVI (1930): 297-304.

음악과 물리적 운동 사이의 유사점에 대해서는 다음을 참조하라. Carroll C. Pratt, *The Meaning of Music,* New York: McGraw-Hill, 1931, pp. 185-190, 221-245 (저자는 '음악의 촉감적 요소' 혹은 '역동성'이 몇몇 청취자에게 물리적 사건을 연상시킬 수 있다고 말한다); Mursell, *op. cit.,* pp. 36-42; Edmund Gurney, *op. cit.,* pp. 105-109. 다음 글들에서는 흥미로운 예들이 등장한다. Erich Sorantin, *The Problem of Musical Expression,* Nashville, Tenn.: Martin and Bruce, 1932, pp. 104-118; Albert Schweitzer, *J. S. Bach,* trans. by Ernest Newman, Leipizig, New York: Breitkopf and Härtel, 1911, Vol. II.

청취자가 음악작품을 들으면서 그 영향 아래 어떤 장면이나 이야기를 상상할 때, 음악이 심상을 '환기한다'고 말할 수 있는가? Alec Washco, Jr., *The Effects of*

Music upon Pulse Rate, Blood-Pressure and Mental Imagery, Philadelphia: privately printed, 1933. 이 글에서는 피실험자들에게 음악을 들려준 후 '음악의 이야기를 상상하고'(p. 66) 그 이야기를 기술하도록 한(p. 67) 실험이 등장한다. 피실험자들은 각각의 음악작품이 오직 하나의 이야기를 담고 있을 것이라는 암묵적 주장을 받아들인 상태에서 그 이야기를 만들어낼 수 있었다. 그러나 이야기들 중 몇 개를 읽어보면 우리는 의구심을 가지게 된다. 예를 들어 베버의 〈오베론 서곡〉(pp. 175-181)이나 리스트의 〈헝가리안 랩소디〉(pp. 194-204)에 관한 이야기들을 읽어보라. 피실험자들은 리스트 작품의 제목을 알고 있었고, 그로부터 그것이 집시 음악이라는 것을 추론하며, 이에 그들 중 일부가 집시들이 춤을 추고 있다고 답한다. 그들은 베버의 서곡이 셰익스피어의 『한여름 밤의 꿈』과 관계 있다는 것을 알지 못했고, 그래서 그들의 이야기는 고대 로마의 전차경주에서부터 죽은 자의 부활에 이르기까지 다양하다. 이를 다음 글의 현명한 결론과 비교해보라. H. P. Weld, "An Experimental Study of Musical Enjoyment," *American Journal of Psychology*, XXIII (1912): 245-308, esp. 254-259, 274-277. 다음의 흥미로운 자전적 이야기도 참조하라. Robert MacDougal, "Music Imagery: A Confession of Experience," *Psychological Review*, V (1898): 463-476.

18.3 음악과 정서 환기(MUSIC AND EMOTION-AROUSAL)

음악이 그 자체로 정서나 혹은 감정 상태를 환기할 수 있는가? 다음 글들이 이 질문을 잘 다룬다. Eduard Hanslick, *The Beautiful in Music*, trans. by Gustave Cohen, New York: Liberal Arts, 1957, chs. 1, 2, 4, 5; Mursell, *op. cit.,* pp. 26-31; Paul Hindemith, *A Composer's World*, Cambridge, Mass.: Harvard U., 1952, p. 49 (이 글은 음악적 성질들이 서로를 매우 빠르게 이어가기 때문에 그것들이 일으키는 감정은 '실제의' 정서가 될 수 없다고 말한다).

John Hospers, *op. cit.,* ch. 4. 이 글은 대상이 발생시킨 정서를 포함하는 모든 효과를 뜻하기 위해 '의미'라는 단어를 사용하는데(p. 75), 그러나 나는 저자의 후속 논의 속에서 '의미'가 그런 뜻으로 한정되지 않는다고 생각한다(pp. 78-98). 또한 그런 뜻의 '의미'가 바로 설리번(J. W. N. Sullivan)과 같은 저자들이 음악의 '의미'에 대해 논할 때 사용한 뜻인지는 매우 의심스럽다(Note 18.1). 다음 글도 비슷한 정의의 '의미'를 사용한다. Lucius Garvin, "The Paradox of Aesthetic Meaning," *Phil and Phen Res,*

VIII (September 1947): 99-106.

18.4 음악적 치료(MUSICAL THERAPY)

음악이 치료 목적으로 사용될 수 있다는 사실은 음악이 의미를 가지는가라는(이 장에서 논의된 세 가지 유형의 의미와 관련해) 문제에 어떤 통찰력을 더해줄 수 있는가? 관련된 다음 글들을 참조하라. Edward Podolsky, *Music for Youth Health,* New York: Ackerman, 1945; Willem van de Wall, *Music in Institutions,* New York: Rusell Sage Foundation, 1936, esp. chs. 3, 4, 7, 13; Podolsky, ed., *Music Therapy,* New York: Philosophical Library, 1954.

18.5 인간적인 영역 성질의 지위(THE STATUS OF HUMAN REGIONAL QUALITIES)

인간적인 영역 성질의 객관성 및 비상대성을 옹호하는 고전적 시도는 다음에서 찾을 수 있다. Carroll, C. Pratt, *op. cit.,* pp. 150-215. 캐롤이 사용하는 '표현하다'는 '제시하다'(present)와 명확하게 동의어이다(p. 195). 그러나 다음의 후속 논문에서 저자의 견해는 보다 표현 이론에 근접한다. Carroll C. Pratt, "The Design of Music," *JAAC,* XII (March 1954): 289-300. 동일 저자의 다음 글도 참조하라. "Music as the Language of Emotion," Washington: Library of Congress, 1952; Mursell, *op. cit.,* pp. 31-36. 인간의 얼굴 및 행위의 영역 성질에 대한 훌륭한 논의로 다음을 참조하라. Solomon Asch, *Social Psychology,* Englewood Cliffs, N.J.: Prentice-Hall, 1952, ch. 7.

Ralph H. Grundlach, "An Analysis of Some Musical Factors Determining the Mood Characteristics of Music," *Psychological Bulletin,* XXXI (1934): 592-593, and "Factors Determining the Characterization of Musical Phases," *American Journal of Psychology,* XLVII (1935): 624-643. 저자는 유럽 음악과 미국 원주민 음악을 기술해 보라는 요청을 받았을 때 청자들이 상당한 통일성을 보여준다는 점을 지적한다. 이를 다음과 비교하라. "A Quantitative Analysis of Indian Music," *ibid.,* XLIV (1932): 133-145.

몇몇 실험 결과의 신빙성은 가늠하기 어려운 경우가 종종 있는데, 왜냐하면 피실험자에게 내려진 지시사항이 작품의 성질 기술을 주관적인 느낌의 보고와 혼동하기 때문이다. 예를 들어 다음에서 등장하는 여러 연구들을 살펴보라. Max Schoen, *The Effects of Music,* London: Routledge and Kegan Paul, 1927. 마이어(Myer)의 피실험자들은 음악에 대한 그들의 '인상'을 기술하도록 지시받았고(p. 12) 그들은 그렇게 하는 경향을 보였다(p. 25). 그러나 게이트우드(Gatewood)의 피실험자들은 그들의 '느낌'을 보고하도록 지시되었다(pp. 80, 106). 워시번과 디킨슨(Washburn and Dickinson)은 피실험자들에게 '정서적 효과'를 보고하도록 요구했는데(p. 122), 피실험자들 중 일부는 그 대신에 음악 자체를 기술하려고 시도해, 그들이 사용한 몇몇 단어들(예를 들어, '확신', '확실성', '유혹하는')은 자신의 정서 상태를 보고하지 않는다(p. 128). 워쉬번과 디킨슨의 실험에 대한 흥미로운 논의가 다음 글에서 등장하는데, 여기에서 피실험자들은 종종 음악이 불안감이나 슬픔 등 유쾌하지 않은 감정을 '환기'하지만 자신들은 여전히 음악을 즐길 수 있었다고 말한다. 이는 음악이 그들에게 일으킨 감정이 아니라 음악이 그들에게 들리는 방식을 피실험자들이 언급하고 있음을 강하게 시사한다. Pratt, *op. cit.,* pp. 196-201.

쇤(Schoen)과 게이트우드가 발견한 청자들의 공통 반응(p. 131)은 아마도 그들이 보다 객관적인 접근을 사용했기 때문에 가능했을 것이다. 그러나 그 접근이 항상 일관적으로 객관적이었던 것은 아니다. 예를 들어 그들은 '음악 유형'(p. 135)에 대해 말하면서도 동시에 피실험자들에게 '음악이 당신에게 어떤 기분이 들게 하는가?'를 물어보곤 한다(p. 144). 음악을 은유적으로 기술하는 작업에서의 일관성을 연구한 게이트우드는 긍정적인 결과를 얻었지만(pp. 265-266), 그녀는 자신의 문제를 다음과 같은 오도적인 방식으로 제시한다. "음악의 향유를 자신의 개인적 경험에 관한 용어로 전환하려는 경향은 얼마나 보편적인가?"(p. 257). 그녀의 연구는 그러한 '전환'에 대한 어떤 증거도 제시하지 못한다.

이보다 선행하면서 매우 흥미로운 다음의 연구는 음악의 '의미'나 '이야기'에 관한 다양한 보고들이 음악의 실제 성질에 관한 상당한 합의를 보여준다는 결론을 내린다. Benjamin Gilman, "Report on an Experimental Test of Musical Expressiveness," *American Journal of Psychology,* IV (1892): 558-576, V: 42-73. 이에 대한 또 다른 증거는 다음에서 찾을 수 있다. June Downey, "A Musical Experiment," *ibid.* (1897), IX: 63-69; Weld, *op. cit.,* pp. 277-285.

다음에서 피실험자에게 전달된 지시사항도 성질과 감정 사이의 혼동을 보여준다. Washco, *op. cit.,* 이 글의 저자는 피실험자에게 단어들의 목록을 제공한 후 그들 중 '자신이 느낀 바를 가장 잘 기술하는, 혹은 음악이 자신에게 끼친 영향을 가장 잘 기술하는' 단어 두 개를 고르라고 하는데, 그가 제공한 단어의 목록 중에는 '경이로운', '알 수 없는', 그리고 '억압적인'이 포함되어 있다(p. 66).

T. M. Greene, *op. cit.,* p. 332. 여기에서 등장하는 '획득된 연상과 관례'의 예들은 모두 의심스럽긴 하지만 독립적인 분석을 필요로 한다. 예를 들어, 저자는 그리스 모드(Greek mode)들은 우리에게 상이한 '연상'을 가져온다고 말한다. 그러나 저자가 '연상'으로 환원하려고 제안하는 성질들은 모드 그 자체가 아니라 모드로 작곡된 작품 안에 존재한다. 예를 들어 소크라테스가 도리안 모드와 프리지안 모드를 "용기와 … 절제를 표현하는" 모드로 추천할 때(*Republic,* Book III, 398-399; Cornford trans., Oxford: Clarendon, 1945, p. 87), 그가 모드 자체의 내재적 성질을 말하고 있는 것인지 아니면 그러한 모드를 이용해 작곡된 노래를 말하고 있는 것인지 명확하지 않다. 다음에서 등장하는 그리스 모드에 대한 언급을 살펴보라. Hanslick, *op. cit.,* pp. 96-97.

다음도 참조하라. Glenn Haydon, "On the Meaning of Music," a lecture, Washington: Library of Congress, 1948.

18.6 영역 성질의 지각 조건
(THE PERCEPTUAL CONDITIONS OF REGIONAL QUALITIES)

음악에서 인간적인 영역 성질이 의존하는 국소적 혹은 하부-영역적 성질을 밝히려는 심리학적 시도들이 있었다. 이들 중 가장 잘 알려진 것은 다음의 연구이다. Kate Hevner, "The Affective Character of the Major and Minor Modes in Music," *American Journal of Psychology,* XLVII (1935): 103-118; "Expression in Music: A Discussion of Experimental Studies and Theories," *Psychological Review,* XLII (1935): 186-204; "Experimental Studies of the Elements of Expression in Music," *American Journal of Psychology,* XLVIII (1936): 246-268. 저자의 객관적 접근은 조성(단조 혹은 장조), 리듬, 선율의 중요성을 보여준다. 위의 연구들은 다음의 연구로 이어진다. Ivy G. Campbell-Fisher, "Basal Emotional Patterns Expressible in Music," *ibid.,* LV (1942): 1-17. 이를 다음과 비교해보라. P. R. Farnsworth, "A Study of the Hevner Adjective List," *JAAC,* XIII (September 1954): 97-103.

Erich Sorantin, *op. cit.,* 상당히 느슨한 용어 사용과 불명확한 논증에도 불구하고 이 글은 특정한 국소적 혹은 하부-영역적 성질이 특정한 영역 성질의 창발에 기여한다는 논제를 지지하는 증거를 제시한다(Part II). 저자가 사용하는 하나의 테스트는 음악에 가사를 붙일 때 작곡가들이 특정한 간격, 리듬 모양새 등을 사용한다는 것이다. 저자는 '한탄의 모양새'와 '사랑의 모양새' 등을 구분한다. 그러나 그의 논제는 한슬릭(Hanslick)의 논제와 '엄밀한 대조'를 이루지는 않다(p. 57). 저자의 결론은 다음에서 검증되고 있다. Melvin Rigg, "Musical Expression: An Investigation of the Theories of Erich Sorantin," *Journal of Experimental Psychology,* XXI (1937): 442-455; "Speed as a Determiner of Musical Mood," *ibid.,* XXVII (1940): 566-577; "The Expression of Meanings and Emotions in Music," *Philosophical Essays in Honor of E. A. Singer,* ed., by F. P Clarke and M. C. Nahm, Philadelphia: U. of Pennsylvania, 1942.

다음 글들도 참조하라. Grundlach(Note 18.5 참조); Heinlein, "The Affective Characters of the Major and Minor Modes in Music," *Journal of Comparative Psychology,* VIII (1928): 101-142; Mursell, *op. cit.,* pp. 31-36; Roger Sessions, "The Composer and His Message," *The Intent of the Artist,* ed. by Augusto Centeno, Princeton, N.J.: Princeton U., 1941.

18.7 음악의 유머(HUMOR IN MUSIC)

음악의 유머를 연구함으로써 음악이 가지는 인간적 성질의 지위에 대한 통찰력을 얻을 수 있을지도 모른다. 음악이 유머를 가지는 방식에는 두 가지가 있다. ① 인간적 상황을 연상시키거나(예를 들어 베토벤의 〈전원 교향곡〉에서 바순 소리는 감상자에게 마을 악단을 생각나게 한다) 혹은 다른 음악작품을 패러디함으로써(모차르트의 〈음악의 유희〉에서 처럼) 유머가 발생하는 경우가 있다. 다른 음악작품을 인용함으로써(대개 다른 음악작품의 제목이나 가사 등을 지시함으로써) 유머가 발생하는 경우에 대해서는 다음을 살펴보라. Philip Keppler, Jr., "Some Comments on Musical Quotation," *Musical Quarterly,* XLII (1956): 473-485. ② 음악 자체 내에서 내재적으로 부조화적이거나 혹은 인간적으로 우스꽝스러운 요소에 의존해 발생하는 유머도 있다. 예를 들어 하이든의 D 단조 사중주(Op. 76, No. 2)에서는 저음 성부가 너무나 충실하게 상위 성부를 모방하며, 피날레의 도입부에 등장하는 고음의 바이올린 소리는 매우 장난스럽다. 위와 같은 구분이 가능하다면 우리는 이제 스트라우스의 〈틸 오일렌슈피겔의 유쾌한 장난〉(*Till Eulenspiegel's Merry Pranks*)이나 〈돈키호테〉, 말러의 〈교향곡 제1번〉, 바르톡 〈현악사중주 제6번〉 제3악장의 소희극(Burletta), 바흐의 〈이탈리안 스타일의 변주곡〉, 그리고 도널드 토비가 '위대한 바순 농담'이라 부르는 것들을 어떻게 분석하고 분류할 수 있을까(*Essays in Musical Analysis*, New York: Oxford U., 1935-1939, Vol. I. p. 170)? 다음도 참조하라. Helen Mull, "A Study of Humor in Music," *American Journal of Psychology*, LXII (1949): 560-566.

18.8 음악의 기술(THE DESCRIPTION OF MUSIC)

어떤 비평가들이 음악을 기술할 때 사용하는 용어들은 상당히 유용하고 정확할 수 있다. 반면 어떤 다른 비평가들은 너무 공상적이고 뜬금없는 용어를 사용하기도 한다. 제3장에서 은유에 대한 논의를 통해 우리는 기술적 용어들을 구분하고 명확하게 할 수도 있을 것이다. 어떤 용어들은 모든 음악적, 물리적, 심적 과정들에 축어적으로 적용될 수 있는 것 같다. 예를 들어, 빠른, 느린, 가속하는, 매끈한, 갑작스러운 등이 그러하다. 어떤 용어들은 심적 과정에는 축어적으로, 그리고 음악에는 은유적으로 적용될 수 있다. 예를 들어, 긴장된, 이완된, 즐거운, 우울한 등이 있다. 어떤 용어들은 물리적 과정에는 축어적으로, 그리고 음악이나 심적 과정에는 은유적으로 적용된다. 예를 들어 살금살금 걸어가는, 우아한, 굽이치는, 방황하는 등이 있다. 어떤 용어들은 음악에는 축어적으로, 그리고 다른 것들에는 은유적으로 적용된다. 예를 들어 크레셴도가 있다. 이러한 비교가 어떤 기술이 명확한지 결정하는 기준을 형성하는 데 도움이 되는가?

Arnold Isenberg, "Critical Communication," *Phil R*, LVIII (1949): 330-344, reprinted in Elton, *Aesthetics and Language*, pp. 131-146. 이 글은 음악의 기술에 대해 회의적이다. 저자는 '우아함'은 상이한 대상이나 몸짓에 적용될 때 결코 같은 것을 의미하지 않는다고 생각하며, 그리하여 우리는 우아함이라는 동일한 영역 성질이 나타나는 지각적 조건에 대한 그 어떠한 일반적 진술도 검증할 수 없다고 말한다. 이는 중요한 논증이지만, 나는 만일 기술적 용어가 음악 자체를 가리키면서 도입된다면, 그 용어가 상이한 음악작품에서 거의 비슷한 성질을 가리킴을 확신할 수 있다고 생각한다. 음악적 성질에 대한 고도의 일반화는 불가능하겠지만, 유용한 개연적 일반화는 가능할 것이다.

18.9 음악적 의미에 대한 의미작용 이론
(THE SIGNIFICATION THEORY OF MUSICAL MEANING)

(I) 이 이론에 대한 설명과 옹호로 다음 글들을 참조하라.

미적 대상을 도상적 기호로 바라보는 이론으로 찰스 모리스(Charles Morris)의 흥미로운 다음 두 글을 참조하라. (1) "Esthetics and the Theory of Sings," *Journal of Unified Science (Erkenntnis)*, VIII (1939-1940): 131-150. 이 논문의 몇몇 진술은 비평적 분석을 필요로 한다. 예를 들어, ① "도상적 기호 사용을 위한 의미론적 규칙은 기호 그 자체가 가지고 있는 속성을 지닌 대상을 기호가 지시해야 한다는 것이다"(p. 136). 이는 관련된 속성의 음악작품에 대한 어떤 언어적 약정 없이는 너무 광범위한 규칙이다. ② "예술작품에서 기호 수단은 … 그 자신의 고유한 지시체들 중 하나이다"(p. 137). 그러나 위의 의미론적 규칙을 완전히 만족시키며 기호 자체의 모든 속성을 소유하는 것이 곧 예술작품인데, 예술작품이 기호의 유일한 지시체가 되지 못할 이유가 있는가? ③ "추상예술은 의미론적 지시의 고도화된 일반성을 보여주는 극단적인 한 예이다"(p. 140). 즉 하나의 원은 이 세상의 모든 둥근 대상을 지시하며, 상승하는 음악적 선율은 상승의 특성을 지니는 모든 과정을 지시한다는 것이다. (2) "Science, Art and Technology," *Kenyon Review,* I (1939): 409-423, reprinted in Eliseon Vivas and Murray Krieger, eds., *Problems of Aesthetics,* New York: Rinehart, 1953, pp. 105-115. 여기에서 저자는 '가치'(혹은 '가치 속성들')의 예로 무미건조함, 숭고함, 악의, 즐거움 등을 든다(pp. 109-110). 이를 다음과 비교하라. Morris, *Signs, Language and Behavior,* Englewood Cliffs, N.J.: Prentice-Hall, 1946, pp. 190-196, 274n. 음악작품이나 그림이 저자가 의미하는 바의 '기호', 즉 특정 조건하에서 어떤 유기체에게 특정 행동 연쇄의 성향을 일으키는 예비적인 자극으로서의 '기호'가 되지 못한다는 것은 명백하다. 저자의 '기호' 정의에 대한 비판적 논의를 다음 글에서 찾을 수 있다. Max Black, "The Semantic of Morris," *Language and Philosophy,* Ithaca, N.U.: Cornell U., 1949, pp. 169-185.

수잔 랭거(Susanne Langer)의 이론은 다음 두 저서에서 전개된다. (1) *Philosophy*

in a New Key, Cambridge, Mass.: Harvard U., 1942 (reprinted New York: Mentor, 1948), chs. 3, 4, 8, 9, 20. 이 글은 세심한 비평적 주의가 요구되는 문제들을 제기한다. 예를 들어 ① 음악은 '현시적'(presentational)이거나 혹은 '비-담화적' 상징이라는 견해(pp. 75-76, 79) vs. 음악은 '담화적' 상징(pp. 65-66, 70-71)이라는 견해. 그러나 음악이 자기 자신을 넘어선 어떤 것을 지시한다고 봐야 하는 이유를 저자의 논의에서 찾기는 힘들었다. 우리가 의자나 산이 자기 자신을 넘어선 어떤 것을 지시한다고 보지 않는 것처럼 말이다. ② 음악은 '어휘'를 지니지 않지만(pp. 77, 185), '완성되지 않은'(p. 195) 혹은 '할당되지 않은 기호'(p. 209)로 구성된다. 그러나 이 말은 음악이 그 어떠한 기호도 포함하지 않는다는 말과 어떻게 구분되는가? ③ 음악은 감정의 '형식'을 '명료화한다'(p. 193). 여기에서 '명료화'가 의미하는 바는 무엇인가? ④ 음악에 대한 랭거의 견해는 루드비히 비트겐슈타인(Ludwig Wittgenstein)이 제시했으나 이후에 폐기했던 견해, 즉 하나의 진술은 하나의 사실에 대한 '그림'이며, 그러므로 심지어 '담화적 상징주의'에서도 현시적 상징주의 혹은 통사론적 도상성의 요소가 있다는 비트겐슈타인의 견해에 얼마큼 의존하고 있는가?(Ludwig Wittgenstein, *Tractatus Logico-Philosophicus,* New York: Harcourt, Brace, 1933, esp. pars. 4.01, 4.012, 4.021) (2) *Feeling and Form,* New York: Scribner's, 1953, chs. 3, 7-9. 이 글은 음악의 의미작용 이론을 다른 예술분야로 일반화하려는 목적을 가진다(p. 24). 또한 이 글은 음악이 '가상적 시간 순서'를 창조한다는 이론을 전개한다(pp. 109, 118). 그러나 이 글은 저자 이론의 '현시적' 측면을 강조하며 '상징적' 측면을 축소하는 것처럼 보인다. 예를 들어, 저자는 자신이 과연 음악적 '의미'에 대해 이야기하고 있는 것인지 의심하며, '의미'라는 용어 대신 '핵심 의의'(vital import)를 제안한다(pp. 31-32). 그리고 "의미작용은 논리적으로 분별되지 않지만, 하나의 기능으로서가 아니라 성질로서 느껴진다"(p. 32)는 저자의 진술은 의미작용이란 없으며 오직 성질만 있다는 진술과 거의 흡사하다. 저자의 다음 글도 참조하라. "Abstraction in Science and Abstraction in Art," in *Structure, Method and Meaning,* ed. by Paul Henle et al., New York: Liberal Arts, 1951, pp. 171-182. 저자의 최근 글들에서는 상징주의가 더 약화된다. Problems of Art, New York: Scribner's, 1957, esp. p. 139.

랭거의 이론은 다음 글에서 나타난 견해를 발전시킨 것으로 볼 수 있다. Ernst Cassirer, *An Essay on Man,* New Haven, Conn.: Yale U., 1944 (reprinted Garden

City, N.Y.: Anchor, 1953), chs. 2, 3, esp. 9.

랭거의 이론에 대한 논의들로는 다음을 참조하라. Ernest Nagel, "A Review," *J Phil*, XL (1943): 323-329; Morris Weitz, "Symbolism and Art," *Review of Metaphysics*, VII (1954): 466-481; Paul Welch, "Discursive and Presentational Symbols," *Mind*, LXIV (1955): 181-199('현시적 상징'과 관련한 혼란을 비판적으로 살펴보는 글); Arthur Szathmary, "Symbolic and Aesthetic Expression in Painting," *JAAC*, XIII (September 1954): 86-96(표현주의적 관점의 글).

Albert Gehring, *The Basis of Musical Pleasure*, New York, Putnam, 1910, chs. 3-5, Appendices C, D, pp. 169-196. 나는 이 저자의 견해를 의미작용 이론의 초기 형태로 분류하는데, 왜냐하면 저자는 몇몇 음악과 심적 과정 사이의 '평행주의'를 주장할 뿐만 아니라, '상징', '가리키다', '설명', '기술'(pp. 72ff.)과 같은 용어를 사용하며, 심지어 지도와의 유비를 제시하기 때문이다(p. 72). 저자 자신은 음악의 '표현주의' 이론에 반대해 '형식주의' 이론을 선호한다고 말하는데, 이때 그는 음악이 '표현'할 수 있거나 혹은 종종 표현한다는 사실을 부정하는 것이 아니라(이때 '표현'은 의미작용 이론적 의미로 사용된다. pp. 182-196), 의미작용을 하는 것이 음악의 '주 업무'라는 생각을 부정한다(p. 175). 다시 말하면, 그는 의미작용 이론이 다음의 주장, 즉 미적 가치가 의미작용에 의존하기 때문에 음악은 의미작용을 해야만 한다는 주장을 하는 것으로 이해하고 있으며, 이에 반대한다.

의미작용 이론의 다른 유형으로 다음을 참조하라. (1) L. A. Reid, "Aesthetic Meaning," *PAS*, LV (1854-1855): 219-250, esp. 240-246. 여기에서 저자가 '의미'를 독특한 뜻으로 사용하고 있음을 주목하라. 저자는 자연선택 개념이 진화 개념과 동일 체계에 속하게 됨으로서 진화의 개념을 '상징한다'고 말한다(p. 222). (2) Max Rieser, "On Musical Semantics," *J Phil*, XXXIV (1942): 421-432. 그러나 저자의 후기 논문인 다음 글에서 저자는 의미작용 이론에 회의적인 모습을 보인다. "The Semantic Theory of Art in America," *JAAC*, XV (September 1956): 12-26. (3) Norman Cazden, "Towards a Theory of Realism in Music," *JAAC*, X (December 1951): 135-151. 여기서 '리얼리즘'이라는 단어의 기이한 용법에 주목하라. 이 글은 다음 글에서 비판적으로 논의된다. Paul L. Frank, "Realism and Naturalism in Music," *ibid.*, XI (September 1952): 55-60. (4) Abraham Kaplan, "Referential

Meaning in the Arts," *JAAC*, XII (June 1954): 457-474. 이 글은 음악의 의미작용 이론을 주장하지는 않지만, 다른 예술분야의 의미작용 이론을 주장하며, 또한 의미 작용 이론을 표현주의 이론에 종속시킴으로써 둘을 화해시키는 흥미로운 한 방법을 제시한다. (5) Lewis W. Beck, "Judgments of Meaning in Art," *J Phil*, XLO (1944): 169-178.

(II) 랭거와 모리스를 포함한 의미작용 이론 일반을 비판한 글들로는 다음을 참 조하라. Richard Rudner, "On Semiotic Aesthetics," *JAAC*, X (1951): 67-77. 이 글 은 미적 대상을 기호로 보는 견해와 미적 대상이 미적 경험이라는 즉각 반응으로 경 험된다는 견해는 양립 불가능하다고 주장한다. 이 결론은 다음 글에서 비판된다. Irving Copi in "A Note on Representation in Art," *J Phil*, LII (1955): 346-349; E. G. Ballard, "In Defense of Symbolic Aesthetics," *JAAC*, XII (September 1953): 38-43. 다음도 참조하라. Eliseo Vivas, "Aesthetics and Theory of Signs," *Creation and Discovery*; Harold Osborne, *Aesthetics and Criticism*, New York: Philosophical Library, 1955, pp. 69-88, 102-109.

Eduard Hanslick, *op. cit.* (esp. Preface, chs. 2, 3, 5, 7). 예리하고 재치 있는 이 글은 의미작용 이론의 초기 형태에 대한 철저한 반박으로 간주될 수 있다. "숲은 선선하고 그늘져 있지만, 그것은 '선선함과 그늘짐의 느낌'을 재현하지는 않는다."(p. 4) "묘사 어구들은 … 우리가 그 비유적 의미를 완전히 의식하고 있는 한 사용될 수 있다. 묘 사어구를 사용하지 않을 수는 없을 것이다. 그러나 이 음악은 자긍심을 '표현한다'는 말은 절대 하지 말자"(p. 53), 그리고 "미적으로 어떤 하나의 테마가 슬프거나 고상한 특성을 지닌다고 말하는 것은 정확하지만, 음악이 작곡가의 슬프거나 고상한 기분을 표현한다고 말하는 것은 그렇지 않다"(p. 74). 이 견해는 책 전체에 걸쳐 지속적으로 강하게 유지된다.

18.10 음악적 '이해'(MUSICAL 'UNDERSTANDING')

다양한 맥락에서 음악에 적용되는 '이해'라는 용어를 분석하는 것이 도움이 될 것이다. '이해'는 여러 의미를 가지는가? 그 용어의 사용에는 어떤 가정이 전제되고 있는가? '이해'라는 용어는 어떤 혼란을 만들어내는가?

이 분석을 통해 우리는 음악이 무언가를 '상징한다'고 말하는 다수의 글들을 설명하게 될 수도 있다. 그 글들은 대체로 이미지-환기 이론, 혹은 표현 이론, 혹은 의미작용 이론의 비체계적인 형태를 반영하며, 종종 음악이 무엇을 할 수 있는가라는 질문을 음악과 단어가 함께 있을 때 무엇을 할 수 있는가라는 질문과 혼동한다. 특히 이는 음악적 '상징주의'에 대한 야망 찬 연구인 다음 글에서 잘 나타난다. Albert Schweitzer, *op. cit.* 이 글에 대한 설명과 반박으로 다음을 참조하라. Gordon Sutherland, "The Schweitzerian Heresy," *Music and Letters,* XXIII (1942): 265-289. 예를 들어, 슈바이쳐(Schweitzer)는 〈신은 권력자들을 내치신다〉(칸타타 No. 10)에서 권력과 그 쇠락을 모방하는 부분을 지적한 후, 〈오르간 푸가 E단조〉에서도 이와 비슷한 테마가 나타난다고 하면서 다음과 같이 말한다. "이 모티브들은 바흐가 〈오르간 푸가 E단조〉에서 표현하고 싶었던 거대한 생각을 잘 설명한다"(Vol. II. p. 90). 더 많은 예들을 보려면 다음을 참조하라. Karl Geiringer, "Symbolism in the Music of Bach," a lecture, Washington, D.C.: The Library of Congress, 1956.

위와 비슷한 논문이면서 정교함에 있어 다양한 차이를 보여주는 다음 글들도 살펴보라. Paul F. Laubenstein, "On the Nature of Musical Understanding," *Musical Quarterly,* XIV (1928): 64-76; Michael McMullin, "The Symbolic Analysis of Music," *Music Review,* VIII (1947): 25-35; Henry Prunières, "Musical Symbolism," *Musical Quarterly,* XIX (1933); 18-23; Edward A. Lippman, "Symbolism in Music," *Musical Quarterly,* XXXIX (1953): 554-575; Edwin Hall Pierce, "The Significance of the 'Trill', as Found in Beethoven's Most Mature Works," *Musical Quarterly,* XV (1929): 233-245; E. H. W. Meyerstein, "The Problem of Evil and Suffering in Beethoven's Pianoforte Sonatas," *Musical Review,* V (1944): 96-111; Katharine M. Wilson, "Meaning in Poetry and Music," *Music and Letters,* IX (1928): 211-225; Hugh Arthur Scott, "That 'Finger-Print' of Beethoven," *Musical Quarterly,* XVI (1930): 276-289(이는 다음 글에 대한 비판이다. Ernest Newman, *The Unconscious Beethoven,* New York: Knopf, 1927. 이 글은 베토벤 음악에서 자주 등장하는 셋잇단음이 언제나 '의미'를 가진다고 말한다).

19

19.1 음악의 소리와 가사의 소리(MUSIC AND THE SOUNDS OF WORDS)

음악의 소리와 가사의 소리가 서로 부조화적인 그런 노래의 예를 찾을 수 있는 가? 그런 예들이 말해주는 일반 원칙이란 무엇일까? 다음 글에서 랭거는 '연상 원칙'을 옹호하는데, 이는 음악에 붙여진 가사는 순수한 음악적 요소가 된다는, 즉 음악이 가사를 '집어삼킨다'는 원칙이다. Susanne Langer, *Feeling and Form,* New York: Scribner's, 1953, ch. 10.

19.2 음악, 그리고 가사의 의미(MUSIC AND THE MEANING OF WORDS)

음악에 가사가 붙여질 때 가사의 의미에는 어떤 일이 발생할 수 있는가? 예를 들어 단음절 단어를 2음절이나 3음절로 노래할 때, 혹은 높은 음정으로 노래할 때, 혹은 악센트 없이 노래할 때, 단어의 의미는 변화하는가? 노래하기가 가사의 의미에 영향을 미치는 일반 원칙을 생각해볼 수 있을까?

Eduard Hanslick, *The Beautiful in Music,* New York: Liberal Arts, 1957, ch. 2. 이 글은 음악이 가사와의 관계에서 가지는 '조형성'을 강조한다. 다음을 또한 참조하라. Edmund Gurney, *The Power of Sound,* London: Smith, Elder, 1880, chs. 20, 21, 22; Donald F. Tovey, *Vocal Music,* Vol. V of *Essays in Musical Analysis,* New York: Oxford U., 1935-1939, esp. pp. 115, 175, 199, 205; "Mass" and "Oratorio," *Encyclopaedia Britannica* 14th ed., Chicago: U. of Chicago, 1929 (reprinted in Tovey, The Forms of Music, New York: Meridian, 1956); Tovey, "Words and Music: Some Obitter Dicta," *The Main Stream of Music,* New York: Oxford U., 1949, pp. 202-219.

음악과 언어적 의미의 평행주의에 대한 예들로는 다음을 참조하라. Albert Schweitzer, *J. S. Bach,* trans. by Ernest Newman, Leipzig, New York: Breitkopt and Härtel, 1911, Vol. II; William Palmer, "Word-Painting and Suggestion in Byrd," *Music Review,* XIII (1952): 169-180.

19.3 노래(SONG)

음악에 붙여진 가사의 적절성 문제를 탐구하기 위해, 같은 가사를 다른 곡에 붙인 경우들을 살펴보라. 예를 들어 포레와 드뷔시가 모두 베를렌(Verlaine)의 시 「은밀하게」(En Sourdine)를 이용한 경우 및 다음 글에 등장하는 흥미로운 여러 예들을 살펴보라. Gerald Moore, *Singer and Accompanist,* New York: Macmillan, 1954, pp. 38-44, 95-96, 63-70, 199. 시의 상황에 따른 상이한 성질들에 음악은 어떻게 우리를 집중시키는가? 동일한 혹은 거의 동일한 음악이 상이한 가사를 가지는 경우도 살펴보라. 예를 들어 바흐와 헨델이 자신들의 이전 작품에서 음악을 가져오면서 가사를 바꾸는 경우처럼 말이다. 가사가 바뀔 때 단어의 소리 성질이 변하는데, 이것이 음악을 어떻게 변화시키는가? 다음을 참조하라. Donald F. Tovey, "Bach," *Encyclopaedia Britannica.*

다음 글들도 참조하라. Mario Castelnuovo-Tedesco, "Music and Poetry: Problems of a Song Writer," *Musical Quarterly,* XXX (1944): 102-111; Mursell, *op. cit.,* pp. 259-262; Edward T. Cone, "Words into Music: The Composer's Approach to the Text," *Sound and Poetry,* English Institute Essays, 1956, New York: Columbia U., 1957.

노래에 대한 또 하나의 흥미로운 문제가 있다. 음악에 붙여지는 가사가 운문일 때, 운문적 성질(예를 들어 운율이나 각운 등)이 보존되거나 혹은 파괴된다. 음악의 어떤 독립적이고 내재적인 성질들이 운문적 성질을 보존할 수 있는가? 가사의 단어와는 상관없이 음악 그 자체에도 각운 현상이나 혹은 시구에 평행하는 것 등이 있으며, 이것들로 인해 음악의 움직임은 운문의 움직임을 따라갈 수 있다. 베토벤 〈현악 4중주 A장조〉(Op. 18, No. 5)의 미뉴에트에서 마지막의 두 음표는 분명히 다섯 번째 및 여섯 번째 음과 음악적으로 각운을 맞춘다. 가사 붙이기와 관련된 또 다른 음악적 요소를 발견할 수 있는가?

Beethoven, *String Quartet in A Major (Op. 18, No. 5)*

19.4 오페라(OPERA)

오페라의 가사와 음악 사이에는 어떤 특별한 문제들이 있을까? 예를 들어 모차르트의 오페라에서 음악은 어떤 방식으로 레포렐로, 마세토, 테스피나, 도나벨라, 파파게노, 모노스타토스, 바실리오, 오스민을 특성화할 수 있는가? 베르디, 바그너, 푸치니의 오페라에서, 음악적 사건들(클라이맥스, 갑작스러운 전조, 기존 테마의 상기 등)은 어떻게 어떤 일이 일어나고 있는지(혹은 일어났었거나 일어날 것인지)에 대한 정보를 주는가? 이와 관련한 좋은 예들은 다음 글에서 찾을 수 있다. Siegmund Levarie, *Mozart's Le Nozze di Figaro,* Chicago: U. of Chicago, 1952.

다음 글을 보라. Donald F. Tovey, "Opera" and "Gluck," *Encyclopaedia Britannica,* "Gluck," *Main Stream of Music,* pp. 65-102. 다음 글은 비제를 지지하면서 〈보체크〉(*Wozzeck*)의 2막에서 보체크가 마리에게 돈을 줄 때 알반 베르크가 단순 C장조 화음을 사용한 점을 비판하는데, 그때 저자의 논리를 잘 들여다보라. Winton Dean, "Carmen: An Attempt at a True Evaluation," *Music Review,* VII (1946): 209-220. 문제의 화음에 대해서는 다음의 견해를 살펴보라. Hans Keller, "The Eclecticism of *Wozzeck,*" *Music Review,* XII (1951): 309-315; XIII (1952): 133-137, 252, 332; Edgar Istel, "Gluck's Dramaturgy," *Musical Quarterly,* XVII (1931): 227-233; Albert Gehring, *The Basis of Musical Pleasure*, New York: Putnam, 1910, pp. 143-168; Ernest Newman, *Seventeen Famous Operas,* New York: Knopf, 1955; Douglas Moore, *Listening to Music,* rev. ed., New York: Norton, 1937, ch. 16; Joseph Kerman, *Opera as Drama,* New York: Knopf, 1956; H. C. Colles, *Voice and Verse*, New York: Oxford U., 1928.

19.5 프로그램 음악(PROGRAM MUSIC)

Hanslick, *op. cit.,* 이 글 3장에서 등장하는 흥미로운 지적 및 6장과 7장에서 등장하는 '주제'에 대한 분석을 살펴보라. 또한 다음도 참조하라. Frederick Niecks, *Programme Music in the Last Four Centuries,* London: Novello, 1906; Tovey, "Programme Music" and "Symphonic Poem," *Encyclopaedia Britannica*; R. W. S. Mendel, "Beethoven as a Writer of Programme Music," *Musical Quarterly,* XIV (1928): 172-177, and "The Art of the Symphonic Poem," *ibid.,* XVIII (1932): 443-

463; James L. Mursell, *Psychology of Music,* New York: Norton, 1937, pp. 262-268; M. D. Calvocoressi, *The Principles and Methods of Musical Criticism,* New York: Oxford U., 1923, Part I, ch. 5; Albert R. Chandler, *Beauty and Human Nature, Richard Strauss,* London, New York: Lane, 1908, pp. 43-88; Douglas Moore, *op. cit.,* ch 15.

19.6 제목(TITLES)

음악작품이 기술적 제목을 가진다면(예를 들어, 슈만의 피아노곡들, 그리그의 〈페르귄트 조곡〉, 생상스의 〈동물의 사육제〉 등), 음악작품과 제목 사이에는 어떤 관계가 있을까? 제목을 아는 것은 작품의 청취에 어떤 영향을 줄까? 실험을 통해 당신의 반응이 전형적인 반응이라는 것을 발견할 수 있을까? 제목은 표제의 한 유형으로 간주되어야 하는가?

19.7 연주 지침(DIRECTIONS FOR PERFORMANCE)

작곡가가 평범하지 않은 연주 지침을 내린 예들을 찾아보라. 예를 들어 베토벤의 〈현악 4중주 B플랫 장조〉(*Op. 130*)에 등장하는 '베클렘트'(beklemmt), 알반 베르크의 〈서정적 조곡〉에서 '트리오 에스타티코'(trio estatico)와 함께 등장하는 '알레그로 미스테리오소'(allegro misterioso) 등. 이런 지침들은 광의의 표제로 이해되어야 하는가? 연주 지침과 표제의 경계는 어디인가?

19.8 춤(THE DANCE)

음악과 물리적 운동 사이의 유사성에 대한 논의를 바탕으로(18절), 음악과 신체 움직임의 융합이 춤 안에서 발생한다고 볼 수 있을 것 같다. 우리는 이 춤이 다른 춤보다 특정 음악작품에 더 적절하다고(그 음악작품에 대한 더 나은 '해석'이라고) 말할 수 있을까? 다음을 참조하라. Langer, *op. cit.,* chs. 11, 12.

제8장

예술적 참

ARTISTIC TRUTH

김정현 번역

누군가 서술문장을 말할 때 단지 그가 말한 문장만을 이해하는 것에 족할 필요는 없다. 우리는 그가 말한 문장의 의미에 동의할 것인지 아닌지를 결정할 수도 있고, 때로 어떤 상황에서는 이러한 결정을 반드시 해야만 하기도 한다. 다시 말해, 한 문장은 의미를 가질 뿐 아니라 참이나 거짓이라는 특징을 지니고, 그래서 믿을 만하거나(believable) 그렇지 않기도 하다. 문장은 이 같은 특징을 가진 덕분에 지식을 기록하고 소통하는 인식적 기능을 가진다.

회화나 음악 악곡도 종종 언급한 기능과 비슷한 용어로 기술된다. 예컨대 작품들은 무엇인가 '말하고', '소통하고', '밝혀 준다'고 한다. 그리고 이렇게 말하는 것은 분명 이 작품들이 물리적 세계를 재현하고 모방한다고 하는 것보다 더 많은 것을, 그리고 이 작품들이 표현하고 의미작용 한다고(signify) 하는 것보다 더 많은 것을 뜻한다고 하는 것이다. 물론 마지막 두 용어 역시 인식적 기능을 담당하도록 확장되었지만 말이다. 음악이 의미를 가진다고 말하는 것과 음악이 참이거나 거짓이라고 말하는 것은 별개의 것이다. 비록 밀접한 연관성을 가지기는 하지만 여기에는 서로 다른 두 가지 개념이 있는 듯하다. '말'(horse)이라는 단어가 참이나 거짓인 것은 아니다. 하지만 '말'이라는 단어의 의미는 '리처드가 말을 가지고 있었다'처럼 참 혹은 거짓인 진술에 사용될 수 있는 역량(capacity)을 통해 이해되어야 한다고 이 책의 제3장, 9절에서 언급한 바 있다. 이것이 옳다면, 예컨대 음악에 대한 의미작용 이론(Signification Theory of music)은 음악적 기호(icon)가 일종의 진술로 결합되는 가능성을 증명할 수 있을 때 비로소 온전해질 수 있다. 즉 음악이 참일 수 없다면 그 부분도 의미를 지닐 수 없다.

나는 이 이론을 강하게 밀어붙일 준비가 되어있지는 않다. 어떤 학자들은 음악이 참 혹은 거짓은 될 수 없어도 의미작용(signify)은 할 수 있다고 주장하고자 했다. 또 다른 학자들이 의미작용 이론이나 표현론을 확장시켜 음악에 대해 참 혹은 거짓을 말할 수 있다고 주장하고자 한다면, 최소한 이도 분명 확장에 해당한다. 그리고 이 장에서 우리가 살펴보고자 하는 것이 바로 이러한 확장이 적합한 것인가 하는 것이다. 나는 한편으로는 (다음 장에서 살펴보게 될) 문학적 문제들을 계속 염두에 두겠지만, 이 장에서는 회화와 음악 악곡이 지니는 인식적 지위에 대해 살펴보고자 한다.

누누이 강조한 바이지만 논의에 앞서 우리가 논의에 사용할 주요 용어들이 유난히 오인의 소지가 많다는 점을 상기할 필요가 있다. '말하다'(say)라는 단어를 생각해

보자. 허레이쇼 그리노(Horatio Greenough)는 다음과 같이 언급한 바 있다:

> 내가 보기에 오벨리스크가 그 형식과 특성상 가지는 하나의 장점은 역사적으로 기념할 만한 이 장소를 주목하게 만드는 능력이다. 오직 한마디를 말하지만, 크게 외친다. 그 목소리를 내가 올바로 이해한 것이라면 오벨리스크는 '여기!'라고 말한다. 더 이상 어떤 말도 하지 않는다.[*]

위에서 그리노는 그가 승인한(approved) 벙커힐 기념탑(Bunker Hill monument)과 언급하고 있는 워싱턴 기념탑의 차이를 설명하는 중인데, 그는 워싱턴 기념탑이 기념할 만한 일이 일어난 적도 없는 장소에 놓였다는 이유에서 승인하지 않는다. 나는 유사한 언급이 음악에 대해서도 말해질 수 있다고 생각한다. 가령 거세게 부딪는 현이나 트럼펫의 화려한 소리의 경우 분명한 목소리로 '지금!'이라고 말한다. 그러나 이런 종류의 말하기는 분명 '리처드가 말을 가지고 있었다'와는 매우 다르다. 주목할 것이 아무것도 없는 거대한 오벨리스크나 등장을 알려야 할 이가 없는 트럼펫 소리는 실망스럽기는 해도 분명 거짓은 아니다. 상술한 것들은 '이 땅은 조국 선열들의 피로 물든 신성한 곳이다'라거나 '왕이 납시오'라기보다 '주목하시오!', '귀를 기울이시오!'와 더 유사하다.

'참'(true)이라는 말도 우리에게 항시 경계를 늦추지 못하게 하는 함정을 품은 듯하다. 앞으로 논의를 진행하면서 '참'이라는 단어에 대해 더 많은 말을 하겠지만 논의에 앞서 몇 가지 기본 규칙에 대한 동의를 구하는 것이 바람직해 보인다. ① 어떤 것을 '참'이라고 말할 때, 우리는 이 단어를 인식적(epistemic) 용어로, 즉 우리의 앎과 관련된 용어로 사용하며, 충실한(loyal), 진실된(sincere) 혹은 진정한(genuine) 등과 같이 유사하지만 앎과는 무관한 다른 의미로 옮겨 타지 않도록 하자. ② 참을 심리적 상태와 혼용하지 않도록 하자. '이것이 너에게는 진실이지만(true), 나에게는 그렇지 못하다'라는 진술은 '너는 이것을 믿지만 나는 믿지 않는다'를 의미하는 것으로 참에 관련된 말이 전혀 아니다. ③ 참이라는 말에 실재(reality) 대상과의 상응이 필요한 것에는

---

[*]   Horatio Greenough, *Form and Function*, ed. by Harold A. Small, Berkeley, Cal.: U. of California, 1947, p. 26.

동의하지만, 이 실재의 본성에 대한 어떠한 가정도 '참'에 대한 우리의 정의에 반입시키지 않도록 하자. '영혼이 불멸하다'는 것이 참임을 믿고 '잔디가 푸르다'는 것이 참임을 믿는 이가 영혼과 잔디가 다른 종류의 존재라고 말하는 것은 자유지만, '참'이라는 단어가 서로 다른 의미로 사용된다고 자유롭게 말할 수는 없다.

20

명제 이론

THE PROPOSITION THEORY

　　우리는 '명제'(proposition)라는 용어를 별다를 것 없이 어떤 것이건 참 혹은 거짓인 것을 의미한다고 소개하는 것으로부터 논의를 시작할 수 있다. 이제 이 장에서 우리가 마주할 첫 번째 질문은, '비언어적인 미적 대상이 명제인가? 혹은 명제를 포함할 수 있는가?' 하는 것이다. 나는 이 질문에 대한 긍정적인 답변을 미적 대상의 인식적 지위에 대한 **명제 이론**(Propositional Theory)이라고 부를 것이다.*

　　이 이론의 주된 개요는 상당히 간단하다. 그러나 살펴보게 되겠지만 이 이론은 몇몇 미묘한 문제들을 발생시킨다. 언어적 발화에 대해서 많은 철학자들은 문장과, 문장이 '표현한다'고 말해지는 명제를 구분한다. 즉 문장은 명제의 전달 수단이라는 것이다. 이러한 구분을 논하는 논증은 복잡하지만 대개 그 논증은 다음과 같다: 첫째, 가령 '잔디가 푸르다'와 'L'herbe est verte'라는 두 문장이 동일한 명제를 표현할 수 있다면, 이 문장들이 표현하는 명제를 둘 중 한 문장으로 동일시할 수 없다. 둘째, 우리가 믿는 것은 문장이 아니라 명제인 듯하고, 셋째, 잔디가 푸르다는 명제는 이것을 표현하는 문장을 누군가 쓰거나 말하기 전에도 참인 듯하다. 예컨대 소크라테스는 기원전 399년에 처형당했다는 명제는 그의 처형이 일어나기 전에도, 혹은 심지어 소크라테스가 태어나기 전에도 비록 그때 알 수 없었다고 해도 참이다.

　　이렇게 문장과 명제를 구분하게 되면, '~이다'라는 절('that'-clause)로 칭해지는 명제가 비언어적인 전달 수단을 가질 수 있다고 주장하는 것이 가능해진다. 그리고 실제로 이러한 명확한 사례들이 있다. 강령회 전에 영매가 조수에게 '내가 기침을 하

---

* 명제 이론은 그린, 모리스 와이츠, 그리고 앤드류 우솅코(Andrew P. Ushenko)에 의해 지지되었다. 참고문헌으로는 이 장 말미의 Note 20.2를 참조하라.

면 그때가 영이 나오는 때이다'라고 말한다면, 이제 그의 기침은 지금 영이 내린다는 명제를 전달하는 미리 마련된 수단이다. 여기에는 기침이 이 문장의 준말이 되게 해 주는 구체적인 관례나 동의도 있다. 그러나 명제 이론은 이러한 관례가 없을 때조차 도 일상 언어에서 문장이 명제의 전달 수단이 되는 것과 정확히 동일한 방식으로 어 떤 그림이나 음악 악곡도 명제의 전달 수단으로 해석될 수 있다고 주장한다. 아마 모 든 회화와 음악 악곡이 그렇지는 않을 것이다. 즉 나는 이 이론을 좀더 약한 형식으 로 만든 것이지 결코 사소하거나 미미한 형식으로 놓은 것은 아니다. 명제 이론가들 은 몇몇 회화와 음악 악곡에 대해 두 가지 요소, 즉 일종의 '주제'(subject)와 주제에 대 한 언급, 즉 '해석'(interpretation)으로 일컬어지는 것을 구분한다. 이러한 방식으로 작 품은 실재에 대해 어떤 것을 '말한다'. 그리고 그 말해진 바는 감상자에게 동의를 구 할 수도 그렇지 못할 수도 있다.

회화와 음악에서의 명제

어떤 형식의 명제 이론이건 비평가들이 예술작품에 대해 말하는 수많은 진술 에 분명 전제되어 있으며, 현 논의를 위한 다양한 비평적 사례들이 있다는 것은 고무 적인 일이다. 비평가들에 따르면, 성경적 주제를 다룬 렘브란트의 후기 회화와 동판 화는 이 성경적 주제를 소박하고 겸손하며 인물의 진실성에 강조를 두어 다루고 있 을 뿐 아니라 〔메노 시몬스(Menno Simons)의 추종자들인〕 메노파의 성경적 축어주의(Biblical literalism)를 담고 있다고 해석된다. 그리고 조르조네(Giorgione)의 회화와 루벤스의 후 기 풍경화는 범신론적이고, 벨라스케스(Velásquez)와 스페인 화가들은 그들 작품에 '삶 의 비애감'과 〔우나무노(Unamuno)의 말을 빌리자면〕 '불멸에의 갈망'을 구현했다고, 엘 그 레코의 그림은 신비주의적이라고, 틴토레토의 〈빌라도 앞에 선 예수〉(1566, Scuola di San Rocco, Venice)는 개인은 위엄을 가지는 동시에 자신의 이해를 초월하는 성스러운 목적에 종사한다는 것을 주장한다고, 쿠르베(Courbet)의 그림은 박애주의와 보편적 형제애를 가르친다고, 라파엘의 〈논쟁〉(Disputà, 1509, Camera della Segnatura, Vatican)은 천 국에 이르는 길이 성체성사라고 말하며 〈아테네 학당〉(School of Athens, ca. 1508) 맞은편 에 배치된 것에서 알 수 있듯이 세상에는 이성과 믿음이라는 두 가지 형식의 지식이 있음을 전한다고, 또한 벤 샨(Ben Shahn)의 가장 유명한 그림은 사회적 조건에 대한 견 책과 사회적 정의에 대한 호소를 담고 있다고 말해진다. 그리고 오든(W. H. Auden)은 브뤼겔(Brueghel)의 〈이카로스의 추락〉(*Fall of Icarus*, ca. 1555, Musée des Beaux Arts, Brussels) 에서 찾은 명제를 자신의 시 「미술관」(*Musée des Beaux Arts*)으로 옮겨 적기도 했다:

고통에 관해 거장들은
틀린 법이 없었다.
삶에 스며 퍼진 고통을 … 그들은 잘 알고 있었다.[*]

뉴스쿨의 신사회 연구소(New School for Social Research)에 있는 오로즈코(Orozco) 벽 화가 노란 천막으로 가려진 것에 항거해 1953년 시위가 일어났을 때, 이 대학의 학장 은 그 벽화가 "교수단의 철학을 표현하지 못한다"고 말했다. 이로써 학장은 분명 그 벽화가 자신들의 철학을 표현하지 못한다고 말한다기보다 그들의 것과 양립 불가능 한 철학을 반영한다는 것을 의미했다. (벽화는 각각 다른 민족의 다섯 군인과 일렬로 선 스탈린 이 그려져 있었는데, 그들은 모두 침울한 표정으로 망치를 들고 있다. 하지만 화가조차 이 벽화의 철학이 무엇인지 언급하지 않았다)

이러한 진술들은 모두 명제 이론의 사례이고, 이 중 한 진술이라도 참이면 이 이 론도 참이 된다. 당연히 모든 사람이 이 모든 해석을 인정하지는 않을 것이다. 만일 시각적 디자인(visual design)에 담긴 명제가 있다면 이때 명제는 명확함과 강조점의 정 도에서 서로 다르게 제시되었을 것이다. 이 책의 도판 중에서 세 개의 사례를 들어보 자. 뒤러의 〈최후의 만찬〉(도판 6)은 셜록 홈즈의 밤에 짖지 않은 개처럼 모든 것 중에 서 가장 현저한, 즉 같은 주제를 다룬 그의 전기 목판화와 매우 현저한 대조를 보인 다. 탁자에는 성배만이 놓여있고 가장 잘 보이는 위치의 마룻바닥에는 희생양이 비워 진 커다란 접시가 놓여있다. 이 작품이 만들어지던 같은 시기에 루터(Luther)는 성미 사는 제물이 아니라 상징적 증거라고 논파하고 다녔다. 파노프스키는 "뒤러가 희생 양을 비우고 성찬식 성배를 눈에 띄게 강조하여 루터에 대한 자신의 신앙적 지지를

---

[*]   W. H. Auden, "Musée des Beaux Arts," *Collected Shorter Poems 1930-1944*. Copyright 1940 by W. H. Auden, 랜덤하우스(Random House Inc. and Faber and Faber Ltd.)의 허가를 얻어 재간행됨. (한역 시: W. H. 오든(1938)/봉준수 편역, '아킬레스의 방패'– 오든 시선집, 나남출판사, 2009.)

공언하는 것으로 보인다"고 말한다.* 다시 말해, 이 목판화는 개신교 신학의 일부를 담고 있다는 것이다.

도미에의 〈증인들〉(도판 8)은 특별히 흥미로운 사례이다. 왜냐하면 이 작품은 두 가지 수준에서 접근할 수 있기 때문이다. 한편으로 이 작품은 구체적인 정치적 맥락에 속하고, 이 맥락 내에서 명확하고 결정적인 작품의 메시지를 전달하고 있다.** 이 작품은 1872년 석판화 연작 *Actualités* 중 하나로 제작되었지만, 알 수 없는 어떤 이유로 인쇄되지 않고 메트로폴리탄 미술관(Metropolitan Museum of Art)이 소유한 테스트 인쇄본만 존재한다. 1872년 5월 16일, 프랑수아-아쉴 바쟁(François-Achille Bazaine) 원수가 독일과의 전쟁에서 라인강 주둔 프랑스군을 지휘하던 때 메츠시를 프러시아군에 넘겨줬다는 죄목으로 군법회의에 회부된다. 몇몇 신문 기사는 바쟁의 편에 서는 기사를 썼지만, 결국 반역죄로 판결된다. 이 과정에서 바쟁은 자신을 위해 증인이 되어준 지인들의 높은 사회적 신분과 명성을 잘 이용한 바 있다. 도미에의 〈증인들〉은 누가 봐도 그 기소 재판의 목격자들이다. 따라서 이 작품에 구체적인 명제가 있다면 이 명제는 '전사자들이 증언할 것이듯 바쟁은 반역자이다'와 같은 것이다. 그러나 다른 한편 좀 더 일반적인 차원에서 이 작품은 이 역사적 사건을 모르는 사람들에게 전쟁의 참상을 상기시키고 고급장교와 군관들을 고발하는 그림으로 여겨질 수도 있다.

도미에 작품처럼 구체적이지는 않지만 케테 콜비츠의 〈시립보호소〉(도판 3)에도 사회적 사건에 대한 어떤 언급이 있을지 모른다. 적어도 이 작품에는 배고픔과 권태가 묻어난다. 그렇다면, 이 작품도 역시 어떤 이름 모를 권력이 사회, 전쟁, 부당한 경제체제 등에 책임이 있다는 것을 함축하는 것일까?

명제 이론이 음악에도 적용될 수 있다고 하는 견해는 회화에 대한 견해만큼 널리 받아들여지는 것은 아니지만 전무한 것은 아니다. 코다이(Kodály), 스메타나, 드보르작, 그리고 시벨리우스 같은 작곡가들은 '민족주의적인' 작곡가이고 그들의 음악에는 강렬한 민족주의적 요소가 등장한다고 말한다. 민족주의가 현재 논의하고 있

---

*   Erwin Panofsky, *Albrecht Dürer*, 3rd ed., Princeton, N.J.: Princeton U., 1948, Vol. I, p. 222. 이 인용문은 실제로 뒤러의 1523년 드로잉에 대한 것이지만 이 목판화에도 또한 적용된다.

** 프랑스 국립도서관(Bibliothèque Nationale) 사진실의 장 밸러리-라도(M. Jean Vallery-Radot)와 도미에의 드로잉과 수채화 편집장인 장 아데마르(M. Jean Adhémar)가 친절히 관련된 정보를 제공해줬다.

는 명제가 될 수 있는지는 잘 모르겠으나, 보후슬라브 마르티누(Bohuslav Martinu)의 〈환상 교향곡〉이 체코 국민의 불굴의 의지와 용기를 기리고 체코 민족의 영웅적 미래를 예언했다거나, 혹은 아르튀르 오네게르(Arthur Honegger) 교향곡 제3번 〈전례풍 교향곡〉의 3악장이 '인간을 로봇으로 만드는 민족주의, 군사주의, 관료주의, 행정편의주의, 관세 장벽, 세금, 전쟁이 주는 '무능의 공포'를 공격한다'고 한 것을 읽은 적이 있다. 그리고 혹자들은 리하르트 슈트라우스(Richard Strauss)의 음시 〈짜라투스트라는 이렇게 말했다〉도 이 곡의 이름을 따온 니체(Nietzsche)의 저술처럼 삶에 대해 '긍정을 말하는' 철학과 초인의 도래에 대한 희망을 가르친다고 주장했다.

명제 이론에 대해 제기될 수 있는 가장 근본적인 반론은 너무 복잡해서 여기에서 깊게 다루기는 힘들지 모른다. 명제와 그 전달의 수단인 문장을 일상 언어에서 구분하는 것은 매우 어려운 일이다. 먼저, 명제와 문장의 구분을 주장하는 논증은 이것이 정말 필요하다는 것을 보여주지 못한다. 예컨대, '잔디가 푸르다'와 'L'herbe est verte'는 이 두 문장 모두를 표현하는 제3의 것인 명제가 존재하지 않는다고 해도 같은 의미를 지닐 수 있다. 둘째, 명제의 전달수단과 구분되는 명제의 개념, 즉 그 자체로는 지각적 대상도 아니면서 영원한 존재나 실체를 지닌다는 이 명제의 개념이 심각하게 모호하다. 나는 언어적 전달 수단이 아닌 명제라는 개체가 따로 존재한다고 생각하지 않는다. 만일 존재한다면, 명제 이론은 매우 곤궁해진다. 왜냐하면 이때 명제는 문장뿐만 아니라 시각적 디자인이나 음악적 악구를 전달 수단으로 삼을 수 있는 독립된 어떤 것이 아니기 때문이다. 명제는 문장일 뿐이거나, 혹은 더 정확히 말하자면 특정한 종류의 문장 집합일 뿐이다. 그리고 비언술적인 대상들이 이러한 문장을 한시적으로 대체하는 유일한 방법은 특정한 언술적 상정(specific verbal stipulation)을 통해서이다. 즉 영매는 기침으로 문장을 대체하기 위해 또 다른 문장을 사용해야만 하는 것이다. 물론 작곡가도 가령 니체 철학의 개요와 같은 철학적인 연주 프로그램을 제공하며, 이 음시가 니체 철학의 요약본이라고 상정할 수 있을지 모른다. 그러나 이런 의미라면, 무엇이든 무엇을 의미하도록 만들 수 있다.

오늘날 철학적 논의에서는 열린 문제로 받아들여져야 하지만, 설혹 명제에 대한 명제이론의 논의가 지지된다 하여도 허들이 하나 더 남아있다. 임의적인 상정은 둘째치고, 한 대상이 명제를 전달하는 정례적이고 체계적인 전달 수단이 되기 위해 만족시켜야 하는 조건이 무엇인지를 의문 삼을 수 있다. 언어에는 진술을 만드는 데 필수적인 무엇이 있어야 할까? 한 가지는 확신을 가지고 말할 수 있을 것 같다. '잔디가 푸르다'라는 문장에서 우리는 근본적으로 다른 두 작용 요소를 찾아볼 수 있다. '잔디'라는 단어는 일상적 의미에서 문장이 무엇에 대한 것인지를 알려주는 기능을 하고, '푸르다'라는 단어는 주어에 대해 말해진 바를 알려주는 기능을 한다. 다시 말해, 명제를 표현하려면 혹은 진술이 되게 하려면, 한 대상은 두 요소, 즉 '무엇에 대해 말하고 있는가?'라는 질문에 대한 답인 지표적 부분(indexical part)과 '그 대상이 어떠한가?'라는 질문의 답인 특징화 부분(characterizing part)을 가져야만 한다. 이 둘 중 어떤 요소도 그 하나만으로는 충분하지 못하다. '잔디', '눈', '피터 파이퍼'와 같은 지칭체를 언급하거나, 혹은 '푸르다', '하얗다', '절인 고추 한 뭉치를 주웠다'와 같은 술어의 언급은 우리에게 동의나 부동의를 구할 어떤 것도 제공하지 못한다.

혹자는 모든 문장이 주어–술어 형식을 이루지 않는다고 반대할지 모른다. 가령 'It is raining'이라고 말할 때 'What is raining'이라고 물어보지 않는다. 이때의 it은 지표(the index)가 아니기 때문이다. 그러나 이 문장에서조차도 전술한 두 가지 기초 역할이 전제된 문장의 부분들이 발견된다. 'It is raining' 문장은 특정 사건, 가령 비에 그것의 발생이나 존재를 부여한다. 따라서 'raining'이 지표이고, 'it is'가 특징화 부분이다. 하지만 라틴어의 *pluret*에서는 활용형 어미 *et*가 특징화 부분이다.

그렇다면 문제는 이제 비언술적인 미적 대상에서 지표적 부분과 특징화 부분으로 기능하는 것을 발견할 수 있겠는가 하는 것이 된다.

말하기와 보여주기

먼저 회화를 고려해보자. 가령 파란 말과 같은 대상을 (초상한 것이 아닌) 묘사한 재현적 회화가 있다고 해보자. 우리는 말의 형태를 색과 구분할 수 있을 것이지만, 무엇을 근거로 어떤 부분이 지표이고 어떤 부분이 특징화인지를 말할 수 있을까? '모든 말은 파랗다'라는 명제나 심지어 '어떤 말은 파랗다'라는 명제는, '모든 파란 것이 말이다'라는 명제만큼이나 이 그림에서 도출할 방법이 없다. 이 사실은 확실해 보인다. 물론 모든 흥미롭고 복잡한 문제를 배제했기 때문에 그렇겠지만 나는 동일한 원리가 주요 회화들에도 역시 적용될 수 있다고 생각한다.

적어도 위 사실은 내가 아는 한 개별 사물을 초상하는 것이 아니라 묘사한 모든 회화에 적용된다. 콜비츠의 석판화는 춥고 배고픈 사람들을 묘사한다 할 수 있고, 추론하건대 인류의 고통을 묘사한다고도 할 수 있다. 이 판화가 주는 연민은 개인으로서가 아닌 단지 집도 아비도 없이 버려진 무력한 아이들에게 직접적으로 던져진다. 그러나 콜비츠가 염두에 둔 혹은 콜비츠 애호가들이 염두에 둔 사회적 고발이 무엇이건 간에 그림에는 그러한 고발이 없다. 왜냐하면 이 그림에는 고발하는 대상을 가리키는 지표로 읽힐 만한 것이 없기 때문이다. 조르조네의 풍경화도 신이 모든 대자연에 편재한다는 범신론적 명제를 담고 있지 않다. 왜냐하면 풍경화의 어느 부분도 신을 가리키는 지표가 되지 못하기 때문이다. 그러나 프란츠 마르크가 모든 말이 파란색이라거나 혹은 파란 말이 존재한다고 말하는 것이 아니라 파란 말 하나를 묘사한 (depict) 것처럼, 조르조네의 풍경화는 신성한 힘이 자연에 편재하는 듯한 풍경을 묘사하고 있다고 말할지 모른다. 그리고 브뤼겔의 〈이카로스의 추락〉에 대해서도 이 그림이 이카로스를 초상한다는 것을 잠시 잊고 묘사라고 생각해 본다면, 이 그림은 사람들이 타인의 고통에 대해 무관심하다는 심리적 일반화를 포함하지 않는다. 다만 바다로 추락하는 사람을 무시한 채 무심히 쟁기질을 하는 농부를 묘사한다. 그리고 심지어 오든이 말했듯이 '그에게는 그렇게 중요한 실패도 아니었다'는 것을 보여준다.

그럼에도 〈이카로스의 추락〉은 좀 더 어려운 문제를 발생시킨다. 왜냐하면 이 그림이 '이야기를 하거나', 혹은 ('이야기하다'라는 단어가 너무 강한 의미라면) 어디선가 들은 적 있는 이야기를 상기시키기 때문이다. 이야기라는 것은 관념이나 이념, 혹은 단순한 이야기인 경우 소위 '교훈'(moral)이라 불리는 것을 가질 수 있다고 일반적으로 논해진다. 우리는 다음 장에서 이러한 견해를 받아들여야 하는 근거에 대해 알아볼 것이다. 가령 이카로스의 이야기는 사람이 지나치게 자만하거나 야심을 부려서는 안 된다는 것을 암시하거나(suggest) 함축한다고(imply) 말해질지 모른다. 그러나 만일 이 이야기가 삶에 대한 명제를 포함하고 이 그림이 이 이야기를 포함한다면, 결국 이 그림이 명제를 포함한다고 말하면 안 되는 것일까? 이 두 경우에서 '포함한다'는 단어는 같은 의미를 띨 수 없다. 즉 그림은 이야기를 묘사(depict)하는 것이지만 이야기는 명제를 암시한다. 계속해서 우리는, 그러니까 이 그림이 명제를 암시한다고 말할 수 있다. 그러나 이러한 경우는 매우 특별한 종류의 사례인데, 이 견해에 따르면 〈이카로스의 추락〉은 이야기를 예를 들어 설명하는(illustration) 사례라서 이 그림이 영매의 기침처럼 대체 기호(a substitute sign)가 되기 때문이다. 그러나 〈이카로스의 추락〉은 이카로스 이야기에 이미 암시된 명제를 다시 암시할 수 있을 뿐이다.

한편 개별 사람이나 사건을 초상한 그림이 있다고 해보자. 우리는 이 같은 재현(representation)에서 두 가지 서로 다른 사안을 구분할 수 있다. 이것이 국회의사당을 응시하며 서 있는 양처럼 보이도록 그려진 대통령의 카툰이라고 해보자. 이때 우리는 이 초상화가 지표이고 그 묘사는 특징화이기에 이 그림 전체로서는 법안이 의회를 통과할 때 대통령은 마치 양과 같았다는 명제를 전달하는 수단이 된다고 말할 수는 없을까?

나는 이 사례가 단적이지만 또 매우 교훈적인 사례라고 생각한다. 왜냐하면 만일 이 카툰이 명제의 전달 수단이 아니라면 어떤 디자인도 명제의 전달 수단일 수 없다고 여겨야 한다. 이 카툰에 글이 적혀 있지는 않지만 그 묘사적 왜곡에도 불구하고 대통령과 의회를 알아볼 수 있게 초상되었다고 추정한다. 그리고 이는 명제가 있다고 말할 수 있는 유력한 경우이다. 여기에서 명제가 모호하다는 것은 중요하지 않다. 모호하기로 말하면 내가 위에서 번역했던 언술적 직유와 별반 차이가 없고, 명제 이론을 주장하는 이들조차 모든 영어 문장이 프랑스어로 적절하게 번역될 수 있다는 말만큼이나 이 카툰이 언어로 적절하게 번역될 수 있다는 말에 동의할 이유가 없다. 만일 이 카툰을 대통령이 국회의사당에서 법안에 채찍을 휘두르는 사이몬 러그리(Simon Legree)로 보이도록 그린 카툰과 나란히 놓는다면, 우리는 분명 이 두 카툰이 대통령을 서로 다르게 묘사한다고 말할 것이고 두 카툰이 서로 모순된다고도 말할 수 있다. 그리고 이렇게 말하는 것은 두 카툰이 더욱 명제의 전달 수단인 것처럼 들리게 할 것이다. 그리고 비록 우리가 일상적으로 카툰을 놓고 참 혹은 거짓이라고 대놓고 말하지는 않지만 카툰이 '부당하다'거나 '핵심을' 잘 지적했다고 말할지 모르고, 이러한 표현들은 참 혹은 거짓을 함축하는 듯하다.

명제 이론에 따르면 회화가 진술하는 것을 알기 위해서는 먼저 회화가 초상하고 있는 것을 결정해야 하고, 그런 다음 묘사된 방식을 통해 초상된 주제가 부여받는 특징들을 관찰해야 한다. 그렇게 되면 우리는 그림에서 명제를 읽어낼 수 있고, 원한다면 그 명제가 참인지 혹은 잘못된 재현이 있는지를 결정할 수 있다. 대개 명제 이론가들은 명제의 진위와 심오함이 작품의 궁극적 가치에 영향을 미친다는 것도 주장하려 한다.

그럼에도 불구하고 쉽게 동의가 되지 않는다. 비록 회화 자체의 고찰로부터는 명제 이론이 틀렸다는 것을 결정적으로 보여줄 방법이 무엇인지 잘 모르겠지만, 명제 이론에 대한 대안이 전술한 명제의 분리에 있는 난점에서 자유로울 뿐만 아니라 더 간단하고 명료한 이론으로 보인다. 이 대안은 시각적 디자인에 대한 매우 친숙한 논의 방법에 의해 제안된다. 우리는 '이 그림에서 렘브란트는 사스키아를 봄의 여신인 플로라로 재현했다'거나, '조슈아 레이놀즈 경(Sir Joshua Reynolds)이 이 그림에서 시동(Siddons) 부인을 비극의 뮤즈로 재현했다'고 말한다. 그리고 이때의 '~으로 재현하는' 행위는 분명 어떤 명제도 포함하지 않는다. 그래서 최근 전시평에서 마타(Matta)의 회화가 '인간을 메커니즘 속에 사로잡힌 무력한 존재로 제시한다(present)'거나, 타마요(Tamayo)가 '징후와 전조를 찾아 하늘을 살피는 사람을 그렸다'거나, 그로스(Grosz)가 '경고로 가득 찬 작품에서… 별 볼 일 없는 잿빛 존재로 축소되어가는 인간의 모습을 보여준다'고 쓴 것을 발견할지 모른다. 그리고 이 어구들은* 모두 옳은 말이라고 생각한다.

나는 두 어구, 즉 ① '이 그림은 대통령을 양처럼 보여준다(재현한다, 묘사한다)'와 ② '이 그림은 대통령이 양과 같다고 진술한다(명제를 포함한다)'를 대조시켜보고 싶다. 이 둘은 서로 다른 표현이고, 첫 번째가 두 번째에 비해 선호될 것이다.

회화에 대한 명제 이론의 대안은 회화가 초상의 주제를 특정 특징을 가진 것으로 재현한다고 말하는 것이다. 그러나 회화는 그 자체로 참인 주장을 하거나 명제의 전달 수단이 되지는 않고, 단지 주제를 제공한다. 예컨대 대통령을 양처럼, 나폴레옹을 프랑스의 구세주로, 링컨을 헌법 침탈자로 제공한다. 감상자인 우리가 스스로 사실로 믿는 것을 그림과 비교하면, 그때 우리는 그림이 우리가 믿는 사실과 상응하거나 상응하지 않는다는 진술을 언급할 수는 있다. 그리고 이때의 진술이 참/거짓일지는 몰라도 이것은 그림에 관한(about) 진술이지 그림에 있는(in) 진술이 아니다. 만일 우리가 그 초상화가 참이라고 한다면 이는 감각 자료가 그 대상과 상응하는 것인데 가끔 잘못된 방식으로 '참'이라고 불리는 오직 그런 의미에서만일 것이다. 감각 자료는 진술이 아니므로 이때의 올바른 말은 '충실한'(veridical)일 것이다.

또 다른 구분은, 진술이 하는 것 같은 방식에서 회화가 그림의 초상-주제에 대

---

* 여기에 쓴 표현들은 뉴욕타임즈의 하워드 디브리(Howard Devree)의 전시평에서 빌려온 것들이다.

한(of, ~에 해당하는) 참 혹은 그림의 초상-주제에 관한(about, ~에 관한 사실) 참이 아니라, 그 주제'에 참'(true to)이라고 말하는 것이다.* '~에 참'이라는 말은 두 가지 다른 사용이 있는데, 하나는 다음 절에서 다룰 것이고 나머지 하나는 현재의 논의에 관련된다. 초상화가 실물 모델에게 참이거나 그렇지 않다고 말하듯이 위의 카툰이 대통령에게 참이거나 참이 아니라고 말할 수 있다. 이때 참은 초상화가 묘사하는 특징들이 실물 모델이 실제로 소유한 특징인지 아닌지를 뜻한다. 무엇에게 참(truth-to)은 무엇에 대한 유사성(similarity)이다. 즉 그림이 어떤 중요한 방식의 닮음(likeness)을 지닌다고 말하는 것이다. 그리고 이러한 닮음이 진술에서 주목하거나 지적하려는 것일지 몰라도, 그렇다고 그림 자체가 이 그림이 실물 모델과 닮았다는 진술인 것은 아니다. 나아가 나는 그림의 제목도 닮음에 대한 축약적 주장으로 여겨지지 않는다고 본다. 혹여 축약적 주장이 된다 해도 그림은 전체 명제를 전달하는 수단이 아니라 단지 특징화 요소일 뿐이다.

만일 우리가 명제 이론을 거부한다면, 앞서 언급한 회화에 관한 진술을 미학적으로 더 정확한 다른 용어로 재구성해야 한다. 렘브란트의 종교화는 특정 사건을 특정한 방식으로 묘사한다. 가령 이 종교화들은 용서와 겸손을 묘사하는데, 우리는 이것을 소위 칼뱅파 교리가 아니라 메노파 교리를 따르고 있는 것이라고 말할 수 있을 것이다. 그러나 이러한 진술들은 작품에 재현된 주제(subject matter)에 관한 기술이지 작품 자체로부터 추출되는 진술(statement)이 아니다. 물론 쿠르베와 벤샨의 작품 주제에는 사회적이고 정치적인 관점이 있다. 그러나 솔직히 이 관점들은 단지 작품에 주장된(set force) 것이다. 이 관점들을 세계와 비교하고 참된 재현인지 아닌지를 따져보는 것은 우리의 몫이다. 도미에의 카툰도 동일한 방식으로 고려될 수 있다. 분명 고발을 묘사할 뿐만 아니라 그 이상의 것, 즉 그 고발이 정당하다는 것을 보여준다. 도미에 작품에서 일군의 사람들 혹은 한때 사람이었던 인물들은 차갑고 공허한 문과 대조되고, 우리는 이 인물들의 관점에서 문을 본다. 그러나 오직 생략을 통해서만, 그리고 그것도 호도하는 생략을 통해서만, 이 카툰이 그 자체로 고발에 해당한다고 말할 수 있다.

---

*　이러한 견해는 존 호스퍼스에 의해 그의 저술 *Meaning and Truth in the Arts*에서 제안되고, 흥미롭게 발전되었다. Note 21.4를 보라.

뒤러의 판화는 좀 더 복잡한 사례이다. 이는 이 작품이 지닌 관례적인 기독교 상징의 처리 때문이다. 우리는 분명 라파엘의 두 명화에서처럼 이 작품도 신학적 개념과 나아가 그 개념 체계까지 구현한다고 말할 수 있다. 이런 점에서 이 작품이 개신교적 작품이고, 인간과 신의 관계에 대한 특정한 관점을 보여준다고 말하는 것은 전적으로 옳다. 그러나 나는 솔직히 이 작품에 명제가 있다고 덧붙이지 않을 수 없다고 실토해야 한다. 그리고 이러한 사실은 이해 가능한 것이다. 왜냐하면 상징적 대상은 앞에서 언급했던 영매의 기침처럼 관례에 의해 언술적 공식들을 대체할 수 있기 때문이다. 양은 성미사가 희생이라는 것을 상기시켜준다. 시각적 디자인이 이러한 관례적 상징을 묘사할 때 거기에는 일종의 언어가 있다. 그래서 이 작품의 참 혹은 거짓이 말해질지도 모른다. 이 잠정적 결론이 합리적으로 보일 수도 있지만, 관례적 상징이 존재하지 않는 작품에서는 작품이 참이나 거짓일 수 없다고 생각한다.

물론 그렇다고 해도 현실적으로 볼 때 회화가 무엇을 진술한다고 말하는 것과 단지 어떤 것을 보여줄 뿐이라고 말하는 것 중 선택하는 것은, 그것이 미학도의 그림에 대한 흥미를 떨어뜨린다고 해도 중한 사안이 아니다. 예컨대 *Christ Treading the Serpent*라는 그림처럼 독사를 밟고 있는 성모 마리아의 발이 아니라 예수의 발을 보여주는 신학적 오류를 포함하는 그림의 경우, 잘못 진술된 것이건 잘못 보여 준 것이건 간에 이 그림을 후원한 교회로부터 호되게 비난받아 마땅하다. 이 그림의 오류를 지적하는 표식을 달지 않는다면 아마도 이 그림은 신앙인들에게 적잖이 해를 끼칠 것이다.

음악적 의미론에 관하여

명제 이론을 지지할 이유를 찾기 위해 음악으로 주제를 옮겨보아도 여기에서 확보될 근거가 없다는 것이 자명하다. 실제로 음악이 명제의 전달 수단을 포함한다고 어떻게 믿게 되었는지 이해가 가지 않는다. 힘차고 명료하게 끝맺는 훌륭한 음악 악구(樂句)의 경우 긍정의 성질이 있다고 말하는 것은 옳다. 그리고 이러한 악구에 대해 이것이 열렬한 동의를 구하는 것 같다고 말하는 것도 이 성질을 설명하는 잘못된 기술은 아니다. 그러나 우리는 음악을 통해 어떤 것에 동의하지 않는다. 우리는 그저 음악에 스스로를 맡기고 음악이 이끄는 대로 가도록 놓아둘 뿐이다. 음악은 특정 지역을 상기시키는 민속적 선율을 사용한다는 점에서 민족주의적일 수 있을지 몰라도, 어떤 조치를 촉구하고 예견한다는 의미에서 반민족주의적이거나 국제주의적일 수는 없다. 기껏해야 음악은 민족주의나 반민족주의를 설명한 프로그램 해설문의 질적인 등가물 같은 것을 제시할 수 있을 뿐이다.

이러한 결론은 음악의 질감(texture)에서 지표적 요소와 특징화 요소를 구분할 수가 없다는 사실로부터 온다. 그러나 이러한 요소 구분의 가능성을 진지하게 고려하는 것이 전적으로 어리석은 일은 아니다. 이는 앞 장에서 의심할만한 근거를 살펴봤던 것처럼 만일 음악이 기호를 포함할 뿐만 아니라 논리적 형식이 다른 기호를 가진다고 이해될 수 있다면 이는 음악에 대한 흥미로운 관점인 동시에 음악에 새로운 차원을 부여할 것이기 때문이다. 따라서 나는 가장 설득력 있다고 생각되는 언급한 요소의 구분의 한 방법을 간략하게 논의해볼까 한다. 비록 크게 설득력이 없기도 하고 내가 아는 한 어떤 이론가도 이러한 제안을 한 적이 없기는 하지만 말이다.

단순한 기술적 목적을 위해 고안된 가장 단순한 문법의 언어를 상상해보자. 이 언어의 모든 단어는 동사이거나 동사-파생어이고, 이 단어들을 조합하는 유일한 규칙은 다음과 같다: 동사를 순서대로 나열하면, 첫 번째 동사가 가리키는 사건 다음에 두 번째 동사가 가리키는 사건이 일어났다고 진술하는 것이다. 따라서 '눈 내림 눈 녹음' 같은 한 쌍의 동사가 있다면, 여기에서 첫 번째 동사 '눈 내림'은 지표이고 뒤따르는 두 번째 동사 '눈 녹음'은 특징화 요소가 된다. 즉 우리가 사용하는 말로 바꿔보면, '눈 내린 다음 눈 녹은' 것이 된다. 혹은 '집-불탐, 존-뛰어감, 물-뿌림'은 사건의 연속을 진술한다.

이제 이와 비슷한 방식으로 음악 소절도 해석할 수 있었다고 가정해보자. 가령 기쁨, 활력, 비탄과 같은 특정한 인간적 성질(human quality)들을 제시하는 각 소절은 인간의 삶과 경험에 있는 성질들을 지칭하는 것으로 이해되어야 한다. 그리고 성질들의 각 연쇄 순서는, 이 같은 연쇄 순서가 삶에서도 전형적으로 발생한다는 명제를 의미한다. 그리고 이것은 혹간 사람들이 말하는 방식이기도 하다. 그들은 '차이코프스키(Tchaikovsky)의 〈비창〉이 비극적인 음표로 끝나기 때문에 비관적인 교향곡이다'라고 말한다. 이것을 전술한 우리의 가정에 넣어보면, 한 음악 악곡이 쾌활한 소절에 뒤에 음울한 소절이 뒤따르게 제시하면 이는 쾌활함에는 주로 음울함이 뒤따른다고 함축적으로 진술하는 것이고, 만일 음악의 마지막 소절이 음울하다면 이는 인생이 그 특성상 음울하게 끝맺는다고 진술하는 것임을 뜻한다. 또한 몇몇 비평가들이 주장하듯이 베토벤의 마지막 사중주(Op. 135)가 긍정적인 음표로 끝난다면 이 작품은 삶이란 전반적으로 좋은 것이라고 말하는 것이다.

짧게라도 음악에 대한 의미론을 이처럼 훑어보는 것은 이러한 작업이 얼마나 부조리한가를 보여준다. 그럼에도 불구하고 나는 독불장군이나 픽윅의 특수한 의미가 아니라 일반적 의미로 음악이 참이나 거짓이라는 생각을 진지하게 여기는 사람은 누구이든 음악에서 지표와 특징화 요소를 혹은 더 익숙한 표현으로는 주제와 그것에 대한 해석을 구별할 수 있다는 것을 보여줄 수밖에 없다고 생각한다. 그런데 이러한 작업은 지금껏 한 번도 적절하게 이행된 적이 없다.

면밀히 살펴보면 보이는 단점들에도 불구하고, 명제 이론은 회화와 음악을 논할 때 항상 빠지기 쉬운 유혹이다. 이는 음악과 회화가 명제가 될 수 있는 너무 가까운 중요한 특징을 지니다 보니 구분이 어렵기 때문에 그러하다. 시각적이거나 청각적인 디자인은 그 자체가 인간이 제작한 인공품의 기색이, 즉 지적으로 설계되고 우리 같은 존재에 의해 질서 지어진 기색이 역력하다. 요컨대 이러한 디자인은 목적성과 방향성의 기품을 지니고 우리에게 말을 건넨다. 우리가 이때 이 디자인에 주목하고 그것의 가장 내밀한 본성을 꿰뚫어보기 위해 노력하면 이는 제작자의 '메시지'에 귀 기울이고 그의 목소리를 들으려 노력하는 것처럼 보인다. 재현적인 회화는 그림이 주제를 특정 시점에서 관찰한 것으로 재현한다는 식의 순수하게 공간적인 의미에서의 시점을 가진다. 예컨대 클로즈업, 멀리서 혹은 눈높이에서, 위에서 혹은 다중 시점으로 동시에 조망하는 시점들이 있다. 한편 재현적인 회화는 더 광의의 차원에서 시점을 가지기도 하는데, 우리는 이것을 그림의 태도(attitude)라고 부른다. 즉 재현적인 회화는 그 주제를 특정 사고나 감정을 소유한 사람이 바라보는 것으로 재현한다. 에드워드 호퍼(Edward Hopper)의 방과 시가지 장면을 발튀스(Balthus)의 그것과 비교하고, 레지날드 마쉬(Reginald Marsh)가 그린 방과 시가지 장면을 존 슬론(John Sloan)의 그것과 비교해보라. 우리는 회화의 태도를 차갑거나, 초연하거나, 냉정하거나, 동정적이거나, 인정사정없거나, 다정하다고 기술한다. 이러한 말들은 모든 재현적인 회화에 있는 함축적 관찰자(implicit viewer)에게 적용되는 말이다. 우리는 이러한 관찰자를 편의상 화가의 이름으로 부르기도 하지만, 이때 우리가 말하고자 하는 것이 진정 화가인 것은 아니다. 왜냐하면 누드화에 대한 '르누아르'의 태도를 '루벤스'의 것과 비교하거나, 전쟁에 대한 '고야'의 태도를 '칼로'(Callot)의 태도와 비교하거나, 성병 검사를 받거나 물랭 드 라 갈레트에 온 술손님을 맞이하기 위해 줄지어 선 술집 여인들을 향한 툴루즈-로트렉(Toulous-Lautrec)의 태도를 설명하기 위해 우리가 반드시 그림 밖으로 나가야 할 필요는 없기 때문이다.

그렇다면, 이제 재현적 회화는 그림이 강조하는 성질들이 (비록 어렴풋하게 보여줄 뿐이라고 해도) 드러내 주는 태도를 지닌 함축적 관찰자를 가진다. 이러한 개념은 문학 작품에 있는 함축적 화자(implicit speaker)의 개념과 일견 공통점이 있다. 논의의 연결 지점이 너무 미약한 탓에 이 개념을 비재현적 회화나 음악에까지 유용하게 확장시킬 수 있다고 보지는 않는다. 그러나 이런 작품에 함축적 관찰자의 태도를 말하는 것이 모호한 일이기는 하지만 일견 타당한 점도 있다. 순수한 디자인에는 재미 혹은 지나친 엄중함과 통제와 원칙 혹은 방종과 광분이 있을지 모른다. 그리고 간혹 비평가들은 음악에서 삶을 벗어나 모험을 즐기는 태도나 깊은 성찰을 가져다주는 성질들을 발견하고는 한다.

결국 이러한 기술은 작품에 지배적이고 우세한 인간적인 영역 성질을 간략하게 기술하려는 시도로 이해되어야 하는 것이 최선이다. 이러한 기술들은 그 작품이 명제를 포함하거나 포함할 수 있다는 사실을 함축하지도 전제하지도 않는다.

21 드러내기와 직관
REVELATION AND INTUITION

비록 회화와 음악작품이 전체적으로이건 부분적으로이건 우리가 승인하거나 부인할 수 있는 진술이 아니라 해도, 이러한 결론이 우리가 이 장에서 직면한 더 큰 문제를 결정해주지는 않는다. 참인 언술적 진술처럼 미적 대상이 그 자체로 지식의 담지체는 아니라고 해도 어떤 직접적이고 밀접한 방식에서 우리의 지식과 연관을 가질 수 있기 때문이다. 적어도 이러한 견해는 간혹 철학자들이 주장해온 것이기도 하고 핵심적인 근거도 있다. 모든 설명은 아니더라도 예술과 지식의 관계를 설명하는 읽어볼 만한 설명은 대부분 그 핵심 개념에 따라 드러내기(revelation) 혹은 직관(intuition)이라는 일반적인 두 항목으로 나눌 수 있다고 본다. 나는 이 절에서 이 두 개념을 모두 살펴보려 한다.

몇몇 미학자들에 따르면, 회화나 음악 악곡은 언술적 진술이라기보다 오히려 제스처, 연기 혹은 구름을 벗어난 달에 빗대어 이해될 수 있다고 한다. 회화나 음악 악곡은 실재의 본성에 관한 주장(assert)이 아니라 그것을 드러내는(reveal) 것이라서 엄밀히 '참'이라고 말할 수는 없지만, '밝혀주고', '일깨워주고', '교훈을 준다'고 말할 수는 있는 듯하다. 나는 이러한 견해를 회화와 음악에 대한 드러내기 이론(the Revelation Theory)이라고 부를 것이다.*

이제 우리의 첫 번째 임무는 이 이론을 명확히 하는 것이다. 나는 각기 다른 명칭을 사용하기에 충분할 만큼 큰 차이가 두 이론 사이에 존재한다고 생각하지만, 우선 이 이론이 그 표현론(the Expression Theory)과 유사성을 가진다는 사실에 주목하고

---

* 이 이론은 쇼펜하우어(Schopenhauer), 헤겔(Hegel), 리드(L. A. Reid), 휴고 뮌스터버그(Hugo Munsterberg) 등의 이론가들에 의해 다양한 형태로 주장된 바 있다. Notes 21.1, 21.2, 21.3을 참조하라.

싶다. 만일 한 그림이 무엇인가를 표현한다면 그것은 화가의 마음이나 영혼 속에 있는 무엇, 즉 그의 감정이나 정서일 것이다. 그러나 그림이 무엇인가를 드러낸다고 하면 그것은 예술가 외부에 놓인 객관적이고 물리적인 세계에 속한 어떤 것이거나 혹은 이러한 물리적 세계 이면에 놓인 실재(reality)에 해당할 것이다. 물론 표현론과 드러내기 이론을 동시에 주장하는 것도 가능하고 구분 없이 두 이론을 융합시키는 것 역시 가능하지만, 두 이론이 발생시키는 문제들이 사뭇 달라서 독립적인 고찰이 필요하다.

어떤 점에서 '드러내다'는 난해한 단어이고, 이 단어를 이러한 맥락에 사용하는 것이 적절한 것인지도 확신이 서지 않는다. 일상적인 대화에서 '파티에서 보인 그의 행동이 나에게 무엇인가를 드러냈어'라고 말한다면, 이러한 진술은 대개 그의 행동이 ① 나에게 새로운 가설을 제시할 뿐 아니라, ② 이 가설을 입증하는 꽤 강력하고 직접적인 근거가 되는 관찰적 데이터를 제공했다는 것을 의미할 것이다. 일상적으로 우리는 어떤 사건이나 대상이 언급한 두 가지를 모두 제공할 때, 그것이 무엇을 드러낸다고 말한다고 생각한다. 그래서 트럼본이 사용된 첫 번째 교향곡인 베토벤의 *C Minor Symphony*의 초연을 듣고, 다른 작곡가는 '다른 교향곡에서도 트럼본이 강력한 효과를 낼 수 있었다는 것을 나에게 일깨워주었다'는 의미로 '트럼본 소리가 들려왔을 때 그것은 나에게 하나의 드러남(계시, revelation)이었다'라고 말했는지도 모른다.

그러나 만일 이러한 것들이 '드러내다'의 의미라고 한다면, 이 용어가 어떻게 회화와 음악에 적용될 수 있을까? 베토벤의 오케스트라 연주가 그 연주에 관한 어떤 것을 드러냈던 것처럼 회화도 회화에 관한 어떤 것을 드러낼 수 있다. 하지만 회화가 무엇이든 드러낼 수 있을까? 영화에 대한 언급을 고려해보자: "이 영화는 온전하지 못한 결혼생활에 갇힌 미숙한 서부 여인의 (충격적인!) 상황을 드러낸다." 이 말은 극작가 테네시 윌리엄스(Tennessee Williams)와 영화감독 엘리아 카잔(Elia Kazan)의 회한의 1956년작 영화 〈베이비 돌〉(Baby Doll)에 대한 언급이다. 그러나 이 경우도 '드러내다'라는 용어의 통상적인 사용에서 벗어난 것이다. 왜냐하면 비록 이 영화가 미숙한 서부 여인들은 종종 온전하지 못한 결혼생활에 갇힌 신세가 된다는 가설을 제시할지라도(suggest), 영화 자체가 (허구이므로) 이러한 가설이 사실임을 입증하는 진정한 하나의 역사적 사례를 제시한 것도 아니고, 따라서 언급한 가설을 뒷받침하는 강력하고 직접적인 증거(evidence)가 되지도 못하기 때문이다.

여기에서 가설을 제시하는 것과 증거를 대는 것, 즉 가설을 확증하는 것을 구분하는 것이 중요한데 이러한 구분은 일반적으로 널리 이해되어 받아들여지고 있는 듯하다. 극단적인 사례를 들자면, 한 남자가 아내의 부정에 대한 꿈을 꿈 후 이 꿈이 너무나 생생하고 통렬하게 회상되어 결혼생활 최초로 아내가 부정하다는 가설을 제시할 수도 있다. 여기에서 우리는 그의 가설의 근거나 출원에 대해 말하고 있는 것이다. 그러나 그의 꿈은 그 스스로가 무의식적으로 부정을 저지르고 싶어 한다는 것과 같은 다른 가설에 대한 증거가 될 수 있을지는 몰라도 결코 애초 가설의 진위를 판가름하는 증거가 되지는 못한다.

그렇다면, 이제 〈베이비 돌〉은 통상적인 의미에서 아무것도 드러내지 않지만 이 통상적인 드러내기에 필요한 일의 절반은 한 것이다. 즉 이 영화는 최소한 어떤 사람들에게는 가설을 제시한다. 같은 말이 몇몇 재현적인 회화에 대해서도 말해질 수 있다. 예컨대 가난한 산골 소녀가 (온전하지 못한 결혼생활에 갇힌 것의 묘사는 어려운 탓에) 빨래하는 모습을 묘사한 그림은 가설의 증거는 되지 못하겠지만 가난한 산골 소녀들이 힘든 시간을 보내고 있다는 가설을 제시할 수는 있다. 그렇지만 음악의 경우 이런 방식으로 어떤 가설도 제시할 수가 없다. 왜냐하면 음악은 주체(subject)를 가지지 않기 때문이다. 음악이 음악에 대한, 작곡가에 대한, 혹은 심지어 그 곡이 작곡될 당시 존재했던 사회적·문화적 조건에 대한 가설을 제시할 수는 있지만, 드러내기 이론이 주장하는 것처럼 어떻게 음악이 실재 일반에 대한 가설을 제시할 수 있을지 잘 모르겠다. 그런데 하물며 가설을 확증하는 것은 더 불가능해 보인다.

만일 우리가 '드러내다'라는 용어를 진지하게 받아들인다면 우리는 분명 잘못된 트랙에 선 것이다. 만일 이 용어가 가설의 제시와 확증을 뜻하는 것이라면, 어떤 미적 대상도 인격이나 문화적 징후가 아닌 실재 일반을 드러내지는 못한다. 만일 그저 가설의 제시만을 의미하는 것이라면 회화는 드러내기에 해당하지만 음악 악곡은 그렇지 못하다. 그러나 드러내기 이론은 자신의 이론이 모든 예술에 적용된다고 주장하므로 이 이론은 잘못된 이론이다.

드러내기 이론의 보편론자 버전

한편, 많은 드러내기 이론가들이 염두에 두고 있는 이론은 (명칭이 안 좋기는 하지만) 좀 다른 이론인 듯하다. 그리고 이 다른 이론에 대한 실마리는 가설을 제시하거나 확증하는 것과는 상관없이 그들이 자주 사용하는 '보편자'(universal)라는 단어에 있다. 철학자들은 종종 영어의 용어들을 두 가지 종류로, 즉 '워싱턴 기념비'처럼 단칭적인(singular) 것과 '기념비' 혹은 '기념비들'처럼 일반적인(general) 것으로 나눈다. 또한 철학자들은 대부분 단칭용어로 칭해지는 개별 사람, 개별 장소, 개별 사물에 해당하는 개별자(particulars, 워싱턴 기념비)와, 다양한 개별자들에서 나타날 수 있는 반복적인 성질이나 관계에 해당하는 보편자(universals, 기념비성, 혹은 기념비적임)를 구분한다. 이때 개별적인 기념비는 보편자의 '사례'(instance)이거나, 혹은 보편자를 예화한다고 (exemplify) 말해진다.

지금부터 살펴볼 드러내기 이론의 두 번째 버전은 미적 대상이 보편자를 드러낸다고 주장하는 이론이다. 나는 이 이론을 드러내기 이론의 보편론자 버전이라고 부르고 싶다. 이 버전은 드러내기 이론가들 대부분이 옹호하는 것으로, 회화나 음악 악곡이 보편자를 밝히거나 분명하게 드러내어 보여 우리의 이목을 집중시키고 보편자를 깨닫게 도와준다고 주장한다. 반드시 가설을 제안해야 할 필요도 없다. 다시 말해, 귀납적 추론과 상관없는 관찰과 관조를 위한 보편자의 제시만 하면 된다. 실제로 많은 드러내기 이론가들이 이 같은 논지를 주장하는데, 말하자면 경험은 당혹스러울 만치 천차만별이라는 것이다. 하수구에 떨어진 담배꽁초는 어떠한 호기심도 유발하지 못할지 몰라도 창문 발치에 찍힌 발자국은 호기심을 불러일으킬지도 모른다. 그렇다면 경험은 우리에게 의문을 불러일으키고 문제를 제시해 반성적 사고를 하게 만드는 정도에 따라 더 혹은 덜 '인식적으로 열려'(open) 있다고 말할 수 있다. 이제 몇몇 드러내기 이론가들의 경우 미적 대상에서 보편자를 관조하는 경험이 탐구를 이끄는 경향성이 없기 때문에 인식적으로 닫힌 것이라고 주장할 것도 같다. 그러나 동시에 우리가 이러한 관조에서 지식을 얻기 때문에 미적 대상이 우리에게 인식적으로 기여하는 바가 있다고 말하고 싶어 하기도 한다. 우리가 이해하고 검증해야 하는 이론은 다소 역설적인 바로 이 이론이다.

보편자 같은 것이 존재하는지, 그리고 만일 존재한다면 그것을 예화하는 개별자와 별개로 존재할 수 있는지에 대한 물음은 중세시대 못지않게 오늘날에도 더욱 활기차게 생산적으로 논의되는 유서 깊은 근본적인 질문이다. 그러나 유감스럽게도 현 논의의 목적상 이 논의를 다루지 못하고 지나가야 할 것 같다. 만일 유명론자의 주장처럼 보편자 같은 것이 존재하지 않는다면, 드러내기 이론의 보편론자 버전도 틀린 것이 분명하다. 그러나 보편자가 존재한다면, 보편론자 버전은 참일 수도 거짓일 수도 있다. 이것이 우리가 알고 싶은 것이다.

그러나 지금까지 보편론자 입장이 중요한 주장을 하기나 한 것인지 모르겠다. 이 입장은 사소한 진술만을 하는 것 같다. 음악이 쾌활하다는 것은, 음악이 심리적 상태에 예화되는 것과 동일한 쾌활함의 보편자를 예화한다는 것을 말한다. 요컨대 쾌활함이라는 보편자 관점에서 보면 이 음악은 쾌활한 심리적 상태와 유사하다. 우리는 비슷한 길을 간 적이 있다. 만일 음악이 쾌활함의 보편자를 드러낸다고 말하는 것이 좀 덜 사소하게 들린다면, 우리는 빨간 드레스가 빨강의 보편자를, 점토가 조형성의 보편자를 드러낸다고 말해야 할 것이다. '드러내다'라는 말은 '가진다'는 말의 그저 멋진 대용품일 뿐이다.

드러내기 이론가들은 이보다 더 중요한 설명을 하고 싶어 할 것이다. 그들의 주장에 따르면 보편자를 예화하는 것은 무엇이든 포괄적으로 보편자를 드러내는 것이라고 말해져야 하지만, 서로 다른 두 사물은 같은 보편자를 서로 다른 강렬성(intensity)과 순도(pureness)의 정도를 가지고 예화할 수 있다. 즉 두 개의 빨간 사물 중 어느 하나가 더 빨간색을 띨 수 있다. 예컨대 채도가 높은 빨간색을 띤 사물이 빨간 색상을 더 충실히 예화하는 것일지 모른다. 그래서 두 개의 쾌활한 음악 악곡에 대해서도 한 작품이 나머지 작품보다 강렬성의 차이로 인해 더 쾌활하다고 말할 수 있을지 모른다. 색색의 패치를 이어붙인 요란스러운 퀼트에 있는 빨간색 패치는 빨간색만으로 된 대상보다는 선명하지 못하다. 다시 말해, 소위 한 악절에서만이라도 단적으로 쾌활함에만 전념하는 음악 악곡은 불필요하게 주의를 산만하게 만드는 반주 없이 그 보편자를 이상적인 형식으로 제시할 수 있어서 순도나 자기-정체성에서 빛을 발할 것이다. 그렇다면 드러내기 이론가들은 음악 악곡과 회화가 일상 사물들보다 보편자를 훨씬 더 강렬하고 순수하게 드러내고, 바로 이것이 회화와 음악 악곡이 보편자를 그저 가지고 있는 것이 아니라 드러낸다고 말하는 데에 있는 의미라고 주장할지 모른다.

지금까지 살펴보았듯 보편론자의 입장은 적어도 많은 회화와 음악 악곡에 관련해서 옳다는 것을 인정해야 한다. 즉 언급했듯 대개의 회화와 음악 악곡은 꽤나 강렬하고 꽤나 순수한 인간적인 영역 성질을 가지고 이는 인식적으로 결정된 경험으로써 우리의 주목과 관조를 받는다. 설혹 이것을 '보편자의 드러남'으로 부르기는 망설여질지 몰라도, 그렇다고 이 주장을 부인할 수는 없다. 그럼에도 불구하고 우리는 이 이론이 미적 대상과 지식을 연결하여 이런 대상에 인식적 지위를 확보해주는지 물어보아야 한다.

이와 관련한 몇몇 좋은 질문들이 있는데, 이 중 몇몇은 극히 까다로운 문제이기도 하다. 이를 잠시 살펴보고 가도록 하자. 혹간 철학자들은 우리가 두 가지 종류의 경험적 지식을 가지고 있다고 주장한다. 즉 우리가 감각에 기반하여 얻게 되는 지식에는 두 가지 종류가 있는데, 이 두 지식은 '면식'을 통해 알게 되는 직접지(knowledge by 'acquaintance')와 '기술'을 통해 알게 되는 간접지(knowledge by 'description')이다. 간략한 예를 들어보면, 마터호른에 직접 가보거나 등반해본 적이 있다면 우리는 마터호른을 면식을 통해 아는 것이고, 만일 그 산에 대해 읽어봤거나 사진을 보았다면 이는 그 산을 기술을 통해, 즉 간접적으로 아는 것이다. 이제 우리가 그 산에 관해 먼저 읽어 보았다고 하자. 우리가 접한 어떤 기술들도 마터호른에 대한 모든 참인 진술의 목록이 되기에 충분하지 않기에 직접 산에 가면 읽는 것보다 더 많은 것을 발견하게 될 것이다. 우리는 이러한 발견을 글로 적어 다른 사람들에게 알려줄 수도 있다. 그러나 마터호른을 직접 본 우리의 경험을 완벽하게 기술할 수 있다고 할 때조차도 그러한 기술과 우리의 경험이 동일한 것이 아니다. 다시 말해, 여전히 그 산을 보는 것과 그 산에 관해 읽는 것은 다른 문제다.

사람들은 '치통을 앓기 전까지 그것이 진정 어떤 것인지 알 수가 없다'와 같은 말을 하곤 한다. 추정컨대 이때의 앎은 직접지(knowledge by acquaintance)일 것이다. 그러나 치통을 앓는 것과 치통을 아는 것은 다르지 않을까? 치통을 앓기 전까지는 치통을 앓은 것이 아니고, 단순 기술로 치통을 앓게 만들 수는 없다. 한편 이 말은 사소한 말이다. 아마도 논점은, '치통'이라는 단어가 소위 지시적으로만(ostensively) 정의될 수 있는 것이라서 치통을 실제로 앓고 나서야 이 단어의 의미를 깨닫고 완전한 의미로 사용할 수 있다는 말일 것이다. 면식은 분명 종종 단어를 정의하는 데에 필요하지만, 단어를 정의하는 것이 세계에 관한 어떤 것을 아는 것은 아니다.

이제 우리는 어떤 것을 경험하는 것과 어떤 것을 아는 것을 구분해야 한다. 그리고 '직접지'라고 일컬어지는 대다수가 지식이라기보다 단지 면식일 때가 많다. 이러한 사실은 드러내기 이론에 특히 적용된다. 우리가 음악이 주는 쾌활함을 듣게 되거나 그림이 주는 쾌활함에 한껏 사로잡혀 그림을 응시하게 될 때 우리는 분명 무언가를 얻는 중이며, 종국에 돌아서며 무언가를 얻게 된다. 즉 우리의 경험은 내용(content)을 얻게 된다. 면식은 지식을 가지기 위해 필수불가결한 것으로 지식에 원재료를 제공한다. 그러나 추론이 없다면, 즉 그 자료가 추론을 통해 조합되고 연결되지 않는다면 엄밀한 의미의 지식이 되지 못한다. 물론 '지식'이라는 단어를 매우 일반적인 의미에서 사용할 수도 있다. 그러나 우리가 어지럽다고 느끼는 사람에게 그가 어지러움을 느낄 때 자신이 그렇다는 것을 알면 지식이 있다고 말한다면, 이러한 종류의 지식은 매우 특이한 종류로 언제나 개별자와 현재에만 국한된 지식일 것이다.

그래서 드러내기 이론의 보편론자 버전은, 내가 보기에 일견 매우 옳기도 하고 또 일견 매우 틀리기도 하다. 미적 대상이 제시한 성질이 미래의 앎에 자료가 될지도 모르니 이런 점에서 미적 대상이 지식과 연결되어 있다고 말하는 것은 옳다. 그러나 언급한 성질의 제시나 수용 자체가 지식 획득의 행위라고 말하는 것은 옳지 않다. 혹은 이렇게 말하는 것이 단지 '지식'이라는 단어를 흠잡는 것이라면, 앞서 말한 종류의 지식이 정신(the mind)에 잘 활용되어 좀더 일반적이고 근본적인 가설을 마주하기 전에도 매우 중요하다고 말하는 것은 옳지 않다.

본질과 면식

종종 보편론자들은 미적 대상이 드러내는 보편자에 제한 조건을 추가하여 그들의 주장을 좀더 완전하게 발전시켜보려 한다. 이러한 발전을 가능하게 하는 몇 가지 방법이 있다. 예컨대 예술이 경험을 지적으로 구축하는 것이 아니라 경험에 있는 '느낌 성질'(felt quality)을 드러내는 것이라고 말할 수 있다. 그리고 우울함, 삶의 환희, 상쾌한-겨울-아침 성질, 나른한-여름날-오후-해변가 성질과 같은 느낌 성질들이 미적 대상이 예화하는 보편자들 중 하나라는 것도 사실이다. 그러나 느낌 성질이, 즉 감각 성질(sense quality)이 문학뿐만 아니라 재현적 회화에서 예화될 수 있는 유일한 보편자라거나, 그러한 작품에서 우리가 관심 가져야 하는 유일한 보편자라고 말하는 것은 옳지 않다.

보편론자 입장에도 두 종류의 유형은 언급할 가치가 있을 만큼 중요하고 일반적이다. 그러나 나는 드러내기 이론의 보편론자 버전 중 본질주의적 유형처럼 철학적 정확성이 강요한 조악한 명칭을 사용하지는 않을 것이다.

그 첫 번째 보편론자의 견해는 철학자들이 간혹 개별자와의 관계 속에서 보편자에게 부여하려 하는 더 상세한 구분에 주목하려 한다. 예컨대 개별적인 강아지 피도 (Fido)는 강아지임, 털북숭이, 커다람, 힘참, 충성심 등등과 같은 수많은 보편자를 예화할 수 있다. 한 견해는 피도가 강아지기 때문에 이들 중 (예컨대 네발짐승성과 같은) 몇몇 보편자는 피도에게 본질적이지만, (예컨대 충성심 같은) 다른 보편자들은 피도가 그것을 가지지 않더라도 여전히 강아지일 것이므로 우연적이라고 말한다. 이 이론에 따르면 음악 악곡과 회화는 때때로 본성에 본질적인 특징을 드러낸다고 한다. 즉 단지 보편자를 드러내는 것이 아니라 세계 내 한 개별자가 가지는 본질에 해당하는 그런 보편자를 드러낸다는 것이다. 음악 악곡과 회화가 인식적으로 중요해지는 것은 바로 이 때문이다.

예컨대 세잔은 나무와 건물의 그림에서 이러한 대상들의 본질적 특징을 포착했다고 논해진다. 말하자면 기초적인 기하학적 형태, 입체성(solidity), 촉각성(palpableness)과 같이 나무와 건물에서 영구적으로 불변하는 요소들을 포착한다는 것이다. 그리고 우리는 바그너에 대해서도 그가 『트리스탄과 이졸데』의 서곡과 아리아 '사랑의 죽음'(Liebestod)이 속한 작품을 통해 가망 없는 사랑과 끝없는 동경이 지닌 본질을 우리에게 알려준다고 말한다.

대다수의 철학자가 이 이론이 주장하는 본질적이고 비본질적인 특징의 구분을 거부하게 된 이유를 상세히 살피는 것은 우리의 당면 과제로부터 많이 벗어난 일일지 모른다. 본질적인 특징과 비본질적인 특징의 구분은 실로 언어적인 것이다. 대개 강아지의 본질적인 특징은 '강아지'라는 단어를 정의하는 데 사용되는 특징들이기 때문이다. 그리고 개별자인 피도에게 본질적인 특징이 무엇인가를 묻는 문제는 전적으로 피도에게 적용하려는 단어가 무엇인지, 즉 피도를 어떤 종류(calss)로 구분할 것인지에 달린 것이다. 피도를 강아지로 본다면, 네발짐승성이 피도에게 본질적인 특징일 것이다. 그러나 털북숭이 짐승으로 본다면, 털북숭이가 피도에게 본질적일 것이다. 인간의 목적과 분류에 상관없이 그 자체로 본질적인 특징은 없다. 그렇다면, 예컨대 한 화가가 피도의 본질적 특징에 주목하여 피도를 초상하려 한다면, 피도의 모든 성질들은 그 각각의 관점에서 비슷하게 본질적이고, 이렇게 말하는 것은 피도 스스로에게는 어떤 본질적 특징도 없다고 말하는 것과 같다.

창의적인 예술가들이 작품에 추상하고, 강조하고, 구현하고자 하는 나무의 본질적인 특징, 혹은 끝없는 동경의 본질적인 특징 같은 것은 없다. 그러나 그런 특징이 있다고 해도 우리는 그 작품이 여전히 인식적 지위를 지니는지를 물어 보아야만 한다. 왜냐하면 작품이 제아무리 순수하고 강렬하게 본질을 예화한다고 해도 그 또한 본질을 예화하는 애초의 나무나 느낌 자체와 인식적 지위에 있어서 별반 차이가 없기 때문이다. 다시 말해, 작품은 그것이 예화하고 있는 보편자 중 어떤 것이 본질에 해당하고 어느 것이 해당하지 않는지 우리에게 알려줄 수 있을 때야 비로소 지식을 전달한다. 누구도 어떤 색도 사용하지 않고 강아지를 묘사할 수는 없지만, 어떤 강아지들은 그 색을 가지지 않을 것이므로 각각의 개별 색들은 (강아지들에게) 비본질적인 것이다. 그러나 이 또한 그림이 명제를 구현할 수 없다면 우리에게 그림이 말해줄 수 있는 것이 아니다. 그리고 이러한 가능성은 우리가 명제이론을 검토할 때 이미 거부되었다.

미적 대상이 특히 본질에 관여한다고 주장하는 이론은, 미적 대상들이 단순한 보편자에 관여하는 것이 아니라 특히 중요한 보편자에 관여한다는 좀 더 근본적인 신념을 반영하고 있다. 이때 그 중요함을 평가하는 다른 방법이 있는데, 이것이 우리의 관심을 주목시키는 두 번째, 그리고 마지막 보편론자의 입장이 되겠다.

원칙적으로 보편자는 그 정의(definition)상 반복이 가능하다. 즉 보편자는 하나 이상의 개별자에 나타날 수 있다. 그러나 모든 보편자가 실제로 반복되는 것은 아니다. 캐나다의 생존한 다섯 쌍둥이 가족임은 디온(Dionne)가가 지닌 하나의 특징이다. 현재까지 유일하고, 앞으로도 아마도 어떤 가족도 이 특별한 특징을 갖지 못할 것 같다. 그러나 캐나다 가족임이라는 특징은 과거에도, 현재에도, 미래에도 많은 가족이 지니게 될 특징이다. 따라서 우리는 어떤 특징들은 반복적으로 나타나고, 가령 빨강처럼 그중 몇몇 특징은 어디에나 나타나지만, 연보라-황토색-줄무늬처럼 흔하지 않은 특징도 있을 수 있다. 현재 논의 중인 이 이론에 따르면 몇몇 그림이나 음악 악곡은 매우 자주 반복되는 특징들을 예화하고, 그래서 세계 내에서 널리 퍼져 주목할 만한 특징에 대한 주목을 요청한다. 그들이 주장하는 회화나 음악 악곡의 인식적 지위는 바로 여기에 있다.

반면 이러한 주장이 종종 옳다는 것도 부인할 수 없다. 세잔과 바그너로부터 전술한 사례들이 비록 본질적인 특징들은 아니어도 자주 반복되는 특징의 사례인 듯하다. 많은 자연 대상들은 입체적이고 대체적으로 원통형이다. 가망 없는 사랑과 끝없는 갈망도 종종 우리 인간 운명에 날아든다. 그러나 세잔의 풍경화나 바그너의 서곡이 어떤 종류의 명제를 포함하지 않는 한, 작품 자체로 그것이 지닌 보편자가 얼마나 널리 일어나는 일인지, 혹은 그렇기나 한 것인지 알 수가 없다. 이러한 지식은 미적 대상 외부의 자료로부터 오는 일반화의 과정을 통해서 얻어져야 하고, 미적 대상 안에 있는 자료는 이 일반화에 아무런 도움을 주지 못한다. 따라서 우리가 보편자의 실제적 분포에 관한 것을 미적 대상 자체로부터 배울 수 있다고 기대하는 것은 잘못된 일일 것이다.

미적 대상이 종종 반복되는 보편자를 드러낸다고 주장하는 견해는 또 다른 방식, 즉 앞 절에서 간략히 언급했던 '~에 참'(충실한, true to)이라는 어구를 사용하는 방식으로 정식화되기도 했다. 이때 우리는, 가령 '이 작품이 헨리를 쏙 빼닮았다'와 같이 초상-주제에 '참인' 회화의 묘사를 논했었다. 그러나 우리는, 예컨대 '오리는 그 특유의 걸음걸이가 있다'라거나 '이 작품이 해일의 느낌을 준다'처럼 일반적인 사물의 종류'에 참인' 묘사에 대해 말할 수도 있다. 물론 우리가 가끔 그렇게 말하기는 하지만, 주로 대개는 더 중립적인 용어인 '~와 유사한'(similar to)이라는 표현을 선호하지 않을까 싶다. 이는 해당 회화가 그것이 가지고 있는 성질면에서 세계 내 많은 사물 혹은 몇몇 사물과 비슷하다거나, 혹은 (그 그림 외에 어디에서도 찾아볼 수 없는 성질이라면) 어떤 사물과도 비슷하지 않다고 말할 수 있기 때문이다. 하지만 내가 '~에 참'이라는 어구를 사용한다면, 이는 그 성질이 얼마나 강렬하고 순수한지와는 무관하게 그것이 우리의 경험과 공통된 성질이라면 작품이 실재(reality)에 참이고, 그렇지 않고 그 성질이 희귀하거나 전례가 없다면 실재에 거짓(false to)이라고 말하는 것일 것이다. 하지만 '~에 거짓'이라는 표현은 이 표현에 합당한 의미보다 더 많은 의미로 여겨지기 십상이다.

명제이론과 강한 버전의 드러내기 이론에서 한발 물러나 부분적으로 회화와 음악 악곡이 이미 알고 있거나 충분한 예견을 통해 찾을 수 있는 성질을 예화하기 때문에 우리에게 중요하다고 하는 주장에 만족하게 되었음에도 불구하고, 예술과 음악의 이론가들이 여전히 예술의 인식적 가치에 큰 강조점을 둔다는 것은 일견 놀라운 일이다. 이 이론가들에게 회화와 음악이라는 학(arts)도 과학적 탐구와 철학이 정박한 더 큰 범주에 속한다는 사실이 핵심적인 듯하다. 회화와 음악도 '발견'과 '소통'의 양태라는 것이다.

발견과 창조는 서로 다른 일이다. 물론 이 둘은 자연과학자나 수학자의 작업을 통해 결합하기도 한다. 그러나 과학자나 수학자는 우리가 감각적 성질로 경험한 적 없는 것들을 발견한다고 주장한다는 것에 주목하자. 그들은 이러한 주장을 실증해내기(make good) 때문에, 그들의 활동이 강력한 정당성을 지닌다. 그러나 만일 화가나 음악가가 이미 알고 있거나 어딘가에서 알 수 있는 성질들에 우리를 친숙하게 해주기 때문에 그들의 작품이 정당성을 지니고 높은 인식적 가치를 지닌다고 주장한다면, 이는 매우 약한 논거가 될 뿐이다. 그리고 이는 우리가 예술작품을 아끼는 실제적인 이유이자 핵심적인 이유가 아니다. 내가 보기에 진실은 오히려 정반대인 듯하다. 발견으로 보자면 회화와 음악은 사소하지만, 창조로서 보자면 위대하고 대체 불가능하다. 가장 중요한 사실은, 한 개별 회화나 음악 악곡이 도래하기 전까지 어떠한 개별자도 예화한 적 없는 완전히 새로운 보편자를 회화나 음악이 존재하게 만든다는 점에 있다. 이론에 경도되지 않는 지성이 보기에 음악에 관한 한 이러한 사실은 너무나 자명하다. 왜냐하면 음악에서 거의 모든 것은 자연에 대한 개선이며, 자연을 초월하는 엄청난 도약이기 때문이다. 음악은 사실상 거의 모든 것이 발명이고, 새로운 가능성을 향한 상상력의 투사이다. 우리는 생각보다 어렵지 않게 회화에서 색칠된 형태와 어떤 영역 성질들의 자연적 원천을 추적할 수 있고, 이러한 사실은 역사적으로 손쉽게 예술이 자연의 '모방'으로 여겨지도록 해주었다. 그러나 만일 우리가 화가의 디자인에서 볼 수 있는 것이 단지 지배적 패턴이 아령 패턴이라거나 그 디자인의 성질이 처량한 분위기 같다는 것이라면, 우리는 분명 이 그림에만 특별하고 값진 것을 놓치고 있는지 모른다.

이고르 스트라빈스키가 하버드대학의 찰스 엘리엇 노튼(Charles Eliot Norton) 강의에서 한 현명한 말이 있다: "모든 창조의 뿌리를 따라 내려가다 보면 우리는 대지가 주는 과일에 대한 욕구와는 다른 욕구(appetite)를 발견하게 된다."[*] 그리고 파울 클레는 자연을 넘어설 수 있는 예술가의 권리와 의무를 감동적으로 옹호한 바 있다.[**] 나는 이 두 증언자가 비록 예술에 대해 한 말씀 해달라는 요청을 받았을 때 혹간 드러내기 이론의 용어들을 사용했을지는 몰라도 실제로 무작위로 추출된 사례가 아니라 동료를 대변한다고, 즉 적어도 화가와 작곡가들이 해왔고 하는 일을 대변한다고 본다. 내가 보기에 미적 대상에서 발견하는 것들은 다른 어디에서도 찾기 어려우며, 나는 미적 대상만이 줄 수 있는 성질들을 구하기 위해 미적 대상을 찾는다. 미적 대상에서 찾은 성질들을 미래의 경험적 탐구의 자료로 사용할 수 있는가 하는 문제는 별개의 문제이다. 나는 적어도 문학작품에 있는 몇몇 성질들은 매우 유용할 것이라 보고 싶고, 이러한 문제는 다음 장에서 다룰 것이다. 그러나 솔직히 회화와 음악도 마찬가지라고 말하기는 어렵다.

직관주의

우리는 이제 비언술적인 예술의 인식적 지위를 설명하는 직관주의 이론[***]으로 가볼 수 있다. 이 이론은 적합하게 개진된 적이 없다 보니 우리가 하려는 고찰의 일부는 이 이론이 개진된다면 어떠할 것인가에 해당할 듯싶다. 왜냐하면 이 이론이 명확하게 공식화되기 어렵다는 것도 물론 사실이지만, 분명 많은 교수와 이론가들이 충분한 숙고를 거치지 않고 무비판적으로 주장하는 이론이 또한 이 이론이기 때문이다.

철학자들이 지식론(Theory of Knowledge)이라 칭하는 것은, 인간 지식의 본성과 한계에 대한 일반적인 진술을 하는 것으로 '우리가 무엇을 알 수 있는가?' 하는 질문의 답을 구하는 것에 해당한다. 기본적으로 세 가지 종류의 지식론이 있을 수 있다. 경험론(Empiricism)은, 감각과 내적 성찰(introspection)의 자료인 경험과의 일치를 통해 믿

---

[*] *Poetics of Music in the Form of Six Lessons*, New York: Vintage, 1956, p. 24; cf. p. 54.

[**] 1924년 예나 강연에서 클레가 한 말이다. 다음의 책도 참조하라: *Paul Klee on Modern Art*, trans. by Paul Findlay, London: Faber and Faber, 1948.

[***] 이 이론은 앙리 베르그손(Henri Bergson), 베네데토 크로체(Benedetto Croce) 등의 이론가가 주장하였다. Note 21.6을 참조하라.

제8장 예술적 참

음이 정당화된 명제들로 지식이 이루어진다고 주장한다. 이 이론에 따르면, 동어반복적인 명제를 제외한 모든 참인 명제들이 경험으로부터 귀납된 일반화이거나 경험에서 확증된 가설에 해당하는데, 이는 이러한 것들이 우리의 경험이 왜 그러한지 그 이유를 설명해주기 때문이다. 합리론(Rationalism)의 경우, 어떤 지식은 경험과 별개로 순수 이성 자체에 의해 선험적으로 획득된다고 주장한다. 말하자면, 그 불가피함과 자명함이 우리에게서 온전히 파악된 것이거나 혹은 필수불가결한 진리로부터 연역되는 탓에 그 믿음이 정당화되는 참인 명제들이 있다고 보는 이론이다. 합리론자는 우리의 지식 중 어떤 지식은 경험적이라는 것을 받아들인다. 그러나 모든 지식이 경험적이라고 생각하지는 않는다.

회화와 음악에서의 명제들은 대부분 경험적인 명제일 것 같지만, 예술에 대한 명제이론이 옳다면 이 이론은 경험론자나 합리론자 모두에게서 주장될 수 있다. 그리고 드러내기 이론도 보편론 버전의 경우라면 경험론자나 합리론자 모두에게서 주장될 수 있다. 요컨대 경험론자라면 예술이 드러내는 보편자가 정신의 작용에 대한 내적 성찰 혹은 감각경험에서 얻어지는 보편자라고 주장할 것이고, 합리론자라면 이러한 보편자가 자연계와 별개로 플라톤적인 순수 존재자들의 세계에 존재하거나 존립한다고 주장할 수 있다.

하지만 직관주의 지식론은 경험론과 합리론과도 매우 다른 것이라 명제도 보편자도 필요로 하지 않는 예술의 인식적 지위를 요구한다. 직관주의자에 따르면, 우리는 통찰력(insight)이라는 독특한 능력을 지니고 이 통찰력은 감각경험이나 합리적 지성 모두와 독립된 능력이라고 한다. 통찰력은 우리에게 비개념적인 형식에 해당하는 즉각적인 확신(immediate conviction)을 통해 지식을 전달한다. 직관에는 추론이나 추리가 없기 때문에 잘못될 수가 없다. 직관은 어떤 다른 것보다 느낌(feeling)과 유사하지만, 직관에는 해당 느낌이 신뢰할 만하다는 불가피한 감이 동반된다. 직관을 통해 우리는 대상과 직접적으로 교감한다. 이때 대상에 대한 우리의 파악은 상징 장치들에 의해 매개되지 않기 때문에 직관적 지식은 형용 불가능하고 매개를 거친다고 해도 오직 비언술적인 미적 대상을 통해서만 전달 가능하다. 이것이 직관주의의 한 형태이다. 직관을 통하면 우리는 사물을 단지 외부로부터 만이 아니라 '내적으로'(internally)도, 즉 공감적으로 파악할 수 있다. 우리는 가령 암벽의 육중함이나 우리에 갇힌 호랑이의 힘찬 생명력을 느낀다. 직관은 우리에게 일반적 지식이나 추상적 개념이 아니라 그 독특함을 지닌 개체에 대한 통찰을 준다. 즉 그저 바위나 호랑이가 아니라 이 바위, 이 호랑이에 대한 통찰을 준다. 그리고 직관은 우리에게 분리 불가능한 전체(whole)를 제공한다. 예컨대 다양한 거리와 가옥들의 스냅샷으로 재구성하는 마을이 아니라 우리가 그 안에 살고 있을 때 파악하는 마을을 제공한다. 오직 직관만이 진정한 변화의 유동성과 우리 내적 삶의 흐름이 만드는 과정에 대한 이해를 가능하게 해준다.

만일 직관주의자들이 실재(reality)가 그 가장 내밀한 본성에 있어서 존재가 아니라 과정이라고, 즉 생의 약동(élan vital)이자 무엇이 되는(becoming) 과정이라는 형이상학을 또한 지지한다면, 그들은 우리가 실재에 대한 지식을 오직 비언술적인 예술에서만 얻는다고 주장할 것이다. 다시 말해, 우리는 학문에서 실재에 대한 현실적 접근을 위한 체계화만을 가질 뿐 이러한 체계는 지식이라기보다는 통제(control)에, 통찰이라기보다는 논리적 재구성에 관여할 뿐이다. 뛰어난 감수성을 지닌 예술가들은 세계나 인간의 내적 삶에 관한 것을 직관한다. 그리고 예술가가 미적 대상을 창조하고 우리가 이것을 관조할 때, 미적 대상은 우리가 예술가의 직관을 공유할 수 있도록 우리를 특별한 정신상태에 놓이게 해준다. 그래서 우리가 반 고흐의 옥수수밭 그림을 봤을 때 우리는 마치 생명력으로 가득 차게 넘치는 힘을 가지고 태양 아래에서 자라고 익어가는 옥수수 안에 우리가 있는 것처럼 느낄지도 모른다. 혹은 부르크너의 *B Major Symphony* (No. 5) 피날레에서 그 육중한 클라이맥스의 반복이나 *C Minor Symphony* (No. 8) 1악장과 4악장의 시작 부분을 들었을 때, 우리는 인간 본성의 표면 아래에서 들끓는 니체적인 권력에의 의지에 대한 새로운 통찰을 얻었다고 느낄지도 모른다. 이러한 통찰은 말로 옮길 수가 없다. 말이란 그러한 통찰의 획득을 목도하고 다른 사람들도 그러한 통찰을 얻도록 이끌 수 있을 뿐이다.

이제 직관주의 이론을 받아들여야 하는 이유를 묻는다면, 우리는 예사롭지 않은 상황을 마주하게 된다. 왜냐하면 확실히 이 이론은 그 논박이 쉽지 않기 때문이다. 누군가 직관적인 지식을 가지고 있다고 주장할 때 어떤 방법으로 이 주장을 가늠할 것인가? 그리고 어떤 직관주의자들은 이러한 이유의 요청에 모욕감을 느끼기도 할 것인데, 이는 그들이 이유가 설명되는 역치를 넘어선 것이라고 주장하기 때문이다. 하지만 이러한 요청에 면책권을 가지고 있다는 것은 이 이론의 강점으로부터 기인하는 것이 아니라 오히려 이론에 의심의 씨앗을 심는다. 만일 반 고흐의 그림을 보거나 부르크너의 음악을 듣고 새로운 지식을 얻었다고 말하는 사람이 설명과 행동을 통해 어떠한 증거도 주지 못한다면, 우리가 그의 주장에 동의하는 것은 분명 정당성을 지닐 수 없다. 그렇다고 그를 거짓말쟁이라 부를 필요는 없다. 아마도 그는 자신의 경험이 너무나 감동적이고 압도적이라 심오하게 큰 여운을 남긴 인상을 받은 탓에 그가 사용할 수 있는 최상의 언어로 그 경험을 기술해야 한다고 느꼈을 수 있다.

여기에서 직관주의 지식론에 일반적으로 제기되어야 하는 모든 질문을 다루고 갈 시간적 여유는 없다. 그러나 중요한 두 가지 지점을 간략하게 고찰하고자 한다.

첫째, 우리가 직관이 없었다면 몰랐을 특정한 것들이 있음을 안다는 것을 직관주의자들이 보여주어야 한다고 주장하는 것은 온당하다고 본다. 직관주의자들은 지식론이 우리의 지식 일부분을 설명한다고 제안한다. 즉 그들은 설명되어야 할 것이 남아 있다고 보는 것이 틀림없다. 직관주의자들은 '직관이 아니라면 우리가 어떻게 인과적 결정으로부터 근본적으로 자유롭다는 것을, 혹은 우리가 무의식적인 자기-파괴적 의지를 가진다는 것을 알 수 있느냐'고 질문할지 모른다. 그러나 이러한 질문에 대해 경험론자라면, '나는 우리가 자유의지를 가지는지 모르겠고, 그래서 여기에 경험적으로나 혹은 다른 방식으로 설명되어야 할 지식이 없다고 생각한다. 그리고 혹여 우리가 무의식적인 자기-파괴적 의지를 가진다는 것을 내가 안다고 해도 나는 이것을 경험적으로, 즉 행동과 꿈을 포함한 내 행위로부터의 추론을 통해 안다'고 답할 것 같다. 한편 직관주의자들은 우리가 어떤 것은 경험적으로 안다는 것에 동의한다. 그리고 만일 해당 대상의 지식에 대한 경험론적인 설명이 적절하면, 직관주의자들은 항상 가장 단순한 설명을 선택하도록 하는 오컴의 면도날 원칙에 입각해 경험론자들의 설명을 받아들여야 한다. 이때 증명의 책임은 직관주의자들에게 있다. 직관주의자들이 자신의 이론이 옳다고 주장하려면, 인간들에게 있지만 경험론으로 설명할 수 없다는 것을 경험론자가 인정하는 그런 지식의 사례를 제공해야만 한다.

그러나 전술한 두 사례가 말해주듯이 이것은 결코 쉬운 일이 아니다. 이는 경험론자들이 항상 두 개의 출로를 가지기 때문이다. 그들은 우리의 지식을 경험적으로 설명하려 하거나, 혹은 그것이 지식이 아니라고 거부할 수 있기 때문이다. 검증 사례를 정하기도 너무 어렵다. 경험론자들이 직관적 지식의 사례를 요구하면, 직관주의자들은 그들의 원칙에 입각해 음악이나 회화를 가리키며 경험론자들에게 이 작품에 깃든 직관적 내용을 직관할 것을 요구할 것이다. '고야의 〈거인〉(도판 7)을 보라. 그리고 이 그림이 주는 인간 무의식의 심연에 대한 통찰을 느껴보라'거나, '부르크너의 아다지오를 듣고 그 심오한 종교적 이해를 느껴보라'고 말할지 모른다. 그러나 심지어 이러한 언급조차도 무리수를 둔 것일지 모른다. 왜냐하면 여기에서 경험론자와 직관주의자가 실제로 직관을 가진다는, 그것도 동일한 직관을 가진다는 근거 있는 확신에 대한 언술적 설명이 있어야 하지만, 이러한 어떤 언술적 명료화도 형용 불가능한 직관 자체를 (완전히 은폐시키지는 않는다 해도) 왜곡할 수밖에 없다는 딜레마가 발생하기 때문이다.

한편 몇몇 직관주의자들이 채택하고 있는 더 포괄적인 전략도 있다. 이 전략은 심오하고 전면적인 개념적 대조를 통해 우리가 스스로의 경험에서 직관과 그 외의 것들을 구분하도록 해준다. 직관은 지성, 이성, 혹은 학문과 대조된다. 그리고 이 포괄적 공격은 후자의 것들이 방법과 범위 면에서 본래적 한계를 지녀서 인간의 지식 전체를 남김없이 다룰 수 없음을 보이는 것으로 시작한다. 예컨대, 지성은 분석을 통해 작동하기에 종합(synthesis)을 결여하고 추론하기(abstract) 때문에 구체적인 감정(feeling)을 다룰 수가 없으며, 단절과 분리에 머물기 때문에 정신적 삶의 연속성과 흐름을 왜곡하며, 사물에 공간적이고(spatial) 논리적인, 혹은 기하학적인 질서를 부여해 새롭게 창발하는 것들을 익숙하고 오래된 것으로 환원시킨다는 것 등등.

이러한 진술들에 반영된 뿌리 깊은 개념 착오와 언어 혼란을 밝히다 보면 너무나 많은 지면을 할애하게 될 것이다. 그리고 현 논의의 목적상 필요하지도 않다. 지성일반에 대한 공격은 대안이 없다면 무용하다. 그리고 바로 이 문제는 우리가 직관주의에 대해 중요하게 지적해야 할 두 번째 지점이 된다.

지식론은 참·거짓(truth)의 기준이 없다면 치명적으로 불완전하다. 따라서 직관주의자들은 어려운 선택을 마주해야 한다. 그들은 참된 직관과 거짓된 직관을 구분하는 방법을 설명하거나, 아니면 모든 직관이 다 참이라고 말해야만 한다. 만일 직관주의자가 후자를 선택하였는데 직관들이 명백하게 충돌하는 것이 발견된다면, 예컨대 성장하는 것에 대한 반 고흐의 통찰이 동일한 것에 대한 콘스터블(Constable), 클로드, 혹은 살바토르 로사(Salvator Rosa)의 통찰과 충돌하지 않는 것처럼 그러한 충돌이 진짜 갈등은 아님을 보이던지, 아니면 간혹 사람들이 직관을 가졌다고 생각할 때에도 실제로 직관을 가졌던 것은 아니라고 주장해야 한다. 그러나 이 경우도 다시 진정한 직관을 허위 직관으로부터 구분하는 기준이 필요할지 모른다.

위와 같은 문제들은 직관주의자들이 부주의하게 반겨할만한 것들이지만 보장된 것은 없다. 추측컨대 직관을 가진다는 것은 특정 종류의 경험을 가지는 것으로 여겨질 수도 있다. 한 경험을 단지 '경험'이 아니라 '지식'이라고 부르는 것은, 우리가 어떤 것을 경험을 통해 안다고 말하는 것이다. 다시 말해, 그 경험이 끝났을 때 우리는 경험했다는 것 이상의 무엇인가를 알게 되어야 한다. 따라서 알게 된 대상과 그 대상을 아는 경험은 다른 것이다. 그러니 대상에 대해 어떤 것을 경험하는 것으로부터 그것을 믿는 것으로의 건너뜀은 그야말로 건너뜀이고, 여기에는 추론이라는 행위가 포함된다. 이러한 추론은 정당화되어야만 하고, 그것도 추론의 규칙에 의해 정당화되어야 한다. 그러므로 자기-입증적인(self-authenticating), 혹은 본유적으로 정당화된 직관적 지식과 같은 것은 없다.

　어떤 것을 직관적으로, 즉 참에 대한 직접적인 느낌 때문에 믿는다면 그것은 아직 지식이 아니고 검증되어야만 하는 가설에 해당한다. 그리고 그 가설이 지식이 되려면, 이는 직관적 확신 이상의 것이어야 한다. 그러나 심지어 직관적 지식이 존재하여 화가나 작곡가가 그것을 가진다고 해도, 이러한 사실로부터 회화나 음악 악곡이 직관적 지식을 우리에게 전달한다는 것이 도출되지는 않는다. 왜냐하면 우리가 직관을 통해 우리에 갇힌 호랑이의 형용하기 힘든 개별성을 알 때 우리는 기호나 상징의 매개 없이 호랑이를 마주해 호랑이의 내적 본성 안으로 파고 들어가야 한다. 그러나 호랑이를 그린 그림을 보고 호랑이를 알게 된다면, 우리는 이미 한 발 멀어진 것이다. 즉 무언가 사이에 끼어들었고, 이때 우리의 지식은 더 이상 직관에 해당하지 않는다.

　여타의 견해들을 부정해가는 중에 일부 긍정적인 견해를 만들기도 했지만 결국 이 장은 부정적인 결론으로 끝이 나야 할 듯하다. 그 지식이 자연이건 초자연이건 간에, 그리고 명제, 드러내기, 혹은 직관 중 그 어느 것을 통해서이건 간에, 회화와 음악 악곡은 실재에 관한 지식에 해당하지도 그것을 제공하지도 않는다. 그리고 이러한 사실이 예술 자체에 대한 온당한 평가나 삶의 다원적인 가치와 관련해 안타까운 일도 아니다. 왜냐하면 지식의 유무가 인류의 삶에 깃든 예술의 지위에 존엄성과 정당성을 부여할 수 있는 유일한 길은 아니기 때문이다.

NOTES AND QUERIES

20

20.1 '참'의 의미들(SENSES OF 'TRUTH')

대부분 인식적 기능과 관계가 없기는 하지만, 미적 대상에 적용되어온 '참'이라는 단어의 다양한 의미들에 관하여는 다음을 보라: Bernard C. Heyl, *New Bearings in Esthetics and Art Criticism*, New Haven, Conn.: Yale U., 1943, Part I, ch. 3; John Hospers, *Meaning and Truth in the Arts*, Chapel Hill, N.C.: U. of North Carolina, 1946, pp. 141-145. R. G. Collingwood, *The Principles of Art*, Oxford: Clarendon, 1938, p. 287에서 콜링우드는 미적 대상은 그것이 훌륭하면(good) 참이라는 그의 특이한 주장을 하면서 이 단어를 사용한다.

20.2 명제이론(THE PROPOSITION THEORY)

(I) 비언술적 미적 대상의 인식적 지위에 대해 논하는 이론은 다음의 책에서 옹호되었다: (1) T. M. Greene, *The Arts and the Art of Criticism*, Princeton, N.J.: Princeton U., 1940, ch. 23. "세잔의 시각적 객관성"(p. 454)이 자연 관찰을 통해 검증된다는 그의 견해에 주목하라. 그러나 그린은 거짓인 그림의 사례를 들지 못하고 있으며, 한 그림에서 서로 다른 스타일을 사용하는 화가는 스스로 모순이라는 그의 주장(p. 450)은 분명 잘못된 것이다. 게다가 그린은 음악적 명제가 검증되는 방법을 명확하게 설명하지도 못한다(p. 458). (2) Andrew P. Ushenko, *Dynamics of Art*, Bloomington, Ind.: Indiana U., 1953, ch. 4는 회화와 음악이 "역동적인 이미지나 음의 진행(vector)의 제시"(p. 172)를 통해 '함축된 명제'나 '참의 주장'(p. 168)을 담는다고 논한다. (3) Morris Weitz, *Philosophy of the Arts*, Cambridge, Mass.: Harvard U.,

1950, ch. 8, pp. 147-152(Eliseo Vivas and Murray Krieger, eds., *The Problems of Aesthetics*, New York: Rinehart, 1953, pp.600-604에 재인쇄)는 음악적 명제에 대해 회의적인 견해를 표명한다. (4) Douglas Morgan, "On Pictorial 'Truth,'" *Philosophical Studies*, IV (1953): 17-24의 경우, 동일 사건에 대한 사진과 진술의 유사성을 강조한다. 한편 모건이 '명제'라는 단어를 언어로 된 진술에만 사용한다는 점에 주목하라. (5) 다음의 논문도 참조하라: Bertram Jessup, "Meaning Range in the Work of Art," *JAAC*, XII (March 1954): 378-385.

(II) 명제이론은 다음의 저술들에서 비판받았다: (1) Hospers, *op. cit.*, pp. 157-161. (2) Kingsley B. Price, "Is the Work of Art a Symbol?" *J Phil*, L (1953): 485-503과 특별히 485-490, 496-503; 여기에서 프라이스는 비언술적 예술은 '단정적 상징들'(assertive symbols)이 아니라고 매우 설득력 있게 주장한다. (3) Max Rieser, "A Brief Introduction to an Epistemology of Art," *J Phil*, XLVII (1950): 695-704; 한편 리저 스스로는 명제이론을 주장하는 것처럼 보인다. 그린에 대한 비판으로는 다음을 참조하라: W. T. Stace, and Greene's reply, *J Phil*, XXXV (1938): 656-661; Vincent Tomas, "Has Professor Greene Proved That Art Is a Cognitive Process?" *J Phil*, XXXVII (1940): 459-469 (그러나 토마스는 모든 예술 혹은 적어도 모든 좋은 예술은 명제를 담고 있다는 그린의 견해를 공격하는 것에 주목하라. 토마스 자신은 오직 몇몇 작품만이 그러하다고 주장하고 있으며, 이러한 주장이 바로 내가 명제이론이라고 불렀던 것이다); Lucius Garvin, "An Emotionalist Critique of 'Artistic Truth,'" *J Phil*, XLIII (1946): 435-441.

20.3 명제와 문장(PROPOSITIONS AND SENTENCES)

명제가 그것을 '진술'하는 문장과 구별된다는 견해는 다음의 저서에서 간결하고 명증하게 제시되었다: Morris Cohen and Ernest Nagel, *Introduction to Logic and Scientific Method*, New York: Harcourt, Brace, 1934, pp. 27-30. 이러한 구분에 대한 논변과 이에 대한 전문적인 논의는 다음의 책을 보라: Gilbert Ryle, "Are There Propositions?" *PAS*, N.S. XXX (1929-1930): 91-126. 다른 대안적 견해, 즉 참이나 거짓인 문장은 서술문이며, 이것이 실체적(subsistent) 개체를 상정할 필요는 없다는 대안적 견해는 다음에서 설득력 있게 개진되었다: Elizabeth Lane Beardsley, "The Semantic Aspect of Sentences," *J Phil*, XL (1943): 393-403. 실체적-명제이

론에 대한 또 다른 비판으로는 다음을 보라: Ralph M. Eaton, *Symbolism and Truth*, Cambridge, Mass.: Harvard U., 1925, ch. 5; Paul Marhenke, "Propositions and Sentences," University of California Publications in *Philosophy*, XXV (1950), 특히 275-297; A. D. Woozley, *Theory of Knowledge, London*, New York: Hutchinson's U. Library, 1949, ch. 5; Abraham Kaplan and Irving Copilowisch, "Must There Be Propositions?," *Mind*, XLVIII (1939): 478-484.

20.4 회화에서의 명제(PROPOSITIONS IN PAINTING)

예술 비평가들이 명제를 가진 작품이라고 말할 수 있는, 혹은 말했던 회화의 사례들을 찾아보자. 예컨대 모네의 풍경화는 반 고흐의 풍경화와 다른 자연에 대한 견해를 함축하는가? 사람의 형상이 매우 작아서 자연과 비교했을 때 난쟁이처럼 묘사된 풍경화는 자연에 비해 인간은 미천한 존재라고 말하는 것일까? 한 쌍의 야수처럼 묘사한 렘브란트의 동판화 〈아담과 이브〉(1638, Hind 159)는 아담과 이브가 정말로 야수 같았다고 말하는 것인가? 몇 년 전 부활절 토끼 모양의 스테인드 글라스 창문 사진을 표지에 실은 *New Yorker*는 부활절이 종교적 의미로부터 상업적으로 퇴색해버렸다고 말하는 것일까? 신부는 있지만 신랑은 안 보이는 브뤼겔의 〈농촌의 결혼식〉(*Peasant Wedding*)에서 신부가 예수의 신부라면, 이 그림은 참된 성직자가 없는 교회는 속세의 웃음거리에 불과하다고 말하고 있는 것일까? 이와 관련해 다음을 보라: Kenneth Lindsay and Bernard Huppe, "Meaning and Method in Brueghel's Painting," *JAAC*, XIV (March 1956): 376-386. 더 심화된 사례들은 다음에서 찾을 수 있다: Weitz, *loc. cit.* 이러한 회화 사례들은 명제이론으로 환원되지 않으면서, '무엇으로 보인다'는 말로 적절하게 해석될 수 있을까? 다음의 저술들은 '형식'과 '내용'이라는 관점에서 종교적 회화에 관한 흥미로운 분석과 구분을 보여주고 있다: Paul Tillich, *The Religious Situation*, trans. by H. Richard Niebuhr, New York: Holt, 1932, pp. vii-xxii, 52-70, 그리고 "Existentialist Aspects of Modern Art," *Christianity and the Existentialists*, ed. by Carl Michalson, New York: Scribner's, 1956.

다음의 논문은 어떤 것을 '보여주는' 그림과 어떤 것을 언급하는 문장의 차이점을 명확하게 설명한다: Edna Daitz, "The Picture Theory of Meaning," Mind, LXII

(1953): 184-201. 여기에서 데이츠는 회화에는 부정문, 조건문, 선언문에 대응할 만한 것들이 없다고 지적한다(p. 196). 예컨대 우리는 고양이를 검정 고양이로 묘사할 수 있지만, 검정이 아닌 고양이를 묘사할 수는 없다. 이러한 논변은 진술을 사실에 대한 그림이라고 보는 주장에 정확히 반대되는 것이다(Susanne Langer, 제7장, Note 18.1을 보라).

20.5 음악에서의 명제(PROPOSITIONS IN MUSIC)

음악 악곡이 명제를 포함하거나 포함할 수 있다고 예술 비평가들이 언급했거나 했을지 모를 사례들을 찾아보자. 가령 바흐의 오르간을 위한 합창 서곡은 찬송곡을 가져왔다는 점에서 신학적 교리를 구현하고 있는 것일까? 이 책의 제7장, Note 18.10에 나오는 참고문헌들을 보라. 베토벤의 *String Quartet in C Sharp Minor (Op. 131)*은 인간 의지가 모든 장애를 극복할 수 있다고 말하는 것인가? 베를리오즈의 〈환상교향곡〉은 낭만주의 철학을 구현하는가?

21

21.1 음악과 회화의 인식적 지위에 관한 드러내기 이론(THE REVELATION THEORY OF THE COGNITIVE STATUS OF MUSIC AND PAINTING)

비록 플라톤이 『국가』 10권 595-601에서, 침대를 그린 그림 자체는 이상적인 형상의 모방인 물질적 침대를 다시 '모방'한 것일 뿐이기 때문에 '실재'로부터 두 단계 떨어져 있다고 말하며, 그래서 예술가들은 '실재에 대해 아는 것이 없고 오직 그 외양만을 안다'고 결론지었을 때, 그는 이 이론에 대해 반대하는 논변을 펼친 것이 맞지만(Cornford trans., Oxford: Clarendon, 1945, p. 331을 보라), 그럼에도 불구하고 그의 형이상학을 예술에 대한 드러내기 이론으로 변형시키는 것은 어려운 일이 아니다. 즉 예술가들은 물질적 침대를 모방하는 것이 아니라 침대를 만드는 목수가 추구하는 그 동일한 형상을 얻으려 한 것이고, 좀 더 성공적일 수 있는 이유는 실제 침대를 만들 필요가 없고 자유롭게 '본질'이 되는 본성을 끌어낼 수 있기 때문이라는 것이다. 이러한 해석은 이후 이론가들에 의해 지지된 바 있다.

다양한 드러내기 이론들은 다음의 저술에서 옹호되었다: (1) Arthur Schopen-hauer, *The World as Will and Idea*, 6th ed., trans. by R. B. Haldane and J. Kemp, London: Routledge and Kegan Paul, 1907-1909, Book III, 보편론자 이론. 한편 쇼펜하우어는 매우 다양한 인식적 역할들을 음악과 회화에 부여했다. 쇼펜하우어의 이론에 관해서는 다음을 참조하라: Albert Gehring, *The Basis of Musical Pleasure*, New York: Putnam, 1910, pp. 58-68; Israel Knox, *Aesthetic Theories of Kant, Hegel, and Schopenhauer*, New York: Columbia U., 1936; John Stokes Adams, Jr., *The Aesthetics of Pessimism*, Philadelphia: privately printed, 1940. (2) L. A. Reid, *A Study in Aesthetics*, New York: Macmillan, 1931, ch. 10; a Universalist theory. (3) Dorothy Walsh, "The Cognitive Content of Art," *Phil R*, LII (1943): 433-451 (Eliseo Vivas and Murray Krieger, eds., *The Problems of Aesthetics*, New York: Rinehart에 재출간), 1953, pp. 604-618. 이 흥미로운 논문은 예술이 '가능지들의 상세화'(delineation of the possible)라고 논한다. 요컨대 예술가들은 실제 세계의 '대안'이 되는 '이상적인 가능성들'을 '드러낸다'('제시한다', '창조한다')는 것이다. 그러나 무엇보다 미적 대상이 제시하는 것은 실재성(actuality)이다. 즉 음악의 새로운 성질이나 그림의 새로운 디자인이 가능성일 뿐인 것은 아니다. 이것들은 다른 모든 것과 마찬가지로 세계의 부분으로 존재한다. 이것이 작품 밖에 존재하는 세계에 대한 '대안' 세계라고 말하는 것은 이 작품은 어떤 것을 드러내는 것이 아니라 그저 존재한다고 말하는 것이 된다.

다음 저술들도 참조하라: H. D. Lewis, "Revelation and Art," *PAS*, Suppl. vol. XXIII (1949): 1-29; John Dewey, *Art as Experience*, New York: Minton, Balch, 1934, ch. 12; 학회 논문인 C. E. M. Joad, "Is Art a Form of Apprehension or Expression?" *PAS*, Suppl. vol. V (1925): 190-203.

헤겔도 드러내기 이론의 한 형식을 취한 것으로 보이는데, 그는 예술이 절대 관념의 감각적 현현이라고 표현하고 있다: *The Introduction to Hegel's Philosophy of Fine Art*, trans. by Bernard Bosanquet, London: Routledge and Kegan Paul, 1886, ch. 3, Part II; ch. 5; W. T. Stace, *The Philosophy of Hegel*, New York: Macmillan, 1924, pp. 443-484. 헤겔은 확실히 본질주의자였다. 즉 화가는 사마귀 같은 그림의 주제에 우연적인 특징들은 배제할 것이다. 분명 헤겔은 피에로 델라 프란체스카가 그린 우르비노 공의 초상화(1465, Uffizi Gallery, Florence)를 본 적이 없었을 것 같다.

J. W. N. Sullivan's book, *Beethoven: His Spiritual Development*, London: Cape, 1927 (New York: Mentor, 1949에 재출간). 이 책은 몇몇 이론 사이의 입장을 오간다. 이 책은 처음에는(Part I, ch. 1) 음악에 관한 드러내기 이론을 옹호하는 것으로 시작하지만, 베토벤이 소통하려 했다고 설명하는 "삶에 대한 개인적 비전"(서문)은 정서적 반응에 더 가까운 것으로 보이고, 베토벤 음악을 설명하는 '영적 내용'(Part I, ch. 3)은 표현론으로 환원되는 듯하다. 설리번이 "베토벤의 마지막 4중주가 최고의 성취란 고통을 통해 이루어짐을 보여준다"고 할 때처럼 명제이론에 근접하는 주장을 할 때도 있다(Mentor ed., p. 41; 〈대푸가〉에 대한 멘토의 해석과 비교해보라, p. 129). 그러나 설리번은 매우 명확하게 명제이론을 거부하고 있기도 한데, 그는 "베토벤이 표현하기를 원했던 것 중 어떤 것도 철학이라고 불릴 만한 것이 없고"(p. 70), "(음악이) 생각을 표현할 수는 없다"(p. 71)고도 말한다. 설리번에 대한 논평을 보려면, John Hospers, *op. cit.*, pp. 227-231을 보라. 논문 "The Theory of Musical Expression," *Music and Letters*, XVII (1936): 106-117과 "Music and Emotion," *Musical Quarterly*, XXVIII (1942): 406-414에 개진된 빅터 베넷(Victor Bennet)의 견해는 명확하게 말하지는 않지만 드러내기 이론에 준하는 듯하다. 여기에서 베넷은 예술이 우리에게 '진리를 관조하게'(앞의 논문, p. 107) 해준다고 말한다.

Herbert Read, *Icon and Idea*, Cambridge, Mass.: Harvard U., 1955. 이 책은 예술의 인식적 역할을 주장하며 예술은 "사람들이 사물의 본성을 단계적으로 이해하는 수단이 되어왔다"고 주장한다. (p. 18과 pp. 53, 73 ff.도 참조하라) 그러나 논증이 명확하지 않다. 18세기 버전의 드러내기 이론에 해당하는 다음 저술도 참조하라: Arthur O. Lovejoy, "Nature as Aesthetic Norm," *Essays in the History of Ideas*, Baltimore: Johns Hopkins U., 1948.

21.2 보편자와 본질(UNIVERSALS AND ESSENCES)

(I) 예술이 사물의 일반적인 본성에 관여한다는 신고전주의적 사고는 다음에서 매우 잘 개진되었다: Sir Joshua Reynolds, *Discourses on Art*, 특히 Discourses 3, 4, 7, 13; 블레이크(Blake)가 자신이 소유한 *Discourse*에 쓴 "일반화하는 것은 바보가 되는 것이다"와 같은 신랄한 비판과 비교해보라. (*Artists on Art*, ed. by R. Goldwater and M. Treves, New York: Pantheon, 1945, p. 263; 마이욜(Maillol)의 언급도 참조하라, p. 406). T. M. Greene, *op.*

cit., 1940, chs. 14, 16, 17: 이 책은 회화에서 발견되는 보편자의 다양한 종류를 분류하고 있다.

예술은 주로 보편자가 아니라 개별자에 관여한다는 견해는 다음의 저술에서 옹호되었다: Iredell Jenkins, "The Unity and Variety of Art," *JAAC*, XIII (December 1954): 185-202.

(II) 보편자의 본성과 존재에 관하여는, A. D. Woozley, *op. cit.*; Bertrand Russell, *The Problems of Philosophy*, New York: Holt; 1912, ch. 9를 보라. (다음 두 저서는 모두 훌륭한 기초적인 설명을 준다): H. H. Price, *Thinking and Experience*, Cambridge, Mass.: Harvard U., 1953, ch. 1; Arthur Pap, *Elements of Analytic Philosophy*, New York: Macmillan, 1949, chs. 3, 4, 와 참고문헌. 본질의 개념, 그리고 사물의 본질적 특징과 비본질적 특징의 구분에 관하여는, Abraham Edel, *The Theory and Practice of Philosophy*, New York: Harcourt, Brace; 1946, ch. 2를 보라.

21.3 직접적 면식과 느껴진 성질(ACQUAINTANCES AND FELT QUALITIES)

'직접지'와 '간접지'의 구분에 대한 설명은 Bertrand Russell, *op. cit.*, ch. 5를 보라. 그러나 러셀이 '색에 관해 참인 것을 아는 것'과 '색 자체를 아는 것'(1946 ed., p. 47에서)을 비교했을 때, 후자는 아는 것이 아니라 보는 것에 해당함이 분명하다. 직접적인 면식은 지식이 아니라는 주장은 Moritz Schlick, *Gesammelte Aufsätze*을 인용했던 호스퍼스(Hospers, *op. cit.*, pp. 233-238)에게서 잘 개진되었다. C. I. Lewis, *Mind and the World Order*, New York: Scribner, 1929, ch. 5와 Appendix B도 참조하라. 여기에서 루이스는 "직접적인 면식만으로 이루어지는 지식은 없다"(p. 118)고 말한다. 심포지움, "Is There Knowledge by Acquaintance?" *PAS*, Suppl. vol. XXIII (1949)도 보라: 69-128, 특히 직접지 개념을 미학에 관한 관심과 연결해 옹호한 핀들리(J. N. Findlay)의 논문을 주목하라. Albert Hofstadter, "Does Intuitive Knowledge Exist?" *Philosophical Studies*, VI (1955): 81-87는 직접지를 옹호하는 논문이다.

Hugo Münsterberg, *The Principles of Art Education*, New York: Prang Educational, 1905, Part I (이 책의 대부분이 다음 책에서 재출간되었다: Melvin Rader, *A Modern Book of Esthetics*, New York: Holt, 1935, pp. 363-376; rev. ed. 1952, pp. 387-400), 이 책은 과학이 우리에게 대상이 지니는 최선의 참에 해당하는 대상 자체에 관한 지식이 아니라, 그

사물이 다른 대상과 가지는 인과관계에 대한 지식을 준다고 논한다. 그러나 저자가, 예컨대 "과학은 우리에게 해양에 대한 '이해'를 주지 않지만 예술은 그럴 수 있다"고 말한 것을 보면, 그가 진심으로 뜻하고자 한 것은 예술에서 우리가 해양에 대한 어떤 것을 (아는 것이 아니라) 얻을 수도 있다고 한 것임이 분명해 보인다. 이것은 브라우닝의 논문, "Transcendentalism: A Poem in Twelve Books"의 논제였고, 이를 다음과 비교해보라: A. S. Eddington, *The Nature of the Physical World*, New York: Macmillan, 1928, ch. 15; F. S. C. Northrop, "The Functions and Future of Poetry," in *The Logic of the Sciences and the Humanities*, New York: Macmillan, 1947.

21.4 '~에 참'에 대하여(ON 'TRUTH-TO')

이 어구에 대한 분석과 정당화에 관해서는, John Hospers, *op. cit.*, ch. 6 (특히, pp. 173-175, 183-196), ch. 8을 보라. 호스퍼스가 이 어구를 가장 설득력 있게 사용한 것은 문학에 적용한 것이었다. 이에 관하여는 다음 장에서 살펴볼 예정이다. 심화 논의로는, Bernard C. Heyl, "Artistic Truth Reconsidered," *JAAC*, VIII (June 1950): 251-258이 있고, 이 논문은 호스퍼스의 주장에 동의하지만, "나는 호스퍼스가 이 어구의 중요성을 과대평가한 점이 없잖아 있다고 본다"(p. 253)고 덧붙이기도 한다.

21.5 창조와 발견(CREATION AND DISCOVERY)

일차적으로 예술가는 탐험가나 우주비행사처럼 발견자로 여겨져야 하는 것일까? 아니면 발명가처럼 창조자로 여겨져야 하는 것일까? 혹은 동등하게 둘 다로 여겨질 수 있는 것일까? Eliseo Vivas, *Creation and Discovery*, New York: Noonday, 1955, 특히 pp. 123, 140, 237은 특별히 문학과 연결해 이 문제를 다룬다. 다음 또한 참조하라: Herbert Read, *Icon and Idea*, Cambridge, Mass.: Harvard U., 1955, ch. 7. 수학 체계나 체스 게임이 어떤 의미에서 새로운 진리일 뿐만 아니라 미적 대상이기도 한가를 묻는 질문에 도움이 된다.

21.6 음악과 회화의 인식적 지위에 관한 직관주의(THE INTUITIONIST THEORY OF THE COGNITIVE STATUS OF MUSIC AND PAINTING)

(I) 직관주의에 대한 비판적인 일반적 언급에 관해서는 다음을 보라: J. H.

Randall, Jr. and Justus Buchler, *Philosophy: An Introduction*, New York: Barnes and Noble (College Outline Series), 1942, ch. 9; William P. Montague, *The Ways of Knowing*, London: Allen and Unwin, 1925, Part I, ch. 2; Paul Henle, "Mysticism and Semantics," *Phil and Phen Res*, IX (March 1949): 416-422. 이 논문은 직관적 통찰력이 지니는 형용 불가능성에 관한 매우 흥미로운 논의를 주고 있다.

(II) 베르그손의 직관론과 그것의 예술에의 적용에 관해서는, Henri Bergson, *An Introduction to Metaphysics*, trans. by T. E. Hulme, New York: Liberal Arts, 1950; *Creative Evolution*, trans. by Arthur Mitchell, New York: Holt 1911, 특히, 135-185쪽에서는, 베르그손이 지성을 본능과 비교하며 '직관'을(p. 176) "무관심적이고 자의식을 지니며, 그 직관하는 대상을 반추하고 무한 확장시킬 수 있는 것"으로 설명한다. *Laughter*, trans. by Cloudesley Brereton and Fred Rothwell, New York: Macmillan, 1911, pp. 150-171 (Melvin Rader, *op. cit.*, 1935 ed. p. 179-191; 1952 ed. pp. 114-126에 재출간). 이 책에서 베르그손은 부분적으로 드러내기 이론의 언어로 말하고 있다. *Time and Free Will*, trans. by F. L. Pogson, New York: Macmillan, 1910, pp. 13-18(여기에서 예술은 최면을 걸어 고도의 공감과 암시 감응성(suggestibility)의 상태가 되게 한다고 한다). A. A. Luce, *Bergson's Doctrine of Intuition*, London: Society for Promoting Christian Knowledge, 1922, ch. 1; H. Wildon Carr, *The Philosophy of Change*, New York: Macmillan, 1914, ch. 2; T. E. Hulme, "Bergson's Theory of Art" and "The Philosophy of Intensive Manifolds," *Speculations*, London: Routledge and Kegan Paul, 1924, Vivas and Krieger, *op. cit.*, pp. 125-138에 부분 재출간. Arthur Szathmary, *The Aesthetic Theory of Bergson*, Cambridge, Mass.: Harvard U., 1937; Bertrand Russell, *Mysticism and Logic*, New York: Longmans, Green, 1929, ch. 1.

(III) 크로체가 '직관적 지식'과 '논리적 지식'을 비교하기는 하지만(*Aesthetic*, trans. by Douglas Ainslie, 2nd ed. New York: Macmillan, 1922, ch. 1; Vivas and Krieger, *op. cit.*, pp. 69-90 에서도), 그는 계속해서 직관이 참과 거짓, 혹은 실재와 비실재 간의 어떠한 구분보다 더 기초적이라서 직관을 지식이라고 부르는 것조차 어색하다고 말한다. 심화 논의에 관해서는, 크로체의 *Breviary of Aesthetic*, trans. by Ainslie, Rice Institute Pamphlet, Houston, II, 4, 1915(Melvin Rader, *op. cit.*, 1935 ed. pp. 159-178; 1952 ed. pp. 94-113에 부분 재출간)와 H. W. Carr, *The Philosophy of Benedetto Croce*, New York Macmillan, 1917, chs. 3, 4; C. J. Ducasse, *The Philosophy of Art*, New York: Dial, 1929, ch. 3을 보라.

윌리엄 제임스(William James)는 음악과 신비 체험 간의 유사성에 대해 논한 바 있다("Music gives us ontological messages"), *Varieties of Religious Experience*, New York: Longmans, Green, 1902 (New York: Modern Library, 1929, p. 412에 재출간); Rudolf Otto, *The Idea of the Holy*, London: Oxford U., 1950, pp. 47-49, 20-71도 참조하라.

21.7 음악 비평의 범주들(THE CATEGORIES OF MUSIC CRITICISM)

제10, 11, 12장에 가서 음악 악곡이 지닌 규범적 진술이나 가치-판단을 논하기에 앞서, 여기에서는 우리가 이미 살펴본 개념들의 구분을 검토하는 것이 도움이 될지 모른다. 우리는 다음에 해당하는 음악에 대한 비규범적인 비평적 진술들의 종류를 나누어 보았다. 문제는 여기에 언급되지 않지만, 비평가들이 음악에 대해 언급할 만한 다른 비규범적 진술들이 있는가 하는 것이다.

I. 기술: 음악 자체의 특징들에 관한 진술

  A. 작품 부분에 관한 진술

    1. 기초 부분들에 관한 진술('이 작품은 바장조로 시작한다')

    2. 복합 부분들에 관한 진술('이 작품은 세 가지 주요 악절로 되어있고, 첫 악절은 바장조이다')

  B. 부분들의 관계에 관한 진술

    1. 기초 부분들의 관계에 관한 진술('두 번째 음표는 첫 번째 음표보다 반음 높다')

    2. 복합 부분들의 관계에 관한 진술; 이 진술들은 형식에 관한 것으로 다음을 포함한다.

      a. 대규모 관계에 관한 진술('이 악절은 저 악절을 개괄한다'): 구조

      b. 반복되는 소규모 관계에 관한 진술('이 선율의 음형은 계속 반복된다'): 음악의 질감(texture) 혹은 대체로, 양식(style)

  C. 전체나 부분의 영역 성질에 관한 진술

    1. 비인간적 성질에 관한 진술('이것은 조성을 띤다', '이것은 이러저러한 동적 패턴을 지닌다', '이것은 통일되어 있다')

    2. 인간적 성질에 관한 진술('이것은 활기차다')

II. 음악과 다른 대상의 유사성에 관한 진술들

    A. 음악과 다른 소리의 유사성에 관한 진술들('이것은 소방차 소리와 비슷하다')–재현에 관한 진술들

    B. (a) 인간적 성질 혹은 (b) 동적 패턴에 있어서 음악이 다음과 가지는 유사성에 관한 진술들

        1. 심리적 과정('이 음악은 우울의 상태와 같다')

        2. 물리적 과정('이 음악은 떠다니는 비누 거품과 같다')

인과관계를 제외한 음악과 다른 대상의 관계에 관한 모든 참된 진술들이 여기에서는 유사성–진술로 이해되었음에 유의하자. 이 진술들은 음악의 '해석'으로 불릴 수 있지만, 어떤 점에서 이렇게 부르는 것은 오해의 소지가 있다.

21.8 회화 비평의 범주들(THE CATEGORIES OF PAINTING CRITICISM)

우리는 다음과 같이 회화에 관한 비규범적인 비평적 진술의 종류를 분류해 보았다. 문제는 여기에 제시되지 않았지만, 비평가들이 회화에 관해 말할 법한 다른 비규범적 진술들이 있는가 하는 것이다.

I. 기술: 회화 자체의 특징에 관한 진술들

    A. 작품의 부분에 관한 진술들

        1. 기초 구역에 관한 진술들('이것은 파란색이다')

        2. 복합 구역에 관한 진술들('이것은 분홍색 점들이 타원형으로 정렬한 것이다')

    B. 부분들의 관계에 관한 진술들

        1. 기초 구역의 관계에 관한 진술('이 파란색은 저 파란색보다 채도가 높다')

        2. 복합 부분의 관계에 관한 진술: 이 진술은 형식에 관한 것으로, 다음을 포함한다.

            a. 큰 규모의 관계에 관한 진술들('그림의 이 부분이 저쪽과 균형을 이룬다'): 구조

            b. 반복되는 소규모 관계에 관한 진술들('붓질의 이러한 형태는 전체적으로 나타난다'): 질감(texture) 혹은 대체로 양식(style)

C. 전체 혹은 부분들의 영역 성질에 관한 진술들

    1. 비인간적 성질들에 관한 진술들(구조에 대한 진술로 여겨질 수 있는 '이것은 삼

       각형의 주된 패턴을 지닌다'거나 혹은 '이것은 통일되어 있다')

    2. 인간적 성질들에 관한 진술들('이 그림은 활기차다')

II. 회화와 세계 내 다른 대상들의 유사성에 관한 진술들

  A. 재현에 관한 진술들은 다음을 포함한다.

    1. 묘사('이 그림은 말을 재현한다')

    2. 초상('이 그림은 부케팔루스를 재현한다')

  B. 암시(suggestion)에 관한 진술('이것은 풍차를 암시한다')

    〔상징-진술(Symbol-statements)은 재현-진술과 암시-진술의 하위종이다〕

  C. 단순 유사성에 관한 진술('이것은 사람 손금과 비슷하다')

인과관계를 제외한 회화와 다른 대상의 관계에 관한 모든 참된 진술들은 여기에서 유사성-진술로 이해되고 있음에 유의하라. 그룹 A와 B는 일반적으로 회화에 대한 '해석'이라 일컬어지고, 여기에 특별히 우려할 점은 없는 듯하다.

문학과 지식

LITERATURE AND KNOWLEDGE

신운화 번역

우리가 말로 하는 명백히 가장 중요한 일은 세계에 대한 정보를 공유하는 것이기에 언어에 있어 이러한 용도와 관계된 것만 보통 생각한다. 물론 정보 교환과 관계없이 농담을 즐길 수 있다는 것도 알고 있다. 하지만 농담은 언어에서 다소 특수하면서 없어도 무방한 사용법이라고 할지 모르겠다. 그리고 서사시나 비극에 대해 말하게 되면, 진지한 담화와 농담 같은 가벼운 담화 간의 차이를 강조하고 싶은 강한 유혹을 느끼게 된다. 서사시와 비극은 엄격한 의미에서의 정보는 아닐지라도 분명 의사소통을 하기 때문에 또 다른 형태의 지식이라는 점에서 차이가 있다.

그리고 문학은 회화와 음악보다 훨씬 더 분명하게 이런 이론에 부합하는 것으로 보인다. 회화가 참이라거나 음악이 지식을 전달한다고 할 수 있는 경우를 보고자 한다면 언어가 자연적으로 또 본질적으로 수행하는 것을, 회화와 음악에서 언어 없이 수행할 다른 방법을 찾아야 한다. 그러나 시와 이야기는 이미 언어의 영역, 직설적인(indicative) 어법과 서술적인(declarative) 문장들의 영역이다. 그리고 순전히 감정적인 것이라 볼 수 있는 일부 단어들을 제외하면, 시나 소설의 단어 중 다른 담화 안에 등장하지 않거나 등장하지 못하는 단어는 없다. 다른 담화에서 그 단어는 세계에 대한 무언가를 말하는 데 분명 사용될 것이다.

이 장에서 살펴봐야 할 것은 문학의 이러한 국면, 즉 문학의 인지적 지위 혹은 지식과의 관계이다. 우리가 내릴 결론에 많은 것이 좌우될 것이고 여기에는 인간 삶에 있어서 문학의 중요성에 관한 일반적인 관점도 포함된다. 아주 오래전부터 이 문제에 대한 논의가 있어왔고 우리는 이것을 다루는 과정에서 예로부터 개진되어온 그 생각들에 기대면서도 논의를 좀 더 발전시킬 수 있을 것이다. 그러나 앞으로 나아가기 위해서는 두 가지 선제적 조치를 취해야 한다. 첫째, 이 문제에 대한 과거의 논의는 너무도 흔히 교착 상태에 빠지곤 했는데 그것은 이 문제가 다음과 같은 형태로 제시되었기 때문이다. '지식을 전달하는 것이 문학의 목적, 혹은 즉각적인 목적인가?' 목적에 대해서는 말하지 않기로 하자. 이 용어는 목표와 성취를 혼동하게 만드는 경향이 있기 때문이다. 다만 문학은 진정 무엇을 하는가, 혹은 무엇을 할 수 있는가를 묻도록 하자. 둘째, 지금의 논의에는 적어도 여섯 가지의 각기 다른 문제들이 혼합되어 있는데 이 문제들은 적절하게 구별된 적이 거의 없다. 우리가 앞으로 불가피하게 만나게 될 복잡한 문제들을 헤쳐나갈 길잡이로 삼을 겸, 지금 그 문제들을 열거하는 것이 좋겠다. ① 문학작품은 인지적인 의미를 갖는가? 우리는 이 문제를 제3장 9절에서 다루었다. ② 그렇다면 문학작품은 참인가 거짓인가? ③ 만일 그렇다면 어떤 측면에서 문학작품은 참이거나 거짓인가? 문학작품의 어떤 요소가 참과 거짓에 해당되는가? ④ 만일 문학작품이 참이거나 거짓이라면 문학은 어떤 종류의 참과 거짓을 갖는가? ⑤ 문학작품의 참임과 거짓임은 주장되는가 아니면 문학에서 단지 제시되기만 하는가? 이 구별은 이후에 명확히 하도록 하겠다. ⑥ 문학의 참 혹은 거짓은 그것이 훌륭한 문학인 것과 관계가 있는가? 이 마지막 문제는 가치의 문제와 직접적으로 연결되는 것이고 이것은 다음 장에서 다룰 것이다.

22

문학의 해석
THE INTERPRETATION OF LITERATURE

일반적으로 단어와 문법을 이해하는 한 독자가 있다고 하자. 그가 문학작품의
완전한 의미를 이해하려 할 때 직면하는 문제들이 있음을 우리는 앞에서 보았다. 이
문제들을 우리는 지금까지 두 가지 유형으로 분류했다. 해설(explication)의 문제는 간
략히 말해 은유 같은 일군의 단어의 맥락적 의미를 결정하는 것으로, 이때 단어들의
표준적인 의미와 함께 그 단어가 뜻할 수 있는 범위에 대한 정보를 바탕으로 한다.
그러나 설령 독자가 작품을 해설한다고 해도 혹은 해설이 필요한 것을 전혀 찾아내
지 못한다고 해도 두 번째 종류의 문제에 직면하게 된다. 내가 특별한 의미로 사용한
명료화(elucidation)는 간략히 말해, 인물이나 동기같이 작품 안에 명시적으로 나타나
있지 않은 작품 세계 속 어떤 부분들에 대한 결정을 내리는 것으로, 이것은 이미 드
러나 있는 사건과 사태, 그리고 적절한 경험적 일반화, 즉 물리적·심리적 법칙이 바
탕이 된다.

그러나 모든 문학작품, 최소한 어느 정도 복합적인 모든 작품에는 해설과 명
료화가 이루어졌다고 해도 세 번째 종류의 문제들이 남아있다. 예컨대 월러스 스
티븐스의 시 「검은지빠귀 새를 바라보는 열세 가지 방식」(Thirteen Ways of Looking at a
Blackbird)을 생각해보라. 그 시는 다음과 같이 시작한다.

I
Among twenty snowy mountains,
The only moving thing
Was the eye of the blackbird.
눈 덮인 스무 개 산 가운데서

오직 움직이는 것은

검은지빠귀 새의 눈이었다.

II

I was of three minds,

Like a tree

In which there are three blackbirds.

마음이 셋이었던 나는

한 그루 나무 같았다 그 안에

세 마리 검은지빠귀 새가 있는.

III

The blackbird whirled in the autumn winds.

It was a small part of the pantomime.

가을바람 속의 검은지빠귀 새는 선회했다.

그것은 팬터마임의 작은 일부였다.

IV

A man and a woman

Are one.

A man and a woman and a blackbird

Are one.

한 남자와 한 여자는

하나이다.

한 남자와 한 여자와 검은지빠귀 새 하나는

하나이다.

and so on, including:

VI

Icicles filled the long window

With barbaric glass.

The shadow of the blackbird

Crossed it, to and fro.

The mood

Traced in the shadow

An indecipherable cause.

긴 유리창은 고드름들로

울퉁불퉁했다.

검은지빠귀 새의 그림자가

창문을 이리저리 가로질렀다.

가늠할 수 없는 원래 모습을

그림자 속에서 탐색한

분위기였다.

…

VIII

I know noble accents

And lucid, inescapable rhythms;

But I know, too,

That the blackbird is involved

In what I know[*]

나는 고상한 악센트들을

또한 명료하고, 피할 수 없는 리듬들을 알고 있다.

---

[*]   From "Thirteen Ways of Looking at a Blackbird." Reprinted from *The Collected Poems of Wallace Stevens*, by permission of Alfred A. Knopf, Inc. Copyright 1931, 1954 by Wallace Stevens.

제9장 문학과 지식

그렇지만
내가 알고 있는 것에 검은지빠귀 새가 포함되어 있음도
알고 있다.[*]

　이제 이 시가 무엇에 '관한' 것인지를 묻는다면, 쉬운 대답과 어려운 대답이 있을 것이다. 쉬운 대답은 우리가 구하는 답이 아닐 것이다. 진짜 질문에 대한 답이 아닐 것이기 때문이다. 이 시는 검은지빠귀 새, 눈, 어둠, 고드름, 리듬에 관한 시이다. 이 사물들은 세상에 있는 것이다. 그것을 지시하는 단어들이 있기 때문이다. 어떤 의미에서 이것들은 시의 소재이다. 그러나 우리가 이 시를 보며 당혹스러운 것은 그것 때문이 아니다. 우리는 검은지빠귀 새를 지칭하는 다양한 대상들 모두를 연결시키는 어떤 일반적인 생각, 이 대상들 모두를 포섭하는 어떤 개념이 있는지를 알고 싶은 것이다. 이 시의 주제(theme)는 무엇인가? 그리고 이 시가 담고 있다고 할 수 있는 어떤 일반적인 진술, 즉 삶, 예술, 인간 혹은 현실에 대한 어떤 관찰이나 성찰 같은 것이 있는지도 알고 싶다. 이 시의 교의, 이념적인 내용, 혹은 논제(thesis)는 무엇인가? 어떤 문학작품의 단일한 혹은 다수의 주제나 논제를 결정하는 과정을 나는 해석(interpretation)이라고 부를 것이다. 그리고 우리가 처음으로 다룰 문제는 해설과 명료화의 문제와 비슷할 것이다. 문학을 해석할 때 우리는 무엇을 하고 있는 것인가? 우리가 해석을 올바르게 하고 있다는 것을 어떻게 아는가?
　나는 '해석'이라는 용어를 통상적인 방식보다 더 한정적인 의미로 규정했다. 그것은 문학을 이해하는 세 가지 과정이 서로 다른 이름을 붙여야 할 만큼 방법론적 측면에서 충분히 다르다고 생각하기 때문이다. 그리고 나는 세 번째 과정에 '해석'이라는 말을 사용하는데, 그것은 이 과정이 설사 완전히 같지는 않을지라도 회화나 음악에서 내가 해석이라고 부른 것과 매우 비슷하기 때문이다. 나는 음악에는 해석할 것이 없다고 주장했지만 그때 '해석'이라는 말을 지금 언급하고 있는 의미로 사용했다. 그림이 재현하고 상징하는 것에 대해 말하는 것, 그리고 잘못된 말이라고 생각하긴 하지만 음악이 지시하고 표현하는 것에 대해 말하는 것은, 작품이 세계를 지칭한다

---

[*]　번역 출처: 설태수, "「검은지빠귀 새를 바라보는 열세가지 방식」과 선시", 『동서비교문학저널』 42, 한국동서비교문학학회, 2017. 12, pp. 84-89.

는 것, 또는 작품과 세계 사이의 의미-관계를 확언하는 것이다. 한 시에 어떤 주제나 논제가 있다고 하는 것은 그 시가 시적 세계를 건축하는 데 그치지 않고 실제 세계를 지칭하고 있다고 또한 확언하는 것이다.

그렇다면 해석의 문제는 다음과 같이 공식화할 수 있다. 해석은 단어의 맥락적인 의미와 작품 속 세계에 대한 완전한 기술을 바탕으로 문학작품의 주제와 논제를 결정하는 것이다. 이것이 우리가 다룰 문제이다. 어쩌면 이것은 두 가지 문제이다. 기본 용어 둘, '주제'와 '논제'를 좀 더 주의 깊게 살펴보면 이 용어들과 관련된 어려움이 다소 다르다는 것을 알 수 있기 때문이다.

주제는 어떤 종류의 것인가? 『폭풍의 언덕』(Wuthering Heights)의 주제는 본성의 선한 힘과 악한 힘 모두와 조화를 이룸으로써 영혼의 만족을 구하려는 것이라고 할 수 있다. 『전쟁과 평화』(War and Peace)의 주제는 젊음과 나이 듦, 삶과 죽음, 야망과 포기가 끝없이 리듬감 있게 변화하는 것이라고 할 수 있다. 예이츠의 「학교 아이들 사이에서」(Among School Children)의 주제가 물질과 영혼의 관계인지 혹은 노동의 인간적 의미인지 아니면 둘 다인지에 대해서는 논쟁이 있다. 주제는 전쟁의 무익함, 기쁨의 변덕스러움, 영웅주의, 비인간적임 등 추상 명사나 구절로 일컬어지는 것이다.

주제와 소재 사이에 분명한 구분선을 긋는 것이 언제나 가능한 것은 아니다. 그러나 비평과 관련된 목적을 위한 것이라면 그 경계선은 충분히 분명하다. 소재는 전쟁, 연애, 아즈텍인들, 말괄량이 길들이기 등과 같이 구체적인 명사나 주격 구조로 지칭된다. 「오이디푸스 왕」(Oedipus Rex)의 소재는 오이디푸스, 이오카스테, 테베인들, 즉 극 안의 대상(objects)을 포함한다. 또는 소재는 역병의 원인 조사, 즉 극의 행위(action)이기도 하다. 그러나 주제는 자부심, 신적인 힘, 운명, 돌이킬 수 없는 악, 인간 내면의 원동력 등이다.

그러면 주제는 그것에 관해 생각하고 숙고할 수 있는 무엇이지만 참이나 거짓으로 말할 수 있는 것이 아니다. 그러나 좀 어색한 용어일 수도 있는 '논제'로서 내가 의미하고자 하는 것은 정확히, 작품에 대해 혹은 작품 속에서 참이나 거짓이라고 할 수 있는 무엇이다. 예컨대 비평가들은 셰익스피어의 『폭풍우』(Tempest)는 삶에 대한 신비주의적 관점을 구현하고 있다고 말한다. 또 업튼 싱클레어(Upton Sinclair)의 『정글』(The Jungle)은 자유분방한 경제 체제하에서 가난한 자들이 겪는 불평등에 대한 저항이라고 하며, 스펜서의 「에피탈라미온」(Epithalamion)과 셸리의 「에피사이키디온」

(*Epipsychidion*)에는 암묵적인 플라톤주의가 있다고 말한다. 우리는 밀턴, 버나드 쇼, 사르트르 작품 속의 철학적·종교적·윤리적·사회적 사고에 대해 이야기한다. 또 토마스 만의 「파우스트 박사」(*Dr. Faustus*)가 낙천적인지 비관적인지, 프루스트의 작품에는 쇼펜하우어와 베르그송의 사상이 얼마나 담겨 있는지에 대해 논쟁한다. 그리고 나는 이러한 이념적인 요소들이, 약간 망설여지기는 하지만 참, 거짓을 말할 수 있는 형식으로 진술될 수 있다고 본다. 심지어 비관주의조차도 단순한 감정에 불과한 것이 아니라 삶에 대한 관점일 것이다.

이 논제와 관련해서는 용어법 측면에서 당혹스러운 점이 있다. 나는 작품 속에서 참이나 거짓으로 일컬어질 수 있는 것을 지칭할 일반적인 용어를 원한다. 앞 장에서 나는 처음에 이러한 의미에서 '명제'라는 용어를 제안했는데, 이 용어는 매우 평범하다. 그러나 음악과 회화에 대한 명제 이론(Proposition Theory)을 논의하면서 명제를, 사실 이것도 평범한 생각이지만 비언어적인 개체로, 모종의 추상화된 것으로 생각할 필요가 있게 되었다. 처음에는 다소 어색해보일지라도 이 맥락에서 명제 대신 다른 단어로 대체하려는 것은 이 두 번째 관념과 겹치는 것을 피하기 위함이다. 담화나 담화의 일부분을 참, 거짓으로 말할 수 있도록 하는, 담화 속 내용의 요점 각각을 나는 그 담화의 단정적 서술(predication)이라고 부를 것이다.[*] 따라서 한 가지를 진술하면서 또 다른 것을 암시하는 문장은 두 가지의 단정적 서술을 하는 것이다. '헨리는 그 반에서 가장 열등한 학생은 아니다'라는 문장은 그가 꼴찌에 가깝다는 것을 암시한다. 단정적 서술은 담화에서 실제로 그렇게 진술되지 않을지라도, 'that' 절로 진술될 수 있다.

그러면 이제 우리의 예비적인 구별을 정리하면, 소설의 소재는 콤슨 가족, 혹은 더 일반적으로는 남부의 귀족이 될 수 있다. 그 소설의 주제는 남부 귀족의 몰락일 것이다. 논제는 남부 귀족의 몰락이 통탄스럽거나 불가피하다는 것이 될 것이다. 그러면 첫 번째 문제들의 집합은 다음과 같이 정리할 수 있다. 모든 문학작품이 하나 또는 그 이상의 주제를 갖는가? 만일 그렇다면 그 주제가 무엇인지를 어떻게 결정하는가? 모든 문학작품은, 혹은 어떤 문학작품은 단정적 서술을 포함하고 있는가? 만일

---

[*] 나는 이 용어를 다음의 두 논문에서 빌려왔다. Elizabeth Lane Beardsley, "The Semantical Aspect of Sentences" (Note 20.3을 보라), and "Imperative Sentences in Relation to Indicatives," *Phil R*, LIII (1949): 175-185.

그렇다면 단정적 서술이 무엇인지를 어떻게 결정하는가?

주제

우리는 문학작품의 주제(theme)를 화자의 마음속에 있는 개념으로, 그가 명백히 주목할 가치가 있다고 여기는 추상화된 성질이나 관계로 생각할 수 있다. 모종의 방식으로 화자는 그것을 주목할 수 있게끔 따로 드러내기 때문이다. 작품에 기술된 대상이나 사건의 모든 특징이 주제를 구성하는 것은 아니며, 그 기술 자체에서 어떤 중요성이 부여된 것만 주제를 구성한다. 누군가가 무엇을 적어도 진지한 어조로 말할 때마다 우리는 그가 마음속에 중요한 무엇을, 혹은 최소한 다른 것보다 더 중요한 무엇을 품고 있다고 생각한다. 그리고 이러한 중요성을 부여할 수 있는 특징이라면 그것을 그 발화의 주제로 간주한다. 이렇게 광범위하게 생각하면, 거의 모든 담화가 하나 이상의 주제를 가질 것이다. 그 주제가 아무리 모호하고 충분히 전개되지 않은 것일지라도 말이다.

그래서 심지어 단순한 동요도 어떤 사건이나 사태를 기술하고 그중 어떤 특징을 강조한다. 말로 표현되었더라면 그렇지 않았을 것이다. 〈작은 잭 호너〉(Little Jack Horner)에서는 살짝 우스꽝스러운 성공을 볼 수 있는데 그 주인공의 자축("나는 얼마나 훌륭한 소년인지!")은 그의 성취에 비해 너무 과하다. 이로부터 우리는 그 주제를 허영과 비슷한 무엇으로 생각한다. 어려움이 발생하는 것은 우리가 정확성을 요하여 이 주제를 얼마나 구체적인 것으로, 아니면 일반적인 것으로 이해해야 할지를 묻는 순간이다. 잭 호너가 어리기 때문에 그 주제는 어린 시절의 허영인가? 아니면 여기서 인간 본성의 광범위한 특성, 즉 자신을 좋게 생각하고자 하는 인간의 끝없는 욕구, 우주적 관점에서 볼 때 한 인간의 성취와 권력의 사소함, 먼저 그에게 파이를 준 섭리의 힘을 파악하지 못하고 그 자신이 세상의 중심에 있다고 생각하게 되는 좁은 시야 등에 대한 미묘한 암시를 우리는 알아채는가? 이 모두를 그냥 그대로 말하는 것은 그 노래 구절에 있지 않은 의미를 부과해 독해하는 것일 터이다. 이것은 더 이상 해석이 아니라 우리 스스로 작품을 창조하고 있는 것처럼 보인다. 가장 초보적인 작품조차도 이러한 상상력으로라면 광대하고 심오한 것이 될 수 있을 것이기 때문이다. 그러나 그 노래 구절에는 다소 어렴풋하게 약간의 반향이 있고 노래 구절의 성질과 묘미는 이러한 함축에 달려 있다. 심지어 그 함축이 뚜렷하게 따로 식별되지 않을 때조차도 그러하다. 그러면 우리는 어디에 적절한 선을 그어야 하는가?

이 지점에서 검은지빠귀 새의 시로 다시 돌아가보자. 화자는 검은지빠귀 새의 어떤 점에 관심을 갖고 있는가? 물론 우선 한 가지는 검은지빠귀 새가 다양한 환경에서 등장하고 있고, 제목이 지적하듯 여러 다른 각도에서 볼 수 있다는 점이다. 더욱이 이것은 아직 주제가 아니다. 우리가 알고 싶은 것은 이 새가 다층적 국면을 가진다는 것이, 어떤 중요한 핵심과 관계되어 있는가 하는 것이다. 새들 중 하필 검은지빠귀 새여서 특별한 점, 그러면서도 인간의 본성이나 인간의 삶, 세계 전반의 다른 것들과 공통된 것, 이 시의 상황 내내 화자의 마음속에 있는 것으로 여겨지는 무엇을 알기 원하는 것이다. 그러나 물음 ① 검은지빠귀 새, 산, 눈, 고드름에 관한 이 시의 주제가 무엇인가 하는 것은, ② 그 시 속의 검은지빠귀 새, 산, 눈, 고드름이 상징하고 있는 것이 무엇인가와 똑같거나 매우 비슷한 질문이 되어버린다는 점을 주목하라.

이 두 질문은 똑같은 질문은 아닐 것이다. 두 질문을 이렇게 같은 것으로 놓기 위해 '상징하는'을 넓은 의미로 생각하는 것은, 단지 편의상의 단순화를 위해 너무 큰 대가를 치르는 것이다. 그러나 이 두 질문이 밀접하게 관련된 것으로 보이는 것은 사실이다. 만일 크리스마스 파이 일화가 인간의 허영심을 주요 주제 중 하나로 담고 있다면, 〈작은 잭 호너〉라는 동요와 그의 파이는 인간의 허영심을 상징한다고 말할 수 있을 것이다. 포크너의 스놉스가의 사람들 이야기가 악으로 선을 이기는 것을 주제로 담고 있다면 스놉스가 사람들이 악으로 선을 이기는 것을 상징한다고 말할 수 있다. 강제할 수 있는 것은 아니지만, 오늘날 '상징'이라는 용어는 위험하고 오해의 소지가 있으며 '주제'라는 용어가 낫다고 할 만한 충분한 이유가 있다고 생각한다. 그러나 문학적 상징의 분석에 대해 살펴보지 않고서는 문학적 해석의 문제들을 적절하게 다룰 수 없다.

제6장 16절에서 어떤 대상이 상징이 되기 위해서는 그 상징성의 활성적 기반이 있어야 한다는 것을 봤다. 즉 그 대상에 상징적인 의미를 부여하는 당사자들의 삶에서 그 대상이 어떤 중요한 방식으로 기능해야 한다. 현재의 맥락에서 우리는 상징성이라 할 수 있는 종류의 문학적 의미를 일단 논의하지 않고 보류하겠지만 알레고리에 대해서는 다루는 것이 좋을 것이다. 한 사건이나 사건의 연속에 대해, 일종의 사전

같은 것을 참고해 알레고리적인 의미를 할당할 수 있다. 이를테면 적십자 기사나 절망의 구렁텅이는 이러이러한 것을 가리킨다는 식이다. 여기서 그 관계는 표제 음악에서의 음악과 가사의 관계와 유사할 것이다. 아주 강력하게 밀착되어 있지도 않으면서 그렇다고 완전히 부적절하지도 않은 관계이다. 혹은 회화에서 기독교 도상학에서의 문장(紋章)과 기호들과도 비슷하다. 그러나 흥미로운 것은 일상적인 맥락에서는 상징이 아닌 대상과 사건, 예컨대 검은지빠귀 새나 여정이 문학작품의 맥락에서는 상징이 될 수 있다는 것이다. 우리가 직면한 문제는 이러한 일이 어떻게 일어나는지, 그리고 이러한 상징들이 어떻게 인지되고 해석되는지를 탐구하는 것이다.

활성적 기반과 같은 것은 쉽게 획득할 수 있다. 국기나 십자가가 국가나 문화의 상징이 되는 것처럼 작품 세계 속의 대상도, 등장인물의 삶이나 운명 속에서 혹은 화자의 심리적 과정에서 중요한 인과적 역할을 한다면 상징적인 것이 될 수 있다. 대상이 상징적인 것이 되는 데는 서로 매우 다른 두 가지 방식이 있다. 연극에서와 같은 중심적인 소품으로서 또는 반복되는 이미지로서 상징적인 것이 된다.

첫 번째 방식은 대략 이러하다. 어떤 대상 예컨대 다리, 문, 동물이 서사에서 중요한 순간들에 한 번 이상 등장해 이야기 속 인물들의 주의를 끌고 그들에게 영향을 미치고 다른 것들을 연상하게 한다고 하자. 그러면 그 대상은 상징적인 의미를 띠게 된다. 호손의 소설에서 주홍 글씨는 가장 절정의 장면에서 시야의 한가운데에 있다. 주홍 글씨는 '매우 값비싼 진주'이며 '불타는 낙인'이다. 그리고 수치와 자긍심과 고독의 원인이 된다. 그래서 주홍 글씨는 그 소설의 중심적인 주제를 구현할 수 있게 된다. 버지니아 울프의 『등대로』(To the Lighthouse)에는 이 이야기에 중요한 최소한 6점의 예술작품이 있다. 카마이클의 시, 릴리 브리스코의 그림, 비프스튜, 로즈의 중앙 장식, 폰스포트 씨의 문체 그리고 램지 부인 자신이다. 이 맥락에서는 예술 자체가 상징적이 되고 있다고 말할 수 있다. 물오리(입센의 소설), 흰 고래(멜빌의 모비 딕), 건축 거장의 탑(프랭크 로이드 라이트), 벚꽃 동산(체홉의 희곡), 블레이크(Blake)의 양(블레이크의 시 - 괄호 안은 역주), 예이츠의 장미, 그리고 최근 작가들에게 풍부한 상징적인 재료를 제공한 산과 등산에 대해서도 이와 비슷하게 말할 수 있다. 잭 호너의 크리스마스 파이는 특별한 경우이다. 그것은 오직 한 번 등장할 뿐이지만 핵심적인 소품이고 따라서 모든 행위의 초점이 거기에 있다.

문학작품이 상징성을 갖게 되는 두 번째 방식이 있다. 대상 X가 있고, 작품 전체에 걸쳐 수많은 은유적 귀속에 쓰이는 수식어들이 X의 다양한 특성들을 지시한다고 하자. 즉 같은 대상이나 관련된 대상들의 집합이 수많은 은유에서 나타나고 있다고 하자. 그렇다면 일련의 은유가 상징을 성립시킨다고 할 수 있다. 동요 〈거기 굽은 남자가 있었네〉(There Was a Crooked Man)의 경우에도 이렇게 말할 수 있을지는 모르겠다. 동요의 가사에 나오는 굽은 남자, 굽은 길, 구부러진 6펜스, 굽은 울타리를 보면 굽음이란 이미지가 상징적인 것이 되어가는 과정이 잘 나타나 있지만, 여기서 문제가 되는 것은 다른 노래 구절들에서 '굽은'의 은유적인 의미가 너무 거리가 먼 의미로 뻗어 나가는 경향이 있다는 것이다. 그러나 「리어 왕」(King Lear)이나 『맥베스』(Macbeth), 「안토니우스와 클레오파트라」(Antony and Cleopatra)를 살펴보면, 반복되는 이미지들의 덩어리, 천체든 동물이든 그 외의 다른 것이든 반복은 상징을 창조한다고 할 수 있을 것이다. 연극의 행위를 통해서가 아니라 언어의 질감을 통해서 상징이 창조된다. 그리고 앨런 테이트의 「어린 소년들의 죽음」(Death of Little Boys)에서의 "바다처럼 멋진", "산산조각 나는 방", "둘로 찢어진", "난파선 위의 하얀 가로날개뼈대들", "섬망이 노르웨이의 절벽을 괴롭힌다", "부패한 소형 보트"와 같은 은유적인 구절을 볼 때, 한 번도 콕 집어 말한 적은 없지만 이 시에서 난파선이 중심적인 상징이라고 말할 수 있다.

그러면 우리는 검은지빠귀 새에 대해서는 무엇이라고 말할 것인가? 첫째 검은지빠귀 새는 그 시의 13개 연에 모두 등장하는 대상이고 이 대상을 자꾸 읊조리는 것은 그것이 매우 주목할 가치가 있다는 것, 즉 그것이 상징이라는 것을 주장하는 것이다. 그러나 만약 검은지빠귀 새가 상징이라면 그것은 무언가를 상징해야 하고 이것이 바로 어려운 점이다. VI연에서 그림자를 가로지르는 것으로 검은지빠귀 새는 죽음의 상징이 될 수 있지만 그것은 IV연과는 들어맞지 않는 듯 보인다. I연에서 검은지빠귀 새는 주위를 경계한다는 의미의 상징이 될 수 있지만 그것은 III연과는 맞지 않다. VIII연에서는 악의 상징이 될 수 있고 IV연에서도 그러하지만 그렇다면 이것은 III연과 II연과는 맞지 않다. 사실상 검은지빠귀 새가 이 시 전체를 관통해 일관되게 상징할 수 있는 것은 아무것도 없는 것 같다. 특히 여기 언급하지 않은 부분까지 추가해보면 더 그러하다. 그러나 상징적인 의미가 주장(claim)되고 있고, 이 시는 끊임없이 상징적인 의미에 근접하고 있다. 즉, 가능성 있는 주제들에 대한 힌트를 거의 찾기 어렵고, 주제들이 숨어들고 있다. 그리고 이 시의 비밀은 이 시가 바로 이러한 가능성들을 이리저리 생각하며 유희하는 방식에 있는 듯 보인다.

이 시를 독단적으로 판단하고자 하는 것은 전혀 아니다. 이 시에 관한 것은 유명한 난제이기 때문이다. 무엇인가가 간과되었을 가능성이 언제나 있다. 때로는 다른 사람들이 그것을 발견했는지 아닌지를 알 방법도 없다. 독자 본인은 그것을 찾지 못했다고 다른 사람들에게 말할 수 있을 뿐이다. 이 시는 그것을 분명히 보여주는 예시이다. 그 이유는 정확히, 이 시가 경계선에 위치한 예시이기 때문이고, 지금 논의상 우리가 관심을 기울이고 있는 점들에서 특별할 것은 전혀 없다. 엄청나게 많은 현대시, 그리고 일부 소설들, 예컨대 카프카의 『유형지에서』(In the Penal Colony)는 이 시와 똑같이 깊고 풍부한 상징성을 띤 분위기를 풍기고 있는데, 특정한 무엇, 혹은 적어도 다른 말로 공식화할 수 있는 어떤 것을 상징하지 않는다.

이 지점에서 상징과 주제의 복합성에 관한 이 잠정적인 논의의 실마리를 풀어내는 것이 좋겠다. 문학작품에서 한 대상이 상징적인 것이 되는 것은 화자나 작품 세계속 다른 인물의 특수한 주의의 초점이 그 대상에 고정되면서이다. 그 대상이 상징하는 것은 그 대상이 구현하고 있거나 그 대상이 원인이 되는 일군의 특징, 행위나 언어적 질감으로 지시되는 일군의 특징이다. 소설이 진행되는 과정에서 상징적 의미가 축적될 수도 있다. 어떤 경우 우리는 그 대상이 상징적 지위를 주장하고 있는 것은 알 수 있지만 그 대상이 상징하는 것을 발견할 수는 없다. 이것을 의사-상징(quasi-symbol)이라 불러야 할 것이다. 그런가 하면 대상의 상징적 의미를 어느 정도 발견할수 있는 경우도 있다. 「무기와 인간」(Arms and the Man)에 나오는 초콜릿 크림은 등장인물 블룬츨리의 현실적인 성격을 보여준다. 대건축가의 탑은 그의 자기 파괴적인 야망과 자부심을 보여준다. 그러나 일단 한 대상이 상징적인 것으로 확립되면 특유의 두툼함 그리고 혼란스러운 성질을 띠게 된다. 가장 강조되는 중심적인 의미는 점점덜 명확하게 정의되어 흐려지고 점점 더 아득해진다. 해석을 정확히 어디서 멈추어야 할지 결코 알 수가 없다. 우리는 의미를 더 탐구할수록 무언가를 계속 더 찾아낼수 있을 것처럼 느낀다. 어떤 지점에 이르면 우리는 상징이 그 맥락 속에서 무엇을 의미하는지를 말하기보다 대신 그 상징의 일반적인 가능성을 탐구하게 되는 것이 사실이다. 그러나 이 지점이 정확히 어디인지 특정할 수 없다. 어쨌든 상징의 중심적인 의미는 작품의 주제 속에 일반적으로 포함되어 있다.

앞 장에서 논의한 드러내기 이론(the Revelation Theory)을 문학에 적용해보는 것이 의미 있을 것인데, 이는 무엇보다 문학의 주제적인 국면 때문이다. 예컨대 인간 야망의 헛됨 같은 일반적인 특질을 작품이 집어낼 때, 그 특질은 문학에서처럼 아주 선명하고 순수한 형태이기는 힘들지라도 삶에서도 찾아볼 수 있는 것이다. 여기서 이것을 그 작품은 인간의 헛됨을 '드러내고' 있다고 기술하는 것은 당연하다. 이것은 본성을 있는 그대로 보여주는 것, 혹은 인간의 어리석음을 훑어보는 것과 같다. 드러내기가 주제에만 국한되는 것은 아니다. 소재 또한 다른 측면에서 드러내기를 하고 있다. 예컨대 톰 존스가 인간의 본성에 충실하다고 하거나, 앨런 페이튼(Alan Paton)의 『외쳐라, 사랑하는 조국이여』(Cry, the Beloved Country)가 남아프리카 공화국에서의 삶의 어떤 국면을 정확하게 그려내고 있다고 할 때 그러하다.

이 예시들에서 우리는 단정적 서술이 아니라 특질에 부응하는 것에 대해 말하고 있다. '드러내기'는 발화의 '~로서 보여주기'(show as)(~에 충실한 'true to') 양태나 '~에 관해 말하기'(says that)(~에 대해 참인 'true about') 양태 중 하나에 해당된다. '이 소설은 인간 야망의 헛됨을 드러낸다'는 교묘하게 중의적인 문장이고 우리는 이 문장의 참됨을 판단하기 전에 그 두 가지 의미를 구별해야 한다. 한 가지 의미로는 이 문장은 어떤 논제를 이 소설에 귀속시키며 '이 소설은 인간의 야망이 때로는 헛되다고 말하고 있다'와 같은 의미를 갖는다. 한편 다른 의미로, 이 문장은 어떤 주제를 이 소설에 귀속시키며 '이 소설은 헛된 야망을 보여준다'와 같은 의미를 갖는다. 즉 이 소설은 헛된 인간 야망의 예를 제시하고 독자는 이것에 대해 묵상하면서 자신의 경험과 비교할 수 있다. 문학에서의 드러내기에 관한 대부분의 진술은 후자의 의미로 생각된다. 다음 문제는 이 구별을 한층 더 강조한다. 문학작품은 등장인물, 장면, 주제에서, 인간의 본성이나 인간의 삶에 대해 참일(true) 것이지만 거짓될(false) 수도 있는가? 모든 것은 헛되다는 단정적 서술은 참이거나 거짓이다. 참이라고 하거나 거짓이라고 하는 것 모두 합당하다. 그러나 문학작품에서 예시되는 인간 본성의 어떤 성질은 이와 같은 위치에 있지 않다. 만일 실제 사람들에게서 그 성질을 찾을 수 있다면 그 성질이 인간 본성에 대해 참되다고 할 수 있다. 그 성질을 찾을 수 없다면 인간 본성에 대해 거짓된 것이 아니라 단지 새롭게 고안해낸 것일 뿐이다.

그렇다면 문학은 이러한 의미에서 드러내기이거나 드러내기가 될 수 있다. 문학이 보여주는 보편적인 것 중 일부는, 오랜 비평 전통이 주장해왔듯, 우리 자신에 관해 발견하는 보편적인 것과 같은 것이며 단지 더 강력할 뿐이다. 흔히 말하듯 핫스퍼의 무모함, 햄릿의 자기 의문, 팔스타프의 환상을 갖지 않는 현실주의는 실제 삶에 비해 더 과장되어 있다. 비록 이것이 그 인물들에 관해 유일하게 중요한 것이 아닐지라도 그러하다. 그러나 인간 본성 속에 팔스타프스러움이나 이반 카라마조프적임과 같은 구석이 있다면 이것을 증명하는 것은 문학 그 자체가 아니다. 그리고 '드러내기'라는 용어는 단정적 서술 이론으로 쉽게 흘러들어가기 때문에 권장할 만한 것이 아니라고 생각한다.

논제

이 지점에서 이 절의 두 번째 주요 문제를 다루도록 하겠다. 대부분의 문학작품이 주제를 갖는다는 것은 분명해보인다. 그러나 그렇다고 해서 그 작품들이 논제(theses)를 갖는다고 말할 수는 없다. 즉 문학작품이 부분적으로든 전체적으로든 참이거나 거짓이라고 분명하게 말할 수 있는 것은 아니라는 것이다.

문학작품에서 볼 수 있는 일종의 단정적 서술, 혹은 표면상으로 단정적 서술인 것들의 목록으로 시작하자. 소설 속 문장과 구절은 광범위하게 두 가지 종류로 나뉠 수 있다. 집합 A는 이야기의 상황, 대상, 사건을 보고하는 문장으로 구성되어 있다. 집합 B는 서술자가 상황을 어떤 식으로 일반화하거나 성찰하는 문장으로 구성되어 있다. 그러면 작품에 명시된 단정적 서술을 보고(Reports, 집합 A)나 성찰(Reflections, 집합 B)이라고 부르도록 하자. 예컨대 각각의 예로 '보로디노 전투에서 군대 배치에 관한 나폴레옹의 세부적인 지시 중 어느 것도 실행되지 않았다', 혹은 '어떤 왕이나 장군 개인의 의지는 역사의 진행에 아무런 영향이 없다'와 같은 서술이 가능하다. 물론 이 구별을 정확하게 할 수는 없지만 이 구별은 매우 유용하다. 『전쟁과 평화』처럼 어떤 문학작품에 명시적인(explicit) 철학이 있을 때는 집합 B와 같은 단정적 서술의 형태로 제시될 것이다.

그러나 작품에는 명시적인 단정적 서술 외에 함축적인 단정적 서술도 있으며, 이것도 두 종류로 나뉠 수 있다. 집합 C의 단정적 서술은 집합 A의 단정적 서술로부터 명료화 과정을 통해 파생된 것이다. 이것은 함축적인 보고(Report)이다. 집합 D는 집합 A의 단정적 서술로부터 해석을 거쳐서 파생된 것이다. 이것은 함축적인 성찰(implicit Reflection)이다.

이 분류는 예비적인 것이다. 이 분류는 아무것도 증명하지 않으며 우리가 다루는 문제에도 답하지 않는다. 그러나 그 문제를 편의상 작은 부분들로 나눌 수 있게 돕는다. 문학에서 이 네 가지 종류의 예를 찾는다고 해보자. 그 질문을 다음과 같이 표현할 수 있다. 참이거나 거짓일 수 있는 무엇은 진릿값(truth-value)을 갖는다고 할 수 있다. 그것이 두 진릿값 중 어떤 것을 갖는지 알기 전에 먼저 그것이 어떤 진릿값을 갖는다는 것을 우리는 알 것이다. 의자와 탁자는 진릿값을 갖지 않지만 단정적 서술은 갖는다. 그러면 이제 문학에서 네 가지 종류의 명백한(apparent) 단정적 서술 중 어느 것이 실제로 진릿값을 갖는가?

우선 함축적인 것이든 명시적인 것이든 보고를 먼저 살펴보자. 명시적인 보고는 대상과 사건에 대한 서술적인(declarative) 문장을 통해 이루어지고 이것은 어떤 허구 작품에서든 큰 부분을 차지한다. 그러면 우리는 이 문장들 중 일부를 원한다면 참이나 거짓으로 말할 수 있는 것처럼 보인다. 사실은 이 문장들을 참이나 거짓으로 말하지 않더라도 말이다. 예컨대 드미트리 메레시콥스키(Dmitri Merejkowsky)의 『레오나르도 다 빈치의 로맨스』(*The Romance of Leonardo da Vinci*)는 다음과 같은 문장으로 시작한다. "피렌체에서, 염색업자 길드의 창고는 오르산미켈레 성당 옆에 나란히 위치하고 있었다." 이것은 15세기의 피렌체에 대해서는 당연히 참일 것이다. 역사적 설명으로 된 시작 부분이라 할 수 있다. 윌라 캐더(Willa Cather)의 『대주교의 죽음』(*Death Comes for the Archbishop*)은 이렇게 시작한다. "1848년 어느 여름 저녁, 세 추기경과 미국에서 온 한 선교주교가 로마를 바라보는 사비네 언덕의 빌라 정원에서 함께 저녁 식사를 하고 있었다." 그 자체로만 보면 이것은 완벽하게 평이한 진술이고, 비록 거짓일 가능성이 크지만 전기의 시작 부분이 될 만한 문장이다. 이 문장은 원래의 맥락에서 발췌될 수 있고 원칙적으로 검증도 가능하다. 실제로는 검증되지 않을 것이며 그 검증도 엄청나게 어려울 것이지만 말이다. 나는 여기서 모든 단정적 서술이 원칙적으로 검증 가능하다고 생각하지는 않지만 확실히 원칙적으로 검증 가능한 무엇이 있다면 그것은 단정적 서술이다.

허구에서 명시적인 보고를 구성하는 나머지 다른 문장들은 독특한 특징을 갖고 있다. 그 문장들은 존재하지 않는 사람, 장소, 사물을 지칭하고 있다. 소설은 뮈시킨 공작이나 허클베리 핀, 샹그릴라나 요크나파토파 카운티, 휴이넘이나 녹색 화성인에 대한 것이다. 그리고 허클베리 핀이나 녹색 화성인에 대한 문장은, 그것이 누군가에 관한 것이기는 하지만 그 문장이 가리키는 대상이 없기 때문에 알쏭달쏭하다. 선행사가 없는 대명사를 포함한 문장도 이와 똑같다. '나의 빛이 어떻게 소진되었는지를 생각할 때'가 화자가 장님이라는 것, 그러나 그 화자는 또한 허구의 인물이라는 것을 암시한다는 데 우리는 동의한다. 대명사 '나'가 밀턴을 가리킨다고 생각하지 않는다면 말이다. 이 경우 앞 문장의 암시는 진릿값을 갖는데, 그 문장이 참이기 때문이다. 이것이 왜 건전하지 않은지 제5장 15절에서 봤다.

'허구적인 인물, 장소, 사물에 대한 지칭을 포함하고 있는 문장'을 줄여 '허구적 문장'이라는 말을 사용하도록 하자. '지칭'이라는 단어가 오해의 여지가 있다면, 허구적 문장은 고유명사, 대명사, 기술 어구를 포함하고 있는 문장이라고 하자. 노먼 더글러스(Norman Douglas)의 『남풍』(*South Wind*)의 로크리의 파우누스(the Locri faun)는 아무 것도 지시하지 않는다. 허구 작품의 모든 문장이 허구적 문장인 것은 아니지만 지금 우리가 다루는 문제는 허구적 문장에만 관련되어 있다. 허구적 문장은 진릿값을 가지는가? 달리 말해 그 문장들은 단정적 서술인가? 이 문제에 대해서는 세 가지 주요한 입장을 취할 수 있을 듯하다.

허구적 문장의 분석

첫 번째 입장은 가장 덜 철학적인 것이다. 그것은 허구적 문장은 모두 참이라는 것이다. 그러나 물론 특수한 의미에서이다. 나는 이것을 가능태 이론(Possibility Theory)이라 부르고자 한다. 이 이론에 따르면 '조지 F. 배빗'과 '제니스'라는 이름은 그것이 의미가 있으려면 무엇인가를 지칭해야 한다. 그리고 배빗과 제니스는 시공간적인 존재를 갖지 않으므로 그들은 좀 다른 의미에서 존재하는 것이어야 한다. 그들의 '존재 양태'(mode of existence)는 현실태가 아니라 '가능태'이다. 그들은 저 너머의 세계에 존속하고 있는 영원한 이데아들이다. 그리고 그들에 대한 문장은 우리 세계에서는 참이 아닐지라도 그 세계에서는 참이다.

모든 위대한 인물들이 영원히 스스로 즐겁게 살아가는 허구적 실재의 영역이라는 관념 뒤에 있는 동기(motive)는 좀 곰곰이 생각해볼 만한 것이다. 가장 아끼는 상상의 친구, 삼총사, 러버 보이즈, 아이반호 등은 그들의 실재성이 부정되면 그 가치를 잃을 것이고, 심지어 이 이론이 허락하는 그나마 희박한 실재성마저도 잃을 것이라는 순진한 두려움이 있는 건지도 모른다.

가능태 이론에 대한 주요한 반론은 두 가지이다. 첫째, 이 이론은 답을 기대하는 질문에 실제로 답을 제공하지 않는다. 이 이론에서 '참'이라는 용어를 사용하는 것은 단지 다루고 있는 문제를 바꾸어 놓을 뿐이기 때문이다. '파올로가 프란체스카를 사랑한다'는 문장은 어떤 가능 세계에 파올로와 프란체스카라는 이름을 가진 사람이 있고 또한 그들이 서로 사랑할 가능성이 있기 때문에 참이다라고 말하는 것은, 그 문장이 논리적으로 자기 모순적이지 않다는 것을 우회적으로 말하는 것일 뿐이다. 그러나 모든 경험적 진술이 그러하고 심지어 거짓인 진술도 그러하다. '국제연합은 세계 정부이다'는 하나의 가능태를 표상하며, 그 가능태는 정확히 똑같은 의미로 많은 사람들이 희망하는 것이지만 거짓에 불과하다. 그래서 가능태 이론은 그것을 명확히 밝혀보면 아무런 이론도 아님이 드러난다. 그 이론은 통상적인 의미에서 『신곡의 지옥』(*The Inferno*)의 파올로와 프란체스카의 이야기가 진릿값을 갖는가 아닌가 하는 질문을 여전히 열린 채로 둔다.

그러나 두 번째로, 설령 그 이론이 적절하다고 해도 그 이론은 요구사항들 때문에 도리 없이 복잡할 것이다. 적절한 허구적 실재를 구성하기 위해 우리는 우리 세계와 같은 대응물을 마련해야 할 것이기 때문이다. 허구적 세계 안에서 18세기 프랑스와 20세기의 프랑스는 에그던 히스(하디의 소설 속 웨섹스 지역), 그라우스타크(조지 바 맥커천의 소설 속 동유럽의 가상 국가), 에리훤(새뮤얼 버틀러의 소설 속 주인공이 발견한 국가), 오커포노키 늪(조지아-플로리다에 걸친 늪), 네버-네버랜드(피터팬의 나라 - 괄호 안은 역주)와 함께 나란히 영원히 존재해야 할 것이다. 그 세계는 『실락원』(*Paradise Lost*)의 우주론과 『이상한 나라의 앨리스』의 화학도 받아들여야 할 것이다. 그 세계는 자기 모순적일 수밖에 없고, 모든 '가능한 것들'과 함께 수많은 불가능한 것들을 포함하고 있게 되어 이것저것으로 과도하게 꽉 들어차게 될 것이다.

두 번째 입장은 나는 그것을 허구적 문장에 대한 거짓 이론(Falsity Theory)이라고 부를 것이다. 허구적 문장은 그냥 거짓이기 때문에 진릿값을 갖는다는 것이다. 이 이론을 명확히 하기 위해서는 허구적 문장의 유형들을 다시 한 번 생각해봐야 한다. 일부 허구적 문장에는 (문법적) 주어와 목적어로서의 한정 기술구(definite description)가 있다. 예컨대 '샌프란시스코에서 온 신사'(이반 부닌), '브룩스 브러더스 셔츠를 입은 남자'(메리 매카시, Mary McCarthy), '목요일(Thursday)이었던 남자'(체스터튼, G. K. Chesterton) 같은 것이다. 다른 문장들에는 고유명사나 대명사가 있다. 여기서 대명사는 고유명사의 대체물로 쉽게 간주할 수 있다. 그러나 고유명사에 대한 한 가지 관점에 따르면 고유명사는 무언가를 명명하고 있지 않다면 아무런 의미가 없고 따라서 아무것도 명명하지 않는 고유명사를 포함하는 문장은 의미를 전혀 갖지 않는 문장이다. 이런 입장은 받아들이기 힘든 결과를 낳게 된다.* 이 관점에 따르면 확실하게 참인 문장, 즉 '요크나파토파 카운티는 존재하지 않는다'나 '요크나파토파 카운티 같은 장소는 없다' 같은 문장의 경우, 만일 그것이 존재하게 된다면 자기모순에 빠지게 되고 그것이 존재하지 않는다면 무의미한 것이 되어버린다. 그 장소가 존재하는지 아닌지에 대한 질문을 하는 것조차 합당하게 보이지 않는다. 고유명사는 아무런 지칭체가 없을 때조차도 의미를 가진다고 해야 할 것 같다. 하지만 고유명사가 어떻게 그러할 수 있는가?

한 가지 설득력 있는 제안**은 고유명사는 한정 기술구에 대한 약칭으로 간주되어야 한다는 것이다. '난 이스마엘이라고 한다'란 말은 『모비 딕』의 작중 화자를 개시하고, 이후에 나오는 '이스마엘'이란 이름이나 '나'라는 대명사는 '12월의 토요일 밤 맨해튼 뉴 베드포드에 도착한 선원'의 약칭으로 간주될 것이다. 이야기에서 고유명사는 계속 이어지는 서사에서 등장하고 일반적으로 그 이름을 가진 사람에 대한 어떤 사실이나 그가 관련된 사건과 함께 소개된다. 그래서 독자는 그 인물에 대해 처음으로 알게 되는 것을 하나의 신원 확인으로 간주할 수 있다.

이 입장과 관련된 몇 가지 난제들이 있고 그중 일부는 여기서 적절하게 다루기에는 너무 미묘한 것들이다. 고유명사는 절대적으로 유일무이한 지칭을 하기 위해 고안된 것이다. 두 사람이 똑같은 이름을 가질 수 있지만 그것이 '남자'나 '선원' 같은 일반적인 용어가 아니라 여전히 이름인 것은 그 이름을 사용하는 각각의 맥락마다 유일한 한 사람만을 가리키기 때문이다. 만일 한정 기술구가 고유명사에 대한 적절한 대체물로 간주되려면 똑같은 유일무이한 지칭을 충분히 할 수 있어야 한다. 그리고 문학적 기술이 유일무이한지는 의심스럽다. 이스마엘은 그의 여행이 '몇 년 전의 일이고, 정확히 얼마 동안이었는지는 개의치 말라'고 말해 그의 이야기가 시작된

---

*   예컨대 Willard V. Quine의 문헌을 보라. Note 22.6을 보라.
**   Quine의 제안이다. Note 22.6을 보라.

12월이 언제인지를 우리가 알 수 없게 한다. 더욱이 '이스마엘'이 어떤 한정 기술구와 같은 것이라면 우리는 책 전체에서 '이스마엘'과 '나'가 무의미한 것이 되지 않게끔 그 말을 대체할 만한 것을 찾을 수 있어야 한다.

허구적 이름이 한정 기술구로 환원될 수 있다고 가정하자. 그 다음 질문은 이제 이 허구적 이름들이 어떻게 분석될 수 있는가 하는 것이다. 고전적인 분석*인 기술 이론(the Theory of Descriptions)은 한정 기술구는 논리적으로 그것이 기술하는 유일무이한 대상의 존재를 필연적으로 수반한다고 말한다. '샌프란시스코에서 온 신사가 죽었다'라는 문장은 샌프란시스코에서 온 유일무이한 신사가 있다는 것을 수반한다. '로크리의 파우누스는 위조품이다'라는 문장은 유일무이한 로크리의 파우누스가 있다는 것을 수반한다. 그러면 사실은 로크리의 파우누스는 없고 샌프란시스코에서 온 신사는 비록 그 단편 속의 신사가 한 일을 정확히 똑같이 한 사람은 아무도 없지만 그 도시 출신의 신사는 한 사람 이상 있기 때문에, 위 두 문장은 모두 필연적으로 거짓 진술을 수반하고 따라서 문장 자체가 거짓이 된다. 거짓 이론에 따르면 모든 허구적 문장, 사실 허구 작품 속의 대부분의 문장을 포함해 이 문장들은 존재하지 않는 어떤 사람, 장소, 사물의 존재를 필연적으로 수반하기 때문에 그냥 거짓이 된다.

그러나 거짓 이론은 좀 이상하고 불안정한 결론**을 낳으며, 우리가 존재하지 않는 것들에 대해 말할 때 실제로 의미하는 바에 대한 좋은 설명인 것 같지 않다. 그러나 핵심적인 것 한 가지만 언급하겠다. 거짓 이론에 따르면 '로크리의 파우누스'를 포함하고 있는 모든 문장이 거짓이다. '로크리의 파우누스는 위조품이다'와 '로크리의 파우누스는 위조품이 아니다'는 모두 거짓이다. 일상적인 발화에서는 이 두 문장이 분명 모순으로 간주될 것이다. 마이클 이네스(Michael Innes)의 탐정 이야기에서 등장인물 중 하나가 로크리의 파우누스를 가지고 있다고 주장한다. 그가 어떤 조각상을 가지고 있고 이 조각상이 진품인지, 즉 실제로 로크리의 파우누스인지 질문을 받았다고 생각해보자. 그것을 진품이라고 부르는 것은 거짓이라는 것, 또 그것이 진품임을 부정하는 것도 거짓이라는 것 모두 올바른 답이 아니다. 대신에 그것이 진품인지에 대한 물음이 제기되지 않는다고 해야 할 것이다. 진품인 로크리의 파우누스는 없

---

*   Bertrand Russell의 분석이다. Note 22.6을 보라.
**   이것을 지적한 주요한 사람은 P. F. Strawson이다. Note 22.6을 보라.

기 때문이다. 물론 많은 허구 작품, 특히 역사 소설에 일부 거짓 문장이 있다. 그러나 그 허구적 문장을 거짓으로 간주하는 것은 잘못일 것이다. 차라리 그 문장들이 참도 거짓도 아니라고 해야 할 것이다.

이것이 세 번째 입장이다. 더 좋은 명칭이 없어서 이것을 허구적 문장에 대한 비-단정적 서술 이론(Nonpredication Theory)*이라고 부르겠다. 이 입장은 간략히 말해, 허구적 문장은 실제로 단정적 서술을 하지 않는다는 것이다. 그 이유는 허구적 문장이 단정적 서술을 할 수 있는 것은 존재하지 않는 것을 존재하는 것으로 가정하기 때문이다. 비-단정적 서술 이론에 따르면 '로크리의 파우누스는 위조품이다'라는 문장은 유일무이한 로크리의 파우누스가 있다는 것을 필연적으로 수반하는 것이 아니라 전제하고 있는 것이다. 어떤 문장 S_1이 다른 문장 S_2가 참일 때만 참이거나 거짓일 수 있을 때, S_1은 S_2를 전제한다. 그러나 S_2의 참임이 S_1을 참으로 만들지는 않는다는 것을 주의하라. S_2는 S_1에 진릿값을 부여할 뿐이다. 만일 프랑스에 디뉴라는 마을이 없다면 『레 미제라블』(Les Miserables)의 첫 부분에 나오는 문장들은 진릿값을 전혀 갖지 않는다. 이 관점에 따르면 허구적 문장은 진술이 아니다. 이것이 그 문장들을 의미가 없는 것으로 만들지는 않는다. 우리는 그 문장을 완벽하게 잘 이해할 수 있고 그 문장이 진술이 되기 위해서는 어떤 경우에 해당되어야 하는지를 알기 때문이다. 그러나 이 문장들은 단정적 서술은 아니다.

비-단정적 서술 이론은 완전한 형태로 개진된 적이 없지만 세 가지 입장 중에서는 가장 유망해보인다. 그러나 난점 혹은 적어도 불편한 점이 전혀 없지는 않다. 예컨대 이 입장은 문학의 실제 맥락에서, 구별이 되어야 하는 것이긴 해도 날카롭고 중요해 보이지 않는 구별을 과장한다고 할지도 모르겠다. 어떤 이야기가 '어느 옛날 미국에 매우 뚱뚱한 수상이 있었다'로 시작할 수 있다. 혹은 '미국의 수상이 집무실 문을 통해 나가면서 각료들에게 아침 인사를 했다'로 시작할 수도 있을 것이다. 비-단정적 서술 이론에 따르면 미국 헌법이 바뀌지 않는다면 첫 번째 문장은 거짓이지만 두 번째 문장은 참도 거짓도 아니다. 그러면 두 문장 사이에 흥미로운 문학적 차이가 확실히 있고, 그것은 '정교하지 않은' 허구적 서술과 '정교한' 허구적 서술의 차이

---

* 이 이론을 가장 잘 제시하고 옹호한 이는 P. F. Strawson이지만, 그의 이론은 약간 다른 형태이다. Note 22.6을 보라.

라고 주장할 수도 있을 것이다.* 정교하지 않은 허구적 서술에는 거짓 문장이 더 많고 그 거짓 문장들을 핵심적인 위치에 놓는다. 반면 정교한 허구적 서술에는 참도 거짓도 아닌 문장들이 더 많다. 『비운의 주드』(*Jude the Obscure*)는 다음과 같이 시작한다. "그 교사는 마을을 떠나려고 했고 모두가 유감스러워하는 듯 보였다." 이것은 정교한 서술이다. 한편 헨리 그린(Henry Green)의 『러빙』(*Loving*)은 다음과 같이 시작한다. "어느 옛날 엘든이라는 한 나이 든 집사가 그의 방에서 죽어가고 있었다. 그 옆을 하녀의 우두머리인 애거서 버치 양이 지키고 있었다." 이것은 정교하지 않은 서술이거나, 고도로 정교한 축에 속하는 정교하지 않은 서술이다. 그러나 비-단정적 서술 이론은 올바르다고 할 수 있을 것이다. 문체상의 차이에 있어 핵심은, 정교하지 않은 서술에서는 존재 주장이 과도하게 수반되는 데 비해 정교한 서술에서는 그것이 전제됨을 통해 암시되기만 할 뿐이라는 사실에 있다.

성찰적인 단정적 서술

허구에서의 보고-문장에 관한 우리의 잠정적인 결론을 요약하면, 일부 문장은 단정적 서술이고 일부 문장, 사실 대부분의 문장은 단정적 서술이 아니라고 할 수 있다. 이제 우리는 문학의 성찰적(Reflective) 요소를 살펴봐야 한다. 명시적인 성찰적 문장은 전혀 문제가 없다고 생각한다. 초서(Chaucer) 작품 속의 면죄부 판매자가 밝히고 있는 톨스토이의 역사 철학, '탐욕은 악의 근원이다'(Radix malorum est cupiditas), 이솝 우화의 도덕률 '가장 작은 자도 가장 위대한 자를 도울 수 있다'(『사자와 생쥐』), '어떤 사람에게 훌륭한 음식이 다른 이에게는 독이다'(『당나귀와 베짱이』), '거짓말쟁이는 심지어 진실을 말할 때도 신뢰를 받지 못한다'(『늑대와 양치기 소년』) 등은 그 작품 자체에 녹아있는, 작품의 해석이다. 이 문장들은 허구적 문장이 아니라 일반화이고 그래서 비록 매우 모호할지라도 분명히 참이거나 거짓일 수 있다.

어려운 문제는 문학에 함축적인(implicit) 성찰적 단정적 서술(reflective predications)이 있는가, 그리고 만일 있다면 어떻게 그것을 해독하는가 하는 것이다. 이 문제는 물

---

* 이 주장을 한 사람 역시 스트로슨이다.

론 회화와 음악의 명제 이론과 관련된 문제와 매우 비슷하다. 그러나 그것은 다른 문제이고 논리적으로 별개의 문제이다. 지금 논의에서는 전달 수단이 언어이고, 언어적 담화는 함축적인 단정적 서술을 할 수 있지만 그림은 그것을 못하기 때문이다.

이 함축적인 성찰을 어떻게 생각해야 할지를 먼저 살펴보고, 그리고 나서 그 입장의 치명적인 결함이 될 수 있는 것을 검토해보자. 제3장 9절에서 봤듯이 문장에는 진술뿐 아니라 암시를 하는 함축적인 단정적 서술이 있다. 혹은 또 두 개의 문장이나 절이 나란히 놓여서 그것들 사이의 인과적인 연결을 암시할 때도 있다. 암시되는 것, 혹은 함축적인 단정적 서술로 된 것은 화자가 자신이 기술하는 상황에 대해 믿고 있는 바이지만 그렇게 많은 말로 표현하지 않고 있는 것이다. 그러면 대략적으로 말해서, 소설의 화자는 이러이러한 순서와 문체를 사용해 이러이러한 방식으로 사건들을 연결시켜 어떤 사건에 대한 그의 판단을 보여줄 것이다. 화자는 일반화된 의미를 부여해 그 사건을 읽어내고, 혹은 그 사건의 행위자들을 평가하기도 한다. 그러면 문학의 논제들 혹은 교의적 내용은 극적 화자의 마음속에 있는 모든 성찰적인 믿음의 집합이다. 그리고 이 내용을 해석하는 문제는 보고를 통해 어떤 성찰이 암시되고 있는지를 결정하는 문제이다.

내 생각에 이것은 문학 비평가들이 일반적으로 가정하는 성찰의 지위를 공정하게 진술한 것이다. 비평가들이 정확히 이러한 방식으로 공식화하지 않을지라도 그러하다. 우선 이에 대해 제기될 수 있는 반론들을 살펴보자.

첫째, 문학작품에서의 함축적 성찰을 화자의 마음속에 있으되 진술되지 않은 믿음으로 간주할 수 없다고 반론할 수 있을 것이다. 그것은 예컨대 유도라 웰티(Eudora Welty)의 『내가 우체국에서 사는 이유』(Why I Live at the P.O.), 마퀸드(John P. Marquand)의 『고(故) 조지 애플리』(The Late George Apley), 알베르 카뮈(Albert Camus)의 『전락』(The Fall), 브라우닝의 『반지와 책』(The Ring and the Book), 싱클레어 루이스(Sinclair Lewis)의 『쿨리지를 안 남자』(The Man Who Knew Coolidge) 같은 일부 허구 작품에서는 이야기가 자신의 한계와 무능력을 바로 그 말하기라는 행위를 통해 드러내는 인물의 일인칭 시점으로 서술된다. 작품의 총체적인 태도, 기본적인 관점이 화자의 마음속에 있는 믿음들의 집합의 범위를 넘어서고 심지어 그 믿음 집합과 모순된다. 요컨대 작품의 논제가 아이러니하게 제시된다.

여기에는 분명 당혹스러운 문제가 있다. 그 문제는 내가 제시한 극단적인 예에 순전히 국한되지 않는다. 일인칭 시점으로 서술된 수많은 문학작품에서 화자가 자신에 대해 스스로는 알지 못하는 것을 독자는 알 수 있고, 벌어지고 있지만 화자는 이해하지 못하는 일에 대해서도 알 수 있기 때문이다. 비극적인 사건들이 그 사건의 비극성을 알지 못하는 아이와 관계되어 있는 경우처럼 말이다. 그러나 우리는 여기서 어떤 구별들을 고수해야 한다고 생각한다. 다음과 같은 몇 가지 질문이 있다. 벌어지고 있는 일들에 대해 우리가 화자보다 더 많은 것을 알 수 있는가? 그렇다. 우리는 사실로부터 화자가 하지 못하는 추론을 할 수 있다. 우리는 벌어지는 일들을 화자보다 더 자세하게 명료화할 수 있다. 우리는 작품에서 화자가 하지 않는 성찰을 찾아낼 수 있는가? 일반적으로는 그렇지 않다. 이야기 속의 사건에 대해 우리가 할 수 있는 어떤 성찰도 자동적으로 그것을 작품 속에 담긴 성찰이라고 말할 수는 없기 때문이다. 잭과 질(Jack and Jill)의 이야기는 물은 언제나 비탈 아래 있다는 것을 알아야 하는데 물을 찾아 비탈 위로 달리는 것과 같은 어리석음에 대한 경고일 수 있다. 그러나 나는 그 성찰이 실제로 그 구절 안에 있다고는 말하지 못하겠고, 마찬가지로 비평가 토머스 라이머(Thomas Rymer)가 「오셀로」(Othello)의 한 가지 교훈이 "젊은 숙녀들은 자신의 손수건에 주의를 기울여야 한다"는 것이라고 한 데 대해서도 동의할 수 없다. 그렇지만 한 가지 예외가 있다. 화자가 어떤 성찰을 진술하거나 암시할 수 있지만, 예컨대 그의 어리석음, 희망 사항만을 생각하는 경향을 드러냄으로써 그의 성찰이 틀렸으리라는 것을 보여주는 방식으로 하기도 한다. 이때 실질적인 단정적 서술은 그 성찰에 모순되는 것이고, 이러한 실질적인 단정적 서술이 그 작품의 진짜 성찰이다. 그래서 작품의 함축적인 성찰은 화자가 믿고자 하는 단정적 서술이거나, 화자의 믿음에 모순되면서 아이러니하게 암시되고 있는 것이다.

두 번째 반론은 작품의 함축적인 단정적 서술이 무엇인지를 알 방법이 없고, 그 함축적 서술들로 인해 발생하는 불일치를 해결할 방법도 없다는 것이다. 간단한 경우를 들어 생각해보자. 이솝 우화는 언제나 도덕적 교훈으로 끝난다. 여기서 도덕적 교훈과 우화와의 관계는 무엇인가? 예컨대 '늑대다'라고 외친 소년의 이야기는 거짓말쟁이는 심지어 참을 이야기할 때조차도 신뢰받지 못한다는 일반화를 보여준다(일반화의 한 예시이다). 그 우화는 물론 이 일반화를 입증하지 않는다. 입증하려면 하나 이상의 예시가 있어야 하고 사실 일반화가 정확히 참인 것은 아니기 때문이다. 다른 한편으로 그 우화는, 예컨대 거짓말을 하고 있는 양치기 소년들은 그들이 진실을 말할 때조차도 신뢰받지 못한다는 일반화를 비롯한 한 가지 이상의 일반화가 가능한 예시이다. 누군가가 도덕적 교훈이 없는 우화를 이야기한다고 해보자. 우리 스스로 그 우화의 교훈이 무엇인지 말할 수 있을까? 즉 그 우화의 논제를 해석할 수 있을까? 만일 우리가 특정한 방법론을 따른다면 그것이 가능할 것이다. 첫째, 그 이야기가 우화라는 것을 알아야 할 것이다. 즉 그 이야기는 그것이 해석되어야 한다는 것을, 혹은 일반적인 논제가 부과되어 있다는 것을 우리에게 알려줘야 할 것이다. 둘째, 그 우화 속의 사건을 성찰함으로써 누군가에게 암시될 수 있는, 설득력 있는 가장 일반적인 논제를 생각해내려고 할 것이다. 우화-해석 방법론(Fable-Interpretation Method)이라고 할 수 있는 이 방법론이 올바르다면, 우리는 심지어 도덕적인 부연 구절이 없는 경우에도 이솝 우화의 '의미'에 대한 합의에 이를 것이다.

이 방법론의 첫 단계에서 우리가 대처할 수 없는 문제는 없을 것이다. 작품 자체가 그것이 해석되어야 한다는 것을 보여줘야 한다. 화자 자신이 그가 말하는 바에 대해 어떤 의미, 혹은 절대적인 중요성을 부여하고 있다는 것을 작품이 암시해야 한다. 어느 정도까지는 이것은 진지한 어조로 발화하기만 해도 성취된다. 예컨대 속담을 생각해보라. '제때의 바느질 한 땀이 아홉 땀 수고를 던다'는 말이 있는데, 그러나 그 바느질 한 땀, 혹은 절약한 푼돈, 구르는 돌, 빈 통 등이, 화자가 단지 바느질에 대해서만이 아니라 기회와 선견지명에 대해 말하려는 일반적인 생각의 예시인지 어떻게 아는가? 우리가 그것을 알 수 있는 것은 그 말 자체만으로 받아들이게 되면 매우 사소한 것이 되고 말기에, 특별히 고유한 흥미로운 점이 없기 때문이다. 또 그 말이 우리가 처한 상황에 매우 부적절해보이기 때문이다. 우리는 삶의 안전장치에 대해 생각하고 있지 아이들의 옷을 수선하고 있는 것이 아니다. 또 그 말을 다소 무게감 있고 중요한 주장을 하는 어조로 하고 있기 때문이다. 그런 어조는 특수한 의미보다는 일반적인 의미를 담은 말에서 볼 수 있다. 그림의 해석에서처럼 돌출의 원칙(Principle of Prominence)이 여기에 적용된다. 어떤 의미에서 바느질은 상징적인 것이 된다.

우화도 그러하다. 이야기로서 우화는 플롯과 인물이라는 가장 기본적인 요소만으로 되어있으며 어떤 전반적인 극적 아이러니를 갖고 있다. 우화는 성찰적으로 단정적인 서술이거나 혹은 아무것도 아니다. 그러나 그 자체의 고유한 흥미로움과 복합성을 띤 단편 혹은 장편 소설을 생각해보자. 이야기가 더 전개될수록 함축적인 논제가 부과되어야 할 필요가 줄어든다. 그리고 함축적인 논제가 있을 만한 여지를 남겨놓기 위해서는, 화자가 사건을 성찰하고 그 속에서 일반적인 교훈을 찾는 등 다른 방식으로 넌지시 암시를 줘야 한다.

문학에서 이것이 어떻게 이루어지는지를 발견하기는 쉽지 않다. 그럴 이유는 없다고 보지만 만일 모든 문학작품이 논제가 있다고 가정한다면 우리는 논제를 찾아야만 그 작품을 이해했다고 믿을 것이다. 널리 아는 상투적인 내용으로 만족할 것이라면 이렇게 하기는 쉽다. 이를테면 검은지빠귀 새의 시가 단정적으로 서술하고 있는 것은 모든 것에는 많은 국면이 있다는 것이라고 할 수 있을 것이다. 그러나 어떤 권위에 힘입어 이렇게 말할 수 있는지 궁금할 것이다. 반대 극단의 예로 가난한 사람들이 고용인, 주인, 가게, 정치인, 경찰에게 끊임없이 착취당하는 내용의 장편 소설은 설령 화자가 아무런 명시적인 일반화를 하지 않는다고 해도 사회적 관계에 대한 어떠한 단정적 서술일 수밖에 없다. 화자가 어리석거나 둔감하거나 악하다는 문체상의 혹은 다른 증거가 없다면, 그는 그가 기술하는 사건이 정당하지 못하다는 의견을 갖고 있다고 추론할 수밖에 없다. 그러나 여기서조차도 우리의 해석은 모호하고 잠정적일 수밖에 없고, 그 단정적 서술이 덜 특수하고 덜 분명할수록 그 해석은 더 올바른 것 같아 보인다.

그러나 한 작품에 대해 양립 불가능한 해석들을 발견했다고 생각해보자. 어떤 해석이 옳은지를 어떻게 아는가? 아서 밀러의 「모두가 나의 아들」(*All My Sons*)은 아버지를 결함 있는 비행기 엔진의 생산자로 만들어서 모든 혹은 대부분의 생산자들이 부정직하다는 것을 암시했다는 이유로 반자본가적 프로파간다라고 공격받았다. 이에 대해 밀러는 이후에, 작중의 크리스 켈러가 그의 아버지의 잘못에 대해 불평을 함으로써 사실 그 아버지의 범죄는 자본가들에게서 흔히 일어나는 일이 아니라는 것을 암시했다고 답했다. 그러면 이것은 반공산주의자적 프로파간다이다. 여기에 가정되고 있는 해석의 원칙을 적절하게 드러내고 논의하면 복잡해질 것이다. 연극에서 A와 B의 모든 결합(공작부인은 포커를 한다. 위충 하녀는 약물을 투여한다)이 함축적인 단정적 서술(모든 공작부인들은 포커를 한다. 모든 하녀들은 약물을 투여한다)을 낳는다는 원칙을 따른다면 모든 연극은 함축적인 단정적 서술을 떠안게 될 것이다. 이 원칙은 불합리하다. 아마도 「모두가 나의 아들」은 자본주의를 지지하든 그것에 비판적이든 자본주의에 대한 단정적 서술을 전혀 담고 있지 않다고 할 수 있다. 사람이 그의 동료들에 대해 갖는 책임에 대한 단정적 서술은 포함하고 있을지라도 말이다.

해석에 대한 더 약한 원칙이 하나 있는데, 때때로 사용되고 있고 좀 더 정당화되어 있는 것이기도 하다. 연극의 성찰적 단정적 서술이 언제나 형식상 보편적이기를 바란다면 과한 기대일 것이다. 그러나 예컨대 '어떤 흑인도 일류 외과 의사가 될 능력이 없다'나 '다른 종교를 가진 사람들 간의 결혼은 결코 행복할 수 없다' 같은, 사람들이 널리 믿는 보편적인 부정적 진술이 있다고 가정하자. 이 경우 인물과 상황이 3차원적으로 펼쳐지는 단 하나의 반례를 제시하는 것만으로도 그것은 어떤 단정적 서술의 힘을 갖게 될 것이다. 위대한 흑인 외과의 혹은 개신교 장로회 교인과 유대교인의 행복한 결혼을 다룬 연극은 널리 퍼진 그 믿음에 대한 암묵적인 부정에 가깝다. 그렇다고 이것이 문학작품이 항상 그것이 투사하고 있는 것의 가능성을 단정적으로 서술한다는 것을 필연적으로 함축하는 것은 아니다. 다만 문학작품은 그 가능성이 특정한 배경에 비추어 생각될 때 단정적 서술이 된다는 것을 의미한다. 나는 이러한 상상의 연극은 그 속에 흑인에 대한 의학 교육이나 타 종교 간 결혼에 대해 회의적이거나 그것을 강하게 반대하는 인물들이 등장하지 않는다면 단정적 서술이 아니라고 생각한다.

다른 예가 하나 더 있다. 모든 고등학생이 로버트 프로스트의 시를 접하고 그 시에서 영혼의 위안, 뉴햄프셔의 단호한 개인주의, 뉴잉글랜드 정신을 찾으라는 말을 보통 듣는다. 그러나 이버 윈터스에 따르면 프로스트 시에 실제로 함축된 성찰적 단정적 서술은 매우 다른 것이다. 다음과 같은 이유 때문이다.

> 화자는 충동이 믿을 만한 것이고 이성은 경멸할 만한 것이라고 믿으며, 개인의 발달에 중요한 결정들은 무심코 수동적으로 이루어져야 한다고, 또 개인은 동료와의 협력적인 행위에서 물러나야 한다고, 그렇게 물러나는 것은 지적인 행위에 몰두하기 위해서가 아니라 외부의 영향으로 자신이 오염되지 않도록 보호하기 위해서라고, 벌어지는 일들은 가만히 놔둘 때 가장 최상인 쪽으로 흘러간다고, 선과 악의 관념을 매우 심각하게 생각할 필요가 없다고 믿는다.[*]

---

[*]   Yvor Winters, "Robert Frost: or the Spiritual Drifter as Poet," *Sewanee Review*, LVI(1948): 564-596; see 586-587.

이것은 시에 엄청나게 많은 교의를 부과하는 것이다. 그러나 그 방법론을 다시 주목하라. 윈터스는 프로스트의 모든 시에서 극적 화자가 동일하다고 가정하고, 그래서 그 극적 화자들을 한데 묶어 단일한 철학을 구성하는 것이 정당하다고 가정한다. 이것이 위와 같은 고발에 힘을 실어주는 것이다. 한편, 이 단정적 서술 중 일부는, 희미하긴 하지만 그 시들 다수에 있고 때로 아주 정반대의 논제와 대비되면서 아이러니하게 나타나고 있다.

이 마지막 예시에서 우리가 기억해야 할 결론적인 핵심이 있다. 이 작품의 화자는 그의 성찰을, 깊은 확신에서부터 부정보다는 약간 더 그럴듯한 정도의 약한 주장에 이르기까지 다양한 정도의 확신을 가지고 믿고 있는 듯하다. 그래서 이 작품에서 성찰적 단정적 서술은 다양한 정도의 소위 단정적 무게를 갖는다. 시나 이야기가 논제를 명확하게 정의하든 그렇지 않든, 마치 화자의 마음속 완화 장치에 걸린 것처럼 상황에 대한 어떤 모호한 일반화나 판단이 이야기의 배후에 잠복해 있을 수 있다. 그리고 이것들을 찾아내어 다른 사람들이 볼 수 있게끔 돕는 것이 비평가의 해석적 임무 중 하나이다. 그러나 그 무게를 항상 염두에 두는 것이 중요하다. 설사 우리가 그것을 파악하고 있다는 것을 확실히 하고자 그 일반화나 판단을 일시적으로 더 명확하고 날카롭게 해야 할지라도 우리가 다시 작품을 대할 때는 그것을 다시 속으로 거둬들여야 할 수도 있다. 그 일반화와 판단은 그늘진 곳에 속한 것이지 무대의 중앙에 있는 것이 아니기 때문이다. 그리고 그 일반화와 판단에 대한 힌트가 더 가벼울수록, 우리는 그것들 사이의 관련성을 보여주지 않고는 단정적 서술이 어디서 멈추는지, 화자가 두 가지 주제를 단지 검토하도록 제시만 하고 있는 곳이 어디인지 분명한 경계선을 그을 수 없다. 그러나 우리는 매우 강한 단정적 무게를 갖는 단정적 서술들, 작품 자체에 대해 우리가 복잡하게 반응하는 데 중요한 역할을 하는 듯한 단정적 서술들 대부분을 주목해왔다고 할 수 있다.

23

믿음의 문제

THE PROBLEMS OF BELIEF

이야기를 할 때 우리는 무엇을 하고 있는 것인가? 여기서 '이야기'란 단어로 단순히 '나의 인생 이야기' 같은 일련의 실제 사건들의 관계를 의미하고자 하는 것은 아니다. 또 했어야 할 것을 하지 않은 데 대한 잘못된 변명을 의미하는 것도 아니다. 이 질문을 다르게 표현하면 이러하다. 허구와 논픽션의 차이는 무엇인가?

이 질문에 대한 가장 순진한 답변은 그냥 허구는 거짓이고 논픽션은 참이라고 하는 것이다. 그러나 물론 이것은 만족스럽지 않은 답일 터이다. 도서관의 논픽션 서가에 있는 수많은 책이 거짓인 진술을 포함하고 있고 사실 일부 책은 전적으로 거짓이다. 그리고 많은 허구 작품들이 참인 지리적·역사적 진술을 담고 있다.

두 번째 답변은 허구는 허구적 진술로 되어있거나 적어도 허구적 진술을 포함한다는 것이다. 여기서 허구란 앞 절에서 정의한 의미에서다. 즉 허구는 존재하지 않는 사물을 지칭하기 때문에 참도 거짓도 아닌 진술이라는 것이다. 그러나 이 답 역시 만족스럽지 않다. 그것은 우선 이미 본 바와 같이 많은 허구 작품들은 전적으로 허구적 진술로만 구성되어 있는 것은 아니며, 둘째로, 실제 사람에 대해 허구적 진술을 전혀 포함하지 않고 거짓된 진술만을 담은 허구를 만들 수 있기 때문이다.

세 번째 답변은 몇 가지 버전으로 가능하다. 이 답변은 핵심적으로, 허구의 보고-문장을 다른 문법적 형식에 흡수시키는 것이라 할 수 있다. 이 말은 보고-문장은 서술적인 문장처럼 보일지라도 실제로는 위장을 하고 있는 명령형 문장 혹은 다른 종류의 문장, 즉 의사-서술이라는 것이다. 소설 속 문장은 그 서두가 은연중 명령형 구절로 되어있는 것으로 이해할 수 있다. 『삼총사』(*The Three Musketeers*)는 그래서 사실 이렇게 시작하고 있는 것이다. "1626년 4월의 첫 월요일, 한 젊은이가 멍이란 이름의 읍내로 말을 탄 채 들어서고 있다고 하자(혹은 그렇다고 하자)." 혹은 소설의 서술적 문장은 그 문장의 지칭적 요소를 한정한다고 이해할 수 있다. 그 문장의 요지는 분사구로 표현될 수 있다. '당신이 내게서 보는 그 시절'(That time of year thou mayst in me behold) 대신에 '그 시절의 나됨'(Me being at that time of year)이 그러하다. 이 두 버전을 살펴보는 것으로 충분하며 깊게 생각하지 않아도 된다. 이 서술적 문장이 위장을 하고서 다른 의미를 품고 있다고 여길 이유가 없어 보이기 때문이다. 이 문장들은 확실히 특수한 방식으로 사용되고 있지만 여전히 서술적 문장이다.

네 번째 답변[*]은 허구와 논픽션의 차이는 담화 자체에 있는 것이 아니라 독자 혹은 사서가 그 담화에 대해 취하는 태도에 있다는 것이다. 독자가 『삼총사』의 첫 문장의 참 거짓에 관심이 있다면 그는 그것을 역사로 간주하는 것이다. 그 문장의 참 거짓에 관심이 없다면 그것을 허구로 간주하는 것이다.

물론 이 입장에는 다음과 같은 점이 있다. 허구와 논픽션에 대해서는 다른 태도를 취하는 것이 적합하다는 것이다. 그리고 독자는 굳게 마음먹고 원한다면 언제나 진릿값에 관한 관심을 보류할 수 있다. 『나의 투쟁』(Mein Kampf)이나 미국 독립선언서나 뉴턴의 『프린키피아』(Principia)를 그것이 참인지 거짓인지 전혀 개의치 않고 읽을 수 있다. 그런 방식으로 어떤 사람들은 성서를 '생생한 문학작품'으로 간주하고 작품 자체의 흐름에 심취할 수도 있다. 그러나 이것이 전부는 아니라고 생각한다. 어떤 담화를 문학으로 보기 위해서 그 진릿값을 무시할 필요는 없고, 『프린키피아』의 진릿값을 무시한다고 해서 그것이 허구가 되지는 않는다.

주장

그러면 이제 가장 만족스러운 관점이라 할 수 있는 다섯 번째 관점을 살펴보자. 이에 대해 말하려면 우선 문장을 발화하는(uttering) 것과 주장하는(asserting) 것을 구별해야 한다. 예컨대 내가 다른 사람이 말한 것을 인용할 때 그 문장을 발음하지만 그 말을 지지하지 않고 심지어 조목조목 반박할 준비를 하고 있을 수 있다. 그 문장을 단지 생각해보도록, 이해해보도록 제시한 것이다. 그러나 내가 믿는 바를 보여주기

---

[*]   아이젠버그의 제안이다. Note 23.1을 보라.

위해 즉 어떤 믿음을 분명히 피력하기 위해 발화를 할 때, 또 내 말을 듣는 사람들도 그것을 믿도록 청할 때 나는 그 문장을 주장하고 있는 것이다. 물론 내가 실제로 확신한다고 느끼지 못하는 믿음을 피력하려 할 수도 있지만 그 경우 나는 거짓말을 하고 있는 것이다. 우리는 일상 대화, 뉴스 칼럼, 법적인 서류에 있는 문장은 주장을 하는 것으로 간주한다. 그러나 문학의 견지에서 허구는 보고-문장이 주장을 하지 않는 담화이다. 문학의 보고-문장 또한, 존재하지 않는 것들을 지칭하는 경우를 제외하면 물론 참이나 거짓일 수 있다. 그러나 저자는 그 문장들이 참이라고 주장하고 있지 않다. 저자는 자신이 그 문장들을 믿지도 않고 우리가 그 문장을 믿을 것을 기대하지도 않는 방식으로 그것을 나타내고 있다.

그래서 '허구'의 객관적 정의에, 저자가 그가 주장을 하지 않음을 보이기 위해 적어도 보고 수준에서 어떤 신호를 사용한다는 요건을 추가하고자 한다. 저자가 '생존해 있거나 사망한 사람들과 비슷한 점이 있다면 그것은 순전히 우연이다'라고 명시적으로 진술할 필요는 없다. 초서 작품 속의 면죄부 판매자처럼 그의 소품들이 가짜이고 그의 이야기가 종교적인 판매 교섭임을 밝힐 필요는 없다. 또 포(Poe)처럼 "검은 고양이, 내가 지금부터 쓰려는 것은 가장 격렬하지만 가장 담백한 서사이다. 나는 믿음을 기대하지도 구걸하지도 않는다"로 시작하지 않아도 된다. 언어가 허구적으로 사용되고 있다는 신호로서 잘 알려진 다양한 관습들이 있다. 저자는 그의 이야기를 '소설', '로맨스', '미스터리'로 이름 붙일 수 있고, 혹은 체스터턴처럼 '악몽'이라고 할 수도 있다. 그리고 이것들은 그 이야기가 설사 믿을 만한 것이라고 할지라도 그 이야기가 내용을 주장하는 것으로 보이지 않도록 하는 방법이다. 그러나 물론 그것을 역사로 간주하려 하고 증거를 요구하면 그 결과는 실망스러울 것이기에 그 이야기가 믿을 만한 것은 아니다. 소설에 결코 공공연하게 말한 적이 없는 생각이나 다른 사람에게 말한 적 없는 사적 대화에 대한 보고가 등장할 때, 이것은 그 보고자가 그가 기술하고 있는 바의 참됨을 알지 못할 수도 있음을 의미한다. 이것은 그가 자신이 이야기하는 바가 참임을 주장하지 않는다는 것을 보여주는 방식 중 하나이다. 일인칭 화자에게 자신과는 다른 이름을 붙이는 소설가는 명백히 자신을 작품과 분리한다. 또 화자는 예컨대 여주인공이 자신의 머리를 손질하는 방식 등 그 이야기의 몇 가지 부분에 대해 종종 매우 정확하다. 그러나 그 사건이 실제로 일어났는지를 알아내려고 할 때 정작 정보가 필요한 다른 점들에 대해서는 침묵한다. 그리고 이런 얼버무림은 저자가 독자의 믿음을 보증하는 데 관심이 없다는 것을 보여준다. '어떤 사람이 예루살렘에서 여리고로 내려갔다'는 장소에 대해서는 정확하지만 일시에 대해서는 침묵하고 있다. 『카라마조프의 형제들』에서 화자가 자신의 마을이 스코토프리고니에프스크라는 우스꽝스러운 이름을 하고 있다는 사실을 흘리는 것은 그 소설의 거의 말미에 이르러서이다. 그 지명은 어쩌다 우연히 언급되는데, 그 언급이 없었더라면 카라마조프가 사람들의 이야기는 거의 확인이 불가능할 것이다. 그러나 신문 기사는 당연히 날짜로 시작한다.

물론 경계선에 위치한 예들도 보게 된다. 소설 『진실한 고백』(*True Confession*)에 나오는 이야기들, 역사소설들, 신문의 특집기사, 디포(Defoe)의 『몰 플랜더스』(*Moll Flanders*) 같은 예시가 있다. 이 예들은 허구인지 논픽션인지를 단정적으로 말하기 어렵다. 그러나 이 예들 때문에 곤란해할 필요는 없다. 절대다수의 서사들은 그것이 허구인지 아닌지를 쉽게 결정할 수 있다. 게다가 그것은 그 서사들이 참인지 아닌지를 결정하는 것과는 완전히 다른 문제이다.

그러면 보고의 층위에서 허구 작품은 허구적 문장이나 주장하지 않는 문장으로 구성되어 있다. 이것을 허구에 대한 비주장 이론(Nonassertion Theory)이라 부르기로 하자. 그러나 이제 더 심각하고 섬세한 문제가 발생한다. 성찰의 층위에서는 허구의 단정적 서술에 대해 어떻게 말할 것인가? 여기서는 두 가지 가능한 입장이 있고 그 중 한쪽을 최종적으로 선택할 수 없을 것이다. 그러나 내가 보기에는 두 번째 입장이 첫 번째 입장보다 더 설득력이 있는 듯하다.

첫 번째 입장에 따르면, 모든 경우에서 그렇지는 않을지라도 가장 위대한 허구 작품의 특징은 바로 이 이중적인 국면이다. 첫 번째 층위는 주장이 아닌 명시적인 보고로 구성된다. 두 번째 층위는 주장인 성찰이나 논제로 구성된다. 작품의 화자가 이 성찰을 믿는 것으로 여겨지는 것은 물론이다. 그것은 그 작품의 저자가 한 인간으로서 지지하고 사람들에게 가르치고자 하는, 삶에 대한 일반적인 관점을 제시하는 것으로 생각된다. 이 입장은 물론 완벽하게 일관성을 갖추고 있고 일상적 담화에서 흔히 일어나는 일들을 기술하고 있다. 한 층위에서는 주장이 아니지만 다른 층위에서는 주장인 방식으로 은유적이거나 아이러니한 문장을 발화할 수 있기 때문이다.

이제 직면하게 되는 문제는 다음과 같이 말할 수 있다. 어떤 발화가 주장이 아니라는 신호가 없다면 우리는 그것을 주장으로 생각해야 하는가? 혹은 어떤 발화가 그것이 주장이라는 신호가 없다면 그것을 주장이 아닌 것으로 생각해야 하는가? 허구의 보고적 층위를 논의할 때 우리는 잠정적으로 첫 번째와 같이 가정한다. 소설에는 그 보고를 진지하게 받아들이지 말라고 경고하는 무언가가 있다는 것을 거의 언제나 보여줄 수 있기 때문이다. 그러나 첫 번째 가정은 일반화할 만큼 확실하지는 않은 것 같다. 어떤 문장을 발화하는 사람은 무언가를 주장하고 있지만 거의 같은 어조로 같은 문장을 발화하는 앵무새는 그렇지 않다는 것은 무엇을 보여주는가? 우리 생각이 정확하거나 혹은 우리가 모든 경우를 포괄할 수 있는 규칙을 정할 것이라 기대하지는 않아도 다음과 같이 말할 수 있을 것이다. 그 발화를 발화자가 믿고 있으며 청자도 믿기를 기대한다는 발화 외적인 독립된 증거를 제공함으로써 그 발화를 주장으로 간주하도록 하는, 화용적 맥락에서의 무엇, 발화자의 상황에서 그의 행동에 동반되는 무엇이 있어야 한다.

주장의 조건으로서의 화용적 맥락이란 관념을 충분히 명확히 할 수 있다면 이 문제는 다음과 같은 것이 된다. 소설을 쓰고 출판하는 행위는, 그 소설이 함축적인 논제를 포함한다면 그 발화를 주장으로 만드는 충분한 화용적 맥락을 구성하는가? 내 생각에는 전반적으로 그렇지 않다고 보는 것이 가장 좋을 듯한데 이것이 위에서 언급한 두 번째 입장이다. 저자가 왓슨 박사나 포르피리아의 연인인 척할 수 있도록 허용한다면 그가 가톨릭 교인이나 니체주의자나 공산주의자인 척하도록 허용할 수 있다. 따라서 문학작품의 성찰적인 단정적 서술조차도 주장을 하고 있지 않다. 그 서술은 넓은 의미로 줄거리의 일부이거나 행위의 일부이다.

이 결론은 난감한 결론일지도 모른다. 톨스토이가 『전쟁과 평화』를 이용해 그의 역사철학을 설파했다는 것, 도스토예프스키가 『카라마조프의 형제들』에서 러시아와 종교에 대한 그의 생각 일부를 전달하고자 했다는 것을 부정하는 것은 이상해보인다. 그러나 그 구별에 주목하라. 나는 이 생각들이 작품 안에 있다는 것을 부정하지 않으며, 그 생각들이 참이거나 거짓이고 좋은 이유로든 나쁜 이유로든 받아들여지거나 거부될 수 있다는 것도 부정하지 않는다. 나는 다만 그 생각을 작품 속에 넣는 것이 주장이라는 행위를 구성한다는 것을 부정할 뿐이다. 톨스토이의 부록은 물론 매우 특수한 경우이다. 그러나 우리에게는 선택의 여지가 있는 듯하다. 우선 부록은 앞서 일어난 사건들과 별개로 그 자체만으로 논변으로 성립될 수 있다. 이 경우 부록은 진정한 독립적 담화이며 또 주장일 수 있다. 한편 부록이 그 자체로 독립적인 것일

수 없다고 하면, 이 경우 소설의 일부이고 화자의 마음속에서 일어나는 일의 일부이
므로 주장이라고 할 수 없다.

또한 톨스토이와 도스토예프스키가 이러한 것들을 진정으로 믿었다는 것을 부
정해서도 안 된다. 그 저자들의 다른 문헌과 대화록들에서 그들의 믿음에 대한 별도
의 증거들을 풍부하게 찾을 수 있기 때문이다. 그러나 설령 저자가 어떤 단정적 서술
을 믿고 그것을 소설의 함축적인 논제로 만든다고 해도, 그가 그것을 소설 안에서 주
장한 것은 아니다. 비록 저자가 다른 곳에서 그것을 틀림없이 주장했고 그렇지 않다
면 우리는 그가 그 서술을 믿었다는 것을 알 수 없었을 것이라 할지라도 말이다.

일단 문제를 여기까지 끌고 와서 보면, 지금 다루고 있는 허구에서의 주장에 관
한 문제에서 사소한 문제 하나가 나타난다. 나는 작품 속의 논제를 말하는 것과 논제
를 주장하는 것을 구별할 것을 강조했는데, 그것은 이 문제들을 논의할 때 광범위하
게 사용되는 '진리-주장'(truth-claim)이란 용어가 이렇게 구별한 것들 양쪽에 걸쳐 있
어서 문제가 생기기 때문이다. 예컨대 혹자는 논제에 담긴 생각들은 주장되고 있지
않기 때문에 소설 속에 전혀 있을 수 없다고 하고, 혹자는 그 생각들이 분명히 소설
속에 있기 때문에 주장임에 틀림없다고 한다. 이 지점에서 소설의 논제를 저자가 믿
는지를 알기 위해서는 소설 밖으로 나가야 한다는 것을 인정하게 된다. 그리고 그 논
제를 저자가 믿었거나 믿지 않았다는 것을 발견한다고 해도 그로 인해 소설 안에 있
는 것이 달라질 것은 아무것도 없기 때문에 그것은 비평에 적합하지 않을 것이다. 그
러나 이 점에서 우리는 다음 장에서 제기될 몇 가지 문제를 예상하게 된다.

지금까지의 논의가 낳는 또 다른 결과가 있는데, 그것은 문학에 대해 또 하나의
다른 일반적인 입장, 즉 문학은 '의사소통'의 한 형식이라는 점을 제기하게 된다는 것
이다. 일반적으로 이런 말을 하는 비평가는 곡예에 가까운 작업을 해야 한다. 그는 시
가 '메시지'가 아니지만 그러면서도 '의사소통을 한다'고 주장하고, 그것도 단지 감정
만이 아니라 생각을 소통하며 혹은 적어도 특정한 생각을 갖는 것이 어떤 것인지에
대한 경험을 소통한다고 주장한다. 이러한 논의들이 분명하게 밝히고자 하지만 성공
하지 못하고 있는 중요한 진실은 다음과 같이 공식화할 수 있다. 작품은 단정적 서술,
사색(contemplation)을 담고 있고 심지어 그 검증을 다른 독자나 저자들과 공유할 수
있다. 그러나 그것은 '메시지'가 아니고 통상적인 의미에서의 '의사소통'도 아니다.
그것은 주장이 아니고 따라서 아무런 정보도 전달하려 하지 않기 때문이다.

독자의 믿음

이 절의 시작부터 다룬 문제는 문학과 믿음 간의 관련성에 대한 문제들로 이어졌다. 이제 저자의 믿음에 대한 문제에서 시선을 돌려 독자의 믿음에 대한 문제를 살펴봐야 할 것이다. 문학작품을 읽는 것은 독자의 믿음을 어떤 방식으로 상정하는가 혹은 독자의 믿음에 어떻게 의존하는가?

독해가 독자의 믿음에 의존하는 유형들에 대해 제3장과 제5장에서 이미 봤다. 시를 해설하기 위해서는 시의 단어가 함축하는 것과 시의 문장이 암시하는 것을 알아야 하고, 함축과 암시는 믿음의 견지에서 정의된다. 이야기를 명료화하기 위해 또 플롯의 통일성을 파악하기 위해 우리는 어떤 일반적인 심리적 법칙과 물리적 법칙을 믿어야 한다. 주제와 논제를 해석하기 위해 인간 경험 속에서의 어떤 상징적인 대상의 역할에 대해 알아야 하고 혹은 사람들이 어떤 데이터로부터 어떤 종류의 것들을 추론하는지를 알아야 한다. 이것들은 이해(understanding)의 믿음-조건(belief-condition)이라 할 수 있는 것들의 예시이다. 문학의 함축적인 요소를 파악하는 것은, 재현적인 회화에서 소재를 인지하는 것처럼 믿음을 전제한다. 반면 그림의 디자인을 보거나 음악의 구조를 듣는 것은 다양한 종류의 선행된 경험을 전제하기는 하지만 믿음을 전제하지는 않는다.

그러나 지금 다루는 문제는 다소 다른 종류의 문제이다. 문학작품의 이해를 위한 믿음-조건뿐 아니라 즐기기 위한 믿음-조건, 즉 문학작품을 훌륭한 것으로 경험하기 위한 믿음-조건이 있는가? 그리고 보다 좁게는, 이 조건들은 작품의 논제와 관련되는가? 전통적으로 이 문제는 두 가지 방식으로 형식화되어왔다. 첫째는 문학작품의 논제들 중 하나가 거짓일 때 그 문학작품이 훌륭하거나 위대할 수 있는지를 묻는 것이다. 달리 말하면 그 작품의 극적 화자가 잘못된 철학적, 도덕적, 정치적 관점을 가지고 있다고 해도 그 작품이 훌륭할 수 있는가 하는 것이다. 이것은 문학작품의 가치와 작품의 참됨 간의 관계이다. 둘째는 그 작품의 논제 중 하나를 믿지 않는 독자가 있다면, 그것이 올바르건 잘못되었건 그 독자가 작품을 완전하게 즐길 수 있는가 하는 것이다. 이것은 문학작품의 가치와 그 논제의 수용 간의 관계이다.

두 문제는 물론 별개의 것이지만 서로 관련되어 있고 독자의 믿음이 참에 근접할수록 이 두 문제는 더욱 한 가지로 합쳐지는 경향이 있다. 이것이 관련 논의에서

이 두 문제를 분리하기가 어려운 이유이고, 이 두 문제가 별개임을 잊지 않는 한 이 문제들을 계속 분리해놓을 필요는 없을 것이다.

　이 문제를 바라보는 관점들을 단번에 깔끔하게 분류하기는 쉽지 않다. 분류를 하기 전에 두서없게나마 간단한 예시를 논의함으로써 문제 전체가 다소 산만한 것임을 상기하는 것이 좋을 듯하다. 버나드 쇼의 『인간과 초인』(*Man and Superman*)에서 등장인물 중 한 사람이 "영국인은 자기가 불편하기만 하다면 도덕적이라고 생각하지"라는 말을 한다. 자, 이것은 위트가 있다. 이 문장의 위트는 문학적 성질이면서 가치 있는 성질이라고 가정하자. 그 다음에는 그 위트가 어떤 방식이든 참됨 혹은 그 문장의 신뢰성에 의존하고 있는지 묻게 될 것이다. 한 가지 솔직담백한 답변이 즉시 나올 것이다. 그 말이 위트 있는 것이 되기 위해 영국인에 대한 일반화로서 참일 필요는 없다는 것이다. 불편함과 도덕성을 혼동할 수 있다는 바로 그 생각에 희극적인 무언가가 있지 않은가? 그러나 다른 한편으로, 그 말이 정확히 그 반대라고 널리 생각되는 프랑스인에 대한 것이었다면, 혹은 우리가 그들의 도덕에 대해 전혀 모르는 루안다의 우룬디 부족에 대한 것이었다면 그렇게 재미있는 것이었을까? 아니 땐 굴뚝에 연기 날까라는 믿음이 없다면 그 말에서 아무런 재미있는 점도 발견하지 못할 것이다.

　그러나 더 미묘한 중간 입장도 가능하다. 모든 혼동이 다 희극적이지는 않다. 그 말이 영국인에 대해 참일 필요는 없겠지만, 그 말의 위트는 적어도 불편함이 일부 사람들의 도덕에 대한 관념과 어떤 공통되는 부분이 있다는 가정에 의존하고 있다. 그래서 예컨대 칸트의 윤리학에서 도출된 한 가지 결론은, 도덕률을 따를 뿐 아니라 도덕률을 존중해 행동하고 있다는 것을 확신할 수 있어야 한다는 것, 그리고 그것이 자신의 성향에 어긋날지라도 그렇게 해야 한다는 것이다. 영국인들이 아니더라도 일부 사람은 이것을 혼동한다. 그런 경우 이 말의 위트는 우리의 믿음과 완전히 별개의 것은 아니다. 우리가 그 말 자체를 믿는 것과는 별개이기는 해도 말이다.

　유머는 특수한 경우이다. 그러나 버나드 쇼의 희곡의 예는 더 발전된 방식을 제안하여, 그 문제를 더 잘 다룰 수 있게 한다. 첫째, 우리는 '믿음'이라는 말을 주의 깊게 다루어야 한다. 시나 발화가 우리를 일시적으로 감동시키는, 러셀이 '아 그렇지' 감정이라고 부른, 수용의 현상적인 느낌이 있다. 이러한 느낌은 순수하게 강렬한 참여나 적극적인 공감과 구별하기 어렵고 때로는 불가능할 것이다. 그러나 그것이 '믿음'을 정의하지는 않는다고 생각한다. 행동하려는 경향이 없다면 무언가를 믿고 있다고 말할 수 없기 때문이다. 어떤 종류의 행동이 특정한 믿음과 연관되어 있다고 언제나 정확히 말할 수 있는 것은 아니다. 화분 속 식물의 잎이 46개라는 나의 믿음은 내가 그 잎을 다시 세어 잎이 45개이거나 47개임을 알게 될 때 놀라는 행동에서 드러날 것이다. 그러나 어떤 이야기를 듣고 즐거운 느낌에 젖거나 비판 능력을 완전히 놓아버리는 것은 믿고 있는 것이 아니다. 그래서 나에게 버나드 쇼의 그 말을 믿는지 묻는다면 대답하기 어려울 것이다. 나는 영국이 다른 나라보다 청교도 도덕주의자들의 비율이 좀 더 높다고 믿지만 완전한 확신은 없다. 선택을 해야만 한다면 이 믿음을 선택할 준비는 되어있다.

둘째, 버나드 쇼의 예시는 우리가 지금 다루는 문제들을 한 가지 측면에서 어떻게 단순화할 수 있는지를 보여준다. 어떤 교의의 참이나 수용 가능성이 그 교의를 논제로 하는 문학작품의 가치에 어떻게 영향을 주는지를 묻는다면, 그 즉시 비평적 가치 판단에 관한 수많은 문제들로 빠져들게 될 것이고 이 비평적 가치 판단 문제는 다음 장으로 미루는 것이 좋을 것이다. 지금 논의에서 어떤 결론을 내리더라도 다음 장의 논의에 비추어 다시 살펴보게 될 것이다. 그러나 여기서 가치 문제와 마주치지 않고 최소한 유용한 어떤 결론을 내리기 위해서는 모종의 가설적 추리에 의지해야 한다. 나는 위트를 좋은 것이라고 가정했고, 버나드 쇼의 말의 참과 그 문학적 가치 사이의 관계에 대해 묻는 대신 그 말의 참과 그 말의 위트 사이의 관계에 대해 물었다. 이제 문학작품을 가치 있게 만드는 문학작품의 어떤 특징이 있다는 것이 밝혀진다고 하자. 그러면 이 특징과, 작품의 논제의 참이나 수용 가능성 사이의 관계가 어떠한 것이든지, 그것은 간접적으로 작품의 가치와, 작품의 논제의 참이나 수용 가능성 사이의 관계가 될 것이다. 그러나 현재의 논의에서 우리는 또 다른 불리한 점도 안고 있다. 그것은, 물론 참은 그 자체가 하나의 가치이고, 문학작품이 참이거나 어떤 식으로 우리의 지식에 기여하는 한, 문학의 인지적 가치(cognitive value)를 말할 수 있기 때문이다. 곧 이것을 다시 다룰 것이다. 아직은 더 상세하게 말할 수 없지만 문학이 가지는 다른 종류의 가치가 있다고 가정해왔고, 그것이 어떤 것으로 밝혀지든 지금의 관심사는 이 문학적 가치(literary value)이다. 문학적 가치를 분명하게 하고 나서야 문학의 어떤 특징이 그 가치를 담보하는 조건인지를 확신할 수 있지만, 그러나 그 후보가 될 만한 몇몇 특징들을 잠정적으로 살펴볼 수 있다.

제9장 문학과 지식

교훈 이론

이제 우리가 살펴볼 이론은 문학에서 참과 가치 사이에 밀접한 관련이 있다고 본다. 이 이론은 넓은 의미에서 문학에 대한 교훈 이론(the Didactic Theory)*이라고 부를 수 있다. 보통 이 이론은, 문학작품이 '위대한' 것이 되려면 참일 뿐 아니라 심오하게 참된 논제를 담고 있어야 한다는 말로 공식화할 수 있다. 이 관점은 통상 언어적 표현일 뿐이다. '위대한'이라는 용어는 문학적 가치뿐 아니라 인지적 가치도 가진 작품을 위한 것이다. 그러나 어쨌든 이 이론의 일부 버전에서, 인지적 가치와 문학적 가치는 서로 분리될 수 없다는 다소 암묵적인 관념이 있다. 독자는 그가 강하게 반대하는 논제를 담은 작품을 읽고 집중이 흐트러지거나 낙담하는 데 그치지 않는다. 가톨릭 신도인 독자가 하디의 「자연의 질문」(Nature's Questioning)을 읽으면서 이 작품에 반영된 흄(Hume)의 『자연 종교에 관한 대화』(*Dialogues Concerning Natural Religion*)에서의 사고를 접하거나,

> Are we live remains
> Of Godhead dying downwards, brain and eye now gone?
> 혹은 우리들은 머리와 눈이 이미 없어진 채
> 쓰러져 죽어가는 신의 살아있는 유해인가?**

혹은 무신론자인 독자가 홉킨스의 『도이칠란트 호의 난파』(*The Wreck of the Deutschland*)를 읽을 수도 있다.

> Ground of being, and granite of it: past all
> Grasp God, throned behind

---

*　이 이론을 주장한 이들은 Plato (in the *Phaedrus*), Matthew Arnold, Wordsworth, Shelley, W. T. Stace 등이다. Note 23.2를 보라.

**　From "Nature's Questioning," Thomas Hardy, Collected Poems. Copyright 1926 and reprinted with the permission of The Macmillan Company.
번역 참고: https://angeldean.blog.me/150092092631

Death with a sovereignty that heeds but hides, bodes but abides.[*]

존재의 토양, 존재의 화강암이시니, 무릇 이해를

넘어 계신 하느님, 죽음 뒤의 옥좌에 앉으시어

보살피시되 숨기시며, 예지하시되 기다리시는 왕권을 가지셨으니^{**}

어쩌면 추정상 잘못된 논제는 그 형식 자체를 손상시키는 것으로 여겨진다.

유감스럽게도 내가 아는 한 교훈 이론을 지지할 만한 설득력 있는 이유를 제시한 이는 아무도 없다. 따라서 반박을 할 것도 없다. 그러나 이것을 받아들이는 데 따르는 불편함을 지적하는 것은 적절하다. 『신곡』(*The Divine Comedy*)과 『사물의 본성에 관하여』(*On the Nature of Things*)는 반대되는 형이상학적 체계를 담고 있다. 그래서 교훈 이론에 따르면 적어도 둘 중 하나는 위대한 작품일 수 없다. 이 관점은 어떤 단서를 달고서 유지될 수도 있다. 이를테면 거짓된 단정적 서술에도 불구하고 이 시들은, 예컨대 인간의 본성에 대한 여러 현명한 관찰 등 수많은 참된 단정적 서술들을 포함하고 있다고, 또 설령 당신이 가톨릭 신도일지라도 데모크리토스 학파의 원자론자들이 제시한 자연 현상에 대한 설명 중 많은 것이 부분적으로 옳다는 데 동의한다고 할 수도 있다. 그러나 이 두 시의 화자에게 가장 중요한 것, 즉 인간에게는 불멸의 영혼이 있는가 하는 문제에는, 화해할 수 없는 대립 관계가 있다.

만약 훌륭한 낙천주의적 시와 훌륭한 비관주의적 시, 훌륭한 마르크시즘 소설과 훌륭한 파시즘 소설, 훌륭한 유물론적 연극과 훌륭한 신비주의 연극이 있다면, 작품의 문학적 가치는 작품의 논제의 참이나 수용 가능성과는 별개인 것으로 보일 것이다. 그리고 이것은 문학작품에 있어서 그것이 어떤 종류의 논제를 갖는지는 중요하지 않다거나, 어떤 논제를 갖든 훌륭한 문학이 될 수 있다고 말하는 것과는 분명 같지 않다. 우리는 다음과 같은 입장을 채택할 수 있을지도 모른다. 즉 작품의 가치는 작품의 논제의 참이나 수용 가능성뿐 아니라 그 논제의 모든 특질로부터도 독립되어 있다는 입장이다. 그러나 이 입장은 지지하기 어렵고, 사실 교훈 이론을 거부하는 대부분의 현대문학 이론가들조차도 그 거부에 대해 단서를 단다. 그들이 보통 말하

---

[*] From "The Wreck of the Deutschland," *Poems of Gerard Manley Hopkins*, Copyright, 1918, by the Oxford University Press and reprinted with their permission.

^{**} 번역 출처: 제라드 홉킨스, 『홉킨스 시선』, 김영남 옮김, 지식을만드는지식, 2014, p. 66.

제9장 문학과 지식

는 것은 훌륭한 문학작품에 거짓이거나 수용할 수 없는 논제가 포함되어 있을 수 있지만 거짓이거나 수용 불가한 모든 논제가 훌륭한 작품에 포함될 수 있는 것은 아니라는 것이다. 그렇다면 이러한 사고의 선상에서 문제는 문학작품이 담을 수 있는 잘못된 논제와 담을 수 없는 잘못된 논제를 구별하는 특질을 구체적으로 명시하는 것이다. 예컨대 그 논제가 '진실되고' 혹은 '성숙하고', '합당하고', '중요한'* 것이어야 한다는 등으로 말이다.

나는 이 문제를 약간 다른 방식으로 설정할 것을 제안한다. 그 논의를 시작하기 위해 예를 하나 들겠다. 에즈라 파운드의 칸토 35(Canto XXXV)에서는 화자가 이디쉬 말투로 말하는 구절이 있다. 그 일부분은 이러하다.

> a peutiful chewish poy wit a vo-ice dot woult
> meldt dh heart offa schtone[**]
> 돌 같은 심장도 녹일 목소리의
> 아름다운 유대인 소년

이 구절은 강한 반유대주의가 드러나는 구절로, 매우 불쾌한 어조로 되어있다. 칸토 45와 칸토 51은 고리대금업에 대한 공격이다.

> With usura hath no man a house of good stone
> each block cut smooth and well fitting
> that design might cover their face. …[***]
> 고리대금업으로 인해 어떤 사람도
> 그 디자인이 정면을 감쌀 수 있을 만치
> 각각의 돌이 잘 어울리게 맨드럽게 세공된

---

* 이 기준들의 논의는 Note 23.3을 보라.
** From "Canto XXXV," Ezra Pound, The Cantos. Copyright 1948 by Ezra Pound. Reprinted by permission of New Directions.
*** From "Canto XLV," Ezra Pound, The Cantos. Copyright 1948 by Ezra Pound. Reprinted by permission of New Directions.

훌륭한 돌로 된 집을 가지지 못하나니[*]

여기서의 대조가 확실하고 명쾌한 것이 아니어서, 요점을 말하려면 단순화가 좀 필요하다. 예컨대 첫 번째 구절은 『칸토스』(*Cantos*)라는 상대적으로 큰 규모의 디자인에서 필수적인 역할을 할 것이다. 그 구절은 우리 시대의 무질서함을 고발하기 위한 것으로 생각된다. 그러나 이것을 다음과 같은 방식으로 본다고 하자. 나는 반유대주의, 혹은 사실 유대인에 대한 함축적인 단정적 서술을 잘못된 것으로 간주한다. 또한 고리대금업에 대한 함축적인 단정적 서술, 즉 파운드가 말한 의미로는 부당한 이율로 돈을 빌려주는 것뿐 아니라 돈을 빌려주는 모든 행위가 고리대금업이며 이에 대한 단정적 서술도 잘못된 것이라고 나는 생각한다. 반유대주의는 그 생각을 담고 있는 칸토스의 가치를 떨어뜨리고 저급한 시로 만드는 것처럼 보인다. 그러나 반고리대금업이라는 교의는 이 칸토스가 진행되면서 더 섬세한 칸토스의 질감으로 짜여 들어간다. 이런 차이가 생기는 이유는 무엇인가?

이 예시에 대해 할 수 있는 말은 많겠지만 간단한 논평만 하도록 하겠다. 반유대주의는 이 시의 맥락에서 갑자기 등장하며 칸토스의 나머지 부분과 밀접하게 관련되지 않는다. 그 구절은 본질적으로 저속하고 천박하며, 중부 유럽의 유대인들에 대한 역겨운 고정관념을 반영하고 있다. 그 어조는 퉁명스럽고 지각이 없다. 반대로 반고리대금업에 관한 구절은 리듬감 있게 통제된 비가에서 반복되는 후렴구로 되어있다. 말하자면 실 가닥 같은 역할을 해 일련의 대략적이지만 강렬한 이미지들이 거기에 꿰여있는 것이다. 어조는 진지하고 태도는 깊고 확고하며 침투력과 무게감이 있다. 그림, 수공예, 무역, 결혼에 대한 언급은 화자가 많은 것들을 고려하고 있다는 것, 고리대금업을 바라보는 그의 관점을 사물의 복합성과 연결시키고 있음을 보여준다.

요컨대 문학작품에는 그 진릿값과 수용 가능성 외에도 교의의 철학적, 경제적, 사회적, 종교적 국면 등 다른 중요한 국면이 있다. 그리고 이러한 다른 국면들은 그 교의가 문학작품의 논제가 될 때 중요해진다. 첫째, 그 교의는 다소 일관성이 있다. 부분들 사이의 관계를 명확하게 한다는 의미에서 논리적으로 일관되고, 교의의 부분들이 동일한 심적 상태에 있으면서 서로 맞아들고 있어서 태도상으로도 일관된다.

---

[*] 번역 출처: 에즈라 파운드, 『칸토스』, 이일환 옮김, 문학과지성사, 1992, p. 106.

플라톤주의와 유물론이 혼합된 셸리의 철학은 이러한 면에서 플라톤이나 루크레티우스(Lucretius)의 철학보다는 일관성이 덜하다. 파운드의 정치·경제 이론은 밀의 이론보다 일관성이 덜하고, 줄리어스 로젠버그(Julius Rosenberg)의 나치즘의 형이상학은 마르크시즘보다, 밀턴의 철학은 쇼펜하우어의 철학보다 일관성이 덜하다. 그렇다면 일반적으로 어떤 교의가 문학작품에 구현될 때 교의의 일관성은 작품의 통일성에 도움을 준다고 할 수 있을 것이다. 루크레티우스의 형이상학이『사물의 본성에 관하여』의 바탕이 되어 통일성을 이루는 것처럼 말이다. 그리고 교의 자체가 기본적인 일관성이 없다면 그것은 작품의 전체적인 통일성을 해친다. 그래서 작품의 통일성의 정도가 작품의 가치와 어떤 관련이 있다면 그 논제의 일관성 또한 관련이 있다.

둘째, 교의는 다소 복잡할 수 있는데, 교의가 다양한 인간 경험을 고려하기 위해 만들어진다는 의미에서 그러하다. 교의는 더 논리적인 구별을 포함하거나 더 많은 이유들을 포괄하거나 더 넓은 범위를 다루기도 한다. 흄의 철학은 헤겔의 철학보다 단순하다. 에피쿠로스(Epicurus)의 윤리학은 단테의 윤리학보다 더 단순하고, 마르크스주의자의 정치 이론은 로크에서 밀을 거쳐 듀이까지 발전된 민주주의 이론보다 더 단순하다. 어떤 교의가 문학작품에 구현될 때 교의 자체가 복합적인 정도만큼 작품에 기여하는 경향이 있다. 그리고 문학의 복합성이 문학의 가치와 어떤 관련이 있다면 문학의 논제의 복합성 또한 그러할 것이다. 작품 「나무들」(Trees), 「인빅터스」(Invictus), 「집이 가정이 되는 데는 세월이 필요하네」(It Takes a Heap o'Livin' To Make a House a Home)의 논제에서 우리가 반대하는 것이 바로 그 매우 단순한 사고이다.

셋째, 교의는 단순히 인간이 만들어낸 생각으로서, 그 참이나 수용 가능성과 별개로 어떤 성질을 가지기도 한다. 그 성질은 매력적임, 기념비적임, 강력함, 현학적임, 까다로움, 인상적임, 대충 만들어짐, 극적임, 감명 깊음 등이 될 수 있다. 그리고 이러한 교의의 성질이 그 교의를 논제로 하고 있는 작품에 기여할 수 있다. 그렇다면 문학작품에서 교의가 가진 성질의 강력함이 작품의 가치와 어떤 관련이 있다면 작품의 논제가 가진 성질의 강력함 또한 그러할 것이다.

문학적 관점에서 문학작품의 논제를 판단할 때 고려해야 하는 것은 이러한 특질들이라고 생각한다. 알료샤 카라마조프의 무정부주의, 차라투스트라의 권력에의 의지 개념, 남녀 간의 올바른 관계에 대한 밀턴의 야만적인 견해 등은 그 교의가 포함된 작품의 다른 국면들에 어떤 영향을 주며, 그래서 작품의 문학적 가치와 관련된 이 국면들에 어떻게 기여하고 어떤 손상을 입히는가?

경험주의와 문학적 참

이 장에서 살펴봐야 할 중요한 문제가 하나 더 있다. 우리는 아직 문학의 인지적 가치를 일반적인 방식으로 논의하지 않았다. 회화나 음악처럼 문학작품이 단정적 서술을 하지 않는다면 이 문제는 발생하지 않겠지만, 이미 봤듯 문학은 단정적 서술을 한다. 그러면 저자가 성찰적인 단정적 서술을 통해 주장을 하든 하지 않든, 독자가 그 단정적 서술을 믿어야 하든 아니든, 그것이 단정적 서술인 한 그것을 믿을 수도 있고 믿지 않을 수도 있다. 우리는 작품을 읽고 있는 도중이 아니라 이후에라도 그 서술이 참인지 거짓인지를 확정하기 위해 탐구거리로 삼을 수 있다.

적어도 이것은 하나의 관점이며, 바로 경험주의자의 입장이다. 문학에는 수많은 종류의 흥미로운 단정적 서술이 등장하고 그중 일부는 그것이 사실이라면 중요한 것이다. 작품의 문학적 가치가 작품이 참인가에 따라 성립되거나 무너지는 것은 아닐지라도 작품의 참은 그 자체로 검증해볼 가치가 있을 것이다. 경험주의적 관점에서는 우리의 가설을 어디에서 얻는지는 중요하지 않다. 중요한 것은 그 가설을 검증에 부칠 때 그것을 지지할 만한 적절한 증거가 확인되는가 하는 것이다. 물론 문학작품은 증거를 제공하지 않으며 증거 없이는 그 가설을 지식이라고 하기 어렵다. 게다가 과학적인 탐구에 있어 어려운 일은 일단 생각해낸 가설을 검증하는 것이 아니라 처음부터 독창적이고 유망한 가설을 생각해내는 것이다. 그래서 문학은 인간 본성이나 사회나 세계에 대한 새로운 가설을 제시하기만 해도 대단한 인지적 가치를 가질 수 있다. 분석과 정련의 과정을 거치면서 이 가설들 중 소수만이 입증 가능한 것으로 드러난다 해도 그러하다. 문학에 대해 가장 흔히 제기되는 주장들 중 하나인, 문학이 인간 본성에 대한 이해를 깊게 한다는 것은 이러한 방식으로 완전하게 정당화될 수 있다. 위대한 소설을 읽으면 인간이라는 존재가 가질 수 있는 모든 종류의 동기와 그 동기들이 서로 밀접하게 얽히고 갈등하는 엄청나게 다양한 방식을 볼 수 있다. 이러한 가능성들을 더 많이 생각할수록 우리는 스스로의 혼란스러운 행동, 친구와 적들의 행동을 더 잘 설명할 수 있다.

문학에 대한 이 인지적 주장은 중요하고 경험주의자들도 이 주장을 틀림없이 지지할 것이다. 이 주장이 문학을 과학적 심리학과 충돌하게 하지 않는다는 점을 주목하라. 문학작품은 그 자체가 우리에게 어떤 새로운 일반적 법칙을 가르칠 수 없기 때문이다. '가르침'이 가설을 제시하는 것뿐 아니라 가설에 대한 증거를 제시하는 것까지 의미한다면 말이다. 어떤 독자가 밀턴과 던의 작품을 읽음으로써 기독교에 대한 이해가 깊어졌고, 존 스타인벡의 『분노의 포도』(Grapes of Wrath)를 읽고서 이주 노동자들의 곤경에 대한 이해가, 앙드레 말로의 『희망』(Man's Hope)을 통해 스페인 내전에 대한 이해가, 도스토예프스키의 『지하 생활자의 수기』(Notes from the Underground)를 통해 인간이란 존재 안에 있는 어떤 무의식적인 충동에 대한 이해가 깊어졌다고 하는 것은 합당하다. 여기서 '이해'(understanding)는 작품 속에서 새로운 가설을 발견하는 것을 의미할 것이다. 독자가 작품 밖의 실제 경험 속에서 그 새로운 가설을 마주하게 될 때 그것은 경험적으로 뒷받침될 수 있다. 혹은 그 '이해'는 이주 노동자나 독재자 프랑코에 대항하는 투사의 입장에서 느낄 수 있는 새로운 감정에 익숙해지는 것을 의미할 수도 있다.

만일 문학에 참인 단정적 서술이 있다면, 경험주의자들처럼 그 서술은 경험적으로 참이라고 할 수 있을 것이다. 그러나 불행히도 문제는 그렇게 간단하지 않다. 중요한 가설로 생각할 만한 중요한 단정적 서술은 문학에서 오직 함축적으로만 존재하기 때문이다. 작품 전체를 통해 암시되는 논제의 형태로, 혹은 은유적으로 귀속되는 형태로 존재한다. 그러면 어떤 단정적 서술이 경험적이라고 하는 것은, 원칙적으로 우리가 경험에서 그 서술을 간접적으로 대면하는 식의 탐구 과정을 거쳐 그 서술의 참이나 거짓을 결정할 수 있다는 주장이다. 대략적으로 말하면 경험적 가설은, 우리가 이미 알려진 일반 법칙의 도움을 받아 그 가설로부터의 결과를 추론하고 관찰을 통해 이 결과를 검증함으로써 확증된다. '오후 2시, 온도계는 97도를 가리키고 있다' 같은, 관찰이라는 특수한 보고를 제외한 모든 경험적인 단정적 서술은 가설 혹은 일반적 법칙으로 이해할 수 있다. 그래서 경험적인 단정적 서술은 연역과 귀납적 추론으로 다룰 수 있는 형식으로 존재해야 한다. 의미가 변하거나 애매한 점을 만들어내어 그릇된 추론을 하도록 하지 않는 형식이어야 한다. 그러나 이것이 바로 정확히, 예컨대 은유적 문장 같은 것에서는 기대할 수 없는 것이다.

간단히 예를 들어 이 점을 설명할 수 있다. 다음 삼단 논법을 보라. 여기에서 모든 진술은 축자적이다.

　　사자는 짐승이다.
　　이 생명체는 사자다.
　　이 생명체는 짐승이다.

　여기에는 오류가 없다. 각 단어는 추론 과정 내내 변함없는 의미를 보존하고 있기 때문이다. 그런데 다음 삼단 논법과 비교해보자.

　　사자는 짐승이다. (축자적 진술)
　　그 사람은 사자다. (은유적 진술)
　　그 사람은 짐승이다. (은유적 진술)

　소전제에서의 '사자'를 은유적인 것으로 허용한다면 그것은 대전제에서의 '사자'와 다른 의미를 갖게 되고 '짐승' 또한 의미가 변할 수 있게 된다. 요컨대 이 삼단 논법은 겉으로 보기에는 옳지만 다섯 개의 단어가 있는 것이며 애매어의 오류를 범하고 있다.
　우리가 어떤 이유로 커밍스의 케임브리지의 숙녀에 대한 소네트의 첫 행이 참인지 거짓인지를 알고자 한다고 가정하자.

　　The Cambridge ladies live in furnished souls
　　케임브리지의 숙녀들은 부족할 것 없는 마음으로 살고 있네

또 비교를 위해 엘리엇의 기술을 보자.

　　I am aware of the damp souls of housemaids
　　Sprouting despondently at area gate*

---

*　　From "Morning at the Window," *Collected Poems*, 1909-1935 by T. S. Eliot. Copyright, 1936, by

　　　　　　　　　　　　　　　　　　　　　　제9장 문학과 지식

하녀들의 축축한 영혼이 지하실 출입구마다에서

맥없이 삐죽삐죽 나와 있는 것을 〔나는〕 의식한다[*]

이 문장들은 일반적인 단정적 서술이다. 우리는 케임브리지의 숙녀들 중 몇 퍼센트가 부족할 것 없는 마음으로 살아가는지, 런던 하녀들의 몇 퍼센트가 축축한 영혼을 하고 있는지 알기 위해 모종의 사례연구적 방법, 즉 주의 깊게 선택한 표본들을 심층 인터뷰함으로써 이 문장을 검증할 것이다. 그러나 우리의 인터뷰 요원들에게 이러한 지시를 하는 것은 분명 아무 소용이 없을 것이다. 은유적으로 귀속된 의미를 갖는 이 문장들을 원래 맥락이 규제하는 범위로부터 분리하면, 이 문장들은 발화되는 맥락이 변화할 때마다 해당 맥락을 따라 변화한다. 인터뷰에서 심지어 '당신은 부족할 것 없는 마음으로 살고 계십니까?'라는 질문만을 하더라도 이 문장의 의미는 인터뷰를 할 때마다 바뀔 것이다. 그 결과는 전적으로 비과학적이고 믿을 만한 것이 못 될 것이다.

이 난점을 벗어나는 한 가지 방법이 물론 있다. 그 단정적 서술을 원래 맥락의 의미로 설명함으로써 시작한다고 하자. 즉 그 은유와 같은 의미를 갖는 축자적 진술로 쓴 안을 인터뷰 요원과 통계 전문가들에게 주어 은유가 아닌 축자적 문장으로 작업하게 하자. 우리는 케임브리지의 숙녀들이 그들의 조부모가 가졌던 것과 똑같은 정치적, 사회적, 종교적, 도덕적 믿음을 어느 정도로 여전히 갖고 있는지, 그들의 정서적인 삶이 어느 정도로 억압되고 공허한지, 그들은 전통에 소속되어 있고 전통에 따라 살아간다는 것을 어느 정도로 자각하고 있는지, 그들 중 어느 정도가 같은 계층의 사람과 결혼했거나 다른 계층의 사람과 결혼했는지를 알고자 하는 것이다. 이것이 우리가 조사할 수 있는 질문들이다. 그리고 그 질문들을 원래 질문인 '케임브리지의 숙녀들은 어느 정도로 부족할 것 없는 마음으로 살고 있는가?'의 대용물 혹은 등가물로 간주할 수 있다면 이 질문들에 대한 답변 속에서 원래 질문에 대한 답을 얻게 될 것이다. 시적 참(poetic truth)에 관한 경험주의적 이론은 시의 모든 참된 함축적인 단정적 서술이 이러한 간접적인 방법으로 경험적으로 확증 가능하다고 본다.

Harcourt, Brace and Company, Inc. and reprinted with their permission.

[*]   번역 출처: T. S. 엘리엇, 『T. S. 엘리엇 전집: 시와 시극』, 이창배 옮김, 동국대학교출판부, 2001, p. 20.

그러나 여기서 우리는 예상했던 반론에 부딪치게 된다. 은유적 질문을 대체한 축자적 질문들은 그 문장의 의미를 완전하게 반영하고 있는 것 같지 않으며, 적어도 실제로 우리는 원 질문의 의미를 완전히 반영할 수 있거나 그렇다고 확신하는 것 같지 않다. 그러면 커밍스의 시행을 대신할 수 있는 축자적 등가물이 없다고 가정하자. 그러나 또한 그 시행이 참이라고 하자. 그러면 그 시행은 경험적으로 참일 수 없다. 이 것이 핵심적인 문제이다. 그 시행은 경험적으로 입증될 수 없고 따라서 그 시행에 참됨이 있다고 해도 다른 비경험적인 종류의 참됨이어야 할 것이기 때문이다. 이것은 직관주의자들이 개진하는 주된 논변이다.

그렇다면 시적 참에 관한 경험주의적 이론의 반대쪽 입장에 우리는 직관주의적 이론(Intuitionist Theory)을 놓을 수 있다. 이 이론은 이전 장에서 다룬 음악과 회화의 직관주의적 이론과 결합될 수 있고 보통 그러하다. 그러나 중요한 구별점은 다른 곳에 있다. 비언어적 예술은 언어가 전달할 수 없는 일종의 참을 전달할 수 있다고 할 것이 아니라, 비언어적 예술 및 시의 언어는 다층적인 함축적 의미로써 축자적인 언어가 전달할 수 없는 종류의 참을 전달할 수 있다고 해야 할 것이다. 하녀들과 케임브리지의 숙녀들이 직관주의적 이론의 가장 좋은 예시는 아닐 것이다. 일부 직관주의자들은 그들에 대한 문장이 매우 경험주의적이라고 주장할 것이기 때문이다. 그러나 내 생각으로는 다른 직관주의자들은 이렇게 상대적으로 단순한 예시들에서조차도 시인들이 사회학자나 사회심리학자들이 질문지, 심층 인터뷰, 통계적 분석 등의 도구를 통해 확증할 수 있는 것 너머에 있는, 하녀와 케임브리지의 숙녀들의 본성에 대한 직관적 통찰을 보여준다고 주장할 것이다. 그러나 직관주의자들은 「리어 왕」이나 「오이디푸스 왕」, 본(Vaughan)이나 홉킨스의 신비주의적 시와 같은 가장 위대한 문학 작품에 구현된 종교적, 또는 형이상학적인 직관들을 인용할 가능성이 더 크다. 그리고 그들은 '직관'이라는 용어보다는 '상상'(imagination)이라는 단어를 더 많이 사용할 것인데, 내가 보기에 이 상상이라는 용어는 감각 경험과는 별개로 지식을 받아들이는 능력을 칭하는 것으로 흔히 간주된다.*

---

*   시에 대한 직관주의적 이론을 옹호하는 사람들은 Shelley, Wordsworth, Matthew Arnold, Wilbur M. Urban, Philip Wheelwright 등이다. Note 23.6을 참고하라.

바꾸어 쓰기의 문제

우리는 방금 어렵지만 꽤 분명한 문제를 살펴봤고, 이것은 지식에 대한 이론으로서의 경험주의 대 직관주의라는 더 큰 문제의 핵심에 있어서도 중요한 것임을 확인했다. 이 문제는 흔히 바꾸어 쓰기의 문제(problem of paraphrase)라고 부르며 다음과 같이 간략하게 정리할 수 있다. 문학작품은 다른 말로 바꾸어 쓸 수 있는가? 그러나 이 문제를 다루려면, 그전에 이 문제를 더 정확하게 다듬어야 한다. 첫째, 우리는 여기서 문학의 모든 국면에 관심을 기울이는 것이 아니라 문학의 인지적 내용, 즉 문학의 단정적 서술에만 관심을 갖고 있다는 것에 주의하자. 그래서 우리의 질문은 다음과 같이 말할 수 있다. '모든 문학작품의 인지적 내용은 바꾸어 쓸 수 있는가?' 그러나 둘째, '바꾸어 쓰기'에는 넓은 의미와, 더 좁지만 더 적절한 의미가 있다. 두 담화 D_1과 D_2가 있고, D_1의 모든 단정적 서술이 D_2에도 있다고, 그리고 그 반대도 그러하다고 가정해보자. 이 경우 그 두 담화는 동일한 인지적 내용을 가진다고 할 수 있고, 둘 중 한 담화는 다른 담화를 바꾸어 쓴 것으로 간주할 수 있을 것이다. 넓은 의미의 '바꾸어 쓰기'로는 이러하다. 여기서 '바꾸어 쓸 수 있음'은 대칭적이다. 이제 다른 담화 D_3를 생각해보자. D_1에서 축자적 용어로 명시적으로 진술된 모든 것이 D_3에서 비슷하게 진술되고 있다는 것, D_1에서 암시된 모든 특성들이 D_3에서 명시적으로 진술된다는 것, 그리고 D_1의 단어로써 은유적으로 지칭된, 즉 함축된 모든 특질들이 D_3의 단어로 축자적으로 지시된다고(designated) 하자. 이 경우 D_1의 모든 인지적 내용이 D_3에서 바꾸어 쓰이고 있다고, 따라서 D_3는 D_1의 '산문적 바꾸어 쓰기'(prose paraphrase)라고 할 수 있다. 여기서 바꾸어 쓸 수 있음은 대칭적이지 않다. 우리는 더 자세한 단정적 서술이 D_3에서 암시되지만, 그것이 D_1에는 없었던 것일 가능성을 배제할 수 없기 때문이다. 우리는 단지 D_1의 함축적인 단정적 서술은 D_1의 명시적인 단정적 서술과 마찬가지로 D_3에서 명시적으로 재현되고 있다고 상술했을 뿐이다. 우리의 관심사는 이러한 종류의 바꾸어 쓰기이고, 내가 '바꾸어 쓰기'라는 용어를 아무런 단서를 달지 않고 사용할 때는 이것을 의미하고자 한다. 첫 번째로 언급한 넓은 의미의 바꾸어 쓰기는 '대칭적 바꾸어 쓰기'라고 부를 것이다. 그러면 문제는 문학적 담화를 방금 정리한 의미로 언제나 바꾸어 쓸 수 있는가 하는 것이다.

대체로 그 문제는 두 가지 질문으로 압축된다고 생각한다. 첫 번째 질문은 이것이다. 모든 은유는 축자적으로 바꾸어 쓰기가 가능한가? 또는 좀 더 일반적인 말로, 임의의 단어가 함축한 모든 특질은 다른 단어로 지시될 수 있는가? 확실히 어떤 단어가 함축하는 일부 특질들은 다른 단어로 지시될 수 있다. 예컨대 '암소'가 함축하는 평온함(placidity)은 '평온한'(placid)이란 단어로 지시된다. 사실 이것은 해설(explication)의 예시이다. 해설-문장은 부분적인 바꾸어 쓰기이다. 그러나 '암소'가 그것을 지칭할 축자적 단어를 찾거나 조합할 수 없는, 다른 특질을 함축한다고 생각할 이유가 있는가? 두 번째 질문은 이것이다. 한 담화에 암시된 모든 것이 다른 담화로 진술될 수 있는가? 암시된 단정적 서술 일부가 진술될 수 있다는 것은 확실하다. '사회주의가 민주주의와 양립 가능한가?'에 암시되어 있는 것은 우리가 선택을 해야 한다면 지켜야 할 중요한 것은 민주주의라는 것이다. 이 암시 측면에서 앞 문장은 '민주주의가 사회주의와 양립 가능한가?'와 다르다. 암시를 드러내는 것은 우리가 바로 명료화와 논제-해석에서 하는 일이고, 이 과정에서 우리는 부분적으로 바꾸어 쓰기를 하게 된다. 그러나 진술할 수 없고 단지 암시만 할 수 있는 본성을 가진 단정적 서술이 있다고 생각할 이유가 있는가?

시의 바꾸어 쓰기 가능성을 부정하는 것은 직관주의적 이론의 핵심적인 부분이다. 나는 시가 이 문제에서 가장 중요한 부분이라고 생각한다. 직관주의자들은 제3장 10절에서 논의했던 은유에 대한 수반 이론을 지지하며 그들 주장의 근거를 여기에서 찾는 듯하다. 그러나 직관주의자는 또한 문학에서의 상징이 해석의 가능성이 닿지 않는 곳에 있는 의미를 구현할 수 있다고, 문학의 함축적 논제는 명시적 진술로 완전하게 제시할 수 없다고 주장한다. 직관주의의 주장은 하나의 일반적인 논변으로 지지되고 있는데, 그러나 그것은 핵심을 비껴가는 것으로 드러났다.

우리는 제5장 14절에서 문학에서 '무엇'과 '어떻게' 사이의 전통적 구별이 탐구 과정에서 사라져버리는 것을 봤다. 그렇게 되면 D₁과 D₂ 같은 두 가지 대칭적인 바꾸어 쓰기는 있을 수 없게 된다. 그러나 이러한 반론은 대칭적 바꾸어 쓰기의 불가능함을 증명하기는 하지만 비대칭적 바꾸어 쓰기의 불가능함을 증명하지는 않는다. 예컨대 '그는 여우다'라는 문장은 '그는 교활하고 잔인하고 음흉하고 위험하다'를 의미한다는 식으로, 은유를 축자적으로 번역할 때 그 번역은 원래의 맥락에 있지 않았던 무언가를 암시할 수도 있을 것이다. 원 맥락에서 조밀하게 농축된 형태로 들어있던 것을 지루하게 펼쳐놓았기 때문이다. 그러나 이 반론은 번역이 원칙적으로 명백하게 드러낼 수 없는 원래 은유 속의 의미가 언제나 있다는 것을 보여주지는 않는다.

그러나 직관주의자들이 바꾸어 쓰기 가능성을 반대하는 더 구체적인 이유가 있다. 첫째, 시뿐 아니라 일상 언어에서도 은유에 의지하는 것은, 그것을 표현할 축자적 언어가 없는 의미를 표현하기 위해 은유가 필요하다는 것, 그래서 어떤 은유일지라도 축자적 언어 자원이 할 수 있는 것을 넘어선다는 것을 보여준다. 그러면 은유에 대한 포괄적인 설명으로서, 또 은유에 대한 실질적인 정당화로서 이 반론은 의심할 바 없이 건전하다. 그러나 이것이 은유의 인지적 내용이 어떤 축자적 표현으로도 그것을 지시할 수 없는 그러한 것임을 보여주는 것은 아니다. 그리고 우리는 은유가 이미 존재하는 축자적 언어를 보완하기 위해 도입되는 것, 특히 과학의 역사에서 그러한 경우를 늘 본다. '자연은 진공을 혐오한다', '자연 선택', 프로이트적 '검열' 등의 표현에서는, 은유가 중요한 특질을 집어내고, 지식 차원에서 그 특질을 반복해서 언급할 때 축자적 언어가 그 자리를 대체한다.

둘째, 은유적 귀속을 해설하려 할 때, 즉 부분적으로 바꾸어 쓰기를 하고자 할 때 우리가 다른 은유나 다른 종류의 비유적 언어에 종종 의지한다는 것은 중요하다. '하녀들의 영혼이 '축축하고'(damp) '삐죽삐죽 나와 있다'(sprout)고 말하는 것은 그들이 기개가 없고 박대받고 희망이 없는 존재이며 그 상황을 수동적으로 받아들이고 있고 별 볼일 없는 존재라는 것 등을 의미한다'는 표현 등이 그 예이다. 여기에는 불가피한 순환성이 있다고 주장할지도 모르겠다. 어떤 은유에 대한 가장 좋은 해설은 다른 은유로 설명하는 것이다. 이것이 의미하는 것은 해설은 우리가 생각하는 의미에서의 바꾸어 쓰기가 전혀 아니라는 것이다. '나폴레옹은 늑대다'가 그가 사납다는 것, 잔인하다는 것 등을 의미한다고 할 때 우리의 바꾸어 쓰기는 분명 은유보다도 더 모호하며 사실 그 은유의 가장 정확한 핵심을 놓치고 있다. 나폴레옹에게 귀속시키고 있는 것은 늑대 같은 사나움, 늑대 같은 잔인함이지 단순히 일반적인 사나움이나 잔인함이 아니기 때문이다. 그래서 정확하게 바꾸어 쓰기를 하려면 각 단정적 서술을 조정하기 위해 늑대라는 관념이 작용자로서 해설에 넘겨져야 한다. 그러나 그러면 그 은유를 축자적인 언어로 환원한 것이 아니고 단지 은유의 연속으로 확장한 것에 불과하다. 그러나 내 생각에는 이 난점은 겉보기에만 그럴 뿐이다. '늑대'라는 단어가 그 해설을 정확하게 만들기 위해 해설에 등장해야 하는 것은 맞지만, 그러나 거기에 은유적으로 등장할 필요는 없다. '나폴레옹은 늑대다'가 의미하는 것은 무엇보다도 '나폴레옹은 잔인하다. 그리고 나폴레옹의 잔인함은 늑대의 잔인함과 같다'이다. 여기에서 '늑대'라는 단어는 축자적으로 사용된 것이지 은유적으로 사용된 것이 아니다. 그래서 여기에는 치명적인 난점이라고 하는, 축자적 바꾸어 쓰기의 불가능함을 보여주는 논변은 없는 것으로 보인다.

셋째, 단지 암시되어 있는 단정적 서술과 공공연하게 진술되고 있는 단정적 서술 사이에는 중요한 차이가 있다는 것, 그 차이는 우리가 왜 때로 진술보다는 암시를 선호하는지를 설명한다는 것, 그 차이가 바꾸어 쓰기에서는 사라진다는 것을 인정해야 한다. 그것은 내가 단정적 무게(predicative weight)라 부르는 것에 있어서의 차이이고, 주장하는 것과 암시를 주는 것, 힘주어 말하는 것 혹은 단지 누군가의 주의를 환기하려는 것 사이의 차이이다. 공공연한 진술은 암시보다 더 큰 단정적 무게를 가지게 마련이다. 암시가 아무리 명백해도 그러하고, 이것은 바꾸어 쓰기를 하면 오해를 불러일으킬 여지가 있다. 이것은 중요한 핵심이지만 대처 불가한 반론을 불러일으키지는 않는다. 우리가 어떤 담화의 함축적인 단정적 서술을 바꾸어 쓸 때 우리는 그 단정적 무게 또한 기록하는 표기법 체계를 사용해야 한다. 괄호로 삽입하는 방법이 도움이 될 것이다. '사회주의가 민주주의와 양립할 수 있는가?'라는 질문은 (가볍게 그러나 분명하게) 설사 사회주의가 바람직하다고 하더라도 사회주의를 포용하는 것보다 민주주의를 보존하는 것이 더 중요하다는 것을 암시한다.

마지막으로 직관주의자들이 지적하는 것은, 설사 시를 바꾸어 쓸 수 있다고 하더라도 그 바꾸어 쓰기는 그 자체로 시가 아니라는 것이다. 이것은 참이지만 실제로 반론은 아니다. 바꾸어 쓰기에서 보존될 수 없는 시의 많은 특징들이 있고, 사실 시가 시이도록 하고 시를 시로서 가치 있게 하는 것은 바로 그 특징들이다. 그러나 시의 단정적 서술의 참에 관해서라면, 그 단정적 서술은 시로부터 추상된 것이고 그 참됨에 대한 관심은 시적 관심이 아니다. 시를 잠시 동안 이런 방식으로 살펴본다고 해서 원작에 해가 되지는 않는다. 원작 시로 돌아가면 원작은 여전히 통합성(integrity)과 전체성을 띠고 있음을 확인하게 된다.

지금까지의 논증은 물론 완전하게 결론적인 것은 아니다. 여기에는 여전히 풀리지 않은 문제들이 있다. 그러나 우리는 잠정적으로 어떤 중요한 핵심들을 기반으로 발 딛고 설 수 있을 것이다. 원칙적으로 바꾸어 쓰기의 가능성에 반대하는 결정적인 논증은 없는 것으로 보이지만, 바꾸어 쓰기가 실질적으로는 보통 불가능하다고 생각할 만한 탁월한 이유들은 있다는 것이다. 우리가 할 수 있는 최대한의 것은 시를 부분적으로 바꾸어 쓰는 것이고, 그 시가 복합적이라면 그 바꾸어 쓰기가 아무리 정교하더라도 우리는 거의 언제나 그것에는 뭔가가 빠져 있다고 느낄 것이다. 그러나 이러한 느낌을 받는 이유는 보통 우리가 그 시의 모든 의미를 이해했다고 확신하지 못해서이지 우리가 분명히 밝힐 수 없는 어떤 의미를 이해했기 때문이 아니다. 그래서 그 바꾸어 쓰기가 점점 더 정교해질수록 그것은 원래 시에 수렴할 것이다. 그것은 잘못된 것이 아니다. 바꾸어 쓴 것에 있는 단정적 서술은 시에도 또한 있기 때문이다. 그러나 그것은 인위적이다. 단정적 서술이 똑같은 방식으로 되어있지 않기 때문이다. 그러나 설령 실제로 해당 시를 모두 바꾸어 쓸 수 있는 것은 아니라고 하더라도 우리는 바꾸어 쓰기를 원하는, 시의 일부를 바꾸어 쓸 수 있다. 그리고 결국 의미의 수는 무한하지 않다. 그래서 원칙적으로 우리의 손을 빠져나가는 무언가가 반드시 있는 것은 아니다.

그리고 이것이 경험주의자들이 얻고자 하는 전부이다. 시에서 식별될 수 있고 조사할 가치가 있는 어떤 단정적 서술은 발췌해 명확하게 할 수 있다. 그리고 시의 참, 시의 경험적 참은 조사할 수 있다. 이 한정된 범위의 논증에서 물론 직관주의가 틀렸다는 것을 보여줄 수는 없으며 앞 장에서 논의한 지식에 대한 직관주의의 일반적인 문제점을 소환한 것도 아니다. 그러나 문학작품이 중요한 함축적인 단정적 서술을 포함하고 있고 그중 일부가 참이라는 것을 주장하기 위해서 직관주의자가 될 필요는 없다고 결론 내릴 수 있다. 달리 말하면, 지식에 대한 이론에서 경험주의자일지라도 문학작품이 단정적 서술을 전혀 하지 않는다거나 그렇지 않으면 문학작품은 비문학적 담화와 다를 바 없다는 입장으로 몰리지 않는다.

문학의 인지적 기능이 지식에 대한 특정한 이론을 시사하거나 혹은 그 이론의 증거가 되는지를 물으면서, 우리는 이 장 전반에 걸쳐 다룬 문제, 그 갈림길이 다양한 철학적 탐구로 이어지는 그 문제의 핵심으로 나아갔다. 어떤 태도나 기대로 미적 대상에 가장 잘 접근할 수 있는지를 결정하기 위해, 우리가 미적 대상으로부터 가장 얻을 가치가 있는 것을 얻고자 한다면 앞 장에서 질문했던 것처럼 미적 대상이 현실, 즉 미적 대상이 존재하고 있는 그 바깥 세계와 연결되어 있는지, 어떤 방식으로 연결되어 있는지를 질문해야 한다. 이 문제는 문학에서 가장 민감한 문제이다. 문학은 바로 그 본성상 현실을 본질적이고 불가피하게 지칭하며 현실에 관심을 쏟고 있기 때문이다. 이 문제를 하나의 포괄적인 형식으로 묶고, 삶에 대한 문학의 관계 혹은 '형식'과 '내용'의 상대적인 중요성에 관한 광범위한 문제로 만들어 정면으로 부딪치는 것은 적절하지 않다. 그 문제를 몇 가지 문제들로 쪼개어야 한다. 그리고 그 문제들에 대한 진정한 답변은 내가 제안했던 것만큼이나 복잡하고 미묘하다. 물론 문학작품은 작품의 언어와 별개로 이해할 수 없다. 물론 문학작품은 사회적으로 뿌리를 두고 있으며 사회의 결과물이다. 물론 문학의 즐거움은 독자에게 자신이 이전에 가졌던 믿음과 감정을 정교하게 조정할 것을 요구한다. 물론 문학작품의 주제와 논제는 인간의 삶 전체로부터 오며 또한 그것에 기여한다. 그러나 문학을 문학이도록 하는 것은 부분적으로는 세계로부터 문학으로 침잠한 것, 문학 자체를 만족스러워하며 관조할 수 있도록 만드는 문학작품의 대단한 자기충족성, 자족성이 틀림없다. 그리고 이러한 초연함의 비밀은, 개인의 충성된 믿음과 헌신적인 행동을 요구하는 실제 주장을 하지 않고도, 인간의 모든 광대한 경험과 믿음들을 다루고 그 디자인 속에 빨아들이는 문학의 수용력에 있는 듯하다.

NOTES AND QUERIES

22

22.1 해석(INTERPRETATION)

해석의 원칙에 관해서는 다음을 보라. G. Wilson Knight, *The Wheel of Fire*, 4th ed., London: Methuen, 1954, In troduction, ch. 1. 그가 검증으로서의 의도를 거부하고 있는 것에 주목하라(pp. 6-7, 278); Northrop Frye, "Levels of Meaning in Literature," *Kenyon Review*, XII (1950): 246-252.

해설과 명료화, 해석을 결합하는 분석의 좋은 예로는 앨런 테이트가 자신의 글에 대해 쓴 다음 문헌을 보라. Allen Tate, "Ode to the Con federate Dead," "Narcissus as Narcissus," *On the Limits of Poetry*, New York: Swallow, 1948 (reprinted in Man of Letters in the Modern World, New York: Meridian, 1955, and in S. E. Hyman, ed., The Critical Performance, New York: Vintage, 1956, pp. 175-188). 윌리엄 엠프슨의 앨리스에 대한 프로이트적 해석인 다음 문헌 또한 유익하다. William Empson, "Alice in Wonderland: The Child as Swain," in *Some Versions of Pastoral*, London: Chatto and Windus, 1930 (reprinted in Hyman, ed., op. cit., pp. 115-150), 제3장, Note 10.1; 제5장, Note 15.3; 그리고 아래 Note 22.2도 참고하라.

이 관련성에서 케네스 버크의 '상징적 행위'로서의 문학의 개념도 살펴보라. Kenneth Burke, *The Philosophy of Literary Form*, Baton Rouge, La.: Louisiana State U., 1941, esp. pp. 1-39, 66-89, 90-102, 119-132; *A Grammar of Motives*, Englewood Cliffs, N.J.: Prentice-Hall, 1945, esp. the essay, "Symbolic Action in a Poem by Keats" (reprinted in Hyman, op. cit., and in Ray B. West, Jr., ed., Essays in Modern Literary Criticism, New York: Rinehart, 1952), pp. 396-411; and *Attitudes*

Toward History, New York: New Republic, 1937, II: 17-44. "우리는 시를, 상황을 망라하기 위한 다양한 전략들을 채택하는 것으로 생각한다. (나는 여기서 시라는 용어를 사용할 때 비평적이거나 상상적인 태도를 취하는 어떤 작품이든 포함한다)"(*Literary Form*, p. 1); 시는 '상징적 행위'이고, 그 상징적 행위의 '의미'는 해석될 수 있는 것이다. 예컨대 경기 후에 악수를 하는 관습이 '악의는 없어', 혹은 '악의는 없도록 하자'라는 말을 사실상 하고 있는 것으로 해석되는 것처럼 말이다(*ibid.*, p. 447). 이러한 개념들 및 여러 파생된 개념을 활용해 버크는 해설, 명료화, 해석을 혼합한 채로 어떤 문학작품들의 의미를 밝혀낸다. 그러나 버크는 화자의 상징적 행위로서의 시 속의 생각과 감정의 흐름보다, 시인의 상징적인 행위로서의 시의 집필을 주로 생각하고 있다. ("시는 행위이며, 그것을 쓴 시인의 상징적인 행위이다"라고 키츠에 대한 에세이의 서두 부분에서 말하고 있다.) 그래서 그는 결국 저자와 화자를 구별하지 않으며, 비록 시를 '감상'하기 위해 저자의 전기를 탐구할 필요는 없다고 말하고 있지만(*ibid.*, pp. 25, 73) 시의 의미에 관한 진술을 시인의 동기에 대한, '시인에게 있어 그 시가 어떤 의미가 있는지'에 대한 진술과 완벽하게 연속되는 것으로 취급한다(*ibid.*, p. 73). 그래서 그의 해석은 저자의 심리, 역사, 사회학으로 무한히 확장되는 경향이 있다. 예컨대 키츠의 시는 과학 대 종교, 자본주의적 개인주의 대 사회주의 등 19세기의 다양한 갈등에 관한 것임이 드러난다. 또한 그는 설득력이 떨어지는 프로이트적 '독해' 취향도 가지고 있었다. 엄격한 철학적 용어에 대한 벤담의 제안은 자학적인 '상징적 거세'이고(*Grammar*, pp. 284-285), 인과율에 관한 흄의 회의주의는 독신자의 무의식적인 '성적 능력과 자손에 대한 의심'이라는 것이다(*ibid.*, p. 183). 이러한 진술들은 분명 해설이 아니며, 명료화도 해석도 아니다. 그 진술들을 굳이 말하자면 (매우 추정적이고 검증되지 않은) 인과적 설명이다. 이것은 세 가지 구별 중 어떤 것도 준수하지 않는 버크 방법론의 특징이다.

22.2 문학의 상징(SYMBOLS IN LITERATURE)

상징성 일반에 관해서는 앞의 제6장, Note 16.8을 보라. 다음의 참고들은 주로 문학적 상징에 관한 것이다.

Wilbur M. Urban, *Language and Reality*, London: Allen and Unwin, 1939, ch. 9 and pp. 466-476, 487-492. 어번은 상징의 개념을 분석하고 상징을 해석하는 문제를 다소 상세하게 논의하고 있다.

Charles Feidelson, Jr., *Symbolism and American Literature*, Chicago: 1953, ch. 2. 파이델슨은 그가 '상징성의 철학'이라고 부르는 것이, 어떤 면에서 데카르트적 이원론 및 다른 유감스러운 것들로부터의 탈출이라고 본다(p. 50). 그는 '논리적 언어'와 '상징적 언어'를 대조하지만(p. 57) 이것은 수용하기 어려운 것이다. '분리성의 원칙'(the principle of discreteness)과 '원자적'(atomistic) 같은 용어를 논리적 언어에 적용하는데 이것은 상당히 혼란스럽다. 예컨대 상징적 언어가 어떻게 화자와 그의 말, 그리고 화자가 말하는 대상 간의 구별을 지워버릴 수 있는가? 그리고 말(馬)과 말이 아닌 것 등의 구별을 표시하는 언어가 원자적이라면 상징은 원자적이지 않으면서 어떻게 무언가를 의미할 수 있는가?

William Y. Tindall, "The Literary Symbol," *Symbols and Society*, 14th Symposium of the Conference on Science, Philosophy and Religion, New York: Harper, 1955, ch. 11. 이 글은 후에 틴들이 쓴 다음 책의 1장이 된다. ch. 1 of *The Literary Symbol*, New York: Columbia U., 1955. 여기서는 좋은 예시가 몇 가지 있지만 그가 이 예를 다루는 방식은 다소 피상적이고 '상징'에 대한 그의 정의는 너무 광범위해서 유용하지 못하다.

반복을 통해 은유가 상징으로 변화하는 것에 대해서는 다음 문헌에서 다루고 있다. René Wellek and Austin Warren, *Theory of Literature*, New York: Harcourt, Brace, 1949, pp. 193-195; cf. E. K. Brown, *Rhythm in the Novel*, Toronto: U. of Toronto, 1950, ch. 2. Mark Schorer, "Fiction and the 'Matrix of Analogy,'" *Kenyon Review*, XI (1949): 539-560, reprinted in J. W. Aldridge, *Critiques and Essays on Modern Fiction*, New York: Ronald, 1952, pp. 83-98. 쇼어러는 제인 오스틴(Jane Austen)의 『설득』(*Persuasion*)에 나오는 대중적인(commercial) 은유와 다른 소설들에 있는 반복되는 은유들을 분석해, 그것들이 어떻게 작품의 통일성에 이바지하는지를 보여준다. 다음을 보라. Robert B. Heilman, *This Great Stage*, Baton Rouge, La.: Louisiana State U., 1948, ch. 1, esp. pp. 6-19. 하일만이 '주제적인 함의'와 '상징적 가치'를 연결시키는 방식을 주목하라. 상징성과 「리어 왕」에 대한 그의 입장은 다음 문헌에서 비판을 받는다. W. K. Keast, "The New Criticism' and King Lear," in *Critics and Criticism*, by R. S. Crane et al., Chicago: U. of Chicago, 1952, esp. pp. 119-123, 136; 다음 문헌도 보라. Elder Olsen's "Dialogue on Symbolism," pp. 567-

594. 하일만의 해석 방법은 클린스 브룩스가 「맥베스」에 대한 그의 논문에서 사용한 방법과 비슷하다. Cleanth Brooks, "The Naked Babe and the Cloak of Manliness," *The Well Wrought Urn*, New York: Reynal and Hitchcock, 1947, ch. 2. Kenneth Burke, "Fact, Inference, and Proof in the Analysis of Literary Symbolism," *Symbols and Values: An Initial Study*, 13th Symposium of the Conference on Science, Philosophy and Religion, New York: Harper, 1954, ch. 19. 케네스 버크는 반복되는 이미지들 아래에 깔려 있는 패턴을 드러내기 위해 문학작품의 핵심 용어들의 '색인을 만드는'(indexing) 방법을 제안하고 예를 들어 설명한다. 로버트 펜 워런(Robert Penn Warren)이 『노수부의 노래』(*The Rime of the Ancient Mariner*)를 상징적으로 해석하면서 사용한 방법은 극도로 느슨하다. Robert Penn Warren, "A Poem of Pure Imagination: An Experiment in Reading," in Samuel Taylor Coleridge, *The Rime of the Ancient Mariner*, New York: Reynal and Hitchcock, 1946, pp. 61-148. 로우즈(J. Livingston Lowes)는 이 시에는 아무런 논제가 없지만 죄악에 뒤따르는 용서의 필연성이라는 주제는 있다고 분명히 주장했다. 그릭스(Griggs)는, 워런이 그를 이해한 바에 따르면(pp. 62-65), 그 시는 논제와 주제가 모두 없다고 주장했다. 워런 자신은 그 시가 논제와 주제를 모두 갖는다고 말한다. "그 시는 진정 진술을 하고 있다."(p. 63) 워런은 그 시에서 두 가지 주제를 찾아낸다. 첫 번째 주제인 '성례의 환영'은 명백하다. 두 번째 주제는 '상상'과 관계가 있는 것으로 상당히 억지스럽고 상상적인 해석을 요구한다. 워런의 방법에 대한 비판으로는 다음 문헌을 보라. Elder Olsen, "A Symbolic Reading of the Ancient Mariner," *Critics and Criticism*, pp. 138-144, and by Elmer E. Stoll, "Symbolism in Coleridge," *PMLA*, LXIII (1948): 214-233.

다음도 보라. W. K. Wimsatt, Jr., "Two Meanings of Symbolism: A Grammatical Exercise," *Catholic Renascence*, VIII (1955): 12-25; Northrop Frye, "Three Meanings of Symbolism," *Symbol and Symbolism: Yale French Studies*, No. 9 (n.d.): 11-19. Norman Friedman, "Imagery: From Sensation to Symbol," *JAAC*, XII (September 1953): 25-37. '심상'(Imagery)에 관한 것은 제3장, Note 10.5를 보라.

상징적 해석의 원칙들에 대한 한 가지 좋은 검증 사례는 『모비 딕』에 나오는 흰 고래로, 이것에 대해서는 최근 몇 년간 특별히 많은 해석이 있었다. 그 예로는 다음을 참고하라. Feidelson, *op. cit.*, pp. 174-186; Tindall, *op. cit.*, pp. 351-355; W. H.

Auden, *The Enchafèd Flood*, London: Faber and Faber, 1951, pp. 61-66, 115-144; D. H. Law rence, *Studies in Classic American Literature*, New York: Seltzer, 1923, ch. 11; James Baird, *Ishmael*, Baltimore: Johns Hopkins, 1956, ch. 11.

22.3 '원형적 이미지'('ARCHETYPAL IMAGES')

융은 모든 위대한 문학에는 강력한 역할을 수행하는 보편적 상징 또는 상징적 상황이 있다는 이론을 개진했다. Carl Jung, "On the Relation of Analytical Psychology to Poetic Art," in *Contributions to Analytical Psychology*, trans. by H. G. and C. F. Baynes, London: Routledge and Kegan Paul, 1928, pp. 157-161, 240-249. 이들 '원시 심상'(primordial images)은 '집단 무의식' 속에 있는 '수많은 경험들의 정신적 잔류물'이다. 이 이론을 활용한 문헌으로 다음을 보라. Maud Bodkin, *Archetypal Patterns in Poetry*, New York: Oxford U., 1934, ch. 1, and by Northrop Frye, "The Archetypes of Litera ture," *Kenyon Review*, XIII (1951): 92-110. 다음도 보라. John Press, *The Fire and the Fountain*, New York: Oxford U., 1955, ch. 6; C. Day Lewis, *The Poetic Image*, New York: Oxford U., 1947, ch. 6; Joseph Campbell, *The Hero with a Thousand Faces*, New York: Meridian, 1956, ch. 1. 캠벨은 모든 플롯이 상징적으로는 하나라고 주장하는 듯 보인다.

22.4 문학에 대한 드러내기 이론(THE REVELATION THEORY OF LITERATURE)

예술 일반서의 드러내기 이론에 대해서는 제8장, Notes 21.1, 21.3, 21.4를 보라. 그리고 다음 문헌도 참고하라. Meyer H. Abrams, *The Mirror and the Lamp*, New York: Oxford U., 1953, ch. 2. Gilbert Murray, *The Classical Tradition in Poetry*, Cambridge, Mass.: Harvard U., 1927, ch. 9. 여기서 머레이의 다양한 진술은 하나의 일관된 입장으로 종합하기 어렵지만 그는 드러내기 이론의 입장에 있는 듯하다.

문학이 보편자를 드러내며 이것은 문학의 특수한 임무 중 하나라는 입장에 대해서는 다음을 보라. W. K. Wimsatt, Jr., *The Prose Style of Samuel Johnson*, New Haven, Conn.: Yale U., 1941, ch. 6과 각주를 보라. 그리고 다음 논문을 보라. "The Structure of the Concrete Universal in Literature," *PMLA*, LXII (1947): 262-280, reprinted in W. K. Wimsatt, Jr., *The Verbal Icon*, Lexington, Ky.: U. of Kentucky,

1954, pp. 69-83, and in Mark Schorer, Josephine Miles and Gordon McKenzie, eds., *Criticism*, New York: Harcourt, Brace, 1948, pp. 393-403; 비판적 논의로는 다음 저자의 글을 보라. John Crowe Ransom, *Kenyon Review*, XVI (1954): 554-564; XVII (1955): 383-407.

문학작품은 인간 본성을 '충실하게 그려낸다'(true-to)는 존 호스퍼스의 관점은 다음을 보라. *Meaning and Truth in the Arts*, Chapel Hill, N.C.: U. of North Carolina, 1946, pp. 162-183. 그리고 그는 이 관점을 후에 발전시켰지만 그 글은 출판되지 않았다. 다음을 보라. Abrams, *op. cit.*, ch. 10.

문학이 경험의 '느껴진 성질'(felt qualities)을 제공한다는 관점에 대해서는 다음을 보라. Max Eastman, *The Literary Mind*, New York: Scribner's 1931, Part IV, ch. 1. Walter Pater's essay on style, in Lane Cooper, ed., *Theories of Style*, New York: Macmillan, 1907, pp. 390-391. 월터 페이터는 문체에 관한 그의 에세이에서 '사실'과 '사실의 지각'(sense of fact)을 대비시키면서 문학은 후자를 제시한다고 주장한다.

22.5 '순수' 시('PURE' POETRY)

시가 '순수'(pure)해야 한다는 이론은 시가 '순수'할 수 있다는 것을 전제하고 있지만, 이와 관련된 '순수성'(purity)의 의미는 분명하게 밝혀진 적이 거의 없다. 때로 이론가와 시인들은 순수시가 의미는 없이 유쾌하게 들리는 시인 것처럼 말해왔다. 순수시는 때로는 '관념'(idea)이 없는, 즉 아무런 중심적인 주제가 없는 심상(imagery)을 의미한다. 〔흔히 심상주의(Imagist) 시는 심상과 표상적인 소리 등가물은 있지만 중심적인 주제가 없는 시이다.〕 또 때로 순수시는 '이념'(idea)이 없는, 즉 아무런 논제나 단정적 서술이 없는 주제적 시를 의미한다. 다음을 보라. Robert Penn Warren, "Pure and Impure Poetry," *Kenyon Review*, XV (1943): 228-254 (reprinted in Schorer, Miles and McKenzie, op. cit., pp. 366-378, in Robert W. Stallman, ed., Critiques and Essays in Criticism, New York: Ronald, 1949, pp. 85-104, and in Ray B. West, ed., Modern Literary Criticism, New York: Rinehart, 1952, pp. 246-266); John Crowe Ransom, "Poetry: A Note on Ontology," *The World's Body*, New York: Scribner's, 1938, reprinted in Stallman, *op. cit.*, pp. 30-46; Max Eastman, *op. cit.*, Part III, ch. 2. 심상주의(Imagism)의 한 형태에 대한 일반적인 옹호로는 다음을 보라. Ezra Pound,

"Vorticism," *Fortnightly Review*, CII (September 1, 1914): 461-471. 파운드 자신의 가장 유명한 순수시의 예시인 「지하철 정거장에서」(In a Station of the Metro)["군중 속 이 얼굴들의 유령/젖은 검은 가지의 꽃잎"(The apparition of these faces in the crowd:/Petals on a wet, black bough)*]는 다음 글에서 다양하게 논평되었다. T. Hanzo, *Explicator*, XI, 26 (February 1953), and J. Espey, *ibid.*, XI, 59 (June 1953).

22.6 허구적 문장(FICTIONAL SENTENCES)

허구적 문장에 관한 세 가지 이론의 수용 가능성을 살필 때 직면하는 논리적 문제들을 다음과 같이 분류할 수 있다.

(I) 가능태 이론(The Possibility Theory): Willard V. Quine, *Methods of Logic*, New York: Holt, 1950, pp. 200-202. 이 글은 명제 '케르베루스는 현대 과학의 세계에는 존재하지 않지만 그리스 신화의 세계에는 존재한다'에 관해 실제로 말해야 할 것을 모두 말하고 있고, '존재한다'나 '존재의 양태'라는 용어의 다른 의미들을 인정하는 것이 불필요하고 불편하다는 것을 간명하게 지적한다.

(II) 거짓 이론(The Falsity Theory): 러셀의 기술 이론은 다음의 초기 논문에서 개진된다. "On Denoting," *Mind*, N.S., XIV (1905): 479-493, reprinted in Logic and Knowledge, New York: Macmillan, 1956, and in H. Feigl and W. Sellars, *Readings in Philosophical Analysis*, New York: Appleton-Century-Crofts, 1949, pp. 103-115. 다음도 보라. W. V. Quine, *op. cit.*, pp. 196-208, 215-224, and his paper "On What There Is," *Review of Metaphysics*, II (September 1948): 21-38, reprinted in *From a Logical Point of View*, Cambridge, Mass.: Harvard U., 1953, pp. 1-19. 러셀은 고유명사가 한정 기술구에 대한 약칭으로 간주될 수 있는지의 문제를 다음 문헌에서 논의한다. *Human Knowledge*, New York: Simon and Schuster, 1948, Part II, ch. 3. 여기서 그는 또한 고유명사는 그 이름이 붙여진 대상이 없다면 '의미를 갖지 않는다'(meaningless)고 말한다. 거짓 이론은 다음 글에서도 옹호되고 있다. A. J. Ayer, *Language*, Truth and Logic, 2nd ed., London: Gollancz, 1946, pp. 44-45.

---

* From "In a Station of the Metro," Ezra Pound, *Personae*. Copyright 1926 by Ezra Pound. Reprinted by permission of New Directions.

(III) 비-단정적 서술 이론(The Nonpredication Theory): 허구적 문장에 관한 스트로슨(P. F. Strawson)의 분석은 다음 글에서 처음으로 제안되었다. "On Referring," *Mind*, LIX (1950): 320-344; 다음 책도 보라. *Introduction to Logical Theory*, London: Methuen, 1952, pp. 18, 68-69, 184-192. 이 장에서 그 이론에 대한 나의 설명은 스트로슨의 입장을 한 가지 측면에서 단순화한 것이다. "'이러이러한 것'으로 문장을 시작할 때, 이것은 '이러이러한' 종의 특수한 한 개별자를 우리가 언급하고 있거나 언급하고자 의도한다는 것을 보여주지만 그것을 진술하지는 않는다"고 그는 말한다 ("On Referring," p. 331). 즉 '미국의 수상은 공화당원이다'가 진릿값을 가지기 위해 충족해야 하는 조건은 미국의 유일무이한 수상이 있어야 한다는 것은 물론, 이 말을 발화한 사람이 특정한 사람을 지칭하고자 의도해야 한다는 것이다. 내가 말하고 싶은 것은 만약 유일무이한 지칭체가 존재한다면 그 문장은 의도나 희망과는 완전히 독립적으로 진릿값을 갖고, 지칭체가 존재하지 않는다면 그렇지 않다는 것이다. 그리고 이것을 지지하는 근거로 법정의 관례가 있다. 사람은 의도적이지 않더라도 타인의 명예를 훼손하는 것이 가능하기 때문이다. 만일 당신이 맨해튼 웨스트 89번가 1329에 살고 있으며 전화번호가 BO 7-3927인 마권업자에 대한 소설을 썼는데, 우연히 그 주소와 전화번호를 가진 사람이 있다는 것이 밝혀진다면 당신은 의도했든 의도하지 않았든 그 사람을 지칭한 것이고 당신이 쓴 이야기는 거짓이 된다. 이것은 전화 회사가 신청하면 작가들에게 주려고 확실한 허구적 번호를 확보해놓는 한 가지 이유이다. 1940년대 할 로치 스튜디오가 내보낸 영화 시리즈 〈토퍼〉(*Topper*)의 대중매체 광고에는 무작위로 선택된 수백 명의 사람들에게 향기 나는 핑크색 편지지에 격정적인 편지를 적어 보낸 것이 있었다. 그 편지의 서명은 '매리온 커비'로 되어있었는데, 이것은 영화와 손 스미스(Thorne Smith)의 동명의 원작에 나오는 여자 유령의 이름이었다. 그러자 실제로 로스앤젤레스 지역에 살던 매리온 커비라는 한 여성이 사생활을 침해받고 명예가 손상되었다는 이유로 그 스튜디오를 고소하는 일이 일어났다. 그리고 더 리포터(*The Reporter*)지 1955년 6월 30일자에 의하면 그녀는 승소했고 그때 "판사는 그 편지들이 명백하고 한정적인 방식으로 그녀를 분명히 지칭했다고 주장했다".

스트로슨의 입장은 다음 글에서도 지지를 얻는다. H. L. A. Hart, "A Logician's Fairy Tale," *Phil R*, LX (1951): 198-212. 그리고 이것은 프레게의 입장과도 가깝다. Gottlieb Frege, "On Sense and Nominatum"(p. 123, 각주의 인용을 보라). 다음 문장을

생각해보자. '결혼식이 끝나고 하객들은 바닷가재를 먹었다'를 S₁으로 부르자. 프레게의 입장에 따르면 S₁은 그 '의미'(sense)의 일부로서 '결혼식이 있었다'(S₂)를 포함하지 않는다. 즉 S₂를 수반하지 않는다. 그러나 S₂가 없이는 S₁이 '지칭체'를 갖지 않는다는 점에서 S₁은 S₂를 전제한다.

Wilfred Sellars, "Presupposing," *Phil R*, LXIII (1954): 197-215. 셀라스는 스트로슨의 입장을 비판하고, 그 구별에 기초한 다음과 같은 미묘한 대안을 제안한다. 셀라스는 러셀의 기술 이론을 받아들여서 허구적 진술에 대한 거짓 이론을 지지하면서, 허구 속의 문장은 거짓이지만 허구 속 문장들이 거짓이라고 말하는 것은 '맞지 않는데'(incorrect), '그것이 거짓이다'라는 진술은 누군가가 주장을 하고 있는 맥락에만 적절하기 때문이라는 것이다. 그러나 스트로슨은 다음 글에서 자신의 관점을 분명히 밝히고 다소 단서를 추가했다. Strawson, "Reply to Mr. Sellars," *ibid.*, pp. 216-231.

비-단정적 서술 이론은 다른 이유로도 지지될 수 있을 듯하다. 다음을 보라. Karl Britton, *Communication*, London: Routledge and Kegan Paul, 1939, ch. 10. 다음의 흥미로운 심포지엄도 보라. Gilbert Ryle, R. B. Braithwaite, and G. E. Moore, "Imaginary Objects," *PAS*, Suppl. vol. XII (1933): 18-70.

22.7 함축적인 성찰적 단정적 서술(IMPLICIT REFLECTIVE PREDICATIONS)

음악과 회화에서 명제 이론(Proposition Theory)을 지지하는 이들은(제8장, Note 20.2 를 보라) 모든 문학작품은 아닐지라도 일부는 함축적인 성찰적 단정적 서술(implicit Reflective predications)을 포함한다고 주장한다. 문학에는 함축적인 성찰적 단정적 서술이 있지만 비언어적 예술에는 명제가 없다는 입장을 지지하는 사람은 없는 것으로 보인다.

모리스 와이츠가 문학은 '진리-주장'을 포함하고 있다고 주장할 때 의미한 것은, 그 주장의 전부는 아닐지라도 일부 의미는 문학작품이 단정적 서술을 포함하고 있다는 것이었다. 다음을 보라. Morris Weitz, *Philosophy of the Arts*, Cambridge, Mass.: Harvard U., 1950, ch. 8, reprinted in Eliseo Vivas and Murray Krieger, eds., *Problems of Aesthetics*, New York: Rinehart, 1953, pp. 590-604. 이것은 초기 논문인 다음 문헌에 기초하고 있다. "Does Art Tell the Truth?" *Phil and Phen Res*, III (March 1943): 338-348, 그것에 대한 비판이 다음 글이다. Raymond Hoekstra, "Art and

Truth: in Reply to Mr. Weitz," *ibid*., V (March 1945): 365-378. 이에 대한 와이츠의 답변이 다음 글이다. Weitz, "The Logic of Art: A Rejoinder to Dr. Hoekstra," *ibid*., V (March 1945): 378-384. 와이츠의 입장은 '두 번째 층위의 의미'(second-level meanings)〔혹은 '깊은 의미'(depth-meanings)〕는 '지칭적'(referential)이고, '감정적인'(emotive) '첫 번째 층위의 의미'(first-level meanings)에 의해 '함축된다'(implied). 여기에서 '함축하다'(imply)는 내가 '암시하다'(suggest)라고 불렀던 것을 의미하는 것으로 보인다. 그러나 리처드 라이트(Richard Wright)의 『네이티브 선』(*Native Son*)의 '깊은 의미'(depth-meanings, 함축적인 성찰)에 대한 와이츠의 분석이 보여주는 것은 '첫 번째 층위의 의미'(명시적인 보고)가 감정적이기만 할 수는 없다는 것, 그렇지 않다면 성찰을 암시할 수 없다는 것이다.

리처즈의 '의사-진술'(pseudo-statement) 이론(제3장, Note 9.2를 참고하라)은 부분적으로, 문학작품이 어떤 함축적인 성찰적 단정적 서술을 포함한다는 것을 부정하는 것으로 보인다. 그의 설명에 있는 난점 몇 가지에 대한 논의는 다음 글을 보라. Manuel Bilsky, "I. A. Richards on Belief," *Phil and Phen Res*, XII (September 1951): 105-115. 문학에서의 이념(idea)에 대한 몇 가지 문제를 검토한 것으로는 다음을 보라. Wellek and Warren, *op. cit*., ch. 10.

22.8 시와 신화(POETRY AND MYTH)

최근에 주목을 끈 또 다른 관점은, 시의 인지적 국면은 신화와 비교할 때 명확해진다는 것이다. 그 이론은 여러 가지로 위대한 문학이 이념을 전달하는 방식은 한 문화의 우주에 대한 일반적인 관점, 혹은 그 문화의 종교가 신화 속에 구현된 방식과 유사하다는 주장이다. 시는 원시적인 방식의 사고와 이해로부터 발전해 나오고, 이것은 지금까지 전해오고 있는 신화들에서 가장 분명하며 직접적으로 확인할 수 있다. 이 입장을 가장 완전하게 옹호한 사람은 에른스트 카시러(Ernst Cassirer)이다. 다음을 보라. *Language and Myth*, trans. by Susanne Langer, New York: Harper, 1946, ch. 6. 이 책은 '급진적 은유'(radical metaphor)에 반영되어 있는 원시적인 '은유적 사고'(metaphorical thinking)가 있고, 이것은 시에서의 정신의 '자기 현시'(self revelation)와 연결된다고 주장한다. 카시러의 이론은 랭거에 의해 수정되고 확장되었다. Susanne Langer, *Philosophy in a New Key*, Cambridge, Mass.: Harvard U., 1942 (reprinted

New York: Mentor, 1948), chs. 6, 7. 신화는 '비담화적 상징체계'(non-discursive symbolism)이다. "신화가 성취할 수 있는 최고의 발전은 인간의 삶과 우주적 질서를 보여주는 것이고 이것은 서사시가 현시하는 것이다."(Mentor ed., pp. 163-164)

신화에 대한 다양한 입장들과 그 입장들을 옹호하는 증거를 탁월하게 숙고하고 있는 것으로 다음을 보라. David Bidney, *Theoretical Anthropology*, New York: Columbia U., 1953, ch. 10. 비드니는 "시, 신화, 종교적 믿음은 서로 환원되거나 동일시될 수 없다"고 주장한다(p. 313). Richard Chase, *Quest for Myth*, Baton Rouge, La.: Louisiana State U., 1949. 체이스는 훌륭한 역사적 설명을 제공하지만 그의 주요 논제로 보이는, "신화는 문학이다"(p. vi)와 모든 혹은 일부 문학작품은 신화를 구현한다는 것을 확신 있게 옹호하지 않으며 심지어 아주 명백하게 공식화하고 있지도 않다.

22.9 비극(TRAGEDY)

이 용어와 관련된 수많은 난제들이 있다. 어떤 원칙들은 그 난제들 속에서 실마리가 되어준다. 저자나 다른 사람들이 '비극'이라고 불러온 모든 연극과 허구를 수집해, 그것들 가운데 중요한 공통점이 있다면 그것이 무엇인지, 그 비극들은 예컨대 그리스 비극이나 엘리자베스 조의 비극처럼 뚜렷한 차이로 구별되는 어떤 큰 집합으로 포섭될 수 있는지를 질문할 수 있다. 어떤 사건의 연쇄에는 있지만 다른 것에는 없는 어떤 특별한 영역 성질을 따로 구분해 기술할 수 있는지를 물을 수 있다. 즉 '비극'이란 말을 이러한 성질의 이름으로 취급할 수 있는가 하는 것이다. 그 성질을 가진 사건에 의해 발생하는 감정에 붙이는 대신에 말이다. 그리고 나서 ① '비극'이란 말을 이 성질에 한정시키는 데 대한 일반적인 동의가 있는가, ② 이 단어를 보다 느슨하게 사용하는 사람들을 설득해 ①과 같은 사용법을 채택하도록 할 수 있는가를 조사할 수 있다. 예컨대 불행이 단순히 연쇄적으로 나타난다고 해서 비극인 것이 아니며, 등장인물들이 어느 정도 존경할 만하고 그들이 운명에 맞서 싸워야만 비극이라 할 수 있다. 비극에 대한 전통적인 '이론'들[예컨대 헤겔, 니체, 쇼펜하우어 및 특히 아리스토텔레스의 『시학』(Poetics)에서의 비극의 인물과 상황에 대한 분석]을, 문학작품 속 세계의 어떤 특징이 작품의 플롯에 비극적인 성질을 부여하는지를 발견하려는 시도로 생각한다면, 그 이론들이 경험적이고 검증 가능한 것이 된다. 그러나 이것이 이론가들이 생각하고 있는 것의 전부는 아니며, 어떤 경우에는 심지어 중요한 것도 아니라는 것은 말할 필요가 없다.

비극에 대한 현대의 몇 가지 논의로 다음을 보라. Susanne Langer, *Feeling and Form*, New York: Scribner's, 1953, chs. 17, 19; Paul Goodman, *The Structure of Literature*, Chicago: U. of Chicago, 1954, ch. 2; Gilbert Murray, *The Classical Tradition in Poetry*, Cambridge, Mass.: Harvard U., 1927, ch. 3; Lascelles Abercrombie, *The Theory of Poetry*, London: Secker, 1924, Part II, ch. 4; Francis Fergusson, *The Idea of a Theatre*, Princeton, N.J.: Princeton U., 1949 (reprinted Garden City, N.Y.: Anchor, 1953), ch. 1 (largely reprinted in Hyman, *op. cit.*, pp. 317-337) and Appendix; Allardyce Nicoll, *The Theory of Drama*, New York: Crowell, 1931, ch. 2 and pp. 84-102; T. R. Henn, *The Harvest of Tragedy*, London: Methuen, 1956 (이 책의 논증은 제2장에 요약되고 있다); Una Ellis-Fermor, *The Frontiers of Drama*, 3rd ed., London: Methuen, 1948, ch. 7.

비극에 대해 반복되는 논쟁 중 하나가 20세기에도 비극을 쓸 수 있는가에 관한 것이다. 이 논쟁은 때로 언어상의 논쟁이 되지만, 그러나 경험적인 문제와 관련되어 있다. Joseph W. Krutch, *The Modern Temper*, New York: Harcourt, Brace, 1929, ch. 5 크러치는 엄격히 말해 비극은 '자연주의'(naturalism) 시대에는 불가능하다고 주장한다. 그에게 자연주의는 인간의 유일무이함과 잠재적인 고귀함을 부정하는 것과 관련되어 있다. '비극'이라는 단어는 입센, 스트린드베리(Strindberg)의 연극이나 유진 오닐(Eugene O'Neill)의 「상복(喪服)이 어울리는 엘렉트라」(*Mourning Becomes Electra*), 아서 밀러의 「세일즈맨의 죽음」(*Death of a Salesman*), 테네시 윌리엄스의 「유리동물원」(*Glass Menagerie*) 같은 미국의 모더니즘 연극에 적용하기에는 부적절한 명칭이라는 것이다. 비극의 '우울한 느낌'(p. 118)은 셰익스피어나 아이스킬로스(Aeschylus) 작품에서의 영혼의 고양에 반대되는 것으로 여겨진다. 같은 입장을 더 발전시키고 있는 것으로 다음을 보라. A. R. Thompson, "The Dilemma of Modern Tragedy," in Norman Foerster, ed., *Humanism and America*, New York: Farrar and Rinehart, 1930 (see also Robert Shafer, "An American Tragedy," in the same vol.). 톰슨은 철학적 자연주의, 심리학적 결정론, 민주적 평등주의는 연극의 기반을 약화시키고 비극적 환희를 비관주의와 절망으로 바꾸어버린다고 주장한다. R. P. Blackmur, "The Discipline of Humanism," in C. H. Grattan, ed., *The Critique of Humanism*, New York: Brewer and Warren, 1930. 블랙머는 톰슨과 셰퍼에게 답하고 있다. 그의 *Collected Plays*, New York:

Viking, 1957, pp. 27-36에서 말하기를, 아서 밀러가 비극적 영웅으로서 윌리 로먼을 매우 흥미롭게 옹호하는 것에는 중요한 골자가 있다는 것이다.

22.10 희극(COMEDY)

희극이나 유머의 본성에 관해 많은 흥미로운 질문들이 있지만 그 질문들을 가려내고 정리하기는 쉽지 않다. 예컨대 '우리를 웃게 만드는 것은 무엇인가?'라는 질문은 '희극적인 것 혹은 유머러스한 것과 동일시할 수 있는 문학의 뚜렷한 영역 성질이 있는가?'라는 질문, 또 '만일 그러한 영역 성질이 존재한다면 그것의 지각 조건은 무엇인가?'라는 질문과 다르다. D. H. Monro, *Argument of Laughter*, Cambridge, Eng.: Melbourne U., 1951. 이 글은 희극의 주요 이론들에 대한 탁월한 체계적 조망과 비판적 논의를 제공한다. 그러나 웃음에 대한 설명과, 희극적 성질의 지각 조건에 대한 일반화, 양자를 네 가지 주요 유형으로 나누고 있다. James Feibleman, *In Praise of Comedy*, London: Allen and Unwin, 1939. 이것은 또 하나의 유용한 개괄적 저작이다. 심리학적 탐구에 대한 보고와 훌륭한 참고문헌 목록을 제공하는 것으로는 다음을 보라. J. C. Flugel, "Humor and Laughter," in Gardner Lindzey, ed., *Handbook of Social Psychology*, Cambridge, Mass.: Addison-Wesley, 1954, Vol. II, pp. 709-734. 다음도 보라. Bergson, *Laughter*, trans. by C. Brereton and F. Rothwell, New York: Macmillan, 1911; Max Eastman, *The Sense of Humor*, New York: Scrib ner's, 1921; Max Eastman, *Enjoyment of Laughter*, New York: Simon and Schuster, 1936; Susanne Langer, *op. cit.*, ch. 3; Ernst Kris, *Psycho analytic Explorations in Art*, New York: International Universities, 1952, ch. 4; Albert Rapp, *The Origins of Wit and Humor*, New York: Dutton, 1951.

23

23.1 허구의 본성(THE NATURE OF FICTION)

(I) 허구와 논픽션을 구별하는 것은 독자의 태도 차이라는 것을 훌륭하게 주장하고 있는 사람은 아이젠버그이다. Arnold Isenberg, "The Esthetic Function of Language," *J Phil*, XLVI (1949): 5-20. 그러나 그의 중요한 핵심들 다수가 객관적인 구별과 양립 가능하다.

훌륭한 개괄적인 논의로는 다음 심포지엄을 참고하라. Margaret Macdonald and Michael Scriven, "The Language of Fiction," *PAS*, Suppl. vol. XXVIII (1954): 165-196.

P. T. Geach in a symposium "On What There Is," *PAS*, Suppl. vol. XXV (1950): esp. 127(이에 대한 답변도 보라. W. V. Quine, pp. 153-154). 마지막 글은 일반적인 단어들에 있어 주어와 술어로서의 두 가지 '사용'을 구분한다. 즉 '개 한 마리가 내 고양이를 쫓고 있다'에서는 '개'를 주어로 사용해 개 한 마리를 '의미하도록' 하고 있다. 여기서 우리는 '어떤 개인가?'라고 물을 수 있다. 한편 '점박이는 개다'는 '개'를 술어로 사용하고 있고 우리는 '어떤 개인가?'라고 물을 수 없다. 그래서 그는 '페가수스는 이올로처럼 실제가 아니다'는 고유명사의 두 가지 사용법의 차이를 진술하는 것이라고 결론 내린다. '이올로'는 '명명'을 위해 사용되고 있고 '페가수스'는 '단지 이야기를 하기 위해' 사용되고 있다. 그러나 '이야기하기'가 분석되지 않은 채로 남겨져 있다. 더욱이 '개'와 같은 단어는 허구에서 (그가 의미하는) 주어 및 술어로 사용되고 있다. 그러면 그 단어들은 어떻게 명명하는 것으로 사용되지 않을 수 있는가?

(II) 주장(Assertion). 문학작품이 주장을 하고 있는 것이 아니라는 입장은 다음 글에서 잘 논의되고 있다. Kingsley Blake Price, "Is the Work of Art a Symbol?," *J Phil*, L (1953): 485-503, esp. 491-496. 그러나 "우리가 책을 읽는 맥락에서는, 책을 주장을 담는 용도로 사용하는 행위를 할 수 없다"(p. 491)라는 프라이스의 말이 옳은지 나는 확신할 수 없다. 누군가가 『태양은 다시 떠오른다』(*The Sun Also Rises*)를 읽고 1차 대전 이후의 세대가 환멸을 느낀다고 믿게 되었다면 이것은 프라이스가 말한 의미에서 책이 주장을 담는 용도로 사용된 것일 터이기 때문이다.

Gilbert Ryle, "'If,' 'So,' and 'Because'" in Max Black, ed., *Philosophical Analysis*, Ithaca, N.Y.: Cornell U., 1950, pp. 323-340. 우리는 허구에서 언어를 사용하지도 언급하지도 않으며 다만 사용하는 척하는 것이라는 라일의 주장은, 충분히 전개되고 있지 않지만 그것이 함축하는 것으로 미루어 비주장 이론(Nonassertion Theory)인 것으로 보인다.

루이스(C. S. Lewis)는 시가 어떤 측면에서 화용적인 맥락으로부터 독립적인 것이 되는지 그 측면들을 지적한다. *The Personal Heresy*, New York: Oxford U., 1939, pp. 115-116.

Sir Philip Sidney, *Defence of Poesie*, 1594. 이 책에서 자주 인용되는 다음과 같은 말을 보라. "이제 시인들에 대해 말하자면, 그는 아무것도 확증하지 않고 따라서 결코 거짓말도 하지 않는다." 플라톤의 대화편 『이온』(*Ion*)은 비주장 이론에 대한 초창기의 반어적인 진술로 간주될 수 있다. 고대 그리스의 음유 시인에 대한 소크라테스의 마지막 질문 "다음 중 어떤 쪽으로 생각되길 원하는가, 부정직한 쪽 아니면 영감을 받은 쪽?"은 다음 말과 유사하다. '너는 거짓말을 하고 있거나 혹은 아무런 주장도 하고 있지 않은 것이다. (네가 주장하는 지식을 전혀 가지고 있지 않으니)' 그리고 이온은 시드니처럼 후자를 선택한다.

비주장 이론(The Nonassertion Theory)은 허구를 무어(G. E. Moore)의 공식에 매우 가까운 것으로 만든다. 무어의 공식은 처음으로 철학자들의 주목을 끈 이래로 자주 논의되어온 특이한 작은 공식으로, 'P이다. 그러나 나는 P를 믿지 않는다'이다. '태양은 빛나고 있다. 그러나 나는 그것을 믿지 않는다'가 그 예이다. 이러한 유형의 문장에 대한 흥미로운 논의에서, 〔Max Black, "Saying and Disbelieving," Analysis, XIII (December 1952): 25-33〕 블랙은 이러한 문장은 어떻게도 사용되고 있지 않으며 아무런 주장도 하고 있지 않다고 말한다. '내 키는 2피트이다'와 같이 참되게 발화하는 사람이 아무도 없는 이러한 문장처럼, '태양은 빛나고 있다. 그러나 나는 그것을 믿지 않는다'라는 문장은 자기모순은 아니지만 언어를 잘못 사용하고 있는 것이라고 말한다. 이야기를 하는 것을 언어를 '허구적으로 사용'하는 것이라고 하든 언어를 사용하는 것이 전혀 아니라고 하든 별로 중요하지 않을 것이다. 어쨌든 이 경우들은 매우 유사하다.

이렇게 말한다고 해보자. '옛날 옛적에, 얘들아, 나는 식인종들에게 잡혀서 그들

에게 먹혔단다.'

그러면 아이들이 이렇게 불쑥 말할 것이다. '그거 정말인가요, 아빠?'

'아냐. 물론 아니지. 그런데 식인종들은 나를 먹어치운 후에 둥글게 둘러앉았어.'

모리스 와이츠는 문학에서의 함축적인 성찰은 주장을 하고 있다고 말한다. 『네이티브 선』에서 라이트는 "사람에게 남은 유일한 자유는 파괴할 자유라고, 처음에는 타인을, 그리고 결국에는 자신을 파괴할 자유라고 주장하고 있다". 그러나 문학이 주장을 할 조건에 대해서는 분석하지 않고 있다. 참고로 Note 22.7을 보라. 그의 입장은 다음 글에서 프루스트에서 발췌한 좋은 예를 통해 설명되고 있다. "Truth in Literature," *Revue Internationale de Philosophie*, IX (1955): 1-14. 이 글에서 그는 '진리-주장'이란 용어를 여전히 사용하며, 문학에 대한 다음 두 질문을 구별하지 않고 있다. 문학에는 단정적 서술이 있는가? 문학은 주장을 담고 있는가?

23.2 문학에 대한 교훈 이론(THE DIDACTIC THEORY OF LITERATURE)

거짓된 논제를 옹호하는 괜찮은 연설을 할 수 있지만 가장 위대한 연설은 참된 논제를 옹호하는 연설이라는 소크라테스의 주장으로 보아, 내가 보기에 플라톤은 『파이드로스』(*Phaedrus*)에서 교훈 이론(Didactic Theory)을 주장하고 있다. 중요한 진실을 말하는 것이 문학의 위대함을 위한 필요조건이라는 일반적인 관점은 비평가들의 잇따른 지지를 받아왔다. (대부분의 직관주의자들도 포함된다. Note 23.6을 보라) 여기서 이 관점의 역사를 입증하지는 않을 것이다. 다음을 참고하라. W. K. Wimsatt, Jr., and Cleanth Brooks, *Literary Criticism: A Short History*, New York: Knopf, 1957, passim. 특히 다음 두 에세이를 보라. Johnson's Preface to Shakespeare, and Matthew Arnold's essay on Wordsworth, *Essays in Criticism*, Second Series, New York: Mac millan, 1889. 이 입장에 대한 현대적인 진술로는 루이스(C. S. Lewis)의 글을 보라. 그는 "그 세속적 혹은 지적 기반이 어리석고, 얕고, 비뚤어지고, 반자유적이고 또는 파격적으로 잘못된 모든 시는, 그 사실로 인해 어느 정도 심각한 손상을 입게 된다"고 주장한다(*Rehabilitations*, London, New York: Oxford U., 1939, pp. 26-27). 또 다음도 보라. W. T. Stace, *The Meaning of Beauty*, London: Richards and Toulmin, 1929, chs. 2, 10. 문학의 위대함이라는 개념에 대해 논의한 것으로는 다음을 보라. T. M. Greene, *The Arts and the Art of Criticism*, Princeton, N.J.: Princeton U., 1940, ch. 24; and David Daiches, *The Place of Meaning in Poetry*, Edinburgh, London: Oliver and Boyd, 1935, pp. 33-41; J. W. R. Purser, Art and Truth, Glasgow, Scot.: Jackson, 1937, ch. 17.

다음 글은 교훈 이론에 대한 비판이다. T. S. Eliot, "Shakespeare and the Stoicism of Seneca," *Selected Essays*, New York: Harcourt, Brace, 1950; Max Eastman, *The Literary Mind*, New York: Scribner's, 1931, Part III, ch. 4.

23.3 효용의 기준(CRITERIA AVAILABILITY)

많은 문학 이론가와 비평가들이 좋은 문학작품의 논제가 될 수 있는 잘못된 믿음과 그럴 수 없는 잘못된 믿음을 구별하는 기준을 제안해왔다. 그중 일부는 그다지 적용할 수 있을 것 같지 않다. 다른 일부는 그것을 문학작품의 문학적 가치와 관련시키는 것이 불가능하지는 않지만 어렵다. 또 다른 일부는 분석을 해보면 참이나 거짓에 대해 은밀한 언급을 하고 있다. 예컨대 어떤 잘못된 철학을 '조리에 닿는다'고 말하는 것은 그것이 전적으로 잘못된 것은 아니라는 것을 의미할 수 있다.

Karl Shapiro, *Essay on Rime*, New York: Reynal and Hitchcock, 1945, p. 62. 이 책은 시의 교의가 '좋은 믿음으로 제공되어야' 한다고 말한다. 샤피로의 기준은 명백하게 신실함이다. 엘리엇은 『사물의 본성에 관하여』를 단테가 '라틴어 연습' 삼아 집필했다는 것을 그가 알게 될 때 보일 반응을 밝힌 유명한 구절에서 똑같은 기준을 사용한다. (그의 다음 에세이의 주를 보라. "Dante," *Selected Essays*, pp. 229-231).

엘리엇은 다음 에세이 "Shelley and Keats," *The Use of Poetry and the Use of Criticism*, Cambridge, Mass.: Harvard U., 1933에서 셸리의 철학과 같은 철학은 좋은 시의 논제가 될 수 없는데, 그 철학은 일관되거나, '경험의 사실에 기초해 성립되었거나' '성숙한' 것이 아니기 때문이라고 말한다. 그 철학은 '유치하고', '허약하고', '철없다'는 것이다. 성숙함의 개념은 또한 다음 글에서 논의되고 있다. W. K. Wimsatt, Jr., in "The Structure of the 'Concrete Universal' in Literature," *PMLA*, LXII (1947): 262-280: 그 정도가 심하지 않은 악덕도 있지만 복잡하고 흥미로운 악덕도 있다. 셰익스피어의 안토니우스도 있고, 테니슨의 '록슬리 홀'(Locksley Hall)의 청년도 있다.

David Daiches, *A Study of Literature*, Ithaca, N.Y.: Cornell U., 1948, ch. 9. 데

이치스는 "교양 있는 사람들이 용인하는 것들에 상충되는, 매우 편협하거나 사람들을 오염시킬 만한 교의여서 그것을 단순히 저자의 테크닉의 일부로 볼 수 없는" 그러한 교의를 제외시키면서(p. 220), 잘못된 관점과 '타락한'(corrupt) 관점 간에는 중요한 차이가 있다고 주장한다(p. 221).

시의 교의와 시의 다른 특징들 사이의 관계에 대한 예시와 설명으로 다음을 보라. Allen Tate, "Hardy's Philosophic Metaphors," *Reason in Madness*, New York: Putnam, 1941, reprinted in Mark Schorer, Josephine Miles and Gordon McKenzie, eds., *Criticism*, New York: Harcourt, Brace, 1948, pp. 182-187; and Delmore Schwartz, "Poetry and Belief in Thomas Hardy," in Robert W. Stallman, ed., *Critiques and Essays in Criticism*, New York: Ronald, 1949, pp. 334-345.

앞의 구별들을 설명하는 인용 등 많은 흥미로운 것들을 다음 글에서 확인할 수 있다. Robert W. Stallman, ed., *The Critic's Notebook, Minneapolis*, Minn.: U. of Minnesota, 1950, ch. 7.

문학 속의 믿음과 그 믿음이 문학적 가치에 미치는 영향에 관한 이론들을 검증하는 계기가 된 하나의 사례가 1948년 시 분야의 최고상인 볼링겐 상이 에즈라 파운드에게 수여된 것이다. 그때 파운드는 세계대전 중에 이탈리아에서 했던 방송 때문에 감옥에 있었고 수상에 도전할 만한 심적 상황이 아닌 것으로 여겨졌다. 이 수상으로 인해 비평가들 사이에서 파운드와 그의 『칸토스』의 파시즘에 대해 열띤 토론이 벌어졌고, 이 토론을 통해 가능한 모든 관점들의 전체 스펙트럼이 표출되었다. 다음을 보라. Robert Hillyer, "Treason's Strange Fruit," *Saturday Review*, June 11, 1949; William Barrett, "A Prize for Ezra Pound," *Partisan Review*, XVI (1949): 344-347, 그해 후반에 나온 수많은 비평가들의 논평이 있는 곳은 다음 부분이다. pp. 512-522, 666-672; James Blish, "Rituals on Ezra Pound," *Sewanee Review*, LVIII (1950): 185-226; Archibald MacLeish, *Poetry and Opinion*, Urbana, Ill.: U. of Illinois, 1950.

23.4 독자의 믿음(THE READER'S BELIEFS)

이 문제에 대한 논의에서는 놀랍고 도발적인 여러 발언들을 보통 상기하게 된다. *Science and Poetry* (제3장, Note 9.2를 보라)에서 리처즈가 엘리엇의 「황무지」(*Waste*

Land)에 대해 '그의 시와 모든 믿음 사이의 완전한 단절을 초래'한다고 말한 것, "잠시 동안 기꺼이 불신을 보류하는 것, 그것이 시적 믿음을 구성한다"는 콜리지의 문구에 대한 것이 그 예이다. (*Biographia Literaria*, ed. by J. Shawcross, Oxford: Clarendon, 1907, Bk. II, ch. 14, p. 6; cf. pp. 186-189, 「돈 후안」(*Don Juan*))

Arnold Isenberg, "The Problem of Belief," *JAAC* (March 1955): 395-407. 아이젠버그는 관련된 수많은 문제들을 명확하게 하는 데 이바지하고 있다. cf. H. D. Aiken, "Some Notes Concerning the Aesthetic and the Cognitive," *ibid.*: 378-394; Alexander Sesonske, "Truth in Art," *J Phil*, LIII (1956): 345-354. 믿음의 본성을 동화와 관련시키는 흥미로운 발언에 대해서는 다음을 보라. J. R. R. Tolkien, "On Fairy-Stories," *Essays Presented to Charles Williams*, New York: Oxford U., 1947, esp. pp. 62-63.

다음도 보라. W. H. Auden, "The Public v. the Late Mr. William Butler Yeats," in Schorer, Miles and McKenzie, *op. cit.*, pp. 168-172; I. A. Richards, *Practical Criticism*, London: Routledge and Kegan Paul, 1929, Part III, ch. 7, *Principles of Literary Criticism*, London: Routledge and Kegan Paul, 1925, chs. 33-35; M. H. Abrams, *The Mirror and the Lamp*, New York: Oxford U., 1953, pp. 320-326.

'믿음'을 정의하는 것의 어려움을 예증하는 것으로는 다음을 보라. R. B. Braithwaite, "The Nature of Believing," *PAS*, XXXIII (1932-1933): 129-146. '믿는다'는 것에 대한 그의 정의가 순환적이라는 것에 주목하라. '내가 P를 믿는다'가 의미하는 것은 '나는 P를 마음에 떠올리고 P가 참인 것처럼 행동하려는 경향(disposition)을 갖는다'는 것이다. 그러나 P의 참됨은 나에게 어떠한 경향도 부여하지 않는다. P에 대한 나의 믿음이 그렇게 한 것이다. 그래서 그 정의의 두 번째 부분은 '나는 내가 P가 참이라고 믿는 것처럼 행위하려는 경향을 갖는다'로 독해해야 한다. 다음도 보라. R. B. Braithwaite, "Belief and Action," *PAS*, Suppl. vol. XX (1946): 1-19.

내가 제3장에서 그렇게 했던 것처럼 '의미'를 그것이 믿음에 대해 잠재적으로 적절한지의 측면에서 정의한다면 혹은 '이해'(understanding)를 기대의 측면에서 정의한다면, 허구의 의미를 믿지 않고서 그것을 어떻게 이해할 수 있는가 하는 것이 문제가 된다. 이 문제에 대한 논의는 다음을 보라. C. H. Whiteley, "On Understanding," *Mind*, N.S., LVIII (1949): 339-351, esp. pp. 349-350. 허구 속의 진술의 의미는 그 진술이 믿음에 영향을 주도록 사용될 수 있음에 좌우된다. 그러나 허구 작품의 맥락에서는 그 진술이 그렇게 사용되지 않는다.

23.5 허구에서의 설득력(PLAUSIBILITY IN FICTION)

흔히 훌륭한 허구는 설득력(plausibility)이 있어야 한다고 하지만, 이 개념은 분석하기가 어렵다. 이것은 박진성(verisimilitude)과는 완전히 별개이며, 일종의 내적인 납득인 것으로 보인다. 즉 해당 계절이 아닌 때에 꽃이 피고 새가 등장하게 하거나, 뉴욕을 잘못 묘사한다거나, 티에폴로가 그의 그림 〈트라야누스 황제 치하의 기독교인의 순교〉(*Martyrdom of Christians under Trajan*, 1745, 브레시아, 산 파우스티누스와 지오비스타 교회)에서 로마 집정관의 입에 파이프를 물게 하는 것 같은 시대착오의 오류 등, 이러한 경험적인 '실수'로부터 자유롭다는 것이다. 해리스(Robert T. Harris)는 설득력은 중요하며, 설득력은 내적인 정합성(consistency) 혹은 '허구적 사건을 자연법칙 아래 포섭하는 것'에 있다고 주장한다. 다음을 보라. "Plausibility in Fiction," *J Phil*, XLIX (1952): 5-10. 다음은 이 관점들에 대해 논쟁하고 있다. Paul Welsh, *Phil Rev*, LXII (1953): 102-107.

소설 속의 삶의 모습이나 생생한 성질은 주장과 혼동되어서는 안 된다. 신문 기사는 주장을 담고 있지만 그 사람들은 보통 실체가 없다. 다음 문헌은 이 점을 잘 말하고 있다. Susanne Langer, *Feeling and Form*, New York: Scribner's, 1953, pp. 287-305.

23.6 문학에 대한 직관주의적 이론(THE INTUITIONIST THEORY OF LITERATURE)

일반적으로 지식에 대한 직관주의적 이론(the Intuitionist Theory)에 대해서는 제8장, Note 21.6을 보라. 어떤 저자들은 예술 일반에 대해서 직관주의적 이론을 지지하지만 이 이론에 주로 도움이 된 것은 문학에 적용해 논의한 부분이다. 이 이론을 문학에 적용하는 것은 결코 명확하게 설명된 적이 없지만 그 자취는 아주 오래전으로 거슬러 올라간다. 플라톤의 『파이드로스』에 직관주의 이론의 요소가 있는데, 여기서는 비록 시인이 미쳤다고 해도 그의 광기는 일상적인 종류라기보다는 신적인 광기라는 것을 암시하고 있다. 셸리의 『시의 옹호』(*Defense of Poetry*)에서도 시는 "이전에는 파악하지 못했던 사물들의 관계를 표시"하며 "시는 영원한 진실로 표현된 삶의 이미지

바로 그것"이라고 하고 있다. 그러나 사람들 간에 공감적 이해가 발전되는 데 시가 공헌하는 바에 대한 그의 말은 많은 부분이 경험주의자들도 받아들일 수 있는 것이다. 워즈워스는 『서정가요집』(*Lyrical Ballads*)의 1800년판의 서문에서 "시는 모든 지식의 호흡이자 더 섬세한 영혼"이라고 하지만, 또 시인의 '인간의 본성에 대한 더 위대한 지식'은 반드시 직관적이지는 않다고도 말한다.

Wilbur M. Urban, *Language and Reality*, London: Allen and Unwin, 1939, chs. 9, 10. 어번은 전적으로 직관주의적인, 시를 지식으로 보는 입장을 더 정교하게 보여준다. 물론 그는 때로 드러내기 이론의 용어를 사용하기는 한다. '직관 상징'(insight symbol)은 '암묵적 주장'으로서, 그것의 참은 경험적으로 검증되는 것이 아니라 '확증되는'(authenticated) 것이다. Philip Wheelwright, *The Burning Fountain*, Bloomington, Ind.: Indiana U., 1954, esp. chs. 4, 13 and pp. 14-16. 윌라이트 역시 직관주의적 이론을 발전시키고 있는데, 어번의 이론보다 덜 주지주의적이고 소포클레스와 엘리엇의 작품을 해석함으로써 이론을 예증하고 있다.

D. G. James, *Scepticism and Poetry*, London: Allen and Unwin, 1937, esp. chs. 2, 8. 제임스는 시적 참에 대한 그의 이론에 대해 모호하고 양가적이어서, 일부는 직관이고 일부는 드러내기인 것으로 보인다. "시에서 시인은 대상의 내적 통일성과 성질에 대한 그의 감각을 전달하려고 노력한다"(p. 30; p. 75도 보라); 시는 '상상적인 포착'(prehension, p. 52)이지만 참됨에 대한 의문은 제기되지 않고(p. 63) 시인은 아무런 '주장'도 하지 않는다(p. 67). 그는 리처즈의 관점을 상세하게 비판하지만(ch. 2) 시가 제공하는 것을 '지식으로 부를' 수 있다는 것은 부정한다(p. 273). 키츠가 벤저민 베일리(Benjamin Bailey)에게 보낸 1817년 11월 22일자의 유명한 편지에 대한 흥미로운 논의가 있지만 제임스는 확실히 이것을 잘못 해석하고 있다(pp. 190-194).

C. Day Lewis, *The Poetic Image*, New York: Oxford U., 1947, ch. 1. 데이 루이스는 '시적 참'을, '입증할 수 없는'(unverifiable) 것이지만 '작용하는'(operative) 것이라고 말하면서, '삶이 진척된다는 감각(sense)'과 같은 것이라고 말한다(pp. 26-27). 내가 이해하기로는 그의 관점은 직관주의의 한 형태로 보인다. Philip Leon, "Aesthetic Knowledge," *PAS*, XXV (1925): 199-208, reprinted in Eliseo Vivas and Murray Krieger, eds., *Problems of Aesthetics*, New York: Rinehart, 1953, pp. 619-625. 레온은 직관주의자일 수도 있지만 지식에 대한 그의 기술을 보면 그것은 지식으로 생각

되지 않는다. 다음도 보라. H. D. Lewis, "On Poetic Truth," *Philosophy*, XXI (1946): 147-166; Owen Barfield, *Poetic Diction*, 2nd ed., London: Faber and Faber, 1952, esp. pp. 33, 55-57, 85-88, 144; Harold March, *The Two Worlds of Marcel Proust*, Philadelphia: U. of Pennsylvania, 1948, pp. 216-228, 246; 또한 좀 독특한 의견으로는 다음과 같은 것이 있다. Karl Shapiro, *Beyond Criticism*, Lincoln, Neb.: U. of Nebraska, 1953, pp. 22-23.

프랑스 상징주의 시인들, 특히 말라르메(Mallarmé) 같은 이론가들은 순수시의 이론(Note 22.5를 보라)과 시에 대한 직관주의적 이론을 결합하여 양립 불가능한 혼합체로 엮고 있는데, 그 혼합된 이론에 따르면 그들은 감각적인 심상을 통해 초자연적인 경험을 환기시키고 이상적인 아름다움의 세계에 대한 통찰을 제공하고자 했다. 다음의 설명을 보라. C. M. Bowra, *The Heritage of Symbolism*, New York: Macmillan, 1943, ch. 1; also Edmund Wilson, *Axel's Castle*, New York: Scribner's, 1931, ch. 1, esp. pp. 11-22.

문학과 과학의 관계에 관해서는 다음을 보라. Max Eastman, *op. cit.*, Part IV, ch. 3.

23.7 바꾸어 쓰기의 문제(THE PRIBLEM OF PARAPHRASE)

문학작품을 바꾸어 쓸 수 있는가, 혹은 어느 정도까지 바꾸어 쓸 수 있는가 하는 문제에 대해 몇몇 저자들의 논의가 있다. Cleanth Brooks, *The Well Wrought Urn*, New York: Reynal and Hitchcock, 1947, ch. 11, Appendix 2, and pp. 217-218. 브룩스는 바꾸어 쓰기(paraphrase)의 가능성을 비판하는 주장을 하고 있다. Paul Henle, "The Problem of Meaning," *Proceedings and Addresses of the American Philosophical Association*, XXVII (1954): 24-39. 헨리는 은유는 경험적 의미를 가진 언어적 자원을 확장시키는 특별한 방식이며 축자적으로 바꾸어 쓸 수 없는 것이라고 주장한다. 그는 은유를 상징적 기호(iconic sign)란 개념의 측면에서 분석한다(제7장, Note 18.9를 보라). 수식어는 은유적 의미의 상징적 기호가 되는 대상을 지시한다. '우리 징집병의 변치 않는 영혼'에서 징집된 병사는 예컨대 일시적인 노예 상태의 상징적 기호가 된다.

반대쪽 입장으로는 다음을 보라. Wilbur M. Urban, *op. cit.*, pp. 422-440; Ruth Herschberger, "The Structure of Metaphor," *Kenyon Review*, V (1943): 433-443; C.

S. Lewis, "Bluspels and Flalansferes," in *Rehabilitations*, pp. 135-158.

Stephen J. Brown, *The World of Imagery*, London: Routledge and Kegan Paul, 1927, ch. 9. 브라운에 따르면 성 토마스 아퀴나스(St. Thomas)는 〔『신학 대전』(*Summa Theologica*) 3a pars Q. X a. 10 ad 6m에서〕 그 텍스트에서 사용된 것과 똑같은 생각, 즉 은유적 문장을 연역 추론에서 사용해서는 안 된다는 생각을 갖고 있었다. 성서에서 'A는 X이다'라고 하고 'X'는 은유적일 때, 그렇다면 A는, 대전제 '모든 X는 Y이다'에 의해 'X'의 속(genus)이 되는 'Y'에 포함될 수 없다.

23.8 문학 비평의 범주들(THE CATEGORIES OF LITERARY CRITISM)

이 지점에서 우리는 문학작품에 대한 규범적 진술이나 가치 판단을 논의하기 전에, 이미 해놓은 구별을 돌아보는 것이 도움이 될 것이다. 우리는 문학에 대해 다음과 같은 종류로 비규범적 비평적 진술을 분류했다. 문제는 비평가들이 문학에 대해 할 수 있는 다른 비규범적인 진술이 있는가 하는 것인데, 여기에서는 그것을 위한 범주를 제공하지는 않는다.

I. 기술(Description): 해당 문학작품 자체의 특성에 대한 진술

  A. 그 작품의 소리에 대한 진술 ('그것은 거칠다', '약강 5보격이다')

  B. 소리와 의미 간의 관계에 대한 진술 ('시의 화난 어조는 짧은 행과 폭발적인 음절들로 나타나고 있다')

  C. 의미에 대한 진술

    1. 기초적인 의미에 대한 진술 〔"돌풍"(Gale)은 18세기에는 '부드러운 바람'을 의미했다〕

    2. 의미의 복합체에 대한 진술

      a. 질감에 대한 진술

        i. 특정한 핵심, 예를 들면 해설-진술(explication-statements) ('징집병은 육체가 영혼의 지배를 받는다는 것을 의미한다')

        ii. 반복되는 특징, 예를 들면 문체에 대한 진술 ('평이하고, 단순하고, 직설적인 문체를 하고 있다')

      b. 작품의 소재나 작품 세계에 관한 진술

    i. 작품 속의 사람, 대상, 사건에 대한 진술

       (a) 명시적 진술('그녀는 죽는다')

       (b) 함축적 진술: 명료화-진술(elucidation-statements)

         ('그녀는 비탄에 잠긴 마음이었음이 틀림없다')

    ii. 사람, 대상, 사건 사이의 관계에 대한 진술: 구조-진술(structure-statements) ('시점이 이리저리 움직인다', '세 번의 주요 클라이맥스가 있다')

II. 작품이 실제 세계를 지칭하는 것에 관한 해석-진술

  A. 작품의 주제, 혹은 작품 속의 상징의 의미에 관한 진술 ('그 집은 좌절의 상징이다', '그것은 좌절의 이야기이다')

  B. 작품의 논제, 혹은 교의적 내용에 관한 진술 ('세상이 사랑을 잃어버렸다는 것을 말하고 있다', '반전주의 소설이다')

제10장

비평적 평가

CRITICAL EVALUATION

김정현 번역

신중하게 접근할수록 해답을 구하기 쉬울 것이라는 기대로 여태 미루어왔던 문제를 이번 장에서 다루고자 한다. 이는 평가(evaluating), 즉 미적 대상에 대한 규범적인 진술을 만드는 것에 관련된 문제들이다. 앞으로 진행될 이 책의 마지막 세 장에서는 비평적인 가치 판단을 주장하거나 믿을 때 좋은 근거가 되는 것이 무엇인지 살펴보려 한다.

예를 들면, 피카소를 논했던 한 훌륭한 책의 저자는 세기의 명화인 〈아비뇽의 처녀들〉(1907, 뉴욕 현대미술관)을 설명하며 좋은 근거를 제시한다:

〈아비뇽의 처녀들〉, 그토록 자주 회자되고 해석되어온 이 위대한 그림은 화가의 독창적인 시각을 구체적으로 보여주고 있다는 점에서, 그리고 회화의 기법적인 발전뿐 아니라 미적 토대의 급진적 발전을 적시하고 있다는 점에서 그 중요성이 크다 하겠다. 그러나 그림 전체로는 엄밀하게 그려진 작품이 아니다. 드로잉이 성급하고 색상이 불쾌한 한편, 전체적인 구성도 산만하고 효과에 대한 지나친 고심과 그보다 더 지나친 인물들의 몸짓이 있다 … 사실 이 저명한 그림은 이미 성취한 것이라기보다 앞으로 성취할 것으로 인해 의미를 지닌다.[*]

먼저, 위의 평가에서 회화를 고려하는 두 가지 방법을 구분한 것에 주목하자. 즉 위 평가는 회화사 혹은 피카소 양식의 발전에 있어서 이 그림이 가지는 하나의 사건으로서의 의의와 이 그림이 오직 미적 대상으로서만 가지는 '그림 그 자체'의 가치를 구분한다. 후자의 방식에서 생각하면, 위의 평가는 피카소의 그림이 좋은 그림이 아닌 다음과 같은 근거를 제시한다: ① '드로잉이 성급하고', ② 색상이 '불쾌하고', ③ '구성도 … 산만하고', ④ '효과에 대한 지나친 고심과', ⑤ '더 지나친 인물들의 몸짓이 있다.' 네 번째 근거는 그리 명확하지 않을뿐더러 네 번째와 다섯 번째 근거는 실제로 동일한 근거이다.

우리는 이러한 논변에 대해 즉각적으로 몇몇 질문들을 떠올릴 수 있다. 첫째, 언급한 근거들이 지지할 것이라 여겨지는 비평적 판단(critical judgement)이란 무엇인가?

---

[*] Frank Elgar and Robert Maillard, *Picasso*, trans. by Francis Scarfe, New York: Praeger, 1956, pp. 56-58.

'그림 전체로는 면밀히 그려진 작품이 아니다.' 좀 더 일반적으로 생각해보자. 이러한 말이 정확히 어떤 판단을 낳을 것인지 알 수 없지만, 적어도 모호한 비교가 될 가능성이 크다는 것을 알 수 있다. 왜냐하면 이후 피카소는 〈아비뇽의 처녀들〉에 사용된 양식으로부터 발전시킨 더 완성도 있는, 예컨대 〈게르니카〉(1937, 뉴욕 현대미술관)와 같은 그림들을 그리게 되기 때문이다. 둘째, '성급한' 드로잉이 반드시 빈곤한 드로잉이어야 할 이유는 무엇일까? 만일 '성급한'이라는 단어가 단지 소묘 화가의 그리는 시간을 언급하는 것이라면, 렘브란트, 파울 클레, 피카소 자신이 그렸던 성급하지만 훌륭한 드로잉들도 있지 않나? 혹은 '성급한'이라는 단어는 드로잉 행위가 아니라 드로잉 자체의 어떤 특징을 언급하는 것일까? 셋째, '불쾌한' 색상, '산만한' 구성 혹은 과도한 '인물들의 몸짓'은 반드시 회화의 단점일까? 예를 들어, 이 그림의 애호가들의 경우, 이 그림의 인물들이 이처럼 낯설고 멜로 드라마적인 포즈를 취하지 않았다면 이 그림을 흥미롭게 만드는 종교적 엄숙함과 극적 긴장감의 독특한 조합은 없었을 것이라고 반문하지 않을까? 왜냐하면 비록 위 비평가들이 이 그림을 피카소의 가장 위대한 작품으로는 꼽지 않는다 하여도 이 작품이 가치를 지니는 것에는 분명 동의할 것이며, 실제로 이 그림이 이 같은 양식의 가능성을 충분히 보여주지 못했다면 그토록 막대한 역사적 중요성을 획득할 수 있었던 이유도 설명할 길이 없기 때문이다.

위 인용문은 비평 자체의 목적에 대한 궁극적인 질문도 던져준다. 즉 피카소의 그림에 대한 이러한 비평적 판단이 목표하는 좋은 목적은 무엇일까? 몇몇 비평가들은 그들이 하는 일이 미적 대상을 기술하고 해석하는 일이라서 감상자들이 미적 대상이 지닌 복합성(complexities)을 가능한 한 완전하게 이해하도록 도와주는 것이라고 말한다. 다른 비평가들은 비평가라면 자신의 호불호에 대한 간결한 보고와, '나는 낚시꾼은 아니지만, 낚시를 좋아하는 사람들이라면 이 책을 좋아할 것이다'와 같은 다른 감상자들의 가능한 반응에 대한 예견도 덧붙여야 한다고 주장한다. 또 다른 비평가들은 절대적이든 상대적이든 더 객관적인 방식에서 작품의 순위 평가를 해야 한다고 느낀다. 존슨(Johnson)이 친구 랭튼(Langton)에게 준, 기획된 바 있으나 시도된 적 없는 긴 작품목록에는 다음과 같이 적혀 있었다고 보스웰(Boswell)이 전한다:

*Spectators, Tatlers, and Guardians*의 목차는 순위를 매기는 여섯 가지 숫자로 선호와

감등의 근거를 설명하는 메모가 적혀 있었다.*

　이 문건은 육질, 담배, 학생에게 하듯이 미적 대상을 점수 매기는 흥미로운 문건이자 가장 극단적인 평결이나 평가의 사례가 될 뻔하였다. 이러한 기획이 원칙적으로조차 가능한 것인지는 앞으로 우리가 다룰 문제 중의 하나이다.
　규범적 문제들은 조심스럽게 접근하는 것이 최선이다. 우리는 이 문제들을 다루기에 앞서 이 문제들이 얼마만큼 명확하고 간명해질 수 있는지 파악하기 위해, 비평가들이 실제로 사용하는 근거의 전형들을 조사하고 분류하는 논리적인 사전적 검토를 하는 것으로부터 시작할 것이다.

---

*　*Life of Johnson*, Oxford Standard ed., New York: Oxford U., 1933, Vol. II, p. 619.

24

근거와 판단

REASONS AND JUDGMENTS

비평적 평가를 위한 논증은 다음의 공식으로 압축될 수 있다:

X는 좋다

나쁘다

Y보다 더 좋거나 더 나쁘다,

왜냐하면 …

여기에서 X는 시나 희곡, 조각이나 소나타 등 모든 종류의 미적 대상이기 때문에 '좋다', '나쁘다', '더 좋다', '더 나쁘다'와 같은 규범적인 단어는 미적 맥락에서 사용된 것으로 이해해야 한다. 그리고 '왜냐하면' 다음에 오는 말은 판단에 대한 근거이다. 물론 그 자체로 결론을 보장한다는 의미에서 최종적인(conclusive) 근거일 필요는 없으나, 해당 근거의 진위가 다른 근거들과 함께 최종적인 결론에 관여한다는 점에서 연관된 근거(relevant reason)로 여겨진다. 그렇다면 비평가들이 사용하는 근거의 종류는 어떤 것일까?

나머지 근거와 구분될 수 있는 두 그룹의 근거들이 있다. 그리고 이 근거들은 적어도 우리들의 현 논의에서 잠정적으로 제외될 것이다. 첫 번째 그룹은 작품의 인식적 국면(cognitive aspect)을 언급하는 근거들로 이루어진다. 따라서 우리는 때때로 상기 비평적 공식이 다음과 같이 완성된다는 것을 알 수 있다:

… 이 작품은 심오하다.

… 이 작품은 언급해야 할 중요한 점을 가지고 있다.

… 이 작품은 삶에 대한 유의미한 견해를 제공한다.

… 이 작품은 인간의 보편적 문제에 대한 통찰을 제공한다.

이 진술들은 X가 우리의 지식에 기여한다는 점에서 미적 대상을 상찬한다. 이러한 진술들을 X에 인식적 가치(cognitive value)를 부여하는 근거라고 하자. 우리는 이러한 인식적 가치에 대해서 이미 제8장과 제9장에서 살펴본 바 있다.

두 번째 그룹의 근거들은 혼종적(heterogeneous)이다:

… 이 작품은 정신을 고양하고 고무시킨다.

… 이 작품은 효과적인 사회적 비판이 된다.

… 이 작품은 도덕적으로 유익하다.

… 이 작품은 바람직한 사회적, 정치적 목적을 도모한다.

… 이 작품은 체제 전복적이다.

만일 사회적으로 바람직한 영향을 도덕적이라고 본다면, 이러한 진술들은 모두 대상 X에게 도덕적 가치를 부여 — 혹은 마지막 진술의 경우, 부인 — 하는 것처럼 보인다. 우리는 미적 대상이 어떤 관점에서 도덕적일 수 있는가에 대해 아직 다룬 바 없으나 제12장에서 논의하게 될 것이다. 그때까지 이 두 번째 그룹의 근거들도 역시 유보하고, 지금부터는 우리의 논의를 인식적이지도 도덕적이지도 않은 근거들에 제한하는 것이 적절해 보인다.

이제 〈아비뇽의 처녀들〉의 판단에서 언급되었던 근거들과 같이 고유하게 미적인(aesthetic) 근거에 해당하는 방대한 세 번째 그룹만이 남게 된다. 그리고 이러한 근거들은 다시 세 개의 하위 그룹으로 나뉘는데, 우리는 이 세 그룹 각각을 자세히 살펴봐야 한다. 예컨대 구성이 '산만하다', 혹은 한층 더 '과도한 몸짓들이' 나타난다고 했던 것처럼, 미적 대상 자체가 지닌 특징들을 지칭하는 근거들이 있다. 이러한 근거들을 객관적 근거(Objective Reasons)라고 부르자. 그리고 색상이 '불쾌하다', 즉 색상이 불쾌함을 준다고 말하는 것과 같이 대상이 지각자에게 미친 효과를 지칭하는 근거도 있다. 이러한 근거들은 정감적 근거(Affective Reasons)라고 부르자. 또한 그림이 성급하게 그려졌음을 뜻하는 것으로 드로잉이 '성급하다'고 하거나 '효과에 대한 지나친 고심이 (화가의 마음에?) 있다'고 했던 것처럼, 미적 대상을 발생시키는 예술가나 그가 사용한 재료처럼 대상의 원인(cause)이나 조건(condition)을 일컫는 근거들도 있다. 이러한 근거들은 발생적 근거(Genetic Reasons)라고 부르자. 비평적 근거가 호소하는 것은 무엇이든 '기준'(standard)이라는 단어를 사용하는 것이 용이할 것이다. 그래서 비평가가 '성급한 드로잉'을 부정적인 평가의 근거로 사용한다면, 그는 세심한 드로잉이 바람직하다는 것을 전제한 것이며 나는 그가 드로잉의 세심함을 하나의 기준으로 삼고 있다고 생각할 것이다.

이제 세 그룹의 근거들을 모두 논의해야 하는데, 역순으로 살펴볼 것이다.

발생적 근거와 정감적 근거

그 근거가 작품 이전에 존재한 것이나 작품이 제작되던 방식, 혹은 선행 대상이나 심리적 상태와 작품과의 연관성을 일컫는 경우, 이러한 근거를 발생적이라 한다:

> … 이 작품은 예술가의 의도를 충족시킨다(혹은 충족시키지 못한다).
> … 이 작품은 성공적인 (혹은 성공적이지 못한) 표현을 한 사례이다.
> … 이 작품은 능숙한 솜씨의 작품이다(혹은 서툰 솜씨의 작품이다).
> … 이 작품은 새롭고 독창적이다(혹은 진부하다).
> … 이 작품은 진정성이 있다(혹은 진정성이 없다).

여기에서 모든 발생적 근거를 논하자는 것은 아니지만, 발생적 근거와 관련된 일반적 관점들을 언급하고 이 근거들이 분석되리라 여겨지는 방법들을 제시하고자 한다.* 발생적 근거는 까다로운 문제를 다수 발생시키고 있는데, 이 중 가장 난제는 의도라는 개념과 관련된다.

'앙드레 지드(André Gide)의 『배덕자』(The Immoralist)는 완벽한 소설이다. 왜냐하면 이 소설에서 작가는 정확히 자신이 하고자 했던 바를 성취하기 때문이다.' 혹은 '슈베

---

* 심화 논의는 이 장의 말미에 있는 Notes and Queries에서 다루기로 하자.

르트 *Second Symphony in B Flat Major* 첫 악장은 모차르트 작품 대부분의 첫 악장들보다 열등한 곡들이다. 왜냐하면 이 곡에서 슈베르트가 그의 의도를 실현하지 못하기 때문이다.' 이러한 진술들은 의도주의적(intentionalistic) 평가에 자주 등장하는 표현들이다. 우리는 제1장의 1절에서 이미 기술과 해석의 기준으로 의도를 다룬 바 있지만, 이러한 규범적 역할로 인해 새로운 문제들이 생겨난다. 의도주의적 평가가 주장하는 평가 방법은 두 가지 단계로 이루어진다: ① 제작자가 작품에 의도한 바를 알아낸다. 그리고 ② 작품이 작가의 의도에 못 미치지는 않는지, 혹은 얼마나 못 미쳤는지를 결정한다.

나는 이러한 발생적 근거가 특히 의도에 호소하는 경우, 비평적 평가의 좋은 근거일 수 없다고, 즉 연관된 건전한(relevant and sound) 근거일 수 없다고 주장하고자 한다. 의도주의에 반대하는 나의 논증의 핵심은 간략히 설명될 수 있을 뿐 아니라 내 생각에 이는 전적으로 결정적이다. 그러나 이 요약이 설득력을 얻기 위해서는 보충적인 설명이 필요한데, 이는 의도주의적 기준이 가정하고 있을 수 있는 기만(disguises)과 좀더 설득력 있는 다른 기준과 혼동하게 만드는 기재들이 있기 때문이다. 그렇다고 해도 내 논증의 핵심은 다음과 같이 요약될 수 있다: ① 작품에 견주어 그 충족과 실패를 가늠할 만큼 정확한 의도를 작품과 별개로 파악할 여지는 좀처럼 없다. ② 심지어 우리가 그러한 의도를 파악한다고 해도, 이로부터 결과한 판단은 작품에 대한 판단이 아니라 제작자에 대한 판단일 뿐 이 둘은 완전히 별개의 것이다.

첫 번째 논점은 자명하다. 창작자의 의도에 대한 외재적 증거가 없다면, 작품과 비교할 것이 아무것도 없는 탓에 제아무리 빈곤해도 온전한 성공이 아닐 수 없다. 오히려 더 정확히 말하자면, 작품에는 엄밀한 의미의 '성공'과 '실패'를 적용할 수 없다. 셰익스피어(Shakespeare), 베르미어(Vermeer), 에트루리아 조각가들, 『천일야화』를 쓴 작가들, 오래된 민속음악 작곡가들의 의도에 대해 생각해보면, 그들이 우리에게 남겨준 작품 외에 다른 증거가 또 무엇이겠는가. 만일 의도의 충족만이 유일한 작품 가치의 검증이라면, 언급한 작품들은 평가 자체가 불가능하고 좋은 작품인지 아닌지 알 길이 없다.

한편 일부 외재적인 증거가 있다고 하자. 그렇다고 해도 지금까지 수많은 경우에서 이러한 증거는 너무나 미미한 것이라 해당 작품이 그 의도를 충족시키지 못했다고 확신 있게 말할 수 없을 것 같다. 무엇보다 증거가 얼마나 충분해야 할 것인가를 고려해보자. 만일 누가 볼링 치러 간다고 말한다면, 우리는 그의 의도를 추론한다. 왜냐하면 볼링 치러 가는 사람의 대부분은 같은 의도, 즉 가능한 높은 점수를 따려는 의도가 있다고 가정할 수 있기 때문이다. 요컨대 볼링을 치러 가는 것은 항구적 목표(예컨대, 300점)라는 기준을 가진(standardized) 과제에 해당하고, 이러한 목표는 반복적으로 설정되어 적절한 언어로 공식화될 수 있다. 그래서 궁수나 당구 플레이어들도 자신의 목표를 애매함 없이 명확하게 말할 수 있다. 그러나 시인에게 그가 쓴 시가 아니라 애초 마음에 두었던 시가 어떤 것인지를 정확히 말로 설명하라고 하는 것은 차원이 다른 일이다. 나아가 볼링 플레이어의 과제에서는 단일한 의도가 모든 과정을 온전히 통제한다는 점에서 제한된 과제이지만, 협주곡을 작곡하는 것은 의도가 지속적으로 변하며 성장해가는 과제이다. 그렇다면 이제 창작품에 견줄 의도는 어떤 의도이며, 평소 정확한 설명을 주는 작곡가라 할지라도 이러한 비교가 가능할 만큼 정확한 말로 자신의 의도를 기술할 수 있는 길이 있을까?

이러한 비교가 가능한 영역이 작게나마 남아있다는 것은 인정해야 한다. 한 화가가 캔버스를 고르고 물감통을 열어 자신이 그리고자 하는 그림이 쾌활하고 명랑한 그림이 될 것이라고 말한다고 하자. 그런데 그는 그림에 있는 형태나 색과 같은 영역 성질(regional quality)을 형성할 지역적 조건을 어떻게 배열할지 몰라 자신의 목표에 못 미칠 수도 있다. 만일 그가 훌륭한 화가라면 당연히 그리던 중간 즈음에 애초의 목적을 포기하고 더 흥미롭게 다가온 다른 가능성을 모색할 것이다. 그러나 그가 이에 실패하여 우리가 애초의 목적을 발견하게 되는 것도 상상해볼 수 있다. 혹은 한 작가가 자신의 소설의 한 등장인물을 미스터리에 싸인, 혹은 근엄한 슬픔에 잠긴, 혹은 고결한 인물로 의도한다고 말해 놓고, 그러한 인물의 완성에 실패하여 이 인물이 비일관적이거나 (진지하다가 어이없이 우스꽝스러워지는) 바토스(Bathos)로 전락하는 것을 면치 못하는 상황이 발생할 수도 있다. 그러나 다시 말하지만 이러한 특수한 기록들을 메모나 작가일기에 남겨놓는 작가들은 드물다. 슈베르트가 〈내림 나장조 협주곡〉을 구상할 때 지금의 곡과는 다를 것을 기대하며 시작했었는지 우리는 알 수 없다. 그리고 기대했던 것처럼 좋지 않다는 이유로 성공적이지 못하다고 말한다면, 이는 슈베르트가 더 훌륭한 것을 의도했다고 말하는 것이 아니라 더 나은 것을 의도했어야 한다고 말하는 것이다.

두 번째 주장은 첫 번째 주장과 독립된 문제이다. 만일 우리가 지드(Gide)의 의도가 충족된 것으로 그의 성공을 결정할 수 있다면, 즉 예컨대 지드가 자신의 소설에 만족한다는 말을 그대로 받아들인다면 이는 이 작품에 대한 평가에 일도 가까워진 것이 아니다. 왜냐하면 당장 그 의도가 추구할 만한 가치가 있는 것이었는가 하는 문제가 제기될 것이기 때문이다. 지드는 만족했을지 모르지만, 그래서 우리도 만족해야 한다는 것은 아니다. 그리고 역으로, 멘델스존은 자신의 *"Italian" Symphony in A Major (Op. 90)*에 만족한 적 없지만 많은 감상자들은 만족한다. 만일 누군가 병 안에 배를 만드는 것과 같은 어려운 일을 수행한다면 우리는 그의 능숙함이나 기술을 칭찬할 것이고, 비록 사적으로는 그것이 시간 낭비라고 여길지라도 우리는 그 수행을 칭찬할 수 있다. 우리가 '능숙한 작품'이라고 말할 때 이는 제작자에 대한 판단일 뿐 작품의 좋고 나쁨과 논리적으로 무관하다. 불행히도 많은 말들이 이러한 구분을 감춘다. 예컨대 '실수'라는 단어를 생각해보자. 비평가가 어떤 그림에서 대충 그린 선과 인물의 독특한 왜곡을 보았다고 하자. 그는 이를 칭찬할지 말지 알고 싶어서 '실수'였는지 물어본다. 만일 이것이 '의도된 것인가요? 손이 미끄러진 것인가요?'라는 의미라면 이는 화가가 솜씨가 없는 사람인지를 물어보는 것으로, 다시 말해 그 화가가 칭찬받을 만한 사람인가를 묻는 것이다. 그러나 그 비평가가 관심을 가졌을 법한 것은 또 다른 문제일 수 있다. 다시 말해 이 선이나 인물이 작품의 가치를 높이고 바람직한 특징에 기여한다거나 손상을 준다는 사실로부터 그 정당성을 확보 받고 있는지를 물어볼 수 있다. 예컨대 이러한 왜곡이 없었다면 인물이 지금의 생기나 우아함을 지닐 수 없었을 것이라고 말하는 것처럼. 이는 별개의 문제이다. 왜냐하면 솜씨 없는 작가도 우연히 훌륭한 작품을 만들 수 있고 거장도 공을 들여 의도적으로 그림을 망치는 선을 그릴 수도 있다. 사람들은 블레이크가 그의 목판화를 더 뛰어난 기술로 제작했다면 그의 목판화의 가장 소중한 성질들이 빈약해졌을 것이라고 말하곤 한다.

우리가 제작자에 대한 판단과 작품에 대한 판단의 구분을 염두에 두면서 '의도'에 대한 명확한 의미를 고수한다면, 의도주의적 방법론 편의 설득력 있는 논변들도 공격받게 된다. 다시 말해 의도에의 호소가 평가와 무관한 것으로 밝혀지거나, 겉보기에 의도에 호소하는 것처럼 보이지만 그 전말은 발생적인 것이지조차 못한 다른 어떤 기준에 호소하는 것으로 밝혀질 것이다. 하지만 발생적 근거에 대한 논의를 끝내기 전에 한 가지 기준을 더 살펴보려 하는데, 실로 그 갈래가 복잡하고 미묘한 독창성(originality)이다.

예술에서 독창성은 흔히 좋은 것으로 여겨진다. 문제는 왜 그런가이다. 무엇보다 우리는 이것이 엄밀한 의미에서 발생적이라는 점에 주목해야 한다. 예컨대 한 대상이 독창적이라고 말하는 것은 그 대상이 제작 당시에 제작자가 존재한다고 여겼던 어떤 것과도 주목할 만한 방식에서 다르다고 말하는 것이다. 이 엄격한 의미로 보면 독창성은 가치와 관계가 없는 것이 분명하다. 즉 독창적이고 훌륭할 수도 있지만, 독창적이고 형편없을 수도 있다. 카라바조는 생존했던 작가 중 가장 독창적인 화가 중 한 사람이지만, 이러한 사실이 그를 훌륭한 화가로 만들어주지는 않는다. 한편 카라바지오를 포함해 훌륭한 작품들에만 우리의 논의를 국한시켜 독창성이 다른 근거보다 작품을 더욱 상찬하는 근거는 아닌지 반문해보자. 우리는 이 때조차도 독창성이 가치와 관련 없는 검증 사례를 손쉽게 찾아볼 수 있다. 하이든에게는 매우 닮은 교향곡 두 개가 있는데, 둘 중 어느 것이 먼저 작곡된 것인지를 모른다고 해보자. 그렇다면 A가 먼저 작곡되었다고 결정하고 나면 A가 더 훌륭한(better) 작품이라고 했다가, 새롭게 발견된 관현악 파트가 B의 시간적 선행을 결정해주게 되면 그 판단을 번복할 것인가?

중요한 것은 작곡가의 독창성이지 음악의 독창성이 아니다. 하이든, 베토벤, 스트라빈스키, 바르톡이 독창적일 뿐 아니라 훌륭하게 작곡했기 때문에 우리는 그들의 독창성을 정당하게 높이 사는 것이다. 그러나 이러한 존경은 경제나 공공복리와 같은 것에 근거한다. 특정 소리들이 세상에 나오고 나면, 예컨대 하이든의 4중주 83개와 (최근 집계에 따르면) 협주곡 107개가 나오고 나면, 특정 범위에 일어난 엄청난 다양성으로 인해 우리는 한계효용 체감의 법칙에 굴복하게 된다. 그런데 또 다른 작곡가가 같은 범위에서 작곡한 것이 아니라 독창적인 혁신을 통해 실내악과 교향곡의 범위를 확장한다면, 그것은 소위 미적 자산을 늘리는 것 이상을 뜻하게 될 것이다. 이러한 이유에서 우리는 그 작곡가를 칭찬한다. 그러나 이러한 칭찬 어디에도 작품의 좋음의 칭찬이 뒤따르지는 않는다. 다만, 물론 대개 우리는 그 독창적인 아이디어가 후속연구의 가치가 있다는 것을 보여주기에 충분할 만큼 결과(작품)가 가치를 지닐 때 작곡가의 독창성이 칭찬받을 만하다고 생각할 것이지만 말이다.

나는 미적 대상이 지각자에게 미치는 심리적인 효과를 말할 때, 그 근거를 정감적(Affective)이라 칭할 것이다:

··· 이 작품은 쾌를 준다(혹은 쾌를 주지 않는다).

··· 이 작품은 흥미롭다(혹은 따분하고 지루하다).

··· 이 작품은 신나고, 가슴 뭉클하고, 감동적이고, 고무적이다.

··· 이 작품은 강한 정서적 충격을 준다.

비평적 평가에서 정감적 방법은 비평가 자신이나 다른 감상자들에게 미친 혹은 미칠 수 있는 심리적 효과를 근거로 작품을 평가하는 것이다. 살펴볼 것이지만 전술한 발생적 근거가 미적 대상의 판단과 무관하다고 여겨졌던 것과 동일한 이유에서 정감적 근거들도 미적 판단과 무관하다고 여겨지는 것은 아니다. 그러나 이것은 생각보다 긴 논의가 필요한 것이라 제11장에서 따로 논의할 것이다. 여기에서는 정감적 근거는 두 가지 중요한 지점에서 정보 제공적이지 못한 탓에 그 자체로 부적절한 근거라고만 주장할 것이다.

첫째로, 혹자가 베토벤 *String Quartet in E Flat Major* *(Op. 127)*의 느린 악장을 듣고 그 악장이 자신에게 '쾌'를 주었다고 주장하거나 혹은 우리에게도 쾌를 줄 것이라고 조언한다면, 우리는 이것은 그 중요한 음악에 대해 약한 반응이라고 여길 것 같다. 물론, 소금에 절인 땅콩과 시원한 다이빙이 우리에게 쾌를 주듯 매우 일반적이고 미온적인 의미에서 그 악장이 쾌를 준다는 것은 참이다. 그러나 우리는 이 곡이 주는 쾌는 어떤 종류이며, 쾌라 칭할 수 있다면 이 쾌가 다른 쾌와 어떻게 다르고, 이러한 차이점으로부터 그 특유의 성질(peculiar quality)을 어떻게 획득하는지 물어 보아야만 한다. 그리고 이러한 일련의 고찰은 두 번째 지점으로 우리를 이끈다. 정감적 진술은 우리에게 작품의 효과에 대해 말해주지만 그 효과를 좌우하는 작품의 특징이 무엇인지를 적시해주지 못하기 때문이다. 다시 말해, 우리는 여전히 다른 음악에는 없지만 이 음악에는 있는 무엇이 쾌를 발생시키는가를 물어볼 수 있고, 이러한 종류의 고찰은 원인과 대상이 다른 여타 종류의 쾌로부터 이 음악이 주는 쾌의 종류를 구분하게 해줄 것이므로 첫 번째 고찰과 유사한(paralleled) 것이다.

전술한 두 동일 질문은 나머지 정감적 근거들에 함축된 일반 관념, 즉 작품이 특정한 종류의 강한 정서적 반응을 일으킬 때 좋은 작품이라는 관념에 대해서도 제기될 수 있다. 이러한 정서적 반응은 부고를 알리는 전보, 일촉즉발의 급제동 소리, 자식의 중병이나 결혼이 불러일으키는 강한 정서적 반응과 어떻게 다를까? 여기에는 확실히 핵심적인 차이점이 있고, 작품이 일으키는 정서적-반응의 근거를 완성하기 위해 이 차이를 고려해야만 한다. 그렇다면 미적 대상의 무엇이 정서적 반응을 인과하는가? 아마도 이는 미적 대상의 경험에서 우리의 주목을 끄는 강렬한 영역 성질에 해당할 것이다. 제1장 3절에서 보았듯이, 정감적 용어 중 몇몇은 기술적 용어의 동의어를 잘못 사용한 것일 때가 많아서 이 정감적 용어들은 종종 미적 대상이 매우 강렬한 영역 성질을 가지고 있다는 것을 의미할 때가 다반사이다. 이런 경우 이 때의 근거는 당연히 객관적 근거이지 정감적 근거인 것은 아닐 것이다.

객관적 근거

나는 근거가, 작품 내 성질이나 내적 관계, 혹은 다수의 성질들이나 관계들처럼 작품 자체에 있는 어떤 특징을 지칭하거나 혹은 작품과 세계 간의 의미-관계를 지칭할 때, 그 근거를 객관적 근거라 한다. 다시 말해, 기술적 진술이나 해석적 진술이 비평적 논증의 근거로 보이면 우리는 이를 객관적 근거로 고려할 수 있다. 이 구분은 다소 억지스러워 보일 수 있는데, 왜냐하면 어떤 이론들은 'X가 Y를 재현한다'와 같은 특정 종류의 해석적 진술을 작품이 감상자에게 미치는 효과를 가리키는 진술로 재공식화될 수 있다고 보기 때문이다. 그러나 나는 비록 비평가가 하는 모든 객관적 근거를 좋은(good) 근거로 보지 않지만, 해석을 객관적 근거에 포함시키려 한다.

우리가 논의를 객관적 근거에만 국한시켜도 여전히 수없이 다양한 종류가 발생하다 보니, 우리는 여기에 하위종을 만들 수 있다고 자연스럽게 생각할 수 있다. 비평적 근거에 대한 광범위한 조사를 해보면 우리는 큰 문제를 발생시키지 않는 주요 세 그룹으로 대부분의 객관적 근거들을 나누어 볼 수 있다. 첫 번째로, 작품이 지닌 통일성(unity) 혹은 분열성(disunity)의 정도에 관련된 근거들이 있다:

> … 이 작품은 좋은-구성을 지녔다(혹은 구성이 좋지 못하다).
> … 이 작품은 형식적으로 완전하다(혹은 불완전하다).
> … 이 작품은 구조나 양식의 내적 논리가 있다(혹은 없다).

두 번째 그룹은, 작품의 복합성(complexity)이나 단순성(simplicity)의 정도에 관련한 근거이다:

… 이 작품은 큰 규모의 전개를 보인다.

… 이 작품은 대조감이 풍부하다(혹은 다양성을 결여하고, 반복적이다).

… 이 작품은 섬세하고 상상력이 풍부하다(혹은 빈약하다).

세 번째 그룹은 작품에 나타난 인간적인 영역 성질의 강렬성(intensity)이나 그것의 결여에 관련한 근거이다:

… 이 작품은 활기차다(혹은 심심하다).

… 이 작품은 힘차고 생생하다(혹은 약하고 무미건조하다).

… 이 작품은 아름답다(혹은 추하다).

… 이 작품은 미묘하고, 아이러니하고, 비극적이고, 우아하고, 섬세하고, 코믹적 요소가 강하다.

앞선 두 그룹의 근거들은 우리가 '통일된', '복합적인' 같은 용어들을 논의할 때 미처 깨닫지 못했던 어려움을 발생시킬 것 같지 않다. 비평가들이 작품을 칭찬하는 근거로 종종 작품의 통일성을 운운하고, 또 통일성을 좋은 것으로 가정한다는 것은 분명해 보인다. 그리고 나는 작품의 구성이 없어서 작품이 좋다고 논증하는 것을 본 적이 없다. 뉴욕 타임즈에서 *Rhapsody in Blue*에 대해 다음과 같이 논한 것을 읽은 적이 있다:

이 작품에는 유머, 예술적 기품, 세련된 감성, 모든 것이 다 있다. 교향곡 기준에서 보자면 구성이 탄탄하지 않지만, 바로 그 구성의 느슨함이 한층 작품의 매력을 더한다.

나는 위 인용문이, 작품의 느슨한 구성 때문에 더 좋다는 의미가 아니라 '유머, 예술적 기품, 세련된 감성'과 같은 이 작품의 특유한 성질들이 잘 짜인 형식 속에서라면 약해졌을지도 모른다는 것을 의미해야 한다고 생각한다. 만일 비평가가 작품이

지나친 통일성을 지녀서 빈곤하다고 말한다면, 나는 비평가가 말하려는 맥락은 작품이 너무 단순하다(즉 흥미로운 복합성이 너무 부족하다)거나 너무 냉담하다(즉 강렬한 영역 성질이 너무 부족하다)는 것임을 알 수 있다고 생각한다.

비평가들이 작품을 칭찬하는 근거로 작품의 복합성을 명시적으로 자주 거론한다거나, 혹은 복합성을 좋은 것으로 간주한다는 것은 통일성의 논의만큼 명확한 것은 아니다. 혹간 비평이론가들은 복합성이라는 것이 현대 비평가들이 만든 것이고 호머(Homer), 베르길리우스(Virgil), 호레이스(Horace)는 알지도 못했다는 듯 말하기도 한다. 그러나 단순한 서정시를 좋은 시라고 말한다면, 이는 이 시가 수준 높은 통일성과 강렬성을 지녔기 때문이라고 생각한다. 그리고 젠센의 〈구성〉(도판 1)과 〈시립보호소〉(도판 3)에서 알 수 있듯이 실제로 특정 영역 성질들은 상대적으로 단순한 미적 대상에서 획득될 뿐이지만 이때 우리는 작품의 단순성을 칭찬하는 것이 아니라 강렬함을 칭찬하는 것이다.

세 번째 그룹의 근거들이 가장 난해하다. 그러나 이러한 종류의 실제적 근거들이 있다는 것은 의심의 여지가 없다:

> A: 이 그림 좋은데요.
> B: 이유가 무엇일까요?
> A: 아, 작품이 영원한 고요와 정막의 느낌을 주거든요.

나는 '영원한 고요와 정막'의 경우도 위에서 다룬 두 근거와 마찬가지로 이 그림에서 지배적인 영역 성질을 가리킨다고 보고, (잠정적으로) '아름다운'이라는 용어도 같은 방식으로 이해하고 있다. 물론 이 매우 특별한 용어는 다음 장에서 막대한 지면을 할애해 논의해야 할 것이지만 말이다. 한편 동시에 떠오른 난제가 하나 있다.

우리는 (차후 살펴볼 어떤 정당성에 입각하여) 좋은 미적 대상이라면 어느 정도 뚜렷한 성질을 가져야 하지 하등 보잘것없거나 없다시피 해서는 안 된다고 말할 수 있다. 그 성질은 뚜렷하기만 하면 그것이 어떤 성질인지는 문제가 아니다. 슬픈 것일 수도, 즐거울 것일 수도, 우아한 것일 수도, 남루한 것일 수도, 온화한 것일 수도, 단호한 것일 수도 있다. 그러나 이렇게 말하면 너무 광범위한 것일지 모른다. 우리는 헨리 밀러(Henry Miller)의 『북회귀선』에서 본 진짜처럼 칠해진 시체나 초현실주의 영화 〈안달

루시아의 개〉 도입부에서 눈을 베는 면도날처럼 걷잡을 수 없는 공포와 역겨움을 자아내는 작품을 생각해볼 수 있다. 이러한 작품에서 우리는 강렬함이라는 성질을 선사 받지만, 이것이 전부이다. 이러한 사실이 작품을 훌륭하게 만들어 주지는 않는다. 특정 성질들은 정상적인 인간의 인내심을 가지고 관조하는 것이 언제나 가능한 것은 아닐 수도 있고, 경계를 둔다면 이런 성질들은 제외해야만 할지 모른다. 혹은 아니면, 우리는 언급한 것과 같은 인간적 영역 성질들이 아니라 이미 우리가 인간에게서 가치롭다고 여기는 영역 성질들을 비평적 평가의 기준으로 받아들이고 있는지도 모른다. 나는 오히려 특정 작품에서 이러한 성질의 강렬성은 통일성의 크나큰 희생을 딛고 획득될 가능성이 더 많다고 본다. 그리고 바로 이것이 비평가들이 〈아비뇽의 처녀들〉에 대해 '효과에 대한 지나친 고심'이 있다고 말할 때 하고자 했던 것일지 모른다.

그러나 또 다시 인간적 영역 성질이라고 해서 그 모두가 칭찬의 근거가 되는 것은 아니라고 주장할지 모른다. 왜냐하면, 예컨대 거만(pompousness), 허세, 겉치레의 천박함처럼 몇몇 인간적 영역 성질은 비난의 근거로 인용되기도 하고, 또 작품이 겉만 번지르르하거나 억지로 애를 썼거나 감상적인 탓에 나쁘기도 하기 때문이다. 물론 이러한 용어들은 술어들이지만, 그렇다고 모든 술어가 긍정적인 지각적 성질을 가리키지 않는다. 언급한 특징들이 비난의 근거로 인용될 때는 부정적으로 해석될 수 있다고 생각한다. 거만의 경우, 장대함이나 위대함이 외화된 형태이지만 과도한 크레센도를 가진 지루한 협주곡처럼 내적인 공허함, 즉 곡의 활기와 풍부함을 잃어버린 경우이다. 시에서의 감상성(sentimentality)은 감성(sentiment)이 아니라 화자가 시의 구조나 대상을 통해 극화하거나 제시하지 않은 감정을 화자 편에서 요구하는 것이다. 의심할 여지 없이 이러한 단어들은 너무나 미묘해서 이렇게 간단히 말하기는 어려울 뿐만 아니라 그 의미도 매우 다양하기에 더 많은 질문을 미결로 남겨두려 한다. 다만 이러한 특징들이 (부정적인) 비평적 평가의 기준이 된다면, 이는 강렬성이라는 성질을 지칭하기보다 통일성이나 복합성의 부재나 결여를 지칭한다는 점만은 확실히 하고 싶다. 다시 말해, 이는 작품의 힘찬 출발과는 달리 그 동력이 떨어지면서 애초 기약했던 바를 살리지 못한 무능함에 해당하는 진행의 느슨함, 불분명함, 늘어짐을 가리킨다.

장점과 단점

이제 '워즈워스의 「불멸의 송가」'(Ode: Intimations of Immortality)는 그 주제가 이처럼 모호하지 않았다면 더 좋았을 텐데'처럼, 비평가가 개별 작품의 어떤 특성을 지적하며 자신의 가치 판단을 지지하는 상황을 고려해보자. 우리가 시상의 장대함이 이 시의 장점이라고 말할 수 있듯이 위와 같은 진술은 모호함이 이 시의 단점이라고 말한다. '단점'과 '장점'이라는 단어로 내가 의미하고자 하는 바는 작품의 가치를 삭감시키는 특징과 그 가치를 증가시키는 특징이다. 즉 이 특징들은 각각 결점이나 '나쁘게-만드는' 특징, 그리고 공이 되거나 '좋게-만드는' 특징일 것이다. 사과에 비유하자면 딱딱하지 않은 단단함은 사과를 좋게-만드는 특징이지만, 벌레 먹었다는 것은 사과를 나쁘게-만드는 특징일 것이다.

한편 이러한 장점과 단점이라는 용어의 사용은 한 가지 중요한 문제를 발생시킨다. 동일한 특징이 어떤 시에는 장점이지만 다른 시에는 결점일 (혹은 장점도 결점도 아닐) 수 있을까? 혹은 한 시에서 어떤 특징이 장점이라고 말하는 것이 그 특징이 어느 작품에서 등장하건 장점일 수 있다는 일반 원칙을 함축하거나 전제하는 것일까? 시상의 장대함은 항상 장점이고 주제의 모호함은 항상 결점일까? 먼저 우리가 좋음과 나쁨의 보편적 조건을 묻고 있는 것이 아니라는 것에 유의하자. 벌레 먹은 사과의 경우, 만일 벌레가 아주 작은 부분만을 훼손한 것일 뿐 사과로서 바람직한 다른 성질들을 가지고 있다면 이 사과는 여전히 좋은 사과일 수 있다. 벌레는 결점이지만 치명적인 결점은 아니라는 말이다. 따라서 시도, 그리고 실제로 워즈워스의 「불멸의 송가」도 몇몇 나쁘게-만드는 특징을 가졌음에도 불구하고 그 좋게-만드는 특징들 때문에 위대한 시일 수 있다. 따라서 '모호한 주제는 시에서 항상 결점'이라든지, '시상의 장대함은 시에서 항상 장점'이라 하는 일반 원칙이 있다고 해도, 이 원칙들은 언급한 특징들이 시의 좋음을 결정하는 필요조건이나 충분조건임을 뜻하지 않는다. 단지 다른 조건이 같을 때 이 특징을 가진다는 것이 작품을 더 좋거나 더 나쁘게 만든다고 말할 뿐이다.

미적 대상이 지닌 특징들 각각의 기여하는 방식을 원자적으로 생각할 수는 없을 것 같다. 이는 삶에서 마주치는 다양한 사물에도 적용된다. 예를 들어, 그 가치를 극대화하려면 야구 배트가 야구공이 필요하듯 머스터드소스도 프랑크푸르트 소시지가 있어야 한다. 그리고 두 가지 조건이 모두 충족되지 않으면 소위 소풍을 좋게-만드는 특징을 이루어내지 못한다. 그러나, 그렇다면 이 말은 간단히 설명될 수는 없어도 야구 배트와 소풍을 연결하는 일반적인 원칙이 존재한다는 말이다. 예컨대 특정 종류의 소풍을 즐기는 사람들에게 야구공이 있을 때 야구배트는 소풍을 즐겁게-만드는 특징이 된다. 그리고 이와 마찬가지로 한 시에서 탁월한 시상을 장점으로 주장한다는 것은 (적어도 다른 해당 특징들도 가지고 있는 시들에 한해서는) 장대한 시상의 능력이 시에 도움이 된다고 보는 일반 원칙을 암묵적으로 인정하는(commit) 것이라고 말할 수 있다. 하지만 이러한 원칙의 존재를 암묵적으로 인정한다고 해서 그 원칙을 진술할(state) 수 있는 것은 물론 아니다. 위의 비평가는 「불멸의 송가」에서 시상의 장대함이 시를 좋게-만드는 특징이 된다는 감을 잡을 수는 있지만, 그렇다면 이제 이 특징이 시를 항상 좋게-만드는 특징일 것인지 아니면 다른 특징들과 연합할 때에만 그럴 것인지가 중요해진다. 그리고 (앞으로 그렇게 되기를 바라지만) 우리가 '좋은'(good)의 의미를 알고 나면 이 문제는 경험적인(empirical) 문제가 된다.

유사한 설명이 순수예술과 순음악 비평가들이 지목하는 장점과 단점에도 적용된다. 예를 들어, 깊은 공간감이 어떤 회화에서는 장점이지만 다른 작품에서는 평면성이 장점이 되기도 한다. 즉 서로 다른 성질들이 강렬성을 낳는데 협력한다. 피에로 델라 프란체스카의 작품이나 렘브란트의 동판화는 원근법과 형태의 크기와 거리가 가지는 관계의 정확성을 요구하고, 작품 한 부분에서 어긋난 정확도는 불안한 통일성의 결여(disunity)를 초래할 것이다. 그러나 세잔의 정물화나 틴토레토와 툴루즈-로트렉의 몇몇 작품에서 보이는 이 정확성의 위반은 그 위반을 통해 획득되는 또 다른 성질들로 인해 장점이 된다. 때때로 비평가는 이러한 것들을 즉각적으로, 그리고 확신 있는 감지력으로 알아차릴 수 있다. 그러나 어떤 특징이 모든 작품에서 결점이나 장점이라고 말하는 것이 적절하게 정당화되려면, 이러한 정당화는 해당 특징이 단독으로건 다른 특징과의 조합을 통해서이건 간에 가치-기여적이라고 설명하는 일반 원칙에 대한 설명을 포함하고 있을 것이다.

한 종류의 예술에 적용되는 장단점의 원칙을 우리는 세부 규범(Specific Canon)이라 부를 수 있다. 그렇다면 다음 문제는 이러한 세부 규범이, 예컨대 시라는 개별 예술형식이 아니라 모든 예술에 적용되는 일반 규범(General Canon) 아래로 항시 포섭되는가 하는 것이다. 예를 들어, 한 연극 비평가가 특정 극(play)에서 극의 행위(action)가

30년 이상 걸리고 그렇게 되어 스토리가 장황해지는 것은 극의 결점이라고 주장한다 하자. 다시 한번 말하지만, 그는 연극의 극 행위가 짧을수록 반드시 연극이 더 훌륭해진다고 주장할 필요도 없고, 연극의 연기가 길어도 24시간 정도여야 한다는 신고전주의 규칙을 따를 필요도 없고, 최고의 극들의 극 행위는 가능한 가장 짧은 시간의 것, 즉 예컨대 벤 존슨 *The Silent Woman*이나 입센(Ibsen)의 *John Gabriel Borkman*, 테네시 윌리엄스의 *Cat on a Hot Tin Roof*에서처럼 극 자체와 정확히 동일한 시간 동안의 극 행위를 선사하는 것이라고 말할 필요도 없다. 그러나 주장의 근거를 요구받으면 비평가는 다른 조건이 동일할 때 극의 행위 시간이 짧을수록 극이 더 통일된 경향을 띠고 극의 행위 시간이 길수록 극이 통일성이 떨어지는 경향을 지닐 것이라고 주장할 수 있다. 그러나 다른 극에서 이러한 경향성은 (언급한 극에는 안타깝게도 결여된) 통일성을 주는 다른 특징들로 인해 상쇄될지 모른다. 그렇다면 이러한 논변은 긴-극 행위-시간이라는 항목을 세부 규범에 결점으로 포섭시킬 것이다. 예컨대 '긴-극 행위-시간은 다양한 등장인물, 다수의 현격한 장면 전환, 막과 막 사이의 상징적인 전이(carry-over)가 결여된 극에서 극을 나쁘게-만드는 특징이 된다'와 같은 결점으로 말이다. 그러나 이 논변은 여기에서 끝나지 않는다. 이러한 논변은 긴-극 행위-시간이 분열성(통일성의 결여)의 지각적 조건이라고 주장하며, 연극을 위한 이 세부 규범을 상위의 일반 규범(General Canon) 아래로 포섭시킬 것이기 때문이다. 이제 이 일반 규범은 '분열성(통일성의 결여)은 미적 대상에서 항상 결점이다', 혹은 '분열성(통일성의 결여)은 미적 대상을 나쁘게-만드는 특징이다'와 같이 표현될 수 있다. 그리고 이 규범은 〈아비뇽의 처녀들〉이 '산만한' 구성을 가졌다고 했을 때 호소된 것과 같은 규범이다.

지금까지 살펴본 객관적 근거들의 분류는 적어도 그 다수가 통일성 규범, 복합성 규범, 강렬성 규범이라는 세 그룹의 일반 규범에 포섭된다는 것을 보여준다. 다시 말해, 연극, 시, 회화, 음악에서 세부 규범으로 지목될 수 있는 객관적 근거들 그리고 적어도 이 대부분은, 이것들이 작품에서 단독으로 혹은 다른 특징들과 조합하여 작품에 소위 통일성, 복합성, 그리고 강렬성을 만들어주는 특징이기 때문에 비평적 기준으로 조건부(conditionally) 정당화가 가능하다.

일반 규범의 적용

다음으로 다룰 문제는 모든 객관적 근거들이 위에서 언급한 세 규범에 실제로 포섭될 수 있는가 하는 것이다. 의심할 여지 없이 이러한 질문은 매우 대담한 질문이다. 왜냐하면, 비평적 언어의 미묘함과 유동성, 그리고 비평적 사고의 변덕스러운 특성을 놓고 볼 때, 앞서 말한 세 규범이 너무나 모호하고 일반적이어서 모든 논리적 가능성이 커버된다고 말하는 것이 아니고서야 비평가들이 말하는 모든 객관적 근거들을 이 세 항목에 모두 분류할 수 있다고 하는 것은 믿기 어려운 일일 것이기 때문이다. 어찌했건 이 세 가지 분류에 맞추어 비평적 추론의 사례들을 검토했을 때 무엇이 발견되는지 지켜보도록 하자.

크린스 브룩스(Cleanth Brooks)는 테니슨의 「눈물이, 부질없는 눈물이」(Tears, Idle Tears)에 대해 쓴 저명한 에세이에서 이 시를 테니슨의 「부서져라, 부서져라, 부서져라」(Break, Break, Break)와 비교한 후, 자신이 전자가 후자보다 훨씬 훌륭한 시라고 평가한 이유를 설명한다.* 브룩스가 말하길 전자의 시는 '매우 견고한 구성'을 가지는 반면, 후자는 '웅장한 배'에 대한 '연관성 없는' 언급으로 '더 혼란스러워졌다'고 말한다. 여기에서 브룩스는 분명 통일성이라는 규범에 호소하고 있다. 그리고 그는 후자의 시가 '훨씬 더 느슨한(thinner) 시'이자 '더 조악한' 시라고도 말한다. 다시 말해, 후자의 시는 '경험에 대한 심리적 탐구'를 외면하는 반면, 전자의 시는 '다양한 시적 소재에 대한 상상력 넘치는 파악'을 하고 있어서 더 풍요롭고 깊이가 있다는 것이다. 이 지점에서 브룩스는 복합성이라는 규범에 호소하고 있다. 즉 전자의 시는 그 규모나 섬세함 모두에 있어서 복합성을 더 가지고 있다는 것이다. 그는 「눈물이, 부질없는 눈물이」가 갖는 '극적 동력'과 '극적 힘'에 대해 논하며 「부서져라, 부서져라, 부서져라」와는 달리 이 시의 마지막 구절에 실린 강렬함을 특히 높이 샀다. 여기에서 브룩스는 강렬성이라는 규범에 호소한다. 그는 '부질없는 눈물'의 서두 패러독스가 장점인가 단점인가라는 질문을 던지지만, 그의 논의에 미루어보면 결국 그는 이 패러독스가 시의 통일성을 깨기보다는 시의 복합성의 가치를 드높인다고 결론짓는다.

---

* "The Motivation of Tennyson's Weeper," *The Well Wrought Urn*, 1947, New York: Reynal and Hitchcock, pp. 153-162.

또 다른 사례로, 피카소 〈세 악사〉의 두 버전, 뉴욕 현대미술관 소장품(1921)과 필라델피아 미술관 소장품(이 또한 1921)을 비교한 사례를 보자.

첫 번째 그림은 … 두 그림 중 더 감동적일 뿐 아니라 더 단단하고 진실된 채색을 지녔다. 세 인물의 형체는 커다란 직사각형 화면에 배치되지만 그들의 얼굴은 원시 가면의 인상을 남긴다. 황적색 체크무늬 드레스에 둥근 기타를 들고 중앙에 선 할리퀸만이 우울하고 기괴하고 성스러운 이 그림에 생기를 불어넣고 있으며, 이러한 구조는 심오한 사유와 타의 추종을 불허하는 화가의 솜씨를 방증한다. 두 번째 그림은 … 완전히 다른 느낌으로 그려졌다 … 그러나 그림의 구성이 다양해지고 색채가 온화해지며 입체감이 강조되어 장식적 의도가 뚜렷해졌음에도, 이러한 변화가 뉴욕 현대미술관 소장품이 가지는 근엄한 웅장함을 제거한다. 더욱 복잡하고 선명하게 채색된 이 최종 버전은 작품 구상의 근엄한 관용으로 인상 깊었던 뉴욕 버전의 엄밀함도 온전한 절제도 이루지 못했다.[*]

인용문에서 드러난 의도주의의 자취들은 아마도 객관적 용어들로 전환될 수도 있을 것이다. 예컨대 '절제'(economy)라는 단어는 앞서 제2장 6절에서 살펴본 선과 형태를 일컫는 다양한 의미를 뜻할 수 있어서 일종의 복합성으로 생각해볼 수 있다. 그리고 '심오한 사유와 타의 추종을 불허하는 화가의 솜씨'는 객관적 근거에 속하지는 않지만, 피카소에 대한 (마땅한) 칭찬으로 들린다. 남겨진 것은 무엇인가? 두 그림은 통일성의 측면에서는 전혀 비교되지 않았다. 왜냐하면 두 그림의 구성이 모두 통일성을 가지고, 이러한 사실이 두 그림에 높은 가치를 부여하는 관련 요인 중 하나라는 점을 당연하게 여기고 있기 때문이다. 하여 두 그림은 복합성 측면에서 비교되었다. 예컨대 필라델피아 미술관 소장 그림은 장식적 디테일이 더 복합적이고 다양하며 풍부할 뿐 아니라 뉴욕 현대미술관 소장 그림에는 없는 깊이감을 가지는 장점도 있다. 그러나 이러한 장점은 세 번째 비교를 통해 반전을 맞는다. 즉 뉴욕 현대미술관 소장 그림은 '성스러운' 우울함, '엄격함', '근엄한 웅장함'과 같이 기술하기-어려운 영역 성질을 가지고 있고, 이러한 성질들은 필라델피아 미술관 소장 그림에 드러난 어떠

---

[*]   Elgar and Maillard, *op. cit.*, pp. 104-106, 126-129.

한 영역 성질들보다 한층 더 강렬하다. 그리고 이러한 점이 막대한 장점일 수 있다고 말해진다.

도널드 토비의 글처럼 음악을 다루는 글들을 비교해보는 것도 도움이 될 것인데, 나는 이처럼 다양한 근거들을 동일한 단락에서 한꺼번에 제시하는 문단을 본 적이 없다. 우리는 모차르트의 *"Linz" Symphony in C Major* (K. 425)나 멘델스존의 *"Italian" Symphony*에 대한 그의 분석을 살펴볼 수도 있지만, 다음의 비교 문단만으로도 족할 듯하다:

> 그래서 베토벤이라면 수많은 새롭고 간결한 주제들로 채웠을 제시부를, 슈베르트는 산만한 전개부 과정으로 약화시키고 늘어뜨리곤 한다. 슈베르트의 전개부는 여러 주제 중 한 주제의 특정 특징을 발전시키는 능력이 실로 탁월하지만, 이는 이러한 특징을 대칭적으로 반복하는 긴 서정시 형식의 전환으로 형성된다. 드보르작은 종종 제시부의 매 시점 위태롭게 늘어지며 두 번째 제시부를 시작하기도 전에 길을 잃기 십상인데, 그의 전개부들은 『이상한 나라의 앨리스』에 나오는 '반짝반짝'을 되뇌이며 잠드는 겨울잠쥐의 끈기만큼이나 지치지 않고 점층적으로 단일 음형을 끈질기게 단순 반복한다. 그러나 이 중 어떤 것도 경험의 법칙에 의해 확보되지 않는다.[*]

위에서 언급한 '산만한 전개부'와 '길을 잃는다'와 같은 표현 어구는 작품의 통일성과 관련된 것이고, '새롭고 간결한 주제들로 채웠을'과 '단일한 음형을 끈질기게 단순 반복한다'와 같은 표현은 곡의 복합성에 관한 것이다. 또한 '약화시키고', '서정시의', '지치지 않고 점층적으로'와 같은 표현은 곡의 성격이 지닌 강렬함의 정도에 관한 것으로 보인다. 물론 토비가 이 음악 거장들에 대한 최종적 평결을 이루고자 한 것은 아니지만, 그는 음악작품의 가치 산정에 있어 언급한 요소들의 설명이 관련이 있다고 보는 것이다.

그렇다면, 위 세 규범들은 수많은 비평적 근거들을 뒷받침한다. 그러나 이것이 이 규범들이 모호해서 그런 것은 아니라고 생각한다. 왜냐하면 이미 제4장과 제5장에서 거론했듯 이 규범들은 검증과 사용이 불가능할 정도로 모호한 것은 아니기 때

---

[*]   Donald F. Tovey, *Essays in Musical Analysis*, London: Oxford U., 1935, Vol. I, pp. 13-14.

문이다. 또한 이 규범들이, 모든 미적 대상은 복합적이거나 그렇지 않거나라는 식의 동어반복이 될 그러한 애매함을 숨기고 있어서 그런 것도 아니라고 생각한다. 왜냐하면 발생적 근거나 다음의 근거들처럼 세 규범에 속하지 않는 근거들을 생각해보는 것은 어렵지 않은 일이기 때문이다:

> … 이 작품은 신문 특약 칼럼에 실렸다.
> … 이 작품은 일본 진주 채취에 대해 다룬다.
> … 이 작품은 공산주의자가 쓴 것이다.

다만 이러한 예들은 좋은 근거가 되지 못한다. 우리는 첫눈에 봐도 세 규범에 속하지 않는 다른 비평적 공식을 찾아볼 수도 있다:

> … 이 작품은 진정성이 있다.
> … 이 작품은 자연스럽다(spontaneity).
> … 이 작품은 사용된 매체에 반한다(혹은 충실하다).
> … 이 작품은 사용된 매체를 잘 살린다(혹은 잘 살리지 못한다).

이러한 공식들은 그 이해와 관련된 예비 고찰을 필요로 할지 모른다. 사실 우리는 이 용어들의 일부를 이미 잠시 살펴본 바 있다. 그러나 분석해보면, 이 공식들이 객관적 근거가 아니라 의도주의나 정감주의에 해당하거나, 그렇지 않다면 간접적으로 세 규범에 연결된 것으로 드러날 것이라 본다.

한편 앞서 말한 결론이 타당해보이는 것은 위 세 규범이 자의적인 합리화를 허용해서 그런 것도 아니다. 실제로 어떤 대상이건 좋은 미적 대상인 것으로 정당화될 수 있는 것처럼 보일 수 있다. 이는 분명 어떤 대상이건 언급한 세 규범 중 하나와 연관된 무엇인가를 나름대로 가지고 있을 것이기 때문이다. 이 같은 반대 주장에도 진실은 있겠으나, 개탄할 만한 상황은 아니라고 본다. 우리는 미적 대상을 수치로 등급 매기는 것이 가능한 것인지 묻고 있는 것이 아니다. 지금 우리는 단지 한 미적 대상의 장점과 단점이 무엇이냐는 물음에 비평가가 합리적으로 어떤 답을 줄 수 있는지를 묻는 것이고, 우리는 우리 자신뿐만 아니라 비평가들에게도 예술에서 발견할 수 있는 가능한 많은 장점에 열린 마음을 가지도록 독려해야만 한다. 이런 의미에서 보자면 상기 규범 체계는 원칙은 몇 개 없어도 관대한 체계이다. 그러나 그런 동시에 어떤 미적 대상들은 단점을 찾아보기 힘든 반면 어떤 미적 대상들은 수많은 그리고 심각한, 즉 작품 전체에서 지배적인 결점들을 찾아볼 수 있다는 것이 여전히 옳은 말이다. 그리고 이러한 사실은 장점에 대해서도 마찬가지이다.

예를 들면, 한 대학 도서관 명판에는 다음과 같은 윌리엄 풀크(W. D. Foulke)의 시가 새겨져 있다:

> 어찌 너의 삶을 저열한 것에 낭비할 것인가?
> (How canst thou give thy life to sordid things)
> 운율에 젖은 밀튼의 시가 굽이치는데,
> (While Milton's strains in rhythmic numbers roll,)
> 세익스피어가 너의 마음을 꿰뚫고 호머가 읊조리는데,
> (Or Shakespeare probes thy heart, or Homer sings,)
> 열광의 이사야가 잠자던 너의 영혼을 일깨우는데.
> (Or rapt Isaiah wakes thy slumbering soul?)

우리는 이 시의 단점을 지적하는 데 큰 시간을 쓸 수도 있고 장점을 찾는 데 고심할 수도 있다. 통일성의 관점에서 보자면, 이 시는 기초적인 수준에서부터 성공적이지 못하다. 요컨대 청자는 세익스피어가 마음을 꿰뚫고 이사야가 그를 일깨울 동안 저열한 것에 일생을 바친다. 이러한 조합도 다양한 시상(詩想)으로 시적 구상이 근본적으로 느슨하다는 생각을 떠올리게 하지만 않는다면, 즉 '~하는데'라는 단어로 여러 시인들을 한꺼번에 열거하지만 않는다면 참을 만할 것이다. 복합성의 관점에서 보면 이 시는 단적으로 말해 섬세함을 결여하고 있다. 즉 이 시는 '호머가 읊조리는데'에서처럼 죽은 구절을 가진다. 그리고 '저열한'과 '꿰뚫고'의 어떠한 함축의 가능성도 선택되지도 발전되지도 못한 채 나머지 단어들에 의해 무효화되고 만다. 인간적인 영역 성질(human regional qualities)의 관점에서 보자면, 이 시는 도덕적 훈계로서마저도 미약하며 온전한 감정을 전달하지 못한다. 그러나 워즈워스의 〈송가〉를 놓고서 이같이 말할 수는 없을 것이다.

요컨대, 통일성, 복합성, 강렬성이라는 세 가지 비평적 기준은 청각적이건 시각적이건 언어적이건 간에 모든 미적 대상의 판단에 있어서 유의미하게 호소할 수 있는 기준에 해당한다. 그뿐만 아니라 명망 있는 비평가들이 꾸준히 호소하는 기준이기도 하다. 심지어 비평가들이 사용하는 논리적 연관성을 지닌 모든 객관적 근거들 또한 직간접적으로 이 세 가지 기본 기준들에 호소한다고까지 말할 수 있을 듯하다. 물론 이는 성급한 주장일 수 있다. 어쨌든 이러한 주장은 반론도 변론도 가능할 정도로 충분히 명료하게 진술되었다. 다음 장에서는 가능한 변론의 지점들을 살펴봐야 할 것이다. 다만 그전에 중요한 반론 하나를 먼저 살펴보고 가야 할 것 같다.

비평적 논증의 본성

THE NATURE OF CRITICAL ARGUMENT

비평가들이 비평적 평가를 할 때 객관적 근거를 제시한다는 점은 눈여겨볼 만하다. 왜냐하면 이는 비평가들이 그들의 평가가 일종의 근거가 제시될 수 있는 동시에 되어야 하는 작업으로 여긴다는 것을 방증하는 것이기 때문이다. 그러나 이러한 사실 자체가 규범적(normative) 비평과 관련된 철학적 문제들을 해결해주지 않는다. 실제로는 이 사실이 철학적 문제를 발생시킨다. 왜냐하면 진술에 대한 근거를 제시한다는 것 자체는 그 근거를 인정하는 사람은 누구나 그 진술을 승인하거나 혹은 적어도 승인할 의향이 있다고 주장하는 것이기 때문이다. 그리고 이러한 주장의 정당성은 항상 그 아래 놓인 추론의 원칙에 달려있다. P가 Q를 위한 좋은 근거라고 말할 때, 우리는 언제나 왜를, 즉 무엇이 P를 좋은 근거가 되게 하는지를 물어볼 수 있다. 그러나 이때 정당화해주는 원칙 같은 것이 없다면 어떻게 해야 할까? 이런 경우 우리는 자신의 판단에 합리적인 정당화가 있다는 비평가의 주장을 거부해야 하고, 겉보기에만 이유처럼 보이는 근거는 근거가 못 된다고 결론 내려야 한다. 그런데 이렇게 말하면 일종의 비평적 회의주의(critical skepticism)가 된다.

다음의 짧은 대화를 고려해보자:

A: 이 그림 좋네요(good).

B: 왜요?

A: 무척이나 세심한 선으로 섬세한 색조를 가진 감각적인 풍경화를 그렸어요.

살펴본 것처럼 풍경화에 대한 A의 기술은 몇 가지 질문을 불러올 수 있고, 이러한 질문에 대한 적절한 답변이 위 추론의 성공 여부를 결정한다. 그러나 우리가 지금 논의하려는 것은 이와는 다른 지점으로 좀 어려운 문제이다. 우리는 A의 근거가 이 회화가 좋은 작품이라는 그의 결론에 연관된 근거인지 알아보려면, 위 맥락에서 '좋은'(good)이 어떤 의미로 쓰였는지 알아야만 한다. 이후 차차 논의될 것이라 여기에서 더 확장하여 분석하지는 않겠지만, 우리는 '좋은'이 특정 맥락에서 가진다고 말할 수 있는 그런 가능한 의미들을 생각해볼 수 있다. 말하자면, A가 댄 근거가 적어도 근거로서는 결론과 연관이 없을지라도 다소 특이한 방식에서 언급(remark)으로서 연관된 것으로 보이게 해주는 그런 맥락에서 가지는 가능한 의미들 말이다. 다음의 대화가 이 구분을 예시해줄지 모르겠다:

> A: 곧 비가 올까요?
> B: 한번 하늘을 보세요.

B의 답변이 질문에 대한 답은 아니지만, 논점을 빗나간 것은 아니다.

따라서 우리의 현재 문제는 미적인 맥락에서 '좋다' 그리고 '나쁘다'로써 의미하는 바가 무엇인가 하는 것이 되겠다. '의미하는 바'에는 각각 다른 두 가지 탐구가 요청될 수 있다. 먼저, 우리는 비평가들이 가치용어를 사용할 때 실제로 의미하는 바가 무엇이며, 그들이 내릴 법한 정의는 무엇이고, 또 그들이 암묵적으로 따르는 언어 용례의 규칙이 무엇인지가 궁금할 수 있다. 이때 평가용어들은 매우 제한된 범위에서 일반적인 의미를 뜻하는 것으로 드러나거나, 혹은 비평가마다 혹은 맥락마다 사용되는 의미가 너무 달라서 그저 변화의 범위를 상세화한 후 개별 맥락에서의 의미를 찾는 방법의 제공만을 할 수 있는 것으로 밝혀질 수도 있다. 한편 두 번째 문제는 소위 비평가들이 '염두에 둔' 의미만이 아니라 규범적 판단에 근거를 제공하는 전 과정에 대한 논리적이고 인식론적인 문제를 고려할 때 비평가가 의미할 수 있는 의미가 무엇인지 궁금할 수 있다. 그래서, 추측컨대 우리는 비평가들이 '좋다'와 같은 규범적 용어에 특별히 다른 어떤 의미를 부여하지 않는다고 결론 내릴 수도 있다. 혹은 비평적 평가에 일말의 설득력이라도 실어주자면 비평적 평가가 객관적 진술(Objective statement)에 의해 지지되지 않도록 '좋다'는 단어를 사용해야 한다고 결론 내릴 수도 있다.

앞으로 우리는 (미적인 맥락에서) 좋음이라는 단어가 쓰이는, 쓰일 수 있는, 혹은 쓰여야 하는 방식에 대해 체계적인 설명을 제시해보려 한다. 그러나 이러한 논의에 앞서 사전 탐구가 필요하다. 몇몇 철학자는 비평적 추론의 과정 혹은 비평에 근거를 제공하는 과정에 대한 근본적인 차원의 공격을 한 바 있다. 그들은 어떤 비평적 판단도 합리적으로 옹호될 수 없다거나, 혹은 매우 한정된 특정 종류의 비평적 판단만이 합리적으로 옹호될 수 있다고 주장한다. 앞으로 살펴봐야 하는 것은 바로 이 회의적 의심에 해당한다.

(미적인 맥락에서의) '좋음'의 의미를 설명하는 두 가지 이론이 있는데, 이 이론들은 소위 비평적 논증이라 주장되는 논증들이 실제로는 제대로 된 논증이 아니라는 것을 함축한다. 이 두 이론에 따르면, '이 작품이 통일성을 지닌다'가 '이 작품은 좋다'와 지니는 관계는 흔히 여겨지듯 근거와 주장의 관계인 것은 아니라고 말한다. 우리는 두 이론을 주의 깊게 살펴봐야 하지만, 먼저 추론의 몇 가지 일반적인 특징을 상기해 보면 이 이론들이 가지는 의의가 더 분명해질 것이다.

오늘날 거의 보편적으로 받아들여지는 생각에 따르면 최종의 분석에는 오직 두 가지 기본 논증, 즉 연역적 논증과 귀납적 논증만이 있다고 한다. 일상 언어나 비평가의 글에 제시되고 받아들여지는 논증 대부분은 논리적 관점에서 보면 불완전한 논증이다. 예컨대,

이 작품은 통일성을 가진다.
따라서 좋은 작품이다.

이 논증은 그 자체로 불합리한 추론(non sequitur)이다. 그러나 논리학자들은 위와 같은 논증이 논의자 모두가 암묵적으로 가정하고 있는 보조 전제들로부터 그 논리적 힘, 즉 설득력을 얻는다고 본다. 즉 위 논증은 생략적이라서 논리적 건전성을 결정하는 일이 이 논증의 숨은 전제를 먼저 명확히 하지 않고서는 이루어질 수 없다는 말이다. 숨은 전제를 명확히 하는 과정에서 우리는 온전한 논증의 구성에 대한 개념의 지도를 받을 것이며, 이러한 생략적 논증이 적절히 채워졌을 때 이것이 건전한 연역 혹은 귀납 논증의 부분이 될 수 있다는 것이 증명되면, 우리는 이 논증을 받아들일 것이다.

다만 여기에는 우리가 넘어서야 할 많은 복잡한 문제들이 있지만, 이 문제들은 수많은 논리학서에서 더 잘 다루었다.* 그러나 앞서 말한 가정이 명확해질 수 있다면 소정의 결과가 도출될 것이다. 통일성에 대한 생략적 논증이 건전한지 아닌지를 결정하기 위해 우리는 먼저 이 논증이 연역 논증과 귀납 논증 중 어느 논증의 부분으로 이해되어야 하는지를 결정해야 한다. 먼저 보편적인 대전제를 보충해 위 논증으로부터 타당한 연역 논증을 만들어보자:

〔어느 정도의 통일성을 지닌 모든 미적 대상들은 좋다.〕

이 미적 대상은 어느 정도의 통일성을 지녔다.

그래서 이 작품은 좋다.

그러나 이렇게 되면 대전제가 보편적 규범이어야 하는데, 불행히도 이와 같은 보편적 규범은 참이 될 수 없다. 우리는 앞선 절에서 비평적 평가의 규범들이 보편적으로 공식화될 수는 없고 다만 일반적인 경향이나 (다른 표현을 빌리자면) 통계적 일반화 정도의 정식화가 가능하다고 살펴봤었다.

그렇다면 생략적인 비평적 논증을 연역 논증으로 만들어줄 보편적 규범의 참된 집합은 있을 수 없어 보인다. 그러나 이러한 어려움이 귀납 논증에는 발생하지 않는다. 위의 생략적 논증을 귀납 논증으로 만들기 위해 우리는 한정된 규범(a limited canon)만 필요하기 때문이다. 여기에는 몇 가지 방법이 있다. 예컨대:

〔어느 정도의 통일성은 미적 대상을 좋게 만드는 경향을 가진다.〕

이 미적 대상은 어느 정도의 통일성을 가지고 있다.

따라서 이 미적 대상은 좋다.

여기에서 대전제는 우리가 논의한 규범들처럼 경향성-진술이고, 결론은 물론 전제들로부터 반드시 도출되지 않는다. 대상에 대해 더 아는 바가 없다면 우리가 말

---

* 예를 들면, 다음과 같은 저술들을 참조하라. Max Black, *Critical Thinking*, 2nd ed., Englewood Cliffs, N.J.: Prentice-Hall, 1952, ch. 2; Monroe C. Beardsley, *Practical Logic*, Englewood Cliffs, N.J.: Prentice-Hall, 1950, ch. 7.

할 수 있는 최선은 적어도 우리가 이 대상이 좋다고 생각하는 어떤 이유가 있다는 것이다. 비록 우리가 대상의 복합성과 대상이 지닌 인간적 성질(human quality)의 강렬성에 대한 것을 알기 전까지는 확실하게 결론을 받아들일 수 없지만 말이다.

그렇다면, 이제 우리는 비평적 논증을 궁극적으로 귀납추론의 일반 원칙에 의해 정당화되는 생략적 귀납 논증으로 이해할 수 있을까? 머지않아 이 질문에 만족스러운 답을 줄 수 있겠지만 그러기 전까지 이러한 견해를 회의적으로 바라보는 나름의 근거들이 있다는 것을 살펴보아야만 한다. 이는 소위 환자가 증상이 있다는 사실이 그가 특정 병을 앓고 있다는 가설의 증거라는 방식으로, 언급한 견해가 비평가들의 근거를 평가의 증거로 여기기 때문이다. 그러나 언뜻 봐도 '존이 폐렴에 걸렸다'와 '존의 체온이 104.2°이다'의 관계가 '이 작품은 좋다'와 '이 작품은 통일성을 지닌다'의 관계로 보이지는 않는다. 비평가들이 미적 대상에 '좋다'는 용어를 적용할 때 하는 일은 적어도 의사들이 '폐렴'이라는 단어를 적용할 때 하는 것보다 복잡한 일인 것 같다. 따라서 이로부터 '이 작품이 좋다'는 말은 논리적 논증이 아니며 '이 작품이 통일성을 지닌다'는 말도 엄밀한 의미에서 근거가 될 수 없다는 의심이 생겨난다. 그리고 이러한 의심은 비평적 논증에 대한 두 이론을 낳았다.

수행이론

실제 비평적 논증에서 일어나는 일을 설명하는 첫 번째 이론은 특정한 언술적 발화(verbal utterance)에 대한 분석으로부터 시작된다. 이 특정한 종류의 발화는 이미 존재하는 현상에 대한 정보를 주지 않지만 그 자체로 세계에 차이를 만드는 발화에 해당한다. 예컨대 이러한 발화는 사교계에 누군가를 입문시키거나 기사 작위를 수여하거나 한 사람을 시민으로 만든다. '이 반지로 당신과의 결혼을 서약합니다'는 결혼에 대한 진술이 아니라 그 자체로 결혼의 부분이며, 즉 결혼하는 행위이다. 이러한 발화에 사용된 언어를 수행적 언어(Performatory Language)라고 부른다. 물론 이 동일한 기능은 비언술적 제스처를 통해서도, 예컨대 무명의 전사자 무덤에 명예 훈장을 수여하거나 화환을 놓는 것과 같은 제스처를 통해서도 성취될 수 있다.

그렇다면, 이제 '이 작품은 좋은 작품이다'와 같은 비평가의 판단을 미적 대상에 명예를 수여하는 수행적 발화로 생각해볼 수 있다고 하자. 이렇게 되면, 비평가의 판단은 진술이 아니라 행위이기 때문에 참 혹은 거짓일 수 없고, 그래서 이 판단은 논증의 결론이 될 수 없다. 요컨대 이 판단의 진위를 결정하는 근거를 댄다는 것이 말이 안 되는 것이다. 나는 이러한 주장을 비평적 논증에 대한 수행이론(Performatory Theory)이라고 부를 것이다.*

수행이론은 비평적 논의에 있는 '왜?'라는 핵심 단어를 어떤 의미에서 '근거'(reason)에 대한 요청으로 보기는 해도 이 근거라는 단어에 숨겨진 애매함이 있다고 주장한다. 왜냐하면 우리는 진술에 대한 근거, 즉 참이라고 믿거나 주장하는 근거를 말하는데 이러한 의미에서 근거는 논증의 부분이 된다. 그러나 우리는 어떤 일을 한 이유(reason), 예를 들어 치과에 가거나 직업을 구한 이유를 말하기도 하는데, 이때는 이러한 근거가 지지하는 진술이 없고 이 근거에 의해 정당화되는 행위의 수행이 있을 뿐이다. 수행이론은 후자의 의미에서 비평적 평가-언술들이 정당하거나(just) 부당하다고(unjust) 본다. 어찌하였건, 이 언술들은 참이나 거짓이 아니라는 말이다.

불행히도 부적절한 정당화와 적절한 정당화를 구별해주는 원칙이 수행이론에서는 작동하지 않는다. 그러나 그 원칙이 어떠할 것인지는 알 수 있다. 마치 일루 심판의 수평 수신호의 유일한 정당화가 공보다 주자가 빨리 도착했다는 심판의 공식적 판단일 것이듯, 훈장 수여의 행위에 대한 유일한 정당화는 그 전사자의 행위가 훈장을 받을 만하다는 공식적 판단일 것이다. 요컨대 수행적 행위는 그 자체로 진술은 아니지만, 규범적 판단인 '이 작품은 1위를 수상할 만하다'와 같은 진술을 전제하거나, 혹은 그러한 진술에 기반한다. 그리고 비평가의 '이 작품은 좋은 작품이다'라는 말은 수행적 행위 자체라기보다는 수행적 행위를 정당화해주는 그 판단과 더 비슷하다. 왜냐하면 비평가의 이 같은 선언은 그림을 전시장에 거는 예술 심사위원의 결정 같은 공식적 행위가 아니기 때문이다. 권위가 없기에 세상을 바꾸지 않는다.

물론 수행이론 옹호자들은 수행적 발화의 정당화가 그 자체로 가치-판단이라는 사실을 받아들이지 않을 것이다. 왜냐하면 수행적 발화가 그 자체로 가치-판단이 되면 수행이론 자체가 논박된다는 것에 동의하기 때문이다. 명예 훈장의 수여를 생

---

* 이러한 이론은 마가렛 맥도날드(Margaret Macdonald)에 의해 구상되었다. 관련 문헌은 Note 25.1를 참조하라.

각해보자. 이러한 훈장을 수여하는 근거는 그 전사자가 본분을 초월한 어떤 일을 수행했다는 것일 것이고, 이 본분에 대해서는 군법이 상세히 규정하고 있다. 비록 상을 관장하는 일반 규칙, 즉 수여가 준수해야 할 조건에 대한 규칙은 있을 수 있겠지만, 여기에서 근거라고 하는 것은 명백한 기술(plain description)일 듯하다. 이와 마찬가지로, '이 작품은 통일성을 지녔다'가 '이 작품은 (미적으로) 좋다'라는 칭찬의 말을 관장하는 조건 중 하나를 상세화한 것이라고 말할 수는 없을까? 하지만 나는 이것이 군인의 훈장 수여에서조차도 적용될 것 같지 않다. '본분을 초월한 행동이다'라는 말은 순수한 기술이 아니다. '초월한'이 이미 그 행동이 맡겨진 임무보다 더 위험하고 어려웠던 것임을 의미할 뿐만 아니라 바람직하고 승인된 행동이었다는 것도 의미하기 때문에, 이 문장은 이미 가치-판단이다. 혹은 이것이 엄밀하게 '초월한'이 의미하는 부분이 아니라면 그 행동은 당연한 것이다. 왜냐하면 그 행동이 좋은 행동이어야 무릅쓴 위험이 훈장 수여의 정당성을 가질 것이기 때문이다.

정서이론

비평적 논증에 대한 두 번째 이론은 비평적 평가를 비언술적 행위로 동질화시키지 않기 때문에 첫 번째 이론만큼 그 논의가 복잡하지는 않다. 그러나 이 이론의 단순한 형태는 평가가 진정한 진술이 아니라고 주장하는 반면, 세련된 형태는 평가가 서술적(predicative) 요소를 가지기는 하지만 일상적인 경험 진술(empirical statement)처럼 작동할 수 없는 다른 특이점을 가진다고 주장한다. 우리는 이 두 형태 모두 비평적 논증에 대한 정서이론(Emotive Theory)이라고 부를 것이다.*

단순한 정서이론은 그 문법적 형식에도 불구하고 비평적 평가가 진술이 아니라 두 요소, 즉 (예컨대, '음! 맛있어!'처럼) 화자의 감정을 방증하는 감탄 요소(exclamatory component)와 (예컨대, '너도 '음! 맛있어!'라고 말하고 싶을 걸!'처럼) 청자가 화자의 감정을 공유할 것을 요구하는 명령 요소(imperative component)의 조합이라고 주장한다. 비평가

---

*   정서주의가 애초 '좋은'의 비평적 사용과 관련해 논의되었던 것은 아니지만, 윤리학에서 그 고전적 등장은 찰스 스티븐슨(Charles L. Stevenson)의 Ethics and Language에서다; Note 25.2을 참조하라.

가 어떤 시가 좋다고 말할 때, 이 비평가는 그 시에 대한 자신의 태도를 표명하고 다른 사람에게 동일한 태도를 불러일으키려 하는 것이라는 말이다. 감탄과 명령은 참도 거짓도 아니기에 정서주의에 따르면 이때의 가치 판단은 진술이 아니고, 그래서 결과적으로 논증의 결론이 될 수 없다. 즉 결론도 없는데 근거가 주어질 리 없다.

살펴본 것처럼 비평가들은 종종 자신의 판단에 근거가 있다고 생각하지만, 수행 이론에서처럼 정서주의도 '근거'라는 단어가 가진 (이 경우에는 서로 다른) 두 의미를 구분한다. 예컨대 약속에 늦은 이에게 그 늦은 그 이유를 물어볼 수 있다. 만일 그가 아이를 병원에 데려갔어야만 했다고 말한다면, 그는 이유가 있었던 것일 뿐 아니라 의심할 여지 없이 좋은 이유가 있는 것이다. 그런데 만일 그가 시간을 깜박 잊어버렸다고 말하면 이유를 말한 것이 아니라 단지 원인(cause)을 댄 것이다. 즉 그는 약속에 늦은 것을 설명하기는 했지만 정당화하지는 못한 것이다. 단순한 버전의 정서주의에 따르면, 비평가가 근거를 말하는 것은 바로 이 두 번째 의미의 근거에 해당한다고 한다. A가 '그 시는 좋은 시가 아니다'라고 말했는데, B가 '왜?'라고 묻는다면, 지금 B는 A에게 B도 A처럼 이 시를 좋아하지 않게 될 어떤 참된 진술을 해달라고 요청하는 것이다. A는 B의 느낌을 읽기 위해 노력해야만 한다. 만일 B가 이미 혼란스러운 시상(詩想)을 좋게 보지 않는다고 여기면, A는 '시상이 혼란스럽네'라고 말할 것이다. 혹은 '작가가 한때 공산당원이었대'라거나 '레니에 대공도 이 시를 좋아하지 않아'라거나 '백만 부나 팔렸대'와 같이 참임과 동시에 B의 편견에 불을 지필 말이 필요할 것이다. 정서주의가 한 근거와 또 다른 근거를 나누는 유일한 차이는 그 근거가 효과적(effective)이냐 아니냐에 있다. 다시 말해, 만일 한 근거가 B로부터 바랐던 반응을 보장한다면 그 근거에 대해 더 말할 것도 요구할 것도 없다. 여기에서 좋은 근거와 빈약한 근거에 논리적 구분이라는 것은 없다.

이러한 주장이 실제 비평적 논증에 대한 적절한 설명인지를 알아보기 위해 우리는 이 이론이 제시한 두 가지 국면, 즉 명령요소와 감탄요소를 각각 알아보아야 한다.

미적 맥락에서 말해지는 '이 작품은 좋다'와 같은 판단을 감추어진 명령으로 간주하는 것은 적절한 것일까? 물론 화자가 다른 사람의 태도에 영향을 주기를 원할 수도 있고, 그래서 성공할 수도 있다. 그러나 그렇다고 해서 이 진술이 명령이 되는 것은 아니다. '조금 춥네요'라는 말이 어떤 이로 하여금 일어나 창문을 닫게 만들 수는 있을지 몰라도 명령은 아니다. 나아가 주장하는 모든 진술이 그것을 믿어달라는 요청이지만, 그렇다고 '비가 와요'가 '비가 올 것이라 믿소, 당신도 믿으시오!'로 분석될 수는 없다. 만일 '이 작품은 좋은 작품이다'라는 말에 (믿음 외에) 어떤 것이 함축적으로 명령된 것이라면 그것이 무엇인지 알기 어렵다. 화자가 '이 작품을 좋아하시오!'나 '이 작품을 싫어하지 마시오!'를 의미할 수 있지만, 이러한 명령은 이상한 것이다. 어떻게 다른 사람에게 무엇을 좋아하라 명령할 것인가? 혹 이 화자가 '따라해 보세요, '이 작품은 좋은 작품이다'!'를 의미할지 모르지만, 그가 명령하는 것이 '이 작품은 좋은 작품이다'라는 언술적 발화라면 화자가 만족할 수 있는 것이 없다. 이처럼 (미적 맥락에서 말해진) '이 작품은 좋은 작품이다'가 특이한 명령요소를 가진다고 주장하기에 합당한 사례를 찾는 것은 힘들어 보인다.

좀 더 광범위하게 고려해보면 이 같은 결론은 더 굳건해진다. 미적 대상에 대한 규범적 진술도 마찬가지지만 일반적으로 규범적 진술은 두 가지 종류가 있다. 가끔 우리는 실제적인 제안을 하곤 한다. 예컨대 *German Requiem*이나 *Don Giovanni*의 저 레코딩보다 이 레코딩을 사야 한다거나, 혹은 그 영화보다 이 영화를 보라거나, 아니면 그냥 집에서 텔레비전을 보라는 것과 같은 제안 말이다. 이 같은 모든 판단을 권고(Recommendation)라고 부르자. 이러한 권고는 실제 선택에 대한 해결방안을 제안하는데, 우리는 미적 대상에 대해서도 이러한 결정으로부터 결코 자유로울 수 없다 (이 주제는 제12장에서 다시 다룰 것이다). 한 오페라의 두 가지 레코딩 중 어떤 것을 사야 할지 결정하기 위해 우리는 많은 요인들, 예를 들어, 상대적인 비용, (급한데 하나는 주문을 넣어야 하고 다른 하나는 재고가 있다는 사실도 포함한) 조달의 난점, 두 레코딩의 차이점, 지휘자가 뽑은 장면, 표면 잡음, 연주 등도 물론 고려해야 한다. '이 연주가 훌륭하다', '이 레코드 표면이 잡음이 없다'같이 전술한 요인들에 대한 규범적 진술들은 해당 권고의 말마다 다를 것이다. 나는 레코딩 X가 사운드 면에서는 더 훌륭하지만 Y가 더 싸다고 말해줄 수 있다. 하지만 최종 선택은 여러분에게 달린 것이다. 이 때의 진술들은 이러저러한 국면에서의 좋음(goodness)에 대한 판단이고, 우리는 이것을 칭찬 (Commendation)이라고 부를 것이다. 짐작하건대 합리적 권고는 올바른 칭찬에 기반할 것이지만, 칭찬이 그 자체로 행위의 제안인 것은 아니다. 그러나 극단적인 사례에서는 이러한 구분이 사라지는 경향이 있다. 예컨대 만일 한 음악작품의 두 레코딩이 사운드의 품질과 같은 한 가지 국면에서만 차이가 있다면, 이러한 상황에도 Y를 사는 것은 비합리적인 일이라 'X가 더 좋은 사운드를 지녔다'라는 칭찬은 'X를 사시오'라는 권고를 짙게 깔고 있게 된다.

그렇다면, 권고가 명령요소를 가진다는 견해에 중요한 의미가 있는 것 같다. 예컨대 옳고 그름에 대한 도덕적 판단이 '제가 어떻게 해야 하나요?'라는 질문의 (물론 이러한 질문에 대한 답이 단순 명령일 것 같지 않지만) 답인 것처럼 말이다. 그러나 비평적 평가는 권고가 아니라 칭찬이다. 즉 이 평가는 결정에 관련된 정보를 제공하지만 자체적으로 결정을 요구하지는 않아서, 비평적 평가를 부분적으로 명령으로 간주하는 것은 전혀 설득력이 없다고 본다.

이제 정서주의의 감탄요소를 살펴보면, 여기에서 우리는 또 다른 일군의 난점들을 만나게 된다. 더 이상 '이 작품은 좋은 작품이다'를 순수한 정서적 언어의 사례로 말하는 것이 설득력 있게 들리지 않을 것 같기 때문이다. 즉 이 문장은 정서적 함의(import)와 정서적 취지(purport)를 가지지만, 앞서 제3장 9절에서 이 용어들을 소개했던 그 의미에서는 아니다. 그러나 혼합 정서주의(Mixed Emotive Theory)는 규범적인 용어들도 의미를 가질 수 있다는 결론을 인정한다. 한편 이 이론은 규범적 용어들도 정서적 영향력(emotive force)을 가질 수 있지만 이것이 비평적 추론에 복잡한 문제를 발생시키게 된다고 주장한다. 즉 이 이론에 따르면, 정서적인 용어가 논증의 결론으로 나타나면 논증이 그 자체로 온전히 논리적일 수 없는 오류에 항상 빠지기 때문이다.

간단한 예로, (제3장에서는 회의적으로 다루었지만,) 동일한 의미를 지녔지만 하나는 중립적인 반면 다른 하나는 부정적인 정서적 함의와 취지를 지닌 두 용어, 예컨대 '파업 중 일한 사람'과 '부역자'(scab)와 같은 용어를 찾을 수 있다고 해보자. X가 파업 중에 일했다는 것을 증명하는 것은 있을 법한 일이고, X도 이 같은 술어가 자신에게 적용되는 것을 받아들일 마음의 준비가 되어있을 것이다. 그러나 그래서 우리가 다음과 같이 말한다고 해보자: '두 용어는 동일한 의미를 지니고, 분명 두 용어가 어느 맥락에서나 의미의 변화 없이 상호 교환 가능하므로, 당신이 파업 동안 일한 것이라면 당신은 부역자다'라고. 이러한 논증은 물론 어느 한 수준에서는 완전히 타당하다. 그러나 X는 '부역자'라는 단어의 사용에 격렬히, 그리고 일리 있는 이유를 들며 반박할 것이다. 반면, 만일 그가 '부역자'라는 말을 받아들여 자신에게 적용한다면, 그는 이 용어를 사용하는 정서적 취지를 받아들이는 것이 될 것이다. 다시 말해, 이 단어를 사용함으로써 그는 자신을 향한 자기-부정을 보여주는 것이 될 것인데, 그러나 그는 이러한 자기-부정을 느끼지는 않으므로 이는 잘못된 보여주기가 될 것이다. 이 논증은 전제에는 없는 숨겨진 정서적 효과를 결론으로 이끌기 때문에 오류이다.

정서주의자들에 따르면, 동일한 상황이 '이 작품은 좋은 작품이다'라는 비평적 논증에도 발생한다고 한다. 우리는 '이 작품은 통일성을 지녔다'라는 사실적인 전제는 받아들일 준비가 되어있을 수 있지만, '이 작품은 좋은 작품이다'에는 난색을 표명할 수 있다. 왜냐하면 이러한 진술은 우리가 하고 싶지 않은 승인을 주기 때문이다. 따라서 모든 비평적 논증을 논증으로 여긴다면 이 같은 특이한 방식의 오류를 범하는 것이다. 그러하다 보니, 제대로 된 논증으로 여기지 않는 것이 최선이다.

이제, 우리는 이 숨겨진 정서효과의 오류에 대해 일반적으로 무엇을 해야 하는지 알고 있다. 즉 우리는 중립적인 의미를 지닌 용어들을 사용할 수도 있고, 혹은 정서적 용어들을 그 정서적 효과가 최소화되는 맥락에서 사용해 사리에 맞게 무탈할 수도 있다. 그렇다면 비평적 논증들도 그렇게 하면 안 될까? 만일 '빨강 계열에서 채도가 높은 색'과는 달리 '따뜻하고 이글거리는 색'이라는 표현을 정서적으로 여긴다면, 정서적인 면이 덜한 용어를 사용하던지 아니면 아예 정서적 효과를 제거해버리자. 그러나 정서주의자들에게는 이 지점이 핵심 사안이다. 다시 말해, 그들은 '좋다'는 말이 지닌 정서적 국면이 바로 이 단어가 지닌 규범적 국면이라고 주장한다. 정서적 효과를 제거하면 더 이상 비평적 평가가 아니고, 비평적 평가를 유지하려면 정서적 효과가 발생해 오류를 범해야 한다.

그렇다면, 우리는 어떤 근거로 한 단어의 정서적 국면이 규범적 국면인지 아닌지를 결정하는가? 이 문제는 결코 쉽게 답할 수 있는 문제가 아니며 이 시대 철학자들에게서도 일치된 적이 없다. 그러나 한 가지 분명한 점은, 만일 규범적이지만 정서적이지는 않은 진술이, 그리고 정서적이지만 규범적이지 않은 진술이 있다면, 규범적인 것과 정서적인 것은 별개의 것이다. 그리고 나는 이것이 바로 그 경우인 것 같다. 어떤 정서적 진술들 경우 규범적 진술이 아니라는 것은 합의된 바이다. 그리고 호불호를 표명하거나 환기하는 정서적 진술들조차도 모두 규범적 진술인 것은 아니라는 것에도 동의할 것이라 생각한다. 그리고 논란의 여지가 있기는 하지만, 몇몇 규범적 진술들은 결코 정서적 진술이 될 수 없다고 생각한다. 누군가 어떤 것이 좋은 것이라고 말할 때, 대개 그 사람은 그 대상에 완전히 냉담하지 않다는 것을 보여주는 것이 맞다. 그럼에도 불구하고, 그는 이 '좋다'는 단어를 완전히 차분한 방식으로 사용할 수 있다. '제 판단에, 이것은 좋은 작품입니다'처럼 말이다. 여기에 사용된 '좋은'

은 정서적 취지가 거의 없는 것일 수 있다. 물론 우리가 '좋다'는 말을 들으면, 불안한 감수성을 지닌 사람이 아닌 한 호감을 보이는 반응을 하는 경향이 있는 것도 사실이다. 그러나 이 단어는 정서적 함의가 거의 없는 것일 수 있다.

세련된 형태의 정서주의는 수행이론에서처럼 한 가지 수긍의 지점을 마련하기는 한다. 예컨대 우리가 '만세!'와 같은 도덕적 상찬으로부터 '오, 아!'라는 미적인 승인을 구분하는 것처럼, 미적인 맥락에서 '좋은'이라는 말이 표명하고 환기하는 다양한 감정의 구분을 시도한다고 해보자. 만일 A가 특정 회화 앞에 서서 '오, 아!'라고 하거나, 혹은 〈세 음악가〉 앞에서 외친 그의 '오, 아!'가 옆 사람의 탄성보다 컸다면, 상식적으로 B는 이러한 탄성에 옳고 그름을 묻지 못해도 그것이 적합한가(appropriate) 아닌가를 묻는 것이 가능한 이유는 무엇일까? 이 발화를 정당화하기 위해 A는 〈세 음악가〉가 미적 불승인 보다는 승인을 받을 만한 어떤 특성을 가진다고 주장해야만 할 것이다. 혹은, '공을 잘 굴렸다'고 말하는 것이 야구에서는 부적절하지만 크리켓 경기에서는 적절한 것처럼, 이 경우에도 적절한 종류의 승인이라도 내리게 하는 어떤 특성을 가진다고 주장해야만 한다. 개별 상황에 적합한 정서적 감탄의 종류를 안다는 것은 규범적 표현을 어떻게 사용하는지 안다는 것이고, 형편없는 구성을 가진 작품 앞에서 '오, 아!'를 외치는 사람은 어떤 거짓(false)도 말한 적 없지만 표현을 잘못한 것이 맞다.

그러나 정당화될 수 있는 정서적 발화와 정당화될 수 없는 정서적 발화의 구분을 이끌려는 어떠한 시도도* 이러한 완곡한 방식에서조차 정서이론을 알아볼 수 없게 변형시키어 다음 장에서 살펴보게 될 가치 심리론(psychological theories of value)과 별반 다를 것 없게 될 것이라 본다. 왜냐하면 세련된 정서주의에서 '오, 아!'라는 발화는 참/거짓이 아니라 할지라도, "'오, 아!'가 포레의 〈레퀴엠〉에 대한 적절한 반응이다'라는 진술은 그 자체로 이 세련된 이론이 참/거짓이라 보는 규범적 진술에 해당하고, 이 진술은 정서주의가 분석해야 했던 '포레의 〈레퀴엠〉은 좋은 작품이다'라는 바로 그 애초의 비평적 판단에 해당하기 때문이다.

---

* 다시 말해, 리처드 브랜트(Richard Brandt)가 '타당성 논제'(Validation Thesis)라고 불렀던 것을 이끌려는 시도 말이다. 그의 논문 "The Status of Empirical Assertion Theories in Ethics," *Mind*, LXI (1952): 458-479를 참조하라.

상대주의

지금까지 이 절에서는 비평적 논증의 본성을 살펴보았다. 그러나 동일한 판단에 대해 한 비평가는 찬성의 근거를, 다른 비평가는 반대의 근거를 대는 일종의 이중 (double) 논증을 펼치는 비평적 논쟁을 논할수록 어떤 문제점들은 더 뚜렷해지기도 했다.

> A: 〈밤으로의 긴 여로〉는 명연극이야.
>
> B: 그 작품의 무엇이 그렇게 훌륭한데?
>
> A: 몇몇 장면은 정말 감동적이었고, 서사를 쌓는 힘도 있었고, 작중 인물들이 현실적이었으며, 갈등은 능수능란하게도 인간적인 것이었어.
>
> B: 그렇구나. 이 연극의 편을 들자면 그렇게 말할 수 있을 것 같아. 그렇지만 이 극의 막대한 상연시간을 위해서 극의 흐름이 너무 느리고 무거운데다 지나치게 반복적이고, 등장인물과 갈등은 어쩔 수 없이 기초적이었던 것 같지 않아? 그 결과 이 극의 전반적인 극적 효과는 단조롭고 에너지가 빠져서 제아무리 오닐(O'Neill)의 작품이라고 해도 나는 명작이라고 하지는 않을 것 같아.

물론 지금까지 살펴보았던 비평적 논증에 대한 두 이론도 이러한 상반된 논쟁에 적용된다고 볼 수 있다. 수행이론은 위 대화에 대해 A는 위 연극을 칭찬하는 반면 B는 그러한 칭찬을 거부한다고 말할 것이다. 그러나 이 지점 이후 두 논쟁자가 어디로 흘러갈 것인지는 명확하지 않다. 정서주의에 따르면 이러한 논쟁은 기본적으로 믿음이라기보다는 태도의 불일치로 이해될 것이다. 그리고 이 불일치는 연극의 실제 특징에 관한 불일치를 포함하지만, 엄밀히 이것이 가치-논쟁인 것은 그 특징에 관한 불일치가 해결될 때조차도 A의 찬성 태도와 B의 반대 태도 간의 좁혀질 수 없는 대립이 여전히 남는다는 점 때문이다. 한편 우리가 이 절을 마무리 짓기 전에 살펴봐야 할 비평적 논증에 대한 또 다른 일반적 견해가 하나 더 있다. 이는 상대주의(Relativism)이다.[*]

---

[*] 미학에서 조지 보아스(George Boas), F. A. 포틀(F. A. Pottle), 버나드 헤일(Bernard C. Heyl) 등

이 용어는 너무나 일상적이고 친숙해 거의 모든 논의에서 너무나 부주의하게 쓰이다 보니, 일상적으로 안다고 하는 것으로부터 시작하는 것은 부족해 보인다. 먼저, 상대주의라는 용어를 비평에 관련된 중심 주제의 거론에 사용하는 최선의 방법이 무엇인지에 대한 내 생각을 자세히 설명할 필요가 있겠다. 수행이론과 정서주의는 비평적 추론의 본성을 설명하는 이론들이다. 다시 말해, 이 이론들은 '좋은'이라는 용어가 미적인 맥락에서 기능하는 방식을 설명하는 이론들이다. 이제 (미적인 맥락에서 사용된) '좋은'이라는 용어를 설명하는 또 다른 방식이 있는데, 이 방식은 이 용어에 대한 정의를 제안하는 것이다. 그 정의는 다음과 같은 형식의 문장으로 표현된다:

(미적인 맥락에서) '좋은'은 …과 동일한 의미를 지닌다.

이 문장에서 정의항(defining term)은 '좋은'이 지시하는(designate) 특징들을 더 명확하게 해준다. 수행이론과 정서주의에 따르면 '좋은'은 정의될 수가 없다. 왜냐하면 이 용어는 사물의 특징을 지시하는 데에 사용되지 않기 때문이다. 그러나 만일 우리가 이 두 이론을 받아들이지 않는다면, '미적 맥락에서 '좋은'은 무엇을 의미하는가?' 혹은 '이 미적 대상이 좋은 미적 대상이라고 말하는 것은 어떤 의미인가?'와 같은 질문을 자유롭게 던져 볼 수 있다.

다음 장에서 우리는 이러한 질문에 대한 해답의 주요 유형들을 다룰 것이기에 여기에서 그 논증의 세부 내용을 예측하고 싶지는 않다. 다만, 상대주의는 특정한 종류의 제안만 인정할 수 있는 견해라서 이 견해가 옳다면 이는 다음 장에서 다룰 우리의 문제를 상당히 간소화시켜줄 것이다. 바로 이 점이 여기에서 잠시 상대주의를 다루려는 이유이다. 그러나 우리는 아래 예에서처럼 '좋은'의 몇몇 가능한 정의를 사용할 것임에도 불구하고 그것이 정의로서 가지는 적절성보다는 이 정의들의 한 국면에 관심을 둘 것이다.

주어진 미적 대상에 대해 논쟁하는 두 명의 비평가를 가정해보자:

A: X는 좋은 작품이다(is good).

이 이러한 이론을 옹호한 바 있다. Note 25.4를 보라.

B: X는 좋은 작품이 아니다(is not good).

다시 말해, 이 두 비평가는 겉보기의 형식에서도 논리적으로 상반된 문장을 말하고 있다. 그러나 이 두 문장이 진정 모순인가 하는 것은 우리가 인정하는 '좋은'의 정의가 무엇인가에 달려있다. 우리가 위 제시문의 부적절함은 생각하지 않고 다음과 같이 말하려 했다고 하자:

'X는 좋은 작품이다'는 'X는 가장 높은 보수를 받는 비평가들이 승인한 작품이다'라는 것을 의미한다.

그렇다면 위 애초의 문장은 대체 어구를 통해 다음과 같이 변형될 수 있다:

A: X는 가장 높은 보수를 받는 비평가들이 승인한 작품이다.
B: X는 가장 높은 보수를 받는 비평가들이 승인한 작품이 아니다.

'좋은'에 대한 가장-높은-보수를-받는-비평가 정의에 따르면, A는 X가 좋다고 하고 B는 X가 좋지 않다고 할 때, 이 두 사람은 실제로 서로에게 상반된 말을 하는 것이다. 그리고 A와 B가 누구이든 그들이 세계에서 가장 높은 보수를 받는 동일한 비평가에 대해 말하고 있는 것이라면, 이러한 사실은 참이다.

이제 다음과 같이 말한다고 해보자:

'X는 좋은 작품이다'는 '나는 X를 좋아한다'를 의미한다.

이제 A와 B가 가치판단을 말할 때, 이들이 진짜 말하고 있는 것은 그가 그 작품을 좋아하거나 좋아하지 않거나에 관한 것이다. 그렇다면 애초의 문장은 다음과 같을 것이다:

A: 나는 X를 좋아한다.
B: 나는 X를 좋아하지 않는다.

제10장 비평적 평가

'좋은'에 대한 나는-좋아한다 정의에 따르면, A와 B 중 한 사람은 X를 좋아한다고 하는데 나머지 사람은 X를 좋아하지 않는다고 말할 때 A와 B는 실제로 서로 모순된 말을 하는 것이 아니다. 그리고 이것이 보수가-가장-높은-비평가 정의와는 달리 나는-좋아한다 정의가 상대주의적 정의라고 말하는 의미이다.

이제, 이 정의에 따르면 서로 진정한 모순을 일으키지 않으면서 한 비평가는 그 미적 대상이 좋다고 하고 나머지 비평가는 그렇지 않다고 하는(혹은 둘 중 한 비평가가 나머지 비평가보다 더 좋다고 하는) 두 비평가가 있을 수 있다면, (미적 맥락에서 사용한) '좋은'의 정의는 상대주의적(relativistic)이다. 정서주의는 정의 자체를 제공하지 않기 때문에 '좋은'에 대한 상대주의적인 정의가 아니라는 점에 주목하자. 그러나 원한다면 편리하게 확장하여 정서주의를 상대주의적 이론이라 부를 수도 있다. 겉보기의 모순이 실제 모순은 아니라고 주장되는 비평 논쟁에 대한 이론이라는 의미에서 말이다. 나는-좋아한다 정의가 옳다면 A는 진술하는 것이지만, 오직 그 자신의 감정에 대한 진술이다. B는 원하기만 하면 A의 진술을 거부할 수 있다:

A: 이 작품은 좋은 작품이다.
B: 아니, 너 안 좋아하잖아.

요는 B가 '이 작품은 좋은 작품이 아니다'라는 답변으로 A의 진술을 부인할 수 없다는 점이다.

그렇다면, 우리는 상대주의를 (미적 맥락에서 사용된) '좋은'이 상대주의적으로 정의되어야만 하는 이론이라고 말할 수 있다.

'상대주의적'이라는 말의 정의는 '두 비평가가 있을 수 있다'라는 어구를 사용하게 되는데, 이 어구가 다양한 형태의 상대주의를 허용하게 된다. 나는-좋다 정의는 이 중 개인 상대주의(Individual Relativism)라 불리는 가장 극단적인 형태에 해당한다. 왜냐하면 이 정의로부터 비평적 논쟁을 하는 어떤 두 비평가도 실제로는 서로 다른 사물에 대해 말하고 있어서 서로 모순이 아니라는 결론이 이끌어지기 때문이다. 하지만 또 다른 형태의 상대주의인, 예컨대 문화 상대주의는 좀 다르다. 다음을 생각해 보자.

'X는 좋은 작품이다'는 'X는 나의 문화권 사람들이 승인하는 작품이다'를 의미한다.

이때 '나'는 화자를 가리킨다. 이제 만일 X가 좋은 작품이라고 말한 A와 좋은 작품이 아니라고 한 B가 같은 문화권자라면, 예컨대 두 사람 모두 서구 유럽인이거나 멜라네시아인이라면 이 둘은 서로 모순된 말을 하는 것이 맞다. 그러나 만일 A와 B가 다른 문화권에 속한다면, 즉 전자는 고대 그리스인이고 후자는 이스터섬 사람이라면, A와 B는 서로 모순되지 않는다. 그렇다면, (미적 맥락에서 사용된) '좋은'에 대한 문화 상대주의적인 정의에 따르면 다른 문화권에서 온 화자들이 실제적으로 논쟁할 수는 없다. 왜냐하면 이 화자들이 '좋은'이라는 말을 사용하여 진정한 불일치를 보이려 할 때마다 논쟁이 될 수 없기 때문이다. 즉 각자는 각자의 문화에 대해서만 말할 수 있다. 동일한 방식에서 다른 종류의 상대주의도 가능하다. 예컨대 (역사 속 화자의 시대에 준한) 시대 상대주의, 국가 상대주의, (화자의 사회 계급에 준한) 계급 상대주의 등등.

만일 그럴 수 있다면, 이 모든 가능한 정의들 중 어느 정의가 앞으로 고려해야 할 가장 적합한 정의일까. 현재 우리의 관심사는 더 중요하고 일반적인 질문에 있는 것 같다. 다시 말해, '어떤 형태의 상대주의를 받아들일 수밖에 없는 이유가 있을까?' 혹은 '현 논의의 시점에서는 모든 비상대주의적인 (미적 맥락에서 사용된) '좋은'에 대한 정의를 배제시켜야만 하는 것일까?'처럼.

철학자들이 우리로 하여금 '좋은'에 대한 상대주의적 정의를 채택하도록 설득한다고 해보자. 이때 철학자들은 우리에게 어떤 논증을 줄 수 있을까? 먼저, 철학자들은 비평가들이 실제로 상대주의적인 방식으로 규범적 단어들을 사용한다는 것을 보여주려 할 것이다. 이때 한 가지 상대주의를 지목해 그것이 항시 적용된다고 말할 필요는 없다. 철학자는 한 비평가의 사례인, 예컨대 비평가 C를 제시할 수 있다. 이 비평가 C는 자신의 문화권에 있는 다른 비평가에게 말할 때는 항상 자신의 판단에 대한 근거를 댈 준비가 되어 있지만 아리스토텔레스나 힌두 비평가에게 동의하지 않을 때는 근거를 댄 적이 없다 보니, 이는 그의 판단이 암묵적으로 자신의 문화권에 준함을 스스로 명확히 알고 있다는 것을 드러내는 것이라 결국 그는 다른 문화권의 비평가들에게 실제로 반대하는 것이 아닐 것이다. 이어서 상대주의자들은 또 다른 비평가 D를 생각해낼 수 있다. 이 비평가 D는 (심지어 이유를 물어봐도) 그의 판단에 어떤 근거도 댄 적이 없다. 왜냐하면 그가 '이 작품은 좋은 작품이다'로 의미하고자 하는 것은 단지 '나는 이 작품을 좋아한다'에 지나지 않기에 이 말이 다른 비평가나 심지어 다른 시기에 내린 자신의 판단에도 실제로 반대되는 말이 아니기 때문이다.

위에서 묘사된 C와 D는 이러한 비평가들을 찾아보기가 극히 힘들다 보니 캐리커처처럼 들린다. 비평가들의 내적 성찰된(introspected) 의미와 근거-제공의 관례들에 비추어보면, 대부분의 비평가들은 적어도 체계적이고 확립된 방식에서 상대주의에 가담하지는 않는다. 그리고 만일 D가 '이 작품은 좋은 작품이다'라는 말로 단지 '나는 이 작품을 좋아한다'는 것만을 의미한다면, 비평가들은 D가 '좋은'을 매우 특이한 의미로 사용하는 것이고 다른 사람들은 D가 말한 것이 무엇이건 그 의미로 받아들이지 않을 것이기에 의사소통도 일어나지 않는다고 말하기가 쉽다. 그러나 보통 상대주의자는 비평가의 내적성찰에 호소하지 않는다. 상대주의자는 비평가들이 스스로 뜻하고 행한다고 생각하는 것과 상관없이, '좋은'이라는 단어에 부여할 수 있는 의미가 상대주의적이라고 주장한다. 즉 상대주의자들은 항시 비평적 근거의 연관성에 대한 제한, 즉 개인적인, 사회적인, 역사적인, 그리고 문화적인 제한이 있다는 것을 받아들여야 한다고 말한다.

자, 그렇다면 이제 두 비평가 ('X는 좋은 작품이다'라고 말하는) A와 ('X는 좋은 작품이 아니다'라고 말하는) B 사이에서 의견대립이나 극명한 논쟁이 벌어져서 이 논쟁이 한동안 지속되었고, 이 와중에 연관성이 있는 혹은 없는 수많은 근거들이 제시되어 상대방의 근거를 받아들이기는 했지만 여전히 각자의 판단을 고수하고 있다고 해보자:

A: 이 연극은 플롯이 기발한 작품입니다.
B: 그럴 수 있죠. 그런데 저는 여전히 좋은 작품이 아니라고 말하고 싶어요. 인물들이 입체적이지 못해요.
A: 그럴 수 있죠. 그러나 저는 여전히 좋은 작품이라고 말하고 싶은 것이, 스타일이 뚜렷하거든요.
B: 그럴 수 있죠. 그렇지만 저는 여전히 좋은 작품이 아닌 것 같은데….

얼마 후 뭔가 잘못된 것 같다는 의심이 들기 시작할지 모른다. 왜냐하면 근거를 마련해도 의견의 차이는 좁혀지지 않는 것처럼 보이기 때문이다. 아니면 혹여 이것은 허위-논쟁(pseudo-issue)인지도 모른다. 만일 허위-논쟁이라면, 합리적으로 해결

(resolve)되지는 못해도 해소(dissolved)는 가능하다. 즉 논의자들이 재공식화를 자신들의 실제적 생각과 등가의 것으로 여겨주기만 하면, 논증을 재공식화함으로써 이 허위 특성을 명확하게 할 수 있다.

이 논쟁을 해소하는 방법에는 근본적으로 다른 두 가지 방법이 있다. 첫째, 우리는 이 두 비평가가 실제로 서로 다른 사물을 말하고 있다고 말할 수 있다. 다시 말해, 두 비평가는 어떤 객관적인 작품에 대해 말하고 있는 것이 아니라 그 대상이 자신에게 어떻게 보이는가에 대해 말하는 것이기 때문에, 두 비평가가 언급하는 것이 동일한 X가 아니라는 것이다. 요컨대 A에게 'X'는 'A에게 제시된 그 작품'을 의미하고, B에게 'X'는 'B에게 제시된 그 작품'을 의미한다. 해소를 위한 이러한 제안을 개별주의 (Particularism)라고 한다. 개별주의는 비평적 논쟁에서 각 논쟁자가 주어진 대상에 대해 항상 그 당시 자신에게 제시된 바를, 그리고 오직 그것만을 말할 수 있다고 정의하는 이론이다. 따라서 비평가는 절대 실제로 불일치하지 않는다.

우리는 이미 제1장 4절에서 개별주의의 진실성을 의심할 만한 근거를 밝힌 바 있다. 그러나 종종 혼동되지만 상대주의와 전혀 다른 것임을 명백히 하기 위해 여기에서 개별주의를 재차 거론한다. 개별주의가 참이면 상대주의는 정식화될 수 없다. 왜냐하면 상대주의는 논쟁자들이 동일 대상에 대해 말하지만, 그 사물에 대한 견해만이 오직 다르다는 것을 전제하기 때문이다. 상대주의는 위 쟁점을 해소하는 두 번째 방법이다. 즉 A와 B가 비록 'X'라는 말로 같은 대상을 지목할지라도 '좋은'이라는 단어를 서로 다른 의미로 사용하고 있어서 모순된 것이 아니라고 말함으로써 해소한다.

개별주의를 논하는 또 다른 방식은 규범적인 비평용어가 미적 대상에 적용되는 것이 아니라 미적 대상의 제시에만 적용된다고 말하는 것이다. 새로운 음악작품을 지속적으로 거듭 사이사이 간격을 두고 듣는다고 하자. 처음 들을 때는 조금의 즐거움을, 두 번째 들을 때는 더 많은 즐거움을, 세 번째 들을 때는 그보다 더 많은 즐거움을 얻을지 모른다. 그러나 이후 이 음악작품이 주던 즐거움이 현격히 떨어지면서 실질적인 불쾌감까지 얻게 되어, 사십 번쯤 들었을 때에는 이 작품을 더 이상 듣고 싶지 않을 수도 있다. 이때 (미적 맥락에서 사용된) '좋은'이라는 말이 각각의 제시에만 적용되는 것이라면, 우리는 이렇게 말해야 할 것이다: '첫 번째 제시가 좋았고, 두 번째 제시는 더 좋았는데… 이후 제시들은 점점 나빠졌다.' 그러나 우리는 분명 '좋은'이라는 말을 이렇게 사용하지 않는다. 변하는 것은 음악의 '좋음'이 아니라 우리, 즉 우리가 받아들이는 능력이 변한 것이다. 그 음악은 이전과 같은 음악이지만, 우리가 점점 더 적합하지 못한 제시를 받게 되고 그 음악의 제시에 점점 더 반응하지 못하게 된 것이다.

하지만 상대주의자는 혹간 논쟁하는 두 비평가가 다른 대상을 가리킨다고 흔히 말하는 실수들을 인정할지는 몰라도 그렇다고 주장하지는 않는다. 상대주의자들이 주장하는 것은 두 비평가가 동일 대상에 대해 상이한 태도를 보인다는 것이다. 그러나 상대주의는 부정적인 논제이다. 다시 말해, 상대주의는 비평적 논쟁을 해결할 수 있는 합리적 방법, 즉 근거를 주어서 해결할 방법이 없는, 그래서 진정한 논쟁조차 아니라고 보는 논제이다. 그렇다면, 이제 문제는 이러한 주장을 지지하기 해줄 수 있는 경험적인 증거는 무엇인가? 하는 것이다.

다양성 논증

상대주의자들이 호소하는 증거는, 밀접하게 연관되어 있지만 식별 가능한 두 논증에 근거가 되는 두 부분으로 나눌 수 있다. 여기에서 두 논증은 각각 다양성 논증(argument from Variability)과 고정성 논증(argument from Inflexibility)으로, 우리는 이 둘 모두를 살펴봐야 한다.

첫 번째 논증의 근간은 취미가 다르다는 데 있다. 즉 향유되고, 상찬되고, 선택되고, 소중하게 여겨지는 미적 대상은 시대마다, 문화마다, 국가마다, 사회적 계층마다, 집안마다, 개개인마다 매우 다르다는 것이다. 우리는 동일성을 요구하는 강한 외압이 주어졌던 시대나 지역에서조차 언급한 것과 같은 다양성을 찾아볼 수 있다. 그리고 특히 예술사에서는 독창적인 예술가와 그 작품에 주어지는 명성에 대한 평가가 크게 엇갈리는 것을 찾아볼 수 있다. 예컨대 케루비니(Cherubini), 멜빌(Melville), 존던(John Donne), 헨리 제임스, 엘 그레코에 대해서뿐만 아니라 셰익스피어에 대해서도 왕정복고 시대에는 오트웨이(Otway)보다 열등하다 평가되었다. 이러한 사실들은 내가 일반용어로 사용할 '취미의 다양성'을 잘 뒷받침해준다. 그러나 우리는 이 다양성을 상대주의로부터 잘 구분해야 한다. 다양성은 경험적인 사실이지만, 상대주의는 '좋은'이라는 용어를 정의하는 적합한 방식에 관한 하나의 이론이다. 이제, '취미는 다양하다. 그래서 비평적 판단은 상대적이다'라는 이 논증이 타당하지 않다는 것은 명백하다. 사람들이 좋아하는 미적 대상이 서로 다르다는 사실로부터, 미적 대상의 판단이 선호의 기록 외에 별다른 것이 아니라는 사실이 도출되지는 않는다.

그리고 이 취미의 다양성은 쉽게 해소될 수도 없다. 이 다양성은 너무 널리 퍼져 있고 뚜렷하며 깊이 뿌리내린 것일 뿐만 아니라 그 변화가 급격하고 늘 꾸준히 일어나기 때문에, 이러한 다양성은 어떠한 합리적 논의에도 적용되지 않는 자유로운 것으로 보인다. 이러한 사실에 낙담하여 미적 대상에 대한 규범적 논의에서 할 수 있는 것이라고는 우리에게 그리고 우리에게처럼 타인들에게도 미적 대상이 호소하는 방식에 대한 것일 뿐이라고 결론 내리기 쉽다.

그러나 우리는 이 다양성을 좀 더 쪼개보지 않고서는 그 의의를 가늠할 수 없을 것이다. 취미의 다양성이 커 보이는 것은 두루뭉술한 '취미'라는 용어가 이종적인 현상들을 한데 묶어 말하기 때문인데, 이 중 일부는 상대주의와 관계가 있지만 또 다른 일부는 관계가 없기도 하다. 예컨대, ① 선호(preference)의 다양성, 나는 이 용어로 다음과 같은 다름을 뜻한다: 즉 교향악단의 프로그램은 시즌마다 십년 주기로 바뀌는데, 이는 부분적으로 사람들이 같은 곡을 듣는 데 싫증을 느끼기 때문이다. 혹은 몇몇 프로그램들은 충분한 변화를 겪지 않는데, 이는 시즌권 구매자들이 음악에 쉽게 다가가고 싶다 보니 새로운 작품에 익숙해지기 위한 노력을 마다하기 때문이다. 그러나 이러한 갈등은 (미적 맥락에서의) 좋음에 대한 논쟁과 연관이 없기 때문에 차치할 수 있다. 베토벤의 〈2번〉을 연주할 것인지 월터 피스톤(Walter Piston)의 〈2번〉을 연주할 것인지에 대한 결정은 두 곡 모두 연주할 가치가 있다고 본다면 상대적인 비평적 평가에 영향받지 않을 것 같다. 혹은 또 다른 예로, 미국에 지어진 건축물들, 예컨대 내러겐셋에 있는 캐논세트의 스프레그 하우스(the Sprague house)나 캘리포니아주 유레카에 있는 칼슨 하우스(the Carson house)와 같은 빅토리아 시대 고딕양식의 기괴한 건축물들을 떠올려보면, 이러한 건축에서 추구된 완벽한 추함에 놀라 도대체 이러한 건축물을 아름답다고 생각한 사람은 누구인지 상상조차 할 수 없다. 하지만 이러한 작품들에 진정한 비평적 평가 상의 차이라는 것이 있을까? 이 건축물들이 아름답다고나 여겨졌는지 알 수가 없다. 아마도 이 건축물들은 미와 추에는 무감하지만 현혹적인 스타일에 돈을 못 써 안달이고 구시대 왕족이나 귀족 같은 외양이라면 어떤 값도 치르는 사람들이 건립했을 것이다.

요컨대 선호의 다양성이 반드시 ② 비평적 판단의 다양성(variability of critical judgment)을 함축하지는 않는다는 것이다. 만일 더 많은 사람들이 딜런 토마스나 오든 보다 앤 모로우 린드버그(Anne Morrow Lindbergh)의 시를 더 좋아한다고 해서 이것이 그들 모두가 그녀의 시가 더 좋은 시라고 생각한다고 말하는 것을 뜻하지는 않는다. 그러나 그들이 그렇게 말했다고 해보자. 다시 말해, 내가 말하는 비평적 판단의 다양성, 즉 동일한 사물이 서로 다른 사람 혹은 일군의 사람들에 의해 좋거나 나쁘다고 말해질 수 있는 다양성을 말이다. 만일 나의 판단이 90퍼센트의 내 미국 동료들과 다르다는 것을 알게 된다면, 나는 그 동료들이 틀렸다고 말하는 대신 내가 해야 할 민주적인 행동으로 그 시의 가치에 대한 보편적 판단을 내리는 것을 철회함으로써 갈등을 제거해줄 상대주의적 화법에 기댈 수 있다. 하지만 나는 이처럼 해야만 하지도 않고, 이렇게 하는 것이 진정 민주적인 것도 아니다. 왜냐하면 내가 나의 판단이 90퍼센트의 내 동료들이 내리는 판단보다 나은 근거를 가진다고 믿는다면, 고지를 고수해야만 한다.

위에서 근거가 없는 비평적 판단의 다양성은 또 다른 종류의 다양성, ③ 근거의 다양성과는 다른 것이다. 이 세 번째 그룹의 다양성은 우리를 좀 더 근본적인 문제로 이끈다. 두 사람이 테이블의 길이에 대해 서로 다른 견해를 보인다고 해보자. 불일치를 해결해 줄 방법에 동의하는 한 여기에 근본적인 문제는 없어 보인다. 그러나 이 중 한 사람은 줄자를, 그리고 나머지 한 사람은 야드 자를 쓰기를 주장한다면 계속해서 상이한 결과를 얻게 될 것이다. 이제 이들의 불일치는 테이블의 길이에만 국한된 것이 아니라 길이를 결정하는 올바른 방법에 대한 것이 된다. 즉 이들은 자신이 허용할 수 있는 근거에서 차이를 보인다. 그리고 여기에서 우리는 종국에 이들의 논쟁이 해결 불가능하다는 결론에 이르게 만들 종류의 다양성을 마주하게 되고, 이것을 처분하는 유일한 방법은 길이에 대한 상대적인 정의를 소개하는 것이다. 다시 말해, 한 사람은 '줄자로 측정된 길이'를 말하는 반면 나머지 한 사람은 '야드 자로 측정된 길이'를 말하고 있다고 소개하는 것이다. 결국 두 사람 모두 옳다.

비평사에서 실제로 우리는 이 세 번째 다양성의 사례들을 만나게 된다. 그리고 내 생각에 우리가 관심을 두어야 하는 유일한 종류의 다양성은 이 세 번째 종류이다. 가령 신고전주의 비평가는 셰익스피어의 『맥베스』가 시공간의 통일성을 거스르고 있다는 이유로 흠잡는 반면, 낭만주의 비평가는 등장인물의 섬세함에서 『맥베스』가

걸작이라고 추앙한다고 하자. 여기까지는 문제가 없다. 왜냐하면 두 군의 비평가들은 자신의 카드를 솔직히 보여주었고, 복잡한 연극 같은 경우 비평적 평가라는 것이 연극이 가진 장단점을 보는 다양한 재능과 감수성을 필요로 하다 보니 협업할 때 최상의 결과를 얻을 수 있기 때문이다. 그런데 신고전주의 비평가들이 등장인물에 주어진 섬세한 심리학적 통찰은 연극의 장단점으로 여겨지는 특성이 아니며, 차라리 『맥베스』가 스코틀랜드를 배경 삼아서 위대한 연극이라고 말하지 그러냐고 유감을 표명한다고 하자. 한편, 낭만주의 비평가들도 비슷한 유감을 표명하며 불행히도 작품의 통일성은 완전히 케케묵은 기준이라서 통일성을 거스른다는 이유로 작품을 비난하는 것 자체가 극이 4막이 아니라 5막이라는 이유로 비난하는 것만큼이나 연관성이 없는 비난이라고 맞선다고 해보자.

　이제 이들의 논쟁은 더 근본적인 문제로 옮겨가 길이 측정의 예에서처럼 여기에서도 '좋은'에 대한 상대적인 정의를 허용하여 논쟁을 해결하고픈 유혹에 강하게 끌릴 것이다. 만일 이때의 '좋은'이 '나와 내 시대가 선택한 기준에 준하여'를 의미하는 것이라면, 두 비평가가 모두 옳을 것이고 그들은 실제적인 갈등 상황에 놓이지 않는다. 그러나 이러한 해소는 길이 측정의 사례에서와 마찬가지로 미완일 것이다. 이런 근본적인 문제에서라면 의지를 세워야 하기 때문이다. 탁자의 경우 야드 자나 줄자가 틀렸을 수 있고 더 최종적인 표준을 구하거나, 혹은 필요하다면 워싱턴에 있는 국립표준 사무국의 기준에 준거해서라도 비교할 것을 제안할 수 있다. 위의 두 비평가가 자신의 길이 측정장치를 검사받지 않고 각자가 옳다고 주장한다면, 우리는 그들이 상대주의라서 그런 것이 아니라 너무 고집이 세어서 진실을 알고자 하지 않는 것이라고 말할 것이다.

　이와 같은 것이 비평적 논쟁에서도 말해진다고 할 수 있을까? 이제 질문은 다음과 같다: 시공간의 통일성과 심리적 섬세함이 연극 평가와 관련된(relevant) 기준일까? 그러나 이 질문은 다양성 논증이 시작되는 곳이기도 하다. 왜냐하면 탁자의 길이를 재는 사례에는 우리가 최종적으로 호소할 수 있는 보편적으로 인식된 기준이 있다. 그러나 다양한 미적 현상들은 여기에 일반적으로 인식된 비평적 기준 같은 것이 없다는 것을 보여주지 않는가? 비평적 논쟁에는 근거의 관련성을 결정하기 위해 호소할 기준이라는 것이 없다. 그래서 비평적 논쟁을 해결할 합리적 방법이 있을 수 없는 것이다. 통일성을 기준으로 받아들이는 두 명의 신고전주의 비평가 사이에서는 실제

　　　　　　　　　　　　　　　　　　　　　제10장 비평적 평가

적 불일치라는 것이 가능하다. 그러나 신고전주의 비평가와 낭만주의 비평가가 그들 각자 상대방의 근거를 용인하지 않을 것이라는 사실에서 알 수 있듯이 그러한 불일치는 있을 수 없다.

그러나 기준에 대한 두 가지 질문이 있을 수 있다. 첫째, 우리는 하나의 기준에 대한 동의가 있는지, 혹은 어느 정도의 동의가 있는지를 물어볼 수 있다. 예컨대 길이의 측정에 대해서라면 국가적 차원의 동의가 있다. 대학의 학력인증이나 (최근에 읽었는데) 크리스마스트리의 등급과 같이 다른 특정 분야에서도 기준들이 만들어지는 중이고, 또 다른 분야에서는 여전히 아무런 기준도 없기도 하다. 비평에서 우리가 일반적 규범(General Canon)을 생각한다면, 종속조건으로서 더 구체적인 다양한 기준들을 포섭하는 매우 포괄적이고 기초적인 수준에서 폭넓게 용인된 기준이 있다는 것을 앞 절의 논의들이 보여주었다고 본다. 예컨대 우리는 경험적인 일반화로 여겨지는 신고전주의 규범을 통일성에, 심리적 섬세함을 복합성에 포함시킬 수 있다. 따라서 일반적 규범은 기준으로 삼을 수 있는 공공의 그리고 안정된 특성을 지닌다.

그러나 물론 비평적 기준에 대한 완벽한 일치는 현재로서도 앞으로도 힘들지 모른다. 비평적 기준에 대한 두 번째 질문은, 국립 표준 사무국이 존재하기 전에 물었어야 하는 질문으로 기준이라는 것이 있을 수 있는지, 혹은 있을 것인지에 대한 것이다. 물론 그럴 만한 다른 이유들이 있겠지만, 취미의 다양성에 대한 어떤 것도 비평적 평가에 특정 기준을 제안하고 이러한 기준들을 받아들여 우선시해야 할 이유가 없다는 것을 보여주지 못한다. 그래서 우리는 다음 장에서 주요 쟁점으로 이 문제를 다룰 것이다. 즉 우리는 통일성, 복합성, 그리고 강렬성과 같은 기준들을 채택하는 것이 정당화될 수 있는 것인지를 알아볼 것이다.

종종 상대주의자들은 이 논증을 한 단계 더 밀고 나간다. 그들은 이러한 기준을 정당화할 수 있는 유일한 길은 특수한 규범들이 일반적 규범에 속하듯 이 기준들을 다른 그리고 더 일반적인 기준으로부터 도출해내는 방법이라고 말한다. 하지만 이러한 전략은 비평가를 기준 바깥으로 나가게 하지 못하고 한 기준에서 다른 기준으로 옮겨가게만 해줄 뿐이다. 따라서 상대주의자는 애초에 논리적 정당화 없이 특정 기준을 채택하지 않는 한 어떤 비평적 기준도 마련할 수가 없다. 그래서 모든 비평적 논쟁들은 궁극적으로 근거가 마련될 수 없는 기준들에 근간하게 되고, 무익한 토론을 예방하기 위해 비평에 나오는 규범적 용어들은 이러한 사실을 자인하는 방식으로 정의되어야 할 것이다.

내가 의문을 제기하고자 하는 것은 방금 말한 논증의 첫 번째 전제에 해당한다. 왜냐하면 다른 기준으로부터 한 기준을 도출해내는 방법이 아니라 기준을 정당화하는 또 다른 방법이 있기 때문이다. 즉 다른 것이 아닌 이 기준을 채택한 결과를 가지고 정당화하는 방법 말이다. 이 방법은 하나의 출로가 되어줄 것이고 우리는 이를 이 책의 다음 장 말미에서 살펴보게 될 것이다.

고정성 논증

이 장을 결론짓기 전에 우리는 내가 고정성 논증이라고 불렀던 상대주의자들이 따르는 또 다른 추론의 방식에 주목할 필요가 있다. 미적인 호불호는, 짐작건대 믿음과 불신을 포함한 모든 다른 심리적 상태가 그러하듯 원인을 가진다. 그러나 때때로 우리는 근거를 대어 믿음을 바꾸는 것, 즉 주장하고 그 주장에 대한 증거를 제공해 믿음을 바꾸는 것이 가능하다. 물론 우리는 때때로 믿음이 논증을 통해 직접적으로 획득될 수 없는 더 심연의 무의식적인 조건들의 결과이고 이러한 믿음들은 이 조건들에 대한 추론을 거부한다는 것을 잘 알고 있지만 말이다. 이제 우리들의 미적 호불호가 온전히 특정한 조건들, 즉 예컨대 성장 배경, 문화적 환경, 혹은 더 극단적인 예로는 '체형'(somatotypes)에 의해 결정된다는 것을 입증해야 한다고 해보자.* 다시 말해, 내배엽형(endomorphs)이나 내장형(viscerotonic) 유형은 항상 어떤 종류의 회화를 선호하는 반면, 외배엽형(ectomorphs)이나 두뇌형(cerebrotonic) 유형은 항상 그것과 다른 종류의 회화를 선호한다고 해보자. 현 논의의 목적상 한 사람이 속한 유형은 한번 정해지면 임의로 변경이 불가하고 고정되는 것으로 가정할 것이기에 미적 선호도 또한 고정될 것이다. 따라서 미적 선호는 논란의 여지가 없다. 그렇다면 한 유형의 체형을 가진 사람이 논쟁을 통해 다른 유형의 체형을 지닌 사람의 선호를 바꾸려고 시도하는 것은 전적으로 무의미할 것이다. 나는 이 체형이론의 가능성을 단순한 형태

---

* 나는 여기에서 찰스 모리스가 *Varietie of Human Value*에서 보고한 연구를 염두에 두고 있다. 참고 문헌으로는 Note 25.4를 보라.

로 보지만 전면적인 문화 결정론이나 경제 결정론도 같은 방식의 논증의 토대를 제공한다.

그러나 우리가 여기에서 다루는 논증은 어떤 종류의 논증이고, 이로부터 얻는 합당한 결론은 무엇일까? 미적 선호도가 우리가 제어할 수 없는 원인에 의해서 전적으로 결정되는 것이라고 할지라도, 'X가 좋은 작품이다'를 '나의 체형 유형에 속하는 사람들은 X 같은 것을 좋아한다'로 정의해야만 하는 것은 아니다. 사실 이는 쓸모없는 일이다. 왜냐하면 우리가 정말로 특정 종류의 회화를 특정 종류의 체형과 상호 연관시킬 수 있다면, '좋은'을 또 다른, 그리고 비상대주의적인 방식으로 재정의하는 것이 가능할 것이기 때문이다. 결과적으로 우리는 '좋은'에 대한 세 가지 의미를 구별하게 될 것이다:

> '좋은$_1$'은 '내배엽형들이 좋아하는'을 뜻한다.
> '좋은$_2$'은 '중배엽형들이 좋아하는'을 뜻한다.
> '좋은$_3$'은 '외배엽형들이 좋아하는'을 뜻한다.

이제 'X가 좋은 작품인가?'라는 질문을 받는다면, 답하기 전 질문한 이가 염두에 둔 의미가 위 세 가지 의미 중 어느 것인지 상세화를 요구하면 된다. 하지만 그렇게 되면 이 질문은 온전히 경험적인 것이 될 것이다. '좋은'에 대한 이 세 가지 정의 중 어느 것도 상대주의적이지 않다. 이 세 가지 정의가 만족스러운 것인가 하는 것은 앞으로 살펴보게 될 것이다.

고정성 논증은 우리에게 상대주의자가 되게끔 만들지는 않겠지만, 특정 종류의 비평적 논쟁이 무익하다는 것을 보여준다고 주장할 것이다. 그리고 우리는 이러한 주장이 가능한 것인지를 여전히 물어보아야 한다. 생양파에 대한 호감을 놓고 사람들과 논쟁할 수 없다고 말할지 모른다. 예컨대 '미키 스필레인(Mickey Spillane)이나 록앤롤에 대한 호감을 놓고 어떻게 논쟁을 기대할 수 있어?'처럼. 그러나 비평적 논증의 유용성이 우리가 직접적으로 근거를 제공하여 사람들의 호불호를 바꾸는 가능성에 있는 것은 아니다. 우리는 정직과 용기가 미덕임을 증명하는 근거를 댐으로써 사람들을 솔직하고 용감하게 만들 것이라 기대하지 않지만, 그렇다고 이것이 정직과 용기의 바람직함을 논하는 것이 무의미함을 보여주지는 못한다. 왜냐하면 우리가 이러한 성질들을 우리 스스로에게나 타인에게 장려하고 함양시킬 수 있는 간접적인 방법도 있기 때문이다. 만일 직접적이건 간접적이건 어떤 것도 미적 선호를 바꿀 수 없다면, 미적 선호에 대해 개탄하는 것은 아무 의미가 없다. 정말로 그렇다. 그리고 이것이 바로 체형론이 주장하는 바일 것이다. 그러나 개인의 취미가 변할 수 있다는, 즉 적합한 훈련을 통해서 섬세한 식별력과 향유 및 복잡한 이해력의 범위를 증대시키는 것이 가능하다는 것을 보여주는 수많은 증거가 있고, 실제로 우리는 이 중 일부를 다양성 논증에서 다루었다. 그리고 만일 취미를 변화시키거나 발전시키는 것이 가능하다면, 취미가 변화되어야만 하는가 하는 문제를 피해 갈 수 없다. 질문이 불가하도록 말을 재정의하는 것으로는 상대주의자들이 이 질문을 만족시킬 수 없을 것이다.

지금까지 언급한 비평적 상대주의의 통상적 논증에 대한 나의 논쟁은 다양성과 고정성에 대한 논증의 증거가 충분히 깊이 있게 분석된 적이 없다는 데 있었다. 사람들이 모두 다른 성질로 인해 〈모나리자〉(1505년경, 파리 루브르 소장)를 칭찬한다는 것이, 낭만주의 시기의 독자보다 18세기 독자들이 시의 추상적인 단어를 더 즐겼다는 것이, 가장 최근의 소설을 읽은 두 서평이 좀처럼 정확히 동일한 평점을 내렸을 리 만무하다는 것이 사실이라고 해도, 이 모든 사실은 다양한 구별이 만들어지기 전까지 어떤 의의도 없을 것이다. 사람들이 서로 다른 대상을 좋아한다는 사실은 비평적 논쟁이 무익함을 보여주지 않는다. 오히려 모든 사람이 동일한 사물을 좋아한다면 아무런 비평적 논쟁도 없었을 것이다. 애초에 논쟁을 발생시키는 것은 다양한 선호의 존재이다. 상대주의 문제는 이러한 논쟁이 발생한 이후에 그 논쟁에 대해 우리가 할 수 있는 것에 해당한다. 여기에서 핵심적인 질문은, 일군의 비평가들은 근거를 대고 수용할 것이지만 다른 그룹의 비평가들은 완전히 요점을 빗나간 것이라고 말할 수 있는 비평적 판단에 대한 근거가 있다는, 그리고 둘 중 한 그룹이 오판이라고 설득할 합리적 방법이 원칙적으로 없다는 결정적인 증거가 있는가 하는 것이다. 나는 상대주의자들이 이러한 증거를 제시할 수 없다고 본다. 그러나 증명의 책임은 오히려 이러한 합리적 방법이 있음을 보여야 하는 비상대주의자들 편에 있다고 말할지 모른다. 그래서 우리는 다음 장에서 이러한 책임에 관해 다룰 것이다.

NOTES AND QUERIES

24

24.1 평가의 기준으로서의 의도(INTENTION AS A STANDARD OF EVALUATION)

이 주제는 제1장, Note 1.1에 참고문헌을 열거하는 중에 거론한 바 있다. 특히 "Intention" (*Dictionary of World Literature*)과 "The Intentional Fallacy"를 보라. 주요하게 의도를 평가적 기준으로 논한 다른 논문들은 아래에 열거되었다.

의도주의적 평가에 대한 고전적인 옹호 중의 하나인 J. E. Spingarn, "The New Criticism," 1911은 *Creative Criticism*, New York: Holt, 1917에 재발행 되었고, 일반 선집, *Criticism in America*, New York: Harcourt, Brace and Howe, 1924에 실린 바 있다. 스핀간(Spingarn)의 주장은 크로체적인 표현주의가 어떻게 의도주의의 한 형태일 수 있는지를 보여준다(Croce, *Aesthetic*, ch. 10을 보라). 이 '스핀간-크로체-칼라일-괴테 이론'은 흥미롭게도 *Criticism in America*에 수록된 H. L. Mencken, "Criticism of Criticism of Criticism"에 의해 지지되었다. 스핀간처럼 멘켄(Mencken)도 의도주의가 윤리주의 비평과 장르 비평에 대한 대안이라고 믿는 것 같다.

이러한 의도주의적 방법론은 한계점이 있지만, 예술에서의 의도와 해석에 대한 심포지움인 (해석보다는 주로 평가에 집중했던) Henry D. Aiken and Isabel C. Hungerland, "Intention and Interpretation in Art," *J Phil*, LII (1955): 733-753을 통해 다루어진 바 있다. 내 생각에 이 두 저자는 평가와 해석을 너무 많이 혼용해서 비평적 평가가 부분적으로 미적 대상을 '수행'(performances)으로 판단한 것이라고 혹은 판단한 것일 수 있다고 주장하는 듯하다.

윔샛의 *The Verbal Icon*에 대한 서평인 *Comparative Literature*, VII (1955): 344-361에서 엘리서 비바스(Eliseo Vivas)는, 논문 "The Intentional Fallacy"를 비판하고 모

든 문학작품은 비평가의 '직관'으로 파악 가능한 '이상적인' '내재적'(immanent) 의도를 가진다는 대안적 견해를 제안한다. Theodore Redpath, "Some Problems of Modern Aesthetics," Part I, in C. A. Mace, ed., *British Philosophy in the Mid-century*, New York; Macmillan, 1957은 "Intentional Fallacy"가 실현되지 않은 미적 의도는 알 수 없다고 주장하는 점에서 틀렸다고 논한다. "Intentional Fallacy"가 취한 입장이 지나치게 단호하다고 언급한 점에서는 레드패스가 옳지만, 그의 논문은 약간 느슨하다. 그럼에도 불구하고 나는 래드패스가 우리가 의도가 부족한 작품이라고 생각하는 근거를 찾을 수 있는지가 아니라, 의도가 부족한 곳과 그 정도를 결정하는 그 충분한 증거를 마련할 수 있는가에 대한 주요 쟁점을 회피하고 있다고 본다. 실제로 우리가 구할 수 없어 보이는 것은 바로 이러한 증거이다. C. J. Ducasse, *The Philosophy of Art*, New York: Dial, 1929, pp. 269-277. 여기에서 듀카스는 자신이 논의하는 의도주의적 기준들을 "그 자체로 예술작품의 비평"(p. 270)인 것에 관련된 유일한 기준으로 간주한다. A. K. Coomaraswami, "Intention," *The American Bookman*, I (1944): 41-48; R. Jack Smith, "Intention in an Organic Theory of Poetry," *Sewanee Review*, LVI (1948): 625-633도 보라.

I. A. Richards, *Principles of Literary Criticism*, London: Routledge and Kegan Paul, 1925, ch. 25와 Appendix A에서 사용된 '불완전한 소통'(defective communication)이라는 개념은 의도주의적 기준에 해당한다. John Hospers, "The Concept of Artistic Expression," *PAS*, LV (1954-1955): 313-344에서 철저히 검증된 크로체의 '성공적인 표현'(successful expression)도 마찬가지이다.

의도주의를 사용한 문학사적 사례로는, 스펜서의 *Faerie Oueene*에 대한 허드 경(Bishop Hurd)의 옹호에 대해 설명한 David Daiches, *Critical Approaches to Literature*, Englewood Cliffs, N.J.: Prentice-Hall, 1956, pp. 261-266을 보라.

24.2 독창성(ORIGINALITY)

문학에서 작품의 진부한 표현이나 클리셰를 비난하고 그 '신선함'을 칭찬하거나 표절을 알게 되어 작품에 대한 의견을 번복하는 것은 매우 흔한 일이다. 그러나 만일 우리가 논외로 할 수 없는 이러한 독창성에의 호소가 실제로 객관적 기준에 대한 호소라서 관련된 것임을 보여줄 수만 있다면, 평가의 기준으로서의 독창성은 포기될 수 있다. 클리셰는 친숙한 표현일 뿐만 아니라 아마도 그 맥락이 지닌 양식(style)에 맞지 않는 친숙함인 듯하다. '참신성'(novelty)의 중요성에 대한 좀 더 오래된 논의로는, 애디슨(Addison)의 *Spectator essays*, Nos. 411-414의 재발행본인 P. R. Lieder and R. Withington, *The Art of Literary Criticism*, New York: Appleton-Century, 1941, pp. 231-242와 Edward Young, *Conjectures on Original Composition*, 1759의 재발행본인 Mark Schorer, Josephine Miles, and Gordon McKenzie, eds., *Criticism*, New York: Harcourt, Brace, 1948, pp. 12-30을 보라. 독창성 기준에 대한 현대적 옹호로는, T. M. Greene, *The Arts and the Art of Criticism*, Princeton, N.J.: Princeton U., 1940, pp. 404-407가 있다. 이를 I. A. Richards, *Practical Criticism*, London: Routledge and Kegan Paul, 1929, Part III, ch. 5와 비교해보라. 문제는 '상투적인 반응'이 독자의 오독(誤讀)이 아니라 시 자체에 있을 때, 상투적인 반응 때문에 저평가된 시가 비독창성으로 인해 비판받는 것인지, 아니면 더 많은 객관적 근거들로 인해 비판받는 것인지에 있다. 그리고 나는 좋은 논문이지만 아직 발행되지 않은 미시건 대학 리처드 러드너의 독창성에 대한 논문도 읽어 보았다.

24.3 진정성(SINCERITY)

해당 술어들을 포함한 대상뿐 아니라 일반적인 미적 대상에 적용하기 위해 '진정성'이라는 용어는 창작 당시 예술가의 정서와 작품의 영역 성질 사이에 형성된 관계를 통해서 정의되어야만 할 것으로 보인다. 이렇게 정의될 때 진정성이 없다는 것이 예술가에 대한 비난의 근거가 될 수 있을지는 몰라도 이 용어가 대상 자체가 가지는 가치와 관계없다는 것이 분명해진다. 진정성의 문제는 "비평으로부터 영원히 추방되어야 한다"고 C. S. Lewis, *The Personal Heresy*, New York: Oxford U., 1939, p. 120에 언급된 바 있다. Henry Hazlitt, *The Anatomy of Criticism*, New York: Simon and Schuster, 1933, ch. 9도 참조하라.

24.4 예술적 사기(ARTISTIC FRAUDS)

기술, 진정성, 그리고 독창성이 비평적 평가와 맺는 관계에 관한 미묘한 문제들이 예술가가 자신의 신분을 감추고 그의 작품을 다른 사람의 것처럼 행세하는 작품들에서 발생한다. 예를 들면 제임스 맥퍼슨(James Macpherson)의 시 「Ossian」, 토머스 채터턴(Thomas Chatterton)의 시 「Rowley」, 프로스페르 메리메(Prosper Mérimée)의 희곡 「Clara Gazul」, 알체오 도세나(Alceo Dossena)가 만든 중세와 르네상스 시기 조각 위작, 이전에는 미켈란젤로의 작품이라고 알려졌던 *Sleeping Cupid* (Victoria and Albert Museum, London), 조반니 바스티아니니(Giovanni Bastianini), 루쇼모프스키(Rouchomovsky), 아이오니(Ioni)의 위작들, 2차 세계대전 당시 한스 판 메헤렌(Hans van Meegeren)이 만든 베르미어(Vermeer)의 위작들이 있다. 우리가 애초에 취지와 다르다는 것을 알게 되면 언급한 작품들에 대한 우리의 평가는 어떤 방식으로 달라질까?

24.5 정감적 비평(AFFECTIVE CRITICISM)

"The Affective Fallacy"라는 논문에 드러난 정감적 근거에 대한 전반적인 거부는 다소 성급한 면이 있다(제1장, Note 3.2를 참조하라). 왜냐하면, 내가 제11장에서 주장하였듯 그 최종 분석에서 미적 대상은 지각자들에게 미치는 특정 종류의 효과와 관계 맺지 않고서 비평적 평가를 완성할 수 없기 때문이다. David Daiches, "The New Criticism: Some Qualifications," *College English*, II (1950): 242-250은 이 '정감적 오류'가 가치를 낳는 요인으로 정감적 효과를 부인한다고 공격했다. 가치와 효과가 분리될 수 없다고 말하는 점에서는 그가 옳지만, 그래서 문학 비평의 통일성, 복합성 규범에 대한 그의 전반적인 공경이 정당화될 수 있다고 보는 것은 잘못된 생각이다.

'감상성'(sentimentality)이라는 개념이 객관적 용어로 분석될 수 있을까? I. A. Richards, *op. cit.*, Part III, ch. 6을 보라.

24.6 객관적 근거(OBJECTIVE REASONS)

(I) 여기에서 핵심 문제는 다양한 비평적 근거에 대한 면밀한 조사를 통해서만 해결될 수 있는 것으로, 이는 대상의 성질을 객관적으로 가리키는 동시에 명백히 무관한 것으로 배제될 수 없는 모든 비평적 근거들이 실제로 통일성, 복합성, 질적 강렬성이라는 규범으로 분석될 수 있는가 하는 문제이다. 예컨대, ① '좋은 노래는 노래하기 쉽고 가사에 맞는 음악을 가지고 있는 곡이다'를 생각해보자. 인간이 부를 수 없다는 의미로 노래할-수-없음(unsingability)을 이해할 때, 이것은 나머지 근거들과 같은 논의의 수준에 있지 않다. 이는 노래에 대한 판단이 아니라 노래가 아니라는 부정이다. 문학적 모호성(obscurity) 개념과 비교해보자. 노래를 부를 수 없거나 시를 읽을 수

없다면, 이에 대한 판단도 불가하다. ② 누군가의 "좋은 교향곡보다는 슈만의 저급한 교향곡을 듣겠다."(Stephen Williams, in Ralph Hill, ed., *The Symphony*, Baltimore: Pelican, 1949, pp. 174-175); 이러한 언급도 위 세 가지 규범을 통해 분석될 수 있을까?

Cleanth Brooks and Robert Penn Warren, *Understanding Poetry*, rev. ed., New York: Holt, 1950, pp. 274-278에서 조이스 킬머(Joyce Kilmer)의 「Trees」에 대해 무엇보다 철저하게 혼란스러운 이미지를 제시하기 때문에 나쁜 시라고 논했다(p. 275). 그들의 근거는 제프리 플리스(Jeffrey Fleece)의 "Further Notes on a 'Bad' Poem," *College English*, XII(1951): 314-320에서 조리 있게 비판되었다. 그러나 '정감적 오류'에 대한 플리스의 지적은 부적절한 것이었고, 그는 이 논문을 '비평적 실천으로서의 면밀한 독해'에 대한 일반적인 공격으로 전환시키고, 「Trees」에 드러난 복합성 혹은 그것의 부재는 자신이 상대주의 입장을 취했던 이 시의 가치와 무관하다고 주장했다.

(II) 제안된 비평적 원칙의 사례들을 보려면 다음을 참조하라: Harold Osborne, *Aesthetics and Criticism*, London: Routledge and Kegan Paul, 1955, pp. 251-259, 268-289. 문학에 대한 그의 기준은 '정확성'(precision), '기교를 숨기는 기술'(the art of concealing art), 그리고 의미의 강화를 위한 단어-소리의 제어였다. W. H. Hadow, selection from *Studies in Modern Music*, in Eliseo Vivas and Murray Krieger, eds., *Problems of Aesthetics*, New York: Rinehart, 1953, pp. 262-276(저자는 '활기', '노고', '비례', 그리고 '적합성'이라는 '원칙들'을 사용한다).

Stephen C. Pepper, *Aesthetic Quality*, New York: Scribner's, 1937, chs. 1, 9의 경우, 비평적 기준으로 성질의 '생생함', '폭', '깊이'를 사용한다(pp. 223-225, 246). 이러한 기준들을 이 장에서 옹호했던 기준들과 비교해보는 것은 흥미로운 일이다. *The Basis of Criticism in the Arts* (Cambridge, Mass.: Harvard U., 1945)에서 페퍼는 비평적 기준들의 집합을 마련하기 위한 더욱 세심한 노력을 기울이고 이러한 집합들을 자신이 말한 '세계 가설들'로부터 도출한다. 이 커다란 기획과 관련하여 그는 모든 종류의 기준들을 받아들이고, 그 연관성을 판단하는 유일한 척도도 세계 가설들이 제공한다고 보는 듯하다. 그러나 그가 책 말미에서 말하는 '절충적'(eclectic) 혹은 조합된 기준은 (pp. 140-141) 우리가 말했던 세 가지 일반적인 규범들과 크게 다르지 않다.

훌륭한 예제는 Carl E. Seashore, "In Search of Beauty in Music," *Musical Quarterly*, XXVIII (1942): 302-308에 숨겨진 전제들을 밝히고 검증해줄 수 있을 것

이다.

비평에서 규범의 역할은 존 할로웨이가 다음의 심포지움에서 논한 바 있다: John Holloway, "What Are the Distinctive Feature of Arguments Used in Criticism of the Art?" *PAS*, Suppl. vol. XXIII (1949): 165-194. 세부적인 규범에 해당하는 극적 통일성에 대해서는 다음을 참조하라: Allardyce Nicoll, *The Theory of Drama*, *London*: Harrap, 1931, pp. 38-60. 문학적 평가에 관련한 문제들에 관한 정리는 다음을 보라: René Wellek and Austin Warren, *Theory of Literature*, New York: Harcourt, Brace, 1949, ch. 18.

비평적 근거들을 분류하고, 특히 객관적인 근거와 나머지 근거들을 구분한 흥미로운 자료는, 앤 모로우 린드버그가 1956년 쓴 *The Unicorn and Other Poems*에 대해 존 시아디가 비판적인 논평을 쓰자 그에게 쏟아진 서신들에 있다. 시아디가 *Saturday Review*의 시 부문 편집장이었을 때, 그는 신문에 실을 시를 선별하는 그만의 원칙을 언급하는 흥미로운 기사를 쓴 적이 있다: "Everyone Writes (Bad) Poetry," *Saturday Review*, May 5, 1956, 22. 1957년 1월 12일 간행호 p. 54에서 그는 린드버그를 객관적이고 일리 있는 근거를 대며 신랄하게 비판했다. 그러나 이어지는 발행에서 그는 폭포수같이 쏟아지는 서신을 통해 처음에는 엄청나게 공격받고, 이후에는 많은 지지를 받았는데, 이에 대해 편집자들은 시아디와 그의 기백이 넘치는 답변, '비평가의 욕할 권리'(The Reviewer's Duty to Damn)를 훈계하는 사설을 덧붙였다. 이 논쟁에서 거론된 다양한 근거들과 시와 비평에 함축된 다양한 가정들은 연구해볼 만한 가치가 있다.

24.7 매체에 대한 신뢰와 그 이용
(FAITHFULNESS TO, AND EXPLOITATION OF, THE MEDIUM)

모리스 와이츠가 칭했던 '순수주의'(Purism)라는 원리는 세부적인 논의들과 함께 다음의 논문에서 논의된 바 있다: Morris Weitz, *Philosophy of the Arts*, Cambridge, Mass.: Harvard U., 1950, ch. 7. 그러나 와이츠는 순수주의를 거부했다. 매체(medium) (제2장, Note 6.2를 보라)라는 용어에 연관된 복잡함은 차치하고라도 순수주의가 할 법한 주장을 이해하기란 매우 어렵다. 순수주의는 외견상 다음과 같이 주장한다: ① 어떠한 매체도 그것이 할 수 없는 것을 하도록 만들어져서는 안 된다(p. 121). 이러한 견해는 커다란 문제가 없어 보인다. ② 매체는 그 스스로가 할 수 없는 일을 해서는 안 된다(p. 120). 일리 있는 조언이다. ③ "예술은 할 수 있는 최선을 다해야만 한다."(p. 28) '그래야만 한다'는 것이 여기에서 읽히고, 와이츠는 이러한 견해를 지지하는 좋은 근거가 없다고 적절하게 지적한다. ④ 예술은 ⋯ 예술들 간을 구분해주는 차별점을 ⋯ 가져야만 한다(p. 28). 이러한 견해는 완전히 근거 없는 권고사항이다. ⑤ 각 매체가 가진 '표현적 잠재성'은 '가능한 한 완전하게 실현되어야 한다'(p. 121). 어떤 한 작품에 대해서도 모든 잠재성이 실현될 것을 요구하지만 않는다면 훌륭한 말이다.

　　T. M. Greene, *op. cit.*, pp. 407-413에는 이 같은 비평적 공식들이 상당히 많이 언급된다. 그린은 이 공식들을 기초 공식으로 보지만, 공식들에 대한 그의 설명은 무해하지만 진부하거나 독특하지만 미덥지 못한 것 중 하나이다. 그래서 그는, 예컨대 "솜씨 좋은 화가들은 물감에 적합한 방식으로 물감을 칠한다"(p. 408)거나, "음색이나 다이내믹한 변주를 무시한" 음악처럼 "매체의 부정은 그 매체가 지닌 관련 잠재력을 살리는 데 실패했다는 것을 뜻한다"(p. 408)고 말한다. 물론 어떤 창작자도 한 작품에서 매체가 지닌 모든 잠재력을 전적으로 다 살릴 수는 없기에 이 공식을 적용하면 결국 의도주의에 이른다. "어떤 구체적인 작품구성에서도 기도한 목적이 더 풍부하고 효과적인 사용을 통해 얼마나 더 효과적으로 성취될 수 있었는가에 비례하여 주 매체는 사용되지 못하고 남겨진다. ⋯"(p. 409) "매체의 숭배" 즉 "작품의 다른 국면을 희생시키면서라도 매체라는 한 국면만을 과용하는 것"은, 예컨대 "돌이 지닌 석질만을 너무나 강조한 나머지 우리가 그 작품에서 받는 주요한, 그리고 유일하게 받은 인상이 거의 그 돌의 석질뿐인"(p. 411) 경우에 해당한다. 그러나 '석질' 그 자체에는 문제가 없기에, 이 두 번째 공식도 다시 의도주의로 귀착되고 만다. 다시 말해, 쟁점은 '목적'이 무엇이었고 그것이 '더 효과적으로'(p. 411) 성취될 수 있는가 하는 점이다.

　　그럼에도 불구하고 비평적 평가에서 전형적인 매체에 대한 호소를 분석해보는 것, 즉 이러한 호소들이 (옹호 가능한 것이라면) 언급한 세 가지 규범의 하위 종으로 포섭될 수 있는지를 알아보는 것은 의미가 있을 것이다. 예를 들면, 종종 연극을 영화로 만든 경우 무대보다는 영화에서 가능한 기법들을 더 사용하지 않았다고 비난받고는 한다. 그리고 고딕 건축에서 돌이 지닌 '본성적 무게감'을 거스르거나 극복하는 것은 단점이 아니라 장점이라는 견해도 있다. 피렌체 세례당에 새겨진 기베르티 (Ghiberti)의 청동문 조각에 대한 조슈아 레이놀즈 경의 반대는, 이 조각가가 '회화로부터 조각을 구분하는 경계를 파괴해', '색으로 표현했을 때 더 적절했을' 수많은 인물이 들어간 대규모의 작품을 만들었다는 데에 있었다. (따옴표 인용의 출처는 다음과 같다: J. A. Symonds, *Renaissance in Italy*, New York: Modern Library, 1935, Vol. I, p. 649.) 렘브란트도 특히 말년에 에칭과 드라이포인트를 판화에 혼합 사용했는데, '순수주의자'들이라면 이러한 기법에 반대했을지 모른다. 이 마지막 사례에 대해서는 다음을 보라: John Buckland-Wright, *Etching and Engraving*, New York: Studio Publications, 1953. 이 책은 뒤러가 판화가로서 "이 매체를 진정한 조각적 의미로, 즉 단순하고 직접적인 선적(linear) 테크닉을 충분히 살려 다루지 못하였고"(p. 17), 그래서 "거의 언제나 매체를 부정하기만 하는"(p. 18) 판화를 만들었다고 신랄하게 비난한다. (유사한 언급으로는 다음 페이지들을 참조하라: pp. 173, 175, 225.) 그러나, W. M. Ivins, *How Prints Look,* New York: Metropolitan Museum of Art, 1943, p. 143은 위의 견해에 반대하며, "개별 판화본이 이런저런 과정을 거쳤다는 사실은 그것이 지하실에서 혹은 꼭대기층에서 인쇄되었다는 사실만큼이나 예술적 장점에 대해 의미하는 바가 없다"고 논했다.

예컨대 베를리오즈, 리스트, 스윈번(Swinburne), 라파엘에게 제기된 바 있는 '지나친 기교'로 인한 미적 대상에 대한 비난도 매체에 대한 함축적 거론으로 보인다. 그러나 이러한 판단의 경우 비판의 실제적 근거가 무엇인지를 밝히는 것은 쉬운 일이 아니다.

24.8 장르 비평(GENRE CRITICISM)

미적 대상을 (예컨대 서사시, 풍경화, 첼로와 피아노를 위한 소나타 등의) 한 종류 혹은 한 장르에 위치시키는 것으로 시작하여 그 장르에 적용된다고 여겨지는 규범들을 통해 작품의 가치를 판단하는 비평적 평가의 방법론을 오늘날에는 잘 사용하지 않지만, 이 이론적 기초와 의의는 분석할만한 가치가 있다. 한 작품이 알려진 어떠한 장르의 규범도 만족시키지 않을 때 이 작품의 장르는 어떻게 결정할 수 있을까? 이러한 질문은 많은 장르 비평에 숨겨진 의도주의의 문제를 드러낸다. 예를 들어, Helmut Hungerland, "Suggestions for Procedure in Art Criticism", *JAAC*, V (March 1947): 189-195는 회화가 그 작품이 속한 '양식'-군(style-class)을 참조하여 평가되어야 한다고 제안하였다. 그러나 이 회화를 어느 군에 배치할 것인가 하는 것은 회화의 '추정된 목적'(p. 193), 혹은 회화(혹은 화가)가 '관여'한 바(p. 192)의 결정에 달린 듯하다. 장르비평의 옹호에 관련해서는 R. S. Crane, ed., *Critics and Criticism*, Chicago: U. of

Chicago, 1952, ch. 10, pp. 13-18을 참조하라. 그리고 이러한 옹호에 대한 검증은 W. K. Wimsatt, Jr., "The Chicago Critics: The Fallacy of the Neoclassic Species," *The Verbal Icon*, Lexington, Ky.: U. of Kentucky, 1954, p. 41-65을 참조하라.

루이스(C. S. Lewis)는 논문 "High and Low Brows", *Rehabilitations*, New York: Oxford U., 1939, pp. 97-116에서, '좋은' 문학과 '하급' 문학이라는 두 주요 종류의 문학이 있고, 이러한 작품이 (속한) 위치를 먼저 결정해야 작품의 좋음을 논할 수 있다는 견해를 흥미롭게 다루었다.

24.9 비평가인 예술가와 예술가인 비평가
(THE ARTIST AS CRITIC AND THE CRITIC AS ARTIST)

비평가는 더 좋은 제안이나 개선안을 가지고 자신의 비평적 평가를 보완할 수 있어야만 하기 때문에 비평가는 예술가여야 한다고, 예컨대 시인만이 시를 판단할 수 있다고들 말한다. 다시 말해, 비평가가 어떤 시를 좋지 못한 시라고 말한다면 그 시에 무엇이 부족한지를 시인에게 설명할 수 있어야만 하고, 그래서 어떻게 하면 제대로 만들 수 있는지를 설명할 수 있어야만 한다. 그러나 그렇게 함으로써 비평가는 스스로 시인의 역할에 서게 된다. 이 같은 문제는 심포지움 "The Evidence for Esthetic Judgment," *J Phil*, LIV (1957): 670-679에 있는 Mortimer Kadish, "The Importance of a Choice of Context"에서 제기되었다. 여기에서 그는 (적어도 부정적인) 비평적 평가는 그 자체가 개선에 대한 권고라고 주장하는 듯하다. 한편 나는 이러한 주장이 지지될 수 없다고 생각하지만, 비평적 판단에 주어지는 근거가 권고 같은 것이라고 주장될 수는 있다고 본다. 예컨대 '이 그림은 균형감이 약한데, 이는 인물이 너무 오른편에 치우쳐 있기 때문이다'라는 비평적 판단은 '인물이 조금만 왼편으로 이동한다면 그림이 한결 좋아질 것이다'와 같은 말이다. '이 푸딩은 간이 부족하다'와 '소금을 조금 더 넣는다면 푸딩 맛이 더 좋아질 것이다'를 비교해보자. 그러나 때때로 권고가 판단의 근거로부터 기인하기는 하지만, 판단의 근거가 권고와 등가인 것은 아닌 듯하다. 인물의 이동이 그 그림을 개선시키지 못할 수 있다. 왜냐하면 (예컨대 중심 초점과 같은) 현재 상태로 완벽한 그림의 다른 특징이 사라져버릴 수 있기 때문이다. 판단, 근거, 그리고 권고 간의 논리적 연관성에 대한 문제는 중요한 문제이지만, 아직은 이에 대해 고찰된 바가 거의 없다.

25.1 비평적 논증에 관한 수행이론
(THE PERFORMATORY THEORY OF CRITICAL ARGUMENTS)

언어의 수행적 사용은 심포지엄에서 오스틴에 의해 지적된 바 있다: J. L. Austin, "Other Minds," *PAS*, Suppl. vol. XX (1946): 170-175.

마가렛 맥도날드는 같은 심포지엄에서 해니(A. H. Hannay), 존 할로웨이(John Holloway)와 함께 쓴 논문 "What Are the Distinctive Features of Arguments Used in Criticism of the Arts?", PAS, Suppl. vol. XXIII (1949): 165-194에서(이 논문은 수정을 거쳐 다음의 책에 실렸다: William Elton, ed., *Aesthetics and Language*, Oxford: Blackwell, 1954, pp. 114-130), "작품을 좋다고 승인하는 것은 작품이 지닌 특징이나 창작자와 감상자의 상태를 말하는 것이라기보다는 메달을 수여하는 일과 더 유사하다." 그리고 이러한 일에는 '참/거짓이 없고'(Elton, p. 121) 이러한 승인은 연역적이거나 귀납적인 추론으로도 확보될 수 없다(p. 122)고 말한다. 그러나 그녀가 비평가의 객관적 진술은 판단의 근거가 아니라 소나타의 좋음을 보여주기 위해 소나타를 연주하는 것과 같이 작품을 '전달하고' '제시하는'(p. 129) 것을 돕는 것이라고 말함으로써 뜻할 수 있는 의미가 무엇인지 잘 모르겠다.

25.2 비평적 논증에 관한 정서주의
(THE EMOTIVE THEORY OF CRITICAL ARGUMENTS)

정서주의는 대개 우리가 일반적으로, 혹은 특히 윤리적 맥락에서 '좋은'이라는 단어를 사용하는 방식에 대한 설명으로 제시되어왔다. 그러나 이러한 설명은 또한 이 단어가 규범적 추론에서 기능하는 방식에 대한 설명이기도 하다. 윤리학적 정서주의를 설명하는 그 대부분이 미적 맥락에서의 '좋은'에도 꽤 잘 적용되지만, 칭찬(Commending)과 권고(Recommending)의 구분은 유념해야 한다. 강하고 간결한 버전의 정서주의는 다음을 참조하라: A. J. Ayer, *Language, Truth and Logic*, 2nd ed., London: Gollancz, 1946, ch. 6. 이 이론은 다음의 체계적인 책에서 일상 언어의 미묘함을 설명 가능한 형태로 발전하였고, 이 책으로부터 이후 모든 논의들이 말미암

왔다: Stevenson, *Ethics and Language*, New Haven, Conn.: Yale U., 1944. 이후 논의는 감탄 요소보다는 명령 요소를 살피는 데 더 집중되는 경향을 보였다. 예컨대 리처드 헤어(R. M. Hare)는 *The Language of Morals*, Oxford: Clarendon, 1952에서 '그 행동은 잘못된 것이다'와 같은 행동의 지침을 주는 도덕 판단의 명령 요소에 대해 자세히 다룬다. 헤어는 명령문이 추론의 결론일 수 있다고 주장한다(제2장과 제3장).

정서주의가 발생시킨 몇몇 문제들이 다음의 논의들에서 제기된 바 있다: Richard Robinson, H. J. Paton, R. C. Cross, symposium, "The Emotive Theory of Ethics," *PAS*, Suppl. vol. XXII (1948): 79-140(로빈슨의 옹호에 주어지는 한 가지 의혹은, 우리가 종종 '좋은'이라는 말로 감정을 표현하려는 것이 아니라 작품의 객관적 특징을 언급하려 하는 것인데 우리가 '습관적으로 속는다'고 말하는 점이다). Richard B. Brandt, "Some Puzzles for Attitude Theories," in Ray Lepley, ed., *The Language of Value*, New York: Columbia U., 1957, pp. 153-177; Winston H. F. Barnes, "Ethics Without Propositions," *ibid.*, pp. 1-30; Vincent Tomas, "Ethical Disagreements and the Emotive Theory of Values," *Mind*, LX (1951): 205-222; Asher Moore, "The Emotive Theory and Rational Methods in Moral Controversy," *ibid.*, 233-240. 다음의 흥미로운 논문도 참조하라: Mary Mothersill, "The Use of Normative Language," *J Phil*, LII (1955): 401-411. 여기에서 저자는 화자의 승인 혹은 불승인의 '표현'으로 '규범적 진술'을 정의할 것을 제안한다.

25.3 칭찬의 말, '좋은'('GOOD' AS A COMMENDING WORD)

Hare, *op. cit.*, ch. 8에서 헤어는 가치-판단의 1차적 기능이 칭찬이라고 주장하는 반면, 칭찬과 선택의 밀접한 관계를 강조하며 모든 칭찬은 가능한 선택지로의 안내를 담당한다고 주장한다. P. H. Nowell-Smith, *Ethics*, Baltimore: Pelican, 1954, ch. 12에서 저자는 '좋은'이라는 단어의 가장 '근본적인 사용'은 '선호(preference)를 표현하거나 설명하는 것'(p. 163)이라고 말하지만, 그는 이 단어의 몇몇 다른 사용들도 구분한다.

25.4 상대주의(RELATIVISM)

'상대주의'에 대한 나의 정의는 다음의 책에서 세심하고 꼼꼼하게 분석한 것을 단순화시켜 취한 것이다: Richard B. Brandt, *Hopi Ethics*, Chicago: U. of Chicago, 1954, chs. 6, 16, esp. pp. 88, 235. 나는 이 책에서 브랜트가 상대주의의 '논리적 논제'라고 부른 것을 관심 두고 있으며, 나는 이것이 비평의 규범적 용어들을 정의하는 방식을 설명하는 이론일 수 있다고 본다. 내가 정리한 상대주의의 정식화는 브랜트의 것과 동일하지만, 나는 서로 실제적인 모순을 일으키지 않는다고 설명했던 것을 브랜트의 상대주의 버전에서는 '둘 다 옳거나, 혹은 적어도 둘 모두 틀린 것은 아닌' 논쟁적인 두 비평가가 있을 수 있다고 언급한다(p. 88). 상대주의에 대한 일반적이고 더 흥미로운 논의에 관해서는 다음을 참조하라: Abraham Edel, *Ethical Judgment*, Glencoe, Ill.: Free, 1955, esp. chs. 1, 3, 4. 여기에서 저자는 비록 정확한 정의를 밝히지는 않지만 '불확정성'(indeterminacy)이라는 용어를 선호한다. 일견하여 논쟁은 그것을 해결할 합리적 방법이 없는 한 불확정성을 지닌다. 즉 질문에 합리적인 답을 줄 수 없다면 그 질문은 비결정적인 것이다. 저자는 주장컨대 불확정성의 범위를 좁힐 수 있다는 심리적, 사회학적, 인류학적인 자료에 관심을 둔다.

　　Bernard C, Heyl, *New Bearings in Aesthetics and Art Criticism*, New Haven, Conn.: Yale U., 1943, Part II, ch. 3. 이 책은 가장 유명한 상대주의 옹호 중 하나로 대체로 다양성 논증에 기반한다(Part II, ch. 1을 보라). 저자는 상대주의를 '객관주의'와 '주관주의'(이 이론들에 대해서는 이 책의 제11장에서 다룰 것이다)에 대한 대안으로 보고 사회적 상대주의를 제안한다. 정확히 이런 표명을 한 것은 아니지만, 그의 주장은 (미적 맥락에서 사용된) '좋은'이라는 단어의 의미에 대한 이론으로 거론될 수 있다. 그는 "좋고 나쁨에 대한 예술적 판단은 예술 대상이 명시적으로건 함축적으로건 명확해질 수 있는 비평 체계에 비추어 해석될 때에만 이해될 수 있는 의미를 획득하며"(p. 129), 다른 기준을 채택한 논쟁적인 두 비평가는 둘 중 누구도 틀리지 않음으로 실제적인 갈등을 일으키지 않고(p. 135), 비평적 판단은 용인하는 기준에 있어 화자와 유사한 사람들에게만 '국한된'(binding) 것이라고(pp. 137, 141) 말한다. 따라서 그의 이론은, 비평가가 'X가 좋은 작품이다'라고 말할 때 그 진술이 경험적으로 참이고 정당화되기를 바라는 것이라면, 이로써 비평가가 의미할 수 있는 것은 오직 'X가 내가 받아들이는 이러저러한 기준에 부합한다'는 것을 의미할 뿐이라는 것인 듯하다. 이로부터 동일한 기준을 받아들이는 비평가들만이 서로 반대되는 주장을 할 수 있다는 결론이 나온다. 이런 관점에서 보면 기준 자체가 옳거나 틀리다고 말하는 것은 어불성설이다. 그러나 저자는 일군의 특정 기준들이 지성, 감수성, 진정성, 미묘함 등을 결여한다는 점에서 적법하게 거부될 수 있다고 주장한다(p. 143). 이는 좀 이상한 주장인 것이, 비평가들이 이 부정적 테스트에서 살아남은 기준의 일부만 용인할 정당성을 가질 수 없는 것처럼 보이기 때문이다. 이렇게 되면 어떤 두 비평가도 동일한 기준을 가질 것이기 때문에 저자의 정의는 더 이상 상대주의가 아니다. 이 저자의 후속 논문인 "Relativism Again," *JAAC*, V (September 1946): 54-61은 Eliseo Vivas and Murray Krieger, eds., *Problems of Aesthetics*, New York: Rinehart, 1953, pp. 436-445에 재간행되었다. 그리고 "The Critic's Reasons," *JAAC*, XVI (December 1957): 169-179는 이전의 입장을 더욱 간단명료하게 재언하며 새로운 사례를 덧붙여 더욱더 옹호한다.

짧고 유익한 저술인 Frederick A. Pottle, *The Idiom of Poetry*, Ithaca, N.Y.: Cornell U., 1941에서 포틀은 시대 상대주의(Epochal Relativism)의 흥미로운 한 유형을 옹호한다. 저자의 주장은 다음과 같이 요약될 수 있다: 시에서 중요한 것은 감정을 환기시키는 것이고, 시의 가치는 환기된 감정의 강렬성에 의해 측정된다. 역사적으로 다른 시기에는 종류가 다른 시가 환기시키는 감정들이 존재한다 (저자의 용어를 사용하자면, 각각의 시대에는 그 시대만의 '감성'(sensibility)이 있다) 따라서 비평가는 당대의 사람들과 공유한 자신의 감성과 작품이 자신의 감성에 미친 효과만을 말할 수 있다는 의미에서 모든 비평은 주관적이다 (특히 pp. 16, 34, 40을 보라). "모든 비평적 판단은 그 판단이 나온 시대에 상대적이다"(p. 5). 포틀의 이러한 견해는 다음의 책에서 비판적으로 논의되었다: Cleanth Brooks, *The Well Wrought Urn*, New York: Reynal and Hitchcock, 1947, Appendix 1. 포틀이 자신의 비상대주의적 윤리학과 비평적 평가에 대한 자신의 상대주의적 견해를 명확하게 구분하여 생각하는 것은 흥미로운 일이다. 이러한 처사는 그 자체로 모순은 아니지만, 미적 가치에는 주장되지 않는 윤리적 절대주의에 대한 근거들이 가능한 것인지 의문이다.

비록 저자의 옹호가 매우 피상적인 동시에 저자는 아무도 '내가 바라는 것을 바람직하지 못하다'고 '말할 수 없다'고까지 주장하지만, Vivas and Krieger, *op. cit.*, pp. 430-436에 재간행된 George Boas, *A Primer for Critics*, Baltimore: Johns Hopkins U., 1937, ch. 6은 개인 상대주의(Personal Relativism)의 한 형태를 주장하는 듯하다. Henry Hazlitt, *The Anatomy of Criticism*, New York: Simon and Schuster, 1933, chs. 3, 4, 7; Vivas and Krieger, *op. cit.*, pp. 445-462에 재간행된 Arthur Child, "The

Socio-historical Relativity of Esthetic Value," *Phil Rev*, LIII (1944): 1-22; Abraham Kaplan, "The So-Called Crisis in Criticism," *JAAC*, VII (September 1948): 42-47 도 참조하라.

25.5 다양성과 고정성(VARIABILITY AND INFLEXIBILITY)

취미의 역사적 변천과 다른 형태의 다양성의 증거에 관하여 다음을 참조하라: Heyl, *op. cit.*, 97-107; 빅토리아 시대의 취미에 대한 설명은 Rita Wellman, *Victoria Royal*, New York: Scribner's, 1939; E. E. Kellett, *Fashion in Literature*, London: Routledge and Kegan Paul, 1931, 특히, chs. 1, 3, 4, 20 (이 책의 저자는 *The Whirligig of Taste*, New York: Harcourt, Brace, 1929에서 특정 작가나 문학 유형의 평판이 뒤바뀐 사례에 대한 다른 자료들도 제공한다). F. P. Chambers, *The History of Taste*, New York: Columbia U., 1932; Joan Evans, *Taste and Temperament*, London: Cape, 1939.

Charles Morris, *Varieties of Human Value*, Chicago: U. of Chicago, 1956, ch. 7 (Ray Lepley, ed., *The Language of Value*, New York: Columbia U., 1957에 실린 논문도 참조하라). 이 책은 회화에 대한 선호도에 관해 다루며 체형과 삶의 태도가 가지는 흥미로운 상호 연관성을 발견하고 있다. 물론 저자는 이 장의 사례에서 다룬 것과 같은 단순한 체형결정론을 지지하지는 않는다. 일반적인 체형론(somatotype theory)에 관하여는 William H. Sheldon, *The Varieties of Human Physique*, New York: Harper, 1940와 *The Varieties of Human Temperament*, New York: Harper, 1942를 참조하라.

또한 '금전적 신용에 따른 취미에 대한 확립된 지침'에 관하여는 다음을 참조하라: Thorstein Veblen, *The Theory of the Leisure Class*, New York: Macmillan, 1899, ch. 6 (Modern Library의 재간행물, p. 139와 pp. 149-150도 참조하라). 그리고 데이비드 흄의 논문, David Hume, "On the Standard of Taste," *Philosophical Works*, 4 vols., London: Longmans, Green, 1874-1875도 참조하라.

25.6 개별주의(PARTICULARISM)

여기에서 임시로 쓴 이 명칭이 가리키는 견해는 내가 아는 한 체계적으로 옹호된 바가 없다. 그러나 암묵적으로 개별주의자 이론을 가정하고 있는 섬세하지는 않지만 작고 흥미로운 다음의 저서가 이를 잘 설명해줄 것이다. Theodore L. Shaw,

제10장 비평적 평가

Precious Rubbish, Boston: Stuart Art Gallery, 1956. 이 책은 두 가지 논점을 반복해서 주장한다: ① 사람들은 그들의 삶과 역량의 발전 단계의 특정 시점에 한정된 복합성을 지닌 미적 대상만을 감상할 수 있다. ② 사람들은 미적 대상에 싫증을 내고 새로운 대상을 경험하고자 한다. 그러나 이 두 주장이 우리가 개별적인 제시만을 판단할 따름임을 증명해주지는 않는다. pp. 16-17, 44, 47, 74, 145-146에는 논쟁적인 언급들이 있다. 자주 등장하는 논증의 형식에 주목하라. 예컨대 "어떤 음악가도 모차르트의 음악을 능가하지 못한다"(David Ewen, *Music for the Millions*, London: Arco Publications)는 데이비드 에웬(David Ewen)의 언급에 대해 쇼는 "계속해서, 그리고 영원히 『일리아드』, 『리어왕』, 〈주피터 교향곡〉만을 주식으로 삼는 것보다 더 끔찍한 일을 상상할수나 있을까?"라고 비꼬았다.

　스티븐 페퍼가 *The Work of Art*, Bloomington, Ill.: Indiana U., 1955, ch. 5에서 공격한 견해는 상대주의라기보다는 개별주의인 듯하다.

제11장

미적 가치

AESTHETIC VALUE

신현주 번역

비평적 평가의 근거를 논의하는 철학자들은 간결하고 편리한 용어, 즉 (미적 맥락에서의) '좋다'(good)라는 단어 대신에 다소 어색한 단어를 사용한다. 그들은 미적 대상이 '좋다'라고 말하는 대신 미적 대상이 미적 가치(aesthetic value)를 가진다고 말하곤 한다. 그리고 이에 맞추어, 하나의 대상이 다른 것보다 더 낫지만, 그 대상이 보다 높은 인지적 혹은 도덕적 가치를 가지기 때문은 아닌 경우, 그들은 그 대상이 보다 높은 미적 가치를 지니거나 혹은 미적으로 더 가치 있다고 말한다.

물론 이러한 용어상의 대체는 비평가들의 일상적인 언어 사용에서 벗어나 있다. 실제 비평적 담화에 대한 연구를 통해 비평가들이 자신의 판단을 참이나 혹은 거짓으로 생각하며, 또한 정당화 가능하다고 간주한다는 사실이 밝혀진다 해도, 여전히 비평가들은 자신이 '좋다'라는 말로 무엇을 행하는지 혹은 무엇을 의미하는지 잘 알지 못할 수도 있다. 그러나 규범적인 용어를 포함한 진술이 참이며 또한 논리적으로 정당화될 때, 그때 비평가들이 사용하는 규범적 용어가 무엇을 의미할 수 있고, 혹은 무엇을 의미해야 하는지 밝혀낼 수 있을지도 모른다. 이를 위해 우리는 '미적 가치'라는 다소 인위적인 용어를 선택하는 게 좋겠다. 비평가들이 '미적 가치'라는 용어를 사용하든지 아니든지 간에, 나는 사실상 그들이 미적 가치에 대해 이야기하고 있음을 보일 수 있다고 생각한다. 그보다 더 중요한 것은 원한다면 그들이 미적 가치에 대해 이야기할 수 있으며, 그리고 그것이 매우 의미 있는 일임을 보여주는 것이다.

그러나 '미적 가치'라는 용어의 적절성과 관련해 즉각적으로 의심이 제기될 수 있다. 왜냐하면 비평가들은 미적 대상에 관한 긍정적 판단과 부정적 판단을 모두 내리기 때문이다. '좋은' 푸가와 정물화가 있지만, '나쁜' 푸가와 정물화도 있다. 그러나 '가치'라는 용어가 평범한 의미로 사용되는 경우에는 그에 대응하는 반의어가 없다. 철학자들은 종종 '반가치'(disvalue)라는 용어를 사용하는 것이 사실이고, 우리도 필요하다면 그렇게 할 수 있다. 그러나 나는 보다 과격한 논제를 통해 그러한 용어 사용을 피할 수 있다고 생각한다. 좋음(goodness)의 반대되는 특성을 소유했다는 의미에서 미적 대상을 '나쁘다'고 말하는 것이 완전히 말이 된다고 밝혀질지도 모른다. 확실히 어떤 대상은 바라보기에 불편할 수 있고, 어떤 소리는 듣기 고통스러울 수 있다. 이제 아마추어들의 전시회에 걸려 있는 하나의 그림을 가정해보자. 그 그림에 대해 당신은 나쁜 그림이라고 말한다. 시각 디자인의 측면에서 보았을 때 그 그림만큼 형편없는 보도블록을 찾기란 쉬운 일이지만, 당신은 그렇다고 보도블록에 대한 판단을 내리려고 수고하지는 않는다. 그러므로 나는 비평적 판단에서의 '나쁘다'라는 용어는 일반적으로 비평가가 정당하게 기대했던 미적 가치의 수준에 미치지 못함을 의미한다고 제안한다. 단순한 운문에 대해 '어린아이치고는 나쁘지 않네'라고 말한다거나 혹은 볼티모어 동물원의 놀라운 침팬지 벳시(Betsy)의 손가락 그림에 대해 '침팬지치고는 나쁘지 않네'라고 말하는 것이 바로 이러한 이유 때문이다. 그러므로 예술에서의 나쁨(badness)은 단지 낮은 등급의(어쩌면 매우 낮은 등급의) 미적 가치이거나 혹은 미적 가치의 부재이다.

　　부정적 미적 가치는 존재하지 않는다는 견해를 모두가 받아들이는 것은 아니며, 부정적 미적 가치란 바로 '추함'이라는 단어가 의미하는 바라는 주장도 종종 제기되곤 한다. 그러나 나는 이 주장에 회의적이며, 나의 회의주의는 비평가의 비평적 근거를 다룬 이전 장의 논의에 근거한다. 만일 인간적인 영역 성질(human regional qualities)의 강도가 긍정적 가치 평가의 근거라면, 부정적인 가치 평가의 근거가 되는 영역 성질은 존재하지 않는다. 왜냐하면 가치-스케일의 가장 아래층은 인간적인 영역 성질의 부재가 차지할 것이기 때문이다. 만일 복합성(complexity)이 긍정적 가치 평가의 한 근거라면, 부정적 가치 평가의 근거가 되는 대응물이 존재하지 않는다. 왜냐하면 스케일상의 가장 아래층은 복합성 혹은 이질성의 부재가 차지할 것이기 때문이다. 만일 통일성이 긍정적 가치 평가의 근거라면, 통일성의 반대는 비통일성(disunity)이라는 제안이 나올 수도 있다. 그러나 지각장의 모든 구분 가능한 부분들은 어느 정도 통일성을 지니며, 비통일성은 오직 통일성의 낮은 등급일 뿐이다. 비록 즉각적으로 불쾌감을 주는 등급일지라도 말이다. 알베르토 자코메티(Alberto Giacometti)의 〈기분 나쁜 오브제〉(Disagreeable Object, 1931)는 충분히 기분 나쁘며 결코 아름답지 않다. 그리고 다다나 초현실주의로서는 흥미로울지언정, 사실 그것을 조각이라고 보기도 힘들다. 그러나 나는 이 작품이 부정적 미적 가치를 지닌다고 말하는 것은 잘못이라 생각한다.

　　이 장에서 다룰 문제는 이제 미적 가치에 대한 이론이라고 말할 수 있다. 그리고 이 이론은 여러 질문에 답해야 한다. 이 이론은 '미적 가치'라는 용어를 정의해야 하며, 미적 가치에 대한 판단이 어떻게 사용될 수 있는지, 어떻게 참 혹은 거짓으로 판명될 수 있는지, 어떻게 정당화될 수 있는지, 그리고 다른 판단들과 어떤 관계를 맺을 수 있는지 설명해야 한다. 다소 느슨한 의미에서 정서이론(Emotive Theory)과 수행 이론(Performative Theory)이 미적 가치에 대한 논의에 포섭될 수도 있겠지만, 나는 '미적 가치'라는 용어가 지시하는 어떠한 성질이 미적 대상, 인간, 혹은 대상과 인간 사이의 관계 안에 존재한다는 사실이 그 이론들 내에서 부정된다고 본다. 이 장에서 우리가 살펴볼 주요한 세 이론들은 '미적 가치'라는 용어의 지시체 및 용법이 있다고 보며, 비평적 정당화(critical reasoning)에 대한 일반적 설명을 제안한다.

26

미 이론
THE BEAUTY THEORY

미적 가치에 관한 첫 번째 이론을 살펴보기 전에, '미적 가치'라는 용어 자체에 논쟁적인 두 요소가 있기 때문에 그것들을 먼저 살펴보는 것이 필요하다. '미적 가치'라는 용어를 정당하고 안전하게 사용하려면 다음 두 가정에 의존해야 한다. 첫째, 미적 대상 안에는 어떤 유형의 가치가 존재하는데, 그것은 미적 대상이 가지게 된 다른 유형의 가치들, 예를 들어 인지적 혹은 도덕적 가치와 구별되면서도 그것들과 동시에 존재한다. 둘째, 문제의 그 가치는 여러 종류의 미적 대상에서 발견될 수 있는 동일한 가치이다. 이 가정이 왜 논쟁의 소지가 있냐 하면, 비록 우리가 '좋다'라는 단어를 그리스의 크라테르나 월트디즈니 만화에 적용한다 해도, 우리가 그 단어를 두 경우에서 동일한 의미로 사용한다는 점이 따라 나오지 않는 것 같기 때문이다.

첫 번째 가정과 관련된 상황은 상당히 명료해보인다. 모든 칭찬은 인식 가능한 속(genus)에 속하고, 우리는 근거나 기준의 차이에 의해서 한 종류의 칭찬을 다른 종류의 칭찬과 구별한다. 우리가 미적 대상을 칭찬하는 근거의 어떤 임의적 목록을 분석할 때(이전 장에서 우리가 했던 것처럼), 그 근거들은 논리적으로 독립된 그룹들로 분류되고, 그중 두 가지를 나는 인지적 가치와 도덕적 가치로 본다. 그리고 이제 세 번째 그룹을 나는 미적 가치라고 제안할 것이다.

예를 들어 어떤 레코딩이 가지는 특성들은 서로 관계없이 독립적으로 칭찬될 수 있다. 우리는 가격에 대해 모른 채 연주를 평가할 수 있다. 그러므로 레코딩의 경제적 측면을 그것의 미적 측면과 분리하는 것은 쉬워 보이고, 이 점은 어떤 극단적인 경우에는 우리에게 실제적으로 강요되기도 한다. 예를 들어 오래전에 죽은 오페라 스타의 78 RPM 레코드는 단지 희귀하다는 이유로 엄청나게 고가이기도 하다. 그림 한 점은 그것이 좋건 형편없건 간에 벽에 난 구멍을 덮는 데 사용될 수도 있고, 조형적 가치가 문버팀쇠에 꼭 필요한 것은 아니다.

이 점을 다소 다른 방식으로 설명하는 것이 도움이 될 것이다. X와 Y라는 두 그림이 있는데, 어떤 이가 X를 Y보다 더 좋다고 말하는 상황을 가정해보자.* 이제 이 사람이 X와 Y는 그들의 내적 특성, 제작방식, 혹은 다른 것과의 관계에서 아무런 차이가 없음을 말한다고 생각해보자. 이는 결국 그 사람이 자신의 판단에 대한 아무런 근거를 제시하지 못함을 뜻하는데, 왜냐하면 그 사람이 둘 중 한 그림에 대해 말할 수 있는 내용은 나머지 다른 한 그림에 대해서도 말할 수 있는 내용이기 때문이다. 이제 이 사람이 X와 Y에 아무런 차이가 없다고 말하는 대신 다음을 말한다고 생각해보자. 그 둘에는 차이가 있기는 한데, 그 차이는 바로 그 둘의 기원(origin)이고(둘 중 하나는 '가짜'이다), 그 둘의 내적 특성에는 여전히 아무런 차이가 없어서 단순히 보는 것만으로는 아무도 그 둘을 구분할 수 없다. 내 생각에 이것은 미적(aesthetic) 근거에 기반한 판단이 아니다. 비록 다른 종류의 근거에 기반하고 있다 하더라도 말이다. 그리고 이 경우에 비평가의 '좋다'라는 단어는 더 이상 미적 가치를 지시할 수 없고 오직 다른 종류의 가치들만 지시할 수 있다.

내가 사용하는 '미적 가치'라는 용어의 용법에 따르면(그리고 나는 이 용법이 '좋다'의 실제적인 비평적 용법에서도 작동한다고 생각한다) 관찰 가능한 성질에서 차이가 없는 두 대상은 미적 가치에서도 차이가 날 수 없다. 이 규칙은 미적 가치를 다른 가치와 구분할 수 있게 도와준다. 그러나 이 규칙은 미적 가치에 대한 특정 이론을 결정해주지는 않는데, 왜냐하면 아직 '차이가 날 수 없다'의 의미가 더 밝혀져야 하기 때문이다. 어떤 가치 이론들에 따르면 X와 Y의 외양이 완전히 동일하다면 X가 Y보다 미적으로 더 낮다는 것은 논리적으로 불가능하다. 다른 이론들에 따르면, 그것은 경험적으로, 즉 심리적으로 불가능하다. 마치 어떤 두 선들이 특정 지각조건 하에서 평행으로 보이려면(즉 평행으로 보임이라는 영역 성질을 가지려면) 그것들을 측정해보았을 때 실제로는 평행이지 않아야 하는 것처럼 말이다.

---

* 이 예는 다음 글에서 아이디어를 얻어 발전된 것이다. R. M. Hare, *The Languages of Morals*, Oxford: Clarendon, 1952, pp. 80-81.

비평적 다원주의

두 번째 가정과 관련해서는 여러 의심들이 제기될 수 있다. 미학자들이 그 의심들을 매우 심각하게 받아들이지 않았지만 말이다. 비평가들은 종종 비교하는 미적 판단을 내린다. 「벚꽃 동산」(The Cherry Orchard)은 「들오리」(The Wild Duck)보다 더 훌륭하다. 모차르트의 〈현악 4중주 A장조〉(K. 464)는 베토벤의 〈현악 4중주 A장조〉(Op. 18, No. 5)보다 더 낫다. 필라델피아에 있는 르누아르의 〈목욕하는 여인들〉(1884~1887)은 클리블랜드 미술관에 소장된 그의 〈목욕하는 여인들〉(1892)보다 열등하다. '미적 가치'라는 용어의 개념에 따르면, 이들의 차이점은 미적 가치의 정도 차이이고, 그러므로 모든 예술작품은 미적 가치를 많든 적든 간에 어느 정도 소유한다. 그러나 만일 두 연극 사이의 미적 가치의 차이가 두 그림 사이의 미적 가치의 차이와 동일 종류라면, 다음 질문을 묻는 것은 완벽하게 말이 된다. 클리블랜드의 〈목욕하는 여인들〉은 〈눈물이, 부질없는 눈물이〉(Tears, Idle Tear)보다 높은 미적 가치를 가지는가? 『머리타래의 겁탈』(The Rape of the Lock)은 프락시텔레스의 헤르메스 상보다 더 높은 미적 가치를 지니는가? 그러나 이 질문들은 조금 이상하게 들린다.

무엇 때문에 위의 질문들은 이상한가? 이 질문들이 이상하게 들리는 이유 중 하나는 이 모든 다양한 대상에 대한 단선적인 점수 매기기, 즉 단일 척도에 기반한 등급 측정이 사용되기 때문이다. '여자 수영 팀이 남자 농구 팀보다 더 낫다'라는 진술을 들었을 때 우리에게 가장 먼저 떠오르는 것이 그 두 팀이 동일한 리그에 있지 않으며, 그들이 경쟁할 수 있는 공통 분모가 없다는 사실이라면, 그 진술은 우리를 아리송하게 할 것이다. 물론 우리는 이 비교를 말이 되게 만들 수도 있다. 예를 들어 우리는 그들의 승률 기록을 통해 비교할 수 있다. '제인의 청력은 존의 시력보다 더 좋다'는 진술도 같은 방식으로 다소 아리송하지만 그렇다고 해서 치명적으로 아리송한 것은 아니다. 우리는 '제인의 청력이 시력보다 더 좋다'라는 진술을 허용한다. 이를 '윌리엄 블레이크와 단테 가브리엘 로제티(Dante Gabriel Rossetti)는 화가로서보다는 시인으로서가 더 낫다'와 비교해보라. 만일 시력과 청력이 각자 등급 매겨질 수 있고, 하나가 등급상 상위에 존재하고 다른 하나가 등급상 하위에 존재한다면 전자가 후자보다 더 낫다고 말할 수 있을 것이다. 그럼에도 불구하고 이 예들은 우리의 어려움을 해결해주지 않는다. 왜냐하면 여전히 운동 능력이나 혹은 환경에 대한 정보제공력과 같이, 비교되는 두 대상이 어느 정도 공유하는 단일 요소가 미적 대상의 경우에도 존재하는가라는 문제가 남기 때문이다.

위에서 등장한 미적 대상에 관한 기이한 질문들은 비평가들이 일상적으로 묻는 질문은 아니다. 비평가는 「벚꽃 동산」이 좋은 예술작품인지 묻지 않고 그것이 좋은 희곡인지 묻는다. 비평가는 모차르트나 혹은 베토벤의 4중주가 더 좋은 예술작품인지를 묻지 않고, 어느 것이 더 좋은 음악작품인지 혹은 더 좋은 4중주인지를 묻는다. 이런 사실에 주목해, 좋은 미적 대상이라는 것은 없다는 주장이 제기될 수도 있다. 오직 좋은 희곡, 좋은 조소, 혹은 좋은 음악작품이 존재한다는 것이다. 혹은 어쩌면 좋은 희극, 좋은 비극, 혹은 좋은 고전 교향곡이나 푸가들만 존재할 수도 있다. 어떤 목적 때문에 음악이나 연극이 같은 집합(class)으로 분류될 수도 있음을 인정한다 해도, 모든 집합마다 그 집합에서의 '좋은 것'이 존재하는 것은 아니다. 좋은 의자나 나쁜 의자는 있지만, 아마도 좋은 가구나 나쁜 가구는 없을 것이다. '좋은 집을 보여주세요'는 말이 되지만, '좋은 물리적 대상을 보여주세요'는 말이 되지 않는다. 물리적 대상으로서(qua) 물리적 대상이 좋다는 것은 무슨 뜻인가?

좋은 바나나를 결정하는 기준은 존재한다. 달콤하다든지, 부드럽거나 단단하다든지 하는 기준 말이다. 그러나 무엇이 과일로서의 좋은 과일을 만드는지 결정할 수 있는 기준은 없다. 좋은 바나나를 위한 기준이 좋은 레몬이나 혹은 좋은 사과를 위한 기준과 상충할 수 있는데 어떻게 그런 기준이 가능한가? 물론 우리는 좋은 과일이라는 집합은 좋은 바나나, 좋은 배, 좋은 자두 등으로 구성된다고 말할 수도 있지만, 그러한 과일 개념은 우리가 논의하고 있는 과일 개념과는 다르다. 이제 문학적 가치, 미술적 가치, 음악적 가치 등은 존재하지만 미적 가치는 존재하지 않는다는 주장이 제기될 수 있다. 나는 이 이론을 비평적 다원주의(Critical Pluralism)라 부르겠다.*

지금까지 나는 다원주의적 이론을 설명했는데, 왜냐하면 그 이론은 흥미로운 도전이 되며 또한 내가 이 장 마지막 절에서 활용할 어떠한 노선의 생각을 열어주기 때문이지, 다원주의적 이론 자체가 심각한 장애물이 되기 때문은 아니다. 미적 가치라는 것이 존재함을 보이기 위해 우리는 앞으로 그 용어를 정의해야 하겠지만, 시작 지

---

* 장르적으로 비평하는 비평가들이(Note 24.8 참조) 이 이론을 따른다고 볼 수 있다. 그들은 자신들이 따르는 이론을 이런 식으로 옹호하거나 혹은 형식화하지 않겠지만 말이다.

점에서 그 존재를 부정해야 할 이유는 없다. 비평적 평가에 있어 다수의, 어쩌면 모든 특수 규범들(Special Canons)이 예술 전체에 적용되는 일반 규범들(General Canons)에 종속된다는 사실은 적어도 개별적인 예술이 가지는 특수한 가치와 구분되는, 혹은 그것의 상위에 존재하는 미적 가치가 있음을 시사한다.

다원주의적 이론은 비평의 규범적 용어들의 '적절한 사용'에 대한 이론이다. 예를 들자면, '좋은 희곡'과 '좋은 4중주'는 정확하고 의미 있는 규범적 용어의 사용이지만, '좋은 미적 대상'이나 '좋은 예술작품'은 그렇지 않다는('예술작품'이라는 단어가 미술에 한정되는 경우는 예외이다) 이론이다. '이 그림은 좋다'는 '이는 좋은 그림이다'로 이해되어야 한다는 것이다. 이 이론이 옳다면, 비평적 평가에 관련 가능한 근거들의 종류에 한계가 설정된다. 그러나 다원주의적 이론이 규범적 용어의 용법에 의존해 전개되고는 있지만, 그 용법에 의해 확고하게 지지되는 것은 아니다.

비평가가 미적 대상들을 비교하길 거부할 수도 있다. 심지어는 같은 종류의 미적 대상들 사이의 비교마저도 말이다. 두 희곡이, 혹은 두 현악 4중주가 모두 고도로 복합적인 명작일 때, 둘 중 어느 것이 더 위대한지 결정하는 것은 실제적으로 불가능할 수도 있고 또한 의미 없을 수도 있다. 비교되는 두 미적 대상의 위대함이 동질적인 것일지라도 말이다. 그러나 「벚꽃 동산」과 베토벤의 곡 Op. 59, No. 1 사이의 비교 평가를 거부하는 비평가들일지라도 베토벤의 그 곡이 「찰리의 이모」(Charley's Aunt)보다, 그리고 「벚꽃 동산」이 아딘셀(Addinsell)의 〈바르샤바 협주곡〉(Warsaw Concerto)보다 더 높은 미적 가치를 가진다고 말하는 데 주저하지 않을 것이다. 그리고 만일 이 진술들이 의미 있다면, 비록 더 어려운 경우라 할지라도 위에서 제시되었던 다른 진술들이, 그리고 어쩌면 그 진술들의 증명이 실천적으로 불가능할지라도 의미 있는 진술이 될 것이다.

미

이 장에서 우리가 다룰 세 유형의 이론은 모두 미적 가치 일반에 대한 설명을 제시한다. 그들 중 첫 번째의 가장 단순한 이론은 미적 가치를 미 개념으로 분석한다. 대략적으로 이 이론은 미적 대상의 미적 가치가 '미'(beauty)라고 불리는 어떤 독특한 영역(regional) 성질로 구성되며, 미적 가치의 정도는 그 성질의 강도에 의해서 결정된다고 본다. 이것이 미적 가치에 대한 미 이론(Beauty Theory of Aesthetic Value)이다.

언어상의 위험요소 두 개를 여기에서 바로 제거하는 것이 좋겠다. 첫째로 제거해야 할 것은 '아름답다'라는 용어의 과도한 일반성이다. 미학에 대한 글을 쓰는 다수의 사람들이 '아름답다'를 '미적으로 가치 있다'의 정확한 동일어라고 생각한다. 그러한 용법에서 '아름답다'는 '미적 가치를 지닌다'를 대신한 일반적인 비평적 승인을 의미한다. 그러나 우리는 이러한 넓은 의미의 '아름답다'라는 용어를 필요로 하지 않는데, 왜냐하면 이미 우리는 '미적으로 가치 있다'는 용어를 채택했고, 더 나아가 미 이론을 구성하려면 좁은 의미의 '아름답다'라는 용어가 있어야 하기 때문이다. 미 이론은 어떤 대상이 아름답기 때문에 미적으로 가치 있다고 말하는 이론이지, 어떤 것이 아름답기 때문에 아름답다고 말하는 이론은 아니다.

'아름답다'라는 용어의 더 큰 위험성은 그것이 과도하게 다양한 의미를 지닌다는 사실과 관련된다. 이는 매우 혼돈스러운 상황이어서 오직 상당히 고압적인 조치만이 이 상황에 질서를 가져올 수 있다. '미'라는 단어를 포함한 일반적인 진술들이 모두 미의 이론인 것은 아니다. 종종 우리는 A라는 철학자가 '미는 성공적인 표현이다'라고 말하고, B라는 철학자가 '미는 유기적인 통일성이다'라고 답하는 것을 본다. 그들은 아마 서로 의견일치를 보지 못한다고 생각할지 모르겠지만, 사실은 서로가 '미'라는 단어를 상이한 두 의미로 사용하고 있을 가능성이 더 크며, 그들의 진술은 미에 대한 상이한 대안 이론들이 아니라 '미'라는 단어가 어떻게 적용되어야 하는가에 대한 상이한 제안이다. 만일 A와 B가 '미'를 동일한 의미로 정의하고 시작한다면, 그들의 진술은 진정으로 서로에 대한 대안 이론이 될 수 있다. 예를 들어, 그 둘이 모두 미를 특별한 성질로 간주한다고 가정해보자. 그리고 A는 미적 대상이 성공적인 표현인 경우, 그리고 오직 그 경우에만 미적 대상 안에서 미라는 성질이 나타난다고 주장하며, 반면 B는 미적 대상이 유기적인 통일성을 가지는 경우, 그리고 오직 그 경우에만 미라는 성질이 미적 대상 안에서 나타난다고 주장한다고 가정해보자. 이 경우, A와 B는 두 이론을 주장하는 것이다. 그들은 진정한 논쟁을 벌이고 있는 것이며, 그들의 입장은 논증 가능하다.

종종 미가 객관적이냐 혹은 주관적이냐에 대한 논쟁이 발생한다. C가 전자, D가 후자의 관점을 지닌다고 가정해보자. 그들 사이의 의견불일치가 일어나는 지점은 어디인가? 여기에서도 마찬가지로 그들은 아마도 '미'라는 말로 서로 다른 것을 의미하며, 그런 경우에는 그들이 '미'라는 말로 동일한 것을 의미한다는 점에 동의하지 않는 한 상대와 싸우거나 혹은 어떤 진정한 문제에 대해 싸울 수 없다. C는 미적 대상의 한 성질을 의미하고, 반면 D는 지각자가 가진 어떤 느낌을 의미한다고 해보자. D가 의미하는 바가 바로 그런 것이라면, 그 사람은 다른 단어를 사용하는 편이 훨씬 나을 것이다. 왜냐하면 느낌의 한 유형을 의미하기 위해 '미'라는 단어를 사용하는 것은 오도적이기 때문이다. D가 '미는 주관적이다'라고 말할 때, 그 사람은 미 이론을 제안하는 것이 아니라, 미적 대상 안에 미라는 성질이 존재한다는 점을 부정하는 것이며, 또한 비평적 평가의 진정한 기반이 되는 것은 미적 대상에 대한 지각자의 어떤 반응이라는 점을 주장하는 것이다.

이제 나는 '미 이론'이라 불릴 수 있는, 미적 가치에 관한 단순한 이론에서 시작하고자 한다. 어떤 이들은 이 이론 안에서 자신의 이론을, 혹은 자신의 이론 중 일부를, 혹은 자신의 이론과 유사한 점을 발견할 것이다. 나는 미 이론이 참은 아니지만 합리적이며 또한 상당히 유익하다고 생각한다. 여기서 논의될 미 이론을 자신의 이론으로 인식하지 않는 사람, 그렇지만 여전히 자신의 이론을 미 이론이라 부르는 사람은 어쩌면 잠시 실망할 수도 있다. 그러나 그 사람은 이 장의 후반부에서 자신의 이론이 좀 더 적절한 다른 이름으로 등장한다는 것을 발견하게 될 것이다.

이제 미 이론은 다음과 같은 세 문장으로 정리될 수 있다.

1. 미는 지각적 대상의 영역 성질이다.
2. 미는 본래적으로 가치 있다.
3. '미적 가치'는 '대상이 그것의 미 때문에 가지게 되는 가치'를 의미한다.

미 이론은 미적 가치를 다른 종류의 가치들과 구분하려 하며, 이에 미적 가치를 지각적 대상이 자신의 미로 인해 가지게 되는 가치로 간주한다. 미 이론에 따르면, 어떤 대상이 미적 가치를 가진다는 판단을 정당화하기 위해 당신은 먼저 그 대상이 미를 지닌다는 사실을 보여야 하고, 그로부터 논리적으로 그 대상이 미적 가치를 가진다는 것이 따라 나온다.*

　문장 3은 비평가들이 진정으로 의미하는 바가 무엇인지 명확히 하는 문장으로 간주될 수 있고, 미 이론을 주장하는 이들 중 일부도 이에 동의할 것이다. 혹은 문장 3은 간편한 화법으로서 제안될 수도 있다. 어느 경우이건 간에, 3번 문장은 처음 두 문장들에 의존하며, 사실 어렵고 중요한 문제를 일으키는 것은 바로 문장 1과 문장 2이다.

　문장 1을 생각해보자. 미 이론에서 미는 단순한 영역 성질, 즉 부드러움이나 혹은 백색임과 같이 다른 더 단순한 성질로 분석이 되지 않는 어떤 성질이라 주장된다. 영역 성질로서 미는 복합체의 한 성질이다. 그러나 이 점은 미 자체를 복합적인 것으로 만들지는 않고, 오직 미의 지각적 조건들만을 복합적으로 만든다. 미 이론이 미를 소유한 대상과 미 자체 사이의 관계를 바라보는 매우 상이한 두 방식이 있는데, 이에 따라서 두 가지 상이한 미 이론의 형태가 나타난다. 초월적(transcendental) 형태의 미 이론에서 미란 시공간의 밖에 존재하는 플라톤적인 보편자이지만, 그것은 미적 대상에 수반한다(미적 대상들은 미를 다양한 정도로 체화한다). 자연주의적(naturalistic) 형태의 미 이론에 따르면, 미는 대상으로부터 창발하는 영역 성질이다. 이러한 형이상학적 차이점은 인식론적 차이점과도 대응된다. 초월적 이론에 따르면 미란 직관에 의해서 포착되지만, 자연주의적 이론에 따르면 미는 단순히 감각(보고 듣는 것)에 의해 지각된다.

　그러나 위의 두 이론은 대상 안에서의 미의 발생이 수반적이건 창발적이건 간에 어찌되었든 대상의 다른 특성들, 즉 대상의 요소들, 내적 관계들, 그리고 다른 영역 성질들 등에 의존한다고 본다는 점에서 의견이 일치한다. 그러므로 대상이 언제나 미를 소유하게 되는 지각적 조건이 무엇인지 묻는 것은 두 형태의 이론에 모두 유관한 질문이며, 또한 미 이론이라면 이를 설명하는 것이 바람직하다. 문제는 미의 필요조건이 있는가, 혹은 제한된 범위의 충분조건이 있는가 하는 것이다.

　이 문제에 답하기 위해 미 이론은 또 다른 방식으로 분파를 형성했지만, 지금까지 그들 중 어느 것도 매우 성공적이지는 못했다. 이 문제에 제시된 대답은 크게 두 종류로 나누어질 수 있는데, 우리는 그것을 형식주의적(formalistic) 이론 및 지성주의적

---

* 　미 이론을 견지했던 이들로는 플라톤, 플로티누스(Plotinus), 제섭(T. E. Jessup), 그린(T. M. Greene), 조드(C. E. M. Joad) 등이 있다. Note 26.2.

　　　　　　　　　　　　　　　　　　　　　　　　　제11장 미적 가치

(intellectualistic) 이론으로 부를 것이다.

형식주의적 이론은 미의 발생이 대상이 가진 특정한 형식적 속성들의 함수라고 보며, 그러한 미를 만드는 속성들을 최대한 정확하게 기술하려고 노력한다. 예를 들어, 이 이론은 특정 정도의 통일성과 복합성을 함께 지니는 모든 지각적 대상은 또한 직관 가능한 혹은 지각 가능한 미를 지닌다고 주장할 수 있다. 더 나아가 만일 통일성이나 복합성이 다른 것을 감소시키지 않으면서 증가한다면 미도 또한 증가한다고 본다. 통일성이나 복합성과 관련해 우리에게 이미 익숙한 난점들을 제외하고도 이 이론에는 또 다른 난점이 존재하는데, 바로 이 이론이 비평적 실천에 적절해지기 위해서 적어도 또 하나의 변수가 추가될 필요가 있지 않느냐는 문제이다. 즉 미를 영역 성질들의 강도에도 의존한다고 보아야 하지 않느냐는 문제가 발생한다. 물론 그렇게 되면 문제의 이론은 더 이상 순수한 형식주의적 이론이 되지 못한다. 한편 어떤 이론가들은 수학적 성격을 지닌 보다 정확한 가능성을 탐색한다. 예를 들어 황금분할(a+b=b가 될 때의 a 대 b의 비율)은 회화, 음악, 연극, 건물, 조각, 도예 등에서 발견된다. 황금분할과 같은 어떤 단순한 공식이 미의 지각적 조건에서도 발견될 수 있다면 매우 만족스러울 것이다. 그러나 황금분할이나 혹은 여타의 단순한 이상적 비율들이 미의 필요조건이나 혹은 충분조건이 된다는 사실은 아직 설득력 있게 증명되지 못했다.*

한편 지성주의적 이론은 다른 방향으로 나아간다. 종종 이 이론은 우리가 제8장 21절에서 논의했던 드러내기 이론(Revelation Theory)의 귀결이기도 하다. 지성주의적 이론에 따르면, 대상의 아름다움은 대상이 가진 요소, 내적 관계, 영역 성질들 자체가 아니라, 그것들이 어떠한 개념적 혹은 인지적 내용을 체화하거나 드러낼 때 나타난다. 형식주의와 마찬가지로 지성주의도 큰 어려움을 겪는데, 특히 드러내기 이론이 말하는 단순한 진리에서 더 나아가 정확히 하이든의 4중주가, 스웨덴의 유리그릇이, 줄리엣이 로미오에게 한 유명한 대사가, 혹은 마티스의 무어풍 인테리어가 어떤 지성적 내용을 체화하고 있는지 그리고 어떻게 체화하고 있는지 설명하는 어려움을 겪는다.

내가 미 이론의 이러한 분파들과 그 함축을 이야기하는 이유는 그것들이 제공하

---

* 이러한 노선을 따라 수행되었던 작업들로는 다음을 참조하라. 제4장, Notes 13.3, 13.4.

는 부수적인 통찰력 때문만이 아니라 그것들이 어쩌면 참일 수 있다는 가능성 때문에 논의해볼 만한 가치가 있기 때문이다. 그러나 우리의 논의를 적절한 길이로 유지하기 위해서, 나는 가장 일반적이고 근본적인 문제들에만 관심을 쏟고자 한다. 미의 지각적 조건을 결정하는 문제는 이미 내가 양보할 수 있는 범위보다 더 많은 것을 당연시하고 있다. 미라는 현상적으로 객관적인 단순 성질이 과연 존재하는가? 우리가 어떤 그림 안에서 선, 모양, 색, 구조적 관계 및 인간적인 영역 성질들, 즉 운동감, 소용돌이침, 행복감, 활력 등을 식별할 때, 우리가 아직 언급하지 않은 어떤 것, 소위 미라는 것이 그 그림 안에 남아있는가? 이를 의심하는 것은 쉽다. 그러나 어떤 경우에 대해서는 '그것은 아름답다'라고 말하는 것보다 더 적절한 표현을 찾는 게 힘들기도 하다.

물론 미 이론은 미를 파악하는 데 어째서 그토록 많은 가변성이 있는지 설명하기 힘들다. 미 이론은 비상대주의적 이론이다. 앞에서 살펴보았듯이, 가변성은 상대주의를 증명하지는 않는다. 그러나 미적 가치에 대한 이론이라면 가변성에 대한 설명의 여지를 남겨두어야 한다. 다시 말해 가변성과 양립 가능해야 한다. 그리고 미 이론은 다른 이론보다 바로 그 점에서 더 큰 어려움을 겪는데, 왜냐하면 미 이론에서 미는 직관 혹은 지각을 통해 직접적이고 즉각적인 방식으로 접근 가능하다고 상정되기 때문이다. 초월적 형태의 미 이론을 견지하는 직관주의자는 미-맹성(beauty-blindness)이라는 개념을 끌어들일 수 있다. 그러나 우리는 이미 직관주의의 문제점을 살펴보았다. 자연주의적 형태의 미 이론을 수용하는 경험주의는 미의 지각이 아마도 다른 영역 성질의 지각과 마찬가지로 오랜 기간의 훈련, 긴밀한 주목, 집중, 방해로부터의 자유를 요구한다고 주장할 것이다. 미는 쉽게 놓칠 수 있다는 것이다.

그러나 미라는 성질이 존재한다 하더라도, 그리고 미의 존재가 대상에 미적 가치를 부여한다 할지라도, 나는 미가 미적 가치의 유일한 근거가 될 수는 없다고 생각한다. 만일 '미'라는 단어가 명확하고 제한적 의미를 지닌다면, 그것은 「오이디푸스 왕」(Oedipus Rex), 『마의 산』(The Magic Mountain), 「리어 왕」(King Lear), 바르톡의 피아노 협주곡들 중 일부, 루벤스(Rubens)나 틴토레토(Tintoretto)의 회화 중 일부, 그뤼네발트(Grünewald)의 〈책형〉(Crucifixion)에는 적용되지 않는다. 이 작품들은 강렬하거나 장엄하고 무시무시할 수는 있지만, 아름답지는 않다. 내 생각에 미 이론가라면 그렇게 이야기해야 한다. 물론 어떤 것이 아름답다고 말할 때 단지 그것이 높은 미적 가치를 가진다는 뜻으로 말하는 사람이라면 얼마든지 이 작품들이 아름답다고 말할 수 있다. 그러나 '미'라는 단어를 어떤 성질을 의미하기 위해 사용하는 사람, 그리고 일반적으로 아름답다고 불리는 대상에 적용하는 사람이라면 일관성을 보이기 위해서라도 위 작품들에 '미'라는 단어를 적용하는 것을 삼가야 한다.

우리는 지금은 인기 없는 다소 오래된 견해, 즉 미, 숭고, 우아함, 비극적임, 희극적임 등 가치-생성 성질들의 어떠한 가족적 집단이 존재한다는 견해를 다시 소생시킬 수도 있다. 그리고 이 성질들이 예술의 여러 구획들을 가로지르는 것으로 이해될 수도 있다. 그리하여 우아한 시, 우아한 춤, 비극적인 연극, 비극적인 회화, 비극적인 선율 등이 가능하게 된다고 말이다. 이러한 견해의 문제는 그 성질들을 모은 목록들 중 어떤 것이 과연 미적으로 가치 있는 성질을 모두 빠짐없이 열거한 목록이 되는지 보여줄 수 없다는 것이다. 어떤 미학자들은 그로테스크함과 추함을 목록에 추가할 것이다. 그렇다면 울적함, 고요함, 폭발적임, 투박함은 어떠한가? 사실 긍정적이고 특유하며 강렬한 모든 인간적인 영역 성질에 대해서도 같은 질문을 할 수 있다. 우리가 제10장 24절에서 질문했던 것처럼 말이다.

본래적 가치

위에 등장한 미 이론의 요점은 세 문장으로 정리되었다. 문장 1에 대한 논의는 다수의 관련 문제들로 확장되었고 문장 3에 대한 상당한 회의를 불러일으키면서 끝났는데, 문장 3은 비평적 용어 사용의 보고나 혹은 새로운 용어 사용에 대한 제안으로 보기에는 너무 협소한 것 같다. 왜냐하면 명백하게 비평적 평가에 관련 있어 보이는 다수의 근거들을 배제하기 때문이다. 이제 문장 2, 그리고 다른 종류의 문제가 남았다.

문장 2의 의미를 명확하게 만들기 위해서 그 문장의 핵심 용어들의 정의를 상기하는 것이 좋겠다. 대상의 어떤 가치가 도구적(혹은 외재적) 가치라고 말하는 것은 그 대상이 가치 있는 또 다른 대상의 산출에 수단이 됨으로써 가치를 얻었다고 말하는 것이다. 물론 '가치'라는 용어는 사건이나 사태에도 적용될 수 있다. 대상의 어떤 가치가 본래적(혹은 최종적) 가치라고 말하는 것은 다른 대상과의 수단-목적 관계와 독립적으로 대상이 가치를 가진다는 말이다. 말하자면 도구적 가치는 차용된 가치이고, 하나에서 다른 하나로 전달될 수 있거나, 혹은 전자 저하(electronic charge)처럼 그것과 적절히 접촉하는 것들에 퍼질 수 있다. 마치 건강의 가치는 그것을 지키는 의술에, 그리고 더 나아가 그 의술을 살 수 있는 돈에 도구적으로 연결되는 것처럼 말이다. 비록 다양한 저자들이 '본래적 가치'(intrinsic value)라는 용어를 상이한 의미로 사용해왔지만, 여기에서는 단순히 '도구적 가치'(instrumental value)의 부정으로서 사용될 것이다. 하나의 대상은 다수의 특유한 가치를 가질 수 있으며, 그중 일부는 본래적이고, 일부는 도구적일 수 있지만, 동일한 가치가 본래적이면서 동시에 도구적일 수는 없음을 유의하라.

이제 미 이론은 미가 본래적 가치라고 주장한다. 어떤 것이 도구적 가치를 가진다는 사실을 보이기 위해서, 당신은 그것이 가치를 가지는 다른 어떤 것에 대한 수단이거나 혹은 수단이 될 수 있음을 보여야 한다. 어떤 곰팡이가 페니실린을 산출한다는 사실이 발견되면, 그 곰팡이는 그전에 가지지 않았던 도구적 가치를 획득한다. 그러나 어떤 것이 도구적 가치를 가진다는 점을 어떻게 보일 수 있는가? 어떤 근거를 댈 수 있을까? 이 지점에서 미 이론에 가능한 선택지는 두 가지이다. 경험주의자는 미 이론이 제시할 수 있는 유일한 근거는 인간 태도와의 관계를 언급하는 것밖에 없다고 말하는데, 이때 문제의 그 관계는 방법-수단 관계가 되어서는 안 된다. 왜냐하면 그렇게 되면 미라는 가치를 도구적으로 만들 것이기 때문이다. 이 견해는 우리가 다음 절에서 살펴볼 것이다. 이 견해는 미 이론을 수용한 이들이 받아들이기 힘든데, 왜냐하면 미의 가치를 인간 태도에 의존시키기 때문이다. 두 번째 선택지는 '지식에 관한 합리주의적 이론'(Rationalist Theory of Knowledge)에 호소하는 것이다.

이 견해에 따르면, '미는 본래적으로 가치 있다'라는 진술은 자명하며, 그 진술의 참이 지성에 의해 즉각적으로 파악되고 확실하게 알려진다. 그러한 파악은 종종 '직관'이라 불리지만, 우리는 이미 이 용어의 다소 상이한 용법을 제8장 21절에서 살펴보았다. 그리고 이 지점에서 직관주의와 합리주의가 서로 수렴될 수 있다 하더라도, 지켜져야 하는 구분들이 여전히 존재한다. 그러므로 내 생각에 이러한 합리주의적 형태의 미 이론은 문장 2가 의미 있는 종합(synthetic) 진술이며, 진술 내 주어와 서술어의 필연적 관계를 감각 경험의 도움을 얻지 않은 이성이 파악한다고 보는 견해이다. 이성은 스스로 지식을 얻고 감각 경험의 도움을 받지 않는다는 것이다.

합리주의자는 종종 그러한 지식의 필수불가결함을 규범적 추론의 일반 원칙 중 하나에 호소함으로써 옹호하려고 하는데, 그 원칙은 여기에서 논의되어야 한다. 세상의 사실에 대해 말하는 비규범적 진술과 어떻게 되어야 한다 혹은 되어서는 안 된다고 말하는 규범적 진술을 우리가 구분한다면, 추론상에서 그 두 진술을 섞는 방식에 대해 조심해야 한다는 것은 잘 알려져 있다. 일반적으로 무엇이 좋고 나쁜가, 혹은 옳고 그른가에 대한 규범적 진술은 비규범적 진술로부터 연역될 수 없다는 점이 알려져 있다. 비규범적 진술이 아무리 많더라 하더라도 말이다. 그러므로 규범적 진술을 결론으로 하는 연역 논증에서 적어도 전제들 중 하나가 규범적이어야 한다. 이 점은 이미 이전 장에서 '이것은 통일성이 있다'(비규범적)에서 '이것은 좋다'(규범적)가 직접적으로 따라 나오지 않는다는 이야기를 할 때 설명된 바 있다. 미 이론가들은 비평적 논증을 연역 논증적 패턴으로 생각하고 있다. 즉 어떤 대상이 아름답다는 것을 보이면 그로부터 논리적으로 그것이 좋다는 것이 따라 나온다고 본다. 그러므로 아마도 이제 미 이론가는 모든 비평적 추론이 결국에는 몇몇의 기본적인 규범적 전제에 의존해야 한다고 주장할 것이다. 그러한 기본적인 규범적 전제는 상대주의자의 말대로 임의적으로 선택된 것이거나(그럴 경우에 모든 비평적 추론은 단순히 가설적이다), 혹은 그 전제는 자명한 것이어서 보다 더 기본적인 다른 전제로부터 증명될 필요가 없는 것이다. 미 이론가는 '미는 본래적으로 가치 있다'가 바로 그러한 자명한 전제라고 볼 것이다.

여기에서 이제 우리는 확실히 논의의 종점에 도착했다. 왜냐하면 전제되고 있는 지식 이론이 무엇인지 드러내고 그 이론을 살펴본 이후에 우리가 할 수 있는 것은 그 이론을 그 모습대로 남겨두는 것이기 때문이다. 다른 수많은 지점들에서와 마찬가지로, 우리는 여기에서 미학을 떠나 철학의 영역으로 진입하게 된다. 당신이 자명한 진술들이 있다고 생각한다면, 그리고 '미는 본래적으로 가치 있다'는 문장 2가 당신에게 자명하다면, 당신은 미 이론과 함께 갈 준비가 된 것이다. 우리의 논의가 여기에서 끝나야만 한다는 것은 아니다. 왜냐하면 자명성이나 혹은 명백한 자명성에 대해 많은 이야기를 이어갈 수 있기 때문이다. 단지 그 이야기를 여기서 할 수는 없다는 것이다. 만일 당신이 문장 2가 자명하다는 점을 확신하지 못한다면, 하나의 질문이 남는다. 미 이론가가 당신에게 문장 2가 자명하다는 점을 확신시킬 수 있는 방법이 있는가? 혹은 보다 더 일반적으로 표현하자면, 우리는 미가 본래적 가치를 가진다는 사실을 이성적으로 인식할 수 있다는 주장을 미 이론가가 우리에게 확신시킬 수 있는가? 그러한 취지를 지닌 유명한 논증*이 있는데, 우리는 그 논증을 살펴보면서 이번 절을 끝맺을 것이다.

다음 두 세계를 상상해보자. 하나는 모든 점에서 극도로 아름다운 세계이고, 다른 하나는 모든 점에서 더 이상 추할 수 없을 정도로 추한 세계이다. 그리고 인간은 이 두 세계를 볼 수 없다고 가정해보자. 한 세계의 미는 결코 감상되지 않을 것이고, 다른 한 세계의 추함도 결코 우리를 기분 나쁘게 하지 않을 것이다. 아무도 그 세계를 접하지 못한다. 우연에 의해서라도 말이다. 이제 이 두 세계 중 어떤 세계의 존재를 선호하는가라는 질문이 당신에게 던져졌다고 가정해보자. 여기에서 '선호'는 단순한 느낌 이상이어야 한다. 예를 들어 당신은 이 두 세계 중 하나가 아닌 다른 하나를 생각하는 것(즉 상상 안에서 그 세계를 관조하는 것)으로부터 더 많은 쾌를 얻을 것이다. 중요한 문제는 이 둘 중 한 세계가 더 나은 세계인지, 혹은 더 존재해야 할 근거가 있는지, 그리고 우리는 그 세계의 존재를 도와야 하는지(우리가 할 수만 있다면)에 대한 답이 명확하냐는 것이다.

이 질문에 대해 어떤 확정적인 답이 내려질 수도 있을 것이다. 만일 어떤 사람이 자신은 어떤 세계에 대한 선호 없이 완벽하게 무관심하다고 말한다면, 그 사람에게 한 세계 대신 다른 세계를 선택하라는 이유는 제시될 수 없다. 왜냐하면 그 사람에게는 그 어떤 세계도 경험되지 않을 것이기 때문이다. 어떠한 이성적인 선호도 제시될 수 없으며, 둘 중 한 세계의 존재를 위해 노력하는 것은 쓸모없는 짓일 것이다. 그러나 합리주의자는 그러한 중립적인 대답을 받아들일 수 없다. 그에게는 한 세계가 다른 세계보다 더 선호되어야 한다는 점이 어떠한 결과나 혹은 반응에 상관없이 자명한 것처럼 보인다. 그는 이것을 이성적인 자명성으로 간주하며, 실제적이거나 혹은 감정적인 방해에서 벗어나 차분한 심사숙고 중인 사람이라면 누구나 그 이성적 자명성을 따라야 함을 알게 될 것이라고 본다. 그러나 만일 우리가 어떠한 의미 있는 진술들, 혹은 문장 2라는 특정 진술이 자명하다는 점을 의심한다면, 합리주의적 형태의 미 이론은 거부될 수밖에 없다.

---

* 무어(G. E. Moore)의 『윤리학 원리』(*Principia Ethica*)에서 제안된 논증이다. Note 26.2 참조.

27

심리적 정의들
PSYCHOLOGICAL DEFINITIONS

미 이론이 제시한 '미적 가치'의 정의는 그 용어의 객관적(objective) 정의이다. 즉 그 정의는 인간의 심리적 태도를 언급하지 않는다. 미와 미 안에 내재하는 가치는 미적 대상 그 자체의 특성이며, 누군가가 그에 대해 어떻게 느끼는지와는 상당히 독립되어 있다는 것이다. 우리가 살펴본 것처럼, '미적 가치'에 대한 미 이론의 정의가 대부분의 사람들이 미적 맥락에서 '좋다'라는 단어를 사용하는 방식과 대응한다고 보기는 힘들며, 우리가 그러한 방식으로 사용할 수 있다고 보기도 매우 힘들다. 우리가 비평적 가치판단이 합리적으로 옹호 가능한 것이길 바란다면 말이다.

이제 객관적 정의들 중 가장 설득력 있는 정의에 문제점이 있다고 한다면, 우리는 주관적(subjective) 정의의 가능성을 살펴봐야 한다. 즉 정의하는 용어가 어떤 인간 혹은 인간들의 심리 상태를 언급하는 그런 정의의 가능성을 살펴봐야 한다. 예를 들어서, 만일 '~에 대해 자질 있는 비평가들이 호감을 가진다'가 '미적 가치를 가진다'의 정의로 제시된다면, 이것은 주관주의적 정의가 된다. 왜냐하면 정의하는 용어가 비평가들의 태도를 언급하기 때문이다. 이제 그렇게 제안된 정의를 우리가 받아들여야 하는가라는 문제가 발생한다. 상당히 다양한 주관주의적 혹은 심리적 정의들이 제안되었는데, 그 정의들을 모두 지지하는 하나의 일반적인 논증이 존재한다.

어떻게 인간의 필요나 욕망과의 관계(직접적이거나 혹은 간접적인) 밖에서 가치를 가지는 게 존재하는가? 어떤 대상에 대해 아무도 관심을 가지지 않는다고 말하거나, 혹은 그 대상이 이렇건 저렇건 상관하지 않는다고 말하는 것은 바로 그 대상에 아무런 가치가 없다고 말하는 것이 아닌가? 만일 가치라는 것이 빨간색임이나 장엄함과 같은 지각적 대상의 한 성질이 아니라면, 그것은 관계이어야만 하고, 누군가가 그 대상에 대해 어떤 태도를 가진다는 사실로 구성되어야 한다. 풀어 말하자면, 대상은 그것이 좋기(good) 때문에 애호되는(liked) 것이 아니라, 애호되기 때문에 좋은 것이다. 어떤 것이 좋다고 말할 때 우리는 누군가가 그에 대해 찬성의 태도, 즉 승인, 관심, 욕망 등을 가지고 있음을 의미하며, 혹은 오직 그것만을 의미할 수 있다(우리가 사리분별 있는 사람이라면). 찬성의 태도를 표현하기 위한 단어들 중 선결문제 요구의 오류를 범하지 않으면서 가장 일반적으로 사용되는 단어는 아마도 '애호함'(liking)일 것이다. 그러므로 다음과 같은 공식을 쓰도록 하자.

'X는 가치를 가진다'는 '누군가가 X를 애호한다'를 의미한다.

이는 우리에게 '가치'의 정의를 제공하지만, '미적 가치'의 정의를 제공하지는 않는다. 후자의 정의를 얻기 위해서 우리는 먼저 '미적 애호함'이라 불릴 수 있는 특정 유형의 애호함, 혹은 특정 방식의 애호함을 구별해내야 한다.

'X는 미적 가치를 가진다'는 '누군가가 X를 특정한 방식으로(즉, 미적으로) 애호한다'를 의미한다.

이와는 다른 표현들이 정의하는 용어로 선택될 수도 있을 것이다. 예를 들어서 '누군가가 X를 미적으로 즐긴다' 혹은 '누군가가 X에서 미적 쾌를 얻는다'가 있다. 그러나 이들은 모두 '애호함'으로 정의될 수 있다. 왜냐하면 'X를 즐긴다'가 대략적으로 'X를 경험하고, X의 경험을 애호함'과 비슷하기 때문이다. 그리고 '~에서 쾌를 느낌'은 '즐긴다'와 동의어인 것 같다.

미적 애호와 다른 종류의 애호를 구분하는 것은 쉽지 않겠지만, 그러한 구분을 생각해보는 것은 아무런 잘못이 없다. 여성에게 가지는 한 남자의 호감의 태도 중에서 사랑, 우정, 부성애, 남매간의 사랑, 심지어는 오빠로서의 사랑과 남동생으로서의 사랑 등을 구분할 수 있을 것이다. 이와 비슷하게, 조지 워싱턴 다리에 대해 디자인으로서 그 다리를 좋아하는 방식과 두 지역을 이어주는 편리한 연결로서 그 다리를 좋아하는 방식을 구분할 수 있을지도 모른다. 우리는 이제 이 문제에 집중하면서 미적 애호 혹은 미적 즐김이 다른 애호들과 어떻게 다른지 물을 수 있다. 즉 미적 경험의 성질에 대해 탐구할 수 있다. 그러나 이 탐구는 아직은 필요하지 않은데, 왜냐하면

'미적 가치'의 심리적 정의에서 우리가 가장 먼저 주목해야 하는 문제점들은 보다 일반적이고 근본적인 성격을 지니기 때문이다. 만일 심리적 정의가 그러한 문제점들을 극복한다면, 그 다음에 미적 경험에 대한 질문으로 넘어가도 충분하다. 만일 심리적 정의가 그러한 문제점들을 극복하지 못한다면, 우리는 미적 경험에 대한 문제를 다루기 위한 더 적절한 장소를 다음 절에서 마련할 것이다. 그전까지는 '애호'를 '특정한(그러나 아직 명세화되지 않은) 방식으로 애호하다'의 줄임말로 생각하기로 하자.

우리는 지금 '미적 가치'의 심리적(psychological) 정의에 대한 뼈대, 즉 거친 이해에 이르렀다. 이 정의는 아직 많은 문제들에 답하지 않은 상태이다. 그러나 이 정의에 대한 다음 세 가지 사항들을 주목하라.

첫째, '미적 가치'를 주관적으로 정의해야 한다는 견해는 정서주의 이론(Emotive Theory)과 동일하지 않은데, 후자는 우리가 앞 장에서 논의한 바 있다. 정서주의 이론은 '미적 가치'가 전혀 정의될 수 없다고 본다. 왜냐하면 정서주의에 따르면 누군가가 미적 대상이 훌륭하다고 말할 때 그 사람은 그 대상이 애호된다는 진술을 하는 것이 아니라, 단순히 그 사람이 그 대상을 애호하고 있음을 보여주기(언어적으로 단언하는 것이 아니라) 때문이다. 둘째, 만일 심리적 정의가 받아들여진다면 상당히 편리해질 것인데, 왜냐하면 그 정의는 사실로부터 가치를 도출하는 문제를 해결해버리기 때문이다. 규범적 진술이 단지 일종의 심리적 진술이라면, 규범적 진술은 다른 경험적 진술과 마찬가지로 검증 가능해지며, 비평적 추론은 비규범적 전제로부터 규범적 결론을 도출하려는 오류에 가담하지 않을 수 있다. 셋째, 심리적 정의는 '본래적 미적 가치'의 정의가 되고자 한다. 애호의 태도는 다른 어떤 것을 위한 수단으로서의 대상에 대한 것이 아니라 대상 그 자체에 대한 것으로 이해되어야 한다. 심리적 견해에 따르면 케이크나 농담, 경마 등은 본래적 가치를 가진다. 반드시 미적 가치는 아닐지라도 말이다. 이는 곧 그것들이 즐겨진다는 말과 같다.

그렇다면 모든 심리적 정의들은 세부사항에서 차이점이 있다 하더라도 인간과의 어떤 관계 안에 본래적 가치가 존재한다고 본다는 점에서, 즉 우리가 '~에 의해 애호됨'이라고 거칠게 기술한 관계 안에 본래적 가치가 존재한다고 본다는 점에서 의견이 일치한다. 이것은 애호의 대상이 회화나 음악작품과 같은 지각적 대상이건, 혹은 쾌와 같은 느낌 그 자체이건 간에 참이다. 왜냐하면 몇몇 철학자가 말하듯, 쾌가 본래적으로 가치 있다고 말하는 것은 곧 쾌가 그 자체로 애호된다고 말하는 것과 같기 때문이다. 오직 심리 상태나 태도만이 본래적 가치를 수여할 수 있고, 마음이 그러한 태도를 보일 수 없는 것이 존재한다면, 그것은 가치가 없다.

개인적인 그리고 비개인적인 정의들

여전히 위에서 제시된 뼈대는 가능한 심리적 정의의 넓은 선택 범위를 남겨둔다. 그러나 가능한 정의들은 다음 두 그룹으로 나누어진다.

어떤 심리적 정의들에서는 정의하는 용어가 화자를 명시적으로 혹은 은밀하게 언급한다. 다음과 같은 제안이 나왔다고 가정해보자.

> 'X는 미적 가치를 지닌다'는 (a) '나는 X를 애호한다' 혹은
> 　　　　　　　　　　 (b) '우리 문화의 사람들은 X를 애호한다'를 의미한다.

이는 누군가가 미적 가치에 대한 진술을 할 때마다 그 사람은 자기 자신의 애호나 혹은 그 사람과의 관련성에 의해 정의 가능한 어떤 집단의 애호를 보고한다고 제안한다. 그러므로 이 정의에 따르면, X가 미적 가치를 가진다는 점이 참인지 알기 위해서 우리는 화자의 애호나 혹은 그의 가족, 계급, 직업, 종교, 문화의 구성원들이 가지는 애호를 조사해야 한다. 이러한 정의들을 개인적인(personal) 주관적 정의라고 부르자. 이 정의들은 물론 모두 상대주의적이다. 이 정의에 포함된 사람이 모든 사람이지 않는 한 말이다.

> 'X는 미적 가치를 지닌다'는 '내가 속한 종(species)의 대부분의 사람들은 X를 애호한다'를 의미한다.

이 정의는 상대주의적이지 않은데, 왜냐하면 이 정의에 따르면 미적 가치에 대해 논의하는 생명체가 모두 같은 종에 속하는 구성원이기 때문에 상이한 집단을 언급하면서 논의하는 두 논쟁자를 찾는 것이 불가능하기 때문이다. 그러나 만일,

'X는 미적 가치를 지닌다'는 '대부분의 우리나라 사람들은 X를 애호한다'를 의미하고,

A와 B가 다른 나라 사람이라면, A는 X가 미적 가치를 가진다는 점을 긍정하고 B는 부정할 수 있지만 그들은 서로를 반박하는 것은 아니다.

언급된 집단 속에 어쩌다가 화자가 속하게 되었다는 사실 때문에 주관주의적 정의가 개인적인 정의가 되는 것은 아니다. 예를 들어서 다음과 같은 말도 안 되는 정의가 있다면 이는 푸른 눈을 가진 사람이 발화할 때마다 개인적인 정의가 되는 것은 아니다.

'X는 미적 가치를 지닌다'는 '푸른 눈을 가진 사람이라면 모두 다 X를 애호한다'를 의미한다.

이것은 상대주의적 정의가 아닌데, 왜냐하면 만일 어떤 시가 미적 가치를 가지는가라는 질문이 제기되었을 때, 이 정의에 따르면 그 질문은 사실상 푸른 눈을 가진 사람들이 정말 모두 그 시를 애호하는가라는 질문이기 때문이다. 그리고 이는 확실히 경험적 조사를 행할 수 있는 질문이다.

'X는 미적 가치를 지닌다'는 '나와 같은 색의 눈을 가진 사람들은 X를 애호한다'를 의미한다.

그러나 이 정의는 개인적이며 상대주의적이다. 여기에서 언급되는 집단은 화자가 누구냐에 따라 그 사람의 눈 색에 따라 변화한다.

정의하는 용어가 화자 자신을 언급하지 않는 유형의 주관주의적 정의를 우리는 비개인적(impersonal) 정의라 부를 수 있을 것이다.

'X는 미적 가치를 지닌다'는 '모든 혈기왕성한 미국인들은 X를 애호한다'를 의미한다.

이 정의는 화자가 혈기왕성한 미국인이건 아니건 간에 비개인적이다. 왜냐하면 만일 우리가 이 정의를 받아들인다면 미적 가치에 대한 모든 논쟁은 진정한 논쟁이

될 것이기 때문이다. 다시 말해, 정말로 모든 혈기왕성한 미국인들이 X를 애호하는지 아닌지에 대한 논쟁이 될 것이며, 이것은 경험적 성격의 질문이다. 아무리 터무니없어 보인다 할지라도, 이 예는 심리적 정의에서 보다 세심하게 가다듬어져야 할 두 가지 점을 보여준다. 첫째, 위와 같은 정의를 제시하는 사람은 모든 혈기왕성한 미국인들이 실제로 문제의 대상을 직접적으로 접했다고 주장할 필요가 없다. 그 사람은 자신의 정의를 다음과 같은 조건적 형태로 표현할 수 있다.

'혈기왕성한 미국인이라면 누구나 X를 애호할 것이다.'

이것은 X가 미적 가치를 가지는지 아닌지의 테스트가 모든 혈기왕성한 미국인들이 X를 실제로 경험했으며 그리고 그것을 마음에 들어했는지에 대한 것이 아니며, 만일 X에 노출된다면(마케팅 조사나 판매 판촉 등을 통해) 그것을 애호할 것인지에 대한 것임을 의미한다. 둘째, 주관주의자는 '미적 가치'라는 용어의 비교급적 의미를 제시함에 있어 가능한 한 그 용어의 비평적 용법에 부합하려 할 것이고, 따라서 다음과 같은 공식을 만들고 싶어 할 것이다.

'X는 Y보다 더 높은 미적 가치를 지닌다'는 'X는 Y보다 (더 많은?) 사람들에 의해서 (더 많이?) 애호된다.'

이 공식에서 나타나는 두 개의 '더 많은' 중 한 개나 혹은 두 개 모두를 받아들일 수 있는가 하는 문제는 공식 안에 언급되는 집단과 관련한 여타의 결정들에 의존한다. 예를 들어, 만일 주요 집단이 혈기왕성한 미국인이라면, 정의는 (a) 그들 중 더 많은 수의 사람들이 Y보다는 X를 애호한다, (b) 그들 중 대부분이 X와 Y를 모두 애호하지만 X를 더 애호한다, (c) X를 애호하는 사람들이 Y를 애호하는 사람들보다 더 혈기왕성하다 등을 더 상세하게 기술할 수 있다.

이와 관련된 세밀한 사항을 여기에서 더 탐구할 필요는 없다. 가치의 주관주의적 정의에 관한 상당수의 연구가 존재한다.[*] 개인적 정의에는 고유한 문제점들이 있

---

[*] 특히 다음 저자들의 연구를 들 수 있다. David W. Prall, R. B. Perry, C. I. Lewis. Note 27.1 참조.

는데, 특히 상대주의적 특성 때문에 발생하는 문제점들이 존재한다. 비개인적 정의는 특별한 딜레마를 마주한다. 특히 미학 분야에서 비평가가 '좋다' 및 '형편없다'는 단어를 사용할 때 그들이 실제로는 임의적인 다수 집단이 보이는 선호를 의미한다고(예를 들어 20세기 사람들 혹은 혈기왕성한 미국인들) 생각하는 것은 상당히 설득력이 없다. 비평가들은 임의적인 다수 집단의 선호라는 테스트를 통과한 대상이 거의 미적 가치를 가지지 못할 것이라는 사실을 잘 알고 있다. 예를 들어, 대다수의 혈기왕성한 미국인이 접하기만 하면 좋아하게 될 그런 실내악이 존재하는가? (이는 대다수의 혈기왕성한 미국인이 그 음악을 애호하게 될 수 있는가라는 문제와는 완전히 구분되는 문제이다) 확실히 비평가들은 어떤 사람들이 다른 사람들보다 미적 대상을 경험하는 데 더 자질 있다고 생각한다.

그렇다면 더 흥미로운 비개인적 정의들이란 추가적인 제한사항을 도입한 정의들이다. 우리가 피곤하지 않고, 배고프지 않고, 혹은 걱정이 없을 때 음악을 더 잘 들을 수 있는 조건에 있다는 점은 명백하다. 그리고 좋은 청취 능력, 음 구분 능력, 선율 기억 능력 등을 지닌 사람이 그러한 능력을 결여한 사람보다 음악을 더 잘 들을 수 있는 조건을 가진다는 것도 명백하다. 이제 우리의 정의적 집단 안에 오직 자질 있는 사람들만 포함되어야 한다고, 그리고 그들의 경험에 대한 최적의 조건들이 상세화되어야 한다고 생각해보자.

'X는 Y보다 더 높은 미적 가치를 지닌다'는 '모든 자질 있는 지각자들은 알맞은 조건하에서 X를 Y보다 더 애호하거나 혹은 애호할 것이다'를 의미한다.

이와 같은 심리적 정의는 확실히 일상적인 비평적 용어의 용법에 근접해 있다. 그러나 이 정의는 다음의 어려운 두 문제를 발생시킨다. 첫 번째 문제는 '알맞은 조건'과 관련 있다. 시를 읽기에 혹은 그림을 보기에 알맞은 조건이 무엇인지 묻는 것은 합리적이며, 우리는 그 질문에 대한 답의 일부를 알고 있다. 바람직한 조건들의 완전한 집합을 우리가 모두 밝혀낼 수 없지만, 그렇게 하는 것이 필요한 것은 아닌데, 왜냐하면 종종 비평가가 연극을 보러 왔을 때 술이 취했음을 혹은 소화불량이었음을 혹은 아내와 싸웠음을 보임으로써, 혹은 관객이 소란스럽게 늦게 입장해서 첫 번째 막을 망쳤음을 지적함으로써 우리는 그의 비평적 판단을 실격시키기 때문이다. 물론 이런 사실들은 그의 평결이 잘못되었음을 보여주는 것이 아니다. 그 사실들은 오직 비평가가 평결을 내릴 만한 알맞은 조건에 있지 않았음을 보여준다. 그런데 여기에는 어떤 난점이 있다. 연극을 보는 알맞은 조건을 우리는 어떻게 결정하는가? 아마도 우리의 연극 향유 및 평가가 방해되는 방식들을 발견함으로써일 것이다. 이것이 연극을 보는 알맞은 조건을 결정하는 방법이라면 이는 문제가 된다. 이제 '알맞은 조건'이란 '미적 가치를 가지는 대상이 미적 가치를 가지는 것으로서 경험되는 조건'을 의미하는 것 같기 때문이다. 이 경우 '미적 가치'의 정의는 순환적이게 된다.

이 정의의 '자질 있는 지각자'라는 용어와 관련해서도 동일한 문제가, 심지어는 더 강하게 나타난다. 여기에서도 마찬가지로 무엇이 시의 독자를 혹은 음악가를 다른 독자나 음악가들보다 더 나은 것으로 만드는지 묻는 것은 합리적이며, 몇몇 필수불가결한 자질 조건에 대한 테스트가 존재한다. 읽기 능력이나 음악적 적성에 대한 완전한 테스트는 고안되지 못하겠지만, 우리는 음치인 사람이 음악적 판단을 제시할 때, 혹은 언어 적성 능력에서 낮은 점수를 받은 사람이 시에 대한 판단을 제시할 때, 그 사람들을 쉽게 실격시킬 수 있다. 그러나 이처럼 명백하게 능력이 부족한 사람들을 제거하고 나서도, 무능력함이 그다지 뚜렷하게 드러나지 않은 많은 사람들이 여전히 남게 되고, 그 지점에서 우리는 '자질 있는 지각자'를 위의 경우에서와 마찬가지로 순환적으로 정의하는 우리 자신을 발견하게 될 수도 있다. 즉 미적 대상 내의 미적 가치를 인식할 수 있는 자들로 그들을 정의하게 된다는 것이다. 예를 들어, 민감성 (sensitivity)은 종종 비평가가 가져야 하는 바람직한 성질로 언급된다. 그런데 이미 훌륭하다고 여겨지는 미적 대상에 대해 비평가가 어떻게 반응하는지를 고려하지 않고서도 민감성이라는 특성이 정의되거나 검증될 수 있는가?

이들은 모두 중요하고, 어려우며, 여전히 해결되지 않은 질문들이다. 그러나 '미적 가치'에 대한 자질 있는 관찰자적 정의가 비순환적인 방식으로 형성될 수 있다 하더라도, 여전히 논리적으로는 선결문제 요구의 오류를 범하게 되는 것 같다. '미적 가치를 지니는 대상은 완벽한 비평가에 의해 (미적으로) 애호될 것이다'라는 진술은 확실히 참이다. 그러나 이 진술은 '완벽한 비평가'는 어떻게 정의되어야 하는가의 문제를 '미적 가치'가 어떻게 정의되어야 하는가의 문제보다 더 많이 이야기하고 있다. 이 일의 자연스러운 순서는 먼저 '미적 가치'를 정의하고, 그 다음에 가치가 가장 잘 인식되는 조건, 그리고 가치를 인식하기 위해 요구되는 재능을 명시해 비평가의 자질을 그러한 조건이나 재능으로 기술하는 것이다. 물론 자질 있는 지각자와 전문 비평가들이 존재하며, 우리는 그들의 반응이나 판단을 통해서 우리의 반응이나 판단을 점검해볼 수 있다. 그러나 우리가 미적 가치를 판단할 때, 비평가들에 대한 언급이 우리의 미적 판단의 의미를 구성하지는 않는다.

열린 질문 논증

모든 형태의 심리적 정의에 대해서, 그리고 사실 '미적 가치'를 완전히 비규범적 용어로 정의하려는 모든 시도들에 대해서 제기될 수 있는 두 가지 반대 논증이 존재한다. 그중 하나[*]는 종종 '열린 질문 논증'(Open-Question Argument)이라 불린다. 모든 주관주의적 정의들은 우리가 실제로 묻고 있는 좋은 질문들을 애초에 물어볼 수 없는 질문으로 만들어버린다. 그리고 이는 그 정의가 실제 우리의 용법에 부합하지 않는다는 사실을 보여준다. 예를 들어보겠다. 각 시대마다 문학을 향한 고유한 감수성이나 선택적 반응이 있기 때문에, '미적 가치'는 화자의 감수성과 그가 살고 있는 시대의 감수성에 의해 정의되어야 한다고 주장하는 사람이 있다고 해보자. 그러므로 비평가가 '이것은 훌륭하다(good)'고 말할 때, 그는 단지 '나 그리고 우리 시대의 대부분의 비평가들은 이것을 애호한다'를 의미한다는 것이다. 그런데 어느 날 비평가는 와튼(Warton)이 포프(Pope)에 대해, 그리고 로셀 호프 로빈스(Rossel Hope Robbins)가 엘리엇에 대해 물었던 것처럼 다음과 같은 질문을 자신에게 묻기 시작한다고 해보자.

'나 그리고 우리 시대의 대부분의 비평가는 이 시를 애호하지만, 과연 이 시는 훌륭한가?'

스스로 제안했던 정의에 따르면 위의 비평가는 이 질문을 던질 수 없다. 왜냐하면 이 질문은 다음과 동일한 질문이기 때문이다.

'나 그리고 우리 시대의 대부분의 비평가는 이 시를 애호하지만, 과연 나와 우리 시대

---

[*] 이 논증은 무어(G. E. Moore)에게서 가져왔다. Note 27.3 참조.

대부분의 비평가는 이 시를 애호하는가?'

다시 말해, '나 그리고 우리 시대의 대부분의 비평가가 애호하는 것은 정말로 훌륭한가?'라는 질문은 위의 감수성-정의에 의하면 난센스가 되어버린다. 즉 그것은 더 이상 열린 질문이 아니다. 개개의 주관적 정의는 각자 상이한 질문을 닫아버리는데, 우리는 각각의 주관적 정의와 관련해 그 정의를 따르면 물을 수 없는 것이 되어버리지만 실제로 많은 비평가들이 의미 있다 여기며 묻고 있는 질문들을 고안해낼 수 있다. 그리고 이는 주관주의가 제안하는 방식대로 비평가들이 '훌륭하다'는 의미를 사용하고 있지 않음을 보여준다.

물론 실제로 위와 같은 질문들이 난센스이며 비평가들은 그 질문을 물을 때 혼란에 빠졌음을 지적하면서, 질문 중 일부는 결국에는 닫힐 수밖에 없다는 대답이 나올 수도 있다. 비평가가 자기가 살고 있는 시대의 한계를 벗어나 보다 광범위한 관점으로 미적 대상을 판단할 수 있는 척하는 것은 터무니없지 않은가? 심지어 비평가가 그러한 한계의 인정을 거부한다 할지라도, 철학자는 그 한계를 비평가에 지적해주어야 하지 않을까? 철학자라면 그 시대의 비평적 의견 일치에 의해 도출된 미적 가치 판단에 관해 비평가가 자기모순 없이는 질문할 수 없음을 알려줌으로써, 비평가로 하여금 시대의 한계를 인정하도록 해야 하지 않는가? 그러나 나는 여기에서 판단의 의미를 판단의 검증과 혼동하는 모습을 찾을 수 있다. 우리가 미적 판단의 검증에 관한 매우 회의적인 견해를 취한다고 가정해보자. 그리하여 현대 음악, 회화, 문학에 대한 궁극적인 평결이 무엇인지 비평가는 전혀 알 방법이 없으며, 따라서 비평가들이 옳은지 그른지도 알 수 없다는 말을 한다고 가정해보자. 이는 터무니없이 회의적이지만, 그렇다 하더라도 이로부터 어떤 비평가는 다른 비평가들이 잘못되었는지 물을 수 없다든지 혹은 다른 비평가들의 판단을 의심할 때 비평가는 말이 되는 무언가를 의미할 수 없다는 점이 따라 나오지는 않는다. '우리 중 거의 대부분은 홉킨스, 예이츠 그리고 엘리엇을 매우 높이 평가하지만 우리가 잘못 판단했을 수도 있다'는 말이 참이 되기는 매우 어렵겠지만, 논리적으로 불가능하지는 않다.

취향을 문제 삼는 것은 말이 되며, 그러므로 무엇이 훌륭한 미적 대상인가라는 질문은 사람들이 실제로 무엇을 애호하는지에 호소함으로써 결정되지 않는다. 'X는 훌륭하지만 나는 그것을 애호하지는 않는다'는 문장과 'X는 훌륭하지 않지만, 나는 그것을 애호한다'는 문장은 상대적으로 드물게 발화되는 문장일지라도, 결코 자기모순적이지는 않다. 'X는 훌륭하지만 아무도 그것을 애호하지 않으며, 혹은 앞으로도 애호하지 않을 것이다'는 자기모순적이지 않다. 비록 이 문장이 참이 되기 매우 어렵고 증명 가능하지 않더라도 말이다.

이 점을 설명하는 보다 강한 방식이 있다.

A: 나는 X를 애호한다.
B: 하지만 너는 X를 애호해야 할까? (X는 애호될 만한 가치가 있는가?)

만일 A가 X를 Y보다 선호한다면, 우리는 그가 X를 Y보다 선호해야 하는지, Y를 X보다 선호하는 게 더 낫지 않은지, Y가 X보다 선호 가능하지 않은지 등의 질문을 언제든지 물을 수 있다. 이러한 형태의 논증은 옳고 그름이 포함되며 '-해야 한다'는 표현이 그 힘을 가장 강하게 발휘하는 도덕적 맥락에서 가장 잘 작동한다. 미적 맥락에서 이 논증은 어쩌면 기이하게 청교도적이거나 도덕주의적으로 느껴질 수도 있다. 캐슬린 노리스(Kathleen Norris)를 토머스 만(Thomas Mann)보다, 스트라우스의 왈츠를 〈오페라 화가 마티스〉(Mathis der Maler)보다, 록웰 켄트(Rockwell Kent)를 루오(Rouault)보다 더 애호하는 것은 잘못인가? 당신은 림버거 치즈를 숙성된 체다 치즈보다, 초콜릿 몰트를 라인 와인보다 더 애호하는 게 잘못이라고 말하지는 않을 것이다. 비록 그러한 취향이 한탄스럽다고 생각할지라도 말이다. 사실 인생의 특정 시기에는 보다 단순하고 달콤한 미적 대상을 선호하는 것이 옳을 수도 있다. 스트라우스의 왈츠나 혹은 듀크 엘링턴을 애호했던 초기의 취향은 누군가의 음악적 진보를 위한 필수불가결한 단계일 수도 있다. 그러므로 행위가 평가의 대상이 되는 것과 같은 방식으로 미적 향유가 평가의 대상이 되는 것은 아니라는 주장이 제기될 수도 있다. 어떤 행위를 할 때 우리가 그 행위를 해야 하냐고 묻는 것은 말이 되지만, 추리 소설이나 공상과학 소설을 향유할 때 그것을 향유해야 하냐고 묻는 것은 말이 되지 않는다는 것이다.

나는 미적 의무와 다른 유형의 의무들 사이에 적어도 정도의 차이가 존재한다는 사실을 인정하며, 그 정도의 차이는 의무들의 결과가 얼마나 심각한가에 달려있다. 동일한 차이가 도덕적 영역 내에서도 존재한다. 예를 들어, 공적으로 잘못인 어떤 행위는 사적으로는 옳다. 그 차이는 다른 사람에게 끼치는 영향에 달려있다. 미적 영역에서의 문제 역시도 취미(taste)가 세상에 어떤 영향이나 변화를 가져올 수 있는지에 달려있고, 취미는 분명 그런 영향이나 변화를 가져올 수 있다. 물론 개개인은 각자의 취미에 대한 권리를 가지고 있다. 각자가 투표할 권리를 가지는 것처럼 말이다. 그러나 내 이웃이 어떻게 투표하는지는 결국 나에게 영향을 미치며, 나는 내 이웃이 합리적이고 이웃을 배려하는 마음으로 투표하도록 설득할 권리를 가진다. 마찬가지로, 내 이웃이 무엇을 미적으로 좋다고 생각하는지는 그것이 내가 속한 사회와 문화에 영향을 끼치기에 결국 나에게도 영향을 끼친다. 비록 이웃의 취미가 끼치는 영향이 예측 불가능한 경우에 그에 대한 나의 엄격한 평가는 바람직하지 않겠지만 말이다. 나는 지금 몇 년 전 신문에서 보았던 워싱턴 애키모(Yakima)에 거주하던 한 남자와 같은 사례만을 이야기하는 것은 아니다. 그 남자는 1,000개의 대걸레 손잡이, 다양한 색으로 칠해진 악보들로 반 블록 정도 길이의 담장을 설치해 이웃 주민들을 분노하게 했다고 한다. 내가 생각하고 있는 것은 인간 삶의 다양한 국면에 끼쳐지는 미묘하고, 광범위하며, 장기간에 걸친 예술의 영향력이다. 그러나 이 주제는 다음 장을 위해 남겨두겠다. 독서와 음악과 관련된 한 개인의 취미는 돈, 교육, 이혼, 시민권, 자유의지 등에 대한 그 사람의 생각보다는 중요하지 않을지도 모른다. 그러나 그렇다고 해서 그것이 무시되어야 하는 것은 아니다.

설득력 있는 정의로부터의 논증

'미적 가치'의 주관주의적 정의에 대항하는 두 번째 유형의 논증은 첫 번째 논증만큼이나 잘 알려져 있고 그에 필적한다.[*] 첫 번째 논증은 미적 맥락의 '훌륭하다'가 가지는 일상적 의미를 주관주의가 설명한 부분을 강하게 비판했다. 그러나 어떤 철학자들은 자신은 대부분의 사람들이 일상적으로 의미하는 바에 관심이 없다고 대답할 것이다. 그리하여 그들은 그들만의 고유한, 더 나은 의미를 가지고 있다고 말할 것이다. 이러한 철학자들이 추구하는 것은 정의가 아니라 재정의(redefinition)이다. '미적 가치'라는 용어에 어떤 심리적인 의미를 부여해(그것이 일상적이건 아니건 간에), 더 새롭

---

[*] 두 번째 논증은 찰스 스티븐슨(Charles L. Stevenson)의 아이디어를 수정한 것이다. Note 27.4 참조.

고 간편한 용법으로 그 용어를 사용하지 말라는 법이 있는가? 예를 들어, 우리는 다음과 같이 말할 수 있다.

이제부터 나는 'X는 Y보다 더 높은 미적 가치를 지닌다'라는 말로 '유능한 20세기 비평가들은 X를 Y보다 애호한다'를 의미하자고 제안한다.

이렇게 하면 문제가 간단해질 것이다. 이는 미적 가치에 대한 모든 문제를 금방 해결할 수 있도록 만들고, 그렇게 되면 참 편리할 것이다.

누군가가 이런 제안을 하는 것은 쉽지만, 다른 이들이 이를 받아들이는 것은 항상 쉬운 것만은 아니다. 내가 그런 제안을 할 때 나는 적어도 당신이 내가 하는 말을 읽거나 혹은 듣는 동안만이라도 나와 동일한 의미를 받아들이도록 요청하는 것이다. 그러나 그러한 요청을 하면서 나는 어떤 정당화를 제공할 수 있는가? 어쩌면 나는 관례주의(conventionalism)에 입각한 정당화를 제시할지도 모른다. 사실 나는 이 책의 다른 기술적(technical) 용어들에 대해서는 그렇게 해왔다. 예를 들어 나는 "교훈적'이라는 단어는 다양하게 느슨한 의미들을 지니는데 특정 문학 이론을 위해서는 살짝 새로운 의미로 그 단어를 사용하는 것이 편리하다. 그리고 나는 이제 그 새로운 의미가 무엇인지 구체적으로 설명하겠다'라고 말할 수 있다. 문학 이론에 관한 나의 작업에 적합한 다른 용어가 존재하지 않는다면, 당신은 나의 이 제안에 반대할 만한 좋은 근거가 없다. 왜냐하면 당신이 나에게 이와 같은 재정의의 자유를 허용한다 해도, 당신이 어떤 특정 입장에 충성하는 것은 아니기 때문이다. 다시 말해, 내가 재정의한 '교훈적'이라는 단어의 뜻에 부합하는 교훈적인 문학이 그 단어의 다른 의미 상에서도 반드시 교훈적임을 내포하지는 않는다.

그러나 내가 지금 관심을 가지고 있는 논증에 따르면, 규범적 용어의 상황은 '교훈적'이라는 비규범적인 용어의 상황과는 상당히 다르다. 왜냐하면 만일 어떤 용어가 규범적이라면 그 뜻이 무엇이든지 간에 정서적 함의 혹은 타인의 태도에 영향을 줄 수 있는 경향을 지니고 있기 때문이다. 문제의 논증이 주장하는 바에 따르면, 어떤 용어가 규범적이 되기 위해서는 그러한 정서적 힘을 가지고 있어야 하며, '가치'와 같이 이미 일상에 안착한 규범적 용어의 경우 그 힘이 부수적으로 동반되고 있음을 찾아볼 수 있다. 그렇다면 '미적 가치'라는 용어를 방금 위에서 언급한 것과 같이 재정의함으로써 얻게 되는 효과는 무엇인가? 위와 같은 재정의를 제시한 사람은 아마도 그가 지금부터 '-보다 더 높은 미적 가치를 지닌다'라는 말을 할 때 이는 단지 '20세기 비평가들에 의해 더 애호된다'를 의미할 뿐이지만 '애호된다'라는 말보다는 '가치'라는 말을 계속해서 쓰겠다고 말할 것이다. 왜냐하면 아무리 재정의된다 하더라도 '가치'라는 말은 오래된 고유한 정서적 힘을 가지고 있기 때문이다. 그러므로 재정의는 20세기 비평가들의 애호나 승인에다 축복을 수여하는 효과를 가진다. 그리고 20세기 비평가들의 애호에 대해 이 같은 태도를 공유하지 않는 사람은 자연스럽게 문제의 재정의를 받아들이기 꺼려할 것이다.

'훌륭하다'와 '미적 가치'에 대한 모든 심리적 정의들은 이러한 특별한 방식으로 오도적이다. 이들은 설득적(persuasive) 정의라고 불린다. 즉 단어의 정서적 힘을 통해서 정의 주체가 승인하는 것들로 우리의 태도를 안내하는 정의들이다. 만일 혹자가 '훌륭하다'나 '가치'라는 단어를 사용하고 싶지 않고 오직 그의 애호나 불호에 대해서만 이야기하고 싶다면, 그것은 물론 그의 특권이다. 그렇지만 만일 그가 '훌륭하다'나 '가치'라는 단어를 사용하면서 그것들을 자의적으로 재정의해, 그의 애호나 불호에 대해서 이야기하고자 한다면, 우리는 이러한 조치로서 그가 얻고자 하는 것이 무엇인지 물을 수 있다. 그리고 그가 얻을 수 있는 유일한 것은 '훌륭하다'나 '가치'가 가치는 호의적인 정서적 힘의 일부가 그의 애호나 불호에 수여되는 일일 것이며, 이를 통해 그의 애호나 불호는 노력하지 않고서도 권위를 얻게 된다. 설득적 재정의를 받아들이는 이는 누구나 이러한 사기의 가담자가 된다.

이 두 번째 논증이 모든 규범적 용어들에 적용될 수 있을지는 아직 열려 있는 문제이다. 규범적 용어 중 일부는 우리가 살펴보았듯이 정서적이지 않거나 혹은 그렇게 정서적이지는 않다. 그러나 나는 두 번째 논증이 '미적 가치'를 심리적으로 정의하려는 몇몇의 조야한 시도들에는 적용된다고 생각한다. 어찌 되었든 첫 번째와 두 번째 논증은 지금까지와는 다른 방식으로 다음과 같이 요약될 수 있다.* '훌륭하다'나 '가치'와 같은 규범적 용어들은 비평적 담론 내에서 맡고 있는 주된 역할이 있는데, 그것은 바로 상찬(commend)하는 일이다. '미적 가치'에 대한 심리적 정의를 제시하려는 사람들은 모두 사실상 정의하는 용어가 정의되는 용어를 대체할 수 있다고 주

---

* 나는 이를 상당 부분 헤어(R. M. Hare)에게서 가져왔다. Note 27.3 참조.

장하는 것이다. 그리고 이 주장은 타당할 수 없는데, 왜냐하면 그 어떤 심리적 진술도 그 자체로는 규범적 진술이 할 수 있는 상찬의 일을 수행할 수 없기 때문이다. 나는 방금 '그 자체로'라고 말했는데, 왜냐하면 어떤 상황에서는 비규범적 진술도 상찬의 기능을 담당할 수 있기 때문이다. '신비평가들(New Critics)은 이것의 등급을 높이 매긴다'는 아마 어떤 집단 내에서는 놀라운 효과를 낼 것이다. 비록 다른 집단에서는 작품을 비난하는 뜻으로 받아들여질 수도 있지만 말이다. 그러한 그 놀라운 효과는 청자가 이미 어떤 다른 상찬들을 받아들이고 있는가에 달려 있다. '신비평가들은 이것의 등급을 높이 매긴다'는 '이것은 좋은 시이다'가 표현하는 믿음에 의존해야만 그 효과를 낼 수 있다. 그러므로 이 두 진술은 동일한 것을 의미하지 않는다.

이 점은 순수하게 비규범적 용어로 '미적 가치'를 정의하려는(`미적 가치'의 심리적 정의는 아니지만) 또 다른 시도를 우리가 살펴본다면 더 명확해질 것이다. 연극을 오직 한 기준으로만 평가하려는 신고전주의 비평가와 또 다른 기준으로만 평가하려는 낭만주의적 비평가 사이의 논쟁이 있다고 해보자. 이전 장의 25절에서 이 논쟁이 해결될 수 있는 두 가지 방식에 대해서, 즉 이 논쟁이 사실상 진정한 논쟁이 아님을 보임으로써 해결될 수 있는 방식에 대해 이야기한 적이 있다. 첫 번째 방법은 이 두 비평가들이 사실은 서로 다른 것들에 대해 이야기하고 있다고 말하는 것이다. 이것은 개별주의(particularism)이다. 두 번째 방법은 '훌륭하다'(혹은 '미적 가치')라는 용어의 상대주의적 정의를 도입하는 것이다. 이제 세 번째 방식이 존재하는데, 이를 지명할 어떤 간편한 이름이 떠오르지는 않는다. 신고전주의 비평가는 연극의 미적 가치에 관련되는 근거로 오직 한 종류의 근거를 받아들인다고 가정해보자. 그 근거는 예를 들어 연극이 시공간 및 행위의 특정 규준에 부합한다는 사실이다. 그리고 낭만주의적 비평가는 다른 종류의 오직 한 근거를 미적 가치에 관련되는 것으로 받아들이는데, 예를 들어 심리적 개성이라든가 인물의 복합성 같은 것들이라고 해보자. 확실히 이 두 사람의 논쟁이 막다른 골목에 이르는 지점이 발생할 것이다.

이제 이 두 비평가가 오직 자신들이 받아들이는 근거만을 고집해야 하는지에 대한 문제는 항상 열려 있을 것이며, 이들이 보다 광범위한 근거들을 받아들여야 할 좋은 이유가 나타날 수도 있다. 이들이 너무 완강해 그에 동의하지 않을지라도 말이다. 그러나 몇몇 철학자들은(그리고 이들은 아마 엄격한 의미에서의 상대주의자는 아니지만, 상대주의자로 불릴 수 있는 사람들이다) 자신이 어떤 기준을 선택하는가는 결국 기본적인 취미를 반영하는 것이며, 우리는 이제 이성적 논증의 막다른 지점에 왔다고 말할 것이다. 그렇다면 이 지점에서 이성적 논증은 쓸모없으며, 그 쓸모없음은 비평가들의 논증을 와해시킴으로써, 즉 사실은 애초부터 논증이 아님을 보임으로써 가장 잘 드러나게 될 것이다. 두 비평가가 '훌륭하다'는 말로 각자 다른 것을 의미하며, '훌륭하다'라는 단어는 두 단어로 나누어져야 한다는 제안이 나올 수도 있다. 신고전주의 비평가는 '훌륭하다'는 말로 '형식적 기준에 부합함'을 의미하고, 낭만주의 비평가는 '고도의 심리적 개성과 복합성을 지님'을 의미한다는 것이다. 두 비평가가 그들의 가치 판단을 통해 서로 다른 것을 의미하므로, 이 논쟁은 해결이 불가능하다. 각자의 가치 판단이 무엇을 의미하는지를 각자가 사용한 비평기준으로 환원시켜봄으로써 그 둘 사이의 논쟁이 해결 불가능하다는 사실이 드러나게 되었다. 당신은 이제 이러한 제안이 '훌륭하다'에 대한 심리적 정의와 유사하며 또한 동일한 단점을 지닌다는 사실을 알 수 있다. 왜냐하면 신고전주의 비평가는 '훌륭하다'와 '형식적 기준에 부합함'을 동일한 의미로 사용할 수 없기 때문이다. 그는 연극이 형식적 기준에 부합하기 때문에 훌륭하다고 말하지, 연극이 형식적 기준에 부합하기 때문에 형식적 기준에 부합한다고 말하는 것이 아니다. 확실히 '훌륭하다'는 연극에 대한 일종의 기술이나 해석 이외의 무언가를 의미하는 게 분명하다. 단순한 사실적 진술은 그것이 심리적인 것이라 할지라도 '훌륭하다'의 온전한 의미를 다 전달할 수 없다.

애호나 불호의 언어는 중요하고 유용하지만, 비평적 판단의 언어는 아니다. '이것은 훌륭한가?'는 '당신은 이것을 애호하는가?'(이 질문은 '당신은 이것을 어떻게 생각하는가?'에 가깝다)나, 혹은 '내가 이것을 애호하게 될 것인가'(이 질문은 '이것을 보기 위해서 돈과 노력이 든다는 점을 생각할 때, 혹은 이것을 좀 더 살펴보려면 시간이 든다는 점을 생각할 때, 이것을 이해하려고 노력하는 게 소용 있을까?'에 가깝다)로 환원될 수 없다.

따라서 우리의 문제는 다음 절로 넘어가게 된다. 비록 여기에서 가능한 답변의 범위를 상당히 좁혔지만 말이다. 만일 '미적 가치'의 심리적 정의가 온전하게 어떤 태도를 통해서 미적 가치를 정의하려는 시도라면, 그러한 시도는 단어 용법의 보고로서도 혹은 새로운 용법을 제안하는 추천으로서도 제대로 작동하지 않는 것 같다. 그러나 이 점은 '미적 가치'를 정의할 때 심리적 상태를 언급하는 모든 시도를 막을 수는 없으며, 사실 다음 절에서 이야기할 이론도 순수하지는 않지만 심리적 정의의 일종이다.

도구주의적 이론
THE INSTRUMENTALIST THEORY

미적 가치에 대한 이론 중 미 이론가가 제시한 이론, 그리고 '미적 가치'라는 용어의 주관주의적 정의를 제시한 이들의 이론을 거부한다면, 이제 다른 방향으로 살펴보아야 할 때이다. 미적 가치의 문제들에 접근하는 또 다른 방식이 있다. 비평적 칭찬의 일반적 형태는 '이것은 훌륭한 미적 대상이다'이다. 물론 우리는 '이것은 훌륭한 소나타이다' 혹은 '이것은 훌륭한 풍경이다'와 같은 보다 구체적인 판단을 할 수도 있다. 이제 가치 이론을 배우는 학생들은 우리가 '훌륭하다'는 단어를 문법적으로 매우 다른 두 가지 방식으로 사용하고 있음을 지적할 것이다.* 우리는 '당신은 매우 훌륭하다(good)'라는 말을 하며, 이 진술에서 '훌륭하다'는 그 자체로는 서술어로 보인다. 그러나 우리는 또한 '훌륭한 성격', '훌륭한 차', '훌륭한 직업', '테니스 라켓을 잡는 훌륭한 방법'을 이야기하며, 이 표현들에서 '훌륭하다'는 명사나 명사구절에 부착된다. '훌륭하다'가 '훌륭한 X'라는 형태의 구절에서 사용될 때, 이는 종종 부속적(adjunctive) 사용이라 불린다. 명백하게 비부속적 사용조차도 사실은 부속적 사용이 될 수도 있는데, 이 점은 내 논증에 영향을 미치지 않는다.

그렇다면 '훌륭한 미적 대상'이라는 구절은 '훌륭하다'의 부속적 사용이다. 그리고 이제 우리의 문제는 무언가를 훌륭한 미적 대상이라고 말하는 게 무슨 의미인지, 그리고 그러한 진술이 어떻게 참으로 증명될 수 있는지 이해하는 것이다.

'훌륭한 X'를 정확히 분석하기 위해서 먼저 정확하지 않은 분석부터 살펴보자. 누군가가 다음과 같이 말한다고 가정해보자.

---

*   이 구분은 로스(W. D. Ross), 헤어(R. M. Hare), 하트먼(R. S. Hartman)이 강조했으며, 헬렌 나이트(Helen Knight)는 이 구분이 비평적 평가와 관련됨을 지적했다. Note 28.1 참조.

'이것은 훌륭한 X이다'는 '이것은 X이고, 나는 그것을 애호한다'를 의미한다.

'훌륭하다'가 부속적으로 사용되면서 동시에 발화자의 애호를 넘어선 무언가가 거의 나타나지 않는 그런 관용구들을 찾는 것이 가능하다. 그러나 우리가 어떤 것이 훌륭한 렌치, 훌륭한 소, 훌륭한 배관공이라고 말할 때, 우리는 그것이 어떤 집합 (class)에 속하면서 애호된다는 사실, 그 이상을 말한다. 우리는 그러한 애호의 근거를 진술하며, 그 근거는 렌치, 소, 배관공 등이 각자의 집합에서 요구되는 일을 특정 방식으로 수행하는 능력과 관계된다.

기능-집합들(Function-Classes)

그렇다면 단어에 '훌륭하다'를 부속적으로 적용하기에 적합한 조건은 무엇인가? 오직 '훌륭하다'는 용어가 부착되는 명사가 기능-집합을 지시하는 경우가 바로 그 조건이다. 기능-집합이라는 개념은 다소 명료해질 필요가 있다. 어떤 대상들이 있는데 그것들이 모양, 색, 재료 등 내적 특성들을 공유하기 때문에(그렇지만 '호주에 존재한다' 혹은 '1900년대 이후에 만들어졌다' 등의 외적 특성은 공유하지 않는다) 동일한 집합에 속하는 경우를 생각해보자. 내적 특성과 외적 특성 사이의 구분을 정확하게 내리려면 세심한 분석이 필요하지만, 논의상 지금은 그 구분이 가능하다고 가정하자. 이제 우리가 그런 집합들을 찾아냈다면, 우리는 한 집합의 구성원들은 다른 집합의 구성원들이 하지 못하는, 혹은 그만큼 잘하지 못하는 어떤 일을 수행한다는 사실을 발견할 수도 있다. 이 집합 밖에 있는 대상이 이 집합 안에 있는 대상보다 종종 더 문제의 일을 잘 수행할 수 있을지도 모른다. 그렇지만 집합 전체를 봤을 때, 혹은 평균적으로 봤을 때, 문제의 일을 가장 잘 수행하는, 혹은 유일하게 수행하는 것은 바로 이 집합이다. 그렇다면 이제 이 집합은 기능-집합이라고 불릴 수 있고, 이 집합의 구성원은 어떤 기능을 가진다고 말할 수 있다.

기능은 반드시 의도와 관련되지는 않는다. 기능이란 특정한(바람직한) 방식으로 작동할 수 있는 대상의 능력이며, 이는 특정 목적으로 창조되었는지 아닌지와는 상관이 없다. 물론 너트를 조이는 데 최적인 렌치들은 그런 기능을 가지도록 의도되었

제11장 미적 가치

다. 그렇지만 소들은 특정 기능을 가지도록 의도되지는 않았다. 하지만 우리는 여전히 다른 생물은 제공하지 못하는, 혹은 제공하더라도 소처럼 값싸고 풍부하며 안정적으로 제공하지 못하는 좋은 것들을 소로부터 얻는다. 만일 또 다른 도구, 예를 들어 플렌치(펜치와 렌치를 결합한 도구)가 발명되어 나사를 더 쉽게, 혹은 더 강하게 조일 수 있게 된다면, 렌치는 플렌치가 침투하지 못하는 영역을 제외하고는 그 기능을 잃을 것이다.

의자는 기능-집합이고, 책상 의자가 다른 종류의 의자보다 더 잘 수행하는 목적이 있기 때문에 책상 의자도 또한 기능-집합이다. 내 생각에 가구는 다수의 독자적인 기능-집합들을 포함하지만, 그 자체로는 기능-집합이 아니다. 가구 그 자체를 생각했을 때, 다른 것으로는 수행할 수 없는 어떤 일을 가구가 수행하는 것은 아니다. 그러므로 '이것은 훌륭한 가구이다'는 '이것은 훌륭한 의자이거나, 혹은 훌륭한 탁자이거나, 혹은 훌륭한 소파이거나, 혹은 …'을 의미한다. 사실 기능-집합이 아니면서 우리에게 익숙한 집합의 예를 찾는 것은 어렵다. 왜냐하면 이 집합과 다른 집합 사이에 어떤 차이점이 존재한다면, 그 차이점으로 인해 이 집합이 다른 집합보다 더 잘 수행하는 무언가가 발생하기 때문이다.

그러나 집합의 구성원이 기능을 가진다는 점만으로는 기능-집합이 되기에 충분하지 않다. 구성원들은 그 기능을 수행하는 정도에서 차이를 보여야 한다. 만일 모든 10센트짜리 동전이 정확하게 똑같다면, '좋은(훌륭한) 10센트짜리 동전'은 말이 되지 않는다. 위조 10센트는 전혀 10센트 동전이라고 볼 수 없으며, 5센트 동전을 형편 없는 10센트 동전이라고 말하지도 않는다. 그러나 '훌륭하다'의 부속적 용법이 정말로 말도 안 되게 사용되는 경우를 찾기는 힘들다. 왜냐하면 처음 보았을 때 이상해보이는 조합에 대해서도 우리가 자꾸 생각하다 보면, 문제의 집합이 '훌륭하다'와 조합될 수 있는 가능한 방식을 찾을 수 있고, 더 나아가 그 집합의 구성원들이 문제의 기능을 수행함에 있어 정도의 차이를 보이는 모습도 찾을 수 있기 때문이다. 그러므로 '훌륭한 별'은 이상하게 들리지만, 아마 어떤 별은 다른 별보다 항해 목적을 위해서는 더 나을 수 있다. '훌륭한 바보'는 이 점을 잘 보여주는 교과서적인 예이며, '홍역의 훌륭한 사례'도 마찬가지이다.

그렇다면 지금까지의 논의는 다음 공식으로 요약될 수 있을 것이다.

'이것은 훌륭한 X이다'는 '이것은 X이며, X가 성공적으로 수행하는 기능이 있다'를 의미한다.

　　혹은 보다 구체적이고 명시적인 공식은 다음과 같다.

　　'이것은 훌륭한 렌치이다'는 '이것은 렌치이고, 나사를 돌리는 (훌륭한) 목적에 효율적이다(편리하다, 간편하다)'를 의미한다.

　　이것들은 그다지 매끄러운 정의들은 아니다. 이 정의들은 사실 다음에 등장할 중요한 논점을 위해서 살짝 꼬아져 있다. 두 번째 정의는 '훌륭한 렌치'를 렌치들에게 가정된 기능을 통해서 정의하고 있다. 그러나 이 정의는 '훌륭하다'는 단어를 정의하고 있지는 않음을 주목하라. 왜냐하면 이 정의에서 그 단어는 정의항에도 또한 등장하고 있기 때문이다. 즉 정의에 의해서 제거되지 않고 있다. 이 점을 다르게 나타내기 위해, '기능'에 대한 나의 정의에는 가치에 대한 언급이 포함되어 있었다. 왜냐하면 어떤 대상이 기능을 가지기 위해서는 그 대상이 수행할 수 있는 어떤 특별한 것이 있어야 할뿐만 아니라, 그 일이 수행할 만한 가치가 있는 것이어야 하기 때문이다.

　　내 생각에, '훌륭한 X'라는 구절은 대개 X의 사용 그 자체가 훌륭한 것이라는 사실을 가정하고 있다. 그런데 '훌륭하다'는 종종 가치-중립적으로 사용되기도 한다. 이때 그 단어는 효율적이라는 것 이상을 의미하지는 않는다. 그러나 나는 일반적으로, 그리고 적어도 '훌륭한 미적 대상'의 경우에, '효율적이다'라는 단어보다 '훌륭하다'는 단어를 사용하는 것은 그 대상이 수행하는 목적을 암묵적으로 승인한다고 생각한다. 고문이 절대로 정당화될 수 없다고 생각하는 사람이 '그것은 참 훌륭한 고문 방법이다'라고 말하는 것, 혹은 비폭력의 열렬한 옹호자가 '교수형은 범죄자를 처벌하는 훌륭한 방법이다'라고 말하는 것은 이상하다. 어떤 오해도 불식시키기 위해서 그는 '효과적'이나 혹은 '성공적인'이라고 표현하는 게 낫다. '그는 참 훌륭한 절도범이다', '그것은 완벽한 살인이다'와 같은 진술은 반어적으로 들린다.

　　만일 우리가 '훌륭한 미적 대상'을 '훌륭한 렌치'와 같은 선상에서 다룬다면, 우리는 다음의 흥미로운 가능성들을 만나게 된다. 첫째, 우리는 미적 대상이 기능-집합이라는 점을 보여야 한다. 즉 다른 대상이 전혀 수행하지 못하는데 미적 대상이 수행할 수 있는 일이 있음을, 혹은 다른 대상이 완전하거나 완벽하게 수행하지 못하는데 미적 대상이 할 수 있는 일이 있음을 보여야 한다. 미적 대상이 특별히 잘하는 일이 있을까? 미적 대상을 가지고 당신이 할 수 있는 일은 그것을 특정한 방식으로 지각하는 것, 그리고 미적 대상이 특정한 종류의 경험을 이끌어내도록 하는 것이다. 그러므로 이제 '미적 대상은 기능-집합인가?'라는 문제는 오래되었지만 대면하기를 미뤄왔던 문제, 즉 '미적 경험(aesthetic experience)이라는 것이 존재하는가?'라는 문제를 물어보는 다소 현학적인 방식이다. 우리는 이전 장에서 미적 애호를 다른 종류의 애호들과 구분할 때 심리적 정의가 이 질문에 다가간다는 것을 살펴보았다. 다수의 미 이론가들도 이 문제를 논의했었다. 그러나 문제의 질문이 더 긴급해지는 순간은 바로 우리의 현 맥락이다.

미적 경험

문제는 미적 대상과 우리가 관계 맺을 때 독특하게 나타나는 경험의 특성을 다른 것들로부터 구분해내고 일반적인 용어로 기술할 수 있는가이다. 물론 음악을 듣는 것은 성당을 돌아보는 것이나 영화를 보는 것과는 어떤 점에서 매우 다른 경험이다. 문학작품을 읽는 것은 음악이 할 수 없는 어떤 일을 확실히 우리에게, 그리고 우리를 위해 해준다(그 반대의 경우도 마찬가지이다). 미적 경험에 대한 우리의 경험을 설명하는 이론은 이 문제를 세심하게 다루어야 한다. 그러나 지금 언급된 경험들에서 공통적으로 발견되는(그리고 유용하게 식별될 수 있는) 무언가가 있는가? 이는 적어도 앞으로의 연구가 다루어야 하는 경험적인 질문이며, 몇몇 연구들이 이미 진행되었다. 비록 여전히 다수의 미스터리들이 남아있지만, 우리는 몇몇 저자들이 예민한 내관(introspection)을 통해 얻어낸, 그리고 우리 각자가 자신의 개인적인 경험을 통해 검증할 수 있는 어떤 일반화를 합리적으로 신뢰해도 될 것이다.[*]

나는 거의 모든 사람들이 다음에 동의할 것이라고 생각한다. 첫째, 미적 경험이

---

[*] 이후의 논의들에서 나는 존 듀이(John Dewey), 에드워드 벌로우(Edward Bullough), 리처즈(I. A. Richards), 칸트의 연구에 크게 의존할 것이다. Note 28.2 참조.

란 현상적으로 객관적인 장(시각적 혹은 청각적 패턴들, 혹은 문학의 인물이나 사건 등) 내의 이 질적이지만 상호연결된 요소들에 단단히 시선을 고정시키는 경험이다. 어떤 저자들은 시각적 혹은 청각적 디자인의 긴장성에 우리가 깊이 몰입할 때와 같은 그런 경험 속에서, 현상적 객관성과 현상적 주관성 사이의 차이가 소멸하는 경향이 있다고 본다. 이는 과장된 면이 있지만, 어찌 되었든 미적 경험은 중심적 초점을 가진다는 점에서 느슨한 몽상과는 다르다. 눈은 대상에 고정되며, 대상은 경험을 제어한다. 나는 대상이 경험을 일으킨다고 얘기하는 것은 괜찮다고 생각한다. 그렇지만 그 둘 사이의 관계는 보다 내밀한데, 왜냐하면 대상(이것은 지각적 대상이다)은 또한 경험 내에서 경험의 현상적으로 객관적인 장으로서 나타나기 때문이다.

둘째, 미적 경험은 강도 있는 경험이다. 어떤 저자들은 미적 경험이 강한 느낌이나 감정에 잠식된 경험이라고 말하기도 하지만, 이러한 용어는 아직 심리학 이론 안에서 의심스러운 위치를 차지하고 있다. 우리가 미적 경험에서 감정이라고 부르는 것은 어쩌면 단순히 경험 그 자체의 강도일 수 있다. 어찌 되었든, 감정은 주로 감정의 대상, 즉 현상적인 장 그 자체에 묶여있다. 우리는 인물에 대해서 슬픔을 느끼거나 혹은 예상치 못했던 조바꿈의 결과에 대해서 불안함을 느낀다. 미적 대상은 우리에게 경험의 집중을 제공한다. 연극은 인간의 삶 중 주목할 만한 중요한 일부분을 제시해 우리의 마음을 그 부분에 고정시킨다. 그림이나 음악은 우리가 일상적으로 거의 하지 않는 일들을 하도록 우리를 초대한다. 그 일이란 바로 보거나 듣는 것에만 관심을 집중하고 다른 것들은 모두 무시하는 것이다. 이때 우리의 에너지는 좁은 범위의 관심사에 집중된다. 장편 소설은 조금 다를 수 있는데, 사실 장편 소설은 우리의 주목을 분산시켜 주변 환경에 대한 산만한 의식을 산출할 위험을 항상 안고 있다.

이 때문에 '아무런 고통을 느끼지 못한다'는 표현은 특별히 미적 경험에 잘 맞는다. 미적 경험이 주는 쾌는 강도의 측면에서 보았을 때 일상적인 욕구가 만족될 때의 쾌와 비교 가능하지 않을 때가 있다. 그러나 미적 경험이 가지는 집중성은 너무나 자주 우리의 쾌에 방해가 되는 부정적인 반응들, 예를 들어 사소한 잡음, 신체적 불편함, 지불하지 않은 청구서에 대한 생각, 쓰지 않은 편지들, 계속 생각나는 당황스러운 일들을 차단한다. 미적 경험은 위스키가 하는 일을 한다. 감수성을 둔하게 하거나 의식을 흐리기 때문이 아니라, 자유롭게 방해받지 않는 경험의 통로로 우리의 주목을 이끌기 때문이다.

그러나 이러한 논의는 미적 경험의 두 가지 다른 특성들을 짐작케 하며, 그 두 특성들은 모두 통일성(unity) 아래로 포섭될 수 있을 것이다. 왜냐하면, 셋째, 미적 경험은 상당히 높은 정도로 정합적이고 잘 모아진 경험이기 때문이다. 이 밖에도, 단절이나 죽은 공간 없이 전개의 연속성을 보이며, 전반적으로 필연적인 느낌으로 진행된다든지 혹은 클라이맥스로 질서 있게 에너지를 축적하는 모습 등이 상당히 높은 강도로 나타난다. 잔디에 물을 주기 위해 혹은 저녁을 먹기 위해 소설책을 내려놓을 때처럼, 미적 경험이 일시적으로 중지되는 경우에도 상당한 수준의 정합성이 유지된다. 다시 소설을 집어들면 마치 경험의 중단이 없었던 것처럼 당신은 즉각적으로 작품 세계로 돌아가게 된다. 기계 문제 때문에, 혹은 전화가 와서 음악이 멈췄다 하더라도, 음악이 다시 시작되어 두 마디 정도 들으면 당신은 다시 그전에 음악과 가졌던 관계를 이어가게 되고, 확실히 그전과 동일한 경험 안으로 들어간다.

넷째, 미적 경험은 보기 드물게 그 자체로 완전한 경험이다. 경험 내적 요소들에 의해 발생하는 충동과 기대들은 그 경험 안의 다른 요소에 의해서 균형이 맞춰지거나 혹은 해결된다. 그리하여 어느 정도의 균형과 최종성이 획득되고 우리는 그것을 즐긴다. 미적 경험은 이질적 요소의 침범으로부터 자신을 분리시키고, 심지어는 자신을 고립시킨다. 물론 미적 경험이 모든 비상 사태로부터 살아남을 수는 없다. 나는 입석 통로를 치우기 위해 무대 위로 올라간 소방관 때문에 베토벤의 〈발트슈타인 소나타〉(Waldstein)의 마지막 악장이 멈춘 경우를 경험한 적이 있다. 피아니스트였던 파울 바두라 스코다(Paul Badura-Skoda)가 악장의 처음부터 다시 시작하기는 했지만, 그는 막힘없이 흘러나왔던 도입부의 독특한 성질을 다시 포착하지는 못했다. 그러나 미적 경험의 고도로 응축된 집중성으로 인해, 경험의 일반적 흐름상에서 미적 경험은 부각되어 나타나는 경향이 있고, 우리의 기억 속에 단일한 경험으로 남는다.

내 생각에 미적 대상에는 독특하지만 중요한 측면이 있다. 소위 말해 미적 대상은 덜 되어있다(manqués). 미적 대상에는 무언가 부족한 것이 있어서 이로 인해 완전하게 실제적인 존재, 혹은 사물의 온전한 지위를 얻지 못한다. 혹은 더 좋게 표현하자면, 그러한 부족함은 실재성에 대한 질문이 발생하지 못하도록 한다. 미적 대상은 성질들 및 표면들의 복합체이다. 소설이나 시의 인물들은 단절된 역사를 가지기 때문에 그들이 보여주는 것 그 이상은 될 수 없다. 음악은 어떤 고형의 무언가가 없는 움직임이다. 그림 속 대상은 물리적 대상이 아니고, 단지 물리적 대상의 외양이다. 살아

있는 대상의 형태, 제스처, 그리고 삶을 보여주는 사실적인 조소일지라도, 그 조소가 살아있는 대상 그 자체는 아니다. 무용수는 환희와 고통, 사랑과 두려움의 제스처를 통해서 우리에게 행위의 추상화를 보여주지만, 행위 그 자체(살해나 죽음)인 것은 아니다. '믿는-체하기'(make-believe)를 이런 식으로 이해한다면, 미적 대상은 믿는-체하기 대상이다. 그리고 우리로부터 감탄적 관조를 이끌어낼 수 있는 미적 대상의 능력은 믿는-체하기에 의존하는데, 이때 우리는 실용적 행위에 그 어떠한 얽매임도 없는 상태이고 이것이 미적 경험의 특성이다.

하나의 미적 경험은 다음 세 측면 중 일부에 의해서, 혹은 전부에 의해서 다른 미적 경험과 차별될 수 있는데, 이 세 측면은 서로 연결되어 있으나 독립적이다. ① 하나의 미적 경험은 다른 미적 경험보다 더 높은 통일성을 갖출 수 있다. 즉 다른 미적 경험보다 더 정합적이고/이거나 완전하다. ② 하나의 미적 경험이 가지는 지배적 성질, 혹은 전반적인 느낌이 다른 미적 경험의 지배적 성질보다 높은 강도일 수 있다. ③ 통합되는 미적 경험 내 개별 요소들의 다양성 혹은 범위가 다른 미적 경험의 그것보다 더 복합적일 수 있다. 이 세 특성들을 모두 포섭하는 일반적 용어가 있다면 편리할 것이다. 나는 하나의 미적 경험이 다른 미적 경험보다 더 큰 규모(magnitude)를 가진다는 표현을 제안하고자 한다. 이 표현은 하나의 미적 경험이 다른 미적 경험보다 더 미적 경험답다는 것이다. 그리고 미적 경험의 규모는 적어도 위의 세 변수들의 함수이다. 왜냐하면 미적 경험이 더 통일성을 갖출수록, 더 완전할수록, 우리는 그 경험에 더 집중하게 될 것이기 때문이다. 미적 경험이 더 강도 높을수록, 우리는 그 경험에 더 깊이 관여하게 될 것이기 때문이다. 미적 경험이 더 복합적일수록, 우리는 그 경험에 더 관여하게 될 것이기 때문이다. 즉 주체의 반응 범위가 더 넓을 것이고 아마도 더 긴 시간 동안 반응이 지속될 것이다.

여기에서 나는 규모가 측정(measure)될 수 있다고 말하는 것은 아니다. 규모라는 말은 단지 미적 경험 내에서 얼마나 많은 일들이 강도 있게 혹은 광범위하게 발생하는지를 나타내는 용어이다. 규모라는 개념은 어쩌면 너무 모호해서 유용하지 않을 수도 있다. 이는 앞으로 더 살펴봐야 할 문제이지만, 규모 개념에 대한 불안감에는 정당한 두 원인이 있고, 우리는 여기에서 이를 단도직입적으로 직면해야 한다. 첫째, 내가 지금 여기에서 '통일성', '복합성', '강도'라는 용어를 이전보다 더 넓게 적용하고 있음을 주목하라. 단지 경험의 현상적으로 객관적인 제시(presentation)들에만 적용하는 것이 아니라 정감적이고 인지적인 요소를 포함한 경험 전체에 적용하고 있다. 나는 문제의 용어를 이렇게 확장해 사용해도 여전히 이해 가능하다고 생각한다. 그러나 물론 확실하고 정확한 용어 적용은 조금 어려워질 수도 있다. 둘째, 비록 내가 이 세 특성이 모두 규모와 관련된다고 주장했지만, 그리고 미적 경험의 규모는 이 세 특성의 결과물이라고 말했지만, 나는 아직 규모의 비교 가능성이라는 문제를 다루지 않고 있다. 이 문제는 조금 후에 다룰 것이다. 확실히 통일성이나 복합성 차원에서 대략적으로 동등한 두 경험 중 어느 하나가 더 높은 강도의 경험이라면, 그 경험이 더 큰 규모를 지닌다고 말할 수 있을 것이다. 그런데 만약 두 경험이 어떤 한 특성에서는 동등하지만, 다른 두 특성에 있어서는 대비되는 방식으로 차이가 난다면 어떻게 되는가? 이는 아직 열려있는 문제이다.

물론 미적 경험의 특징들은 다른 많은 경험들에도 개별적으로 나타난다. 하지만 동일한 조합으로는 나타나지 않는다는 것이 나의 생각이다. 게임을 한다는 의미에서의 놀이(play)는 아무런 실용적 목적을 포함하지 않는 유희 행위이다. 그러나 비록 심리학이 놀이의 심리를 모두 밝혀낸 것은 아니지만, 놀이라는 게 고도의 통일성 있는 경험이 될 필요는 없어보인다. 야구나 축구 게임을 관람하는 경험에도 일반적으로는 지배적 패턴이나 완성이 부족하다. 종종 야구나 축구가 그런 특성을 고도로 보여주는 경우도 있고, 그런 경우에는 미적 경험이 되지만 말이다. 과학이나 수학 분야의 대단한 성공은 미적 경험이 가지는 드라마틱한 패턴이나 완성적인 결론을 보여줄 수도 있다. 그러나 사고의 흐름이 감각적인 제시와 긴밀히 연결되지 않는다면, 혹은 적어도 지각적 대상의 현상적으로 객관적인 장에 연결되지 않는다면, 그 자체로는 미적 경험이라고 할 수 없다.

이러한 구분은 모호하고 잠정적이며, 현재 가장 연구가 필요한 문제들 중 하나이다. 미적 경험은 어떤 독특한 하나의 특성을 가졌다기보다는, 경험 특성들의 조합이 독특한 경험이라고 볼 수 있지만, 어찌 되었든 우리는 미적 경험을 경험의 한 종류로 볼 수 있다. 그리고 우리는 일반적으로 미적 대상이 그런 경험을 산출하는 기능을 가진다고 말할 수 있다. 물론 종종 어느 정도 규모를 지닌 미적 경험이 일상의 삶속에서 미적 대상이 아닌 다른 대상을 통해서도 발생할 수 있지만 말이다. 이것이 미적 대상이 잘하는 것, 미적 대상의 특별한 기능이다. 전반적으로 미적 대상이 제일 잘하는 것, 가장 안정적으로 하는 것은 바로 미적 경험의 산출이며, 미적 대상만이 가장 큰 규모로 미적 경험을 만들어낼 수 있다.

능력으로서의 가치

이제 우리는 '훌륭한 미적 대상'을 미적 대상의 기능을 통해 정의할 수 있는데, 그전에 또 하나의 가정이 마련되어야 한다. 미적 경험을 그 자체로 좋은 것으로 만드는 것이 경험의 규모라고 가정해보자. 즉 좋은 미적 경험은 그 규모 때문에 그렇게 된다고 가정해보자. 더 나아가 더 큰 규모를 지닌 미적 경험이 다른 미적 경험보다 더 좋고, 더 경험해볼 만한 가치가 있다고 가정해보자. 그렇다면 우리는 다음과 같이 말할 수 있다.

'X는 훌륭한 미적 대상이다'는 'X는 훌륭한 미적 경험(즉 상당히 큰 규모의 미적 경험)을 산출할 능력이 있다'를 의미한다.

그리고,

'X는 Y보다 더 훌륭한 미적 대상이다'는 'X는 더 훌륭한 미적 경험(즉, 더 큰 규모의 미적 경험)을 산출할 능력이 있다'를 의미한다.

나는 이를 미적 대상에 '훌륭한'이라는 용어가 부속적으로 적용될 때 그 용어의 뜻에 대한 기능적(functional) 정의라고 부르겠다.

이 정의에서부터 '미적 가치'의 정의로 이행하는 것은 이제 수월하다. 나는 '훌륭한 미적 대상이다'는 '미적 가치를 가진다'와 같은 것을 의미한다고 제안하겠다. 혹은,

'X는 미적 가치를 가진다'는 'X는 상당히 큰 규모의 미적 경험(가치를 가지는 경험)을 산출하는 능력을 가진다'를 의미한다.

그리고,

'X는 Y보다 더 큰 미적 가치를 가진다'는 'X는 Y보다 더 큰 규모의 미적 경험(더 많은 가치를 가지는 미적 경험)을 산출하는 능력을 가진다'를 의미한다.

이 정의는 '미적 가치'를 대상이 특정 경험에 대해 가지는 효용성 혹은 도구성, 즉 대상의 결과에 의해 정의하고 있으므로, 나는 이 정의를 '미적 가치'에 대한 도구주의적(instrumentalist) 정의라고 부르겠다.*

이 지점에서 이 정의를 명료하게 만들기 위해 두 가지가 언급되어야 한다. 첫째는 '산출하는 능력을 가지고 있다' 혹은 '산출할 수 있다'라는 구절이다. 위의 정의에서, 정의항은 문제의 효과가 발생할 것이라고 말하는 게 아니라, 발생할 수 있다고 말한다. 물론 위의 정의는 비상대주의적이다. 심지어 위의 정의는 아무도 바라보지 않은 그림이 미적 가치를 가질 수 있음을, 다시 말해 만일 그 그림을 누군가가 적절한 조건하에서 보게 된다면 미적 경험을 산출할 것임을 허용한다. '능력'은 '영양 있는'과 유사한 성향적(dispositional) 용어이다. 어떤 영양이 있다고 말하는 것은 모든 사람이 그 물질에 의해 영양을 공급받을 것이라고 예측하는 게 아니고, 특정한 (구체화되지 않은) 조건하에서 특정한 (구체화되지 않은) 분량을 섭취한 사람에게 그 물질은 영양분을 줄 수 있음을, 즉 음식의 가치를 가질 수 있음을 의미한다. 그리고 우리가 음식에 대해 종종 특정한 예측을 하는 것처럼('이것을 3개월 동안 적어도 6온스씩 계속 섭취한다면 너는 더 건강해질 것이다'), 우리가 종종 미적 대상에 대해 특정한 예측을 할 수 있음은 의심의 여지가 없다. 그리고 우리는 종종 어떤 책을 읽은 사람에게 다가가서 '그 책은 당신에게 감동적이었나요? 제가 그 책을 좋아할 것 같나요?'와 같은 질문을 한다. 그러나 비평적 평가자가 묻고 싶어 하는 질문은 이러한 유형이라기보다는 다음과 같은 유형이다. '그것이 사람들에게 감동을 줄 수 있나요?' 다시 말해, 미적 가치에 대한 질문은, 영양분에 대한 질문과 마찬가지로 대상이 산출할 수 있는 결과에 대한 질문이다. 다르게 표현하면, 그 대상으로 우리는 무엇을 할 수 있는지에 대한 질문이다.

'능력'(capacity)이라는 용어는 의도적으로 비확정적(indefinite)이라는 사실을 인정해야 한다. 그러나 어떤 통제 조건이 있다면 이 용어는 유용하게 사용되기에 무리가

---

* 이러한 유형의 정의들은 로스(W. D. Ross), 루이스(C. I. Lewis), 알버트 호프스태터(Albert Hofstadter), 토머스 먼로(Thomas Munro)가 제시했다. 다른 저자들이 사용한 도구주의적 정의도 이 유형과 대략적으로 비슷하다. Note 28.3 참조.

없을 만큼은 확정적이다. 첫째, 능력을 언급하는 진술의 경우 그 진술이 수월하게 확인될 수 있으려면 어떤 특정한 비교-집합(reference-class)을 가지고 있어야 한다.* 우리는 문제의 대상이 어떤 능력을 가지는지 보기 위해서 그 대상을 어느 집합에 두고 시험해봐야 하는지 알고 싶다. 말에게 영양분을 공급하는 음식이 반드시 인간에게도 그러리라는 법은 없다. 물론 비교-집합이 더 좁을수록, 우리의 능력-진술은 더 많은 정보를 제공할 것이다. 그러나 적어도 비교-집합이 존재하는 한 능력-진술은 정확하며 유용할 수 있다. 보들레르를 읽으려면 당신은 불어를 알아야 한다. 음악을 들으려면 음치여서는 안 된다. 그림을 보려면 색맹이어서는 안 된다. 이런 식으로 우리는 계속 진행할 수 있다. 이것이 '자질 있는 비평가'를 정의하는 문제와 동일하지 않음을 주목하라. 왜냐하면 여기에서 우리는 전문 평가자가 되기 위한 기준을 요구하는 것이 아니고, 단지 미적 대상에 노출되는 것이 무의미한 어떤 사람들의 집합을 배제하려는 것이기 때문이다. 미적 대상을 감상하는 게 불가능한 사람들을 제거하고 난 후에도, 우리는 여전히 '능력'이라는 용어를 사용할 것이다. 왜냐하면 프랑스어를 이해하는 모든 사람이 보들레르의 시로부터 미적 경험을 이끌어낼 것이라고 볼 수는 없기 때문이다. 첫 번째 통제 조건에 관련해, 우리는 단지 프랑스어를 이해하는 사람은 미적 경험을 이끌어내는 데 방해받지 않는다는 점 정도를 예측할 수 있다.

둘째, 비록 능력이 결코 실현되지 않는다 해도 여전히 어떤 능력-진술은 참일 수 있지만(천연 자원은 개발되지 않더라도 여전히 자원이다), 그 진술을 유일하게 직접적으로 확인하는 것은 바로 능력의 실현이다. 어떤 대상의 미적 가치는 그 대상의 몇몇 제시들이 실제로 미적 경험을 일으킨다는 사실로 검증 가능하다.

셋째, '능력'은 부정적이기보다는 긍정적인 용어이고, 이 점은 너무 강조되지만 않는다면 중요하다. 우리는 미적 대상이 미적 경험을 산출하는 능력에 대해서, 혹은 어떤 사람이 미적 대상에 의해 영향받을 수 있는 능력에 대해서 이야기할 수 있다. 그러나 이 두 경우에서 모두, 우리는 어떤 발전의 방향성이 미적 경험 내에 존재함을, 즉 더 많은 능력과 적은 능력 사이의 차이점을 가정하고 있다. 그래햄 그린(Graham Greene)보다 셰익스피어에 더 반응하는 것, 페르드 그로페(Ferde Grofé)보다 베토벤에

---

* 알버트 호프스태터가 최근 「미적 판단의 증거」(The Evidence for Esthetic Judgment)에 관한 한 심포지엄에서 이 점을 잘 지적했다. Note 28.3 참조.

더 반응하는 것, 노먼 록웰(Norman Rockwell)보다는 세잔느에 반응하는 것에 더 많은 능력이 요구된다. 사람들은 그래햄 그린을 싫증내기도 하지만, 셰익스피어에 대해서는 그렇지 않다. 사람들은 하이든의 교향곡을 위해 차이코프스키의 교향곡을 포기하지만, 그 반대로는 하지 않는다고 나는 생각한다. 그리고 만일 우리가 브람스에 대한 감탄을 언젠가 한번 잃었다가 다시 브람스로 되돌아오게 된다면, 이는 다른 이유들 때문이다. 우리는 어떤 사람이 셰익스피어에 감동받지 않는 능력을 가졌다고는 말하지 않는다. 그것은 능력이 아니라, 능력의 부족함이다. 더 많은 능력을 지닌 대상은 더 적은 능력을 지닌 대상만큼 자주 그 능력을 실현하지 못할 수도 있다. 썰매가 무거울수록, 썰매의 힘이 더 클수록 그 힘은 더 강하지만, 그러한 썰매를 잘 사용할 수 있는 사람은 드물다. 그러므로 만일 차이코프스키의 미적 가치가 바흐의 미적 가치보다 더 자주 취해지고 향유되어도, 여전히 바흐의 미적 가치가 더 높을 수 있다.

도구주의적 정의

내가 제시한 도구주의적 정의는 괄호 삽입이라는 흔치 않은 또 다른 특징을 지닌다. 내 생각을 표현하기에 괄호가 가장 적절한 표기인지는 잘 모르겠지만, 생각해 낼 수 있는 것 중에는 최선이었다. 도구주의적 정의는 이전 절과 같은 의미의 심리적 정의는 아니다. 왜냐하면 가치에 관한 진술을 순전히 심리적 용어로 환원할 수 있다고 주장하지는 않기 때문이다. 사실 도구주의적 정의는 '가치'를 전혀 정의하지 않는다. 왜냐하면 그렇게 되면 '가치'라는 용어가 피정의항 및 정의항에 모두 나타나기 때문이다. 도구주의적 정의는 단지 '미적 가치'라는 전체 용어를 특정 종류의 경험에 의해 정의할 뿐이다. 그러나 괄호 안에 표현된 가정이 없이는, 즉 미적 경험이 그 자체로 경험해볼 만한 가치가 있다는 가정 없이는 성립하지 않음을 도구주의적 정의는 인정하고 있다.

만일 도구주의적 정의가 다음과 같이 순전히 심리적 용어로 진술된다면, 심리적 정의에 제기되었던 반론들('열린 문제' 논증 및 설득적 정의와 관련된 비판)이 도구주의적 정의에도 적용될 수 있을 것이다.

'X는 미적 가치를 지닌다'는 'X는 어느 정도 규모의 미적 경험을 산출할 수 있는 능력을 지닌다'를 의미한다.

이 정의는 사실 '미적 가치'를 정의하는 것이 아니라 단지 '미적 힘' 혹은 그와 유사한 것을 정의할 뿐이다. 힘을 가치라고 부르는 것은 나타난 결과 그 자체가 가치를 가진다는 점을 가정하는 것이고, 이러한 가정은 보다 명확해져야 할 필요가 있다. 그러나 그러한 가정은 엄밀히 말해 정의항의 일부는 아니다. 그것은 정의가 적용될 수 있는 조건을 언급한다고 보는 편이 낫고, 그래서 내가 그것을 괄호 안에 넣은 것이다. 위의 정의는 다음과 같이 확장될 수도 있다.

만일 미적 경험이 가치를 가진다는 점이 인정된다면, '미적 가치'는 '어느 정도 규모를 지닌 미적 경험을 산출하는 능력'으로 정의될 수 있다.

어떤 대상이 미적 가치를 가진다고 말하는 것은 ① 그것이 미적 효과를 산출할 수 있는 능력을 가진다고, 그리고 ② 미적 효과 그 자체가 가치 있다고 말하는 것이다. 동일한 방식으로 '페니실린은 의학적 가치를 가진다'는 진술은 ① 페니실린이 의학적 효과를 산출할 수 있는 능력을 가지고, 즉 특정 질병을 치료하거나 경감할 수 있는 능력을 가지고, ② 병을 치료하거나 경감하는 것은 가치 있음을 의미한다.

도구주의적 정의를 허용할 수 있는지 결정하기 위해 우리는 그 정의가 나오게 된 취지를 이해해야 한다. 만일 비평가들에게 '훌륭함'의 정의를 물어보았을 때(미적 맥락에서) 그들이 무슨 답을 하는지 보고하는 것이 도구주의적 정의의 취지는 아니다. 그러나 이 정의는 비평가들이 비평적 평가를 위해 제시하는 근거가 논리적으로 유관하고 설득적이길 원한다면 비평가들은 무엇을 의미할 수 있는지, 혹은 의미해야 하는지 말하려는 취지를 지닌다. 적어도 도구주의적 정의가 실제 비평과 매우 잘 맞는다는 사실은 부인할 수 없다. 왜냐하면 예를 들어 어떤 비평가가 특정 미적 대상이 매우 훌륭하다는 말을 한다고 가정해보자. 그리고 우리는 '왜 그런가요'라고 묻는다. 그는 높은 정도의 통일성, 복합성, 영역 성질의 강도에 기여하는 미적 대상의 어떤 특성들을 지적함으로써 대답할 것이다. 만일 우리가 그 비평가를 더 압박하면서, 어째서 통일성, 복합성, 강도가 바람직한지 묻는다면, 그는 그 세 특성 중 일부 혹은 전체의 정도가 높아지면 높아질수록, 미적 대상이 일으킬 수 있는 미적 경험의 규모도 더 커진다고 답할 수 있다. 예를 들어 대상이 더 통일성을 보일수록, 미적 경험도 아마도 더 통일되어 나타날 것이다(이 점에 대한 상당한 분량의 증거가 있는 것 같다). 그러한 경험을 일으킨다는 사실(그 경험 자체가 좋다는 것을 가정한다면)은 미적 가치를 구성하므로, 그 경험을 일으킬 수 있는 능력에 대한 모든 논증은 정의적으로 미적 가치에 대한 논증이 된다.

다른 한편으로, 만일 비평가가 특정 미적 대상이 형편없다고 말한다면, 우리는 도구주의적 정의에 따라, 그 대상은 높은 강도의 통일성, 복합성, 혹은 강도를 증진하는 특성이 부족하다는 증거를 그 비평가가 제시하기를 기대한다. 그리고 우리가 지난 장에서 살펴본 바와 같이, 이것이 바로 비평가가 제시하는 객관적 근거이다. 간단히 말해, 수많은 비평적 논증의 기저를 이루는 세 개의 일반적 규범(General Canons)에 호소하는 것은 그 자체로 '미적 가치'의 도구주의적 정의를 통해 정당화될 수 있다. 왜냐하면 이 세 규범들은 미적 대상의 특성들 중 미적 경험을 일으킬 수 있는 것들을 언급하기 때문이다. 그러한 경험이 대상의 통제하에 있는 한 말이다.

그러나 이는 비평적 논증의 성격을 다소 추상적으로 고려하는 것이고, 비평가의 실제 상황을 생각해보았을 때, 즉 비평가가 판단을 내리거나 혹은 근거를 제시하는 조건들을 생각해보았을 때, 도구주의적 정의의 설득력이 떨어져 보이기도 한다. 예를 들어, 미적 가치는 종종 즉각적으로 경험되거나 혹은 알려지는 것이라고 강조되는 경우가 많다. 계산되거나 혹은 추론되는 것이 아니라 직접적으로 알려진다는 것이다. 그러나 도구주의적 정의를 따른다 하더라도, 즉각성 원칙에서 참으로 여겨지는 것은 여전히 보존될 수 있다. 어떤 그림을 대면한 비평가가 우리가 지금까지 '미적 경험'이라 부르는 유형의 즐거움을 그 그림으로부터 이끌어내고 있음을 알아차린다면, 그는 그와 같은 경험을 산출할 능력을 그 그림이 가진다는 직접적 증거를 확보한다. 왜냐하면 그 그림이 그런 능력을 가질 경우, 미적 경험을 산출할 수 있기 때문이다. 그의 향유는 즉각적이며, 이는 그 그림이 미적 경험을 산출할 수 있는 능력을 가진다는 사실에 대한 강한 증거가 된다. 물론 그렇다고 해서 그가 절대로 잘못 생각할 수 없다는 뜻은 아니다. 왜냐하면 그 그림이 미적 가치를 가진다고 말할 때, 그 사람은 단지 그것이 쾌를 줄 수 있다고 말하는 것이 아니라, 어떤 특정 종류의 쾌를 줄 수 있다고 말하는 것이기 때문이다. 그리고 다른 경험을 미적 경험으로 오해하는 것이

가능하다. 다른 경험을 종교적 경험으로 오해하는 것이 가능한 것처럼 말이다. 내가 어떤 풍경으로부터 얻은 경험은 사실 어린 시절 농장에서 보았던 것과 비슷한 외양간을 알아봄으로써 발생한 향수였을지도 모른다. 어떤 음악을 듣고 가지게 된 떨림과 전율은 어쩌면 그 음악이 젊은 시절 종교적 경험을 떠올리게 하는 성가이기 때문인지도 모른다. 어떤 소설을 읽고 가지게 된 흥분감은 그 소설의 사회적 메시지에 대한 반응일지도 모른다. 미적 경험의 흥분이라기보다는 정치적 캠페인에서 느껴지는 흥분처럼 말이다. 스코틀랜드 사람이라면 번스(Burns)를, 진보 민주당원이라면 휘트먼을, 구세대의 프랑스 학자라면 〈롤랑의 노래〉(*Le Chanson de Roland*)를 과대평가하기 쉽다.

간단히 말해, 대상이 어떤 방식으로 나에게 감동을 주었기 때문에, 내가 미적 경험을 다른 경험과 혼동하고, 그 대상이 미적 가치를 지녔다고 잘못 말하는 경우도 있다는 것이다. 그리고 여기에서 비평가들은 그 대상에 대한 분석을 통해 나에게 문제의 대상은 큰 규모의 미적 경험을 산출할 능력이 없다는 것, 그러므로 내 반응은 아마도 비미적인 유형이라는 점을 보여주는 것이 적절하다. 그는 내가 좀 더 세심한 내성으로 살펴본다면 이 점을 스스로 알 수 있을 것이라고 예측하기도 한다.

물론 실제로 작품에 감동을 받은 비평가가 왜 감동을 받았는지 정당화할 이유를 대야 하는 것은 아니다. 그러나 그는 자신의 경험의 근거를 더 정확하게 알아내기 위해 작품을 분석하는 데 관심을 가질 수 있다. 혹은 만일 그의 첫 번째 반응이 무관심이나 혹은 부정적인 것이었다면, 즉 작품이 그에게 처음에는 형편없이 보였다면, 그는 자신의 반응이 과연 적절한지 궁금해할 수 있다. 아마도 더 조사한다면 그 작품이 어느 정도 규모의 미적 경험을 산출할 능력을 지닌다는 사실을 밝힐 수도 있다. 비록 작품을 이해하는 데 있어서의 어려움이 극복되지 않아서 아직은 그러한 경험을 발생시키지 못한다 하더라도 말이다. 비평가는 또한 어떤 음악을 들어보지 못한 사람들, 혹은 어떤 전시를 가보지 못한 사람들, 혹은 어떤 연극을 보지 못한 사람들이 왜 들어야 하고 봐야 하는지에 대한 이유를 제시할 수 있다. 왜냐하면 작품들 자체 내에 그것이 미적 가치를 지닌다는 증거가 있기 때문이다.

그러므로 이전 25절의 처음 부분에서 언급되었던 예로 돌아가보면, '이 환자의 체온이 40도이다'가 '이 환자는 폐렴에 걸렸다'의 증거가 되는 동일한 방식으로 '이것은 통일되어 있다'가 '이것은 미적 가치를 지닌다'의 증거가 되는 것은 아니다. 왜냐하면 '이것은 미적 가치를 가진다'는 성향적 진술이지만 '이 환자는 폐렴에 걸렸다'는 그렇지 않기 때문이다. 그러나 '이 음식은 위험하다'와 '이 음식은 살모넬라균으로 덮여있다'를 비교해보라. 여기에서 살모넬라균의 존재는 그 음식을 먹었을 경우 끔찍한 결과를 낼 것이라는 점에 대한 증거이다. 이것은 작품의 통일성이 작품을 집중적으로 지각한다면 미적 효과가 산출될 것이라는 점에 대한 증거가 되는 방식과 동일하다.

결정 문제

'미적 가치'의 도구주의적 정의, 그리고 그 정의가 비평적 논증에 대해 가지는 함의들이 인정된다면, 종종 어떤 미적 대상보다 다른 미적 대상을 우리가 선호한다는 사실, 혹은 Y보다 X를 더 훌륭한 것으로 칭찬한다는 사실은 합리적으로 정당화될 수 있다. 그리고 이것이 항상 그런지 묻는 것은 자연스럽다. 철학자들은 미적 가치의 등급 혹은 순서를 구성해보려는 생각을 가져왔고, 심지어는 제10장의 초반부에 새 뮤얼 존슨(Samuel Johnson)이 제안한 것처럼 점수 체계를 생각하기도 했다. '-보다 더 낫다'라는 관계를 나타내기 위해 '>'라는 기호를 사용할 수 있는데, 만일 X>Y라면, Y>X일 수는 없기 때문에 이 관계는 비대칭성을 가지도록 도구적으로 정의된다. 그러나 X>Y이고 Y>Z라도, 이로부터 X>Z가 필연적으로 따라 나오지 않기 때문에, '-보다 더 낫다'는 관계는 이행적(transitive)이지는 않다. 비록 우리가 이 기호를 상당히 만족스러운 방식으로 조작할 수 있겠지만, 미적 가치에 대한 비교 판단은 심각한 한계를 지닌다는 점을 인식해야 한다.

왜냐하면 어떤 경우에서는 X>Y인지 아닌지 결정하는 데 문제가 발생하기 때문이다. 우리가 X와 Y라는 두 미적 대상을 발견했는데, X>Y인 아무런 이유도, 그리고 Y>X인 아무런 이유도 찾을 수 없다고 해보자. 우리는 여전히 하나보다 다른 하나를 더 좋아할 수는 있고, 그중 하나를 선택하지 않을 이유는 없다. 다시 말해, 선호라든가 혹은 미적 대상들 중의 선택은 비평적 논증이라는 망이 넓은 채에서 빠져나갈 수 있다. 합리적으로 정당화되지 못하는 선호가 존재한다는 것이다. 비평적 평가에서 그러한 선호들은 이성적인 비결정성(rational undecidability)이라는 영역에 속한다고 해보자. 이 영역은 합리적 논증이 닿을 수 없는 곳으로, 선택이 이유에 근거하지 않는 곳이다. 예를 들어, 스카를라티의 키보드 소나타 중, 〈E장조 소나타〉(커크패트릭 380)와 〈B단조 소나타〉(커크패트릭 87) 두 곡을 생각해보자. 이 두 소타나가 비결정성의 영역에 속한다고 주장하는 게 아니다. 사실 어떤 두 작품이 비결정성의 영역에 속한다고 말하는 결론은 부정적 결론으로서, 두 작품에 대한 철저한 연구 후에야 내려질 수 있다. 그러나 이 두 작품은 상이하기는 하지만 모두 고도의 질서를 가지고 있는데, 논의의 편의를 위해서 한 곡의 장점은 다른 곡의 다른 장점과 맞먹는다고, 그리하여 왜 한 곡이 다른 곡보다 더 나은 것으로 판단되어야 하는지에 대한 이유를 찾을 수 없다고 가정해보자.

이 경우 아무 문제도 발생하지 않는다. 왜냐하면 우리는 어쩌면 이 중 하나를 다른 하나보다 더 좋아하지 않을 수도 있고, 사실 이 경우에 누군가가 나에게 어느 곡을 더 좋아하냐고 묻는다면, 비록 내가 〈E장조 소나타〉 쪽으로 조금 더 기운다 하더라도 답하기 매우 힘들 것이다. 그러므로 우리가 〈E장조 소나타〉를 더 애호하지만 왜 그것이 더 나은 곡인지에 대한 이유를 가지지 않는다고 가정해보자. 우리는 여전히 둘 중에서 선택을 하고 있고, 이는 심지어는 실용적인 결정이 될 수도 있다. 마치 친구가 레코드판을 틀면서 둘 중 어떤 곡을 듣고 싶은지 묻는 경우처럼 말이다. 그러나 비록 더 애호하는 곡을 듣는 것에 대한 이유는 제시할 수 있을지 몰라도, (조금 이상하게 들릴 수도 있지만) 왜 그 곡을 더 애호하는지에 대한 이유는 제시할 수 없다. 만일 그렇다면, 이 두 소나타는 비결정성의 영역에 속한다. 그런데 이 영역에 속하는 것들은 언제나 한 쌍임을 주목하라. 예를 들어서 우리는 〈E장조 소나타〉가 〈G장조 소나타〉(커크패트릭 146)보다 더 나은 작품이라고 말할 이유는 제시할 수 있고, 그렇다면 이 쌍은 비결정성의 영역에 속하지 않는다.

그렇다면 비결정성의 영역은 어느 것이 더 나은지 증명할 수 없는, 혹은 미적 가치에서 동등한 미적 대상들(X와 Y)의 쌍들로 구성된 집합이다. 비결정성은 종종 상대주의와 연관되기 때문에 상대주의라고 불리기도 하지만, 그 둘이 같은 것은 아니다. 만일 X와 Y가 비결정성의 영역에 속하는데도 우리가 X와 Y를 비교하기 위해 '-보다 낫다'라는 표현을 고수하고 싶다면, 우리는 '-보다 낫다'를 상대주의적으로 정의할 수 있다. 다시 말해 주관주의적 용어로 정의할 수 있다. 그러나 나는 그러한 대안적 용법을 받아들이는 게 아니다. X와 Y가 비결정성의 영역에 속하게 된다면, 우리는 하나가 다른 것보다 더 큰 규모의 미적 경험을 산출할 능력을 지녔다고 볼 근거를 지니지 못한다. 그러므로 이 영역에서 나는 하나가 다른 것보다 더 낫다고, 혹은 더 선호 가능하다고, 혹은 더 바람직하다고 말하지 않는다. 그러나 하나가 다른 하나보다 선호되고 있다고 혹은 원해지고 있다고 말하는 것은 괜찮다.

미적 가치에는 이러한 비결정성의 영역을 만드는 두 가지 요인이 있다.

첫 번째 요인은 비평적 가치 판단이 복수의 기준을 사용한다는 것이다. 우리가 사과 한 바구니를 가지고 있고, 그것을 가장 형편없는 사과에서부터 최고의 사과까지 순서대로 정렬해야 한다고 해보자. 이 작업을 행하기 위해 우리는 사과를 훌륭하게 만드는 성질들의 목록을 알아야만 하는데, 그것은 비평적 평가의 일반적 규범과 유사하다. 맛의 질, 단단함, 크기, 색깔, 멍든 것이 없을 것, 벌레 먹지 않았을 것 등이다. 그러한 목록 없이 우리는 어디에서 시작해야 할지 모를 것인데, 왜냐하면 내가 행해야 하는 작업 자체가 무엇인지 모르기 때문이다. 마치 누군가가 우리에게 사과, 레몬, 무를 순서대로 정렬하라고 말하면서 어떤 원칙에 따라서 순서를 매겨야 하는지 알려주지 않은 경우처럼 말이다.

이제 우리가 사과들을 특정한 기준에 맞추어 정렬할 줄 안다고 가정해보자. 즉, 우리는 사과들을 크기에 따라서(동일한 크기의 사과들은 나란히 놓고), 혹은 맛에 따라서, 혹은 멍이 안 든 정도에 따라서 정렬할 수 있다고 해보자. 그러나 이것이 우리에게 주어진 작업은 아니었는데, 왜냐하면 우리는 다양한 순서들로 정렬하도록 요구된 것이 아니라, 이 모든 기준을 포괄하는 단일 순서로 정렬하도록 요구되었기 때문이다. 어떻게 그런 작업을 시작할 수 있을까? 먼저, 우리는 아무런 멍이 들지 않은 사과들을 골라낼 수 있고, 그것들을 한쪽 끝에 놓아둘 수 있다. 어쩌면 어떤 특징에서 눈에 띄는 사과가 있다면, 예를 들어서 맛이나 크기에 있어 눈에 띄는 사과가 있다면, 그 정도에 따라 둘이나 세 그룹으로 나누어둘 수도 있다. 그 다음에 우리는 매우 멍이 들고 벌레가 많은 사과들을 골라서 또 다른 한쪽 끝에 둘 수 있다. 그리고 그러한 두 양 극단 사이에 어려운 작업이 위치하는데, 우리는 이때 어느 정도가 지나면 주어진 지시사항에 따라 정렬하는 작업이 불가능하다는 것을 알게 될 것이다. 왜냐하면 어떤 사과는 전반적으로 보았을 때 다른 사과보다 더 낫다는 것을 쉽게 결정할 수 있지만, 그런 결정을 내릴 수 없는 사과의 쌍들이 다수 존재할 것이기 때문이다. 어떤 사과는 맛은 좋지만 작고 멍이 들었을 수도 있고, 다른 사과는 맛이 조금 부족하지만 크고 색깔이 좋을 수도 있다. 이 정렬 작업을 할 수 있는 유일한 방법은 기준 그 자체의 등급 혹은 중요도를 포함한 지시사항이 우리에게 주어지는 것이다. 예를 들어, '맛이 크기보다 더 중요하다. 만일 맛이 동일할 때에는 색보다는 크기에 더 중요도를 두라. 판단이 잘 서지 않는 경우에는 벌레는 무시하고 벌레 먹지 않은 부분의 크기를 측정하라'와 같은 기준 말이다. 아마도 등급화된 기준의 완전한 집합을 정렬작업 전에 미리 마련해 모든 우발성을 다 처리할 수 있도록 하는 것은 불가능할 것이다. 그러나 문제가 발생할 때마다 규칙들이 도입될 수 있고, 마침내 모든 결정 불가능성을 제거할 수 있을지도 모른다. 이제 그 규칙들은 모든 경우에 있어서 X가 Y보다 더 좋은지, 혹은 더 나쁜지, 혹은 같은 급인지 결정할 것이기 때문이다.

위와 같은 작업이 미적 대상에 대해서도 가능할까? 만일 우리가 통일성, 강도, 복합성을 세 개의 독립적 기준으로 받아들인다면, 불가피하게도 미적 가치의 등급을 결정할 수 없는 미적 대상들의 쌍이 다수 존재하게 될 것이다. 예를 들어, X와 Y는 동일한 정도로 복합적이지만 X가 좀 더 통일성이 있는 반면 Y는 좀 더 강렬한 성질을 지닌다고 해보자. 만일 어떤 사람이 X를 더 선호하고 다른 사람은 Y를 더 선호한다면, 이 차이를 해결할 수 있는 어떠한 이성적인 방법도 없는 것처럼 보인다. 그러므로 어떤 비평가는 몬드리안(Mondrian)의 그림을 칭찬하면서 그 그림이 디자인은 단순하긴 하지만 정확한 균형감이 있다고 말하며, 다른 비평가는 틴토레토(Tintoretto)의 그림을 칭찬하면서 그림의 통일성은 조금 떨어지지만 복합성이 있다고 말한다. 몬드리안 작품의 차가운 필연성, 혹은 틴토레토의 작품의 장엄함이나 역동성과 같은 강렬하고 감탄할 만한 성질을 지니려면, 다른 특성들은 조금 희생되어야 할 수도 있다. 그리고 세 비평적 기준 중 무엇이 더 가중치를 지니는지 알려주는 규칙은 없다.

어떤 이들은 영역 성질의 강렬함을, 어떤 이들은 명료한 구조를 중요하게 여기며, 이들 중 누가 잘못되었다고 말할 수 있는 방법은 없는 것 같다. 물론 미적 경험에 대한 연구가 더 진행된다면, 우리는 미적 판단에 대한 우리의 세 규범(Canons)을 더 다듬을 수 있을 것이고, 가중치의 규칙도 도입할 수 있을 것이다. 그러나 현재로서는 비결정성의 영역은 계속 남아있다. 만일 비평가 A가 어떤 작품의 통일성이 자신에게는 충분하지 않다고 말하고, 비평가 B는 그 작품이 자신에게 충분한 생생함을 지닌다고 말한다면, 이 두 사람 중 어느 누구도 그 작품이 매우 훌륭하거나 혹은 훌륭하지 않다는 점을 증명할 수 없을 것 같다. 그러나 물론 그들은 여전히 그 작품이 어떤 다른 미적 대상들보다는 확실히 우월하거나 혹은 열등하다는 사실에 동의할 수 있다.

그러므로 만일 우리가 존 던의 최고의 시들, 혹은 하이든의 4중주, 혹은 렘브란트의 동판화 등을 가지고 그들 중 어느 것이 더 나으며 더 나쁜지 결정하려고 하는 것은 불가능할 수 있다. 그러나 이것이 우리에게 불편할 필요가 없다. 위와 같은 대상들을 다룰 때, 우리는 의심의 여지없이 모두 높은 등급의 미적 대상을 다루고 있는 것이다. 최고의 시 중 하나가 다른 최고의 시보다 조금 더 낫다는 것이 무슨 의의를 지니는가? 더 중요한 것은 각각의 미적 대상이 가지는 훌륭한 점을 보는 것, 그리고 그에 대한 애호를 발전시키는 것이다. 그러나 이 말은 존 던의 최고의 시와 로빈슨 제퍼(Robinson Jeffer)의 시 사이에, 하이든의 4중주와 미요(Milhaud)의 4중주 사이에, 혹은 렘브란트의 동판화와 월터 지커트(Walter Sickert)의 동판화 사이에 존재하는 미적 가치의 차이를 우리가 분별할 수 없다는 말은 결코 아니다.

비평적 평가에서의 비결정성의 영역을 만드는 두 번째 요인은 미적 대상이 가지는 영역 성질의 다양성이다. 비록 복합적인 지각 조건에 의존하고 있지만, 영역 성질 그 자체는 단순하며, 그저 애호되거나 혹은 불호될 수 있다. 마치 익은 올리브 혹은 덜 익은 올리브의 맛, 혹은 버터밀크, 파스닙, 카망베르, 박하, 아이리시 위스키 등의 맛이 그저 애호되거나 혹은 불호되는 것처럼 말이다. 어떤 작곡가들의 작품에는 특징적으로 반복되는 성질들이 있다. 바흐 칸타타의 베이스 선율에서 나타나는 독특하게 절제된 성질, 브람스의 4중주 그리고 〈제4번 교향곡 E단조〉의 선율에서 종종 나타나는 6도 및 7도 화음의 흐느끼는 성질, 바르톡의 〈현악 4중주 제3번〉의 당김음이나 불협화음에서 나타나는 날카로운 성질들처럼 말이다. 이제 어떤 이가 브람스의 〈C단조 4중주〉(Op. 51, No. 1)는 훌륭한 4중주가 되기에 충분한 고도의 통일성, 복합성, 강렬한 영역 성질을 지니지만, 안타깝게도 그는 위와 같은 독특한 브람스적 성질을 참을 수가 없다고 해보자. 혹은 그는 바르톡의 4중주가 드뷔시의 4중주보다 더 훌륭한지 아닌지를 이성적 근거에서는 결정할 수 없지만, 여전히 드뷔시의 작품을 즐기며 바르톡적인 성질을 혐오한다고 해보자.

이것은 그의 취향이 변할 수 없음을 의미하지는 않는다. 그러나 중요한 점은 순전히 영역 성질 때문에 어떤 이는 X를 Y보다 더 애호할 수 있다는 점이고, 이러한 선호에 대해서 그는 더 이상의 정당화를 제시할 수 없다는 것이다. 물론, 그는 X가 Y보다 더 낫다고 말할 필요는 없다. 그러나 그는 선택을 하고 있고, 그의 선택은 비결정성의 영역이다. "도미에를 매혹했던 마네의 고유한 그 성질들이 쿠르베를 밀어냈다"*
는 것이 참인지는 모르겠지만, 이 진술은 상당히 흔한 경험을 요약적으로 잘 표현하
고 있다. 어떤 독자들을 매혹시켰던 포크너, 카프카, 헤밍웨이, 포프, 마벨의 고유한
성질들은 분명 다른 독자들을 밀어냈을 것이다. 그리고 이것은 문학작품의 폭넓은
다양성을 강하게 장려하는 논증이다. 우리가 애호하지 못하는 문학작품의 성질들은
그저 우리에게만 그런 것이고, 여전히 우리는 그 작품의 가치를 머리로는 인식할 수
있으며, 더 나아가 다른 이들은 그 작품에서 미적 경험을 끌어낼 수 있고 그 경험은
우리가 다른 곳에서 이끌어낸 미적 경험과 규모 면에서 동등할 수 있음을 이해할 수
있다.

미적 가치

위에서 지적된 바와 같이, '미적 가치'의 도구주의적 정의는 미적 경험이 이미
가치 있음을 당연하게 받아들인다는 사실을 드러내는 방식으로 구성되었다. 이 정
의는 미적 대상의 가치를 어떤 목표에 대한 수단으로 만든다. 그러나 물론 우리는 목
적 그 자체의 가치에 대한 질문을 즉각적으로 마주하게 된다. 미적 경험이 그 자체
로 가치 있다는 가정을 정당화하는 것은 무엇인가? 현실의 비평가는 이 질문을 걱정
할 필요가 없다. 그는 미적 경험은 가져볼 만한 것이라고 가정하고, 그 경험이 의존하
고 있는 미적 대상의 특성을 조사한다. 다른 방식으로 말하자면, 의사에게 삶과 건강
이 궁극적인 목적이고, 그것들은 가능한 한 보존되어야 한다는 것이 그에게 공리인
것처럼, 비평가에게 미적 경험은 의심할 필요가 없는 궁극적 목적이다. 물론 의사는
종종 보다 궁극적인 질문을 던질 수 있다. 특히 쇼(Shaw)의 연극 〈의사의 딜레마〉(*The
Doctor's Dilemma*)에서처럼 의사들은 어려운 상황을 마주했을 때 그런 질문을 던질 것
이며, 비평가도 마찬가지일 것이다. 다른 말로 하면, 의사에게는 환자가 그의 삶과 건
강으로 무엇을 하는지는 상관없다. 그리고 비평가도 그가 미적 경험에 부여하는 가

---

*　출처는 다음과 같다. Ambroise Vollard, Renoir, New York: Knopf, 1925, p. 47, by B. C. Heyl,
　　New Bearings in Aesthetics and Art Criticism, New Have, Conn.: Yale U., 1943, p. 98n.

치가 본래적 가치인지 혹은 도구적 가치인지는 중요하지 않다. 미적 경험이 어떤 가치를 지니기만 한다면, 그의 작업은 그에게 충분하다.

그러나 비평가가 묻지 않는 질문을 누군가는 물어야 하고 또한 답해야 한다. 누군가는 비평가의 가정이 정당한지 결정해야 한다. 이는 철학적 질문이며, 미학의 영역에 속하는 질문이다. 미적 경험은 가치를 지니는가? 만일 그렇다면 왜 그런가? 이 질문을 발전시키는 우리는 지금 가보지 않았던 길을 가고 있음을 인식해야 한다. 적절한 미학 이론은 그러한 불가피한 위험을 감수해야 한다.

이 지점에서 두 개의 대안이 떠오른다. 하나는 수월하고 바로 사용할 수 있지만, 다른 하나는 보다 미묘하고 복잡하다.

첫 번째 대안은 '미적 가치'의 도구적 정의를 '가치' 일반에 관한 심리적 정의와 결합해, 미적 경험은 사람들이 그 경험을 애호하고 향유하고 바란다는 점에서 본래적으로 가치 있다고 말하는 것이다. 누군가가 '나는 좋은 음악은 미적 가치를 가진다는 당신의 결론을 받아들일 의향이 있다. 그리고 좋은 음악을 듣는 데 상당한 시간을 보낸다면 어느 정도 규모의 미적 경험을 얻게 된다는 것을 받아들이겠다. 그러나 그런 경험이 왜 좋은가? 내가 뭐 하러 그 경험을 가져야 하는가?'라고 묻는다고 해보자. 우리는 '당신은 그 경험을 상당히 즐길 것이다'라고 답할 수 있다. 그리고 이 답이 우리와 그 사람을 만족시킨다면, 더 이상의 논의는 필요 없는 듯 보인다.

종종 위의 답이면 충분하다는 것은 참이다. 그러나 오직 어떤 점들을 당연하게 받아들였기 때문에 그러하다. 만일 어떤 사람이 연방정부 은행권의 위조를, 혹은 열차 선로 위로 사람을 밀치는 행위를 동일한 근거에 의해서, 즉 그가 도전적이고 자극적인 행위들을 즐긴다는 근거로 정당화하려 한다면, 우리는 이를 결정적인 정당화로 받아들이지 않을 것이다. 종종 미적 경험은 '그 자체로 경험해볼 만하다'고 말해지며, 사실 그 자체로 경험해볼 만한 것의 최상의 예, 혹은 원형(原型)이기는 하다. 그러나 '그 자체로 경험해볼 만하다'는 표현이 강한 칭찬이기는 하지만, 우리는 이를 더 자세히 살펴야 한다. 이 표현은 무엇을 의미하는가? 미적 경험이 어제 혹은 내일에 대한 생각 없이도 그 자체로 향유될 수 있음은 확실히 참이다. 그러나 이로부터 미적 경험의 가치는 경험이 발생하는 조건의 고려와는 상관없이, 혹은 그 경험을 얻기 위해 필요한 희생의 고려와는 상관없이, 경험 그 자체나 혹은 그것이 주는 쾌에 내재한다는 사실이 따라 나오는가? 이것이 쇼의 연극에서 제기된 또 하나의 문제이다.

무언가가 향유 가능한 것이냐고 물을 때, 우리는 그에 대한 정보를 묻는 것이다. 그것이 부피가 큰지, 익었는지, 혹은 고장이 잘 나는지 등을 묻는 것처럼 말이다. 그러나 무언가의 가치를 물을 때, 그리고 가치에 대한 진술이 근거를 가지기를 요구할 때, 우리는 정보를 묻는 질문과는 다른 유형의 질문을 한다. 우리는 그것이 다른 것들과 가지는 관계를 알고 싶은 것이다. 즉 그것이 끼치는 결과에 대해 알고 싶은 것이다. 그러므로 미적 경험이 가치 있는가라는 질문은 그것이 향유 가능한가라는 질문이 아니라, 그것의 향유가 20세기 민주 사회의 일원으로서 인간이 누릴 수 있는 다른 향유와 비교해서 정당화 가능한가를 묻는 질문이다. 다소 엄숙하게 표현한 듯하지만, 이는 중요한 질문이다.

이러한 사고를 통해 우리는 두 번째 대안이면서 또한 도구주의적 가치 이론*(Instrumentalist Theory of Value)이 선택하는 대안으로 나아간다. 이 이론은 '미적 가치'에 대한 도구주의적 정의를 포함하지만, 그보다 포괄적인 진술도 포함한다. 왜냐하면 이 정의는 미 이론과 심리적 정의 모두에서 발견된 공통의 철학적 기본 전제를 부인하기 때문인데, 문제의 그 전제는 모든 도구적 가치가 궁극적으로는 본래적 가치에 의존하거나 혹은 본래적 가치로 회귀한다는 전제이다. 도구주의적 가치 이론에 따르면 본래적 가치라는 것은 없다. 내가 생각하기에 이 결론을 지지하기 위해 전개된 논증들은 명확하지 않으며 복잡하기도 하다. 우리는 여기에서 이 입장의 윤곽선이 명확해질 정도로만 이 입장을 간단히 요약해볼 것이다.

스토브는 가치가 있다. 이는 명백하다. 푸딩도 그렇고 선생님도 마찬가지이다. 도구주의적 이론에 따르면, 우리가 스토브에 가치를 귀속할 때 마음속에서 언제나 그것이 어떤 목적, 예를 들어 선생님을 위해 푸딩을 요리하는 목적에 봉사한다고 생각하며, 그 목적은 가치 있다. 어떤 것의 가치를 판단할 때, 판단 당시에 가치 있다고 간주되는 어떤 다른 것과 관계 짓지 않고서는 그것의 가치를 결코 판단할 수 없다. 물론 그다음에 당신은 수단에서 목적으로 당신의 질문을 옮길 수 있다. 이제 당신은 요리의 가치는 무엇인지 묻는다. 즉 당신은 이제 스토브의 목적이었던 요리로 옮겨가서 요리의 목적이 무엇인지 물을 수 있다. 이때 우리는 요리 행위를 하나의 수단으로

---

* 이 이론을 아래와 같은 형태로 제시하기 위해 윤리학과 가치 이론에 대한 존 듀이(John Dewey)의 글에 의존했다. Note 28.4 참조.

간주하며, 요리의 목적은, 예를 들어, 사람들에게 음식을 제공하는 것이다. 이는 익숙한 수단-목적의 연쇄이다. 우리가 시계를 가지고 있다면 치과 의사와의 약속을 지킬 수 있을 것이다. 그 약속을 지킬 수 있다면 치아를 고칠 수 있을 것이다. 치아를 고칠 수 있다면 건강이 좋아지고 고통은 감소될 것이다. 그리고 이렇게 계속 이어진다.

문제는 이런 연쇄들이 모두 궁극적으로는 마지막 단계, 즉 어떤 것이 다른 무언가에 대한 수단으로서가 아니라 그 자체로 좋은 것임이 밝혀지는 마지막 단계로 이어지는가이다. 도구주의자는 그렇지 않다고 대답한다. 그러나 일반적인 대답은 그렇다는 것이며, 이 대답에 대한 논증은 신학적, 합리주의적, 그리고 민족주의적 성격의 여러 형태를 취한다. 예를 들어, 어느 정도 개연성이 있는 대답은 모든 길은 행복으로 이른다는 것이고, 모든 것이 수단으로 봉사하는 유일하게 본래적으로 가치 있는 것이 행복이라는 대답이다. 이 대답에는 미묘한 난점이 있으며, 철학자들은 이 답에 대해 의견일치를 보이지 않는다. 나는 이것이 사실 대답이 될 수 있는지도 잘 모르겠다. 왜냐하면 '행복'이 사람들이 원하는 모든 것을 포섭하는 광범위한 의미로 사용되지 않는 한(수도사의 서약, 마이다스의 손, 무위도식자의 낙원, 순교자의 죽음, 광고회사 사장의 삶 등) 모든 것을 수단으로 가지는 그 무언가의 이름이 될 수 없기 때문이다. 행복은 그 자체로 목적이 아니며, 당신이 추구하거나 성취할 수 있는 모든 것도 아니다. 그것은 해결 불가능한 문제나 대립이 없는 삶(어쩌면 가치에 대한 어떤 어려운 문제도 발생하지 않는 삶)이 가지는 지역적 성질이다.

또 다른 종류의 대답을 살펴보자. 유쾌하고 무해한 쾌, 예를 들어 숲속의 산책이나 노래 등을 생각해보자. 이들이 미래에 아무런 결과를 끼치지 못한다는 의미에서 완벽하게 고립되었다고 생각해보자. 그렇다면 우리는 이 쾌가 본래적으로 가치 있다고 말하지 않겠는가? 그리고 같은 시간 동안에 두통을 앓는 것보다는 이 쾌락을 느끼는 게 본래적으로 더 낫다고 말하지 않겠는가? 우리는 종종 이런 방식으로 말하지만, 이렇게 말하는 게 가장 좋은 방식은 아니다. 우리는 확실히 쾌를 향유하고, 아무런 결과를 끼치지 않는다면 쾌를 향유하지 말아야 할 아무런 이유도 없다. 이 경우에 쾌는 (본래적으로) 좋다는 말을 할 필요가 없다. 쾌의 좋음 혹은 나쁨에 대한 문제가 발생하지도 않는다. 즉, 문젯거리가 되지 않는다. 그러나 쾌가 좋은 것인지에 대해 우리가 묻는다면, 그리고 쾌에 대한 문제를 발견한다면, 이는 우리가 쾌 그 자체를 넘어서까지 생각한다는 것이다. 지금 위에서 든 예는 너무 인공적이며, 사실 아무런 결과를 끼치지 않는 행위란 존재하지 않는다. 숲에서 산책할 때 혹은 모닥불 앞에서 생각에 빠질 때, 우리는 다른 활동을 취소하거나 혹은 연기하는 것이고, 그러므로 어떤 선택을 내리는 것이다.

만일 어떤 대상이 본래적으로 가치 있다면, 그것을 증명하기 위한 그 어떤 이유도 제시될 수 없다는 것이 도구주의적 견해인데, 왜냐하면 그 이유라는 것은 본래적 가치를 다른 것과 연결시킴으로서 구성될 것인데, 만일 가치가 그러한 연결에 의존한다면 그 가치는 본래적이지 않기 때문이다. 본래적 가치는 어떤 방식으로든 스스로 자명해야 한다. 그런데 내가 스토브에서 시작해 그것의 영향, 그리고 그 영향의 영향들을 추적한다면, 나는 스스로 자명하게 가치 있는 어떤 것에 도달할 수 있을 것 같지 않다.

이러한 논의의 관점에서 우리는 도구주의 이론에 제기되는 가장 강력한 두 반론에 대답할 수 있을 것이다. 첫 번째 반론은 도구주의 이론이 자기모순적이라고 주장한다. 물론 목표 없는 수단이 있다고 말하는 것, 혹은 X가 Y의 수단이기 때문에 X는 도구적 가치를 가진다고 말하면서 Y는 가치가 없다고 말하는 것은 자기모순적이다. 그러나 어떤 대상이 도구적 가치를 가진다고 말하는 것은 단지 그 대상이 도구적이게 되는 또 다른 대상이 가치를 가진다는 점을 함축할 뿐이다. 이 진술로부터 어떤 대상이 본래적 가치를 가진다는 점은 연역될 수 없다. 두 번째 반론은 도구주의 이론이 의미 없다고 주장한다. 왜냐하면 아무것도 본래적 가치를 지닐 수 없다면, '본래적 가치'라는 단어는 세상에 적용되지 않으며, 그러므로 아무 의미도 가질 수 없기 때문이다. 그리고 그렇게 될 경우, '모든 가치는 도구적이다'라는 진술도 아무 의미를 가질 수 없다. 그러나 이런 생각은 잘못되었다. '본래적 가치'는 아무런 적용 사례를 가질 수 없다. 이는 참이다. 그러나 그 용어는 명칭으로서의 의미를 가진다. 결정론자에 따르면, '원인 없는 사건'은 세상에 적용될 수 없는 용어이다. 왜냐하면 모든 사건은 원인이 있기 때문이다. 그럼에도 불구하고 그는 '원인' 및 '원인 없는'이란 말로 자신이 의미하는 바를 완벽히 잘 알고 있으며, 원인 없는 사건이 있다는 생각에 대한 결정론자의 부정은 난센스가 아니다.

그렇다면 도구주의적 가치 이론의 주된 교훈은 다음과 같이 정리될 수 있다. 가치에 대한 진술은 가치의 문제, 즉 가치의 선택 상황을 풀기 위해 제시된 해결방안으로 간주되어야 한다. 선택은 언제나 특수한 행위들 사이에서 내려진다. 즐거움이나 혹은 자기실현과 같은 추상적인 것들이 아니라, 특정 결과의 연쇄가 뒤따르는 이 즐거움 혹은 이 명예로운 행위 사이에서 내려진다. 합리적인 결정을 내릴 때에는 언제나 목적을 이루는 데 이용 가능한 수단을 심사숙고해야 한다. 의문의 여지가 없는 목표란 없다. 원칙적으로 우리가 의문을 절대 가질 수 없는 그런 목표는 없다. 그럼에도 불구하고 실제로 모든 가치 문제에서 의문시되지 않는(unquestioned) 몇몇의 가시-목표(ends-in-view)가 항상 존재한다. 당신이 대안적 수단을 따져볼 때마다, 혹은 대안적인 가시-목표를 따져볼 때마다, 당신은 언제나 그것을 그 시점에서는 의문시되지 않는 보다 멀리 있는 가시-목표 안에서 가늠하는 것이다. 당신의 후속 경험은 어쩌면 그러한 목표들에 대한 당신의 확신을 무너뜨릴 수도 있다. 왜냐하면 그 어떠한 목표도 절대적으로 최종적이지는 않기 때문이다. 지금까지 우리는 어떤 목표에 대한 정당화를 물어보기도 전에 그 목표들을 성취해왔고, 도구주의자들에 따르면 우리가 모든 목표들을 한꺼번에 의문시하는 것은 불가능하다. 그러므로 가치의 문제는 적어도 잠정적으로는 해소가 된다. 경쟁하는 수단들 혹은 대립하는 목표들 사이의 조정이 가능하며, 우리는 우리의 충동, 필요, 만족들 사이의 일시적 조화를 산출한다. 어떤 해결책은 오랜 기간 동안 지속되고, 다른 해결책은 금방 새로운 경험에 의해 흔들린다.

게다가, 인간 경험의 역사 속에서 어떤 것들은 다수의 목표에 봉사하는 가치 있는 수단이라는 것이 밝혀졌고, 그래서 우리는 합당한 이유에 근거하여 그것들에게 삶의 가치로서의 특권적이고 안정된 지위를 부여한다. 그것들은 그 자체가 최종적 목표는 아니지만, 거의 모든 곳에서 도구적 가치가 되는데, 그러므로 상대적으로 고정되고 항상적인 가시 목표라고 간주된다. 진리, 사랑, 건강, 사생활, 시민권, 다양한 유형의 자유 등이 바로 그것들이다. 이제 다음 장에서 우리를 기다리는 마지막 문제는 예술이 그 자체로, 혹은 예술이 제공하는 경험이 그러한 위엄 있는 목표의 집합에 속할 수 있는가이다.

NOTES AND QUERIES

26

26.1 미적 가치(AESTHETIC VALUE)

비평적 평가와 도덕적 평가의 비교로 다음을 참조. R. M. Hare, *The Languages of Morals*, Oxford: Clarendon, 1952, esp, chs, 8, 9.

미적 평가를 도덕적, 경제적, 종교적, 지적, 그리고 여타의 평가들과 구분하는 문제는 다음 논문에서 논의된다. J. O. Urmson, "What Makes a Situation Aesthetic?", *PAS*, Suppl, vol. XXXI (1957): 75-92. 저자의 생각은 이 장에서 제시된 나의 생각과 상당히 유사하다. 미적인 것의 정의 기준에 대한 그의 견해는 다소 기초적이다.

Stuard Hampshire, "Logic and Appreciation" in William Elton, ed., *Aesthetics and Language*, Oxford: Blackwell, 1952, pp. 161-169. 여기에서 등장하는 다소 명확하지 않은 논증은 각각의 미적 대상이 '그것의 고유 장점'에 의해 판단되어야 하며(p. 164), 비평적 평가의 어떠한 이유도 일반적 규범의 형태로는 제시될 수 없다고 말하는데, 이는 극단적 다원주의(pluralist) 이론으로 간주될 수 있다. 저자는 비평적 평가를 종으로 가지는 속(genus)이 있다고 보지 않는다. 그는 비평적 평가 및 비평적 이유가 존재한다는 견해가 도덕적 판단과의 잘못된 유비에서 비롯되었다고 본다. 그는 오직 미적 대상이 '어떤 문제의 해결책'(p. 164)인 경우에만 비평적 평가에 대한 이유들이 제시될 수 있다고 본다. 저자는 여기에서 상찬(commendation)과 추천(recommendation)을 명확하게 구분하지 않는 것 같다. 그는 비평적 평가가 추천이 아니라고 보며, 더 나아가 상찬도 아니라고 추론한다. 그러나 몇몇 도덕적 판단들도(예를 들어 성격에 대한 판단) 추천이 아니다.

26.2 미 이론(THE BEAUTY THEORY)

아마도 미 이론은 정확히 이 책이 제시한 형태로는 공식화된 적이 없을 것이다. 나는 미 이론을 가장 합당하고 흥미로우며 유용한 형태로 공식화하려고 노력했다. 플라톤의 예술론은 부분적으로는 초월적 미 이론의 초기 형태로 간주되어야 한다. 예를 들어 '절대적 미'에 대한 언급을 『파이돈』 76, 『파이드로스』 249, 『국가』 507 등에서 찾아볼 수 있고, 이상적 미에 대한 언급은 『향연』에서 나타난다. '순수한 즐거움' 중 하나인 미에 대한 그의 논의는 『필레부스』 51-53과 64에서 나타나는데, 여기서 플라톤은 미의 지각조건에 대한 형식주의적 이론을 대략적으로 그리고 있으며 이는 푸생의 다음 언급에서도 반복된다. "미의 관념은 최대한 조심스럽게 준비되지 않는 한 물질로 내려오지 않는다"(Robert Goldwater and Marco Treves, *Artists on Art*, New York: Pantheon, 1945). 플라톤의 이론은 플로티누스(Plotinius)에 의해 연장되는데, 그의 견해를 살펴보기 위해서는 다음을 참조하라. *Enneads*(first and fifth), trans. by Stephen Mackenna, in G. H. Turnbull, ed., *The Essence of Plotinus*, New York: Oxford U., 1934, pp. 42-50, 170-178. 다음 글은 토마스 아퀴나스의 미 이론을 초월주의적으로 확장시킨다. Jacques Maritain, *Art and Scholasticism*, trans. by J. F. Scanlan, New York: Scribner's 1930, ch. 5 and pp. 128-133. 다음도 참조하라. V. B. Evans, "A Scholastic Theory of Art," *Philosophy*, VIII (1933): 398-411.

나는 현대적인 미 이론 구상을 위한 출발지로 무어의 다음 윤리학 저작을 꼽는다. G. E. Moore, *Principia Ethica*, Cambridge, Eng.: Cambridge U., 1903. 무어 자신이 미 이론을 지지한 것은 아니다. 왜냐하면 그는 '미'를 "그것을 감탄하는 관조 그 자체가 좋은 것"(p. 201)으로 정의해 미가 아니라 미의 관조를 본래적으로 가치 있다고 보기 때문이다(pp. 200-207). 그러나 나는 '좋음'의 정의 불가능성에 대한 그의 논증(pp. 6-16)은 '미'에도 동일하게 적용될 수 있다고 생각하며, 관조된 적이 없는 미의 가치에 대한 그의 논증(pp. 83-85)은 미의 본래적 가치에 대한 논증으로 간주될 수 있다(이는 '미'에 대한 그의 후속 정의와 양립하기 쉽지 않다). 무어에 따르면 본래적 가치에 대한 진술에는 이유가 제시될 수 없다(p. 148). 그러한 진술은 자명하거나, 혹은 자명한 진술들로부터 연역될 수 있어야 한다(pp. 143-144).

다음 글은 초월주의적 형태의 미 이론을 강하게 옹호한다. C. E. M. Joad, *Matter, Life and Value*, London: Oxford U., 1929, pp. 266-283, reprinted in Eliseo

Vivas and Murray Krieger, eds, *Problems of Aesthetics,* New York: Rinehart, 1953, pp. 463-479.

다음 글은 미 이론에 가까운 입장을 지지하는데, 제시된 정의들이 정확히 어떤 입장인지는 명확하지 않다. Harold Osborne, *Theory of Beauty,* London: Routledge and Kegan Paul, 1952. 예를 들어, 저자는 "미란 비반성적 직관에 의해 즉각적으로 감지 가능한 지각적 배열의 원칙이 연장된 것일 뿐이다"(p. 122)라고 말하는데, 이는 미가 영역 성질이라고 말하는 것에 가깝다. 그러나 이를 "아름다운 것이란 예술가에 의해 지각적 재료가 유기적인 전체로 조직되는 것이다"(p. 126)와 비교해보면, 후자에서 미는 영역 성질이 아니라 작품의 통일성 및 복합성인 것 같다. 저자 자신의 견해를 살펴보려면 91-94쪽, 122-131쪽을 참조하라. 심리적 주관주의에 대한 그의 비판은 제4장에 수록되어 있다. 그는 수학적 용어를 통해 미의 지각 조건을 기술하려는 형식주의적 시도에 대해 좋은 토론을 이끌었다.

다음 글들은 미 이론을 지지하는 것처럼 보인다. A. C. Rainer, "The Field of Aesthetics," *Mind,* XXXVIII (1929): 160-183; T. E. Jessop, "The Definition of Beauty," *PAS,* XXXIII (1933): 159-172; T. M. Greene, "Beauty and the Cognitive Significance of Art,", *J Phil,* XXXV (1938): 365-381.

다음 글은 '미'를 모든 미적 가치를 포함하는 넓은 의미로 사용하기 때문에 미 이론을 지지하지 않는 것처럼 보이지만, 3장과 6장에서 나타난 분석은 미의 지각 조건에 대한 지성주의적 이론의 훌륭한 한 예로 볼 수 있다. W. T. Stace, *The Meaning of Beauty,* London: Richards and Toulmin, 1929. 저자의 견해를 지성주의적 이론으로 표현하자면, 한 대상은 '경험적인 비지각적 개념'이라는 지성적 내용이 지각적 성질과 혼합되어 지성적 내용과 지각적 성질이 서로 구분될 수 없을 정도가 될 때마다 미라는 성질을 소유하게 된다. 그러나 이 '혼합'의 성격이 제대로 설명되지 않았다. 저자는 진화의 개념이 지각된 대상과 혼합되어 우리가 '진화를 실제 하나의 대상으로 보게 되는' 방식도 가능하다고 말한다(p. 60). 위와 같은 혼합의 다른 예들은 '진보, 문명, 정신성, 혹은 도덕 법칙'이다(p. 62). 만일 지성적 내용이 이러한 수준의 추상성을 지녀야 한다면, 다수의 위대한 미적 대상들의 미에서 지성적 내용이 담당하는 부분이 무엇인지 알기는 쉽지 않다.

선율의 미에 대한 필요충분조건에 대해서는 다음을 참조하라. Edmund

Gurney, *The Power of Sound*, London: Smith, Elder, 1880, ch. 9.

다음 글은 다원주의적 관점으로 미 이론을 논박한다. Ralph W. Church, *An Essay on Critical Appreciation*, London: Allen and Unwin, 1938, ch. 1. 이 글은 '미' 가 '색'과는 다르게, '어떤 단일하고 독자적인 지시체를 지니지 않는다'고 주장한다 (p. 53). 아름답다고 불리는 대상 모두에 공통되는 성질은 없으며 상이한 성질들을 포함한 하나의 집단만이 존재한다는 것이다.

26.3 추함(UGLINESS)

'추하다'라는 용어와 관련해 몇 가지 흥미로운 질문이 있다. 예를 들어 추하다 는 판단은 미적 반가치(disvalue)가 존재한다는 사실을 보여주는가? 추함은 특유의 창발적 속성인가? 혹은 고통이 쾌와 연관되는 것과 같은 방식으로 추는 미와 연관 되는가?

추함에 대해서는 다음 글들을 참조하라. Lucius Garvin, "The Problem of Ugliness in Art," *Phil R*, LVII (1948): 404-409; M. J. Stolnitz, "On Ugliness in Art," *Phil and Phen Res*, XI (September 1950): 1-24; Stace, *op. cit.*, ch. 4.

추한 대상의 집합에서 어떤 공통 특성이 발견되는지 살펴보는 일은 흥미로울 것 이다. 예를 들어서 그로테스크한 콩고의 가면, 구소련이 바르샤바에 건설한 문화과 학궁전, 빅토리아 시대의 응접실, 19세기의 공장건물들에서 말이다(만일 이들이 추하다 는 일반적 동의가 가능하다면). 루이스 멈포드(Lewis Mumford)는 펜실베니아 대학교의 거대 한 도서관을 건축한 필라델피아의 건축가 프랭크 퍼니스(Frank Furness)에 대해, "그 사 람만큼 갈색 시대(the Brown Decades)의 추함을 긍정적으로 바꾼 사람이 없었다"고 말 한다. 다음을 참조하라. Lewis Mumford, "The Sky Line," *The New Yorker*, April 28, 1956, p. 106.

26.4 일반적 성질들(GENERIC QUALITIES)

미와 잘 어울리는 일반적 성질들(예를 들어, 숭고, 예쁨, 우아함 등)의 완전한 집합 을 정의하고 구분하려는 많은 시도들이 있었다. 숭고에 대해서는 다음을 참조하라. Kant, "the Analytic of the Sublime," *Critique of Judgment*, trans. by J. H. Bernard, 2nd ed, New York: Macmillan, 1914, pp. 101-150; Arthur Schopenhauer, *The*

World as Will and Idea, trans. by R. B. Haldane and J. Kemp, 6th ed., London: Routledge and Keagan Paul, 1907-1909, Part I, pp. 259-274. 다음 글도 도움이 된다. Stace, *op. cit.,* ch. 5.

26.5 도구적 가치와 본래적 가치(INSTRUMENTAL AND INTRINSIC VALUE)

이 두 가치를 구분하는 여러 방식이 있지만, 다수의 구분이 명확하고 일관적인 용어 도입에 의존한다. 일반적인 구분법은 다음에서 등장한다. Harold N. Lee, "The Meaning of 'Intrinsic Value,'" in Ray Lepley, ed., *The Language of Value,* New York: Columbia U., 1957, pp. 178-196. 다음도 참조하라. Moore, *op, cit.,* pp. 21-27.

다음 글의 세심한 논의를 참고하면 좋다. C. I. Lewis, *An Analysis of Knowledge and Valuation,* La Salle, Ill.: Open Court, 1946, pp. 382-396. '도구적 가치'라는 나의 용어가 저자의 '외재적(extrinsic) 가치'라는 용어와 같은 뜻이긴 하지만, 저자는 나보다 중립적인 방식으로 정의하고 있음을 주목하라. 나는 만일 Y가 가치를 가진다면 (이 가치가 그 자체로 본래적인지 혹은 도구적인지와는 상관없이) 그리고 X가 Y의 수단이라면, X는 도구적 가치를 가진다고 말할 뿐이지만, 저자는 외재적 가치를 지닌 대상은 본래적 가치의 실현을 위한 직접적 혹은 간접적인 수단이 된다는 사실을 '외재적 가치'의 정의에 포함시킨다. 저자는 오직 경험이나 경험의 성질들만이 본래적 가치를 가진다고 본다. 어떤 대상이 본래적 가치를 가지는 경험을 직접적으로 혹은 즉각적으로 일으킨다면, 그 대상의 외재적 가치가 '내재한다'(inherent)고 말할 수 있다. 어떤 대상이 내재적 가치를 지닌 대상의 산출을 위한 수단이 된다면, 그 대상의 가치는 '도구적'이다. 그러므로 저자에게서 내재적 가치와 도구적 가치는 외재적 가치의 하위 분야이다.

27

27.1 '미적 가치'의 주관주의적 정의
(SUBJECTIVE DEFINITIONS OF 'AESTHETIC VALUE')

'관심(interest)'을 통해 '가치'를 정의하려는 시도는 다음 글에서 간략히 소개된다. David W. Prall, *A Study in the Theory of Value*, Berkeley, Cal.: U of California, 1921. 저자는 미적 가치를 본래적 가치 일반과 동일시한다(pp. 200-201, 274-275, 및 *Aesthetic Judgment*, New York: Crowell, 1929, pp. 336-339). '관심'을 통한 가치 정의는 다음 글에서 보다 상세하게 전개된다. Ralph Barton Perry, *General Theory of Value*, New York: Longmans, Green, 1926: esp. ch. 5; *Realms of Value*, Cambridge, Mass.: Harvard U., 1954, chas. 1, 18; Jerome Stolnitz, "On Artistic Familiarity and Aesthetic Value," *J Phil*, LIII (1956): 261-276.

주관주의적 가치 이론 중 보다 세련된 형태는 다음 글에서 등장한다. C. I. Lewis, *An Analysis of Knowledge and Valuation*, La Salle, Ill.: Open Court, 1946, chs. 12-15. 이 글은 특히 미적 가치에 대해 상세하게 다룬다. 저자의 주목표는 가치 판단이 경험적임을 보여주는 것이다. 즉각적 가치는 경험 내에서 발견되는 만족감이다. 대상의 가치는 그러한 즉각적 가치(이는 본래적 가치이다)를 산출할 수 있는 '잠재성'에 다름 아니다(pp. 411-412, 26.5). 미적 가치는 '내재적' 가치에 속한다. 미적 가치는 높은 정도로 '직접적인 만족감을 주는' 것이다(pp. 434-437, 457-462). 이 이론에 대한 확장된 논의로 다음을 참조하라. Stuart M. Brown, Jr., "C. I. Lewis's Aesthetic," *J Phil*, XLVII (1950): 141-150; Lucius Garvin, "Relativism in Professor Lewis's Theory of Esthetic Value," *J Phil*, XLVI (1949): 169-176.

다음 글은 '가치'를 경험의 정감적 성질(유쾌하거나 불쾌한)로 정의한다. John R. Reid, *A Theory of Value*, New York: Scribner's, 1938, chs. 2, 3. 저자는 이 정의가 비평에 어떤 결과를 가져오는지도 논의한다(ch. 8). 다음 글도 참조하라. Dewitt H. Parker, *Human Values*, New York: Harper, 1931, chs. 2, 15.

다음 글은 쾌락주의의 한 형태를 보여준다. Albert L. Hilliard, *The Forms of Value*, New York: Columbia U., 1950. 여기에서 '가치'는 쾌 혹은 '긍정적 정감성'(p.

42)으로 정의된다. 미적 대상처럼 유쾌한 반응을 직접적으로 산출하는 대상은 가치에 대한 '중간 수단'이라기보다는 '최종 수단'이다(pp. 31-41). 그러한 대상은 '도구적' 가치보다는 '종착적'(terminal) 가치를 가진다(pp. 53, 57). 그러므로 미적 대상들은 종착적 가치를 가지지만(p. 54), 그들의 가치에 대한 진술들은 다음과 같이 시간, 사람, 조건에 대한 언급을 포함한다. 'X는 t라는 시간에 C라는 조건하에서 A라는 사람에게 종착적 가치를 가진다.'

'미적 가치' 혹은 '미'에 대한 주관주의적 정의들은 또한 다음 글들에서 전개된다. C. J. Ducasse, *The Philosophy of Art*, New York, Dial, 1929, chs. 14, 15; George Boas, *A Primer for Critics*, Baltimore: John Hopkins, 1937, esp. chs. 1, 3; Thomas Munro, "The Concept of Beauty in the Philosophy of Naturalism," *Toward Science in Aesthetics*, New York: Liberal Arts, 1956, pp. 262-267, 277-280, 289-299.

'좋음' 및 '아름다움'의 주관주의적 정의에 대한 비판으로는 다음을 보라. W. D. Ross, *The Right and the Good*, Oxford: Clarendon, 1930, pp. 75-104, 122-127.

27.2 '자질 있는 지각자'의 정의(THE DEFINITION OF 'QUALIFIED PERCEIVER')

글 속에서 제기된 질문, 즉 'X가 미적 가치를 가진다'는 말이 'X는 자질 있는 지각자에 의해 (미적으로) 애호될 것이다'를 의미하는가에 대한 질문은 28절의 미적 경험에 대한 논의를 통해 더 살펴볼 가치가 있다. 어려운 점은 '자질 있는 지각자'를 순환에 빠지지 않고 정의하는 것이다. 이에 대한 도움을 얻기 위해 다음 글을 참조하라. Roderick Firth, "Ethical Absolutism and the Ideal Observer," *Phil and Phen Res*, XII (March 1952): 317-345. 저자는 '이상적 관찰자'의 승인이라는 개념을 통해 윤리적 용어를 정의하는 방식을 전개한다. 그의 제안은 다음 글들에서 논의되었다. Firth and Richard B. Brandt, "The Definition of an 'Ideal Observer' Theory in Ethics," *Phil and Phen Res*, XV (March 1955): 407-423; Richard Hensoon, "On Being Ideal," *Phil R*, LXV (1956): 389-400. 저자의 방법이 미적 가치에 얼마나 많이 적용될 수 있는지, 그리고 윤리적인 이상적 관찰자가 가지는 성질을 규정할 때 나타나는 난점들(그 사람은 모든 것을 보고 있어야 하며, 무관심적이고, 무정열적이며, 일관적이어야 한다)이 미적인 이상적 관찰자, 혹은 이상적으로 경험하는 비평가의 성질을 규정하는 것보다 더 심각하거나 가벼운지 살펴보는 것은 흥미로울 것이다. 다음도 참조하라.

Henry D. Aiken, "A Pluralistic Analysis of Aesthetic Value," *Phil Rev*, LIX (1950): 493-513, esp. secs. III and IV.

27.3 자연주의적 오류(THE NATURALISTIC FALLACY)

무어는 자신이 '자연주의적 오류'라 명명한 것을 반박하기 위해 '열린 질문' 논증을 제시한다(op. cit., ch. 1). 무어는 규범적 용어를 비규범적 용어로 정의하려는 모든 시도들이 공통적으로 이 오류를 범한다고 지적하는데, 이 오류의 모호함 때문만이 아니라 철학적 중요성 때문에 상당히 많은 토론의 주제가 되어왔다. 예를 들어 무어는 '좋음'을 '쾌'로 정의하는 사람은 결코 쾌가 좋다고 말할 수 없다고 주장하는데, 왜냐하면 그 말은 단지 '쾌는 쾌이다'라고 말하는 것과 같기 때문이다. 이 '오류'에 대한 논의를 살펴보려면 다음 글들을 참조하라. R. M. Hare, op. cit., ch. 5; W. F. Frankena, "The Naturalistic Fallacy," *Mind*, XLVIII (1939): 464-477, reprinted in W. Sellars and J. Hospers, *Readings in Ethical Theory*, New York: Appleton-Century-Crofts, 1952, pp. 103-114; A. N. Prior, *Logic and the Basis of Ethics*, Oxford: Clarendon, 1949, ch. 1.

27.4 설득적 정의들(PERSUASIVE DEFINITIONS)

'설득적 정의'라는 용어와 개념은 찰스 스티븐슨이 도입했다. 다음의 글 참조. Charles L. Stevenson, *Ethics and Language*, New Haven, Conn.: Yale U., 1944, chs. 9, 10. 스티븐슨은 설득적 정의에 대한 기술과 분석에 머무르면서, 그 정의의 사용을 실수나 오류라고 보지는 않는다. 그러나 그는 "X는 옳다"는 'X는 최대 다수의 최대 행복을 도모한다"와 같은 정의가 우리의 태도를 조작하려고 시도하기 때문에 문제가 있다고 보는 것 같다. 만일 "X는 옳다"는 'X는 다른 가능한 대안들보다 더 많은 훌륭함을 도모한다"의 경우처럼, 피정의항의 용어와 정의항의 용어가 동일한 정서적 힘을 가진다면 설득적 정의가 아님을 주의하라.

27.5 요구됨(REQUIREDNESS)

'가치' 일반을 주관적이지 않으나 자연주의적인 방식으로 정의하려는 또 다른 시도가 존재하는데, 바로 가치를 경험적으로 관찰 가능한 속성으로 정의하려는 시도가 그것이다. 다음 글은 이러한 정의를 가장 발전된 형태로 제시한다. Wolfgang Köhler, *The Place of Value in a World of Facts*, New York: Liveright, 1938, chs. 2, 3, 9. 저자는 그가 '요구됨'(requiredness)이라 부르는 특정한 영역('3차') 성질을 이야기하는데, 이 성질이 발생하면 현상적 장의 한 부분이 다른 부분을 가리키거나 혹은 그 부분에 조정을 요구하며, 그러므로 요구됨은 벡터(vector)-성질이라 불릴 수 있다. 요구됨이라는 성질은 대부분 주관적 측면 및 객관적 측면과 함께 발생한다. 돈에 대한 나의 필요나 혹은 포도에 대한 나의 욕구처럼 말이다. 이렇게 주관주의적 정의는 가치를 인간과 대상 사이의 관계로 만들어버림으로써 모든 가치를 그러한 상황으로 환원한다. 그러나 다른 많은 경우들에서 요구나 필요로 함 등은 현상적 장 그 자체의 객관적인 부분 안에서 발생한다. 어떤 하나의 화음이 다른 화음으로 이어지기를 요구하는 경우처럼, 혹은 비스듬한 그림이 똑바로 세워지기를 요구하는 것처럼 말이다. 우리가 어떤 의무의 부담을 느낄 때, 벡터는 현상적으로 객관적인 세계로부터 현상적으로 주관적인 것을 향한다. 이것은 배고픔이나 목마름의 상황에서와는 반대 방향으로 요구됨이 나타나는 경우이다. 다음 글들이 이러한 견해를 옹호한다. Kurt Koffka, "Problems in the Psychology of Art," Part II, in *Art: A Bryn Mawr Symposium*, Bryn Mawr, Pa.: Bryn Mawr College, 1940. D. H. Newhall, "Requiredness, Fact, and Value," *J Phil*, XLVII (1950): 85-96. 요구됨의 성질은 게슈탈트 심리학에서 말하는 '좋은 게슈탈트'라는 개념과도 연결된다. 다음을 참조하라. H. J. Eysenck, "The Experimental Study of the 'Good Gestalt' - a New Approach," *Psychological Review*, XLIX (1942): 344-364.

나는 요구됨이라는 성질과 같은 현상적 실재가 있다는 사실을 부정하지는 않는다. 그러나 그것은 '가치'의 정의가 될 수 없다. '열린 질문'이나 '설득적 정의' 반론이 여기에도 잘 적용된다. 예를 들어서, 그림이 똑바로 세워지기를 '요구한다'는 점을 인정한다 하더라도, 그것이 실행되어야만 하는지에 대한 질문이 남게 된다. 이 상황은 내가 물을 마주하고 그것을 마시기를 필요로 하지만, 물을 마셔야만 하는가에 대한 문제가 여러 다른 조건에 달려 있는 경우(예를 들어 물의 오염도)와 정확히 동일하다. 요구됨 이론에 따르면, 객관적인 현상적 장 내의 벡터들은 주관적인 현상적 장 내의 벡터들과 원칙상으로 다르지 않다. 그것들은 요구 및 만족 가능성을 설정하고, 가치에 대한 문제를 발생시키지만, 그 문제들을 해결하지는 않는다.

28

28.1 '좋은(훌륭한)'의 부속적 용법(THE ADJUNCTIVE USE OF 'GOOD')

다음 글은 '우리가 좋은 달리기 선수 혹은 좋은 시에 대해 말할 때 찾아볼 수 있는, 단어의 부속적 혹은 귀속적 용법'에 대해 이야기한다. W. D. Ross, *The Right and the Good*, Oxford: Clarendon, 1930, ch. 3. '좋음'은 '좋은 시계' 및 '좋은 드릴'에서 나타나는 칭찬의 요소가 있지만, 적용 기준이 다르다는 주장을 한 헤어의 견해도 살펴보라. R. M. Hare, *The Language of Morals*, Oxford: Clarendon, 1952, chs. 6, 7. 그가 사용하는 '기능적인'이라는 용어는 내가 사용하는 용어와 다름에 주의하라(p. 100). 예를 들어, 그에 따르면 딸기는 목적에 의해 정의될 필요가 없기 때문에, '딸기'라는 용어는 '자동차'와는 다르게 '기능적 용어'가 아니다(p. 112). 반면 내가 사용하는 '기능적인'의 용법에 따르면, 딸기라는 기능-집합은 '딸기'를 특정하게 정의함으로써가 아니라 딸기의 기능을 발견함으로써 가능하다(그 기능에 의해서 '좋은 딸기'라고 말할 수 있게 된다)(p. 133).

다음 글은 '좋은 X'를 새롭게 분석한다. Robert S. Hartman, "Value Propositions," in Ray Lepley, ed., *The Language of Value*, New York: Columbia U., 1957, pp. 197-231. 말(horse)이란 '말'의 정의를 만족하는 모든 것, 즉 말의 정의적 속성을 만족하는 모든 것들이지만, 말은 또한 다른 비정의적 속성들을 가지며 저자는 이것을 말 개념의 '설명'(exposition)이라고 부른다. 그에 따르면, 좋은 말이란 정의적 속성뿐만 아니라 설명적 속성도 지니며, 형편없는 말이란 말의 설명적 속성을 결여하기 때문에 '말이라고 보기도 힘든' 그런 것이다. 내 생각에는 이 구분은 불가능할 것 같은데, 왜냐하면 설명의 범위가 명확하게 구체화되기 힘들기 때문이다. 예를 들어 치아를 가지는 것이나 빨리 달리는 것이 '말'의 설명이 될 수 있는가? 말의 설명은 말이 가지는 바람직하지 못한 특징들도 포함할 수 있는가? ('외재적'과 '본래적'에 대한 그의 정의도 독특하다. p. 200)

다음 글은 '좋은 테니스 선수'나 '좋은 북경 사람'과 같은 표현에서 찾아볼 수 있는 '좋음'의 '특정' 용법에 대해 논의한다. 저자는 미적 판단에서의 '좋음'도 그와 같은 방식으로 사용된다고 말한다(p. 149). Helen Knight, "The Use of 'Good' in Aesthetic

Judgments," PAS, XXXVI (1936): pp. 207-222. 헤어와는 다르게, 저자는 '좋음'이라는 단어의 의미는 적용기준이 변함에 따라 달라진다고 말한다. 그러나 테니스 선수를 판단함에 있어 두 비평가가 상이한 기준을 사용한다면, 이를 통해 반드시 그들이 '좋은 테니스 선수'라는 말을 상이한 의미로 사용한다고 볼 수는 없으며, 그들은 단순히 좋은 테니스 선수가 상이한 방식으로 판가름될 수 있다고 말할 뿐이다(특별히 다음을 참조. pp. 156-158).

'좋음'의 부속적 용법에 대한 더 발전된 견해는 다음 글에서 찾아볼 수 있다. J. O. Urmson, "On Grading," *Mind*, LIX (1950): 145-169. 이에 대한 비판적 언급은 다음 글에서 찾을 수 있다. Karl Britton and M. J. Baker, *Mind*, LX (1951): 526-535.

'좋음'의 부속적 용법과 비부속적 용법 사이의 구분은 결국에는 소멸될 수도 있다. '좋음'의 모든 용법이 부속적일 수 있다는 말이다(아마도, "'좋음'을 포함하는 참이며 검증 가능한 모든 진술들에서, '좋음'은 부속적으로 사용된다'가 가치에 대한 도구주의적 이론에 다름 아닐 것이다). 예를 들어, 누군가가 '돈은 좋다'라고 말한다면, 우리는 틀림없이 '무엇에 좋은가요?'라고 물을 것이고, 그에 대한 대답(예를 들어, '물건을 사는 데 좋다')은 원래 진술에서 나타났던 '좋음'이 부속적 용법으로 변환되는 맥락을 제공할 것이다. 헬렌 나이트(Helen Knight)가 지적하듯, '이 미적 대상은 좋다'라는 진술은 '이는 좋은 미적 대상이다'와 동치로 간주될 수 있다. 다루기 힘든 예들은 '쾌는 좋다'의 경우처럼 철학자들이 만들어낸 예들이다. 여기에서 원래 문장을 '쾌는 좋은 X이다'라고 전환하는 것은 이상해보인다. 아마도 이 예가 작위적일 수도 있다. 우리는 누군가가 '쾌는 좋은 건가요?'라고 묻는 상황을 상상할 수 있다. 그러나 그런 상황에서(의사에게 과도한 쾌가 소화나 혈압에 나쁜 영향을 끼치지는 않는지 물어보는 심기증 환자의 경우), '쾌는 좋은 것입니다'라는 대답, 즉 '쾌는 당신의 병과 관련해 좋은 치료제입니다'라는 대답은 부속적일 것이다.

28.2 미적 경험(THE AESTHETIC EXPERIENCE)

제일 먼저 살펴봐야 할 것은 미적 경험이 존재하지 않는다는 리처즈(I. A. Richards)의 유명한 주장이다. 다음 글을 참조하라. I. A. Richards, *Principles of Literary Criticism*, London: Routledge and Kegan Paul, 1925, chs. 2, 32. 이 주장은 로저 프

라이(Roger Fry)의 다음 글에서 비판되었다. Roger Fry, *Transformations,* London: Chatto and Windus, 1926, pp. 1-10 (reprinted New York: Anchor, 1956). 사실 자주 인용되는 리처즈의 유명한 진술, 즉 그림을 바라보는 것은 미술관으로 걸어가는 것이나 옷을 입는 것과 '그다지 다르지 않다'는 진술은 너무 많은 조건을 가지기 때문에 그 온전한 힘이 제거되어버렸다. 그는 미적 경험이 다른 경험과 '구별될 수 있다'는 데에 동의한다. 비록 "미적 경험은 일상적 경험보다 발전된 형태 혹은 다듬어진 조직일 뿐, 새롭고 상이한 유형의 존재는 결코 아닐지라도 말이다."(p. 16) 미적 경험은 보다 복합적이고 통일되어 있다. 이것이 도구주의적 정의가 요구하는 전부이다. 리처즈는 만일 우리가 미적 가치를 구분해버리면, 그것이 '일상의 경험이 가지는 다른 가치들로부터 분리'되어 예술이란 것이 '심미주의자들을 위한 사적인 천국'이 될까 우려한다(p. 17). 그러나 물론 그런 일들이 뒤따르지는 않는다.

미적 경험에 대한 상당수의 논의가 존재하는데, 일부를 아래에 소개했다. 편의상 이 논의는 두 부류로 나뉜다. (I) 경험의 정합성이나 균형을 중요시하는 입장과 (II) 경험의 완전성이나 혹은 초연함(자기충족성)을 강조하는 입장이다. 이 강조점들은 상충하는 것이 아니라 상호보완적이며, 어떤 저자들은 이 둘을 동시에 강조하기도 한다.

(I) 리처즈는 스스로 '공감각'(synaesthesis)이라 부르는 개념을 통해 미적 경험을 분석하는데, 공감각은 충동의 '균형' 혹은 '조화'로서 그 안에서 충동들은 "방해됨으로부터 완전히 벗어난 … 자유로운 유희를 보존한다"(p. 75). 다음 글 참조. C. K. Ogden, I. A. Richards, and James Wood, *The Foundations of Aesthetics,* London: Allen and Unwin, 1922, ch. 14. 리처즈는 이 추상적인 공식을 말하면서 예를 제시하지 않기 때문에 우리가 자신감을 가지고 그 공식을 적용하기는 힘들다. 그러나 다음 저서를 통해 재발행된 리처즈의 글에서 좀 더 명확한 이해를 얻을 수 있다. I. A. Richards, "Principles of Literary Criticism," chs. 15, 32, reprinted in Eliseo Vivas and Murray Krieger, eds., *Problems of Aesthetics,* New York: Rinehart, 1953, pp. 386-395. 비극에서 연민과 공포에 반대되는 것으로서의 '균형 잡힌 평형', 시에서 나타나는 '반어적인' 복합 태도("그녀가 거짓말을 하고 있음을 알지만 그녀를 믿어요"와 같은 구절), 종종 그림의 긴장감이나 음악의 단호함을 통해서 나타나는 기이한 안정성 및 적절성이 바로 그가 의미하는 바이다.

리처즈는 자신과 완전히 동일하지는 않지만 비슷한 견해를 보이는 두 명의 다른 저자들을 언급한다. Wilbur M. Urban, *Valuation: Its Nature and Laws*, New York: Macmillan, 1909, ch. 7; Ethel D. Puffer (Howes), *The Psychology of Beauty*, Boston: Houghton, Mifflin, 1905, chs. 2, 3. 두 번째 글에서 나타난 '미'의 '정의'는 다음과 같다. "아름다운 대상은 개인의 성격이 통일성 및 자기-완전성의 상태를 이루도록 해주는 성질들을 가지고 있다."(p. 49) 미적 경험에는 휴식에 동반하는 강렬한 자극, 대립적 성향들의 '화해', '힘들의 조화'가 존재한다(p. 50).

미적 경험의 통일성에 대한 유익한 토의는 다음 글에서 찾을 수 있다. H. S. Langfeld, *The Aesthetic Attitude*, New York: Harcourt, Brace and Howe, 1920, ch. 7.

(II) 칸트는 '취미 판단'을 '무관심적'인 것으로(그러나 여전히 '흥미로운'), 그리고 대상 내의 '합목적성의 형식'에 관계된 것으로 기술한다. 그는 미적 경험을 실용적이거나 도덕적인 경험과 구분하기 위해 '목적 없는 합목적성'이라는 개념을 사용한다. 다음 글 참조. Kant, *Critique of Judgment*, trans. by J. H. Bernard, London: Macmillan, 2nd ed., 1914, pp. 45-100. 다음 글들도 참조하면 좋다. T. M. Greene, "A Reassessment of Kant's Aesthetic Theory," in G. T. Whitney and D. F. Bowers, eds., *The Heritage of Kant*, Princeton, N. J.: Princeton U., 1939. 쇼펜하우어는 다음 글에서 '관조'의 '의지 없는' 상태를 미적 경험의 핵심 특성으로 간주한다. 플라톤적 본질을 관조하는 그런 상태에서 자아는 자아의 개념을 상실하고 '충족이유율'(principle of sufficient reason)로부터 도피한다. Schopenhauer, *The World as Will and Idea*, Book III, trans. by R. B. Haldane and J. Kemp, 6th ed., London: Routledge and Kegan Paul, 1907-1909, esp. pp. 230-232, 253-259.

에드워드 벌로우는 다음 글에서 대상이 수단-목적의 관점이나 실용적인 관점으로 고려되지 않는 '미적 의식'(aesthetic consciousness)을 논의하며, 미적 의식의 차별 특성으로서 '심적 거리'(psychical distance)를 지목한다. Edward Bullough, "'Psychical Distance' as a Factor in Art and an Aesthetic Principle," *British Journal of Psychology*, V (1912-1913): 87-118. 이 글의 요약본은 다음 두 저서를 통해 재발행 되었다. Vivas and Krieger, *op. cit.*, pp. 396-405, Melvin Rader, ed., *A Modern Book of Aesthetics*, 2nd ed., New York: Holt, 1952, pp. 401-428. 거리는 주관적이고 객관적인 요소에 의존해 그 정도가 달라진다. 객관적 요소 중에는 미적 대상에 '틀'(frame)을 부여하는 특성들이 있다. 예를 들어 음악 전후의 적막, 무대, 작품 받침대 등이 있다.

문학에서의 '거리의 일관성'에 대한 그의 논의는 매우 훌륭하다. 그러나 그는 거리라는 개념으로부터 비평의 규범적 원칙을 도출하려고 시도했다. 그는 가장 훌륭한 미적 대상이란 '거리가 완전히 소멸되지는 않지만 최대한 줄어든' 것이라고 말하는데, 이 원칙을 따르면 받아들이기 힘든 결론들이 따라 나온다(예를 들어, 사실주의적 그림이 가장 훌륭한 그림이 된다).

벌로우 이전에 등장해 그의 이론을 부분적으로 예견한 다음 저자들을 살펴보라. Ethel Puffer, *op. cit.* 이 글에서 나타나는 '휴식'에 대한 강조, 또한 '작품과의 친밀한 관계'를 경험할 때 나타나는 '움직이려는 모든 경향의 중지', '개인 성격의 상실' 등에 주목하라. Hugo Münsterberg, *The Principle of Art Education,* New York: Prang Educational, 1905, Part II. 이 글은 작품 세상으로부터의 '고립' 및 미적 경험에서 나타나는 '행동하려는 충동'의 부재를 이야기한다. 유사한 견해로 다음 글을 참조하라. Jose Ortega y Gasset, *Dehumanization of Art* in Rader, op. cit., pp. 429-442.

다음 글은 미적 경험의 차별적 특성이 현상적 대상에 대한 몰입적인 '비전이적' 주목이라고 제안한다. Eliseo Vivas, "A Definition of the Aesthetic Experience," *J Phil,* XXXIV (1937): 628-634, reprinted in Vivas and Krieger, *op. cit.,* pp. 406-411, and in Vivas, *Creation and Discovery,* New York: Noonday, 1955, pp. 93-99. 위의 생각은 다음 글에서 보다 발전된다. Eliseo Vivas, "A Natural History of the Aesthetic Transaction," in Yervant H. Krikorian, ed., *Naturalism and the Human Spirit,* New York: Columbia U., pp. 96-120, esp. 108-111.

다음 글도 참조하라. Charles Mauron, *Aesthetics and Psychology,* trans. by Roger Fry and Katherine John, London: L. and Virginia Woolf, Hogarth, 1935, esp. chs. 3-6: "예술가는 사용하려는 생각을 조금도 하지 않으면서 우주를 관조한다."(p. 39)

(III) 미적 경험을 '하나의 경험'으로 기술하는 존 듀이(John Dewey)는 풍부한 통찰력을 보여주며 그 자체로 주목받을 만하다. 이 생각은 다음에서 찾아볼 수 있다. John Dewey, *Art as Experience,* New York: Minton, Balch, 1934, esp. chs. 3, 6, 7, 8, 11. 이 중 ch. 3은 다음 두 저서를 통해 재발행되었다. Vivas and Krieger, *op. cit.,* pp. 325-343, Rader, *op. cit.,* pp. 62-88. 하나의 경험은 경험 일반 중에서 고도의 통일성으로 인해 나머지 부분들로부터 구분될 수 있는 부분이다. 듀이에 따르면, 이 통일성은 단일한 개별성질이 지배적일 때, 그리고 경험의 여타 특성들, 즉 경험의 완성적 특

성(경험에서 자극된 충동이 경험 내에서 완성에 이른다), **경험의 연속성**(한 단계에서 다음 단계로 넘어갈 때 공백이나 죽은 공간이 없어, 각 단계가 그 자체 속에 과거 및 미래를 내포하고 있다), **경험의 리듬**(통제된 역동성, 혹은 질서 있는 변화), **경험의 축적성**(경험 재료의 점진적인 축적), **경험의 형태**(혹은 우세적인 운동 패턴), 경험의 에너지 집중 등에 의해서 **강화될 때 나타난다.** 듀이가 사용하는 이 용어들 중 일부는 모호하며, 경험적으로 정확히 무엇인지 알기 힘들지만, 미적 경험의 중요한 측면들을 지적하고 있음은 분명하다. 이 비범한 책은 생각해 볼 내용들로 가득하지만, 여기에서 그것들을 인용하고 논의할 만한 공간이 부족하다. 이원론에 대한 듀이의 혐오로 인해 너무 많은 필수 구분들(이전 장들에서 내가 공들여서 만들었던 구분들)이 지워져버렸지만, 이 책은 흥미롭고 중요한 생각들로 가득 차 있다.

다음 글도 참조하라. Carroll C. Pratt, *The Meaning of Music,* New York, London: McGraw-Hill, 1931, pp. 87-103.

28.3 '미적 가치'의 도구적 정의
(INSTRUMENTALIST DEFINITIONS OF 'AESTHETIC VALUE')

가치 이론에서는 도구주의자가 아니면서도 '미적 가치'에 대해서는 도구주의적 정의를 제시한 사람들이 있다. 예를 들어 다음 글의 저자는 '미'를 "마음 안에 특정한 유형의 경험, 즉 우리에게 미적 향유나 혹은 미적 스릴이라는 경험을 산출하는 힘"으로 정의한다(p. 127). W. D. Ross, *op. cit.,* pp. 126-131. 다음 글에서도 이런 경향이 뚜렷이 나타난다. Thomas Munro, "Form and Value in the Arts," *Toward Science in Aesthetics,* New York: Liberal Arts, 1956, p. 249. 특히 237페이지에서 등장하는 '기능'에 대한 논의를 살펴보라. 다음 글은 '미'를 '미적 가치'와 동일한 것으로 보며(p. 10), 저자가 사용하는 '미'라는 용어는 도구주의적 정의로 기술될 수 있다(pp. 205-209). W. T. Stace, *The Meaning of Beauty,* London: Richards and Toulmin, 1929. 루이스(C. I. Lewis)는 '미적' 가치를 '본래적' 가치를 산출할 수 있는 '잠재성'으로 정의한다(위의 27.1 참조). 다음 글도 참조하라. Stephen C. Pepper, *The Work of Art,* Bloomington, Ind.: Indiana U., 1955, ch. 2, esp. p. 56; Samuel Alexander, *Beauty and Other Forms of Value*, London: Macmillan, 1933, pp. 180-187; Albert Hofstadter, "On the Grounds of Esthetic Judgment," in the symposium "The Evidence for Esthetic Judgment," *J Phil,* LIV (1957): 679-688. 마지막 글은 미적 가치에 대한 다원주의

이론도 잠시 다룬다.

28.4 가치의 도구주의적 이론(THE INSTRUMENTALIST THEORY OF VALUE)

존 듀이의 가치 이론은 결코 명확하지 않으며, 생각의 발전 과정에서 다양한 요소가 포함되었다. 그러나 내 생각엔 그 이론의 중요한 부분은 바로 도구주의이며, 그 핵심은 다음과 같이 정리될 수 있을 것이다. (1) 선택이란 항상 특정 상황에 상대적인데, 특정 상황 속에서 목표는 잠정적으로 고정되어 있고 다른 것들은 유동적이며, 현재의 문제를 해결하기 위해 목표와 수단을 서로의 관계 속에 가늠해보는 것이 바로 가치-심사숙고를 구성한다(이러한 논점은 다음 글에서 발전되었다. *Human Nature and Conduct,* New York: Holt, 1922, esp. Part III). (2) 가치에 대한 우리의 결정은 경험적 지식에 의해 정당화되는데(*The Quest for Certainty,* New York: Minton, Balch, 1929, ch. 10), 왜냐하면 '소중히 여기기'(즉 애호하기)와 '칭찬하기'(즉 가치 판단 내리기) 사이에는 근본적인 차이가 존재하기 때문이다(*Theory of Valuation, International Encyclopedia of Unified Science,* Chicago: Chicago U., Vol. II, No. 4, 1939).

보다 명확한 이해를 위해 다음을 참조하라. Abraham Edel, "Naturalism and Ethical Theory," in Krikorian, *op. cit.,* pp. 65-95; Sidney Hook, "The Desirable and Emotive in Dewey's Ethics," in Hook, ed., *John Dewey: Philosopher of Science and Freedom,* Newe York: Dial, 1950, esp. pp. 195-200. 목표와 수단 사이의 관계에 대해서는 다음을 참조하라. Charles L. Stevenson, *Ethics and Language,* New Haven, Conn.: Yale U., 1944(듀이에 대해서는 254-264쪽 참조). 듀이의 견해에 대한 비판적 논평은 다음을 참조하라. John R. Reid, *A Theory of Value,* New York: Scribner's, 1938, pp. 245-259; David W. Prall, *A Study in the Theory of Value,* Berkeley, Cal.: U. of California, 1921, ch. 4; Henry D. Aiken, "Reflections on Dewey's Questions about Values," in Ray Lepley, ed., *Value: A Cooperative Inquiry,* New York: Columbia U., 1949, pp. 16-42.

28.5 미적 가치의 등급 매기기(THE SCALING OF AESTHETIC VALUE)

본문은 다양한 미적 대상들을 동일한 스케일 상에서 등급 매기는 일에 내재된 한계와 관련된 여러 견해들을 다루지 못했다. 예를 들어, 우리는 하나의 쾌를 다른 쾌보다 더 크다고 말하지만, 과연 두 쾌가 서로 비교될 수 있는가? 비교의 등급이 측량되지 못한다는 점을 주목하라. 예를 들어 아르키메데스의 증명을 이해하는 데에서 나오는 쾌가 초콜릿 아이스크림에서 나오는 쾌보다 더 크다고 말할 수는 있지만, 후자의 쾌가 몇 개 있어야 전자의 쾌와 같아지는지를 말할 수는 없다.

비결정성의 영역 개념과 관련된 논의는 다음을 참조하라. Carroll C. Pratt, "The Stability of Aesthetic Judgment," *JAAC*, XV (September 1956): 1-11.

제12장

인생 속의 예술

THE ARTS IN THE LIFE OF MAN

신현주 번역

대상이 미적 경험을 일으키는 능력은 그 경험 자체가 가치를 가지지 않는 한 가치가 될 수 없다. 우리가 살펴보았듯이, 미적 경험의 가치에 대해 탐구하는 것이 비평가의 일은 아니다. 비평가는 미적 대상에 관심을 집중해야 한다. 그러나 그것은 미학자의 불가피한 작업 중 하나이기는 하다.

예술이 문화적 산물 및 교육적 목표들 사이에서 높은 위치를 차지할 만하다고 주장하는 사람이라면 예술이 제공하는 경험이 어떤 중요한 방식으로 우리에게 좋다는 증거를 제시해야 한다. 만일 대학생들에게 시에 대한 수업을 들어야 한다고, 혹은 교과 과정 중 음악이나 미술을 선택해야 한다고 말하고 싶다면, 그에 대한 좋은 이유가 있어야 하는데, 왜냐하면 심리학, 경제학, 자연과학 같은 유용한 과목을 수강하는 데 쓸 수 있었던 시간을 예술 수업을 듣는 데 쓰라고 말하는 것이기 때문이다. 고속도로나 호텔을 지을 수 있었던 강철이나 시멘트를 가지고 우리는 극장, 갤러리, 오페라하우스 등을 짓는다. 우리는 농사일을 하거나 생명보험을 파는 데 쓸 수 있었던 시간을 춤을 배우거나, 그림을 그리고, 비올라를 연주하고, 글을 짓는 데 쓰라고 장려한다. 물론 미국에서 매년 술이나 경마 등에 소비되는 돈보다 미적 대상에 소비되는 돈은 훨씬 적을 것이다. 그럼에도 불구하고 예술에는 사회적 비용이 들고, 우리는 종종 그 비용을 치를 이유가 없다고 생각하는 실용적인 사람에게 어떻게 대답할 것인지, 혹은 과연 대답을 해야만 하는 것인지에 대한 질문을 마주하게 된다.

안타깝게도 미학에서 가장 증거가 부족한 곳이 바로 이 지점이다. 그리고 예술 연구가 인간의 가장 깊고 시급한 문제들(도덕적, 정치적, 경제적 문제들)과 만나는 곳도 바로 이 지점이기 때문에, 이 지점에서 생기는 문제들은 상당히 이질적이고 모호하며 해결이 잘되지 않는다. 이 장에서 우리는 그 문제들을 분류하기 위한 최선의 노력을 할 것이지만, 관련 증거가 부족할 때에는 그만두어야 할 때도 있을 것이다. 왜냐하면 우리의 삶과 관련된 예술의 이 광범위한 함의에 대해서는 여전히 생각해야 할 많은 것들이 남아있기 때문이다.

29 도덕적 판단과 비평적 판단

MORAL AND CRITICAL JUDGMENTS

'미적 가치'를 정의할 때 우리는 미적 대상이 우리에게 효과를 미치는 여러 방식들 중 한 가지, 즉 우리에게 전형적이고 즉각적인 방식으로 효과를 미치는 방식에 관심을 한정했었다. 그러나 이제 우리는 시야를 넓혀 미적 대상이 어떤 간접적인 방식으로 (그러나 덜 중요하다고는 볼 수 없는 방식으로) 우리에게 효과를 미치는지 물어보아야 한다. 왜냐하면 만일 우리가 미적 대상에 대한 특별한 상찬에만 관심을 가지는 것이 아니라 미적 대상에 대한 추천에도 관심을 가진다면, 미적 대상이 가지는 미적 가치 이외의 다른 특성들이 유관하게 되기 때문이다. 예를 들어 우리가 이미 극장의 표를 구매한 상태에서 어떤 연극을 볼지 결정해야 하는 미적인 맥락에 있다면, 아마도 미적 가치가 유일하게 문제가 되는 가치일 것이다. 그러나 시간, 돈, 에너지 면에서 어떤 한 연극을 보러 가는 일이 항상 또 다른 연극을 보러 가는 일과 경쟁하는 것은 아니다. 종종 한 연극을 보러 가는 일은 아이스하키를 관람하는 일, 은행잔고를 확인하는 일, 자녀들의 숙제를 도와주는 일, 수도꼭지를 고치는 일 등과 경쟁한다. 사실 한 연극을 보러 가는 일은 특정 상황 속에 처한 한 인간이 추구하는 모든 목적적 행위와 경쟁한다.

기능적 대상의 효과는 종종 두 부류로 분류된다. 첫째, 대상의 기능으로부터 도출된 효과, 즉 대상이 기능을 잘 수행했기에 그 결과로 발생하는 효과가 있다. 만약 호흡기 알러지를 경감하는 특정 목적을 지닌 신약이 있다고 해보자. 약이 잘 듣는다면 그 약은 아마도 알러지 입자에 의해 발생하는 재채기나 두통을 막고 심리적 안정감을 증진할 것이다. 이것들은 그 약의 내재적(inherent) 효과로 간주될 수 있다. 즉 우리가 그 약에 주로 기대하는 효과들이다. 그러나 그러한 내재적 효과 이외에도 부수적(side) 효과가 있을 수 있는데, 그 약은 졸음이 오게 하거나 경미한 소화불량, 혹은 치아착색 등을 일으킬 수 있다. 혹은 그 약이 모든 사람에게 동일한 효과를 산출하는 것이 아니라 일부 특정 부류에게만 효과를 산출할 수도 있다. 부수적 효과가 필연적으로 나쁜 것은 아니다. 내재적 효과와 부수적 효과의 구분은 우리가 어떤 공장의 주요 제조품(예를 들어 돼지고기)과 부산물(예를 들어 비누나 라드)을 구분하는 것과 같다.

이 상식적인 구분을 미적 대상에 적용한다면 우리의 문제가 명확해질 것이다. 먼저 미적 대상의 내재적 효과를 생각해보자. 미적 경험은 미적 대상의 즉각적(immediate) 효과이다. 이제 미적 대상이 미적 경험을 거쳐서 산출하는 효과, 즉 원격(remote) 효과가 있다고 해보자. 예를 들어서, 미적 경험은 과잉 행동으로 분출될 경우 파괴적일 수도 있는 심리적 충동에 대한 출구를 마련해줌으로써 우리에게 유익하다는 점이 증명될 수 있다고 가정해보자.* 불가피하게도 일상의 작은 짜증 및 화는 우리 마음 안에 축적된다. 물론 그것들이 심각한 신경증으로 발전한다면, 민간요법 같은 것으로는 그것들을 극복할 수 없다. 그러나 그것들은 종종 끈질기고, 거추장스러우며, 창조적 활동에 대한 우리의 욕구를 갉아먹고, 우리의 자존감을 저해하며, 타인과의 관계에 방해가 된다. 우리는 다양한 유형의 오락(entertainment)을 통해 이러한 것들을 피하려 할 수도 있다. 역사적으로 보았을 때 사실 라디오나 텔레비전이 등장하기 전에는 수백만 명의 사람들이 원한다면 24시간 동안 오락을 즐길 수 있는 가능성이 없었다. 나는 오락과 미적 경험 사이에 명쾌한 구분이 그어질 수 있다고 생각하지는 않는다. 그럼에도 불구하고 나는 그들 사이에는 중요한 차이가 있다고 믿는다. 오락은 어쩌면 힘이 약한 미적 경험의 한 유형일지도 모른다. 그것은 유쾌하고, 수동적이고, 쉽고, 피상적이다. 오락은 확실히 문제로부터 잠시 도피할 수 있도록 해주지만, 그것은 단지 진통제일 뿐이며, 오락이 끝나고 나면 우리를 괴롭히던 것들은 다시 시작될 것이다. 충동은 단지 저해되고 무뎌졌던 것일 뿐, 우리에게서 빠져나간 것은 아니다.

그러나 미적 대상의 도움으로 우리는 파괴적 충동이 안에서 곪거나 우리 이웃에게 분출되지 않도록 할 수 있다. 이 점은 문학을 생각해볼 때 매우 설득력이 있는데, 왜냐하면 우리는 누군가를 해칠 수 있다는 두려움 없이도 문학의 믿는-체하기 세계

---

* 여기에서 나는 아리스토텔레스의 카타르시스 이론에 대한 권위적인 주해를 제시하려는 게 아니다(Note 30.1 참조). 그러나 쉬운 설명을 도모하기 위해 비극의 효과에 대한 그의 이론에 기반한 가설을 다른 예술 분야에도 적용하려고 한다.

를 느끼고, 사랑, 증오, 자기만족, 도덕적 분개, 냉소와 같은 모든 종류의 감정들을 거쳐갈 수 있기 때문이다. 이 점은 음악 경험에서도 설득력이 있다. 우리는 음악적 과정의 충동과 목적성에 사로잡히며, 비록 음악에 의해 완전히 발전된 감정이 직접적으로 조작되는 것은 아니지만, 완전히 발전된 감정의 기반이 되는 긴장감이나 동요 같은 것들이 완화되고 잠잠해질 수 있다. 그리고 만일 회화를 경험할 때에도 시간이 걸린다고 말할 수 있다면, 회화의 경험도 음악의 경험과 동일한 방식에서 심리적으로 유익할 수 있다.

이러한 가설은 비록 상당히 추측적이기는 하지만 완전히 근거 없는 것은 아니다. 내성을 통해 우리 자신을 들여다보면 우리는 이 가설에 대한 증거를 우리 자신에게서 찾을 수 있을 것이다. 미적 경험 이후에 찾아오는 특별히 매우 상쾌한 느낌이 있는데, 이는 내적인 동요나 부조화로부터 자유롭게 된 느낌이다. 그리고 이것은 아마 정화적인 혹은 카타르시스적인, 혹은 순화적인 효과에 대한 증거가 될 것이다. 문제의 가설이 더 잘 받아들여지려면, 그러한 효과에 대한 적절한 생리학적 혹은 행동적 증거가 필요하기는 하다. 그러나 지금은 그러한 정화적인 느낌이 존재한다고 가정해보자. 그렇다면 그 느낌을 뒤이은 결과들이 따를 것이다. 미적 대상으로 치유받은 사람들은, 마치 커피를 끊은 사람들처럼, 보다 활동적이게 되며 다른 사람들과 더 친밀하고 신뢰 가는 관계를 형성한다는 점이 판명될 수도 있다. 그들은 비이성적인 정서적 폭발을 보이는 경향이 덜하다거나, 혹은 편견이나 원한 등을 가지지 않는다고 판명될 수도 있다. 그들은 더 좋은 이웃이 되거나, 더 관용적이고, 더 이해심이 많으며, 더 잘 용서한다고, 그리고 투표나 배심원 역할을 잘 수행하는 더 좋은 시민이 될 수도 있다.

나는 이 가설을 잠정적 상태로 남겨둘 것이다. 우리가 위의 주장을 좋게 만들 수 있을지에 대해서는 나중에 좀 더 논의할 것이지만, 그때에 가서도 우리의 결론이 매우 긍정적일 수는 없을 것이다. 어찌 되었든 간에, 잠시 동안만은 미적 대상이 사람들에게 그러한 폭넓은 효과를 끼칠 수 있으며, 그 효과는 미적 대상의 독특한 미적 기능에 의해서 발생한다고 가정해보자. 그렇다면 미적 대상의 그러한 효과는 내재적인 것이다. 그러나 미적 대상이 사람들에게 끼치는 효과 중에서는 미적 경험으로부터 다소간 독립된 그런 효과들도 존재한다. 예를 들어, 미적 대상은 아이들을 재우거나 깨울 때 효과적일 수도 있다. 행실에 대한 잘못된 모델을 전파함으로써 청소년 범죄를 증가시키거나, 혹은 심리적 긴장이나 파괴적 충동을 정화하기보다는 강화할 수도 있다. 젊은 여성들의 정숙 관념을 강화하거나 혹은 나이 든 바람둥이의 음탕함을 강하게 만들 수도 있다. 이러한 것들은 예술의 부수적 효과이고, 그중 어떤 것들은 좋고, 어떤 것들은 나쁘고, 어떤 것들은 이도 저도 아니다.

이제 미적 대상의 '도덕적 판단'(moral judgment)이라는 표현으로 우리가 취할 수 있는 최선의 의미가 무엇인지 보다 명확해졌다고 생각한다. 나는 '도덕적'이라는 용어를 넓으면서도 일상적인 의미로 사용한다. 어떤 행위를 '옳다'라고 말하는 것은 좁은 의미에서의 도덕적 판단이다. 그러나 성격 형성에 운동이 끼치는 영향, 빈민가가 청소년 범죄에 끼치는 영향 등을 지적할 때, 우리는 넓은 의미에서의 도덕적 판단을 내리는 것이다. 그러므로 미적 대상에 대한 도덕적 판단을 내린다는 것은 그것이 인간의 품행에 끼친 부수적 효과를 지적하고, 문제의 효과를 좋거나 혹은 나쁜 것으로 판단하는 것이다. 예를 들어 '이 소설은 전복적이다', '이 그림은 포르노그래피적이다', '이 조각은 젊은이들을 타락시킨다' 등이 있다. 도덕적 판단과 비평적 판단은 서로 구분되고 독립적인 것처럼 보인다. 다시 말해, 어떤 시가 좋은 미적 대상이지만 건강하지 못한 정치적 견해를 조장할 수 있다고 말하는 데에는 모순이 없는 것 같다. 혹은 어떤 연극이 형편없는 미적 대상이지만 착한 심성을 기를 수 있다고 말하는 데에도 모순이 없는 것 같다. 이러한 진술들이 모순적인지, 혹은 언제나 거짓인지에 대해서는 잠시 후에 살펴보기로 하자.

이러한 구분들의 도움을 받으면서, 우리는 이제 예술의 도덕적 특성, 그리고 도덕적인 것과 미적인 것의 관계에 관한 다음의 두 견해를 살펴보아야 한다(이 견해들을 이론이라 부르는 것은 오도적이다).

심미주의

두 견해들 중 더 단순한 견해라 볼 수 있는 심미주의(Aestheticism)*는 우리의 이슈

---

* 월터 페이터(Walter Pater)나 오스카 와일드(Oscar Wilde)가 심미주의를 보여주며, 테오필 고티에(Théophile Gautier)나 제임스 맥닐 휘슬러(James A. McNeill Whistler)도 다소 약한 형태의 심미주의라고 볼 수 있다. Note 29.1 참조.

를 극명한 방식으로 보여준다는 장점을 가지고 있다. 이 견해는 미적 대상이 도덕적 판단을 받을 수 없으며, 오직 미적 범주들만이 미적 대상에 적용된다고, 혹은 적용되어야 한다고 본다. 심미주의는 미적 대상이 행위(acts)가 아니라 대상(objects)이기 때문에 도덕적 판단을 받을 수 없다고 말하는 것은 아니다. 왜냐하면 대상은 그것의 존재가 행동에 영향을 미친다면 도덕적 판단을 받을 수 있기 때문이다. 그보다 심미주의는 미적 대상의 부수적 효과는, 만일 있다고 한다면, 고려될 필요가 없다고 생각하기 때문에 위와 같은 주장을 하는 것이다.

심미주의는 우리의 공감을 받을 만한 어떤 하나의 태도를 포함한다. 그것은 바로 새롭고 혁신적인 미적 대상을 만날 때 우리 사회가 종종 드러내는 도덕주의적 방식을 참지 못하는 우리의 태도이다. 익숙한 패턴에서 벗어난 미적 대상들을 우리 사회는 보다 건강한 질서를 낳을 수 있는 열정적인 모험으로 간주하기보다는, 종종 경고나 혹은 과장된 두려움을 가지고 바라본다. 스트라빈스키나 바르톡, 제임스 조이스, 딜란 토마스, 피카소, 헨리 무어 등을 향한 사회의 혹독하고 폭력적인 분노를 바라보면, 우리는 그 분노에 단순한 취미의 문제가 걸린 것이 아님을 알 수 있다. 거기에는 뿌리 깊은 관습, 정착된 사고방식과 감정, 기득권 등이 위협받는다는 두려움이 들어있다. 그러나 그러한 저항의 상당부분은 성급한 판단 및 억측에 근거한다. 그런 작품들이 위험하다는 증거는 도대체 어디 있는가? 피카소의 작품을 과다 경험하여 어떤 사람의 성격이 나빠졌다는 증거가 있는가? 피카소의 작품은 인간의 해부에 대한 우리의 개념을 뒤흔들고, 종교적 신심을 약하게 하고, 알코올 과다 섭취를 장려하는가? 〈봄의 제전〉(Rite of Spring)이나 〈불새〉(The Fire Bird) 같은 작품이 지속적으로 끼친 나쁜 영향력은 도대체 어디에서 발견되는가? 아마 영화와 관련해서는 논쟁의 소지가 더 많을 것이다. 충격적인 학교폭력 묘사를 빌미로 〈블랙보드 정글〉(Blackboard Jungle)을 비판한 사람들은 그 영화가 학교에 대한 우리의 신뢰를 저해하고 학생들 사이의 폭력 행동을 증가시킬 것이라는 주장에 대한 확실한 증거를 제시했는가? 약물 중독을 쉽게 고칠 수 있는 것처럼 묘사했다는 이유로 프로덕션 코드(Production Code)의 승인을 받지 못한 〈황금팔을 지닌 사나이〉(The Man with the Golden Arm)에 대하여, 그 영화가 정말 대중에게 안 좋은 영향을 준다는 확실한 근거가 존재하는가?

심미주의를 옹호하기 위해 제시된 두 가지 주요 논증이 존재하는데, 이들은 부분적으로 양립 불가능한 결론으로 나아간다. 사실 엄밀하게 말해서 심미주의의 두 종류는 구분되어야 한다. 그러나 그들 중 어떤 것도 정교하게 다듬어지거나 체계적으로 옹호된 적이 없으므로, 여기에서 우리가 그들의 구분에 대해 매우 엄밀할 필요는 없으며, 심미주의에 대한 일반적인 논의는 그러한 구분 없이도 가능하다. 첫 번째 노선의 심미주의 옹호 논증은 미적 교육의 잠재성에 관한 확고한 낙관주의에 근거한다. 미적 대상이 종종 불행한 효과를 낳는다고 가정해보자. 예를 들어서 보석상점을 터는 방법을 매우 자세하게 묘사한 프랑스 영화 〈리피피〉(*Rififi*)가 멕시코시티에서 상영되었을 때, 그 방법의 묘사가 지나치게 자세해서 멕시코시티의 강도 발생 비율을 네 배나 높였다는 보도가 정말로 사실이라고 가정해보자(파리 경찰은 영화가 묘사한 수법이 이미 최신이 아니라면서 그 영화의 상영에 반대하지 않았다). 또 다른 예로 사람들은 어쩌면 『오마르 하이얌의 루바이야트』(*Rybáiyát of Omar Khayyám of Nishápúr*)를 읽고 그 시의 숙명론에 빠져들 수도 있을 것이다. 그러나 여전히 그러한 부수적 효과는 우연적이며 교정 가능하고, 그럴 경우 미적 대상 보다는 잘못된 예술교육이 비난받아야 한다. 제대로 된 예술교육은 미적 대상에 올바른 방식으로 반응하는 방법을 가르쳐줄 것이며, 이를 통해 우리는 미적 대상을 어떤 행동 지침이나 혹은 어설픈 철학으로 간주하지 않고, 그 자체로 향유되어야 할 대상으로 바라보게 될 것이다. 사실 용기를 주는 메시지나 도덕적 고양을 강조하는 잘못된 예술교육이 만연해 있으며, 이 때문에 사람들은 문학과 비문학을 혼동하고 문학을 실천하려고 (심지어 비도덕적인 문학도) 노력한다.

그렇다면 아마도 문학은 실천적으로는 무해하거나 혹은 무해하게 될 수 있고, 우리가 미적 대상을 고려할 때 그것의 부수 효과들을 모두 무시하고 오직 미적 가치만을 고려할 수 있을 것이다. 비평가는 시민의 자질이나 애국심, 신비주의 등을 위해 예술에 관심을 가지는 것이 아니라, 오직 예술을 위한 예술에 관심을 가진다. '예술을 위한 예술'(Art for Art's Sake)이라는 슬로건은 물론 다양한 것을 의미하며, 항상 일관적이거나 한정된 의미를 지니는 것은 아니다. 그러나 그 표현은 대략적으로 어떤 하나의 일반적 태도를 나타낸다.

지금까지 살펴본 노선의 논증은 무해함 논증(Argument from Innocuousness)이라고 불릴 수 있을 것이다. 내가 이런 이름을 붙인 이유는 무해함 논증과 비슷하지만 상이한 전제에서 시작하는 또 다른 노선의 논증을 구분하기 위해서이다. 이 두 번째 논증을 나는 미적 우선성 논증(Argument from Aesthetic Primacy)이라고 부르겠다.

미적 대상에 부수적 효과가 존재한다고, 심지어 예방할 방법이 없고 영속되는 심각한 부수적 효과가 존재한다고 가정해보자. 그렇다 해도 우리는 그 부수적 효과들이 미적 가치로부터 완전히 분리 가능하다고 주장할 수도 있다. 혹은 그들 사이에 연결 관계가 존재한다 하더라도 그것이 반비례 관계라고 주장할 수도 있다. 즉 미적 대상의 미적 가치가 높을수록, 일반인의 시선으로 보았을 때 그 대상은 더 급진적이고, 심란하고, 쇼킹하고, 전복적이라는(적어도 처음에 보았을 때에는) 주장이 제시될 수도 있다. 이에 대한 이유로 위대한 예술가들은 항상 새로운 관점을 탐구하고, 새롭고 강렬한 영역적 성질들을 창조하며, 지금까지는 없었던 새로운 방식으로 대상들을 조합한다는 사실이 지적될 수도 있다. 그래서 그러한 예술가가 만든 대상이 훌륭하다면, 그것은 이미 확립된 훌륭한 대상들(그러나 사실 그렇게 훌륭하지는 않은)의 적이 될 것이다.

　　그러므로 만일 우리가 미적 대상의 도덕적 가치와 미적 가치 사이에서 선택해야 한다면, 우리의 선택을 안내해줄 원칙은 무엇인가? 이것은 심미주의에게 전혀 문제가 되지 않는다. 가능한 한 온전하게 살아있는 것, 다시 말해 보석 같은 불꽃으로 타오르며, 한 시간만이라도 영광스러운 삶을 선택하고, 가장 강렬한 경험을 가져보는 것, 이런 것들을 제외하고 우리 삶에서 좋은 것이란 도대체 무엇인가? 이런 것들이 바로 정확히 우리가 예술에서 경험하는 것들이다. 이를 경험한다는 것은 우리가 최선의 방식으로 살아간다는 말이다. 삶의 다른 목표들에 시녀가 되기를 거부하면서, 예술은 우리에게 삶에서 가장 좋은 것, 즉 강렬한 의식(awareness)을 즉각적이고 풍부한 방식으로 제공한다. 우리의 삶은 스스로 무언가가 되고자 하는데, 예술은 바로 그것을 우리에게 제공하며 우리의 삶은 예술 밖에서는 그것을 잘 성취하지 못한다. 심미주의의 이 부분은 확실히 가치의 심리적 정의(Psychological Definition)와 관련된다. 다시 말해 그 자체로 목표인 무언가가 있으며, 즉 내재적으로 좋은 무언가가 있으며, 미적 경험이 바로 그렇다고 말한다.

　　만약 이것이 참이라면, 예술의 바람직하지 않은 부수적 효과는 별로 문제가 되지 않는다. 그것들은 최선의 것들을 위해 우리가 참아내야 하는 불편함일 뿐이다. 그것들이 아무리 한탄스럽다 할지라도 정말 훌륭한 미적 대상의 미적 가치를 상쇄할 수는 없다. 이러한 생각을 잘 보여주는 하나의 예로 조지 무어(George Moore)의 다음 글을 들 수 있다.

수백만의 이스라엘 사람들이 파라오의 채찍과 이집트의 태양 아래 죽어갔다는 사실에 내가 왜 신경을 쓰겠는가? 그들이 그렇게 죽었기 때문에 경이에 찬 시선으로 바라볼 수 있는 피라미드가 존재할 수 있게 되었다. 우리들 중에 수많은 비속한 노예들의 삶을 피라미드와 바꿀 사람이 있는가? 16살 여성의 덕목이 희생된 대가로 앵그르의 〈샘〉(*La Source*)이 그려졌다는 사실에 내가 왜 신경을 쓰겠는가? 그림의 모델이 음주와 질병으로 병원에서 죽어갔다는 사실은 〈샘〉의 본질인 그 꿈 같은 순수성에 비했을 때 아무것도 아니다. …*

독선을 가장한 이 글이 철학적 논제로 받아들여질 수는 없다. 그러나 이 글은 예술 찬양에 열성인 이들에게 예술도 결국 인간의 행위에 의해 산출된 인간의 산물이며, 그러므로 인간의 삶이라는 맥락 안에서 그 가치를 찾아야 한다는 엄중한 경고를 말한다. 우리는 상당히 자주 무어와 같은 생각을 하기도 한다. 무장하지 않은 에티오피아인들 사이에 터진 폭탄의 '미'를 서정적으로 묘사한 무솔리니의 사위를 우리는 기억한다.

이러한 두 번째 형태의 심미주의는 순수하고 외골수적이며, 예술의 지고한 가치를 다른 모든 것의 위에 둔다. 이는 아무것도 생각하지 않고 오직 단일한 하나의 가치만을 목표로 설정하는 일종의 광신이다. 도구주의적 견해에서 보았을 때, 두 번째 형태의 심미주의에는 어떠한 논리적 정당화도 없다. 오직 단순한 단언이나 혹은 편견만 있을 뿐이며, 내가 여기에서 이를 더 논의할 필요는 없을 것 같다.

도덕주의

우리가 두 번째로 살펴볼 견해는 일반적으로 도덕주의(Moralism)라 불릴 수 있겠다. 도덕주의적 비평가는 미적 대상을 오직, 그리고 주로, 도덕적 기준과 관련해서 평가한다. 이러한 태도는 미적 대상에 관해서 글을 쓸 때 미적 대상이 사람들의 행동에 어떤 영향을 끼치는 경향이 있는지(좋건 나쁘건 간에)에 대해서만 관심을 가지고, 그러

---

* George Moore, *Confessions of a Young Man*, New York: Brentano's, 1917, pp. 144-145.

한 경향에 근거해서 어떤 미적 대상이 전시되거나 공연되어야 하는지, 혹은 구매되거나 팔려야 하는지 등과 같은 실질적인 문제를 해결하려는 비평가에게서 발견된다.

두 가지 상이한 입장이 도덕주의 내에서 구분될 수 있다. 그 두 가지 입장들은 각각 상이한 논증에 의존하며 또한 상이한 함의를 지닌다. 그들을 각각 따로 다루는 것이 좋을 것이다.

도덕주의의 첫 번째 논증은 이전 장에서 미적 대상이 기능을 가지는가를 물었던 그 지점으로 돌아간다. 미적 경험과 같은 것이 존재하지 않는다고 가정해보자. 그렇다면 미적 대상이 다른 대상보다 특별히 더 잘할 수 있는 것은 없다. 만일 그렇다면 도구주의적 분석에 따를 때 미적 가치라는 것도 존재하지 않는 것이며, 미적 근거에 의해 미적 대상을 판단한다는 것도 불가능하다.

그러나 그렇다고 해서 미적 대상에 대한 판단이 아예 존재하지 않는 것은 아니다. 왜냐하면 우리는 여전히 '미적 대상이 다른 대상들보다 더 잘하는 무언가가 없다 하더라도 적어도 합리적 효율성을 가지고 할 수 있는 일은 무엇인가?'를 물을 수 있기 때문이다. 이때 미적 대상은 감정을 일으키고, 사람들의 마음을 이렇게 저렇게 움직인다는 대답이 제시될 수 있다. 그러나 감정을 일으킨다는 것에는 어떤 좋음이 있는가? 사람들의 마음을 움직였다는 것은 아무 소용도 없다. 가치는 어떤 감정을 일으켰는지(어떤 감정들은 좋고, 어떤 감정들은 그렇지 않다), 무엇에 대해 사람들의 마음을 움직였는지에 의존한다. 그러나 바람직한 감정(예를 들어 사랑, 종교적 신심, 인류애)과 바람직하지 않은 감정(타인과 자신에 대한 증오, 불신, 두려움) 사이의 구분은 도덕적 구분이다. 그리고 특정한 미적 대상이 좋은 것인가 아니면 좋지 않은 것인가라는 겉으로 보기에는 미적인 질문은 미적 대상이 일으킨 감정이 좋은 것인가 아니면 나쁜 것인가라는 (도덕적) 질문으로 환원된다. 이를 환원 논증(Argument from Reduction)이라 부르자.[*]

환원 논증이 가지는 다수의 중요한 그리고 흥미로운 귀결들을 여기에서 따라갈 필요는 없다. 확실히 환원 논증은 제10장과 제11장에서 제시되었던 견해를 과감하게 점검한다. 환원 논증은 모든 비평적 평가가 도덕적 평가이며, 비평가가 고려해야 하는 유일한 질문은 도덕적 질문이라고 말한다. 물론, 도덕주의적 견해에 따르면, 미적 대상이 감정을 일으키는 데 얼마만큼 효과적인가를 논하기 위해 테크닉적인 문제

---

[*]　내 생각에 이것이 바로 플라톤과 톨스토이의 중요 논증들 중 하나이다. Note 29.2 참조.

를 다루는 것이 가능하다. 그러나 그렇다 하더라도 결국에 우리는 프로파간다를 판단할 때와 같은 방식으로 미적 대상을 판단해야 한다. 사실 그 두 판단에는 근본적인 차이가 없다. 비평가가 가져야 하는 자질은 올바른 도덕적 체계와 코드, 그리고 미적 대상이 가져올 심리적 효과에 대한 정확한 예측이다. 만일 이 방법을 유명한 미적 대상들에 모두 적용한다면, 기존에 확립되었던 비교우위는 (톨스토이가 보여줬던 것처럼) 극단적으로 수정될 것이다. 예를 들어 『톰 아저씨의 오두막』이 「햄릿」보다 더 높게 평가받게 된다.

내 생각에 환원 논증은 받아들여질 수 없다. 미적 가치는 하나의 고유한 가치로서 존재하기 때문에 그것이 아닌 다른 것으로 분석되지 않는다. 그러나 환원주의자들과는 다소 다른 노선의 도덕주의자들이 사용하는 상관관계 논증(Argument from Correlation)이 존재하며, 이것이 도덕주의의 두 번째 논증이다. 도덕적 가치와 구분되는 미적 가치라는 것이 존재한다고 가정해보자. 그리고 미적 가치의 정도가 어떤 방식으로든 도덕적 가치의 정도에 의존한다고 가정해보자. 다시 말해, 도덕적 가치가 낮은 미적 대상은 미적 가치에서도 낮으며, 도덕적 가치가 높은 미적 대상은 좋은 미적 대상이라고 가정해보자. 만일 이와 같은 대응 혹은 상관관계가 존재한다면, 비평가는 미적 가치에 대해 관여할 필요가 없으며 오직 도덕적 근거들에 근거해서 미적 대상에 대한 판단을 내리면 된다. 왜냐하면 비록 문제의 상관관계가 완벽하지 않을지라도, 비평가는 상관관계에서의 어긋남이 무시할 수 있는 정도라고 주장하면 되기 때문이다.

이러한 견해는 제9장 23절에서 논의되었던 문학의 교훈 이론(Didactic Theory)을 생각나게 한다. 도덕주의의 상관관계 논증은 어떤 점에서 문학의 교훈 이론과 비슷하지만, 전자를 설득력 있게 만드는 것이 더 어렵다. 도덕주의자들은 종종 도덕적으로 형편없는 시는 좋은 시가 될 수 없다고 말하면서도, 도덕적으로 좋은 시가 형편없는 시가 될 수 없다고 말하는 데에는 주저한다. 도덕주의자들 중 일부는 음악과 비재현적 회화에 대한 심미주의자들의 회의주의에 동조하는 이들도 있다. 그러나 어떤 도덕주의 비평가들은 그들의 범주를 예술 전체에 적용하여, 음악은 음탕함을 조장하거나 자기절제를 무너뜨린다고, 혹은 용기를 북돋아주거나 도덕적 결심을 강화한다고 말할 것이다. 심지어 비재현적 회화마저도 긴장감 있는 디자인, 조야한 색 조합, 날카롭게 대조된 패턴을 통해 폭력 및 무질서에 대한 기쁨을 자극하거나, 혹은 질서에 대한 차분한 사랑이나 자기수양의 고요한 기쁨을 장려한다고 말할 것이다. 그렇다면 상관관계 논증을 성립시키기 위해서는 긍정적인 도덕적 가치를 증진하는 음악적 혹은 시각적 디자인은 통일성을 갖춘 좋은 미적 대상이며, 반면 도덕적으로 매우 파괴적인 음악이나 회화는 그것의 음악적 혹은 시각적 디자인 또한 매우 혼란스럽다는 점을 입증해야 할 것이다.

이렇게 상관관계 논증은 전통적으로 도덕적 질서와 미적 질서 사이에 가정되었던 연결 관계에 아주 많이 의존한다. 물론 그 둘의 질서 사이에 깊고 심오한 유비가 있다는 것은 의심의 여지가 없다. 예술에서 발견되는 많은 영역 성질들은 인간성의 도덕적 국면들을 가리키는 명칭들을 사용하며, 은유적이기는 하지만 그러한 명칭들은 매우 적절하다. 그런 명칭들 중 긍정적인 것들만 나열해보자면, '수양된', '단호한', '점잖은', '절제된', '건전한', '강인한', '침착한', '대범한', '건강한' 등이 있다. 점잖은 음악이 우리로 하여금 점잖게 행동하게 만든다는 점을 증명하기 위해서, 음악과 점잖은 행동 사이의 유사성을 지적하는 것만으로는 충분하지 않다. 아우구스티누스 성인이 말했듯이 음악은 도덕적 질서의 이미지일 수도 있지만, 그러한 사실로부터 음악이 훌륭할수록 바람직하지 않은 부수적 효과에서 멀어진다는 사실이 따라 나오지는 않는다. 음악과 회화와 관련해서 우리는 아직 도덕적 가치와 미적 가치의 상관관계를 입증하지 못했다.

재현적인 미적 대상에 대해서는 도덕적 혹은 비도덕적인 효과가 존재한다는 주장이 더 설득력 있게 다가온다. 청교도적인 사람들은 그러한 효과를 지속적으로 과장해왔고, 회화가 강력한 성적 자극이 될 수 있다는 점도 확실한 듯하다. 그리고 재현적인 미적 대상과 관계해서는 상관관계 논증을 지지할 수 있는 상식적인 증거가 있다. 즉, 일반적으로 말해서, 성적 자극이 목적인 회화(이는 광고에서처럼 가벼울 수도 혹은 포르노그래피 사진에서처럼 자극적일 수도 있다)는 시각 디자인으로서는 형편없는 경향이 있으며, 시각 디자인으로서 훌륭한 작품은 성적인 부수적 효과를 산출하는 데 효과적이지 않은 경향이 있다. 디자인이 좋을수록 그것은 우리의 시선을 디자인 자체에 잡아두고, 망상과 연상을 막는 경향이 있다. 그러나 물론 여기에는 필연적인 연결 관계가 있는 것이 아니다. 음란한 그림이 세잔느나 라파엘의 그림만큼 위대할 수도 있다. 비록 우리가 그 그림의 위대함에 주목하기 힘들지라도 말이다.

예술의 부수적 효과가 가장 뚜렷하게 보이는 곳은 아마도 영화와 같은 대중예술과 문학일 것이다. 아마도 우리는 도덕적으로 가장 좋지 않은 부수적 효과를 보이는 영화가 종종 미적으로도 가장 형편없다는 도덕주의자의 견해에 동의할 수 있을 것이다. 그런 영화들의 오락적 가치가 높을 수는 있겠지만, 미적 가치는 그렇지 않다. 그러나 여기에서도 미적 가치와 도덕적 가치 사이의 상관관계가 완전한 것이라고 보기는 어렵다.

도덕주의자가 미적 대상에 대해 말할 때 위의 두 논증들 중 어떤 것을 사용하는지 결정하는 것은 쉽지 않다. 그의 말투에는 언제나 미적 가치에 대한 비난이나 무심함이 들어있다(환원논증). 이 책의 서론에서 언급되었던 버나드 로젠탈(Bernard Rosenthal)의 〈미국 가정〉(*The American Family*)이라는 조형물을 생각해보자. 비평가들 중 일부(이 조형물이 치안 활동 중인 경찰을 묘사하기를 바라는 사람들)는 조형물의 미적 가치에 대해서는 신경 쓰지 않는 듯하다. 한편 보수적인 교수 단체인 국립조소협회 회장은 1955년 3월 11일 뉴욕타임즈의 글을 통해, 그 조형물이 "사실은 조소 작품이 아니라 금속 흉물덩어리"이며 "도덕적으로 해롭다고 판명될 혼란스러운 문화의 새로운 유물"이라고 비난한다. 그는 나쁜 도덕적 효과를 산출하는 조형물은 좋은 조형물이 될 수 없다고 생각하는 것 같은데, 문제의 조형물이 어떤 도덕적 해를 끼치는지에 대해서는 설명하지 않았다.

마르크스주의

우리의 일반적인 제목 아래에 포함될 수는 있지만 지금까지 살펴보았던 두 논증과는 다른 방향으로 나아가기 때문에 특별취급을 받아야 하는 도덕주의의 한 형태가 있다. 나는 마르크스주의자들이 이 형태를 가장 정교하게 구성하고 또한 가장 일관적으로 주장했기 때문에 이를 마르크스주의(Marxism)라고 부를 것이다. 그러나 마르크스주의에 반대하는 다른 정치적 개혁가들도 이 입장의 기본 원칙을 공유한다.

마르크스주의의 기본 원칙은 미적 대상의 부수적 효과에 대한 도덕주의적 견해를 마르크스주의적으로 받아들인다. 마르크스주의자는 좁은 도덕 원칙의 집합을 가진 도덕주의자이다. 왜냐하면 그는 모든 행동을 계급사회에 대한 혁명적 프롤레타리아의 진보라는 단일한 목표와 관련해서 판단하기 때문이다. 그러므로 윤리학은 정치학으로 축소된다. 미적 대상에 대해 어떤 마르크스주의자들은 마르크스 자신이 그랬던 것처럼 그것들에 높은 가치를 부여한다. 반면 다른 마르크스주의자들은 미적 대상을 삶에서 중요하지 않은 사회적 사치품으로 본다. 그러나 이 두 견해들에서 모두, 미적 가치에 대한 고려는 정치적 가치에 대한 고려에 종속된다. 왜냐하면 마르크스주의자들에게 있어 미적 대상은 정치적으로 중립적일 수 없기 때문이다(이것이 마르크스주의의 기본 원칙이다).

이 원칙은 미적 대상이나 혹은 미적 대상을 만드는 사람들에게 적용될 수 있기에, 비록 미적 대상에 적용되는 것이 가장 핵심적이기는 하나 종종 사람에게 적용되기도 하며, 마르크스주의자들만 그렇게 적용하는 것은 아니다. 전체주의적 정부, 그리고 민주주의적 정부의 겁 많은 공직자들은 종종 그림보다 화가에 더 관심을 보인다. 이 때문에 나치는 베를린 박물관에 소장되었던 막스 베크만의 〈초상화〉(Self-Portrait)를 다른 많은 작품들과 함께 치워버렸는데, 왜냐하면 그가 유대인 화가였기 때문이다. 몇 년 전, 미국의 정보기관이 〈예술 속의 스포츠〉라는 순회전을 취소한 적이 있는데, 참여한 화가들 중 일부가 한때 공산주의자였거나 혹은 공산주의에 협력한 것으로 의심받았기 때문이었다. 작품 그 자체가 공산주의를 조장하지는 않을지라도, 작품을 전시함으로써 문제의 화가들에게 그들 작품에 대한 공식적인 승인을 제공하고, 그들의 명성과 수입이 올라간다는 주장이 제시되었다. 나는 이것이 정보기관의 결정을 정당화하는 좋은 논증이라고 말하는 게 아니다. 오히려 그 논증은 부실해보인다. 사실 우리는 지금 그런 유형의 논증에 관심이 없다. 원칙적으로, 우리는 지휘자로서 에리히 클라이버(Erich Kleiber)가 얻게 되는 존경과, 나치와 동독 공산주의의 요구를 모두 거부한 독립적인 인간으로서 그가 얻게 되는 존경을 구분할 수 있다. 물론 베를린 필하모닉이나 필라델피아 오케스트라는 해외 순회 연주를 하면서 외교정책의 도구가 될 때도 있다. 그러나 예술이 중립적일 수 없다는 말의 핵심은 예술이 정치적 도구로 이용될 수 있다는 것이 아니다.

비중립성의 원칙(the Principle of Nonneutrality)은 주목할 만한 정도의 미적 가치를 가진 미적 대상은 모두 다 우리의 사회적, 정치적 목표를 촉진하거나 혹은 방해하는 경향을 갖는다고 말한다. 예를 들어, 당신이 희곡을 쓴다고 생각해보자. 당신은 희곡 안에 대립을 담고 싶어 한다. 그렇다면 악인이 있어야 하고, 적어도 누군가가 나쁜 짓을 해야 한다. 이제 이 악당은 비행기 제조자, 배관공, 대학강사, 남자 혹은 여자, 키가 크거나 작거나, 금발이거나 갈색머리여야 한다. 그리고 당신이 어떤 선택을 하든지 간에, 그 선택으로 인해 모호하고 미묘한, 그러나 그럼에도 불구하고 실질적이고 규정 가능한 사회적 책무에 개입하게 된다. 당신은 은연중에 비행기 제조자나 배관공에 적대적일 수 있으며 이를 통해 사람들의 태도에 영향을 미칠 수 있는데, 왜냐하면 당신의 독자들은 비행기 제조자나 배관공들은 잘못된 일을 저지르기 쉽다는 인상을 받을 수 있기 때문이다. 당신의 희곡에 아무런 악인이 등장하지 않는다 하더라도 사회적 책무는 피할 수 없다. 커튼이 올라가고, 전화가 울린다. 그러면 유니폼을 입은 가정부가 나와서 전화를 받는다. 여기에서 당신은 선택을 해야 한다. 그녀는 흑인인가, 아일랜드 사람인가, 아니면 프랑스인인가? 뚱뚱한가, 아니면 말랐는가? 효율적인가, 아니면 비효율적인가? 심지어 그녀를 우스꽝스럽게 묘사하지 않더라도, 스웨덴 사람인 가정부는 항상 무뚝뚝하고 흑인 가정부는 항상 쾌활하고 멍청하다는 생각이 관객에게 전해질 수 있으므로, 당신은 여전히 그들의 태도에 영향을 미친다. 자신의 역할에 항의하지 않으면서 묵묵히 그 소박한 역할을 받아들이는 가정부의 모습은 봉사하는 것이 그녀의 적절한 위치라는 생각을 관객들에게 전달하며, 이로 인해 관객이 그 상황(착취일 수 있는)을 수용하는 경향이 강화될 수 있다.

이 예들은 어쩌면 과장되어 보일 수 있지만, 깊이 생각해볼 가치가 있다. 그리고 위의 예들이 가지는 중요성을 인지하기 위해서 당신이 마르크스주의자가 될 필요도 없다. 왜냐하면 문학이 가지는 도덕적인 부수적 효과가 믿음(belief)의 형성을 통해 발생한다는 사실이 자주 연구를 통해 발견되기 때문이다. 작품이 반드시 어떤 논제를 가져야만 도덕적인 부수적 효과가 발생하는 것은 아니다. 작품은 어떤 사색적인 내용을 담고 있지 않아도 우리의 믿음에 영향을 줄 수 있다. 부패한 경찰, 뚱뚱한 바텐더, 교활한 일본인, 로맨틱한 멕시칸인, 스파이로 활동하는 러시아인을 그려낸 영화 시리즈가 있다고 가정해보자. 아마도 이 영화들은 단순히 영화의 인물을 제시할 뿐이며, 어떤 논제를 담고 있지 않을 것이다. 그럼에도 불구하고 그 영향력은, 특히 비성숙한 관객에게는, 강력할 수 있다. 여기서 작동하는 본질적인 과정은 우리 삶에서 발견되는 과정과 크게 다르지 않다. 1년 안에 당신이 6명의 부패한 경찰을 만난다고 해보자. 당신은 경찰의 부패함에 대한 일반화를 내리지 않을 수 없을 것이다. 물론 영화와 삶 사이에는 엄청난 차이가 있다. 즉 영화 관객은 실제로 부패한 경찰을 한 번도 본 적이 없으며, 부패한 경찰을 연기하는 6명의 연기자들을 보았을 뿐이다. 그러나 관객이 그러한 차이를 유념하기는 쉽지 않다. 영화는 저널리즘적이고 다큐멘터리적인 리얼리즘을 통해 관객으로 하여금 작품 속 상황이 진실이라 믿도록 조장한다. 또한 영화 속 인물이 전형적일 것이라고 일반화하려는 관객들의 경향을 강화한다. 관객들은 은근한 암시와 조작의 상태에 놓이기 쉽다. 그리고 텔레비전이나 영화에 노출되면서 다양한 사회 집단들을 향한 태도가 발전되고, 강화되고, 심지어는 뒤바뀔 수 있다는 증거가 다수 존재한다.

지금까지 한 이야기에 대해 우리 모두는 동의할 수 있을 것이다. 그러나 마르크스주의자들은 여기에서 한 걸음 더 멀리 나아가며, 이때 그들은 머뭇거리지 않는다. 미적 대상의 도덕적 효과가 주로 믿음의 형성을 통해 나타난다고 해도, 그러한 효과가 오직 문학과 재현적 회화에만 한정된다는 점이 따라 나오지는 않는다. 왜냐하면 모든 작품에는 함축적 제작자(implicit producer)가 존재하며, 그가 산출한 작품의 유형은 관객에게 특정한 기저의 태도를 드러내고, 관객들에게 그 태도를 공유할 것을 요청하기 때문이다. 그리고 만일 문화부가 그 태도를 재빨리 억제하지 않는다면, 사람들은 그 태도를 받아들일 것인데, 왜냐하면 사람들은 그러한 태도가 사회적으로 용인 가능하다고 가정할 것이기 때문이다. 그러므로 작곡가가 자신의 작품에 어떤 선율과 화음을 만들어낼 때 그의 선택은 엄청난 중요성을 지닌다. 단순하고, 따라 부를 수 있는, 민요적인 선율 및 평범한 온음계 화음은 모든 이가 자신의 음악을 즐겨줄 것을 원한다는 작곡가의 바람, 그리고 대중을 환영하는 작곡가의 태도를 보여준다. 복잡한 선율과 파열적인 화음은 작곡가가 엘리트들을 위해 곡을 만들었으며 대중, 즉 '부르주아적 형식주의'를 무시한다는 점을 보여준다. 만일 음악이 경쾌하다면 이는 작곡가가 그의 사회주의 국가에서 행복하다는 것을 보여준다. 만일 음악이 우울하다면 그것은 미래에 대한 비관론을 조장할 수 있으므로 당장 억압되어야 한다. 만약 작곡가가 방대한 합창곡, 오페라, 춤곡을 작곡한다면 그는 집단주의와 협동을 장려하는 것이다. 반면 그가 실내악을 작곡한다는 사실은 그가 배타적인 '개인주의'를 장려한다는 점을 보여준다.

회화에서도 마찬가지이다. 비중립성의 원칙은 도미에의 〈증인들〉(도판 8)과 같은 작품에도 충분히 적용될 수 있는데, 이 작품은 특정 상황하에서 보면 상당히 전복적인 것으로 간주될 수 있다. 콜비츠(Kollwitz)의 〈시립보호소〉(도판 3)는 그 보편성과 인간미에도 불구하고, 불황기에는 사회적 동요를 일으킬 수 있다. 그러나 마르크스주의자들은 동일한 원칙을 순수 디자인인 존 젠센(John Jensen)의 〈구성〉(도판 1)에도 적용할 것이며, 그 작품은 비재현적인 모습을 통해 정치의 중요성에 대한 암묵적 거부를 드러낸다고 말할 것이다.

마르크스주의자들에 따르면, 회화가 용인될 수 있으려면 그것이 인간적인 관심(interest)을 지녀야 한다. 그런데 큐비즘이나 표현주의는 소수에 의한 감상을 의도하므로, 본성상 암묵적으로 반사회적이다. '사회주의 리얼리즘'이란 사회의 혁명적 발전에 적합한 태도를 고취하는 경향이 있는 예술(문학, 회화, 음악을 포함하여)을 지칭하는 표현이며, 소련의 비평가들은 이 표현을 정확히 정의하지는 않았지만 그럼에도 불구하고 그들은 무엇이 사회주의 리얼리즘에 부합하는지 아닌지를 때에 따라 정확히 아는 것 같다. 물론 우리는 소련의 방식을 마르크스주의 이론과 동일시해서는 안 될 것이다. 그러나 종종 소련의 방식은 마르크스주의 이론을 이해하는 데 도움이 된다.

비중립성의 원칙에서 마르크스주의 비평가의 임무는 명백하다. 모든 미적 대상에 관해서 그것의 정치적 가치와 결점을 결정하는 것이 바로 그의 임무이다. 그리고 그의 칭찬이나 비난, 그리고 그에 따른 보상이나 압수 등은 모두 오로지 그의 정치적 판단에 의존한다. 대상의 순수한 미적 가치가 무엇이건 간에, 그것은 정치보다 우선할 수 없기 때문이다. 여기에서 우리는 도덕주의적 논증의 세 번째 형태이면서, 또한 미적 우선성 논증의 역(逆)을 확인할 수 있다. 어떤 음악이 훌륭하긴 하지만 부르주아 형식주의의 잘못을 저지른다고 해보자. 그 음악은 아무런 거리낌 없이 거절될 수 있는데, 왜냐하면 부르주아 형식주의의 잘못을 저지르지 않으면서도 동일하게 훌륭한 음악을 작곡하도록 다른 작곡가를 찾거나 혹은 원작곡가에게 수정을 요구할 수 있기 때문이다. 혹은 어떤 소설이 풍성하고 감동적이지만 당 지도부에 대한 의심을 명백하게 조장한다고 해보자. 우리는 다소 안타까워할 수는 있지만 마음의 큰 불편함 없이, 그런 문제를 일으키지 않으면서도 동일한 정도로 훌륭한 소설을 다시 주문할 수 있다.

그런데 만약 이러한 안쓰러운 태도-형성이 적절한 교육을 통해 바로잡아지거나 혹은 해롭지 않게 된다면 어떨까? 이는 심미주의를 설명할 때 언급된 바 있다. 성숙한 사람이라면 그러한 노골적인 방식에 의해 조정당하지 않아야 되는 게 아닐까? 많은 이들이 향유하지 못하는 큐비즘 회화를 바라보면서도 모든 사람들의 보편적 권리를 경멸하지 않는 것이 바로 성숙한 사람의 모습이 아닐까? 〈국가의 탄생〉(The Birth *of a Nation*)을 보고 흑인들을 미워하지 않고, 『올리버 트위스트』(*Oliver Twist*)를 보고 유대인들을 미워하지 않는 게 성숙한 사람의 모습이 아닐까? 학생들에게 영화 보는 법에 대한 수업을 제공하고, 영화를 보기 전과 후에 그들의 태도에 대해 토의하도록 한다면, 우리는 태도-형성과 관련해서 그들이 영화에 면역되도록 도와줄 수 있을 것이다(영화에 대한 향유는 감소시키지 않으면서 말이다). 어쩌면 우리는 그들을 감상 대상으로부터 보호할 수 있는 일종의 거리두기를 제공할 수 있을 것이다.

그러나 마르크스주의가 가장 강하게 거부하는 것이 바로 이러한 관점이다. 마르크스주의자는 위와 같은 가능성에 대해 회의적이며, 인간의 순응성에 대한 신념에 근거하여 대부분의 사람들은 언제나 미적 대상의 부수적 효과에 영향받는다고 믿는다. 게다가 그는 거리두기, 혹은 삶과 예술의 분리를 필요로 하지 않는다. 마르크스주의자는 오히려 반대 방식으로 사람들을 훈련시킬 수 있다고 믿는다. 잠시 동안 정치, 경제, 국제 문제의 심각성을 잊어버리고 음악이나 연극에 몰입하는 대신, 그는 우리가 항상 미적 대상의 미묘한 정치적 성향에 예민해져야 하며, 그에 반응할 준비가 되어있어야 한다고 생각한다. 우리는 다수가 아닌 소수를 위해 만들어진 음악은 전혀 즐길 수 없어야 하며, 소수의 특정 집단이라도 그 집단을 혐오하는 연극이 있다면 그것을 참을 수 없어야 한다. 왜냐하면 마르크스주의자들이 바라보는 사회 진보에 방해가 되기 때문이다.

지금까지 우리는 예술의 부수적 효과에 대해 알아보았고, 도덕주의와 심미주의의 견해들을 살펴보았다. 그러나 아직 탐구되지 않은 근본적인 문제 하나가 남아있다. 그것은 바로 미적 대상이 그 자체로 커다란 가치가 있는 내재적 효과를 가지는가라는 문제이다. 이에 대한 가능한 대답(아리스토텔레스의 카타르시스 이론)이 잠시 설명되었지만, 그러한 대답의 참이나 거짓은 아직 논의되지 않았다. 즉 그러한 대답은 여전히 가설로 남아있다. 그러나 확실히 이 문제에 대한 우리의 대답이 심미주의나 도덕주의의 참/거짓을 최종적으로 결정하는 데 중요할 것이다. 그리고 이제 그 대답을 직면할 시간이 왔다. 이 책의 마지막 절에서 우리는 이 문제를 다룰 것이다.

30

예술의 내재적 가치

THE INHERENT VALUES OF ART

예술이 인간에게 무슨 소용인가? 예술철학의 질문들 중 가장 직설적이고 근본 적인 이 질문은 여러 사람에게 다양한 모습으로 나타난다. 수도시설 개량, 질병 제어, 자동차 공학 발전을 진보와 문명의 재료라고 생각하며, 협주곡이나 수채화, 서정시 등은 그렇지 않다고 보는 실용적인 사람에게 이 질문은 회의적인 성격을 지닐 것이 다. 이 실용적인 사람은 협주곡, 수채화, 서정시를 아끼는 사람들에게 예술이 어떤 소 용이 있음을 부정하는 것은 아니지만, 그것들이 사회의 기본적 필요라고 생각하지는 않는다. 수도시설이나 자동차 공학에 대해 회의적인 심미주의자라면 동일한 질문을 회의적인 방식으로 물을 수 있고, 이를 우리는 테오필 고티에(Théophile Gautier)가 쓴 『모팽 양』(Mademoiselle de Maupin)의 서문에서 확인할 수 있다.

> 음악이 무슨 소용이고 그림이 무슨 소용인가? 그 누가 카렐* 씨보다 모차르트를, 화 이트 머스터드의 발명자보다 미켈란젤로를 좋아할 만큼 멍청한가?
>
> 진정으로 아름답기 위해서는 아무 쓸모가 없어야 한다. …

미적 대상이 '12개의 굴이나 몽라셰 1파인트' 이상으로 가치 있는가?**

그러나 묻는 방식이 어찌 되었던 간에 위의 질문은 대답할 가치가 있다. 왜냐하 면 예술철학의 본질을 파고들기 때문이다. 위 질문이 어떤 종류의 답변을 요구하는

---

* 유명한 저널리스트였던 아르망 카렐(Armand Carrel)(1800-1836)은 『모팽 양』이 발표된 해에 결 투 중 사망했다. 고티에는 카렐이 정치적, 사회적 목적을 위해 글쓰기 기술을 사용했다고 생각한 듯하다.

** Somerset Maugham, *The Summing Up*, Baltimore: Penguin, 1938, p. 214.

제12장 인생 속의 예술

지부터 살펴보자. 우리는 수도시설, 약, 자동차 등이 인간의 안녕(welfare)에 기여한다고 생각한다. 그들은 특별한 기능을 하고, 그들이 직접적으로 봉사하는 목적은 또 다른 여러 목적을 위한 수단이 되며, 그들은 어렵지 않게 정당화된다(비록 종종 그들이 잘못 사용되기는 하지만 말이다). 미적 대상의 직접적인 기능은 그 자체로 향유 가능한 특정한 종류의 경험의 제공이라는 점에서 직접적으로 실용적인 대상들과 차별된다. 우리는 미적 경험이 우리에게 끼치는 보다 넓은 범위의 효과를 언급함으로써 미적 경험을 정당화할 수 있을까? 다시 말해, 미적 경험도 인간의 안녕에 어떤 기여를 할 수 있을까?

예술이 무슨 소용인가라는 질문은 아마 다음 두 질문으로 나누어져야 할 것이며, 이 중에서 우리가 가장 관심 있는 것은 아마 두 번째 질문일 것이다. 미적 대상을 창조하는 행위가 창조자 그 자신에게 무슨 소용이 있는가? 완성된 미적 대상은 그것을 경험하는 이들에게 무슨 소용이 있는가? 첫 번째 질문과 관련된 우리의 지식은 한정적이지만, 그래도 할 수 있는 이야기들이 있다. 이때 우리가 프로 예술가(예술을 통해 적절한 생계를 꾸려나갈 정도로 돈을 벌 수 있는 사람을 의미하는 것이 아니라 생업이 예술가인 사람을 말한다)에 대해 말하는 것인지 아니면 아마추어에 대해 말하는 것인지가 상당한 차이를 만들어낸다. 물론 그 둘 사이에 어떤 명확한 경계선은 없다. 왜냐하면 음악을 작곡하고 그림을 그리려는 욕구에는 단지 깊이의 정도라는 것이 있기 때문이다. 그럼에도 불구하고 이 둘에는 서로 다른 두 가지 종류의 효용(utility)이 연관된다.

프로 예술가가 미적 대상을 창조하는 게 무슨 소용인지 묻는 것은 이상하다. 실현 가능한 환경이 갖추어졌을 때 그는 자신이 미적 대상을 창조할 수밖에 없다는 사실을 알게 될 것이다. 그의 동기나 보상은 일반적이지 않은데, 왜냐하면 그가 창조하는 대상은 그 자신의 존재를 강하게 주장하고, 대상이 예술가를 완전히 흡수하는 방식으로 예술가로부터 만들어져 나오기 때문이다. 자신이 가진 모든 힘을 집중하고 소환하여 위대한 가치를 지닌 대상을 만들어냈을 때 프로 예술가가 느끼는 만족은 다른 창조자들(과학자, 철학자, 사회나 경제제도의 조직자)이 느끼는 만족과는 완전히 다를 것이다.

아마추어 예술가나 예술 애호가의 경우, 상이한 보상이 주어진다(비록 그들도 자신만의 방식으로 위대할 수는 있지만 말이다). 악기를 연주하고, 춤추고, 노래를 만들고, 이야기나 시를 쓰고, 유화를 그리는 일은 그러한 창작 활동을 하는 사람들에게 상당히 이로운 심리적 효과를 지니는 듯하다. 비록 그들의 결과물이 대단한 미적 가치를 가지지 않더라도 말이다. 교육자들은 최근 이러한 사실을 광범위하게 인지했으며, 음악이나 미술교육, 연극이나 콘서트 참여가 초등이나 중등교육의 중요한 한 부분이 되어야 한다는 점이 당연하게 받아들여지고 있다. 정확히 어떤 방식의 창조적 활동이 그런 효과를 보이는지에 대해서 심리학자 및 정신의학자들은 아직 확실한 답을 알고 있지 않다. 그러나 창조적 활동은 쌓여있던 에너지의 분출, 불안 해소나 긴장 완화, 균형감 각과 관점의 회복을 가능하게 하고, 그런 점에서 정신 건강을 증진하는 것처럼 보인 다. 이전 절에서 언급했던 아리스토텔레스의 카타르시스 이론이 여기서 적용되는 것 같다. 그리고 확실히 예술의 혜택 중 일부(전부는 아닐지라도)는 위대한 미적 대상의 경 험에서뿐만 아니라 어느 정도 괜찮은 미적 대상의 창조로부터도 나오는 것 같다.

예술의 이러한 특정적인 가치가 그것의 창조자에게 가지는 가치에 국한된다 할 지라도, 예술 창작을 촉진하려는 사회적 노력(즉 사람들이 원한다면 그들이 화가, 음악가, 작 가가 되도록 도와주는 노력)은 충분히 정당화될 수 있다. 그리고 만일 국립예술자문위원 회나 미국예술재단 같은 것의 설립을 통해 예술교육을 증진하는 수단을 마련할 수 있다면, 그 비용은 그럴 만한 가치가 있을 것이다. 그러나 창조자의 정신 치료라는 예 술 창조의 사적 가치는 예술 창조의 공적 가치와 구분되어야 한다. 물론 창조 활동을 하도록 장려된 사람일수록 타인이 창조한 미적 대상을 더 많이 감상하고 향유할 것 이다. 그러므로 이 둘은 서로 연결되어 있다. 그러나 두 번째 질문이 첫 번째 질문보 다 더 범위가 넓다.

이제 예술이 소비자에게 가지는 가치에 대해 생각해보자. 그리고 미적 대상이 내재적인 좋은 효과를 산출하는 능력, 즉 미적 경험을 통해서 바람직한 효과를 산출 하는 능력을 지시하기 위해 '내재적 가치(inherent value)'라는 용어를 사용하기로 하자. 예전부터 예술의 찬양자들은 예술의 내재적 가치를 칭송하기 위해 여러 고상한 표현 들을 사용해왔다. 우리가 알고 싶은 것은 과연 그러한 칭송이 정당한가이다. 우선 우 리는 미적 경험이 사람들에게 해를 가한다는 사실을 알지 못한다. 어쩌면 미적 경험 이 과해져 세기말적 무기력함을 산출할 수도 있을 것이다. 이를 미적 대상을 향한 퇴 폐주의자들 탓으로 돌려야 하는지, 아니면 퇴폐주의자들의 뿌리 깊은 정신병을 치료 하는 데 실패한 미적 대상의 탓으로 돌려야 하는지는 잘 모르겠지만 말이다. 그러나 미적 경험이 사람들에게 좋을(good) 수 있는가?

미적 대상의 효과들

철학의 어느 분야에서건 간에 가장 중요한 문제에 대답해야 할 때 우리는 가장 자신 없어진다. 이는 우리의 연구가 게을렀기 때문이 아니라 질문 자체가 어렵기 때문이다. 예술의 내재적 가치에 대한 엄청나게 거대한 주장들이 제기되어왔지만, 그 주장이 설득력을 갖추기 위해서는 보다 면밀하고 섬세한 심리학적 조사가 필요하다. 그 주장들을 뒷받침하는 증거들이 부족한 것이 아니라, 증거들이 흩어져 있고, 확실하지 않으며, 잘못된 내성과 감정적 편견으로 인해 왜곡되기 쉬운 상태에 있다. 미적 대상에 귀속되는 내재적 가치의 주된 종류들을 탐구하는 일은 기껏해야 우리가 가지고 있는 현재의 지식을 반영하는 일이 될 것이고, 그것도 단호한 주장이라기보다는 기술(description)의 형태를 취할 것이다. 나는 그러한 기술들 모두가 어느 정도의 진실을 담고 있다고 생각하며, 기술들 중 일부에 대한 충분한 증거가 존재하고 이를 통해 미적 대상이 상당한 내재적 가치를 지닌다는 견해가 정당화될 수 있다고 생각한다. 그러나 동시에 미적 대상의 내재적 가치를 보이는 작업은 완전하지 못하며, 여전히 더 많은 노력이 요구된다.* 그러므로 우리는 다음과 같은 이야기들을 할 수 있다.

① 미적 경험은 긴장을 완화하고 파괴적 충동을 잠잠하게 만든다. 이는 우리가 이미 살펴보았던 아리스토텔레스적인 주장인데, 이에 덧붙여 한 가지를 더 말해보려 한다. 만일 흥분에 대한 사랑이 인간의 근원적 동기라는 버트랜드 러셀(Bertrand Russell)의 노벨상 수락 연설이 참이라면, 예술은 그런 동기가 발현될 수 있는 영역을 제공한다는 점에서 가치 있을 수 있다. 만약 그러한 영역이 제공되지 않는다면 더 이상 사냥을 하지 않는 문명사회에서 문제의 동기는 사회불안과 전쟁을 야기할 수 있는 위험 요소가 될 수 있다. 러셀이 말했듯이, 발명의 흥분(예술적 창조의 흥분)과 발견의 흥분(새로운 예술작품의 발견과 탐험을 포함)은 흥분의 여러 종류들 중에서 가장 고결하고 순수한 두 가지이며, 또한 가장 만족스럽다. 이러한 점에서 예술은 폭력에 대한 도덕적 상쇄물이 될 수 있다.

② 미적 경험은 자아 내적인 갈등을 해결하고, 통합과 조화를 생성하는 데 도움

---

* 미적 대상이 가지는 내재적 가치를 목록화하기 위해 나는 특별히 셸리(Shelley), 리처즈(I. A. Richards), 존 듀이(John Dewey)의 생각을 활용했다. Note 30.1 참조.

이 된다. 미적 대상이 우리의 주목을 사로잡을 때, 우리는 종종 우리 마음속의 뒤죽박죽한 것들이 정리되는 듯한 놀라운 정화(clarification)의 감정을 느낀다. 처음에는 단순화가 작동할 것이다. 그래서 이 화음이나 이 선율 이외에는 아무것도 중요하지 않은 상태가 된다. 그러나 나중에 다시 복잡한 일이 발생한다 하더라도 정화는 계속 지속된다. 예를 들어 당신에게 여러 의무들이 들이닥쳐 마음이 복잡해졌는데, 그 의무들 중 어떤 것에도 온전히 전념할 수 없는 상태라고 해보자. 이런 상황에서 종종 당신은 이야기를 읽거나, 혹은 그림을 바라보거나, 혹은 음악 한 곡을 듣기도 하는데, 그리고 나서 다시 원래의 문제로 되돌아가면 자신의 심리상태가 전보다 더 명확하고 결단적이라는 사실을 알게 되기도 한다. 이것이 예술의 강장효과이다.

③ 미적 경험은 지각과 구별력을 섬세하게 만든다. 물론 우리는 색조나 음악적 피치를 구별하는 능력을 연습을 통해 개선할 수 있는데, 이는 미적 경험이 더 나은 미적 경험을 가능하게 만든다는 말밖에는 안 된다. 그러나 미적 경험은 영역 성질의 미묘한 차이들에 대한 비범한 주의를 요구하며, 단지 문학작품 속 인물들의 감정이나 태도에 대해서뿐만 아니라, 회화나 음악작품 속 인간적 특질들에 대해서도 주의를 요구한다. 만일 미적 경험으로 인해 우리가 더 섬세하고 지각적인 사람이 될 수 있다면, 이는 우리 삶의 모든 다른 국면들(예를 들어 타인과의 정서적 관계)에도 광범위한 영향을 끼칠 것이다.

④ 미적 경험은 상상력과 더불어 타인의 입장에 자신을 이입하는 능력을 길러준다. 미적 경험을 할 때 우리는 새로운 성질과 형식들을 향하고, 일상의 틀에 박힌 반응들은 해체되고 무시된다. 우리는 창의적인 공상의 자유로운 유희를 방해하는 억제들로부터 자유롭게 된다는 것이 무엇인지 안다. 그리고 상상력을 잘 훈련한다면 독창적인 과학적 가설을 생각해내는 능력, 실제적인 딜레마를 헤쳐나가는 새로운 방식들, 타인의 마음을 더 빨리 이해할 수 있는 능력 등이 길러질 것이다. 우리의 반응은 새로운 상황과 예기치 않았던 우연에 더 잘 대처할 수 있도록 유연해질 수도 있을 것이다.

만일 미적 경험이 위와 같은 네 가지 방식을 통해 우리의 성격에 영향을 미친다고 간주될 수 있다면, 그보다 더 광범위한 효과에 대해서도 생각해볼 수 있고, 그 효과들은 간접적이기는 하지만 미적 대상의 내재적 가치가 될 수 있다. 예를 들어서 우리는 다음과 같은 더 광범위한 효과들에 대해 이야기할 수도 있다.

⑤ 미적 경험은, 의학적 용어로 이야기하자면, 정신건강에 도움이 되지만, 아마 치료라기보다는 예방적 수단일 것이다. 눈과 정신에 좋은 조화로운 모양과 색깔로 가득 찬 거리, 빌딩, 사무실을 접하고, 높은 미적 가치를 지니는 음악작품을 듣거나 혹은 연주하면서 하루의 일부를 보내며, 언어의 미묘함을 사랑하고 시와 이야기를 만드는 데 그런 언어를 사용하는 사람들이 사는 사회는 흔한 신경증이나 정신병이 발생하지 않는 사회일 것이다. 그러한 사회가 시도된 적이 없고, 따라서 우리는 확실하게 말할 수는 없지만, 2차 세계대전 당시 영국에서 클래식 음악 공연이 엄청난 성공을 거두었다는 사실은 이 점에 대한 간접적인 증거가 된다.

⑥ 미적 경험은 상호 공감과 이해를 기른다. 위의 기술들이 참이라면, 우리는 미적 경험이 인간들을 하나로 모을 수 있다고 기대할 수 있다. 이는 예술이 의사소통의 한 형식이라고 말하는 게 아니다. 즉 우리가 중국 예술을 통해서 중국 사람을 이해하고, 프랑스 소설을 통해서 프랑스 사람을 이해한다고 말하는 게 아니다. 만일 두 사람이 동일한 음악을 듣는다면, 혹은 동일한 회화를 바라본다면, 그들이 비슷한 반응을 보이도록 학습된 한에 있어서 그들은 하나의 경험을 공유할 것이다. 물론 모든 공유된 경험은 우애와 상호 존중 속에서 사람들을 하나로 모을 수 있지만, 미적 대상은 특별히 이 세상에서 특별한 역할을 맡는다. 그 이유에는 실용적인 부분이 있는데, 다수의 미적 대상이 폭포, 동물, 사막, 지진들에 비해 휴대나 이동이 쉽기 때문이다. 그러나 또한 미적 대상들은 경험이 가지는 특정한 성질들의 정수를 보여주며, 그러한 성질들 중 하나라도 함께 향유한 두 사람들 사이에는 어떤 유대감이 형성된다.

⑦ 미적 경험은 인생의 이상을 제공한다. 예술의 이러한 사회적 역할을 간단하게 기술하는 일은 쉽지 않다. 미적 경험을 할 때 우리는 수단과 목표가 매우 밀접하게 연결되어 그들 사이에 아무런 분리도 느끼지 못하는 그런 경험을 하게 된다. 미적 경험에서는 이것과 저것이 이어지고 그것들이 자신의 위치를 찾아낸다. 끝은 시작 속에 내재되어 있고, 시작은 끝으로 인도된다. 그러한 경험은 공허함, 단조로움, 좌절, 성취감 부족, 절망 등 인간의 삶을 위협하는 성질들을 쉽게 허용하지 않는다. 몇몇 철학자들에 따르면 현대사회에서 우리를 괴롭히는 것들 중 하나는 수단과 목표의 분리이다. 노동의 상당부분이 흥미롭지 않고, 기계적이며, 정신을 피폐하게 만들며, 노동자는 자신이 하는 일과 궁극적인 결과물 사이의 의미 있는 연결(의자를 만드는 장인이 매 단계마다 자신의 목표가 생생하게 실현되어나가는 모습을 통해서 인식할 수 있는 연결)을 인식

할 수 없다. 인생의 수단들이 목표로부터 너무 멀리 떨어져 있을 때(예를 들어 토요일 밤의 폭식이나 65세 은퇴가 목표일 때) 우리는 만족감을 느낄 수 없다. 그리고 그러한 분리로 인해 목표도 또한 그 가치를 잃는다. 토요일 밤의 폭식은 광란의 분출로 전락하고, 두통과 후회만 남길 뿐이다. 은퇴는 말할 수 없는 지루함과 쓸모없음이라는 감정을 가져온다. 만일 목적이 주는 만족스러움 중 일부를 수단이 줄 수 있다면, 그리고 매 단계에서의 수단이 목적의 의의를 지닐 수 있다면, 우리는 우리 인생 안에서 미적 경험의 성질을 가지게 되는 것이다. 한편 그러한 경험은 가장 풍성하고 기쁜 삶이란 어떠할 수 있는가에 대한 단서를 우리에게 제공한다.

사회적 통제의 문제

미적 대상이 정말로 내재적 가치를 가진다면(지금부터 나는 그렇다고 가정할 것이다), 그리고 위에서 살펴보았듯이 미적 대상 또한 바람직하지 않은 부수적 효과를 가진다면, 우리가 무시할 수 없는 사회철학의 한 문제가 등장한다. 왜냐하면 작품이 상당한 내재적 가치뿐만 아니라 바람직하지 않은 부수적 효과를 함께 가지는 경우에 어떤 갈등이 발생하기 때문이다. 개인 차원에서 그들 중 무엇을 선택할 것인가라는 문제가 발생하며, 공적인 차원에서는 사회적 통제의 문제가 발생한다.

우리는 이 문제가 발생하는 것처럼 보이는 경우들이 사실은 겉으로만 그렇게 보일 뿐이라고 말할 수도 있다. '예술과 도덕의 갈등'이라는 것은 종종 아주 협소한 의미의 도덕 개념 및 유희에 대한 두려움에서 발생하는 경우가 많다. 만일 비도덕성이라는 것이 정신의 비열함이나 무기력, 몰인정, 인간적 필요에 대한 무감각이 아니라, 엄격하게 정의된 형식적 규칙으로부터의 일탈적인 행동이라고 간주된다면, 회화나 시들은 종종 비도덕적으로 보일 것이다. 깊은 기쁨과 만족감을 인간의 가장 건강한 조건들 중 하나라고 간주하기보다는, 강렬한 쾌는 언제나 사람을 약하게 만든다고 간주한다면, 예술에 대한 불신은 불가피해보인다. 그럴 때 관능성은 음탕함과 혼동되고, 만족감은 이기적임과 혼동된다. 이러한 태도는 종종 억압적인 단체들(필요하다면 경찰의 힘을 동원해 서점의 책들을 압수하는)에서 발견된다. 예를 들어, 여러 도시들에서 품위 있는 문학을 위한 국립협회(National Organization for Decent Literature)는 어니스트

헤밍웨이(Ernest Hemingway), 윌리엄 포크너(William Faulkner), 존 도스 파소스(John Dos Passos), 조이스 캐리(Joyce Cary), 아서 쾨슬러(Arthur Koestler), 조지 오웰(George Orwell), 에밀 졸라(Émile Zola), 손 스미스(Thorne Smith), 미키 스필레인(Mickey Spillane) 및 여러 못마땅한 작가들의 작품을 블랙리스트에 올렸고, 심지어는 판매금지 처분을 내리려고 시도했다.

그러나 도덕에 관한 보다 관대한 입장을 따른다 하더라도, 우리는 미적 대상이 비도덕적 효과를 가질 수 있다는 가능성을 인정해야 한다. 그러한 효과는 무감각하고 포악한 행동에 기여하거나, 혹은 도덕적 삶을 저해하는 태도를 기르거나 하는 방식으로 발생할 수 있고, 이는 종종 작품이 부분적으로 이해되거나 혹은 제대로 이해되지 않았을 때 일어난다. 포크너의 글귀들은 종종 문맥에서 분리되어 읽힌다. 헤밍웨이 철학의 반이성적 측면도 그의 철학이 가지는 보다 긍정적인 측면으로부터 분리되어 수용된다. 조지 오웰의 『1984』가 보여준 잔인성은 그 작품이 제시한 인간에 대한 논제와 분리되어 기억된다. 이렇게 맥락에서 분리된 경우들은 아마도 많은 독자들에게 좋지 않은 영향을 끼칠 수 있다. 끊임없이 개인적인 혹은 정부 차원의 검열 대상이 되어온 고전작품들이 있었음은 말할 것도 없다. 아리스토파네스의 『여자의 평화』(Lysistrata), 『채털리 부인의 사랑』(Lady Chatterley's Lover), 사드(Sade)나 보카치오(Boccaccio), 헨리 밀러(Henry Miller)의 작품들이 그러한 예이다.

위와 같은 갈등의 가능성으로 인해서뿐만 아니라 미적 대상은 그 자체로 옳거나 그르거나, 합법적이거나 불법적이거나 할 수 없는 하나의 대상일 뿐이지만, 그 대상을 제작, 공연, 연기, 제시, 전시, 출판, 판매하는 일은 다른 모든 행위와 마찬가지로 결과를 산출하는 행위이기 때문에 사회적 목적에 의거해서 판단될 수 있다는 사실로 인해, 사회적 통제의 문제가 발생한다. 이 문제는 여러 함의를 지니고, 까다로운 이슈를 포함하며, 우리는 여기에서 그 문제가 적절하게 해결되기를 기대해서는 안 된다. 그러나 사회적 통제의 중요한 한 측면인 검열을 들여다봄으로써 사회적 통제의 주요 이슈가 무엇인지 상당히 명쾌하게 드러날 수 있다.

우리는 검열의 기본적인 두 유형을 구분할 수 있는데, 우리가 여기에서 관심을 가져야 하는 것은 그들 중 오직 한 유형이다. 먼저 밀턴이 그의 『아레오파기티카』(Areopagitica)에서 반대했었던 검열의 유형, 즉 사상적 검열이 있는데, 독재 정권에서 가장 빈번하게 시행되는 것이 바로 이 유형이다. 이 유형의 검열은 나름의 특정한 목표가 있는데, 그것은 바로 비판적 탐구에 의해 공식적인 혹은 확립된 신념의 거짓됨이 드러나는 일을 막는 것이다. 이러한 유형의 검열은 미적 대상이 사상의 담지자인 한에 있어서 미적 대상에 영향을 끼친다. 그러나 서구에서 예술과 관련해 가장 보편적인 검열은 바로 도덕적 검열이다. 도덕적 검열이란 용어로 나는 행동 안에서 드러나는, 혹은 행위를 이끄는 도덕적 기준을 보호하기 위한 검열을 의미한다. '도덕적'이라는 단어는 너무나 자주 오직 성적인 함의만을 가지는 것으로 이해되곤 한다. 그러나 그 단어는 행위의 옳음이나 그름, 칭찬받을 만함이나 비난받을 만함, 바람직함이나 바람직하지 않음, 정의로움이나 정의롭지 않음 등을 판단하는 모든 기준들을 포함한다. 독자들에게 범죄를 저지르라고, 혹은 사회사업 공동모금에 참여하라고, 혹은 가뭄에 시달리는 농부에게 보다 더 공감하라고, 혹은 남부 흑인들은 사실 투표하고 싶어하지 않기 때문에 그들이 투표권을 가져도 아무런 문제가 없음을 믿으라고 장려하는 소설이 있다면, 그러한 소설은 좋건 나쁘건 간에 도덕적 효과를 가진다.

외설성

그럼에도 불구하고 도덕적 검열 중 가장 감정적으로 지지받는 유형은 바로 성적 행동에 대한 제재와 관련된 검열이며, 이러한 형태의 검열을 들여다봄으로써 우리는 도덕적 검열 일반이 가지는 문제를 이해할 수 있다. 성적 행동과 관련된 검열에서는 '외설성'(obscenity)이라는 핵심어가 중심이 된다. 우리가 생각해볼 상황은 바로 다음과 같다. 제임스 조이스(James Joyce)의 『율리시스』(Ulysses)가 한편으로는 상당한 미적 가치를 가지는 것처럼, 따라서 내재적 가치를 가지는 것처럼 보인다고 해보자. 그리고 또 한편으로는 외설적인 것처럼 보인다고 해보자. 그럴 경우에 그 작품은 출판되어야 하는가 아니면 출판 금지되어야 하는가? 만일 출판된다면, 공공 도서관이 그 작품을 구매해야 하는가? 만약 구매한다면, 그 작품은 자유롭게 유포되어도 되는가? 아니면 어떤 방식의 제재가 있어야 하는가? 만일 대학의 문학 수업이 조이스를 가르쳐야 한다면, 강사는 『율리시스』를 필히 포함하거나 추천해야 하는가? 아니면 무시해야 하는가? 이러한 것들이 검열의 실제적인 문제들이다.

적어도 이것이 우리가 『율리시스』와 관련된 상황을 바라볼 수 있는 방식이다.

만일 우리가 '외설적인'이라는 단어에 검증 가능한 의미를 부여할 수 있다면 말이다. 그런데 문제는 '외설적인'이라는 바로 그 단어가 검증 가능한 의미를 가지는가이다. '외설적인'이라는 단어는 법적인 의미에서는 성향적 용어이다. 즉 그것은 미적 대상이 특정한 유형의 사람들에게 특정한 유형의 (바람직하지 않은) 효과를 산출하는 성향이나 능력을 의미한다. 그리고 이 용어를 정의하는 데 있어 발생하는 어려움은 다음과 같은 두 종류가 있다. 즉 어떤 효과를 낳는지 특정하는 어려움, 그리고 어떤 사람들에게 효과를 낳는지 특정하는 어려움이다.

법정에서는 관습적으로 '외설적임'을 '성적 충동을 일으키거나 혹은 성적으로 불순하고 욕정에 가득 찬 생각을 일으키는 성향이 있는'으로 정의한다. 이 정의는 여러 면에서 만족스럽지 않다. 나는 '생각'에 대한 언급은 할 필요가 없다고 생각한다. 비키니 수영복을 입은 여성은 남성에게 불순한 생각을 일으킬 수 있지만, 그러한 생각의 발생으로 인해 남성들이 자신의 연인이나 아내에게 충실하지 않게 될 가능성이 높아진다는 점이 따라 나오지는 않는다. '충동'이라는 표현은 '생각'보다는 나은 표현이지만, 상당히 애매모호하기는 하다. '충동'이라는 단어의 한 가지 명확한 의미에 따르면, 한 남자가 수영복을 입은 젊은 여성을 하루 종일 상당한 쾌를 느끼며 바라보고 있기는 하지만 그녀를 추구하려는 충동을 전혀 느끼지 않을 수도 있다. 혹은 만일 우리가 쾌 자체를 충동이라고 말한다면, 다수의 충동들은 행위로 이어지지 않는다는 사실을 덧붙여야 할 것이다. 정리하자면, '외설성'은 행위와 관련되어 정의되는 것이 가장 낫다. 즉 도덕적으로 잘못된 성적 행위를 일으키는 경향이라고 볼 수 있다. 그리고 그러한 성향이 존재한다는 사실을 확실하게 하기 위해서, 우리는 적어도 외설적인 작품이나 작품의 외설적인 문구들이 그러한 결과를 이미 산출한 경우가 있음을 보여야 한다.

그러나 외설적인 작품이 어떤 사람에게 영향을 끼쳤음을 보이는 것만으로는 충분하지 않다. 왜냐하면 영향을 받은 그 사람이 이미 정상적이지 않은 사람이어서 다른 사람들은 영향받지 않는 여러 가지 일들에도 쉽게 영향받을 수 있기 때문이다. 『율리시스』의 경우와 관련해 울시(Woolsey) 판사가 세운 중요한 원칙 중 하나가 바로 이것이다.* 작품이 외설적인가 아닌가를 알아보기 위해서는 가장 영향받기 쉬운 사

---

*   Note 30.3 참조.

람의 반응이 아니라 일반적인 사람의 반응을 보아야 한다는 것이다. 우리는 고소당한 사람이 그의 자동차나 개에 대해 '합리적인' 주의를 기울였는지를 따지는데, 검열 문제에 있어서 울시 판사가 제시한 '일반적인 성적 본능'을 가진 사람이라는 개념은 불법행위 문제에 있어서 '합리적인 사람'이라는 개념이 맡은 역할을 맡는다. 이 원칙에 비추어보면 책, 그림, 영화 등이 어린아이들이나 수녀들에게 나쁜 영향을 미칠 수 있다는 이유로 금지될 수 없다. 만일 어린이나 수녀들에게 특별한 보호가 필요하다면, 그것은 작품을 사회 구성원 전체에게 금지하는 방식이 아닌 다른 방식으로 이루어져야 할 것이다.

그러나 이러한 분석마저도 '외설적인'이라는 단어를 아주 정확하게 정의할 수 없으며, 이 용어는 법적 용도에 적합한 정확성을 가지고 정의될 수 없다는 견해에는 상당한 장점이 존재한다. 언젠가 법정은 '외설적인'이란 단어를 포함한 모든 법률이 외설적인 도서 출판이라는 범죄를 정확하게 정의하여 출판업자에게 미리 어떤 것이 범죄인지 알려주지 못했다는 이유로, 그러한 법률들이 모두 제6수정안을 위반한다고 결정할 수도 있다. 외설성이 무엇인지 결정하는 일은 습관을 형성하거나 혹은 심장에 해로운 다른 여러 유형의 위험성을 규정하는 것만큼 쉬운 일이 아니다.

그러나 '외설적인'이라는 단어의 모호성에도 불구하고 여전히 이 단어는 모두가 동의할 만한 어떤 것들에 적용되는데, 그것들은 바로 포르노그래피적인 문학과 사진, 그리고 포르노포닉적인 음악이다(만일 그런 음악이 있다고 한다면). 그리고 '외설적인'이라는 단어의 도움으로 우리는 '포르노그래피'를 유용하게 정의할 수 있다. 이제 미적 대상은 ① 외설적이고 ② 미적 가치가 없거나 혹은 거의 없을 때 포르노그래피적이라고 하자. 이는 포르노그래피의 법적 정의와는 다르다. 법적 정의에서는 포르노그래피의 외설성이 의도적이어야 함을 명시하는데, 왜냐하면 포르노그래피 유포는 물건의 압수와 더불어 벌금이나 구금으로 이어지는 처벌 가능한 범죄이기 때문이다.

의심할 여지 없이 외설적이면서 미적 가치를 가지지 않는 대상을 우리가 분별해 낼 수 있다고 가정해보자. 그런 대상에 대해서는 우리 사이에 어떠한 갈등도 일어나지 않고, 사회 통제의 문제도 상당히 단순화된다. 예를 들어 어린이들에게 사디스트적인 행동을 조장하는 경향이 있는 범죄 만화는 그러한 나쁜 부수적 효과를 상쇄할 수 있는 내재적 가치에 대한 주장을 할 수 없는데, 왜냐하면 그러한 만화들은 실제적으로 내재적 가치를 거의 가지지 않기 때문이다. 문학이나 혹은 조형예술로 간주되었을 때 그 만화들의 내재적 가치는 너무 낮아서 부수적 효과가 하나도 없는 다른 작품들로 쉽게 대체될 수 있다. 그러한 만화책을 출판한 사람들은 종종 자신들을 겨냥한 법이 또한 헤밍웨이, 포크너, 셰익스피어, 킹 제임스 성경 등도 협박하게 될 것이라고 주장한다. 그러나 그러한 주장은 설득력이 없다. 왜냐하면 내재적 가치에 대한 판단을 우리가 공적으로 검증할 수 있다면(그럴 수 있는 것처럼 보인다) 우리는 내재적 가치가 있는 대상과 없는 대상들을 법적으로 만족스럽게 구분할 수 있을 것이고, 내재적 가치를 지니는 문학작품을 건드리지 않은 채 오직 범죄 만화만 처벌할 수 있도록 법을 만들 수 있기 때문이다. 물론 내재적 가치의 존재를 부정하는 견해에서 보면, 혹은 상대주의적 견해에서 보면, 그러한 구분은 그어질 수 없을 것이다. 그러나 도구주의자의 견해에서 보면 그러한 구분은 가능하다.

미적 가치와 도덕적 가치 사이의 진정한 대립, 혹은 미적 가치에 의존한 도덕적 가치와 그렇지 않은 도덕적 가치 사이의 대립과 관련해서는 다음과 같이 단순화된 두 입장이 가능하다. 심미주의에 따르면 미적 가치가 빈약한 대상은 공적 검열의 대상이 될 수 있지만, 확실한 미적 가치가 있는 대상, 그러므로 내재적 가치가 있는 대상은 검열에서 자유로워야 한다. 그 대상이 어떠한 바람직하지 않은 부수적 효과를 일으키든지 간에 말이다. 왜냐하면 심미주의자들의 생각에는 그러한 부수적 효과가 과장되기 마련이며, 어찌 되었건 간에 좋음의 위계상에서 미적 가치가 최상위를 차지하기 때문이다.

오늘날 이 교조적인 입장을 지지하는 이들을 찾기는 힘들 것이며, 이 입장이 어떻게 옹호될 수 있는지도 이해하기 힘들다. 그러나 도덕주의적 입장도 동일하게 극단적이다. 왜냐하면 도덕주의자에 따르면, 미적 대상이 바람직하지 않은 부수적 효과를 일으킬 위험이 존재하기만 한다면, 미적 가치가 아무리 크다 하더라도 그 대상은 제재되어야 하기 때문이다. 이것이 바로 섬너(Sumner)와 컴스톡(Comstock)의 지도 아래 승승장구했던 그 유명한 악덕 방지 위원회(Societies for the Prevention of Vice)의 기본 원칙이었다. 이것이 1873년 컴스톡 법의 기본 원칙이며, 우체국장은 여전히 이 원칙에 따라 「여자의 평화」(Lystistrata), 피임 관련 서적, 누드 잡지나 스캔들 잡지, 그리고 우편을 통해 전달되는 여러 다른 물건들을 압수하고 처분한다. 이 원칙에 따르면, 스캔들 잡지 《컨피덴셜》(Confidential)이 아닌 문학 작품 「여자의 평화」를 옹호하기 위해서 할 수 있는 말들이 있다 하더라도, 그런 말들은 아무 소용이 없다. 만약 작품의 삽화, 언어, 장면이 허용 가능한 한계를 넘어서면, 그 작품은 외설적으로 판단되어 불태워져야 한다.

그러나 『율리시스』에 대한 판결에서 선례를 찾을 수 있는 또 다른 원칙이 있으며, 이 원칙이야말로 우리가 지금까지 해왔던 논의에 비추어보았을 때 유일하게 옹호 가능한 원칙이다. 울시 판사는 출판물을 판단할 때 그것은 전체로서 고려되어야 하며(문맥에서 떨어져 나온 문장들로서 판단되어서는 안 된다), 만약 내재적 가치가 있다면 그것의 많고 적음은 도덕적 단점(외설성 포함)의 많고 적음과의 비교로 가늠되어야 한다고 말한다. 울시 판사는 '외설적이다'라는 용어에 대한 자신의 해석에 근거하여 『율리시스』라는 작품이 전체로 간주되었을 때 외설적이지 않다고 판단했다. 그러나 또한 그는 『율리시스』가 포르노그래피가 아니라 문학작품이라는 사실이 자신의 결정에 유관한 사항이라고 보았다. 커티스 복(Curtis Bok) 판사는 이 원칙을 더 발전시켜 필라델피아 출판업과 관련된 판결에 그 원칙을 적용했다.* 만일 법원이 어떤 결정을 내리기 위해서 작품의 내재적 효과와 부수적 효과를 포함하여 사회의 안녕을 가늠해보아야 한다면, 법원은 작품의 내재적 가치가 무엇인지 알아야만 한다. 이는 전문가적인 판단을 요청하며, 따라서 문학 비평가나 문학 선생님들이 작품의 미적 가치가 어느 정도인지 증언하기 위해, 예를 들어 포크너와 헤밍웨이의 작품은 높은 미적 가치를 지니고, 쏜 스미스와 미키 스필레인의 작품은 낮은 미적 가치를 지니며, 포르노그래피 속 익명의 글들은 미적 가치가 전혀 없다는 점을 증언하기 위해 법정에 서야 할 수도 있다.

물론 상대주의적 견해에서 보면, 마치 의사들이 사망 원인과 시간을 설명하기 위해 혹은 정신과 의사가 피고인의 정신 상태를 설명하기 위해 법정에 서는 것처럼, 영문과 교수들이 미적 가치에 대해 증언하는 광경은 말이 안 된다. 미적 가치를 판단할 어떠한 합리적인 근거도 없다면, 미적 가치의 전문가도 없을 것이고, 영문과 교수의 증언은 출판업자를 체포한 경찰의 증언이나 혹은 『내가 만들지 않은 세계』(A World I Never Made)가 딸들에게 해가 될 것이라고 주장하는 어머니들의 증언보다 더 중요할 수 없다. 그러나 작품의 위해성에 대한 사회과학자의 예측과 견주어보기 위해 우리가 문학비평가에게 미적 가치에 대한 정확한 계산을 기대할 수는 없겠지만, 그 둘을

---

* Note 30.3 참조.

견주어본다는 생각, 그리고 서로에 비추어서 가치의 양을 가늠해본다는 생각은 말이 된다. 사실 그러한 비교는, 법정에서 행해질 수 있는 한, 우리가 할 수 있는 유일하게 합리적인 일이다.

예술에 대한 사회적 지원

우리의 논의는 검열의 이론적 문제와 원칙에 한정되어야 한다. 검열의 실천은 또 다른 문제이며, 여기에서 그 문제를 다루면 논의의 범위가 너무 넓어진다. 예를 들어 당신은 내재적 가치를 지닌 미적 대상의 검열이 원칙상으로는 종종 정당화될 수 있다고 생각하면서도, 인간성과 인간 심리가 작동하는 방식에 비추어볼 때 검열은 사실상 언제나 좋음보다는 해악을 낳는다고(내재적으로 가치 있는 작품에 관해서는) 믿을 수도 있다. 사회의 계몽된(퇴보한 게 아니라), 실험적인(조심하는 것이 아니라), 분별력 있는(둔감한 게 아니라) 영역을 반영함으로써 예술을 공정하게 대하는 검열이란 아마 정립되기 힘들 것이다. 예를 들어 영화를 허가하는 집단이 생긴다면, 그 집단은 아마도 키스신의 길이, '낙태'라는 단어의 언급, 혹은 처벌받지 않는 살인자의 등장에 대한 가장 외적이고 어이없는 '코드'를 통해서 통제할 것이다.

이는 사회적, 정치적, 경제적 문제들이며, 우리가 탐구하는 질문의 범위를 벗어난다.

그러나 그러한 사회적, 정치적, 경제적 문제들에서 벗어나기 전에, 사회가 예술에 대해 가지는 관심에는 긍정적인 면과 부정적인 면이 있다는 사실을 다시 한 번 기억해야 한다. 예술이 정부에 제시하는 문제들은 사회적 해악의 위협이 있을 때에만 등장하지는 않는다. 사회는 항상 예술의 내재적 가치에, 그리고 최선을 다해서 그 가치를 장려해야 하는 필요성에 관심을 두어야 한다. 예술을 삶의 필수적 요소라고 생각한다면, 혹은 적어도 좋은 삶의 필수적 요소라고 생각한다면, 우리는 예술이 가장 좋은 결과를 내고 번영할 수 있는 자유로운 환경을 유지할 수 있도록 시간, 돈, 에너지를 쓸 준비가 되어있어야 한다.

연방 정부가 작곡가, 조각가, 화가, 댄서, 극작가, 시인, 그리고 다른 모든 창조적 예술가들을 어떻게 장려해야 좋은지에 대해서 사람들은 합리적으로 의견을 달리할 수 있다. 그러나 정부의 입장에서 예술가들을 지원하는 가장 좋은 방식이 그 방식의 수월함이나 인기에 의해서 결정되어야 하는 것은 아니다. 현대 음악과 미술에 대한 열성적이지만 오도적인 공격이 존재했었다.* 오랫동안 현대 문학에 대한 공격이 존재했던 것처럼 말이다. 그러한 공격들은 예술에 대한 잘못된 '민주적인' 관점에 의존한다. 마치 '사회주의 사실주의자'처럼, 그러한 공격에 참여한 사람들은 미적 대상이 모든 이에게 쉽게 이해되지 않는 한, 그리고 오락적인 대중예술이 제공하는 즉각적인 주목 및 향유와 경쟁하지 못하는 한, 미적 대상은 높은 미적 가치를 가질 수 없거나 혹은 높은 미적 가치를 가진다 하더라도 여전히 우리의 존경과 찬사, 그리고 경제적 지원을 받을 만하지 않다고 주장한다. 그러나 특정 시기에는 오직 소수만(다른 시기에는 그들이 다수가 될 수도 있다) 이해하고 감상할 수 있는 문명의 산물들이 있음을 인정하기 싫어하는 마음, 그리고 취향을 평준화하려는 경향은 민주적인 정치 이론의 논리적 귀결이 아니며, 그것은 예술을 위한 모든 기준과 희망을 포기하는 것이다.

사회로부터 예술가가 가장 필요로 하는 것은 자유이다. 창조적 예술가의 독립성은 그 사람을 무례하고 공격적으로 보이게 할 수 있으며, 사람들은 그를 이해하기 힘들 것이다. 그러나 예술가의 결실을 가능하게 하는 사회적 조건을 인정하고 지지하지 않는 한, 우리는 예술가의 노동이 만들어낸 산물을 향유하는 데 있어 우리의 온전한 의무를 다하지 않는 것이다. 예술가의 자유는 너무나 자주 '자기-표현의 자유'라는 옹호되기 힘든 개념으로 정당화되어왔다. 마치 누구나 타인을 희생하면서 자신을 표현할 권리가 있는 것처럼 말이다. 그러나 예술가의 자유는 자기-표현이 아니다. 그것은 인간이 끊임없이 갈구하며 자신도 모르게 필요로 하는 미적 경험의 새로운 양식 및 원천들을 발견하는 자유이다.

경험과학자들이 자신의 분야에서 자유롭지 않다면 그 분야의 지식을 발전시키지 못한다는 사실은 이제 일반 대중들에게도 잘 알려져 있다. 비록 아주 중요한 때에 정부 관료나 기업가가 그러한 사실을 망각하기도 하지만 말이다. 즉, 경험과학자는 모든 종류의 가설을 형성하고, 다른 과학자들과 그에 대해 논의하고 탐구할 수 있어야만 한다. 가설들 중 일부는 거짓으로 판명될 수 있고, 또 일부는 기존에 성립되었던

---

* 다음 글들이 한 예이다. Henry Pleasants, *The Agony of Modern Music*, New York: Simon and Schuster, 1955; George Biddle, *The Yes and No of Contemporary Art*, Cambridge, Mass.: Harvard U., 1957.

제12장 인생 속의 예술

견해와 권위를 저해할 수도 있지만, 그럼에도 경험과학자들은 그들의 연구를 진전시킬 것이다. 창조적인 예술가는 우리에게 엄밀한 의미의 지식을 줄 수는 없을 것이다. 그러나 그는 우리에게 미적 대상을 선사하고자 하며(미적 대상은 우리가 그것을 사용하는 방법을 알 때 우리가 소유한 것들 중 가장 소중한 것이 될 수 있다), 그도 자연과학자와 마찬가지로 자신 안에 있는 무언가를 성취하기 위해 발견의 자유를 필요로 한다. 그는 자신의 아이디어들을 시도해야 한다. 그의 아이디어들 중 일부는 이상하고 수상할 수도 있지만, 그것들을 구체화하고 드러내 놓음으로써 그와 다른 사람들이 그러한 아이디어들과 함께 살아가고 그것들에 익숙해지도록 하기 위해서 그는 자신의 여러 아이디어들을 시도해보아야 한다. 그런데 어떤 아이디어가 좋은 것인지는 그것을 시도해보기 전까지는 모를 수도 있으며, 그의 상상력이 잘 닦인 길에서 일탈하여 자유롭게 떠돌지 않는다면 그는 세상을 풍성하게 만들지 못한다. 그의 산출물이 좋지 않다면, 그것은 시들어버릴 것이다. 그러나 예술가의 산출물이 좋다면, 예술가의 자유, 그리고 그 자유의 유별나고 짜증나는 점들은 충분히 보상받을 수 있을 것이다. 왜냐하면 그는 창조물의 총체에다가 새로운 대상을 추가한 것이고, 그 대상의 가치는 계산할 수 없을 만큼 클 것이기 때문이다. 그 대상에 우리를 내어주고 싶은 갈망이 있음을 우리 인간이 충분히 인지할 때마다, 그 대상의 가치는 계산 불가능할 정도로 대단할 것이기 때문이다.

NOTES AND QUERIES

29

29.1 심미주의(AESTHETICISM)

이 견해의 고전적 진술은 다음에서 찾아볼 수 있다. Walter Pater, *The Renaissance,* 1968 ed., Conclusion, and *Marius the Epicurean.* 오스카 와일드의 몇몇 글들에서도 심미주의가 나타나 있다. 테오필 고티에가 쓴 『모팽 양』(*Mademoiselle de Maupin*)의 서문에서도 심미주의의 고전적 진술이 나타나며, 거기에서 고티에는 예술에 도덕적이고 실제적인 기준을 적용하려는 시도를 공격한다. 제임스 맥닐 휘슬러는 '10시' 강좌에서 예술은 그 자체로 목표라고 호소한다. 다음도 참조하라. Horace M. Kallen, *Art and Freedom,* New York: Duell, Sloane and Pearce, 1942, Vol. I, chs. 6, 11.

심미주의는 사실 체계적으로 전개된 적이 없지만, 그렇게 될 가능성이 있었는지 살펴보는 것은 도움이 될 것이다. 예를 들어, 다음 글의 전제들에서 심미주의의 한 형태가 발전될 수도 있었다. David W. Prall, *Aesthetic Judgment*, New York: Crowell, 1929, ch. 15. 프랄(Prall)은 여기에서 내재적 가치와 미적 가치를 동일시한다. 물론 그는 모든 미적 가치가 예술로부터 도출된다고 보는 것은 아니다. 그러나 그는 모든 도덕적 가치를 미적 가치로 환원하는데, 예를 들어 그는 가난, 질병, 부정의의 불편함이 '그것들을 불만족스럽고, 추하고, 나쁘게' 만든다고 말한다(p. 349). 클라이브 벨(Clive Bell)의 순수한 심미주의적 견해는 프랄이 보인 가치에 관한 이러한 전제에 의존한다. Clive Bell, *Art,* London: Chatto and Windus, 1914, Part II, ch. 3 reprinted in Eliseo Vivas and Murray Krieger, eds., *Problems of Aesthetics,* New York: Rinehart, 1953, pp. 578-583. 이 글에서 벨은 "어떤 것을 예술이라고 명명하는 것은 좋음을 향한 너무나 직접적이고 강력한 수단이 그 대상에 있음을, 그리하여 대상의 가능한 다른 결과들에 신경 쓰지 않아도 됨을 인정하는 것이다"(p. 115)라고 말한다. 다음도 참조하라. Part IV, ch. 3, 그리고 Part V, ch. 2.

29.2 도덕주의(MORALISM)

미적인 것과 도덕적인 것 사이의 갈등, 그리고 그 갈등을 해결하려는 시도는 다음 글에 잘 정리되어 있다. Sidney Zink, "The Moral Effect of Art," *Ethics*, LX (1950): 261-274, reprinted in Vivas and Krieger, *op. cit.*, pp. 545-561. 이 글의 저자는 '도덕적 효과'라는 용어를 도덕적 반성을 일으키는 미적 대상(그에 따르면 오직 문학만 이렇게 할 수 있다)에 한정한다. 그에 따르면, 문학이 아닌 다른 미적 대상들은 '도덕과 관계없는' 효과들을(Note 30.1 참조) 통해 간접적인 방식으로 행동의 원인이 될 수 있다.

도덕주의의 환원주의적 형태는 플라톤의 철학에서 찾아볼 수 있는데, 그는 다음의 두 중요한 명제를 확신하는 듯 보인다. ① 미적 대상의 내재적 효과라는 측면에서 보았을 때, 미적 대상은 오직 파괴적인 효과, 즉 '정념을 자극하고 부추기는' 효과만을 가진다(*Republic*, Book X, 602c-608b), ② 미적 대상이 올바른 형식과 성질을 지닐 때, 그것들은 강력하고 가치 있는 부수적 효과를 낼 수 있다(*Republic*, Book III, 376e-403c). 톨스토이는 다음 글에서 상당한 일관성을 가지고 자신의 논증을 제시하는데, 거의 모든 위대한 음악과 문학(자신의 작품을 포함하여)에 대한 그의 거부는 그의 논증을 차근차근 들여다보아야 할 이유가 된다. 그의 논증, 특히 논증이 의존하고 있는 전제들은 세심한 탐구를 받을 가치가 있다. Tolstoy, *What is Art?* trans. by Aylmer Maude, New York: Oxford U., 1930, esp. chs. 1, 10, 15, 16, 18, reprinted in Vivas and Krieger, *op. cit.*, pp. 483-498.

상관관계 논증, 혹은 미적 가치와 도덕적 가치 사이에 긴밀한 관계가 있다는 논제는 다음 글들에서 옹호되었다. John Ruskin, *Lectures on Art,* New York: Maynard and Merrill, 1893, Lecture 3("절대적으로 정확하게, 높은 등급에서부터 낮은 등급에 이르기까지, 예술의 훌륭함은 도덕적 순수함과 그것이 표현하는 감정의 장엄함을 나타낸다", p. 81); J. W. R. Purser, *Art and Truth,* Glasgow, Scot.: U. Publication, 1937, chs. 15, 16; L. A. Reid, *A Study in Aesthetics,* New York: Macmillan, 1931, ch. 11(이 글은 작품의 도덕적 효과에 대한 문제를 창조적 예술가의 도덕성에 대한 문제와 충분히 분리시키지 못했다); A. H. Hannay,

"Morality in Art," *PAS*, XXXI (1931): 37-54(이 글은 다소 도덕주의적인 견해를 도덕에 대한 유연하고 상대주의적인 견해와 결합시킨다). 다음 글은 시에 관한 도덕주의적 견해를 전개한다. Yvor Winters, "Preliminary Problems," the *Introduction to The Anatomy of Nonsense*, in *In Defense of Reason*, New York: Swallow, 1947, reprinted in Robert W. Stallman, *Critique and Essays in Criticism*, New York: Ronald, 1949, pp. 201-209. 윈터스(Winters)의 원칙들은 다음 에세이에 잘 나타나 있다. Yvor Winters, "Robert Frost: or, the Spiritual Drifter as Poet," *Sewanee Review*, LVI (1948): 564-596, 566, 586-588. 윈터스가 자신의 입장을 완전히 드러낸 것은 아니지만, 그는 시의 내재적으로 가치 있는 효과로 시가 우리의 공감과 이해를 확장시켜줌으로써 '우리로 하여금 더 완전하고 포괄적인 존재가 되도록 해준다'를 제시하는 듯하다.

도덕적 견해에 대한 비판으로는 다음 글들을 참조하라. W. K. Wimsatt, Jr., "Poetry and Morals: A Relation Reargued," *Thought*, XXIII (1948): 281-299, reprinted in *The Verbal Icon*, Lexington, Ky.: U. of Kentucky, 1954, pp. 85-100, and in Vivas and Krieger, *op, cit.*, pp. 530-545; Jacques Maritain, *Art and Scholasticism*, trans., by J. F. Scanlan, New York: Scribner's, 1930, ch. 9; Meyer H. Abrams, *The Mirror and the Lamp*, New York: Oxford U., 1953, pp. 326-335; Laurence Bruemeyer, *The Aesthetic Experience*, Merion, Pa.: Barnes Foundation, 1924, ch. 7.

29.3 예술에 대한 마르크스주의적 견해(THE MARXIST VIEW OF ART)

마르크스주의적 견해의 일반적 특징을 알아보기 위해서는 다음을 참조하라. Leon Trotsky, *Literature and Revolution*, trans. by Rose Strunsky, New York: International, 1925, ch. 5; Edmund Wilson, "Marxism and Literature," *The Triple Thinkers*, rev. ed., New York: Oxford U., 1948; James T. Farrell, "Literature and Ideology," *The League of Frightened Philistines*, New York: Vanguard, 1945. 패럴의 초기작인 다음 글은 우리 책에서 소개된 '심미주의' 및 '도덕주의' 정의와 비교해보면 흥미로울 수 있는 견해들을 소개한다. James T. Farrell, *A Note on Literary Criticism*, New York: Vanguard, 1936. esp. chs. 1-6, 10-11, pp. 207-209.

비중립성 원칙은 다음 글에서 강하게 옹호되고 있다. Barrows Dunham, *Man*

Against Myth, Boston: Little, Brown, 1947, ch. 7. 다음 글도 참조하라. Nikolai Bukharin, "Poetry and Society," in Vivas and Krieger, *op. cit.,* pp. 498-514(이 글은 문학의 '형식주의'에 대한 마르크스주의의 공격을 제시한다); Howard Fast, *Literature and Reality,* New York: International, 1950(이 글은 예술이 정치적으로 중립적일 수 없다는 진술과 예술이 정치적으로 중립적이어서는 안 된다는 진술을 구분하지 않는다); Andrei Zhdanov, *Essays in Literature, Philosophy, and Music,* New York: International, 1950(이 글은 작가들을 '인간 영혼의 공학자'라고 표현하는데 이는 스탈린이 한 말을 인용한 것이다. pp. 32-33). 음악의 이데올로기와 관련해서는 다음 글들을 참조하라. Zhdanov, pp. 81-85, 92-96; Sidney Finkelstein, *How Music Expresses Ideas,* New York: International, 1952(왜곡되고 피상적인 음악의 역사를 제시하는 이 글은 책 제목에 부합하지 않는데 다음 글도 마찬가지이다); Sidney Finkelstein, *Realism in Art,* New York: International, 1954.

반-마르크스주의자가 비중립성 원칙을 적용하는 방식을 살펴보기 위해서는 오랫동안 모더니즘과 공산주의에 대항하여 예술을 옹호해온 미시간 의원 조지 돈데로(George Dondero)의 의회연설을 살펴보라. *The Congressional Record,* March 11, March 17, March 25, August 19, 1949(여기에서 돈데로는 공산주의와 모더니즘이 동반자적 관계라고 말한다). 다음 연설도 참조하라. "UNESCO-Communism and Modern Art," Friday, July 20, 1956(이 연설은 돈데로의 논증 방식을 매우 잘 보여준다).

소련의 최근 이론 및 예술의 상황을 알고 싶다면 다음 글들을 참조하라. Andrey Olkovsky, *Music under the Soviet,* New York: Praeger, 1955(esp. pp. 37, 45 ff., 154, 158 ff., 181, 213); Hellmut Lehmann-Haupt, *Art under a Dictatorship,* New York: Oxford U., 1954; Nicolas Slonimsky, "Dmitri Dmitrievitch Shostakovitch," *Musical Quarterly,* XXVIII (1942): 415-444; Igor Stravinsky, *Poetics of Music,* Cambridge, Mass.: Harvard U., 1947, ch. 5.

29.4 예술의 사회적 및 심리적 부수 효과들
(SOCIAL AND PSYCHOLOGICAL SIDE EFFECTS OF ART)

1930년대 초에 어린이들에게 끼치는 영화의 효과에 대한 일련의 연구들이 있었는데, 그중 상당수가 엉성하게 진행되었다. 그러나 그중에서도 가장 좋은 연구(Ruth C. Peterson and L. L. Thurstone, *Motion Pictures and the Social Attitudes of Children*, New York:

Macmillan, 1933)는 영화가 어린아이들의 사회적 태도에 강하고 지속적인 영향을 끼칠 수 있음을 설득력 있게 보여준다(*The Birth of a Nation*, pp. 60-61, 64-65). 이러한 연구들은 다음 글에서 대중화되지만, 다음 글의 결론은 근거가 빈약하다. H. J. Forman, *Our Movie Made Children,* New York: Macmillan, 1935. 어린이들에게 끼치는 영화의 효과에 대한 연구는 아들러(Adler)의 다음 글에서 상세하고 효과적인 논리적 비판을 받는다. Mortimer Adler, *Art and Prudence,* New York, Toronto: Longmans, Green, 1937, Part III(이 글은 학자적 인내심을 가지고 영화를 향한 비난들을 분석한다. chs. 6, 7). 아들러의 논증은 다음 글 안에 요약되어있다. Raymond Moley, *Are We Movie Made?* New York: MacyMasius, 1938.

　　최근에는 어린이들이 즐겨 읽는 범죄 만화의 영향에 대한 관심이 증가하고 있는데, 이는 다음 글에서 잘 다루어지고 있다. Frederic Wertham, *Seduction of the Innocent,* New York: Rinehart, 1954. 이 글은 범죄 만화로 인해 ① 어린이들은 여러 종류의 성도착을 접하고 그에 자극되며, ② 폭력과 잔인함이 인생의 바람직한 한 부분인 것처럼 생각하고 그것들에 무감각하게 되며 ③ 다양한 사회 집단들을 향한 편견을 생성하고 ④ 간접적인 방식으로 범죄 및 다른 반사회적 행동에 이끌린다고 말한다. 이 글이 제시한 증거는 완전히 결정적이지는 않기에 비판을 받았었다. 이에 대해서, 그리고 범죄 만화에 관련된 다른 문제들에 대해서는 다음 글들을 참조하라. William B. Lockhart and Robert C. McClure, "Obscenity in the Courts" (Note 30.3 참조, esp, pp. 590-598); Walter Gellhorn, *Individual Freedom and Governmental Restraints*, Baton Rouge, La.: Louisiana State U., 1956, pp. 55-67; Paul Blanshard, *The Right to Read,* Boston: Beacon, 1955, ch. 9.

　　킨제이(Kinsey)의 다음 글은 인간의 성적 방식이 책에 의해 크게 영향받지 않는다는 사실을 제시하는 듯하지만, 그러한 조사가 깊이 진행되지는 않는다. Alfred Kinsey, *Sexual Behavior in the Human Female,* Philadelphia: Saunders, 1953. 다음 글은 외설 문학이 일종의 아리스토텔레스적 카타르시스를 통해 명시적 범법 행위를 줄일 수도 있음을 말한다. Benjamin Karpman, *The Sexual Offender and His Offenses,* New York: Julian, 1954, p. 485.

30

30.1 예술의 내재적 가치(THE INHERENT VALUE OF ART)

플라톤의 환원 논증에 대한 대답이 아리스토텔레스의 『시학』 6, 9, 11, 13, 14장에 나타나는데, 비극의 효과를 '연민과 공포를 통한 감정의 카타르시스'라고 본 아리스토텔레스의 이론은 예술의 내재적 가치에 대한 가장 오래된 옹호 논증이라고 볼 수 있다. 아리스토텔레스가 정확히 무엇을 의미했는지에 대해서는 학자들 간에 이견이 있지만, 그가 비극의 효과를 통해 비극의 사회적 가치를 정당화하려고 했다는 점은 확실하다. 왜냐하면 비극이 단순한 감정의 자극 이상을 성취할 수 있음을 말하기 때문이다. 다음 글들을 참조하라. Samuel H. Butcher, *Aristotle's Theory of Poetry and Fine Art,* 4th ed., New York: Dover, 1951, ch. 6; Frederick A. Pottle, "Catharsis," *Yale Review,* XL (Summer 1951): 621-641; A. H. R. Fairchild, "Aristotle's Doctrine of Katharsis," *The Classical Journal,* XII (October 1916): 44-56; G. F. Else, "A Survey of Work of Aristotle's Poetics," *The Classical Weekly,* XLVIII (February 14, 1955): 76-78; Francis Fergusson, *The Idea of a Theater,* Princeton, N. J.: Princeton U. (reprinted New York: Anchor, 1953), ch. 1; Levi A. Post, *From Homer to Menander,* Berkeley, Cal.: U. of California, 1951, pp. 1-26, 245-269.

실러(Schiller)는 다음 글에서 예술 향유와 미의 지각이 이성과 자유의 발전에 필수불가결한 단계라고 주장한다. Friedrich Schiller, *On the Aesthetic Education of Man,* trans. by Reginald Snell, New Haven, conn.: Yale U., 1954.

셸리(Shelley)는 다음 글에서 문학의 내재적인 도덕적 가치와 우연적인 효과를 명확하게 구분하며, 전자를 매우 가치 있게 본다. Shelley, *Defence of Poetry,* 1840, reprinted in Mark Schorer, Josephine Miles and Gordon McKenzie, *Criticism,* New York: Harcourt, Brace, 1948, pp. 455-470. 그에 따르면 시는 상상력을 일깨우고, 이를 통해 인간 사이의 상호 공감을 증진한다; "인간이 위대하게 선하기 위해서는 포괄적이고 강하게 상상해야 한다"(Schorer, Miles and McKenzie, *op. cit.,* p. 459); "도덕적 선함의 위대한 도구는 바로 상상력이다"(p. 459).

리처즈는 시적 경험 안에서 우리의 충동들이 체계화·조화·통합되며, 이는 정신 건강과 통합이라는 지속적인 혜택을 낳는다고 주장한다. 그는 문학(그리고 다른 예술 분야들)이 문명에 필수불가결한 이유가 바로 이 때문이라고 주장한다. I. A. Richards, *Principles of Literary Criticism,* London: Routledge and Kegan Paul, 1925, esp. chs. 5-8, 15, 31, 32(그의 다음 글도 참조. *Science and Poetry,* London: Routledge and Kegan Paul, 1926). 리처즈에 대한 논평으로는 다음 심포지엄을 참조하라. "The Limits of Psychology in Aesthetics," *PAS,* Suppl, vol. XI (1932): 169-215(esp. Helen Knight).

다음 글에서 듀이는 다른 어떤 이들보다도 미적 경험과 삶의 연속성을 강조했고, 예술은 인간을 통합하고 해방시키는 효과로 인해 인간에게 가장 높은 가치를 지닌다고 주장한다. "미적 경험은 문명의 삶을 드러내고 기록하며 찬양한다. 그것은 또한 문명의 발전을 촉진하고 문명의 질에 대한 궁극적인 판단을 내린다."(p. 326) John Dewey, *Art as Experience,* New York: Minton, Balch, 1934, esp. chs. 1, 2, 11, 12, 14. 듀이의 견해에 대한 확장된 논의를 살펴보려면 다음을 참조하라. E. A. Shearer, "Dewey's Esthetic Theory," *J Phil,* XXXII (1935): 617-627, 650-664; Horace M. Kallen, *Art and Freedom,* New York: Duell, Sloane and Pearce, 1942, Vol. I. Introduction, Vol. II, chs. 32-34. 미적 경험 내에서 발생하는 수단과 목적의 상호 침투성, 미적 경험의 사회적 의의에 대해서는 다음 글을 참조하라. Dewey, *Experience and Nature,* Chicago: Open Court, 1925, ch. 9; Kallen, op. cit., Vol. II. secs. 144, 145; Laurence Buermeyer, *The Aesthetic Experience,* Merion, Pa.: Barnes Foundation, 1924, ch. 3.

화이트헤드(Whitehead)는 다음 글에서 교육의 일부로서 예술이 가지는 중요성을 강조하며, 그 근거로 예술이 사물들을 추상화하기보다는 그것들의 구체적인 유기성 내에서의 총체를 볼 수 있게 해준다는 점을 든다. Alfred North Whitehead, *Science and the Modern World,* New York: Macmillan, 1925 (reprinted New York: Mentor, 1948), ch. 13, esp. pp. 197-207. 그의 다음 글도 참조하라. *The Aims of Education,* New York: Mentor, 1949, esp. pp. 24-25, 55-57, 66-68.

다음 글은 인간을 하나로 통합시키는 예술의 역할을 강조한다. Milton Nahm, "Art as One of the Bridges of Cultural Understanding," *Approaches to Group understanding,* Conference on Science, Philosophy, and Religion, New York: Harpers, 1947, and "The Functions of art and Fine Art in Communication," *JAAC,*

V (June 1947): 273-280. 다음 글도 참조. "The Function of Art" in *Art: A Bryn Mawr Symposium,* Bryn Mawr, Pa.: Bryn Mawr College, 1940.

예술의 내재적 가치에 대한 확장된 논의를 보려면 다음 글들을 참조하라. Susanne K. Langer, *Feeling and Form,* New York: Scribner's, 1953, ch. 1; Lewis Mumford, "The Role of the Creative Arts in Contemporary Society," *Virginia Quarterly Review,* XXXIII (1957): 521-538; Harold Taylor, "Moral Values and the Experience of Art," a lecture at the Museum of Modern Art, March 22, 1952; George Santayana, *Reason in Art,* Vol. IV of *The Life of Reason*, 2nd ed., New York: Scribner's, 1922, chs. 9, 11, reprinted in Vivas and Krieger, *op. cit.,* pp. 514-530; D. W. Gotshalk, *Art and Social Order,* Chicago: U. of Chicago, 1947, chs. 9, 10; Dewitt H. Parker, *The Principles of Aesthetics,* Boston: Silver, Burdett, 1920, chs. 3, 14; T. M. Greene, "The Responsibilities and Opportunities of the Artist," in Ruth N. Anshen, ed., *Moral Principles of Action,* New York: Harper, 1952; C. J. Ducasse, *Art, the Critics, and You,* New York: Piest, 1944, ch. 6.

인류학자와 정신의학자들은 최근 문화와 상관없는 인간의 공통된 보편적 필요가 있는지 발견하려고 노력했다. 만약 있다면, 예술의 내재적 효과가 그러한 필요의 만족과 연관될 수 있는지 알아보는 것도 흥미로울 것이다. 다음을 참조. Alexander Macbeath, *Experiments in Living,* London: Macmillan, 1952, ch. 3; Erich Fromm, *The Sane Society,* New York: Rinehart, 1955, ch. 3.

문학의 사회적 가치와 관련해서는 다음 글들을 참조하라. Christopher Caudwell, *Illusion and Reality,* London, Macmillan, 1937, ch. 12; Elizabeth C. Wright, *Metaphor, Sound and Meaning in Bridges' The Testament of Beauty,* Philadelphia: U. of Pennsylvanian, 1951, ch. 14; Lascelles Abercrombie, *The Theory of Poetry,* London: Secker, 1926, Part I, ch. 6; 회화에 대해서는 Frances Blanshard, *Retreat from Likeness in the Theory of Painting,* 2nd ed., New York: Columbian, U., 1949, pp. 146-147; 음악에 대해서는 Edmund Gurney, *The Power of Sound,* London: Smith, Elder, 1880, chs. 16-18, esp. pp. 369-379.

30.2 창조적 예술가에게 예술이 제공하는 가치
(VALUES OF ART TO THE CREATIVE ARTIST)

창조적 과정에 관한 다수의 글들이 있지만, 창조 활동이 창조자 자신에게 끼치는 심리적 건강의 효과에 대해 밝힌 글은 많지 않다. 이에 대한 정신분석학적 설명으로는 다음 글을 보라. Harry B. Lee, "On the Esthetic States of the Mind," *Psychiatry,* X (1947): 281-306. 이 글은 창조적 충동 및 질서에 대한 사랑은 예술가의 억압된 분노 및 파괴 충동에 대한 무의식적 죄책감을 반영한다고 주장한다. 이 주제에 대해 정신의학자들의 많은 설명이 필요하겠지만, 비의학적 문학인이 이 주제에 대해 자유롭게 추측하는 일은 점점 더 어려워졌는데 왜냐하면 잠재의식을 통해 써진 시에 관한 어떤 한 고전적인 예시가 심각하게 의심받게 되었기 때문이다. 다음을 참조하라. Elisabeth Schneider, "The 'Dream' of 'Kubla Khan,'" *PMLA,* LX (1945): 784-801.

30.3 검열의 문제와 원칙(PROBLEMS AND PRINCIPLES OF CENSORSHIP)

'검열'은 엄밀하게는 출판 혹은 공적 제시에 대한 선제적 제재이지만, 이 글에서는 미적 대상에 대한 모든 종류의 공식적인 제재(사후적 처벌을 포함)를 의미한다. 검열의 법적 문제와 관련해 가장 좋은 글은 바로 다음이다. William B. Lockhart and Robert C. McClure, "Obscenity in the Courts," *Law and Contemporary Problems,* XX (1955): 587-607. '외설성과 예술'이라는 심포지움의 일부인 다음 글은 ① '외설성'을 정의할 수 있는 효과들을 상세화하는 문제(pp. 590-598) ② '가능한 관객'을 결정하는 문제(pp. 598-602) ③ '문학적, 과학적, 교육적 가치들'의 관련성 문제(pp. 602-607)를 통찰력 있게 다룬다. "Literature, the Law of Obscenity, and the Constitution," in *Minnesota Law Review,* XXXVIII (1954). 다음 글도 참조하라. J. E. Hall Williams, "Obscenity in Modern English Law," *ibid.,* pp. 630-647. Zechariah Chafee, Jr., *Government and Mass Communications,* Chicago: U. of Chicago, 1957, Vol. I. chs. 9-13. 다음 글은 외설성에 대한 제제의 역사를 정리하고 현재의 상황을 논의한다. Norman St. John-Stevas, *Obscenity and the Law,* London: Secker and Warburg, 1956. 다음 글도 참조하라. Walter Gellhorn, *op. cit.,* ch. 2; Morris Ernst and Alexander Lindley, *The Censor Marches On,* New York: Doubleday, Doran, 1940. 이

글은 상당량의 실제 판례들을 다루며, 검열에 반대하는 강한 논증을 제시한다(Ernst and Lindley, ch. 15). 더 최근의 판례들은 다음 글에서 논의된다. Paul Blanshard, *op. cit.*, esp. chs. 6, 7, 10, 11. 더 많은 예들을 보기 위해서는 다음 글을 참조. Anne Lyon Haight, *Banned Books,* 2nd ed., New York: Bowker, 1955; the Roman Catholic *Index of Prohibited Books,* Vatican, 1948. 검열을 옹호하는 글로는 다음을 참조. William Joynston-Hicks, *Do We Need a Censor?* London: Faber and Faber, 1929.

『율리시스』 사건에 대한 울시 판사의 판결(1933. 12. 6)은 다음 글에서 찾을 수 있다. Clifton Fadiman, ed., *Reading I've Liked,* New York: Simon and Schuster, 1941, pp. 382-388, 그리고 *Ulysses,* New York: Modern Library, 1946. 커먼웰스 대 고든 (Commonwealth v. Gordon et al.)에 대한 복 판사의 판결(1949. 3. 18)은 다음에서 찾을 수 있다. *District and County Reports* for the Court of Quarter Sessions of the Peace, Philadelphia County, Pa., 1949, pp. 101-156; 복 판사의 판결은 상위 법원에서 인정되었지만, '명확하게 현존하는 위험'이라는 기준을 외설성 문제에 적용하자는 그의 제안은 받아들여지지 않았다. 어린이에게 위해할 수 있다는 이유를 근거로 성인을 위한 미적 대상을 검열하는 것은 비헌법적이라는 점은 1957년 2월 25일 버틀러(Butler) 대 미시간주 판례와 1957년 6월 24일 로스(Roth) 대 미국 판례에서 재확인되었다. 흥미로운 관련 자료들을 다음 글에서 찾을 수 있다. Walter M. Daniels, *The Censorship of Books,* The Reference Shelf, New York: Wilson, Vol. 26, No. 5, 1954; 다음 글도 참조하라. The Statement to the House of Representatives Select Committee on Current Pornographic Materials (the Gathings Committee) by Victor Weybright, New American Library of World Literature, Inc., December 10, 1952. 다음 글들은 문제 해결에 큰 도움이 되지는 않는다. D. H. Lawrence, "Pornography and Obscenity" and "A Propos of Lady Chatterley's Lover," *Sex, Literature and Censorship,* ed. by H. T. Moore, London: Heinemann, 1955; Henry Miller, "Obscenity and the Law of Reflection," *Remember to Remember,* New York: New Directions, 1947.

현재의 이슈들에 대해 알고 싶다면 미국출판협회의 검열 고시(Censorship Bulletin of the American Book Publishers Council)을 참조하라.

30.4 '외설성'과 '포르노그래피'의 정의
(THE DEFINITION OF 'OBSCENITY' AND 'PORNOGRAPHY')

다음 글은 이 두 용어들에 대한 이 책의 정의와는 다른 정의를 제시하고, 외설성의 세 종류를 구분한다. Abraham Kaplan, "Obscenity as an Aesthetic Category," *Law and Contemporary Problems* symposium, pp. 544-559. 카플란(Kaplan)은 울시 판사의 '보통의 성적 본능을 지닌 사람'이라는 개념이 '합리적인 사람' 개념과 유비적이지 않다고 지적하는데, 왜냐하면 후자는 전자와는 다르게 귀납추론적 논리로 정의될 수 있기 때문이라고 말한다(p. 547). 다음 글들도 참조하라. Lockhart and McClure, *op, cit.,* esp. pp. 590-602; St. John-Stevas, *op. cit.,* ch. 9.

30.5 정부와 예술(GOVERNMENT AND THE ARTS)

정부의 통제 없이 예술을 지원하는 방안에 대한 문제는 다음 글에서 논의되고 있다. Grace Overmyer, *Government and the Arts,* New York: Norton, 1939, esp. chs. 13, 14; 비록 최근까지는 아니지만 이 책은 미국 내 예술에 대한 정부 지원의 역사(특히 1930년대)를 잘 알려준다.

다음 글은 나치와 소련 정부에서의 예술을 연구하였고, 전체주의가 예술을 왜 필요로 하고 어떻게 사용하는지 잘 보여준다. 이 글은 또한 민주 사회에서 정부의 예술 지원이 가져오는 문제에 대해서도 통찰력 있는 논의를 전개한다(특히 서론과 결론). Hellmut Lehmann-Haupt, *Art under a Dictatorship,* New York: Oxford U., 1954.

다음 글도 참조하라. Clive Bell, *Art,* London: Chatto and Windus, 1913, Part V.

역자 후기

—

김정현

90년대 미학 공부를 시작했던 때에는 지금의 영미 분석미학의 지형과 달리, 이 책의 저자인 먼로 비어즐리(M. C. Beardsley)와 함께 넬슨 굿먼(Nelson Goodman), 조지 딕키(George Dickie), 아서 단토(Arthur Danto)의 주요 저술을 살피는 것이 석사 수업의 주요 부분을 이루었습니다. 물론 단토를 제외하고 나머지 세 저자들은 90년대에도 이미 시차가 있었기 때문에 동시대 논문을 읽기 위해 먼저 알아두어야 할 필독서에 해당했는데, 어느 논문에선가 비어즐리가 마르셀 뒤샹의 작품을 10년쯤 지나면 예술작품도 아니게 될 것이라고 비난했기 때문에, 뒤샹을 예술가로 의심하지 않던 90년대에 비어즐리의 저술은 실패한 이론으로 보였습니다. 그러나 실패한 역사에서도 더 배울 것이 있듯, 그의 『미학: 비평 철학의 문제들』도 여전히 유용하리라 봅니다.

현재 영미 분석미학의 저자들은 자신이 연구하는 작은 주제를 중심으로 저술 활동을 하여, 비어즐리처럼 전방위적인 주제들을 다루는 미학자는 찾아보기 힘든 듯합니다. 사라진 공룡의 발자취가 애틋하듯, 비어즐리의 다양한 주제, 방대한 레퍼런스, 감히 흉내 내기도 힘든 촌철살인 같은 예술 사례들을 살펴보는 것도 그러했습니다. 그중 제8장은 흥미로운 작품 사례들을 추적하는 것만으로도 큰 기쁨이었는데, 뒤러의 〈최후의 만찬〉 중 전면에 놓인 비어진 그릇을 셜록 홈즈의 『실버 블레이즈』에 나오는 '밤에 짖지 않은 개'에 비유한 것이 가장 잊히지 않습니다. 반면 이 『미학: 비평 철학의 문제들』을 관통하는 예술작품의 자격에 관한 비어즐리의 주장은 매우 일관되고 심플하여 이 책 전체가 어느 미학자가 주장한 "다양의 통일"을 갖추고 있는, 그 자체로 장대한 심포니 같기도 합니다. 독자분들께도 전해지길 바라봅니다.

사실 이 책은 분량도 만만치 않은데, 두 성실한 선생님들이 지체 없이 일구어내셨음에도 번역이 다소 늦어진 것은 모두 저의 탓입니다. 두 분이 없었다면 불가능한 일이었고 이 자리를 빌려 미안함과 고마움을 전합니다. 기다려주신 출판사 사장님께도 감사와 죄송한 마음을 동시에 전합니다. 그리고 그럴 수 있다면, 이 책을 와중인 아버지와 먼 길을 떠날 아들 규민에게 주고 싶습니다.

역자 후기

—

신운화

『미학: 비평 철학의 문제들』을 옮기는 동안은 명저를 번역한다는 부담감에도 불구하고 기쁨이 더 큰 시간이었습니다. 학창 시절에 접한 분석미학의 대가 비어즐리는 작품에 충실한 읽기를 강조하는 엄격하고 꼼꼼한 방법을 밀고 나간 학자로 그의 글을 통해 주요 미학적 주제에 대한 관점은 물론 예술 작품을 대하는 자세와 안목에 대해서도 배우는 바가 컸습니다. 영어권의 철학적 미학이 대체로 그러하듯, 일견 일상적인 용어들로 주제에 접근하지만 사실 이 책의 묘미는 그 친숙한 개념들을 정밀하고 쓸모 있게 벼리는 것에 있고, 그 과정을 통해 우리는 예술에 대한 통상적인 생각, 개인적인 직관을 다시 되돌아보게 됩니다. 이렇게 다시 정리되는 미학적 개념들은 우리가 예술을 바라보고 이해하는 좋은 도구가 되어주며, 관련된 논의들을 차분히 숙고하며 글을 따라가다 보면 어느새 실제 작품들에 대한 세밀하고 깊은 부분들에 다가서고 있음을 알게 됩니다.

이 책을 읽고 옮기면서 새삼 느낀 점이 있다면, 예술 전반에 걸친 저자 비어즐리의 박학함과 이해의 깊이였습니다. 덕분에 이미 익숙하고 유명한 작품들도 더 섬세한 시각으로 새롭게 바라보게 되었고, 이전에 미처 알지 못했던 명작들을 만나는 기회도 얻을 수 있었습니다. 아무쪼록 이 책이 독자분들께도 예술을 좋은 안내자가 되기를 바라며, 모든 분들이 멋지고 훌륭한 작품들을 깊이 음미하는 즐거움을 누리셨으면 합니다.

역자 후기

—

신현주

영미 분석미학의 고전인 비어즐리의 『미학: 비평 철학의 문제들』을 번역하면서 처음 이 책을 접했던 학부 시절이 떠올랐습니다. 수많은 국내외 논문이 이 책을 인용 했지만 번역본이 없었기 때문에 아쉬워하면서 원서를 읽었던 기억이 납니다. 어느 덧 제가 가르치는 사람이 되어 존경하는 선생님 두 분과 함께 이 책을 번역하게 되었 습니다. 워낙 유명한 책이고 분량도 많다 보니 처음에는 이 책에 압도되었지만, 번역 하는 과정에서 점점 비어즐리라는 사람에 대해 큰 매력을 느끼게 되었습니다. 글에 서 느껴지는 비어즐리는 철학적으로 매우 치밀하면서도 동시에 섬세한 예술적 감수 성을 가지고 있는 사람이었습니다. 이 책의 목적은 분명합니다. 비어즐리는 예술 비 평을 객관적이고 엄밀한 학문으로 정립하려고 하며, 이를 위해 그는 비평의 대상 및 원칙을 세울 뿐만 아니라, 그것들을 문학, 미술, 음악 등의 구체적인 분야에 적용하는 작업을 합니다. 책의 처음부터 끝까지 자신의 목표를 향해 체계적이고 일관된 논의 를 전개하는 모습, 그리고 자신이 추구하는 비평 철학을 열정적으로 옹호하는 모습 을 보면서, 저의 연구 자세를 돌아보게 되었습니다. 이 책을 통해 많은 독자들이, 특 히 제가 사랑하는 학생들이, 전성기 분석미학의 특징적인 방법론과 견해를 이해하게 되면 좋겠습니다.

INDEX

미학: 비평 철학의 문제들

미학: 비평 철학의 문제들

역자 소개

김정현

이화여자대학교 철학과를 졸업하고 서울대 미학과에서 석사 및 박사 학위를 받았다. 박사 학위 논문은 〈예술적 가치에 관한 다원주의: R. Stecker의 비본질주의를 중심으로〉가 있다. 그 외 논문으로는 〈예술적 가치와 미적 가치 구분의 필요성〉(2007), 〈예술적 가치의 다원성〉(2007), 〈노엘 캐롤의 대중예술의 정의에 대한 소고: 존 피셔와 데이비드 노비츠의 비판을 중심으로〉(2016)가 있고, 번역 서로는 《미학의 모든 것: 철학적 미학의 길잡이》(2018)와 공저로 《미학이 재현을 논하다》(2019)가 있다. 현재는 (주)노들 엔터테인먼트의 대표로 재직 중이다.

신운화

서울대학교 미학과를 졸업하고 동 대학원에서 석사 및 박사 학위를 받았다. 박사 학위 논문은 〈예술 작품에 대한 해석적 다원론에 관한 연구: J. 마골리스의 상대주의 해석 이론을 중심으로〉이며, 그 외 저술로 논문 〈작품 해석에 있어서의 온건한 의도주의〉(2011), 〈예술 작품의 해석 문제와 마골리스의 상대주의 해석 이론〉(2012), 〈해석과 재현: 다양한 현대 미술작품에서의 재현〉(2019), 번역서로는 《미학의 모든 것: 철학적 미학의 길잡이》(2018), 공저로 《미술의 이해와 감상》(2020) 등이 있다. 현재 조선대학교 문화콘텐츠학부의 초빙객원교수로 재직하고 있으며 서울시립미술관 등에서 교육 강의 활동을 하고 있다.

신현주

서울대학교 미학과에서 학사와 석사 학위를, 미국 미네소타 대학교 철학과에서 박사 학위를 받았다. 박사 학위 논문은 〈심리적 내재론과 미적인 것〉(Individualism and the Aesthetic)이며, 그 외 게재 논문으로는 〈심리적 내재론과 미적 지각〉, 〈미적 속성 실재론 대 반실재론 논쟁과 심리적 내재론〉, 〈의도주의와 반의도주의 논쟁의 재구성: 의도 개념을 중심으로〉, 〈상상적 저항 현상을 통해서 본 예술의 도덕적 비평 논쟁〉, 〈가장놀이의 인지적 구조를 통한 허구 감상의 문제 해결〉, 번역서로는 《미학의 모든 것: 철학적 미학의 길잡이》(2018)가 있다. 현재는 서울대학교, 한국외국어대학교, 명지대학교, 숭실대학교, 수원가톨릭대학교에서 강사로 재직 중이다.